자이스토리

Xi story

Xistory stands for eXtra Intensive story for
the University Entrance Examination.

통합사회 2

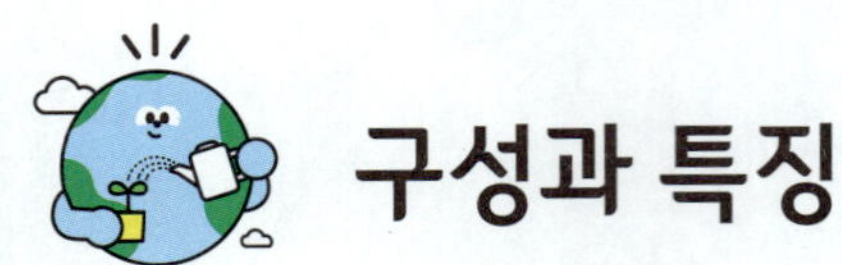

구성과 특징

1 개념 정리 – 8종 교과서 수록 개념 총정리

2022 개정 교육과정 8종 교과서를 분석하여 풍부한 자료를 통해
핵심 개념을 완벽하게 이해할 수 있게 했습니다.

- **개념 강의 동영상** : 생생한 개념 강의를 통해 쉽게
  개념 학습을 할 수 있습니다.

- **개념 체크 문제** : 문제를 통해 개념을 정확히 이해했는지
  다양한 유형의 기본 문제로 확인할 수 있습니다.

- **중요도** : 난이도와 빈출 정도를 중요도로 나타냈습니다.

- **개념 및 용어 풀이** : 중요한 개념 및 용어를 쉽게 풀어서 알려줍니다.

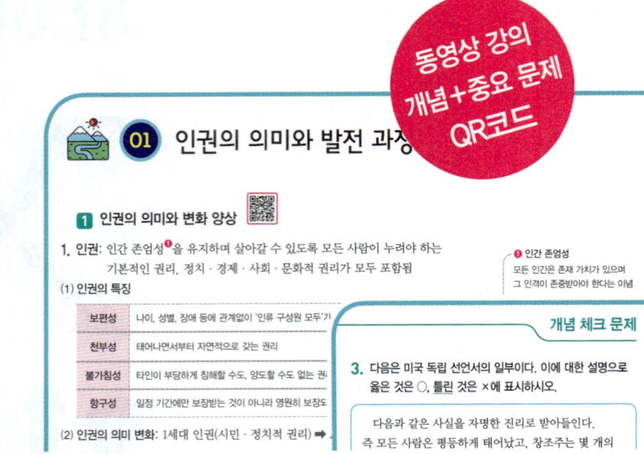

2 출제 0순위 특강 – 시험에 꼭 출제되는 개념, 자료 특강

시험에 자주 출제되는 핵심 개념, 자료를 분석하여 이해하기 쉽게
설명하였습니다.

- **출제 0순위 포인트** : 실제 시험에 어떤 유형으로 출제되는지
  대비법은 무엇인지 자세하게 알려줍니다.

- **확인 문제** : 특강 내용에서 꼭 알아야 하는 핵심 포인트를
  제대로 이해했는지 문제로 확인합니다.

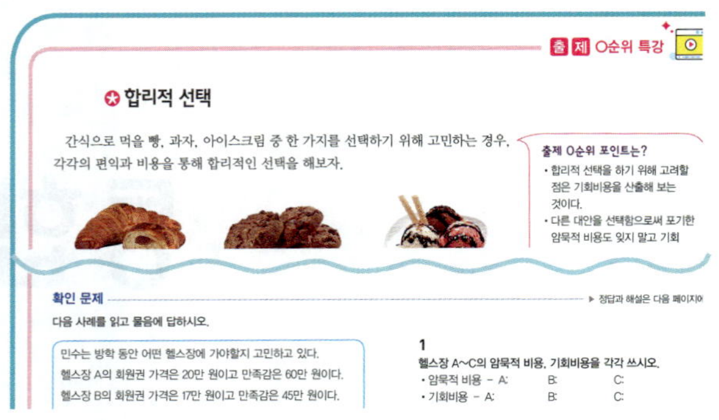

3 내신 대비 필수 문제 + 대단원 마무리 문제 + 단원별 TEST (내신+수능 대비)

- **내신 대비 필수 문제** : 학교시험 100점을 위한 실전 문제와 학력평가
  기출 문제로 구성했습니다.

- **대단원 마무리 문제** : 단원별 대표 문제로 구성하여 개념을
  적용하고 응용하는 실력을 키울 수
  있습니다.

- **단원별 TEST** (내신+수능 대비) : 학교 시험과 수능 대비를 할 수 있는
  유형의 문제로 구성하여 실력을
  테스트할 수 있습니다.

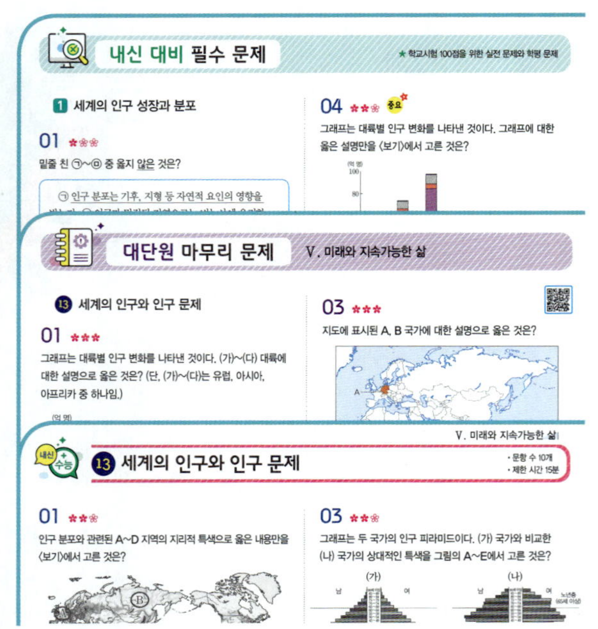

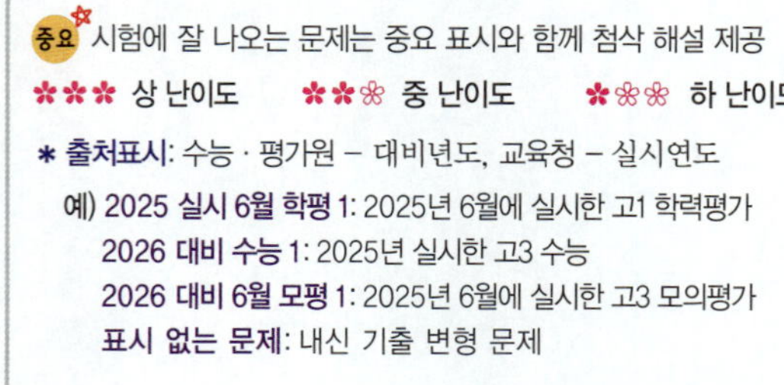

중요 시험에 잘 나오는 문제는 중요 표시와 함께 첨삭 해설 제공

✹✹✹ 상 난이도   ✹✹❀ 중 난이도   ✹❀❀ 하 난이도

✱ **출처표시**: 수능 · 평가원 – 대비년도, 교육청 – 실시연도

　예) **2025 실시 6월 학평 1**: 2025년 6월에 실시한 고1 학력평가
　　　2026 대비 수능 1: 2025년 실시한 고3 수능
　　　2026 대비 6월 모평 1: 2025년 6월에 실시한 고3 모의평가
　　　표시 없는 문제: 내신 기출 변형 문제

4 수능 유형 특강 + 수능 대비 기출 문제 – 고1 부터 수능 유형 익히기

- **수능 유형 특강** (2028 수능 예시문항(1차+2차) 포함)
  – 단서+발상과 수능의 대표 출제 유형을 통해 문제에 접근하는 방법을 알려줍니다.

- **수능 대비 기출 문제**
  – 고3 학력평가, 모의평가, 수능 기출 문제를 풀어 보면서 수능 문제에 대한 감을 익힐 수 있습니다.

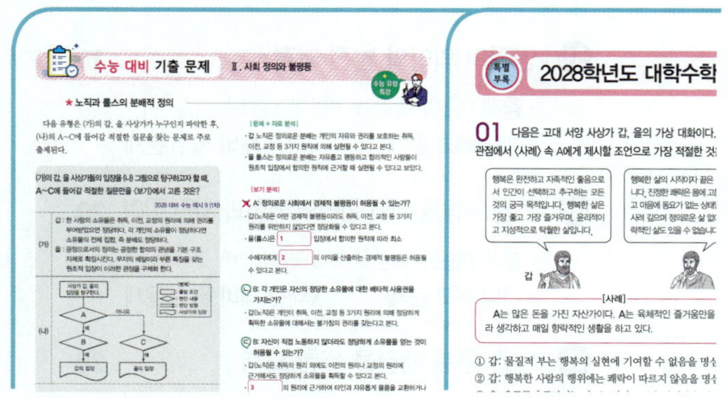

5 2028 수능 신유형 - 과목 융합 문제 특별수록

- 2028학년도 수능에 출제되는 신유형에 대비해 과목 융합 문제 풀이 실력을 키울 수 있습니다.

- 총 12문항이 수록되어 있으며, 출제 의도 및 출제 개념, 관련 단원을 함께 제시하고 있습니다.

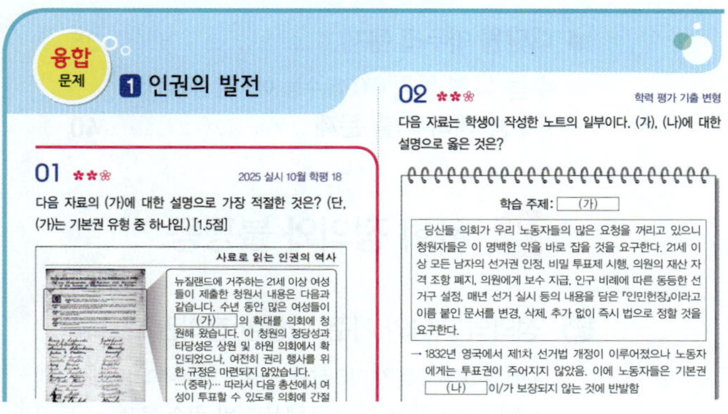

6 정답 및 해설 – 정확하고 명쾌한 해설

- **입체 첨삭** 중요한 내신 문제와 수능 대비 기출 문제는 입체 첨삭을 통해 더욱 쉽고 명쾌하게 알려줍니다.

  단서+발상 제시된 단서를 통해 문제 유형에 맞는 풀이 방법을 찾아 적용하는 단계를 체계적으로 알려줍니다.

  | 문제+자료 분석 | 제시된 자료를 분석하고 정답을 도출하기까지의 과정을 제시해 줍니다.

  | 선택지 분석 | 선택지별로 정답과 오답인 이유를 알기 쉽게, 자세하게 설명해 줍니다.

  꿀팁, 함정 문제를 풀 때 암기해야 할 부분과 함정에 빠지는 부분을 체크해줍니다.

  왜 틀렸나? 잘 틀리는 이유와 대처법을 알려줍니다.

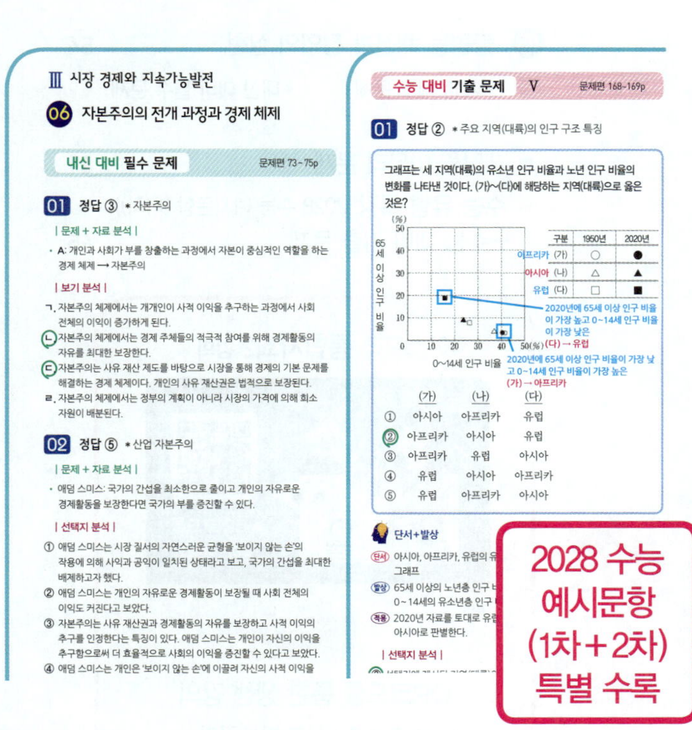

차 례

자이스토리 **통합사회2** 강의

QR코드를 통한 생생 강의

중요 개념 + 문항 해설 강의

내 교과서와 자이스토리 단원 비교

• **자이스토리 통합사회 2**는 8종 교과서 개념을 모두 완벽히 총정리하여, 학습 순서에 알맞게 배치하였습니다.

대단원	단원명	자이스토리
Ⅰ 인권 보장과 헌법	01 인권의 의미와 발전 과정	10~19
	02 인권 보장을 위한 헌법의 역할과 시민 참여	20~27
	03 인권 문제 해결을 위한 노력	28~42
Ⅱ 사회 정의와 불평등	04 정의의 의미와 기준, 다양한 정의관	44~53
	05 불평등 해결과 정의의 실현	54~67
Ⅲ 시장 경제와 지속가능발전	06 자본주의의 전개 과정과 경제 체제	70~76
	07 합리적 선택과 경제 주체의 역할	77~85
	08 자산 관리와 금융 생활	86~93
	09 국제무역과 지속가능발전	94~108
Ⅳ 세계화와 평화	10 세계화의 양상과 문제	110~115
	11 평화를 위한 국제 사회의 노력	116~121
	12 남북 분단 및 동아시아의 역사 갈등	122~137
Ⅴ 미래와 지속가능한 삶	13 세계의 인구와 인구 문제	140~148
	14 에너지 자원과 지속가능한 발전	149~156
	15 미래 사회와 세계시민으로서의 삶	157~169

• 학교 교과서 단원에 맞춰서 공부하면 더욱 빠르게 실력이 향상됩니다.

미래엔	비상	천재	아침나라	동아	리베르	지학사	창비
10~19	08~15	08~15	08~17	10~17	11~19	12~17	08~15
20~27	16~23	16~23	18~25	18~25	20~27	18~25	16~23
28~37	24~33	24~33	26~35	26~37	28~38	26~37	24~35
40~53	36~47	36~49	38~51	40~51	41~53	40~53	38~53
54~65	48~57	50~61	52~63	52~63	54~62	54~67	54~65
68~73	60~67	64~71	66~71	66~73	65~71	70~77	68~75
74~83	68~75	72~79	72~81	74~81	72~80	78~85	76~83
84~89	76~83	80~87	82~87	82~89	81~88	86~91	84~91
90~99	84~93	88~97	88~95	90~101	89~98	92~105	92~103
102~109	96~103	100~107	98~105	104~111	101~108	108~113	106~113
110~115	104~111	108~115	106~111	112~117	109~114	114~119	114~121
116~125	112~121	116~123	112~123	118~127	115~128	120~131	122~131
128~135	124~133	126~133	126~133	130~137	131~137	134~139	134~141
136~141	134~141	134~141	134~141	138~145	138~144	140~145	142~149
142~155	142~151	142~151	142~153	146~157	145~155	146~157	150~159

내신 + 수능 **1**등급을 위한 **학습 계획표** 26일

★ 하루하루 계획표대로 공부하면 어느덧 눈앞에 1등급이 놓여 있을 것입니다. [하루 90분, 26일 완성]

DAY	학습 내용	틀린 문제 / 헷갈리는 문제 번호 적기	학습 날짜		복습 날짜	
1	01 인권의 의미와 발전 과정		월	일	월	일
2	02 인권 보장을 위한 헌법의 역할과 시민 참여		월	일	월	일
3	03 인권 문제 해결을 위한 노력		월	일	월	일
4	■ 대단원 마무리 문제 ■ 수능 대비 기출 문제		월	일	월	일
5	04 정의의 의미와 기준, 다양한 정의관		월	일	월	일
6	05 불평등 해결과 정의의 실현		월	일	월	일
7	■ 대단원 마무리 문제 ■ 수능 대비 기출 문제		월	일	월	일
8	06 자본주의의 전개 과정과 경제 체제		월	일	월	일
9	07 합리적 선택과 경제 주체의 역할		월	일	월	일
10	08 자산 관리와 금융 생활		월	일	월	일
11	09 국제무역과 지속가능발전		월	일	월	일
12	■ 대단원 마무리 문제 ■ 수능 대비 기출 문제		월	일	월	일
13	10 세계화의 양상과 문제		월	일	월	일
14	11 평화를 위한 국제 사회의 노력		월	일	월	일
15	12 남북 분단 및 동아시아의 역사 갈등		월	일	월	일
16	■ 대단원 마무리 문제 ■ 수능 대비 기출 문제		월	일	월	일
17	13 세계의 인구와 인구 문제		월	일	월	일
18	14 에너지 자원과 지속가능한 발전		월	일	월	일
19	15 미래 사회와 세계시민으로서의 삶		월	일	월	일
20	■ 대단원 마무리 문제 ■ 수능 대비 기출 문제		월	일	월	일
21	2028 수능 신유형 융합 문제		월	일	월	일
22	단원별 TEST 01~04강		월	일	월	일
23	단원별 TEST 05~08강		월	일	월	일
24	단원별 TEST 09~12강		월	일	월	일
25	단원별 TEST 13~15강		월	일	월	일
26	2028 수능 예시문항(1차+2차)		월	일	월	일

I 인권 보장과 헌법

01 인권의 의미와 발전 과정

02 인권 보장을 위한 헌법의 역할과 시민 참여

03 인권 문제 해결을 위한 노력

  01 인권의 의미와 발전 과정

1 인권의 의미와 변화 양상

1. 인권: 인간 존엄성[1]을 유지하며 살아갈 수 있도록 모든 사람이 누려야 하는 기본적인 권리. 정치·경제·사회·문화적 권리가 모두 포함됨

(1) 인권의 특징

보편성	나이, 성별, 장애 등에 관계없이 '인류 구성원 모두'가 가지는 권리
천부성	태어나면서부터 자연적으로 갖는 권리
불가침성	타인이 부당하게 침해할 수도, 양도할 수도 없는 권리
항구성	일정 기간에만 보장받는 것이 아니라 영원히 보장되는 권리

(2) 인권의 의미 변화: 1세대 인권(시민·정치적 권리) ➡ 2세대 인권(경제·문화적 권리) ➡ 3세대 인권(연대와 단결의 권리) **출제** **○순위 특강 p.13**

2. 시민 혁명의 발생

(1) 배경: 왕과 귀족에게 부당한 억압을 받던 대다수 사람이 불평등하고 비인간적인 대우에 점차 저항하기 시작함
➡ 근대에 계몽사상[2], 사회 계약설[3], 천부 인권[4] 사상이 확산됨

(2) 대표 혁명: 영국 명예혁명, 미국 독립 혁명, 프랑스 혁명 ➡ 시민의 자유와 권리 요구

(3) 결과: 자유권[5]과 평등권[6] 중시, 참정권[7]의 확립으로 인권이 신장됨

(4) 한계: 직업, 재산, 성별 등에 따라 선거권이 제한되어 일정 이상의 재산을 가진 성인 남자에게만 한정됨 ➡ 대다수의 사람은 참정권을 행사하지 못함

---

[1] 인간 존엄성
모든 인간은 존재 가치가 있으며 그 인격이 존중받아야 한다는 이념

[2] 계몽사상
인간의 이성으로 사회적 모순과 부조리를 바로잡을 수 있다고 보는 사상

[3] 사회 계약설
자유롭고 평등한 시민 간의 계약을 바탕으로 국가 권력이 형성되었다고 보는 사상

[4] 천부 인권
하늘이(천:天)이 부여한(부:賦) 인권을 가지고 태어났다고 보는 사상

[5]~[7] 자유권, 평등권, 참정권

자유권	권력으로부터 간섭받지 않고 자유롭게 생활할 수 있는 권리
평등권	부당한 차별을 받지 않을 권리
참정권	국민이 정치에 참여할 수 있는 권리

★ 인권 보장의 역사

영국의 명예혁명 (1688)	미국의 독립 혁명 (1776~1783)	프랑스 혁명 (1789~1794)

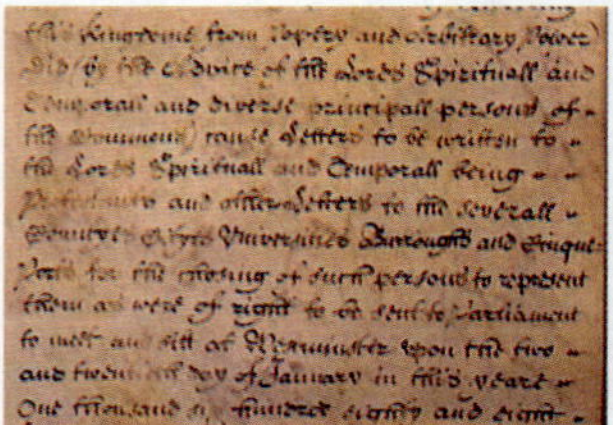
▲ 영국 권리 장전(일부)

▲ 미국 독립 선언

▲ 프랑스 혁명

영국 권리 장전(일부)
- 의회의 동의를 거치지 않고 법률의 적용, 면제, 집행, 정지를 금지한다.
- 의회의 동의 없는 과세, 평시의 상비군을 금지한다.
- 선거의 자유, 의회 의원의 발언의 자유와 면책 특권, 국민 청원권, 신체의 자유를 보장한다.

미국 독립 선언
- 모든 사람은 평등하게 태어났고, 창조주는 몇 개의 양도할 수 없는 일정한 권리를 인간에게 부여했으며, 그 권리 중에는 생명과 자유와 행복의 추구가 있다. … 이러한 목적을 훼손하는 경우 … 새로운 정부를 구성할 수 있는 권리가 국민에게 있다.

프랑스 혁명
- 제1조 인간은 자유롭게, 그리고 평등한 권리를 가지고 태어난다.
- 제2조 모든 정치적 결사의 목적은 그 무엇도 침해할 수 없는 인간의 자연권을 보전하는 데 있다. 그 권리는 자유, 재산, 안전 및 압제에 대한 저항이다.

- 유혈 사태가 없었기 때문에 명예혁명이라고 불린다. 메리 2세와 윌리엄 3세는 의회가 제정한 권리 장전을 승인하고 왕위에 올랐다.
➡ 왕권 제한, 의회의 권한 강조

- 미국이 영국으로부터 독립한 사건으로 13개 식민주 대표들이 모여 '독립 선언문'을 채택하고 공포하였다.
➡ 천부 인권, 저항권 등을 규정

- 제3신분(평민)이 국가 재정의 대부분을 부담하지만 참정권이 없었던 데에서 출발하여 평민층의 불만이 폭발한 것이 혁명의 시작이다.
➡ 자유권, 재산권, 평등권 등을 규정

1세대 인권(자유권, 평등권, 참정권)

3. 참정권 확대 운동

(1) **배경**: 보통 선거권❶ 투쟁을 위한 운동. 초기 참정권은 유산 계급인 부르주아만 가지고 있었기 때문에, 정치에 참여할 수 있는 권리를 확대하고자 하는 운동이 나타남 ➡ 차티스트 운동, 여성 참정권 운동❷ 등

(2) **결과**: 20세기 들어 거의 모든 사람의 참정권이 보장됨

4. 사회권의 등장

(1) **사회권**: 국민이 생존을 유지하거나 생활을 향상시켜 '최소한의 인간다운 생활'을 하기 위하여 국가에 대하여 적극적인 배려를 요구할 수 있는 권리 ➡ 독일 바이마르 헌법에 처음으로 명시됨(1919)

(2) **사회권의 등장 배경**: 산업 혁명 이후 노동자들의 열악한 근로 조건, 빈부 격차 등 ➡ 국가가 사회적 약자를 보호해야 한다는 인식이 확산됨

(3) **사회권의 사례**: 교육을 받을 권리, 근로의 권리, 근로 3권❸, 환경권, 보건권, 국가의 사회 보장 의무 등

5. 연대권의 등장

여럿이 함께 일을 하거나 책임을 지는 것

(1) **연대권**: 자신이 소속된 공동체에서 더 나아가 국제적 연대와 협력을 중시하는 권리 ➡ 지구촌 구성원 모두의 인권 보장을 위해 함께 노력해야 함

(2) **연대권의 등장 배경**

① 두 차례의 세계 대전 이후 인권 문제를 해결하기 위한 인류 공동의 노력이 필요하다는 공감대가 형성됨

② UN 총회의 세계 인권 선언 채택(1948) ➡ 인권 보장을 위한 국제 기준을 제시함

(3) **연대권의 사례**: 인종이나 국적에 관계없이 누구나 평등하게 대우받을 권리, 평화의 권리, 재난으로부터 구제받을 권리 등

(4) **오늘날의 연대권**: 국제기구와 시민 단체들을 중심으로 고문, 혐오 범죄 등 인권 침해 문제를 해결하려는 공동의 노력이 나타남

❶ **보통 선거권**
일정 연령 이상의 모든 사람이 투표에 참여할 수 있는 권리

❷ **여성 참정권 운동**
참정권을 보장받지 못한 여성들이 여성 역시 남성과 동등한 권리를 가진 시민이자 인간이라며 영국, 오스트레일리아 등에서 벌인 참정권 운동

❸ **근로 3권**
노동조합을 결성할 수 있는 단결권, 근로자 단체가 사용자와 교섭을 할 수 있는 단체 교섭권, 쟁의 행위를 할 수 있는 단체 행동권의 세 가지 권리를 말한다.

영국 차티스트 운동 (1838~1848)	독일 바이마르 헌법 (1919)	세계 인권 선언 (1948)

▲ 차티스트 운동

▲ 바이마르 헌법

▲ 세계 인권 선언

• 19세기 영국에서는 일정 수준 이상의 재산이 있는 성인 남성만 투표권이 있었다. 이에 영국 노동자들은 보통 선거와 비밀 투표를 요구하며 차티스트 운동을 전개하였다. • 시민 혁명 이후에도 참정권이 없었던 여성들은 청원, 시위 등을 통해 여성 참정권 운동을 전개했다. • 그 결과 영국에서는 1918년부터 여성에게 제한적으로 참정권을 부여했고, 1928년부터 여성에게 남성과 동등한 참정권이 인정되었다.	• 제151조 ① 경제생활의 질서는 모든 사람에게 인간다운 삶을 보장할 것을 목적으로 하는 정의의 원칙에 기초해야 한다. • 제163조 ② 모든 국민에게는 노동할 기회가 주어진다. 적절한 일자리를 얻지 못한 국민은 필요한 생계비를 지원받을 수 있다.	• 제1조 모든 사람은 태어날 때부터 자유로우며 그 존엄과 권리에 있어 동등하다. 모든 사람은 천부적으로 이성과 양심을 부여 받았으며, 서로 형제애의 정신으로 행동해야 한다. • 제22조 모든 사람에게는 사회의 일원으로서 사회 보장을 요구할 권리가 있다.
	• 독일 바이마르 공화국에서 국가가 모든 국민의 인간다운 생활을 보장한다는 사회권이 처음 명시되었다. ➡ 국가의 적극적인 역할이 필수적인 것이 됨	• 두 차례의 세계 대전 이후 국제 연합(UN)은 세계 인권 선언을 채택해 인권을 인류의 보편적 가치로 명시하였다. ➡ 국가가 인권 보장에 책임을 다할 것을 선언
	2세대 인권(사회권)	3세대 인권(연대권)

1. 배경: 기후위기, 과학기술 발달, 인구의 도시 집중, 다문화 사회의 진전 등 급격한
사회 변화에 따라 기존 인권 개념으로 해결할 수 없는 새로운 사회 문제 발생
➡ 이를 해결하기 위해 여러 영역으로 인권이 확장됨

2. 현대 사회에서 확장된 인권 

	🌍 환경권	⛑ 안전권	🏠 주거권	🎬 문화권
의미	생활에 필요한 모든 조건이 충족된 환경을 누릴 권리	각종 위험으로부터 안전을 보호받을 권리	인간다운 주거 생활을 할 수 있는 권리	공동체의 문화생활에 자유롭게 참여하고 문화적 정체성을 유지할 권리
등장 배경	대기 오염, 수질 오염, 소음 공해, 쓰레기 문제, 온실가스 증가 등 다양한 환경 문제 발생	자연재해뿐만 아니라 과학기술 발전, 감염병 대유행에 따른 인위적인 위험 증가	주택 부족, 불안정한 주거 생활 증가	여가 시간이 늘어나면서 문화적 요구 증가, 소득이나 지역에 따른 문화 소외 현상 발생
법률	**헌법 제35조 ①** 모든 국민은 건강하고 쾌적한 환경에서 생활할 권리를 가지며, 국가와 국민은 환경 보전을 위하여 노력하여야 한다.	**헌법 제34조 ⑥** 국가는 재해를 예방하고 그 위험으로부터 국민을 보호하기 위하여 노력하여야 한다.	**헌법 제35조 ③** 국가는 주택 개발 정책 등을 통하여 모든 국민이 쾌적한 주거 생활을 할 수 있도록 노력하여야 한다.	**문화 기본법 제4조** 모든 국민은 성별, 종교 …(중략)… 등에 관계없이 문화 표현과 활동에서 차별을 받지 아니하고 …(중략)… 문화를 향유할 권리를 가진다.
사례	▲ 미세먼지 경보 • 미세먼지가 발생했을 때의 위기 경보 기준과 대응 체계를 만들어 대기질 개선을 위해 노력함 • 국제 연합(UN) 기후변화 협약 등 환경 관련 회의에서 논의된 내용을 이행하기 위해 노력함	▲ 지하철 안전문 • 지하철 승강장에 안전문을 설치하여 지하철 내 사고로 인한 사망자 수를 줄임 • 신호등과 횡단보도를 설치해 보행자와 운전자 모두 안전하게 통행할 수 있도록 함 • 재난 발생 시 안전 관리 사항을 법률로 규정함	▲ 청년 안심 주택 • 저렴한 가격으로 청년에게 임대 주택을 공급하는 청년 안심 주택 제도를 시행해 주거 비용 부담을 줄임 • 최소한의 주거 수준을 보장하기 위해 가구당 면적, 방 개수, 화장실 등의 면적 기준을 정함 (최저 주거 기준 설정)	▲ 문화가 있는 날 • 문화가 있는 날인 매달 마지막 수요일에 다양한 문화 시설에서 무료 관람, 할인 같은 혜택을 받을 수 있음 • 공연장에서 청각 장애인을 위한 수어 통역 및 자막, 시각 장애인을 위한 화면 해설을 제공함

✪ 정보 사회와 잊힐 권리

• 정보 사회로 변하면서 정보 접근권 및 정보 공개 청구권(알 권리), 개인 정보 자기 결정권, 잊힐 권리 등 새로운 권리들이 주목받고 있다.

• 잊힐 권리란 인터넷상에서 개인이 자신과 관련된 정보의 소유권을 강화하고 이에 대한 수정 및 영구적인 삭제를 요청할 수 있는 권리이다.

• 개인정보보호위원회는 아동·청소년의 잊힐 권리를 보장하기 위해 지우개 서비스를 실시하고 있다. 지우개 서비스는 미성년 시기에 작성한 개인정보가 포함된 게시물을 삭제할 수 있도록 지원하고 있다.

⭐ 인권의 확장 과정

인권의 의미는 사회가 변화하면서 점진적으로 확대되었다.
프랑스의 법학자 카렐 바작(Vasak, K.)은 인권 확장 과정을 3세대로 나누어
구분하였다.

1세대 인권 (자유권)	2세대 인권 (사회권)	3세대 인권 (연대권)
국가가 개인의 자유와 권리를 간섭하지 않도록 하는 <u>자유권, 평등권, 참정권 중심의 인권</u>	사회적 약자의 인간다운 삶을 보장하기 위한 <u>사회권 중심의 인권</u>	인종 차별, 국가 간 빈부 격차 등으로 고통받는 집단의 인권 보호에 주목하는 전 지구적 차원의 <u>연대적 권리</u>
· 신체, 사상, 양심, 종교의 자유 · 집회 및 결사, 표현의 자유 · 자유로운 선거를 통해 정부에 참여할 수 있는 권리	· 근로의 권리 · 교육 받을 권리 · 사회 보장을 받을 권리 · 인간다운 생활을 할 권리 · 쾌적한 환경에서 생활할 권리	· 자결권 ❶ · 평화의 권리 · 발전의 권리 · 재난으로부터 구제받을 권리 · 지속 가능한 환경에 대한 권리

❶ **자결권**
다른 나라의 간섭 없이 자기 민족이나
집단의 일을 자유롭게 결정하고, 고유한
삶의 방식을 누릴 권리

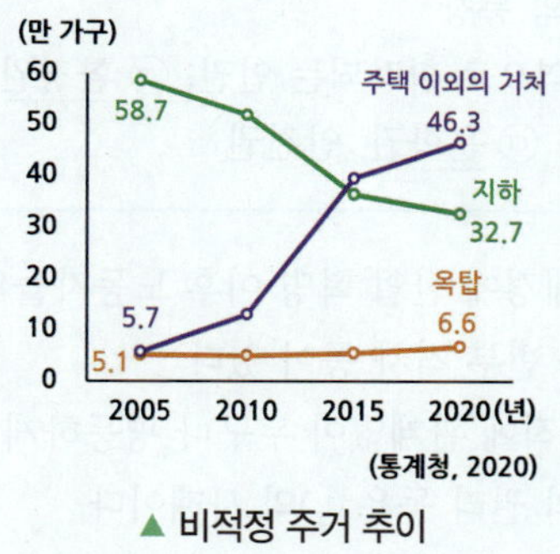

▲ 비적정 주거 추이

· 현대 사회에서는 비닐하우스, 판잣집 등에 거주하며 쾌적한
 생활을 보장받지 못하는 가구가 증가하고 있다.

· 도서관이나 박물관 등 문화시설은 수도권에 집중되며
 비수도권 지역 주민들이 문화생활에서 소외되고 있다.

· 이러한 문제들을 해결하기 위해 현대 사회에서는 주거,
 안전, 환경, 문화 등 여러 영역으로 인권을 확장하고 있으며
 앞으로도 새로운 영역으로 계속 확장될 것이다.

확인 문제

▶ 정답과 해설은 다음 페이지에

(가)~(다)에 해당하는 기본권을 쓰시오.

(가) 사회적 약자를 보호하고 지원해야 한다는 생각이 퍼지면서
 보장되었다.
(나) 자신이 소속된 공동체에서 더 나아가 국제적인 협력을 중시하며
 강조되고 있다.
(다) 정치 권력으로부터 간섭받지 않고 자유롭게 생활할 수 있는
 권리를 뜻한다.

· (가)

· (나)

· (다)

1 인권의 의미와 변화 양상

1. 다음은 근대 시민 혁명의 결과물이다. 이에 대한 설명으로 옳은 것은 ○, 틀린 것은 ×에 표시하시오.

〈영국 권리 장전〉 〈미국 독립 선언문〉 〈프랑스 인권 선언문〉

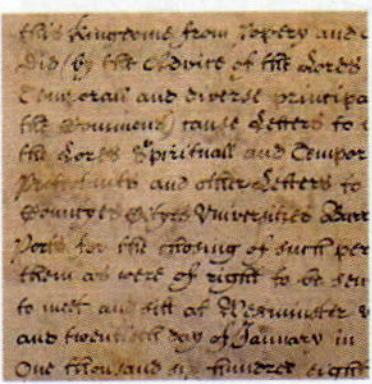  

(1) 영국의 권리 장전은 차티스트 운동의 결과 승인되었다.

(○, ×)

(2) 미국은 프랑스의 식민 지배로부터 독립하게 되어 독립 선언문을 발표하게 되었다. (○, ×)

(3) 프랑스의 인권 선언 이후 보통 선거권이 확립되었다.

(○, ×)

(4) 시대적으로 영국 권리 장전 → 미국 독립 선언문 → 프랑스 인권 선언문의 순으로 나타났다. (○, ×)

2. 다음 설명으로 옳은 것은 ○, 틀린 것은 ×에 표시하시오.

독일 바이마르 헌법	대한민국 헌법
제163조 제2항 모든 독일인은 경제적 노동을 통해 자신의 생계를 확보할 기회를 보장받는다. **제3항** 만약 적합한 일자리가 제공되지 못하는 경우, 모든 독일인은 재정 지원을 받을 수 있다.	**제32조 제1항** 모든 국민은 근로의 권리를 가진다. **제33조** 근로자는 근로 조건의 향상을 위하여 자주적인 단결권, 단체 교섭권 및 단체 행동권을 가진다.

(1) 바이마르 헌법은 최초로 사회권을 명시하였다.

(○, ×)

(2) 대한민국 헌법 제32조와 제33조는 사회권이 드러나 있다. (○, ×)

(3) 사회권의 종류에는 근로의 권리, 교육을 받을 권리가 해당된다. (○, ×)

(4) 사회권은 연대권 이후 등장한 권리이다. (○, ×)

(5) 국가가 적극적으로 나서서 사회 구성원의 기본적인 생존을 보장하게 되었음을 알 수 있다. (○, ×)

3. 다음은 미국 독립 선언서의 일부이다. 이에 대한 설명으로 옳은 것은 ○, 틀린 것은 ×에 표시하시오.

> 다음과 같은 사실을 자명한 진리로 받아들인다. 즉 모든 사람은 평등하게 태어났고, 창조주는 몇 개의 양도할 수 없는 권리를 부여했으며, 그 권리 중에는 생명과 자유와 행복의 추구가 있다.

(1) 천부 인권 사상이 나타나 있다. (○, ×)

(2) 인권은 그 사회의 국민이 되는 순간부터 보장된다.

(○, ×)

(3) 자유권은 신체의 자유뿐 아니라 사상의 자유까지도 보장하고자 하는 것이다. (○, ×)

(4) 주거권, 환경권의 요구가 나타나 있다. (○, ×)

2 현대 사회에서 새롭게 등장한 인권

4. 밑줄 친 ㉠~㉤에 대한 설명으로 옳은 것은 ○, 틀린 것은 ×에 표시하시오.

> 〈현대 사회에서 인권의 확장〉
>
> 1. ㉠ 사회권의 등장
> 2. ㉡ 연대권의 등장
> 3. 다양한 영역으로 확장되는 인권: ㉢ 환경권, ㉣ 주거권, ㉤ 문화권, 안전권

(1) ㉠의 등장 배경에 산업 혁명 이후 노동자들의 열악한 근로 조건과 빈부 격차 등이 있다. (○, ×)

(2) 인종이나 국적에 관계없이 누구나 평등하게 대우받을 권리, 평화의 권리 등은 ㉡의 사례이다. (○, ×)

(3) 국민이 각종 위험으로부터 안전을 보호받을 권리는 ㉢에 해당한다. (○, ×)

(4) ㉣은 인간다운 주거 생활을 할 수 있는 권리와 최고 주거 기준의 확보를 의미한다. (○, ×)

(5) ㉤은 국민 누구나 문화 활동에 참여하고 문화를 향유할 권리를 말한다. (○, ×)

p.13 확인 문제 [정답]

(가) 사회권, (나) 연대권, (다) 자유권

1 인권의 의미와 변화 양상

01 ❋❋❋

(가)~(다)에 해당하는 인권의 특징을 옳게 연결한 것은?

> 인권은 (가) 태어나면서부터 당연하게 갖게 되는 권리로, 인간 존엄성을 유지하며 살아갈 수 있도록 (나) 인종, 성별, 종교 등에 상관없이 모든 사람이 누려야 하는 기본적인 권리이다. (다) 이는 일정 기간에만 한정된 권리가 아니며, 영구히 보장된다.

	(가)	(나)	(다)
①	천부성	보편성	불가침성
②	천부성	항구성	불가침성
③	보편성	천부성	항구성
④	천부성	보편성	항구성
⑤	항구성	천부성	불가침성

02 ❋❋❋

2022 실시 6월 학평 10

다음 자료에서 게임 규칙에 따라 말을 이동시켰을 때, 말의 최종 위치로 옳은 것은? (단, 말의 최종 위치는 A~E 중 한 칸임.)

> 〈인권의 특징 알아보기〉
>
> ※ 게임 규칙
> • 인권의 특징에 관한 진술 (가)~(마)를 순서대로 읽고, 옳고 그름을 판단한다.
> • 각 진술이 옳으면 말을 오른쪽으로 한 칸만 이동시키고, 틀리면 말을 이동시키지 않는다.
>
> (가) 인간이라면 누구나 누릴 수 있다.
> (나) 일정 기간에 한시적으로 보장된다.
> (다) 태어나면서부터 자연스럽게 가진다.
> (라) 필요한 경우 타인에게 양도할 수 있다.
> (마) 국가나 다른 사람이 침해해서는 안 된다.

① A ② B ③ C ④ D ⑤ E

03 ❋❋❋ 중요

2022 실시 9월 학평 4

밑줄 친 ㉠에 대한 옳은 설명만을 〈보기〉에서 고른 것은?

> 〈 인간과 시민의 권리 선언 〉
>
> 제1조 인간은 태어나면서부터 자유로우며 평등한 권리를 가진다.
> 제3조 모든 주권의 원리는 본질적으로 국민에게 있다.
> 제17조 소유권은 신성불가침의 권리이므로, 법에서 규정한 공공의 필요에 의해 명백히 요구되는 때 이외에는 누구도 박탈당할 수 없다.

[보기]
ㄱ. 사유 재산 제도를 부정한다.
ㄴ. 자유와 평등의 이념을 강조한다.
ㄷ. 사회권을 자유권보다 우선하는 권리로 본다.
ㄹ. 천부 인권 사상과 국민 주권 사상을 반영하고 있다.

① ㄱ, ㄴ ② ㄱ, ㄷ ③ ㄴ, ㄷ ④ ㄴ, ㄹ ⑤ ㄷ, ㄹ

[04~05] A~C는 근대 시민 혁명을 나열한 것이다. 다음 자료를 읽고 물음에 답하시오.

A	구제도의 모순으로 인해 평민층의 불만이 폭발한 것이 혁명의 시발이다. 구제도의 모순이란 제3신분(평민)이 국가 재정의 대부분을 부담하지만 참정권이 없었던 데에서 출발한다. 그 결과 국민 의회는 인권 선언을 공포하였다.
B	의회가 왕을 폐하고 윌리엄 3세와 메리 2세를 공동 통치 형태의 왕으로 추대한 사건으로, 유혈 사태가 없던 것이 특징이다. 이때 메리 2세와 윌리엄 3세는 1689년 의회가 제정한 권리 장전을 승인하고 왕위에 올랐다.
C	13개 식민주 대표들이 모여 토머스 제퍼슨이 기초한 '독립 선언문'을 채택하고 공포하였다.

04 ❋❋❋

A~C를 시간순으로 나열한 것으로 옳은 것은?

① A-B-C ② A-C-B ③ B-A-C
④ B-C-A ⑤ C-A-B

05 ❋❋❋ 서술형

A~C의 결과를 1세대 인권과 관련지어 서술하시오.

밑줄 친 '인민 헌장'에 대한 설명으로 가장 적절한 것은?

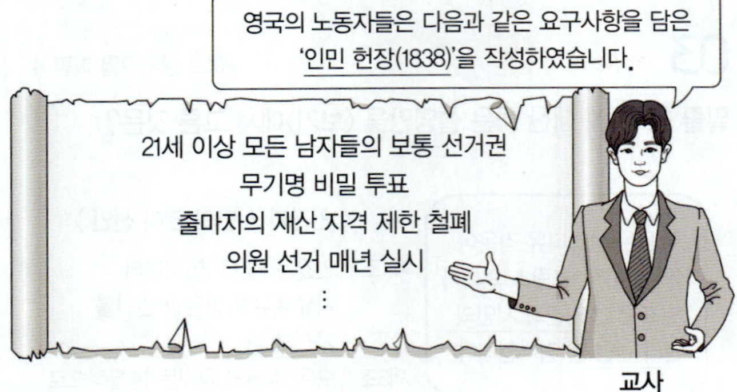

① 명예 혁명의 배경이 되었다.
② 참정권 확장의 계기가 되었다.
③ 미국 독립 선언의 기초가 되었다.
④ 인권 보장의 국제적 기준을 제시하였다.
⑤ 모든 사회적 차별 철폐를 주요 내용으로 한다.

다음 자료의 (가)에 대한 설명으로 가장 적절한 것은? (단, (가)는 기본권 유형 중 하나임.) [1.5점]

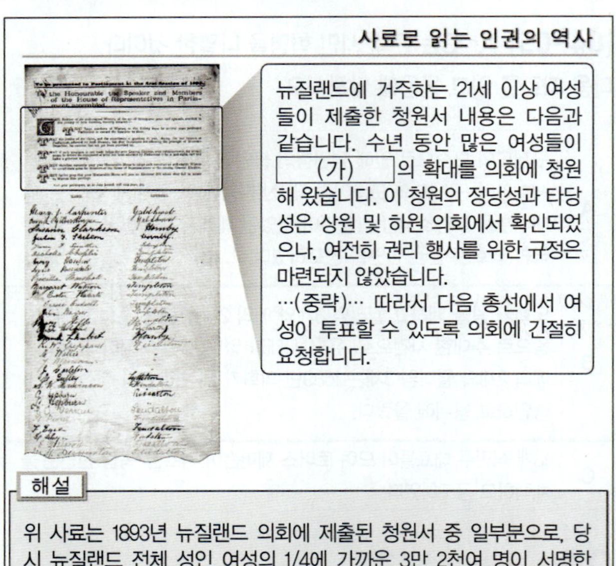

사료로 읽는 인권의 역사

뉴질랜드에 거주하는 21세 이상 여성들이 제출한 청원서 내용은 다음과 같습니다. 수년 동안 많은 여성들이 ▨▨▨(가)▨▨▨의 확대를 의회에 청원해 왔습니다. 이 청원의 정당성과 타당성은 상원 및 하원 의회에서 확인되었으나, 여전히 권리 행사를 위한 규정은 마련되지 않았습니다.
…(중략)… 따라서 다음 총선에서 여성이 투표할 수 있도록 의회에 간절히 요청합니다.

해설

위 사료는 1893년 뉴질랜드 의회에 제출된 청원서 중 일부분으로, 당시 뉴질랜드 전체 성인 여성의 1/4에 가까운 3만 2천여 명이 서명한 274m의 문서이다. 이 청원서는 세계 최초로 여성 ▨▨(가)▨▨ 을/를 보장해달라는 내용을 담고 있다. 같은 해 9월 19일 뉴질랜드 의회에서 모든 여성에게 투표권을 주는 법안이 통과된 것을 계기로 여성 ▨▨(나)▨▨ 운동은 전 세계로 확산되었다.

① 바이마르 헌법에 최초로 명시된 권리이다.
② 다른 기본권 보장의 전제가 되는 권리이다.
③ 국가 권력으로부터 간섭받지 않을 권리이다.
④ 기본권 보장을 위한 수단적 성격의 권리이다.
⑤ 국가의 의사 결정 과정에 참여할 수 있는 권리이다.

다음은 인권 확장의 역사적 전개 과정에서 발표된 문서의 일부이다. 밑줄 친 ㉠~㉢에 대한 설명으로 옳은 것은? [2점]

㉠ 인간과 시민의 권리 선언 (1789년)	제1조 인간은 태어나면서부터 자유로우며 평등한 권리를 가진다. 제6조 법은 일반 의지의 표현이다. 모든 시민은 직접 또는 대표를 통해서 법 제정에 참여할 수 있는 권리가 있다.
㉡ 바이마르 헌법 (1919년)	제109조 모든 국민은 법률 앞에 평등하다. 남녀는 원칙적으로 국민으로서의 동일한 권리를 가지며 의무를 진다. 제151조 경제생활의 질서는 모든 사람에게 인간다운 생활을 보장할 것을 목적으로 하는 정의의 원칙에 기초하여야 한다.
㉢ 세계 인권 선언 (1948년)	제1조 모든 사람은 태어날 때부터 자유롭고 존엄하며 평등하다. 제22조 모든 사람은 사회의 구성원으로서 사회 보장을 받을 권리가 있다. 또한 모든 사람은, 국가의 자체적인 노력과 국제적인 협력을 통해 …(후략).

① ㉠은 차티스트 운동을 계기로 선포되었다.
② ㉡에서 최초로 사회권을 명시하였다.
③ ㉠과 달리 ㉡에는 자유와 평등을 국민의 권리로 명시하였다.
④ ㉠과 달리 ㉢에는 천부 인권 사상이 나타나 있다.
⑤ ㉢과 달리 ㉡에는 연대권이 나타나 있다.

(가), (나)에 대한 옳은 설명만을 〈보기〉에서 고른 것은?

(가) 프랑스 인권 선언(1789)	(나) 세계 인권 선언(1948)
제1조 인간은 태어나면서부터 자유로우며 평등한 권리를 가진다. 제17조 소유권은 신성불가침의 권리이므로 법에서 규정한 공공의 필요에 의해 명백히 요구되는 때 이외에는 누구도 박탈할 수 없다.	제1조 모든 사람은 태어날 때부터 자유롭고 존엄하며 평등하다. 제22조 모든 사람에게는 사회의 일원으로서 사회 보장을 요구할 권리가 있으며 … 제26조 ① 모든 사람에게는 교육을 요구할 권리가 있다.

[보기]

ㄱ. (가)는 사유 재산 제도를 부정하고 있다.
ㄴ. (나)의 인권 범위에는 사회권이 포함되어 있다.
ㄷ. (나)로 인해 국가의 필요에 따라 임의로 인권을 제한할 수 있게 되었다.
ㄹ. (가), (나) 모두에서 천부 인권이 나타나 있다.

① ㄱ, ㄴ　② ㄱ, ㄷ　③ ㄴ, ㄷ　④ ㄴ, ㄹ　⑤ ㄷ, ㄹ

1세대 인권	국가가 개인의 인권을 위하여 자유와 권리를 간섭하지 않도록 하는 권리
↓	
2세대 인권	A
↓	
3세대 인권	B

10 ✿✿✾

도표에 대한 진술로 옳은 것만을 〈보기〉에서 고른 것은?

[보기]

ㄱ. 1세대 인권은 자유권과 평등권이 중시되었다.
ㄴ. 2세대 인권의 사례로 근로의 권리, 교육받을 권리가 들어간다.
ㄷ. 3세대 인권은 자결권, 쾌적한 환경에서 생활할 권리를 요구한다.

① ㄱ ② ㄴ ③ ㄱ, ㄴ ④ ㄱ, ㄷ ⑤ ㄴ, ㄷ

11 ✿✾✾ 서술형

도표의 A, B에 들어갈 내용을 각 세대에서 강조한 기본권을 포함하여 구체적으로 서술하시오.

---

2 현대 사회에서 새롭게 등장한 인권

12 ✿✿✾ 중요

2022 실시 6월 학평 18

밑줄 친 ㉠에 대한 옳은 설명만을 〈보기〉에서 고른 것은?

[보기]

ㄱ. 사회의 다양성 확대에 기여하는 권리이다.
ㄴ. 문화적 정체성 확립에 도움을 주는 권리이다.
ㄷ. 쾌적한 주거 환경 조성을 강조하는 권리이다.
ㄹ. 전염병으로부터 자신의 안전을 보장해 주는 권리이다.

① ㄱ, ㄴ ② ㄱ, ㄷ ③ ㄴ, ㄷ ④ ㄴ, ㄹ ⑤ ㄷ, ㄹ

13 ✿✿✿✾

다음 글에서 강조하고 있는 인권에 대한 옳은 설명만을 〈보기〉에서 고른 것은?

○○시는 시민이 쾌적한 환경 속에서 생활할 수 있도록 노후 경유차 운행 제한 사업을 추진하고 있다. 배출가스 기준을 충족하지 못하는 경유차량은 도심 내 운행을 제한하는 제도로, 차량 소유주는 차량을 폐차하거나 배출 가스 저감 장치를 부착해 제한을 피할 수 있다. ○○시는 이 사업으로 미세먼지를 줄여 대기질이 많이 개선되었다.

[보기]

ㄱ. 건강하고 쾌적한 환경에서 살 권리를 뜻한다.
ㄴ. 우리나라 헌법에서는 국민의 권리로 규정하고 있지 않다.
ㄷ. 사회가 변하고 인간다운 삶의 기준이 높아지면서 등장했다.
ㄹ. 공연에서 수어 통역을 제공하는 것은 이를 보장하기 위한 사례로 볼 수 있다.

① ㄱ, ㄴ ② ㄱ, ㄷ ③ ㄴ, ㄷ ④ ㄴ, ㄹ ⑤ ㄷ, ㄹ

14 ✿✿✿

2025 실시 9월 학평 15

A~C에 대한 설명으로 옳은 것은? (단, A~C는 각각 문화권, 안전권, 환경권 중 하나임.) [1.5점]

인권	학교 생활 속 인권 보장 사례
A	각 교실에 공기 청정기를 설치하여 미세 먼지와 각종 유해 물질로 오염된 공기를 정화함으로써 실내 공기 질을 관리하여 쾌적한 환경을 제공한다.
B	이중 언어 말하기 대회, 다문화 급식 체험의 날 등을 실시하여 학생이 다양한 문화를 이해하고 체험할 수 있는 기회를 제공한다.
C	학생 보호 인력인 배움터 지킴이는 등·하굣길 교통 안전 지도, 학교 내·외부인 출입 관리 등으로 학생 및 교직원에게 안전한 학교 생활을 지원한다.

① A는 재난과 사고의 위험으로부터 안전을 보장받을 권리이다.
② B는 다양한 문화에 대한 이해를 증진하는 데 기여하는 권리이다.
③ C는 쾌적하고 안정적인 주거 환경에서 인간다운 생활을 할 권리이다.
④ C와 달리 B는 타인에게 양도 가능한 권리이다.
⑤ A와 달리 B, C는 현대 사회에서 확장된 인권이다.

15 ✽✽✽

다음 단체의 활동 목적에 대한 설명으로 가장 적절한 것은?

> ○○○은 청년 세대의 주거 문제 해결을 위한 시민
> 단체이다. 이 단체는 △△대에서 기숙사 문제를
> 중심으로 한 대학생 주거 문제를 다루기 위해 모인
> 것이 시초가 되었으나 현재는 청년 세대 주거 문제의
> 근본적인 해결을 위해 활동하고 있다. 이 단체는 더
> 이상 주거 환경 문제가 개인의 문제가 아닌 국가의
> 책임이라는 입장이다. 따라서 각종 청년 주거 실태 조사
> 연구 및 청년 주거 정책 제안, 제도 개선을 위한 캠페인
> 활동을 하는 동시에 국정 감사에 참고인으로 참여하는
> 등 제도적 보완을 위해 힘쓰고 있다.

① 국가는 국민을 각종 위험으로부터 보호해야 한다.
② 국가가 청년 세대의 안전권을 보장해 주어야 한다.
③ 국가가 자유로운 삶의 요건을 보장해 주어야 한다.
④ 국가가 최고 수준의 주거 기준을 설정하여야 한다.
⑤ 국가가 주거 생활의 쾌적성과 안정성을 보장해 주어야
　 한다.

16 ✽✽✽

(가)에 대한 설명으로 옳지 <u>않은</u> 것은?

> 다수를 대상으로 한 흉악 범죄가 증가하고 있어
> 도시에 주거하는 시민들이 불안에 떨고 있다. 시민들의
> 　　(가)　　 을/를 보장하기 위해 일부 지방 자치 단체는
> 최근 안심 귀가 스카우트 제도를 운용하기 시작했다.
> 안심 귀가 스카우트 제도를 신청하면 자원봉사자나 경찰
> 등이 지정된 장소에서부터 집까지 동행하여 시민들이
> 심야 시간에 안전하게 귀가할 수 있도록 도와준다.

① 생명을 위협하는 각종 위험으로부터 안전할 권리이다.
② 노동 시간이 감소하고 여가 시간이 늘어나면서 등장했다.
③ (가)의 보장을 위해서는 국가가 재해를 예방하고 관리할
　 필요가 있다.
④ (가)의 보장을 위해 기업은 산업 현장에서 안전 관리를
　 강화할 수 있다.
⑤ 자연재해와 과학기술 발전에 따른 인위적인 위험이
　 증가하면서 등장했다.

[17~18] 다음 헌법 조항을 읽고 물음에 답하시오.

> (가) 제35조 ① 모든 국민은 건강하고 쾌적한 환경에서
> 　　　　　　 생활할 권리를 가지며, 국가와 국민은
> 　　　　　　 환경 보전을 위하여 노력하여야 한다.
> (나) 제35조 ③ 국가는 주택 개발 정책 등을 통하여
> 　　　　　　 모든 국민이 쾌적한 주거 생활을 할 수
> 　　　　　　 있도록 노력하여야 한다.
> (다) 제34조 ⑥ 국가는 재해를 예방하고 그 위험으로부터
> 　　　　　　 국민을 보호하기 위하여 노력하여야 한다.

17 ✽✽✽ 단답형

(가)~(다)에 알맞은 인권의 종류가 무엇인지 쓰시오.

＿＿＿＿＿＿＿＿＿＿＿＿＿＿＿＿＿＿＿＿＿

18 ✽✽✽ 서술형

현대 사회에서 인권이 여러 영역으로 확장된 이유를 현대 사회에
나타난 문제 두 가지와 함께 서술하시오.

＿＿＿＿＿＿＿＿＿＿＿＿＿＿＿＿＿＿＿＿＿

＿＿＿＿＿＿＿＿＿＿＿＿＿＿＿＿＿＿＿＿＿

내신 1등급 문제

19 ✽✽✽

㉠~㉣에 대한 설명으로 옳지 <u>않은</u> 것은?

> • 프랑스의 시민 혁명을 계기로 모든 인간은 태어날
> 　 때부터 자유롭고 평등하다는 주장이 ㉠ 프랑스 인권
> 　 선언에 명시되었다.
> • 국제 연합(UN)총회에서 ㉡ 세계 인권 선언을 채택하여
> 　 인류가 당연히 누려야 할 권리를 규정하였다.
> • ㉢ 독일 바이마르 헌법에 처음으로 국가가 모든 국민의
> 　 인간다운 생활을 보장한다는 내용이 명시되었다.
> • 영국의 노동자들은 보통 선거권을 요구하는
> 　 ㉣ 인민헌장을 발표하고 차티스트 운동을 전개하였다.

① ㉠은 자유권 중심의 인권을 강조하였다.
② ㉡은 인권 보장의 국제적 기준을 제시하였다.
③ ㉢은 여러 나라의 복지 국가 헌법 제정에 영향을 끼쳤다.
④ 인권 확장의 역사적 전개 과정에서 ㉠-㉣-㉢-㉡의
　 순으로 등장하였다.
⑤ ㉣에서 영국 노동자들은 일정한 연령에 달한 모든
　 성인의 보통 선거권을 요구하였다.

20 ★★★ 중요

다음은 인권 확장의 역사적 전개 과정에서 발표된 문서의 일부이다. 이에 대한 옳은 설명만을 〈보기〉에서 고른 것은? [3점]

(가)	(나)

권리 장전
(1689년)

1. '국왕은 의회의 동의 없이 법의 효력을 정지하거나 법의 집행을 정지할 수 있는 권력이 있다.'는 주장은 위법이다.
4. 국왕의 대권을 구실로 의회의 승인 없이 …(중략)… 국왕이 쓰기 위한 금전을 징수하는 것은 위법이다.

인간과 시민의 권리 선언
(1789년)

제1조 인간은 자유롭게, 그리고 평등한 권리를 가지고 태어난다.
제2조 모든 정치적 결사의 목적은 인간의 자연적이고 침해할 수 없는 권리를 보존하는 데 있다.
제3조 모든 주권 원칙은 국민에게 있다.

[보기]

ㄱ. (가)는 사회권이 명시된 최초의 문서이다.
ㄴ. (나)는 천부 인권과 국민 주권의 원리를 반영하고 있다.
ㄷ. (가)와 (나)는 모두 계몽사상의 영향을 받았다.
ㄹ. (가)는 (나)와 달리 사회 계약설을 근거로 하고 있다.

① ㄱ, ㄴ ② ㄱ, ㄷ ③ ㄴ, ㄷ ④ ㄴ, ㄹ ⑤ ㄷ, ㄹ

21 ★★★

표는 현대 사회의 인권 (가), (나)와 관련된 사례를 나타낸 것이다. 이에 대한 옳은 설명만을 〈보기〉에서 고른 것은?
(단, (가), (나)는 각각 주거권, 환경권 중 하나임.) [3점]

인권	사 례
(가)	프랑스 파리의 일부 청년들은 9㎡ 크기의 '하녀방(Chambre de bonne)'에 살고 있다. 이는 소설 소공녀의 세라가 하녀로 전락했을 때 머문 다락방과 비슷하다고 붙여진 별명이다. 이 방은 엘리베이터나 화장실도 없고 주택이나 아파트 건물의 꼭대기 층에 있다. 여름에 옥탑방 온도는 40℃까지 올라간다. 파리도 런던과 마찬가지로 소득 대비 임대료가 비싼 도시 중 하나이다. －○○신문, ○월 ○일－
(나)	◇◇지역 산업단지에서 화석연료 대량 사용으로 대기 오염이 심각하게 발생하였고, 이와 관련된 사망자가 약 500명에 이른다고 △△환경단체연합이 밝혔다. 이 단체는 호흡기 질환 등으로 인한 사회적 손실을 금액으로 환산하면 2022년 기준 약 3조 원에 이를 것으로 추산했다. 또한 화석연료에 계속 의존할 경우, 대기오염 물질로 인한 누적 사망자가 2050년에는 2만여 명까지 증가할 것이라고 주장하였다. －□□신문, □월 □일－

[보기]

ㄱ. (가)는 (나)와 달리 천부 인권적 성격을 가진다.
ㄴ. (가)와 (나)는 모두 현대 사회에서 확장된 인권이다.
ㄷ. (가)의 사례에서 쾌적한 주거환경이 보장되고 있음을 알 수 있다.
ㄹ. (나)의 사례를 통해 과거에 비해 환경권이 더 강조될 것으로 예상할 수 있다.

① ㄱ, ㄴ ② ㄱ, ㄷ ③ ㄴ, ㄷ ④ ㄴ, ㄹ ⑤ ㄷ, ㄹ

22 ★★★

다음 자료에 대한 분석으로 옳은 것은? [3점]

표는 ○○시 「학생 인권 실태 조사」에서 '학생이 동의하지 않은 개인정보가 공개되고 있는가?'라는 항목에 대한 조사 결과이다. 단, 조사 대상인 중학생의 수와 고등학생의 수는 두 시기 각각 동일하며, 무응답이나 복수 응답은 없다.

(단위: %)

연도 응답 구분	2015년				2019년			
	전혀 그렇지 않다	그렇지 않다	그렇다	매우 그렇다	전혀 그렇지 않다	그렇지 않다	그렇다	매우 그렇다
중학생	43.6	34.8	15.7	5.9	40.0	48.7	6.7	4.6
고등학생	32.7	42.8	18.5	6.0	38.2	51.9	7.8	2.1

① 2019년이 2015년보다 '전혀 그렇지 않다'에 응답한 중학생의 수가 많다.
② 2019년이 2015년보다 '그렇지 않다'에 응답한 중학생의 비율이 낮다.
③ 2015년과 비교하여 2019년의 '그렇다' 응답 비율 감소 폭은 고등학생보다 중학생이 크다.
④ 2015년이 2019년보다 '매우 그렇다'에 응답한 고등학생의 수가 적다.
⑤ 2015년 대비 2019년의 '매우 그렇다' 응답 비율은 중학생이 고등학생보다 높다.

02 인권 보장을 위한 헌법의 역할과 시민 참여

중요도 ★★★

1 인권 보장을 위한 헌법의 역할

1. 헌법상의 기본권: 인권을 국민의 기본권으로 명시하여 헌법에 보장함[1]

자유권	국가 권력의 간섭이나 침해를 받지 않고 생활할 권리(소극적 · 천부적 권리) 예 신체의 자유, 언론의 자유, 양심의 자유 등
평등권	정당하고 합리적인 이유 없이 성별, 종교 등에 의해 차별받지 않을 권리(천부적 권리) ➡ 다른 기본권을 보장하기 위한 전제 조건(포괄적 권리) 예 법 앞에서의 평등, 차별받지 않을 권리 등
참정권	국가의 의사 결정에 주체적으로 참여할 수 있는 권리(적극적 권리) 예 국민 투표권, 선거권, 공무 담임권[2] 등
청구권	다른 기본권이 침해되었을 때 이를 구제하도록 요구할 수 있는 권리(수단적 권리) 예 청원권[3], 재판 청구권, 형사 보상 청구권 등
사회권	국가에 대하여 인간다운 삶의 보장을 요구할 수 있는 권리(적극적 · 현대적 권리) 예 근로 3권, 교육받을 권리, 환경권 등

✪ 헌법에 나타난 기본권

제10조 　모든 국민은 행복을 추구할 권리를 가진다. → 행복 추구권

제11조 　① 모든 국민은 법 앞에 평등하다. 누구든지 성별 · 종교 또는 사회적 신분에 의하여
　　　　　정치적 · 경제적 · 사회적 · 문화적 생활의 모든 영역에 있어서 차별을 받지 아니한다. → 평등권

제12조 　① 모든 국민은 신체의 자유를 가진다. → 자유권

제24조 　모든 국민은 법률이 정하는 바에 의하여 선거권을 가진다. → 참정권

제26조 　① 모든 국민은 법률이 정하는 바에 의하여 국가 기관에 문서로 청원할 권리를 가진다. → 청구권

제34조 　① 모든 국민은 인간다운 생활을 할 권리를 가진다. → 사회권

제37조 　① 국민의 자유와 권리는 헌법에 열거되지 아니한 이유로 경시되지 아니한다. → 일조권, 수면권 등

2. 인권 보장을 위한 제도적 장치

① 국민 주권의 원리	국민이 국가의 주인이라는 의미, 국민 투표를 통한 헌법 개정, 선거에 의해 대통령과 국회 의원 선출 등으로 실현
② 권력 분립 제도	국가 권력을 입법, 사법, 행정으로 나눠 서로 견제하고, 균형을 이루게 함
③ 법치주의	국가의 운영은 국회가 제정한 법률에 근거하여 수행해야 함
④ 민주적 선거 제도	국민이 국민의 대표를 선출, 보통 · 평등 · 직접 · 비밀 선거의 보장, 일정 나이 이상의 모든 국민에게 선거권 및 공무 담임권 부여
⑤ 복수 정당제	여러 정당의 자유로운 활동을 통해 의견의 다양성 등이 보장됨
⑥ 기본권 구제 제도	인권을 침해 받은 국민이 법원의 재판이나 헌법 재판소의 헌법 소원 등을 통해 권리를 구제 받을 수 있음 ➡ 인권 보장 최후의 보루

출제 O순위 특강 p.22

3. 기본권의 제한과 한계

(1) **기본권 제한**: 국가 안전 보장, 질서 유지, 공공복리를 위해 필요한 경우에 한하여
　　　　　　　법률로써 기본권을 제한할 수 있음

(2) **기본권 제한의 한계**: 헌법에 기본권 제한의 목적, 방법, 형식, 내용상 한계를 명시함
　　➡ 기본권의 본질적인 내용은 침해할 수 없고, 국회가 정한 법률에 의해서만 제한 가능[4]

---

[1] 입헌주의

국가의 모든 권력이 헌법에 따르도록 하여 국가 권력의 자의적 행사를 방지하고, 국민의 인권을 실질적으로 보장하는 정치 원리이다. 우리나라는 입헌주의에 따라 국가 권력이 인권을 침해하지 않도록 하고 있다.

[2] 공무 담임권

국민이 국가나 지방 자치 단체 기관의 구성원으로서 공적인 업무를 담당할 수 있는 권리로, 피선거권과 공직 취임권을 포괄한다.

[3] 청원권

법률이 정하는 바에 의하여 국가 기관에 문서로 청원할 권리이다.

[4] 헌법에 나타난 기본권 제한

헌법 제37조 ② 국민의 모든 자유와 권리는 국가 안전 보장 · 질서 유지 또는 공공복리를 위하여 필요한 경우에 한하여 법률로써 제한할 수 있으며, 제한하는 경우에도 자유와 권리의 본질적인 내용을 침해할 수는 없다.

✿ 권력 분립 제도와 헌법 재판소

우리나라의 권력 분립 제도(삼권 분립 주의)		헌법 재판소의 심판
입법부(국회) 법률 제정 / **국민** / **행정부(정부)** 정책 집행 / **사법부(법원)** 법률 적용 (법률안 거부권, 대법원장 임명 동의권, 국정 감사권·탄핵 소추권, 위헌 법률 심사 제청권, 대법원장 임명권·사면권, 명령·규칙 심사권)	• 우리나라는 입법권은 국회에, 행정권은 정부에, 사법권은 법원에 속하는 삼권 분립주의를 헌법에 규정하고 있다. • 권력 분립 제도는 견제와 균형의 원리를 채택하여 국가 권력 상호 간 견제와 균형을 이루고자 하는 것으로 국가 권력에 대한 견제를 기반으로 하고 있다.	• **헌법 소원 심판**: 국가 기관의 행위가 국민의 기본권을 침해하는 것으로 의심될 때 국민의 요청에 따라 위헌 여부를 판단하는 심판 • **위헌 법률 심판**: 법원에서 사건을 재판하며 재판에 적용되는 법률이 헌법에 위반되는지 문제가 될 때 법원의 신청에 따라 위헌 여부를 판단하는 심판

② 인권 보장을 위한 개인의 역할

1. 시민 참여: 정부의 정책 결정과 집행에 시민이 직접 참여하여 영향을 미치는 것

(1) **필요성**: 국가의 주인으로서 요구되는 권리이자 의무

(2) **기능**

　① 정의로운 사회 실현: 모든 사회 구성원의 인간 존엄성이 보장되는 정의로운 사회에 다가서도록 함

　② 대의 민주주의 보완: 시민이 선출한 대표자를 통해 간접적으로 주권을 행사하기 때문에 국민의 의사가 잘 반영되지 못할 수 있음 ➡ 시민의 참여로 대의 민주주의를 보완함

(3) **시민 참여의 방법**

　① 개인적 방법

　　• 선거와 투표: 가장 기본적인 참여 방법으로, 시민의 뜻을 잘 반영할 수 있는 대표자를 선출해 국가의 의사 결정에 참여함

　　• 집회 참가: 다수가 의견을 대외적으로 표출하기 위해 일정 장소에 일시적으로 모임

　　• 청원 및 민원 제기: 법률이 정한 절차에 따라 손해의 구제, 법률의 제정 등을 국회, 관공서 등에 청구함

　　• 이 외에도 언론 기관이나 인터넷에 자신의 의견을 표현하며 부당한 정책이나 제도의 개선을 요구할 수 있음

　② 집단적 방법: 정당, 이익 집단❶, 시민 단체❷ 등 ➡ 여론을 형성하여 입법이나 정책 수립에 영향을 미침

▲ 선거

▲ 집회 참가

❶ 이익 집단
이해관계를 공유하는 사람들이 자신들의 이익을 실현하기 위하여 조직한 단체

❷ 시민 단체
공동의 이익을 실현하기 위하여 시민들이 자발적으로 조직한 단체

2. 시민 불복종❸  　출제 O순위 특강 p.22

(1) 정의롭지 못한 법이나 정책을 변혁시키려는 목적으로 행하는 의도적인 위법 행위

(2) **시민 불복종의 정당화 조건**

행위 목적의 정당성	사회 구성원의 권리를 침해하여 사회 정의를 훼손한 법이나 정책에 항의하는 것임
비폭력성, 공개성	그 방법이 비폭력적이어야 하며, 공개적으로 행해져야 함
최후의 수단	합법적인 수단을 사용해서도 해결이 되지 않을 때 최후의 수단으로 행사해야 함
처벌 감수❹	위법 행위에 대한 처벌을 감수함으로써 법을 존중함

(3) **사례**: 간디의 소금법 폐지 운동, 흑인의 몽고메리 버스 탑승 거부 운동

❸ 롤스의 시민 불복종
시민 불복종은 법에 대한 충실성의 한계 내에서 부정의에 항거함으로써 정의로부터의 이탈을 방지하고, 교정하는 데 도움이 된다.
　　　　　　　　 − 롤스, 《정의론》

❹ 처벌 감수
위법 행위에 따르는 처벌을 받아들이면서도 참여할 의사가 있다는 것

✪ 헌법 재판소를 통한 기본권 구제

갑은 검정고시에 합격하여 고등학교 졸업 학력을 취득하고, 대학교 입학을 준비하였다. 그런데 당시 대학교들이 발표한 수시 모집 신입생 요강에서 대부분의 전형이 고등학교 졸업자 또는 졸업 예정자로 지원 자격이 한정되어 있음을 알게 되었다. 갑은 이는 합리적 이유 없이 검정고시 출신 학생을 차별하는 것이라 주장하며 헌법 소원 심판을 청구하였다. 헌법 재판소는 수시 모집 대부분의 지원 자격을 일률적으로 제한한 것은 실질적으로 검정고시 출신자의 대학 입학 기회의 박탈이라는 결과를 초래한다며 위헌 결정을 내렸다.

▲ 헌법 재판소

❶ 헌법 재판소
법률이나 공권력의 작용이 헌법에 위반된다고 다툴 때 헌법 재판소가 무엇이 헌법에 합치되는 것인지 판단한다.

• 법률에 정해진 절차에 따른 권리 구제를 통해서도 기본권을 구제받지 못한 경우는 최종적으로 헌법 재판소❶에 기본권 구제를 청구할 수 있다.

✪ 시민 불복종의 조건

1930년 영국은 당시 식민지였던 인도에서 인도인의 소금 제조 및 판매를 금지하고 소금을 수입해서 먹도록 하는 소금법을 시행하였다. 간디는 이 법의 폐지를 요구하였는데 영국 정부가 받아들이지 않자 지지자들과 함께 저항의 표시로 약 1개월 동안 소금법에 반대하는 행진을 하고, 바닷가에 도착해 바닷물로 소금을 직접 만들기 시작했다. 경찰은 이들을 강제로 진압하였고, 간디와 6만여 명의 인도인들은 투옥되었지만 소금 제조를 멈추지 않았다. 결국 영국 정부는 인도에서의 소금 생산을 허용하게 되었다.

▲ 간디의 소금법 투쟁

출제 0순위 포인트는?
• 시민 불복종은 기본적으로 법을 존중하며 이루어지며, 목적의 정당성으로 인해 처벌을 감수한다는 점을 알아두자!

• 간디의 소금법 투쟁은 시민 불복종의 대표적 사례이다.
• 저항권과 시민 불복종은 혼용하여 쓰이기도 하지만 저항권은 폭력적인 방식까지도 인정하는 반면, 시민 불복종은 전반적인 법치국가 내에서의 저항을 뜻하며, 비폭력적인 방식을 의미하는 등 차이가 있다는 점을 꼭 알아두자.

확인 문제
▶ 정답과 해설은 다음 페이지에

1 인권 보장을 위한 제도적 장치 중 인권 보장의 최후의 보루 역할을 하는 제도는 무엇인지 쓰시오.

2 시민 불복종이 정당화되기 위해서 지켜야 하는 조건을 3가지 이상 쓰시오.

1 인권 보장을 위한 헌법의 역할

1. 다음 헌법 조항에 대한 설명으로 옳은 것은 ○, 틀린 것은 ×에 표시하시오.

> 제11조 모든 국민은 법 앞에 평등하다. 누구든지 성별·종교 또는 사회적 신분에 의하여 정치적·경제적·사회적·문화적 생활의 모든 영역에 있어서 차별을 받지 아니한다.
>
> 제24조 모든 국민은 법률이 정하는 바에 의하여 선거권을 가진다.
>
> 제26조 ① 모든 국민은 법률이 정하는 바에 의하여 국가 기관에 문서로 청원할 권리를 가진다.
>
> 제34조 ① 모든 국민은 인간다운 생활을 할 권리를 가진다.

(1) 제11조는 인간이 태어날 때부터 가지고 태어난 천부적인 권리이다. (○, ×)

(2) 제24조에 의거, 연령에 의해 선거권을 제한하는 것은 불합리하다. (○, ×)

(3) 제11조, 제26조 ①, 제34조 ①의 권리는 국가가 존재해야만 성립하는 권리이다. (○, ×)

(4) 제34조 ①의 권리는 국가에 대하여 일정한 요구를 할 수 있는 적극적 권리이다. (○, ×)

2. 다음은 인권 보장을 위한 헌법상의 제도적 장치에 대한 설명이다. 옳은 것은 ○, 틀린 것은 ×에 표시하시오.

(1) 기본권은 어떠한 경우에도 제한할 수 없다. (○, ×)

(2) 국가 권력의 자의적 지배를 위해 법치주의를 도입했다. (○, ×)

(3) 여러 정당의 활동은 혼란을 야기하므로 복수 정당제는 폐지되어야 한다. (○, ×)

(4) 권력 분립은 어느 한쪽의 권력 남용을 막아 국민의 인권을 보장하기 위한 것이다. (○, ×)

(5) 헌법 재판소는 위헌 법률 심판이나 헌법 소원 심판을 통해 침해된 국민의 인권을 구제한다. (○, ×)

p.22 확인 문제 [정답]

1 기본권 구제 제도
2 목적의 정당성, 최후의 수단, 처벌 감수, 비폭력성, 공개성

3. 다음은 몽테스키외의 법의 정신 중 일부이다. 이에 대한 설명으로 옳은 것은 ○, 틀린 것은 ×에 표시하시오.

> 입법권과 행정권으로부터 사법권이 독립되지 않으면, 자유는 있을 수 없다. 사법권과 입법권이 결합한다면, 재판관이 입법자가 되기 때문에 시민의 자유와 생명이 권력에 의하여 침해될 것이다. 만일 사법권과 행정권이 결합한다면, 재판관은 압제자의 권력을 행사할 수 있다. 나아가 특정한 한 사람이나 집단 또는 귀족이 세 가지 권력을 모두 행사하게 되면, 모든 것을 상실하게 될 것이다.

(1) 입법권은 국회에, 행정권은 정부에, 사법권은 법원에 해당한다. (○, ×)

(2) 입법권과 행정권이 결합되고 사법권이 독립된 이권 분립주의를 택하고 있다. (○, ×)

(3) 권력 분립 제도는 견제와 균형의 원리를 채택하여 국가 권력 상호 간 견제 균형을 이루고자 하는 것이다. (○, ×)

(4) 권력 분립 제도는 국가 권력에 대한 견제를 기반으로 하고 있다. (○, ×)

2 인권 보장을 위한 개인의 역할

4. 시민 불복종에 대해 옳은 설명을 하고 있는 사람을 모두 고르시오.

( )

1 인권 보장을 위한 헌법의 역할

01 ✽✽✽ 중요
2022 실시 9월 학평 12

(가)에 들어갈 기본권에 대한 설명으로 옳은 것은?

> A는 국회의원 피선거권 연령을 25세 이상으로 정한 공직선거법 제16조 2항이 ___(가)___ 와 평등권을 침해한다고 주장하며 헌법 재판소에 헌법 소원 심판을 청구하였다. 이에 대해 헌법 재판소는 국회의원에게 요구되는 능력 등을 고려할 때, 국가의 존재를 전제로 인정되는 권리인 ___(가)___ 가 침해되지 않는다고 결정하였다. 하지만 그 이후에도 피선거권 연령 하향에 대한 사회적 요구는 지속되었고, 결국 국회에서 해당 연령을 18세로 낮추는 개정안이 통과되었다.

① 침해된 기본권을 구제하기 위한 권리이다.
② 국가의 정치 과정에 참여할 수 있는 권리이다.
③ 다른 기본권 실현의 전제 조건이 되는 권리이다.
④ 국가에게 인간다운 생활의 보장을 요구하는 권리이다.
⑤ 정당하고 합리적 이유 없는 차별을 받지 않을 권리이다.

[02~03] 다음을 읽고 물음에 답하시오.

> (가) 제11조 ① 모든 국민은 법 앞에 평등하다. 누구든지 성별·종교 또는 사회적 신분에 의하여 정치적·경제적·사회적·문화적 생활의 모든 영역에 있어서 차별을 받지 아니한다.
> (나) 제26조 ① 모든 국민은 법률이 정하는 바에 의하여 국가 기관에 문서로 청원할 권리를 가진다.

02 ✽✽✽

(가), (나)에 해당하는 기본권으로 옳은 것은?

	(가)	(나)		(가)	(나)
①	평등권	자유권	②	평등권	참정권
③	청구권	자유권	④	청구권	사회권
⑤	평등권	청구권			

03 ✽✽✽

(가), (나)가 규정하고 있는 기본권에 대한 설명으로 옳은 것은?

① (가)는 어떠한 이유로도 차별받지 않을 권리이다.
② (가)의 종류로 근로 3권, 환경권 등을 들 수 있다.
③ (나)는 역사적으로 가장 오래된 기본권이다.
④ (나)는 다른 기본권 보장을 위한 수단적 권리이다.
⑤ (나)는 국가에 대하여 인간다운 삶의 보장을 요구할 수 있는 권리이다.

04 ✽✽✽
2023 실시 3월 학평 9 (고2)/정치와 법

그림은 사다리 게임을 활용하여 기본권 유형 A~C를 구분한 것이다. 이에 대한 설명으로 옳은 것은? (단, A~C는 각각 자유권, 청구권, 사회권 중 하나임.)

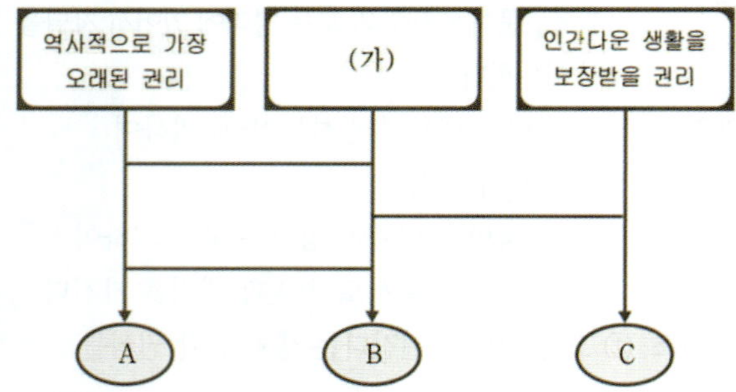

* 사다리 게임 규칙: 세로줄을 따라 아래로 내려가다 가로줄을 만나면 가로줄을 따라 이동하고 다시 세로줄을 따라 내려가는 과정을 반복함.

① A는 다른 기본권 보장을 위한 수단적 권리이다.
② B는 국가의 정치 과정에 참여할 수 있는 권리이다.
③ C의 실현을 위해 우리 헌법은 최저 임금제 시행을 규정하고 있다.
④ A와 B는 적극적 권리, C는 소극적 권리이다.
⑤ (가)에 '외부로부터 간섭을 받지 않을 권리'가 들어갈 수 있다.

[05~06] 다음 글을 읽고 물음에 답하시오.

> (가) 모든 국민은 법 앞에 평등하다.
> (나) 모든 국민은 신체의 자유를 가진다.
> (다) 모든 국민은 능력에 따라 균등하게 교육을 받을 권리를 가진다.

05 ✽✽✽

기본권 (가)~(다)에 대한 설명으로 옳은 것은?

① (가)는 합리적인 이유로도 차별받지 않을 권리이다.
② (나)는 적극적으로 정치에 참여할 수 있는 권리이다.
③ (다)는 기본권 보장을 위한 수단적 성격을 갖는다.
④ (다)는 2세대 인권에서 강조하는 기본권이 드러나 있다.
⑤ (가)와 (나)는 헌법에 명시된 내용만 보장되는 권리이다.

06 ✽✽✽ 서술형

(나)와 (다)의 상대적 특징을 국가의 개입 정도를 기준으로 서술하시오.

____

____

07 ❀❀❀

다음 자료에 대한 옳은 설명만을 〈보기〉에서 고른 것은? [2점]

> 갑은 인터넷 게시판에 익명으로 댓글을 작성하려고 하였으나 운영자가 게시판 이용 시 본인 확인 절차를 거치도록 조치하여 댓글을 게시하지 못하였다. 이에 갑은 본인 확인 절차를 거쳐야만 게시판을 이용할 수 있도록 하는 제도를 규정한 법령 조항들로 인해 ⊙ 헌법상 자유권이 침해당하였다고 판단하여, ⓒ 헌법 소원 심판을 청구하였다. (가) 은/는 해당 법령 조항들이 게시판 이용자의 표현의 자유를 사전에 제한하여 의사 표현 자체를 위축시켜, 갑의 자유권을 침해한다는 이유로 위헌 결정을 내렸다.

[보기]
ㄱ. (가)는 법률을 제정하는 기관이다.
ㄴ. (가)는 위헌 법률 심판권을 갖는다.
ㄷ. ⊙은 국가의 최고법으로서 인권을 기본권으로 규정하고 있다.
ㄹ. 갑이 청구한 ⓒ은 재판 중인 사건에서 다루는 법률의 위헌 여부를 심사하는 제도이다.

① ㄱ, ㄴ ② ㄱ, ㄷ ③ ㄴ, ㄷ ④ ㄴ, ㄹ ⑤ ㄷ, ㄹ

[08~09] 다음 글을 읽고 물음에 답하시오. [출제 0순위 특강]

> 갑: 육군 훈련소에서 군사 훈련을 받으며 저는 분명히 주말 종교 행사에 불참하겠다는 의사를 밝혔는데, 강제로 종교 행사에 참석하도록 했습니다. 이런 조치는 제가 신앙을 가지지 않을 자유와 종교적 집회에 참석하지 않을 자유를 제한하는 것이라고 생각합니다. 저의 권리를 보장받을 방법이 있을까요?
> 을: 헌법 재판소에 (가) 심판을 청구해보세요.

08 ❀❀❀

(가)에 대한 설명으로 옳은 것은?

① (가)는 선거에 의한 국회 의원 선출로 실현된다.
② (가)는 국가 권력을 입법, 사법, 행정으로 나눠 서로 견제하도록 만든다.
③ (가)는 여러 정당의 자유로운 활동으로 의견의 다양성을 보장하기 위한 장치이다.
④ (가)는 법률이나 공권력이 헌법에 보장된 기본권을 침해하는지 판단해준다.
⑤ (가)는 법률에 정해진 권리 구제 절차를 모두 거치지 않아도 청구할 수 있다.

09 ❀❀❀ [서술형]

헌법 재판소의 (가)를 청구하기 위해 갖춰야 하는 조건을 서술하시오.

____

____

10 ❀❀❀

다음 자료는 기본권 제한에 관한 우리나라 헌법 조항 중 일부이다. 이에 대한 옳은 설명만을 〈보기〉에서 고른 것은? [3점]

> 제37조 ② 국민의 모든 자유와 권리는 국가안전보장·질서유지 또는 공공복리를 위하여 필요한 경우에 한하여 ⊙법률로써 제한할 수 있으며, 제한하는 경우에도 자유와 권리의 본질적인 내용을 침해할 수 없다.

[보기]
ㄱ. 국민의 기본권은 어떠한 경우에도 제한할 수 없다.
ㄴ. 기본권 제한을 통해 보호하려는 공익보다 침해되는 개인의 이익이 커야 한다.
ㄷ. 기본권을 제한할 때는 정당한 목적을 달성하는 데 필요한 범위 안에서만 제한하여야 한다.
ㄹ. ⊙의 이유는 국민의 기본권이 국가에 의해 함부로 침해당하지 않도록 보장하기 위함이다.

① ㄱ, ㄴ ② ㄱ, ㄷ ③ ㄴ, ㄷ
④ ㄴ, ㄹ ⑤ ㄷ, ㄹ

② 인권 보장을 위한 개인의 역할

11 ❀❀❀

밑줄 친 ⊙~ⓔ에 대한 옳은 설명만을 〈보기〉에서 고른 것은? [3점]

> ○○법 개정을 위해서 국민이 할 수 있는 정치 참여 방법을 제시해 봅시다.

> 정책 제안 홈페이지에 ⊙ ○○법 개정 관련 정책 아이디어를 온라인으로 제출할 수 있습니다.

> 국회의원 선거에서 ○○법의 개정을 공약으로 내세운 ⓒ후보자에게 투표를 할 수 있습니다.

> ○○법의 개정을 촉구하는 ⓒ집회에 참석하거나 ⓔ청원서를 작성할 수 있습니다.

[보기]
ㄱ. ⊙은 정치 참여 주체의 정치적 효능감을 향상시킨다.
ㄴ. ⓒ은 정치 권력에 대한 국민의 감시 기능을 강화시킨다.
ㄷ. ⓒ은 ⊙과 달리 대의 민주주의의 한계를 보완할 수 있다.
ㄹ. ⓒ, ⓔ은 모두 집단적 정치 참여 방법에 해당한다.

① ㄱ, ㄴ ② ㄱ, ㄷ ③ ㄴ, ㄷ ④ ㄴ, ㄹ ⑤ ㄷ, ㄹ

12 ✿❀❀

그림은 어떤 사상가가 제자에게 쓴 가상 편지이다. 시민 불복종에 대한 이 사상가의 입장으로 가장 적절한 것은? [2.5점]

제자 ○○에게

"부정의(不正義)한 법과 정책에 맞서 우리는 어떻게 행동해야 할까요?"라는 자네의 질문에 대해 곰곰이 생각해 보았다네. 거의 정의로운 사회의 시민이라면 일부 법이 부정의하더라도, 그 법이 정당한 절차로 제정되었다면 따라야 할 의무가 있지. 하지만 어떤 법이나 정책이 인간의 기본적 자유와 권리를 심각하게 침해한다면, 그때는 시민 불복종이라는 수단을 통해 맞서야 하네. 시민 불복종은 부정의한 법이나 정책에 변혁을 가져올 목적으로 행해지는, 법에 반하는 정치적 행위라네. 시민 불복종이 정당화되기 위해서는 공개적이고 비폭력적으로 이루어져야 하며, 그 행위의 법적인 결과를 기꺼이 받아들이겠다는 의지가 있어야 하지.

① 시민 불복종이 초래하는 법적인 처벌을 거부해야 한다.
② 시민 불복종은 정의로운 사회로 나아가는 데 기여한다.
③ 부정의한 모든 법과 정책은 시민 불복종의 대상이 된다.
④ 시민 불복종은 위법 행위이므로 비밀리에 이루어져야 한다.
⑤ 공익을 위해서라면 시민 불복종에 폭력 행위가 수반될 수 있다.

13 ✿❀❀ 중요 [출제 0순위 특강]

밑줄 친 ㉠, ㉡과 같은 행위가 정당화되기 위한 조건으로 적절하지 <u>않은</u> 것은?

- 마틴 루터 킹은 흑인 차별 문제의 심각성을 일깨우는 데 중요한 역할을 한 인물이다. 그는 1955년 시내버스 이용의 흑인 차별 대우에 반대하여 5만 명의 흑인 시민이 참가한 ㉠ 몽고메리 버스 승차 거부 운동을 비폭력적으로 이끌었다.
- 1930년 영국 정부는 '소금법'으로 인도 사람들을 억압하였다. 간디는 영국 정부에 '소금법'의 폐지를 요구하였으나 받아들여지지 않자, 이에 대한 저항의 표시로 ㉡ 소금 행진을 평화적으로 이끌었다.

① 비폭력적인 방법으로 이루어져야 한다.
② 사회 정의의 실현을 목표로 삼아야 한다.
③ 정당성 확보를 위해 비공개적으로 이루어져야 한다.
④ 위법 행위에 따른 현행법상의 처벌을 감수해야 한다.
⑤ 합법적 방법으로 문제를 해결할 수 없을 때 최후의 수단으로 사용해야 한다.

[14~15] 다음 글을 읽고 물음에 답하시오.

이것은 정의롭지 못한 법이나 정책을 변혁시키기 위해 행하는 행위로, 사회 정의의 실현을 목적으로 해야 한다. 그리고 비폭력적인 방법으로 전개해야 되며, 최후의 수단으로 시도되어야 한다.

14 ✿❀❀

윗글의 밑줄 친 '이것'에 대한 설명으로 옳지 <u>않은</u> 것은?

① 개인의 사익을 위해서도 행해져도 정당화된다.
② 여러 합법적 수단을 써도 소용없을 때 행해진다.
③ 정당한 이유가 없으면 사회적 혼란을 가져올 수 있다.
④ 처벌을 감수하여 법체계를 존중하고 있음을 밝혀야 한다.
⑤ 다른 위법 행위와 다르게 정당성을 인정받기 위해서 지켜야 할 조건들이 있다.

15 ✿❀❀ [서술형]

윗글의 내용을 바탕으로 다음의 사례가 정당화되지 못하는 이유를 서술하시오. (단, 밑줄 친 '이것'의 정당화 요건 중 지켜지지 <u>않은</u> 조건을 명시할 것.)

1912년, 여성의 참정권 확보를 위해 유리창을 박살 내고 우체통과 저택에 불을 지르는 '전투파'라 불리는 여성 운동가들이 나타났다.

내신 1등급 문제

16 ✿✿✿ 중요

기본권 유형 A~C에 대한 설명으로 옳은 것은? (단, A~C는 각각 자유권, 평등권, 참정권 중 하나임.) [3점]

아래 그림은 [질문1], [질문2]에 대해 '예', '아니요' 중 같은 답을 할 수 있는 것끼리 점선으로 묶은 것이다.

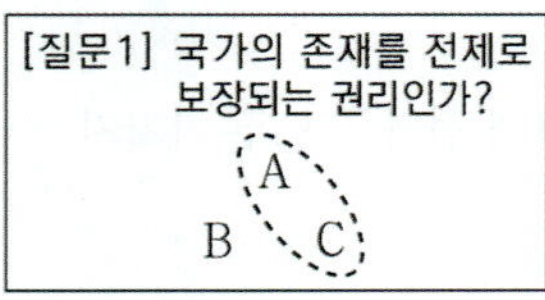

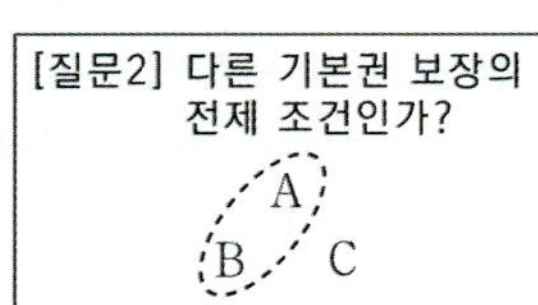

① A는 가장 최근에 등장한 권리이다.
② B는 국가의 정치 과정에 참여할 수 있는 권리이다.
③ C는 자본주의의 문제점을 해결하는 과정에서 등장한 권리이다.
④ A는 B, C와 달리 적극적 성격의 권리이다.
⑤ C는 A, B와 달리 다른 기본권 구제를 위한 수단적 권리이다.

기본권 유형 A, B에 대한 설명으로 옳은 것은? [2.5점]

> - 사회적 편견이나 차별적 관행이 반영된 데이터를 학습한 인공 지능을 활용하여 재판을 할 경우, 합리적이지 않은 이유로 차별받지 않을 권리인 ____A____ 를 침해할 우려가 있다.
> - 판례에 대한 빅데이터를 학습한 인공 지능을 법관의 재판 업무에 보조적으로 활용할 경우, 재판 지연 해소에 도움이 된다. 이를 통해 기본권 보장을 위한 수단적 권리인 ____B____ 를 더 많은 사람이 보장받을 수 있다.

① A는 다른 기본권 보장의 전제 조건이 되는 권리이다.

② B는 국가 권력의 간섭을 배제하는 권리이다.

③ A와 달리 B는 인간의 존엄과 가치를 보장하기 위한 권리이다.

④ B와 달리 A는 국가의 의사 결정 과정에 참여할 수 있는 권리이다.

⑤ A, B는 모두 국가의 존재를 전제로 한 적극적 권리이다.

다음 교사의 질문에 대해 옳게 답변한 학생만을 고른 것은? [1.5점]

수업 자료	**과제 게시판**	자유 게시판	통합사회 E-class

교사: 우리나라 헌법에 명시된 인권 보장을 위한 제도적 장치에 대해 답변해 볼까요?

ㄴ 갑: 국가 권력의 행사는 국민의 대표 기관인 국회에서 제정한 법률에 따라 이루어져야 해요.

ㄴ 을: 기본권 제한의 요건을 헌법에 명시하여 부당한 국가 권력의 행사로부터 국민의 기본권을 보장하고 있어요.

ㄴ 병: 기본권을 침해받은 국민은 국가인권위원회에 헌법 소원 심판을 청구하여 침해받은 기본권을 구제받을 수 있어요.

ㄴ 정: 권력 분립 제도에 따라 국회는 입법권, 정부는 사법권, 법원은 행정권을 각각 담당하고 있어요.

① 갑, 을   ② 갑, 병   ③ 을, 병

④ 을, 정   ⑤ 병, 정

기본권 A, B에 대한 설명으로 옳은 것은? [3점]

> 갑은 범죄 행위로 유죄를 선고받고 집행 유예 중이라는 이유로 자신의 선거권을 제한하는 ○○법이 국가의 정치 과정에 국민이 참여할 수 있는 권리인 ____A____ 를 침해하는 것은 물론 일반 국민과 집행 유예 중인 자를 차별 취급하는 것이므로 ____B____ 를 침해한다고 판단하여 헌법 소원 심판을 청구하였다.

① A의 예로 공무 담임권을 들 수 있다.

② A는 법률로도 제한할 수 없는 권리이다.

③ B는 다른 기본권 침해 시 이를 구제받기 위한 수단적 권리이다.

④ A는 B와 달리 모든 사회생활 영역에서 차별받지 않을 권리이다.

⑤ B는 A와 달리 적극적 성격의 권리이다.

밑줄 친 행위들이 정당화되기 위한 조건만을 〈보기〉에서 고른 것은? [2점]

〈사례1〉
1930년대 인도를 식민 지배하던 영국은 인도인의 소금 제조와 판매를 금지하고, 반드시 영국으로부터 소금을 구매하도록 하는 소금법을 제정했다. 이에 대해 부당함을 느낀 간디는 소금법 폐지를 주장하는 행진을 평화적으로 이끌어 소금법 폐지라는 결과를 얻었다.

〈사례2〉
1950년대 미국 정부는 흑인과 백인을 차별하는 인종 분리법을 시행하였다. 흑인 여성 로자 파크스는 백인에게 버스 자리를 양보하지 않아 경찰에 체포되었다. 이 사건을 계기로 몽고메리의 흑인들은 버스 승차거부 운동을 시작했고, 흑인들의 인권 운동이 확산되었다.

[보기]

ㄱ. 위법 행위에 대한 법적인 처벌을 받아들여야 한다.

ㄴ. 효율적인 목표 달성을 위해 폭력이 허용되어야 한다.

ㄷ. 개인의 이익이 아닌 사회정의 실현을 목적으로 해야 한다.

ㄹ. 합법적인 노력이 시도되기 전에 공개적으로 이루어져야 한다.

① ㄱ, ㄴ   ② ㄱ, ㄷ   ③ ㄴ, ㄷ

④ ㄴ, ㄹ   ⑤ ㄷ, ㄹ

03 인권 문제 해결을 위한 노력

중요도 ★★★

1 국내 인권 문제

1. 사회적 소수자 차별

(1) **사회적 소수자**: 한 사회에서 <u>신체적 · 문화적 특징 때문에 다른 구성원에게 차별을 받으며,</u> 스스로 차별받는 집단에 속해 있다는 의식을 지닌 사람들 ➡ 장애인, 노인, 이주 외국인, 북한 이탈 주민 등

(2) **사회적 소수자의 특징**

① 다양한 기준: 성별, 인종, 장애, 국적 등에 따라 규정됨

② 상대성: 상황과 여건에 따라 누구나 사회적 소수자로 규정될 수 있음❶

(3) **사회적 소수자 차별의 문제점**: 사회적 소수자에 대한 차별은 기본적으로 인간 존엄성을 위배하는 문제이며, 사회 갈등의 원인으로 작용하여 사회 통합을 어렵게 함

(4) **사회적 소수자 차별의 해결 방안**

개인적 차원	누구나 사회적 소수자가 될 수 있음을 인식하고 사회적 소수자에 대한 편견 극복, 다양성을 존중할 줄 아는 자세, 관용❷ 및 평등 의식을 지님
사회적 차원	사회적 소수자를 차별하는 정책이나 법률 정비, 지속적인 교육과 의식 개선 활동

2. 청소년 노동권 침해 문제 

(1) **청소년 노동권**: <u>성인이 보장받는 노동 조건에 대한 권리와 동일하게 보장되며,</u> 위험한 일을 할 수 없고, 노동 시간에 제한이 있는 등 <u>성인보다 강한 보호를 받음</u>

(2) **대책**

① 청소년: 노동권에 대한 지식 습득, 서면으로 근로 계약서 작성, 권리 침해 시 고용 노동부 · 대한 법률 구조 공단❸ · 국가인권위원회 · 중앙노동위원회 등에 신고

② 고용주: 노동권 관련 법규 준수

③ 사회적 측면: 청소년 노동 관련 법률 및 제도 보완, 청소년 노동 인권에 대한 사회적 인식 개선을 위한 교육 실시

▲ 장애인의 이동권

❶ **사회적 소수자의 상대성**
집단 구성원의 절대적인 수와 관계없이 사회적 영향력이 상대적으로 작고 약자의 위치에 있다면 사회적 소수자라고 볼 수 있다.

❷ **관용**
자기와 다른 사람의 특성을 받아들이고 인정하는 능동적이고 개방적인 자세

❸ **대한 법률 구조 공단**
경제적으로 어려워 법의 보호를 충분히 받지 못하는 사람들에게 법률 상담, 변호사에 의한 소송 대리 및 형사 변호 등의 법률적 지원을 하기 위하여 설립된 공공 기관

✪ 청소년이 알아야 하는 아르바이트 상식

출제 ○순위 특강 p.30

15세 이상부터
근로 가능

친권자 동의서,
가족 관계 증명서 제출

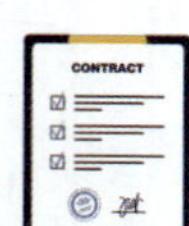

근로 계약서
반드시 작성

성인과 동일한
최저 임금 적용

위험한 일,
유해 업종 금지

하루 7시간, 일주일
35시간 초과 근무 금지

야간 근로(22~06시),
휴일 근로 원칙상 금지

결근 없이 주 15시간 이상
근무 시 하루 유급 휴일 발생

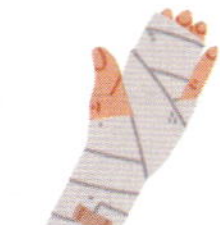
일하다 다치면 산재
보험에 따라 치료와 보상

청소년 노동 상담 전화
1644-3119

1. 대표적 인권 문제

인종 차별	• 사람들을 여러 인종으로 나누고, 특정 인종에 대하여 불이익을 주는 것 • 특정 인종이나 민족 집단에 대한 부정적 인식과 태도를 일컬음
성차별	• 남녀 간의 차이에 대하여 사회적 인식에 기초하여 다르게 구분하고 부당하게 차별하는 현상 ➡ 성 불평등 지수, 성 격차 지수 • 대부분의 사회에서는 여성보다는 남성을 선호하는 차별로 나타남
아동 노동	어린 시절의 잠재성과 인간 존엄성을 박탈하여 아동의 신체적 · 정신적 개발에 지장을 주는 강제성 노동 ➡ 국제 아동 권리 지표
독재 국가	독재 국가에서는 공권력이 시민의 재산이나 신체의 자유 등 국민의 기본권을 침해하는 모습이 나타남 ➡ 세계 언론 자유 지수, 세계 자유 지수
빈곤 문제	전쟁으로 인해 경제적 어려움을 겪거나 기후위기로 삶의 터전을 잃는 등 다양한 이유로 난민 및 기아 문제가 나타남 ➡ 세계 기아 지수

❶ 인권 지수

글로벌 성 평등 지수	교육, 노동 · 재정 등의 영역에서 성별 간 상대적 격차를 측정
국제 아동 권리 지표	생존권, 건강할 권리, 교육받을 권리, 보호받을 권리 등을 기준으로 측정
세계 언론 자유 지수	자기 검열 수준, 제도적 장치, 뉴스 생산 구조 등을 기준으로 측정
세계 기아 지수	영양 결핍 인구, 발육 부진 아동 등을 기준으로 측정

2. 인권 지수

: 인권 문제의 심각성을 알리고 지역별 인권 보장 실태와 그 변화 양상을 살펴보고자 국제기구와 비정부 기구가 정기적으로 발표함❶

✪ 성 불평등 지수

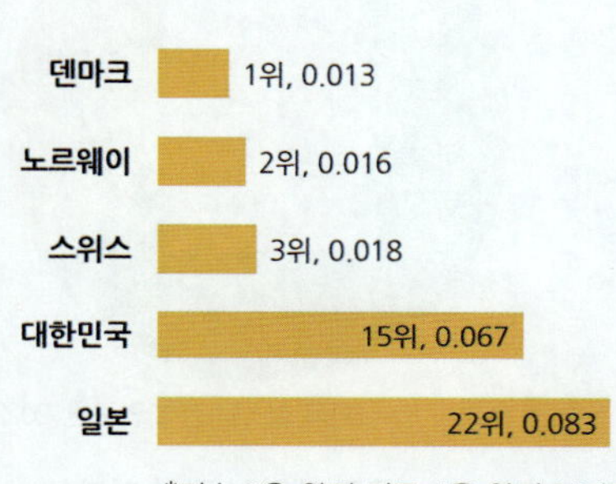

*지수 0은 완전 평등, 1은 완전 불평등
(국제 연합 개발 계획, 2021)

• 모성 사망비, 중등 이상 교육 인구, 경제 활동 참가율 등을 지표로 사용해 남녀 간 격차와 여성 처우의 절대적 수준을 반영한다.

✪ 성 격차 지수

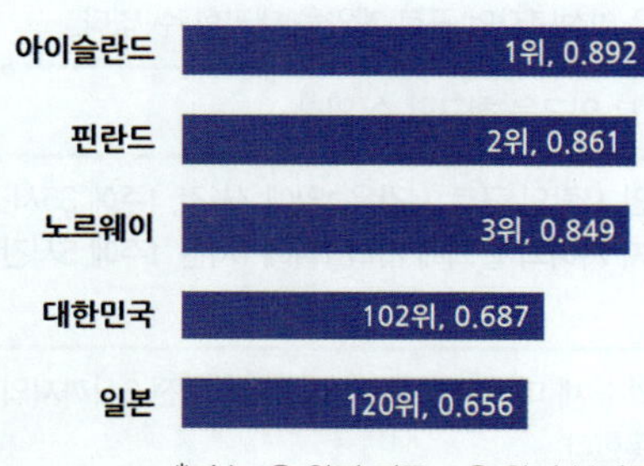

*지수 1은 완전 평등, 0은 완전 불평등
(세계 경제 포럼, 2021)

• 남녀 임금 격차, 출생 성비, 고위직 여성 비율 등을 지표로 사용해 남녀 간 격차를 수치화 하여 조사한다.

✪ 세계 언론 자유 지수

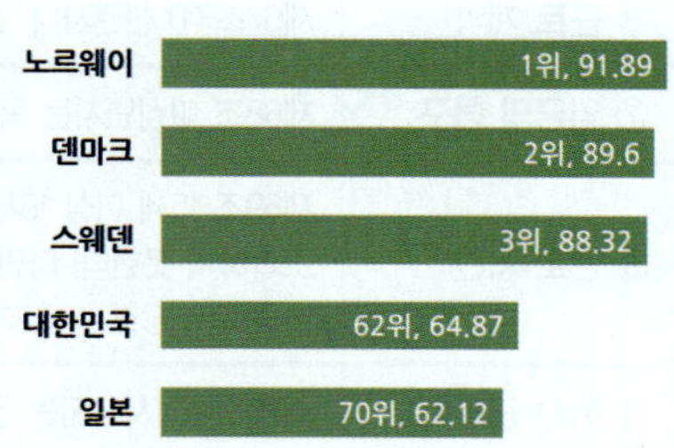

*100에 가까울수록 언론의 자유가 보장됨
(국경 없는 기자회, 2024)

• 자기 검열 수준, 권력으로부터의 독립, 제도적 장치 등의 지표를 사용해 언론의 자유 정도를 조사한다.

3. 세계 인권 문제의 해결 양상

: 인권은 보편적으로 지켜져야 할 가치로 개별 국가에서 나타나는 인권 문제를 해결하고자 여러 행위 주체들이 노력하고 있음

(1) 개인적 차원

① 세계시민 의식 함양❷: 자국민의 인권 보장뿐만 아니라 국제 사회의 인권 문제 해결을 위해 적극적으로 참여해야 함

② 온라인상에서 인권 침해 문제를 제기하고 해결 과정에 동참하면서 개인의 영향력이 커지고 있음

(2) 사회적 차원

① 국가: 자국의 이익에만 치우치지 않도록 국내 여론 조성 및 다양한 활동 지원

② 국제기구: 국제 연합(UN)은 인권 보장과 관련된 의제를 다뤄 각종 선언 및 협약을 채택하고 해당 국가에 권고안을 제시해 인권 문제 해결을 위해 노력함

③ 비정부 기구: 각종 캠페인이나 구호 활동 전개, 국제 사회의 여론 조성 등

❷ 세계시민 의식

보편적 인간애를 바탕으로 인류를 하나의 운명 공동체로 인식하여 국제 사회의 문제에 관심을 가지고 해결하기 위해 노력하려는 태도

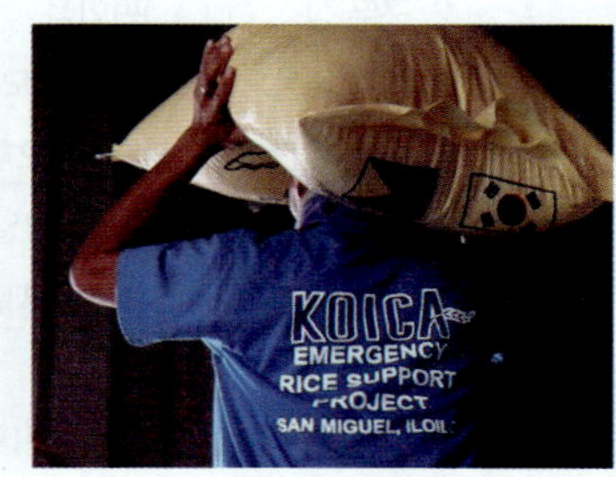

▲ 필리핀에 쌀을 지원하는 한국 국제 협력단(KOICA)

⭐ 청소년 노동권을 보호하는 근로기준법

• 근로기준법상 연소자는 15세 이상 18세 미만인 자로, 청소년 근로자는 일반 근로자와 최저 임금이나 퇴직금 등에 있어서 동일한 권리를 지닌다.

• 다만, 청소년 근로자는 일반 근로자에 비해서 근로 시간, 근로 업종 등에 있어서 제한을 받는데 이는 청소년 근로자를 보호하기 위한 것이다. ❶

① 임금 지급	제43조 ① 임금은 통화(通貨)로 직접 근로자에게 그 전액을 지급하여야 한다.
② 휴게	제54조 ① 사용자는 근로 시간이 4시간인 경우에는 30분 이상, 8시간인 경우에는 1시간 이상의 휴게 시간을 근로 시간 도중에 주어야 한다.
③ 최저 연령	제64조 ① 15세 미만인 자는 근로자로 사용하지 못한다. 다만, 대통령령으로 정하는 기준에 따라 고용 노동부 장관이 발급한 취직 인허증을 지닌 자는 근로자로 사용할 수 있다.
④ 사용 금지	제65조 ① 사용자는 임신 중이거나 산후 1년이 지나지 아니한 여성과 18세 미만자를 도덕상 또는 보건상 유해·위험한 사업에 사용하지 못한다.
⑤ 연소자 증명서	제66조 사용자는 18세 미만인 자에 대하여는 그 연령을 증명하는 가족 관계 기록 사항에 관한 증명서와 친권자 또는 후견인의 동의서를 사업장에 갖추어 두어야 한다.
⑥ 근로 계약	제67조 ① 친권자나 후견인은 미성년자의 근로 계약을 대리할 수 없다.
⑦ 임금의 청구	제68조 미성년자는 독자적으로 임금을 청구할 수 있다.
⑧ 근로 시간	제69조 15세 이상 18세 미만인 사람의 근로 시간은 1일에 7시간, 1주에 35시간을 초과하지 못한다. 다만, 당사자 사이의 합의에 따라 1일에 1시간, 1주에 5시간을 한도로 연장할 수 있다.
⑨ 야간 근로와 휴일 근로의 제한	제70조 ② 사용자는 임산부와 18세 미만자를 오후 10시부터 오전 6시까지의 시간 및 휴일에 근로시키지 못한다.

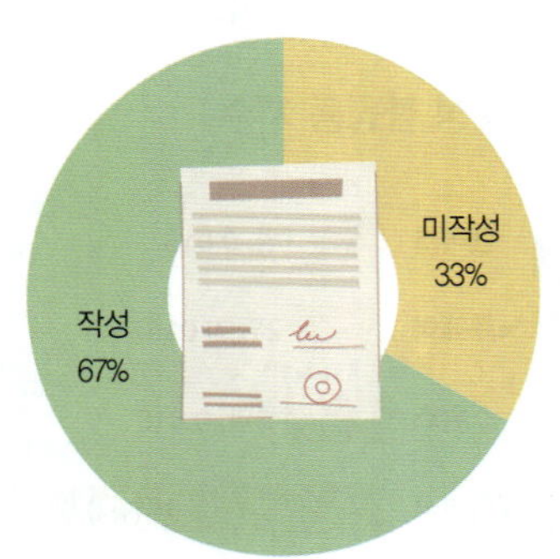

(한국 청소년 정책 연구원, 2022)

▲ 근로 계약서 작성 여부

확인 문제
▶ 정답과 해설은 다음 페이지에

갑과 을이 작성한 연소 근로자 근로 계약서에서 근로기준법에 위반된 사항을 모두 찾아 기호로 쓰시오.

> 갑 (이하 "사업주"라 함)과 을 (이하 "근로자"라 함)은 다음과 같이 근로 계약을 체결한다.
>
> 1. 근로 계약 기간: 2025년 7월 2일부터 2025년 8월 8일까지
> 2. 근무 장소: ㉠ ○○편의점
> 3. 업무 내용: 상품 계산 및 정리, 매장 청소
> 4. 근로 시간: ㉡ 오전 9시~오후 7시(휴게 시간 1시간 포함)
> 5. 근무일/휴일: 월요일~목요일/금요일~일요일
> 6. 임금: ㉢ 시간당: 7,000원(지급 방법: 을의 친권자 통장에 입금)
> 7. 기타
>   • 가족 관계 증명서, 친권자(후견인)의 동의서 제출
>   ※ 2025년 법정 최저 임금은 시간당 10,030원

1 국내 인권 문제

1. 다음 사회적 소수자에 대한 설명으로 옳은 것은 ○, 틀린 것은 ×에 표시하시오.

(1) 사회적 소수자는 한 사회에서 신체적·문화적 특징 때문에 다른 구성원에게 차별 받는 사람을 말한다.　　　　　　　　　　　　　　　　(○, ×)

(2) 사회적 소수자는 자기들이 다수의 사회 구성원과는 다른 대상임을 인식하지 못한다.　　　(○, ×)

(3) 사회적 소수자는 사회에서 부당한 대우를 받기 어렵다.　　　　　　　　　　　　　(○, ×)

(4) 사회적 소수자가 경험하는 차별을 해결하려면 제도적 차원의 노력만 있으면 된다.　　　(○, ×)

(5) 사회적 소수자는 성별, 인종, 장애 등 다양한 기준에 따라 규정된다.　　　　　　　　(○, ×)

(6) 집단 구성원의 수가 적으면 무조건 사회적 소수자라고 볼 수 있다.　　　　　　　　　(○, ×)

2. 다음은 청소년 노동권에 대한 설명이다. 괄호 안에 알맞은 내용을 쓰시오.

(1) 청소년은 원칙적으로 (　　　)세 이상이면 일을 할 수 있다.

(2) 13세 이상에서 15세 미만인 자는 일을 하려면 (　　　　　　)이/가 필요하다.

(3) 청소년은 당사자 간 합의가 없는 경우 하루에 (　　　)시간까지 일할 수 있다.

(4) 청소년의 최저 임금은 성인의 (　　　) 임금과 동일하다.

(5) 근로 계약서는 법적 분쟁을 막기 위해 (　　　)(으)로 작성해야 한다.

(6) 청소년의 근로 시간이 4시간인 경우, 사용자는 휴게 시간을 (　　　) 이상 근로 시간 도중에 주어야 한다.

(7) 청소년은 노래방, 게임방 등 (　　　　　) 장소에서 일을 할 수 없다.

(8) 청소년이 근로 계약서를 작성할 때는 부모님의 동의가 (　　　).

p.30 확인 문제 [정답]

ⓛ 근로 시간(1일에 7시간 초과)

ⓒ 임금(최저 임금보다 적음, 미성년자에게 직접 지급해야 함)

3. 다음은 청소년의 근로 계약서이다. 근로기준법을 위반한 사항만을 〈보기〉에서 모두 고르시오.

> **근로 계약서**
>
> 　갑(사업주)과 을(17세)은 다음과 같이 근로 계약을 체결한다.
> 1. 계약 기간: 2025년 7월 10일부터 2025년 8월 20일까지
> 2. 업무 장소: ○○노래방
> 3. 업무 내용: 가게 관리
> 4. 근무 시간: 오후 5시~9시(휴게 시간 30분 포함)
> 5. 근무일/휴일: 월요일~금요일/토요일~일요일
> 6. 임금: 시간당 7,000원
> *단, 2025년 법정 최저 임금은 시간당 10,030원임

　　　　　　　　　　　[보기]
　ㄱ. 업무 장소　　　　　ㄴ. 업무 내용
　ㄷ. 근무 시간　　　　　ㄹ. 임금

　　　　　(　　　　　　　　)

2 세계 인권 문제

4. 다음은 세계 인권 문제에 대한 설명이다. 옳은 것은 ○, 틀린 것은 ×에 표시하시오.

(1) 특정 인종에 대한 적대감은 인종 차별 문제로 이어진다.　　　　　　　　　　　　　(○, ×)

(2) 성 격차 지수가 낮을수록 남녀 차별 문제의 해결이 어렵다.　　　　　　　　　　　　(○, ×)

(3) 빈곤으로 인해 발생하는 다양한 문제는 최소한의 인간다운 생활을 어렵게 한다.　　　　(○, ×)

(4) 성차별, 아동 노동 등과 같은 인권 문제는 개별 국가의 차원에서 충분히 해결할 수 있다.　　(○, ×)

(5) 국제기구와 비정부 기구는 인권 문제의 실태를 파악하기 위해 인권 지수를 정기적으로 조사한다.　　　　　　　　　　　　　　　(○, ×)

1 국내 인권 문제

01 ❋❋❋

밑줄 친 A에 대한 옳은 설명만을 〈보기〉에서 고른 것은?

> <u>A</u>에 속하는 사람들은 그들이 가지는 특성 때문에 다른 사람들과 다르다고 인식된다. 이들은 부유하다거나 명예가 높을지라도 이 특성 때문에 받는 차별을 극복할 수가 없다.

[보기]
ㄱ. A는 구성원의 수를 고려한 개념이다.
ㄴ. A는 선천적인 결함을 가진 사람들이다.
ㄷ. A를 구분하는 기준은 사회에 따라 상대적이다.
ㄹ. A는 주류 집단에 비해 영향력이 낮은 사람들이다.

① ㄱ, ㄴ ② ㄱ, ㄷ ③ ㄴ, ㄷ ④ ㄴ, ㄹ ⑤ ㄷ, ㄹ

02 ❋❋❋

2023 실시 9월 학평 15

(가), (나)에서 공통으로 추론할 수 있는 내용으로 가장 적절한 것은?

> (가) 장애인 의무 고용 제도란 국내 사업주에게 일정 비율 이상의 장애인을 고용하도록 의무를 부과하는 제도로, 이를 이행하지 않으면 부담금을 내야 한다. 그러나 아직 우리 사회에서는 장애인에 관한 사회적 인식이 크게 바뀌지 않아 여전히 장애인 고용은 저조한 수준에 머물러 있다.
>
> (나) 남녀 고용 평등법은 고용 시장에서의 여성의 채용·승진·임금 차별을 막기 위해서 제정되었다. 하지만 법이 시행된 이후에도 성차별적 인식으로 인해 여전히 여성은 임금과 고용에서 차별을 받고 있다.

① 성별에 따른 차별이 장애에 따른 차별보다 강하다.
② 사회적 소수자를 규정하는 기준은 절대적이며 변하지 않는다.
③ 장애인과 여성에 대한 사회적 차별은 개인적 능력 차이에서 기인한다.
④ 사회적 소수자 우대 정책으로 인한 역차별 문제도 함께 해소해야 한다.
⑤ 사회적 소수자에 대한 차별을 해소하기 위해서는 법과 제도의 시행뿐만 아니라 의식 개선도 이루어져야 한다.

03 ❋❋❋

2022 실시 9월 학평 19

갑, 을, 병에 대한 옳은 설명만을 〈보기〉에서 고른 것은? [3점]

* 2022년 법정 최저 임금은 시간당 9,160원이다.

[보기]
ㄱ. 갑은 A에게 법정 최저 임금을 요구할 수 없다.
ㄴ. 을이 계약대로 근무할 경우 을의 1일 임금은 70,000원이다.
ㄷ. 병은 부모님의 동의 없이 B에게 단독으로 임금을 청구할 수 있다.
ㄹ. 갑, 을, 병은 모두 야간 근로가 원칙적으로 금지된다.

① ㄱ, ㄴ ② ㄱ, ㄷ ③ ㄴ, ㄷ ④ ㄴ, ㄹ ⑤ ㄷ, ㄹ

04 ❋❋❋

2023 실시 9월 학평 12

다음 질문에 대해 옳은 답변을 한 사람만을 고른 것은?

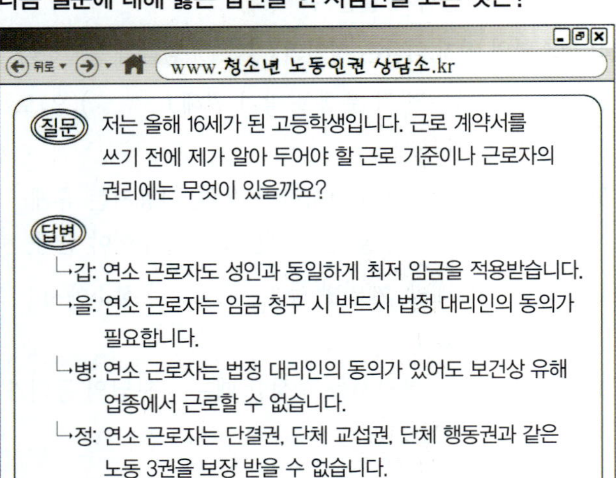

① 갑, 을 ② 갑, 병 ③ 을, 병 ④ 을, 정 ⑤ 병, 정

05 ★★★

다음 자료에 대한 법적 판단으로 옳은 것은?

① 갑의 법정 대리인은 갑의 근로 계약을 대리할 수 있다.
② 갑이 사용자와 합의한 경우 근무일에 19시까지 연장 근로를 할 수 있다.
③ 을의 휴게 시간은 근로기준법에 위반된다.
④ 을과 달리 갑은 근로 계약을 체결하기 위해 고용 노동부 장관이 발급한 취직 인허증을 지녀야 한다.
⑤ 사용자는 갑과 을의 연령을 증명하는 가족 관계 기록 사항에 관한 증명서를 사업장에 갖추어 두어야 한다.

[06~07] 다음은 16세인 갑이 작성한 근로 계약서이다. 물음에 답하시오.

> **– 근로 계약 내용 –**
>
> 1. 근로 계약 기간: 2024년 8월 1일~2024년 12월 31일
> 2. 근무 장소: ○○ 편의점
> 3. 업무 내용: 계산 및 점포 정리
> 4. 근로 시간: 저녁 7시~저녁 12시
> 5. 근무일/휴일: 월~금 근무/ 매주 토, 일 휴무
> 6. 임금
>   • 부모님 통장으로 입금한다.
>   • 매출 실적이 좋지 않을 경우, 편의점 물건으로 월급을 대신한다.

06 ★★★ 단답형

갑이 작성한 근로 계약서에서 부당한 조항을 모두 찾아 쓰시오.

07 ★★★ 서술형

06번의 해당 조항이 부당한 이유에 대해 서술하시오.

---

08 ★★★❀ 중요 출제 0순위 특강

다음은 청소년 노동 인권에 대한 수업 장면이다. (가)에 들어갈 학생의 옳은 답변만을 〈보기〉에서 고른 것은? [3점]

> [보기]
> ㄱ. 성인과 동일한 최저 임금을 보장받습니다.
> ㄴ. 자신의 임금을 독자적으로 청구할 수 있습니다.
> ㄷ. 보호자가 대리하여 근로 계약을 체결해야 합니다.
> ㄹ. 근무 시간 도중의 휴게 시간을 요구할 수 없습니다.

① ㄱ, ㄴ ② ㄱ, ㄷ ③ ㄴ, ㄷ ④ ㄴ, ㄹ ⑤ ㄷ, ㄹ

2 세계 인권 문제

09 ★★★❀

국제 사회의 인권 문제에 대한 옳은 설명만을 〈보기〉에서 고른 것은?

> [보기]
> ㄱ. 유리 천장은 아동 노동의 사례에 해당한다.
> ㄴ. 빈곤 문제는 종교나 관습에 의해 주로 발생한다.
> ㄷ. 인종 차별은 특정 인종에 대한 배타주의로 인해 나타날 수 있다.
> ㄹ. 성차별은 교육 수준이나 정치 참여 기회 등에서 나타날 수 있다.

① ㄱ, ㄴ ② ㄱ, ㄷ ③ ㄴ, ㄷ ④ ㄴ, ㄹ ⑤ ㄷ, ㄹ

10 ★★★❀ 서술형

다음 글에 나타난 인권 문제를 쓰고, 이를 해결하기 위해 국제기구와 비정부 기구가 할 수 있는 노력을 서술하시오.

> 세계 기아 지수(GHI)에 의하면 예멘, 중앙아프리카 공화국 등은 '위험' 수준의 굶주림을 겪고 있고, 인도, 아이티 등은 '심각' 수준의 굶주림을 겪고 있다.

11 ✿✿✿

다음 신문 칼럼의 입장으로 가장 적절한 것은?

> **○○신문**
>
> 코로나-19가 확산되는 상황에서 외국의 한 신문사가 '황색 경보'라는 인종차별적 제목과 함께 마스크를 쓴 특정 인종의 사진을 1면에 싣는 일이 발생하였다. 이후 누리소통망(SNS)에서는 '#나는바이러스가아니다'라는 해시태그를 붙이며 인종차별 행위에 반대하는 사회적 차원의 캠페인이 활발하게 전개되었고, 결국 해당 신문사는 사과하였다. 이처럼 인종차별 행위를 해결하기 위해서는 개인적인 노력뿐만 아니라 시민들 간의 연대, 관련 제도 개선 등이 전개되어야 한다.

① 인종차별을 방지하기 위해 사회적 차원의 노력이 필요하다.
② 사회적 안정을 위해 허위 정보 유포를 일부 허용해야 한다.
③ 인종 혐오 표현도 표현의 자유로서 폭넓게 보장되어야 한다.
④ 누리소통망(SNS)에서의 인권 운동은 인권 문제 해결에 악영향을 미친다.
⑤ 특정 민족의 신체적 특성에 관한 언론 매체의 표현은 인종 혐오로 볼 수 없다.

12 ✿✿✿

다음 자료는 사회적 소수자에 관한 사례이다. 이에 대한 설명으로 옳은 것은? (단, A, B는 각각 불교, 이슬람교 중 하나임.) [2.5점]

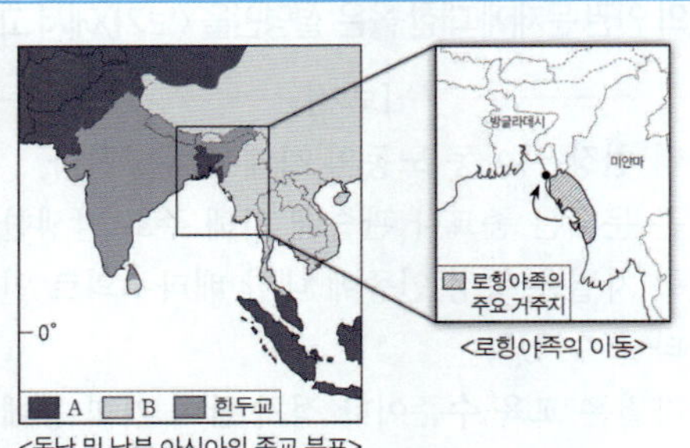

> 동남 및 남부 아시아 지역은 다양한 문화와 종교가 혼재하여 분쟁이 발생하기도 한다. 대다수가 **A**를 믿는 로힝야족은 주로 **B**를 믿는 미얀마에서 종교적, 역사적 갈등을 겪고 차별을 받아 왔다. 이러한 박해를 피해 로힝야족의 여성 갑은 **A** 신도의 비중이 큰 방글라데시 난민촌으로 이주하였다. 갑은 난민촌 밖으로의 이동 제한, 경제 활동 금지 등으로 인해 ⑦ 주거권, 안전권, 환경권을 보장받지 못해, 이러한 난민에 대한 차별에 비참함을 느끼고 있다. 또한 갑은 남성과 동행해야만 의료 서비스를 받을 수 있는 절차 등 여성에 대한 지속적 차별이 부당하다고 여기고 있다.

① A의 대표적인 종교 경관은 탑과 불상이다.
② B는 쿠란의 율법을 중시한다.
③ ⑦은 근대 시민 혁명 이전부터 강조된 권리이다.
④ 한 개인이 여러 사회적 소수자 집단에 중첩되어 속할 수 있음을 보여 준다.
⑤ 사회적 소수자는 선천적 요인이 아닌 후천적 요인에 의해 결정됨을 보여 준다.

내신 1등급 문제

13 ✿✿✿ 중요

다음 사례에 대한 설명으로 옳은 것은? [3점]

> 중학교를 졸업한 갑(16세)은 ○○ 대형 마트 사장 을(41세)과 2023년 1월 2일부터 2023년 2월 1일까지 매장 내 상품 진열 및 정리를 하기로 근로 계약을 체결하였다. 다음은 계약 내용 중 일부이다.
>
> • 근로 시간: 13시~21시(휴게 시간: 17시~18시)
> • 근무일: 월~금(휴일: 토, 일)
> • 임금: 시간당 9,000원
>
> * 갑의 친권자는 부모이며, 2023년 법정 최저 임금은 시간당 9,620원임.

① 갑은 부모의 동의 없이도 근로 계약을 체결할 수 있다.
② 갑과 을은 근로 계약의 내용을 문서로 작성하지 않아도 된다.
③ 갑의 근로 시간은 근로기준법에 위반되지 않는다.
④ 갑은 근로 계약대로 시간당 9,000원의 임금만 요구할 수 있다.
⑤ 갑과 을이 합의하더라도 갑은 연장 근로를 할 수 없다.

14 ✿✿✿

다음 자료에 대한 옳은 설명만을 〈보기〉에서 고른 것은? [2.5점]

> **〈근로 계약서〉**
> 사용자 갑과 근로자 을(16세)은 다음과 같이 근로 계약을 체결한다.
> 1. 근로 계약 기간: 2025. 7. 21. (월) ~ 2025. 8. 1. (금)
> …(중략)…
> 4. 근로 시간: 09:00 ~ 17:00 (휴게 시간: 13:00 ~ 14:00)
> 5. 근무일: 매주 월요일 ~ 금요일
> 6. 임 금: 시간당 11,000원
>
> * 2025년의 법정 최저 임금은 시간당 10,030원이고, 을은 고등학생임.

> **[보기]**
> ㄱ. 을이 계약대로 근무할 경우 1일 임금은 88,000원이다.
> ㄴ. 을의 법정 대리인은 을의 근로 계약을 대리하여 체결할 수 있다.
> ㄷ. 갑과 을이 합의하면 1일 1시간의 연장 근로가 가능하다.
> ㄹ. 갑은 을의 연령을 증명하는 가족 관계 기록 사항에 관한 증명서를 사업장에 갖추어야 한다.

① ㄱ, ㄴ ② ㄱ, ㄷ ③ ㄴ, ㄷ ④ ㄴ, ㄹ ⑤ ㄷ, ㄹ

01 인권의 의미와 발전 과정

01 **＊＊❀**

다음 자료에 대한 옳은 설명만을 〈보기〉에서 있는 대로 고른 것은? [3점]

(가) 미국 독립 선언문	(나) 유엔 아동 권리 협약
…모든 사람은 평등하게 태어났고, 조물주는 몇 개의 양도할 수 없는 권리를 부여했으며, … ㉠ 정부의 정당한 권력은 시민의 동의로부터 유래하고….	당사국은 아동이 … 건강의 회복을 위한 시설을 이용할 권리를 인정한다. … 권리의 완전한 실현을 점진적으로 달성하기 위해 ㉡ 국제 협력을 증진하고 장려해야 한다.

---[보기]---
ㄱ. (나)는 아동이 인권의 주체임을 전제하고 있다.
ㄴ. (가)와 달리 (나)는 천부 인권 사상을 제시하고 있다.
ㄷ. ㉠을 통해 (가)가 국민 주권의 원리를 제시하고 있음을 알 수 있다.
ㄹ. ㉡을 통해 (나)가 아동 권리 보장을 위한 국제적 연대를 강조하고 있음을 알 수 있다.

① ㄱ, ㄴ　　② ㄱ, ㄹ　　③ ㄴ, ㄷ
④ ㄱ, ㄷ, ㄹ　　⑤ ㄴ, ㄷ, ㄹ

02 **＊＊＊**

밑줄 친 ㉠~㉢에 대한 옳은 설명만을 〈보기〉에서 고른 것은? [3점]

〈카렐 바작의 인권 3세대론〉

구분	인권 목록
1세대 인권	• ㉠ 노예적 예속 상태로부터의 자유 • 생명과 자유, 안전에 관한 권리 등
2세대 인권	• ㉡ 사회 보장을 받을 권리 • 교육에 관한 권리 등
3세대 인권	• 평화에 관한 권리 • ㉢ 인도주의적 재난 구제를 받을 권리 등

---[보기]---
ㄱ. ㉠은 국가의 적극적인 개입을 요구하는 권리이다.
ㄴ. ㉡은 자본주의의 문제점을 해결하는 과정에서 등장하였다.
ㄷ. ㉢은 집단적이고 연대적인 성격의 권리이다.
ㄹ. ㉢은 서구 사회의 시민 혁명을 계기로 보장받기 시작하였다.

① ㄱ, ㄴ　② ㄱ, ㄷ　③ ㄴ, ㄷ　④ ㄴ, ㄹ　⑤ ㄷ, ㄹ

03 **＊＊＊**

다음 자료에 대한 옳은 설명만을 〈보기〉에서 고른 것은? [3점]

(가) 〈바이마르 헌법〉	(나) 〈인종 차별 철폐 협약〉
제109조 모든 국민은 법률 앞에 평등하다. 남녀는 원칙적으로 국민으로서의 동일한 권리를 가지며 의무를 진다. 제111조 모든 국민은 전 국가 내에서 이전의 자유를 가진다. 제159조 노동 조건 및 거래 조건의 유지 및 개선을 위한 결사의 목적은 누구에게 대하여도 또한 어떠한 직업에 대하여도 보장한다.	제1조 1. ㉠ 인종 차별은 인종, 피부색 등에 근거를 둔 어떠한 구별, 배척, 제한 또는 우선권을 말하며, … 제2조 2. 협약 체결국은 … 사회적, 경제적, 문화적 등에 있어서 특정 인종 집단 또는 개인의 적절한 발전과 보호를 보증하는 특수하고 구체적인 조치를 취하여 이들에게 완전하고 평등한 인권과 기본적 자유의 향유를 보장토록 한다.

---[보기]---
ㄱ. ㉠은 후천적 차이에 의한 불평등이다.
ㄴ. (가)는 사회권이 문서에 명시된 최초의 헌법이다.
ㄷ. (가)와 달리 (나)에는 합리적인 이유 없이 차별받지 않을 권리가 반영되어 있다.
ㄹ. (가), (나) 모두 국가 권력의 간섭에서 벗어나 자유롭게 생활할 수 있는 권리가 반영되어 있다.

① ㄱ, ㄴ　② ㄱ, ㄷ　③ ㄴ, ㄷ　④ ㄴ, ㄹ　⑤ ㄷ, ㄹ

04 **＊＊❀**

다음 ㉠에 해당하는 기본권에 대한 설명으로 옳지 않은 것은?

> 산업 혁명의 가장 큰 성과 중의 하나는 기계화된 공장제 공업으로 대량 생산이 가능해졌다는 점이다. 이로 인해 사람들은 이전과 비교하여 엄청난 물질적인 풍요를 누릴 수 있게 되었지만, 엄청난 빈부 격차도 나타나게 되었다. 뿐만 아니라 산업 혁명의 이면에는 아동 노동, 노동 착취 등 노동자들의 열악한 환경이 자리잡고 있다. 이에 따라 (㉠)을(를) 적극적으로 요구하게 되었다.

① 독일 바이마르 헌법에서 최초로 명시된 권리이다.
② 2세대 인권에서 핵심적으로 주장하는 권리이다.
③ 노동의 권리, 교육을 받을 권리 등이 이에 해당한다.
④ 국가와 개인의 관계를 넘어선 전 지구적 차원의 권리이다.
⑤ 인간다운 생활을 국가에 적극적으로 요구하는 성격을 지닌다.

05 ✱✱❀

밑줄 친 ㉠~㉣에 대한 옳은 설명만을 〈보기〉에서 있는 대로 고른 것은? [3점]

> 과거에는 신분제에 따른 차별에서 벗어나거나 정치적 권리를 보장받는 것 등과 관련된 ㉠인권이 강조되었다. 현대 사회에서는 사회·경제적 환경이 변화하면서 ㉡주거권, ㉢문화권, 안전권, 환경권 등 다양한 분야에서의 인권이 중시되고 있다. 또한 국가와 개인의 관계를 넘어서 국제적 연대와 협력을 중시하는 ㉣연대권도 강조되고 있다.

[보기]

ㄱ. 자유권, 평등권은 ㉠에 해당한다.
ㄴ. 층간 소음 피해 구제 방안은 ㉡의 보장과 관련 있다.
ㄷ. ㉢은 재난, 사고의 위험으로부터 안전을 보장 받을 권리이다.
ㄹ. 인종, 국적 등과 관계없이 인도주의적 구제를 받을 권리는 ㉣에 해당한다.

① ㄱ, ㄴ ② ㄱ, ㄷ ③ ㄷ, ㄹ ④ ㄱ, ㄴ, ㄹ ⑤ ㄴ, ㄷ, ㄹ

06 ✱✱✱

갑, 을의 입장에 대한 설명으로 옳은 것만을 〈보기〉에서 있는 대로 고른 것은? [3점]

> 갑: 정보 사회에서는 개인이 자신의 정보가 포털 사이트 등을 통해 타인에게 알려지길 원하지 않을 경우, 자신의 정보를 통제할 수 있는 '잊힐 권리'가 보장되어야 한다.
> 을: 정보 사회에서는 누구나 자유롭게 정보에 접근할 수 있어야 하고, 공동체에 유익하거나 사람들이 알아야 할 정보라면 삭제를 금지할 수 있는 '알 권리'가 보장되어야 한다.

[보기]

ㄱ. 갑은 개인에게 자신의 정보에 대한 삭제권이 주어져야 한다고 본다.
ㄴ. 갑은 개인 정보 유출로부터 인권을 보호할 수 있는 장치가 마련되어야 한다고 본다.
ㄷ. 을은 공동체의 이익을 위한 정보는 열람 가능해야 한다고 본다.
ㄹ. 을은 자신의 정보 공개 여부에 대한 모든 권한은 자신에게 있어야 한다고 본다.

① ㄱ, ㄴ ② ㄱ, ㄹ ③ ㄷ, ㄹ ④ ㄱ, ㄴ, ㄷ ⑤ ㄴ, ㄷ, ㄹ

02 인권 보장을 위한 헌법의 역할과 시민 참여

07 ✱✱❀

기본권 A~C에 대한 설명으로 옳은 것은? (단, A~C는 각각 사회권, 자유권, 참정권 중 하나임.)

> 교사: 기본권을 침해받은 사례에 대해 발표해 볼까요?
> 갑: 금융 기관 이용자들의 개인 정보가 유출된 것은 이용자들이 A를 침해받은 것입니다.
> 을: 노동조합 활동을 회사가 방해한 것은 근로자들이 B를 침해받은 것입니다.
> 병: 정당한 이유 없이 투표에 참여하지 못하게 하는 것은 유권자들이 C를 침해받은 것입니다.
> 교사: 모두 옳게 잘 발표했어요.

① A는 가장 최근에 등장한 현대적 권리이다.
② A는 국가의 간섭을 받지 않을 소극적 권리이다.
③ B는 다른 기본권 보장을 위한 수단적 권리이다.
④ B는 국가의 정치 과정에 참여할 수 있는 권리이다.
⑤ C는 인간다운 생활의 보장을 국가에 요구할 수 있는 권리이다.

08 ✱✱✱

A에 해당하는 기본권의 특징에 대한 질문에 모두 옳게 응답한 학생은? [3점]

> 한 장애인 단체가 국가인권위원회에 진정을 냈다. 이 단체는 "선거관리위원회는 사전투표소 대부분이 1층에 설치돼 투표소 접근이 가능하다고 했지만, 발달장애인의 투표를 돕는 투표보조인이 기표소에 들어가지 못하게 제지당하는 등 장애인의 ⬚ A ⬚ 침해 사례가 여전했다."고 주장했다.

질문 \ 학생	갑	을	병	정	무
핵심적이고 포괄적인 권리인가?	○	○	×	×	×
국가 권력의 간섭을 받지 않을 방어적 권리인가?	×	○	○	×	×
국가의 의사 결정 과정에 참여할 수 있는 권리인가?	○	×	○	×	○
다른 기본권을 보장하기 위한 수단적 성격의 권리인가?	×	○	○	○	×

(○: 예, ×: 아니요)

① 갑　②을　③병　④정　⑤무

밑줄 친 '권리'에 해당하는 기본권에 대한 설명으로 옳은 것은?

> 헌법 재판소는 대통령 관저로부터 100미터 이내의 장소에서 옥외 집회 또는 시위를 금지하고 위반 시 형사 처벌하도록 규정한 ○○법 해당 조항이 헌법에 위반된다고 판단하였다. 해당 조항은 대통령의 원활한 직무 수행을 보장하기 위한 것이지만, 대통령 관저 인근 일대에서의 모든 집회를 예외 없이 금지하는 것은 공동의 목적을 가진 다수의 사람이 자유롭게 일시적인 모임을 가질 수 있는 <u>권리</u>를 침해하기 때문이라고 본 것이다.

① 다른 기본권을 보장하기 위한 수단적 권리이다.
② 국가 권력의 간섭을 받지 않을 소극적 권리이다.
③ 바이마르 헌법에서 최초로 보장되기 시작한 권리이다.
④ 인간다운 생활 보장을 국가에 요구할 수 있는
   권리이다.
⑤ 정치적 의사 형성 과정에 참여할 수 있는 능동적
   권리이다.

다음은 뉴스 보도의 일부이다. 밑줄 친 ㉠~㉤에 대한 설명으로 옳지 <u>않은</u> 것은?

> 제헌절 기념행사가 지난 7월 17일 ㉠국회에서 열렸습니다. 한 정치인은 언론과의 인터뷰에서 ㉡권력 분립 제도를 확립하고 ㉢헌법 재판소의 기본권 구제 제도를 활성화하여 국민의 ㉣자유권을 비롯한 ㉤헌법상 기본권을 실질적으로 보장해야 한다는 의견을 피력하였습니다.

① ㉠은 법률의 적용 및 해석을 통한 재판을 담당한다.
② ㉡은 국가 기관 간 견제를 통해 권력 남용을
   방지하고자 한다.
③ ㉢은 국민의 기본권 침해를 막기 위해 헌법 소원
   심판을 담당한다.
④ ㉣은 개인이 국가의 부당한 간섭을 받지 않을
   권리이다.
⑤ ㉤은 인권 보장을 위한 국가의 최고법이다.

다음은 통합사회 형성평가 문항지이다. 학생이 받을 점수로 옳은 것은? [3점]

> 1학년 □반 이름: □□□
>
> [문제] 시민 불복종의 정당화 조건에 관한 설명이 맞으면 ○에, 틀리면 ×에 ✓ 표시하시오.
>
> (맞은 항목 당 1점 부여)
>
> | 시민 불복종의 정당화 조건 | ○ | × |
> |---|---|---|
> | 위법 행위에 대한 처벌을 감수해야 한다. | ✓ | |
> | 비폭력적인 방법을 통해서 이루어져야 한다. | ✓ | |
> | 공익을 위하여 비공개적으로 이루어져야 한다. | ✓ | |
> | 사회 정의 실현을 목표로 하는 행위이어야 한다. | ✓ | |
> | 다른 방법으로는 해결할 수 없는 최후의 수단이어야 한다. | | ✓ |

① 1점   ② 2점   ③ 3점   ④ 4점   ⑤ 5점

다음 글에서 강조하는 내용으로 가장 적절한 것은?

> 나는 극단적인 인종 차별주의자들처럼 법률을 무시하라고 주장하는 것이 아니다. 그렇게 되면 우리 사회는 무정부 상태가 될 것이다. 부당한 법률을 위반하는 사람은 어떠한 형벌도 달갑게 받아들여야 한다. 양심적으로 볼 때 부당하다고 판단되는 법률을 위반하되 지역 사회의 양심에 그 법률의 부당성을 호소하기 위해서 징역형도 불사하는 사람이야말로 법률을 지극히 존중하는 사람이다.

① 모든 법률을 그 자체로 정당한 것으로 보아야 한다.
② 법률은 특정 인종의 이익을 위해서 제정되어야 한다.
③ 법률을 강자의 이익을 정당화하는 도구로 사용해야
   한다.
④ 법률이 없는 무정부 상태를 이상적인 상태로 보아야
   한다.
⑤ 부당한 법률에 불복종하기 위해서는 처벌을 감수해야
   한다.

13 ✸✸✾

(가), (나)의 사회적 소수자에 대한 설명으로 옳지 <u>않은</u> 것은?

> (가) A 종교가 국교(國敎)인 사회로 B 종교를 믿는 사람이 이주하게 되면 그 사람은 해당 국가에서 사회적 소수자가 될 수 있다.
>
> (나) ○○국은 흑인 인구가 백인 인구보다 더 많지만, 백인 우월주의를 기본으로 하는 정부 정책과 법 규범이 지속되어 백인들이 흑인들의 거주지를 특정 지역으로 제한하는 등 흑인에 대한 백인의 차별이 지속적으로 나타나고 있다.

① (가)는 역차별에 의해 사회적 소수자가 나타남을 보여 준다.
② (가)는 특정 사회의 사회적 소수자가 다른 사회에서는 사회적 소수자가 아닐 수 있음을 보여 준다.
③ (나)는 사회적 소수자가 사회적으로 불평등한 대우를 받고 있음을 보여 준다.
④ (나)는 사회적 소수자가 집단의 크기에 의해 결정되는 것은 아님을 보여 준다.
⑤ (가), (나) 모두 주류 집단과 다른 특성을 보인다는 이유로 사회적 소수자가 될 수 있음을 보여 준다.

14 ✸✸✸

다음 사례에 대한 옳은 설명만을 〈보기〉에서 있는 대로 고른 것은?

> **단기 계약직 사원 구함**
>
> 1. 근무 기간: 2024년 8월~2024년 9월
> 2. 연령: 15세~17세
> 3. ㉠ 근무 시간: 협의
> 4. 임금: ㉡ 최저 임금
>
> ⋮

─────[보기]─────
ㄱ. ㉠은 원칙적으로 1일 7시간, 1주 35시간을 초과할 수 없다.
ㄴ. ㉡은 성인과 동일하다.
ㄷ. 해당 계약은 서면으로 작성되어야 한다.
ㄹ. 해당 계약은 부모님이 대신 체결해야 한다.

① ㄱ, ㄷ   ② ㄱ, ㄹ   ③ ㄴ, ㄹ
④ ㄱ, ㄴ, ㄷ   ⑤ ㄴ, ㄷ, ㄹ

15 ✸✸✸

다음 자료에 대한 옳은 분석만을 〈보기〉에서 고른 것은? [3점]

> 연구자 갑은 A와 B지역의 주민 각각 1,000명씩, 총 2,000명을 대상으로 '인권 의식 실태 조사'를 실시하였다. 표는 '국내 체류 외국인에게 기본적인 사회 보장을 해주어야 한다.' 항목에 대한 조사 결과를 나타낸 것이다. 단, 무응답이나 복수 응답은 없었다.
>
> (단위: %)

지역 응답 성별	A지역			B지역		
	그렇다	보통이다	그렇지 않다	그렇다	보통이다	그렇지 않다
남성	49	29	22	65	20	15
여성	48	30	22	67	19	14

─────[보기]─────
ㄱ. A지역 응답자의 절반 이상이 '그렇다'에 응답하였다.
ㄴ. '그렇지 않다'에 응답한 사람은 A지역이 B지역보다 많다.
ㄷ. A지역이 B지역보다 국내 체류 외국인에 대한 사회 보장 정책 수립에 긍정적이다.
ㄹ. 응답 항목별 비율에서 지역별 차이는 성별 차이보다 크다.

① ㄱ, ㄴ   ② ㄱ, ㄷ   ③ ㄴ, ㄷ   ④ ㄴ, ㄹ   ⑤ ㄷ, ㄹ

16 ✸✸✸

다음 사례에 대한 옳은 설명만을 〈보기〉에서 고른 것은? [3점]

> 중학교를 졸업한 A(16세)는 1개월 동안 ○○ 편의점에서 상품 판매를 업무로, 편의점 사장 B와 근로 계약을 체결하였다. A는 주 5일(월~금) 근무하기로 하였으며, 다음은 주요 계약 내용 중 일부이다.
>
> 1. 임금: 시간당 10,000원
> 2. 근로 시간: 9시~16시(휴게 시간: 12시~13시)
> * 법정 최저 임금은 시간당 8,720원이다.

─────[보기]─────
ㄱ. A는 독자적으로 임금을 청구할 수 있다.
ㄴ. A의 연장 근로는 어떤 경우에도 허용되지 않는다.
ㄷ. A의 계약에는 친권자 또는 후견인의 동의가 필요하다.
ㄹ. A가 계약대로 근무할 경우 1일 임금은 70,000원이다.

① ㄱ, ㄴ   ② ㄱ, ㄷ   ③ ㄴ, ㄷ
④ ㄴ, ㄹ   ⑤ ㄷ, ㄹ

17 ✽✽✾

다음 자료와 관련된 설명으로 옳지 <u>않은</u> 것은?

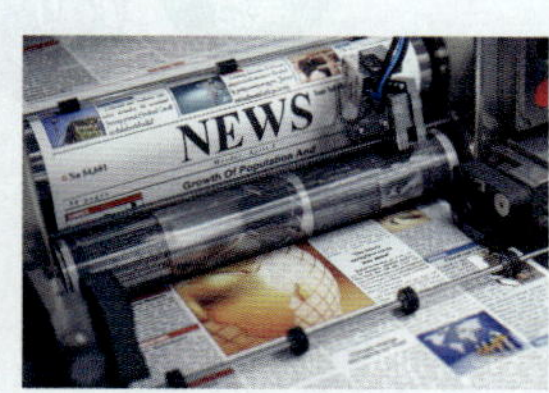

국경 없는 기자회(RSF)는 전 세계 비정부 기구와 언론인, 인권 운동가 등을 대상으로 설문조사를 진행하여 '세계 언론 자유 지수'를 발표한다. 설문지는 자기 검열 수준, 권력으로부터의 독립, 취재와 보도의 투명성 등의 지표로 구성된다. 세계 언론 자유 지수가 높을수록 언론의 자유가 보장된 사회이며, 정치적 자유의 수준을 확인하는 척도로 사용된다.

① 세계 언론 자유 지수는 특정 국가의 절대적 인권 수준을 반영한다.
② 세계 언론 자유 지수를 바탕으로 인권 문제 개선을 위한 계기를 마련할 수 있다.
③ 세계 언론 자유 지수는 일정한 기준에 따라 인권의 보장 정도를 나타내는 지표이다.
④ 세계 언론 자유 지수는 지역별 인권 보장 실태와 그 변화 양상을 살피는 데 도움이 된다.
⑤ 세계 언론 자유 지수를 해석할 때는 지수를 측정하는 지표가 정확히 무엇인지 알아야 한다.

서술형·단답형 문제

[18~19] 다음 글을 읽고 물음에 답하시오.

영국 명예혁명은 대표적인 ⓐ ㉠ 중 하나이다. 근대 이전에는 신분 제도하에서 정치적·사회적으로 사람들이 자유를 억압당하는 경우가 많았지만, 명예혁명으로 의회가 국왕의 권력을 제한하는 권리 장전이 승인되면서 시민의 자유와 권리가 본격적으로 보장되기 시작했다.

18 ✽✽✾ 단답형

㉠이 발생하는 데 영향을 준 사상 세 가지를 쓰시오.

19 ✽✽✾ 서술형

㉠의 한계를 차티스트 운동과 관련지어 서술하시오.

[20~21] 다음 사례를 읽고 물음에 답하시오.

○○국은 군사 분계선 인근의 군사 작전 및 군사 시설 보호의 목적으로 민간인의 출입을 제한하는 민간인 출입 통제 구역을 설정하였다. ○○국은 이러한 내용을 해당 군의 조례로서 지정하였다.

20 ✽✽✾ 서술형

위 사례에서 제한된 기본권과 해당 기본권을 제한한 목적이 무엇인지 서술하시오.

21 ✽✽✽ 서술형

위 사례에 나타난 기본권 제한의 목적 이외에 헌법에 규정된 기본권 제한의 목적 2가지를 서술하시오.

[22~23] 다음 사례를 읽고 물음에 답하시오.

22 ✽✽✾ 단답형

갑이 체결한 근로 계약 중 근로기준법을 위반한 사항은 모두 몇 개인지 쓰시오.

23 ✽✽✽ 서술형

갑이 체결한 근로 계약을 근로기준법에 맞도록 변경하려면 어떻게 바꿔야 하는지 서술하시오.

★ 청소년 노동권

다음 유형은 교사와 학생들의 대화를 읽고,
(가)~(라)에 들어갈 수 있는 내용으로 적절한 것을 찾는
문제로 주로 출제된다.

(가)~(라)에 들어갈 수 있는 옳은 내용만을 〈보기〉에서 있는
대로 고른 것은?

2028 대비 수능 예시 8 (1차)

> 헌법은 연소자의 근로에 대한 특별한 보호에 관해
> 규정하고 있습니다. 이처럼 청소년의 노동 인권 보호를
> 강조하는 이유를 사회 불평등의 관점에서 분석하고,
> 근로기준법상 연소자 보호 규정과 관련지어
> 설명해 봅시다.
>
> **교사**

> 청소년은 신체적·정신적으로 근로를 감당할 능력이
> 부족하기 때문에 성인에 비해 불리한 위치에 있으므로
> 청소년 근로에 대한 보호와 우선적 배려가 요구됩니다.
> 따라서 근로 계약 체결 과정에서 연소자를 보호하기
> 위해 (가) 와/과 같은 규정을 마련하고 있으며,
> (나) 을/를 명시하여 업무에 있어 안전과 건강에
> 대한 보호를 하고 있습니다.

> 청소년은 (다) 을/를 이유로 사회적 소수자로
> 인정될 수 있으며 노동 인권을 침해받기도 합니다.
> 이에 친권자나 후견인 등에게 미성년자에게 불리한
> 근로 계약에 대한 해지권을 부여하고, 연소자의 근로
> 능력과 교육 시간 확보의 필요성 등을 고려하여
> (라) 을/를 규정해 근로 시간에 대한 특별한
> 보호를 하고 있습니다.

[보기]

ㄱ. (가): 친권자 또는 후견인의 미성년자 근로 계약에
　　대한 대리 금지
ㄴ. (나): 도덕상 또는 보건상 유해·위험한 사업에 사용
　　금지
ㄷ. (다): 후천적 요인과 수적 열세로 인하여 노동
　　현장에서 다른 구성원으로부터 차별을 받거나
　　부당한 처우의 대상이 됨
ㄹ. (라): 근로 시간이 4시간인 경우에는 사용자로
　　하여금 근로 시간 도중에 30분 이상의 휴게
　　시간을 주도록 함

① ㄱ, ㄴ　　② ㄱ, ㄷ　　③ ㄷ, ㄹ
④ ㄱ, ㄴ, ㄹ　　⑤ ㄴ, ㄷ, ㄹ

단서 + 발상

단서 교사와 학생들은 근로기준법상 연소자 보호 규정과 관련하여
이야기를 나누고 있다.

발상 (가), (나), (라)에는 연소 근로자를 보호하기 위한 규정이, (다)에는
청소년이 사회적 소수자로 인정되는 이유가 들어간다.

적용 집단 구성원의 수와 관계 없이 약자의 위치에 있다면 사회적
소수자로 인정된다.

|보기 분석|

ㄱ (가): 친권자 또는 후견인의 미성년자 근로 계약에 대한 대리 금지

- (가)에는 계약 체결 과정에서의 연소자 보호 규정이 들어가야 한다.
- 친권자 또는 후견인의 미성년자 근로 계약에 대한 대리 금지는
근로기준법 제67조에 명시되어 있다.

ㄴ (나): 도덕상 또는 보건상 유해·위험한 사업에 사용 금지
- (나)에는 연소자 안전과 건강 보호에 관한 규정이 들어가야 한다.
- 근로기준법 제65조에 따라 18세 미만자를 도덕상 또는 보건상
　 1 　한 사업에 사용할 수 없다.

✗ (다): 후천적 요인과 수적 열세로 인하여 노동 현장에서 다른
구성원으로부터 차별을 받거나 부당한 처우의 대상이 됨

- **2** 　는 신체적 또는 문화적 특징으로 인해 주류
집단으로부터 불평등한 처우를 받는 사람들을 의미한다.
- 청소년이 신체적·정신적으로 근로 능력이 부족한 것은 주로
　 3 　요인에 기인한 것으로 볼 수 있다.
- 사회적 소수자는 수적으로 열세인 것과 무관하게 **4** 　의
열세에 의해 규정되므로 적절하지 않은 설명이다.

✗ (라): 근로 시간이 4시간인 경우에는 사용자로 하여금 근로 시간
도중에 30분 이상의 휴게 시간을 주도록 함
- 근로 시간이 4시간인 경우 **5** 　이상의 휴게 시간을 주는
것은 근로기준법상 모든 근로자에게 적용되는 규정이다.
- (라)에는 연소자의 근로 시간에 대한 특별한 보호 내용이 들어가야
하므로 적절하지 않다.

∴ **정답은 ①이다.**

대비법

이 유형에 대비하기 위해서는 청소년 근로자와 관련된
근로기준법의 규정과 사회적 소수자의 정의를 알고
있어야 한다.

[정답]

1 유해·위험　**2** 사회적 소수자　**3** 선천적　**4** 권력　**5** 30분

01 ✽✽✽

(가)에 해당하는 권리에 대한 설명으로 옳은 것은?

위 그림은 산업 혁명 시기에 나타난 계급 간의 빈부 격차를 풍자한 것이다. 윗부분은 부유한 계급의 편안한 생활을, 아랫부분은 탄광에서 일하는 굶주린 노동자를 표현하였다. 이처럼 산업 혁명 이후 발달한 자본주의는 인간 생활의 물질적 향상을 가져왔지만 자본의 집중에 의한 빈부의 격차를 초래하였다. 궁핍과 빈곤으로 인해 기본적인 생활 수준을 영위하지 못하자 인간다운 생활을 가능하게 하는 물적 토대를 국가에 요구할 수 있는 권리인 <u>(가)</u> 의 보장이 요구되었다.

① 미국 독립 선언에서 천명되었다.
② 바이마르 헌법에 최초로 명시되었다.
③ 프랑스의 인권 선언에 영향을 주었다.
④ 영국에서는 명예혁명을 계기로 실현되었다.
⑤ 차티스트 운동 당시 인민헌장에 규정되었다.

02 ✽✽✽

(가)에 들어갈 내용으로 옳은 것은? [1.5점]

【사료로 보는 역사】

"공께서 저희를 기꺼이 도와주신다니 깊이 감사드립니다. … 저희 국왕은 가톨릭 우대 정책을 펼치고 의회의 동의 없이 정책을 추진하려고 합니다. 저희는 종교, 자유, 재산과 관련한 국왕의 정책에 불만이 큽니다. … 우리 왕국 사람 스물 중 열아홉은 변화를 갈망합니다."

해설

위 서신은 국왕 제임스 2세에게 불만을 품은 고위층 인사들이 윌리엄에게 보낸 것으로, 본인들의 국왕을 물리쳐 달라는 내용이다. 이들 요청에 응해 윌리엄은 함대를 이끌고 바다를 건너가 런던으로 진군하였고, 겁에 질린 제임스 2세는 프랑스로 도주하였다. 이후 윌리엄과 메리는 공동 왕으로 추대되었으며, 의회의 요구에 따라 <u>(가)</u>

① 「인민헌장」을 발표하였다.
② 「권리 장전」을 승인하였다.
③ 「바이마르 헌법」을 제정하였다.
④ 「세계 인권 선언」을 공포하였다.
⑤ 「인간과 시민의 권리 선언」을 선포하였다.

03 ✽✽✽

다음 대화에서 갑~병의 입장에 대한 설명으로 옳은 것은? [1.5점]

갑: A국은 여성이 부모의 허락 없이 혼인하는 행위를 가족 명예를 훼손하는 것으로 간주하여 금지합니다. 이에 반해 우리나라에서는 혼인의 자유와 같은 개인의 권리를 헌법상 기본권으로 보장하고 있습니다. A국은 후진적인 자신의 문화를 버리고 우리나라를 본받아야 합니다.

을: 저는 갑의 입장에 동의하지 않습니다. 문화는 그 문화가 형성된 사회의 맥락 속에서 이해해야 합니다. 부모의 권위에 대한 가족 구성원들의 복종을 바탕으로 사회 질서를 유지해 온 A국의 전통을 고려하면 혼인에 대한 개인의 결정권을 허용하지 않는 A국의 문화도 당연히 존중받아야 합니다.

병: 저는 을과 생각이 다릅니다. 배우자 선택의 문제는 인권의 관점에서 접근해야 합니다. 인권은 누구나 태어나면서부터 갖게 되는 당연한 권리로 개별 사회나 국가를 초월하여 반드시 지켜져야 합니다. 이러한 기준에 비추어 각 사회의 문화를 성찰하는 태도가 필요합니다.

① 갑은 모든 문화의 고유한 가치를 존중해야 한다고 본다.
② 을은 자기 문화를 기준으로 타문화를 평가해야 한다고 본다.
③ 병은 보편적으로 지켜야 할 가치나 원리가 존재한다고 본다.
④ 갑과 달리 병은 인권이 헌법을 통해 보장되어야 한다고 본다.
⑤ 갑, 을, 병 모두 인권의 불가침성을 강조한다.

교사의 질문에 대한 학생의 답변으로 옳지 <u>않은</u> 것은? [2.5점]

거의 정의로운 국가 내에서 시민은 법과 정책이 어느 정도의 부정의를 넘어서지만 않는다면 보통 그 법과 정책에 따라야 한다. 하지만 자기 자신과 타인이 기본적 자유가 부정되는 것을 묵인해야 한다는 것은 아니다. 시민은 법이나 정책이 심각하게 부정의할 경우 불복종할 수 있다. 시민 불복종은 다수가 공유하고 있는 정의관을 근거로 정당화되며, 법에 대한 충실성의 한계 내에서 행해진다.

① 부정의한 법일지라도 시민 불복종의 대상이 아닐 수 있어요.
② 폭력 행위에 가담하는 것은 시민 불복종으로 간주될 수 없어요.
③ 시민 불복종은 공유된 정의관에 근거하여 헌법 체계에 저항하는 행위예요.
④ 시민 불복종은 처벌이 따를 수 있음에도 불구하고 공개적으로 행해지는 위법 행위예요.
⑤ 기본적 자유 보장을 요구할 권리가 체제 유지를 위한 준법 의무와 충돌할 때 시민 불복종이 발생할 수 있어요.

다음 자료에 대한 설명으로 옳은 것은? [2점]

- 군사 훈련을 받던 갑은 훈련소 측으로부터 종교 행사에 참여하도록 강요받았다. 갑은 거부 의사를 밝혔으나 강압적 조치에 의해 결국 종교 행사에 참여할 수밖에 없었다. 이에 갑은 종교 활동을 자유롭게 할 수 있다는 내용의 ㉠ 기본권을 침해받았다며 헌법재판소에 심판을 청구하였다.
- 국회의원이 꿈이었던 을은 검정고시에 합격하고 국립○○대학교의 수시 모집에 지원하고자 하였다. 하지만 법률에 근거하여 규정된 국립○○대학교 수시 모집 요강에서는 검정고시 출신자의 응시 자격을 제한하였다. 이에 을은 능력에 따라 균등하게 교육받을 수 있다는 내용은 ㉡ 기본권을 침해받았다며 헌법재판소에 심판을 청구하였다.

① ㉠은 국가로부터 간섭받지 않을 권리로서의 기본권에 해당한다.
② ㉡은 국가의 정치적 의사 결정 과정에 참여할 수 있는 권리로서의 기본권에 해당한다.
③ ㉠과 ㉡ 모두 정당한 목적이 있다면 법률적 근거가 없어도 제한될 수 있다.
④ 갑과 달리 을은 기본권 보장을 위한 수단적 성격을 지닌 기본권을 행사하였다.
⑤ 을과 달리 갑은 헌법 소원 심판을 청구하였다.

(가)에 들어갈 수 있는 내용으로 옳은 것은? [3점]

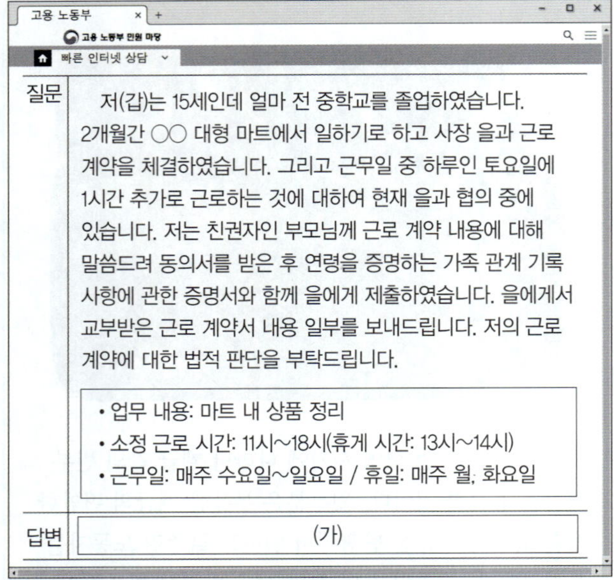

질문	저(갑)는 15세인데 얼마 전 중학교를 졸업하였습니다. 2개월간 ○○ 대형 마트에서 일하기로 하고 사장 을과 근로 계약을 체결하였습니다. 그리고 근무일 중 하루인 토요일에 1시간 추가로 근로하는 것에 대하여 현재 을과 협의 중에 있습니다. 저는 친권자인 부모님께 근로 계약 내용에 대해 말씀드려 동의서를 받은 후 연령을 증명하는 가족 관계 기록 사항에 관한 증명서와 함께 을에게 제출하였습니다. 을에게서 교부받은 근로 계약서 내용 일부를 보내드립니다. 저의 근로 계약에 대한 법적 판단을 부탁드립니다. • 업무 내용: 마트 내 상품 정리 • 소정 근로 시간: 11시~18시(휴게 시간: 13시~14시) • 근무일: 매주 수요일~일요일 / 휴일: 매주 월, 화요일
답변	(가)

① 갑의 친권자가 갑의 근로 계약 체결을 대리하지 않았으므로 근로기준법에 위배됩니다.
② 을이 갑을 근로자로 사용하기 위해서는 고용 노동부 장관이 발급한 취직 인허증이 필요합니다.
③ 갑은 연소 근로자로 일요일 근로가 원칙적으로 금지되므로 근무일을 변경해야 합니다.
④ 갑은 친권자의 동의를 얻어야 을에게 독자적으로 임금을 청구할 수 있습니다.
⑤ 갑이 을과 합의하에 토요일에 1시간 추가 근로를 하더라도 근로기준법상 1일 법정 근로 시간을 초과하지 않습니다.

Ⅱ 사회 정의와 불평등

04 정의의 의미와 기준, 다양한 정의관

05 불평등 해결과 정의의 실현

04 정의의 의미와 기준, 다양한 정의관

1 정의의 의미와 역할

1. 정의의 의미❶
(1) 사회를 구성하고 유지하기 위해 사회 구성원들이 추구해야 할 <u>올바르고 공정한 가치</u>
  ➡ 사회적으로 규정된 올바른 행위임
(2) 사회적 대우나 보상, 처벌 등에 있어 '마땅히 받을 만한 몫'을 공정하게 받는 것

2. <u>정의의 역할</u>
(1) **기본적 권리 보장**: 사회 구성원 모두가 인간다운 삶을 살 수 있게 함
(2) **사회 통합의 기반 마련**: 사회 구성원이 서로 신뢰하며 협력할 수 있게 함
  _{인간의 가치 및 개인의 행복 추구와 자아실현을 중시하는 것}
(3) **사회적 갈등 최소화**: 개인선과 <u>공동선</u>을 조화롭게 유지시켜 갈등을 최소화함
  _{공동체 구성원의 자아실현과 인격 완성을 추구하고 공동의 이익을 중시하는 것}

2 정의의 분류

1. 분배적 정의
(1) **의미**: 사회적 지위와 권리, 재화와 서비스 등을 분배❷하는 것과 관련된 정의,
  사회 구성원들이 사회적 자원 등을 나눌 때 각자가 자신의 몫을 누리는 상태
(2) **다양한 분배 기준** 

기준	능력	업적	필요
의미	<u>신체적·정신적 능력에 따라</u> 분배 (예) 경력자 우대, 실력	기회의 평등❸을 전제로 개인이 성취한 업적에 따라 분배 (예) 실적에 따른 성과급	인간의 기본적 욕구를 충족하기 위해 요구되는 필요에 따라 분배 ➡ <u>결과의 평등</u>❹ 추구
장점	능력에 비례하는 적절한 보상, 잠재력 실현 기회 제공 ➡ 사회 발전에 기여	결과 측정 쉬움, 공정성 확보 가능, 생산 동기 향상	사회적 약자를 우선적으로 배려함, 최대한 많은 사람의 인간다운 삶 보장 가능
단점	재능이나 환경 등 우연적 요소의 개입, 모호한 능력 평가 기준 ➡ 사회 불평등 초래	서로 다른 종류의 업적을 비교하기 어려움, 사회적 약자에 대한 배려 부족, 과열 경쟁	자원이 한정되어 있어 모두의 필요를 충족시킬 수 없음, 성취동기 저하

(3) **특징**: 사회 구성원이 무엇을 공정하게 여기는지에 따라 분배 기준이 달라짐
  ➡ 사회적 합의를 통해 각각의 분배 상황에 맞는 기준을 마련해야 함
2. **교정적 정의**: 개인이나 집단에 입힌 손해에 관한 처벌과 배상❺과 관련된 정의

응보주의	예방주의

처벌은 범죄자 자신이나 사회를 위해 어떤 다른 선을 촉진하기 위한 수단으로서 가해질 수는 없다. 처벌을 받은 개인이 범죄를 저질렀다는 이유만으로 부과되어야 한다.
  – 칸트 –
	처벌의 목적은 범죄자가 시민들에게 해악을 입힐 가능성을 방지하고 타인의 범죄를 억제하는 것이다. 사형보다 더 큰 공포를 안겨주는 종신 노역형이 범죄 예방에 더 효과적이다.
	  – 베카리아 –

• 범죄 행위에 상응하는 해악을 처벌로 가해야 한다. • 범죄와 처벌 간의 균형을 강조하기 때문에 범죄 예방과 범죄자 교화에 상대적으로 무관심하다.	• 처벌에 대한 두려움으로 범죄를 예방해야 한다. • 처벌의 예방 효과를 증명하기 어렵고, 범죄자의 인간 존엄성을 훼손할 수 있다.

---

❶ 정의에 대한 입장

공자	천하의 바른 정도(正道)를 이루는 것
플라톤	• 이상 국가가 되기 위한 필수적 덕목 • 국가와 영혼을 이루는 세 부분인 지혜, 용기, 절제의 덕을 실현하여 전체적으로 조화를 이루는 상태
아리스토텔레스	• 일반적 정의: 법을 지키는 것 • 특수적 정의 　– 분배적 정의: 각자 기여한 정도에 따라 권력, 명예, 재화를 분배함 　– 교정적 정의: 타인에게 해를 끼치면 보상해줌 　– 교환적 정의: 공정하게 교환함

❷ 분배의 대상
• 이익: 부, 권력, 명예, 사회적 지위 등
• 부담: 세금, 의무, 사회적 책임 등

❸ 기회의 평등
사회 제도와 사회적 위치에 접근할 수 있는 모든 기회를 모든 사회 구성원에게 동등하게 부여하는 것이다.

❹ 결과의 평등
능력, 배경 등의 사회적 조건이 불리한 사람에게 다양한 혜택을 제공하여 최종적으로 결과의 불평등을 완화하는 것이다.

❺ 배상
남의 권리를 침해한 자가 그 손해를 물어주는 것을 의미한다.

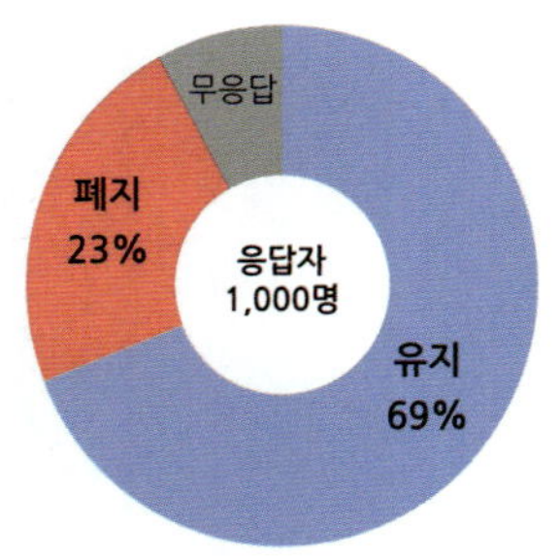

(한국 갤럽, 2022)

▲ **사형제 찬반**
우리나라는 1997년 이후 사형을 집행하지 않은 실질적 사형 폐지국이지만, 사형제 유지 의견이 사형제 폐지 의견보다 많다.

1. 자유주의적 정의관 

(1) 사상적 근거

① 개인의 자유를 존중하고 보장하는 것에 우선적 가치를 부여하는 사상(자유주의)

② 국가나 사회보다 개인이 우선한다고 보는 사상(개인주의)

(2) 특징

① 자유주의와 개인주의에 기반을 두고 <u>개인의 자유와 권리를 최대한 보장하는 것</u>을 정의로운 것으로 봄

② 국가나 사회는 개인의 자유와 권리를 보호하고 증진하는 수단이므로 <u>중립적인 입장을 유지</u>해야 함

③ 타인의 자유를 침해하지 않는 한에서 개인선을 실현하는 것을 정의롭다고 봄❶

④ 개인이 공동체의 전통이나 가치로부터 독립적이고 자율적인 존재임을 강조함

⑤ 정의로운 사회에서도 사회적·경제적 불평등은 허용 가능함

(3) 대표적인 사상가

롤스	노직

• **평등한 자유의 원칙**: 모든 사람은 동등한 기본적 자유를 최대한 누려야 함 • **차등의 원칙**: 최소 수혜자에게 최대 이익이 될 때 사회적·경제적 불평등이 정당화됨 • **공정한 기회균등의 원칙**: 사회적·경제적 불평등의 계기가 되는 직책, 지위에 오를 기회는 모두에게 공정하게 열려 있어야 함	• **최소 국가**: 국가는 개인의 소유 권리를 보호하는 등 제한적인 역할만 수행해야 함 • 국가의 재분배 정책은 개인의 권리와 자유를 침해함 • 개인의 소유물을 어떻게 사용할 것인가는 개인의 자유로운 선택에 달려 있음

(4) 공동선에 대한 입장

① 개인의 자유로운 이익 추구를 통해 공동선에 기여함

② 자유로운 경쟁에 의한 개개인의 욕구 충족

③ 국부 증진과 풍요로움 확대로 공동선에 이바지

(5) 한계

① 우연적 조건이나 운에 의해 형성된 분배가 지속될 수 있음 ➡ 모든 사람이 동등한 기회를 얻을 수 없음

② 배려가 필요한 사회적 약자는 경쟁에서 도태되므로 자유로운 경쟁이 불가능함

③ 사익만을 추구하고 공동선이 사라지면서 사회 구성원 모두가 피해를 입을 수 있음

> ✪ **누리소통망(SNS) 기업의 청소년 보호**
>
> • 누리소통망(SNS)에서 청소년 대상 범죄가 증가하자 관련 기업들이 청소년 보호 조치를 강화하고 있다.
>
> • 기업들은 부모가 자녀가 누리소통망(SNS)에서 어떤 활동을 하는지 관리 감독할 수 있는 기능을 추가했고, 이러한 기능은 청소년의 자유를 침해할 수 있다는 주장이 등장했다.
>
> 
> ▲ SNS를 하는 청소년

---

❶ **개인의 자유 추구**

개인의 자유를 강조하지만, 새벽까지 악기를 연주해 이웃의 잠을 방해하는 등 타인에게 피해를 주는 행위까지 인정해야 한다고 주장하지 않는다.

▲ 소음으로 고통받는 이웃

❷ **원초적 입장**

롤스가 정의의 원칙을 도출하기 위해 가정한 가상적 상황으로, 사람들은 자신의 자연적·사회적 여건을 모르게 하는 무지의 베일을 쓰고 정의의 원칙에 합의한다고 보았다.

❸ **노직의 분배 원칙**

취득의 원칙	소유물의 최초 취득시 정당해야 함
이전의 원칙	취득물이 다른 사람으로 이전될 때 정의로워야 함
교정의 원칙	취득과 이전 시 부정이나 불법이 있으면 바로잡음

2. 공동체주의적 정의관 

(1) 사상적 근거: 개인보다 공동체의 선이 우선한다고 보는 공동체주의 사상을 근거로 함❶

(2) 특징

① 공동체의 구성원들이 서로에 관한 유대감을 바탕으로 각자의 역할과 의무를 다하며, 공동체의 선을 실현하는 것을 정의롭다고 봄

② 공동체가 지향하는 가치와 미덕을 고려하여 분배 방식을 결정하는 것이 정의롭다고 봄

③ 개인의 자아 정체성, 좋은 삶은 공동체의 역사와 전통을 공유하는 가운데 형성된다고 봄 ➡ 개인과 공동체는 상호 유기적 관계에 있음 ('소속된 자아'를 강조함)

④ 개인은 자신이 속한 공동체가 올바로 유지되고 발전할 때 좋은 삶을 살아갈 수 있으므로, 공동체의 발전을 위해 노력해야 할 의무를 지닌다고 봄❷

(3) 대표적인 사상가

매킨타이어	왈처
 개인은 공동체의 전통과 역사를 바탕으로 책임감 있는 시민으로 살아야 합니다. • 한 개인의 삶의 역사는 항상 공동체의 역사 속에 편입되어 있음 • 개인은 공동체의 도덕을 바탕으로 가치관을 형성하고 사회적 연대감을 함양해야 함 (덕 윤리)	 사회적 가치를 분배할 때는 공동체의 문화적 특수성과 차이를 고려해야 합니다. • 사회적 가치는 각 공동체의 역사적이고 문화적 소산이므로 모든 사회에서 동일하게 중요하다고 인정되는 가치는 없음 • 다양한 영역에서 각기 다른 공정한 기준에 따라 사회적 가치가 분배될 때 정의가 실현됨 (복합 평등으로서의 정의)

(4) 공동선에 대한 입장

① 개인은 공동체 속에서 정체성을 형성함 ➡ 개인의 권리나 의무는 공동체의 역사와 문화, 다른 구성원과의 관계 속에서 상대적이고 특수하게 적용됨

② 개인은 정의로운 사회를 만들기 위해 사익만을 추구하는 이기주의적 태도를 버리고, 연대 의식을 가지고 사회 문제를 해결해야 함 ➡ 공동선을 강조함

(5) 한계: 공동체의 이익을 위해 개인의 희생을 강요하거나 자신이 속한 집단의 가치를 우선시하는 연고주의적❸ 경향이 나타날 수 있음

3. 자유주의적, 공동체주의적 정의관의 적용

(1) 권리와 의무, 사익과 공익의 조화❹: 개인의 권리와 사익을 중시하는 자유주의적 정의관과 사회 구성원으로서 의무와 공익을 중시하는 공동체주의적 정의관을 조화롭게 추구해야 함

(2) 개인과 공동체의 바람직한 역할: 개인은 공동체에 대한 의무를 다하고, 공동체는 개인의 자유와 권리를 보장해야 함

✪ 대형 마트 의무 휴업 폐지 찬반

• 대형 마트 의무 휴업은 골목 상권 보호를 위해 대형 마트가 한 달에 두 번 의무적으로 쉬도록 하는 제도이다.

• **폐지 찬성:** 소비자는 대형 마트를 전통 시장의 경쟁 상대로 보지 않는다. 의무 휴업 제도는 대형 마트에 대한 역차별이다.

• **폐지 반대:** 대형 마트가 골목 상권을 침해하는 것을 막겠다는 제도의 취지를 고려하면 충분히 의미가 있는 제도이다.

〈전통 시장 경쟁 상대 인식〉

기타 2.2
대형 마트 16
온라인 18.8
인근 전통 시장 32.1
(%)
슈퍼마켓, 식자재 마트 30.9

(대한 상공 회의소, 2022)

---

❶ **공동체주의와 집단주의의 차이점**

집단주의는 개인의 자유와 공동선을 대립적 관점으로 본다. 공동체주의는 극단적 이기주의에는 반대하지만 개인의 자유와 권리를 침해하여 공동선을 훼손하는 것을 찬성하지 않는다.

❷ **과거 세대의 잘못과 현세대의 책임**

자유 주의	과거 세대의 잘못에 관한 책임 여부는 현세대의 선택에 달림
공동체 주의	과거 세대의 잘못이라도 현세대는 책임을 지고 공동체의 의무를 다해야 함

❸ **연고주의**

혈연이나 학연, 지연 등으로 맺어진 관계를 중요하게 여기거나 우선으로 여기는 태도이다.

❹ **님비(NIMBY)**

님비는 공동체에는 이익이 되지만 자신에게 이익이 되지 않는 시설이 자신의 지역에 들어서는 것을 반대하는 현상이다. '내 뒷마당에는 안 된다(Not in my backyard).'의 줄임말이다.

▲ 님비에 자주 막히는 소각장 건설

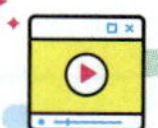

✪ 자유주의적 정의관과 공동체주의적 정의관 비교

무엇이 정의로운지에 대한 판단은 개인의 자유와 공동체의 가치 중 무엇을 더욱 중시하느냐에 따라 달라질 수 있다. ❶

❶ 각 정의관에서 바라보는 개인과 사회

	자유주의	공동체주의
개인	공동체로부터 독립된 자율적 존재	공동체 속에서 소속감과 정체성을 형성하는 존재
사회	개인들이 모여 있는 단순한 집합체이자 개인	각 개인이 유기적으로 결합하여 만들어진 집합체 이상

▲ 마스크 착용을 거부하는 사람

▲ 마스크를 착용한 직장인

- **자유주의적 정의관**: 개인의 자유로운 선택과 권리를 최대한 존중하고 개인의 이익을 보장하고자 한다. 하지만 자기 이익을 우선하는 이기주의가 나타날 가능성이 있으며, 공동체에 대해 무관심해질 수 있다.
- **공동체주의적 정의관**: 개인의 이익을 지나치게 중시하는 문제를 해결할 수 있다. 하지만 개인의 자유와 권리의 희생을 정당화하는 집단주의를 경계해야 한다.

출제 O순위 포인트는?
- 개인의 자유가 최우선이라고 하면 자유주의적 정의관, 공동체가 개인보다 중요하다고 주장하면 공동체주의적 정의관이다.

자유주의적 정의관	공동체주의적 정의관
• 개인의 자유가 무엇보다 소중한 가치임 • 개인의 자유로운 이익 추구가 공동선에 이바지함 • 롤스(공정한 분배 강조), 노직(개인의 소유권 보호 강조)	• 인간의 삶이 공동체에 뿌리를 두고 있음을 강조 • 공동체 구성원 모두에게 유익한 공공의 이익을 실현해야 함 • 매킨타이어, 왈처, 샌델

개인의 자유와 공동선의 조화가 필요함

확인 문제 ▶ 정답과 해설은 다음 페이지에

(가)와 (나)에 해당하는 정의관을 쓰시오.

(가) 모든 인간은 자신이 원하는 삶을 스스로 결정할 수 있는 자유와 권리를 가지며, 공동체는 이를 최대한으로 보장해야 한다.

(나) 인간은 공동체에서 독립된 상태로 존재할 수 없으며, 자신이 속한 공동체가 지향하는 가치에 영향을 받으며 살아간다.

- (가):

- (나):

1 정의의 의미와 역할

1. 다음 설명에 해당하는 용어를 쓰시오.

> • 각자에게 각자의 몫을 주는 것
> • 사회적 대우나 보상 등에서 공정한 분배를 추구하는 것

2 정의의 분류

2. 서로 관계있는 것끼리 바르게 연결하시오.

(1) 불공정한 행위나 잘못된
　　행동을 바로잡는 것　　　　　　　•　　　•　ㄱ. 분배적 정의

(2) 각자의 가치에 따라
　　권력이나 재화를　　　　•　　　•　ㄴ. 교정적 정의
　　분배하는 것

3. 다음은 다양한 분배 기준에 대한 분류이다. ㉠~㉫에 대한
설명으로 옳은 것은 ○, 틀린 것은 ×에 표시하시오.

분배 기준	특징	장점	단점
능력	육체적 · 정신적인 능력이 뛰어난 사람에게 많이 분배함	㉠	㉡
업적	각 개인이 성취하고 이바지한 기여도의 결과에 따라 분배함	㉢	㉣
필요	사람들의 필요에 따라 다르게 분배함	㉤	㉥

(1) ㉠: 개인이 지닌 잠재력을 실현할 수 있다.　　(○, ×)

(2) ㉡: 능력과 업적의 결과가 항상 비례하는 것은 아니다.
　　　　　　　　　　　　　　　　　　　　　　(○, ×)

(3) ㉢: 일할 의욕을 고취시켜 생산성을 향상시킬 수 있다.
　　　　　　　　　　　　　　　　　　　　　　(○, ×)

(4) ㉣: 경쟁이 과열되어 사회적 갈등이 발생할 수 있다.
　　　　　　　　　　　　　　　　　　　　　　(○, ×)

(5) ㉤: 최대한 많은 사람의 인간다운 삶을 보장할 수 있다.
　　　　　　　　　　　　　　　　　　　　　　(○, ×)

(6) ㉥: 선천적 자질 등 우연적인 요소의 영향으로 분배의
　　　불균형이 발생할 수 있다.　　　　　　(○, ×)

p.47 확인 문제 [정답]

(가) 자유주의적 정의관, (나) 공동체주의적 정의관

3 다양한 정의관의 특징과 적용

4. 다음 입장에서 강조할 내용으로 옳은 것은 ○, 틀린 것은
×에 표시하시오.

> 자유는 가치를 스스로 선택하는 능력에 달려 있다.
> 개인은 불가침적인 권리를 지니므로 공동선을 위한다는
> 명목으로 누구도 타인을 강제할 수 없다. 도덕과 정치를
> 결합하려는 시도는 강제되지 않을 개인의 권리를
> 침해하므로 부당하다.

(1) 인간은 스스로 삶의 목적을 선택하는 독립적 존재이다.
　　　　　　　　　　　　　　　　　　　　　　(○, ×)

(2) 공동선은 별도로 있지 않고 개개인의 선을 합한
　　것이다.　　　　　　　　　　　　　　　　(○, ×)

(3) 개인의 정체성은 공동체의 전통과 가치 속에서 형성
　　된다.　　　　　　　　　　　　　　　　　(○, ×)

(4) 각 개인은 타인의 자유를 침해하지 않는 한에서
　　개인선을 실현해야 한다.　　　　　　　　(○, ×)

(5) 국가는 시민들이 공동체의 덕목을 습득하도록
　　적극적인 역할을 해야 한다.　　　　　　(○, ×)

5. 다음 입장에서 강조할 내용으로 옳은 것은 ○, 틀린 것은
×에 표시하시오.

> 자유는 '함께하는 자치'에 달려 있다. 자치를 공유하는
> 것은 공동선에 대해 동료 시민들과 숙고하는 것을 의미하며,
> 자치를 공유하기 위해서는 시민들이 바람직한 품성을
> 습득해야 한다. 자치에 필수적인 품성을 길러내는 것이
> 정치이다.

(1) 개인의 좋은 삶은 공동체의 가치에 의해 안내된다.
　　　　　　　　　　　　　　　　　　　　　　(○, ×)

(2) 국가는 권리를 보장하는 수단적 공동체의 역할을
　　넘어서면 안 된다.　　　　　　　　　　　(○, ×)

(3) 공동체는 사람들이 자아 정체성을 구성하는 데 중요한
　　기반이 된다.　　　　　　　　　　　　　(○, ×)

(4) 개인은 어떤 삶이 좋은 삶인지 스스로 결정할 수 있다.
　　　　　　　　　　　　　　　　　　　　　　(○, ×)

(5) 개인은 자신을 통제할 절대적 권리를 가지며 모든
　　외적인 간섭은 위협이다.　　　　　　　　(○, ×)

내신 대비 필수 문제

1 정의의 의미와 역할

01 ✽✽✽✽ 중요

교사의 질문에 옳게 대답한 학생만을 있는 대로 고른 것은?

① 갑, 을   ② 갑, 정   ③ 병, 정
④ 갑, 을, 병   ⑤ 을, 병, 정

[02~03] 다음 글을 읽고 물음에 답하시오.

> 사회 제도의 제1덕목은 (가) 이다. 어떤 이론이 아무리 정교하고 간결하다 할지라도 그것이 진리가 아니라면 배척되거나 수정되어야 하듯이, 법이나 제도가 아무리 효율적이고 정연할지라도 그것이 정당하지 못하면 개선되거나 폐기되어야 한다.

02 ✽✽✽

(가)에 대한 설명으로 적절하지 <u>않은</u> 것은?

① (가)가 실현되면 사회 통합의 기반을 마련할 수 있다.
② 기본적인 권리를 보장할 수 있게 하는 역할을 수행한다.
③ 공정한 절차에 따라서 자유와 평등이 조화롭게 실현된 상태를 말한다.
④ 사회적 대우나 보상, 처벌 등에 있어 '마땅한 몫'을 공정하게 받는 것을 의미한다.
⑤ (가)는 개인선보다 공동선을 추구하여 사회적 갈등을 최소화해 주는 역할을 수행한다.

03 ✽✽✽ 서술형

(가)의 역할 세 가지를 서술하시오.

04 ✽✽✽✽

밑줄 친 ㉠~㉢에 대한 설명으로 옳은 것만을 〈보기〉에서 고른 것은?

> 아리스토텔레스는 정의를 ㉠ 일반적 정의와 특수적 정의로 구분하고, 특수적 정의를 다시 ㉡ 교정적 정의와 ㉢ 분배적 정의로 구분한다.

> [보기]
> ㄱ. ㉠은 공동선과 덕을 장려하는 법을 지킴으로써 성립되는 정의이다.
> ㄴ. ㉡은 시민들 사이에 분배되는 권력, 명예, 재화와 관련된 정의이다.
> ㄷ. ㉢은 타인에게 해를 끼치면 보상해 주는 것이다.

① ㄱ   ② ㄷ   ③ ㄱ, ㄴ
④ ㄴ, ㄷ   ⑤ ㄱ, ㄴ, ㄷ

05 ✽✽✽

고대 서양 사상가 갑, 을의 정의관으로 적절하지 <u>않은</u> 것은?

> 갑: 정의로운 국가를 구성하는 세 계층의 사람들은 각자의 성향에 맞는 한 가지 일에만 종사하며 타인의 일에 참견하지 않는다.
> 을: 당사자들이 동등함에도 동등하지 않은 몫을, 혹은 동등하지 않은 사람들이 동등한 몫을 분배받아 갖게 되면 바로 거기서 싸움과 불평이 생겨난다.

① 갑은 사회적 지위와 역할은 각자의 능력과 소질에 따라 주어져야 한다고 보았다.
② 갑은 각 계층이 조화를 이루었을 때 '정의로운 사회'가 된다고 보았다.
③ 을은 생계가 어려운 사람에게 재화를 우선적으로 분배해야 한다고 보았다.
④ 을은 타인에게 손해를 끼친 사람은 손해를 끼친 만큼의 배상을 해야 한다고 보았다.
⑤ 갑과 을은 모두 정의로운 사회 안에서 개인의 행복이 이루어질 수 있다고 보았다.

06 ✽✽✾

다음 동양 사상가의 입장으로 가장 적절한 것은?

> 큰 도가 행해진 세상에서는 천하가 모든 사람들의 것이다. 사람들은 어진 이와 능한 이를 선출하여 관직을 맡게 하고, 온갖 수단을 다하여 서로 간의 신뢰와 친목을 다지게 한다. 그러므로 사람들은 자기의 부모만을 부모로 섬기지 않으며, 각자 자기 자식만을 자식으로 여기지 않아서 노인에게는 그 생애를 편안하게 마치게 해주며, 젊은이에게는 충분한 일자리를 제공해 주고, 과부와 고아, 불구자들에게는 고생 없는 생활을 할 수 있도록 해준다.

① 능력에 따른 분배를 실현해야 한다.
② 업적과 성취에 따른 분배를 실현해야 한다.
③ 사회적 약자들을 배려하는 분배를 실현해야 한다.
④ 중산층의 이익을 극대화하는 분배를 실현해야 한다.
⑤ 생산성과 효율성을 중시하는 분배를 실현해야 한다.

[07~08] 다음 자료를 읽고 물음에 답하시오.

> 갑: 신체적, 정신적인 능력이 뛰어난 사람에게 더 많은 분배와 보상이 이루어져야 한다. 그래야 사람들의 성취동기를 높이고 사회가 발전할 수 있다.
> 을: 사회적 불평등을 완화하고 사회적 약자를 보호하는 분배와 보상이 이루어져야 한다. 그래야 사회 불평등 문제를 개선하고 경제의 안정성을 도모할 수 있다.

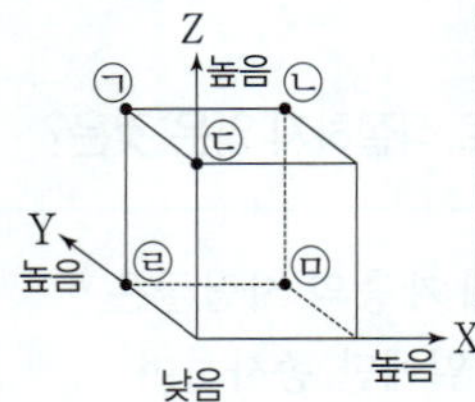

07 ✽✽✽

갑, 을이 중시하는 분배 기준으로 옳은 것은?

	갑	을		갑	을
①	능력	업적	②	능력	필요
③	업적	능력	④	업적	필요
⑤	필요	능력			

08 ✽✽✽

갑의 입장에 비해 을의 입장이 갖는 상대적 특징을 그림의 ㉠~㉤ 중에서 고른 것은?

① ㉠ ② ㉡ ③ ㉢ ④ ㉣ ⑤ ㉤

09 ✽✾✾

다음 입장에 대한 적절한 비판만을 〈보기〉에서 고른 것은?

> 사회적 재화는 자신의 업적에 따라 분배되어야 한다. 왜냐하면 노력한 만큼 정당한 대가를 받는 것이 바람직하기 때문이다.

[보기]
ㄱ. 사회적 약자에 대한 배려가 부족해질 수 있다.
ㄴ. 개인이 지닌 잠재력을 객관적으로 평가하기가 쉽지 않다.
ㄷ. 업적을 쌓기 위한 과열 경쟁으로 사회적 갈등이 나타날 수 있다.
ㄹ. 열심히 노력하여 업적을 쌓으려는 개인의 동기가 부족해질 수 있다.

① ㄱ, ㄴ ② ㄱ, ㄷ ③ ㄴ, ㄷ
④ ㄴ, ㄹ ⑤ ㄷ, ㄹ

10 ✽✽✾

그림의 갑이 을에게 제기할 수 있는 비판만을 〈보기〉에서 고른 것은?

[보기]
ㄱ. 모두의 필요를 충분히 충족시킬 수 없다.
ㄴ. 우승을 위해 과도한 경쟁이 유발될 수 있다.
ㄷ. 사회적 약자를 위해 더 많은 배려를 할 수 없다.
ㄹ. 우승에 기여도가 높은 학생에게 합당한 대가를 줄 수 없다.

① ㄱ, ㄴ ② ㄱ, ㄹ ③ ㄴ, ㄷ ④ ㄴ, ㄹ ⑤ ㄷ, ㄹ

[11~12] 다음 글을 읽고 물음에 답하시오.

> (가) ○○치과는 이번에 치과 의사 채용 공고에 치과 의사 면허 소지를 자격 요건으로 명시했다.
> (나) □□감독은 이번 작품에 참여한 배우와 제작진에게 출연료 외에 흥행 결과에 따라 보수를 주기로 약속했다.
> (다) 기초 생활 수급 가정에서 자란 갑은 이번에 기회균등 특별 전형으로 △△대학교에 합격했다.

11 ✳✳✿

(가)~(다)에 대한 옳은 설명만을 〈보기〉에서 고른 것은?

> [보기]
> ㄱ. (가)가 강조하는 분배의 기준은 업적이다.
> ㄴ. (나)는 수량화가 용이하고 평가가 쉽다.
> ㄷ. (다)는 개인의 성취동기를 약화시킨다.
> ㄹ. (가)는 (나)와 달리 주관적인 편견을 배제해 공정성을 확보할 수 있다.

① ㄱ, ㄴ ② ㄱ, ㄷ ③ ㄴ, ㄷ ④ ㄴ, ㄹ ⑤ ㄷ, ㄹ

12 ✳✳✳ [서술형]

(가), (나)의 입장에서 (다)의 입장을 비판할 수 있는 근거 두 가지를 서술하시오.

____

____

13 ✳✳✿

2025 실시 10월 학평 7

다음 자료는 교정적 정의에 관한 어떤 사상가의 입장이다. 이 사상가의 입장으로 옳지 <u>않은</u> 것은? [2.5점]

> 범죄가 적을수록 사회에 이익이 된다. 형벌의 목적은 오직 범죄자가 시민들에게 새로운 해악을 입힐 가능성을 방지하고, 타인들이 유사한 범죄 행위를 할 가능성을 억제시키는 것이다. 범죄에 대한 가장 강력한 억제력은 살인범이 사형되는 장면을 목격하는 데서 생겨나지 않는다. 그보다는 자유를 박탈당한 채 비참한 노동으로 그가 사회에 끼친 손해를 속죄하는 모습을 오래 보게 하는 것이 더 효과적이다.

① 범죄자를 교화하는 것은 형벌의 목적에 포함된다.
② 살인을 예방하기 위해 사형을 대체할 형벌이 존재한다.
③ 형벌은 범죄 행위에 대한 응당한 보복으로 가해져야 한다.
④ 형벌은 사회적 이익이 증진되는 방향으로 부과되어야 한다.
⑤ 범죄 억제를 위해 형벌의 강도보다 형벌의 지속도를 중시해야 한다.

14 ✳✳✿

갑, 을의 입장에 대한 설명으로 옳지 <u>않은</u> 것은?

① 갑: 처벌의 정도는 죄의 정도에 비례해야 한다.
② 갑: 처벌은 오직 범죄를 저질렀기 때문에 가해지는 것이다.
③ 을: 범죄자의 행동을 통제하거나 교화할 수 없다.
④ 을: 처벌에 대한 두려움으로 범죄를 예방할 수 있다.
⑤ 을: 사형보다는 종신 노역형이 범죄 예방에 효과적이다.

③ 다양한 정의관의 특징과 적용

15 ✳✳✿

다음 정의관에 대한 옳은 설명만을 〈보기〉에서 고른 것은?

> 개인의 자유는 우리가 지켜야 할 가장 소중한 가치이다. 모든 인간은 존엄하며 타인이나 사회의 억압과 구속에서 벗어나 자신이 원하는 삶을 살 수 있는 자유와 권리를 지닌다. 개인의 자유와 권리를 보장하는 것은 정의로운 일이다.

> [보기]
> ㄱ. 개인은 공동체 속에서 정체성을 형성하는 존재이다.
> ㄴ. 타인의 자유를 침해하지 않는 한에서 개인선을 실현한다.
> ㄷ. 공동선에 이바지하기 위해 개인의 자유로운 이익을 추구한다.
> ㄹ. 개인의 자유와 권리를 최대한 보장하는 것이 정의로운 것이다.

① ㄱ, ㄴ ② ㄱ, ㄷ ③ ㄴ, ㄷ ④ ㄴ, ㄹ ⑤ ㄷ, ㄹ

16 ✽✽❀

갑, 을 사상가들의 입장으로 가장 적절한 것은? [2점]

> 갑: 정의로운 사회에서 사회적·경제적 불평등은 다음 조건을 충족하는 경우에 허용될 수 있다. 최소 수혜자에게 최대의 이익을 보장하고, 모든 사람에게 직책이나 직위에 오를 기회가 균등하게 주어져야 한다.
> 을: 정의로운 사회에서는 개인의 자유와 소유권을 최우선적인 가치로 여겨야 한다. 어떤 소유물의 취득과 이전의 과정이 부당하다면 국가가 교정해야 하지만, 정당하다면 그 소유물에 대한 소유 권리를 보장해야 한다.

① 갑: 최소 수혜자의 이익을 위해 기본적 자유는 제한될 수 있다.
② 갑: 타고난 재능에 따라 기회가 차등적으로 분배되어야 한다.
③ 을: 사유 재산권은 공공의 복지 정책을 위해 제한되어야 한다.
④ 을: 개인의 소유권 보호를 위한 국가의 개입은 정당화될 수 있다.
⑤ 갑과 을: 정의로운 사회에서는 모든 사회적·경제적 불평등이 사라져야 한다.

[17~18] 다음 글을 읽고 물음에 답하시오.

> 나는 나의 가족, 도시, 종족, 민족의 과거로부터 다양한 은혜와 유산, 올바른 기대와 책무를 물려받았다. 이런 것들이 나의 도덕적 출발점을 이룬다. 이는 부분적으로 나의 삶에 그 도덕적 특수성을 부여한다.

17 ✽✽✽

윗글을 주장한 사상가의 주장으로 가장 적절한 것은?
① 공동체 속에서 각 개인은 독립된 자아로서 존중되어야 한다.
② 개인의 이익과 공동의 이익은 상호 모순 관계임을 인식해야 한다.
③ 공동체는 개인의 자유와 권리를 보호하는 수단으로 간주되어야 한다.
④ 사회의 구성원은 공동체와 유기적 관계를 맺고 있음을 인식해야 한다.
⑤ 공동선의 실현보다 개인의 자유와 권리 보장이 우선됨을 인식해야 한다.

18 ✽✽✽ 서술형

윗글에 나타난 정의관이 개인과 공동체의 관계를 어떻게 바라보는지 설명하고 한계점을 서술하시오.

19 ✽✽✽

그림의 강연자가 지지할 입장으로 적절하지 <u>않은</u> 것은?

① 다원적 평등이 실현될 때 정의로운 사회가 된다.
② 공동체 안에는 고유한 사회적 가치들이 존재한다.
③ 어떠한 가치도 다른 가치에 의해 지배되어서는 안 된다.
④ 분배의 대상이 되는 가치들은 각 사회의 역사적·문화적 산물이다.
⑤ 모든 사회적 가치는 단일한 원칙과 절차에 의해 분배되어야 한다.

20 ✽✽✽ 출제 0순위 특강

(가), (나) 사상에 대한 옳은 설명만을 〈보기〉에서 고른 것은?

> (가) 개인은 공동체의 전통이나 가치로부터 독립적이고 자율적인 존재이다. 공동체의 이익은 공동체에 속한 개인이 자유롭게 이익을 추구함으로써 증가할 수 있다.
> (나) 개인은 공동체의 영향을 받으며 정체성을 형성해 나가는 존재이다. 공동체 속에서 살아가는 구성원 각자는 공동체가 발전함으로써 행복한 삶을 영위할 수 있다.

[보기]
ㄱ. (가)는 개인의 자유와 권리의 보장을 중시한다.
ㄴ. (가)는 공동체가 개인의 삶의 방식을 결정한다고 본다.
ㄷ. (나)는 공동체의 발전을 위한 개인의 책무를 강조한다.
ㄹ. (가), (나)는 모두 개인의 이익과 공동체의 이익이 항상 배타적이라고 본다.

① ㄱ, ㄴ ② ㄱ, ㄷ ③ ㄴ, ㄷ
④ ㄴ, ㄹ ⑤ ㄷ, ㄹ

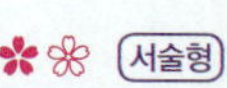 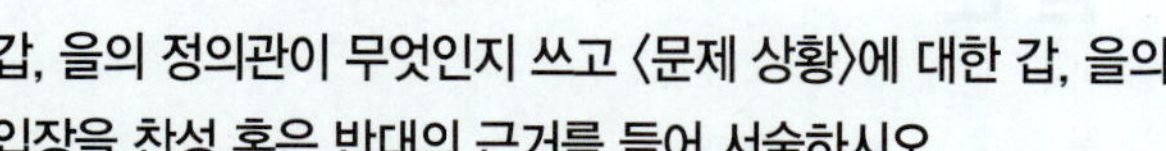

21 ✿✿✿ [서술형] 중요

갑, 을의 정의관이 무엇인지 쓰고 〈문제 상황〉에 대한 갑, 을의 입장을 찬성 혹은 반대의 근거를 들어 서술하시오.

> 갑: 타인의 자유를 침해하지 않는 한 개인의 자유와 권리를 최대한 보장하여 개인선을 실현하는 것이 정의롭다.
> 을: 개인이 속한 공동체의 공동선을 실현하는 것이 정의로운 것이다.
>
> 〈문제 상황〉
> 고액 연봉을 받는 사람에게 세금을 더욱 많이 부과하여 상대적으로 열악한 상황에 놓인 사람들의 복지를 위해 쓰는 법안이 마련되었다.

 내신 1등급 문제

22 ✿✿✿ 중요   2023 실시 11월 학평 19

(가)의 갑, 을의 입장에서 서로에게 제기할 수 있는 비판을 (나) 그림으로 표현할 때, A, B에 해당하는 내용으로 가장 적절한 것은? [3점]

(가)	갑: 각자의 삶의 방식은 스스로 선택해야 한다. 타인에게 피해를 주지 않는 한 개인의 자유와 권리는 최대한 보장되어야 하며, 공동체는 개인에게 특정한 가치를 강요하는 등 그들의 삶에 간섭하지 않아야 한다. 을: 각자의 삶의 방식은 소속된 공동체의 역사와 전통을 공유하는 가운데 형성되는 것이다. 공동체는 개인에게 공동선을 지향하는 가치와 미덕을 적극 권장할 수 있으며, 개인은 공동체의 책무를 물려받게 된다.

〈범 례〉
→ : 비판의 방향
A , B : 비판의 내용

(나) 갑 ⇄(A/B) 을

〈예 시〉
갑 —A→ 을
A는 갑이 을에게 제기할 수 있는 비판임.

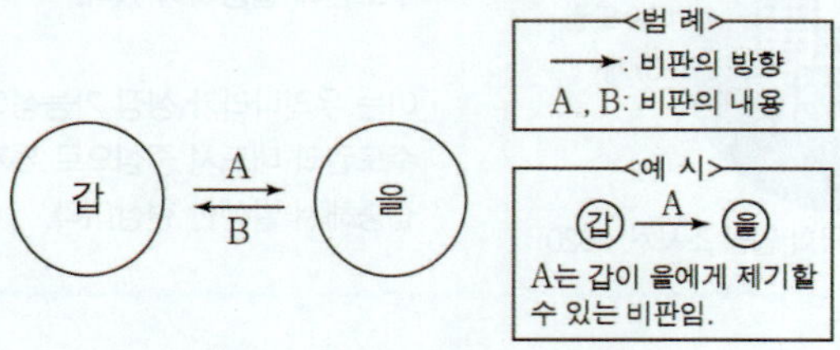

① A: 공동체가 개인의 삶의 방식을 규제해야 함을 간과한다.
② A: 개인의 자유는 어떤 경우에도 제한될 수 없음을 간과한다.
③ A: 개인은 공동체가 권장하는 미덕을 함양해야 함을 간과한다.
④ B: 공동체는 개인의 정체성 형성의 중요한 토대가 됨을 간과한다.
⑤ B: 공동체는 개인의 권리를 보장하는 수단에 불과함을 간과한다.

23 ✿✿✿   2021 실시 11월 학평 12

갑, 을의 입장으로 적절하지 않은 것은?

① 갑: 개인의 좋은 삶의 모습은 공동체에 의해 결정된다.
② 갑: 개인선의 실현이 공동선의 실현으로 이어질 수 있다.
③ 갑: 개인의 선택은 자아 정체성 형성에 중요한 역할을 한다.
④ 을: 개인은 연대 의식을 갖고 사회 문제 해결에 참여해야 한다.
⑤ 을: 개인은 공동체가 지향하는 가치와 규범을 내면화해야 한다.

24 ✿✿✿   2025 실시 10월 학평 20

(가)의 갑, 을 사상가들의 입장을 (나) 그림으로 표현할 때, A~C에 해당하는 옳은 진술만을 〈보기〉에서 고른 것은? [2.5점]

(가)	갑: 정의의 원칙은 합의의 당사자들이 무지의 베일을 쓴 원초적 입장에서 채택될 수 있다. 정의의 원칙에 따라 최소 수혜자에게 최대의 이익을 보장한다면, 사회적·경제적 불평등은 허용될 수 있다. 을: 정의는 각자가 소유하고 있는 것에 대해 각자가 소유 권리를 갖는 것이다. 국가는 각자가 지닌 소유 권리를 보장하기 위해 존재하며, 그 이상의 정책을 추진한다면 그것은 소유 권리를 침해하는 행위가 된다.

(나) 갑 / 을 (벤다이어그램: A B C)

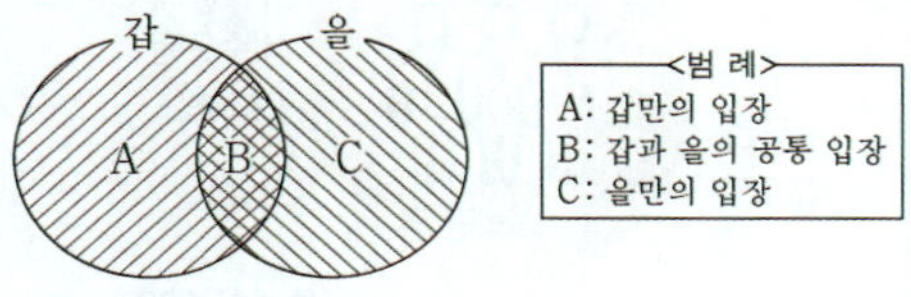

〈범 례〉
A: 갑만의 입장
B: 갑과 을의 공통 입장
C: 을만의 입장

[보기]
ㄱ. A: 정의로운 사회에서도 경제적 불평등은 정당화될 수 있다.
ㄴ. B: 사유 재산에 대한 권리를 보장하는 것은 국가의 책무이다.
ㄷ. B: 정의는 공동체가 개인의 삶의 방식을 규제할 때 실현된다.
ㄹ. C: 최소 수혜자의 이익을 증진하기 위한 과세 정책은 개인의 소유권을 침해한다.

① ㄱ, ㄴ ② ㄱ, ㄷ ③ ㄴ, ㄷ ④ ㄴ, ㄹ ⑤ ㄷ, ㄹ

05 불평등 해결과 정의의 실현

중요도 

1 다양한 사회 불평등 현상

1. 사회 계층의 양극화 현상
(1) **의미**: 사회 구성원 간 불평등이 심화되어 사회 계층[1] 중 중간 계층[2]의 비중이 줄어들고 상층과 하층의 비중이 늘어나는 현상
(2) **원인**: 일반적으로 재산과 소득의 차이에 따른 경제적 격차
(3) **영향**: 계층의 대물림 현상이 나타나게 됨 ➡ 계층 간에 위화감이 조성되어 사회 발전의 동력이 줄어들게 됨

2. 공간 불평등 현상 
(1) **원인**: 빠른 경제 성장을 위해 추진된 성장 거점 개발 정책[3]
(2) **양상**

도시와 농촌	• 도시: 인구와 산업, 편의 시설 등이 지나치게 집중됨 • 농촌: 인구의 지속적 유출, 지역 경제 침체 현상이 나타남
도시 지역 내	저소득층이 거주하는 지역은 주택이 노후화되고 기반 시설도 열악함
수도권과 비수도권	• 수도권: 인구 및 대부분의 기반 시설이 수도권에 집중됨 • 비수도권: 상대적으로 성장이 정체되거나 낙후됨

(3) **영향**
① 소득 불평등, 교육, 문화, 의료 등 생활 환경의 전반적인 불평등을 유발함
② 낙후 지역 주민과 발전 지역 주민이 갈등을 일으켜 사회 통합을 저해하는 요인으로 작용할 수 있음
③ 정의로운 사회를 실현하는 데 걸림돌이 됨

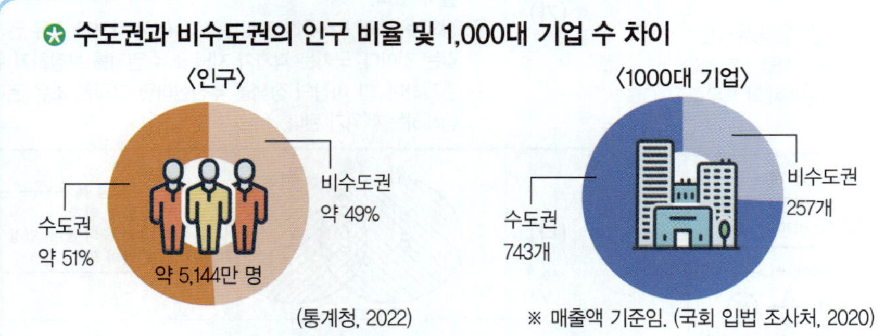

• 전체 인구의 절반 정도가 수도권에 밀집해 있고, 매출 규모가 큰 기업도 수도권에 집중되어 있다.

• 이는 우리나라가 성장 가능성이 큰 수도권과 대도시 중심으로 투자를 집중해서 발생한 현상이다.

3. 사회적 약자에 대한 차별
(1) **사회적 약자**[4]: 경제 수준이나 사회적 지위 등에서 열악한 위치에 있어 사회적으로 배려와 보호의 대상이 되는 개인 또는 집단을 말함
(2) **원인**: 사람들의 선입견 및 편견, 차별을 용인하는 사회적 환경
(3) **차별 형태**
① 여성: 남성에 비해 상대적으로 사회·경제적 활동에 차별을 받고 있음
② 노인, 어린이, 장애인: 신체적 또는 정신적 능력의 부족을 이유로 어려움을 겪고 있음
③ 빈곤층: 경제적 상황 때문에 의료 서비스나 교육의 기회를 제공받지 못하고 있음
④ 소상공인: 대기업과의 불평등한 관계로 인해 어려움을 겪고 있음
   규모가 특히 작은 기업과 자영업자
(4) **문제점**: 사회적 약자의 인간 존엄성과 기본적 권리 침해

사회적 약자와 사회적 소수자	
사회적 약자	사회적으로 불리한 위치에 있는 사람
사회적 소수자	• 사회적 약자의 부분 • 특정 집단의 구성원이라는 이유만으로 차별받고 스스로 차별받는 집단에 속해 있다는 의식을 가짐

2 정의로운 사회 실현을 위한 노력

1. 사회 복지 제도

(1) 필요성

① 정의로운 사회를 실현하기 위해서는 구성원 간의 사회적 격차를 줄여 사회 계층의 양극화 현상을 완화하려는 노력이 필요함

② 사회 구성원이 기본적 욕구를 충족하고 정상적인 생활을 할 수 있도록 사회적으로 지원해야 함

(2) 유형 

사회 보험	• 일정 수준의 소득이 있는 개인과 정부, 기업이 보험료를 분담하여 구성원의 사회적 위험에 대비하는 제도 • 법률이 정한 기준에 해당하는 사람은 의무적으로 가입함 • 보험료를 경제적 능력에 따라 부담하므로 소득 재분배[1] 효과가 있음 • 국민연금, 국민 건강 보험, 고용 보험, 산업 재해 보상 보험, 노인 장기 요양 보험
공공 부조	• 국가가 전액 지원하여 저소득 계층이 최소한의 삶을 꾸릴 수 있도록 돕는 제도 • 국민의 세금을 재원으로 저소득층을 지원하므로 사회 보험보다 소득 재분배 효과가 큼 • 국민 기초 생활 보장 제도, 기초 연금, 의료 급여
사회 서비스 비금전적 지원이 원칙	• 여성, 어린이, 노인, 장애인 등 도움이 필요한 국민에게 상담, 재활, 돌봄, 복지 시설 이용, 사회 참여 지원 등을 제공하는 제도 • 노인 돌봄 서비스, 장애인 활동 지원, 가사 · 간병 서비스

(3) 기대 효과: 사회 계층의 양극화 현상을 완화하고 사회적 약자를 보호하며, 인간의 존엄성을 보장하여 사회 통합을 증진할 수 있음

2. 지역 격차 완화 정책

(1) 필요성: 지역 간의 갈등을 해소하고 사회적 통합을 실현할 수 있으며, 인구 과밀이나 난개발에 따른 사회적 비용을 절감할 수 있음

(2) 공간 불평등 완화를 위한 노력

① 주요 공공 기관을 수도권에서 지방으로 이전함[2]

② 세금 감면, 각종 규제 완화 등의 혜택으로 기업의 지방 이전을 유도함

③ 지역의 특성을 살린 특산품이나 관광 자원을 개발하고 지역 축제를 개최함
　　⑩ 김천 김밥 축제, 전주 한옥 마을

④ 노후 불량 주택을 개량하고 도로, 상하수도 등 도시 기반 시설을 확충함

(3) 기대 효과: 지역 경제를 활성화하고 소외된 지역의 생활 환경을 개선하여 공간 불평등을 해소할 수 있음

3. 적극적 평등 실현 조치

(1) 필요성: 사회적 약자에 대한 차별은 오랜 기간 동안 누적되어 왔기 때문에 단순히 다른 사람들과의 동등한 기회를 부여하는 것만으로는 그 해결이 어려운 경우가 많음

(2) 적극적 평등 실현 조치 실시: 여성 할당제[3], 장애인 의무 고용제, 대학 입학 전형의 기회 균등 전형 등

(3) 기대 효과: 사회적 약자에게 실질적인 기회의 평등을 보장해 주는 데 도움이 됨

(4) 유의점: 적극적 평등 실현 조치의 정도가 과도하여 역차별[4]의 문제를 발생시키는 일이 없도록 유의해야 함

---

❶ 소득 재분배

사회 구성원 간 소득 격차가 심해져 사회 불안을 초래하는 것을 막기 위해 정책적으로 소득의 불평등을 줄이는 것

❷ 공공 기관 지방 이전 정책

2005년 정부는 전국에 10대 혁신 도시를 지정해 공공 기관의 지방 이전을 추진했다. 2019년까지 100개가 넘는 공공 기관이 이전했으나 여전히 40%가 넘는 공공 기관이 수도권에 있으며, 대다수의 혁신 도시에서 계획 인구 목표 달성에 성공하지 못했다. 이에 2차 공공 기관 지방 이전이 추진될 예정이다.

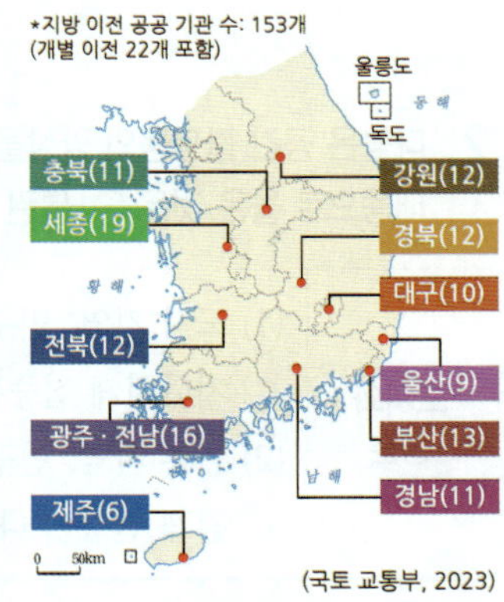

▲ 지방 이전 주요 공공 기관 현황

❸ 여성 할당제

국회 의원 비례 대표 후보자를 추천할 때 일정 비율을 여성에게 배분하는 등 여성의 공직 진출과 승진을 돕는다.

❹ 역차별

부당한 차별을 받는 대상을 보호하기 위한 제도나 방침이 과도하여 오히려 반대편이 차별을 받게 되는 경우를 말한다.

1 다양한 사회 불평등 현상

1. 불평등 현상에 대한 설명으로 옳은 것은 ○, 틀린 것은 ×에 표시하시오.

(1) 공간 불평등은 한 도시의 내부에서도 나타난다.
(○, ×)

(2) 사회 계층의 양극화 현상의 대표적인 원인은 경제적 격차이다.
(○, ×)

(3) 우리나라의 공간 불평등은 균형 개발 정책으로 인해 나타났다.
(○, ×)

(4) 공간 불평등은 교육, 문화, 의료 분야의 불평등으로 이어질 수 있다.
(○, ×)

(5) 사회적 약자는 사회적 가치의 분배에서 상대적으로 낮은 대우를 받는다.
(○, ×)

(6) 폐쇄적 사회 구조가 형성되어도 부모의 계층은 자녀에게 대물림되지 않는다.
(○, ×)

(7) 우리 사회에는 여성, 노인, 어린이, 소상공인 등 다양한 유형의 사회적 약자가 존재한다.
(○, ×)

(8) 사회 계층의 양극화가 발생하면 사회 계층 중 중간 계층의 비중이 점점 줄어들게 된다.
(○, ×)

2. 다음은 공간 불평등의 양상을 표로 정리한 것이다. 표의 내용으로 옳은 것은 ○, 틀린 것은 ×에 표시하시오.

도시와 농촌	(1) 도시 지역: 인구, 산업, 편의 시설 등이 지나치게 집중됨 (○, ×)
	(2) 농촌 지역: 인구의 지속적 유출, 지역 경제 침체 현상이 나타남 (○, ×)
도시 지역 내	(3) 저소득층이 거주하는 지역은 주택이 노후화되고 기반 시설이 열악함 (○, ×)
수도권과 비수도권	(4) 수도권: 인구와 자본이 감소되어 점차 성장이 둔화되고 있음 (○, ×)
	(5) 비수도권: 지역 발전을 위한 사업의 시행으로 수도권보다 상대적으로 크게 성장하고 있음 (○, ×)

2 정의로운 사회 실현을 위한 노력

3. 사회 복지 제도 중 다음 설명에 해당하는 것을 〈보기〉에서 골라 기호를 쓰시오.

[보기]
ㄱ. 사회 보험   ㄴ. 공공 부조   ㄷ. 사회 서비스

(1) 국민 건강 보험이 해당한다. (   )

(2) 강제 가입의 원칙이 적용된다. (   )

(3) 비금전적 지원을 원칙으로 한다. (   )

(4) 국가가 전액 지원하는 제도이다. (   )

(5) 최저 생활 보장을 목적으로 한다. (   )

(6) 사전 예방적 성격이 강한 제도이다. (   )

(7) 소득 재분배 효과가 가장 큰 제도이다. (   )

(8) 상담, 재활, 돌봄 서비스 등을 제공한다. (   )

4. 빈칸 ㉠에 대한 설명으로 옳은 것은 ○, 틀린 것은 ×에 표시하시오.

> 사회적 약자에 대한 차별은 오랜 기간 동안 누적되어 왔기 때문에 단순히 다른 사람들과 동등한 기회를 부여하는 것만으로는 그 해결이 어려운 경우가 많다. 따라서 사회적 약자에게 실질적인 기회의 평등을 보장하기 위해 [㉠] 을/를 실시해야 한다.

(1) 기업이나 관공서에서 일정 비율 이상의 장애인을 고용하는 제도
(○, ×)

(2) 누구나 쾌적한 주거 및 생활 환경을 누릴 수 있도록 하는 도시 환경 정비 사업
(○, ×)

(3) 장애인, 빈곤층, 농어촌 지역 학생들이 좀 더 폭넓게 대학 입학의 기회를 누릴 수 있도록 하는 제도
(○, ×)

(4) 정당이 비례 대표 의원 후보자를 추천할 때 여성에 대한 의무 배정 기준을 준수하도록 규정하는 제도
(○, ×)

(5) 각 지방 자치 단체들이 지역 발전과 경제의 활성화를 위해 지역 축제를 개최하는 사업
(○, ×)

1 다양한 사회 불평등 현상

01 ❀❀❀

다음은 어떤 학생의 필기 노트이다. ㉠~㉣ 중 옳은 설명만을 골라 묶은 것은?

다양한 사회 불평등 현상

1. 사회 계층의 양극화
   • 의미: 지역 간에 경제적·사회적·문화적 수준의 차이가 나타나는 현상 ······ ㉠
   • 영향: 계층 간 위화감이 조성되어 사회 발전의 동력이 줄어들게 됨 ······ ㉡

2. 공간 불평등
   • 의미: 사회 계층 중 중간 계층의 비중이 줄어들고 상층과 하층의 비중이 늘어나는 현상 ······ ㉢
   • 영향: 낙후 지역 주민과 발전 지역 주민과의 갈등을 일으켜 사회 통합을 저해함 ······ ㉣

---

① ㉠, ㉡　　　② ㉠, ㉢　　　③ ㉡, ㉢
④ ㉡, ㉣　　　⑤ ㉢, ㉣

[02~03] 다음 그림을 보고 물음에 답하시오.

(가)　　　　　　(나)

안내견 출입 거부　　　무인 단말기가 어려운 노인

02 ❀❀❀

(가), (나)에 공통적으로 나타나는 현상은?

① 지역주의 극복 현상
② 공간의 불평등 현상
③ 사회 계층의 양극화 현상
④ 사회적 약자에 대한 차별 현상
⑤ 수도권과 비수도권 지역의 역차별 현상

03 ❀❀❀ 〔서술형〕

위와 같은 현상을 겪는 개인 또는 집단을 무엇이라 하는지 쓰고, 해당 현상이 나타나게 된 원인을 서술하시오.

04 ❀❀❀　　　

밑줄 친 ㉠~㉢에 대한 옳은 진술에만 모두 '✔'를 표시한 학생은? [2점]

> 오늘날 우리 사회에는 다양한 불평등 현상이 나타나고 있다. 정의 실현을 가로막는 사회 불평등의 대표적 사례로는 ㉠ 사회 계층의 양극화와 ㉡ 사회적 약자에 대한 차별이 있고, 지역 간 경제적·사회적·문화적으로 격차가 발생하는 ㉢ 공간 불평등이 있다.

진술 ＼ 학생	갑	을	병	정	무
㉠은 중위층의 비율이 증가하고 상위층과 하위층의 비율이 감소하는 현상이다.	✔	✔			
㉡의 사례로는 이주 노동자에 대한 임금 체불 문제가 있다.		✔	✔	✔	
㉢의 원인으로 지역 개발의 형평성보다 효율성을 강조한 성장 거점 개발 정책의 추진이 있다.		✔	✔		✔
㉡은 적극적 평등의 실현, ㉢은 수도권으로의 공공 기관 이전을 통해 해소할 수 있다.	✔			✔	✔

① 갑　　② 을　　③ 병　　④ 정　　⑤ 무

05 ❀❀❀

다음 도표를 통해 알 수 있는 현상으로 적절하지 않은 것은?

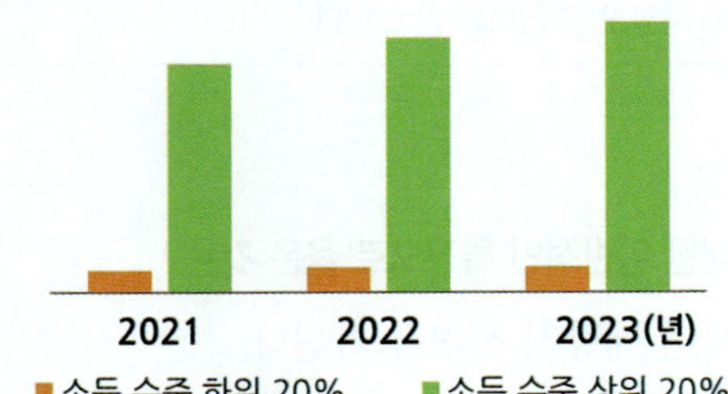

가구당 월평균 소득(1분기 기준, 1인 이상 가구 대상)

① 사회 구성원 간 불평등이 심화되고 있다.
② 사회 계층 중 상층과 하층의 비중이 늘어날 것이다.
③ 계층 간에 위화감이 조성되어 사회 발전의 동력이 줄어들게 될 위험성이 있다.
④ 계층 간 경제적 격차가 교육 기회의 격차와 같은 다양한 격차로 이어질 가능성이 있다.
⑤ 경제 성장 과정에서 효율성보다 형평성을 중시한 결과로 나타난 현상이라고 볼 수 있다.

06 ✱✱❀ 중요

그림은 우리나라의 사회 보장 제도 A, B의 일반적인 특징을 비교한 것이다. 이에 대한 설명으로 옳은 것은? (단, A, B는 각각 사회 보험, 공공 부조 중 하나임.)

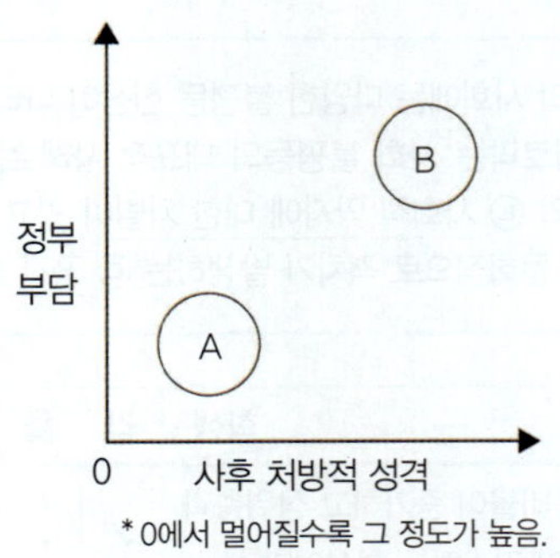

① A는 공공 부조, B는 사회 보험이다.
② A는 저소득층의 최저 생활 보장이 목적이다.
③ B는 개인, 기업, 정부가 보험료를 분담한다.
④ A는 B에 비해 소득 재분배 효과가 작다.
⑤ B는 A와 달리 비금전적 지원이 원칙이다.

[07~08] 다음 자료를 읽고 물음에 답하시오. (단, A~C는 각각 사회 보험, 공공 부조, 사회 서비스 중 하나이다.)

A	갑(66세)은 가구 소득 인정액이 선정 기준액 이하여서 매월 일정 금액을 정부로부터 받고 있다.
B	을(47세)은 장애로 인해 거동이 불편해서 장애인 활동 지원 서비스를 받고 있다.
C	병(68세)은 직장을 다닐 때 꾸준히 보험료를 납부했기에 은퇴 후 매달 연금 급여를 받고 있다.

07 ✱✱❀

A~C에 대한 일반적인 특징으로 옳은 것은?

① A는 사전 예방적 성격을 가진다.
② B는 강제 가입을 원칙으로 한다.
③ 산업 재해 보상 보험은 B에 해당한다.
④ C는 소득 재분배 효과가 가장 큰 제도이다.
⑤ C는 A에 비해 수혜 대상자의 범위가 넓다.

08 ✱✱✱ 서술형

A, C가 무엇인지 쓰고 공통점과 차이점을 각각 두 가지씩 서술하시오.

09 ✱✱✱ 중요

표는 우리나라의 사회 보장 제도 A, B를 항목 (가)와 (나)에 따라 비교한 것이다. 이에 대한 분석으로 옳은 것은? (단, A, B는 공공 부조, 사회 보험 중 하나이다.)

항목	사회 보장 제도
(가)	A > B
(나)	A < B

[보기]

ㄱ. (가)가 '관련 위험 발생의 현재성 정도'라면 국민 연금은 A에 해당한다.
ㄴ. (가)가 '상호 부조의 성격이 강한 정도'라면, A는 공공 부조이다.
ㄷ. (나)가 '수혜 대상의 범위'라면 B는 사회 보험이다.
ㄹ. (나)가 '소득 재분배 효과'라면 국민 기초 생활 보장 제도는 B에 해당한다.

① ㄱ, ㄴ ② ㄱ, ㄷ ③ ㄴ, ㄷ ④ ㄴ, ㄹ ⑤ ㄷ, ㄹ

10 ✱✱❀ 2024 실시 5월 학평 14(고3)/사회문화

우리나라 사회 보장 제도 A~C의 일반적인 특징에 대한 설명으로 옳은 것은? (단, A~C는 각각 사회 보험, 공공 부조, 사회 서비스 중 하나임.)

복지 Q&A

질문

최근 회사에서 해고를 당해서 생계가 막막합니다. 출산 후 몸도 좋지 않아 아이를 돌보는 데 어려움이 있습니다. 도움받을 수 있는 제도를 안내해 주세요.

답변

도움받을 수 있는 첫 번째 제도는 **A**의 하나로, 이 제도는 생활이 어려운 사람에게 필요한 급여를 지급하여 최저 생활을 보장하고 자활을 지원해 주고 있습니다.
두 번째 제도는 **B**의 하나로, 이 제도는 실직자에게 일정 기간 실업 급여를 지급해 생활 안정에 도움을 주어 재취업의 기회를 제공해 주고 있습니다.
세 번째 제도는 **C**의 하나로, 이 제도는 산모·신생아 건강 관리사가 일정 기간 출산 가정을 방문해 산모·신생아 돌봄 서비스를 제공해 주고 있습니다. 이 세 가지 제도 중 본인이 지원 대상에 해당하는 것이 있는지 확인해 보십시오.

① A는 상호 부조의 원리를 바탕으로 한다.
② B는 선별적 복지의 이념을 바탕으로 한다.
③ C는 강제 가입을 원칙으로 한다.
④ A는 B에 비해 사후 처방적 성격이 강하다.
⑤ B와 C는 모두 금전적 지원을 원칙으로 한다.

11 ✿✿✿

다음 글의 (가)에 들어갈 내용으로 가장 적절한 것은?

> 제목: ┌─────── (가) ───────┐
>
> 과거 우리나라는 정부 주도의 성장 중심 개발을 추진하였다. 이 과정에서 수도권은 인구와 산업 및 편의 시설 등의 기능이 집중되어 크게 성장하였지만, 비수도권은 상대적으로 성장이 정체되고, 낙후되는 문제가 발생하였다. 이를 해결하기 위해 정부는 다양한 정책을 추진하고 있다. 대표적인 정책으로 공공 기관 지방 이전 계획이 있으며, 이에 따라 전국에 주요 혁신 도시를 지정하여 수도권 소재의 공공 기관을 지방으로 이전하고 있다.

① 공간 불평등 해소를 위한 정부의 노력
② 저출산·고령화 문제 해결을 위한 정책
③ 다문화 사회의 갈등 해소를 위한 개인적 노력
④ 시장 경제 질서의 효율성 향상을 위한 기업의 노력
⑤ 과시 소비로 인한 계층 간 위화감 해소를 위한 정책

[12~13] 다음 글을 읽고 물음에 답하시오.

보성 녹차밭

> 낙후된 지역의 경쟁력을 높이기 위해서는 특정 장소를 상품화하는 등 장소 마케팅을 추진해야 한다. 대표적인 예시로 보성의 녹차밭이 있다.

12 ✿✿✿

윗글에 나타난 정책에 대한 설명으로 옳은 것은?

① 모든 구성원의 인간다운 삶을 보장한다.
② 지역 간 격차를 줄이는 데 도움이 된다.
③ 사회적 약자에게 직간접적으로 혜택을 준다.
④ 국토의 균형 있는 발전을 저해한다는 단점이 있다.
⑤ 성장 가능성이 큰 도시를 집중적으로 육성하고 있다.

13 ✿✿✿

윗글의 정책과 추구하는 목표가 같은 정책만을 〈보기〉에서 고른 것은?

> ───── [보기] ─────
> ㄱ. 국민 기초 생활 보장 제도
> ㄴ. 공공 기관 지방 이전 정책
> ㄷ. 대학 입학 전형의 기회균등 전형
> ㄹ. 지방으로 이전한 기업의 세금 감면

① ㄱ, ㄴ
② ㄱ, ㄷ
③ ㄴ, ㄷ
④ ㄴ, ㄹ
⑤ ㄷ, ㄹ

14 ✿✿✿

그림은 우리나라에서 시행되고 있는 정책 소개 자료이다. ㉠, ㉡에 대한 설명으로 옳은 것은? [2점]

🏆 ㉠ ○○ 사업	🏛 ㉡ △△ 제도
문화 취약 지역 노인의 문화 예술 향유 기회를 확대해요.	우수한 지방 인재의 공직 진출을 지원해요.
대상	**대상**
문화 취약 지역 거주 노인	지방 소재 학교 졸업(예정)자
방법	**방법**
찾아가는 문화 프로그램 운영, 문화를 매개로 한 사회 참여형 문화 활동 지원	채용 예정 인원의 일정 비율 이상을 지방 소재 학교 졸업(예정)자로 선발

① ㉠은 공공 부조에 해당한다.
② ㉠은 '업적에 따른 분배'를 통해 분배적 정의를 실현하려는 정책이다.
③ ㉡은 적극적 평등 실현 조치로 인해 발생하는 역차별을 줄이기 위한 정책이다.
④ ㉠, ㉡ 중 ㉡만이 사회적 약자에 대한 차별을 해소하기 위한 정책이다.
⑤ ㉠, ㉡을 통해 공간 불평등 완화를 기대할 수 있다.

[15~16] 다음 글을 읽고 물음에 답하시오.

> 2022년 기준, 상시 근로자 50명 이상의 국가 및 지방 자치 단체와 공공 기관은 3.6 %, 민간 기관은 3.1 %를 장애인 근로자로 고용해야 하며, 상시 100명 이상의 근로자를 고용하는 사업주가 장애인을 고용하지 않으면 부담금을 납부해야 한다.

15 ✿✿✿

윗글의 정책에 찬성하는 사람이 긍정의 대답을 할 질문으로 옳지 <u>않은</u> 것은?

① 우연적 요인에 의한 불평등은 부당한가?
② 장애인에게 유리한 기회를 제공해야 하는가?
③ 장애인에 대한 배려는 사회 정의를 위해 필요한가?
④ 장애인에게 형식적 평등뿐 아니라 실질적 평등을 보장해야 하는가?
⑤ 평등은 장애인에게 다른 사회 구성원과 동등한 기회를 제공하는 것만으로 가능한가?

16 ✿✿✿ 〔서술형〕

윗글의 정책이 필요한 이유를 기회의 평등, 결과의 평등과 관련지어 서술하시오.

____

____

[17~18] 다음 글을 읽고 물음에 답하시오.

> (가) 「공직 선거법」에 따라 정당은 비례 대표 의원 후보자를 추천할 때 후보자의 절반 이상을 여성으로 추천해야 한다.
> (나) 「고등 교육법 시행령」 제34조 제8항에 따라 각 대학은 대학 입시에서 전체 모집 인원의 10% 이상을 장애인, 기초 생활 수급자, 차상위 계층 등을 대상으로 한 '기회 균형 특별 전형'으로 모집해야 한다.

17 ✽✽✾

(가), (나) 정책에 대한 설명으로 옳은 것은?

① (가)는 사회 정의 실현을 저해하는 정책이다.
② (나)는 공간 불평등 해소를 위해 시행되고 있다.
③ (가)는 (나)와 달리 사회적 다양성을 증진시킨다.
④ (나)는 (가)와 달리 역차별 문제가 발생하지 않는다.
⑤ (가), (나) 모두 실질적인 기회의 평등을 보장하기 위한 정책이다.

18 ✽✽✽ 서술형

(가), (나) 정책에 찬성하는 입장과 반대하는 입장의 논거를 한 가지씩 서술하시오.

___

내신 1등급 문제

19 ✽✽✾　　　　2025 실시 9월 학평 22

다음 자료에 대한 설명으로 옳은 것은? (단, A, B는 각각 공공 부조, 사회 보험 중 하나임.) [2.5점]

> 우리 헌법은 "국가는 사회 보장·사회 복지 증진에 노력할 의무를 진다."라고 규정하고 있다. 이를 통해 우리나라는 인간다운 생활의 보장을 국가에 요구할 수 있는 권리인 ▢▢(가)▢▢ 를 보장하고자 사회 복지 제도를 운영하고 있다. 그중 **A**는 일정 수준의 소득이 있는 개인, 기업, 정부가 비용을 분담하여 구성원에게 발생하는 사회적 위험에 대비하는 제도이다. 또한 **B**는 국가의 책임 하에 생활 유지 능력이 없거나 어려운 국민의 최저 생활을 보장하고 자립을 지원하는 제도이다.

① (가)는 소극적이고 방어적인 성격의 권리이다.
② A는 사전 예방보다 사후 처방 성격이 강하다.
③ B의 사례로 국민 기초 생활 보장 제도를 들 수 있다.
④ A에 비해 B는 소득 재분배 효과가 작다.
⑤ A, B는 모두 비금전적 지원을 원칙으로 한다.

20 ✽✽✽　　　　2021 실시 11월 학평 15

다음은 학생 필기 내용의 일부이다. 밑줄 친 ㉠~㉣에 대한 옳은 설명만을 〈보기〉에서 있는 대로 고른 것은? [3점]

> 〈 우리나라의 ㉠공간 불평등 현상 〉
> • 원인: 정부 주도의 ㉡성장 중심 개발 전략 추진
> • 문제점
> 　– 국토의 균형 발전을 저해함.
> 　– 사회 통합을 어렵게 하는 요인으로 작용함.
> • 해결 방안
> 　– ㉢중앙 정부의 지방 육성 정책
> 　– 지방 자치 단체와 지역 주민 중심의 ㉣지역 경쟁력 강화

[보기]

> ㄱ. ㉠: 도시와 촌락 간의 경제적 수준 차이를 포함한다.
> ㄴ. ㉡: 국토 개발의 효율성보다는 형평성을 추구한 전략이다.
> ㄷ. ㉢: '공공 기관 지방 이전'을 예로 들 수 있다.
> ㄹ. ㉣: '지역의 특성을 살릴 수 있는 지역 브랜드 개발'을 예로 들 수 있다.

① ㄱ, ㄴ　　② ㄱ, ㄹ　　③ ㄴ, ㄷ
④ ㄱ, ㄷ, ㄹ　　⑤ ㄴ, ㄷ, ㄹ

21 ✽✽✽

갑, 을의 입장으로 가장 적절한 것은?

> 갑: 사회 불평등 현상의 원인은 개인의 능력과 노력의 차이에 따른 거야. 서로 다른 보상을 받는 것은 열심히 일한 사람과 그렇지 않은 사람이 있기 때문에 당연한 결과라고 할 수 있어.
> 을: 사회 불평등 현상의 원인은 개인적 능력이나 노력 탓이 아닐 수도 있어. 이미 가진 자를 중심으로 운영되는 사회 구조 때문에 사회 불평등 현상이 지속될 수밖에 없다는 거지.

① 갑은 복지 제도를 통한 사회 통합을 강조할 것이다.
② 갑은 사회적 약자들을 우선적으로 고려해야 한다고 볼 것이다.
③ 을은 사회적 약자에 대한 적극적 평등 실현 조치를 지지할 것이다.
④ 을은 실질적 기회의 균등보다는 형식적 기회의 균등을 지지할 것이다.
⑤ 갑은 을보다 사회적 약자들의 불리한 조건을 제거하는 데 적극적일 것이다.

04 정의의 의미와 기준, 다양한 정의관

01 ❋❀❀

(가)에 대한 설명으로 옳지 <u>않은</u> 것은?

[(가)]의 여신상은 법을 대표하는 상징물로, 대체로 눈을 가린 채 저울과 칼을 들고 있는 모습으로 표현된다. 한 손에 든 저울은 공평하고 공정한 판단을, 다른 손에 쥔 칼은 강력한 제재를 의미한다.

① 사회를 구성하고 유지하는 데 필요하다.
② 공동선보다 개인선을 추구할 수 있도록 한다.
③ 공동체를 신뢰하고 서로 협력할 수 있게 한다.
④ 사회 구성원이 기본적 권리를 누릴 수 있게 한다.
⑤ 사회적 가치가 힘 있는 집단에 편중되는 것을 막는다.

02 ❋❋❀

빈칸 ㉠에 들어갈 내용으로 가장 적절한 것은?

능력도 없고 노력도 하지 않는 사람이 그렇지 않은 사람만큼 분배받는 것은 부당하다. 따라서 분배의 몫을 결정할 때 능력을 기준으로 삼아 분배하는 것은 당연하다. 그런데 어떤 사람은 "능력에 따라 일하고 필요에 따라 분배받아야 한다."고 주장한다. 나는 이런 분배 방식은 [㉠]고 생각한다.

① 개인들 간의 경쟁을 지나치게 조장한다
② 사회적 약자의 어려운 상황을 고려하지 않는다
③ 분배의 형평성보다 효율성을 지나치게 중시한다
④ 사회 불평등의 문제를 야기해 경제를 불안정하게 한다
⑤ 개인의 성취동기를 저하시켜 경제의 비효율성을 증가시킬 수 있다

03 ❋❋❀

업적에 따라 분배한 사례만을 〈보기〉에서 고른 것은?

[보기]
ㄱ. 직원을 뽑을 때 자격증 소지자를 우대한다.
ㄴ. 높은 실적을 낸 직원에게 성과급을 지급한다.
ㄷ. 대회에서 메달을 딴 운동선수에게 포상금을 준다.
ㄹ. 경제적 형편이 어려운 학생에게 장학금을 지급한다.

① ㄱ, ㄴ ② ㄱ, ㄷ ③ ㄴ, ㄷ ④ ㄴ, ㄹ ⑤ ㄷ, ㄹ

04 ❋❋❋

갑, 을의 입장으로 옳지 <u>않은</u> 것은?

갑: 범죄 행위에 상응하는 해악을 처벌로 가할 때 교정적 정의가 실현됩니다. 따라서 살인자를 사형에 처하는 것은 정당합니다.
을: 아닙니다. 처벌의 목적은 범죄 예방에 있습니다. 따라서 살인자에 대한 처벌은 사형보다 범죄 예방 효과가 큰 종신 노역형이 적절합니다.

① 갑은 범죄와 처벌 간의 균형을 강조한다.
② 갑은 처벌에 대한 두려움으로 범죄를 예방하고자 한다.
③ 을의 입장은 처벌의 예방 효과를 증명하기 어렵다는 단점이 있다.
④ 을은 범죄자가 처벌받는 모습을 본보기로 보여주어야 한다고 생각한다.
⑤ 갑은 을에 비해 상대적으로 범죄자 교화에 무관심하다.

05 ❋❋❀

갑, 을의 입장을 바르게 묶은 것은?

질문	예	아니요
사회 복지 증진을 위한 정부의 재분배 정책이 필요한가?	A	B
정의로운 사회에서도 사회적·경제적 불평등이 허용될 수 있는가?	C	D

	갑	을		갑	을		갑	을
①	A	B	②	A	D	③	B	C
④	C	D	⑤	D	A			

06

다음 정의관에 대한 설명으로 옳은 것은?

> 나는 과거와 함께 태어났으며, 내가 속한 공동체의
> 역사 속에서 나의 삶의 역사와 정체성이 도출된다.
> 따라서 공동체로부터 자신을 분리시키려는 태도는 현재
> 나의 모습을 왜곡시킨다.

① 이기주의와 사회적 무관심이 나타날 수 있다.
② 개인의 자유와 권리를 공동체에 대한 의무보다
　중시한다.
③ 개인은 공동체의 영향을 받으며 정체성을 형성해
　나간다.
④ 개인이 속한 공동체의 개인선을 실현하는 것이 정의롭다.
⑤ 개인선의 실현은 반드시 공동선의 실현으로 이어진다.

**(가) 사상가의 관점에서 볼 때, 퍼즐 (나)의 세로 낱말 (C)에
대한 입장으로 옳은 것을 〈보기〉에서 고른 것은?**

(가)	사회적 가치들은 사회적으로 공유되는 의미에 따라 고유한 영역을 갖는다. 따라서 정의로운 사회는 복합 평등을 추구한다. 복합 평등은 어떤 시민이 한 영역 내지 특정 사회적 가치에 대해 갖는 지위를 이용해 다른 가치 영역을 침해할 수 없음을 의미한다.

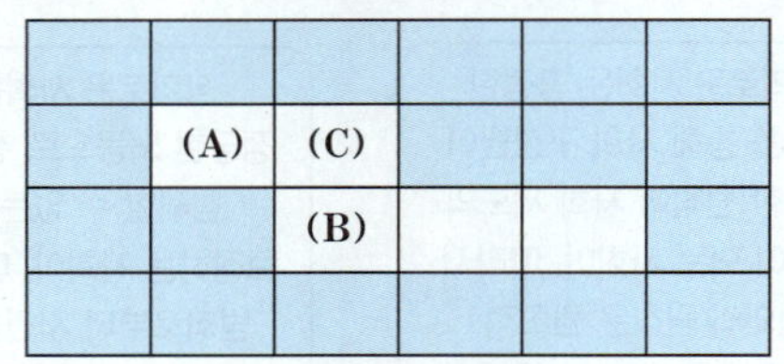

(나)	〔가로 열쇠〕 (A): 개인의 사회적 지위나 자격 　　예 그는 외교관 ○○으로 외국에 나가 있다. (B): 부부의 한쪽에서 본 다른 쪽으로 남편 쪽에서는 아내를, 　　아내 쪽에서는 남편을 이르는 말 〔세로 열쇠〕 (C): …… 개념

〔보기〕

ㄱ. 가상적 상황에서 그 원칙이 도출되어야 한다.
ㄴ. 그 결과가 최소 수혜자의 최대 이익을 보장해야 한다.
ㄷ. 서로 다른 사회적 가치들에 따라 기준이 달라야
　한다.
ㄹ. 사회 구성원들이 소속된 공동체 내에서 기준이
　규정되어야 한다.

① ㄱ, ㄴ　② ㄱ, ㄷ　③ ㄴ, ㄷ　④ ㄴ, ㄹ　⑤ ㄷ, ㄹ

08

**갑의 입장에 비해 을의 입장이 갖는 상대적 특징을 그림의
㉠~㉤ 중에서 고른 것은?**

> 갑: 개인은 자기 자신에 대한 주권자로서 자신의
> 　　방법대로 선을 추구할 자유를 지닌다. 각자가
> 　　자신에게 좋다고 생각하는 방식대로 살도록
> 　　내버려 두어야 하며, 타인에게 해악을 끼칠 경우에만
> 　　개인의 행동에 대한 간섭이 정당화 될 수 있다.
> 을: 개인이라는 자격만으로는 결코 선을 추구할
> 　　수 없다. 인간은 자신의 가족, 도시, 나라의
> 　　과거에서 다양한 빚, 유산, 적절한 기대와 의무를
> 　　물려받는다. 이는 인간 삶의 기본 전제이며 도덕의
> 　　출발점이다.

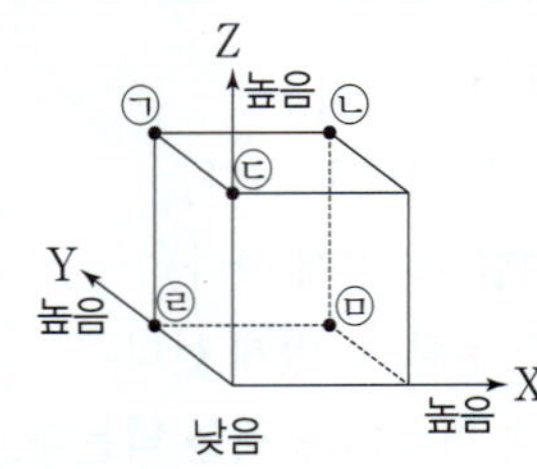

> • X: 개인의 좋은 삶과 공동선의
> 　분리를 강조하는 정도
> • Y: 국가를 개인의 이익을
> 　보장하는 수단으로 보는 정도
> • Z: 개인적 도덕성의 주된
> 　기초로 공동체의 전통을
> 　강조하는 정도

① ㉠　② ㉡　③ ㉢　④ ㉣　⑤ ㉤

09

사회사상 (가), (나)의 입장에 대한 설명으로 가장 적절한 것은?

> (가) 개인은 공동체의 목적과 분리되어 존재할 수 없다.
> 　　국가는 공동선을 설정하고 구성원들이 그 공동선의
> 　　실현에 참여할 수 있도록 이끌어 주어야 한다.
> (나) 개인은 자신을 통제할 절대적 권리를 가지며 모든
> 　　외적인 간섭은 위협이다. 개인은 스스로 가치와
> 　　목표를 선택하는 독립적 자아로서 좋은 삶을
> 　　계획할 권리를 가진다.

① (가)는 사회를 개인의 자유와 권리를 실현하기 위한
　수단으로 본다.
② (가)는 국가가 개인에게 특정한 가치를 따르도록
　지시하면 안 된다고 본다.
③ (나)는 공동체로부터 독립된 자아의 형성은 불가능
　하다고 본다.
④ (나)는 사회적 유대감을 바탕으로 한 각자의 의무와
　역할을 강조한다.
⑤ (가)는 공동선의 실현이, (나)는 개인의 권리 보호가
　중요하다고 본다.

10 ❋❋❀

대화의 갑, 을에 대한 설명으로 적절하지 <u>않은</u> 것은?

> 갑: 개발 제한 구역이라는 이유로 사익을 침해하는
>   것은 부당해. 그동안 많은 제약을 받아 왔으니,
>   사유 재산권 보장을 위해 개발 제한 구역 규제를
>   완화해야 한다고 생각해.
> 을: 개발 제한 구역을 개인의 이익 차원에서만
>   바라보아서는 안 돼. 자연환경 보호를 위해 개발
>   제한 구역 규제 완화를 성급하게 결정해서는 안
>   된다고 생각해.

① 갑은 자유주의적 관점에서 사유 재산권 보장을
  강조한다.
② 갑은 개발 제한 구역이 장기적으로 개인에게 이익이
  된다고 본다.
③ 을은 '자연환경 보호'가 공동체의 이익에 도움이
  된다고 본다.
④ 갑은 사익의 보장을 중시하며, 을은 공익의 실현을
  중시한다.
⑤ 갑과 을의 관점은 정의로운 사회 실현을 위해 조화를
  이루어야 한다.

05 불평등 해결과 정의의 실현

11 ❋❋❀

다음 자료에 나타난 현상에 대한 옳은 설명만을 〈보기〉에서
고른 것은?

> 우리나라에서 소득 수준 하위 20%와 소득 수준
> 상위 20%의 소득 격차는 점차 커지고 있다. 이는 자녀
> 사교육비 등 다양한 측면의 격차로 이어져 부모의
> 계층이 자녀에게 대물림되는 결과를 낳을 수도 있다.
> 또한, 개인의 노력에 의한 계층 이동을 막아 폐쇄적인
> 사회 구조를 형성할 수 있다.

[보기]
ㄱ. 계층 간의 위화감이 조성되고 사회 불만이 증가한다.
ㄴ. 신체적·정신적 능력의 부족 등을 이유로 겪는
   어려움이다.
ㄷ. 농촌 지역의 인구가 도시 지역으로 유출되면서
   나타나는 현상이다.
ㄹ. 중간 계층의 비중이 줄어들고 상층과 하층의
   비중이 늘어나는 현상이다.

① ㄱ, ㄴ ② ㄱ, ㄹ ③ ㄴ, ㄷ ④ ㄴ, ㄹ ⑤ ㄷ, ㄹ

12 ❋❋❀

다음 글에 나타난 현상에 대한 설명으로 옳지 <u>않은</u> 것은?

> 서울에 사는 갑은
> 주말마다 걸어서 15분
> 거리에 있는 도서관으로
> 가서 책을 읽는다.
> 반면, 강원도에 사는
> 을은 걸어서 2시간이 걸리는 거리에 도서관이 있고
> 교통편도 마땅치 않아 도서관의 문화 프로그램에
> 참여하고 싶어도 늘 참여 신청을 망설인다.

① 국토의 효율적인 이용에 악영향을 끼친다.
② 국토의 균형적인 발전을 추구해서 발생한다.
③ 낙후된 지역 주민들의 생활 수준을 떨어뜨린다.
④ 생활 환경의 전반적인 불평등으로 이어질 수 있다.
⑤ 지역 간에 사회적 자원이 불균등하게 분포하는 현상이다.

[13~14] 표는 우리나라 사회 보장 제도를 구분한 것이다.
물음에 답하시오. (단, A~C는 사회 보험, 공공 부조, 사회
서비스 중 하나이다.)

질문	A	B	C
원칙적으로 비금전적인 혜택을 제공하나요?	예	아니요	아니요
강제 가입의 원칙이 적용되나요?	아니요	예	아니요
의료 급여 제도가 사례에 해당되나요?	아니요	아니요	예

13 ❋❋❀

A~C에 대한 설명으로 옳은 것은?

① B는 수혜 정도에 따라 비용을 부담한다.
② B는 빈곤층의 최저 생활의 보장을 목적으로 한다.
③ C는 사전 예방보다 사후 처방의 성격이 강하다.
④ C는 재원 마련을 위해 가입자도 일정 부분 비용을
  부담한다.
⑤ B, C와 달리 A는 상호 부조의 성격이 강하다.

14 ❋❋❀

B에 해당하는 사례만을 〈보기〉에서 고른 것은?

[보기]
ㄱ. 국민 연금   ㄴ. 의료 급여
ㄷ. 가사·간병 서비스   ㄹ. 노인 장기 요양 보험

① ㄱ, ㄴ ② ㄱ, ㄹ ③ ㄴ, ㄷ ④ ㄴ, ㄹ ⑤ ㄷ, ㄹ

15 ✽✽✽❀

밑줄 친 ㉠~㉢에 대한 옳은 설명만을 〈보기〉에서 있는 대로
고른 것은?

> 우리나라는 1970년대에 정부 주도의 ㉠성장 거점 개발을
> 추진하였다. 이로 인해 ㉡수도권은 인구와 자본의
> 유입으로 크게 성장했지만, 비수도권은 상대적으로
> 성장이 정체되거나 낙후되었다. 우리나라는 이러한
> ㉢수도권과 비수도권 간의 격차를 해결하기 위해 다양한
> ㉣지역 격차 완화 정책을 추진하고 있다.

─────────────── [보기] ───────────────
ㄱ. ㉠은 투자의 효율성보다 지역 간 형평성을 강조한다.
ㄴ. ㉡은 국토의 공간적 불평등이 심화하였음을
   의미한다.
ㄷ. ㉢은 사회 통합을 저해하는 요인으로 작용할 수
   있다.
ㄹ. ㉣의 사례로 '수도권 소재 공공 기관의 지방 이전'을
   들 수 있다.

① ㄱ, ㄷ　　　② ㄱ, ㄹ　　　③ ㄴ, ㄹ
④ ㄱ, ㄴ, ㄷ　　⑤ ㄴ, ㄷ, ㄹ

16 ✽✽✽❀

갑, 을의 입장에 대한 옳은 설명만을 〈보기〉에서 고른 것은?

> 갑: 기존의 남성 중심 사회 구조에서 불이익을 받았던
>   여성에게 채용이나 승진 및 공직 진출의 혜택을
>   제공하여, 여성에 대한 차별을 시정해야 합니다.
> 을: 여성의 사회적 지위는 지속적으로 향상되고
>   있습니다. 선천적인 성별을 기준으로 여성에게
>   혜택을 제공하는 것은 오히려 남성에 대한 부당한
>   역차별이 됩니다.

─────────────── [보기] ───────────────
ㄱ. 갑은 과거의 차별에 대한 여성의 보상받을 권리를
   중시한다.
ㄴ. 을은 여성에 대한 특혜가 남성의 성취 기회를
   제한한다고 본다.
ㄷ. 갑은 을과 달리 타고난 특성이 아닌 노력과 성취에
   따른 분배를 중시한다.
ㄹ. 을은 갑과 달리 약자에 대한 배려를 통한 사회
   통합을 강조한다.

① ㄱ, ㄴ　② ㄱ, ㄷ　③ ㄴ, ㄷ　④ ㄴ, ㄹ　⑤ ㄷ, ㄹ

서술형·단답형 문제

[17~18] 다음 사례를 읽고 물음에 답하시오.

> 조나단은 자기 사회의 다른 갈매기들과는 다르게 나는 법에
> 관심이 많아서 다양한 새로운 시도를 한다. 조나단은 다음과 같이
> 말한다.
> "갈매기에게 비행이라는 것은 지극히 정당한 권리이다. 자유는
> 갈매기의 본질 그 자체이며, 자유를 가로막는 것이 있다면 그것이
> 의식이든 미신이든 아니면 또 어떤 형태의 제약이든 떨쳐 버려야 한다."
> 이러한 조나단의 모습은 갈매기 공동체에서 '갈매기 집단의
> 위엄과 전통에 먹칠하는 것'으로 비추어졌다. 대부분의 갈매기들은
> 먹고 사는 것을 최대의 과제로 삼고 그 이상의 생각을 거부하였기
> 때문이다.

17 ✽✽✽❀ 〔단답형〕

윗글의 조나단이 추구하는 정의관을 쓰시오.

____

18 ✽✽✽❀ 〔서술형〕

조나단이 추구하는 정의관이 강조될 때 나타날 수 있는 긍정적인
면과 부정적인 면을 서술하시오.

____

____

[19~20] 다음 자료를 읽고 물음에 답하시오.

	면적	인구	1,000대 기업 수	의료 기관
수도권	12.1%	50.3%	74.2%	50.9%
비수도권	87.9%	49.7%	25.8%	49.1%

(통계청, 2022·2023 / 대한 상공 회의소, 2023 / 한국 교육 개발원. 2023)

19 ✽✽✽❀ 〔서술형〕

자료에 나타난 현상을 쓰고, 해당 현상이 발생한 이유를 정부의
정책과 관련지어 서술하시오.

____

____

20 ✽✽✽ 〔서술형〕

자료에 나타난 현상을 해결하기 위한 방안 세 가지를 서술하시오.

____

____

★ 노직과 롤스의 분배적 정의

다음 유형은 (가)의 갑, 을 사상가가 누구인지 파악한 후, (나)의 A~C에 들어갈 적절한 질문을 찾는 문제로 주로 출제된다.

(가)의 갑, 을 사상가들의 입장을 (나) 그림으로 탐구하고자 할 때, A~C에 들어갈 적절한 질문만을 〈보기〉에서 고른 것은?

2028 대비 수능 예시 9 (1차)

(가)	갑 : 한 사람의 소유물은 취득, 이전, 교정의 원리에 의해 권리를 부여받았으면 정당하다. 각 개인의 소유물이 정당하다면 소유물의 전체 집합, 즉 분배도 정당하다. 을 : 공정으로서의 정의는 공정한 합의의 관념을 기본 구조 자체로 확장시킨다. 무지의 베일이라 부른 특징을 갖는 원초적 입장이 이러한 관점을 구체화 한다.
(나)	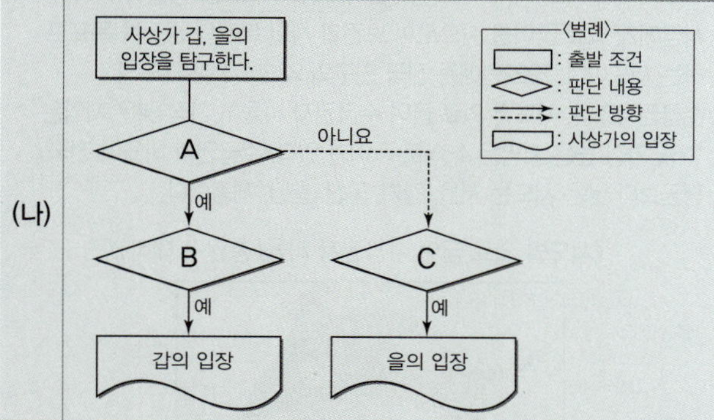

[보기]

ㄱ. A : 정의로운 사회에서 경제적 불평등이 허용될 수 있는가?

ㄴ. B : 각 개인은 자신의 정당한 소유물에 대한 배타적 사용권을 가지는가?

ㄷ. B : 자신이 직접 노동하지 않더라도 정당하게 소유물을 얻는 것이 허용될 수 있는가?

ㄹ. C : 사회적 약자의 경제적 이익을 증진하는 것을 최우선의 정의 원칙으로 삼아야 하는가?

① ㄱ, ㄴ　② ㄱ, ㄷ　③ ㄴ, ㄷ　④ ㄴ, ㄹ　⑤ ㄷ, ㄹ

 **단서+발상**

단서 갑: 취득, 이전, 교정의 원리
을: 공정으로서의 정의, 무지의 베일, 원초적 입장

발상 갑은 노직, 을은 롤스이다.

적용 롤스는 더 큰 이익을 위해 또는 사회적 약자의 복지를 위해 평등한 기본적 자유를 훼손해서는 안 된다고 보았다.

|문제 + 자료 분석|

- 갑 노직은 정의로운 분배는 개인의 자유와 권리를 보호하는 취득, 이전, 교정 등 3가지 원칙에 의해 실현될 수 있다고 본다.
- 을 롤스는 정의로운 분배는 자유롭고 평등하고 합리적인 사람들이 원초적 입장에서 합의한 원칙에 근거할 때 실현될 수 있다고 보았다.

|보기 분석|

✘. A: 정의로운 사회에서 경제적 불평등이 허용될 수 있는가?

- 갑(노직)은 어떤 경제적 불평등이라도 취득, 이전, 교정 등 3가지 원리를 위반하지 않았다면 정당화될 수 있다고 본다.
- 을(롤스)은 1 ⎯⎯⎯ 입장에서 합의한 원칙에 따라 최소 수혜자에게 2 ⎯⎯⎯ 의 이익을 산출하는 경제적 불평등은 허용될 수 있다고 본다.

○. B: 각 개인은 자신의 정당한 소유물에 대한 배타적 사용권을 가지는가?

- 갑(노직)은 개인이 취득, 이전, 교정 등 3가지 원리에 의해 정당하게 획득한 소유물에 대해서는 불가침의 권리를 갖는다고 본다.

○. B: 자신이 직접 노동하지 않더라도 정당하게 소유물을 얻는 것이 허용될 수 있는가?

- 갑(노직)은 취득의 원리 외에도 이전의 원리나 교정의 원리에 근거해서도 정당하게 소유물을 획득할 수 있다고 본다.
- 3 ⎯⎯⎯ 의 원리에 근거하여 타인과 자유롭게 물품을 교환하거나 매매할 수 있을 뿐 아니라, 4 ⎯⎯⎯ 의 원리에 따라 재화를 재분배 받을 수도 있기 때문이다.

✘. C: 사회적 약자의 경제적 이익을 증진하는 것을 최우선의 정의 원칙으로 삼아야 하는가?

- 을(롤스)은 최소 수혜자에게 최대한의 이익을 보장해야 한다는 정의의 제2원칙보다 모든 사람에게 5 ⎯⎯⎯ 자유를 평등하게 보장해야 한다는 정의의 제1원칙을 더 우선한다.

∴ 정답은 ③이다.

대비법

이 유형에 대비하기 위해서는 롤스와 노직이 주장한 정의의 공통점과 차이점을 정확히 알고 있어야 한다.

[정답]

1 원초적　**2** 최대한　**3** 이전　**4** 교정　**5** 기본적

01 ✽✽✽　　　　　　　　2028 대비 수능 예시 15 (2차)

(가)의 갑, 을 사상가들의 입장을 (나) 그림으로 표현할 때, A~C에 해당하는 적절한 진술만을 〈보기〉에서 고른 것은? [2.5점]

(가)	갑: 원초적 입장의 사람들은 누구도 자신이 처한 우연적 여건을 알지 못한다. 이러한 상황에 놓인 사람들은 자신이 가장 불리한 상황에 놓일 가능성을 염두에 두고 정의의 원칙에 합의하게 된다. 을: 개인은 자신의 정당한 소유물에 대한 배타적이고 절대적인 권리를 지닌다. 취득과 이전에서의 정의의 원리 또는 교정의 원리에 의해 어떤 소유물에 대한 권리를 부여받았다면 그 권리는 정당하다.
(나)	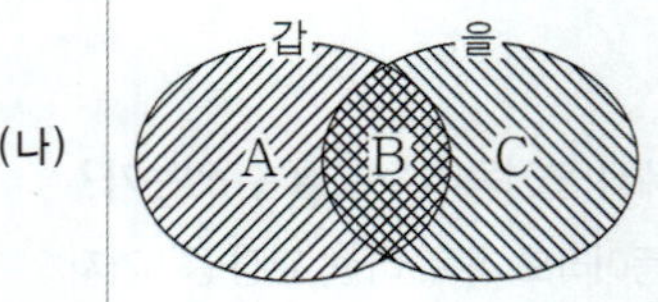 <범 례> A: 갑만의 입장 B: 갑과 을의 공통 입장 C: 을만의 입장

─────[보기]─────

ㄱ. A: 정의의 원칙은 우연성이 배제된 상황에서 합의된다.

ㄴ. A: 분배 결과의 정당성 여부는 분배 과정의 정당성에 달려 있다.

ㄷ. B: 최대 다수의 복지 증진을 목적으로 소수자의 자유가 침해되어서는 안 된다.

ㄹ. C: 개인은 자기 노동의 산물에 대해서만 소유 권리를 지닐 수 있다.

① ㄱ, ㄴ　② ㄱ, ㄷ　③ ㄴ, ㄷ　④ ㄴ, ㄹ　⑤ ㄷ, ㄹ

02 ✽✽✾　　　　　　2024 대비 수능 14/생활과 윤리

갑, 을 사상가들의 입장으로 적절한 것만을 〈보기〉에서 있는 대로 고른 것은?

갑: 정의의 일차적 주제는 사회의 기본 구조, 즉 사회의 주요 제도가 권리와 의무를 배분하고 사회 협동체로부터 생긴 이익의 분배를 정하는 방식이다. 사회의 기본 구조를 규제하는 원칙은 원초적 합의의 대상이다.

을: 정의의 주제는 세 가지이다. 즉, 누구의 소유물도 아니던 것이 어떻게 누군가의 소유물이 될 수 있는가, 한 사람의 소유물이 어떻게 다른 사람의 소유물이 될 수 있는가, 그리고 부정의를 어떻게 바로잡을 수 있는가이다.

─────[보기]─────

ㄱ. 갑: 차등의 원칙은 천부적 능력의 차등이 있어도 성립한다.

ㄴ. 을: 각 개인에게 소유물을 분배하는 최소 국가만이 정의롭다.

ㄷ. 을: 소유물 취득의 정당성은 타인의 처지 개선을 요구한다.

ㄹ. 갑과 을: 개인은 사유 재산을 소유할 불가침적 권리를 지닌다.

① ㄱ, ㄷ　② ㄱ, ㄹ　③ ㄴ, ㄷ　④ ㄱ, ㄴ, ㄹ　⑤ ㄴ, ㄷ, ㄹ

03 ✽✽✾　　　　　　　2028 대비 수능 예시 10 (1차)

다음 자료에 대한 옳은 설명만을 〈보기〉에서 있는 대로 고른 것은?

우리나라 사회 복지 제도 중 ⊙ 의료 급여 제도는 생활이 어려운 사람에게 의료 급여를 함으로써 보건과 사회 복지의 증진을 목표로 하는 제도이다. 2022년에는 전국 인구의 약 3%가 이 제도의 수급권자였다. 시도별 의료 급여 수급권자 비율이 가장 낮은 지역은 1.2%, 가장 높은 지역은 4.6%로 차이가 있다. 수급권자 비율이 전국 평균보다 낮은 시도는 서울, 경기, 울산, 충남, 세종이다.

〈시도별 의료 급여 수급권자 비율(총인구 대비)〉

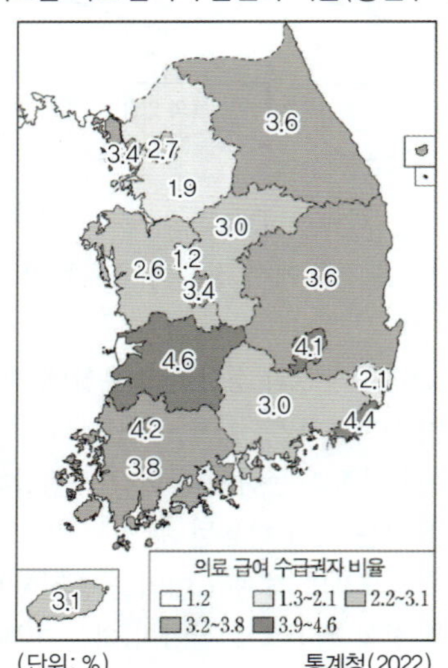

─────[보기]─────

ㄱ. 광역시는 모두 ⊙의 수급권자 비율이 4.0% 이상이다.

ㄴ. ⊙의 수급권자 비율이 가장 낮은 지역은 충청권에 위치한다.

ㄷ. ⊙은 인간의 기본적 필요 충족을 분배적 정의의 기준으로 적용하였다.

ㄹ. ⊙은 공공 부조에 해당하며, 정부 재정으로 비용을 전액 충당하는 것을 원칙으로 한다.

① ㄱ, ㄴ　② ㄱ, ㄷ　③ ㄷ, ㄹ　④ ㄱ, ㄴ, ㄹ　⑤ ㄴ, ㄷ, ㄹ

표는 질문에 따라 우리나라 사회 보장 제도의 유형을 구분한 것이다. 이에 대한 설명으로 옳은 것은? (단, A~C는 각각 사회 보험, 공공 부조, 사회 서비스 중 하나이다.)

구분	A	B	C
강제 가입의 원칙이 적용되는가?	㉠	㉠	㉡
(가)	㉡	㉠	㉡

* ㉠과 ㉡은 각각 '예'와 '아니요' 중 하나임.

① ㉠은 '예', ㉡은 '아니요'이다.
② C는 선별적 복지의 이념을 바탕으로 한다.
③ 기초 연금 제도가 A에 해당한다면, B는 사회 서비스이다.
④ B가 공공 부조라면, A는 금전적 지원을 원칙으로 한다.
⑤ (가)에 '국가와 지방 자치 단체가 비용을 전액 부담하는가?' 가 들어갈 수 있다.

그림의 강연자가 지지할 입장으로 가장 적절한 것은? [2점]

① 살인범이라 하더라도 그의 존엄성은 마땅히 존중되어야 한다.
② 형벌은 개인의 선이 아니라 공동체 전체의 선을 증진하기 위한 수단이다.
③ 범죄자가 자신이 저지른 범죄 행위에 대해 책임지도록 하는 형벌은 없다.
④ 범죄자가 형벌로 인해 받는 고통은 그가 범죄로 인해 끼친 해악을 능가해야 한다.
⑤ 살인에 대한 사형 이외의 형벌은 범죄 예방 효과가 감소하므로 교정적 정의에 부합하지 않는다.

밑줄 친 ㉠~㉤에 대한 설명으로 가장 적절한 것은? [2.5점]

① ㉠은 '적극적 평등 실현 조치'에 해당한다.
② ㉡으로 기초 연금을 통해 빈곤에 처한 노인 가구의 생활 여건이 개선된 것을 들 수 있다.
③ ㉢은 사회적 존재로서 구성원의 책임과 의무보다 독립적 자아로서 개인의 자유와 권리를 강조한다.
④ ㉣에서는 필요에 따른 분배보다 업적에 따른 분배를 강조할 것이다.
⑤ ㉤의 사례로 비수도권 지역에서 혁신도시를 건설하여 공공 기관을 이전한 것을 들 수 있다.

사람들은 자신만의 기준에 따라 상황을 판단하므로 같은 상황을 보더라도 각자의 눈에 보이는 것은 다릅니다. 아래의 이야기에 숨겨진 진실은 무엇일까요?

선생님께서 가져오신 12잔의 음료수가 음료 캐리어에 들어있다. 수업을 마친 12명의 학생은 각자 음료수를 한 잔씩 가져갔다. 그런데 한 잔의 음료수는 여전히 음료 캐리어에 들어있다. 왜일까?

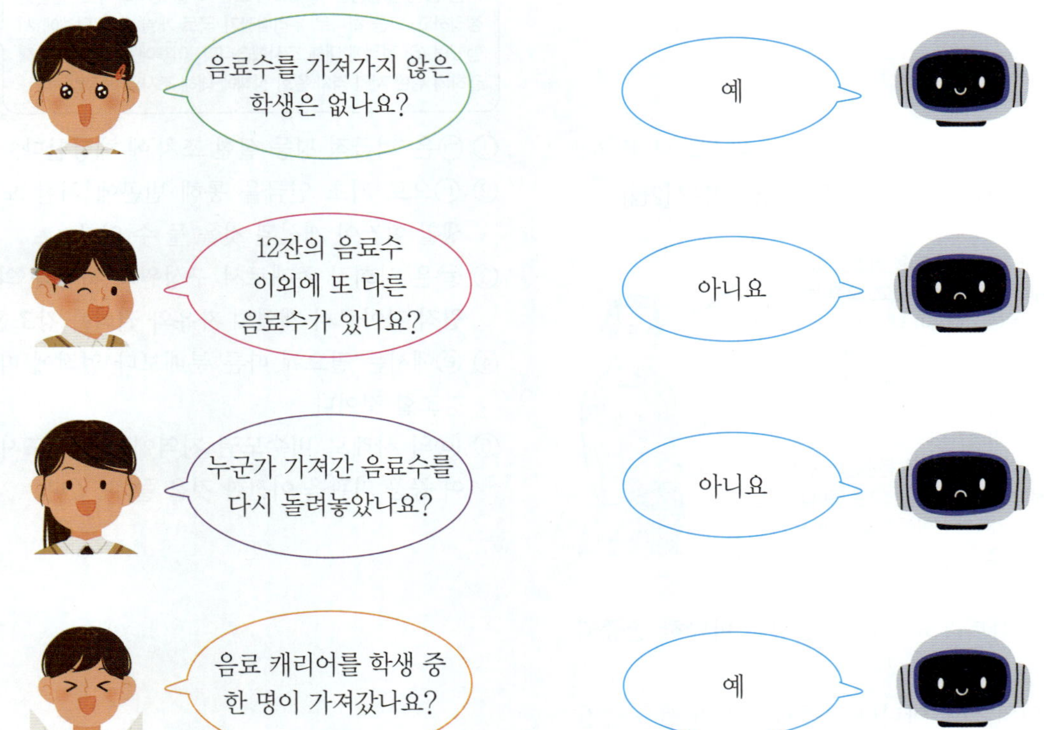

정답

마지막에 음료수 1잔을 가져간 학생은 음료 캐리어에서 음료수를 꺼내지 않고 음료 캐리어와 함께 자기 몫의 음료수를 가져갔다. 그래서 한 잔의 음료수는 여전히 캐리어에 들어있다.

Ⅲ 시장 경제와 지속가능발전

1 자본주의의 역사적 전개와 특징

1. 자본주의

(1) **의미**: 사유 재산 제도❶를 바탕으로 시장의 자유로운 경제활동을 보장하는 경제 체제

(2) **특징**: 사유 재산권의 보장, 경제 활동의 자유 보장, 사적 이익의 추구를 인정함

2. 자본주의의 역사적 전개 과정 

상업 자본주의 (16~18세기 초반)	• **배경**: 신항로 개척으로 인한 교역의 확대, 유럽 절대 왕정의 중상주의❷ 정책을 통한 상공업 육성 • 상품 생산보다 상품의 유통 과정에서 이윤을 추구 ➡ 축적된 자본이 산업 자본주의의 밑거름이 됨
산업 자본주의 (18세기 중반 ~19세기 중반)	• **배경**: 산업 혁명으로 대량 생산이 가능해지면서 발달함 • 상품의 생산 활동을 통한 이윤 추구에 집중하게 됨 • 개인의 경제적 자유를 최대한 보장하고 정부 개입을 최소화해야 한다고 보는 애덤 스미스의 자유 방임주의❸가 확산됨(작은 정부)
독점 자본주의 (19세기 후반)	• **배경**: 자본주의가 고도로 발달하며 소수의 거대 기업이 시장을 지배함 • 독점 자본의 횡포로 시장이 제 기능을 수행하지 못하게 됨 • 열악한 노동 환경, 빈부 격차 심화 등의 문제가 발생하며 자본주의 경제 체제를 비판하는 사회주의 사상이 확산됨
수정 자본주의 (20세기 중반)	• **배경**: 소수 대자본의 독과점에 따른 시장 실패❹, 1929년 대공황 발생 • 기업 도산과 대량 실업으로 정부의 시장 개입이 필요하다는 케인스의 경제 이론이 확산됨 • 정부가 각종 공공사업, 복지 정책 등을 통해 적극적으로 시장에 개입하여 시장 실패를 해결하려는 큰 정부를 추구함(미국의 뉴딜 정책)
신자유주의 (20세기 후반)	• **배경**: 1970년대 석유 파동으로 발생한 스태그플레이션❺에 대한 정부 대처의 한계와 정부의 시장 개입에 따른 비효율성 문제(정부 실패❻)가 대두되면서 정부의 시장 개입을 비판하는 신자유주의가 등장함 • 정부의 역할을 제한하고 시장의 자유로운 경제 활동을 강조함(하이에크, 프리드먼) • 정부 규제 완화, 공기업의 민영화, 복지 축소, 노동 시장의 유연성 강화, 기업에 대한 세금 감면 등을 추구함 　기업이 인력을 상황에 따라 자유롭게 조절함

❶ **사유 재산 제도**
토지, 공장, 기계와 같은 생산 수단을 포함한 재산을 개인이나 기업이 가질 수 있도록 하는 제도

❷ **중상주의**
국가의 보호 아래 상업 및 수출 중심의 무역으로 국가의 부를 늘리려는 사상

❸ **애덤 스미스의 자유 방임주의**
애덤 스미스는 시장의 작동 원리를 '보이지 않는 손'에 비유하며 정부의 역할 축소를 강조했다.
그는 누군가 의도하지 않아도 자원의 배분이 효율적으로 이루어지도록 시장이 기능할 수 있다고 보았다.

❹ **시장 실패**
자유로운 경쟁이 줄고 시장에서 자원이 효율적으로 배분되지 못하는 현상

❺ **스태그플레이션**
경기 침체와 물가 상승이 동시에 발생하는 상태

❻ **정부 실패**
시장의 문제점을 개선하기 위한 정부 개입이 문제를 해결하지 못하거나 악화시키는 현상

✪ 한눈에 보는 자본주의 전개 과정

상업 자본주의 ➡	산업 자본주의 ➡	독점 자본주의 ➡	수정 자본주의 ➡	신자유주의

▲ 중상주의 정책을 펼친 프랑스 루이 14세

국왕의 권력을 유지하고 영토를 확장하기 위해 많은 돈이 필요했기 때문에 중상주의 정책을 강력하게 추진했다.

▲ 대량 생산을 할 수 있게 된 공장의 모습

산업 혁명이 일어나 생산 방식이 수공업에서 공장제 기계 공업으로 전환되면서 대량 생산 체제가 갖추어졌다.

▲ 자본주의의 폐해를 그린 풍자화

소수의 거대 기업이 시장을 지배하면서 자유로운 경쟁이 불가능해지고 자본주의 경제 체제의 정상적인 작동이 어려워졌다.

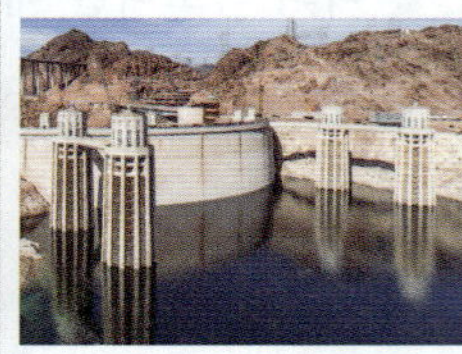

▲ 뉴딜 정책을 상징하는 후버댐

대공황 극복을 위해 미국 정부는 댐 건설 사업 등을 추진해 실업자를 구제하고 경제를 회복시키는 뉴딜 정책을 시행했다.

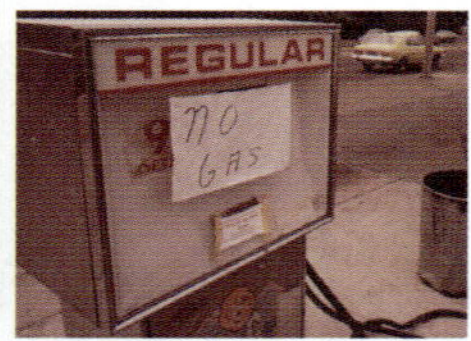

▲ 석유 파동으로 연료 판매를 중단한 주유소

석유 가격이 급격하게 상승하자 물가가 급등하고 실업도 증가하는 경제 위기가 발생하게 되었다.

1. 경제 체제: 한 사회의 기본적인 경제 문제를 해결하기 위해 희소한 자원을 어떻게 사용하고 분배할 것인지를 결정하는 방식 또는 제도

2. 시장 경제 체제: 시장의 원리를 바탕으로 경제 문제를 해결하는 경제 체제

특징	• 시장 가격은 공급과 수요에 따라 결정됨 • 가계와 기업이 각각 재화나 서비스를 얼마나 생산하고 소비할지 자율적으로 선택함
장점	• 정부의 시장 개입이 최소화된 상태에서 효율적인 자원 배분이 이루어짐 • 개인의 능력과 창의성이 발휘될 수 있음
문제점	• 빈부 격차가 발생함 • 급격한 경기 변동으로 실업이나 인플레이션❶이 나타나기도 함

▲ 자유 경쟁이 가능한 경매

❶ **인플레이션**

화폐 가치가 하락하여 물가가 전반적이고 지속적으로 상승하는 현상

✪ **시장 경제 체제와 스마트폰 가격**

• 소비자들이 바형 스마트폰보다 새로 출시된 폴더블 스마트폰을 선호한다면, 생산자들은 폴더블 스마트폰을 높은 가격에 팔아 많은 이익을 얻을 것이다.
• 이를 알아챈 바형 스마트폰 생산자들도 폴더블 스마트폰 제작에 뛰어들면서 폴더블 스마트폰의 가격은 점차 하락하게 된다.
• 이후에도 기술 개발에 따른 비용 절감 등을 이유로 폴더블 스마트폰의 가격은 계속 하락한다. ➡ 시장 경제 체제에서는 각 경제 주체들이 가격에 자율적으로 반응하여 가장 효율적인 결과를 끌어낸다.

---

3. 계획 경제 체제: 정부의 통제나 계획을 통해 경제 문제를 해결하는 경제 체제

특징	• 대체로 사회주의❷와 결합해 개인의 소유권과 선택권을 제한함 • 정부가 생산 수단의 대부분을 소유하고 경제 문제에 대한 의사 결정을 함
장점	• 경제 정책의 목표를 효과적으로 달성할 수 있음 • 빈부 격차를 줄일 수 있음(분배의 형평성 실현)
문제점	• 개인의 다양한 욕구를 반영하기 어려움 • 개인의 소유권이 제한되어 근로 의욕이 저하됨

❷ **사회주의**

생산 수단의 사회적 소유와 관리, 계획적인 생산과 평등한 분배를 주장하는 사상

4. 혼합 경제 체제: 시장 경제 체제와 계획 경제 체제의 요소를 결합한 경제 체제

(1) 대부분의 국가는 시장 경제 체제를 기본으로 하고 부분적으로 계획 경제 체제를 결합함❸

(2) 시장 경제 체제를 기반으로 하는 경우, 민간의 자유로운 경제 활동을 보장하면서도 시장 기능에 문제가 생기면 국가가 적극적으로 시장에 개입함

❸ **헌법 속 우리나라의 경제 체제**

제119조 ① 대한민국의 경제 질서는 개인과 기업의 경제상의 자유와 창의를 존중함을 기본으로 한다.
② 국가는 균형 있는 국민 경제의 성장 및 안정과 적정한 소득의 분배를 유지하고, 시장의 지배와 경제력의 남용을 방지하며, 경제 주체 간의 조화를 통한 경제의 민주화를 위하여 경제에 관한 규제와 조정을 할 수 있다.

➡ 우리나라는 시장 경제 체제를 기본으로 하고, 필요에 따라 국가가 시장 경제에 개입하고 있다.

▲ 생산량 부족(문제 발생)

▲ 소비자의 선택

▲ 정부의 개입

1 자본주의의 역사적 전개와 특징

1. 다음은 자본주의의 전개 과정을 나타낸 것이다. (가)~(라)에 대한 설명으로 옳은 것은 ○, 틀린 것은 ×에 표시하시오.

시기	19세기	20세기 중반	20세기 후반
경제 체제	산업 자본주의	(가)	(나)
경제학자	(다)	(라)	하이에크

(1) (가)는 수정 자본주의이다. (○, ×)

(2) (가)는 국가의 적극적 개입을 강조한다. (○, ×)

(3) (나)는 신자유주의이다. (○, ×)

(4) (나)는 공기업의 민영화를 강조한다. (○, ×)

(5) (다)는 케인스이다. (○, ×)

(6) (다)는 자유 방임주의를 중시하였다. (○, ×)

(7) (라)는 애덤 스미스이다. (○, ×)

(8) (라)는 정부의 시장 개입 최소화를 주장하였다. (○, ×)

2. (가)~(다) 시기에 대한 설명으로 옳은 것은 ○, 틀린 것은 ×에 표시하시오.

(가) 산업 자본주의	→	(나) 수정 자본주의	→	(다) 신자유 주의

(1) (가) 시기에는 국가의 간섭을 최대한 배제하려고 했다. (○, ×)

(2) 산업 혁명은 (가) 시기에서 (나) 시기로 전환되는 계기가 되었다. (○, ×)

(3) (나) 시기에는 정부가 지출을 확대해 일자리를 늘려야 한다고 보았다. (○, ×)

(4) (나) 시기에는 시장의 자연적 기능으로만 대량 실업을 해소할 수 있다고 보았다. (○, ×)

(5) (다) 시기에는 공기업의 민영화를 추구했다. (○, ×)

(6) (다) 시기에는 정부의 시장 개입을 비판했다. (○, ×)

(7) 1970년대 석유 파동이 (나) 시기에서 (다) 시기로 전환되는 계기가 되었다. (○, ×)

2 경제 체제의 분류

3. 갑이 설명하고 있는 경제 체제에 대한 설명이면 갑, 을이 설명하고 있는 경제 체제에 대한 설명이면 을을 쓰시오.

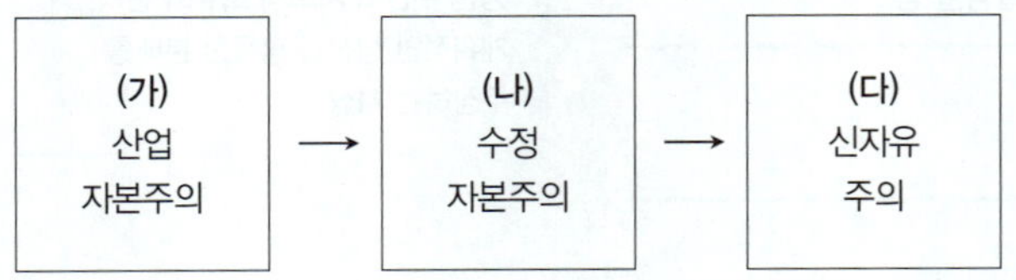

(1) 정부의 시장 개입이 최소화된다. ( )

(2) 기업이 생산량을 자유롭게 결정한다. ( )

(3) 정부가 생산 수단의 대부분을 소유한다. ( )

(4) 경제 정책의 목표를 달성하는 데 효과적이다. ( )

(5) 급격한 경기 변동으로 실업 문제가 발생할 수 있다. ( )

(6) 개인의 소유권이 인정되지 않아 근로 의욕이 저하된다. ( )

(7) 일반적으로 사회주의와 결합해 사유 재산권을 부정한다. ( )

(8) 자유롭게 이익을 추구할 수 있어 개인의 창의성이 발휘된다. ( )

4. 다음 글에 나타난 A국, B국의 경제 체제가 무엇인지 보기에서 골라 쓰시오.

- A국에 사는 갑은 자신의 재능을 살려 화가로 일하고 있다. 결혼을 앞둔 갑은 최근 집을 구하고 있는데, 집값은 계속 오르지만, 정부가 이러한 문제에 일절 개입하지 않아 고민이 많다.
- B국에 사는 을은 공장에서 일하고 있다. 정부에서 정한 이번 달 생산량을 이미 달성해서 최근 여유를 즐기고 있다. 생활에 필요한 물품들을 정부에서 지급해 주어 편하지만, 원하는 음식을 먹기 어렵다는 점에서 아쉽다고 생각하고 있다.

[보기]
ㄱ. 시장 경제 체제   ㄴ. 계획 경제 체제
ㄷ. 혼합 경제 체제

A국 : (   ), B국 : (   )

1 자본주의의 역사적 전개와 특징

01 ✿✿✿

다음 대화의 A에 대한 옳은 설명만을 〈보기〉에서 고른 것은?

> 교사: A에 대해 이야기해 볼까요?
> 학생: 개인과 사회가 부를 창출하는 과정에서 자본이 중심적인 역할을 하는 경제 체제입니다. 관련된 경제학자로는 애덤 스미스가 있습니다.
> 교사: 정확하게 답변해 주었습니다.

[보기]
ㄱ. 개인의 사적 이익 추구는 제한된다.
ㄴ. 경제활동의 자유가 최대한 보장된다.
ㄷ. 개인의 사유 재산권이 법적으로 보호된다.
ㄹ. 정부의 계획을 통해 희소 자원이 배분된다.

① ㄱ, ㄴ 　② ㄱ, ㄷ 　③ ㄴ, ㄷ
④ ㄴ, ㄹ 　⑤ ㄷ, ㄹ

02 ✿✿✿

다음 글의 경제학자가 동의할 내용으로 옳지 <u>않은</u> 것은?

> 우리가 저녁을 먹을 수 있는 것은 푸줏간 주인, 양조장 주인, 빵집 주인의 자비심 덕분이 아니라 그들이 자기 이익을 중시하기 때문이다. …… 개인은 바로 그때 '보이지 않는 손'에 이끌려 자신이 의도하지 않았던 목적을 달성하게 된다. 자신의 이익을 추구함으로써 개인은 더 효율적으로 사회의 이익을 증진할 수 있다.

① 자유롭게 경쟁할 수 있는 시장 질서를 존중해야 한다.
② 개인의 이익 추구는 국가의 부 증진에 기여할 수 있다.
③ 사적 소유제로 인간 사회의 공동 이익을 증진해야 한다.
④ 개인이 추구하는 이익들은 서로 자연스럽게 조화를 이룬다.
⑤ 정부는 경제적 불평등 완화를 위해 복지 정책을 확대해야 한다.

03 ✿✿✿

다음과 같은 상황을 배경으로 등장한 경제 체제에 대한 설명으로 옳은 것은?

> 20세기 초반 자유 경쟁이 지나치게 강조된 결과 대규모 독점 기업들이 출현하면서 자본의 집중 현상이 심화되었다. 이러한 상황은 과잉 생산과 소비 부족으로 이어졌고 1929년 미국의 주가 폭락을 계기로 대공황이 시작되었다. 이를 기점으로 기업의 생산 위축, 기업 도산, 대량 실업 등의 문제가 확대되었다.

① 시장의 보이지 않는 손의 기능을 중시하였다.
② 공기업의 민영화 및 복지 축소를 강조하였다.
③ 최소한의 정부가 최선의 정부임을 강조하였다.
④ 정부의 적극적인 시장 개입의 필요성을 주장하였다.
⑤ 국가의 시장 개입으로 자원이 비효율적으로 배분된다고 보았다.

04 ✿✿✿

다음 내용에 부합하는 경제 체제에 대한 설명으로 옳은 것은?

> 1970년대 석유 파동으로 인한 경제 위기 상황에서 정부가 시장에 개입하면 오히려 더 비효율적인 상황이 나타나므로 시장 원리에 맡기는 것이 최선이라는 주장이 등장하게 되었다.

① 복지 축소, 공기업 민영화를 강조한다.
② 시장에 대한 정부의 규제 강화를 강조한다.
③ 유효 수요 부족 현상을 해결하기 위한 대책이다.
④ 시장 실패에 대한 정부의 적극적인 대응을 요구한다.
⑤ 국가가 시장에 개입하여 문제를 해결해야 함을 주장한다.

05 ✿✿✿ [서술형]

다음은 자본주의 발전 과정을 나타낸 것이다. ㉠, ㉡에 해당하는 사건을 서술하시오.

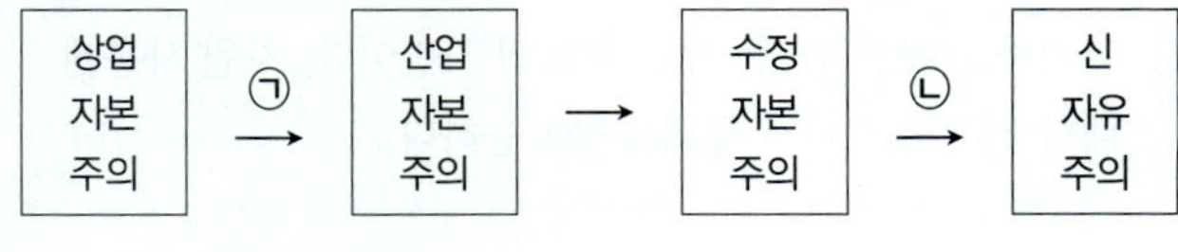

____

____

06 ✻✻✾ 중요

그림의 A, B는 각각 수정 자본주의와 신자유주의 중 하나이다.
이에 대한 설명으로 옳은 것은? [3점]

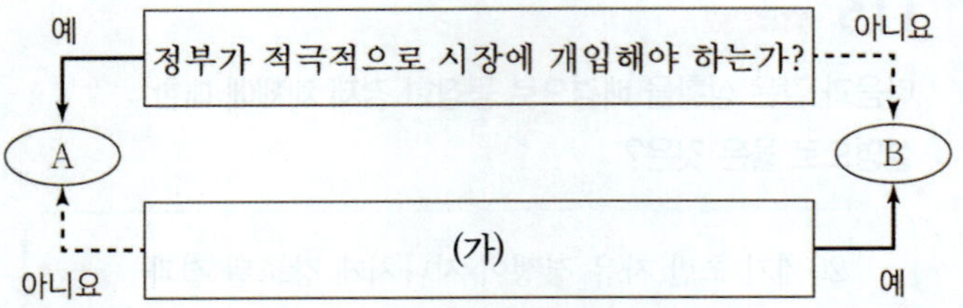

① A는 시장 실패에 대한 대응으로 등장하였다.
② A는 큰 정부보다 작은 정부를 지향할 것을 주장한다.
③ B는 '보이지 않는 손'의 역할을 인정하지 않는다.
④ B는 자원 배분에 있어 효율성보다 형평성을 추구한다.
⑤ (가)에는 '복지 정책을 강화해야 하는가?'가 들어갈 수 있다.

[07~08] 다음 글을 읽고 물음에 답하시오.

> 정부는 완전 고용을 위해 유효 수요를 창출해야 한다.
> 이 과정에서 정부의 기능은 확대되지만, 개인의 창의력이
> 작용할 시장 영역은 남아 있다.

07 ✻✻✾

윗글과 관련된 주장만을 〈보기〉에서 있는 대로 고른 것은?

[보기]
ㄱ. 시장에서의 자유로운 이윤 추구는 인정되어야 한다.
ㄴ. 국가는 경제적 자유보다 경제적 평등을 추구해야 한다.
ㄷ. 완전 고용은 시장에서의 모든 경쟁이 사라질 때
   실현된다.
ㄹ. 국가는 시장 질서에 개입하여 실업 문제를 해결해야
   한다.

① ㄱ, ㄴ ② ㄱ, ㄹ ③ ㄴ, ㄷ ④ ㄱ, ㄴ, ㄹ ⑤ ㄴ, ㄷ, ㄹ

08 ✻✻✻ 서술형

다음 글의 입장에서 윗글의 입장에 제기할 수 있는 비판을
서술하시오.

> 자본주의에서 시장이 지닌 자생적 질서에 대해
> 간섭하고 개선하려는 것은 치명적 자만이다. 자원 사용에
> 대한 정부의 효과적 통제는 불가능하다.

09 ✻✻✾

표는 자본주의의 발전 단계를 시대 순으로 나타낸 것이다.
이에 대한 설명으로 옳은 것은?

구분	주요 사상가	등장 배경
산업 자본주의	애덤 스미스	(가)
A	케인스	(나)
B	하이에크	(다)

① (가)는 석유 파동에 따른 경기 침체이다.
② (나)는 복지 확대에 따른 비효율성 증대이다.
③ (다)는 대공황에 따른 시장 실패의 지속이다.
④ A는 정부의 적극적인 시장 개입을 강조한다.
⑤ B는 정부 규제 강화 및 복지의 확대를 중시한다.

2 경제 체제의 분류

10 ✻✻✾

다음 대화에 나타난 경제 체제에 대한 설명으로 옳은 것은?

① 경제 활동에서 경제적 유인을 강조한다.
② 정부의 적극적인 시장 개입을 강조한다.
③ 생산 수단의 사적 소유를 인정하지 않는다.
④ 희소성에 의한 경제 문제가 발생하지 않는다.
⑤ 민간 경제 주체의 경제 활동의 자유가 제한된다.

11 ✻✻✾

계획 경제 체제에 대한 옳은 설명에만 '✓'를 표시한 학생은?

설명＼학생	갑	을	병	정	무
개별 경제 주체의 경제적 자율성을 보장한다.		✓		✓	
정부의 결정과 통제에 의해 경제 문제를 해결한다.	✓	✓			✓
대체로 사회주의와 결합해 개인의 소유권을 제한한다.			✓	✓	✓

① 갑　② 을　③ 병　④ 정　⑤ 무

12 ★★✿

교사의 질문에 대한 학생의 답변으로 옳은 것은? (단, A, B는 각각 시장 경제 체제, 계획 경제 체제 중 하나임.)

① A에서는 전통과 관습에 의한 경제 활동이 우선시됩니다.
② B에서는 원칙적으로 생산 수단의 사적 소유가 보장됩니다.
③ A와 달리 B에서는 경제적 유인이 강조됩니다.
④ A와 달리 B에서는 개인의 자유로운 이익 추구 활동이 보장됩니다.
⑤ B와 달리 A에서는 '보이지 않는 손'의 기능이 중시됩니다.

13 ★★✿

갑국과 을국에 대한 설명으로 옳은 것은? (단, 갑국, 을국은 각각 계획 경제 체제, 시장 경제 체제 중 하나를 채택함.)

> • 갑국에서 모든 생산 수단은 국가 소유이다. 정부는 생산에 필요한 모든 비용을 부담하며 계획과 명령에 따라 국민들에게 재화와 서비스를 배분한다.
> • 을국에서 모든 생산자는 민간 기업이다. 소비자는 재화와 서비스를 자유롭게 선택하고 비용은 개인이 부담한다. 생산자는 더 많은 경제적 가치를 얻기 위해 소비자의 선호도가 높은 재화와 서비스를 생산하려 한다.

① 갑국은 사익 추구를 통해 경제 문제를 해결한다.
② 을국은 생산물의 배분 방식을 정부가 결정한다.
③ 생산자의 이윤 추구 동기는 갑국이 을국보다 강하다.
④ 민간 경제 주체의 자율성은 을국이 갑국보다 높다.
⑤ 갑국과 을국은 모두 '보이지 않는 손'의 기능을 중시한다.

14 ★★✿ [서술형]

다음 자료를 통해 알 수 있는 우리나라 경제 체제의 특징에 대해 서술하시오. (단, 시장 경제 체제와 계획 경제 체제라는 말을 모두 포함하시오.)

> 제119조 ① 대한민국의 경제 질서는 개인과 기업의 경제상의 자유와 창의를 존중함을 기본으로 한다.
> ② 국가는 균형 있는 국민 경제의 성장 및 안정과 적정한 소득의 분배를 유지하고, 시장의 지배와 경제력의 남용을 방지하며, 경제 주체 간의 조화를 통한 경제의 민주화를 위하여 경제에 관한 규제와 조정을 할 수 있다.

15 ★★✿ 중요

그림은 경제 수행평가 활동지의 일부이다. 이에 대한 설명으로 옳은 것은? (단, A와 B는 각각 계획 경제 체제와 시장 경제 체제 중 하나임.)

경제 수행평가 활동지	점수 40/40
	이름: ○○○

⊙ 경제 체제 A, B의 특징을 각각 2개씩만 서술하시오.
  (특징 1개당 10점, 총 40점)

경제 체제	특징
A	• 정부의 명령과 통제에 의해 경제 문제를 해결한다. • ㉠
B	• 시장 원리에 의해 경제 문제를 해결한다. • ㉡

① A는 시장 경제 체제, B는 계획 경제 체제이다.
② A에서는 '보이지 않는 손'에 의한 자원 배분을 강조한다.
③ B에서는 A보다 개인의 이윤 추구 동기가 강하게 나타난다.
④ ㉠에는 '경제 주체 간 자유로운 경쟁을 강조한다.'가 들어갈 수 있다.
⑤ ㉡에는 '생산 수단의 사적 소유를 인정하지 않는다.'가 들어갈 수 있다.

16 ★★✿

그림은 온라인 수업의 장면이다. 이에 대한 설명으로 옳은 것은? (단, A, B는 각각 계획 경제 체제, 시장 경제 체제 중 하나이다.) [3점]

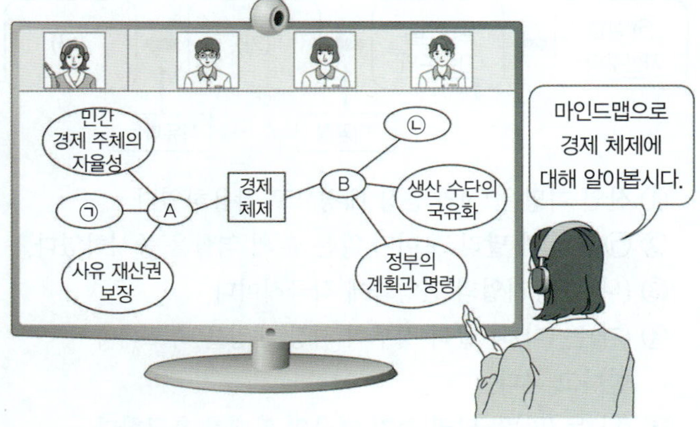

① A에서는 정부가 생산물의 수량과 종류를 결정한다.
② B에서는 민간 경제의 자율성 보장을 강조한다.
③ A, B는 모두 기업 간 자유로운 경쟁을 강조한다.
④ '경제적 유인의 중시'는 ㉠보다 ㉡에 적합하다.
⑤ '보이지 않는 손의 기능 중시'는 ㉡보다 ㉠에 적합하다.

17 ★★★

그림의 갑, 을은 시장에서의 정부 역할에 대해 논한 대표적인 학자이다. 갑, 을의 주장에 대한 설명으로 옳은 것은? [2점]

① 갑의 주장은 수정 자본주의와 부합한다.
② 갑의 주장은 석유 파동에 따른 스태그플레이션을 해결하기 위해 등장하였다.
③ 을의 주장을 토대로 뉴딜 정책이 추진되었다.
④ 을의 주장을 계기로 혼합 경제 체제가 등장하였다.
⑤ 갑, 을은 모두 복지 정책 축소와 공기업 민영화를 지지한다.

18 ★★★

다음은 자본주의의 전개 과정을 도식화한 것이다. 이에 대한 설명으로 옳은 것은? (단, (가), (나)는 각각 신자유주의, 수정 자본주의 중 하나이다.) [3점]

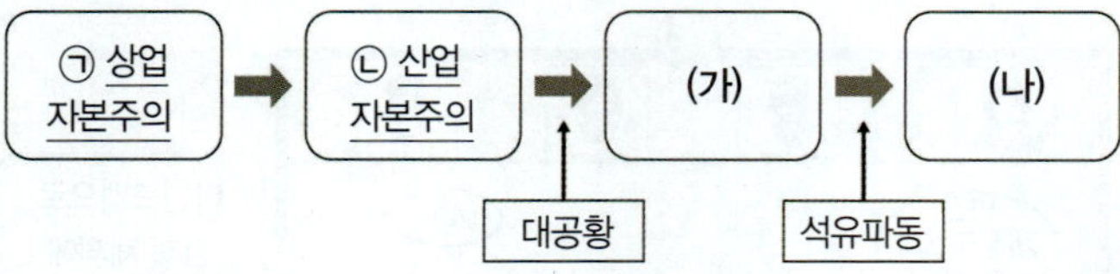

① 산업 혁명은 ㉠의 등장 배경으로 작용하였다.
② ㉠은 ㉡과 달리 '보이지 않는 손'의 역할을 중시하였다.
③ (나)는 공기업의 민영화에 적극적이다.
④ (가)는 (나)와 달리 정부의 시장 개입을 축소해야 한다고 본다.
⑤ (나)는 (가)와 달리 복지 예산의 확대를 추구한다.

19 ★★★

표는 질문에 따라 경제 체제 A, B를 구분한 것이다. 이에 대한 설명으로 옳은 것은? (단, A, B는 각각 계획 경제 체제와 시장 경제 체제 중 하나이다.)

구분	A	B
정부의 결정과 통제에 따라 경제 문제를 해결하는가?	예	아니요
(가)	아니요	예
(나)	예	아니요

① A는 '보이지 않는 손'에 의한 자원 배분을 강조한다.
② A는 B보다 자원 배분의 효율성을 중시한다.
③ B는 A보다 기업의 이윤 추구 동기가 강하게 나타난다.
④ (가)에는 '민간 경제 주체의 자유로운 경쟁을 강조하는가?'가 들어갈 수 없다.
⑤ (나)에는 '사유 재산의 보장을 원칙으로 하는가?'가 들어갈 수 있다.

20 ★★★

경제 체제 A, B에 대한 설명으로 옳은 것은? (단, A와 B는 각각 시장 경제 체제와 계획 경제 체제 중 하나이다.)

① A에서는 희소성에 의한 경제 문제가 발생하지 않는다.
② A에서는 '보이지 않는 손'에 의해 경제 문제를 해결한다.
③ B에서는 자원 배분의 효율성보다 형평성을 중시한다.
④ A에서는 B와 달리 경제적 유인을 강조한다.
⑤ B에서는 A와 달리 사적 이윤 추구 활동을 중시한다.

❖ 정답 및 해설 42~43p

07 합리적 선택과 경제 주체의 역할

중요도 

1 합리적 선택의 의미와 한계 

1. 합리적 선택: 자원의 <u>희소성</u>으로 인해 사람들은 항상 선택의 문제에 직면함
　　무한한 인간의 욕구에 비해 이를 충족시킬 자원은 부족한 상태
(1) **합리적 선택의 의미**: 여러 대안 중 최선의 대안을 고르는 것으로, <u>편익이
　　기회비용보다 큰 대안을 선택해야 함</u>

(2) **합리적 선택의 고려 요인**★　　**출제** O순위 특강 p.80

　① **편익**: 경제적 선택을 통해 얻게 되는 이익이나 만족감
　② **기회비용**: 명시적 비용과 암묵적 비용의 합으로 어떤 선택을 함에 있어서
　　　고려해야 하는 비용

명시적 비용	어떤 경제적 선택을 할 때 <u>직접 화폐로 지불</u>하는 비용
암묵적 비용	• 다른 대안을 선택함에 따라 얻을 수 있었지만 포기한 경제적 이익 • 선택할 수 있었던 대안이 여러 개일 경우 <u>포기한 것의 가치 중 가장 큰 것</u>

★ **합리적 선택의 고려 요인**

편익		선택의 결과 얻게 되는 이득
기회 비용	명시적 비용	어떤 대안을 선택함으로써 실제로 지출된 비용 (예) 급여
	암묵적 비용	특정 대안을 선택함에 따라 얻을 수 있었으나 포기한 이익 (실제 지출된 비용 ×)

✿ **명시적 비용과 암묵적 비용**

〈기회비용〉　　　　　　〈명시적 비용〉　　　　　　〈암묵적 비용〉

 떡볶이의 기회비용 7,500원　=　 떡볶이 가격 5,000원　+　 김밥의 가치 2,500원

• 혜진이는 떡볶이(5,000원)와 김밥(4,500원) 중 오늘 점심으로 떡볶이를 선택했다.
• 떡볶이를 먹기 위한 기회비용은 명시적 비용인 떡볶이 가격 5,000원뿐만 아니라
　포기하는 김밥의 가치인 암묵적 비용까지 포함해야 한다.
• 김밥의 만족감(편익)이 7,000원이라면 김밥의 가치는 7,000원에서 김밥 가격 4,500원을 뺀 2,500원이다.
• 따라서 떡볶이를 먹는 기회비용은 떡볶이 가격(명시적 비용) 5,000원 + 김밥의 가치(암묵적 비용) 2,500원 = 7,500원이다.
• 만약 떡볶이의 만족감(편익)이 7,500원보다 크다면 혜진이의 선택은 합리적 선택이라고 볼 수 있다.

(3) **매몰 비용**: 이미 지불하여 회수할 수 없는 비용으로 어떤 선택을 함에 있어
　　<u>고려해서는 안 되는 비용</u>
　　⑩ 떡볶이를 주문하고 기다리는 중 아버지가 닭강정을 사주겠다고 한 경우,
　　이미 지불한 떡볶이 가격은 회수할 수 없으므로 고려하지 않는다.
　　(이미 지불한 비용의 환불은 없으며, 다른 조건은 고려하지 않음)

2. 합리적 선택의 한계(시장의 실패)
(1) **시장의 실패**: 합리적 선택은 완전 경쟁 시장❶을 전제하고 있으나, 독점 및 담합
　　등으로 시장이 정상적으로 작동하지 않을 수 있음
(2) **정보의 제약**: 선택에 따른 비용과 편익을 정확히 계산하지 못함
　　➡ 합리적 선택 자체가 불가능한 경우가 있음(정보의 비대칭성)
(3) **이익의 충돌**: 특정 경제 주체의 합리적 선택이 다른 경제 주체의 이익을 침해하거나
　　공익을 침해할 수 있음

❶ **완전 경쟁 시장**
단독으로는 가격을 움직일 수 없을 만큼 같은 생산물을 파는 사람과 사는 사람이 많고, 각자가 시장에 대해 완전한 지식을 갖고 자유롭게 거래할 수 있는 시장

1. 시장 실패: 시장 경제 체제에서 자원이 효율적으로 배분되지 못하고, 바람직한 수준보다 지나치게 혹은 모자라게 생산되거나 소비되는 현상

2. 시장 실패의 유형 

(1) 독과점 문제

① 독점❶ 시장에서는 시장 지배력을 가진 하나의 기업이 가격이나 생산량을 마음대로 조절하여 소비자들에게 피해를 끼칠 수 있음

② 공급자가 소수인 과점 시장❷에서도 기업들이 생산량과 가격을 사전에 협의❸하면 다른 대안이 없는 소비자들은 비싼 가격에 상품을 구매할 수밖에 없음

(2) 공공재 부족

① 공공재❹는 대가를 지불하지 않은 사람도 사용할 수 있으므로 시장에 자유롭게 맡길 경우 충분히 공급되지 못하고 무임승차의 문제❺가 발생함

㉠ 등대는 많은 배들의 운항을 돕지만 배들을 일일이 찾아가 비용을 받기 어려워 기업에 공급을 맡길 경우 사회적으로 필요한 만큼 생산될 수 없음

② 공공재가 원활하게 공급되지 않으면 국민의 삶의 질이 하락함

③ 공공재의 특성

- 비경합성: 많은 사람이 같은 재화와 서비스를 동시에 소비할 수 있고, 한 개인의 소비가 다른 사람의 소비를 감소시키지 않음
- 비배제성: 대가를 지불하지 않아도 재화나 서비스를 소비할 수 있음
- 공공재는 사회적으로 필요하지만, 이윤을 얻을 수 없다는 이유로 기업에 의해 충분히 생산되지 않음 ➡ 정부에서 생산을 담당함

(3) 외부 효과: 어떤 경제 주체의 행동이 제3자에게 의도하지 않은 혜택이나 손해를 끼치는 데도, 이에 대해서 아무런 경제적 대가를 치르지 않는 상태

구분	긍정적 외부 효과 (외부 경제)	부정적 외부 효과 (외부 불경제)
의미	의도하지 않게 주변 사람들에게 이익을 주는 행위	의도하지 않게 주변 사람들에게 피해를 주는 행위
특징	사회적으로 최적의 양에 비해 '적게'(과소) 생산 또는 소비	사회적으로 최적의 양에 비해 '많이'(과대) 생산 또는 소비
사례	담장을 허물고 화단을 가꾸면 집주인뿐만 아니라 주민 모두가 좋은 상황	공장에서 배출한 폐수로 인하여 물이 오염되어 사람들이 피해를 보는 경우

❶ **독점**
하나의 기업이 생산 시장을 지배하는 것

▲ 소비자의 선택권이 없는 독점 시장

❷ **과점 시장**
두 개 이상의 소수 기업이 특정 상품을 공급하는 시장으로, 불공정 거래 행위가 발생할 가능성이 있음

❸ **담합**
소수의 기업들이 이윤을 올리기 위해 재화 또는 서비스의 가격이나 생산 수량, 거래 조건 등을 협의하는 행위

❹ **공공재**
국방, 치안, 공원, 가로등과 같이 다수의 사람이 공동으로 소비할 수 있는 재화나 서비스

❺ **무임승차의 문제**
아무런 대가를 지불하지 않고 공공재를 사용하려고 하여 발생하는 시장 실패

▲ 무임승차자

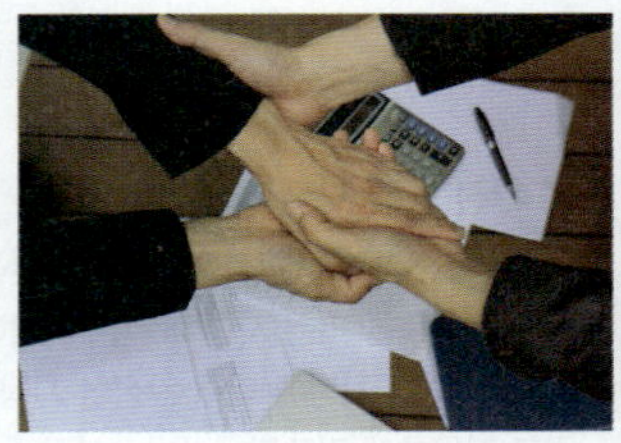
▲ 기업 간 담합
기업들은 담합을 통해 경쟁을 피하고 이윤을 독점한다.

▲ 공공재 부족
기업은 이윤이 크지 않은 가로등을 생산하지 않는다.

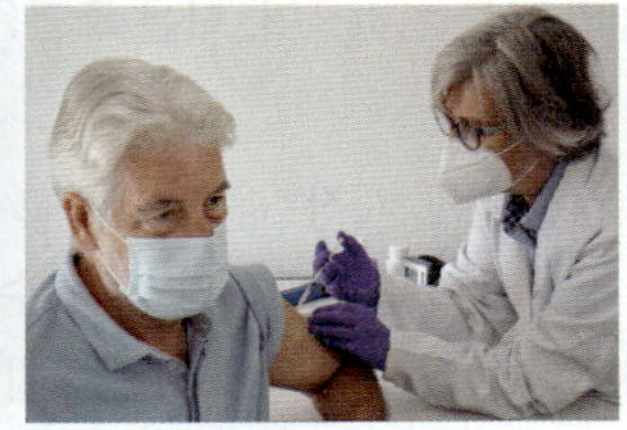
▲ 외부 경제(백신 접종)
백신 접종은 주변 사람들이 병에 걸릴 가능성을 줄인다.

▲ 외부 불경제(공사로 인한 먼지)
공사를 진행하면서 발생하는 먼지는 주변에 피해를 준다.

③ 지속가능발전을 위한 경제 주체의 역할

1. 지속가능발전: 현재 세대의 필요를 충족시키며 미래 세대가 자신들의 필요를 충족시킬 수 있는 능력을 저해하지 않는 발전

2. 지속가능발전을 위한 경제 주체의 바람직한 역할

(1) 정부: 경제 활동에 필요한 제도 확립, 시장에 문제 발생 시 개입

불공정 거래 행위 규제	• 법과 제도를 통해 독과점 기업 규제 • 담합과 같은 불공정한 행위 제한
공공재 생산	공공재의 생산과 공급 및 관리
외부 효과 개선	• 긍정적 외부 효과: 보조금 지급, 세금 감면 혜택 등 • 부정적 외부 효과: 과징금 및 세금 부과
소득 재분배	• 누진세❶를 통한 소득 재분배❷ 정책 시행 • 저소득층을 위한 복지 제도 강화

▲ 저소득층 복지 제도

❶ 누진세

누진세는 과세 대상 금액이 커질수록 적용되는 세율이 높아진다. 우리나라는 소득세에 누진세를 적용하여 소득이 많을수록 납부하는 세금은 급격히 증가하게 된다.

❷ 소득 재분배

국가는 세금, 사회 보장 제도 등을 통해 재산을 상대적으로 많이 가진 집단으로부터 적게 가진 집단으로 그 일부를 옮겨 소득 분배의 불평등을 줄이고자 한다.

✪ 불공정 거래 행위 규제

▲ 공정 거래 위원회

• 우리나라 정부는 「독점 규제 및 공정 거래에 관한 법률」을 통해 기업이 가격을 부당하게 올리거나 생산량을 임의로 조정해 경쟁 기업과 소비자에게 불이익을 주는 것을 막고 있다.

• **공정 거래 위원회**: 독점 및 불공정 거래에 관한 사안을 심의 · 의결하는 중앙 행정 기관이다. 상품 가격을 담합한 거대 기업들에게 과징금을 부과하고 시정 명령을 내리는 등 불공정 거래 행위를 엄중히 제재하고 있다.

(2) 기업: 노동, 토지, 자본 등 생산 요소를 공급받고 대가로 임금, 지대, 이자 제공

재화와 서비스 생산	• 이윤 창출을 목적으로 재화와 서비스 공급 • 소비자를 만족시키고 일자리를 창출함
기업가 정신❸	• 위험과 불확실성을 감내하고 새로운 재화와 서비스 생산 • 시장 경제가 역동적으로 작용하는 원천
사회적 책임	• 이윤의 추구 과정에서 기업 윤리와 사회적 책임 고려(ESG 경영)❹ • 생산 과정에서의 법규 준수, 노동자 및 소비자의 권리 존중

❸ 기업가 정신

위험을 감내하고 끊임없이 도전하고 혁신하는 자세이다.

❹ ESG 경영

기업은 단순히 이윤을 많이 남기는 것에 그치지 않고 지속가능발전을 위해 친환경(Environmental), 사회적 책임(Social), 건전한 지배 구조(Governance)를 고려하여 기업을 운영해야 한다.

(3) 노동자: 노동을 제공하고 임금을 받아 생활을 하며 생산 활동에 기여

근로권	• 자신의 권리를 명확히 인식하고 권리 보장을 요구 • 사용자와 소통하고 협력하며 상생 관계를 형성함
노동 3권	노동조합을 결성할 수 있는 단결권, 사용자와 교섭할 수 있는 단체 교섭권, 집단 행동을 할 수 있는 단체 행동권
최저 임금제	국가가 임금의 최저 수준을 정하고 최저 수준 이상의 임금을 지급하도록 강제하여 노동자를 보호함

(4) 소비자: 기업이 생산한 재화와 서비스를 소비하며 자신의 필요를 충족

소비자 주권	생산물의 종류와 수량을 결정하는 최종 권한은 소비자에게 있음
합리적 소비	가격과 효용을 비교하여 합리적으로 소비, 무분별한 과소비 지양
윤리적 소비❺	공익과 공동체를 고려하여 소비

❺ 윤리적 소비

친환경 상품, 공정 무역 상품, 장거리 운송을 거치지 않은 로컬 푸드 등을 소비하며 자신의 소비가 사회에 미치는 영향을 고려하는 것이 윤리적 소비이다.

⭐ 합리적 선택

간식으로 먹을 빵, 과자, 아이스크림 중 한 가지를 선택하기 위해 고민하는 경우, 각각의 편익과 비용을 통해 합리적인 선택을 해보자.

출제 O순위 포인트는?
- 합리적 선택을 하기 위해 고려할 점은 기회비용을 산출해 보는 것이다.
- 다른 대안을 선택함으로써 포기한 암묵적 비용도 잊지 말고 기회비용에 꼭 포함시켜야 한다.

▲ 빵

▲ 과자

▲ 아이스크림

구분		빵	과자	아이스크림
편익[만족감]		1,000원	1,500원	2,000원
기회비용	명시적 비용[가격]	900원	1,200원	1,400원
	암묵적 비용	600원	600원	300원

① 편익: 각각을 소비함에 따라 얻게 되는 이익인 만족감이다.

② 명시적 비용: 실제로 지불하는 비용인 간식의 가격이다.

③ 암묵적 비용: 포기하는 가치 중 가장 큰 값이다.
- 빵과 과자 모두 암묵적 비용은 600원(아이스크림 만족감 − 아이스크림 가격)이다.
- 아이스크림의 암묵적 비용은 300원(과자 만족감 − 과자 가격)이다.

④ 합리적 선택: 편익이 기회비용보다 높은 것을 선택 ➡ 아이스크림
- 빵: 편익 1,000원 < 명시적 비용 900원 + 암묵적 비용 600원
- 과자: 편익 1,500원 < 명시적 비용 1,200원 + 암묵적 비용 600원
- 아이스크림: 편익 2,000원 > 명시적 비용 1,400원 + 암묵적 비용 300원

➡ 기회비용보다 편익이 큰 경우는 아이스크림이 유일하다.
따라서 아이스크림을 선택하는 것이 합리적 선택이다.

⭐ 합리적 선택을 할 때 매몰 비용을 고려해서는 안 된다. 매몰 비용은 어떤 대안을 선택하든 돌려받을 수 없는 비용, 즉 돌이킬 수 없는 비용이므로 매몰 비용을 고려하는 것은 비합리적인 의사 결정이다.

확인 문제

▶ 정답과 해설은 다음 페이지에

다음 사례를 읽고 물음에 답하시오.

> 민수는 방학 동안 어떤 헬스장에 가야할지 고민하고 있다.
> 헬스장 A의 회원권 가격은 20만 원이고 만족감은 60만 원이다.
> 헬스장 B의 회원권 가격은 17만 원이고 만족감은 45만 원이다.
> 헬스장 C의 회원권 가격은 15만 원이고 만족감은 50만 원이다.

1
헬스장 A~C의 암묵적 비용, 기회비용을 각각 쓰시오.
- 암묵적 비용 − A: B: C:
- 기회비용 − A: B: C:

2
헬스장 A~C 중 합리적인 선택이 무엇인지 쓰시오.

1 합리적 선택의 의미와 한계

1. 다음 자료에 대한 설명으로 옳은 것은 ○, 틀린 것은 ×에 표시하시오.

> 갑: 요즘 삼촌 일을 도우면서 시간당 1만 원을 받고 아르바이트를 하고 있어.
> 을: 그럼 일요일은 시간 되니? 새로 나온 영화 예매를 할까 하고 있거든. 극장도 아르바이트하는 곳 근처로 잡아 볼게.
> 갑: 그래도 3시간 정도는 빠져야 할텐데…
> 을: 4D 상영관이라서 아주 재미있을 거야.
> 갑: 표 값은 얼마야?
> 을: 1인당 2만 원이야.

(1) 영화 관람의 명시적 비용은 2만 원이다. (○, ×)
(2) 영화 관람의 암묵적 비용은 3만 원이다. (○, ×)
(3) 영화 관람의 효용이 3만 원이라면 영화를 관람하는 것이 합리적 선택이다. (○, ×)
(4) 영화 관람이 합리적 선택이 되기 위해서는 영화 관람에 따른 편익(효용)이 5만 원보다 커야 한다.
(○, ×)

2. 다음 상황을 보고 빈칸에 들어갈 숫자 또는 제품의 이름을 쓰시오.

> 갑: 이번에 헤드폰을 새로 사려고 하는데 어떤 선택이 합리적일까?

헤드폰 A
• 가격: 8만 원
• 편익: 10만 원

헤드폰 B
• 가격: 11만 원
• 편익: 15만 원

(1) 헤드폰 A를 선택할 경우 암묵적 비용: (　　　)만 원
(2) 헤드폰 A를 선택할 경우 기회비용: (　　　)만 원
(3) 헤드폰 B를 선택할 경우 암묵적 비용: (　　　)만 원
(4) 헤드폰 B를 선택할 경우 기회비용: (　　　)만 원
(5) 갑이 할 수 있는 합리적 선택: (　　　　　)

p.80 확인 문제 [정답]

1 암묵적 비용 A: 35만 원, B: 40만 원, C: 40만 원
　 기회비용 A: 55만 원, B: 57만 원, C: 55만 원
2 A

2 시장의 한계

3. 표는 시장의 한계와 관련된 특징과 사례를 나타낸 것이다. 옳은 것은 ○, 틀린 것은 ×에 표시하시오.

구분	(가)	외부 경제	(나)
특징	비배제성, 비경합성	(다)	(라)
사례	(마)	(바)	공장의 매연

(1) (가)는 담합이다. (○, ×)
(2) (가)는 공공재이다. (○, ×)
(3) (나)는 외부 불경제이다. (○, ×)
(4) (나)는 소득 불평등이다. (○, ×)
(5) (다)에는 최적 수준보다 과소 생산된다는 표현이 적절하다. (○, ×)
(6) (라)에는 최적 수준보다 과잉 생산된다는 표현이 적절하다. (○, ×)
(7) (마)에는 길거리의 가로등이 적절하다. (○, ×)
(8) (바)에는 공공장소에서의 흡연이 적절하다. (○, ×)

3 지속가능발전을 위한 경제 주체의 역할

4. 다음은 시장 경제 참여자의 바람직한 역할에 대한 자료이다. 이에 대한 설명으로 옳은 것은 ○, 틀린 것은 ×에 표시하시오.

구분	정부	기업가	노동자	소비자
역할	(가)	(나)	(다)	(라)

(1) 경제적 불평등 해소를 위한 소득 재분배 정책 실시는 (가)에 적절하다. (○, ×)
(2) 위험을 감내하고 새로운 재화와 서비스를 생산하는 것은 (가)에 적절하다. (○, ×)
(3) 가로등, 공원 등 공공재 생산은 (나)에 적절하다.
(○, ×)
(4) 생산 과정에서의 법규 준수 및 노동자와 소비자의 권리 존중은 (나)에 적절하다. (○, ×)
(5) 혁신을 통해 새로운 재화와 서비스의 개발은 (다)에 적절하다. (○, ×)
(6) 합리적이고 윤리적인 소비를 통해 효율성과 더불어 공공의 이익 추구는 (라)에 적절하다. (○, ×)

1 합리적 선택의 의미와 한계

01 ✽✽✽

다음 상황에 대한 옳은 설명만을 〈보기〉에서 고른 것은?

> 식당을 운영하고 있는 갑은 잠시 가게 문을 닫고 여행을 떠나기 위해 준비를 하고 있다. 7일 간의 여행 경비는 200만 원으로 갑은 여행 경비에 대해서는 만족하고 있다. 그런데 하루 식당의 수입이 50만 원인 점 때문에 고민이다.

—————[보기]—————

ㄱ. 여행에 대한 기회비용은 250만 원이다.
ㄴ. 여행에 대한 암묵적 비용은 50만 원이다.
ㄷ. 여행에 대한 명시적 비용은 200만 원이다.
ㄹ. 여행의 편익이 550만 원보다 크다면 여행을 떠나는 것이 합리적이다.

① ㄱ, ㄴ　② ㄱ, ㄷ　③ ㄴ, ㄷ　④ ㄴ, ㄹ　⑤ ㄷ, ㄹ

02 ✽✽✽ 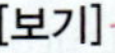 중요

다음 대화에서 ㉠~㉣에 대한 설명으로 적절하지 <u>않은</u> 것은?

> 갑: 와! 너도 오늘 이 ㉠공연 관람하러 온 거니?
> 을: 아니야. 난 다음 주에 있을 공연을 현장 예매하려고 ㉡아르바이트 수입도 포기하고 1시간이나 걸려서 왔어.
> 갑: 그래? 그럼 인터넷으로 예매하지 그랬어. ㉢할인 혜택도 있는데…….
> 을: 정말? 미리 알았더라면 그랬을 걸. 하지만 ㉣여기까지 온 시간과 노력이 아까워서라도 여기서 예매할래.

① ㉠으로 인한 즐거움은 편익에 해당한다.
② ㉡은 을의 공연 관람을 위한 기회비용 중 암묵적 비용에 해당된다.
③ 을이 인터넷 예매를 한다면 ㉢으로 을의 편익에서 기회비용을 뺀 값은 증가할 것이다.
④ ㉣은 을의 매몰 비용이므로 합리적 선택을 위해 고려해서는 안 된다.
⑤ ㉢과 ㉣ 모두 합리적 선택에 영향을 주지 않는다.

03 ✽✽✽ 　　2022 실시 9월 학평 20

자료에 대한 옳은 설명만을 〈보기〉에서 고른 것은? [3점]

> 갑은 한정된 용돈으로 ㉠뮤지컬 관람과 ㉡연극 관람 중 하나를 합리적으로 선택한다. 표는 갑의 각 선택에 따른 편익과 관람료를 화폐 단위로 나타낸 것이다. 단, 제시된 자료 외에 다른 조건은 고려하지 않는다.

선택	편익(원)	관람료(원)
뮤지컬 관람	8만	3만
연극 관람	4만	2만

—————[보기]—————

ㄱ. ㉠은 ㉡보다 명시적 비용이 크다.
ㄴ. ㉠은 ㉡보다 암묵적 비용이 크다.
ㄷ. ㉠을 선택하는 것이 합리적이다.
ㄹ. ㉠, ㉡의 편익이 50%씩 감소하면 갑의 선택은 달라진다.

① ㄱ, ㄴ　② ㄱ, ㄷ　③ ㄴ, ㄷ　④ ㄴ, ㄹ　⑤ ㄷ, ㄹ

[04~05] 갑은 A~C 중 한 가지 제품을 구입하고자 한다. 표는 A~C 재화의 가격 및 갑이 느끼는 편익을 나타낸 것이다. 이를 보고 물음에 답하시오. (출제 0순위 특강)

구분	A	B	C
가격	1,000원	1,500원	2,000원
편익	1,200원	1,800원	2,500원
이익	200원	300원	500원

04 ✽✽✽

위 상황에 대한 옳은 설명은?

① A의 암묵적 비용은 1,000원이다.
② B의 기회비용은 1,500원이다.
③ C의 명시적 비용은 2,300원이다.
④ 암묵적 비용은 A와 B가 같다.
⑤ A와 B의 명시적 비용의 합은 C의 명시적 비용보다 작다.

05 ✽✽✽ (서술형)

A~C 중 가장 합리적인 선택이 무엇인지 쓰고, 그 이유를 '편익', '기회비용'이라는 말을 포함하여 서술하시오.

____

____

____

06 ✱✱✿

밑줄 친 ㉠~㉣에 대한 옳은 분석만을 〈보기〉에서 고른 것은?
(단, 수강료는 환불되지 않으며, 다른 조건은 고려하지 않음.) [3점]

> 갑은 한정판 '아이돌 포토 카드' 판매 시간과 요가
> 수업 시간이 겹치자 둘 중 무엇을 선택할 것인지
> 고민하였다. '아이돌 포토 카드'는 재판매 시장에서
> ㉠기존 가격보다 5배 이상 비싼 가격에 판매될 정도로
> 인기가 높다. 결국 갑은 ㉡월 20만 원의 수강료를
> 지불한 요가 수업 대신 ㉢3만 원을 주고 ㉣'아이돌
> 포토 카드'를 구매하는 합리적 선택을 하였다.

[보기]
> ㄱ. ㉠은 '아이돌 포토 카드'의 희소성 때문에 발생한다.
> ㄴ. ㉡은 ㉣의 기회비용에 포함된다.
> ㄷ. ㉢은 ㉣의 명시적 비용이다.
> ㄹ. 갑은 ㉣의 편익이 기회비용보다 작다고 판단했다.

① ㄱ, ㄴ ② ㄱ, ㄷ ③ ㄴ, ㄷ ④ ㄴ, ㄹ ⑤ ㄷ, ㄹ

[07~08] 다음 상황을 읽고 물음에 답하시오.

> 현재 ○○기업에 연봉 5천만 원을 받으며 다니고
> 있는 갑은 창업과 이직에 대해서 고민 중이다. 창업과
> 이직에 따른 수입 및 경비는 다음과 같다.

창업	년 매출 8,000만 원, 년 비용 2,000만 원
이직	연봉 5,500만 원, 별도의 비용 발생하지 않음

07 ✱✱✿

갑의 상황에 대한 옳은 설명만을 〈보기〉에서 있는 대로 고른
것은?

[보기]
> ㄱ. 이직할 경우 명시적 비용은 2,000만 원이다.
> ㄴ. 창업할 경우 암묵적 비용은 5,500만 원이다.
> ㄷ. 창업 시 년 비용 2,000만 원은 매몰 비용에 해당한다.

① ㄱ ② ㄴ ③ ㄱ, ㄴ ④ ㄴ, ㄷ ⑤ ㄱ, ㄴ, ㄷ

08 ✱✱✱

갑이 합리적인 선택을 했을 때 얻는 이익을 화폐 단위로 환산한
금액으로 옳은 것은? (단, 제시된 비용 이외의 비용은 고려하지
않는다.)

① 100만 원 ② 250만 원 ③ 500만 원
④ 1,000만 원 ⑤ 1,500만 원

2 시장의 한계

09 ✱✱✱

밑줄 친 시장 실패에 대한 설명으로 옳은 것은?

> 국가는 '독점 규제 및 공정 거래에 관한 법률'을
> 제정하고 '공정 거래 위원회'를 설치하여 시장 실패를
> 예방하고자 한다.

① 공공재가 충분히 생산되지 않는 현상이다.
② 일자리 부족으로 실업이 증가하는 현상이다.
③ 독점 및 담합으로 경쟁이 제한되는 현상이다.
④ 경제 주체 간 소득 격차가 확대되는 현상이다.
⑤ 외부 효과로 사회적 피해가 발생하는 현상이다.

[10~11] 다음 글을 읽고 물음에 답하시오.

> 해안에 등대를 설치하면 오가는
> 모든 배들이 항로를 파악하는 데
> 도움을 얻는다. 그런데 일단
> 등대가 설치되면 대가를 지불하지
> 않아도 혜택을 얻을 수 있기 때문에
> 누군가가 먼저 설치해 주기만을 기다리게 된다.

10 ✱✿✿

윗글에 나타난 현상에 대한 설명으로 옳은 것은?

① 소비에 있어 경합성이 발생하는 문제이다.
② 무임승차를 배제할 수 없다는 점에서 비롯된다.
③ 정부의 시장 개입 축소를 주장하는 근거가 된다.
④ 생산 측면에서 외부 불경제를 보여 주는 사례이다.
⑤ 선착순 자원 배분을 통해 해결할 수 있는 문제이다.

11 ✱✱✿ [서술형]

다음에 제시된 사례들과 윗글의 등대의 공통점 두 가지를
〈조건〉에 맞게 서술하시오.

> 마을의 놀이터, 도심 내 작은 공원, 길거리의 가로등

[조건]
> • '대가'라는 말을 포함하여 서술할 것
> • 생산을 담당하는 주체에 대해 언급할 것

____

____

12 ✿✿✾

시장 실패의 사례 (가), (나)에 대한 옳은 설명만을 〈보기〉에서 고른 것은? [3점]

> (가) 국내 ○○ 제품 시장에서 점유율이 높은 4개 기업이 담합을 통해 제품 가격을 공동으로 인상하였다. 이에 공정거래위원회는 해당 기업들에게 시정 명령을 내리고 과징금을 부과하기로 결정하였다.
> (나) ◇◇ 공장이 주변 하천에 폐수를 몰래 방출하여 많은 물고기가 폐사하였다. 이 하천은 농업용수로 이용될 뿐 아니라, 인근 해안가와 연결되어 있어 생태계의 피해가 더욱 심각해질 것으로 예상된다.

[보기]
ㄱ. (가)는 전체 공급자 간에 공정한 경쟁이 이루어지고 있다.
ㄴ. (나)는 시장에 대한 정부 개입의 근거가 된다.
ㄷ. (나)는 (가)와 달리 긍정적 외부 효과가 발생한 사례이다.
ㄹ. (가), (나)는 모두 자원의 효율적인 배분이 저해되고 있다.

① ㄱ, ㄴ ② ㄱ, ㄷ ③ ㄴ, ㄷ ④ ㄴ, ㄹ ⑤ ㄷ, ㄹ

[13~14] 다음 글을 읽고 물음에 답하시오.

> ○○기업은 제품 생산 과정에서 대기 오염을 일으키는 물질을 배출하였다. 공장 주변의 공기의 질이 나빠지고 호흡기 질환을 호소하는 사람들이 증가하게 되었다.

13 ✿✿✾

위 사례에 대한 설명으로 옳은 것은?

① 외부 경제에 해당한다.
② 보조금 지급의 방법으로 해결 가능하다.
③ 사회 최적 수준보다 과다 생산되고 있다.
④ 필요량보다 과소 생산된다는 점에서 시장 실패이다.
⑤ ○○기업은 제3자에게 의도치 않은 혜택을 주고 있다.

14 ✿✿✾

위 사례와 같은 유형의 시장 실패만을 〈보기〉에서 고른 것은?

[보기]
ㄱ. 아래층에서 올라온 담배 연기로 인해 피해를 입었다.
ㄴ. 밤마다 옆집 강아지가 짖어 공부에 집중할 수 없다.
ㄷ. 치킨 가게들이 담합을 통해 가격을 부당하게 올렸다.
ㄹ. 과수원 주변에서 양봉업을 하여 더 많은 꿀을 얻었다.

① ㄱ, ㄴ ② ㄱ, ㄷ ③ ㄴ, ㄷ ④ ㄴ, ㄹ ⑤ ㄷ, ㄹ

---

③ 지속가능발전을 위한 경제 주체의 역할

15 ✿✿✿✾ 중요

(가), (나)에서 공통으로 도출할 수 있는 기업의 역할로 가장 적절한 것은?

> (가) A기업은 글로벌 탄소 감축 기여도를 높이기 위해 넷제로*와 RE100** 실현 의지를 담은 보고서를 발간했다. A기업은 해당 보고서를 통해 2030년 넷제로와 RE100을 모든 계열사에서 동시에 달성하겠다는 의지를 밝히고, 온실가스 감축 목표 달성을 위한 중장기 전략도 공개했다.
> (나) B기업은 해양 폐기물을 자사 제품의 부품 소재로 재활용하고 있다. 더 나아가 모든 신제품에 재활용 소재 적용, 제품 패키지에서 플라스틱 소재 제거, 매립 폐기물 제로화 등의 비전을 실천 중이다.
> *넷제로(netzero): 6대 온실가스의 순 배출량을 0(zero)으로 만드는 것
> **RE100: 기업의 소비 전력 100%를 재생 에너지로 충당하겠다는 글로벌 캠페인

① 회계를 투명하게 운영해야 한다.
② 노동자의 근로 조건을 개선해야 한다.
③ 소비자의 경제적 이익을 보호해야 한다.
④ 공정한 경쟁을 통해 이윤을 추구해야 한다.
⑤ 친환경적인 생산을 통해 환경 보호에 기여해야 한다.

[16~17] 다음 글을 읽고 물음에 답하시오.

> • A는 생산 활동을 통해 이윤 극대화라는 목적을 추구한다.
> • B는 노동을 제공한 대가로 임금을 받아 경제생활을 한다.
> • C는 수요를 형성하여 시장의 가격 결정에 영향을 끼친다.

16 ✿✿✿✾

시장 참여자 A~C에 대한 설명으로 옳지 <u>않은</u> 것은?

① A는 재화와 서비스를 공급한다.
② B는 A에게 노동을 공급한다.
③ C는 재화와 서비스를 소비한다.
④ A는 B보다 상대적으로 약자의 위치에 있는 경우가 많다.
⑤ C의 행위는 사회적 차원에서 A의 생산 활동의 원동력이 된다.

17 ✿✿✿✾ 서술형

대한민국 헌법은 B의 인간다운 생활을 보장하기 위한 세 가지 기본 권리를 명시하고 있다. 세 가지 권리의 명칭과 각각의 내용에 대해 서술하시오.

____

____

18 ★★★ 중요

다음 자료에 대한 옳은 분석만을 〈보기〉에서 고른 것은?
(단, 제시된 내용 외에 다른 요인은 고려하지 않는다.) [3점]

갑은 환경을 보호하기 위한 실천 방법으로 전기 자전거를 구매하여 이동 수단으로 사용하고자 한다. 갑은 전기 자전거 A~C 중 하나를 선택하여 구매하려고 하며, 표는 화폐 단위로 표시한 A~C 각각의 편익과 가격을 나타낸다.

(단위: 만 원)

구분	A	B	C
편익	80	100	120
가격	60	70	110

[보기]

ㄱ. B를 선택하는 것이 합리적이다.
ㄴ. B를 선택할 경우의 명시적 비용은 100만 원이다.
ㄷ. C를 선택할 경우의 암묵적 비용은 30만 원이다.
ㄹ. A를 선택할 경우의 기회비용은 C를 선택할 경우보다 크다.

① ㄱ, ㄴ ② ㄱ, ㄷ ③ ㄴ, ㄷ ④ ㄴ, ㄹ ⑤ ㄷ, ㄹ

19 ★★★

밑줄 친 '독감 백신 접종'의 사례에서 나타나는 시장의 한계에 대한 설명으로 옳은 것은? [3점]

독감 백신 접종은 독감에 걸릴 확률을 현저히 줄이거나 걸리더라도 큰 증상 없이 지나가게 해 준다. 사람들은 이러한 효과를 고려하여 대가를 지불하고 독감 백신을 접종한다. 그런데 어떤 사람이 독감 백신을 접종하면 주변의 백신 미접종자는 독감에 걸릴 확률이 낮아지는 효과를 얻는다. 그럼에도 불구하고 백신 접종자는 백신 미접종자에게 어떠한 대가도 받지 않는다.

① 독점 시장에서 거래된다.
② 시장의 공정한 경쟁을 저해한다.
③ 사회적으로 필요로 하는 양보다 적게 소비된다.
④ 대가를 지불하지 않더라도 누구나 소비할 수 있다.
⑤ 한 사람의 소비가 다른 사람이 소비할 수 있는 양을 감소시키지 않는다.

20 ★★★

다음 자료에 대한 분석 및 추론으로 옳은 것은? [2.5점]

갑은 편익과 비용만을 고려하여 A 상품 구입 여부를 결정한다. A 상품을 구입하기 위해 갑은 대중교통을 이용해 이동해야 하며, A 상품을 구매하는 데 소요되는 시간 동안에는 아르바이트를 할 수 없어 임금을 받지 못한다. 표는 갑의 A 상품 구입에 영향을 미치는 모든 요인을 금액으로 나타낸 것이다.

요인	금액
A 상품 구입에 따른 편익	(가)
A 상품의 가격	3만 원
대중교통 이용료	1만 원
지급받지 못하는 임금	2만 원

갑이 구입하고자 하는 A 상품은 소비자들이 소비할 때마다 다른 사람에게 일정액의 피해를 발생시키는 상품이다. 그런데 ⊙ 해당 피해액은 소비자들의 A 상품 구입에 따른 편익과 비용에 영향을 미치지 않는다. 이로 인해 ⓒ A 상품은 사회적으로 적정한 수준보다 과다 거래된다.

① 갑의 A 상품 구입에 따른 명시적 비용과 암묵적 비용은 같다.
② (가)가 '5만 원'이면, 갑은 A 상품을 구입한다.
③ 갑이 A 상품을 구입할 때 ⊙은 매몰 비용이다.
④ ⓒ은 개별 소비자들의 A 상품에 대한 윤리적 소비로 인해 발생한 현상이다.
⑤ ⓒ을 해결하기 위한 정부의 대책으로 A 상품 소비자에 대한 세금 부과를 들 수 있다.

21 ★★★

경제 주체 A~C에 대한 옳은 설명만을 〈보기〉에서 고른 것은?
(단, A~C는 각각 가계, 기업, 정부 중 하나이다.) [3점]

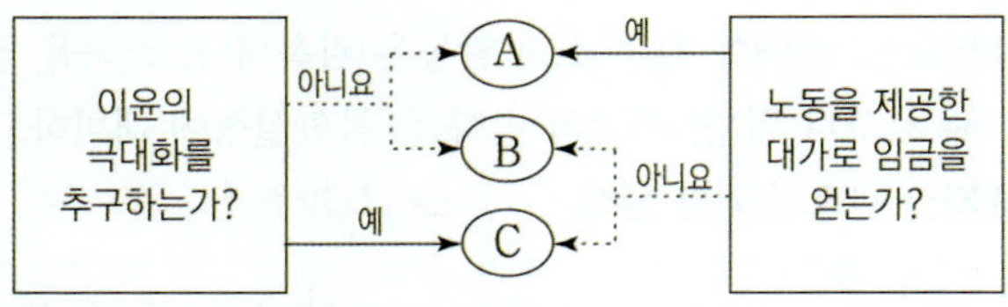

[보기]

ㄱ. A는 소비를 통해 효용을 얻고자 한다.
ㄴ. B는 공공 서비스를 제공한다.
ㄷ. C는 생산 요소의 공급자이다.
ㄹ. A와 B는 C에게 조세를 납부한다.

① ㄱ, ㄴ ② ㄱ, ㄷ ③ ㄴ, ㄷ ④ ㄴ, ㄹ ⑤ ㄷ, ㄹ

08 자산 관리와 금융 생활 중요도 ★★

① 자산 관리와 금융 자산

1. 자산
(1) 개인이나 단체가 소유한 금전적 가치가 있는 유·무형의 재산
(2) 금융 자산(현금, 예금, 주식, 채권 등), 실물 자산(토지, 건물, 자동차 등)

2. 금융 자산의 종류 　출제 〇순위 특강 p.88

예금	• **의미**: 금융 회사에 돈을 맡기고 약속된 이자를 받는 금융 상품 • **종류❶**: 이자 수익을 목적으로 하는 저축성 예금, 입출금이 자유로운 요구불 예금 • **특징**: 수익성이 낮으나, 안전성이 높음(예금자 보호 제도)❷ • **수익 구조**: 일정한 계약에 따라 돈을 맡기고 받는 예금 이자
주식	• **의미**: 주식회사가 자금을 마련하기 위해 투자자로부터 돈을 받고 발행하는 증서 • **특징**: 수익성이 높으나 안전성이 낮음　주식을 보유한 사람을 주주라 하며, 보유 주식 비율이 높을 경우 회사의 경영에 참여할 수 있음 • **수익 구조**: 주식 매매에 따른 시세 차익❸ 및 배당❹
채권❺	• **의미**: 정부, 공공 기관, 기업 등이 미래의 정해진 시점에 일정한 이자와 원금을 지급할 것을 약속하고 돈을 빌린 뒤 발행하는 증서 • **특징**: 만기 시에 이자와 원금을 돌려받음, 주식보다 안전성이 높음, 예금보다 수익성이 높음 • **수익 구조**: 채권 매매에 따른 시세 차익 및 이자
펀드	• **의미**: 투자자들에게서 모은 자금을 전문적인 운용 기관이 주식이나 채권 등에 투자하여 그 수익을 투자자들에게 돌려주는 간접 투자 상품 • **특징**: 전문가에 의해 투자가 이루어져 전문성을 살릴 수 있음, 적은 돈으로 다양한 상품에 투자할 수 있음, 별도의 수수료를 납부해야 함, 원금 손실이 발생할 수 있음
보험	• **의미**: 사고, 질병, 사망 등 미래의 위험에 대비하기 위해 정기적으로 보험료를 납부하고 사고가 나면 약속한 보험금을 받는 제도 • **종류**: 운영 주체에 따라 사회 보험과 민영 보험으로 구분됨 • **특징**: 일반적으로 수익은 거의 없지만, 위험이 발생했을 때 큰 지출을 막아줌
연금	• **의미**: 노후 생활의 안정을 위해 경제활동을 하는 동안 일정 금액을 적립하고 은퇴 이후 일정 금액을 지급받는 상품 • **종류**: 국가가 운용하는 국민연금, 기업이 보장하는 퇴직 연금, 개인이 가입하는 개인연금 등

3. 자산 관리
(1) **의미**: 저축이나 투자 등을 통해 개인의 자산을 관리하는 것
(2) **필요성**: 생애에 걸쳐 소비 활동은 지속되나, 소득을 얻을 수 있는 시기는 한정됨
　➡ 사고나 질병, 사회의 변화 등 불확실성에 대비하고 안정적인 경제생활을 해야 함
(3) **자산 관리의 기본 원칙**　출제 〇순위 특강 p.88

안전성	• **의미**: 투자한 자산의 가치가 안전하게 보호되는 정도 • **특징**: 안전성이 높을수록 수익성이 낮음　일반적으로 원금의 손실을 가져오지 않는 정도를 의미함
수익성	• **의미**: 투자를 통해 수익을 기대하는 정도 • **특징**: 수익성이 높을수록 안전성이 낮음　예금의 경우 이자, 주식의 경우 시세 차익 및 배당, 채권의 경우 이자 및 시세 차익이 수익에 해당함
유동성	• **의미**: 자산을 현금으로 전환할 수 있는 정도 • **특징**: 유동성이 낮을 경우 현금 전환에 시간이 소요됨

---

❶ 예금의 종류

저축성 예금	• 돈을 한 번에 맡기거나(정기 예금) 적립식으로 입금하고(정기 적금) 만기 시 찾음 • 요구불 예금보다 높은 이자 수익
요구불 예금	• 돈을 맡기는 기간과 금액에 제한이 없고 입출금이 자유로움 • 이자율이 낮지만 맡긴 돈을 언제든지 찾아 쓸 수 있음

❷ 예금자 보호 제도

금융 기관이 영업정지나 파산 등으로 예금을 지급할 수 없는 경우 예금 보험 공사에서 대신 원금과 이자를 합해 예금자 보호 한도 내 금액까지 돌려주는 제도이다.

❸ 시세 차익

자산의 가격이 낮을 때 산 자산을 자산의 가격이 오른 시점에 팔아서 얻는 이익이다.

❹ 배당

주식회사는 주식을 발행하여 자금을 마련하며, 주식을 가진 사람들은 주식을 가진 비율만큼 회사의 주인이 된다. 이에 따라 회사의 수익이 발생할 경우 주식을 가진 사람들에게 수익의 일정 부분을 나눠 주는데 이를 배당이라 한다.

❺ 채권

채권은 발행 주체에 따라 국채(정부), 공채(공공기관), 회사채(기업)로 구분된다. 회사에서는 주식과 채권을 모두 발행하는데, 주식에 투자한 자금은 회사의 자본금이, 채권에 투자한 자금은 회사의 부채(빚)가 된다.

2 생애 주기별 금융 생활 설계

1. 생애 주기: 시간의 흐름에 따른 인간 삶의 변화를 나타낸 것
(1) **구분**: 유아기 ➡ 아동기 ➡ 청년기 ➡ 장년기 ➡ 노년기
(2) **발달 과업**: 생애 주기에 따라 단계별로 요구되는 일정 수준의 과업

2. 금융 생활 설계: 생애 주기를 고려하여 재무 목표 수립 및 자금 준비 계획 마련
(1) **금융 생활 설계의 과정**

재무 목표 설정	자신의 가치관과 재무 상태 등을 고려해 장단기 재무 목표를 설정함
재무 상태 분석	자신의 재무 상태 및 이용 가능한 자산을 파악함
재무 설계안 작성	재무 목표의 우선순위와 시간 계획 등을 설정하여 포트폴리오를 구성함
재무 행동 계획 실행	재무 목표 달성을 위해 계획을 실행함
재무 실행 평가와 수정	목표 달성 정도를 점검하고 필요시 문제점을 파악하고 수정함

(2) **생애 주기별 소득과 지출**❶
　① 청년기: 취업으로 수입이 발생하는 시기
　② 장년기: 지출이 증가하나 수입의 증가폭이 큰 시기, 저축 가능
　　　자녀의 교육, 주택 마련 등으로 지출 규모가 가장 많은 시기
　③ 노년기: 수입보다 지출이 큰 시기

〈생애 주기별 1인당 소비 및 소득의 관계〉

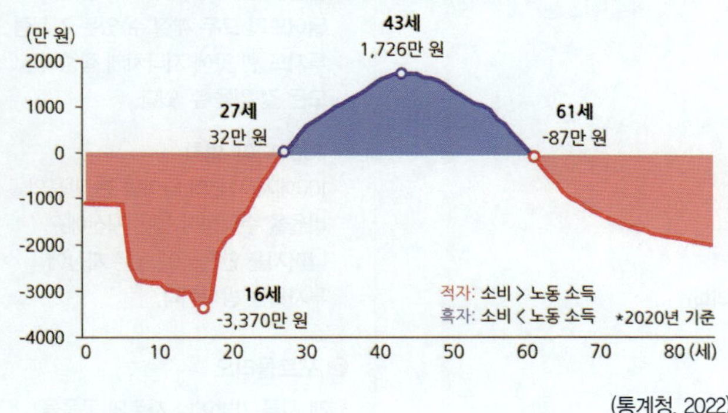

(통계청, 2022)

• 소득이 소비보다 많은 중장년기의 경우 저축이 가능하다.
• 노년기에는 소득보다 소비가 많아 마이너스 저축이 발생한다.

❶ 연령대별 평균 월 소득

연령대	평균 월 소득
19세 이하	89만 원
20대	240만 원
30대	361만 원
40대	414만 원
50대	388만 원
60세 이상	225만 원

(통계청, 2021)

• 생애에 걸쳐 소비는 지속적으로 나타나지만, 생애 주기에 따라 그 규모가 다르게 나타난다.
• 따라서 노년기에 안정적으로 생활하기 위해서는 수입과 지출이 변화하는 큰 흐름을 이해하고 이에 대비해 금융 생활을 설계해야 한다.

3. 금융 의사 결정: 경제적·정치적 환경과 같은 변화의 영향 고려
(1) **경제적 환경의 변화**

금리	• **상승**: 예금 금리와 대출 금리 상승 ➡ 소비와 대출 줄이고 예금 늘림 • **하락**: 대출을 받아 주식 등 수익성이 높은 금융 자산에 투자
물가	• **상승**: 실물 자산에 대한 투자 증가 • **하락**: 현금 보유 비중을 늘리고 예금처럼 유동성 높은 자산 선호
환율❷	• **상승**: 외국 주식에 투자하거나 외국 화폐 보유 • **하락**: 해외여행, 외국의 재화 구매

(2) **정치적 환경의 변화**: 정부 정책, 국제 관계의 변화, 전쟁, 테러로 국제 유가가 상승하면 물가가 상승함
(3) **그 밖의 상황**: 팬데믹으로 인한 봉쇄 조치로 인해 소비와 투자가 위축됨

❷ 환율
한 나라의 화폐와 다른 나라의 화폐의 교환 비율이다.
달러 환율이 오르면 1달러를 얻기 위해 원화가 더 많이 필요해지므로 원화의 가치는 하락한다.

★ 3대 금융 자산과 금융 자산 관리 원칙

1. 3대 금융 자산

효과적으로 자산을 관리하기 위해서는 다양한 금융 자산들의 종류와 특징을 파악해야 한다.

구분	예금	채권	주식
안전성	높음	중간	낮음
수익성	낮음	중간	높음
유동성	높음	예금보다 낮음	예금보다 낮음
이자	O	O	X
시세 차익	X	O	O
배당 수익	X	X	O
만기	• 저축성 예금 O • 요구불 예금 X	O	X
예금자 보호 제도	O	X	X

2. 금융 자산 관리 원칙

특정 자산으로부터 수익성과 안전성을 동시에 기대하기는 어렵다. 따라서 자신의 투자 성향, 투자 목적 등을 고려하여 자산 관리 원칙❶을 수립해야 한다.

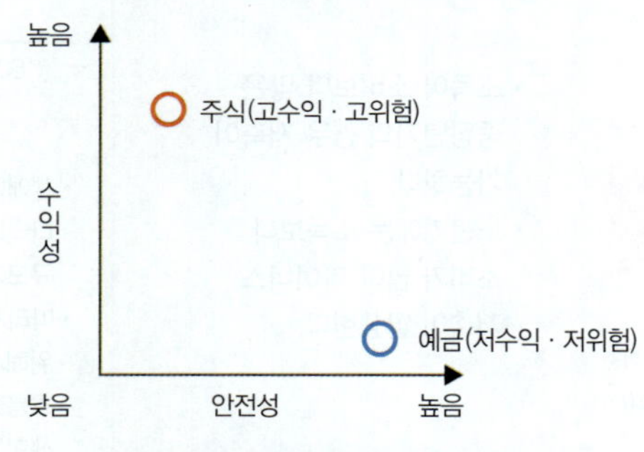

▲ 수익성과 안전성의 상충 관계

• 투자할 때 수익성이 낮은 상품은 위험성이 낮아 안전성은 높고, 수익성이 높은 상품은 위험성이 높아 안전성은 낮다.

• 조건이 맞는 금융 자산을 찾더라도 한 가지에만 투자하는 것은 위험하므로, 여러 자산을 골고루 보유하여 안전성과 수익성을 높이는 포트폴리오❷를 구성해야 한다.

---

❶ 금융 자산 관리 원칙

• 달걀을 한 바구니에 담지 마라
달걀을 한 바구니에 모두 담았다가 떨어뜨려 모두 깨질 수 있는 것처럼 투자도 한 곳에 지나치게 집중하면 모든 걸 잃을 수 있다.

• '100−나이' 법칙
100에서 자신의 나이를 뺀 만큼의 비율을 수익성이 높은 자산에, 나머지를 안전성이 높은 자산에 투자하는 방식이다.

❷ 포트폴리오
원래 서류 가방이나 자료의 묶음을 뜻하는 말이나 금융에서는 금융 자산의 목록을 뜻하는 말로 사용된다. 투자의 위험을 줄이기 위해 다양한 투자 대상에 분산하여 투자한다는 의미를 지닌다.

확인 문제

▶ 정답과 해설은 다음 페이지에

다음 글을 읽고 A, B, C가 각각 어떤 금융 자산인지 쓰시오. (단, A~C는 각각 주식, 채권, 예금 중 하나임.)

> • A는 B와 달리 이자 수익을 기대할 수 있습니다.
> • C는 A보다 수익성은 낮지만 안전성은 높습니다.

• A:
• B:
• C:

1 자산 관리와 금융 자산

1. 다음에서 설명하는 자산 관리의 기본 원칙을 〈보기〉에서 골라 기호로 쓰시오.

[보기]
ㄱ. 안전성   ㄴ. 유동성   ㄷ. 수익성

(1) 금융 상품의 가격 상승이나 이자 수익을 기대할 수 있는 정도 (   )
(2) 보유하고 있는 자산을 현금으로 쉽게 전환할 수 있는 정도 (   )
(3) 투자한 자산의 가치가 안전하게 보호되는 정도 (   )

2. 금융 자산의 특징에 대한 설명으로 옳은 것은 ○, 틀린 것은 ×에 표시하시오.

(1) 예금은 일정 금액까지 원금이 보장된다. (○, ×)
(2) 채권과 주식 모두 기업만 발행할 수 있다. (○, ×)
(3) 안전성은 주식보다 예금이 더 높다. (○, ×)
(4) 수익성은 예금보다 주식이 더 높다. (○, ×)
(5) 채권과 주식 모두 시세 차익을 기대할 수 있다. (○, ×)
(6) 주식은 채권과 달리 배당 수익을 기대할 수 있다. (○, ×)

3. 다음은 금융 자산을 구분한 것이다. 각 금융 자산에 대한 설명으로 옳은 것은 ○, 틀린 것은 ×에 표시하시오.

	정기 예금	주식	채권
일반적으로 만기가 있습니까?	(1) (○, ×)	(2) (○, ×)	(3) (○, ×)
시세 차익을 얻을 수 있습니까?	(4) (○, ×)	(5) (○, ×)	(6) (○, ×)
배당 수익을 기대할 수 있습니까?	(7) (○, ×)	(8) (○, ×)	(9) (○, ×)

2 생애 주기별 금융 생활 설계

4. 생애 주기에 따른 주요 과업을 옳게 연결하시오.

(1) 아동기 •   • ㄱ. 안정된 노후 생활
(2) 청년기 •   • ㄴ. 학업, 진로 탐색
(3) 장년기 •   • ㄷ. 가족 부양, 주택 마련
(4) 노년기 •   • ㄹ. 취업 및 결혼 준비

5. 생애 주기별 금융 생활 설계에 대한 설명으로 옳은 것은 ○, 틀린 것은 ×에 표시하시오.

(1) 청년기는 취업으로 수입이 발생하는 시기이다. (○, ×)
(2) 저축 규모는 장년기에 크게 증가한다. (○, ×)
(3) 장년기는 일반적으로 소득이 가장 적은 시기이다. (○, ×)
(4) 노년기는 주택 마련으로 지출 규모가 가장 많은 시기이다. (○, ×)
(5) 장년기는 노년기와 달리 마이너스 저축이 발생하는 시기이다. (○, ×)
(6) 노년기까지 소득 규모는 지속적으로 증가한다. (○, ×)
(7) 수입보다 지출이 큰 시기에 저축을 해야 한다. (○, ×)
(8) 소비 수준은 수입이 지출을 초과하는 시기의 수입과 자산을 기준으로 정해야 한다. (○, ×)
(9) 장기적인 시각에서 수입과 지출 변화를 예측해 계획적으로 경제생활을 해야 한다. (○, ×)
(10) 생애에 걸쳐 소비는 지속적으로 나타나지만, 소득은 생애 주기에 따라 규모가 달라진다. (○, ×)

p.88 확인 문제 [정답]

A: 채권, B: 주식, C: 예금

1 자산 관리와 금융 자산

01 ✿✿✿

갑, 을에 대한 옳은 설명만을 〈보기〉에서 고른 것은?

> 갑: 저는 무엇보다 원금의 손실 가능성을 배제하고 싶습니다.
> 을: 어떤 위험을 감내하더라도 저는 투자를 통해서 수익을 올리고 싶습니다.

[보기]
ㄱ. 갑은 수익성을 중시하고 있다.
ㄴ. 을은 유동성을 중시하고 있다.
ㄷ. 갑은 예금에 투자하는 것이 적절하다.
ㄹ. 을은 주식에 투자하는 것이 적절하다.

① ㄱ, ㄴ ② ㄱ, ㄷ ③ ㄴ, ㄷ
④ ㄴ, ㄹ ⑤ ㄷ, ㄹ

02 ✿✿✿ 중요

2023 실시 11월 학평 14

표는 자산 관리의 원칙 A~C를 정리한 것이다. 이에 대한 옳은 설명만을 〈보기〉에서 고른 것은? (단, A~C는 각각 수익성, 안전성, 유동성 중 하나임.)

구분	내용
A	금융 자산의 원금이 보전될 수 있는 정도
B	금융 자산을 쉽고 빠르게 현금화할 수 있는 정도
C	금융 자산의 가격 상승이나 이자 수익을 기대할 수 있는 정도

[보기]
ㄱ. A는 유동성, B는 안전성, C는 수익성이다.
ㄴ. 일반적으로 A가 높은 금융 자산은 C도 높다.
ㄷ. 예금은 채권보다 B가 높다.
ㄹ. 주식은 예금보다 A, B가 모두 낮다.

① ㄱ, ㄴ ② ㄱ, ㄷ ③ ㄴ, ㄷ ④ ㄴ, ㄹ ⑤ ㄷ, ㄹ

03 ✿✿✿

금융 자산 (가), (나)에 대한 설명으로 옳은 것은?

> (가) 사전에 약속된 이자를 받기로 하고 은행 등 금융 회사에 돈을 맡기는 금융 상품
> (나) 미래에 일정한 이자를 지급할 것을 약속하고 돈을 빌린 후 제공하는 증서

① (가)는 국가, 기업에서 발행 가능하다.
② (나)는 예금자 보호법의 보호를 받는다.
③ (가)와 달리 (나)는 만기가 없다.
④ (나)와 달리 (가)는 시장에서 거래가 가능하다.
⑤ (가)와 (나) 모두 이자 수익을 기대할 수 있다.

[04~05] 그림은 금융 자산의 수익성과 위험성의 관계를 나타낸 것이다. 이를 보고 물음에 답하시오. (단, A~C는 각각 주식, 채권, 예금 중 하나임.)

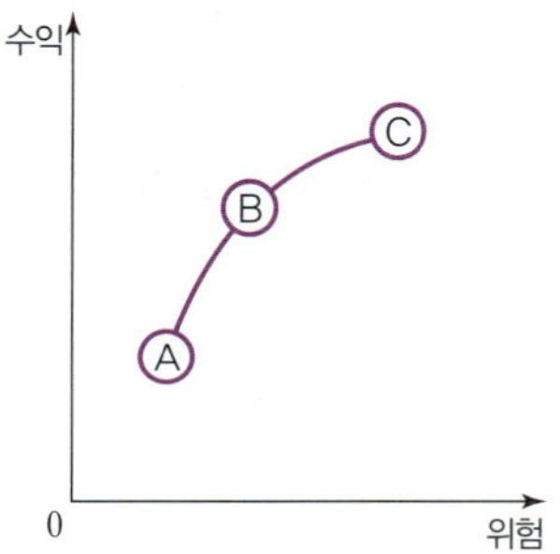

04 ✿✿✿

그림을 바르게 이해한 진술로 가장 적절한 것은?

① 수익성이 높을수록 안전성이 높다.
② 수익성이 높을수록 위험성이 낮다.
③ 수익성과 안전성은 아무런 관계가 없다.
④ 수익성과 위험성은 양의 상관관계를 가진다.
⑤ 수익성과 안전성은 양의 상관관계를 가진다.

05 ✿✿✿

A~C에 해당하는 금융 자산을 옳게 연결한 것은?

	A	B	C		A	B	C
①	주식	채권	예금	②	주식	예금	채권
③	예금	주식	채권	④	예금	채권	주식
⑤	채권	예금	주식				

밑줄 친 ㉠~㉢의 일반적인 특징에 대한 설명으로 옳은 것은?

> 갑: ㉠○○ 정기 예금과 ㉡△△ 채권에 각각 투자하려고
> 　　하는데 조언을 부탁드립니다.
> 을: ○○ 정기 예금의 수익률이 낮기 때문에, △△ 채권과
> 　　함께 ㉢□□ 주식에 투자하는 것을 추천해 드립니다.

① ㉠은 배당 수익을 기대할 수 있다.
② ㉡은 예금자 보호 제도의 적용 대상이다.
③ ㉢은 ㉠보다 안전성이 높다.
④ ㉠과 ㉡은 모두 이자 수익을 기대할 수 있다.
⑤ ㉡과 ㉢은 모두 시세 차익을 기대할 수 없다.

[07~08] 그래프는 주식과 예금의 특징을 나타낸 것이다.
물음에 답하시오.

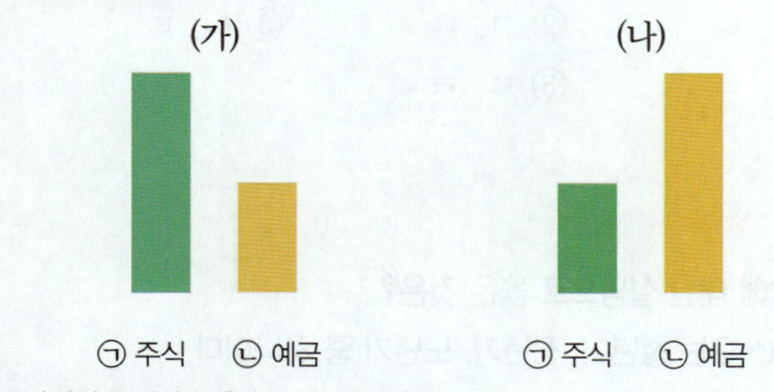

* 막대의 높이가 높을수록 그 정도가 큼

07 ★★☆

그래프에 대한 옳은 설명만을 〈보기〉에서 고른 것은?

> ─────────── [보기] ───────────
> ㄱ. (가)에는 이익을 얻을 수 있는 정도가 적절하다.
> ㄴ. (나)에는 원금이 보장될 수 있는 정도가 적절하다.
> ㄷ. ㉠은 ㉡과 달리 법률에 의해 원금 지급이 보장된다.
> ㄹ. ㉡은 매매를 통해 시세 차익을 기대할 수 있다.

① ㄱ, ㄴ　② ㄱ, ㄷ　③ ㄴ, ㄷ　④ ㄴ, ㄹ　⑤ ㄷ, ㄹ

08 ★★★ 서술형

**주식과 예금 중 갑에게 추천할 금융 자산을 쓰고, 그 이유를
(가)와 (나)를 사용하여 서술하시오.**

**그림은 금융 상품의 일반적인 특징을 묻는 질문에 따라 A~C를
구분한 것이다. 이에 대한 설명으로 옳은 것은? (단, A~C는
각각 정기 예금, 주식, 채권 중 하나임.) [3점]**

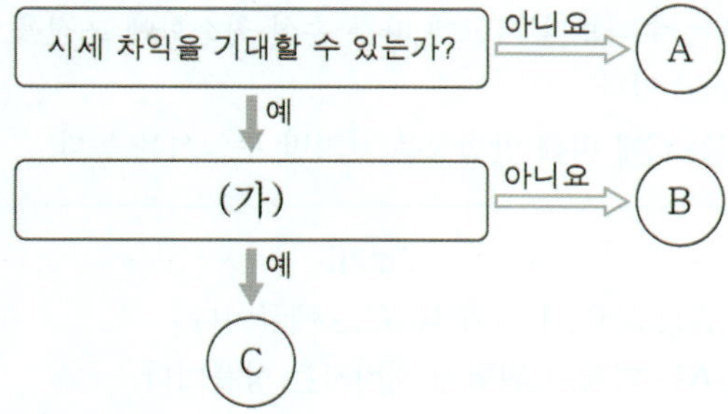

① A는 B, C에 비해 수익성이 높다.
② B가 주식이라면 (가)에는 '배당 수익을 기대할 수
　있는가?'가 들어갈 수 있다.
③ C가 채권이라면 (가)에는 '만기가 정해져 있는가?'가
　들어갈 수 있다.
④ (가)가 '이자 수익을 기대할 수 있는가?'라면 C는
　예금자 보호 제도의 적용 대상이다.
⑤ (가)가 '투자자의 기업 소유 지분을 나타내는가?'라면
　B는 C보다 안전성이 낮다.

다음 대화에 대한 분석 및 추론으로 옳은 것은?

> 교사: A와 B는 각각 주식과 정기 예금 중 하나입니다.
> 　　　B는 A와 달리 배당 수익을 기대할 수 있어요.
> 　　　자 그럼 A와 B의 일반적인 특징을 서로 비교해
> 　　　볼까요?
> 갑: A는 B와 달리 　(가)　라는 특징을 가지고
> 　　있습니다.
> 을: B는 A와 달리 　(나)　라는 특징을 가지고
> 　　있습니다.
> 교사: 두 명 모두 옳게 대답했습니다.

① A는 이자 수익을 기대할 수 있는 금융 상품이다.
② B는 원금이 보장되는 금융 상품이다.
③ 수익성만을 중시하는 사람은 B보다 A에 투자할
　것이다.
④ (가)에 '시세 차익을 기대할 수 있다'가 들어갈 수
　있다.
⑤ (나)에 '만기가 정해져 있다'가 들어갈 수 있다.

11 ✽✽✾

다음 글은 금융 자산 A~C의 일반적인 특성을 나타낸 것이다. 이에 대한 옳은 설명만을 〈보기〉에서 고른 것은? (단, A~C는 각각 예금, 주식, 보험 중 하나이다.)

> • A는 수익보다 사고에 따른 손실 최소화에 초점을 두고 있다.
> • B는 C에 비해 안전성은 낮지만 수익성은 높다.

[보기]

> ㄱ. A는 보험, B는 주식, C는 예금이다.
> ㄴ. A는 미래의 위험에 대비하는 상품이다.
> ㄷ. B는 시세 차익을 기대할 수 없다는 단점이 있다.
> ㄹ. C는 채권보다 수익성은 높으나 안전성은 낮다.

① ㄱ, ㄴ ② ㄱ, ㄷ ③ ㄴ, ㄷ ④ ㄴ, ㄹ ⑤ ㄷ, ㄹ

12 ✽✽✾ (단답형)

다음 표에서 질문에 대한 답변이 '예'이면 1점, '아니오'이면 0점일 때, ㉠, ㉡에 들어갈 점수를 쓰시오.

구분	주식	채권
만기가 정해져 있는가?		
이자 수익을 기대할 수 있는가?		
시세 차익을 기대할 수 있는가?		
점수 합계	㉠	㉡

2 생애 주기별 금융 생활 설계

13 ✽✽✾

㉠~㉤에 대한 설명으로 옳은 것은?

생애 주기	발달 과업
㉠ 유아기	기초적 수준의 인성 학습
㉡ 아동기	지식과 규범의 학습, 자아 정체성의 형성
㉢ 청년기	취업 및 경제적 독립, 결혼
㉣ 장년기	자녀 양육, 주택의 마련, 노후 대비
㉤ 노년기	은퇴 이후 노후 생활

① ㉠은 지출에 비해 소득이 많은 시기이다.
② ㉡은 지출이 가장 많이 요구되는 시기이다.
③ ㉢은 저축 규모가 가장 커지는 시기이다.
④ ㉣은 소비 규모가 커서 소득이 감소하는 시기이다
⑤ ㉤은 소득에 비해 지출 수준이 더 큰 시기이다.

14 ✽✽✽ 중요

그림은 생애 주기 곡선을 나타낸 것이다. 이에 대한 옳은 설명만을 〈보기〉에서 고른 것은?

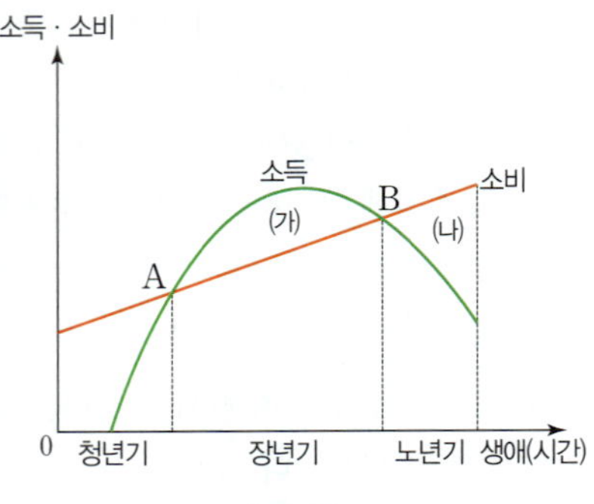

[보기]

> ㄱ. A, B에서의 누적된 저축액은 동일하다.
> ㄴ. B는 경제적 정년 시점에 해당한다.
> ㄷ. (가)는 부채, (나)는 저축을 의미한다.
> ㄹ. (가) > (나)일 경우 안정적 노후 생활이 가능하다.

① ㄱ, ㄴ ② ㄱ, ㄷ ③ ㄴ, ㄷ
④ ㄴ, ㄹ ⑤ ㄷ, ㄹ

15 ✽✽✾

A~C에 대한 설명으로 옳은 것은?
(단, A~C는 청년기, 장년기, 노년기 중 하나이다.)

생애 주기 단계	발달 과업
A	자녀 양육, 주택 마련, 노후 대비
B	은퇴 이후 노후 생활, 건강 관리
C	취업과 결혼 준비, 경제적 독립

① A는 수입보다 지출이 큰 시기이다.
② B에서는 마이너스 저축이 발생하게 된다.
③ B는 A와 달리 소득이 소비보다 많다.
④ B는 장년기, C는 청년기이다.
⑤ 생애 주기 단계는 'C → B → A' 순서로 진행된다.

16 ✽✽✾ (서술형)

다음 투자 방식을 참조하여 청년기와 노년기에 주로 투자해야 하는 금융 자산이 무엇인지 예금, 주식과 관련지어 서술하시오.

> '100-나이' 법칙은 전체 소득에서 '100-자신의 나이' 비율만큼 수익성이 높은 금융 자산에 투자하는 투자 방식이다.

17 ✺✺✺ ❀ 출제 0순위 특강

다음 금융 자산 관리의 원칙에 대한 설명으로 옳은 것만을 〈보기〉에서 고른 것은?

> (가) 달걀을 한 바구니에 모두 담으면 사고가 생겼을 때 모든 달걀이 깨질 수 있지만, 여러 바구니에 나눠 담으면 한꺼번에 깨질 위험이 줄어든다는 의미이다.
> (나) 금융 상품에 투자할 때 100에서 자신의 나이를 뺀 숫자만큼의 비율을 수익성 위주의 자산에 투자하고, 나머지는 안전성 위주의 자산에 투자하는 투자 방식이다.

─────[보기]─────
ㄱ. (가)는 수익성을 최대한 높이기 위한 방법이다.
ㄴ. (가)는 안전성과 수익성을 모두 고려한 방법이다.
ㄷ. (나)는 나이가 많을수록 위험을 감수해야 한다고 본다.
ㄹ. (나)는 생애 주기를 고려한 재무 설계의 필요성을 말한다.

① ㄱ, ㄴ ② ㄱ, ㄷ ③ ㄴ, ㄷ ④ ㄴ, ㄹ ⑤ ㄷ, ㄹ

내신 1등급 문제

18 ✺✺✺ 중요
2021 실시 11월 학평 18

표는 갑이 보유하고 있는 금융 자산의 비중 변화를 나타낸 것이다. 이에 대한 설명으로 옳은 것은? [3점]

(단위: %)

구분	ⓐ 예금	ⓑ 주식	ⓒ 채권	계
2019년	40.5	31.5	28.0	100.0
2020년	29.5	31.5	39.0	100.0

① ⓑ은 ⓐ에 비해 일반적으로 안전성이 높다.
② ⓒ은 ⓑ과 달리 만기가 없다.
③ ⓐ, ⓑ은 모두 배당 수익을 기대할 수 있다.
④ 2019년에 이자 수익을 기대할 수 있는 금융 자산의 비중은 60%보다 크다.
⑤ 2020년에 시세 차익을 기대할 수 있는 금융 자산의 비중은 2019년보다 감소하였다.

19 ✺✺✺
2025 실시 10월 학평 17

다음 자료에 대한 분석 및 추론으로 옳은 것은? [2.5점]

> A국 국민 갑은 자신의 자산 전부인 5,000달러를 금융 상품에 투자하고 있다. 표는 갑이 투자하고 있는 금융 상품별 투자액을 나타낸다.
>
> | 금융 상품 | 투자액(달러) |
> |---|---|
> | A국 ○○ 은행의 정기 예금 | 1,000 |
> | A국 ◇◇ 기업 주식 | 2,500 |
> | B국이 발행한 채권 | 1,500 |
>
> 갑은 아래의 신문 기사에 나타난 경제 상황을 고려하여 자신이 보유하고 있는 금융 상품에 대한 투자 비중을 조정하는 금융 의사 결정을 하려고 한다.

△△ 신문

A국 중앙은행이 기준 금리 인상을 결정하였다. B국에서 발생한 내전이 장기간 이어지면서 B국으로부터 수입하는 원자재 가격 급등으로 인하여 ⊙ 물가 상승세가 심화된 데 따른 조치로 해석된다. □□ 경제 연구소는 이번 금리 인상 결정이 시중 금리 인상으로 이어져 대출 부담이 증가할 수 있지만, A국 물가 안정에 도움이 될 것이라 전망했다.

① 갑은 배당 수익을 기대할 수 있는 금융 상품에 가장 적은 금액을 투자하고 있다.
② 갑의 총투자액 중 시세 차익을 기대할 수 있는 금융 상품 투자액이 차지하는 비율은 80%이다.
③ ⊙은 가계의 소비를 증가시키는 요인이다.
④ A국의 금리 변동은 갑의 ○○은행 정기 예금 비중의 감소 요인이다.
⑤ 금융 자산의 안전성만을 고려한다면, 갑은 B국이 발행한 채권에 대한 투자 비중을 늘리는 것이 합리적이다.

20 ✺✺✺
2023 실시 3월 학평 7 (고2)/경제

그림은 갑의 생애 주기에 따른 저축의 변화를 나타낸다. 이에 대한 설명으로 옳은 것은?

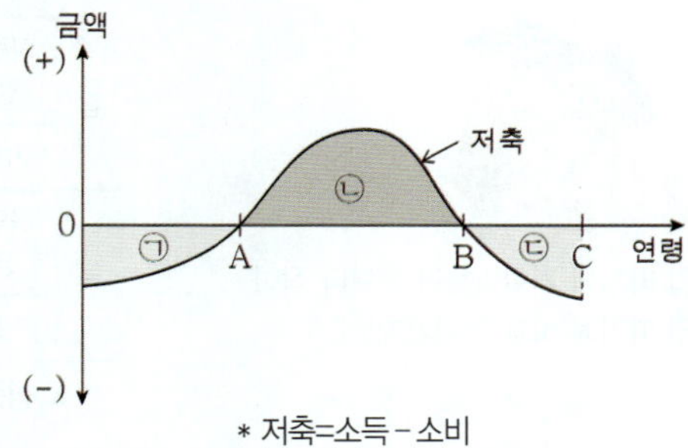

① 0~A 기간에는 양(+)의 저축이 나타났다.
② A~B 기간에는 소득보다 소비가 컸다.
③ B~C 기간에는 소득 대비 소비가 지속적으로 감소했다.
④ 0~C 기간 중 누적 저축액은 B 시점에 가장 많았다.
⑤ 갑이 0~C 기간의 소득과 소비를 일치시켰다면 ⓑ 면적은 ⓐ과 ⓒ 면적의 합보다 크다.

09 국제무역과 지속가능발전   중요도 ★★

1 국제 분업과 무역의 필요성

1. 국제 분업과 무역

무역	• **의미**: 각 나라가 생산한 상품을 다른 나라와 거래하는 국제 거래 • **특징**: 과거 재화와 자원 위주에서 오늘날 기술 및 서비스 분야로 거래 범위가 확대됨, 노동 및 자본의 거래 증가
국제 분업❶	• **의미**: 각 나라가 무역에 유리한 것을 특화하여 생산하는 것 • **기능**: 특화❷하여 교역할 경우 교역 참가국 모두 이익을 얻게 됨 • **특징**: 무역의 발달로 특화가 촉진됨 ➡ 특화로 인해 무역의 활성화

2. 국제 분업 및 무역이 필요한 이유

(1) 생산 비용의 차이

원인	• 국가마다 석유, 천연가스 등 자연 자원 및 기후, 지형 등 자연 환경이 다름 • 국가마다 노동, 자본, 기술, 교육, 위생 등 생산 요소와 인문 환경이 다름
영향	• 같은 종류의 상품을 생산하더라도 국가마다 생산비의 차이❸ 발생 • 같은 종류의 상품이라도 국내보다 외국에서 더 저렴하게 생산 가능

┗ 국가 간에 교역을 하는 것이 자원을 보다 효율적으로 사용할 수 있는 방법임

(2) 절대 우위와 비교 우위 

절대 우위	• **의미**: 특정 상품의 생산 비용이 다른 나라보다 적은 경우 • **무역**: 절대 우위를 가진 상품을 생산하여 수출하고, 절대 열위에 있는 상품을 수입함
비교 우위	• **의미**: 특정 상품 생산의 기회비용이 다른 나라보다 작은 경우 • **무역**: 다른 나라에 비해 생산의 기회비용이 적은 상품을 생산하고, 기회비용이 큰 상품을 수입함 • **의의**: 한 나라가 모든 상품의 생산 비용에 절대 우위❹를 가진 경우의 국제무역을 설명할 수 있음

---

❶ **국제 분업(특화)의 기능**
우리는 필요로 하는 모든 것을 직접 생산하지 않고 시장에서 필요한 상품을 구매하고 있다. 이는 한 개인이 모든 상품을 생산하는 것보다, 분업한 후 시장을 통해 거래할 경우 사회 전체적 생산량이 증가하기 때문이다. 한 국가가 모든 상품을 생산하기보다 각자 잘하는 분야에 특화한 후 교역하면 전체 생산량이 증가하게 된다.

❷ **특화**
경제 주체들이 자신에게 유리한 재화와 서비스만을 전문적으로 생산하는 것

❸ **국가별 생산비의 차이**
우리나라에서 열대 과일을 생산하는 비용과 열대 기후 국가에서 열대 과일을 생산하는 비용에는 차이가 있다. 국가별로 처한 여러 가지 환경의 차이로 인하여 생산비의 차이가 나타난다.

❹ **모든 상품의 절대 우위**
우리나라는 개발 도상국에 비해 전자제품과 섬유제품의 생산 기술이 모두 뛰어나다. 두 제품 모두 절대 우위를 가지고 있으나, 전자제품은 직접 생산하고 섬유제품은 수입하고 있다. 우리나라의 경우 개발 도상국에 비해 섬유제품 생산의 기회비용이 크기(비교 우위가 없기) 때문이다.

✪ 비교 우위에 따른 국제무역

갑

과일 따기의 기회비용이 을보다 작아 과일 따기에 비교 우위가 있다.

		과일	물고기
갑	하루 최대 생산량	24개	15마리
	기회비용	물고기 5/8마리	과일 8/5개
을	하루 최대 생산량	9개	12마리
	기회비용	물고기 4/3마리	과일 3/4개

▲ 상품별 하루 최대 생산량과 기회비용

을

물고기 잡기의 기회비용이 갑보다 작아 물고기 잡기에 비교 우위가 있다.

① 갑과 을 모두 하루의 1/3은 물고기 잡기, 2/3은 과일 따기에 투자하는 경우
 • 갑은 물고기 5마리와 과일 16개, 을은 물고기 4마리와 과일 6개를 소비할 수 있다.
② 갑은 하루 종일 과일을 따고, 을은 하루 종일 물고기를 잡는 경우
 • 과일 7개와 물고기 7마리를 교환하면 갑은 물고기 7마리와 과일 17개, 을은 물고기 5마리와 과일 7개를 소비할 수 있다. 따라서 갑은 물고기 2마리와 과일 1개, 을은 물고기 1마리와 과일 1개의 이익을 얻는다.
 ➡ 따라서 갑은 과일, 을은 물고기를 특화하여 교환하면 갑과 을 모두에게 이익이 발생한다.

2 지속가능발전을 위한 국제무역

1. 자유 무역의 확대
(1) 교통 및 통신 기술의 발달로 인해 시공간적 거리 축소
(2) 세계 무역 기구(WTO)❶의 설립으로 자유 무역 확대

2. 지역주의의 확대: 자유 무역 협정(FTA)❷ 체결 및 국가 간 경제 블록❸ 형성
➡ 무역 장벽을 완화하려는 지역주의의 흐름에 따라 경제적 상호 의존도가 강화됨

3. 국제무역의 이익

소비자	다양한 재화와 서비스를 낮은 가격에 이용할 기회 증대 ➡ 삶의 만족도 증가
기업	• 해외 기업과의 경쟁 과정에서 기업의 기술 수준 향상 • 기업의 생산량 증대에 따라 규모의 경제❹로 생산비 절감 • 기업의 생산량 증대에 따른 고용 창출
국가	• 무역을 통한 기업들의 성장으로 일자리가 늘고, 국가 경제 활성화 • 자원 부족 및 기술력 부족 문제를 해결하고 자국에서 생산되지 않는 상품 획득

4. 국제무역의 문제와 해결 방안
(1) 분배의 불평등

양상	불평등한 무역 구조로 인해 선진국과 개발 도상국 간 경제적 불평등이 심화됨
해결 방안	• 최빈국❺의 수출품 수입 규제, 비관세 장벽❻과 같은 왜곡된 무역 조치 축소 • 개발 도상국의 경제적 자립을 위한 선진국의 기술 지원

(2) 노동자의 인권 침해

양상	• 개발 도상국 노동자는 열악한 근로 조건에서 낮은 임금을 받음 • 일부 지역에서 강제 노동이나 아동 노동 등의 인권 침해가 발생함
해결 방안	• 생산자와 노동자에게 정당한 대가를 지불하는 공정 무역 활성화 • 강제 노동이나 아동 노동을 법적으로 금지하고 안전하게 일할 수 있는 조건 형성

(3) 자원 고갈 및 환경 오염

양상	수출을 위해 상품을 대량으로 생산하고 유통하여 자원의 남용, 생태계 파괴, 환경 오염, 기후 변화 등이 발생함❼
해결 방안	• 정부: 전 지구적 문제인 환경 오염 해결을 위해 기후 협약을 이행하도록 노력하며 환경 보호 규제를 강화하고 친환경 기술 개발을 지원함 • 기업: 화석 에너지 대신 대체 에너지의 사용 비율을 늘리며 자원을 재활용함 • 소비자: 친환경 제품을 우선적으로 구매해 기업이 지속가능발전에 협조하도록 함

✪ 탄소 국경세

▲ 기후 위기 관련 시위

• 탄소 국경세란 이산화 탄소 배출 규제가 약한 국가에서 강한 국가로 상품 혹은 서비스를 수출할 때 추가로 부가되는 무역 관세이다.

• 유럽과 미국이 탄소 국경세를 부과하겠다는 움직임을 보이자 탄소 배출량이 많은 중국, 인도, 러시아, 멕시코, 오스트레일리아 등은 무역 분쟁 및 외교 갈등을 예고하면서 탄소 국경세를 반대하고 있다.

---

❶ 세계 무역 기구(WTO)
1995년 국가 간 무역 장벽을 제거하고 자유 무역을 확대하기 위해 설립된 국제기구

❷ 자유 무역 협정(FTA)
상대국에서 수입하는 물품의 관세를 낮추어 자유롭게 재화와 서비스의 수출입 거래가 이루어지도록 하는 협정

❸ 경제 블록
여러 나라가 공통된 경제적 목적을 가지고 단합하여 이룬 배타적 성격의 경제권

❹ 규모의 경제
생산 규모가 커질수록 생산에 드는 평균 비용이 낮아지는 현상

❺ 최빈국
인적, 물적 자원이 절대적으로 부족해 가장 빈약한 경제 개발 수준을 보이는 국가

❻ 비관세 장벽
수입 할당제, 수출 보조금 지급 등 관세 이외의 무역 장벽

❼ 환경 오염과 수입 먹거리
우리나라는 쌀을 제외한 주요 곡물 대부분을 수입에 의존하고 있다. 수입 먹거리는 소비자의 선택권을 넓혀주지만, 식품의 이동 거리가 늘어남에 따라 석유와 석탄 사용이 늘어나면서 환경 오염의 원인이 된다.

▲ 인천항 곡물창고

1 국제 분업과 무역의 필요성

1. 표는 갑국과 을국에서 A재와 B재 1단위 생산에 소요되는 비용을 나타낸 것이다. 옳은 것은 ○, 틀린 것은 ×에 표시하시오.

구분	A재	B재
갑국	50달러	100달러
을국	600달러	200달러

(1) 갑국은 A재 생산에 절대 우위가 있다. (○, ×)

(2) 을국은 B재 생산에 절대 우위가 있다. (○, ×)

(3) 갑국에서 A재 1단위 생산의 기회비용은 B재 1/2단위이다. (○, ×)

(4) 을국에서 B재 1단위 생산의 기회비용은 A재 3단위이다. (○, ×)

(5) 갑국은 A재 생산에 비교 우위가 있다. (○, ×)

(6) 을국은 B재 생산에 비교 우위가 있다. (○, ×)

2. 다음 대화를 보고 빈칸에 알맞은 말을 쓰시오.

(1) 갑국에서 옷 1단위 생산의 기회비용 (   )

(2) 갑국에서 반도체 1단위 생산의 기회비용 (   )

(3) 을국에서 옷 1단위 생산의 기회비용 (   )

(4) 을국에서 반도체 1단위 생산의 기회비용 (   )

(5) 옷 생산에 절대 우위가 있는 국가 (   )

(6) 반도체 생산에 절대 우위가 있는 국가 (   )

(7) 옷 생산에 비교 우위가 있는 국가 (   )

(8) 반도체 생산에 비교 우위가 있는 국가 (   )

2 지속가능발전을 위한 국제무역

3. 무역 확대에 따른 영향에 대한 설명으로 옳은 것은 ○, 틀린 것은 ×에 표시하시오.

(1) 무역의 확대로 기업의 생산량이 증가할 경우 규모의 경제로 생산비 절감이 이루어진다. (○, ×)

(2) 무역의 확대로 다양한 재화와 서비스를 낮은 가격에 이용할 수 있을 경우 소비자의 이익이 증가한다. (○, ×)

(3) 무역의 확대로 해외 의존도가 높아질 경우 국제 경기의 흐름이 우리 경제에 미치는 영향이 적어지게 된다. (○, ×)

(4) 무역의 확대 과정에서 외국 기업에 비해 경쟁력이 낮은 산업 및 기업이 위축될 수 있으며 이에 따라 실업이 감소할 수 있다. (○, ×)

(5) 선진국과 개발 도상국 간 불공정한 거래가 이루어질 경우 무역의 확대 과정에서 국가 간 빈부 격차가 확대될 수 있다. (○, ×)

(6) 무역이 확대되면서 정부가 시행하는 경제 정책의 자율성이 높아질 수 있다. (○, ×)

(7) 원산지 표시제를 위반한 수입품이 유통되면서 소비자가 피해를 입게 될 수 있다. (○, ×)

4. 교사의 질문에 대한 응답으로 옳은 것만을 〈보기〉에서 있는 대로 골라 기호로 쓰시오.

[보기]

ㄱ. 최빈국의 수출품 수입을 규제합니다.

ㄴ. 선진국들이 개발 도상국에 기술을 지원합니다.

ㄷ. 화석 연료의 사용량을 늘려 생산량을 늘립니다.

ㄹ. 공정 무역을 활성화하여 경제적 불평등을 완화합니다.

(   )

★ 학교시험 100점을 위한 실전 문제와 학평 문제

1 국제 분업과 무역의 필요성

01 ✿✿✿

다음 글의 주장에 부합하는 내용만을 〈보기〉에서 고른 것은?

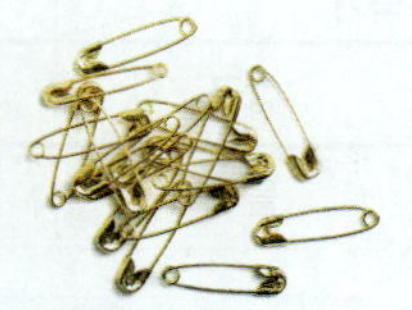

5명이 각각 옷핀을 만들 경우 하루에 총 100개를 생산할 수 있었으나 5명이 옷핀을 만드는 과정을 하나씩 맡아 분업할 경우 하루에 1만 개의 옷핀을 생산할 수 있었다. 이러한 결과는 국가 간의 관계에서도 나타난다.

[보기]

ㄱ. 국가 간 무역은 전체 생산량 증대로 이어진다.
ㄴ. 국가 간 무역으로 인하여 고용이 창출될 수 있다.
ㄷ. 국가 간 분업을 통해 자원을 효율적으로 활용할 수 있다.
ㄹ. 국가별 보유한 생산 요소의 차이로 인해 무역이 발생한다.

① ㄱ, ㄴ ② ㄱ, ㄷ ③ ㄴ, ㄷ ④ ㄴ, ㄹ ⑤ ㄷ, ㄹ

02 ✿✿✿

다음 사례에서 추론할 수 있는 내용만을 〈보기〉에서 고른 것은?

우리나라는 세계적으로 손꼽히는 커피 소비국이지만 커피를 직접 재배하고 있지는 않다.
이는 국내에서 커피를 재배하기 위해서는 높은 온도가 유지되도록 시설을 마련해야 하기 때문이다. 반면, 우리나라가 주로 커피를 수입하는 에티오피아 같은 지역은 별도의 시설 없이 커피 재배가 가능하다.

[보기]

ㄱ. 국가마다 환경에 따라 생산비에 차이가 난다.
ㄴ. 같은 상품의 생산비는 국가에 관계없이 동일하다.
ㄷ. 국내에서 생산하는 것보다 수입하는 것이 더 경제적일 수 있다.
ㄹ. 국내에서 생산하는 것이 자원을 보다 효율적으로 사용하는 방법이다.

① ㄱ, ㄴ ② ㄱ, ㄷ ③ ㄴ, ㄷ ④ ㄴ, ㄹ ⑤ ㄷ, ㄹ

03 ✿✿✿ 중요

다음 자료에 대한 옳은 분석만을 〈보기〉에서 고른 것은? [3점]

표는 갑국과 을국의 쌀과 물고기 1단위 생산에 필요한 노동자 수를 나타낸 것이다. 단, 갑국과 을국은 쌀과 물고기만을 생산하며, 노동만을 생산 요소로 사용한다.

구분	갑국	을국
쌀	5명	15명
물고기	10명	15명

[보기]

ㄱ. 을국은 쌀과 물고기 생산에 대해 모두 절대 우위를 가진다.
ㄴ. 갑국의 물고기 1단위 생산의 기회비용은 쌀 2단위이다.
ㄷ. 물고기 1단위 생산의 기회비용은 을국이 갑국보다 크다.
ㄹ. 갑국은 쌀 생산에 대해 비교 우위를 가진다.

① ㄱ, ㄴ 　② ㄱ, ㄷ 　③ ㄴ, ㄷ
④ ㄴ, ㄹ 　⑤ ㄷ, ㄹ

04 ✿✿✿

다음 자료에 대한 설명으로 옳은 것은?

갑국은 생산 요소를 모두 투입할 경우 쌀 30단위 또는 옷 60단위를 생산할 수 있다. 갑국과 자원 보유량이 동일한 을국은 생산 요소를 모두 투입할 경우 쌀 10단위 또는 옷 40단위를 생산할 수 있다. 두 나라는 비교 우위 상품만을 생산하여 교역하고자 한다.

① 갑국은 옷 생산에 절대 열위가 있다.
② 을국은 쌀 생산에 비교 우위가 있다.
③ 갑국의 경우 쌀 1단위 생산의 기회비용은 옷 1/2단위이다.
④ 을국의 경우 옷 1단위 생산의 기회비용은 쌀 4단위이다.
⑤ 갑국은 쌀 생산에, 을국은 옷 생산에 특화하여 교역할 것이다.

다음 자료에 대한 옳은 분석만을 〈보기〉에서 고른 것은? [3점]

> 갑과 을은 함께 제과점을 열어 마카롱과 샌드위치만 만들어 팔기로 하고 각자 두 상품을 만들고 있다. 그림은 갑과 을이 각각 1시간 동안 최대한 만들 수 있는 마카롱 수 또는 샌드위치 수를 나타낸다.

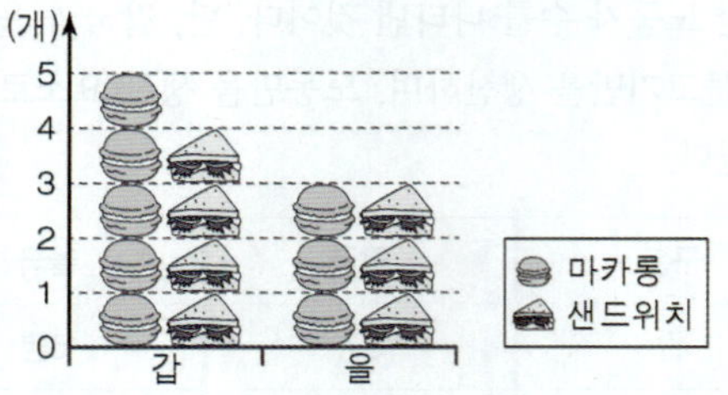

[보기]
ㄱ. 갑은 마카롱을 만드는 데 절대 우위를 가진다.
ㄴ. 을은 샌드위치를 만드는 데 비교 우위를 가진다.
ㄷ. 갑이 샌드위치를 1개 만드는 데 따른 기회비용은 마카롱 5개이다.
ㄹ. 을은 1시간 동안 마카롱 3개와 샌드위치 3개를 동시에 만들 수 있다.

① ㄱ, ㄴ   ② ㄱ, ㄷ   ③ ㄴ, ㄷ
④ ㄴ, ㄹ   ⑤ ㄷ, ㄹ

[06~07] 표는 갑국에서 A재, B재 1단위를 생산하는 데 소요되는 노동 시간을 나타낸 것이다. 물음에 답하시오.

구분	A재	B재
갑국	5시간	10시간
을국	10시간	30시간

* 단, 두 나라는 A, B재만을 생산하며 노동만을 생산 요소로 사용한다.

06 ✿✿✿ 단답형

A, B재 생산에 절대 우위가 어느 나라에 있는지 각각 적으시오.

---

07 ✿✿✿ 서술형

A, B재 생산의 비교 우위가 어느 나라에 있는지 기회비용 개념을 사용하여 설명하시오.

자료에 대한 설명으로 옳은 것은? [3점]

> 표는 갑국과 을국의 X재와 Y재 1개 생산에 필요한 노동량을 나타낸 것이다. 교역은 갑국과 을국 사이에서만 이루어지며, 양국은 비교 우위 재화에 특화하여 교역한다. 양국의 생산 요소는 노동뿐이며, 노동의 양은 100명으로 동일하다.

국가 \ 재화	X재	Y재
갑국	4명	5명
을국	2명	2명

① 갑국의 Y재 1개 생산의 기회비용은 X재 4/5개이다.
② 갑국은 X재 20개, Y재 10개를 동시에 생산할 수 있다.
③ 을국은 X재 생산에 절대 우위와 비교 우위를 모두 가진다.
④ Y재로 표시한 X재 1개 생산의 기회비용은 갑국이 을국보다 크다.
⑤ 양국이 교역할 경우 갑국은 X재, 을국은 Y재 생산에 특화하게 된다.

---

09 ✿✿✿

그림은 갑국와 을국이 보유하고 있는 모든 생산 요소를 투입해 일정 기간 동안 최대로 생산할 수 있는 X재와 Y재의 조합을 나타낸 것이다. 이에 대한 옳은 설명만을 〈보기〉에서 고른 것은? (단, 생산 요소는 노동뿐임.)

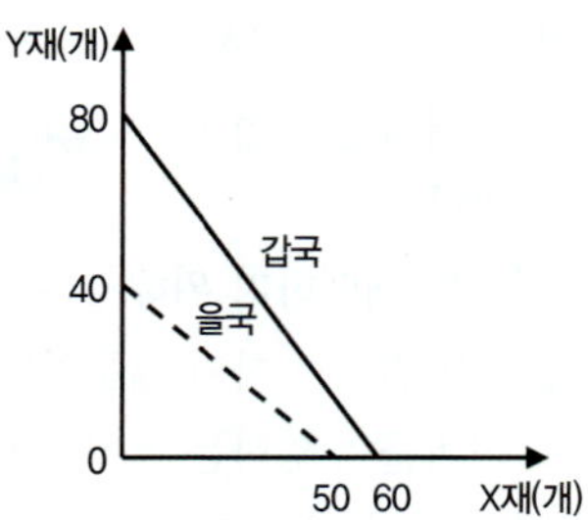

[보기]
ㄱ. 갑국은 X재 생산에 비교 우위가 있다.
ㄴ. 갑국의 X재 1개 생산의 기회비용은 Y재 4/3개이다.
ㄷ. Y재 1개 생산의 기회비용은 갑국이 을국보다 작다.
ㄹ. 을국은 X재 50개와 Y재 40개를 동시에 생산할 수 있다.

① ㄱ, ㄴ ② ㄱ, ㄷ ③ ㄴ, ㄷ ④ ㄴ, ㄹ ⑤ ㄷ, ㄹ

10 ✻✻❀

그래프에 나타난 변화가 미칠 긍정적 영향으로 적절하지 <u>않은</u> 것은?

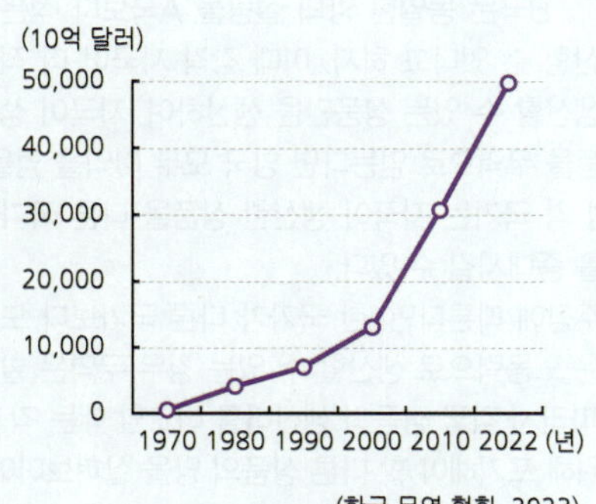

세계 무역 규모 추이

① 생산 증가로 인하여 고용이 창출된다.
② 다양한 문화권의 상품을 이용할 수 있다.
③ 상품 가격 인하로 소비자의 이익이 증가한다.
④ 경쟁 과정에서 국내 기업의 생산 기술이 발달하게 된다.
⑤ 생산 증가로 인해 규모의 경제가 나타나 생산비가 증가한다.

11 ✻✻✻

밑줄 친 부분에 해당하는 내용만을 〈보기〉에서 고른 것은?

> 갑국의 ○○전자는 1년에 약 1억 대의 스마트폰을 생산하고 있다. 이는 갑국 전체 인구보다 더 많은 규모로, 생산량의 90%를 해외에서 판매하고 있다. 자유 무역 이전에 비하여 ○○전자의 판매 규모와 생산 규모는 크게 증가하였으며 이로 인하여 <u>○○전자 및 갑국은 영향을 받고 있다.</u>

[보기]
ㄱ. 기업의 생산 증가로 경제가 활성화된다.
ㄴ. 규모의 경제로 ○○전자의 생산비가 상승한다.
ㄷ. 생산 증가에 따른 고용 창출로 실업이 감소한다.
ㄹ. 경쟁력 부족으로 인하여 전자 산업이 크게 위축된다.

① ㄱ, ㄴ ② ㄱ, ㄷ ③ ㄴ, ㄷ ④ ㄴ, ㄹ ⑤ ㄷ, ㄹ

12 ✻✻✻

그림은 세계 무역 환경의 변화와 그에 대한 대응 과정을 나타낸다. 이에 대한 설명으로 옳은 것은?

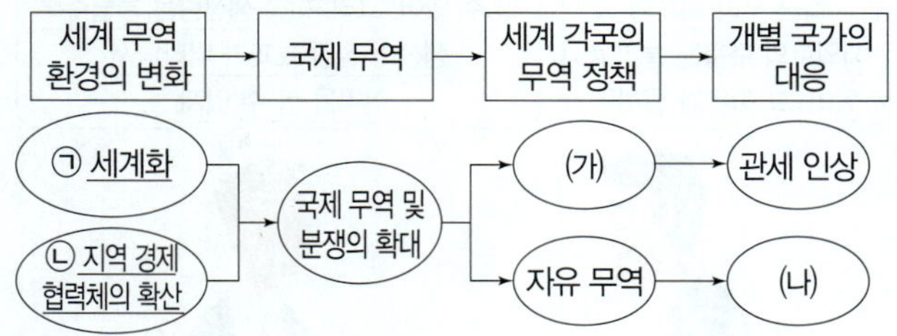

① ㉠의 진전은 국가 간의 경제적 의존성을 약화시킨다.
② ㉡에 따라 역내 시장의 단일화가 진전된다.
③ ㉡은 협정을 체결한 국가와 협정을 체결하지 않은 국가 간의 관세 차별을 없앤다.
④ (가)는 국가 간 교역 증대에 기여한다.
⑤ (나)는 경쟁력이 없는 자국의 산업을 보호하기 위한 것이다.

13 ✻✻❀

밑줄 친 ㉠, ㉡에 대한 옳은 설명만을 〈보기〉에서 고른 것은?

> 갑국 정부는 을국과의 FTA 협상이 타결되었다는 소식을 발표하였다. 이로 인하여 을국과의 교역에 있어 무역 장벽이 크게 낮아질 전망이다. 이에 대하여 ㉠ 수입을 규제하는 것이 우리 경제에 도움이 될 것이라는 주장과 ㉡ 자유 무역의 확대로 인하여 우리 경제에 이익이 될 것이라는 주장이 동시에 제시되고 있다.

[보기]
ㄱ. ㉠은 외국과의 경쟁 과정에서 선진 기술이 전파될 것이라 본다.
ㄴ. ㉠은 외국과의 경쟁 과정에서 우리 산업이 붕괴될 것을 우려한다.
ㄷ. ㉡은 자유 무역으로 인하여 규모의 경제가 실현될 것이라고 본다.
ㄹ. ㉡은 자유 무역으로 인하여 산업 전반에 걸쳐 실업이 증가할 것으로 본다.

① ㄱ, ㄴ　　② ㄱ, ㄷ　　③ ㄴ, ㄷ
④ ㄴ, ㄹ　　⑤ ㄷ, ㄹ

14 ✸✸✲ (서술형)

㉠의 장점을 기업과 소비자의 측면에서 각각 1가지씩 서술하시오. (단, 윗글에 있는 내용은 정답으로 인정하지 않는다.)

---

15 ✸✸✲ (단답형)

㉡을 뜻하는 경제 용어를 쓰시오.

내신 1등급 문제

16 ✸✸✸

표는 갑국과 을국이 A, B재를 각각 1단위 생산하는 데 소요되는 노동 시간을 나타낸 것이다. 이에 대한 옳은 분석만을 〈보기〉에서 고른 것은? (단, A, B재 생산에는 노동만 필요하다.)

구분	갑국	을국
A재	5시간	2시간
B재	10시간	8시간

[보기]
ㄱ. 갑국은 A, B재 생산에 모두 절대 우위가 있다.
ㄴ. 을국에서 A재 1단위 생산의 기회비용은 B재 1/4단위이다.
ㄷ. 갑국은 을국보다 B재 1단위 생산의 기회비용이 작다.
ㄹ. 갑국은 A재 생산에, 을국은 B재 생산에 비교 우위가 있다.

① ㄱ, ㄴ ② ㄱ, ㄷ ③ ㄴ, ㄷ
④ ㄴ, ㄹ ⑤ ㄷ, ㄹ

17 ✸✸✸　　　　　　　　　　2025 실시 10월 학평 23

다음 자료는 무역 원리에 관한 갑과 을의 입장을 나타낸 것이다. 이에 대한 설명으로 옳은 것은? [2점]

갑: A국은 동일한 양의 면화를 B국보다 적은 노동력으로 생산할 수 있고, B국은 동일한 양의 설탕을 A국보다 적은 노동력으로 생산할 수 있다고 하자. 이때 각각 자국이 더 적은 노동력으로 생산할 수 있는 상품만을 생산하여, 자국이 생산하지 않은 상품을 무역으로 얻는다면 양국 모두 이익을 얻을 수 있다. 이처럼 각 국가는 자국이 생산한 상품을 다른 국가와 무역하면 부를 증대시킬 수 있다.

을: 갑의 주장에 따른다면, 한 국가가 다른 국가보다 모든 상품을 더 적은 노동력으로 생산할 수 있는 경우 무역은 발생하지 않는다. 따라서 각국 상품의 생산비를 비교할 때는 각 국가가 생산을 위해 포기해야 할 다른 상품의 양을 살펴보아야 한다. 예를 들어, C국은 포도주 1단위 생산에 80명, 면화 1단위 생산에 90명이 필요하며, D국은 포도주 1단위 생산에 120명, 면화 1단위 생산에 100명이 필요하다고 하자. C국이 포도주와 면화 모두 D국보다 더 적은 노동력으로 생산할 수 있더라도, C국은 [(가)] 생산에, D국은 [(나)] 생산에만 집중하여 무역을 하면 양국 모두 이익을 얻을 수 있다.

① 갑은 비교 우위에 기반하여 무역의 필요성을 주장한다.
② 갑, 을은 모두 특화를 통한 국제 분업의 필요성을 주장한다.
③ A국과 B국이 설탕 생산에 동일한 노동력을 투입할 경우, 설탕 생산량은 A국이 B국보다 많다.
④ C국과 D국 중 D국은 포도주와 면화 생산에 모두 절대 우위가 있다.
⑤ (가)에는 면화, (나)에는 포도주가 들어간다.

18 ✸✸✸ 　　2021 실시 11월 학평 16

다음 자료에 대한 옳은 분석만을 〈보기〉에서 고른 것은? [3점]

쌀과 옷만을 생산하는 갑국과 을국은 비교 우위를 가지는 재화만을 특화하여 두 국가끼리만 교역하고자 한다. 표는 쌀 1단위 또는 옷 1단위를 생산하는 데 필요한 노동 시간을 나타낸 것이다. 단, 양국은 모두 노동만을 생산 요소로 사용한다.

구분	갑국	을국
쌀	1시간	2시간
옷	2시간	6시간

[보기]
ㄱ. 갑국에서 쌀 1단위 생산에 대한 기회비용은 옷 2단위이다.
ㄴ. 을국의 노동 시간이 10시간일 경우 쌀 2단위와 옷 2단위를 동시에 생산할 수 있다.
ㄷ. 갑국은 쌀과 옷 생산에 대해 모두 절대 우위를 가진다.
ㄹ. 을국은 쌀 생산에 대해 비교 우위를 가진다.

① ㄱ, ㄴ ② ㄱ, ㄷ ③ ㄴ, ㄷ ④ ㄴ, ㄹ ⑤ ㄷ, ㄹ

06 자본주의의 전개 과정과 경제 체제

01 ✽✽✽

2021 실시 9월 학평 9

표에 대한 설명으로 옳은 것은? (단, A, B는 각각 수정 자본주의, 신자유주의 중 하나이다.) [3점]

질문	A	B
대공황을 배경으로 등장하였나?	예	아니요
정부의 적극적 시장 개입을 옹호하는가?	예	㉠
(가)	아니요	예

① A는 작은 정부를 지향한다.
② B는 공기업의 민영화를 지지한다.
③ B는 자원 배분에 있어서 효율성보다 형평성을 추구한다.
④ ㉠에는 '예'가 적절하다.
⑤ (가)에는 '사유 재산 제도를 인정하는가?'가 적절하다.

02 ✽✽✽

2021 실시 11월 학평 4 (고2)/경제

경제 체제 A, B에 대한 옳은 설명만을 〈보기〉에서 고른 것은? (단, A와 B는 각각 계획 경제 체제와 시장 경제 체제 중 하나이다.)

> 정부의 명령과 통제에 의한 경제 활동이 이루어지는 A를 유지해 온 갑국은 낮은 생산성으로 인한 문제를 오랫동안 겪고 있다. 이에 민간 경제 주체의 자율적인 선택을 바탕으로 경제 활동이 이루어지는 B를 도입해야 한다는 주장이 제기되고 있다.

〔보기〕
ㄱ. A는 가격 기구에 의한 경제 문제 해결을 중시한다.
ㄴ. B는 개별 경제 주체의 이익 추구 활동을 보장한다.
ㄷ. A와 달리 B는 일반적으로 국가가 생산 수단을 소유한다.
ㄹ. A, B에서는 모두 기본 경제 문제가 발생한다.

① ㄱ, ㄴ　　② ㄱ, ㄷ　　③ ㄴ, ㄷ
④ ㄴ, ㄹ　　⑤ ㄷ, ㄹ

03 ✽✽✽

A, B, C에 대한 설명으로 옳은 것은? (단, A~C는 산업 자본주의, 수정 자본주의, 신자유주의 중 하나이다.)

> 경제 체제는 시대와 사회의 여건에 따라 변화한다. 산업 혁명 이후 등장한 A는 시장에서 발생한 과도한 빈부 격차와 같은 문제 및 공황과 같은 경기 침체에 효과적으로 대응하지 못하였으며 이로 인하여 B가 등장하게 되었다. 그러나 석유 파동으로 발생한 경기 침체를 계기로 C가 등장하였다.

① A는 공기업의 민영화를 추진하였다.
② B는 시장 가격의 기능을 최우선한다.
③ C는 정부의 적극적 역할을 강조하였다.
④ A, C는 모두 정부의 적극적 시장 개입을 선호한다.
⑤ B와 달리 C는 스태그플레이션의 극복 과정에서 등장했다.

07 합리적 선택과 경제 주체의 역할

04 ✽✽✽

2021 실시 11월 학평 8

다음 갑의 선택에 대한 분석으로 옳은 것은? (단, 갑이 예매한 해외 패키지 여행 상품은 환불이나 재판매가 되지 않으며, 제시된 내용 외의 다른 요인은 고려하지 않는다.) [3점]

> 대학생 갑은 여름 방학 중 2주 동안 ㉠커피 전문점에서 아르바이트를 할지 해외로 패키지 여행을 떠날지 고민하고 있다. 얼마 전 해외 패키지 여행 상품을 ㉡100만 원에 예매하였지만, 같은 기간에 커피 전문점에서 아르바이트를 할 경우 ㉢100만 원의 돈을 벌 수 있기 때문이다. 고민 끝에 갑은 커피 전문점에서 아르바이트를 하기로 하였다.

① ㉠에서는 희소성으로 인한 경제 문제가 발생하지 않는다.
② ㉡은 매몰 비용에 해당한다.
③ ㉢은 커피 전문점에서 아르바이트를 할 경우에 발생하는 명시적 비용이다.
④ 해외로 패키지 여행을 떠날 경우에 발생하는 암묵적 비용은 없다.
⑤ 커피 전문점에서 아르바이트를 할 경우에 얻는 편익은 기회비용보다 작다.

05 ✱✱✱

자료에 대한 옳은 분석만을 〈보기〉에서 고른 것은? [3점]

> 합리적 소비자인 갑은 실내화를 구입하려 한다. 실내화는 A, B, C 세 가지 종류가 있다. 표는 갑이 세 가지 실내화에 대해 화폐 단위로 평가한 결과를 나타낸다.
>
> (단위: 원)
>
> | 실내화 종류 | 가격 | 편익 |
> | --- | --- | --- |
> | A | 20,000 | 56,000 |
> | B | 25,000 | 50,000 |
> | C | 18,000 | 60,000 |

〔보기〕
ㄱ. A는 B보다 명시적 비용이 크다.
ㄴ. B가 C보다 선택에 따른 기회비용이 작다.
ㄷ. C를 선택하는 것이 합리적이다.
ㄹ. A~C의 편익이 50%씩 감소해도 갑의 선택은 같다.

① ㄱ, ㄴ ② ㄱ, ㄷ ③ ㄴ, ㄷ
④ ㄴ, ㄹ ⑤ ㄷ, ㄹ

06 ✱✱✿

다음 상황에 대한 옳은 설명만을 〈보기〉에서 고른 것은?

> A재화는 대가를 지불하지 않은 사람도 사용하는 데 제약을 받지 않고, 내가 사용한다고 해서 다른 사람이 사용하는 것에 지장을 주지 않는다. 특히 대가를 지불하지 않은 사람도 자유롭게 이용할 수 있다는 점으로 인하여 ㉠ 문제가 발생하고 있다.

〔보기〕
ㄱ. A재화는 시장에서 충분히 공급되지 않는다.
ㄴ. A재화의 사례에는 공해상의 물고기가 있다.
ㄷ. ㉠의 해결을 위해 정부는 A재화를 직접 생산해야 한다.
ㄹ. ㉠의 해결을 위해 정부는 시장의 독과점을 규제해야 한다.

① ㄱ, ㄴ ② ㄱ, ㄷ ③ ㄴ, ㄷ
④ ㄴ, ㄹ ⑤ ㄷ, ㄹ

07 ✱✱✱

외부 효과의 사례 (가), (나)에 대한 옳은 설명만을 〈보기〉에서 고른 것은?

> (가) 사람들이 독감 예방 접종을 하여 독감이 확산될 가능성이 낮아졌다.
> (나) 일부 축산 농가들이 가축 분뇨를 정화하지 않고 배출함에 따라 하천 오염이 심각해졌다.

〔보기〕
ㄱ. (가) – 외부 경제의 사례이다.
ㄴ. (가) – 독감 예방 접종 비용을 지원할 경우 사회적 최적 거래량이 달성된다.
ㄷ. (나) – 시장 거래량이 사회적 최적 거래량보다 적다.
ㄹ. (나) – 축산 농가의 가축 사육에 보조금을 지급하면 사회적 최적 거래량이 달성된다.

① ㄱ, ㄴ ② ㄱ, ㄷ ③ ㄴ, ㄷ ④ ㄴ, ㄹ ⑤ ㄷ, ㄹ

08 ✱✱✿

다음 사례에 대한 옳은 설명만을 〈보기〉에서 고른 것은?

> 아이스크림을 만드는 A기업은 보다 많은 수익을 올리기 위하여 아이스크림 가격을 인상하고자 한다. A기업만 아이스크림을 인상할 경우 소비자들이 다른 회사의 제품을 구매할 것을 우려하여 A기업은 다른 아이스크림 제조 회사들과 함께 담합하여 아이스크림 가격을 인상하였다. 이로 인하여 아이스크림 제조 기업들은 이전 보다 많은 수익을 올릴 수 있었으나, 얼마 지나지 않아 공정 거래 위원회에 적발되어 과징금을 물게 되었다.

〔보기〕
ㄱ. 개별 기업의 합리적 선택이 공공의 이익을 저해하고 있다.
ㄴ. 시장 실패를 예방하기 위해서 정부가 시장에 개입하고 있다.
ㄷ. 기업은 기업가 정신을 바탕으로 생산성 향상을 도모하고 있다.
ㄹ. 공정한 경쟁의 틀 안에서 기업의 합리적 선택이 이루어지고 있다.

① ㄱ, ㄴ ② ㄱ, ㄷ ③ ㄴ, ㄷ ④ ㄴ, ㄹ ⑤ ㄷ, ㄹ

09 ***

다음 사례에 대한 옳은 설명만을 〈보기〉에서 고른 것은?

갑은 여유 자금 5천만 원을 다음 두 가지 방안 중 하나를 선택하여 투자하고자 한다.
(가) 온라인 주식 매매 시스템으로 ○○기업의 주식을 매입하는 방안
(나) ○○기업에서 발행한 3년 만기 회사채를 채권 시장에서 매입하는 방안

[보기]
ㄱ. (가)와 (나) 모두 갑은 ○○기업의 주주가 된다.
ㄴ. (가)와 달리 (나)는 정부가 원금 지급을 보장한다.
ㄷ. ○○기업 입장에서 (나)와 달리 (가)는 원금 상환의 의무가 없다.
ㄹ. (가)에서는 배당 수익, (나)에서는 이자 수익을 기대할 수 있다.

① ㄱ, ㄴ   ② ㄱ, ㄷ   ③ ㄴ, ㄷ
④ ㄴ, ㄹ   ⑤ ㄷ, ㄹ

10 ***

표는 우리나라의 금융 상품을 나타낸 것이다.
금융 상품 A~C에 대한 설명으로 옳은 것은?

종류	의미
A	정부나 기업이 필요한 자금을 빌리면서 발행한 일종의 차용 증서로, 증서에 명시한 만기일에 맞춰 원금과 이자를 지급하는 상품
B	이자를 받을 목적으로 계약 기간 동안 매달 일정 금액을 은행에 입금하여 목돈을 마련하는 상품
C	노후 생활의 안정을 위해 자금을 적립하여 노령, 퇴직 등의 사유가 발생했을 때 급여를 지급받는 상품

① A, B 모두 매매 차익을 기대할 수 있다.
② 원금의 보전 정도는 A에 비해 B가 크다.
③ A는 B와 달리 배당 수익을 받을 수 있다.
④ B와 달리 C는 예금자 보호법의 적용을 받는다.
⑤ A는 채권, B는 은행 예금, C는 주식이다.

11 ***

표는 금융 자산 A~C를 특징에 따라 평가한 것이다. 이에 대한 옳은 설명만을 〈보기〉에서 고른 것은? (단, A~C는 주식, 예금, 채권 중 하나이다)

구분	A	B	C
수익성	5	1	3
안전성	1	5	3

* 숫자는 최저 1점, 최고 5점을 기준으로 작성됨

[보기]
ㄱ. A는 예금, B는 주식이다.
ㄴ. B, C는 모두 시세 차익이 발생한다.
ㄷ. A는 B와 달리 배당 수익을 얻을 수 있다.
ㄹ. C는 A와 달리 일정 기간 후 원금 상환이 가능하다.

① ㄱ, ㄴ ② ㄱ, ㄷ ③ ㄴ, ㄷ ④ ㄴ, ㄹ ⑤ ㄷ, ㄹ

12 ***

그림은 생애 주기 곡선을 나타낸 것이다. 이에 대한 설명으로 옳은 것은?

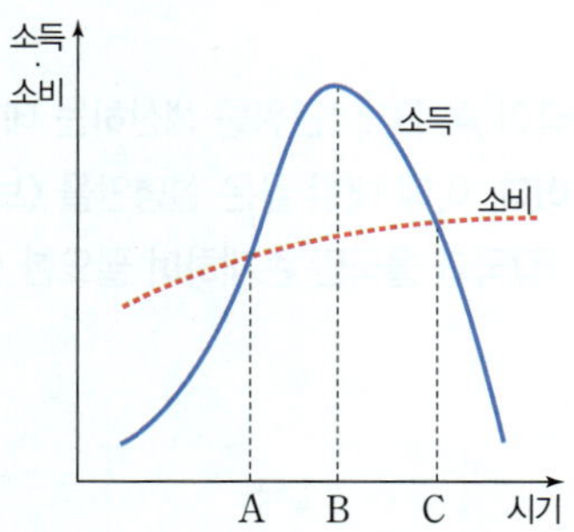

① A이전에는 소득이 존재하지 않는다.
② B는 생애에서 저축 규모가 가장 큰 시점이다.
③ C는 소득과 소비가 일치하는 경제적 정년에 해당한다.
④ A~C 구간에는 소득보다 소비가 많아 저축이 가능하다.
⑤ 정년이 연장될 경우 B~C 구간이 이전에 비해 짧아지게 된다.

13 ✽✽✾

갑과 을의 진술에 대한 옳은 설명만을 〈보기〉에서 고른 것은?

> 갑: 각국이 생산비가 절대적으로 적게 드는 재화 생산에 특화하여 상호 교환할 경우 양국 모두에 무역 이익이 발생하게 됩니다.
>
> 을: 다른 나라에 비해 더 작은 기회비용으로 생산할 수 있는 재화의 생산에 특화하여 교환할 경우 양국 모두에 이익이 발생하게 됩니다.

---[보기]---
ㄱ. 갑은 무역 규제가 필요하다는 입장이다.
ㄴ. 을은 비교 우위에 있는 재화를 수출하게 된다고 본다.
ㄷ. 갑, 을 모두 분업으로 인해 효율적 생산이 가능하다고 본다.
ㄹ. 을과 달리 갑은 한 나라가 모든 재화에 절대 우위가 있을 경우에도 무역이 발생한다고 본다.

① ㄱ, ㄴ　　② ㄱ, ㄷ　　③ ㄴ, ㄷ
④ ㄴ, ㄹ　　⑤ ㄷ, ㄹ

14 ✽✽✽

표는 갑국과 을국이 A, B재 1단위를 생산하는 데 필요한 노동자 수를 나타낸 것이다. 이에 대한 옳은 설명만을 〈보기〉에서 고른 것은? (단, 갑국과 을국만 존재하며 필요한 생산 요소는 노동뿐이다.)

(단위: 명)

구분	갑국	을국
A재	8	5
B재	4	2

---[보기]---
ㄱ. 갑국은 A재 생산에 절대 우위를 가진다.
ㄴ. 을국은 A재 생산에 비교 우위를 가진다.
ㄷ. A재 1단위 생산의 기회비용은 갑국이 을국보다 작다.
ㄹ. 교역을 한다면 갑국은 A재, 을국은 B재 생산에 특화할 것이다.

① ㄱ, ㄴ　　② ㄱ, ㄷ　　③ ㄴ, ㄷ
④ ㄴ, ㄹ　　⑤ ㄷ, ㄹ

15 ✽✽✽

표는 감자와 고구마 1단위 생산에 소요되는 비용을 나타낸 것이다. 이에 대한 설명으로 옳은 것은? (단, 갑국과 을국만 존재하며 두 나라는 감자와 고구마만 생산한다.)

구분	갑국	을국
감자	10달러	12달러
고구마	5달러	4달러

① 갑국은 고구마 생산에 절대 우위를 가진다.
② 을국은 감자 생산에 비교 우위를 가진다.
③ 감자 1단위 생산의 기회비용은 갑국이 을국보다 크다.
④ 고구마 1단위 생산의 기회비용은 을국이 갑국보다 작다.
⑤ 교역을 하게 될 경우 갑국은 고구마를, 을국은 감자를 수출하게 된다.

16 ✽✽✾

다음에서 밑줄 친 영향의 사례로 가장 적절한 것은?

> 갑국과 을국은 지난 2007년 자유 무역 협정(FTA)을 체결하였다. 그런데 최근 갑국의 대통령으로 당선된 A는 을국과의 자유 무역 협정에 대하여 전면 재검토를 하겠다고 발표하였다. A는 자유 무역 협정이 미치는 영향을 파악한 결과 자유 무역 협정에 대한 부정적 영향이 우려된다고 주장하였다.

① 갑국의 소비자가 낮은 가격에 을국의 재화를 사용하고 있다.
② 갑국의 생산자가 을국으로부터 새로운 기술을 습득하고 있다.
③ 을국으로 수출하는 갑국 생산자의 생산 비용이 하락하고 있다.
④ 갑국으로 수출하는 을국 생산자의 고용 인원이 증가하고 있다.
⑤ 을국과 경쟁하는 갑국 산업의 붕괴로 인하여 실업이 증가하고 있다.

[17~18] (가), (나)를 읽고 물음에 답하시오.

(가) 극심한 불황기에는 시장의 기능이 제대로 작동하지 않을 수 있다. 이러한 시기에 시장 기능이 다시 작동하도록 하기 위해서는 정부가 직접 투자를 일으켜 고용을 늘려야 한다.
(나) 정부는 시장의 원리를 존중하고 함부로 시장에 개입해서는 안 된다. 정부의 역할은 사유 재산 보호, 공공재 생산 등에 국한되어야 한다. 정부의 시장 개입은 자원 배분의 비효율성을 초래할 수 있다.

17 ❋❋❀ 〔단답형〕

20세기 이후 (가), (나)와 같은 관점으로 정부와 시장의 관계를 바라본 경제 체제를 각각 적으시오.

18 ❋❋❀ 〔서술형〕

20세기 이후 (가), (나)와 같은 주장이 제기된 배경이 무엇인지 각각 서술하시오.

[19~20] 다음 자료를 읽고 물음에 답하시오.

갑은 이번 방학에 영어 공부를 위해 자기 주도 학습, 인터넷 강의, 방과 후 수업 중 하나를 선택하고자 한다.

(단위: 만 원)

구분	자기 주도 학습	인터넷 강의	방과 후 수업
가격	3	10	5
편익	7	12	10

19 ❋❋❀ 〔단답형〕

갑이 자기 주도 학습, 인터넷 강의, 방과 후 수업을 선택할 경우의 기회비용을 각각 쓰시오.

20 ❋❋❋ 〔서술형〕

갑이 합리적인 선택을 했을 때 최종 선택을 쓰고, 해당 선택이 합리적인 이유를 〈조건〉에 맞게 서술하시오.

[조건]
최종 선택의 편익, 기회비용의 값을 모두 포함할 것

[21~22] 다음을 읽고 물음에 답하시오.

저축이나 투자 등을 통해 개인의 자산을 관리하는 데에는 기본 원칙이 있다. 예금, 주식, 채권 등과 같은 금융 자산도 각각 자산 관리의 기본 원칙에 따라 특징이 달라진다.

21 ❋❋❀ 〔단답형〕

금융 자산 관리의 기본 원칙 세 가지를 쓰시오.

22 ❋❋❋ 〔서술형〕

'금융 회사에 돈을 맡기고 약속된 이자를 받는 금융 상품'과 '기업에 자금을 투자한 사람에게 그 대가로 회사 소유권의 일부를 지급하는 증서'의 특징을 자산 관리의 기본 원칙에 따라 비교하여 서술하시오.

[23~24] 표는 갑국과 을국에서 X재, Y재 1단위 생산에 소요되는 비용을 나타낸 것이다. 다음을 보고 물음에 답하시오.

구분	X재	Y재
갑국	30달러	60달러
을국	180달러	120달러

* 전 세계에는 갑국, 을국 두 나라 밖에 없으며, 두 나라는 X재와 Y재만 생산한다. 생산량과 관계없이 비용은 일정하다.

23 ❋❋❋ 〔서술형〕

갑국과 을국의 비교 우위 제품이 각각 무엇인지 X재 또는 Y재 1단위 생산의 기회비용의 값과 함께 서술하시오.

24 ❋❋❋ 〔단답형〕

갑국과 을국이 각각 비교 우위 제품 2단위를 생산하여 X재 1단위와 Y재 1단위를 교환할 때, 을국이 얻는 이익이 얼마인지 쓰시오.

★ 수정 자본주의

다음 유형은 '저'가 누구인지 파악한 후 '저'와 관련된 설명으로 옳은 것을 찾는 문제로 주로 출제된다.

밑줄 친 '저'에 대한 설명으로 옳은 것은? 2028 대비 수능 예시 11 (1차)

> 친애하는 후버 대통령과 대법원장, 그리고 여러분! 지금 저와 여러분은 공통적인 난국에 직면해 있습니다. 이러한 난국은 다행히 물질적인 것에만 관련된 것입니다. 물가는 믿을 수 없을 정도로 떨어졌습니다. 상업 거래에서는 돈이 돌지 않고, 생산 기업은 말라죽은 잎사귀처럼 여기저기에 흩어져 있습니다. 농민들은 생산물을 팔 시장을 찾을 수가 없고, 수만 가정에 수년 동안 저축해 온 돈은 삽시간에 사라졌습니다. 더욱 중대한 것은 다수의 실업자들이 냉혹한 생존 문제에 직면해 있습니다. …(중략)… '검은 목요일'로부터 시작된 지금의 난국으로 인해 우리 미국 국민들은 좌절할 일이 없습니다. 그들은 지도자가 규율과 방향을 제시해 줄 것을 요구하며 저를 자신들의 소원을 실현시키는 인물로 만들고 있습니다. 저는 이 임무를 소명으로 기꺼이 받아들일 것이며, 대통령으로서의 헌신을 서약함에 있어 겸허하게 신의 축복을 기원하는 바입니다.

① 자본가와 노동자 간의 계급 투쟁을 강조하였다.
② 대규모 공공사업을 벌이는 등 뉴딜 정책을 실시하였다.
③ 신자유주의에 근거하여 노동 시장의 유연성을 강화하였다.
④ 제1차 석유 파동으로 인한 경기 침체를 극복하고자 하였다.
⑤ 국부론을 저술하여 개인의 경제적 자율성 보장을 역설하였다.

단서＋발상

(단서) 후버 대통령, 검은 목요일

(발상) '저'는 루스벨트 대통령이다.

(적용) 미국은 대공황을 극복하기 위해서 대규모 댐 등을 건설해 일자리를 늘리는 등 공공사업을 확대하는 뉴딜 정책을 추진하였다.

|문제 + 자료 분석|

• 루스벨트 대통령은 1929년 검은 목요일 사건으로 시작된 세계 대공황의 원인을 농작물의 과잉 생산 및 재고 축적으로 간주하였다.
• 루스벨트 대통령은 하락한 물가와 대규모 실업을 해결하기 위해서 정부가 시장에 적극적으로 개입해야 한다고 주장했다.

|선택지 분석|

✘ **자본가와 노동자 간의 계급 투쟁을 강조하였다.**

• 자본가와 노동자 간의 계급 투쟁을 강조한 것은 공산주의를 주장한 마르크스이다.

② **대규모 공공사업을 벌이는 등 뉴딜 정책을 실시하였다.**

• 루스벨트 대통령은 기업이 과잉 생산한 재고를 줄이고 대규모 실업을 해결하기 위해서는 정부가 [1 　　　　]을 벌여야 한다고 본다.
• 이를 통해 시민들에게 임금을 제공함으로써 수요를 촉진하고 기업의 원활한 운영을 도모할 수 있을 뿐 아니라 일자리도 창출할 수 있기 때문이다.

✘ **신자유주의에 근거하여 노동 시장의 유연성을 강화하였다.**

• 노동 시장의 유연성을 강조한 것은 신자유주의자인 하이에크이다.
• 하이에크는 [2 　　]이 더욱 자유롭게 고용 규모와 방식을 결정할 수 있도록 도와 노동 시장의 유연성을 강화하면 노동 시장의 비효율성을 해소할 수 있다고 본다.

✘ **제1차 석유 파동으로 인한 경기 침체를 극복하고자 하였다.**

• 제1차 석유 파동 이후 등장한 것은 [3 　　　　]이다.
• 하이에크는 정부의 적극적인 시장 개입으로는 제1차 석유 파동이 유발한 스태그플레이션을 해결할 수 없으므로, 정부의 시장 개입을 [4 　　]해야 한다고 본다.

✘ **국부론을 저술하여 개인의 경제적 자율성 보장을 역설하였다.**

• 국부론을 저술한 것은 [5 　　　　]를 주장한 스미스이다.
• 스미스는 개인들이 각자 자신의 이익을 추구하는 과정에서, 자원이 효율적으로 이용되고 분업의 효과가 실현되어 국가 전체의 이익이 증진될 수 있다고 본다.

∴ 정답은 ②이다.

대비법

이 유형에 대비하기 위해서는 자본주의의 역사적 전개 과정과 각 자본주의 특징을 정확히 알고 있어야 한다.

[정답]

1 공공사업　**2** 기업　**3** 신자유주의　**4** 최소화　**5** 산업 자본주의

밑줄 친 ㉡을 통해 해결하고자 하는 ㉠의 발생 원인에 대한
설명으로 옳은 것은?

미국의 독립 혁명, 프랑스 혁명 등을 거쳐 확립된
근대 입헌주의 헌법은 시민 계급이 자유를 극대화하는
데 필요한 최소한의 질서 유지를 위해서만 국가의
물리적 강제력 행사를 허용하였다. 사적 자치의 원칙을
강조한 근대법 체제하에서는 개인의 자유로운 경제
활동이 최대한 보장되었지만, ㉠ 시장에서 자원이
효율적으로 배분되지 못하는 현상이 나타나게 되었다.
특히 상품의 생산 과정에서 배출되는 오염 물질로
인한 환경 피해의 경우 오염 물질의 방출이 당시의
과학 기술 수준으로 피할 수 없는 경우라면 행위자의
과실이 인정되지 않아 피해자가 구제받을 수 없는
문제가 발생하게 되었다. 이에 왜곡된 시장경제 구조를
바로잡기 위해 국가의 개입을 인정하는 조항 등이
헌법에 자리 잡게 되었고, 환경 오염으로 피해가 발생한
경우 ㉡ 고의나 과실 여부와 관계없이 원인자에게 손해
배상 책임을 인정하는 입법이 이루어졌다.

① 외부 불경제가 발생하여 시장 거래량이 사회적 최적
　거래량보다 많아졌다.
② 비경합성과 비배제성을 특성으로 하는 재화에 무임승차자의
　문제가 초래되었다.
③ 독과점 형태의 시장 구조로 인하여 부당한 공동 행위와
　불공정 거래 행위가 발생하였다.
④ 정보가 제한된 상황에서 정부의 시장 개입이 사회
　후생 개선에 실패하는 현상이 나타났다.
⑤ 산업 자본주의 국가들이 자유 방임주의를 근거로
　국가의 시장 개입을 최소화하는 작은 정부를
　추구하였다.

밑줄 친 '이 시기'에 있었던 사실로 옳은 것은? [1.5점]

이 시기는 제임스 와트가 개량한 증기 기관이 새로
운 동력으로 사용되기 전까지 지속된 시대로, 서유럽
의 통치자들이 본인의 권력 강화를 위해 중앙 집권적
관료제와 상비군을 유지하고자 하였다. 그들은 이러한
통치 체제 확립에 필요한 자금을 마련하기 위해 교역
을 장려했으며, 일부 상인에게는 막대한 세금 납부를
조건으로 특혜를 부여하였다. 이러한 제휴는 통치자와
상인 모두의 부와 권력을 증대하였다. 통치자들은 금
이나 은을 확보하여 많은 함선을 만들고 강력한 군사
력을 갖추어 영토 확장을 도모하였다. 또한 통치자와
상인 계층은 완전히 새로운 교역망을 통한 막대한 이
윤 창출을 기대하였다.

① 대공황이 발생하였다.
② 독점 자본주의가 등장하였다.
③ 중상주의 정책이 확산하였다.
④ 두 차례의 석유 파동이 일어났다.
⑤ 서브프라임 모기지가 증가하였다.

다음 자료에 대한 설명으로 옳은 것은? (단, A~C는 각각 정기
예금, 주식, 채권 중 하나임.) [2점]

표는 갑이 금융 상품 A, B, C 중 하나를 선택하여
투자하기 위해 작성한 것이다. 갑은 편익과 기회비용
만을 고려하여 금융 상품을 선택하며 세 상품 모두 명
시적 비용은 없다. 이때 편익은 수익성과 안전성 등을
고려하여 화폐 단위로 평가한 것이다.

금융 상품	A	B	C
편익(만 원)	90	80	100
이자 수익	있음	없음	있음
시세 차익	없음	있음	있음

① A는 배당 수익을 기대할 수 있다.
② C는 예금자 보호 제도의 적용을 받는다.
③ 일반적으로 B는 A에 비해 안전성이 높다.
④ 채권 선택의 암묵적 비용은 100만 원이다.
⑤ 정기 예금 선택의 기회비용과 주식 선택의 기회비용은
　같다.

다음 자료에 대한 설명으로 옳은 것은? (단, A~C는 각각 예금, 주식, 채권 중 하나임.)

[평가 요소] 금융 자산 A~C의 일반적 특징

[서술형 문항]
⟨1⟩ C와 구별되는 A의 일반적 특징을 1가지만 쓰시오. (1점)
⟨2⟩ C와 구별되는 B의 일반적 특징을 1가지만 쓰시오. (1점)
⟨3⟩ A와 구별되는 C의 일반적 특징을 1가지만 쓰시오. (1점)

[학생 답안지]

서술형 문항	답안	점수
⟨1⟩	배당 수익을 기대할 수 있다.	1점
⟨2⟩	예금자 보호 제도의 적용을 받는다.	1점
⟨3⟩	(가)	㉠

*각 문항별로 채점하며, 옳은 답안은 1점, 틀린 답안은 0점을 부여함.

① A는 계약 기간 동안 일정한 금액을 매달 납입하여 만기 시에 원금과 이자를 받는 자산이다.
② 일반적으로 A는 C보다 안전성이 높다.
③ 일반적으로 B는 A보다 수익성이 높다.
④ B와 C는 모두 이자 수익을 기대할 수 있다.
⑤ (가)에 '시세 차익을 기대할 수 있다.'가 들어가면, ㉠은 '1점'이다.

다음 자료에 대한 분석 및 추론으로 옳은 것은? [3점]

갑과 을은 □□여행사로부터 추천받은 여행 상품 A와 B 중 하나를 편익과 기회비용을 고려하여 합리적으로 선택한다. 표는 A, B의 가격과 갑, 을이 선택으로 얻는 편익을 나타낸다. 단, 제시된 자료 외에 다른 조건은 고려하지 않는다.

(단위: 만 원)

구분	가격	편익	
		갑	을
A	100	150	㉠
B	80	100	120

① 갑이 A를 선택할 때 기회비용은 100만 원이다.
② 갑은 B를 선택한다.
③ 을이 A를 선택할 때 암묵적 비용은 140만 원이다.
④ ㉠이 140보다 클 경우 을은 B를 선택한다.
⑤ A의 가격이 120만 원으로 인상되어도 갑의 선택은 변함이 없다.

다음 수업 장면에서 ⟨상황1⟩, ⟨상황2⟩에 대한 설명으로 옳은 것은? [2.5점]

⟨상황1⟩

구분	X재	Y재
갑국	1명	2명
을국	2명	1명

⟨상황2⟩

구분	X재	Y재
갑국	1명	2명
을국	2명	3명

① ⟨상황1⟩에서 갑국은 X재와 Y재 생산 모두 절대 우위를 갖는다.
② ⟨상황2⟩에서 무역이 발생하는 이유를 절대 우위로 설명할 수 있다.
③ ⟨상황2⟩에서 X재 1단위 생산을 위해 포기해야 하는 Y재의 양은 갑국이 을국보다 많다.
④ ⟨상황1⟩과 ⟨상황2⟩에서 Y재를 특화해서 생산하는 나라는 모두 갑국이다.
⑤ ⟨상황1⟩과 ⟨상황2⟩ 모두에서 무역이 발생하는 이유를 비교 우위로 설명할 수 있다.

Ⅳ 세계화와 평화

10 세계화의 양상과 문제

중요도 ★★

1 세계화의 의미와 양상

1. 세계화와 지역화

(1) **세계화**: 국제 사회의 상호 의존성이 커지고 국가의 경계를 넘어 세계가 하나로 통합되는 현상
  ① 원인: 교통·통신의 발달과 세계 무역 기구(WTO)의 출범
  ② 영향: 상품, 자본, 기술, 문화, 가치가 국경을 넘어 자유롭게 이동함

(2) **지역화**: 특정 지역의 독특한 사회적·문화적 특성이 세계적 가치를 지니는 현상
  ① 원인: 다양한 차원의 지역들이 세계를 움직이는 주요 단위로 성장, 지역의 독특한 요소들이 세계적 가치를 가지게 됨
  ② 지역화 전략: 지역 축제 개최, 장소 마케팅, 지리적 표시제, 지역 브랜드 등

장소 마케팅	지리적 표시제	지역 브랜드
• 특정 장소를 하나의 매력적인 상품으로 볼 수 있도록 랜드마크와 같은 이미지와 시설 등을 개발함 ㉠ 이탈리아 로마의 콜로세움, 에스파냐의 사그라다 파밀리아 성당	• 상품의 특성과 품질에 특정 지역의 기후, 지형, 토양 등 지리적 특성이 반영되었다면 해당 지역의 생산품임을 증명하고 표시하는 제도 ㉠ 이탈리아의 고르곤졸라 치즈, 콜롬비아의 커피	• 특정 지역에서 생산되는 상품 등을 특별한 브랜드로 인식시켜 지역 이미지를 높이는 전략 • 지역 자체에 하나의 고유한 상표를 부여 ㉠ 미국 뉴욕의 'I♡NY'

▲ 브라질 리우 카니발
삼바라는 춤의 고향인 점을 살린 축제로, 엄청난 규모와 화려함으로 유명해져 많은 관광객이 방문하고 있다.

▲ 제주도 한라봉 (지리적 표시제)
제주 한라봉은 지리적 특성과 품질의 우수성을 인정받아 우리나라 지리적 표시 100호로 등록되었다.

2. 세계화의 양상

(1) **세계 도시의 영향력 강화(런던, 뉴욕, 도쿄, 파리 등)**
  ① 다국적 기업의 본사가 집중하여 세계 경제 활동의 조절과 통제가 이루어짐
  ② 전문화된 금융·광고·법률 등의 생산자 서비스업❶이 발달함
  ③ 국제기구의 본부가 입지한 국제 정치의 중심지로, 다양한 국제 회의 및 행사 등을 주최함
  ④ 교통의 중심지로 인적·물적 교류가 활발해서 문화활동의 중심축 역할을 함

❶ **생산자 서비스업**
기업의 생산 활동을 지원하는 서비스업으로, 주로 금융·보험·부동산업이나 회계 서비스, 연구 개발 등이 있다.

✪ 세계 도시

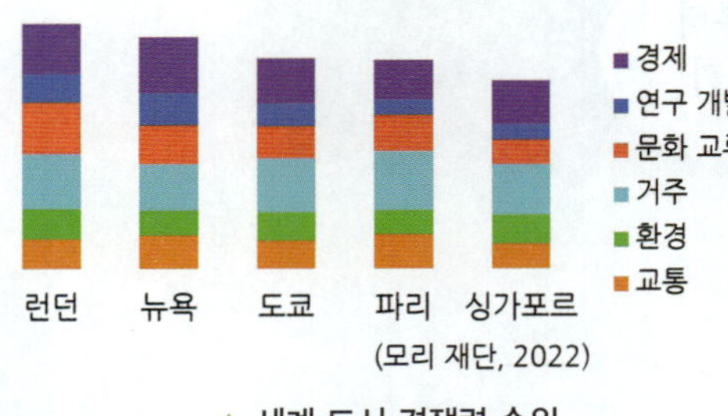

▲ 세계 도시 경쟁력 순위

• 세계 도시의 순위는 경제, 연구·개발, 문화 교류, 주거 적합성, 생태환경, 교통 접근성 등의 영역에서 부문별 점수를 합산하여 순위를 정한다.
• 런던에는 금융 중심지 '더 시티'를 중심으로 많은 다국적 기업과 금융 기업의 본사가 자리 잡고 있으며, 뉴욕에는 국제 연합(UN)의 본부, 뉴욕 증권거래소가 있다.
• 세계 도시는 국제 사회의 주요 문제를 논의하고 세계 정보의 흐름을 주도한다.

(2) **활발한 문화 교류**: 해외 관광과 취업 등을 위해 사람들의 국가 간 이동이 활발해지고, 통신이 발달하면서 인터넷을 통해 세계의 다양한 문화를 쉽게 경험할 수 있게 됨❷

❷ **세계화와 문화**
통신의 발달로 외국 음악, 드라마, 영화 등을 일상에서 경험하고, 스포츠 대회 등 국제 행사를 함께 보고 즐길 수 있게 되었다.

(3) **다국적 기업**: 세계 여러 국가에 자회사, 지점, 생산 공장 등을 두고 세계적인 규모로 생산과 판매 활동을 하는 기업

① 성장 배경: 교통 · 통신의 발달로 세계 각 지역 간 상호 교류 및 의존성 강화, 세계 무역 기구(WTO)의 등장과 자유 무역 협정(FTA)❶의 확대

② 공간적 분업❷: 기업의 규모가 커지면서 기업의 각 기능이 공간적으로 분리되는 현상 ➡ 경영의 효율성을 높여 경쟁력을 확보하고 이윤을 극대화하기 위함

본사	경영 기획 및 관리	주로 정보 수집과 자원 확보에 유리한 본국의 대도시에 입지
연구소	기술 및 디자인 개발	우수한 연구 인력 확보와 정보 수집에 유리한 선진국에 입지
생산 공장	제품 생산	• 저렴한 노동력이 풍부한 개발 도상국에 입지 • 무역 장벽 극복, 시장 개척을 위해 선진국에 입지하기도 함 자국의 산업을 보호하거나 교역 조건을 유리하게 하기 위해 관세를 부과하는 등의 인위적 조치를 하는 것

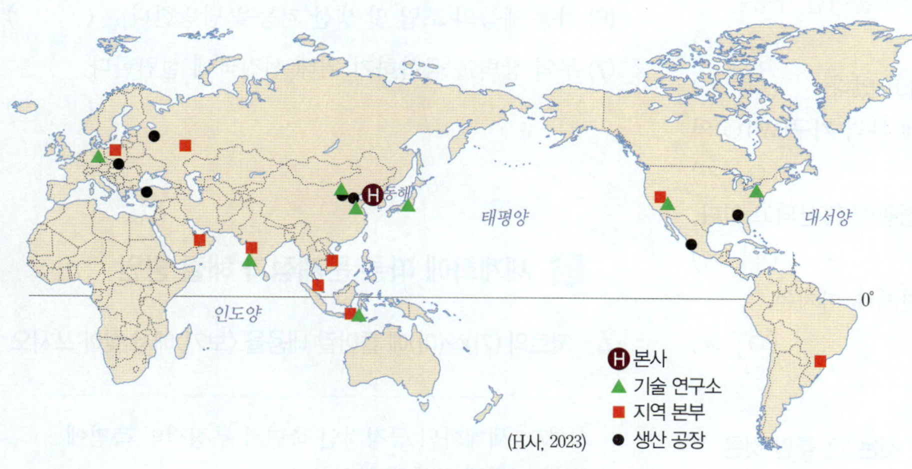

▲ 다국적 기업의 공간적 분업

2 세계화에 따른 문제점과 해결 방안

1. 국가 간 빈부 격차의 심화❸

양상	자본과 기술이 풍부한 선진국과 다국적 기업은 이윤을 극대화하지만, 경쟁력이 약한 개발 도상국과 기업은 경쟁에서 밀려 빈익빈 부익부 현상이 나타남
해결 방안	• 선진국의 공적 개발 원조(ODA)나 기술 이전을 통해 개발 도상국을 지원함 공공 기관이 개발 도상국의 경제 발전과 사회 복지 증진을 위해 제공하는 원조 • 공정 무역❹, 공정 여행 등을 통해 세계화의 성과가 일부 국가나 기업에 집중되지 않도록 함

2. 문화의 획일화와 소멸

양상	• **문화의 획일화**: 전 세계 문화가 선진국 문화로 비슷해짐 • **문화 소멸**: 약소국이나 원주민의 고유 문화 소멸 위기
해결 방안	• 자국 문화의 정체성을 유지하면서 외래문화를 능동적으로 수용하는 자세가 필요함 • 문화 다양성을 증진하기 위해 노력해야 함

3. 보편 윤리와 특수 윤리❺ 간의 갈등

양상	세계화의 흐름 속에서 인권 존중, 자유와 평등의 보장을 중시하는 보편 윤리가 강조됨 ➡ 특정 사회에서만 중시되는 특수 윤리와 충돌함
해결 방안	• **세계시민 의식 강조**: 지구촌 문제에 관심을 갖고 더불어 살아가는 공동체를 만들기 위해 노력 • 보편 윤리를 존중하는 가운데, 각 사회의 특수 윤리를 성찰하는 태도를 가져야 함

---

❶ **자유 무역 협정(FTA)**

국가 간 무역 장벽을 없애거나 줄여 상품과 서비스의 자유로운 이동을 보장하기 위한 협정이다.

❷ **공간적 분업의 영향**

본국	• 수입 유입, 재투자를 통한 추가 이익 창출 • 생산 공장의 해외 이전으로 인한 실업, 경기 침체
개발 도상국	• 지역 경제 활성화, 선진국 기술 습득 • 지역 내 소규모 기업의 피해, 다국적 기업에 대한 경제 의존 심화

❸ **세계의 빈부 격차 현황**

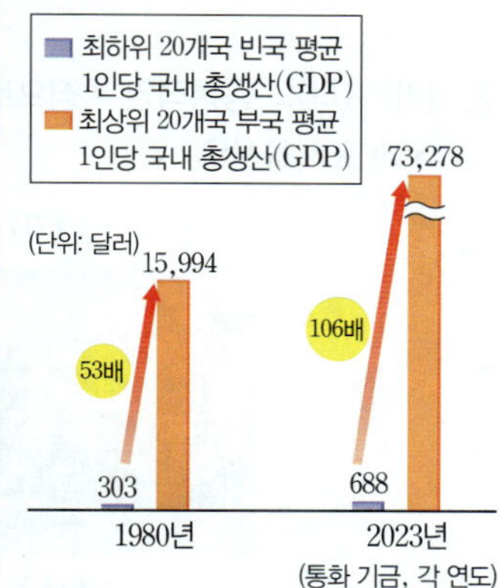

❹ **공정 무역**

중간 유통 과정을 거치지 않고 생산자와 직접 거래해 개발 도상국의 생산자가 정당한 보상을 받을 수 있도록 한 무역이다.

▲ 공정 무역 초콜릿

❺ **보편 윤리와 특수 윤리**

보편 윤리	세계시민으로서 인간 존엄성, 자유 등 보편적 가치 중시
특수 윤리	특정 사회에서만 공유하는 규범과 가치 우선시

1 세계화의 의미와 양상

1. 다음 글의 (가), (나)에 대한 설명으로 옳은 것은 ○, 틀린 것은 ×에 표시하시오.

> __(가)__ 은/는 교통·통신의 발달에 따라 지역 간의 상호 의존성이 높아지고, 전 세계가 단일한 생활권으로 나가는 흐름과 추세를 말한다. 반면, __(나)__ 은/는 특정 지역이 그 지역의 고유한 전통이나 특성을 살려 세계적인 경쟁력을 갖추려고 노력하는 과정을 의미한다.

(1) (가)에 들어갈 내용은 세계화, (나)에 들어갈 내용은 지역화이다. (○, ×)

(2) (가)로 인해 국경의 의미가 약해지고 있다. (○, ×)

(3) (가)가 촉진된 원인 중 하나는 세계 무역 기구(WTO)의 출범이다. (○, ×)

(4) (나)가 진행되면서 동질적인 문화 경관이 확산되고 있다. (○, ×)

(5) (나)로 인해 다국적 기업이 세계 경제에 미치는 영향력이 커졌다. (○, ×)

2. (가)~(다)의 공통적인 특징으로 옳은 것은 ○, 틀린 것은 ×에 표시하시오.

(가)

영국 런던

(나)

미국 뉴욕

(다)

일본 도쿄

(1) 다국적 기업의 생산 공장이 밀집해 있다. (○, ×)

(2) 세계적으로 중심지 역할을 하는 도시이다. (○, ×)

(3) 기능적으로 상호 유기적 관계를 맺고 있다. (○, ×)

(4) 금융·광고·법률 등의 생산자 서비스업이 발달했다. (○, ×)

(5) 교통 기능이 과도하게 집중하여 교통 중심지로서의 역할은 축소되고 있다. (○, ×)

3. 다음 설명에 해당하는 시설을 〈보기〉에서 골라 기호를 쓰시오.

> [보기]
> ㄱ. 본사　　ㄴ. 연구소　　ㄷ. 생산 공장

(1) 주로 본국의 대도시에 입지한다. (　　)

(2) 경영 전략을 세우고 기업을 관리한다. (　　)

(3) 연구 시설이 밀집한 지역에 설립한다. (　　)

(4) 임금이 저렴한 국가에 두는 경우가 많다. (　　)

(5) 핵심 기술 인력을 구하기 쉬운 곳에 있다. (　　)

(6) 최종 제품의 조립 및 생산 기능을 담당한다. (　　)

(7) 무역 장벽을 극복하기 위해 선진국에 설립한다. (　　)

2 세계화에 따른 문제점과 해결 방안

4. 자료의 (가)~(마)에 들어갈 내용을 〈보기〉에서 찾아 쓰시오.

> [보기]
> ㄱ. 고용 창출로 경제가 활성화
> ㄴ. 전 세계의 문화가 비슷해져 가는
> ㄷ. 보편 윤리와 특수 윤리 간의 갈등
> ㄹ. 국가의 경계를 넘어 세계적인 중심지
> ㅁ. 선진국과 개발 도상국 간의 빈부 격차가 확대

(　　　　　　　　　　)

내신 대비 필수 문제

1 세계화의 의미와 양상

01 ✽✽✽

다음 글의 ㉠~㉣에 대한 옳은 설명만을 〈보기〉에서 있는 대로 고른 것은?

> ㉠교통·통신의 발달로 지역 간 교류가 증가하고 있고 교류 속도도 빨라졌다. 또한 교통·통신의 발달은 세계화를 촉진하였는데, 세계화는 ㉡정치·경제·문화 등의 활동 범위가 전 세계로 확대되는 과정이다. 경제의 세계화는 ㉢전 세계가 하나의 단일 시장으로 통합되어 가는 현상이며, 문화의 교류가 활발해지면서 문화의 세계화도 진행되고 있다. 한편, 이러한 세계화 시대에 적응하기 위해 ㉣각 지역의 특성을 살리는 지역화 현상이 나타나기도 한다.

──[보기]──
ㄱ. ㉠으로 지역 간 상품의 이동이 활발해졌다.
ㄴ. ㉡으로 국경의 의미가 강화되고 있다.
ㄷ. ㉢은 다국적 기업의 성장으로 촉진되었다.
ㄹ. ㉣의 사례로 지리적 표시제를 들 수 있다.

① ㄱ, ㄴ   ② ㄱ, ㄷ   ③ ㄴ, ㄹ
④ ㄱ, ㄷ, ㄹ   ⑤ ㄴ, ㄷ, ㄹ

02 ✽✽✽

그래프는 세계 도시 1~5위의 경쟁력 순위를 나타낸 것이다. 이들 도시의 공통점만을 〈보기〉에서 고른 것은?

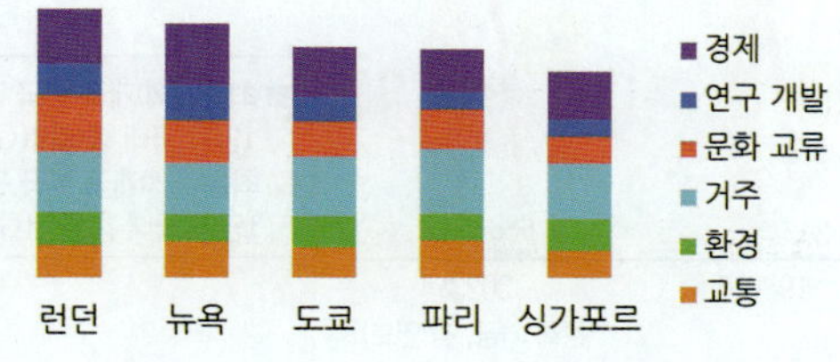

(모리 재단, 2022)

──[보기]──
ㄱ. 항공 교통 및 해상 교통의 중심지이다.
ㄴ. 도시 중심에 대규모 제조업 단지가 위치한다.
ㄷ. 다국적 기업의 본사, 금융 기관 등이 밀집해 있다.
ㄹ. 회계·법률·광고 등 생산자 서비스업이 발달하였다.

① ㄱ, ㄴ ② ㄱ, ㄷ ③ ㄴ, ㄷ ④ ㄴ, ㄹ ⑤ ㄷ, ㄹ

03 ✽✽✽

(가), (나)에 들어갈 내용으로 가장 적절한 것은?

> • 뉴욕의 월가는 세계적인 금융 기관과 증권 거래소 등이 있어 세계 경제에 큰 영향을 미친다. 또한 뉴욕에는 국제 연합(UN)의 본부가 있어 주요 국제회의가 개최되며, 세계 공연 예술의 중심지인 브로드웨이가 있다. 이처럼 뉴욕은 세계적으로 중심지 역할을 수행하는 ＿(가)＿ 이다.
> • 뉴욕은 1970년대 경제 불황으로 생긴 부정적인 이미지를 탈피하고자 'I♥NY'이라는 도시 브랜드를 만들었다. 뉴욕은 이를 활용해 다양한 문화 상품을 개발하고 관광 수익을 올리고 있다. 이처럼 뉴욕은 지역 브랜드화를 통한 ＿(나)＿ 전략으로 지역 경제를 활성화하고, 긍정적 이미지를 만들 수 있었다.

	(가)	(나)
①	세계 도시	지역화
②	세계 도시	문화의 획일화
③	세계 도시	다국적 기업의 현지화
④	생태 도시	지역화
⑤	생태 도시	다국적 기업의 현지화

04 ✽✽✽

다음 자료에 대한 옳은 설명만을 〈보기〉에서 있는 대로 고른 것은? [1.5점]

> **다국적 기업의 공간적 분업과 그에 따른 영향**
> ㉠세계화로 인해 공간적 분업이 활발해지고 △△기업을 비롯한 다국적 기업들이 성장하고 있다. 다국적 기업은 본사, ㉡연구소, ㉢생산 공장 등을 세계 각지에 두고 운영한다. 이 과정에서 개발도상국에 생산 공장이 들어서게 되면 해당 지역에 ＿(가)＿ 와/과 같은 긍정적 영향이 나타난다. 다만, 다국적 기업에 비해 경쟁력이 부족한 자국 내 기업의 생산 활동이 위축될 우려가 있다.

──[보기]──
ㄱ. (가)에는 '일자리 증가'가 들어갈 수 있다.
ㄴ. ㉠이 진행될수록 국제 교류의 시·공간적 제약이 커진다.
ㄷ. ㉡은 ㉢보다 생산비 절감이 유리한 곳에 주로 입지한다.

① ㄱ   ② ㄴ   ③ ㄱ, ㄷ   ④ ㄴ, ㄷ   ⑤ ㄱ, ㄴ, ㄷ

05 ✿✿✿

다음 자료에 대한 설명으로 옳은 것만을 〈보기〉에서 고른 것은? (단, ㉠, ㉡은 각각 지리적 표시제, 지역 브랜드의 사례 중 하나임.)

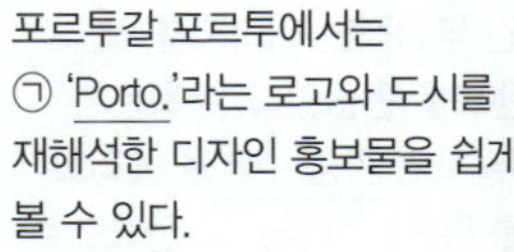
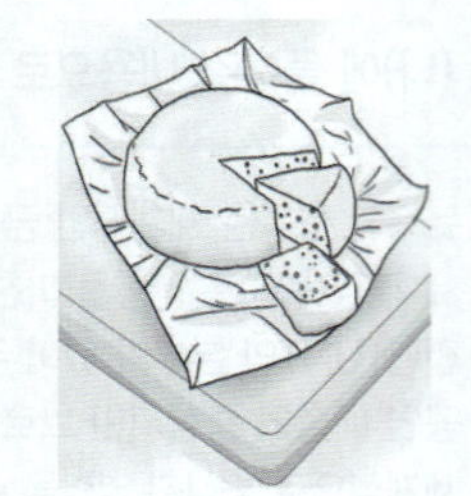

포르투갈 포르투에서는 ㉠ 'Porto.'라는 로고와 도시를 재해석한 디자인 홍보물을 쉽게 볼 수 있다.

프랑스 노르망디는 유럽 연합[EU]의 원산지 보호 명칭으로 등록된 ㉡ '카망베르 드 노르망디' 치즈가 유명하다.

[보기]
ㄱ. ㉠은 지역의 인지도를 높여 준다.
ㄴ. ㉡은 다국적 기업에서 생산된 치즈에만 상품명으로 사용할 수 있다.
ㄷ. ㉠은 지역 브랜드, ㉡은 지리적 표시제의 사례이다.
ㄹ. ㉠, ㉡은 모두 지역의 고유성을 약화시킨다.

① ㄱ, ㄴ ② ㄱ, ㄷ ③ ㄴ, ㄷ ④ ㄴ, ㄹ ⑤ ㄷ, ㄹ

06 ✿✿✿

다음에서 설명한 세계 도시를 지도에서 고르면?

① A ② B ③ C ④ D ⑤ E

[07~08] 다음 글을 읽고 물음에 답하시오.

우리나라에 ㉠본사가 있는 ○○자동차는 세계 여러 국가에 연구소, 생산 공장 등을 두고 세계적인 규모로 활동을 하고 있는 기업이다. 미국과 독일에는 ㉡연구소를 설치하고, 튀르키예, 인도, 체코, 브라질에는 ㉢생산 공장을 설립하여 자동차를 판매하고 있다.

07 ✿✿✿ 중요

윗글에 대한 옳은 설명만을 〈보기〉에서 고른 것은?

[보기]
ㄱ. ○○자동차는 다국적 기업에 해당한다.
ㄴ. ○○자동차는 공간적 통합을 지향하고 있다.
ㄷ. ㉠은 본국의 대도시에 주로 입지한다.
ㄹ. ㉡은 인건비를 절감할 수 있는 곳에 주로 입지한다.

① ㄱ, ㄴ ② ㄱ, ㄷ ③ ㄴ, ㄷ ④ ㄴ, ㄹ ⑤ ㄷ, ㄹ

08 ✿✿✿ 서술형

○○자동차가 ㉢을 개발 도상국에 세울 때와 선진국에 세울 때 얻을 수 있는 이점을 비교하여 서술하시오.

---

2 세계화에 따른 문제점과 해결 방안

09 ✿✿✿

그림에 나타난 문제가 등장한 이유로 가장 적절한 것은?

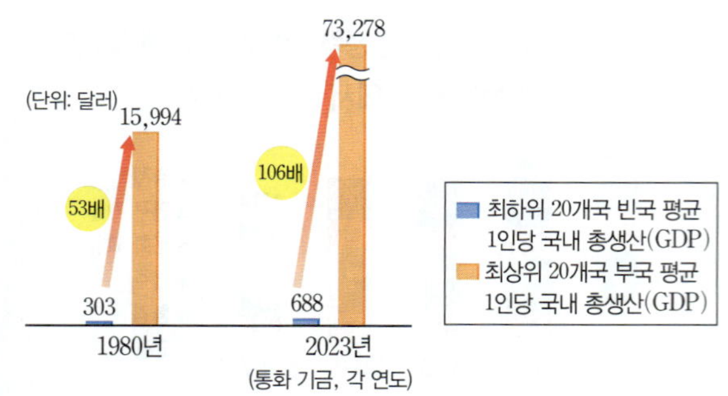

① 세계화로 국가 간 부의 격차가 커지고 있기 때문이다.
② 세계화로 지역화 전략의 필요성이 감소했기 때문이다.
③ 세계화의 흐름 속에서 인권과 같은 보편적 가치가 강조되었기 때문이다.
④ 세계화가 진행되면서 해충과 같은 유해 물질이 여러 국가로 전파되었기 때문이다.
⑤ 세계화의 진행으로 전 세계 문화가 선진국 문화를 중심으로 비슷해졌기 때문이다.

갑   을

10 ✳✳✿

갑, 을이 겪고 있는 문제에 대한 설명으로 옳은 것은?

① 갑의 문제는 보편 윤리와 특수 윤리가 충돌하며
   나타난다.
② 갑의 문제를 해결하기 위해서는 자유 무역을 확대해야
   한다.
③ 을의 문제는 선진국의 문화가 소멸할 위기에 처하며
   나타난다.
④ 을의 문제를 해결하기 위해서는 자국 문화의 정체성을
   유지하면서 외래문화를 능동적으로 수용해야 한다.
⑤ 세계화 속도가 빨라질수록 갑, 을이 겪는 문제는
   자연스럽게 해결된다.

11 ✳✳✿

밑줄 친 ⊙과 추구하는 목표가 같은 것만을 〈보기〉에서 고른 것은?

[보기]
ㄱ. 기술 이전   ㄴ. 공간적 분업
ㄷ. 공적 개발 원조   ㄹ. 생산자 서비스업

① ㄱ, ㄴ ② ㄱ, ㄷ ③ ㄴ, ㄷ ④ ㄴ, ㄹ ⑤ ㄷ, ㄹ

12 ✳✳✿ [서술형]

다음 글에 나타난 갈등을 보편 윤리와 특수 윤리의 관점에서
서술하시오.

인도네시아 수마트라섬 북부 반다아체는 인도네시아에서
유일하게 이슬람 관습법을 적용하는 곳이다. 이곳에서는 성폭력,
음주, 도박 등이 적발되면 공개 태형을 선고하며, 지역 주민들은
이를 적극적으로 지지하고 있다. 반면 국제 인권 단체들은
반다아체에 공개 태형을 중단할 것을 촉구하고 있다.

____

____

내신 1등급 문제

13 ✳✳✳

다음 자료에 대한 옳은 설명만을 〈보기〉에서 고른 것은?

〈○○사의 청바지 생산〉
• 최상위 세계 도시인 영국 [A] 에
  위치한 본사에서 브랜드 및 디자인 개발,
  생산 전략 수립
• 파키스탄의 목화 산지인 [B] 에 위치한
  공장에서 청바지의 소재가 되는 면직물 생산
• 산업 발달 수준이 낮은 탄자니아의 중소도시
  [C] 에 위치한 봉제 공장에서 단순 생산직
  노동자가 완제품 생산

[보기]
ㄱ. ○○사는 공간적 분업을 통해 제품을 생산한다.
ㄴ. ○○사로 인해 C에서는 경기 침체 문제가 나타났다.
ㄷ. A는 B보다 전체 산업 종사자의 평균 임금이 높다.
ㄹ. C는 A보다 생산자 서비스업이 발달해 있다.

① ㄱ, ㄴ ② ㄱ, ㄷ ③ ㄴ, ㄷ ④ ㄴ, ㄹ ⑤ ㄷ, ㄹ

14 ✳✳✳✿ 중요

지도는 'H 기업'의 해외 진출 현황을 나타낸 것이다. 이에 대한
옳은 설명만을 〈보기〉에서 있는 대로 고른 것은?

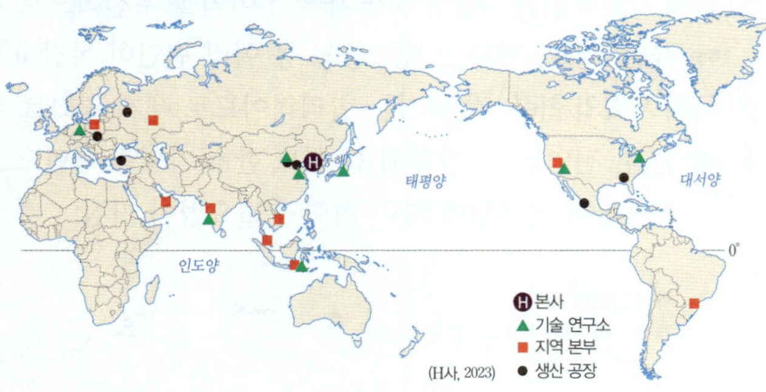

[보기]
ㄱ. H 기업은 다국적 기업이다.
ㄴ. 관리, 생산, 판매 기능의 공간적 분업이 이루어졌다.
ㄷ. 기술 연구소는 고급 인력 확보가 유리한 곳에
   입지하였다.
ㄹ. 생산 공장은 모두 저렴한 노동력이 풍부한 곳에
   입지하였다.

① ㄱ, ㄴ   ② ㄱ, ㄹ   ③ ㄷ, ㄹ
④ ㄱ, ㄴ, ㄷ   ⑤ ㄴ, ㄷ, ㄹ

11 평화를 위한 국제 사회의 노력

중요도 

1 평화의 의미와 중요성

1. 평화

(1) 평화의 의미

① 사전적 의미: 인간 집단 간에 무력 충돌이 일어나지 않는 상태

② 갈퉁❶이 제시한 평화의 의미

소극적 평화	• 전쟁, 테러, 범죄와 같은 물리적인 폭력(직접적 폭력)이 없는 상태 • 물리적 폭력 같은 직접적 폭력의 제거가 중요함 • 직접적 폭력이 없어도 빈곤, 차별 등으로 고통받을 수 있으므로 소극적 평화만으로는 진정한 평화를 실현할 수 없음
적극적 평화	• 물리적 폭력뿐만 아니라 문화적 폭력과 구조적 폭력(간접적 폭력)까지 모두 사라진 상태 • **문화적 폭력**: 종교 · 언어 · 예술 등의 이면에 내재한 직접적 혹은 구조적 폭력을 용인하고 정당화하는 상징적 폭력 • **구조적 폭력**: 사회 제도나 관습, 정치, 법률 등에서 생기는 간접적 폭력으로, 정신적이고 의도되지 않은 폭력 • 빈곤, 기아, 종교적 차별이 없는 상태

(2) 평화의 중요성

① 인류의 안전과 생존을 위협하는 전쟁, 테러 등에서 벗어나 안전하게 살아갈 수 있는 환경을 조성함

② 차별, 불평등으로 인해 인간이 누려야 할 기본적인 권리를 제대로 누리지 못하는 사람들의 기본적 권리를 보장하여 국제 정의를 실현함

③ 국제 사회의 협력으로 전쟁에 대한 불안, 가난과 차별 등 삶의 질을 떨어뜨리는 요인을 없애고 인류 전체의 번영을 가능하게 함

2. 국제 사회의 갈등과 협력

(1) 국제 사회의 갈등: 각 국가가 자국의 이익을 우선적으로 추구하며 갈등이 발생함❷

➡ 자원, 영토, 민족, 인종, 종교 등 여러 원인이 복잡하게 얽혀 있음

(2) 국제 사회의 협력: 각 국가는 합리적이므로 세계 평화를 위해 협력할 수 있음❸

➡ 전쟁, 전염병, 자연재해 등 어느 한 국가의 노력만으로 해결하기 어려운 문제들이 늘어남에 따라 협력의 필요성이 커짐

❶ 갈퉁(Galtung, J.)

현대 평화학의 아버지로 불린다. 평화의 개념을 소극적 평화, 적극적 평화로 구분하고, 적극적 평화를 이루기 위해서는 억압, 차별, 빈곤 등 구조적인 폭력의 문제를 해결해야 한다고 주장하였다.

❷ 현실주의

국가는 이기적인 인간들로 구성되어 있고 자국의 이익을 우선시한다는 관점이다. 국가의 목표는 국익과 생존이며, 다른 국가는 자국의 생존을 위협하는 잠재적인 위험 요소로 본다.

❸ 이상주의

국가는 이성적이고 합리적이라고 보는 관점이다. 국가의 이익보다 보편적 가치를 우선시해야 한다고 본다.

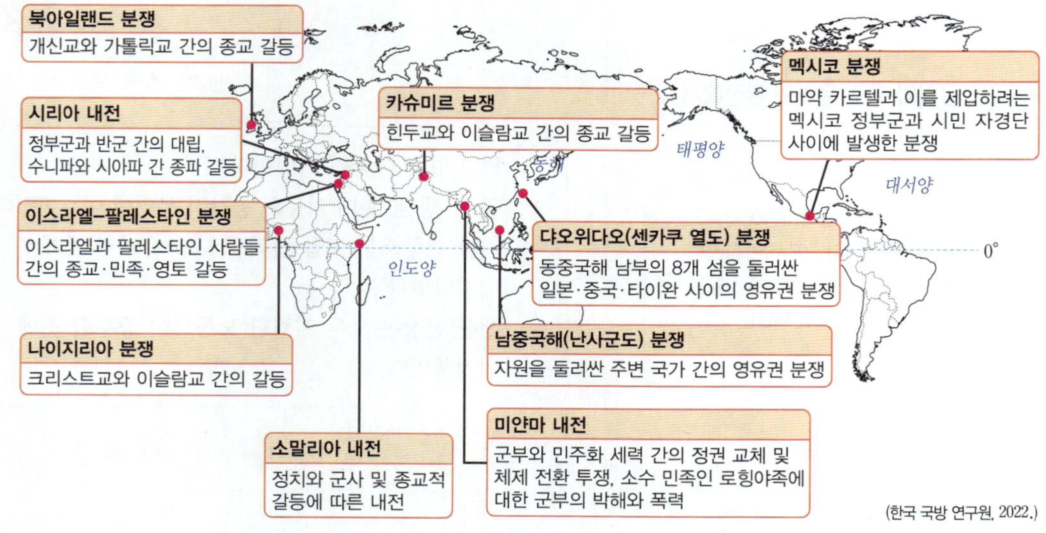

(한국 국방 연구원, 2022.)

▲ 세계의 주요 분쟁 지역

2 평화를 위한 행위 주체의 역할

1. 국제 사회 행위 주체의 종류 

(1) **국가**: 일정한 영토와 국민을 바탕으로 주권[1]을 가진 국제 사회의 <u>가장 기본적인 행위 주체</u>
  ① 국제 사회에서 법적 지위를 갖고 공식적인 활동을 할 수 있는 자격이 있음
  ② 자국의 <u>이익</u>을 추구하는 과정에서 다른 나라와 경쟁함
  ③ 당사국 간 합의, 제3자의 조정, 국가 간 협약을 통해 <u>외교적으로 문제를 해결함</u>
  ④ 재난이나 빈곤 상황에 처한 국가에 대한 구호 활동에 참여함

(2) **정부 간 국제기구**: <u>주권을 가진 국가들로 결성</u>된 국제 사회의 행위 주체
  ① 특징
    • 국제 사회의 평화 유지, 경제적 · 사회적 협력을 목적으로 활동함
    • 국가 간 이해관계 조정, 분쟁 중재, 국가들의 행위를 규제하는 <u>국제 규범 제정</u> 등의 역할을 담당함
  ② 종류: 국제 연합(UN), 경제 협력 개발 기구(OECD), 국제 통화 기금(IMF), 세계 보건 기구(WHO), 국제 노동 기구(ILO), 유니세프(UNICEF)[2] 등

(3) **국제 비정부 기구**: 개인이나 민간단체를 중심으로 구성된 국제 사회의 행위 주체
  ① 특징
    • 개별 국가의 이해관계에서 벗어나 인권, 보건, 환경 등 <u>보편적 가치에 관심을</u> 가짐
    • 시민사회의 영향력이 강화되면서 비정부 기구의 역할이 확대되고 있음
  ② 종류: 국경 없는 의사회(MSF), 그린피스(Greenpeace)[3] 등

▲ 재난 현장에 파견된 구호대

국가는 지진 등 재난 상황에 처한 국가에 대한 구호 활동에 참여하며 세계 평화 실현에 이바지한다.

▲ 학교 운영을 지원하는 국제기구

국제기구는 폭격으로 학교가 무너진 지역의 학교 운영을 지원하는 활동 등을 통해 평화를 유지하려고 노력한다.

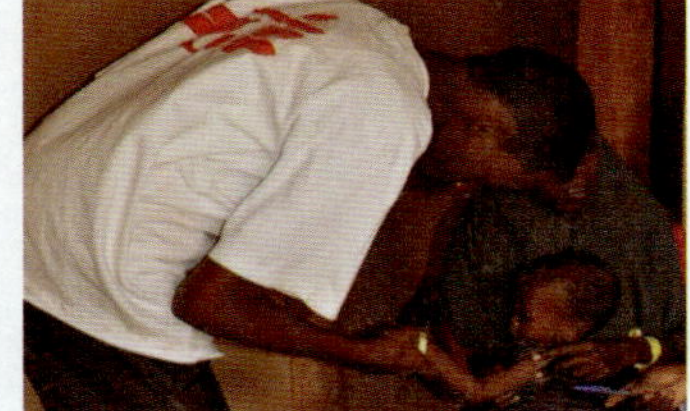

▲ 구호 활동을 하는 국경 없는 의사회

국경 없는 의사회는 분쟁, 전염병 등으로 고통받는 이들을 위해 긴급 구호 활동을 펼치며 인류의 보편적 가치를 지킨다.

(4) **그 외의 행위 주체**: 다국적 기업, 개별 국가 내의 지방 정부, 국제적 영향력이 강한
  맥도날드, IBM, 스타벅스 등
  개인[4] 등

2. 국제 사회 행위 주체의 바람직한 역할

(1) 각 국가가 대화와 타협을 통해 갈등을 평화적으로 해결하기 위해 노력하고 위기에 처한 나라를 원조함
(2) 국제기구와 비정부 기구가 갈등 중재자 역할을 담당하며 인도주의적 구호 활동을 지속함
(3) 개인은 세계시민[5]으로서의 역할을 인식하고 캠페인, 기부, 봉사 등 다양한 활동에 참여하며 지구촌 갈등 문제를 해결하기 위해 노력함

---

❶ 주권
국가의 의사를 최종적으로 결정할 수 있는 권력으로, 주권은 대내적으로 최고성을 가지며 대외적으로는 독립성을 지닌다.

❷ 유니세프(UNICEF)
1946년 설립된 국제 연합(UN)의 특별 기구이다. 보건 · 영양 · 식수 및 위생 · 교육 · 긴급구호 사업을 펼치며 아동 권리 증진을 위해 노력하고 있다. 1965년에 노벨 평화상을 수상했다.

❸ 그린피스(Greenpeace)
1971년 설립된 국제 환경 보호 단체로, 대표적인 비정부 기구(NGO)로 환경을 보호 · 보존하고 평화를 증진하는 데 힘쓰고 있다.

❹ 국제적 영향력이 강한 개인
전직 국가 원수, 노벨상 수상자, 국제 연합의 사무총장, 종교 지도자, 유명 배우나 스포츠 선수 등이 국제적으로 영향력이 있는 사람에 해당한다.

❺ 세계시민
자신의 정체성을 세계적인 차원에서 이해하고, 다양한 지구촌 문제에 관심을 가지며 이를 해결하고자 노력하는 사람

1 평화의 의미와 중요성

1. 다음은 평화에 대한 설명이다. 옳은 것은 ○, 틀린 것은 ×에 표시하시오.

(1) 국제 사회에서 다양한 이유로 갈등이 지속되며 전 세계적으로 평화에 대한 갈망이 커지고 있다. (○, ×)

(2) 갈퉁은 평화를 소극적 평화와 적극적 평화로 구분하여 제시하였다. (○, ×)

(3) 소극적 평화는 전쟁, 테러, 범죄 같은 직접적이고 물리적인 폭력이 없는 상태이다. (○, ×)

(4) 적극적 평화는 단순히 물리적이고 직접적인 폭력의 제거뿐만 아니라 구조적 · 문화적 폭력까지 제거된 상태를 말한다. (○, ×)

(5) 구조적 폭력은 불공정한 사회 구조나 제도에 의해 발생하는 폭력이다. (○, ×)

(6) 문화적 폭력은 물리적 폭력, 구조적 폭력과 연관성이 없다. (○, ×)

(7) 소극적 평화만 실현된 상태에서도 모든 사람은 진정한 평화를 누릴 수 있다. (○, ×)

(8) 진정한 평화는 소극적 평화를 배제하고 적극적 평화를 추구할 때 달성된다. (○, ×)

2. 다음은 국제 사회에 대한 설명이다. 옳은 것은 ○, 틀린 것은 ×에 표시하시오.

(1) 국제 갈등은 국제기구의 중재를 통해서만 해결할 수 있다. (○, ×)

(2) 국제 갈등은 다른 구성원이나 국가에는 영향을 미치지 않는다. (○, ×)

(3) 국제 갈등은 여러 가지 원인이 복합적으로 작용하여 발생한다. (○, ×)

(4) 올림픽이나 월드컵과 같은 국제 스포츠 대회는 국가 간의 상호 협력을 보여주는 사례이다. (○, ×)

(5) 전쟁, 전염병, 자연재해 등의 문제가 증가하면서 국제 사회의 협력의 필요성은 커지고 있다. (○, ×)

2 평화를 위한 행위 주체의 역할

3. 다음에 제시된 행위 주체를 〈보기〉에서 골라 바르게 연결하시오.

[보기]
ㄱ. 국가　　　　　　ㄴ. 개인
ㄷ. 다국적 기업　　　ㄹ. 정부 간 국제기구
ㅁ. 국제 비정부 기구

(1) 대한민국
(　　　)

(2) 국제 연합(UN)
(　　　)

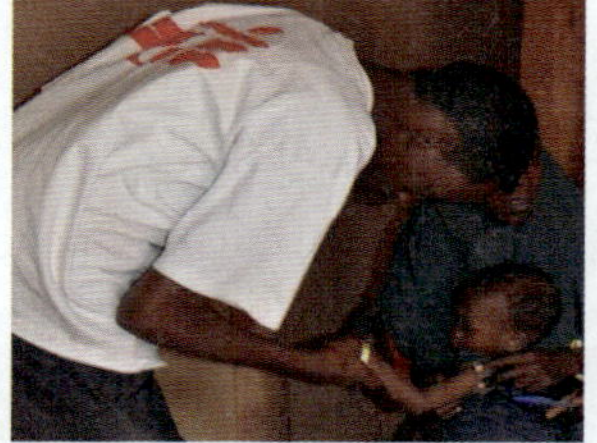

(3) 국경 없는 의사회(MSF)
(　　　)

(4) 유니세프(UNICEF)
(　　　)

(5) 스타벅스
(　　　)

(6) 유명 연예인
(　　　)

(7) 그린피스(Greenpeace)
(　　　)

(8) 맥도날드
(　　　)

내신 대비 필수 문제

1 평화의 의미와 중요성

01 ✿✿✿❀

밑줄 친 ㉠, ㉡에 대한 옳은 설명만을 〈보기〉에서 고른 것은?

갈퉁은 현대 평화학의 아버지로 불리고 있다. 특히 그는 평화의 의미를 ㉠ 소극적 평화와 ㉡ 적극적 평화로 구분하여 제시함으로써 평화에 대한 새로운 시각을 제시하였으며, 사회 통합의 단계를 적극적 평화로 보았다.

[보기]

ㄱ. ㉠: 인류의 생존을 위협하는 요소로 제거되어야 할 대상이다.

ㄴ. ㉠: 전쟁, 테러, 범죄, 폭행 등의 물리적 폭력이 제거된 상태이다.

ㄷ. ㉡: 구조적 · 문화적 폭력은 존재하지만 물리적 폭력은 제거된 상태이다.

ㄹ. ㉡: 직접적 폭력, 빈곤, 기아, 정치적 억압, 종교와 사상의 차별 등이 제거된 상태이다.

① ㄱ, ㄴ ② ㄱ, ㄷ ③ ㄴ, ㄷ ④ ㄴ, ㄹ ⑤ ㄷ, ㄹ

02 ✿✿✿❀ 중요

㉠, ㉡에 대한 설명으로 옳지 않은 것은? [3점]

평화는 ㉠ 과 ㉡ 으로 구분할 수 있다.
 ㉠ 은 직접적 폭력이 없는 상태로 국내외적으로 전쟁, 분쟁, 테러 등이 발생하지 않는 상태를 뜻한다.
 ㉡ 은 직접적 폭력이 없을 뿐 아니라 구조적 폭력과 문화적 폭력까지 제거된 상태를 가리킨다.

① ㉠은 무력 충돌이 없는 상태를 포함한다.
② ㉠의 실현은 빈곤 문제의 해결을 보장한다.
③ ㉡은 각종 억압과 차별이 사라진 상태를 포함한다.
④ ㉡을 실현하기 위해 사회 제도의 개선이 요구된다.
⑤ ㉠, ㉡은 모두 물리적 폭력이 제거된 상태를 포함한다.

03 ✿✿❀

그림의 강연자가 지지할 입장으로 가장 적절한 것은? [3점]

① 소극적 평화만으로도 진정한 평화가 실현된다.
② 소극적 평화는 구조적 폭력이 제거된 상태이다.
③ 적극적 평화는 직접적 폭력의 제거만으로도 달성된다.
④ 진정한 평화는 문화적 폭력이 존재하더라도 가능하다.
⑤ 진정한 평화는 적극적 평화를 달성함으로써 이루어진다.

04 ✿✿✿❀

다음을 통해 추론할 수 있는 국제 사회의 모습만을 〈보기〉에서 고른 것은?

국제 갈등은 국제 사회에서 발생하는 다양한 갈등으로 테러, 전쟁, 분쟁, 시위, 소요 사태 등을 들 수 있다. 국제 갈등의 원인에는 영토, 자원, 민족, 종교 등이 있다. 영토를 둘러싼 국제 갈등의 대부분은 영토 내 자원을 확보하기 위해 일어난다. 종교를 둘러싼 국제 갈등은 서로 다른 종교 간의 갈등이나 같은 종교 내의 교파 간 갈등이 있다. 민족과 관련된 갈등은 국제 갈등뿐만 아니라 한 국가 내의 민족 간 갈등이 일어나기도 한다.

[보기]

ㄱ. 국제 갈등은 다양한 원인에 의해 발생한다.

ㄴ. 국제 갈등을 일으키는 나라는 제한적이며 정해져 있다.

ㄷ. 국제 갈등은 여러 원인들이 복합적으로 작용하여 나타나기도 한다.

ㄹ. 국제 갈등을 해결하는 최선의 방법은 영토와 민족의 구분 자체를 없애는 것이다.

① ㄱ, ㄴ ② ㄱ, ㄷ ③ ㄴ, ㄷ ④ ㄴ, ㄹ ⑤ ㄷ, ㄹ

05 ✱✱✱ [서술형]

다음 글을 읽고 ㉠과 ㉡의 의미를 서술하시오. (단, 직접적 폭력, 구조적 폭력, 문화적 폭력이라는 말을 모두 포함하시오.)

> 진정한 평화는 ㉠소극적 평화만으로는 달성할 수 없다. 따라서 우리는 ㉡적극적 평화를 실현하기 위해 노력해야 한다.

06 ✱✱✱

다음 사례에 나타난 국제 갈등의 특징으로 옳지 <u>않은</u> 것은?

카스피해에서는 러시아, 카자흐스탄, 투르크메니스탄, 이란, 아제르바이잔 등 여러 나라가 카스피해의 석유와 천연가스를 확보하기 위해 영유권 분쟁을 벌이고 있다.

① 자원은 국제 갈등의 원인이 될 수 있다.
② 국제 갈등은 국경을 초월하여 발생한다.
③ 자국의 이익을 우선시하며 분쟁이 발생한다.
④ 힘의 논리를 앞세워 해결해야 하는 문제이다.
⑤ 개별 국가의 노력만으로 해결할 수 없는 문제이다.

07 ✱✱✱

(가)~(다) 지역의 갈등 원인으로 옳은 것만을 〈보기〉에서 있는 대로 고른 것은?

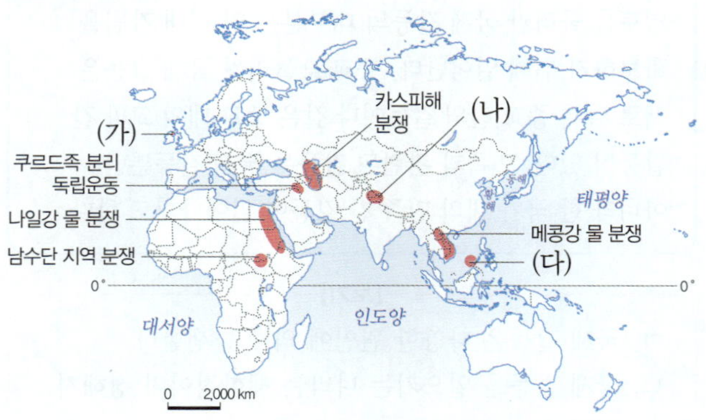

[보기]
ㄱ. (가) – 개신교와 가톨릭교 간의 종교 갈등
ㄴ. (나) – 마약 카르텔과 정부군 사이의 분쟁
ㄷ. (다) – 자원을 둘러싼 주변 국가 간의 영유권 전쟁

① ㄱ　② ㄴ　③ ㄱ, ㄷ　④ ㄴ, ㄷ　⑤ ㄱ, ㄴ, ㄷ

2 평화를 위한 행위 주체의 역할

08 ✱✱✱

다음과 같은 활동을 하는 국제 사회의 행위 주체에 대한 설명으로 가장 적절한 것은?

국제 활동 현황
• 1999년 튀르키예, 타이완 지진 발생 지역 구호 활동
• 2005년 니제르 영양실조 위기 극복 활동
• 2011년 일본 지진과 지진 해일에 따른 난민 돕기 활동
• 2012년 남수단 분쟁 지역 난민들에게 의료 지원 활동
• 2016년 시리아 내전 지역 및 이주 난민들에게 의료 지원 활동

① 국가 간 이해관계를 조정하거나 분쟁을 중재한다.
② 개인과 민간단체를 중심으로 평화 유지 활동을 한다.
③ 개별 주권 국가를 구성원으로 국제 규범을 정립한다.
④ 정상 회담, 국교 수립, 조약 체결 등을 통해 자국의 이익을 도모한다.
⑤ 세계 곳곳에 지사나 공장을 설립하고 다양한 자원과 노동력을 활용하여 이윤을 추구한다.

[09~10] 다음 글을 읽고 물음에 답하시오.

> 국제 사회는 다양한 행위 주체들의 복합적인 작용으로 이루어진다. 각국의 정부, 즉 개별 국가들을 구성원으로 하는 행위 주체가 바로 ㉠ 이다. 국제 연합, 세계 보건 기구 등이 대표적인 예이다.

09 ✱✱✱

㉠에 들어갈 행위 주체로 옳은 것은?

① 국제 비정부 기구　② 국가　③ 다국적 기업
④ 정부 간 국제기구　⑤ 영향력 있는 개인

10 ✱✱✱

행위 주체 ㉠에 대한 옳은 설명만을 〈보기〉에서 있는 대로 고른 것은?

[보기]
ㄱ. 국가들 사이의 이해관계를 조정하거나 국가 간 분쟁을 중재하는 행위 주체이다.
ㄴ. 일정한 영역과 국민을 바탕으로 주권을 가진 국제 사회의 가장 대표적인 행위 주체이다.
ㄷ. 국제 행위를 규율하는 국제 규범을 정립함으로써 국제 관계에 영향을 미치는 행위 주체이다.

① ㄴ　② ㄷ　③ ㄱ, ㄴ　④ ㄱ, ㄷ　⑤ ㄱ, ㄴ, ㄷ

- (가)는 '양질의 도제 제도에 관한 권고'를 새로운 국제 노동 기준으로 채택했다. 이 권고는 도제 제도에 참여하는 견습생의 노동권을 보장하기 위한 내용을 담고 있으며, 회원국이 노동권 보호와 함께 견습생에게 양질의 교육을 보장해야 한다고 규정하고 있다.
- (나)는 세계 70개 이상의 국가에서 전염병, 영양실조, 자연재해로 고통받는 사람들을 위해 긴급 구호를 하고 있다. 이 단체는 인종, 종교, 성별, 정치적 이익에 관계없이 독립적으로 활동한다.

11 ✿✿✿ 단답형

(가), (나)에 해당하는 국제 사회 행위 주체를 무엇이라고 하는지 각각 쓰시오.

___

12 ✿✿✿ 서술형

(가)와 (나)의 차이점을 한 가지 서술하시오. (단체의 구성과 관련지을 것)

___

내신 1등급 문제

13 ✿✿✿

2023 실시 11월 학평 8

밑줄 친 ㉠~㉢에 대한 옳은 설명만을 〈보기〉에서 고른 것은?

> 폭력을 줄이는 것도 중요하지만, 폭력을 예방하는 것이 더 중요하다. 전자는 ㉠소극적 평화를 목표로 하지만, 후자는 ㉡적극적 평화를 지향한다. ㉢진정한 평화를 실현하려면 전쟁, 테러 등 신체에 직접 해를 가하는 직접적·물리적 폭력이 제거된 소극적 평화 상태뿐만 아니라, 억압, 착취 등의 구조적 폭력과 종교와 사상, 언어와 예술 등의 내부에 존재하는 문화적 폭력까지 사라진 적극적 평화 상태를 추구해야 한다.

[보기]

ㄱ. ㉠의 실현은 구조적 폭력의 해소를 보장한다.
ㄴ. ㉡은 경제적 착취와 빈곤이 제거된 상태를 포함한다.
ㄷ. ㉢은 모든 종류의 폭력이 사라진 상태를 지향한다.
ㄹ. ㉢은 ㉡ 없이 ㉠의 달성만으로도 실현된다.

① ㄱ, ㄴ ② ㄱ, ㄷ ③ ㄴ, ㄷ ④ ㄴ, ㄹ ⑤ ㄷ, ㄹ

14 ✿✿✿

2021 실시 3월 학평 12 (고2)/생활과 윤리

다음을 주장한 사상가가 긍정의 대답을 할 질문만을 〈보기〉에서 있는 대로 고른 것은?

> 폭력은 직접적 – 구조적 – 문화적 폭력의 삼각형에 있어 어떤 꼭지점에서도 시작될 수 있으며, 다른 꼭지점으로도 쉽사리 전달된다. 직접적 폭력, 제도화된 폭력적 구조, 내면화된 폭력적 문화는 장기간에 걸쳐 제도화되고, 반복되고, 의식화되려는 경향이 강하다. 이 중에서 문화적 폭력은 언어, 예술, 종교 등 인간 존재의 상징적 차원에서 작동하여 직접적·구조적 폭력에 정당성과 합법성을 부여한다.

[보기]

ㄱ. 인간다운 삶의 조건을 위협하는 문화는 폭력인가?
ㄴ. 사회 구조 개선은 적극적 평화 실현을 위해 필요한가?
ㄷ. 폭력은 항상 문화적 폭력과 구조적 폭력으로부터 시작되는가?
ㄹ. 언어에 담긴 상징적 차원의 폭력은 직접적 폭력으로 이어질 수 있는가?

① ㄱ, ㄴ ② ㄱ, ㄷ ③ ㄷ, ㄹ
④ ㄱ, ㄴ, ㄹ ⑤ ㄴ, ㄷ, ㄹ

15 ✿✿✿ 중요

밑줄 친 ㉠~㉢에 대한 옳은 설명만을 〈보기〉에서 고른 것은?

> 국경이 인접해 있는 ㉠이스라엘과 요르단은 이스라엘 건국 이후 줄곧 극단적으로 대립해 왔다. 1948년 이스라엘이 독립을 선포하자 ㉡요르단은 제1차 중동 전쟁에 참여하여 이스라엘과 전투를 전개하였다. 특히 양국은 1967년의 중동 전쟁 이후 첨예한 적대 관계를 유지해 왔다. 이러한 양국 정부가 ㉢미국과 ㉣국제 연합(UN) 등 국제 사회의 적극적인 중재로 1994년 평화 협정을 체결하였다.

[보기]

ㄱ. ㉠은 여러 국가에 지사나 공장을 설립하여 영향력을 행사하는 이윤 추구 집단이다.
ㄴ. ㉡은 국제 사회의 가장 기본적인 행위 주체이다.
ㄷ. ㉢과 ㉣은 동등한 자격으로 국제 사회에서 영향력을 행사한다.
ㄹ. ㉣은 ㉡과 같은 행위 주체들을 구성원으로 하는 국제기구이다.

① ㄱ, ㄴ ② ㄱ, ㄷ ③ ㄴ, ㄷ ④ ㄴ, ㄹ ⑤ ㄷ, ㄹ

1 남북 분단과 통일

1. 남북 분단의 배경

(1) **국제적 배경**: 미국과 소련(러시아) 간의 냉전[1] 대결 심화

① 일본의 항복으로 광복을 맞이하였지만, 북위 38도선을 경계로 미군과 소련군이 주둔하여 군정을 실시함 ➡ 분단의 출발점

② 모스크바 3국 외상 회의[2]에서 미국, 영국, 중국, 소련이 최고 5년까지 한반도를 신탁 통치한다는 결정이 내려짐
국제 연합(UN)의 위임을 받은 국가가 일정한 지역이 자체적인 통치 능력을 갖출 때까지 대신 통치해주는 제도

(2) **국내적 배경**: 민족 내부의 응집력 부족, 6·25 전쟁의 발발

① 국제 연합(UN)의 '한반도의 자유로운 총선거를 통해 독립 국가를 세운다.'라는 결의안 채택 ➡ 소련과 북한의 결의안 반대로 1948년 남한에서만 5·10 총선거를 실시해 대한민국 정부가 수립됨

② 1950년 6월 25일에 북한이 남한을 침공하며 6·25 전쟁이 발발함
➡ 남북 분단 고착화

2. 평화통일을 위한 노력

(1) **통일의 필요성**

① 한반도 평화를 실현하고 세계 평화가 정착되는 데 도움이 됨

② 군사 대립으로 소모되는 비용[3]을 줄여 경제 발전을 이룰 수 있음

③ 태평양과 유라시아를 연결하여 한반도가 물류 중심지로 성장할 수 있음

④ 북한 주민의 삶을 개선하고 이산가족의 아픔을 해소할 수 있음

(2) **통일을 위한 노력**

① 남북한 간의 평화적 교류와 협력의 지속적 추진: 남북한 이해를 증진하여 군사적 긴장 상태를 완화하고 상호 신뢰를 회복하는 데 도움이 됨

② 통일에 우호적인 국제 환경 조성을 위한 노력: 한반도의 통일이 국제 사회의 평화와 번영을 가져올 수 있다는 점을 주변국에 설득해야 함

③ 튼튼한 안보 의식을 가지면서도 한반도의 평화와 통일에 관심을 가지고 열린 마음으로 소통해야 함

---

❶ 냉전(cold war)

제2차 세계 대전 이후 자본주의 진영과 사회주의 진영이 이념을 중심으로 대립한 것을 말한다. 실질적인 전투가 아닌 경제·외교·정보 등을 통해 이루어지는 국제적 긴장과 대립 상태이다.

❷ 모스크바 3국 외상 회의

1945년 12월 소련 수도 모스크바에서 개최된 미국·영국·소련 3국의 외상 회의로, 한국 문제를 비롯한 제2차 세계 대전 이후 세계 여러 지역의 문제점에 대하여 협의하였다.

❸ 통일 관련 비용

분단 비용	• 분단에 따른 대립과 갈등으로 발생하는 비용 • 유형 비용(군사, 외교)과 무형 비용(전쟁의 공포, 이산가족의 고통) 등 • 소모적 성격의 비용
통일 비용	• 통일 이후 남북한 체제가 통합되는 데 소요되는 비용 • 정치·경제 제도의 통합 비용, 치안이나 실업 해소 등을 위한 위기 관리 비용 • 투자적 성격의 비용
통일 편익	• 통일에 따른 보상과 혜택 • 분단에 따른 고통 해소, 민족의 번영, 평화의 실현 • 통일 이후 지속적으로 발생함

✪ 평화통일을 위한 노력

▲ 6·15 남북 정상회담

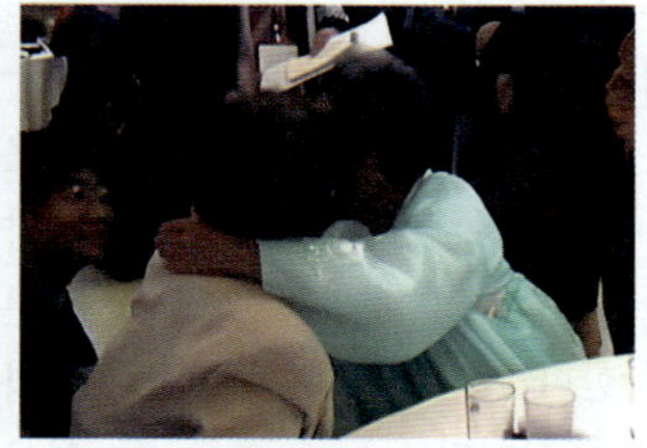
▲ 헤어진 가족과 만난 이산가족

▲ 남북 단일 스포츠팀

• 남북한은 현재 70년이 넘는 시간 동안 분단으로 인한 군사적 긴장 상태를 유지하고 있고, 과다한 군사비 지출로 인해 많은 자원을 소모하고 있다.

• 독일이 평화통일을 이루었듯, 남한과 북한 역시 상호 신뢰를 회복하기 위해 남북 정상회담, 이산가족 상봉, 스포츠 대회 단일팀 구성 등 다양한 분야에서 교류와 협력을 지속하며 평화통일을 위해 노력해야 한다.

2 **동아시아 역사 갈등과 국제 사회 기여 방안**

1. 동아시아 역사 갈등과 그 해결 방안 

(1) 동아시아의 영토 분쟁[1]

① 쿠릴 열도(북방 영토): 일본과 러시아의 영토 분쟁

② 센카쿠 열도(댜오위다오): 일본, 중국, 대만의 영토 분쟁

③ 시사 군도(파라셀 제도): 중국, 베트남, 대만의 영토 분쟁

④ 난사 군도(스프래틀리 군도): 중국, 베트남, 필리핀 등 6개국의 영토 분쟁 → 타이완, 브루나이, 말레이시아

(2) 일본과의 역사 갈등 출제 O순위 특강 p.124

① 독도 영유권 주장 문제: 근거가 불명확한 1905년 「시마네현 고시 제40호」를 근거로 독도가 일본의 영토로 편입되었다고 왜곡하고 있음

② 역사 교과서 왜곡 진행: 한국 침략을 '진출'로, 독립운동 탄압을 '치안 유지 도모' 등으로 왜곡하고, 일제 강점기 징용·징병 및 일본군 '위안부' 동원의 강제성을 축소하고 은폐함

③ 야스쿠니 신사[2] 참배 문제: 일본 주요 정치인들이 야스쿠니 신사에 합사된 제2차 세계 대전의 주요 전쟁 범죄자들을 섬기는 모습을 보여주고 있음

(3) 중국과의 역사 갈등 출제 O순위 특강 p.124

① 동북공정의 목적: 소수 민족을 통합해 국경 지역을 안정화하기 위해 동북 3성의 역사, 지리, 민족을 연구함   랴오닝성, 지린성, 헤이룽장성

② 동북공정의 문제: 고조선, 부여, 고구려, 발해 등의 역사와 문화가 고대 중국의 지방사(史)라고 주장하며 역사를 왜곡함

(4) 동아시아 역사 갈등 해결을 위한 노력   공동 역사 편찬 위원회의 노력으로 2005년 "미래를 여는 역사"가 출간됨

① 공동 역사 연구: 한·중·일의 학자, 교사, 시민들은 공동 역사 교재를 제작하는 등 역사 인식의 차이를 극복하기 위해 노력함

② 국제 연대와 교류의 확대: 동아시아 청소년 역사 체험 캠프와 같은 다양한 문화 교류 행사를 개최해 서로의 역사에 대한 이해를 넓히기 위해 노력함

2. 우리나라가 세계 평화에 기여할 수 있는 방안

(1) 우리나라가 국제 사회에서 갖는 중요성

지정학[3]적 측면	유라시아 대륙과 태평양을 연결하는 지리적 요충지에 위치함
경제적 측면	1990년대 경제 협력 개발 기구(OECD) 가입, 세계 10위권의 경제 대국으로 성장함
정치적 측면	올림픽, 월드컵 등의 개최, 국제 연합(UN) 안전 보장 이사회의 비상임 이사국을 역임하는 등의 정치적 영향력이 증가함
문화적 측면	문화재의 '유네스코 세계 문화유산' 등재 및 한류 열풍 확산으로 문화적 위상이 높아짐 석굴암, 불국사, 해인사 장경판전 등

(2) 세계 평화를 위한 우리나라의 노력

① 분단 극복: 동아시아 지역의 군사적 대립과 긴장을 완화해야 함

② 해외 원조: 해외 원조를 통해 경제적으로 어려운 나라나 빈곤으로 고통 받는 사람들을 도와야 함

③ 적극적인 평화 유지 활동 참여: 국제 연합 회원국으로서 평화 유지군을 파견하는 등의 활동을 통해 분쟁이나 테러, 전쟁 등에 대응해 나가야 함

④ 지구 온난화 방지와 환경 보호: 친환경적인 산업을 발전시키고 탄소 배출량을 줄여 나감으로써 지구 온난화 방지와 환경 보호에 적극 동참해야 함

① 동아시아의 영토 분쟁

제2차 세계 대전 이후 동아시아에서 해양 자원이 있는 섬들의 영유권 문제를 둘러싸고 분쟁이 일어났다.

② 야스쿠니 신사

일본 도쿄에 있는 일본 최대의 신사로, 천황을 위해 싸우다 전사한 군인을 신격화하여 제사를 지내는 곳이다.

▲ 야스쿠니 신사

▲ 동북공정이 진행된 동북 3성

③ 지정학(地政學)

지리적인 위치 관계가 정치, 국제 관계에 미치는 영향을 연구하는 학문이다.

✪ 동아시아 역사 갈등

우리나라는 중국, 일본과의 역사 갈등을 겪고 있다. 이러한 역사 갈등은 세계 평화를 위협하는 요인이 될 수 있다.

1. 일본과의 역사 갈등

• 수많은 옛 문헌과 자료들이 독도가 한국의 영토임을 보여주고 있음에도 일본은 독도가 일본의 영토로 편입되었다고 주장하고, 침략 전쟁을 정당화하고 있어 우리나라와 갈등을 빚고 있다.

▲ 독도

• 「세종실록지리지」(1454): "우산(독도)과 무릉(울릉도)……두 섬은 거리가 멀지 않아 날씨가 맑으면 서로 바라볼 수 있다.
• 「대한 제국 칙령 제41호」(1900): "울릉도를 울도로 고쳐 부르고 ……울도군의 구역은 울릉 전도와 죽도, 석도(독도)를 관할할 것

▲ 군함도

• 일본은 군함도가 유네스코에 등재된 지 10년이 넘었으나 군함도에서 자행된 조선인 노동자 차별을 부인하는 모습을 보였다.
• 또한, 1945년 이전에 한반도에서 일본으로 온 노동자 중 자신의 의지로 온 사람도 있다고 주장하며, '종군 위안부', '강제 연행'이라는 표현이 부적절하다고 주장한다.

★ 독도

지리적 특징	• 우리나라 국토 최동단 지점에 위치함 • 경상북도 울릉군에 속함 • 동도와 서도 및 89개의 부속 도서로 구성됨
가치	• 동해 교통의 요지이자 군사적 요충지 • 어족 자원 풍부 • 메탄 하이드레이트가 다량 매장됨 • 다양한 동식물의 서식처

2. 중국과의 역사 갈등

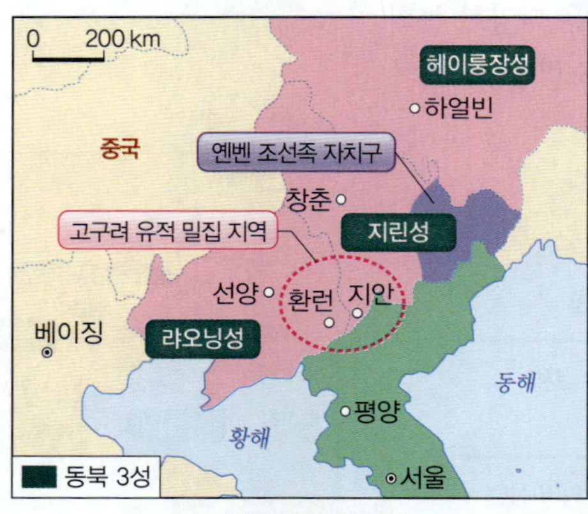

▲ 중국의 동북공정

• 동북공정(東北工程)은 동북 3성(랴오닝성, 지린성, 헤이룽장성)의 역사, 지리, 민족을 2002년 2월부터 5년간 연구한 사업이다.

• 이때 중국은 만리장성의 동쪽 끝을 옛 고구려와 발해의 영역인 헤이룽장성까지 확장하여 발표하였다.

• 고구려의 성을 만리장성의 일부로 주장하거나 고구려와 발해의 유물을 중국의 유물로 소개하는 등 역사 왜곡을 펼치고 있다.

확인 문제

▶ 정답과 해설은 다음 페이지에

다음 글의 (가)~(라)에 들어갈 말을 쓰시오.

• [(가)]은/는 시마네현 고시를 근거로 [(나)]이/가 [(가)]의 영토로 편입되었다는 주장을 펼치고 있다.
• [(다)]은/는 소수 민족의 통합을 위해 [(라)]을/를 진행했고, 이 과정에서 고조선, 부여, 고구려, 발해가 [(다)]의 역사라고 주장하고 있다.

• (가):
• (나):
• (다):
• (라):

1 남북 분단과 통일

1. 다음은 남북 분단과 통일에 대한 설명이다. 옳은 것은 ○, 틀린 것은 ×에 표시하시오.

(1) 남북 분단은 미국을 중심으로 한 자본주의 진영과 소련을 중심으로 한 사회주의 진영 간의 대립과 갈등이 주요한 배경이다. (○, ×)

(2) 중국과 미국이 북위 38도선을 경계로 우리나라를 분할 점령함으로써 남북 분단이 시작되었다. (○, ×)

(3) 통일은 민족의 이질화 현상을 극복하고 동질성을 회복하기 위해 필요하다. (○, ×)

(4) 통일은 남북한 민족만의 문제이므로 주변국들의 상황을 지켜볼 필요는 없다. (○, ×)

(5) 남한의 북침으로 6 · 25 전쟁이 발발하면서 남북 분단이 고착화되었다. (○, ×)

(6) 5 · 10 총선거는 북한이 국제 연합의 결의안을 반대하여 남한에서만 실시되었다. (○, ×)

2. 다음과 관계있는 통일과 관련된 비용을 〈보기〉에서 골라 기호로 쓰시오.

---[보기]---
ㄱ. 분단 비용   ㄴ. 통일 비용

(1) 이산가족의 고통 (   )
(2) 화폐 통합을 위한 비용 (   )
(3) 전쟁에 대한 공포와 불안 (   )
(4) 체제 경쟁을 위한 외교비 (   )
(5) 군사력 강화를 위한 방위비 (   )
(6) 통일 후 실업 해소를 위한 비용 (   )
(7) 통일 후 경제 개발을 위해 드는 비용 (   )
(8) 분단에 따른 대립과 갈등으로 발생하는 비용 (   )
(9) 통일 이후 남북 체제의 통합에 소요되는 비용 (   )

2 동아시아 역사 갈등과 국제 사회 기여 방안

3. 다음 빈칸에 들어갈 내용을 쓰시오.

(1) 일본은 (   ) 왜곡을 통해 침략 전쟁을 미화하고 있다.

(2) 일본은 (   ) 참배 문제로 우리나라와 역사 갈등을 겪고 있다.

(3) (   ) 인근에서 석유가 발견된 후 일본, 중국, 타이완의 갈등이 고조되고 있다.

(4) 일본과 러시아는 (   ) 남부의 4개 섬에 대한 영유권을 두고 갈등을 겪고 있다.

(5) 중국은 (   )을/를 통해 고구려, 발해 등의 역사가 중국의 역사라고 주장하고 있다.

(6) 일본은 1905년 시마네현 고시로 (   )이/가 일본 영토로 편입되었다고 주장하고 있다.

(7) 해상 교통의 요충지인 (   )은/는 중국, 베트남, 필리핀 등 6개국의 영토 분쟁 지역이다.

4. 다음은 우리나라가 국제 사회의 평화에 기여할 수 있는 방안에 대한 설명이다. 옳은 것은 ○, 틀린 것은 ×에 표시하시오.

(1) 지구 온난화를 방지하기 위해 탄소 배출량을 줄여 나가야 한다. (○, ×)

(2) 개발 경험과 기술이 풍부한 개발 도상국의 지원을 받아야 한다. (○, ×)

(3) 분쟁 지역에 군대를 파견하는 등 평화 유지를 위해 노력해야 한다. (○, ×)

(4) 분단 문제를 극복하여 동아시아 지역의 군사적 대립을 완화해야 한다. (○, ×)

---

p.124 확인 문제 [정답]

(가) 일본, (나) 독도, (다) 중국, (라) 동북공정

1 남북 분단과 통일

01 ❋❋❋

다음에서 설명하고 있는 남북 분단의 배경으로 적절한 것만을 〈보기〉에서 고른 것은?

> 제2차 세계 대전이 끝나고 세계는 미국을 중심으로 한 자유주의 진영과 소련을 중심으로 한 공산주의 진영이 대결 구도로 나뉘어 이념적 갈등 상태에 놓이게 되었다. 이 영향으로 유라시아 대륙과 태평양을 연결하는 지정학적 요충지였던 우리나라는 광복과 동시에 남쪽은 미국, 북쪽은 소련의 영향력 아래 들어가게 되었다.

[보기]
ㄱ. 남북 분단은 민족 내부의 응집력 부족이 원인이다.
ㄴ. 남북 분단은 냉전 체제에서 비롯된 국제적 환경이 주요한 배경이다.
ㄷ. 남북 분단의 주된 원인으로 우리 민족 스스로의 이념 갈등과 대립을 들 수 있다.
ㄹ. 남북 분단은 강대국이 한반도에 대한 영향력을 확대하려는 의도 때문에 이루어졌다.

① ㄱ, ㄴ   ② ㄱ, ㄷ   ③ ㄴ, ㄷ   ④ ㄴ, ㄹ   ⑤ ㄷ, ㄹ

02 ❋❋❋

남북 분단 과정의 주요 사건에 대한 옳은 설명에만 모두 '✓'를 표시한 학생은?

설명 \ 학생	갑	을	병	정	무
남한 지역에서만 5·10 총선거를 실시하였다.	✓		✓	✓	
6·25 전쟁이 발발하면서 남북 분단이 고착화되었다.	✓			✓	✓
모스크바 3국 외상 회의에서 신탁통치가 결정되었다.	✓	✓	✓		
북위 38도선을 경계로 미국과 중국이 한반도를 분할 점령했다.			✓	✓	✓

① 갑   ② 을   ③ 병   ④ 정   ⑤ 무

03 ❋❋❋❋ 중요 

밑줄 친 ㉠, ㉡에 대한 옳은 설명만을 〈보기〉에서 고른 것은?

> 통일과 관련된 비용으로는 ㉠ 분단 비용, ㉡ 통일 비용이 있다. 분단 비용은 현재 분단으로 인한 대립과 갈등으로 인해 발생하고 있는 비용이며, 통일 비용은 통일 이후 남북한 체제가 통합되는 데 소요되는 비용이다.

[보기]
ㄱ. ㉠: 미래 통일 한국 건설을 위한 초석이 되는 투자적 성격의 비용이다.
ㄴ. ㉠: 군사비와 같은 유형의 비용뿐만 아니라 이산가족의 고통과 같은 무형의 비용도 포함된다.
ㄷ. ㉡: 정치·경제 제도 통합 비용과 치안·실업 해소 등의 위기 관리 비용이 모두 포함된다.
ㄹ. ㉡: 분단 상태가 지속되는 과정에서 지속적으로 지출되는 소모적 성격의 비용이다.

① ㄱ, ㄴ   ② ㄱ, ㄷ   ③ ㄴ, ㄷ   ④ ㄴ, ㄹ   ⑤ ㄷ, ㄹ

[04~05] 다음 대화를 읽고 물음에 답하시오.

> 교사: A에 대해 이야기해봅시다.
> 갑: 통일에 수반되는 경제적, 경제외적 비용의 총체를 말합니다.
> 을: 남북의 정치·경제 제도를 통합하는 과정에서 필요한 비용입니다.
> 병: 분단 기간 중 발생하며 통일과 동시에 소멸되는 비용입니다.

04 ❋❋❋

윗글에서 갑, 을은 옳고 병은 틀린 대답을 했다. 이때, A로 가장 적절한 것은?

① 분단 비용   ② 통일 비용   ③ 통일 편익
④ 기회 비용   ⑤ 방위 비용

05 ❋❋❋ 서술형

병이 이야기하고 있는 비용이 무엇인지 쓰고, 이에 포함되는 비용 두 가지를 서술하시오.

06 ❋❋❋

갑, 을의 입장으로 적절한 것만을 〈보기〉에서 있는 대로 고른 것은?

─[보기]─
ㄱ. 갑: 통일 이전 대비 통일 이후의 통일 비용은 감소한다.
ㄴ. 을: 통일을 위해서는 통일 비용과 통일 편익의 크기를 비교해야 한다.
ㄷ. 갑, 을: 통일 이후 분단 비용과 통일 편익은 지속적으로 증가한다.

① ㄱ　② ㄴ　③ ㄱ, ㄷ　④ ㄴ, ㄷ　⑤ ㄱ, ㄴ, ㄷ

[07~08] 다음 글을 읽고 물음에 답하시오.

갑: 분단 이후 서로 다른 정치체제, 경제체제를 가지고 살아온 남한과 북한이 화합을 이루기는 쉽지 않습니다. 따라서 　⊙　 등 비정치적 분야의 교류를 먼저 시작해 상호 신뢰를 쌓고, 이후에 정치적, 군사적 부분에서도 통합을 이루어야 합니다.

을: 통일을 이루기 위해서는 　ⓒ

07 ❋❋❋

⊙에 들어갈 수 있는 적절한 교류만을 〈보기〉에서 고른 것은?

─[보기]─
ㄱ. 남북 정상회담
ㄴ. 이산가족 상봉
ㄷ. 대북 지원 중단
ㄹ. 스포츠 대회 단일팀 구성

① ㄱ, ㄴ
② ㄱ, ㄷ
③ ㄴ, ㄷ
④ ㄴ, ㄹ
⑤ ㄷ, ㄹ

08 ❋❋❋

ⓒ에 들어갈 내용으로 가장 적절한 것은?

① 정치체제를 먼저 통일해야 하는군요.
② 경제적 이익을 먼저 고려해야 하는군요.
③ 주변국이 통일을 돕도록 설득해야 하는군요.
④ 문화적 측면에서만 합의가 되면 되는 거군요.
⑤ 문화·예술 분야의 교류를 우선해야 하는군요.

09 ❋❋❋

다음 사례를 통해 얻을 수 있는 교훈으로 가장 적절한 것은?

통일 전 서독은 1969년 빌리 브란트 수상이 '신동방 정책'을 추진하면서 동독과의 교류 협력을 적극 추진했다. 1972년에는 동서독 기본 조약을 체결해 경제, 과학·기술, 문화, 통신, 스포츠, 환경 보호 분야의 교류에 합의하고 각각 상주 대표부를 설치했다. 서독 정부의 이러한 노력은 동서독 간 교류 협력의 활성화를 가져왔다. 동서독 간의 경제적 교류 협력은 민간 차원에서의 방문과 우편 및 통신 교류로 이어졌다. 1973~1985년 사이에 서독을 방문한 동독 주민은 매년 130~150만 명에 달했으며, 베를린 장벽이 붕괴되기 직전 해인 1988년에는 거의 700만 명에 달했다.

① 통일과 관련하여 민간 차원의 교류는 혼란과 갈등을 가중시킨다.
② 통일은 민족 구성원 외에 외부 국가들의 동의가 절대적으로 필요하다.
③ 통일은 분단된 두 체제의 경제력이 동일한 수준일 때에만 실현 가능하다.
④ 통일과 관련하여 가장 먼저 해결해야 할 과제는 정치적·군사적 통일이다.
⑤ 통일을 위해 지속적인 교류와 협력으로 내적 통합을 다져 나가는 시간이 필요하다.

10 ❋❋❋

⊙에 들어갈 진술로 가장 적절한 것은?

통일이 한반도 전체의 이익을 가져오려면 남북이 내적으로 결합된 민족 공동체가 건설되어야 한다. 이를 위해 경제·문화 분야의 민간 교류를 활성화하여 점진적으로 통일해야 한다. 그런데 어떤 사람은 사회적 통합 비용을 절감하기 위해 신속한 정치적 통합으로 통일의 외형부터 갖추어야 한다고 주장한다. 나는 이런 주장이 통일의 과정에서 　⊙　 고 생각한다.

① 체제 합일보다 민간 차원의 소통을 우선해야 함을 간과한다
② 민족 공동체의 전체적 이익을 고려해서는 안 됨을 간과한다
③ 사회적 통합 비용 지출을 줄이도록 노력해야 함을 간과한다
④ 내적인 결합보다 급진적인 외적 통합이 바람직함을 간과한다
⑤ 비정치적으로 교류하는 것은 어떠한 효과도 없음을 간과한다

2 동아시아 역사 갈등과 국제 사회 기여 방안

11 ✿✿✿

빈칸 ㉠에 들어갈 동아시아 역사 갈등 문제에 대한 설명으로
가장 적절한 것은?

> ［ ㉠ ］
>
> 일본은 곳곳에서 고대 일본이 한반도 남부 지역을
> 지배했다고 서술하고 있으며, 일제 강점기 징용·징병의
> 강제성을 감추려 하고 있다. 또한 일본군 '위안부' 관련
> 서술을 축소·은폐하는 등 일본의 침략 행위를 정당화하고
> 있다.

① 일본은 독도에 대한 영유권을 주장하고 있다.
② 일본은 지속적으로 역사 교과서 왜곡을 진행하고 있다.
③ 일본은 자국의 안보를 명분으로 군사력 증강에 힘쓰고
　있다.
④ 일본은 러시아나 중국과의 영토 분쟁을 공공연하게
　국제 문제로 부각시키고 있다.
⑤ 일본의 주요 정치인들은 제2차 세계 대전의 전범들의
　위패가 있는 야스쿠니 신사를 참배하고 있다.

[12~13] 다음 글을 보고 물음에 답하시오.

> ［ (가) ］의 정치인들이 올해도 ［ (나) ］ 참배를
> 진행했다. 이들은 ［ (나) ］ 참배가 신앙의 자유라고
> 주장하며 이번 일에 문제가 없다는 태도를 취했다.

12 ✿✿✿

(가)와 관련 있는 동아시아의 갈등만을 〈보기〉에서 고른 것은?

[보기]
ㄱ. 동북공정
ㄴ. '위안부' 강제성 부정
ㄷ. 난사 군도 영토 분쟁
ㄹ. 쿠릴 열도 영토 분쟁

① ㄱ, ㄴ
② ㄱ, ㄷ
③ ㄴ, ㄷ
④ ㄴ, ㄹ
⑤ ㄷ, ㄹ

13 ✿✿✿

윗글의 (나)에 대한 설명으로 옳지 <u>않은</u> 것은?

① 제2차 세계 대전의 전범이 합사되어 있다.
② 군국주의를 반대하며 역사를 왜곡하고 있다.
③ (가)의 침략 전쟁을 정당화하는 데 사용된다.
④ (나) 참배는 국제 사회에서 비판받는 문제이다.
⑤ (가)의 전쟁 범죄자들을 영웅으로 추앙하고 있다.

14 ✿✿✿ 출제 0순위 특강

(가)와 관련 있는 동아시아의 갈등에 대한 설명으로 옳은 것은?

> ［ (가) ］은/는 다양한
> 해양 생물이 서식하고
> 있고, 바다 밑에 해양
> 심층수, 메탄 하이드레이트와
> 같은 자원이 풍부해 가치가
> 높은 지역이다. 또한 ［ (가) ］은/는 우리나라 동해상의
> 해상 경로와 주변국들의 움직임을 감시하거나 통제하는
> 중요한 역할을 할 수 있어 군사적으로 중요한 곳이기도
> 하다.

① 남한과 북한만이 영유권을 주장하고 있다.
② 일본, 중국, 대만이 영토 분쟁을 하는 지역이다.
③ (가)의 영유권 분쟁은 역사적 이유만으로 발생했다.
④ 일본이 역사를 왜곡하며 (가)의 영유권을 주장하고
　있다.
⑤ 베트남, 필리핀 등 6개국이 서로 영유권을 주장하고
　있다.

15 ✿✿✿ 중요

다음의 동아시아 역사 갈등 문제에 대한 설명으로 가장 적절한
것은?

> • 한반도 북부와 만주에서 활동했던 고조선, 고구려,
> 발해 등의 역사를 우리나라의 고유한 역사가 아니라
> 자기 나라의 지방사에 불과하다고 주장하고 있다.
> • 고조선, 고구려, 발해 등이 독립된 고대 국가라는
> 점을 부인하고 자기 나라의 지방 정권으로 폄하하고
> 있는 것이다. 또한 고려는 고구려를 계승한 것이
> 아니라 고구려와는 무관한 정권이라고 주장하고 있다.

① 중국과 북한의 경제적·군사적 협력 일체를 부정하려
　한다.
② 중국 동북부 3성 주민들의 국적을 대한민국 국적으로
　전환하려 한다.
③ 우리나라의 영해를 지속적으로 침범하면서 수산
　자원을 확보하려 한다.
④ 우리나라의 미사일 대응 체계에 대한 반발로 군사력을
　지속적으로 증강하고 있다.
⑤ 소수 민족을 통합하고 현재의 영토를 확고히 하기
　위한 방안으로 동북공정을 추진하고 있다.

16 ✱✱✱✿

다음을 해결하기 위한 적절한 방안만을 〈보기〉에서 고른 것은?

- 일본은 지속적으로 역사 교과서 왜곡, 일본의 침략 전쟁 미화, 야스쿠니 신사 참배 강행, 일본군 '위안부' 역사 부정 등 다양한 측면에서 역사 갈등을 유발하고 있다.
- 중국은 동북 3성의 과거 역사를 우리 민족의 고유한 역사로 인정하지 않고 중국 고대사의 일부로 편입시키려는 동북공정을 추진하고 있다.

[보기]

ㄱ. 공동 역사 교재 편찬을 통해 올바른 역사 인식을 공유한다.
ㄴ. 정치적·군사적 회담을 통해 동아시아의 세력 균형에 힘쓴다.
ㄷ. 침략 역사에 대한 사과와 각국의 역사를 사실에 근거하여 인정한다.
ㄹ. 각국의 고유한 문화적 정체성을 인정하기 위해 문화 교류는 최대한 자제한다.

① ㄱ, ㄴ ② ㄱ, ㄷ ③ ㄴ, ㄷ ④ ㄴ, ㄹ ⑤ ㄷ, ㄹ

[17~18] 다음은 중국과 우리나라의 역사 갈등을 보여주는 자료이다. 이를 보고 물음에 답하시오. (출제 0순위 특강)

17 ✱✱✿ 단답형

자료와 관련된 중국의 사업 명칭을 쓰시오.

18 ✱✱✿ 서술형

중국이 해당 사업으로 인해 우리나라와 갈등을 빚게 된 이유를 조건에 맞게 서술하시오.

[조건]

- 중국이 역사를 왜곡하며 주장한 내용을 관련된 고대 국가 두 곳의 이름과 함께 구체적으로 설명할 것

내신 1등급 문제

19 ✱✱✱

다음 토론의 핵심 쟁점으로 가장 적절한 것은?

> 갑 : 통일은 우리 민족의 동질성을 회복하고 정체성을 확립하기 위해 반드시 이루어 내야 할 과제입니다.
> 을 : 동의합니다. 하지만 통일은 비용과 편익을 최우선으로 고려하여 우리 민족의 경제적 이익 실현을 위해 추진되어야 합니다.
> 갑 : 아닙니다. 통일의 필요성을 경제적 가치에서 찾아서는 안 됩니다. 통일은 남북 간 이질성을 극복하고, 문화와 역사를 공유하는 평화로운 민족 공동체 건설을 위해 실현되어야 합니다.
> 을 : 통일은 민족의 동질성 회복과 정체성 확립을 위해서도 필요하지만, 무엇보다 민족의 경제적 이익 증대를 고려해야 합니다. 국방비 절감, 시장 확대 등 통일 편익이 통일 비용보다 크기 때문에 통일을 추진해야 합니다.

① 통일의 필요성을 민족의 경제적 이익 증진에서 찾아야 하는가?
② 통일은 우리 민족의 평화로운 공동체 건설에 기여하는가?
③ 통일은 우리 민족이 이루어 내야 할 필수적 과제인가?
④ 통일은 민족의 이질성을 극복하는 데 도움을 주는가?
⑤ 통일을 통해 민족적 정체성을 확립할 수 있는가?

20 ✱✱✱

동아시아 영토 분쟁에 대한 설명으로 옳지 <u>않은</u> 것은?

① A는 제2차 세계 대전 이후 러시아가 지배하고 있다.
② B는 제2차 세계 대전 이후 미국이 계속 점령하고 있다.
③ C는 중국과 베트남의 영토 분쟁 지역이다.
④ D는 중국과 동남아시아 여러 국가가 관련된 영토 분쟁 지역이다.
⑤ A, B, C, D 지역은 석유나 천연가스 등의 자원이 풍부하기 때문에 분쟁이 치열하다.

10 세계화의 양상과 문제

01 ❋❋❋

다음 글의 주제로 가장 적절한 것은?

> 전 세계에 판매망을 가지고 있는 햄버거 업체 A사는 각 나라 사람들의 문화와 취향을 고려한 경영 전략으로 큰 수익을 내고 있다. 그 사례로 인도에서는 힌두교 신자가 많은 그들의 문화를 고려하여 닭고기나 양고기에 향신료를 사용해 만든 햄버거가 고객들의 입맛을 사로잡았다. 또한 일본에서는 빵보다 밥을 더 선호하는 고객들의 입맛에 맞춰 밥에 간장 소스를 곁들여 만든 햄버거가 좋은 평가를 받고 있다.

① 다국적 기업의 공간적 분업
② 세계화 시대의 현지화 전략
③ 지리적 표시제를 통한 장소 마케팅
④ 세계화 시대의 세계 시민 의식 향상
⑤ 공정 무역을 통한 생산자의 이윤 확대

02 ❋❋❋

자료의 도시에 대한 옳은 설명만을 〈보기〉에서 고른 것은?

세계적인 경제 · 문화의 중심지로 도심에 초고층 빌딩이 밀집해 있다. 특히 '브로드웨이'에는 세계적인 연극과 뮤지컬을 공연하는 극장이 집중되어 있다. 자유의 여신상, 센트럴 파크 등이 유명하다.

[보기]

ㄱ. 민족 구성의 동질성이 높다.
ㄴ. 국제 금융 업무 기능이 강하다.
ㄷ. 다른 도시들과의 상호 작용이 활발하지 않다.
ㄹ. 국제기구의 본부가 입지해 국제회의 행사가 많다.

① ㄱ, ㄴ　② ㄱ, ㄷ　③ ㄴ, ㄷ　④ ㄴ, ㄹ　⑤ ㄷ, ㄹ

03 ❋❋❋

㉠에 들어가기 적절한 내용만을 〈보기〉에서 고른 것은?

[보기]

ㄱ. 인건비가 저렴하기 때문입니다.
ㄴ. 선진 경영 정보를 수집하기 유리하기 때문입니다.
ㄷ. 고급 연구 인력을 확보하기 유리하기 때문입니다.
ㄹ. 세금 면제나 감세의 혜택을 기대하기 쉽기 때문입니다.

① ㄱ, ㄴ　② ㄱ, ㄹ　③ ㄴ, ㄷ　④ ㄴ, ㄹ　⑤ ㄷ, ㄹ

04 ❋❋❋

다음 글에 나타난 문제점을 해결하기 위한 방안으로 가장 적절한 것은?

> 세계화로 영어의 영향력이 커지면서 많은 나라에서 영어를 공용어로 사용하고 있다. 특히 기술이나 학문 분야에서 영어를 사용하는 일이 많아지면서 일부 국가의 고유 언어가 사라지는 위기가 나타났다. 우리나라의 경우, 제주어가 소멸 위기 단계에 놓였다. 제주어는 언어학적 가치가 높지만 1950년 이전에 태어난 고령층 1만 명 정도만 제주어를 구사하고 있다.

① 개발 도상국을 대상으로 선진국의 경제적 원조를 확대한다.
② 국가 간 무역 장벽을 없애 상품의 자유로운 이동을 보장한다.
③ 생산자에게 정당한 대가가 돌아가도록 상호 공존의 무역을 지향한다.
④ 지역 고유문화의 정체성을 유지하며 외래문화를 비판적으로 수용한다.
⑤ 경제 발전 수준이 높은 선진국의 문화가 세계의 보편적인 문화로 자리 잡도록 한다.

05 ✱✱✱

(가) 기업에 대한 (나) 기업의 상대적 특성을 그림에서 고른 것은?

> • (가) 기업은 세탁기를 판매하는 회사이다. 자국에서
>   세탁기를 개발 및 생산하고 대리점을 통해 판매한다.
> • (나) 기업은 태블릿 PC 생산을 위한 공장을 베트남
>   북부에 설립하였다. 베트남의 인건비가 저렴해서
>   가격 경쟁력을 높일 수 있기 때문이다.

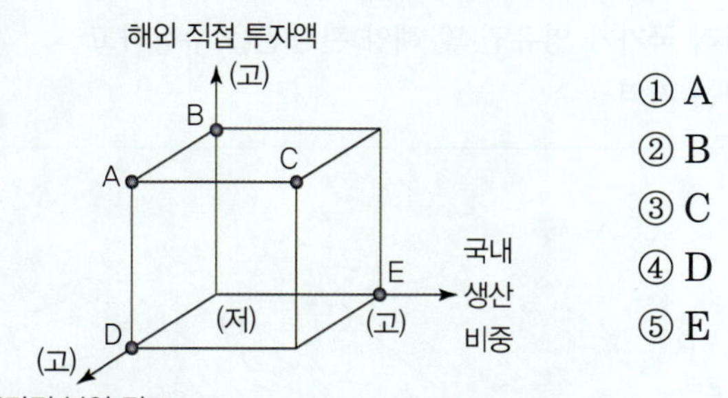

① A
② B
③ C
④ D
⑤ E

* 고(저)는 높음(낮음), 많음(적음)을 의미함

06 ✱✱✿

다음은 학생이 작성한 주제 탐구 보고서의 일부이다.
(가)에 들어갈 내용으로 가장 적절한 것은?

주제 탐구 보고서	1학년 □반 이름:□□□

ㅇ주제: (가)

ㅇ사례 조사하기

(사례 1) 에스파냐의 작은 마을 부뇰은 지역
전통의 토마토 축제를 활성화하기 위해
노력했다. 지역의 특산품인 토마토를
던지는 모습이 유명해지면서 매년 전
세계에서 수만 명이 축제 참가를 위해
부뇰로 모여든다.

(사례 2) 프랑스의 카망베르 마을은 지역 특산품인
치즈를 지리적 표시제로 등록하여 상표로
인정받았다. 이를 계기로 카망베르 치즈가
세계적으로 더욱 널리 알려지면서 카망베르
마을도 함께 유명 해졌다.

① 다국적 기업의 공간적 분업
② 세계화에 따른 문화 획일화 현상
③ 지역 경쟁력 강화를 위한 지역화 전략
④ 국제적 중심지 역할을 하는 세계 도시의 등장
⑤ 세계 무역 기구의 등장과 자유 무역 협정의 확대

---

⑪ 평화를 위한 국제 사회의 노력

07 ✱✱✿

밑줄 친 ㉠, ㉡에 대한 옳은 설명만을 〈보기〉에서 고른 것은?

> 평화는 크게 소극적 평화와 적극적 평화로 구분할
> 수 있다. ㉠ 소극적 평화는 국내외적으로 전쟁, 분쟁,
> 테러, 범죄, 폭행 등이 발생하지 않은 상태를 뜻한다.
> 한편, ㉡ 적극적 평화는 분쟁이나 테러뿐만 아니라
> 기아, 빈곤, 억압 및 차별과 같은 구조적·문화적
> 폭력에서 벗어나 모든 사람이 인간다운 삶을 누릴 수
> 있는 상태를 의미한다.

[보기]

> ㄱ. ㉠은 종교, 사상, 언어, 과학, 예술 등의 영역에서
>   주로 발생하는 폭력이 제거된 상태이다.
> ㄴ. ㉡은 직접적 폭력뿐만 아니라 구조적·문화적
>   폭력까지 제거된 상태를 의미한다.
> ㄷ. ㉠과 ㉡이 온전히 실현될 때 진정한 평화를
>   실현했다고 볼 수 있다.
> ㄹ. ㉡은 ㉠을 달성하기 위한 선결 조건이자 전제
>   조건이다.

① ㄱ, ㄴ ② ㄱ, ㄷ ③ ㄴ, ㄷ ④ ㄴ, ㄹ ⑤ ㄷ, ㄹ

08 ✱✱✿

다음 사상가의 입장으로 가장 적절한 것은?

> 소극적 평화는 직접적 폭력이 없는 상태이며, 적극적
> 평화는 구조적·문화적 폭력까지 없는 상태입니다.
> 우리는 모든 종류의 폭력을 비폭력적인 방법을 통해
> 예방하고 제거해야 합니다.

① 문화는 폭력을 정당화하는 수단이 될 수 있다.
② 직접적 폭력과 구조적 폭력은 서로 영향을 주지 않는다.
③ 물리적 폭력의 제거는 구조적 폭력이 제거되어야
   실현된다.
④ 범죄와 전쟁이 사라지게 되면 모든 문화적 폭력도
   없어진다.
⑤ 진정한 평화의 구축을 위해 폭력적인 수단도
   허용되어야 한다.

(가), (나)에 대한 옳은 설명만을 〈보기〉에서 고른 것은?

> - ⎡ (가) ⎤은/는 빈곤이나 자연재해로 고통받는
>   국가들을 지원하고, 국제 분쟁 지역에 평화 유지군을
>   파견하고 있다.
> - ⎡ (나) ⎤은/는 북극의 생태계를 보호하기 위해
>   기업과 정부를 대상으로 북극의 석유 및 가스 탐사,
>   유전 개발을 막기 위한 캠페인을 진행하고 있다.

[보기]
ㄱ. (가): 국가의 이익을 최우선으로 한다.
ㄴ. (가): 국제 연합, 세계 보건 기구가 해당된다.
ㄷ. (나): 개인이나 민간단체를 중심으로 구성되었다.
ㄹ. (나): 국제 사회에서 통용되는 국제 규범을 정립한다.

① ㄱ, ㄴ ② ㄱ, ㄷ ③ ㄴ, ㄷ ④ ㄴ, ㄹ ⑤ ㄷ, ㄹ

지도는 세계 분쟁 지역을 표시한 것이다. 다음 설명에 해당하는 지역에서 발생하고 있는 분쟁을 지도에서 옳게 고른 것은?

> - 원유와 천연가스 등 상당량의 지하자원이 매장되어
>   있는 지역
> - 세계에서 가장 많은 약 2,500종의 해양 생물이
>   서식하고 있는 지역
> - 중국, 베트남, 필리핀, 말레이시아, 브루나이 등
>   여러 국가가 영유권 및 해양 관할권을 주장하고
>   있는 지역

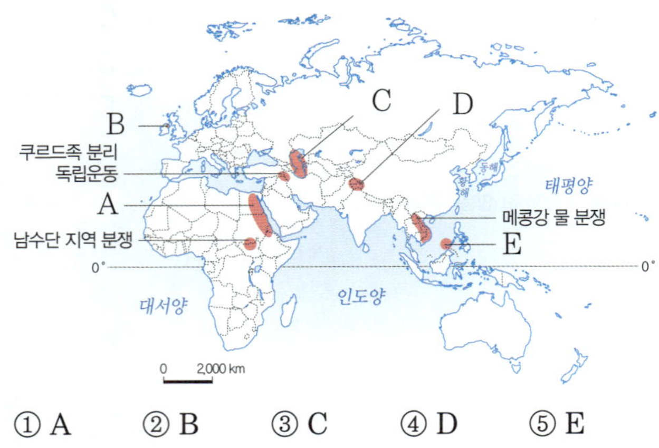

① A ② B ③ C ④ D ⑤ E

  2022 실시 3월 학평 13 (고2) / 정치와 법

밑줄 친 ㉠~㉣에 대한 설명으로 옳은 것은?

① ㉠은 국제 사회의 기본적 행위 주체이다.
② ㉡은 국제 비정부 기구이다.
③ ㉣은 사익보다 공익을 추구하는 행위 주체이다.
④ ㉡, ㉢ 모두 개인이 회원으로 가입할 수 있다.
⑤ ㉢, ㉣의 영향력은 세계화로 인해 감소하고 있다.

12

밑줄 친 ㉠~㉤에 대한 설명으로 옳지 않은 것은?

> 국제 사회에는 다양한 행위 주체들의 상호 갈등과
> 협력이 이루어지고 있다. 국제 사회의 행위 주체에는
> 영역, 주권, 국민을 기본 요소로 이루어져 활동하는
> ㉠ 국가, 개별 국가들을 구성원으로 하는 ㉡ 정부 간
> 국제기구, 민간단체나 개인을 회원으로 하는 ㉢ 국제
> 비정부 기구, ㉣ 개인, ㉤ 다국적 기업 등이 있다.

① ㉠은 외교적 협상을 통해 분쟁이나 갈등을 해결하고자
   한다.
② ㉡은 분쟁 당사국들이 원만한 해결을 하도록 돕는
   역할을 한다.
③ ㉢은 전쟁이나 테러에 따른 인권 침해 방지를 위해
   노력한다.
④ ㉣은 가장 기본적이고 대표적인 영향력을 행사하는
   행위 주체이다.
⑤ ㉤은 이윤 추구를 위해 다양한 나라의 자본이나
   노동력을 활용한다.

12 남북 분단 및 동아시아의 역사 갈등

13 ❋❋❋

남북 분단의 주요 사건 A~D를 역사적 순서대로 옳게 나열한 것은?

> A: 북한의 남침으로 6 · 25 전쟁이 발발하였다.
> B: 남한에서만 5 · 10 총선거를 실시해 대한민국 정부를 수립하였다.
> C: 미국과 소련이 북위 38도선을 경계로 남과 북을 분할해서 점령했다.
> D: 모스크바 3국 외상 회의에서 한반도에 대한 신탁 통치가 결정되었다.

① A – B – C – D
② B – C – A – D
③ C – B – D – A
④ C – D – B – A
⑤ D – B – A – C

14 ❋❋❋ 2023 실시 3월 학평 9 (고2)/생활과 윤리

㉠에 들어갈 진술로 적절하지 <u>않은</u> 것은?

> 남북한의 분단 상황은 국가 발전 및 세계 평화를 저해한다. 우리는 독일 통일의 사례에서 남북통일을 위한 시사점을 얻을 수 있다. 통일 전 독일은 사회 통합 기반 마련을 위한 교류 활성화, 안보 불안 축소를 위한 대화, 상호 간 편견과 불신 해소를 위한 통일 교육을 하였다. 또한 독일의 통일이 주변국에 위협이 아닌 평화를 촉진시킬 것임을 설득하여 통일을 이룩할 수 있었다. 따라서, 우리는 [㉠   ]

① 분단 상황에서도 남북한이 교류하는 기회를 마련해야 한다.
② 남북통일에 우호적인 국제 환경 조성을 위해 노력해야 한다.
③ 통일 이전이 아닌 통일 이후에 사회 통합을 위해 힘써야 한다.
④ 남북한 대화를 통해 안보 및 평화 구축을 위해 노력해야 한다.
⑤ 상호 이해와 적대감 해소를 위한 통일 교육을 활성화해야 한다.

15 ❋❋❋

다음에서 통일을 위해 강조하는 내용으로 가장 적절한 것은?

> 분단을 극복하기 위해서는 남북한의 주도적인 노력뿐만 아니라 주변국의 지지와 협력이 필요하다. 따라서 우리는 동아시아 국가 간의 긴장 상태를 해소하기 위해 노력하고, 한반도의 통일이 국제 사회의 평화와 번영을 가져올 수 있다는 점을 주변국에 설득해야 한다.

① 국제사회가 통일에 협력적인 태도를 가질 수 있도록 노력해야 한다.
② 통일은 남북한의 정치적 · 군사적 합의가 우선적으로 전제되어야 한다.
③ 통일을 달성하기 위해 북한보다 월등히 앞서는 경제력을 확보해야 한다.
④ 외세의 간섭이나 개입 없이 주체적인 통일을 이룩하도록 노력해야 한다.
⑤ 통일을 이룩하기 위해서는 우리 민족 내부의 통합과 동질성 회복에 힘써야 한다.

16 ❋❋❋ 2021 실시 3월 학평 18 (고2)/생활과 윤리

다음 토론의 핵심 쟁점으로 가장 적절한 것은?

> 갑: 통일은 미래를 향한 새로운 역사의 시작입니다. 통일은 민족의 번영, 자유와 평등의 신장 등에 기여할 것입니다.
>
> 을: 동의합니다. 통일은 서로 다른 체제를 통합하는 정치적 결단이 신속하게 선행될 때 편익이 극대화될 것입니다.
>
> 갑: 아닙니다. 급진적인 정치적 통합은 많은 사회적 비용을 초래합니다. 통일 편익을 극대화하려면 국민적 동의에 기초하여 경제, 예술 분야부터 먼저 교류해야 합니다.
>
> 을: 비정치적 분야의 협력도 필요하지만 그것은 더 많은 사회적 비용을 초래해 통일 편익이 줄어들 것입니다. 국민적 동의에 기초한 정치적 통합이 우선되어야 합니다.

① 통일 과정에서 국민적 동의를 구하는 것이 필요한가?
② 통일을 위해 예술이나 경제 분야의 교류는 불필요한가?
③ 통일과 관련해 발생하는 사회적 비용을 고려해야 하는가?
④ 통일은 우리 민족의 번영과 인류애 구현에 이바지하는가?
⑤ 통일 편익 극대화를 위해 정치적 통합을 우선해야 하는가?

17 ✿✿✿

(가), (나)에 대한 옳은 설명만을 〈보기〉에서 고른 것은?

(가) 일본의 오키나와에서 서남쪽으로 약 400km, 중국 대륙으로부터 동쪽으로 약 350km 떨어진 동중국해상에 위치한 군도(群島)를 둘러싸고 일본과 중국 등을 중심으로 발생하고 있는 분쟁이다.

(나) 동북 3성, 즉 랴오닝성, 지린성, 헤이룽장성의 역사, 지리, 민족에 대한 문제를 집중적으로 연구하는 사업을 말한다.

[보기]

ㄱ. (가)의 주된 원인은 영토에 대한 주권 주장과 그 주변 해역의 자원 확보이다.

ㄴ. (나)는 동아시아의 역사적 연대와 갈등 해소에 기여하고 있다.

ㄷ. (가), (나)는 모두 동아시아 지역에서 발생하는 갈등에 해당한다.

ㄹ. (가), (나)는 역사 인식과는 무관하게 진행되는 영토 분쟁에 해당한다.

① ㄱ, ㄴ ② ㄱ, ㄷ ③ ㄴ, ㄷ ④ ㄴ, ㄹ ⑤ ㄷ, ㄹ

서술형 · 단답형 문제

[18~19] 다음 글을 읽고 물음에 답하시오.

미국 A사는 중국 공장을 대체할 생산지로 인도와 베트남을 고려하고 있으며, 영국 B사는 중국 공장을 폐쇄하고 노동력이 풍부하고 생산 비용이 더 저렴한 베트남과 인도네시아로 이전을 결정하였다. 여러 다국적 기업의 탈중국 현상이 가속화 됨에 따라 세계의 공장이라고 일컫던 중국의 위상은 흔들리고 있는 반면, (가) 베트남, 인도네시아, 인도 등의 국가에는 다국적 기업의 생산 공장이 더욱 많이 세워지고 있다.

18 ✿✿✿ 〔서술형〕

동남아시아 현지 주민의 관점에서 (가)의 이로운 점을 두 가지 서술하시오.

19 ✿✿✿ 〔서술형〕

우리나라의 다국적 기업 C사가 (가)를 하면 우리나라에 미치는 긍정적 영향과 부정적 영향을 한 가지씩 서술하시오.

[20~21] 다음은 학생이 작성한 형성 평가지이다. 이를 읽고 물음에 답하시오. (단, 학생이 작성한 답변은 전부 옳다.)

〈 형 성 평 가 〉

※ 국제 사회 행위 주체인 (가)에 대한 설명이 맞으면 '예', 틀리면 '아니요'에 ✓표시 하시오.

[설명1] 개인이나 민간단체의 주도로 만들어진 국제 사회의 행위 주체이다. 　　　예☐ 아니요✓

[설명2] 국제 규범을 제정하는 역할을 담당한 국제 사회의 행위 주체이다. 　　　예✓ 아니요☐

[설명3] 국제 협력을 증진하기 위해 노력한다. 　　　예✓ 아니요☐

20 ✿✿✿ 〔서술형〕

(가)에 들어갈 국제 사회의 행위 주체가 무엇인지 쓰고, 무엇을 중심으로 구성되었는지 서술하시오.

21 ✿✿✿ 〔서술형〕

[설명1]에 해당하는 국제 사회의 행위 주체를 쓰고, 대표적인 예 두 가지를 서술하시오.

[22~23] 다음 자료를 읽고 물음에 답하시오.

〈 　(가)　 와/과 관련된 비용〉

㉠	군사비, 외교비, 전쟁의 공포, 이산가족의 고통 등
㉡	정치 제도의 통합 비용, 통일 후 경제 개발을 위한 비용 등

22 ✿✿✿ 〔서술형〕

㉠, ㉡이 각각 어떤 비용에 해당하는지 쓰고, 각각의 의미를 서술하시오.

23 ✿✿✿ 〔서술형〕

(가)가 필요한 이유를 적극적 평화를 이용하여 서술하시오.

★ 갈퉁의 평화 사상

다음 유형은 강연의 내용을 바탕으로 강연자가 누구인지 파악하고, 강연자가 지지할 내용을 찾는 문제로 주로 출제된다.

다음 강연자가 지지할 견해로 적절하지 <u>않은</u> 것은?

2028 대비 수능 예시 13 (1차)

① 적극적 평화를 실현하는 것이 폭력에 대한 최선의 방어이다.
② 폭력은 소극적 평화를 실현하는 수단으로서만 허용될 수 있다.
③ 직접적 폭력과 간접적 폭력은 서로 유기적으로 연결되어 있다.
④ 폭력은 의도하지 않아도 생길 수 있으며 또 다른 폭력으로 이어질 수 있다.
⑤ 국제 사회의 행위 주체인 국제기구는 갈등 해결을 위해 평화적 수단을 활용해야 한다.

💡 단서＋발상

단서 직접적 폭력, 간접적 폭력
발상 강연자는 직접적 폭력과 간접적 폭력이 모두 사라진 상태를 진정한 평화로 본 갈퉁이다.
적용 갈퉁은 평화는 평화적 수단에 의해서만 실현해야 한다고 주장한다.

|문제 ＋ 자료 분석|

· 갈퉁은 직접적 폭력이 소멸한 [1] 평화를 넘어 간접적 폭력도 소멸한 [2] 평화를 지향해야 한다고 본다.

|선택지 분석|

❌ **적극적 평화를 실현하는 것이 폭력에 대한 최선의 방어이다.**
· 갈퉁은 현존하는 폭력을 제거하는 것뿐만 아니라 미래에 발생할 수 있는 폭력을 예방하기 위해서 적극적 평화를 실현해야 한다고 본다.

② **폭력은 소극적 평화를 실현하는 수단으로서만 허용될 수 있다.**
· 갈퉁은 폭력이 또 다른 폭력을 불러올 수 있다고 본다.
· 따라서 갈퉁은 평화적 수단에 의해서만 평화를 실현해야 한다고 주장한다.

❌ **직접적 폭력과 간접적 폭력은 서로 유기적으로 연결되어 있다.**
· 갈퉁은 직접적 폭력, 구조적 폭력, 문화적 폭력은 마치 삼각형의 서로 다른 꼭짓점처럼 서로 영향을 주고받으며 확대 재생산된다고 본다.

❌ **폭력은 의도하지 않아도 생길 수 있으며 또 다른 폭력으로 이어질 수 있다.**
· 갈퉁은 의도적인 행위자가 분명히 존재하는 직접적 폭력과 달리 [3] 폭력과 문화적 폭력에는 행위자의 의도가 담기지 않을 수 있다고 본다.
· 예를 들어 노예제도가 존재하는 사회에서 주인이 노예에게 물리적인 폭력을 행사하지 않더라도, 노예제도 자체가 노예에 대한 착취와 억압을 요구한다는 점에서 구조적 폭력에 해당한다.

❌ **국제 사회의 행위 주체인 국제기구는 갈등 해결을 위해 평화적 수단을 활용해야 한다.**
· 갈퉁은 국제기구가 물리적인 강제력이나 폭력 대신에 [4] 수단을 통해 갈등을 해결해야 한다고 본다.

∴ 정답은 ②이다.

👀 대비법

이 유형에 대비하기 위해서는 갈퉁이 이야기한 폭력과 진정한 평화의 의미를 정확히 알고 있어야 한다.

· 갈퉁의 폭력 분류

직접적 폭력		범죄, 테러, 전쟁 등 직접적이고 물리적인 폭력
간접적 폭력	구조적 폭력	부정의한 사회 제도나 구조를 통하여 이루어지는 폭력 → 억압, 착취
	문화적 폭력	학문, 종교 등 문화적 영역이 직접적 폭력이나 구조적 폭력을 정당화하는 데 이용되는 형태의 폭력

[정답]

1 소극적 **2** 적극적 **3** 구조적 **4** 평화적

다음 자료는 세계 도시에 대한 것이다. A~D 기능에 해당하는 지표로 옳은 것은? [2점]

　　세계화로 인해 세계의 중심지 역할을 하는 세계 도시가 출현했다. 세계 도시의 선정 기준과 방법은 조사 기관마다 차이가 있는데, 그중 ○○연구소는 2024년에 48개 주요 도시를 대상으로 6가지 기능(거주, 경제, 문화 교류, 연구·개발, 접근성, 환경)을 70개 지표를 활용하여 산출한 점수로 종합 순위를 발표했다. 종합 순위 1위 도시는 '문화 교류'에서 1위를 유지했고 허브 공항 효과로 '접근성'에서도 1위에 올랐다. 종합 순위 2위 도시는 '경제' 및 '연구·개발'에서 1위를 차지했으나, '거주'와 '환경'에서는 30위권으로 밀려났다. 종합 순위 3위 도시는 환율 상승에 따른 해외 관광객 증가로 '문화 교류'에서 3위로 올랐고, '거주'와 '연구·개발'에서도 3위를 차지했다. 종합 순위 4위 도시는 올림픽 개최에 힘입어 '문화 교류'에서 2위로 올랐다.

〈최상위 4개 도시의 기능별 순위〉

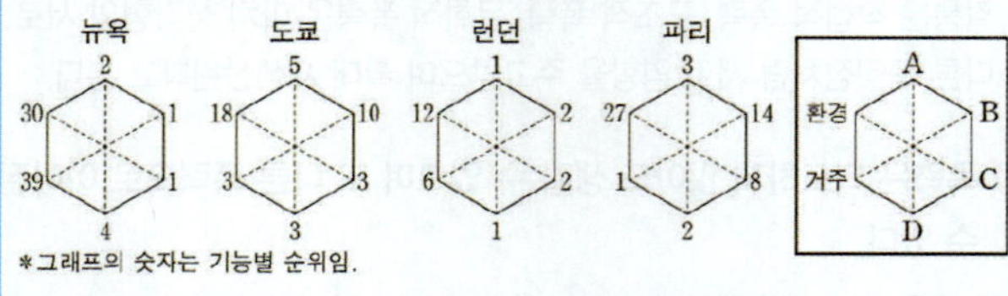

	A	B	C	D
①	국제 직항 노선 수	세계 500대 기업 수	특허 등록 건수	외국인 방문자 수
②	국제 직항 노선 수	세계 500대 기업 수	외국인 방문자 수	특허 등록 건수
③	세계 500대 기업 수	특허 등록 건수	외국인 방문자 수	국제 직항 노선 수
④	세계 500대 기업 수	특허 등록 건수	국제 직항 노선 수	외국인 방문자 수
⑤	외국인 방문자 수	국제 직항 노선 수	특허 등록 건수	세계 500대 기업 수

다음을 주장한 사상가의 입장으로 적절한 것만을 〈보기〉에서 고른 것은? [1.5점]

　　폭력을 예방하고 제거하려면 직접적 폭력, 구조적 폭력, 문화적 폭력에 대한 정확한 진단과 예측, 그리고 처방이 필요하다. 폭력은 직접적–구조적–문화적 폭력의 삼각형의 어느 꼭짓점에서도 시작될 수 있고 다른 꼭짓점으로 쉽게 전달된다. 평화를 구축하는 활동들은 구조적 평화와 문화적 평화를 구축하는 활동과 동일하다고 할 수 있다. 평화는 과정이자, 갈등을 비폭력적이고 창조적으로 변환하는 것이다.

[보기]

ㄱ. 집단 간 갈등은 무조건 회피해야 한다.
ㄴ. 정치적 억압을 줄이면 구조적 폭력이 감소한다.
ㄷ. 문화적 폭력은 직접적 폭력의 정당화에 이용될 수 있다.
ㄹ. 대외적 선제공격은 평화를 구축하는 활동이 될 수 있다.

① ㄱ, ㄴ　② ㄱ, ㄷ　③ ㄴ, ㄷ　④ ㄴ, ㄹ　⑤ ㄷ, ㄹ

다음 자료에 대한 옳은 설명만을 〈보기〉에서 고른 것은? [2.5점]

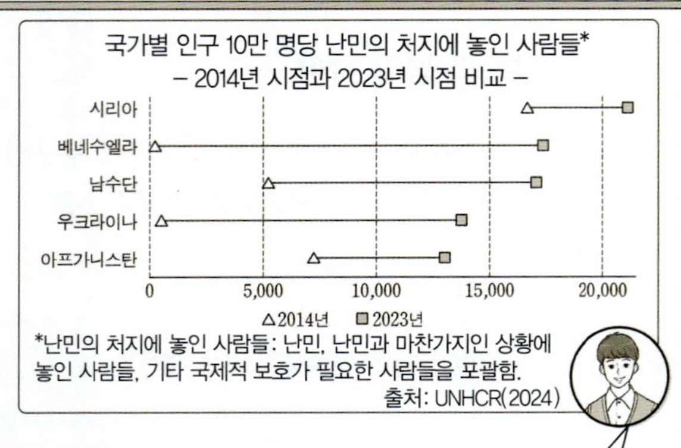

　　그래프에 제시된 국가와 난민들을 연구한 결과에 따르면, ㉠ 그들은 주류 집단에 속한 사람들에게 차별받고 있었으며, 스스로도 차별받는다고 인식하고 있었습니다. 다행히 국제 사회의 행위 주체 A와 B가 이들을 위해 노력하고 있습니다. 가령 국제 연합과 같은 A는 난민 문제를 공론화하고 있으며, 국제 앰네스티, 국경 없는 의사회 등 민간 주도로 구성된 B는 난민 구호를 위한 세계 시민들의 연대를 촉구하고 있습니다.

[보기]

ㄱ. 2023년 인구 10만 명당 난민의 처지에 놓인 사람들은 제시된 국가 중 베네수엘라가 가장 적다.
ㄴ. 각 국가 인구 중 난민의 처지에 놓인 사람들이 2014년과 2023년 간 비율 차이는 시리아보다 우크라이나가 크다.
ㄷ. ㉠은 사회적 소수자에 해당한다.
ㄹ. A와 달리 B는 국제법을 바탕으로 가입국 간 합의를 통해 활동한다.

① ㄱ, ㄴ　② ㄱ, ㄷ　③ ㄴ, ㄷ　④ ㄴ, ㄹ　⑤ ㄷ, ㄹ

다음 문서에 대한 설명으로 옳은 것은? [2.5점]

> 　남북 정상들은 분단 역사상 처음으로 열린 이번 상봉과 회담이 서로 이해를 증진시키고 남북 관계를 발전시키며 평화 통일을 실현하는 데 중대한 의의를 가진다고 평가하고 다음과 같이 선언한다.
> 1. 남과 북은 나라의 통일문제를 그 주인인 우리 민족끼리 서로 힘을 합쳐 자주적으로 해결해 나가기로 하였다.
> 2. 남과 북은 나라의 통일을 위한 남측의 연합제 안과 북측의 낮은 단계의 연방제 안이 서로 공통성이 있다고 인정하고 앞으로 이 방향에서 통일을 지향시켜 나가기로 하였다.
> 3. 남과 북은 올해 8·15에 즈음하여 흩어진 가족, 친척 방문단을 교환하며, 비전향 장기수 문제를 해결하는 등 인도적 문제를 조속히 풀어 나가기로 하였다.
> 4. 남과 북은 경제협력을 통하여 민족경제를 균형적으로 발전시키고, 사회, 문화, 체육, 보건, 환경 등 제반 분야의 협력과 교류를 활성화하여 서로의 신뢰를 다져 나가기로 하였다.

① 미국과 소련 간 냉전 체제가 형성되기 이전에 합의되었다.
② 평화 통일을 위해 사회·문화적 교류가 필요함을 간과하고 있다.
③ 6·25 전쟁을 일단락하는 정전 협정과 같은 연도에 발표되었다.
④ 분단으로 인해 발생하는 유·무형의 비용을 절감할 수 있는 방안을 제시하고 있다.
⑤ 남북한의 정치 체제 통합 없이는 상호 협력과 신뢰가 가능하지 않음을 강조하고 있다.

(가)의 입장에 비해 (나)의 입장이 갖는 상대적 특징을 그림의 ㉠~㉤ 중에서 고른 것은?

> (가) 통일을 통해 북한 주민의 인권 보장을 위한 밑거름을 조성하고 동북아시아의 평화에 기여할 수 있다. 그러나 통일은 남한의 기술과 북한의 자원을 결합하여 경제적 이익을 창출한다는 점에서 더 중요하다.
> (나) 통일을 통해 경제적 이익을 얻을 수 있다. 그러나 통일은 북한 주민의 인권 상황을 개선하고 한반도 평화 정착을 바탕으로 세계 평화에 기여한다는 점에서 더 중요하다.

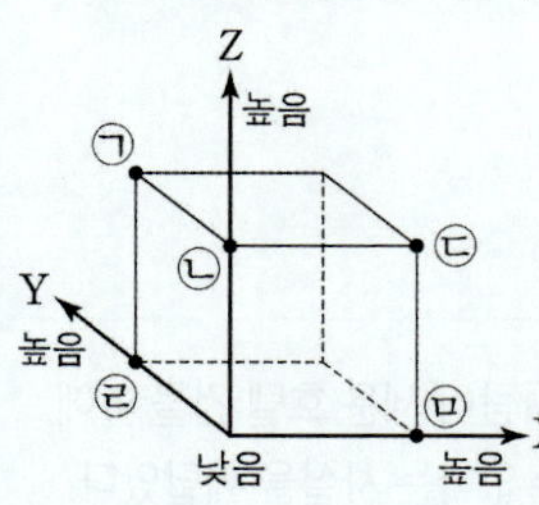

① ㉠　　② ㉡　　③ ㉢　　④ ㉣　　⑤ ㉤

다음 문서에 대한 설명으로 옳은 것은? [2.5점]

> 
>
> 　중국에서 연구 사업으로 진행한 　㉠　 이/가 한중 양국 간 주요 현안으로 부각된 것은 2004년 6월 해당 사무처가 **A** 지역 관련 연구 내용을 공개하면서부터다. 연구 내용에 대한 우리 국민의 관심과 우려가 고조되자, 정부도 본격적인 대응책을 마련하고 중국 정부에 공식적으로 문제를 제기하였다. 2004년 8월 24일 양측 정부는 다음 내용을 구두로 합의하였다. '첫째, 중국 측은 고구려사 문제가 양국 간 중대 현안으로 대두된 것에 유념한다. 둘째, 양측은 향후 역사 문제로 인해 한중 간 우호 협력 관계가 손상되는 것을 방지하기 위해 노력한다. … 다섯째, 양측은 학술 교류의 조속한 개최를 위해 노력한다.' 이어 양국은 2006년 10월 한중 정상 회담에서 　㉠　 을/를 비롯한 역사 인식 문제가 양국 관계에 부정적 영향을 주어선 안 된다는 원칙에 다시 합의하였다.

[보기]
ㄱ. ㉠은 발해사 연구를 포함하였다.
ㄴ. ㉠은 태정관 지령문을 근거로 삼았다.
ㄷ. A 지역에는 냉대 기후가 나타난다.
ㄹ. A 지역은 티베트 자치구에 해당한다.

① ㄱ, ㄴ　② ㄱ, ㄷ　③ ㄴ, ㄷ　④ ㄴ, ㄹ　⑤ ㄷ, ㄹ

　다양한 사람들과 함께 어울리며 살아가기 위해서는 상대방의 행동을 상대방의 관점에서 이해하는 것이 중요합니다. 아래의 이야기에 숨겨진 진실은 무엇일까요?

진우는 자신의 차를 움직여서 한 호텔 앞으로 이동했다. 진우의 차는 호텔 앞에 무사히 도착했으나, 호텔을 보던 진우는 이내 자신이 파산했다는 사실을 깨닫게 되었다. 왜일까?

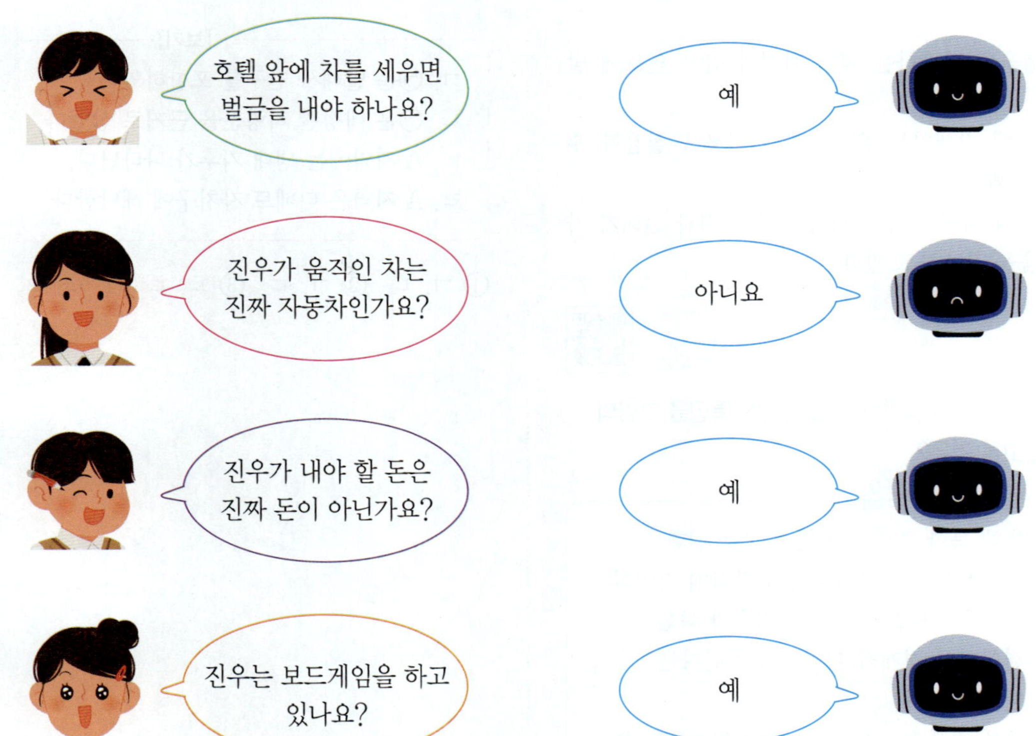

정답

진우가 움직이는 차는 진우가 참여하고 있는 보드게임의 말이다. 진우는 자신의 말을 움직여 다른 사람이 세운 호텔 건물 앞에 자신의 말을 놓게 되었고, 자신이 가지고 있는 보드게임용 돈으로는 상대방에게 통행료를 지불할 수 없다는 사실을 깨달았다.

V 미래와 지속가능한 삶

13 세계의 인구와 인구 문제

중요도 ★★

1 세계의 인구 성장과 분포

1. 세계의 인구 성장
출제 O순위 특강 p.143

(1) **인구**: 어떤 특정한 시점에 일정한 지역에 사는 사람의 수
(2) 출생이나 사망과 같은 자연적 요인, 전출❶이나 전입❷과 같은 사회적 요인에 따라 인구는 끊임없이 변화함
(3) 세계의 인구는 생활 환경 개선, 의료 기술 발달, 공공 위생 시설 개선 등을 가져온 산업 혁명 이후 급격히 증가함

❶ 전출
이전 거주지에서 새 거주지로 옮겨 감

❷ 전입
이전 거주지에서 새 거주지로 옮겨 옴

2. 선진국과 개발 도상국의 인구 성장

선진국	18세기 말에서 20세기 초까지 인구가 빠르게 성장함 ➡ 점차 출생률이 감소하면서 인구 증가율이 정체되거나 감소함
개발 도상국	• 제2차 세계 대전 이후 산업화의 진행으로 인구가 빠르게 증가함. • 사망률이 낮아졌지만 여전히 높은 출생률로 인해 인구 증가율이 높은 편임 • 앞으로의 세계의 인구 성장은 아프리카, 아시아, 라틴 아메리카 등의 개발 도상국이 주도할 것으로 예상됨

3. 세계의 인구 분포
(1) **인구 분포의 요인**

자연적 요인	• 기후, 지형, 식생, 토양 등의 영향을 받음 • 인구 밀집 지역: 북반구 중위도의 냉·온대 기후 지역, 해발 고도가 낮은 하천 주변의 평야 지역, 해안 지역 • 인구 희박 지역: 건조·열대·한대 기후 지역이나 험준한 산지·고원 지역, 사막과 초원 등지
사회적· 경제적 요인	• 산업, 교통, 문화, 교육 등의 영향을 받음 • 교통이 발달하고 일자리가 많은 대도시와 선진국에 인구가 집중함

(2) **세계의 인구 분포**: 세계 인구의 대부분은 북반구에 거주함(동부 아시아, 동남아시아, 남부 아시아, 유럽, 미국의 북동부 지역에 집중적으로 분포)❸

❸ 세계의 대륙별 인구 변화

1950~2050년 모든 시기에서 인구 비중이 가장 높은 대륙은 아시아이다. 아프리카는 인구 증가율이 가장 높고, 유럽은 인구 비중이 감소하고 있다.

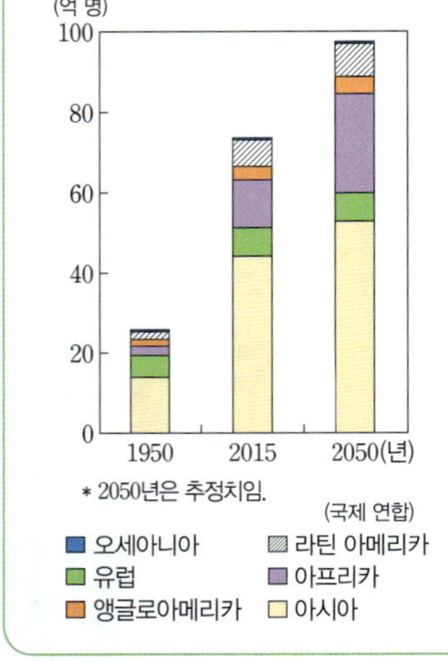

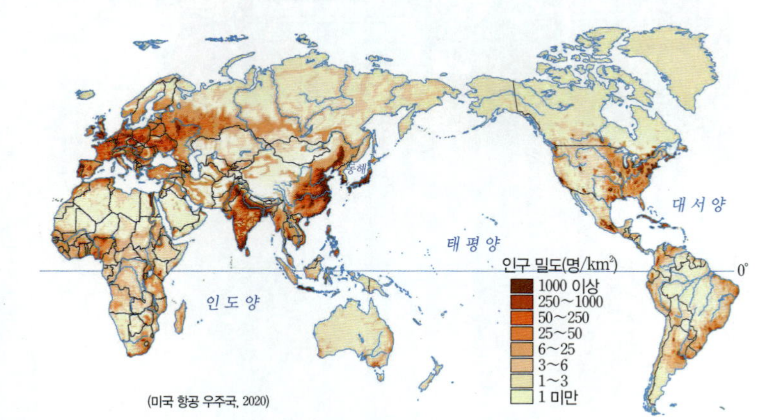

▲ 세계의 인구 분포

✪ 세계의 인구 분포

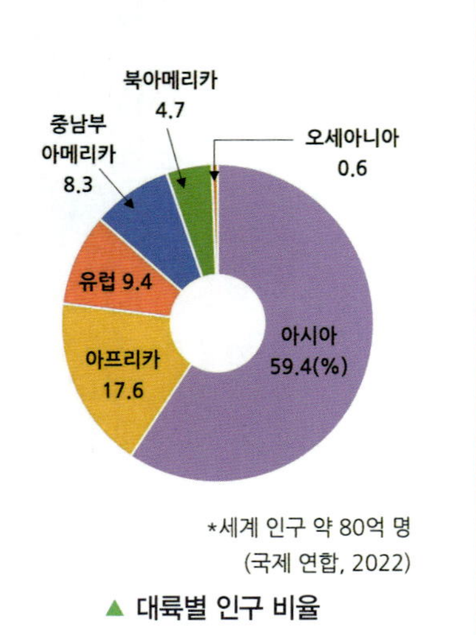

▲ 대륙별 인구 비율

• 북반구는 농업에 유리하거나 일찍부터 공업이 발달했기 때문에 인구가 많고 인구 밀도도 높다.
• 세계 인구 절반 이상이 아시아에 살고, 그 뒤를 이어 아프리카, 유럽 등의 순으로 인구가 많다.

1. 선진국과 개발 도상국의 인구 구조 비교 [1]

구분	선진국	개발 도상국
출생률	낮음	높음
평균 기대 수명	긺	짧음
중위 연령	높음	낮음
유소년층 인구 비중	낮음	높음
노년층 인구 비중	높음	낮음
노령화 지수	높음	낮음

[1] 주요 인구 지표

생산 연령 인구	생산 활동을 할 수 있는 15~64세에 해당하는 청장년층 인구
인구 부양비	청장년층 인구 100명에 대한 유소년층과 노년층을 합한 인구 비율
노령화 지수	유소년층 인구 100명에 대한 노년층 인구 비율
중위 연령	전체 인구를 연령순으로 일렬로 세웠을 때 한가운데 있는 사람의 나이

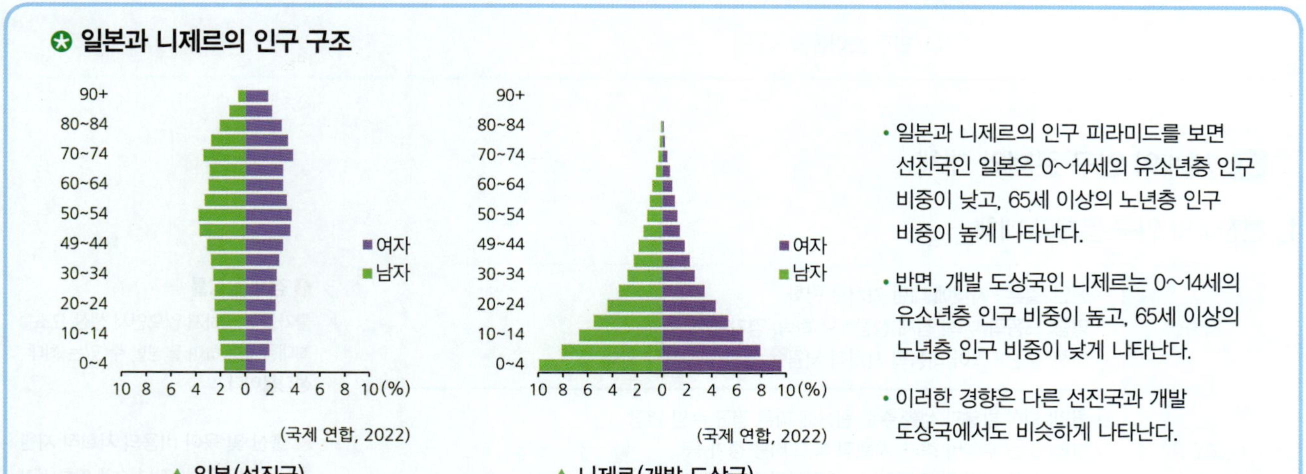

- 일본과 니제르의 인구 피라미드를 보면 선진국인 일본은 0~14세의 유소년층 인구 비중이 낮고, 65세 이상의 노년층 인구 비중이 높게 나타난다.
- 반면, 개발 도상국인 니제르는 0~14세의 유소년층 인구 비중이 높고, 65세 이상의 노년층 인구 비중이 낮게 나타난다.
- 이러한 경향은 다른 선진국과 개발 도상국에서도 비슷하게 나타난다.

2. 인구 이동의 요인: 정치, 경제, 종교, 환경 등의 요인, 교통의 발달과 세계화의 진전
➡ 세계적 차원에서 인구 이동이 활발하게 일어남

3. 인구 이동의 유형

(1) **경제적 이동**: 개발 도상국에서 임금 수준이 높고 고용 기회가 많은 선진국으로의 인구 이동 ㉑ 라틴 아메리카 출신 노동자들의 미국으로의 이동, 북부 아프리카 출신 노동자들의 유럽으로의 이동 등 [2]

(2) **정치적 이동**: 전쟁이나 분쟁에 의한 이동 ㉑ 시리아, 아프가니스탄 등 분쟁이 잦은 서남아시아와 아프리카에서 내전을 피해 이주하는 난민의 이동 [3]

(3) **환경적 이동**: 사막화, 해수면 상승 등 기후 변화에 따른 환경 재앙을 피해 이동 ㉑ 해수면 상승으로 인한 남태평양 섬 주민들의 주변 국가로의 이동 투발루섬 주민의 뉴질랜드, 오스트레일리아로의 이주 등

4. 인구 이동의 영향

(1) **인구 유입 지역**: 경제 발전 수준이 높은 유럽, 북아메리카, 오세아니아
① 긍정적 영향: 노동력 확보로 경제 활성화, 문화적 다양성 증대 등
② 부정적 영향: 이주민과 기존 주민 간의 문화적 차이에 따른 갈등 발생 등 ㉑ 북부 아프리카와 서남아시아 출신의 이슬람교도 유입에 따른 유럽에서의 문화 갈등

(2) **인구 유출 지역**: 경제 발전 수준이 낮은 아프리카, 아시아, 라틴 아메리카
① 긍정적 영향: 해외 이주 노동자의 송금으로 인한 외화 유입 등
② 부정적 영향: 청장년층 중심의 인구 유출로 인한 노동력 감소 등

[2] 인구 유출국 및 인구 유입국

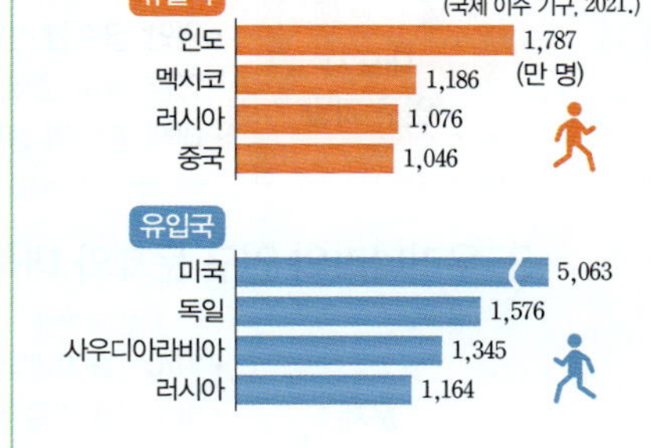

[3] 난민 유출국 및 난민 유입국

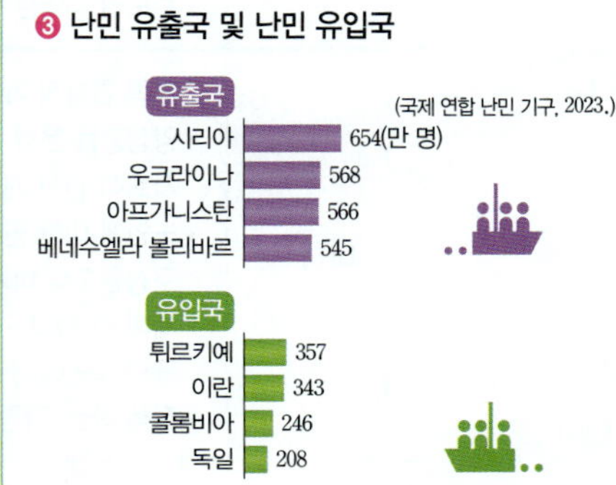

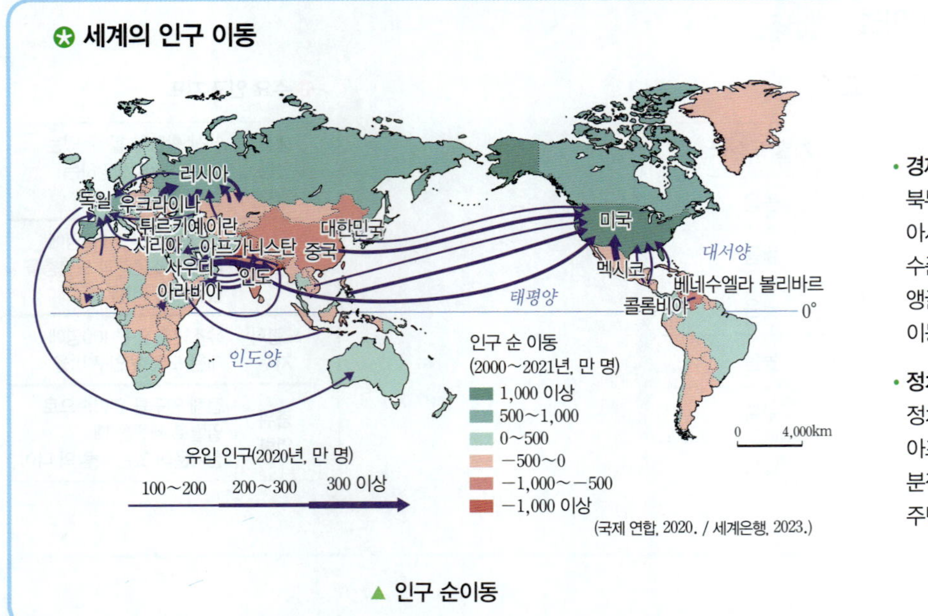

▲ 인구 순이동

• **경제적 요인에 의한 인구 이동**
북부 아프리카, 라틴 아메리카, 아시아 등지의 개발 도상국에서 임금 수준이 높고 고용 기회가 많은 유럽, 앵글로아메리카 등지의 선진국으로 이동한다.

• **정치적 요인에 의한 인구 이동**
정치적으로 불안정하며 내전이 많은 아프리카, 시리아와 아프가니스탄 등 분쟁이 잦은 서남아시아 등지에서 주변국으로 이동한다.

③ 세계의 인구 문제와 대책

1. 선진국의 인구 문제와 대책

저출생	• **원인**: 결혼·자녀에 대한 가치관 변화 • **영향**: 노동력 부족, 잠재 성장률❶ 하락, 경기 침체 등 • **대책**: 출산·육아 비용의 사회적 지원❷, 유연 근무제❸ 확대 등
고령화	• **원인**: 의학 발달과 생활 수준 향상에 따른 평균 수명 연장 • **영향**: 노년 부양비 증가, 사회적 복지 비용 증가 등 • **대책**: 사회 보장 제도 강화, 노인 일자리 확대, 정년 연장 등

❶ **잠재 성장률**
물가를 자극하지 않으면서 생산 요소를 최대한 활용하여 달성할 수 있는 최대 성장률이다.

❷ **출산 및 육아 비용의 사회적 지원**
출산 장려금 지원, 자녀 수에 따른 세제 혜택, 육아 시설의 확충, 유급 출산 휴가 기간의 연장 등이 있다.

❸ **유연 근무제**
단시간 근로, 시차 출퇴근제, 요일 근무제, 재택근무 등 육아 및 가사와 업무를 병행하려는 근로자를 위한 탄력적인 근무 형태이다.

2. 개발 도상국의 인구 문제와 대책

인구 과잉	• **원인**: 사망률의 빠른 감소, 출생률의 완만한 감소 ➡ 인구 급증 • **영향**: 식량과 자원의 부족, 기아와 빈곤, 실업 문제 등 • **대책**: 출산 억제 정책 실시, 경제 발전과 식량 증산 정책 실시 등
대도시 인구 과밀	• **원인**: 급속한 산업화·도시화에 따른 이촌 향도, 대도시 인구의 높은 자연 증가율 • **영향**: 실업 문제, 주택 부족, 사회 기반 시설 부족 문제 등 • **대책**: 촌락의 생활 환경 개선 사업, 중소 도시 육성 정책 실시 등

3. 우리나라의 인구 문제와 대책 출제 ○순위 특강 p.143

문제	• 1970~1980년대 산업화를 거치며 출생률이 낮아지고 노인 인구가 급증함 • 비도시 지역은 청장년층 유출에 따른 고령화 문제가 심각해지고 있음 • 수도권 지역은 인구가 과도하게 집중되어 집값 상승 등의 문제가 나타남
대책	• **가족 친화적 가치관 확대**: 결혼과 가족의 소중함, 자녀 및 부모 됨의 가치 이해 등 • **양성평등 문화 확립**: 가사와 양육 분담, 일과 가족생활 간의 균형 추구 등에 대한 사회적 인식 개선 • **노인에 대한 인식 변화**: 노인을 부양의 대상이 아닌 지혜와 경험을 나누는 사회 구성원으로 여기고, 공경하는 마음을 가져야 함 • **세대 간 정의❹ 실현**: 현세대와 미래 세대❺ 간의 형평성 고려 ➡ 자원, 일자리, 환경 등의 측면에서 정의 실현을 위해 노력해야 함 • **정책 마련**: 각종 출산 장려 정책, 노인 복지 제도 정비, 지역 격차 완화 정책 등

❹ **세대 간 정의**
현세대가 미래 세대에 대한 배려와 의무를 부담하도록 하는 것으로, 세대 간의 형평성을 고려하는 것을 말한다.

❺ **미래 세대**
아직 태어나지 않았거나 미성년인 세대를 말하며, 이전 세대가 물려주는 환경에서 살아가야 하는 후세의 사람들을 말한다.

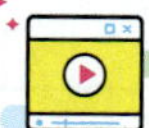

✪ 인구 변천 모형과 우리나라의 인구 문제

1. 인구 변천 모형

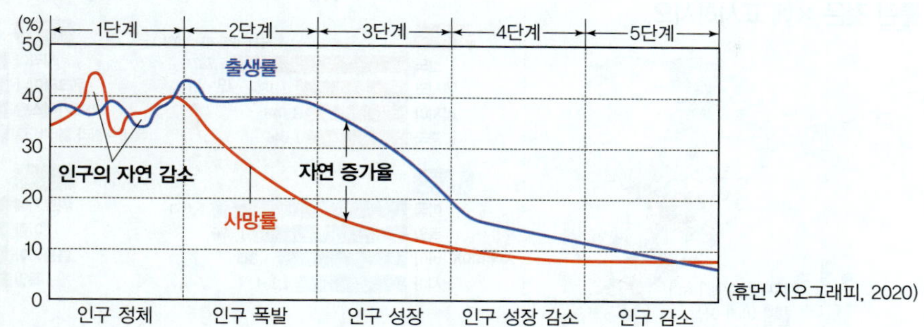

1단계	출생률과 사망률이 모두 높아 인구 증가율이 낮음
2단계	산업화, 의학 발달로 사망률이 급격히 감소하며 인구가 급증함
3단계	• 가족계획과 가치관의 변화로 출생률이 급격하게 감소함 • 출생률이 사망률보다 높아 인구가 천천히 증가함
4단계	출생률과 사망률이 모두 낮아 인구가 정체됨(주로 선진국에서 나타남)
5단계	출생률이 사망률보다 낮아 인구가 감소함(일부 선진국에서 나타남)

출제 0순위 포인트는?
• 인구 변천 모형의 2단계에서 사망률이 급감하는 이유, 3단계에서 출생률이 급감하는 이유를 묻는 문제가 자주 출제된다.

2. 우리나라의 인구 문제

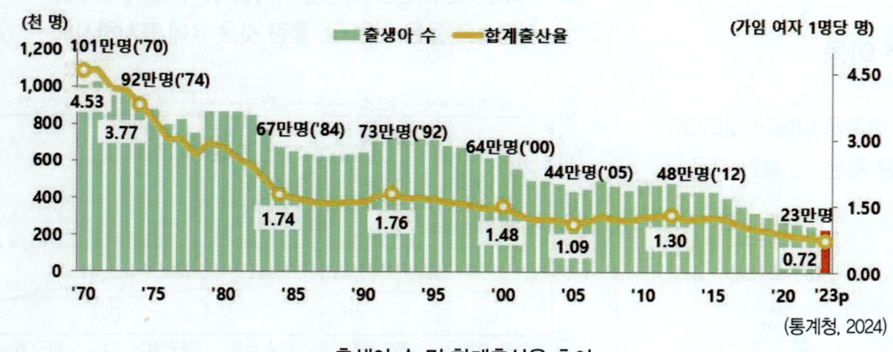

▲ 출생아 수 및 합계출산율 추이

❶ 고령화
전체 인구에서 65세 이상 인구가 차지하는 비율이 높아지는 현상을 뜻한다. 노년층 인구가 7% 이상이면 고령화 사회, 14% 이상이면 고령 사회, 20% 이상이면 초고령 사회로 본다.

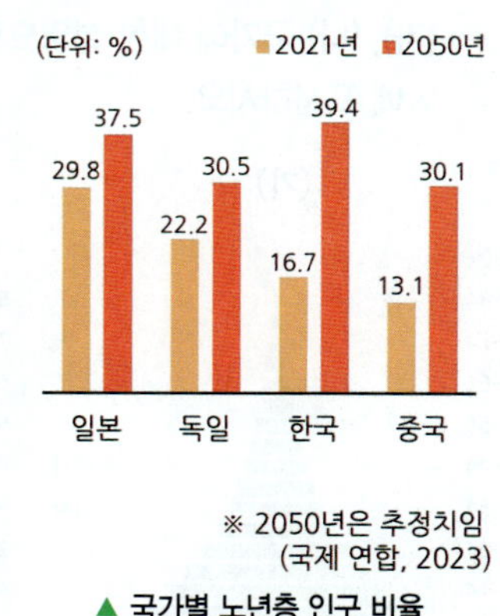

▲ 국가별 노년층 인구 비율

• 우리나라는 저출생·고령화❶ 현상이 심화되며 2018년에 고령 사회로 진입하였다.

• 우리나라는 2023년 기준 합계 출산율 0.72명을 기록하였으며, 2025년에는 65세 이상 인구가 20%를 돌파하여 초고령 사회로 진입할 것으로 예상된다.

• 높은 집값과 교육 비용, 육아와 양육에 투자해야 하는 시간에 대한 부담감 등 다양한 요인이 저출생 현상에 영향을 주고 있다.

확인 문제

▶ 정답과 해설은 다음 페이지에

인구 변천 모형의 단계별 특징을 읽고 물음에 답하시오.

낮은 출생률과 사망률을 보임	(가) ( )
사망률이 낮고 출생률이 감소함	(나) ( )
높은 출생률과 사망률을 보임	(다) ( )
출생률이 높고 사망률은 감소함	(라) ( )
저출생으로 출생률이 사망률보다 낮음	(마) ( )

1
(가)~(마)에 해당하는 단계를 쓰시오.

2
(마)에 해당하는 국가에서 인구의 자연 증가율은 어떤 추세를 보이는지 쓰시오.

1 세계의 인구 성장과 분포

1. 지도는 세계의 인구 분포를 나타낸 것이다. 이에 대한 설명으로 옳은 것은 ○, 틀린 것은 ×에 표시하시오.

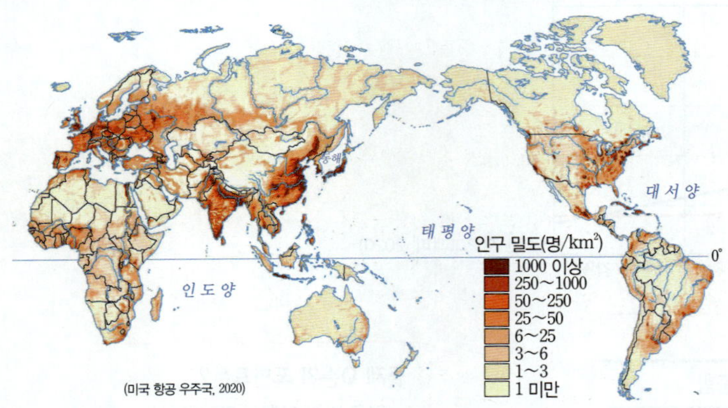

(1) 남반구는 북반구보다 인구가 많다. (○, ×)

(2) 서부 유럽, 미국 북동부는 인구 밀도가 낮다. (○, ×)

(3) 북부 아프리카의 인구 밀도가 낮은 이유는 사막이 넓게 형성되어 있기 때문이다. (○, ×)

(4) 동남아시아는 계절풍 기후의 영향으로 인구 부양력이 높은 쌀 재배가 활발하여 인구 밀도가 높다. (○, ×)

2 세계의 인구 구조와 인구 이동

2. 그래프는 두 국가의 연령층별 인구 비중을 나타낸 것이다. (가), (나) 국가에 대한 설명으로 옳은 것은 ○, 틀린 것은 ×에 표시하시오.

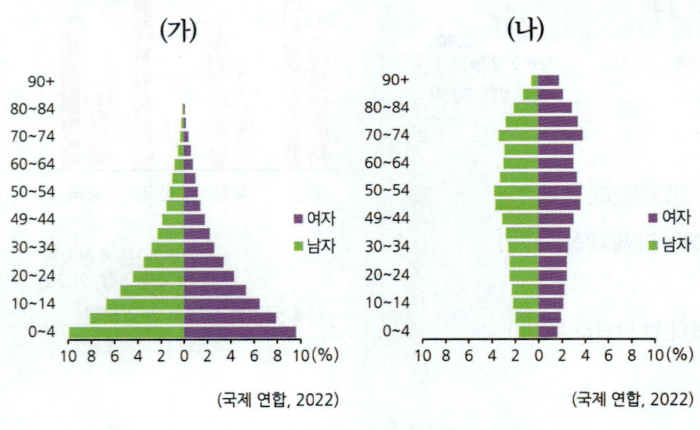

(1) (가)는 (나)보다 유소년층 인구 비중이 높다. (○, ×)

(2) (나)는 (가)보다 중위 연령이 높다. (○, ×)

(3) (나)는 (가)보다 1인당 국내 총생산이 많다. (○, ×)

(4) (나)는 (가)보다 출산 억제 정책의 필요성이 높다. (○, ×)

p.143 확인 문제 [정답]

1 (가) 4단계, (나) 3단계, (다) 1단계, (라) 2단계, (마) 5단계 2 감소 추세

3. (가), (나) 인구 이동에 대한 설명으로 옳은 것은 ○, 틀린 것은 ×에 표시하시오.

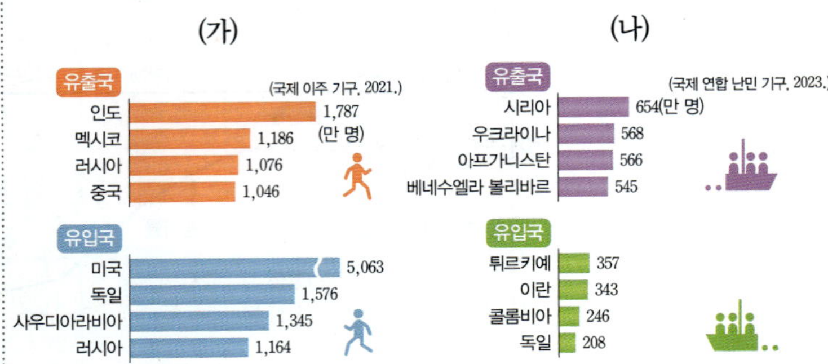

(1) (가)의 이동 인구는 고학력 연구 인력이 대부분을 차지한다. (○, ×)

(2) (나)는 경제적 이동에 해당한다. (○, ×)

(3) (가), (나)는 모두 유입 지역의 노동력 부족 문제 해결에 도움을 주었다. (○, ×)

3 세계의 인구 문제와 대책

4. 자료는 인구 변천 모형을 나타낸 것이다. 이에 대한 설명으로 옳은 것은 ○, 틀린 것은 ×에 표시하시오.

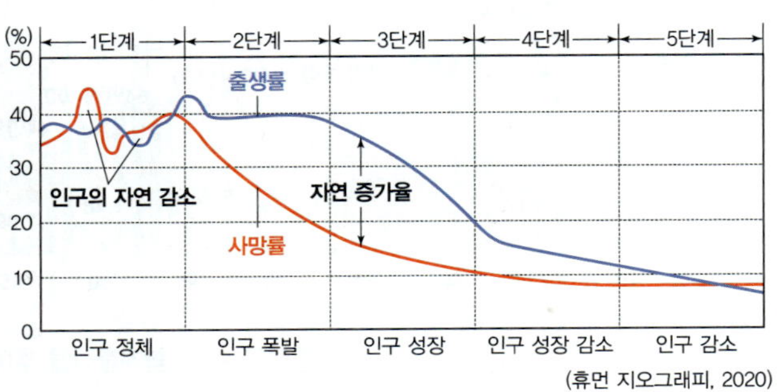

(1) 선진국의 대부분은 현재 3단계에 해당한다. (○, ×)

(2) 개발 도상국의 대부분은 현재 4단계에 해당한다. (○, ×)

(3) 2단계는 4단계보다 인구의 자연 증가율이 낮다. (○, ×)

(4) 1단계는 4단계보다 총인구가 많다. (○, ×)

(5) 2단계의 사망률 감소 원인으로 의학 발달, 생활 환경 개선 등을 들 수 있다. (○, ×)

(6) 3단계의 출생률 감소 원인으로 여성의 사회 활동 증가, 출산 억제 정책의 실시 등을 들 수 있다. (○, ×)

❖ 정답: 문제편 221p

★ 학교시험 100점을 위한 실전 문제와 학평 문제

1 세계의 인구 성장과 분포

01 ✽✾✾

밑줄 친 ㉠~㉤ 중 옳지 <u>않은</u> 것은?

> ㉠ 인구 분포는 기후, 지형 등 자연적 요인의 영향을
> 받는다. ㉡ 인구가 밀집된 지역으로는 벼농사에 유리한
> 아시아의 계절풍 기후 지역이 있다. 반대로, ㉢ 서부 유럽과
> 같은 험준한 산지 지역은 인구 밀도가 낮다. 자연적 요인뿐만
> 아니라 ㉣ 산업, 문화와 같은 사회·경제적 요인 역시 인구
> 분포에 영향을 준다. ㉤ 교통이 발달하고 일자리가 많은
> 지역에서 인구 밀도가 높게 나타난다.

① ㉠ ② ㉡ ③ ㉢ ④ ㉣ ⑤ ㉤

[02~03] 지도는 세계의 인구 분포를 나타낸 것이다. 이를
보고 물음에 답하시오.

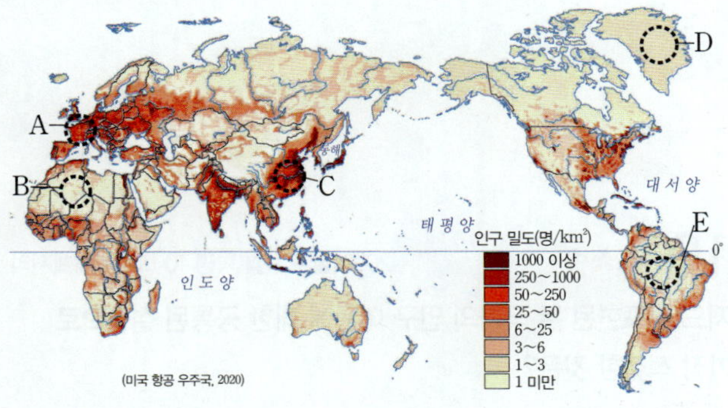

02 ✽✽✾

지도의 A~E 지역에 대한 설명으로 옳은 것은?

① A: 인구 부양력이 높은 쌀의 재배가 활발해 인구 밀도가 높다.
② B: 사막이 형성되어 있어 식량 생산이 어려우므로 인구
　밀도가 낮다.
③ C: 산업 혁명이 가장 먼저 시작된 지역으로 산업이
　발달하여 인구가 밀집해 있다.
④ D: 열대 우림이 넓게 형성되어 있어 인간 거주에 불리하다.
⑤ E: 연중 온화한 기후가 나타나 인간 거주에 유리하다.

03 ✽✽✾ [서술형]

지도의 B 지역이 인구가 희박한 이유와 C 지역이 인구가
조밀한 이유를 각 지역의 기후와 관련지어 서술하시오.

04 ✽✽✽ 중요

그래프는 대륙별 인구 변화를 나타낸 것이다. 그래프에 대한
옳은 설명만을 〈보기〉에서 고른 것은?

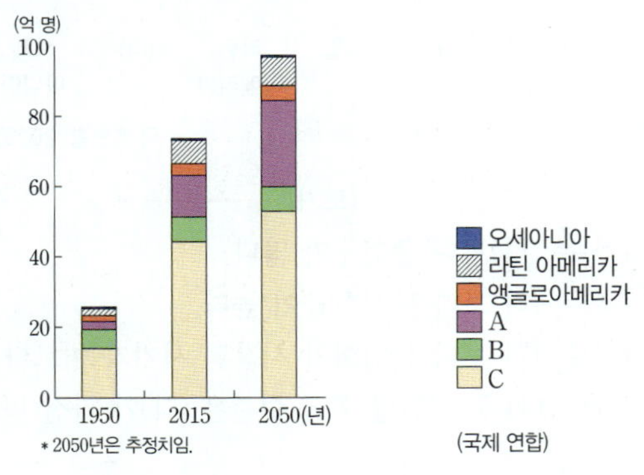

> [보기]
> ㄱ. A는 유럽, B는 아프리카, C는 아시아다.
> ㄴ. 2015~2050년에 A의 인구 증가율이 가장 높다.
> ㄷ. 앵글로아메리카와 B는 출생률이 높게 나타난다.
> ㄹ. 모든 시기에서 C의 인구 비중이 가장 높다.

① ㄱ, ㄴ ② ㄱ, ㄷ ③ ㄴ, ㄷ ④ ㄴ, ㄹ ⑤ ㄷ, ㄹ

2 세계의 인구 구조와 인구 이동

05 ✽✽✾

그래프는 세 국가의 연령층별 인구 비중 변화를 나타낸 것이다.
(가)~(다) 국가에 대한 옳은 설명만을 〈보기〉에서 고른 것은?
(단, (가)~(다)는 독일, 튀르키예, 나이지리아 중 하나임.)

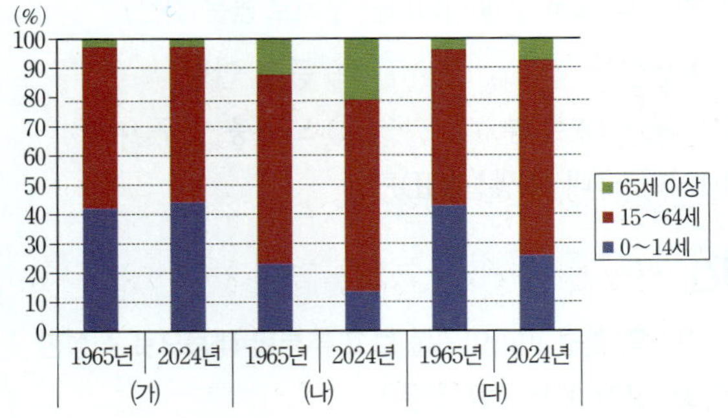

> [보기]
> ㄱ. (가)는 (나)보다 도시화율이 높다.
> ㄴ. (나)는 (다)보다 1인당 국내 총생산이 많다.
> ㄷ. (다)는 (가)보다 2024년에 출생률이 높다.
> ㄹ. 2024년에 중위 연령은 (나)>(다)>(가) 순으로 높다.

① ㄱ, ㄴ ② ㄱ, ㄷ ③ ㄴ, ㄷ ④ ㄴ, ㄹ ⑤ ㄷ, ㄹ

❖ 정답 및 해설 81p

06 ✱✱✱

그래프는 대륙별 인구 순이동을 나타낸 것이다. (가)~(다) 대륙에 대한 옳은 설명만을 〈보기〉에서 고른 것은?

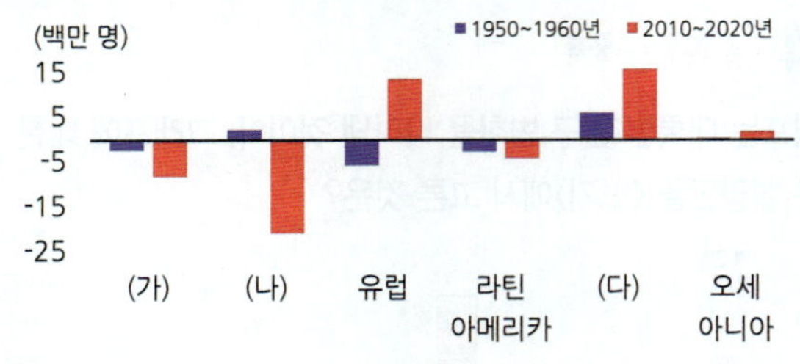

[보기]

ㄱ. (가)는 (나)보다 총인구가 많다.
ㄴ. (나)는 (다)보다 도시화율이 높다.
ㄷ. (다)는 (가)보다 산업화가 시작된 시기가 이르다.
ㄹ. (가)~(다) 중 시간당 임금 수준은 (다)가 가장 높다.

① ㄱ, ㄴ ② ㄱ, ㄷ ③ ㄴ, ㄷ ④ ㄴ, ㄹ ⑤ ㄷ, ㄹ

[07~08] 그래프는 두 국가의 연령대별 인구 비중을 나타낸 것이다. 이를 보고 물음에 답하시오.

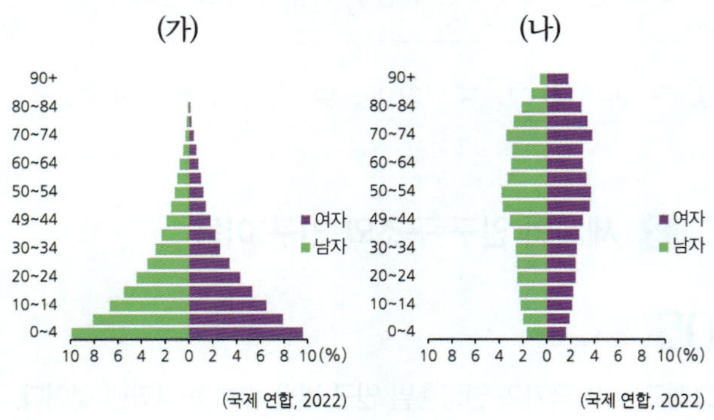

07 ✱✱✺

(가)보다 (나)에서 낮게 나타나는 수치로 옳은 것은?

① 출생률
② 중위 연령
③ 평균 기대 수명
④ 노년층 인구 비중
⑤ 1인당 국내 총생산(GDP)

08 ✱✱✺

(가), (나)의 인구 피라미드를 보고 추론한 내용으로 적절한 것만을 〈보기〉에서 고른 것은?

[보기]

ㄱ. (가)는 선진국, (나)는 개발 도상국이다.
ㄴ. (가)는 (나)보다 저출생 현상이 심각할 것이다.
ㄷ. (나)는 (가)보다 유소년층 인구 비중이 낮다.
ㄹ. 오늘날 우리나라의 인구 구조는 (나)와 비슷하다.

① ㄱ, ㄴ ② ㄱ, ㄷ ③ ㄴ, ㄷ ④ ㄴ, ㄹ ⑤ ㄷ, ㄹ

09 ✱✱✱

다음은 세계지리 온라인 수업 장면의 일부이다. 교사의 질문에 옳게 답한 학생만을 고른 것은?

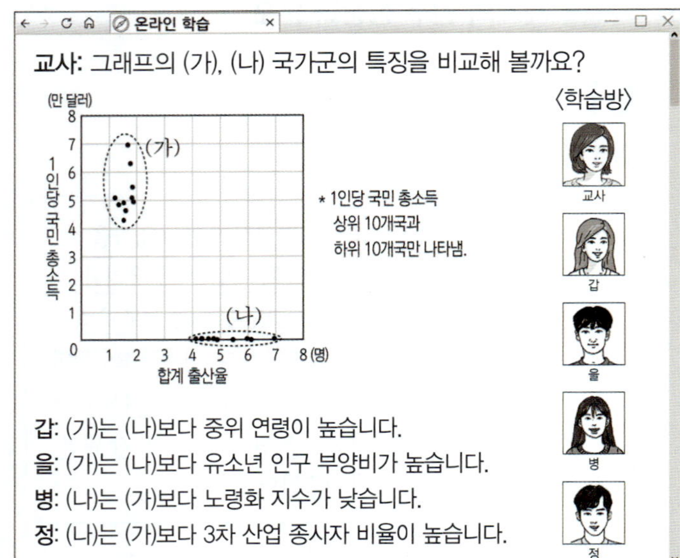

① 갑, 을 ② 갑, 병 ③ 을, 병
④ 을, 정 ⑤ 병, 정

10 ✱✱✺

지도에 표현된 두 국가의 인구 이동에 대한 공통된 설명으로 가장 적절한 것은?

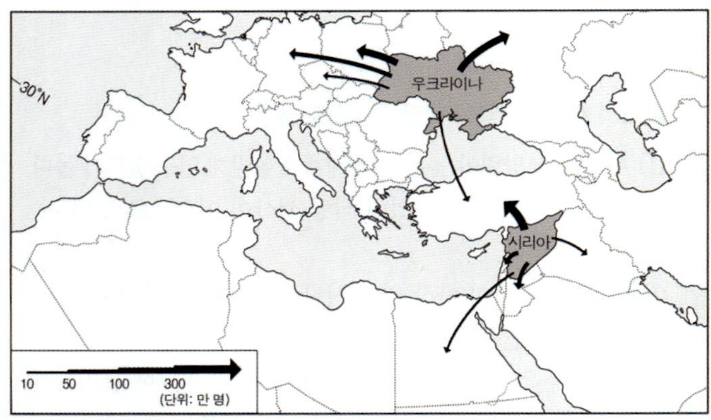

* 화살표는 각 국가에서 상위 5개국으로의 인구 이동을 표현함.
** 우크라이나는 2022년 2월부터 6월까지, 시리아는 2013년부터 2021년까지의 이동임.

① 학업을 위한 자발적 이동이다.
② 고급 전문 기술 인력의 이동이다.
③ 휴가를 위한 관광지로의 이동이다.
④ 분쟁 발생에 따른 난민의 이동이다.
⑤ 종교의 성지를 방문하기 위한 일시적 이동이다.

11 ✿✿✿ 단답형

지도에 표시된 인구 이동의 유형을 쓰시오.
(단, 이동의 목적만 고려한다.)

12 ✿✿✿ 서술형

해당 인구 이동이 유입 지역에 미치는 긍정적 영향과 부정적
영향을 각각 한 가지씩 서술하시오.

3 세계의 인구 문제와 대책

13 ✿✿✿ 중요

2023 실시 11월 학평 11

그래프는 지도에 표시된 두 국가의 연령층별 인구 비율과
총인구를 나타낸 것이다. (가), (나) 국가에 대한 설명으로 옳은
것은? [3점]

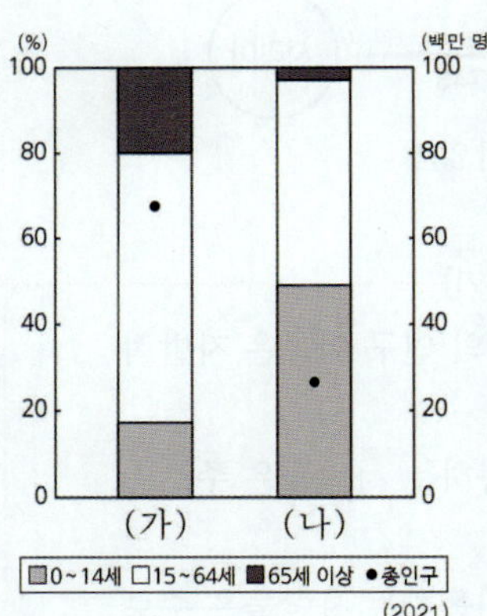
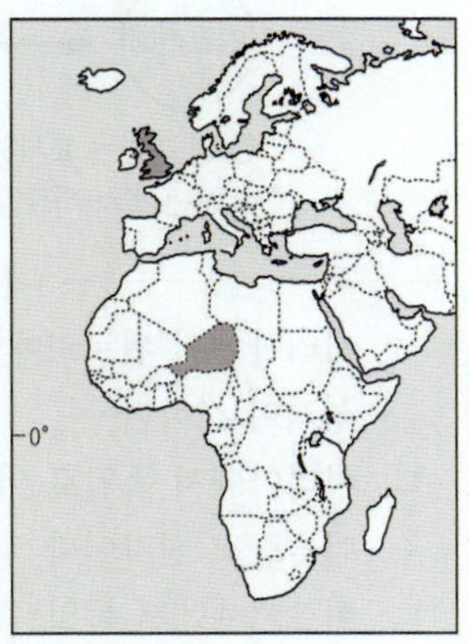

① (가)는 (나)보다 중위 연령이 낮다.
② (가)는 (나)보다 경제 발전 수준이 높다.
③ (나)는 (가)보다 인구 밀도가 높다.
④ (나)는 (가)보다 출산 장려 정책의 필요성이 크다.
⑤ (가)는 아프리카, (나)는 유럽에 위치한다.

14 ✿✿✿

그래프는 어느 국가의 연령층별 인구 비중 변화를 나타낸
것이다. 이러한 변화가 지속될 경우 나타날 것으로 예상되는
인구 문제와 대책으로 옳은 것은?

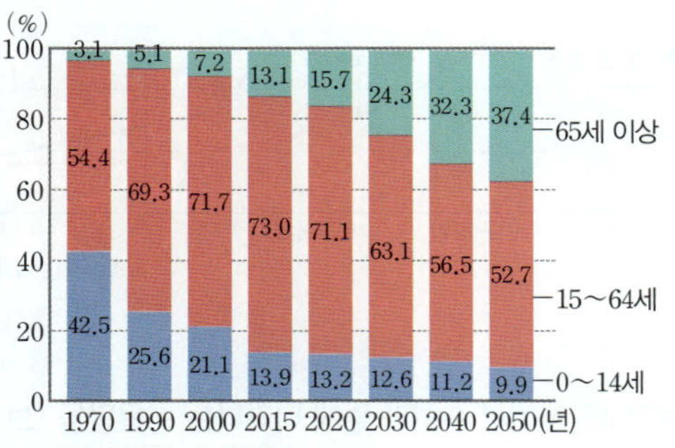

	인구 문제	대책
①	인구 과잉	출산 억제 정책 시행
②	인구 과잉	지방 중소 도시 우선 개발
③	노동력 부족	출산 휴가 기간 단축
④	노동력 부족	출산 및 육아 비용 지원 확대
⑤	노인 부양 부담 증가	연금 제도 폐지

[15~16] 다음 글을 읽고 물음에 답하시오.

세계의 인구 성장 추이를 살펴보면 ㉠유럽과
북아메리카는 현재 인구 증가율이 정체 혹은 감소
상태를 보이고 있다. 반면 ㉡아시아와 아프리카는
제2차 세계 대전 이후 인구가 급격히 증가하고 있다.

15 ✿✿✿

밑줄 친 ㉠, ㉡에 대한 설명으로 옳지 않은 것은?

① ㉠은 ㉡보다 합계 출산율이 낮다.
② ㉠은 ㉡보다 고령화 문제가 심각하다.
③ ㉡은 ㉠보다 인구 증가의 속도가 빠르다.
④ ㉡은 ㉠보다 유소년층 인구 비중이 낮다.
⑤ ㉡은 ㉠보다 식량 증산 정책이 필요하다.

16 ✿✿✿

㉠, ㉡이 펼칠 정책으로 적절한 것만을 〈보기〉에서 고른 것은?

[보기]
ㄱ. ㉠: 식량 증산 정책
ㄴ. ㉠: 정년 연장 및 노인 일자리 확대
ㄷ. ㉡: 가족계획을 통한 출산 억제 정책
ㄹ. ㉡: 노인 연금, 노인 장기 요양 보험 강화

① ㄱ, ㄴ ② ㄱ, ㄷ ③ ㄴ, ㄷ ④ ㄴ, ㄹ ⑤ ㄷ, ㄹ

 그래프는 인구 변천 모형을 나타낸 것이다. 이를 보고 물음에 답하시오. (출제 0순위 특강)

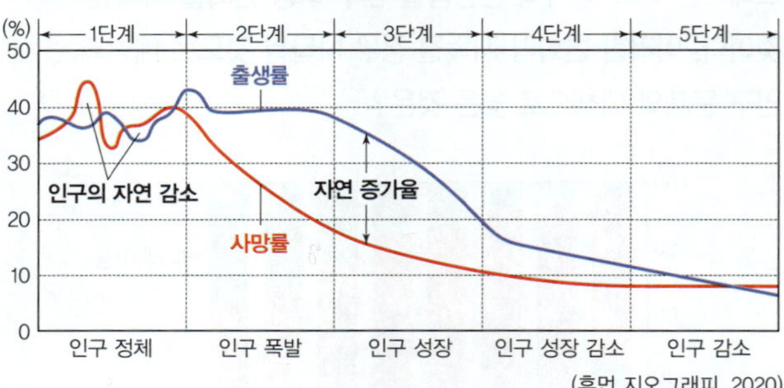

17 ✿✿✿

2단계보다 4단계에서 수치가 높게 나타나는 항목만을 〈보기〉에서 고른 것은?

─────[보기]─────
ㄱ. 중위 연령
ㄴ. 노년 부양비
ㄷ. 인구의 자연 증가율
ㄹ. 유소년층 인구 비중

① ㄱ, ㄴ ② ㄱ, ㄷ ③ ㄴ, ㄷ ④ ㄴ, ㄹ ⑤ ㄷ, ㄹ

18 ✿✿✿ [서술형]

2단계에 사망률이 감소하는 원인과 3단계에서 출생률이 감소하는 원인을 각각 한 가지씩만 서술하시오.

19 ✿✿✿

그래프는 두 지역(대륙)의 연령별 인구 구조를 나타낸 것이다. (가), (나)에 대한 설명으로 옳은 것은? (단, (가), (나)는 각각 아프리카, 유럽 중 하나임.) [3점]

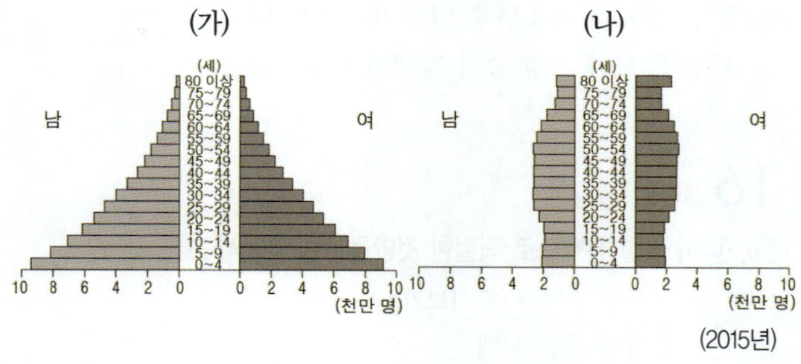

① (가)는 노년층 인구가 유소년층 인구보다 많다.
② (나)는 노년층에서 남성이 여성보다 많다.
③ (가)는 (나)보다 기대 수명이 길다.
④ (가)는 (나)보다 지역(대륙) 내 3차 산업 종사자 비율이 높다.
⑤ (가)는 아프리카, (나)는 유럽이다.

20 ✿✿✿

다음 자료는 두 국가의 연령층별 인구 비율 변화를 나타낸 것이다. (가) 국가에 대한 (나) 국가의 상대적 특징을 그림의 A~E에서 고른 것은? (단, (가), (나)는 각각 에티오피아, 프랑스 중 하나임.) [3점]

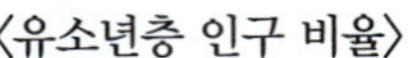

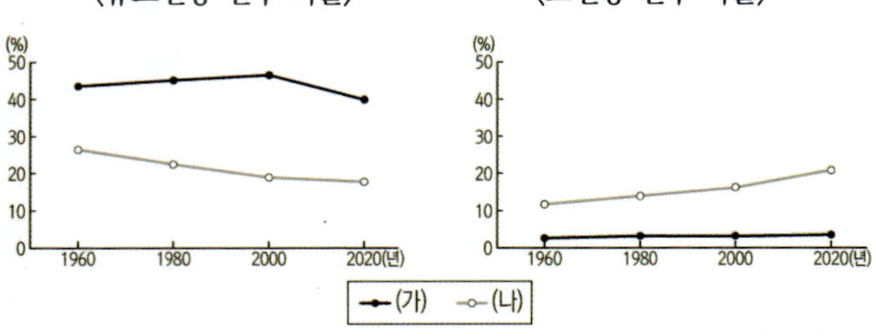

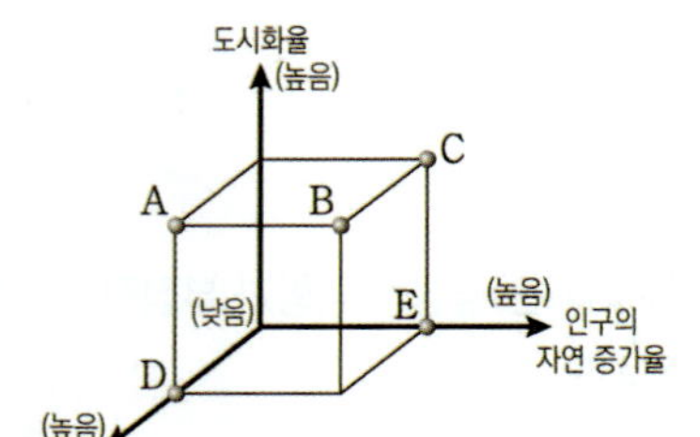

① A
② B
③ C
④ D
⑤ E

21 ✿✿✿

그림은 세 국가 간 인구 이동을 나타낸 것이다. 이에 대한 옳은 설명만을 〈보기〉에서 고른 것은? [3점]

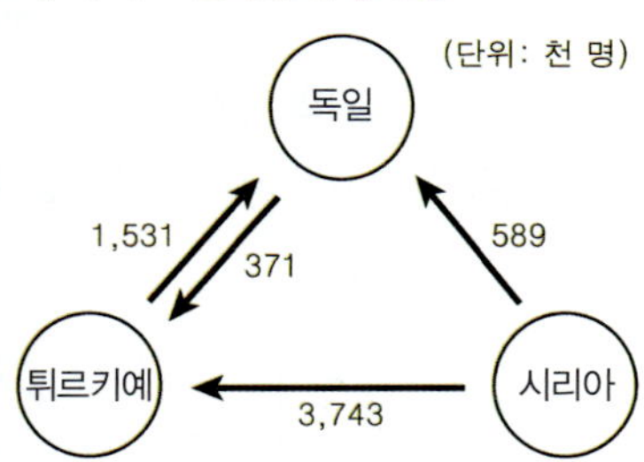

─────[보기]─────
ㄱ. 시리아에서 튀르키예로의 인구 이동은 자발적 성격이 강하다.
ㄴ. 시리아에서 독일로 이동하는 사람들은 주로 이슬람교 신자이다.
ㄷ. 튀르키예에서 독일로 이동하는 사람들은 주로 고임금 전문직에 종사한다.
ㄹ. 튀르키예에서 독일로 이동하는 사람의 수가 독일에서 튀르키예로 이동하는 사람의 수보다 많다.

① ㄱ, ㄴ ② ㄱ, ㄷ ③ ㄴ, ㄷ
④ ㄴ, ㄹ ⑤ ㄷ, ㄹ

❖ 정답 및 해설 83~84p

14 에너지 자원과 지속가능한 발전

중요도 

1 자원의 의미와 특성

1. 자원: 자연에서 얻을 수 있는 것 중에서 인간에게 유용하면서 기술적·경제적으로 이용 가능한 것

2. 자원의 특성

유한성	대부분의 자원은 매장량이 한정되어 있어 언젠가는 고갈됨❶ 예 화석 연료❷
편재성	일부 자원은 지구상에 고르게 분포하지 않고 특정 지역에 치우쳐 분포함 예 서남아시아에 집중적으로 매장되어 있는 석유
가변성	기술·경제·문화적 조건 등에 따라 자원의 의미와 가치가 달라짐 예 석유

예 낙타의 발을 더럽히던 검은 물에 불과했던 석유가 내연 기관이 발명되면서 세계에서 소비량이 가장 많은 에너지 자원이 됨

3. 주요 에너지 자원의 분포와 특징 

(1) **에너지 자원**: 인간의 일상생활과 경제 생활에 필요한 에너지를 생산할 수 있는 자원
➡ 석탄, 석유, 천연가스 등의 화석 에너지와 수력, 태양광, 풍력 등의 신·재생 에너지, 원자력 에너지로 구분된다.

(2) **세계 1차 에너지❸ 자원의 소비 구조**

① 석유 〉 석탄 〉 천연가스 순으로 소비량이 많음

② 석유, 석탄, 천연가스의 소비량이 세계 1차 에너지 소비량의 절반 이상을 차지할 정도로 화석 연료의 소비 비중이 높음

③ 석유는 세계 1차 에너지 소비량에서 가장 높은 비중을 차지하고 있어 석유를 안정적으로 확보하기 위한 각국의 경쟁과 노력이 치열함

(3) **주요 에너지 자원의 특징**

① 석탄

분포	주로 고생대 지층에 매장되어 있음. 비교적 넓은 범위에 분포함
특징	• 화석 연료 중 가장 먼저 상용화된 자원임 • 산업 혁명기에 증기 기관의 연료로 이용되면서 소비량이 급증함 • 석유에 비해 국제 이동량이 적음 • 주로 산업용(제철 공업의 연료)이나 발전용(화력 발전)으로 이용됨

〈석탄의 이동〉

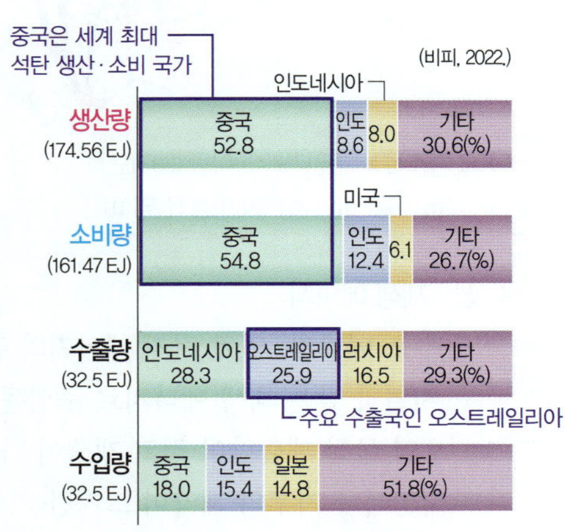

(국제 에너지 기구, 2022. / 《신상 고등 지도》, 2022.)

---

❶ 가채 연수

현재 확인된 자원의 매장량을 연간 생산량으로 나눈 것으로, 앞으로 자원을 몇 년간 생산할 수 있는지 나타내는 지표이다.

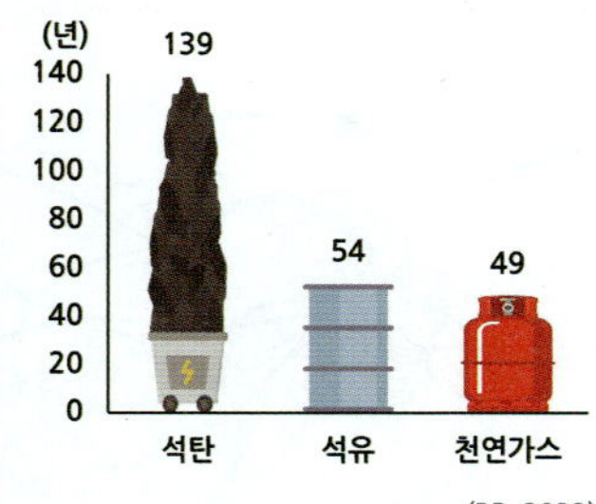

▲ 화석 에너지 자원의 가채 연수

❷ 화석 연료

동식물의 유해가 땅속에서 오랜 시간 동안 묻혀 높은 압력과 열을 받아 형성된 연료

❸ 1차 에너지

석유, 석탄, 천연가스, 수력, 원자력 등과 같이 가공이 이루어지지 않은 에너지

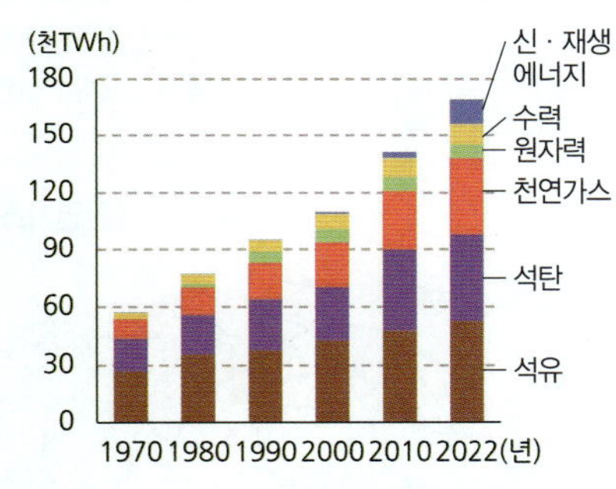

▲ 세계 에너지원별 소비량 변화

중국은 세계 최대 석탄 생산·소비 국가

(비피, 2022.)

생산량 (174.56 EJ)	중국 52.8	인도네시아	인도 8.6	8.0	기타 30.6(%)
소비량 (161.47 EJ)	중국 54.8		인도 12.4	미국 6.1	기타 26.7(%)
수출량 (32.5 EJ)	인도네시아 28.3	오스트레일리아 25.9	러시아 16.5	기타 29.3(%)	
수입량 (32.5 EJ)	중국 18.0	인도 15.4	일본 14.8	기타 51.8(%)	

주요 수출국인 오스트레일리아

▲ 석탄의 생산, 소비, 수출, 수입

② 석유

분포	주로 신생대 제3기 배사 구조❶의 지층에 매장되어 있음
특징	• 19세기 내연 기관❷의 발명과 자동차의 보급 등으로 소비량이 급증함 • 세계에서 소비량이 가장 많은 에너지 자원임 • 편재성이 커서 국제 이동량이 많음 ➡ 세계 매장량의 절반이 서남아시아의 페르시아만 주변에 분포하여 국제 정세 불안에 따른 가격 변동폭이 큰 편임 • 주로 수송용 및 산업용(화학 공업의 원료)으로 이용됨

〈석유의 이동〉

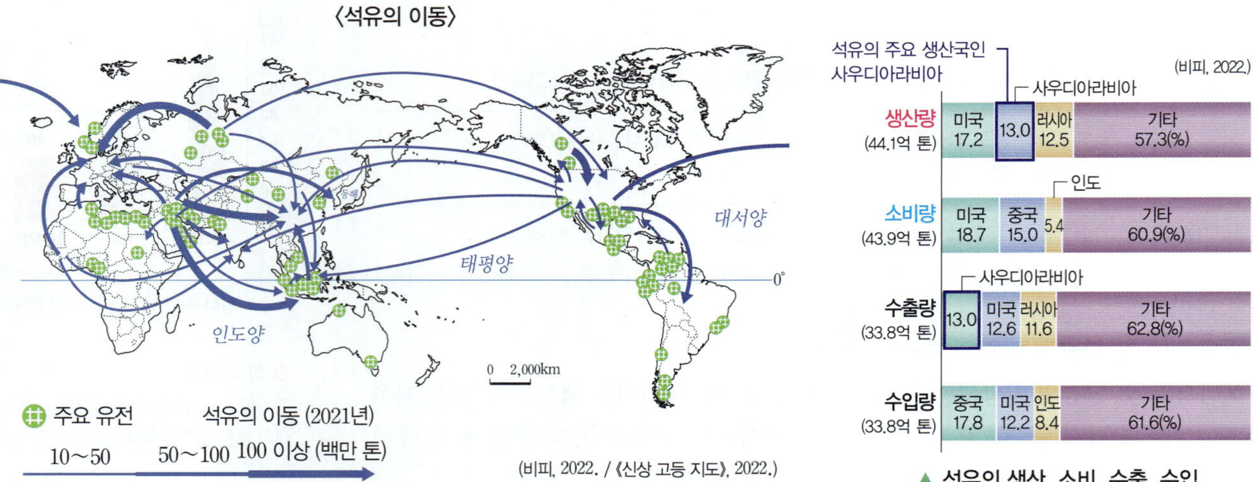

구분	1위	2위	3위	기타
생산량 (44.1억 톤)	미국 17.2	사우디아라비아 13.0	러시아 12.5	기타 57.3(%)
소비량 (43.9억 톤)	미국 18.7	중국 15.0	인도 5.4	기타 60.9(%)
수출량 (33.8억 톤)	사우디아라비아 13.0	미국 12.6	러시아 11.6	기타 62.8(%)
수입량 (33.8억 톤)	중국 17.8	미국 12.2	인도 8.4	기타 61.6(%)

▲ 석유의 생산, 소비, 수출, 수입

③ 천연가스

분포	주로 신생대 제3기 배사 구조의 지층에 석유와 함께 매장되어 있는 경우가 많음
특징	• 석탄, 석유보다 연소 시 대기 오염 물질 배출량이 적음 • 냉동 액화 기술❸의 발달로 소비량이 급증함 • 육상 구간에서는 주로 파이프라인을 이용하여 수송하고, 해상 구간에서는 주로 액화 천연가스 수송선을 이용하여 수송함 • 주로 산업용 및 가정용(산업용은 주로 발전, 가정용은 주로 난방)으로 이용됨

〈천연가스의 이동〉

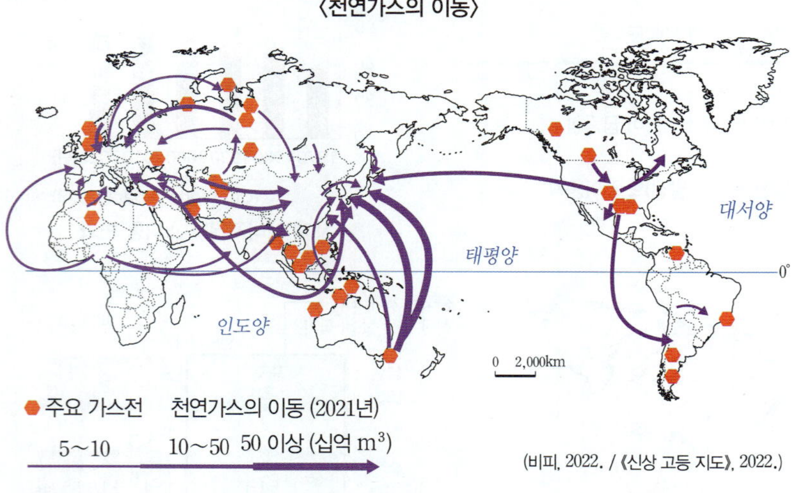

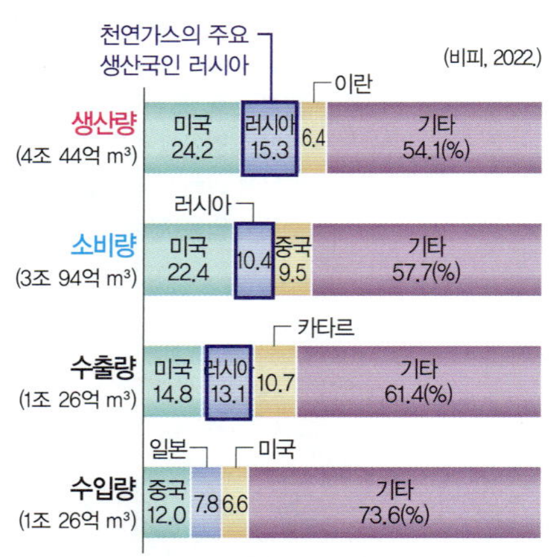

구분	1위	2위	3위	기타
생산량 (4조 44억 m³)	미국 24.2	러시아 15.3	이란 6.4	기타 54.1(%)
소비량 (3조 94억 m³)	미국 22.4	러시아 10.4	중국 9.5	기타 57.7(%)
수출량 (1조 26억 m³)	미국 14.8	러시아 13.1	카타르 10.7	기타 61.4(%)
수입량 (1조 26억 m³)	중국 12.0	일본 7.8	미국 6.6	기타 73.6(%)

▲ 천연가스의 생산, 소비, 수출, 수입

④ 신 · 재생 에너지

- 수소 에너지, 연료 전지 에너지와 같은 신에너지와 수력, 태양광, 풍력, 지열과 같은 재생 에너지로 구성됨
- 오염 물질 배출량이 적고 재생이 가능하여 고갈 가능성이 낮음
- 지형이나 기후의 제약이 크지만 기술의 발달로 공급량이 증가하고 있음

⑤ 원자력 에너지: 핵분열 또는 핵융합 과정에서 생산한 에너지

4. 자원의 분포와 소비에 따른 문제

(1) **자원 확보를 둘러싼 국가 간의 갈등 심화**: 자원 민족주의❶ 확산으로 에너지 자원의 개발과 확보를 둘러싼 영역 분쟁 발생

(2) **자원 고갈 및 부족 문제**: 에너지 자원 소비량의 폭발적 증가로 자원 고갈 및 부족 문제 발생

(3) **환경 문제**: 자원 채굴 과정에서 생태계 파괴로 인한 생물종 감소, 화석 연료 사용에 따른 이산화 탄소의 배출량 증가로 대기 오염 및 지구 온난화 문제 발생

> ❶ 자원 민족주의
> 천연자원은 산출 국가에 속한다는 인식에 따르는 주장과 행동이다. 자원 생산국은 자국의 정치적 · 경제적 이익을 위해 자원을 무기화한다.

② 기후변화에 대한 대응과 지속가능한 발전

1. 기후변화의 원인과 피해

(1) **자연적 원인**: 태양 활동의 변화, 태양과 지구 위치의 변화, 대규모 화산 활동 등

(2) **인위적 원인**: 화석 에너지 사용 증가에 따른 온실가스 증가, 도시화에 따른 토지 이용도 변화 등

(3) **피해**: 빈번해지는 기상 이변, 해안 저지대의 침수, 생태계의 급격한 변화 등

2. 지속가능한 발전의 의미와 필요성

(1) **의미**
① 미래 세대가 살아가는 데 필요한 자원과 환경을 손상하지 않으면서 현재를 살아가는 우리의 욕구를 동시에 충족하는 발전
② 지속가능성에 기초하여 경제 성장, 환경 보호, 사회의 안정과 통합이 균형을 이루는 발전

(2) **필요성**: 지구촌에서 자원 고갈, 환경 오염, 생태계 파괴, 빈부 격차의 확대, 갈등과 분쟁 등과 같은 다양한 문제가 나타나고 있음 ➡ 오늘날의 생활 방식은 현세대의 안정적인 생활을 어렵게 할 뿐만 아니라 미래 세대의 권리까지도 빼앗게 됨

3. 지속가능한 발전을 위한 노력

(1) **국제적 · 국가적 차원**

우리나라의 신 · 재생 에너지 공급 의무화 제도, 신 · 재생 에너지의 설비 생산 및 설치를 위한 금융 지원 제도

경제적 측면	신 · 재생 에너지 보급 확대를 위한 제도 마련 공적 개발 원조(ODA)를 통한 개발 도상국의 빈곤 문제 해결, 경제 · 사회 발전, 복지 증진
환경적 측면	**국제 환경 협약 체결**: 온실가스 배출권 거래 제도❷를 도입한 교토 의정서, 선진국과 개발 도상국 모두 온실가스 감축 의무에 동참하도록 한 파리 협정 등
사회적 측면	사회 계층 간 통합을 위한 사회 취약 계층 지원 제도 마련 기초 생활 보장 제도 등

(2) **개인적 차원**: 친환경적인 생활 방식, 자원과 에너지 절약, 윤리적 소비❸ 실천 등
로컬푸드 구매, 공정 무역 제품 이용 등

> ❷ 온실가스 배출권 거래제
> 정부가 온실가스를 배출하는 사업장에게 연 단위로 온실가스 배출량을 할당하고, 실제로 배출한 온실가스 양을 측정하여 여분 또는 부족분의 배출권에 대해서는 거래를 허용하는 제도

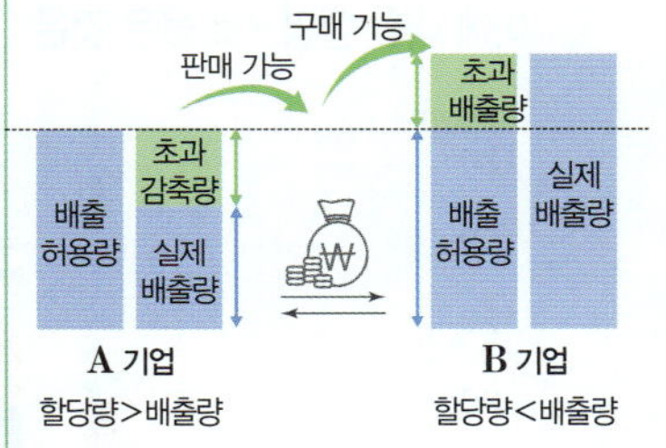

> ❸ 윤리적 소비
> 인간과 동물을 학대하거나 환경에 해를 가하지 않고 윤리적으로 생산된 상품을 구매하는 것과 같이 소비자가 윤리적인 가치 판단에 따라 상품이나 서비스를 구매하는 행위

✪ 지속가능발전 목표(SDGs): 국제 연합(UN) 총회에서 채택

- 2015년 국제 연합(UN) 총회는 17개의 목표와 169개의 세부 목표를 담은 지속가능발전 목표(SDGs)를 채택하였다.

- 해당 목표들은 2030년까지 정부, 기업, 시민사회 모두가 공동으로 추진해 나가야 할 목표로, 환경 · 경제 · 사회 측면을 통합적으로 고려하여 선정되었다.

1 자원의 의미와 특성

1. 표는 자원의 특성을 나타낸 것이다. (가)~(다)에 대한 설명으로 옳은 것은 ○, 틀린 것은 ×에 표시하시오.

(가)	대부분의 자원은 매장량이 한정되어 있으므로 계속 사용하다 보면 언젠가는 고갈됨
(나)	일부 자원은 고르게 분포하지 않고, 특정 지역에 편중되어 분포함
(다)	기술·경제·문화적 조건 등에 따라 자원의 의미와 가치가 달라짐

(1) (가)는 유한성, (나)는 편재성, (다)는 가변성이다.

(○ , ×)

(2) (가)가 뚜렷하게 나타나는 자원으로는 석유, 석탄, 천연가스와 같은 화석 연료를 들 수 있다. (○ , ×)

(3) 석탄은 석유보다 (나)가 크다. (○ , ×)

(4) (다)의 사례로 내연 기관 발명 이후 가치가 높아진 석유를 들 수 있다. (○ , ×)

2. 그래프는 세계 1차 에너지별 소비량 변화를 나타낸 것이다. 이에 대한 설명으로 옳은 것은 ○, 틀린 것은 ×에 표시하시오.

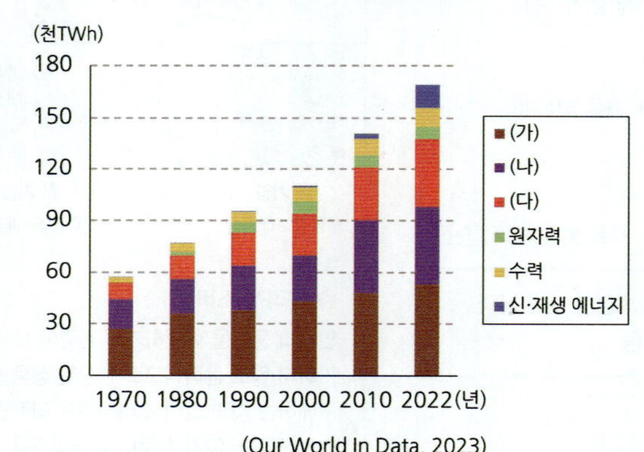

(1) (가)는 석탄, (나)는 천연가스이다.

(○ , ×)

(2) (가)는 세계 1차 에너지 소비 구조에서 차지하는 비중이 가장 높다. (○ , ×)

(3) (나)는 냉동 액화 기술의 발달로 수요가 급증하였다.

(○ , ×)

(4) (다)는 산업 혁명기에 주요 에너지원으로 이용되었다.

(○ , ×)

(5) 연소 시 대기 오염 물질 배출량은 (나)가 (다)보다 많다.

(○ , ×)

3. 다음은 화석 에너지 자원의 용도별 소비 비율을 나타낸 것이다. (가)~(다) 에너지에 대한 설명으로 옳은 것은 ○, 틀린 것은 ×에 표시하시오.

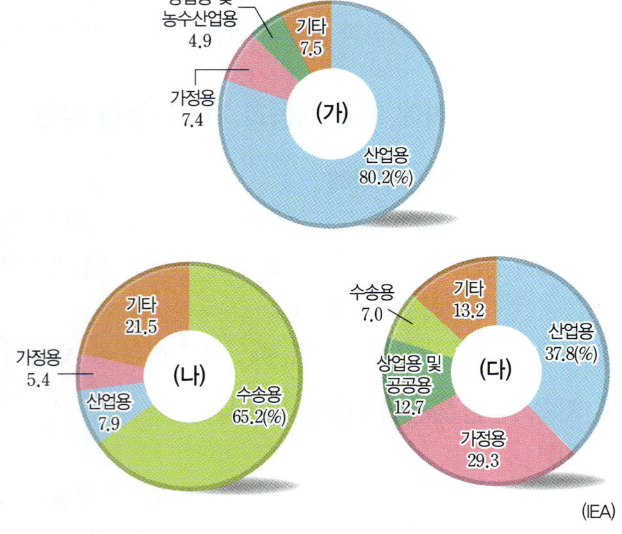

(1) (가)는 고생대 지층에 주로 매장되어 있다. (○ , ×)

(2) (가)는 냉동 액화 기술의 발달로 수요가 급증하였다.

(○ , ×)

(3) (나)는 신생대 제3기 배사 구조의 지층에 주로 매장되어 있다. (○ , ×)

(4) (나)는 세계 1차 에너지 소비 구조에서 차지하는 비중이 가장 낮다. (○ , ×)

(5) (다)는 육상 구간에서는 주로 파이프라인을 이용하여 수송된다. (○ , ×)

(6) (가)는 (나)보다 국제 이동량이 많다. (○ , ×)

(7) (나)는 (가)보다 자원의 편재성이 높다. (○ , ×)

(8) (다)는 (가), (나)보다 오염 물질 배출량이 적다.

(○ , ×)

2 기후변화에 대한 대응과 지속가능한 발전

4. 지속가능한 발전을 실천하기 위한 노력에 대해 옳은 답변을 한 학생만을 〈보기〉에서 있는 대로 골라 쓰시오.

[보기]

갑: 온실가스 배출권 거래제를 도입합니다.
을: 환경을 생각하는 윤리적 소비를 실천합니다.
병: 제도를 통해 신·재생 에너지 보급을 확대합니다.
정: 경제적 효율성을 중시하는 경제 성장을 추구합니다.

( )

❖ 정답: 문제편 221p

1 자원의 의미와 특성

01 ★★★☆

다음 글의 (가), (나)에 들어갈 내용으로 옳은 것은?

> 에너지 자원과 광물 자원은 매장량이 한정되어 있어 언젠가는 고갈되는 (가) 을 가지고 있다. 또한 지구상에 고르게 분포하지 않고 특정 지역에 치우쳐 분포하는 (나) 이 있어 자원의 생산지와 소비지가 일치하지 않는 경우가 많다.

	(가)	(나)
①	가변성	유한성
②	가변성	편재성
③	유한성	가변성
④	유한성	편재성
⑤	편재성	가변성

[02~03] 자료는 주요 에너지 자원을 구분한 것이다. 이를 보고 물음에 답하시오.

	(가)	(나)	(다)
주로 고생대 지층에 매장되어 있습니까?	예	아니요	아니요
냉동 액화 기술의 발달로 소비량이 급증했습니까?	아니요	예	아니요

02 ★★★☆

(가)~(다) 에너지에 대한 옳은 설명만을 〈보기〉에서 고른 것은? (단, (가)~(다)는 각각 석탄, 석유, 천연가스 중 하나이다.)

> **[보기]**
> ㄱ. (가)는 화석 연료 중 가장 먼저 상용화되었다.
> ㄴ. (나)는 세계에서 소비량이 가장 많다.
> ㄷ. (다)는 주로 신생대 제3기 배사 구조의 지층에 매장되어 있다.
> ㄹ. (다)는 (나)보다 연소 시 대기 오염 물질 배출량이 적다.

① ㄱ, ㄴ ② ㄱ, ㄷ ③ ㄴ, ㄷ ④ ㄴ, ㄹ ⑤ ㄷ, ㄹ

03 ★★★☆ 서술형

(가)와 비교했을 때 (다)의 국제 이동량이 상대적으로 어떠한지 쓰고, 그 이유를 자원의 특성과 관련지어 서술하시오.

[04~05] 그래프는 세계 1차 에너지별 소비량 변화를 나타낸 것이다. 이를 보고 물음에 답하시오.

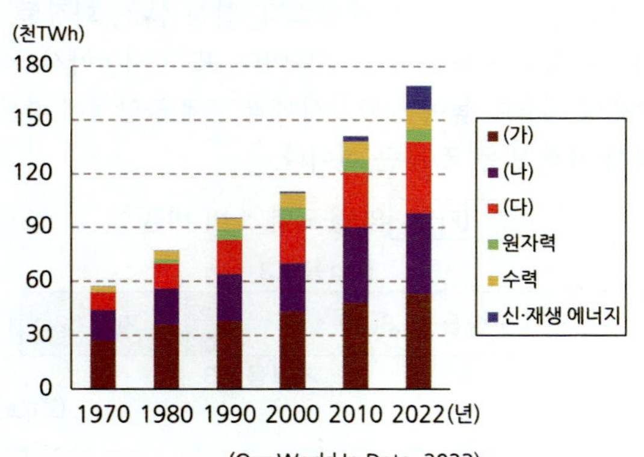

04 ★☆☆☆

(가)~(다) 에너지로 옳은 것은?

	(가)	(나)	(다)
①	석유	석탄	천연가스
②	석유	천연가스	석탄
③	석탄	석유	천연가스
④	석탄	천연가스	석유
⑤	천연가스	석탄	석유

05 ★★☆☆

(가)~(다) 에너지에 대한 설명으로 옳은 것은?

① (가)는 산업 혁명기의 주요 에너지원이었다.
② (나)는 주로 신생대 제3기 배사 구조의 지층에 매장되어 있다.
③ (다)는 세계 1차 에너지 소비 구조에서 차지하는 비중이 가장 높다.
④ (가)는 (나)보다 수송용으로 이용되는 비중이 높다.
⑤ (나)는 (다)보다 연소 시 대기 오염 물질 배출량이 적다.

❖ 정답 및 해설 85p

다음 자료의 (가) 에너지에 대한 설명으로 옳은 것은? [3점]

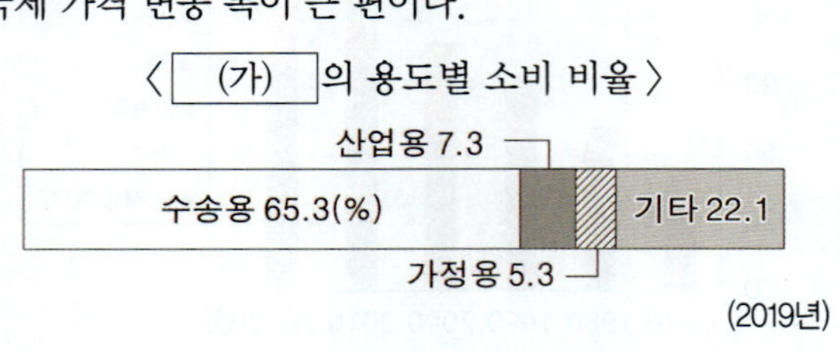

① 주로 고생대 지층에 매장되어 있다.
② 재생이 가능하여 고갈 가능성이 낮다.
③ 세계에서 중국의 생산량과 소비량이 가장 많다.
④ 화석 에너지 중 대기 오염 물질 배출량이 가장 적다.
⑤ 세계 1차 에너지 소비량에서 차지하는 비율이 가장 높다.

07 ✿✿✿❀

지도는 어느 화석 에너지의 국제 이동을 나타낸 것이다. 이 에너지에 대한 설명으로 옳은 것은?

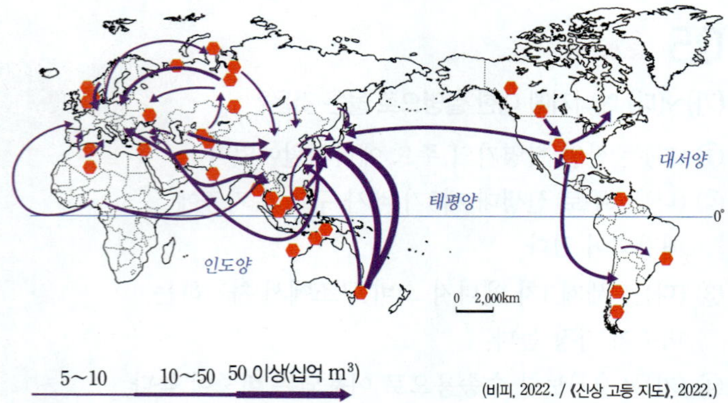

① 주로 고생대 지층에 매장되어 있다.
② 냉동 액화 기술의 발달로 수요가 급증하였다.
③ 증기 기관의 연료로 이용되면서 소비량이 급증하였다.
④ 세계 1차 에너지 소비 구조에서 차지하는 비중이 가장 높다.
⑤ 화석 에너지 중 연소 시 대기 오염 물질 배출량이 가장 많다.

08 ✿✿✿❀ 중요

그래프는 세 화석 에너지의 국가별 소비량 비중을 나타낸 것이다. (가)~(다) 에너지에 대한 설명으로 옳은 것은?

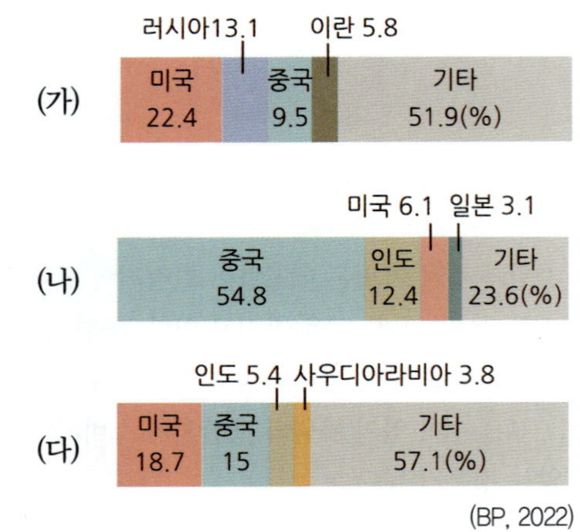

① (가)는 산업 혁명기의 주요 에너지원이었다.
② (나)는 주로 신생대 제3기 배사 구조의 지층에 매장되어 있다.
③ (다)는 세계 1차 에너지 소비 구조에서 차지하는 비중이 가장 높다.
④ (가)는 (나)보다 연소 시 대기 오염 물질 배출량이 많다.
⑤ (나)는 (다)보다 수송용으로 이용되는 비중이 높다.

다음은 세계지리 수업 장면의 일부이다. 교사의 질문에 옳게 대답한 학생만을 고른 것은?

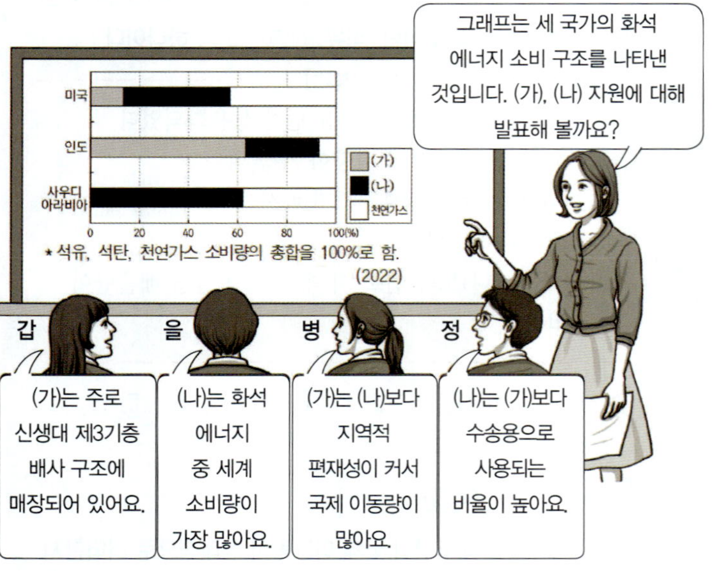

① 갑, 을   ② 갑, 병   ③ 을, 병
④ 을, 정   ⑤ 병, 정

[10~11] 그래프는 에너지의 지역별 생산량 비중을 나타낸 것이다. 이를 보고 물음에 답하시오. (단, (가)~(다)는 석유, 석탄, 천연가스 중 하나임.)

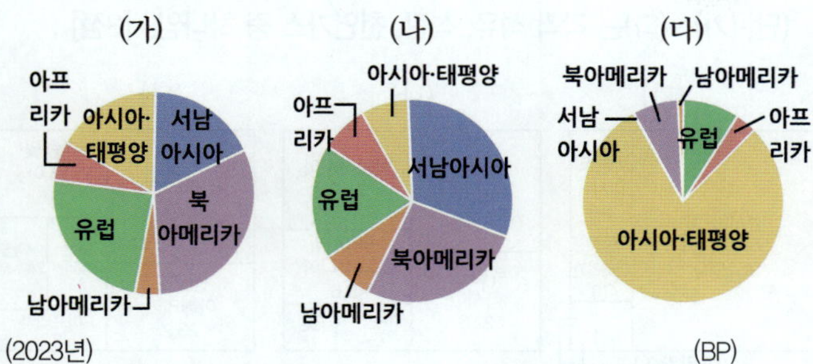

*러시아는 유럽에 포함되며, 오세아니아는 아시아·태평양에 포함됨.

10 ✽✽✽ 서술형

(가)~(다)가 어떤 에너지 자원인지 세계 소비량이 큰 화석 에너지 자원부터 순서대로 서술하시오.

---

11 ✽✽✽ 중요

(가)~(다) 에너지에 대한 설명으로 옳은 것은?

① (가)는 주로 고생대 지층에 매장되어 있다.
② (나)는 산업 혁명기의 주요 에너지원이었다.
③ (다)는 냉동 액화 기술의 발달로 수요가 급증하였다.
④ (가)는 (나)보다 세계 1차 에너지 소비 구조에서 차지하는 비중이 높다.
⑤ (나)는 (다)보다 수송용으로 이용되는 비중이 높다.

12 ✽✽✽ 2023 실시 11월 학평 18 (고2)/세계지리

그래프는 화석 에너지 자원의 국가별 생산량과 소비량을 나타낸 것이다. (가), (나) 자원에 대한 설명으로 옳은 것은? (단, (가), (나)는 각각 석유, 석탄, 천연가스 중 하나임.) [3점]

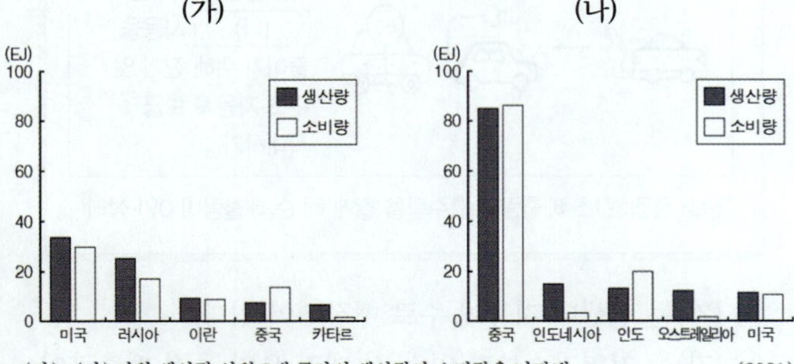

* (가), (나) 자원 생산량 상위 5개 국가의 생산량과 소비량을 나타냄.

① (가)는 냉동 액화 기술의 발달로 사용량이 급증하였다.
② (나)는 산업용보다 수송용으로 많이 이용된다.
③ (가)는 (나)보다 상용화된 시기가 이르다.
④ (가)는 (나)보다 대기 오염 물질 배출량이 많다.
⑤ (가)는 (나)보다 세계 1차 에너지 소비량에서 차지하는 비율이 높다.

2 기후변화에 대한 대응과 지속가능한 발전

13 ✽✽✽

(가)에 들어갈 개념에 대한 설명으로 옳지 않은 것은?

> 화석 에너지 사용량이 증가하면서 기후변화로 인한 피해가 점점 커지고 있다. 우리는 한정된 자원을 많이 사용하고 환경을 파괴하는 방식에서 벗어나 경제 발전, 사회 안정과 통합, 환경 보전이 균형을 이루는 [(가)]을/를 위해 노력해야 한다.

① 전 지구적 차원의 협력이 필요하다.
② 경제 성장만을 목표로 하는 효율적인 발전이다.
③ 현재 세대의 필요를 충족시킬 수 있는 발전이다.
④ 미래 세대가 사용할 자원을 낭비하지 않는 발전이다.
⑤ 생태계 파괴, 자원 고갈 문제를 해결하는 데 도움이 된다.

14 ✽✽✽

(가) 제도를 통해 기대할 수 있는 효과로 적절하지 않은 것은?

> [(가)]은/는 정부가 온실가스를 배출하는 사업장에게 연 단위로 온실가스 배출량을 할당하고, 실제로 배출한 온실가스 양을 측정하여 여분 또는 부족분의 배출권에 대해서는 거래를 허용하는 제도이다.

① 지구 온난화의 진행 속도를 늦출 수 있다.
② 지속가능한 저탄소 사회로 일찍 진입할 수 있다.
③ 화석 에너지 중심의 에너지 소비 구조를 확립할 수 있다.
④ 화석 에너지의 소비량 감축을 유도하여 고갈의 위험을 낮출 수 있다.
⑤ 민간 기업의 신·재생 에너지 개발 및 투자 확대를 촉진시킬 수 있다.

15 ✽✽✽

지속가능한 발전을 위한 노력으로 옳은 것만을 〈보기〉에서 고른 것은?

> [보기]
> ㄱ. 신·재생 에너지의 사용량을 늘린다.
> ㄴ. 합리적 소비를 실천해 이윤을 극대화한다.
> ㄷ. 개발 도상국에 대한 공적 개발 원조를 강화한다.
> ㄹ. 불평등 완화를 위해 선진국만 기후변화 대응에 참여하는 국제 환경 협약을 체결한다.

① ㄱ, ㄴ ② ㄱ, ㄷ ③ ㄴ, ㄷ ④ ㄴ, ㄹ ⑤ ㄷ, ㄹ

[16~17] 다음 사진을 보고 물음에 답하시오.

(가)  (나) 

16 ✸✸❀

(가), (나)의 발전 양식으로 얻을 수 있는 에너지에 대한 설명으로 옳은 것은?

① 지형이나 기후의 영향을 받지 않는다.
② 자원 고갈 가능성이 낮은 에너지이다.
③ 재생이 불가능하여 에너지 효율성이 낮다.
④ 석탄, 석유에 비해 소비량이 많은 에너지이다.
⑤ 최근 공급량이 증가하여 기후변화 문제가 심각해지고 있다.

17 ✸✸❀ [서술형]

(가), (나)의 발전 양식으로 얻을 수 있는 에너지가 등장하게 된 배경을 화석 에너지 소비로 인해 발생하는 문제점 한 가지와 관련지어 서술하시오.

내신 1등급 문제

18 ✸✸✸
2022 실시 9월 학평 14 (고2)/세계지리

그래프는 세 국가의 1차 에너지 소비 구조를 나타낸 것이다. A~C에 대한 설명으로 옳은 것은? (단, A~C는 각각 석유, 석탄, 천연가스 중 하나임.) [3점]

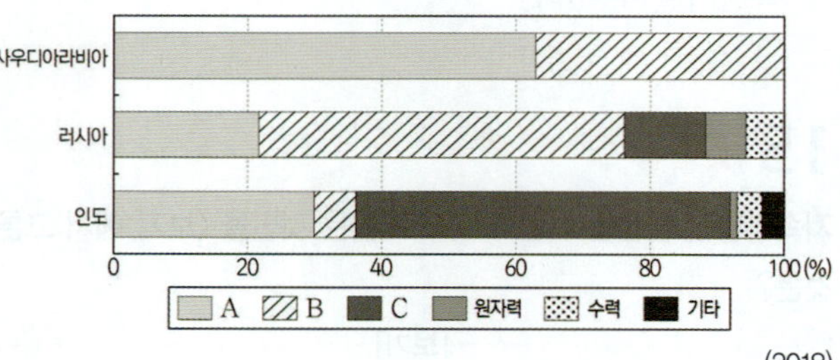

① A는 주로 고기 조산대 주변에 매장되어 있다.
② B는 냉동 액화 기술이 개발된 이후 소비량이 급증하였다.
③ B는 C보다 연소 시 대기 오염 물질의 배출량이 많다.
④ C는 A보다 수송용으로 이용되는 비율이 높다.
⑤ 세계 1차 에너지 소비 구조에서 차지하는 비율은 A ＞ B ＞ C 순으로 높다.

19 ✸✸✸
2023 실시 9월 학평 20 (고2)/세계지리 

그래프는 주요 화석 에너지의 지역(대륙)별 생산 비율을 나타낸 것이다. (가)~(다) 자원에 대한 설명으로 옳은 것은? (단, (가)~(다)는 각각 석유, 석탄, 천연가스 중 하나임.) [3점]

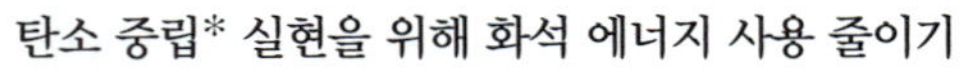

*구소련 중 중앙아시아국가는 서남아시아에 포함되며, 그 밖의 국가는 유럽 및 러시아에 포함됨. (2021)

① (가)는 냉동 액화 기술의 발달로 소비량이 급증하였다.
② (나)는 주로 고생대 지층에 매장되어 있다.
③ (다)는 산업 혁명 초기 주요 에너지원이었다.
④ (나)는 (가)보다 연소 시 대기 오염 물질의 배출량이 많다.
⑤ (다)는 (나)보다 본격적으로 상용화된 시기가 이르다.

20 ✸✸✸
2022 실시 11월 학평 9 (고2)/한국지리

다음 자료의 (가), (나)에 대한 설명으로 옳지 않은 것은? (단, (가), (나)는 각각 석유, 석탄 중 하나임.)

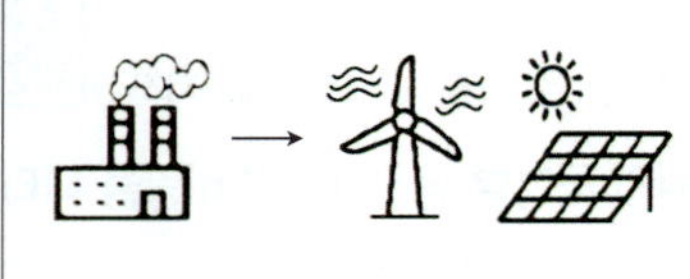

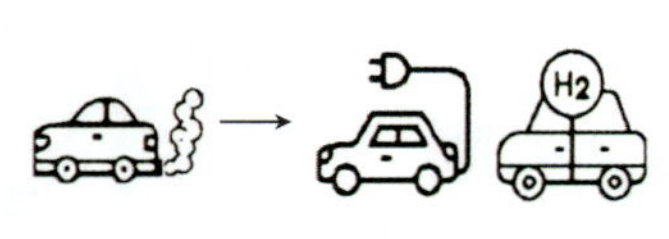

① (가)는 신생대 지층에 주로 매장되어 있다.
② (가)는 천연가스보다 연소 시 대기 오염 물질 배출량이 많다.
③ (나)는 원자력보다 우리나라 총발전량에서 차지하는 비율이 낮다.
④ (가)는 (나)보다 상용화된 시기가 이르다.
⑤ (나)는 (가)보다 우리나라 1차 에너지 소비 구조에서 차지하는 비율이 높다.

❖ 정답 및 해설 87~88p

15 미래 사회와 세계시민으로서의 삶 중요도 

1 미래 사회의 모습 

1. 미래 예측의 필요성
(1) 미래학❶의 발달로 과학적이고 체계적인 미래 예측❷이 가능해지고 미래학이 학문의 한 분야로 자리 잡게 됨
(2) 미래 예측을 통해 미래 사회에 대한 유연적 대처가 가능해지면 개인, 국가의 안정적인 발전을 꾀할 수 있음

2. 미래 사회의 모습
(1) **정치적·경제적 문제에 따른 국가 간 협력과 갈등**
　① 자유 무역이 확대되어 국가 간의 무역 경쟁이 치열해지고, 소수 국가가 경제를 독점하며 빈부 격차가 커질 것으로 예상됨 ➡ 국가 간 분쟁 심화
　② 국제기구의 활동과 국가 간 협력을 통해 국가 간 분쟁을 해결하고자 할 것임

> ❇ **경제와 국제 관계**
> - 자유 무역 협정(FTA), 관세 동맹 등 다양한 형태의 지역 무역 협정❸을 체결하며 금융 시장이 세계화되고 전반적 생활 수준이 향상될 수 있다.
> - 그러나 국가 간 경쟁이 치열해지며 무역 갈등이 발생하고, 선진국과 개발 도상국 간 경제적 격차가 커질 수도 있다는 점을 유의해야 한다.
>
> 
> ▲ 유럽 연합 본부

(2) **과학기술의 발전에 따른 공간과 삶의 변화**
　① 긍정적 변화
　　- 자율주행 자동차, 드론과 같은 운송 수단과 항공 우주 산업의 발달로 시공간의 제약이 줄어들면서 활동 범위가 확대될 것임❹
　　- 인공 지능 로봇의 성능이 높아지면서 인간의 삶의 질이 향상될 것임
　　- 유전 공학의 발달로 개인 맞춤형 치료와 난치병 해결이 가능해져 인간의 수명이 연장될 것임
　　- 생명 공학의 발달로 질병에 강한 작물 품종을 개발해 식량 생산량이 증가할 것임
　② 문제점: 로봇과 인공 지능으로 인한 실업 문제, 사생활 침해 및 감시 문제, 유전자 조작 및 복제에 따른 윤리적 문제 등 새로운 문제가 발생할 것으로 예상됨

▲ 전자 감시 사회
　▲ 드론 택시

- 정보 통신 기술의 발달로 개인 정보 유출과 관련된 사생활 침해 및 감시 문제가 심각해질 수 있다.
- 국가, 기업 등의 감시자는 일정 기간 축적된 데이터베이스를 이용해 개인의 행동이나 생각을 감시하기 쉬워졌다.

- 도심 항공 교통(UAM)은 수직 이착륙이 가능한 항공기를 이용하는 미래형 교통 시스템이다.
- 현재 상용화를 위한 준비를 하고 있으며, 유인 조종, 원격 조종을 거쳐 2035년 이후에는 자율 비행을 목표로 하고 있다.

---

❶ 미래학
과거 또는 현재 상황을 바탕으로 미래 사회의 모습을 예측하고 그 모델을 제공하는 학문이다. 1960년대 이후 연구가 본격화되었다.

❷ 미래 예측 방법

전문가 합의법 (델파이 기법)	각 분야의 전문가에게 설문을 반복하여 특정한 주제에 관해 전문가 집단의 합의를 도출하는 방법
시나리오 기법	시나리오를 작성하여 미래에 대비하는 방법

❸ 지역 무역 협정
인접국 혹은 일정 경제 권역을 중심으로 국가 간 체결하는 지역 간 경제 통합

❹ 하이퍼루프
진공 튜브 내에 차량을 띄워 마찰을 최소화하여 빠른 속도로 이동하는 기술이다. 실용화가 되면 서울과 부산을 20분 만에 이동할 수 있다.

▲ 하이퍼루프

(3) **생태환경의 변화**

① 지구 온도가 상승함에 따라 경작이 어려웠던 일부 지역에서 농경이 가능해지고 북극 항로의 이용이 활발해질 것임

② 지구 온난화에 따른 기후변화 문제가 심화되며 생태환경이 악화될 것임

③ 발전된 과학기술을 활용해 생태환경 변화에 대응할 것으로 예상됨
➡ 이산화 탄소 포집 · 저장 · 활용 기술❶, 신 · 재생 에너지 사용 확대, 생물종 복원, 수직 농장❷을 통한 식량 자원의 생산성 향상 등

❶ 이산화 탄소 포집 · 저장 · 활용
- 화석 연료를 사용할 때 발생하는 이산화 탄소를 포집하여 땅속에 저장하는 기술과 포집한 탄소를 활용하는 기술을 뜻한다.
- 기후변화 대응 기술 중 가장 대표적인 기술이며, 많은 나라가 해당 기술을 온실가스를 감축할 수 있는 현실적인 방법으로 보고 있다.

❷ 수직 농장
수직 농장은 식량난과 농경지 부족 문제를 해결하기 위한 대안으로, 물과 영양분만 사용하는 친환경적인 아파트형 농장을 뜻한다.

▲ 사라지는 포도 재배지

- 스웨덴 남부, 덴마크, 캐나다 등 북극 주변 지역이 과거보다 따뜻해지면서 새로운 포도 생산지가 되고 있다.
- 지구 온도가 2℃ 상승하면 전 세계 포도 재배지의 약 55%가 사라질 것으로 예상된다.

▲ 설악산 산양

- 국립 생물 자원관은 산양 등 멸종 위기 야생 동물 19종의 성체 줄기세포 보존 기술을 개발해 세포를 보존하는 데 성공했다.
- 모든 개체가 사라지는 상황이 오면 줄기세포를 그대로 장기 보존해 모든 동물을 복원할 계획이다.

▲ 수직 농장

② 세계시민으로서의 삶

1. 세계시민 의식

(1) **의미**: 자신이 지역, 국가, 지구촌과 상호 연결된 세계시민임을 인식하는 것

(2) **필요성**: 세계화로 각 국가가 밀접하게 연결됨 ➡ 자신이 지구촌과 상호 연결되어 있음을 깨닫고 미래 사회의 바람직한 변화를 위해 노력해야 함

2. 세계시민으로서의 노력

(1) **인류의 보편적 가치 중시**: 개별 사회 집단의 이익을 넘어 인류 전체의 이익을 우선시하고 전 지구적 수준의 문제에 대응해야 함

(2) **개방적인 태도와 관용적인 자세**: 문화와 가치의 다양성을 존중하며 서로의 차이를 이해하고 갈등을 해결해야 함

(3) **직업 및 삶의 방향 설정**: 개인의 흥미와 적성뿐만 아니라 지구촌의 미래에 어떻게 기여할 것인지 고민하는 자세가 필요함

✪ 미래 사회의 직업

❶ 기후변화 대응 전문가

- 기후변화에 따라 우리의 생활이 어떻게 달라지는지 분석하고, 온실가스를 줄이는 기술을 개발해 환경을 보호한다.

❷ 로봇 윤리학자

- 로봇 기술이 야기하는 윤리적인 문제를 탐구하며 피해가 발생할 경우의 처벌 대상과 수준에 대한 기준을 연구한다.

❸ 빅데이터 전문가

- 금융, 유통, 제조, 의료 등 다양한 분야와 관련된 빅데이터를 수집하고, 미래를 예측해 대응책을 연구한다.

1 미래 사회의 모습

1. 미래학에 대한 설명으로 옳은 것은 ○, 틀린 것은 ×에 표시하시오.

(1) 미래학을 활용하여 미래를 정확하게 예측하는 것은 가능하다. (○, ×)

(2) 미래학은 불확실한 미래에 유연하게 대응하기 위해서 필요한 학문이다. (○, ×)

(3) 과거와 현재의 사회 변동 양상을 분석하여 미래에 다가올 변화를 예측할 수 있다. (○, ×)

(4) 미래학의 예측 결과는 정확도가 높은 편이므로 무조건 받아들이는 편이 좋다. (○, ×)

(5) 정부와 기업은 미래학의 예측 결과를 활용하여 위기관리 전략을 세우거나 미래의 기회를 적극적으로 활용할 수 있다. (○, ×)

2. 미래 지구촌의 모습에 대한 예측으로 옳은 것은 ○, 틀린 것은 ×에 표시하시오.

(1) 국가 간 상호 의존성이 낮아질 것이다. (○, ×)

(2) 다양한 원인에 의한 국가 간, 지역 간 갈등의 발생 빈도가 증가할 것이다. (○, ×)

(3) 현재의 환경 문제를 해결하지 못할 경우 인간이 이용할 수 있는 자원과 환경의 범위가 축소될 것이다. (○, ×)

(4) 교통과 정보 통신 기술의 발전으로 시간과 공간의 제약이 줄어들 것이다. (○, ×)

(5) 정보화의 보편화 및 고도화가 진행되면서 의사 결정에 대한 시민의 참여가 위축될 것이다. (○, ×)

(6) 자유 무역이 확대되면서 국가 간의 무역 경쟁은 완화될 것이다. (○, ×)

(7) 열대림 파괴, 사막화 속도가 빨라지며 인간을 제외한 생물체가 생존을 위협받을 것이다. (○, ×)

(8) 발전한 과학기술을 활용하여 멸종 위기에 처한 생물종을 복원하는 사업을 진행할 것이다. (○, ×)

(9) 생명 복제, 유전자 치료 등으로 인해 도덕적 가치의 혼란이 나타날 것이다. (○, ×)

2 세계시민으로서의 삶

3. 미래의 삶을 준비하기 위한 태도에 대한 설명으로 옳은 것은 ○, 틀린 것은 ×에 표시하시오.

(1) 자신의 이익을 우선적으로 추구하는 이기주의적 가치관이 확산되면서 개방적 태도와 관용의 필요성이 커지고 있다. (○, ×)

(2) 사회 현상을 비판적·과학적으로 분석하여 합리적인 문제 해결 과정에 적극적으로 참여해야 한다. (○, ×)

(3) 인류 공통의 보편적 가치를 전 지구적 차원에서 실현하려는 자세를 가져야 한다. (○, ×)

(4) 지구촌의 화합을 위해 선진국의 문화를 따라 하며 갈등이 발생하지 않도록 해야 한다. (○, ×)

(5) 자신의 행동이 미래 사회에 어떠한 영향을 미칠 것인지 고민하며 삶의 방향을 설정해야 한다. (○, ×)

(6) 스스로가 지역, 국가, 지구촌과 밀접하게 연결된 존재임을 인식하고 국제 사회의 문제에 관심을 가져야 한다. (○, ×)

4. 세계시민 의식을 가지고 바람직한 삶을 살기 위해 노력하고 있는 사람만을 모두 골라 쓰시오.

(   )

1 미래 사회의 모습

01 ✽✽✽✽

(가)와 (나)의 적절한 사례를 〈보기〉에서 골라 바르게 연결한 것은?

> (가) 유럽 연합이 통화를 유로화로 단일화하며 통합을 위해 노력하는 것처럼 미래 사회는 국가 간 협력을 강화하기 위해 노력할 것이다.
> (나) 미래 사회에는 자유 무역이 확대되어 국가 간 경쟁이 치열해지고 이러한 문제가 정치적 갈등으로 번지면서 국가 간 갈등이 심화될 것이다.

[보기]
ㄱ. 지역 무역 협정을 체결한다.
ㄴ. 영토와 자원을 둘러싼 분쟁이 발생한다.
ㄷ. 환경 문제 해결을 위해 조약을 체결한다.
ㄹ. 소수 국가가 경제를 독점하며 빈부 격차가 커진다.

	(가)	(나)		(가)	(나)
①	ㄱ	ㄴ	②	ㄱ	ㄷ
③	ㄴ	ㄹ	④	ㄷ	ㄱ
⑤	ㄹ	ㄷ			

02 ✽✽✽✽

다음 자료에 제시된 과학 기술이 보편화될 경우 나타날 것으로 예상되는 변화로 적절하지 <u>않은</u> 것은?

자율주행 자동차

인공 지능 로봇

유전자 재조합 식품

① 유전으로 인한 난치병이나 불치병의 치료 가능성이 높아질 것이다.
② 지역 간 접근성이 낮아지면서 인간의 경제 활동 범위가 축소될 것이다.
③ 로봇이 인간을 대체하는 경우가 많아지면서 실업 문제가 발생할 것이다.
④ 유전자 복제 등으로 인한 인간의 정체성과 도덕적 가치의 혼란이 유발될 것이다.
⑤ 위험한 임무에 로봇이 투입되는 경우가 많아지면서 안전 사고로 인한 인명 피해가 감소할 것이다.

03 ✽✽✽✽ 중요 2022 실시 3월 학평 8 (고2)/생활과 윤리

다음 글의 입장에서 지지할 내용으로 가장 적절한 것은?

> 현대 사회에서 인공 지능의 확산은 거스를 수 없는 시대적 요구로 받아들여야 한다. 하지만 인공 지능을 통해 추론된 결과는 알고리즘과 입력된 데이터에 의존하기 때문에, 알고리즘을 의도적으로 조작하거나 편향적인 데이터를 사용할 경우 공정성을 보장하기 어렵다. 이러한 편향성의 위험을 방지하기 위해서는 인공 지능 전문가의 윤리 의식과 인공 지능을 투명하게 운용하기 위한 검토가 필요하다.

① 인공 지능의 알고리즘에 대한 인간의 개입은 불가능하다.
② 인공 지능의 신뢰성 확보를 위해 지속적인 검증이 필요하다.
③ 인공 지능이 산출한 결과는 언제나 인간의 판단보다 공정하다.
④ 인공 지능에 사용되는 데이터의 정확성을 검토할 필요가 없다.
⑤ 인공 지능의 활용을 금지해야 인공 지능의 악용을 막을 수 있다.

04 ✽✽✽ 서술형

다음 뉴스를 토대로 유전 공학 발달의 이로운 점과 문제점을 각각 한 가지씩 서술하시오.

05 ✿✿✿

다음 글의 밑줄 친 ㉠을 해결하기 위한 적절한 대책만을 〈보기〉에서 고른 것은?

> 경제 성장, 인구 증가 등으로 자원의 소비가 증가하고 환경 오염이 심화되면서 현재의 환경 문제를 해결하지 못할 경우 ㉠지구촌의 생태 환경은 더욱 악화될 것으로 예상된다.

[보기]

ㄱ. 화석 에너지의 연간 소비량을 늘린다.
ㄴ. 국가 간 협력 강화를 통해 온실가스 배출량을 감축한다.
ㄷ. 유전자 재조합 식품(GMO)의 생산 및 유통을 확대한다.
ㄹ. 생명 공학 기술을 활용하여 멸종 위기의 생물종을 복원한다.

① ㄱ, ㄴ ② ㄱ, ㄷ ③ ㄴ, ㄷ ④ ㄴ, ㄹ ⑤ ㄷ, ㄹ

2 세계시민으로서의 삶

06 ✿✿✿

다음 대화의 (가)에 들어갈 적절한 내용만을 〈보기〉에서 있는 대로 고른 것은?

[보기]

ㄱ. 개방적인 태도와 관용의 자세를 갖추어야 해.
ㄴ. 공동체의 이익보다 자신의 이익을 우선시 해야 해.
ㄷ. 사회 현상을 비판적·과학적으로 분석하는 능력을 키워야 해.
ㄹ. 인류 공통의 보편적 가치를 전 지구적 차원에서 실현하려는 자세를 가져야 해.

① ㄱ, ㄴ　　　② ㄱ, ㄷ　　　③ ㄴ, ㄹ
④ ㄱ, ㄷ, ㄹ　　⑤ ㄴ, ㄷ, ㄹ

07 ✿✿✿

다음은 학생이 작성한 형성 평가지이다. 옳은 답변만을 고른 것은?

〈 형 성 평 가 〉

※ 세계시민으로 살아가며 지녀야 할 태도로 적절하면 '예', 적절하지 않으면 '아니요'에 ✓표시 하시오.

[태도1] 인류 전체의 이익을 중시하며 전 지구적 수준의 문제에 대응한다.
예 ✓ 아니요 □ ······ ㉠

[태도2] 갈등을 방지하기 위해서 문화를 단일화시키기 위해 노력한다.
예 ✓ 아니요 □ ······ ㉡

[태도3] 개인의 흥미와 적성만을 고려하여 자신의 직업과 삶의 방향을 설정한다.
예 □ 아니요 ✓ ······ ㉢

[태도4] 자신이 지구촌과 상호 연결되어 있음을 깨닫고 바람직한 미래 사회를 위해 움직인다.
예 □ 아니요 ✓ ······ ㉣

① ㉠, ㉡　　　② ㉠, ㉢　　　③ ㉡, ㉢
④ ㉡, ㉣　　　⑤ ㉢, ㉣

내신 1등급 문제

08 ✿✿✿　2023 실시 6월 학평 19 (고2)/생활과 윤리

그림은 서술형 평가 문제와 학생 답안이다. 학생 답안의 ㉠~㉤ 중 옳지 <u>않은</u> 것은?

서술형 평가

◎ 문제: A와 관련된 윤리적 쟁점에 대해 서술하시오.

　A: 질병을 치료하기 위해 생식 세포 안에 정상 유전자를 삽입하여 유전자의 기능을 바로잡거나 결함이 있는 유전자 자체를 바꾸는 치료법

◎ 학생 답안

　A는 질병의 원인이 되는 유전자를 찾고, 그것을 치료하는 방식으로 이에 대해 찬성과 반대의 입장이 있다. 찬성하는 입장에서는 ㉠A가 병의 유전을 막아 다음 세대의 병을 예방할 수 있다고 주장하고, ㉡새로운 치료법 개발을 통해 경제적 효용 가치를 산출할 수 있다고 강조한다. 하지만 반대하는 입장에서는 ㉢A의 과학적 불확실성과 임상 실험의 위험성 때문에 예측할 수 없는 부작용이 나타날 수 있다고 보고, ㉣유전 질환을 물려주지 않으려는 부모의 선택권을 보장해야 함을 주장한다. 또한 ㉤A의 높은 비용으로 인해 부유한 사람들만이 혜택을 누리게 되어 분배 정의에 어긋날 수 있음을 강조하기도 한다.

① ㉠　　② ㉡　　③ ㉢　　④ ㉣　　⑤ ㉤

13 세계의 인구와 인구 문제

01 ✱✱✱

그래프는 대륙별 인구 변화를 나타낸 것이다. (가)~(다) 대륙에 대한 설명으로 옳은 것은? (단, (가)~(다)는 유럽, 아시아, 아프리카 중 하나임.)

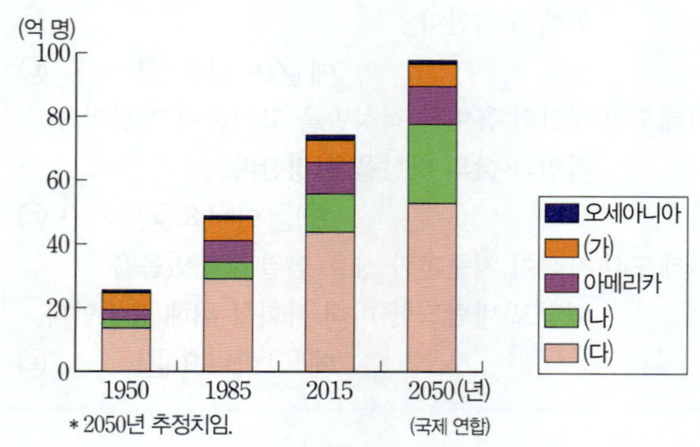

① (가)는 (나)보다 2015년에 중위 연령이 낮다.
② (나)는 (가)보다 산업화가 시작된 시기가 늦다.
③ (나)는 (다)보다 모든 시기에 인구가 많다.
④ (다)는 (가)보다 1인당 지역 내 총생산이 많다.
⑤ (가)~(다) 중에서 1950~2015년의 인구 증가율은 (다)가 가장 높다.

02 ✱✱❀

그래프는 (가), (나) 국가의 인구 자연 증가율을 나타낸 것이다. (가), (나) 국가에 대한 옳은 설명만을 〈보기〉에서 고른 것은?

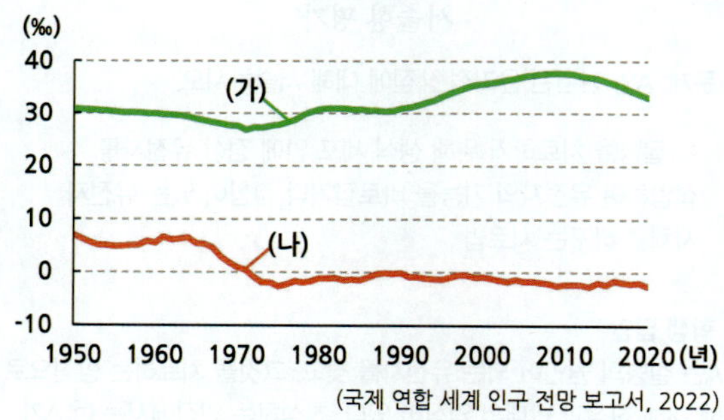

[보기]
ㄱ. (가)는 유소년층 인구 비중이 높다.
ㄴ. 서부 유럽의 국가들은 대부분 (나)처럼 노년 부양비가 높다.
ㄷ. (가)는 (나)보다 중위 연령이 높다.
ㄹ. (나)는 (가)보다 경제 발달 수준이 낮다.

① ㄱ, ㄴ ② ㄱ, ㄷ ③ ㄴ, ㄷ ④ ㄴ, ㄹ ⑤ ㄷ, ㄹ

03 ✱✱✱

지도에 표시된 A, B 국가에 대한 설명으로 옳은 것은?

① A는 B보다 해외로부터 들어온 이주자 수가 많다.
② A는 B보다 여성 한 명이 평생 동안 낳는 아이의 수가 많다.
③ B는 A보다 노년 부양비가 높다.
④ B는 A보다 1인당 국내 총생산(GDP)이 많다.
⑤ B는 A보다 도시에 거주하는 인구 비율이 높다.

04 ✱✱❀

다음 인구 피라미드가 나타나는 지역에서 발생할 수 있는 인구 문제로 옳은 것만을 〈보기〉에서 고른 것은?

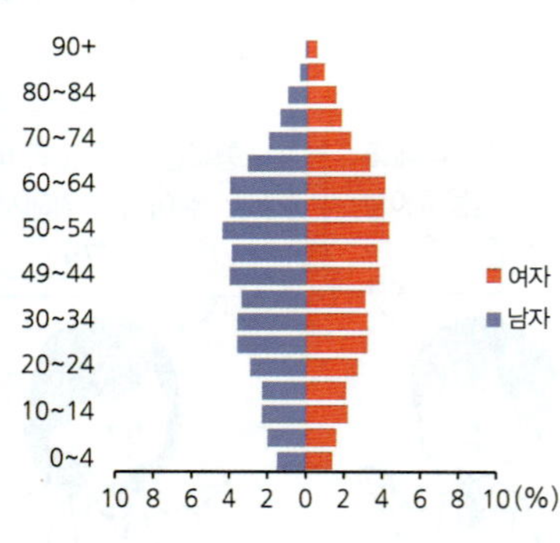

[보기]
ㄱ. 인구 급증에 따른 식량 부족 문제
ㄴ. 저출생에 따른 경제 활동 인구 감소
ㄷ. 노년 부양비 증가에 따른 세대 간 갈등
ㄹ. 급속한 산업화·도시화에 따른 주택 부족 문제

① ㄱ, ㄴ ② ㄱ, ㄷ ③ ㄴ, ㄷ ④ ㄴ, ㄹ ⑤ ㄷ, ㄹ

05 ✱✱✱

그래프는 지역(대륙)별 인구 이주에 대한 것이다.
A~C 지역(대륙)으로 옳은 것은?

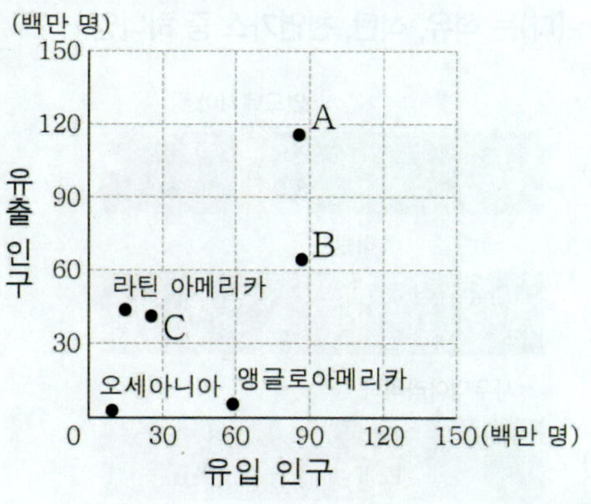

	A	B	C
①	유럽	아시아	아프리카
②	유럽	아프리카	아시아
③	아시아	유럽	아프리카
④	아시아	아프리카	유럽
⑤	아프리카	유럽	아시아

06 ✱✱✿

다음 자료는 두 국가의 연령층별 인구 구조를 나타낸 것이다.
(가), (나) 국가에 대한 설명으로 옳은 것은?

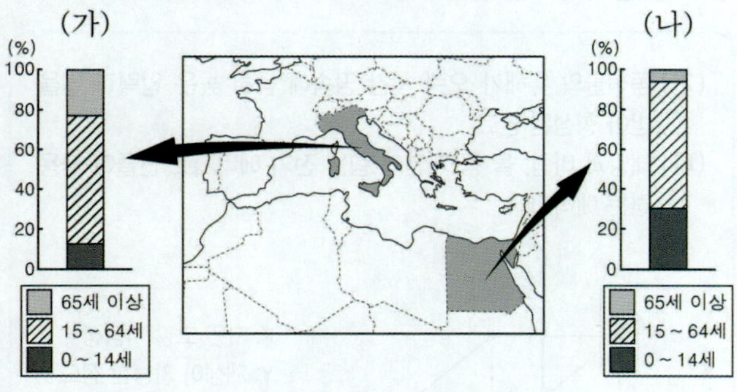

① (가)는 피라미드형 인구 구조가 나타난다.
② (나)는 노년 부양비보다 유소년 부양비가 높다.
③ (가)는 (나)보다 합계 출산율이 높다.
④ (나)는 (가)보다 중위 연령이 높다.
⑤ (나)에서 (가)로 이주한 인구보다 (가)에서 (나)로
　 이주한 인구가 많다.

07 ✱✱✱

지도의 (가) 국가군과 비교한 (나) 국가군의 상대적 특징을
그림의 A~E에서 고른 것은? (단, (가), (나) 국가군은 인구
순유입 상위 국가, 인구 순유출 상위 국가 중 하나임.)

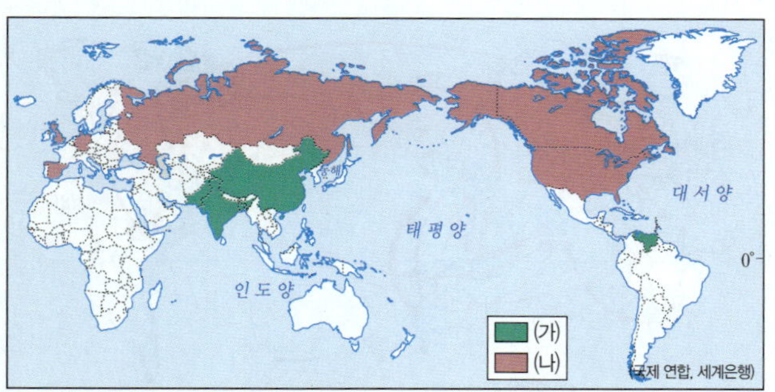

＊인구 순유입은 인구 순이동이 양(+)의 값인 것을 의미하고,
　인구 순유출은 인구 순이동이 음(−)의 값인 것을 의미함.
＊＊인구 순이동은 유입 인구에서 유출 인구를 뺀 값임.

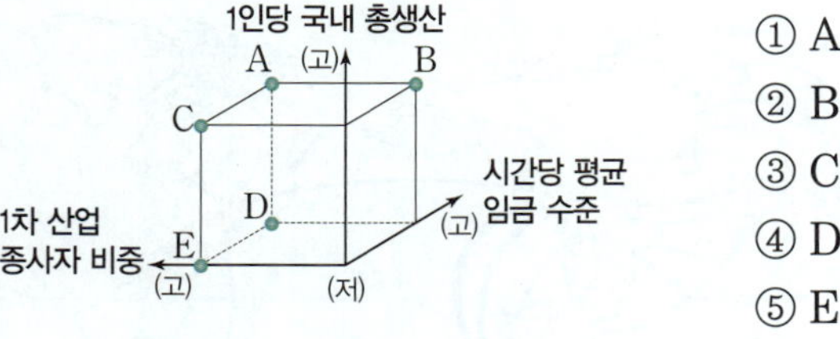

① A
② B
③ C
④ D
⑤ E

14 에너지 자원과 지속가능한 발전

08 ✱✱✱

다음 글은 세 국가의 1차 에너지 소비 구조를 설명한 것이다.
(가)~(다) 국가를 지도의 A~C에서 고른 것은?

- (가): 화석 연료 중 가장 먼저 상용화된 자원의 소비
  비중이 가장 높다.
- (나): 주로 신생대 제3기 배사 구조 지층에 매장되어
  있는 화석 연료들의 소비 비중이 높다.
- (다): 화석 연료 중 대기 오염 물질 배출량이 가장
  적은 자원의 소비 비중이 높게 나타난다.

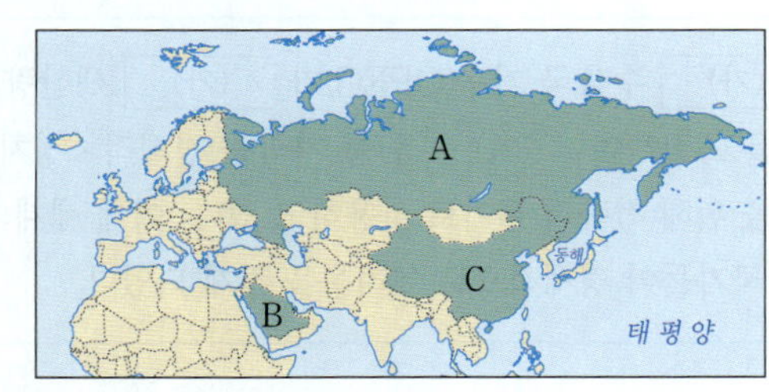

	(가)	(나)	(다)		(가)	(나)	(다)
①	A	B	C	②	A	C	B
③	B	C	A	④	C	A	B
⑤	C	B	A				

09 ✳✳✳

다음은 (가), (나) 화석 에너지의 국제 이동을 나타낸 것이다.
(가)와 비교한 (나)의 상대적 특징만을 〈보기〉에서 고른 것은?

(가)

(나)

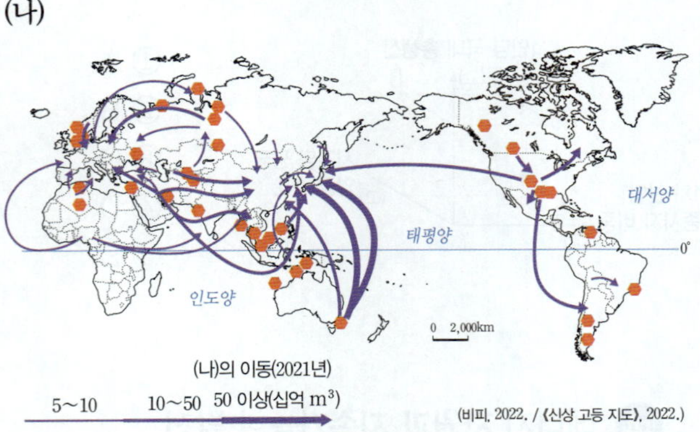

─[보기]─
ㄱ. 연소 시 대기 오염 물질 배출량이 많다.
ㄴ. 고생대 지층에서의 매장 가능성이 높다.
ㄷ. 상업적 발전에 이용되기 시작한 시기가 늦다.
ㄹ. 세계 1차 에너지 소비 구조에서 차지하는 비중이 낮다.

① ㄱ, ㄴ ② ㄱ, ㄷ ③ ㄴ, ㄷ ④ ㄴ, ㄹ ⑤ ㄷ, ㄹ

10 ✳✳✳

다음 글의 (가)에 대한 설명으로 옳은 것은?

> ▢ (가) ▢ 수출국 기구(OPEC)가 ▢ (가) ▢ 생산량과
> 가격을 조절하여 ▢ (가) ▢ 을/를 자국의 경제적·정치적
> 이익을 위해 전략적 무기로 사용하고 있다. 이에 세계의
> 여러 국가들이 경제적으로 어려움을 겪게 되었다.

① 화석 연료 중 가장 먼저 상용화된 자원이다.
② 산업 혁명 때 증기 기관의 연료로 이용되었다.
③ 냉동 액화 기술의 발달로 소비량이 증가하였다.
④ 주요 생산국 및 수출국은 서남아시아에 위치한다.
⑤ 화석 연료 중 대기 오염 물질 배출량이 가장 적다.

11 ✳✳✳❀

그래프는 (가)~(다) 에너지의 국가별 생산량 비중을 나타낸
것이다. (가)~(다) 에너지에 대한 설명으로 옳지 <u>않은</u> 것은?
(단, (가)~(다)는 석유, 석탄, 천연가스 중 하나임.)

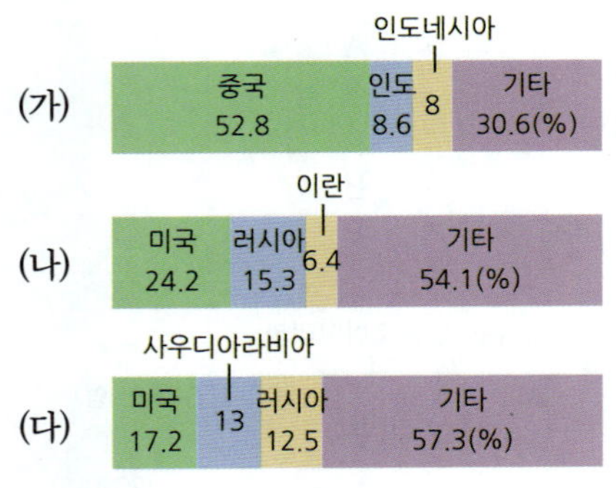

① (가)의 세계 최대 소비 국가는 미국이다.
② (나)는 파이프라인과 냉동 액화 수송선을 이용하여
   국제 이동이 이루어진다.
③ (다)의 면적 대비 세계 최대 매장지는 서남아시아의
   페르시아만 이다.
④ (가)는 (다)보다 자원의 편재성이 낮다.
⑤ (나)는 (다)보다 연소 시 대기 오염 물질 배출량이 적다.

12 ✳✳❀

(가) 에너지에 비해 (나) 에너지가 갖는 상대적 특징을 그림의
㉠~㉤ 중에서 고른 것은?

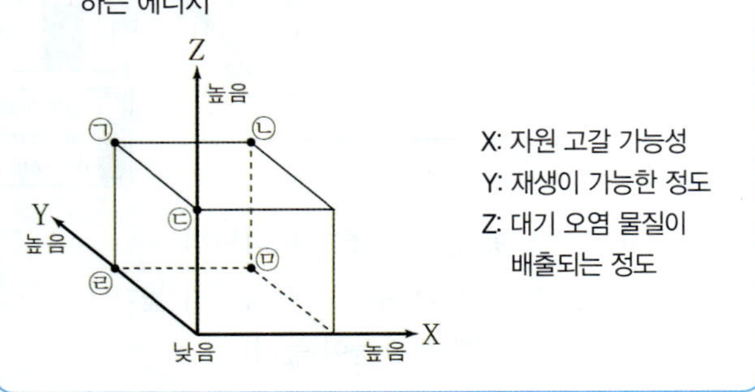

① ㉠   ② ㉡   ③ ㉢
④ ㉣   ⑤ ㉤

13 ✽✽✽✽

밑줄 친 ㉠을 실현하기 위한 행동으로 적절하지 않은 것은?

> ㉠ <u>로하스(LOHAS)</u>는 'Lifestyles of Health And Sustainability'의 앞 글자를 딴 용어로, 개인의 신체적·정신적 건강은 물론, 환경, 사회 정의 및 지속 가능한 소비에 높은 가치를 두고 생활하는 사람들의 새로운 생활 방식을 말한다.

① 과도하게 포장된 제품의 소비를 줄인다.
② 일회용 제품의 사용 빈도를 최소화하고 재활용을 생활화한다.
③ 상품 구매 시 공정 무역을 통해 수입된 제품을 우선적으로 고려한다.
④ 반환경적인 공정을 거친 물품에 대한 적극적인 반대 의사를 표현한다.
⑤ 근거리에서 생산된 로컬푸드를 소비하기보다는 장거리 수송을 거친 수입 농산물 위주의 소비를 한다.

15 미래 사회와 세계시민으로서의 삶

14 ✽✽✽

다음 대화의 (가)에 들어갈 내용으로 옳지 <u>않은</u> 것은?

① 숲을 개간하여 농경지를 늘려야 해.
② 멸종 위기 종의 복원 사업에 힘써야 해.
③ 이산화 탄소 포집 및 저장 기술을 이용해야 해.
④ 육식을 줄이고 채식에 대한 의존도를 높여야 해.
⑤ 풍력, 태양광 등 신·재생 에너지 활용을 늘려야 해.

15 ✽✽✽✽

다음 그림에 나타난 자료를 토대로 미래 사회를 적절하게 예측한 내용만을 〈보기〉에서 있는 대로 고른 것은?

드론 택시

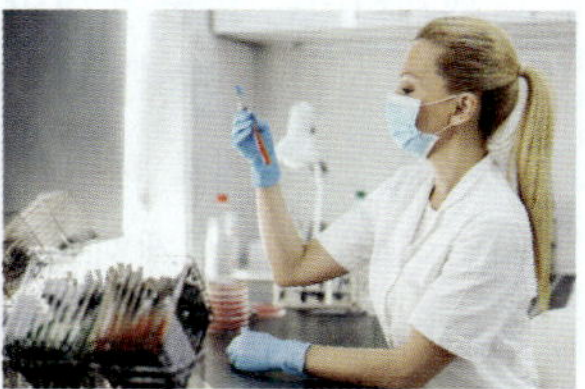
유전자 분석

수직 농장

홀로그램 화상 회의

> ───[보기]───
> ㄱ. 평균 수명이 연장될 것이다.
> ㄴ. 인간 활동의 범위가 확대될 것이다.
> ㄷ. 컴퓨터에 대한 의존도가 높아질 것이다.
> ㄹ. 단위 면적당 농산물 생산량이 줄어들 것이다.

① ㄱ, ㄴ   ② ㄱ, ㄹ   ③ ㄷ, ㄹ
④ ㄱ, ㄴ, ㄷ   ⑤ ㄴ, ㄷ, ㄹ

16 ✽✽✽✽

을과 같은 관점에서 미래 사회를 예측한 사례에 해당하는 것만을 〈보기〉에서 고른 것은?

> 갑: 미래 사회에는 많은 국가가 세계 평화를 위해 노력하고 있을 거라고 생각해. 과학기술도 발달해서 지금보다 편리하게 살 수 있을 거야.
> 을: 글쎄. 난 오히려 분쟁이 더 늘어날 것 같은데. 발달된 과학기술로 인해 새로운 문제도 발생할 거야.

> ───[보기]───
> ㄱ. 해킹, 사생활 피해 등의 문제가 증가할 것이다.
> ㄴ. 종교 및 문화의 차이로 인한 갈등이 증가할 것이다.
> ㄷ. 인공 지능의 발달로 인간의 노동 시간이 줄어들 것이다.
> ㄹ. 국가 간 협력으로 난민, 기아, 빈곤 문제가 해결될 것이다.

① ㄱ, ㄴ ② ㄱ, ㄷ ③ ㄴ, ㄷ ④ ㄴ, ㄹ ⑤ ㄷ, ㄹ

17 ✽✽✿

다음 글의 밑줄 친 (가)와 관련된 사실로 옳지 <u>않은</u> 것은?

> 세계시민은 더불어 살아가는 지구촌을 만들기 위해 공동체 의식을 바탕으로 다양한 지구촌 문제에 관심을 가지고, 그 문제를 해결하기 위해 적극적으로 행동하는 사람이다. (가) 세계시민 의식은 우리가 사는 세계를 긴밀하게 연결된 하나의 공동체로 여기면서 보다 정의롭고 지속 가능한 공동체로 변화시키려는 의식을 말한다.

① 국제 사회의 문제에 관심을 갖는다.
② 지구 환경 문제 해결을 위한 실천을 한다.
③ 세계 아동 노동 근절 운동에 관심을 갖는다.
④ 세계 일주 여행을 하기 위해 용돈을 아껴 쓴다.
⑤ 부당하게 고통을 당하는 다른 나라 사람을 돕는다.

서술형 · 단답형 문제

[18~19] 그래프는 두 국가의 인구 구조를 나타낸 것이다. 이를 보고 물음에 답하시오.

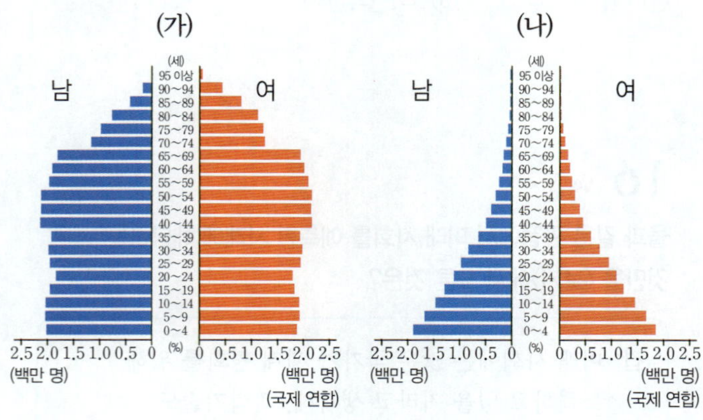

18 ✽✽✿ 단답형

(가), (나) 국가는 카메룬, 프랑스 중 어디에 해당하는지 쓰시오.

19 ✽✽✿ 서술형

(가) 국가와 비교한 (나) 국가의 상대적 특징을 1인당 국내 총생산, 노령화 지수, 인구의 자연 증가율 측면에서 서술하시오.

[20~21] 그래프는 주요 화석 에너지 자원의 용도별 소비 비중을 나타낸 것이다. 이를 보고 물음에 답하시오. (단, (가)~(다) 자원은 각각 석탄, 석유, 천연가스 중 하나임.)

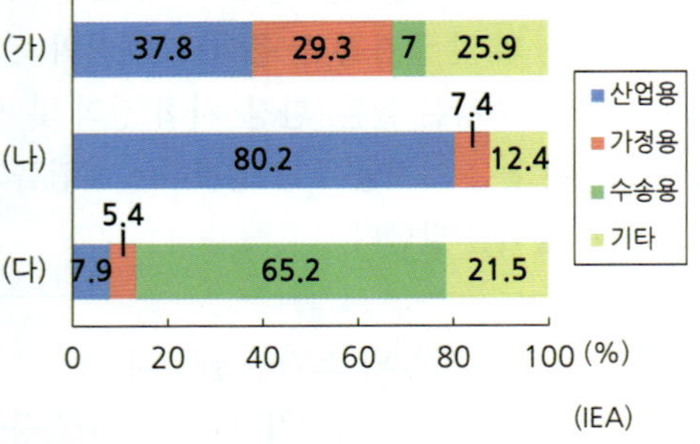

20 ✽✽✿ 단답형

(가)~(다) 자원이 무엇인지 각각 쓰시오.

21 ✽✽✽ 서술형

(가)~(다) 자원의 생산지와 소비지가 일치하지 않아 국제 사회에서 발생하는 문제점을 구체적으로 한 가지만 서술하시오.

[22~23] 다음 자료는 미래 예측 방법 중 하나인 시나리오 기법의 예시이다. 이를 보고 물음에 답하시오.

시나리오 1
암 치료 기술이 개발되고, 장기 이식이 가능해지는 등 생명 과학 기술이 훨씬 발전한다면, ____(가)____

시나리오 2
대기 오염, 수질 오염 등 환경 문제가 더욱 심각해지고 신종 바이러스가 퍼지면, ____(나)____

시나리오 3
세계의 식량 생산량이 증가하고 화석 연료를 대체할 새로운 에너지가 개발된다면, ____(다)____

22 ✽✽✿ 서술형

위와 같은 미래 예측이 필요한 이유를 미래의 위험과 관련지어 서술하시오.

23 ✽✽✽ 서술형

(가)~(다)에 들어갈 내용을 미래 인간 수명 변화와 관련지어 서술하시오.

★ 선진국과 개발 도상국의 인구 문제

다음 유형은 그래프와 지도를 보고 A, B가 어떤 나라인지 파악한 후 옳은 설명을 찾는 문제로 주로 출제된다.

다음 자료는 출생률과 경제 수준에 관한 것이다. 이에 대한 설명으로 옳은 것은? (단, 그래프의 A, B는 각각 지도에 표시된 두 국가 중 하나임.) 2028 대비 수능 예시 14 (1차)

전 세계적으로 출생률과 사망률이 낮아지는 경향을 보이고 있다. 사망률은 이미 1986년부터 10% 미만으로 충분히 낮아져 안정적으로 유지되고 있는 반면, 출생률은 국가에 따라서 상황이 다르다. 여전히 ㉠ 높은 출생률 문제를 겪고 있는 국가는 경제 수준에 비해 인구 증가율이 높아 인구를 부양하기 쉽지 않으며, ㉡ 낮은 출생률 문제에 당면한 국가는 현재 경제 수준이 높지만 해당 문제가 지속될 경우 국가 유지에 어려움을 겪을 수 있다.

국가별 경제 수준 차이는 결국 이민자의 문제라는 전혀 다른 방향의 인구 문제로 이어진다. 많은 인구로 인해 국민들을 부양하기 어려운 국가에서는 사람들이 일자리를 찾아 선진국으로 이주하려 하고, 자국인 노동력의 부족을 경험하는 선진국에서는 몰려드는 이민자들의 문화적 차이와 자국민과의 일자리 갈등이라는 새로운 문제를 떠안고 있다.

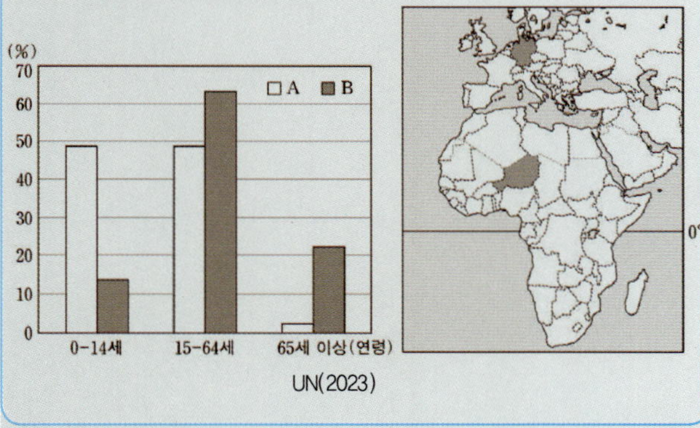

〈A, B의 연령대별 인구 비율〉

① 유럽에는 인구 문제 ㉠을 겪는 나라가 ㉡을 겪는 나라보다 많다.
② A는 경제 수준에 비해 출생률이 낮은 국가에 해당한다.
③ B는 이민자의 문화적 정체성을 유지하기 위해 용광로 이론에 기반한 정책을 강화해 왔다.
④ A는 초고령 사회에 도달한 국가로 B보다 중위 연령이 높다.
⑤ B는 A보다 총부양비(인구 부양비)가 낮다.

단서＋발상

단서 0~14세의 유소년층 인구 비율은 A가 B보다 높고, 65세 이상의 노년층 인구 비율은 B가 A보다 높다.

발상 A는 개발 도상국인 니제르, B는 선진국인 독일이다.

적용 총부양비는 청장년층 인구 비율이 높은 나라에서 더 낮다.

|문제 + 자료 분석|

· A는 B보다 0~14세의 유소년층 인구 비율이 높고 65세 이상의 노년층 인구 비율이 낮으므로 니제르이다.
· B는 A보다 0~14세의 유소년층 인구 비율이 낮고 65세 이상의 노년층 인구 비율이 높으므로 독일이다.

|선택지 분석|

✗ 유럽에는 인구 문제 ㉠을 겪는 나라가 ㉡을 겪는 나라보다 많다.
· 대부분 선진국으로 이루어진 유럽은 높은 출생률을 겪는 나라보다 낮은 출생률을 겪는 나라가 많아 저출생 고령화 문제가 심각하다.

✗ A는 경제 수준에 비해 출생률이 낮은 국가에 해당한다.
· 경제 수준에 비해 출생률이 낮은 국가는 유럽의 선진국인 독일이다.

✗ B는 이민자의 문화적 정체성을 유지하기 위해 용광로 이론에 기반한 정책을 강화해 왔다.
· 독일은 노동력 부족 문제 해결을 위해 많은 이민자를 받아들였다.
· 독일은 이민자의 문화적 정체성을 유지하기 위해 1 　　　 이론에 기반한 정책을 강화한다.

✗ A는 초고령 사회에 도달한 국가로 B보다 중위 연령이 높다.
· 초고령 사회에 도달한 국가는 2 　　　 인구 비율이 높은 독일이며, 독일은 니제르보다 유소년층 인구 비율이 낮고 노년층 인구 비율이 높으므로 중위 연령이 3 　　　.

⑤ B는 A보다 총부양비(인구 부양비)가 낮다.
· 총부양비(인구 부양비)는 15~64세의 청장년층 인구 비율과 4 　　　 관계이다.
· 그래프를 보면 B(독일)는 A(니제르)보다 15~64세의 청장년층 인구 비율이 높으므로 총부양비(인구 부양비)가 5 　　　.

∴ 정답은 ⑤이다.

대비법

이 유형에 대비하기 위해서는 선진국과 개발 도상국의 인구 구조와 인구 문제를 정확히 알고 있어야 한다.

[정답]

1 샐러드 볼　**2** 노년층　**3** 높다　**4** 반비례　**5** 낮다

01 ✿✿✿ 

그래프는 세 지역(대륙)의 유소년 인구 비율과 노년 인구 비율의 변화를 나타낸 것이다. (가)~(다)에 해당하는 지역(대륙)으로 옳은 것은?

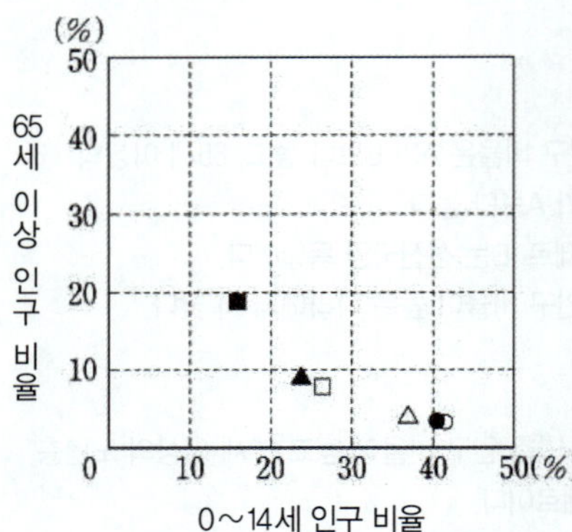

구분	1950년	2020년
(가)	○	●
(나)	△	▲
(다)	□	■

	(가)	(나)	(다)
①	아시아	아프리카	유럽
②	아프리카	아시아	유럽
③	아프리카	유럽	아시아
④	유럽	아시아	아프리카
⑤	유럽	아프리카	아시아

02 ✿✿✿

그래프는 지도에 표시된 네 국가의 특성에 대한 것이다. 이에 대한 설명으로 옳은 것은? [2점]

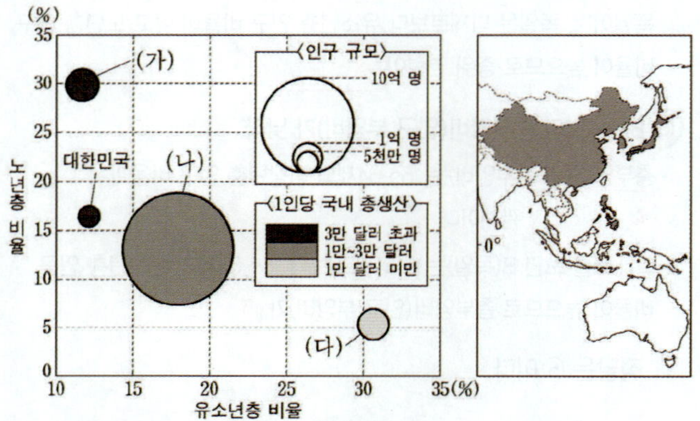

*유소년층 비율과 노년층 비율은 원의 가운데 값임.
출처: UN(2022)

① (나)는 초고령 사회에 해당한다.
② (다)는 대한민국보다 생산 가능 인구가 많다.
③ (나)는 (가)보다 중위 연령이 높다.
④ (다)는 (가)보다 총부양비가 높다.
⑤ 국내 총생산은 (가)>(나)>(다) 순으로 많다.

03 ✿✿✿ 

그래프는 두 지역(대륙)의 인구 구조 변화를 나타낸 것이다. A, B에 대한 설명으로 옳은 것은? (단, A, B는 각각 아프리카, 유럽 중 하나임.) [3점]

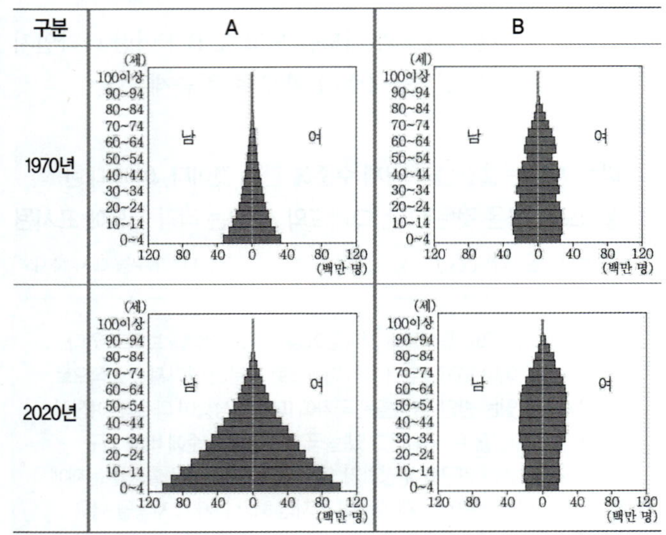

① A에는 최상위 세계 도시가 있다.
② B는 2020년 노년층에서 남성이 여성보다 많다.
③ A는 B보다 1970년 총인구가 많다.
④ A는 B보다 1970~2020년 인구 증가율이 높다.
⑤ A는 유럽, B는 아프리카이다.

다음 자료에 대한 설명으로 옳은 것은? (단, (가)~(라)는 각각 석유, 석탄, 수력, 천연가스 중 하나임.) [1.5점]

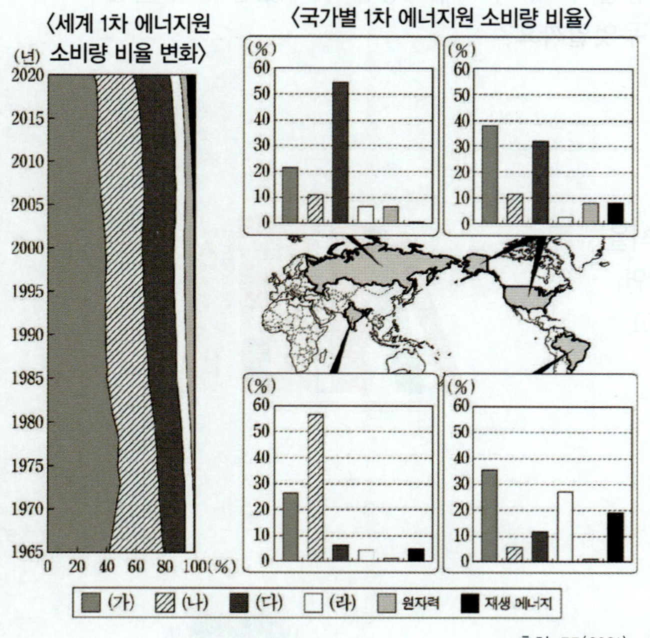

① 브라질은 수력 소비량이 천연가스 소비량보다 많다.
② 네 국가 모두 화석 에너지의 국가 내 소비량 비율은 60% 이상이다.
③ (라)는 주로 운송 수단의 연료로 이용된다.
④ (가)는 (나)보다 상용화된 시기가 이르다.
⑤ (다)는 (나)보다 연소 시 오염 물질 배출량이 많다.

그래프는 네 국가의 1차 에너지원별 공급량을 나타낸 것이다.
A~C 자원에 대한 설명으로 옳은 것은?
(단, A~C는 각각 석유, 석탄, 천연가스 중 하나임.)

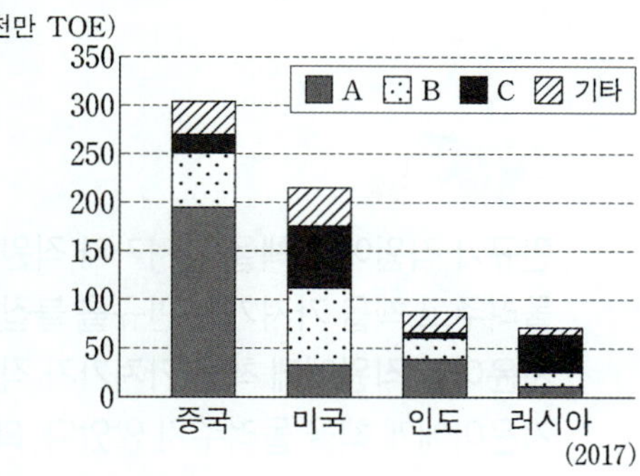

① A는 주로 신기 습곡 산지 주변에서 채굴된다.
② B는 산업 혁명 시기에 주요 동력원으로 사용되었다.
③ C는 냉동 액화 기술의 발전으로 소비량이 증가하였다.
④ A는 B보다 지역적인 편재성이 커서 국제 이동량이 많다.
⑤ C는 B보다 세계 1차 에너지 소비 구조에서 차지하는 비율이 높다.

다음 신문 칼럼의 입장으로 적절하지 <u>않은</u> 것은? [3점]

○○신문　　　　　　칼럼　　　　　○○○○년 ○월 ○일

　정보 기술의 발달은 우리에게 인터넷과 사이버 공간을 선물로 안겨 주었다. 이에 대해 일부에서는 정부가 빅 데이터 기술을 활용하여 시민들을 감시하는 '판옵티콘' 사회를 우려하고 있다. 다른 한편에서는 사이버 공간이 현실 정치권력으로부터 완전히 독립된 '디지털 에덴동산'이 될 수 있다고 낙관한다. 하지만 사이버 공간은 인간 기술이 만든 또 하나의 현실 공간이다. 정부가 빅 데이터 기술을 활용하듯이, 시민들도 정보 기술을 통해 정부의 정책이나 행정을 감시할 수 있다. 또한 시·공간적 제약에서 해방되어 정치적으로 활동할 수 있는 시민의 힘도 증가한다. 이처럼 사이버 공간이 아테네의 아크로폴리스 역할을 담당함으로써 전자 민주주의의 꽃은 활짝 필 것이다. 이러한 민주주의는 시민들의 높은 정치의식과 민주적 토론 문화가 뒷받침 되어야만 열매를 맺을 것이다.

① 전자 민주주의는 시민들의 적극적인 참여를 필요로 한다.
② 정보 기술의 발전은 직접 민주주의의 가능성을 높여 준다.
③ 사이버 공간은 새로운 소통의 장으로 정치 참여의 폭을 넓혀 준다.
④ 정보 기술은 정부와 시민이 상호 견제할 수 있는 힘을 제공한다.
⑤ 사이버 공간은 익명성으로 인해 법치로부터 벗어난 공간이다.

같은 일이 발생하더라도 상황에 따라 좋게 작용할 수도, 나쁘게 작용할 수도 있습니다. 같은 일처럼 보이는 아래의 이야기에 숨겨진 진실은 무엇일까요?

민규가 직원에게 책을 가져가자 직원은 민규에게 책을 돌려주고 책을 가져가는 민규를 붙잡지 않았다. 반면, 지윤이가 직원에게 책을 가져가자 직원은 돈을 받고 지윤이에게 책을 돌려주지 않았다. 왜일까?

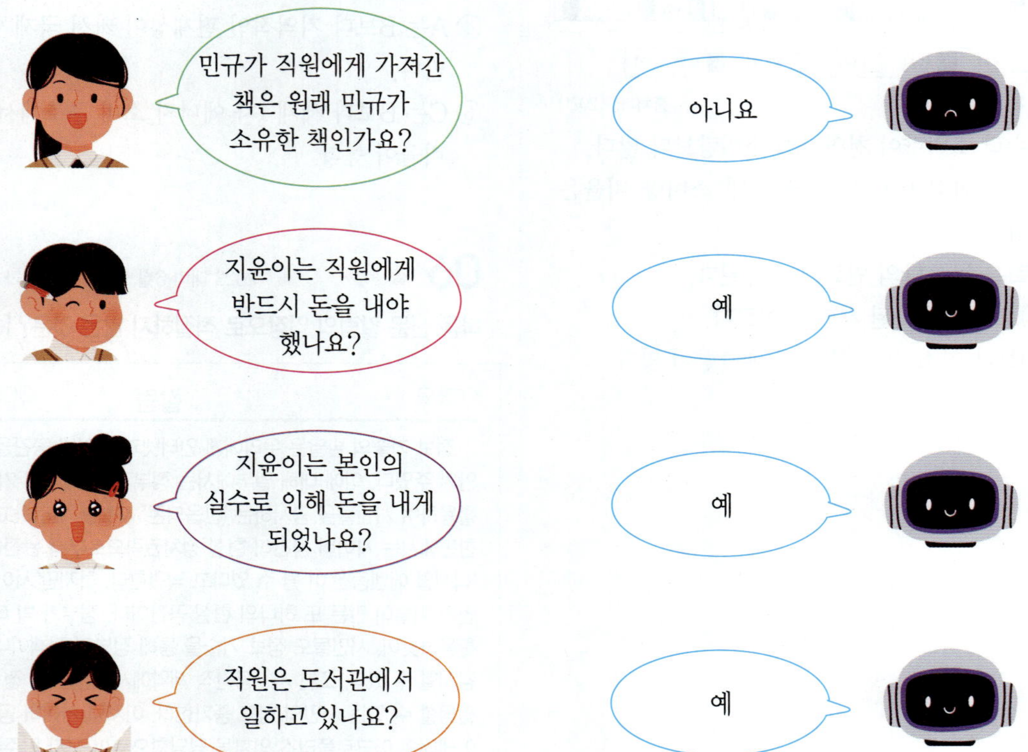

정답

민규와 지윤이가 만난 직원은 도서관에서 일하고 있는 직원이다. 민규는 책을 대여하기 위해 직원에게 책을 가져간 뒤 대여 절차를 밟고 책을 가져갔다. 지윤이는 책을 반납하기 위해 직원에게 자신이 빌린 책을 가져갔으나, 반납 일자를 어겨 연체료를 낸 뒤 집으로 돌아갔다.

1 인권의 발전

01 ✱✱✽

2025 실시 10월 학평 18

다음 자료의 (가)에 대한 설명으로 가장 적절한 것은? (단, (가)는 기본권 유형 중 하나임.) [1.5점]

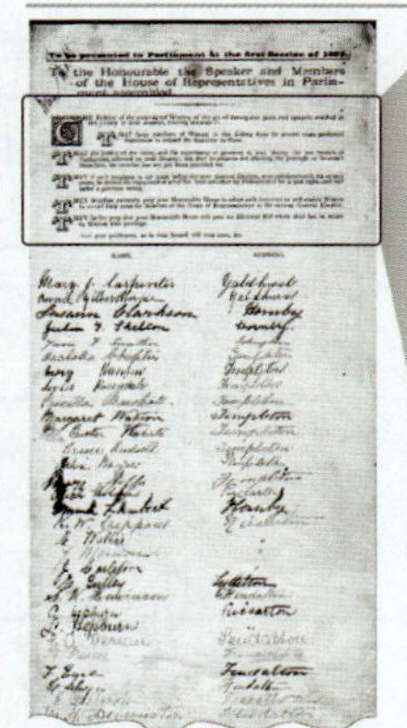

사료로 읽는 인권의 역사

뉴질랜드에 거주하는 21세 이상 여성들이 제출한 청원서 내용은 다음과 같습니다. 수년 동안 많은 여성들이 ___(가)___ 의 확대를 의회에 청해 왔습니다. 이 청원의 정당성과 타당성은 상원 및 하원 의회에서 확인되었으나, 여전히 권리 행사를 위한 규정은 마련되지 않았습니다. …(중략)… 따라서 다음 총선에서 여성이 투표할 수 있도록 의회에 간절히 요청합니다.

해설

위 사료는 1893년 뉴질랜드 의회에 제출된 청원서 중 일부분으로, 당시 뉴질랜드 전체 성인 여성의 1/4에 가까운 3만 2천여 명이 서명한 274m의 문서이다. 이 청원서는 세계 최초로 여성 ___(가)___ 을/를 보장해달라는 내용을 담고 있다. 같은 해 9월 19일 뉴질랜드 의회에서 모든 여성에게 투표권을 주는 법안이 통과된 것을 계기로 여성 ___(나)___ 운동은 전 세계로 확산되었다.

① 바이마르 헌법에 최초로 명시된 권리이다.
② 다른 기본권 보장의 전제가 되는 권리이다.
③ 국가 권력으로부터 간섭받지 않을 권리이다.
④ 기본권 보장을 위한 수단적 성격의 권리이다.
⑤ 국가의 의사 결정 과정에 참여할 수 있는 권리이다.

💬 출제 의도

· 근대 시민 혁명을 통해 확립되어 온 인권의 의미와 변화 양상을 이해하고 있는지 평가한다.

· 인권 보장을 위한 헌법의 역할을 파악하고, 시민의 권익을 보호하기 위한 시민 참여의 방안을 모색할 수 있는지 평가한다.

✋ 문항 분석 — 역사 + 일반사회

· **출제 개념 교재 및 단원**

[자이스토리 통합사회2] Ⅰ. 인권 보장과 헌법

- 01강. 인권의 의미와 발전 과정 – 인권 보장의 역사

[자이스토리 통합사회2] Ⅰ. 인권 보장과 헌법

- 02강. 인권 보장을 위한 헌법의 역할과 시민 참여 – **인권 보장을 위한 헌법의 역할**

02 ✱✱✱✽

다음 자료는 학생이 작성한 노트의 일부이다. (가), (나)에 대한 설명으로 옳은 것은?

학습 주제: ___(가)___

당신들 의회가 우리 노동자들의 많은 요청을 꺼리고 있으니 청원자들은 이 명백한 악을 바로 잡을 것을 요구한다. 21세 이상 모든 남자의 선거권 인정, 비밀 투표제 시행, 의원의 재산 자격 조항 폐지, 의원에게 보수 지급, 인구 비례에 따른 동등한 선거구 설정, 매년 선거 실시 등의 내용을 담은 『인민헌장』이라고 이름 붙인 문서를 변경, 삭제, 추가 없이 즉시 법으로 정할 것을 요구한다.

→ 1832년 영국에서 제1차 선거법 개정이 이루어졌으나 노동자에게는 투표권이 주어지지 않았음. 이에 노동자들은 기본권 ___(나)___ 이/가 보장되지 않는 것에 반발함

① (가)의 영향으로 「바이마르 헌법」이 제정되었다.
② (가)가 전개되며 메리와 윌리엄이 공동 왕으로 추대되었다.
③ (나)는 정치 과정에 참여할 수 있는 권리이다.
④ (나)는 법률로도 제한할 수 없는 절대적 권리이다.
⑤ (나)를 침해받은 사례로 금융 기관 이용자들의 개인 정보가 유출된 사례를 들 수 있다.

03 ✱✱✱✽

다음은 통합사회 수업의 한 장면이다. ㉠~㉣에 대한 설명으로 옳은 것만을 〈보기〉에서 있는 대로 고른 것은?

교사: 다음 자료와 관련된 시민 혁명은 ___㉠___ 입니다. 이때 발표된 ___㉡___ 에는 모든 인간은 태어날 때부터 자유롭고 평등하다는 내용이 명시되었습니다.

아침 내내 '바스티유를 향하여'라는 외침이 울려 퍼졌다. 시민 대표들은 무기를 찾으러 다녔다. 온갖 북소리가 대중을 흥분시켰고, 수많은 시민들이 이곳으로 일제히 밀려오고 있었다. 바스티유가 포위된 것이었다.

학생: 당시 사람들은 국가로부터 간섭받지 않을 권리인 ___㉢___ 와/과 부당하게 차별을 받지 않을 권리인 ___㉣___ 의 보장을 요구했군요.

〈보기〉

ㄱ. ㉠은 프랑스 혁명, ㉡은 「권리 장전」이다.
ㄴ. ㉢은 헌법에 열거되지 않아도 보장되는 권리이다.
ㄷ. 교육을 받을 권리는 ㉣에 해당한다.

① ㄱ ② ㄴ ③ ㄷ ④ ㄱ, ㄴ ⑤ ㄴ, ㄷ

04 ❋❋❀

밑줄 친 ㉠~㉤에 대한 설명으로 가장 적절한 것은? [2.5점]

① ㉠은 '적극적 평등 실현 조치'에 해당한다.
② ㉡으로 기초 연금을 통해 빈곤에 처한 노인 가구의 생활 여건이 개선된 것을 들 수 있다.
③ ㉢은 사회적 존재로서 구성원의 책임과 의무보다 독립적 자아로서 개인의 자유와 권리를 강조한다.
④ ㉣에서는 필요에 따른 분배보다 업적에 따른 분배를 강조할 것이다.
⑤ ㉤의 사례로 비수도권 지역에서 혁신도시를 건설하여 공공 기관을 이전한 것을 들 수 있다.

💬 출제 의도

• 다양한 사회 불평등 현상의 원인과 해결안을 탐색하기 위한 탐구 내용을 설계하고 수행할 수 있는지 평가한다.
• 분배적 정의의 실질적 기준을 바탕으로 가치 판단을 하고 사회 불평등 현상 해결을 위한 구체적 방안을 도출할 수 있는지 평가한다.

👏 문항 분석 – 일반사회 + 윤리 + 지리

•출제 개념 교재 및 단원

[자이스토리 통합사회2] Ⅱ. 사회 정의와 불평등
- 04강. 정의의 의미와 기준, 다양한 정의관 – **분배적 정의의 실질적 기준**

[자이스토리 통합사회2] Ⅱ. 사회 정의와 불평등
- 05강. 불평등 해결과 정의의 실현 – **정의로운 사회를 만들기 위한 제도**

05 ❋❋❀

밑줄 친 ㉠~㉢에 대한 옳은 진술에만 모두 '✔'를 표시한 학생은? [2점]

> 오늘날 우리 사회에는 다양한 불평등 현상이 나타나고 있다. 정의 실현을 가로막는 사회 불평등의 대표적 사례로는 ㉠ 사회 계층의 양극화와 ㉡ 사회적 약자에 대한 차별이 있고, 지역 간 경제적·사회적·문화적으로 격차가 발생하는 ㉢ 공간 불평등이 있다.

진술＼학생	갑	을	병	정	무
㉠은 중위층의 비율이 증가하고 상위층과 하위층의 비율이 감소하는 현상이다.	✔	✔			
㉡의 사례로는 이주 노동자에 대한 임금 체불 문제가 있다.		✔	✔	✔	
㉢의 원인으로 지역 개발의 형평성보다 효율성을 강조한 성장 거점 개발 정책의 추진이 있다.		✔	✔		✔
㉡은 적극적 평등의 실현, ㉢은 수도권으로의 공공 기관 이전을 통해 해소할 수 있다.	✔			✔	✔

① 갑　　② 을　　③ 병　　④ 정　　⑤ 무

06 ❋❋❀

그림은 우리나라에서 시행되고 있는 정책 소개 자료이다. ㉠, ㉡에 대한 설명으로 옳은 것은? [2점]

🏆 ㉠○○ 사업	🏛 ㉡△△ 제도
문화 취약 지역 노인의 문화 예술 향유 기회를 확대해요.	우수한 지방 인재의 공직 진출을 지원해요.
대상	**대상**
문화 취약 지역 거주 노인	지방 소재 학교 졸업(예정)자
방법	**방법**
찾아가는 문화 프로그램 운영, 문화를 매개로 한 사회 참여형 문화 활동 지원	채용 예정 인원의 일정 비율 이상을 지방 소재 학교 졸업(예정)자로 선발

① ㉠은 공공 부조에 해당한다.
② ㉠은 '업적에 따른 분배'를 통해 분배적 정의를 실현하려는 정책이다.
③ ㉡은 적극적 평등 실현 조치로 인해 발생하는 역차별을 줄이기 위한 정책이다.
④ ㉠, ㉡ 중 ㉡만이 사회적 약자에 대한 차별을 해소하기 위한 정책이다.
⑤ ㉠, ㉡을 통해 공간 불평등 완화를 기대할 수 있다.

❸ 사회적 소수자

---

07 ★★★

다음 자료에 대한 옳은 설명만을 〈보기〉에서 고른 것은? [2.5점]

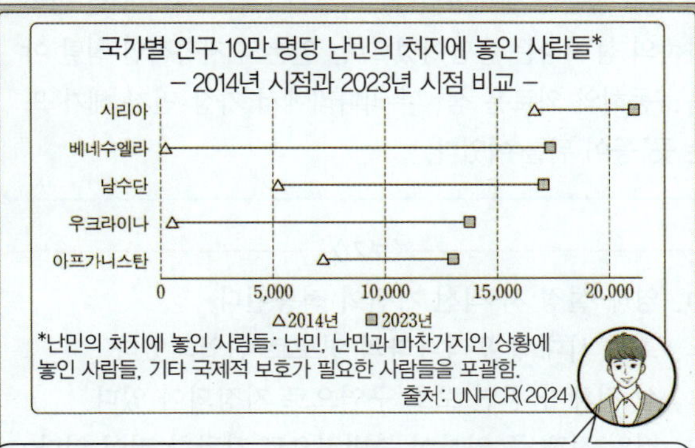

*난민의 처지에 놓인 사람들: 난민, 난민과 마찬가지인 상황에 놓인 사람들, 기타 국제적 보호가 필요한 사람들을 포괄함.
출처: UNHCR(2024)

그래프에 제시된 국가와 난민들을 연구한 결과에 따르면, ⊙ 그들은 주류 집단에 속한 사람들에게 차별받고 있었으며, 스스로도 차별받는다고 인식하고 있었습니다. 다행히 국제 사회의 행위 주체 A와 B가 이들을 위해 노력하고 있습니다. 가령 국제 연합과 같은 A는 난민 문제를 공론화하고 있으며, 국제 앰네스티, 국경 없는 의사회 등 민간 주도로 구성된 B는 난민 구호를 위한 세계 시민들의 연대를 촉구하고 있습니다.

〈보기〉

ㄱ. 2023년 인구 10만 명당 난민의 처지에 놓인 사람들은 제시된 국가 중 베네수엘라가 가장 적다.

ㄴ. 각 국가 인구 중 난민의 처지에 놓인 사람들이 2014년과 2023년 간 비율 차이는 시리아보다 우크라이나가 크다.

ㄷ. ⊙은 사회적 소수자에 해당한다.

ㄹ. A와 달리 B는 국제법을 바탕으로 가입국 간 합의를 통해 활동한다.

① ㄱ, ㄴ ② ㄱ, ㄷ ③ ㄴ, ㄷ ④ ㄴ, ㄹ ⑤ ㄷ, ㄹ

💬 **출제 의도**

- 난민 문제와 관련된 조사 결과 자료를 분석하여 인권 문제의 양상과 추세를 파악할 수 있는지 평가한다.

- 사회적 소수자의 의미를 이해하고, 인권 문제의 해결을 모색하는 국제 사회 행위 주체의 개념과 역할을 제시할 수 있는지 평가한다.

✋ **문항 분석 – 지리 + 일반사회**

- **출제 개념 교재 및 단원**

  [자이스토리 통합사회2] Ⅰ. 인권 보장과 헌법

  - 03강. 인권 문제 해결을 위한 노력 – 사회적 소수자 차별

  [자이스토리 통합사회2] Ⅳ. 세계화와 평화

  - 11강. 평화를 위한 국제 사회의 노력 – 세계 평화를 위한 행위 주체의 역할

---

08 ★★★✾

다음 자료는 사회적 소수자에 관한 사례이다. 이에 대한 설명으로 옳은 것은? (단, A, B는 각각 불교, 이슬람교 중 하나임.) [2.5점]

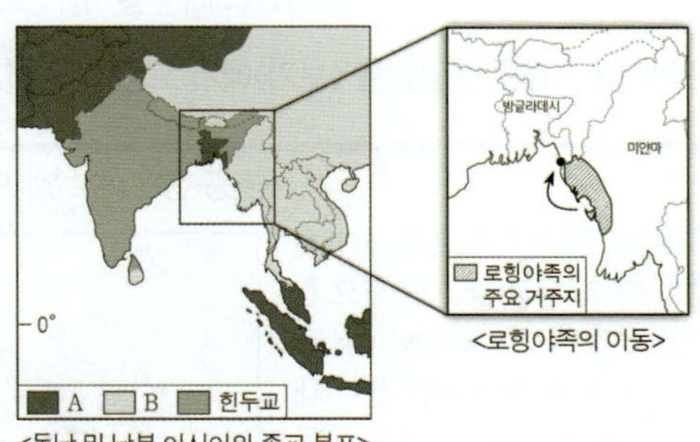

동남 및 남부 아시아 지역은 다양한 문화와 종교가 혼재하여 분쟁이 발생하기도 한다. 대다수가 A를 믿는 로힝야족은 주로 B를 믿는 미얀마에서 종교적, 역사적 갈등을 겪고 차별을 받아 왔다. 이러한 박해를 피해 로힝야족의 여성 갑은 A 신도의 비중이 큰 방글라데시 난민촌으로 이주하였다. 갑은 난민촌 밖으로의 이동 제한, 경제 활동 금지 등으로 인해 ⊙ 주거권, 안전권, 환경권을 보장받지 못해, 이러한 난민에 대한 차별에 비참함을 느끼고 있다. 또한 갑은 남성과 동행해야만 의료 서비스를 받을 수 있는 절차 등 여성에 대한 지속적 차별이 부당하다고 여기고 있다.

① A의 대표적인 종교 경관은 탑과 불상이다.

② B는 쿠란의 율법을 중시한다.

③ ⊙은 근대 시민 혁명 이전부터 강조된 권리이다.

④ 한 개인이 여러 사회적 소수자 집단에 중첩되어 속할 수 있음을 보여 준다.

⑤ 사회적 소수자는 선천적 요인이 아닌 후천적 요인에 의해 결정됨을 보여 준다.

---

09 ★★✾

다음 자료에 대한 옳은 설명만을 〈보기〉에서 있는 대로 고른 것은?

⊙ 저출생, 고령화 문제를 겪고 있는 선진국은 일자리를 찾으러 온 이민자들과 자국민과의 갈등 문제를 겪을 수 있다. ⓒ 이민자들은 신체적, 문화적 특징 등을 이유로 취업에서 부당한 대우를 받으며, 스스로도 차별받는다고 인식해 사회에 적응하기 어려워한다.

ⓒ 출생률이 높은 개발도상국은 경제 수준에 비해 인구 증가율이 높아지며 인구 부양에 어려움을 느낄 수 있다. 그래서 기아 문제를 해결하기 위해 ② 국제 연합 등 외부의 도움을 받기도 한다.

〈보기〉

ㄱ. ⊙은 ⓒ보다 유소년층 인구 비중이 낮다.

ㄴ. ⓒ은 수적으로 반드시 소수(少數)를 의미한다.

ㄷ. ⊙, ⓒ은 ②에서 회원으로 활동할 수 있다.

① ㄴ ② ㄷ ③ ㄱ, ㄴ ④ ㄱ, ㄷ ⑤ ㄱ, ㄴ, ㄷ

4 역사 갈등

10 ✿✿✿ 2028 대비 수능 예시 23(2차)

다음 자료에 대한 옳은 설명만을 〈보기〉에서 고른 것은? [2점]

〈한중 현안 바로 알기〉

중국에서 연구 사업으로 진행한 ☐ ㉠ 이/가 한중 양국 간 주요 현안으로 부각된 것은 2004년 6월 해당 사무처가 **A** 지역 관련 연구 내용을 공개하면서부터. 연구 내용에 대한 우리 국민의 관심과 우려가 고조되자, 정부도 본격적인 대응책을 마련하고 중국 정부에 공식적으로 문제를 제기하였다. 2004년 8월 24일 양측 정부는 다음 내용을 구두로 합의하였다. '첫째, 중국 측은 고구려사 문제가 양국 간 중대 현안으로 대두된 것에 유념한다. 둘째, 양측은 향후 역사 문제로 인해 한중 간 우호 협력 관계가 손상되는 것을 방지하기 위해 노력한다. … 다섯째, 양측은 학술 교류의 조속한 개최를 위해 노력한다.' 이어 양국은 2006년 10월 한중 정상 회담에서 ☐ ㉠ 을/를 비롯한 역사 인식 문제가 양국 관계에 부정적 영향을 주어선 안 된다는 원칙에 다시 합의하였다.

〈보기〉

ㄱ. ㉠은 발해사 연구를 포함하였다.
ㄴ. ㉠은 태정관 지령문을 근거로 삼았다.
ㄷ. A 지역에는 냉대 기후가 나타난다.
ㄹ. A 지역은 티베트 자치구에 해당한다.

① ㄱ, ㄴ ② ㄱ, ㄷ ③ ㄴ, ㄷ ④ ㄴ, ㄹ ⑤ ㄷ, ㄹ

💬 출제 의도

- 동아시아의 역사적 배경과 지리적 특성에 대한 이해를 바탕으로 역사 갈등 문제를 인식하고 있는지 평가한다.
- 역사 갈등 관련 자료를 분석하여 핵심 주장과 쟁점, 해당 지역의 자연·인문적 특징을 파악하고, 문제의 해결 방향을 통합적 관점에서 탐색할 수 있는지 평가한다.

🙌 문항 분석 – 지리 + 역사

· 출제 개념 교재 및 단원

[자이스토리 통합사회1] Ⅲ. 자연환경과 인간

- 04강. 자연환경과 인간 생활 – **자연환경이 인간 생활에 미치는 영향**

[자이스토리 통합사회2] Ⅳ. 세계화와 평화

- 12강. 남북 분단 및 동아시아의 역사 갈등 – **동아시아의 역사 갈등**

11 ✿✿✿ 학력 평가 기출 변형

다음 글은 우리나라의 어느 지역에 대한 설문 결과를 나타낸 것이다. (가)에 대한 옳은 설명만을 〈보기〉에서 고른 것은?

☐ (가) 의 날인 10월 25일을 맞아 국민 5천여 명을 대상으로 '☐ (가) (이)라고 하면 가장 먼저 생각나는 것'에 대한 설문을 실시하였다. 그 결과 1위는 '지켜야 할 민족 자존의 섬'이라는 응답이었으며, '일본의 지속적인 침탈 야욕', '동해의 외로운 섬', '우리나라에서 가장 먼저 해가 뜨는 곳' 등이 뒤를 이었다.

〈보기〉

ㄱ. 영해 설정 시 직선 기선이 적용된다.
ㄴ. 조선 시대에 우리나라의 영토로 편입되었다.
ㄷ. 섬 전체가 천연 보호 구역으로 지정되어 있다.
ㄹ. 러일 전쟁 중 일본이 불법적으로 강탈한 적이 있다.

① ㄱ, ㄴ ② ㄱ, ㄷ ③ ㄴ, ㄷ ④ ㄴ, ㄹ ⑤ ㄷ, ㄹ

12 ✿✿✿ 학력 평가 기출 변형

다음 자료에 대한 설명으로 옳지 <u>않은</u> 것은?

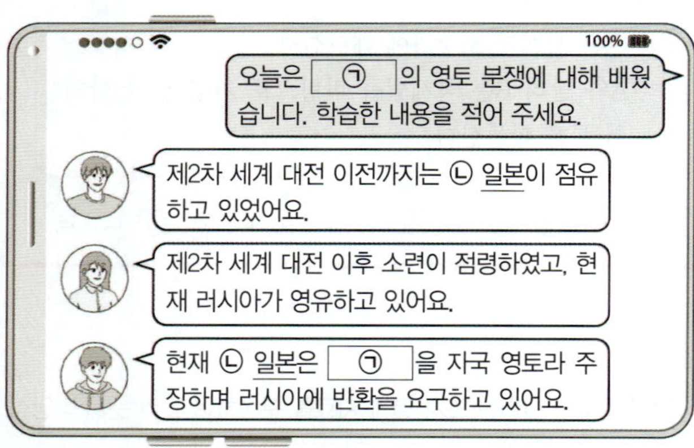

① ㉠에는 본래 류큐 왕국이 존재했었다.
② ㉠에는 해양판과 대륙판이 만나는 수렴 경계가 있다.
③ ㉡의 수도는 온대 기후 지역이다.
④ ㉡의 서북부 지역에는 폭설에 대비한 가옥 구조가 나타난다.
⑤ ㉡은 센카쿠 열도를 둘러싸고 중국, 타이완과 갈등을 겪고 있다.

단원별 TEST

01 인권의 의미와 발전 과정

• 문항 수 10개
• 제한 시간 15분

01 ✽✿✿

㉠의 특성에 대한 옳은 설명만을 〈보기〉에서 있는 대로 고른 것은?

> (㉠)은 인간 존엄성을 유지하며 살 수 있도록 모든 인간이 당연히 누려야 할 기본적 권리이다.

[보기]
ㄱ. 특수성–문화라는 특정한 맥락 안에서 집단별로 차별화된 권리이다.
ㄴ. 천부성–사람이라면 누구나 태어나면서부터 가지는 권리이다.
ㄷ. 항구성–박탈당하지 않고 영구히 보장되는 권리이다.
ㄹ. 불가침성–누구도 침범할 수 없는 권리이다.

① ㄱ, ㄴ ② ㄱ, ㄷ ③ ㄷ, ㄹ ④ ㄱ, ㄴ, ㄹ ⑤ ㄴ, ㄷ, ㄹ

02 ✽✽✿

2021 실시 9월 학평 4

다음은 프랑스 인권 선언의 일부이다. 이에 대한 옳은 분석만을 〈보기〉에서 있는 대로 고른 것은? [3점]

> 제1조 인간은 태어나면서부터 자유로우며 평등한 권리를 가진다.
> 제2조 모든 정치적 결사의 목적은 그 무엇도 침해할 수 없는 인간의 자연권을 보전하는데 있다. 그 권리는 자유, 재산, 안전 및 압제에 대한 저항이다.
> 제3조 모든 주권의 원천은 본래 국민에게 있다. 어떤 개인이나 단체라 하더라도 국민에게서 나오지 않은 권위를 행사할 수 없다.
> 제16조 법의 준수가 보장되지 않거나, 권력 분립이 확정되지 않은 사회는 결코 헌법을 갖추었다고 할 수 없다.

[보기]
ㄱ. 국민 주권 사상이 반영되어 있다.
ㄴ. 권력 분립을 전제로 한 입헌주의가 나타나 있다.
ㄷ. 환경권과 같은 사회권 중심의 인권이 강조되어 있다.
ㄹ. 시민의 자유, 평등에 관한 기본적인 권리가 명시되어 있다.

① ㄱ, ㄴ ② ㄱ, ㄷ ③ ㄷ, ㄹ ④ ㄱ, ㄴ, ㄹ ⑤ ㄴ, ㄷ, ㄹ

03 ✽✽✽

그림은 카렐 바작(Vasak, K.)이 인권의 역사를 3세대로 구분한 것이다. ㉠~㉢에 대한 설명으로 옳지 <u>않은</u> 것은?

㉠	시민적 · 정치적 권리

↓

㉡	경제적 · 문화적 권리

↓

㉢	연대와 단결의 권리

① ㉠은 국가의 부당한 인권 침해 방지를 강조한다.
② ㉡의 실현을 위해서는 국가 권력의 적극적 역할이 필요하다.
③ ㉢은 생태 위기에 대한 전 지구적 연대를 강조한다.
④ ㉠은 ㉡, ㉢과는 달리 국가와 개인과의 관계에서 파생되는 권리이다.
⑤ ㉠은 소극적 권리, ㉡은 적극적 권리에 해당한다.

04 ✽✽✽

(가), (나)는 기본권 보장과 관련된 문서의 일부이다. 이에 대한 설명으로 적절한 것은?

> (가) 미국 독립 선언서
> 　모든 사람은 누구에게나 양도하거나 침해당하지 않을 생명과 자유, 그리고 행복을 추구할 천부적인 권리를 평등하게 지니고 태어났다. 국민의 주권에 근거해서 만들어진 정부는 이러한 권리를 보장하는 데 목적이 있다.
> (나) 독일 바이마르 공화국 헌법
> 제153조 ③ 소유권은 의무를 포함한다. 소유권의 행사는 동시에 공공의 복리에 적합하여야 한다.
> 제159조 노동 조건과 거래 조건의 유지 및 개선을 위한 결사의 자유는 모든 사람과 모든 직업에 대해 보장된다. 이 자유를 제한하거나 방해하려는 약정 및 조치는 모두 금지한다.

① (가)보다 (나)가 실질적 평등의 보장을 중시한다.
② (가)와 달리 (나)는 자유권적 기본권을 인정하지 않는다.
③ (가)에 비해 (나)에서 이해 당사자 간 자율적 협상이 중시된다.
④ (가)는 국가가 국민의 인간다운 삶을 보장해 주는 것을, (나)는 국가의 구속으로부터 벗어나는 것을 중시한다.
⑤ (나)는 보편적인 자연법의 원리를 지향하고 있다.

05 ★★★

그림 (가)~(다)로 상징되는 시기의 법률 관계에 관한 설명으로
옳지 <u>않은</u> 것은?

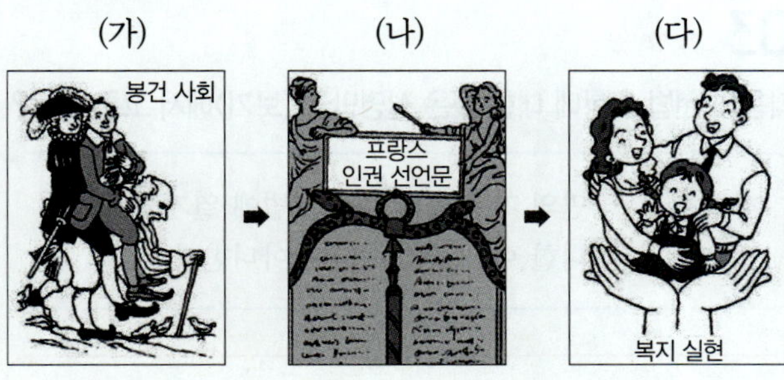

① (가) 시기에는 개인의 의무가 권리보다 강조되었다.
② (나) 시기에는 소유권 절대의 원칙이 확립되었다.
③ (나) 시기의 권리는 시민권을 전제한다.
④ (가) 시기에서 (나) 시기로 바뀌면서 '신분에서 계약으로'라는
　법언이 강조되었다.
⑤ (다) 시기에는 권리 행사의 사회성과 공공성이 강조되고
　있다.

[06~07] 다음 대화를 읽고 물음에 답하시오.

06 ★★❀ 서술형

위의 대화로 알 수 있는 근대 시민 혁명의 한계를 서술하시오.

07 ★★❀

갑, 을이 이야기하는 운동에 대한 설명으로 옳지 <u>않은</u> 것은?

① 갑이 전개한 운동은 차티스트 운동이다.
② 갑이 전개한 운동은 보통 선거와 비밀 투표를 요구했다.
③ 을이 전개한 운동은 여성의 인간다운 생활 보장을
　요구했다.
④ 갑, 을이 전개한 참정권 확대 운동은 모두 보통 선거권
　투쟁을 위한 운동이었다.
⑤ 갑, 을이 전개한 운동의 영향으로 20세기 들어 거의 모든
　사람의 참정권이 보장되었다.

08 ★★★❀

다음은 세계 인권 선언문의 일부 내용이다. 이에 대한 옳은
해석만을 〈보기〉에서 있는 대로 고른 것은?

제1조 모든 사람은 태어날 때부터 자유롭고, 존엄성과 권리에
　　있어서 평등하다.
제3조 모든 사람은 생명권과 신체의 자유와 안전을 누릴 권리가
　　있다.
제22조 모든 사람은 사회의 일원으로서 사회 보장 제도에 관한
　　권리를 가지며, 국가적 노력과 국제적 협력을 통하여 그리고
　　각국의 조직과 자원에 따라 자신의 존엄성과 인격의 자유로운
　　발전을 위하여 불가결한 경제적, 사회적 및 문화적 권리의
　　실현에 관한 권리를 가진다.

[보기]

ㄱ. 인권이 모든 인류에게 적용되는 권리임을 천명하고 있다.
ㄴ. 제3조에서 강조하는 권리는 국가의 부당한 간섭과
　통제를 받지 않을 권리이다.
ㄷ. 제22조에서 강조하는 권리는 국가에 적극적
　노력을 요구하는 권리이다.

① ㄱ　② ㄴ　③ ㄱ, ㄴ　④ ㄱ, ㄷ　⑤ ㄱ, ㄴ, ㄷ

[09~10] 다음 글을 읽고 물음에 답하시오.

(가) **A국**은 재난 상황이 발생하면 국민에게 긴급 재난 문자를
　발송하여 각종 재난과 사고 등이 발생했음을 신속하게
　알려주고 있다.
(나) **B국**은 비수도권에 사는 사람들도 문화생활에 쉽게 참여할
　수 있도록 공연장, 박물관 등의 문화 시설을 비수도권
　지역을 중심으로 늘리기로 했다.

09 ★★❀ 단답형

(가), (나)에 나타난 인권이 무엇인지 각각 쓰시오.

10 ★★❀

(가), (나)에 나타난 인권에 대한 설명으로 옳지 <u>않은</u> 것은?

① (가)에 나타난 인권은 자연재해와 과학 기술의 발전으로
　인위적인 위험이 증가하며 등장했다.
② A국은 폭력, 재난, 사고 등의 위험으로부터 국민이
　안전할 권리를 보장하기 위해 노력하고 있다.
③ (나)에 나타난 인권은 기후변화와 생태계 파괴가
　가속화되면서 등장했다.
④ B국은 지리적인 이유로 문화권을 누리지 못하는
　사람들을 지원해주고 있다.
⑤ (가), (나)에 나타난 인권은 기존의 인권 관념으로 쉽게
　해결할 수 없는 문제가 나타나서 등장했다.

02 인권 보장을 위한 헌법의 역할과 시민 참여

· 문항 수 10개
· 제한 시간 15분

01 ❋❋❀

갑과 을이 말하고 있는 기본권에 대한 설명으로 옳지 <u>않은</u> 것은?

① 갑이 주장하는 기본권은 소극적이고 방어적인 성격을 갖는다.
② 갑이 주장하는 기본권은 추상적이고 포괄적인 성격을 갖는다.
③ 을이 주장하는 기본권은 실질적 평등 이념에 기초한다.
④ 을이 주장하는 기본권은 현대 복지 국가에 와서 강조되었다.
⑤ 갑과 을이 주장하는 기본권 모두 천부인권성 때문에 헌법 규정이 없어도 보장된다.

02 ❋❋❀

교사의 질문에 대해 옳게 답변한 학생만을 〈보기〉에서 고른 것은?

─────[보기]─────
갑: (가)는 국가 권력을 입법, 사법, 행정으로 나눠 견제와 균형을 이루도록 합니다.
을: (나)는 법원이 제정한 법률에 근거해 국가를 운영하는 것입니다.
병: (다)는 헌법 재판소의 헌법 소원 등을 통해 권리를 구제 받는 것입니다.
정: (다)와 달리 (가)는 법률을 통해 구제받지 못할 때 최후에 사용합니다.

① 갑, 을 ② 갑, 병 ③ 을, 병 ④ 을, 정 ⑤ 병, 정

03 ❋❋❋

다음의 헌법 조항에 대한 옳은 설명만을 〈보기〉에서 고른 것은?

제37조 ① 국민의 자유와 권리는 헌법에 열거되지 아니한 이유로 경시되지 아니한다.

─────[보기]─────
ㄱ. 천부적 권리를 가진 기본권이다.
ㄴ. 국가를 전제로 할 때만 기본권 보장이 가능하다.
ㄷ. 일조권, 수면권, 건강권, 문화권 등 새로운 권리도 보장된다.
ㄹ. 기본권은 헌법에 구체적인 권리 보장 규정이 있어야 비로소 보장된다.

① ㄱ, ㄴ ② ㄱ, ㄷ ③ ㄴ, ㄷ ④ ㄴ, ㄹ ⑤ ㄷ, ㄹ

[04~05] 다음 글을 읽고 물음에 답하시오.

이 기본권은 다른 기본권들이 침해되었을 때, 침해를 막고 보상을 받을 권리로서 청원권, 재판 청구권, 국가에 대한 손해 배상 청구권 등이 대표적이다.

04 ❋❋❋

윗글에 나타난 기본권에 대한 설명으로 가장 적절한 것은?
① 절차적이고 수단적인 성격의 권리이다.
② 비교적 최근에 등장한 현대적 권리이다.
③ 개인의 자유로운 영역이 국가 권력의 간섭이나 침해를 받지 아니할 소극적·방어적 공권을 말한다.
④ 인간의 존엄과 가치를 실현하기 위한 본질적인 권리로서 다른 기본권 보장을 위한 전제 조건이다.
⑤ 국가의 정치 과정에 능동적으로 참여할 수 있는 권리로서 '국가에(로)의 자유'를 보장하기 위한 권리이다.

05 ❋❋❀ 서술형

윗글에 나타난 기본권과 사회권의 공통점을 국가의 존재와 관련지어 한 가지 서술하시오.

____

____

06 ★★★

다음의 헌법 조항에 대한 설명으로 적절하지 <u>않은</u> 것은?

> 제37조 ② 국민의 모든 자유와 권리는 ___㉠___ 를
> 위하여 필요한 경우에 한하여 ___㉡___ 로써
> 제한할 수 있으며, 제한하는 경우에도 자유와
> 권리의 본질적인 내용은 침해할 수 없다.

① ㉠에는 국가 안전 보장, 공공복리, 질서 유지가
　들어간다.
② ㉡은 법률이 해당된다.
③ 국가 권력이 국민의 기본권을 효과적으로 제한하기
　위한 규정이다.
④ 기본권이 사회 전체의 공익을 위해서 제한될 수
　있음이 나타나 있다.
⑤ 기본권 존재 자체를 부인하는 정도의 제한은 허용되지
　않음을 알 수 있다.

07 ★★★

다음 사례에 대한 설명으로 옳지 <u>않은</u> 것은?

> 국민 건강 증진법 제9조 제5항은 '지방자치단체는
> 흡연으로 인한 피해 방지와 주민의 건강 증진을 위하여
> 필요하다고 인정하는 경우 조례로 다수인이 모이거나
> 오고가는 관할 구역 안의 일정한 장소를 금연구역으로
> 지정할 수 있다.'고 규정하고 있다. PC방을 운영하는
> 갑은 이 법률의 해당 조항이 자신의 기본권을 침해한다며
> 위헌 확인을 구하는 심판 청구를 제기하였다. 이에 대해
> ___(가)___ 은/는 "이 사건 금연구역 지정 조항의
> 입법 목적은 정당하며, 그 방법도 적절하다. …(중략)…
> 침해의 최소성 원칙에도 위배되지 않으며 법익의 균형성도
> 충족한다. …(후략)…"라고 판단하였다.

① (가)에는 헌법 재판소가 들어간다.
② 갑이 헌법 재판소에 제기한 것은 헌법 소원 심판이다.
③ 갑의 심판 청구에서 문제가 된 공권력은 국회의
　입법권이다.
④ 갑은 국민 건강 증진법의 해당 조항이 자신의 사회권을
　침해하고 있다고 주장했을 것이다.
⑤ 헌법 재판소는 이 사건 조항이 헌법에 보장된 국민의
　기본적 인권을 침해하는지 심사하였다.

08 ★★★❀

시민 불복종에 대한 다음 사상가의 입장으로 옳은 것은?

> 시민들의 부정의한 법에 대한 불복종은 공유된
> 정의관에 의해 정당화된다. 이러한 불복종은 거의
> 정의로운 국가에서 체제의 합법성을 인정하는 시민들에
> 의해서만 생긴다. 특히 평등한 기본적 자유 원칙의
> 침해는 굴종이 아니면 반항을 부른다.

① 처벌을 감수하는 것은 옳지 않다.
② 폭력적인 수단도 사용할 수 있다.
③ 공개적으로 이루어질 필요가 없다.
④ 정의의 실현을 위한 합법적 행위로 본다.
⑤ 신중하고 양심적인 정치적 신념의 표현이어야 한다.

[09~10] 다음을 보고 물음에 답하시오.

09 ★★❀

위의 사례에 대한 설명으로 옳은 것만을 〈보기〉에서 고른 것은?

> [보기]
> ㄱ. 대의 민주주의의 한계를 보완하는 행위이다.
> ㄴ. 국가 권력을 견제하고 감시하는 역할을 한다.
> ㄷ. 부당한 정책이나 제도의 개선을 요구하는
> 　집단적인 방법이다.
> ㄹ. 공익을 수호하기 위해 행하는 비폭력적인 위법
> 　행위이다.

① ㄱ, ㄴ　② ㄱ, ㄷ　③ ㄴ, ㄷ　④ ㄴ, ㄹ　⑤ ㄷ, ㄹ

10 ★★❀ 서술형

시민 참여의 기능을 두 가지 서술하시오.

____

____

03 인권 문제 해결을 위한 노력

• 문항 수 10개
• 제한 시간 15분

01 ✱✱✱✿

(가)에 대한 설명으로 옳지 <u>않은</u> 것은?

> ___(가)___ 은/는 한 사회에서 신체적 또는 문화적 특징으로 인해 다른 구성원에게 차별을 받는다. 이들은 스스로 차별받는 집단에 속해 있다고 의식하고 있으며, 주류 집단보다 권력의 열세에 있다.

① 사회적 소수자는 역차별에 의해 나타난다.
② 사회적 소수자는 사회적으로 불평등한 대우를 받는다.
③ 사회적 소수자가 집단의 크기에 의해 결정되는 것은 아니다.
④ 사회적 소수자는 상대적으로 정치적 측면의 권력이 약하다.
⑤ 특정 사회의 사회적 소수자가 다른 사회에서는 사회적 소수자가 아닐 수 있다.

[02~03] 다음 글을 읽고 물음에 답하시오.

> 스티븐은 아시아계 미국인이다. 스티븐은 아시아계라는 신체적 또는 문화적 특징 때문에 사회의 다른 성원들에게 차별을 받으며 차별받는 집단에 속해 있다는 의식을 가지고 있다. 하지만 스티븐은 본인이 원래 살던 곳인 한국에 가면 더 이상 이러한 차별을 받지 않고 주류로서의 삶을 살게 된다.

02 ✱✱✱✿

윗글을 통해 알 수 있는 사회적 소수자의 특징으로 가장 적절한 것은?
① 사회적 소수자는 구성원의 수에 근거한 개념이다.
② 사회적 소수자란 신체적인 특징만으로 차별을 받는다.
③ 사회적 소수자는 사회적으로 만들어지는 상대적인 개념이다.
④ 사회적 소수자는 사람들이 발휘하는 영향력을 고려한 개념이다.
⑤ 사회적 소수자는 사회의 주류 집단 구성원으로부터 차별받는 사람이다.

03 ✱✱✿ 서술형

윗글의 스티븐이 겪는 문제에 대한 사회적 차원의 해결 방안을 2가지 서술하시오.

04 ✱✱✱

다음 사례의 인권 침해 문제를 해결하기 위하여 갑이 취할 수 있는 적절한 방법만을 〈보기〉에서 고른 것은?

> 동남아시아에서 한국으로 이민을 온 갑은 피부색이 다르다는 이유만으로 황당한 일들을 겪고 있다. 한번은 버스를 탔는데, 한 사람이 갑을 보며 '너 우리나라 사람 아니지?'라며 초면에 반말을 하는가 하면 일자리를 알아보려고 하자, 다짜고짜 아는 게 없어서 취직이 힘들다며 직업 알선을 거부하기도 하였다.

> [보기]
> ㄱ. 관용 및 평등 의식을 지닌다.
> ㄴ. 다양성을 존중할 줄 아는 자세를 기른다.
> ㄷ. 대한 법률 구조 공단에 법률 상담을 요청한다.
> ㄹ. 국회에 차별을 엄격히 규제하는 특별법 제정을 청원한다.

① ㄱ, ㄴ ② ㄱ, ㄷ ③ ㄴ, ㄷ ④ ㄴ, ㄹ ⑤ ㄷ, ㄹ

05 ✱✱✿   2021 실시 11월 학평 4

다음 글에서 강조하는 내용으로 가장 적절한 것은?

> 우리 사회에서 장애인은 취업에서 차별을 겪는 경우가 많다. 이러한 차별을 개선하기 위해 정부는 장애인의 의무 고용률을 중앙 정부와 지방 자치 단체 등에서는 3.4%, 일정 규모 이상의 일반 사업장에서는 3.1%로 정하고 이를 이행하지 않으면 부담금을 부과하고 있다. 지속적인 정부 정책의 시행으로 장애인의 고용 여건은 점차 개선되고 있는데, 이는 사회 문제 해결을 위한 정부 정책의 수립이 중요하다는 점을 보여주는 사례이다.

① 사회적 소수자 우대 정책으로 인한 역차별 문제를 해결해야 한다.
② 사회적 소수자가 겪는 차별을 개선하기 위한 법과 제도의 도입이 필요하다.
③ 집단의 크기에 의해 사회적 소수자가 결정되는 것이 아님을 인식해야 한다.
④ 사회적 소수자들은 자신들이 차별받는 집단에 속해 있다는 의식을 가져야 한다.
⑤ 사회적 소수자가 겪는 인권 문제에 대한 사회 구성원들의 의식 개선이 필요하다.

06 ✱✱✱❀

청소년 노동권에 대해 옳은 설명을 하고 있는 학생만을 고른 것은?

① 갑, 을　　② 갑, 병　　③ 을, 병
④ 을, 정　　⑤ 갑, 정

07 ✱✱✱

다음 근로 기준법에 대한 옳은 설명만을 〈보기〉에서 있는 대로 고른 것은?

> 제67조(근로 계약)
> ① 친권자나 후견인은 미성년자의 근로 계약을 대리할 수 없다.
> ② 친권자, 후견인 또는 고용노동부장관은 근로 계약이 미성년자에게 불리하다고 인정하는 경우에는 이를 해지할 수 있다.
> ③ 사용자는 18세 미만인 자와 근로 계약을 체결하는 경우에는 제17조에 따른 근로 조건을 서면으로 명시하여 교부하여야 한다.
> 제68조(임금의 청구)
> 미성년자는 독자적으로 임금을 청구할 수 있다.

──── [보기] ────
ㄱ. 원칙적으로 이러한 계약은 15세 이상인 자를 대상으로 하여야 한다.
ㄴ. 근로 조건을 서면으로 명시하는 것은 부당 노동 행위와 같은 법적 문제에 대처하기 위해서이다.
ㄷ. 개인의 의사를 존중하여 쌍방이 합의한 근로 계약에 대해서는 내용과 상관없이 유효하다.
ㄹ. 친권자나 후견인이 근로 계약을 대리하지 못하게 한 것은 미성년자의 강제 노동을 막기 위한 조항이다.

① ㄱ, ㄷ　　② ㄱ, ㄹ　　③ ㄴ, ㄷ
④ ㄱ, ㄴ, ㄹ　　⑤ ㄴ, ㄷ, ㄹ

08 ✱✱✱

다음 근로 계약서에 대한 법적 판단으로 가장 적절한 것은?

> ### 근로 계약서
> 사용자 '갑'과 근로자 '을'(17세)은 다음과 같이 ㉠ 근로 계약을 체결한다.
> 1. 근로 계약 기간: 2024년 2월 1일 ~ 2024년 5월 30일
> 2. ㉡ 근로 시간: 8시부터 18시까지 (휴게 시간: 12시~13시)
> 3. 근무일: 매주 월요일~금요일
> 4. ㉢ 임금: 7,000원(시급)
> *2024년 법정 최저 임금은 시간당 9,860원

① 을의 법정 대리인은 을을 대리하여 ㉠을 체결할 수 있다.
② ㉠에 대해 을의 부모 등 법정 대리인 동의는 필요하지 않다.
③ 갑은 ㉡과 관련하여 근로 기준법을 위반하지 않고 있다.
④ 을은 ㉢에 합의했기 때문에 최저 임금을 요구할 수 없다.
⑤ 을은 법정 대리인 동의 없이 독자적으로 임금을 청구할 수 있다.

[09~10] 다음 글을 읽고 물음에 답하시오.

> 빈곤은 생존의 위협은 물론 최소한의 인간다운 삶을 어렵게 하는 문제이다. 기아 문제가 심각한 국가들은 홍수나 가뭄 등 자연재해가 반복되어 식량 위기 사태를 맞이했거나 잦은 내전으로 평화로운 삶이 이어지지 못한다.

09 ✱✱✱❀

위와 같은 문제를 해결하기 위한 노력으로 옳은 것만을 〈보기〉에서 있는 대로 고른 것은?

──── [보기] ────
ㄱ. 주변 국가가 협력 체계를 갖춰 빈곤 국가를 지원한다.
ㄴ. 비정부 기구에서 빈곤 국가를 돕기 위해 기금을 조성한다.
ㄷ. 국제기구에서 빈곤 문제를 해결하기 위한 선언과 조약을 제정한다.
ㄹ. 빈곤 국가의 문제 해결 의지가 회복될 때까지 가만히 기다린다.

① ㄱ, ㄴ　　② ㄴ, ㄷ　　③ ㄷ, ㄹ　　④ ㄱ, ㄴ, ㄷ　　⑤ ㄱ, ㄷ, ㄹ

10 ✱✱❀ 서술형

위와 같은 문제를 해결하기 위해 개인이 할 수 있는 활동 한 가지를 서술하시오.

04 정의의 의미와 기준, 다양한 정의관

• 문항 수 10개
• 제한 시간 15분

01 ✱✱✿

갑~병이 공통으로 말하고 있는 개념에 대한 설명으로 적절하지 않은 것은?

> 갑: 잘못을 부끄러워하고 이익에 집착하지 않는 올곧음이다.
> 을: 각자 타고난 성향에 따라 자신의 일을 다하는 것이다.
> 병: 동등하다면 동등한 몫을, 동등하지 않다면 동등하지 않은 몫을 가지는 것이다.

① 사회적으로 규정된 올바른 행위를 뜻한다.
② 공정한 법 집행과 적절한 처벌이 이루어지도록 한다.
③ 인간다운 삶을 누리는 사회를 만드는 데 도움을 준다.
④ 사회생활에서 일어나는 갈등을 조정하기 위해 요청된다.
⑤ 사회 구성원들이 협력하여 공동체의 발전에만 적극적으로 참여하도록 한다.

02 ✱✱✿

갑, 을, 병이 제시한 분배의 기준을 바르게 연결한 것은?

> 선생님: 우리 학교 예산으로는 전교생 200명 중 15명에게 전액 장학금을 지급할 수 있습니다. 장학금을 어떤 기준에 따라 지급하는 것이 좋을까요?
> 갑: 저는 앞으로의 가능성을 생각해서 재능 있는 학생을 뽑아 장학금을 지원하는 것이 좋을 것 같습니다.
> 을: 전 당연히 각종 경연 대회에서 우수한 성적을 거두어 학교의 위상을 높인 학생에게 장학금을 지급해야 한다고 생각합니다.
> 병: 장학금은 그 돈이 꼭 필요한 학생에게 돌아가는 것이 옳다고 생각합니다. 재능이 있거나 성적이 우수한 학생이라고 해서 모두 장학금이 필요한 것은 아니니까요. 경제적 형편이 어려운 학생에게 장학금을 주어야 해요.

	(갑)	(을)	(병)		(갑)	(을)	(병)
①	능력	업적	필요	②	능력	필요	업적
③	업적	능력	필요	④	업적	필요	능력
⑤	필요	업적	능력				

03 ✱✱✿

(가), (나)에 대한 옳은 설명만을 〈보기〉에서 고른 것은?

> 정의는 의미에 따라 크게 ⎡(가)⎤ 와/과 ⎡(나)⎤ 로 나눌 수 있다. ⎡(가)⎤ 은/는 다양한 사회적 가치를 마땅히 받을 만한 사람이 받게 함으로써 각자가 자신의 몫을 누릴 수 있게 하는 것이다. ⎡(나)⎤ 은/는 어떤 사람이 잘못했을 때 처벌함으로써 정의롭지 않은 상태를 정의로운 상태로 되돌리는 것이다.

[보기]
ㄱ. (가)는 분배적 정의, (나)는 교정적 정의이다.
ㄴ. (가)의 실질적 기준으로는 능력과 필요만 있다.
ㄷ. (나)에 있어 처벌의 목적이 예방에 있다고 보는 입장은 범죄자의 인간존엄성을 지켜준다.
ㄹ. (나)에 있어 처벌의 목적이 응보에 있다고 보는 입장은 범죄자 교화에 상대적으로 무관심하다.

① ㄱ, ㄴ ② ㄱ, ㄹ ③ ㄴ, ㄷ ④ ㄴ, ㄹ ⑤ ㄷ, ㄹ

[04~05] 다음 대화를 읽고 물음에 답하시오.

04 ✱✱✿ 단답형

대화에 나타난 분배 기준을 쓰시오.

05 ✱✱✿ 서술형

다음 글의 입장에서 대화에 나타난 분배 기준을 비판할 수 있는 근거를 서술하시오.

> 능력과 업적만을 기준으로 분배하는 것을 불평등하고 불공정한 결과를 초래합니다. 필요에 따른 분배를 통해 구성원들이 기본적 욕구를 충족시킬 수 있도록 해야 합니다.

06 ❋❋❋❋

갑의 관점에서 〈문제 상황〉에 대해 할 수 있는 조언으로 적절한 것만을 〈보기〉에서 고른 것은?

갑: 국가 권력은 범죄로부터 개인을 보호하는 최소한의 역할에 그치는 것이 바람직하며, 국가가 복지를 이유로 개인의 자유와 소유권을 제약해서는 안 된다.

〈문제 상황〉

○○시에서는 '상위 1 % 부유세'를 부과해 달라는 청원서를 냈다. 청원서에는 어린이 빈곤과 노숙자 문제 등의 해결에 추가 재정 투입이 필요하다며, 소득 상위 1 %를 대상으로 증세해야 한다는 요구가 담겨 있었다.

[보기]

ㄱ. 개인은 공동체가 공유하는 가치나 윤리를 존중하고 지켜야 할 의무가 있습니다.
ㄴ. 자신이 속한 공동체가 바르게 유지되고 발전할 때 개인도 좋은 삶을 살 수 있습니다.
ㄷ. 타인의 자유와 권리를 침해하지 않는 한 개인의 자유와 권리는 최대한 보장되어야 합니다.
ㄹ. 소득 재분배를 위한 조세 정책이나 복지 제도는 개인의 자유와 권리를 침해하는 것입니다.

① ㄱ, ㄴ ② ㄱ, ㄹ ③ ㄴ, ㄷ ④ ㄴ, ㄹ ⑤ ㄷ, ㄹ

07 ❋❋❋

다음 사상과 일치하는 견해만을 〈보기〉에서 고른 것은?

인간은 공동체를 선택하기 이전에 이미 특정한 공동체 안에서 태어났고, 공동체가 요구하는 사회적 역할을 수행함으로써 살아간다. 개인은 공동체의 문화와 역사 등에 영향을 받으며 자신의 삶을 구성한다.

[보기]

ㄱ. 개인을 공동체와 분리된 존재로 본다.
ㄴ. 개인선의 실현이 공동선의 실현으로 이어진다고 본다.
ㄷ. 공동체를 위한 개인의 자유와 권리 희생을 정당화할 수 있다.
ㄹ. 개인은 공동체 속에서 소속감과 정체성을 형성한다고 본다.

① ㄱ, ㄴ ② ㄱ, ㄹ ③ ㄴ, ㄷ ④ ㄴ, ㄹ ⑤ ㄷ, ㄹ

08 ❋❋❋❋

빈칸 ㉠에 들어갈 내용으로 가장 적절한 것은?

나는 개인이 자유롭게 이익을 추구하게 하면 자유로운 경쟁에 의해 개개인의 욕구가 충족되고 이와 같은 과정을 통해 저절로 국부가 증진되고 풍요로움이 확대되므로 공동선에 이바지한다고 본다. 그런데 어떤 사람은 개인과 공동체는 상호 유기적 관계에 있다는 것이다. 그렇기 때문에 각자의 몫을 정하는 정의의 문제에서도 공동체가 지향하는 가치와 미덕을 고려하여 분배 방식을 결정해야 하고, 개인은 이를 존중하고 공동체 내에서 책임 있는 역할을 해야 한다고 주장한다. 나는 이 사상이 ㉠ 고 생각한다.

① 개인의 이익과 자유 경쟁을 지나치게 강조한다
② 공동체와 개인의 정체성 형성이 무관함을 강조하고 있다
③ 사회적 약자를 위한 복지 제도의 중요성을 간과하고 있다
④ 사회적 · 경제적 불평등에 대한 개인적 해결을 지나치게 강조하고 있다
⑤ 공동체의 질서 유지를 위해 개인의 자유와 권리가 침해될 수 있음을 간과하고 있다

[09~10] 다음 자료를 읽고 물음에 답하시오.

(가)	갑: 모든 개인은 자유와 권리를 가지며, 국가는 시민들의 이러한 자유와 권리를 보호해야 한다. 을: 인간은 특정한 공동체 안에서 태어나, 공동체가 추구하는 가치와 목적의 영향 아래 바람직한 역할을 요구받으며 살아가는 존재이다.
(나)	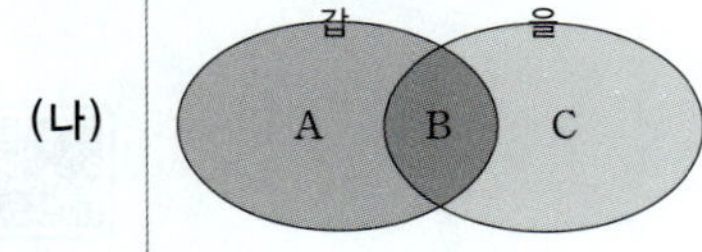

09 ❋❋❋

(가)의 갑, 을의 입장을 (나) 그림으로 설명할 때, A~C에 해당하는 진술로 가장 적절한 것은?

① A: 개인의 사적 이익 추구를 제한해야 한다.
② A: 개인의 권리보다 공동체에 대한 의무를 중시한다.
③ B: 집단주의에서 나타나는 문제가 발생할 수 있다.
④ C: 공익의 실현이 개인의 행복한 삶의 바탕이 된다.
⑤ C: 공동체는 개인의 자유와 권리를 보존하는 수단이다.

10 ❋❋❋ 서술형

을이 갑에게 제시할 수 있는 비판 한 가지를 개인과 공동체의 관계와 관련지어 서술하시오.

05 불평등 해결과 정의의 실현

· 문항 수 10개
· 제한 시간 15분

01 ✽✽✽

다음 자료에 나타난 문제에 대한 설명으로 옳은 것은?

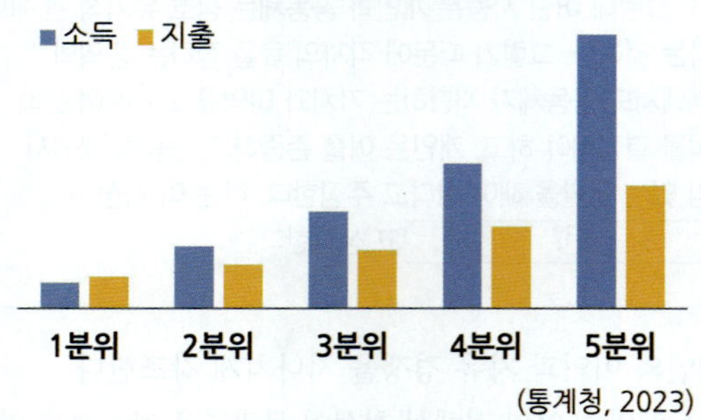

소득 5분위별 소득과 소비 지출

① 차별을 용인하는 사회적 환경에서 비롯한 문제이다.
② 수도권에 인구와 자본이 집중되면서 발생한 문제이다.
③ 사회 계층의 중층으로 사람들이 몰려 발생한 문제이다.
④ 교육 수준, 의복, 주거 생활 등의 차이로 이어질 수 있는 문제이다.
⑤ 지방으로 이전한 기업에 세금 감면 혜택을 주어 해결할 수 있는 문제이다.

02 ✽✽✽

다음 자료에 대한 설명으로 옳은 것은? (단, A와 B는 각각 사회 보험과 공공 부조 중 하나이다.)

질문	답변	
	A	B
강제 가입을 원칙으로 하는가?	예	
(가)		
(나)	아니요	
계(답변 '예'의 개수)	2개	2개

① A는 공공 부조, B는 사회 보험이다.
② A는 B와 달리 사전 예방적 성격이 강하다.
③ 장애인 활동 지원 서비스는 B에 해당한다.
④ (가)에는 '비금전적 지원을 원칙으로 하는가?'가 들어갈 수 있다.
⑤ (나)에는 '구성원의 사회적 위험을 공적 보험의 방식으로 대처하는가?'가 들어갈 수 있다.

03 ✽✽✽

다음 글에 대한 설명으로 옳은 것만을 〈보기〉에서 고른 것은?

우리나라는 빠른 경제 성장을 이루기 위해 ___(가)___ 을/를 추진했다. 이후 투자를 받은 지역의 개발 효과가 주변 지역으로 확산되는 것을 기대했으나, 인구가 늘고 경제가 성장한 수도권과 대도시와는 다르게 그 외 지역은 성장이 정체되거나 낙후되었다.

[보기]
ㄱ. (가)는 성장 거점 개발 정책이다.
ㄴ. 사회 계층 간의 양극화 현상을 보여준다.
ㄷ. 선입견과 편견으로 인해 발생하는 문제이다.
ㄹ. 한 도시의 내부에서도 나타날 수 있는 문제이다.

① ㄱ, ㄴ ② ㄱ, ㄹ ③ ㄴ, ㄷ ④ ㄴ, ㄹ ⑤ ㄷ, ㄹ

04 ✽✽✽

빈칸 ㉠~㉢에 들어갈 복지 제도에 대한 설명으로 옳은 것은?

· (㉠): 국민연금, 국민 건강 보험, 고용 보험, 산업 재해 보상 보험, 노인 장기 요양 보험
· (㉡): 국민 기초 생활 보장 제도, 기초 연금, 의료 급여
· (㉢): 노인 돌봄 서비스, 장애인 활동 지원, 가사·간병 서비스

① ㉠은 사회적 약자를 위한 우대 조치이다.
② ㉡은 생활이 어려운 국민의 최저 생활을 보장한다.
③ ㉢은 사회적 약자의 경제적 자립을 위한 제도이다.
④ ㉠과 ㉡은 사회적 위험에 대비한 공적 보험이다.
⑤ ㉠과 달리 ㉡, ㉢은 사회 복지 서비스에 해당한다.

05 ✽✽✽ [서술형]

다음과 같은 정책을 실시하게 된 이유를 서술하시오.

2005년 정부가 수도권의 공공 기관 지방 이전 계획을 세운 후, 전국에 10대 혁신 도시를 지정하여 공공 기관 이주를 추진하였다. 현재 혁신 도시, 세종특별자치시, 기타 지역에 총 154개 공공 기관의 이전이 완료되었으며, 2차 공공 기관 지방 이전 계획이 추진될 예정이다.

다음과 같은 제도를 시행하는 이유로 옳은 것은?

기부를 통해 지방재정을 확충하고, 지역 특산품 등을 답례품으로 제공하면서 지역경제를 활성화한다.

① 국민에게 발생할 수 있는 사회적 위험을 사전에 대처하기 위해 시행한다.
② 생활 유지 능력이 없는 계층의 최소한의 생활을 보장하기 위해 시행한다.
③ 사회적 약자에게 직간접적 혜택을 제공해 불공평을 바로잡기 위해 시행한다.
④ 소외된 지역의 생활 환경을 개선하고 공간 불평등을 해소하기 위해 시행한다.
⑤ 도움과 보호가 필요한 국민에게 상담, 재활 등 각종 서비스를 제공하기 위해 시행한다.

07 ❋❋❀

그림의 갑, 을의 입장에 대한 적절한 설명만을 〈보기〉에서 있는 대로 고른 것은?

─〔보기〕─
ㄱ. 갑은 복지 정책에 있어 형평성보다 효율성을 강조한다.
ㄴ. 을은 사회적 약자들의 행복 추구권을 강조한다.
ㄷ. 갑은 보편적 복지를, 을은 선택적 복지를 강조한다.
ㄹ. 갑, 을은 국가가 복지 정책을 시행할 필요가 있다고 본다.

① ㄱ, ㄴ ② ㄱ, ㄹ ③ ㄴ, ㄷ
④ ㄱ, ㄷ, ㄹ ⑤ ㄴ, ㄷ, ㄹ

08 ❋❋❀

갑, 을의 입장에 대한 설명으로 가장 적절한 것은?

갑: 여러 조건에서 불리한 소수 집단 학생들에게 대학 입학의 혜택을 제공해야 합니다. 학교에 여러 인종이 섞여 있을 때 서로에게 더 많은 것을 배울 수 있기 때문입니다.
을: 대학 입학의 기회는 노력에 따라 공정하게 부여되어야 합니다. 성적이 뛰어난 학생이 단지 소수 민족이 아니라는 이유로 입학에 불이익을 받는 것은 불공정합니다.

① 갑은 능력과 업적에 따른 사회적 가치의 분배만을 중시한다.
② 갑은 사회 통합을 위한 소수자의 입학 특혜는 부당하다고 본다.
③ 을은 노력과 성취가 아닌 타고난 능력에 따른 분배를 중시한다.
④ 을은 소수 집단에 대한 특혜가 또 다른 차별을 유발한다고 본다.
⑤ 갑과 을은 모두 개인의 필요에 따른 사회적 가치의 분배를 중시한다.

[09~10] 다음 글을 읽고 물음에 답하시오.

정의로운 사회를 실현하기 위해서는 사회적 약자를 우대하여 이들이 소외되거나 차별받지 않도록 해야 한다. 특히 사회적 약자에 대한 차별은 오랜 기간 누적되어 왔기 때문에 단순히 다른 사람들과 같은 기회를 부여하는 것만으로는 공정한 결과를 얻기 힘들다. 따라서 ㉠사회적 약자를 대상으로 하는 우대 정책을 추진하여 이들의 불리한 조건을 완화해 주어야 한다.

09 ❋❋❀ 단답형

밑줄 친 ㉠에 해당하는 정책 두 가지를 쓰시오.

____

10 ❋❋❀ 서술형

㉠에 해당하는 용어와 함께 ㉠을 실시할 때 발생할 수 있는 문제를 서술하시오.

____

06 자본주의의 전개 과정과 경제 체제

• 문항 수 10개
• 제한 시간 15분

01 ✱✱✱

갑과 을의 대화와 관련된 내용으로 적절하지 <u>않은</u> 것은?

① 갑이 을보다 큰 정부를 지지할 것이다.
② 갑보다는 을이 공기업의 민영화에 찬성할 것이다.
③ 시장 실패는 갑보다는 을 주장의 근거를 강화해 준다.
④ 대공황은 을보다 갑의 주장이 설득력을 얻는 계기가 되었다.
⑤ 갑은 정부의 시장 개입주의를, 을은 시장 비개입주의를 지지할 것이다.

02 ✱✱✱

사상가 갑, 을의 입장으로 옳은 것만을 〈보기〉에서 고른 것은?

갑: 사람들이 추구하는 것은 자신의 이익이지 사회의 이익이 아니다. 자신의 이익을 추구하는 행위는 보이지 않는 손에 의해 사회의 이익을 증진한다.
을: 모든 것을 그대로 놔두면 최선의 세계가 도래할 것이라던 전통적인 경제학은 대량 실업을 낳았다. 실업자 구제를 위해서는 정부가 공공사업을 추진해 유효 수요를 창출해야 한다.

[보기]
ㄱ. 갑: 개인의 이타심이 국가의 부를 증진하는 원천이다.
ㄴ. 갑: 시장에서 공정한 경쟁에 의한 사익 추구를 허용해야 한다.
ㄷ. 을: 정부는 모든 생산 수단을 소유하고 관리해야 한다.
ㄹ. 을: 정부는 완전 고용을 위해 정부 기능을 확대해야 한다.

① ㄱ, ㄴ　　② ㄱ, ㄷ　　③ ㄴ, ㄷ
④ ㄴ, ㄹ　　⑤ ㄷ, ㄹ

03 ✱✱✱✽

자본주의 경제 체제의 변천 과정에 대한 설명으로 적절하지 <u>않은</u> 것은?

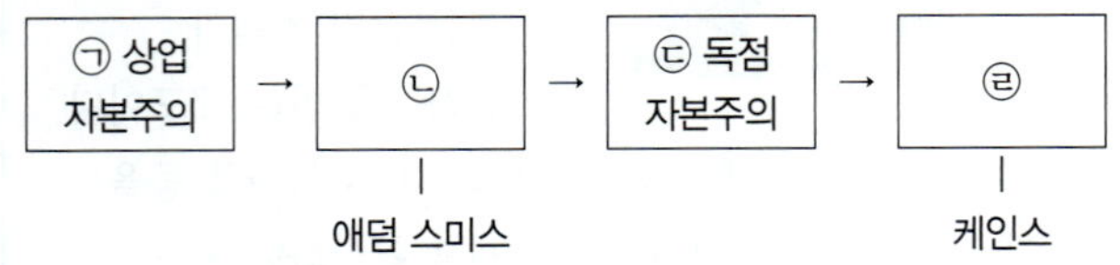

① ㉠ 시기에는 강력한 왕권을 바탕으로 국가가 상업을 장려하였다.
② ㉡ 시기에는 산업 혁명으로 생산성이 비약적으로 증가하였다.
③ ㉡ 시기에는 시장에 대한 정부 개입을 최소화하고자 하였다.
④ 세계 대공황은 ㉢이 등장하게 된 배경으로 작용하였다.
⑤ ㉣ 시기에는 ㉢ 시기에 비해 시장 실패를 줄이기 위한 조치가 더 적극적으로 시행되었다.

[04~05] 다음 그림을 보고 물음에 답하시오.

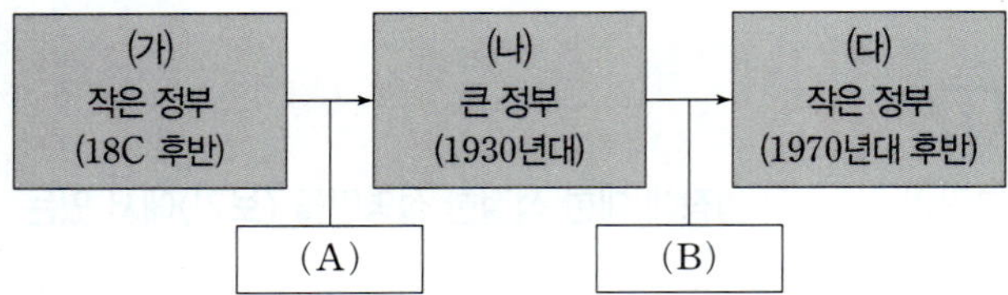

04 ✱✱✱✽

(가), (나), (다) 시기에 대한 설명으로 옳지 <u>않은</u> 것은?

① (가) 시기에는 '보이지 않는 손'의 기능을 신봉하였다.
② (나) 시기에는 정부의 중립적 역할을 중시하였다.
③ (다) 시기에는 신자유주의에 기초한 자본주의가 나타났다.
④ (A)는 세계 대공황으로 (가)에서 (나)로 전환하는 계기가 되었다.
⑤ (B)는 1970년대 석유 파동으로 (나)에서 (다)로 전환되는 계기가 되었다.

05 ✱✱✱✽ [서술형]

(나), (다) 시기 정부의 차이점을 정부의 시장 개입과 관련지어 서술하시오.

____

____

06 ✽✽✽❀

교사의 질문에 대해 옳게 답변한 학생만을 〈보기〉에서 고른 것은?

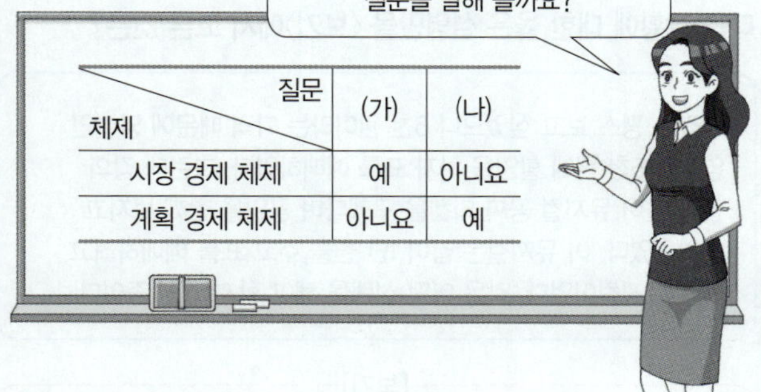

체제 \ 질문	(가)	(나)
시장 경제 체제	예	아니요
계획 경제 체제	아니요	예

[보기]

갑: (가)는 "경제적 효율성이 높은가"가 적절합니다.
을: (가)는 "개인에게 경제 활동의 자유를 최대한 보장하는가"가 적절합니다.
병: (나)는 "생산 수단의 사적 소유를 인정하는가"가 적절합니다.
정: (나)는 "자원 배분 과정에서 '보이지 않는 손'을 강조하는가"가 적절합니다.

① 갑, 을　　② 갑, 병　　③ 을, 병
④ 을, 정　　⑤ 병, 정

07 ✽✽✽❀

다음은 갑과 을이 나눈 대화이다. 갑과 을이 뽑은 카드로 옳은 것은?

갑: 나는 시장 경제 체제의 특징이 적힌 카드만 가져갈게.
을: 그럼 나는 계획 경제 체제의 특징이 적힌 카드만 가져갈게.

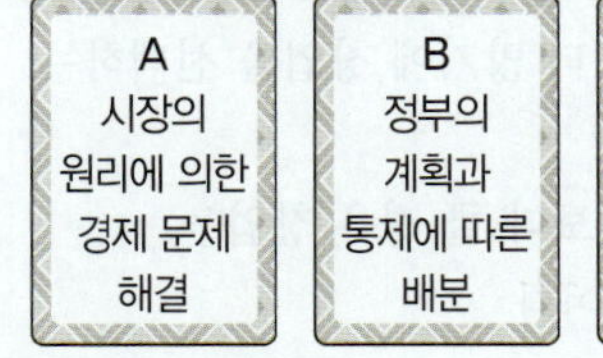

	갑	을		갑	을
①	A, B	C, D	②	A, C	B, D
③	A, D	B, C	④	B, C	A, D
⑤	B, D	A, C			

08 ✽✽✽❀

다음은 수행 평가의 일부이다. (가), (나)에 들어갈 수 있는 질문만을 〈보기〉에서 고른 것은?

수행 평가지	1학년 ○○반 ○○번 ○○○

· 다음 글의 입장에서 긍정의 대답을 할 질문이면 '예', 부정의 대답을 할 질문이면 '아니요'를 쓰시오.

　경제 문제는 정부의 계획과 명령에 따라 해결해야 한다. 정부는 무엇을 얼마나 생산하고 어떻게 분배할지 계획하고 실행하면서 경제 전반을 통합적으로 관리해야 한다.

질문	응답	배점	채점
(가)	예	5점	5
(나)	아니요	5점	5
합계		10점	10

[보기]

ㄱ. (가): 정부의 시장 개입을 최소화해야 하는가?
ㄴ. (가): 자원의 생산과 배분을 정부가 결정해야 하는가?
ㄷ. (나): 생산 수단의 사회적 소유를 인정해야 하는가?
ㄹ. (나): 개별 경제 주체의 자유로운 사적 이익 추구를 보장해야 하는가?

① ㄱ, ㄴ　② ㄱ, ㄹ　③ ㄴ, ㄷ　④ ㄴ, ㄹ　⑤ ㄷ, ㄹ

[09~10] 다음 대화를 읽고 물음에 답하시오.

09 ✽✽✽❀

갑국과 을국의 경제 체제에 대한 설명으로 옳은 것은?

① 갑국은 기업의 자유로운 경쟁을 강조한다.
② 갑국은 정부의 명령에 의한 자원 배분을 중시한다.
③ 을국은 원칙적으로 사유 재산권을 인정하지 않는다.
④ 을국은 민간 경제 주체의 자율성을 보장하지 않는다.
⑤ 갑국은 을국에 비해 정부의 시장 개입 정도가 작다.

10 ✽✽✽❀ （서술형）

갑국과 을국의 경제 체제와 관련지어 우리나라의 경제 체제의 특징에 대해 서술하시오.

07 합리적 선택과 경제 주체의 역할

· 문항 수 10개
· 제한 시간 15분

01 ✱✱✱

경제 개념 (가)와 (나)에 대한 옳은 설명만을 〈보기〉에서 고른 것은?

> (가) 하나의 대안을 선택해야 하는 상황에서 드는 경제학적 비용
> (나) 이미 지출되어 회수가 불가능한 비용

[보기]
ㄱ. (가)는 기회비용에 해당한다.
ㄴ. (가)는 가격이 동일한 상품 중 하나를 소비할 때 포기한 대안들 중 가장 편익이 큰 것이다.
ㄷ. (나)는 가격이 동일한 상품 중 하나를 소비할 때 포기한 대안들의 편익을 모두 합한 것이다.
ㄹ. 합리적 선택은 편익이 (가)와 (나)의 합계보다 큰 대안을 선택하는 것이다.

① ㄱ, ㄴ ② ㄱ, ㄷ ③ ㄴ, ㄷ ④ ㄴ, ㄹ ⑤ ㄷ, ㄹ

02 ✱✱✱

다음 상황에 대한 옳은 설명만을 〈보기〉에서 고른 것은?

> ○○마트는 에어컨을 100만 원에 구입할 경우 선풍기를 50% 할인하여 5만 원에 함께 묶음으로 판매하는 행사를 진행하고 있다. 평소 에어컨을 110만 원에, 선풍기를 10만 원에 구입하고 싶었던 갑은 에어컨과 선풍기를 105만 원에 구입하였다. 반면 을은 에어컨은 구매하고 싶었으나 선풍기 가격 5만 원이 마음에 들지 않아 구매를 포기하였다.

[보기]
ㄱ. 선풍기에 대한 편익은 갑과 을이 같다.
ㄴ. 묶음 구매에 대한 편익은 갑이 을보다 작다.
ㄷ. 갑의 선택에 따른 편익은 105만 원보다 크다.
ㄹ. 을의 에어컨에 대한 편익은 100만 원보다 크다.

① ㄱ, ㄴ ② ㄱ, ㄷ ③ ㄴ, ㄷ ④ ㄴ, ㄹ ⑤ ㄷ, ㄹ

03 ✱✱✽

다음 상황에 대한 옳은 설명만을 〈보기〉에서 고른 것은?

> 갑은 평소 보고 싶었으나 6천 원이라는 가격 때문에 망설인 영화가 5천 원에 할인을 하자 표를 예매하였다. 그런데 갑의 친구 을이 뮤지컬 공짜 티켓을 구했다며 공연을 함께 보자고 제안하였다. 이 뮤지컬은 갑이 1만 원을 주고 표를 예매하려고 했던 뮤지컬이었다. 갑은 어떤 선택을 해야 할지 고민 중이다.

[보기]
ㄱ. 갑에게 영화의 편익은 6천 원보다 크다.
ㄴ. 갑에게 뮤지컬의 편익은 1만 원보다 크다.
ㄷ. 갑에게 뮤지컬 선택의 기회비용은 1만 원이다.
ㄹ. 갑에게 영화 관람의 암묵적 비용은 뮤지컬 관람에 따른 편익이다.

① ㄱ, ㄴ ② ㄱ, ㄷ ③ ㄴ, ㄷ ④ ㄴ, ㄹ ⑤ ㄷ, ㄹ

[04~05] 다음 글을 읽고 물음에 답하시오.

> 현재 A 전자회사에서 연봉 5천만 원을 받으며 근무하고 있는 갑은 창업을 고민 중이다. 창업을 하게 될 경우 갑은 연매출 1억 원이 기대되나, 이를 위해서 임대료, 인건비 등 연 6천만 원의 비용 지출이 예상되고 있다. 갑은 어떤 선택을 해야 할지 고민 중이다.

04 ✱✱✽

갑의 상황에 대한 옳은 설명만을 〈보기〉에서 고른 것은?

[보기]
ㄱ. 갑에게 창업 선택에 따른 기회비용은 1억 6천만 원이다.
ㄴ. 갑에게 창업 선택에 따른 명시적 비용은 6천만 원이다.
ㄷ. 현재 연봉보다 매출이 더 많기에 창업을 선택하는 것이 합리적이다.
ㄹ. 연매출이 1억 1천만 원보다 클 경우 창업을 선택하는 것이 합리적이다.

① ㄱ, ㄴ ② ㄱ, ㄷ ③ ㄴ, ㄷ ④ ㄴ, ㄹ ⑤ ㄷ, ㄹ

05 ✱✱✱ 서술형

현재 갑이 창업을 하는 것이 합리적인 선택인지 아닌지를 편익과 기회비용을 사용하여 설명하시오.

06 ❋❋❋

다음 (가)~(라)에 대한 설명으로 옳지 <u>않은</u> 것은?

> 시장에서 ☐(가)☐ 은/는 대부분의 경우 자원이
> 효율적으로 배분되도록 하지만 반드시 그런 것은
> 아니다. 이와 같이 시장이 자유롭게 기능하도록 맡겨
> 둘 경우 효율적인 자원 배분을 달성하지 못하는 것을
> ☐(나)☐ (이)라고 한다. 이러한 경우가 발생하는 대표적인
> 원인의 하나인 ☐(다)☐ 은/는 소수의 생산자가 시장
> 가격에 대해 임의로 영향을 미칠 수 있는 것을 의미하며,
> ☐(라)☐ 은/는 어떤 사람의 경제적 행위가 대가없이
> 제3자의 경제적 후생에 영향을 미치는 현상을 말한다.

① 시장에서 (가)는 시장 참여자에게 필요한 정보를 제공한다.
② (나)에 들어갈 말은 시장 실패이다.
③ 담합은 (다)의 예에 해당한다.
④ 꽃 가게 옆에 선물 가게가 새로 생기면서 꽃 가게
　매출이 상승하는 것은 (라)의 예로 볼 수 없다.
⑤ 환경오염의 경우 정부는 세금을 부과하여 (라)의
　문제를 해결하기도 한다.

07 ❋❋❋

그림은 '정부의 경제적 역할'을 주제로 한 수업이다. 교사의
질문에 대해 적절한 답변을 한 학생만을 〈보기〉에서 고른 것은?

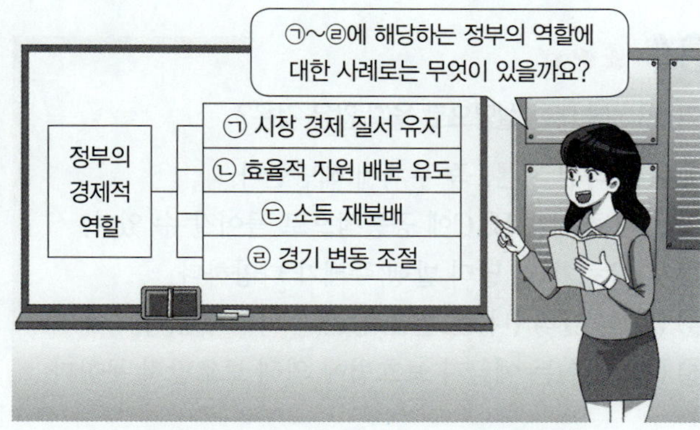

> ─────────────[보기]─────────────
> 갑: ㉠의 예로는 사유 재산권 보장이 있어요.
> 을: ㉡의 예로는 누진세제 시행이 있어요.
> 병: ㉢의 예로는 국방 및 치안 서비스 제공이 있어요.
> 정: ㉣의 예로는 고용 촉진이나 물가 안정을 위한 경제
> 　　정책 시행이 있어요.

① 갑, 을　　　② 갑, 정　　　③ 을, 병
④ 을, 정　　　⑤ 병, 정

08 ❋❋❋

그림은 경제 주체 간의 관계를 나타낸 것이다. 이에 대한 옳은
설명만을 〈보기〉에서 고른 것은?

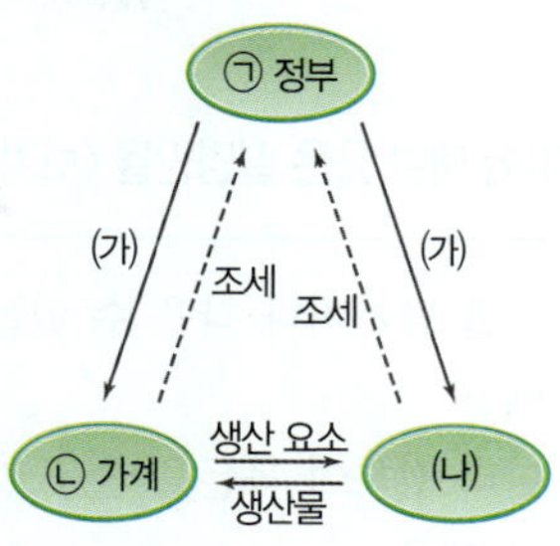

> ─────────────[보기]─────────────
> ㄱ. ㉠은 시장 실패에 대응하는 주체이다.
> ㄴ. ㉡은 재화와 서비스의 생산 주체이다.
> ㄷ. (가)에는 비배제성과 비경합성을 띤 재화가 포함된다.
> ㄹ. (나)는 사회적 책임으로부터 자유로운 경제 주체이다.

① ㄱ, ㄴ　② ㄱ, ㄷ　③ ㄴ, ㄷ　④ ㄴ, ㄹ　⑤ ㄷ, ㄹ

[09~10] 다음 글을 읽고 물음에 답하시오.

> 정부에서 제공하는 국가 안보 서비스 혜택을 받는
> 국민들에게 개별적으로 요금을 과하기는 쉽지 않다.
> 국가 안보와 같은 서비스는 (㉠)이 없기 때문이다.
> 또한 어떤 사람이 국가 안보 서비스 혜택을 받음으로
> 인해 다른 사람이 받을 안보 서비스가 줄어들지 않는다.
> 즉, 국가 안보 서비스는 (㉡)이 없다. 이렇듯 (㉠)과
> (㉡)이 모두 없는 서비스를 (㉢)라고 한다.

09 ❋❋❋

윗글의 ㉠, ㉡, ㉢에 들어갈 개념을 바르게 나열한 것은?

	㉠	㉡	㉢
①	배제성	경합성	자유재
②	배제성	경합성	공공재
③	배제성	희소성	공공재
④	경합성	배재성	자유재
⑤	경합성	희소성	공공재

10 ❋❋❋ 〔서술형〕

㉢의 생산을 시장에 맡겼을 때 발생할 수 있는 문제점을
㉠과 관련지어 서술하시오.

____

____

08 자산 관리와 금융 생활

• 문항 수 10개
• 제한 시간 15분

01 ✽✽✽

금융 상품 (가)~(다)에 대한 옳은 설명만을 〈보기〉에서 고른 것은?

(가) 수시로 자금을 맡기거나 찾을 수 있는 입출금이 자유로운 예금
(나) 가입액을 미리 정하여 목돈을 금융 기관에 일정 기간 맡기는 예금
(다) 미리 정한 일정한 금액을 매월 혹은 정해진 기간마다 추가하여 맡기는 예금

[보기]
ㄱ. 정기 예금은 (가)에 해당한다.
ㄴ. (나)는 만기 이전에 예금을 찾으면 가입 시 정한 이자보다 적은 이자를 받는다.
ㄷ. 정기 적금은 (다)에 해당한다.
ㄹ. (나)와 달리 (가)의 주된 목적은 이자 수입이다.

① ㄱ, ㄴ　　② ㄱ, ㄷ　　③ ㄴ, ㄷ
④ ㄴ, ㄹ　　⑤ ㄷ, ㄹ

02 ✽✽✽

다음 자료에 대한 설명으로 옳지 <u>않은</u> 것은?

(가) ⃝ㄱ 은 자산 가치가 줄어들지 않고 안전하게 보호될 수 있는 정도를 의미한다.
(나) ⃝ㄴ 은 투자 상품의 가격 상승이나 이자 수익을 기대할 수 있는 정도를 의미한다.
(다) ⃝ㄷ 은 보유 자산을 현금으로 쉽게 바꿀 수 있는 정도를 의미한다.

① 채권은 주식에 비해 ⃝ㄱ이 높다.
② 예금은 채권에 비해 ⃝ㄴ이 낮다.
③ 주식은 예금에 비해 ⃝ㄴ이 높다.
④ 예금은 비교적 ⃝ㄱ과 ⃝ㄷ이 높다.
⑤ 주식은 비교적 ⃝ㄴ과 ⃝ㄷ이 낮다.

03 ✽✽✽

다음 금융 상품 A~C에 대한 분석으로 가장 적절한 것은?

A: 일정액을 입금하고 만기일에 원리금을 받는 은행 예금
B: 기업이 투자자에게 회사 소유권의 일부를 주는 증서
C: 정부가 자금 조달을 위해 발행한 일종의 차용 증서

① A는 B보다 유동성이 낮다.
② A와 B는 수익이 고정되어 있다.
③ B는 C보다 안전성이 높다.
④ A를 해약하여 B를 구입하는 것은 안전성보다 수익성을 중시하는 선택이다.
⑤ '달걀을 한 바구니에 담지 말라'는 격언에 따르면 C를 선택하는 것이 가장 적절하다.

[04~05] (가), (나)는 주식과 채권 중 하나이다. 표를 보고 물음에 답하시오.

구분	(가)	(나)
자본 조달 형태	A	자기 자본
소유자의 권리	확정 이자 수취	의결권 등
수익의 형태 및 성격	B	C

04 ✽✽✽

(가), (나)에 대한 설명으로 옳지 <u>않은</u> 것은?

① A는 타인 자본, 즉 부채에 해당한다.
② 시세 차익은 B, C에 공통적으로 들어갈 수 있다.
③ (나)는 (가)와 달리 발행 주체가 다양하다.
④ (가)와 달리 (나)는 원금 상환의 의무가 없다.
⑤ (가), (나)는 예금자 보호법에 의해 보호받지 못한다.

05 ✽✽✽ 서술형

(가)의 특성을 (나)와 비교하여 안전성과 수익성의 측면에서 서술하시오.

___

다음 자료에 대한 옳은 설명만을 〈보기〉에서 고른 것은?

> 갑은 (가), (나) 중 하나를 선택하여 5천만 원을 투자하려고 한다.
> (가) ○○ 증권 회사에서 제공하는 정보를 참고하여 온라인 주식매매 시스템으로 ㉠주식에 투자하는 방안
> (나) □□금융 회사에서 주식 및 채권만을 대상으로 운용하는 ㉡펀드 상품에 투자하는 방안

[보기]
ㄱ. (가)는 국채 투자보다 안전성이 낮은 방안이다.
ㄴ. ㉠을 보유하게 되면 갑은 주주로서 배당을 받을 수 있는 권리를 가진다.
ㄷ. (나)는 직접 투자 금융 상품에 투자하는 방안이다.
ㄹ. ㉡은 주식회사가 자금을 조달하기 위하여 발행하는 증서이다.

① ㄱ, ㄴ   ② ㄱ, ㄷ   ③ ㄴ, ㄷ
④ ㄴ, ㄹ   ⑤ ㄷ, ㄹ

07 ❋❋❋

표는 갑~병의 금융 자산 투자 비중을 나타낸 것이다. 이에 대한 설명으로 옳은 것은?

구분	예금	주식	채권
갑	70	0	30
을	40	30	30
병	10	80	10

① 갑의 예금 총액은 을의 예금 총액보다 크다.
② 갑은 병에 비해 안전성을 추구하는 금융 자산을 선호한다.
③ 을은 병에 비해 '고위험 · 고수익' 금융 자산의 비중이 높다.
④ 병은 갑보다 정해진 이자를 받는 금융 자산에 더 많은 투자를 했다.
⑤ 갑, 을, 병 모두 배당 수익을 기대할 수 있다.

08 ❋❋❋

갑, 을의 생애 주기에 대한 옳은 설명만을 〈보기〉에서 고른 것은?

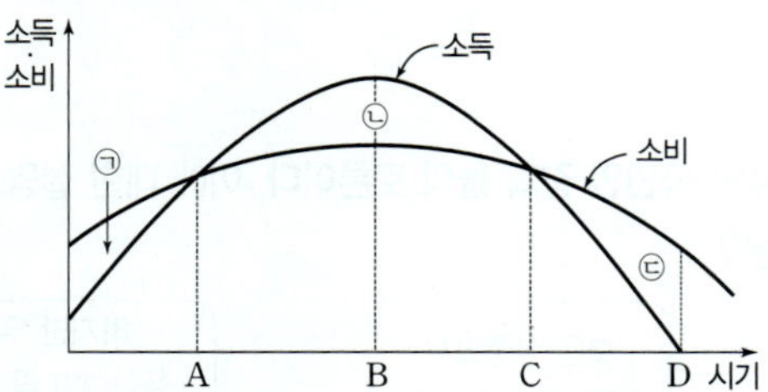

[보기]
ㄱ. 갑: 소득보다 소비가 많은 시기이다.
ㄴ. 갑: 소득이 가장 많지만 소비 규모도 크다.
ㄷ. 을: 마이너스 저축이 발생하게 되는 시기이다.
ㄹ. 을: 노후 대비를 위해 충분한 금융 자산을 확보해야 하는 시기이다.

① ㄱ, ㄴ   ② ㄱ, ㄷ   ③ ㄴ, ㄷ   ④ ㄴ, ㄹ   ⑤ ㄷ, ㄹ

09 ❋❋❋

그림은 일생 동안의 소득과 소비를 일치시키려는 사람이 작성한 재무 계획을 나타낸다. 이에 대한 설명으로 옳은 것은?

① 소비에 비해 소득의 안정적인 흐름을 계획하고 있다.
② ㉡이 '㉠+㉢'보다 크다.
③ C 시점에서 누적 저축액은 0이 된다.
④ A~B 시기에 부채는 감소한다.
⑤ B~C 시기에 소득 대비 소비 수준은 지속적으로 감소한다.

10 ❋❋❋ 서술형

다음 글을 읽고 갑의 포트폴리오를 구성하여 서술하시오. (단, 갑이 투자할 금융 자산은 예금, 주식뿐이다.)

> '100−나이'의 원칙이란 금융 상품에 투자를 할 때 100에서 자신의 나이를 뺀 숫자만큼의 비율을 수익성이 높은 자산에 투자하는 것이 적절하다는 원칙이다.
> 올해 25세인 갑은 본인의 투자 자금 1,000만 원을 '100−나이'의 원칙에 따라 투자하고자 한다.

09 국제무역과 지속가능발전

• 문항 수 10개
• 제한 시간 15분

01 ✿✿✿

국내 거래와 구별되는 무역의 특징에 대한 설명으로 옳지 <u>않은</u> 것은?

① 각 나라의 언어 및 관습이 달라서 의사소통에 문제가 발생할 수 있다.
② 무역은 국내 거래에 비해 생산물의 이동에 필요한 수송비가 더 많이 든다.
③ 각 나라의 법규와 제도가 다르기 때문에 국내 거래에 비해 생산 요소의 이동이 제한될 수밖에 없다.
④ 각국은 서로 다른 경제·사회·법률 제도를 가지고 있기 때문에 국내 거래에 비해 추가적인 고려 사항들이 존재한다.
⑤ 과거에는 기술 및 서비스 분야의 국제 거래가 대부분을 차지했지만, 오늘날에는 재화와 자원도 다양하게 거래되고 있다.

02 ✿✿✿

다음은 A국 국민인 갑과 을의 토론이다. 이에 대한 설명으로 옳은 것은?

① 갑은 비교 우위 원리에 따라 B국과의 교역에 반대한다.
② 을은 교역을 하게 되면 B국도 절대 우위 상품을 가지게 된다고 본다.
③ 갑의 주장에 따르면 A국은 B국보다 모든 상품 생산에서 기회비용이 더 크다.
④ 을의 주장에 따르면 B국은 A국에 비해 생산의 기회비용이 작은 상품을 수출할 수 있다.
⑤ 효율성의 측면에서, 교역을 찬성하는 을보다 이를 반대하는 갑의 주장이 더 타당하다.

03 ✿✿✿

㉠, ㉡에 대한 옳은 설명만을 〈보기〉에서 있는 대로 고른 것은?

• ㉠ 은/는 특정 상품을 다른 나라에 비해 더 적은 생산 비용을 투입해서 생산할 수 있는 능력을 말한다.
• ㉡ 은/는 특정 상품을 다른 나라에 비해 더 작은 기회비용으로 생산할 수 있는 능력을 말한다.

[보기]
ㄱ. ㉠은 절대 우위, ㉡은 비교 우위이다.
ㄴ. 특화의 기준은 ㉠이다.
ㄷ. 세계 각국은 ㉡이 있는 상품을 전문적으로 생산하여 무역을 통해 이익을 추구한다.
ㄹ. 상대적으로 더 효율적으로 생산할 수 있을 때 그 상품에 대해 ㉡을 갖는다고 말한다.

① ㄱ, ㄴ ② ㄴ, ㄷ ③ ㄷ, ㄹ ④ ㄱ, ㄴ, ㄷ ⑤ ㄱ, ㄷ, ㄹ

04 ✿✿✿

다음 자료의 (가)~(마)에 해당하는 것으로 옳은 것은?

표는 갑국과 을국이 의류 1벌과 기계 1대를 생산하기 위해 필요한 노동자 수를 나타낸다.

(단위: 명)

구분	의류(1벌)	기계(1대)
갑국	2	4
을국	3	7

위의 표를 통해 양국의 의류와 기계 생산의 기회비용을 계산하면 아래 표와 같다.

구분	기회 비용	
	의류(1벌)	기계(1대)
갑국	기계 (가) 대	의류 (나) 벌
을국	기계 (다) 대	의류 (라) 벌

그러므로 갑국은 (마) 생산에 비교 우위가 있다.

	(가)	(나)	(다)	(라)	(마)
①	1/2	2	3/7	7/3	의류
②	1/2	2	3/7	7/3	기계
③	2	1/2	7/3	3/7	의류
④	2/3	2/3	4/7	7/4	기계
⑤	2/3	2/3	4/7	7/4	의류

05 ★★★

표는 갑국과 을국이 X재와 Y재 각각 1단위를 생산하는 데 필요한 노동자의 수를 나타낸다. 이에 대한 옳은 분석 및 추론만을 〈보기〉에서 고른 것은? (단, 갑국과 을국은 X재와 Y재만 생산하고, 노동만을 생산 요소로 사용한다.)

구분	갑국	을국
X재	10명	8명
Y재	12명	5명

[보기]

ㄱ. 갑국은 X재에, 을국은 Y재에 절대 우위가 있다.
ㄴ. 갑국은 X재를, 을국은 Y재를 특화·생산하는 것이 유리하다.
ㄷ. 갑국이 특화한 상품을 2단위 생산하여 1단위를 교역할 경우, 3명의 노동력 절감 효과를 거둘 수 있다.
ㄹ. 을국이 특화한 상품을 2단위 생산하여 1단위를 교역할 경우, 특화 상품의 0.6단위에 해당되는 무역 이익을 얻을 수 있다.

① ㄱ, ㄴ   ② ㄱ, ㄷ   ③ ㄴ, ㄷ
④ ㄴ, ㄹ   ⑤ ㄷ, ㄹ

[06~07] 표는 갑국과 을국이 냉장고와 청소기를 1단위씩 생산하는 데 투입되는 비용을 나타낸 것이다. 이를 보고 물음에 답하시오.

구분	갑국	을국
냉장고	20달러	30달러
청소기	10달러	60달러

*전 세계에는 갑국, 을국 두 나라 밖에 없으며, 두 나라는 냉장고와 청소기만 생산한다. 생산 요소는 노동뿐이다.

06 ★★★ 단답형

갑국과 을국의 냉장고 1단위 생산의 기회비용을 각각 쓰시오.

---

07 ★★★ 서술형

두 나라가 각각 비교 우위 제품 2단위를 생산하여 냉장고와 청소기를 1단위씩 교환하기로 했다. 이때, 갑국과 을국이 얻을 수 있는 무역 이익을 서술하시오.

---

08 ★★★

경제학자 갑, 을의 입장에 대한 설명으로 옳지 <u>않은</u> 것은?

> 갑: 각국이 비교 우위의 원리에 따라 완전한 자유 무역을 하게 되면 세계 경제 전체의 생산량을 극대화할 수 있고, 모든 나라의 사회적 이익이 커질 것입니다.
> 을: 자유 무역의 이론대로라면 개발 도상국이나 후진국은 농업 부문에 특화할 수밖에 없어 공업화의 기회를 박탈당할 수도 있습니다.

① 갑: 보호 무역 정책을 펴게 되면 자원이 비효율적으로 배분된다.
② 갑: 자유 무역을 하면 국민 생활의 질적 향상이 가능해진다.
③ 을: 자유 무역은 선진국에만 유리하게 작용하여 세계의 빈부 격차를 심화시킬 수 있다.
④ 을: 국가의 경제적 독립을 확보하고 국민 경제의 발전을 위해서는 보호 무역이 필요하다.
⑤ 갑, 을: 자유 무역을 통한 저임금 노동자의 유입으로 고용 불안이 심화할 수 있다.

[09~10] 다음 글을 읽고 물음에 답하시오.

> 경제적 이해관계를 같이 하는 특정 국가끼리 상대국에서 수입하는 물품의 관세를 낮추어 자유롭게 상품과 서비스의 수출입 거래가 이루어지도록 한다.

09 ★★★ 단답형

윗글에서 설명하는 협정을 쓰시오.

---

10 ★★★

윗글에 나타난 협정 체결의 영향으로 적절하지 <u>않은</u> 것은?

① 국내 유치산업을 보호하기 어렵게 되었다.
② 비교 우위에 따른 국제 분업이 촉진될 것이다.
③ 경제 활동의 영역이 국제적으로 확대될 것이다.
④ 일자리 증감이나 국내 물가에는 별 영향을 주지 않을 것이다.
⑤ 다양한 상품이나 서비스를 낮은 가격에 소비할 기회가 증가한다.

10 세계화의 양상과 문제

• 문항 수 10개
• 제한 시간 15분

01 ✱✱✱

다음은 통합사회 수업의 한 장면이다. 교사의 질문에 옳게 답한 학생만을 고른 것은?

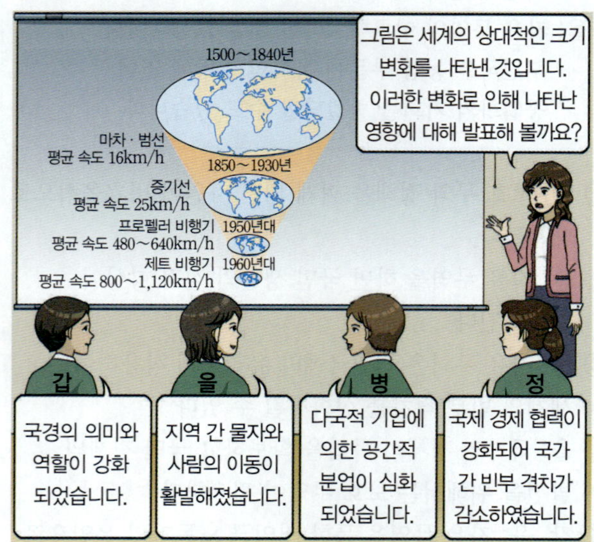

① 갑, 을　　② 갑, 병　　③ 을, 병
④ 을, 정　　⑤ 병, 정

02 ✱✱✱

(가), (나)에 대한 설명으로 옳은 것은?

(가)

(나)

프랑스는 부르고뉴 포도주가 부르고뉴에서 생산 및 가공되었음을 증명하고 표시할 수 있도록 인정해주고 있다.

이탈리아는 로마의 콜로세움이 하나의 매력적인 상품으로 보이도록 랜드마크로 개발하여 홍보하고 있다.

① (가)는 지역 문화의 고유성을 약화시킨다.
② (가)는 기업의 국제적 분업이 나타난 사례이다.
③ (나)는 세계화로 인해 지역 단위의 경쟁력이 중요해지며 등장했다.
④ (나)는 도시를 상징하는 도안을 만들어 대표적인 디자인으로 활용한 사례이다.
⑤ (가)는 (나)와 달리 지역화 전략에 해당한다.

03 ✱✱✱

다음 도시의 특징으로 옳지 않은 것은?

〈09시 20분〉 타임스 스퀘어에는 각종 뮤지컬과 연극 등의 문화 공연 극장이 밀집해 있다. 이곳에서 여러 국가의 공연을 상연하고, 세계 관광객들이 이를 즐긴다.
〈11시 00분〉 세계 평화 유지를 위해 설립된 국제 연합의 본부에서는 세계 각국 대표들이 모여 중요한 세계 문제를 논의한다.

① 생산자 서비스업 종사자 비중이 높다.
② 도시당 다국적 기업의 본사 수가 적다.
③ 세계 금융 시장에 미치는 영향력이 크다.
④ 다양한 국제회의 및 행사 등이 개최된다.
⑤ 다른 도시와의 교류가 활발하여 다양한 문화가 공존한다.

04 ✱✱✱

다음 글의 밑줄 친 ㉠~㉣에 대한 옳은 설명만을 〈보기〉에서 있는 대로 고른 것은?

㉠세계화가 국제 사회의 상호 의존성을 높이는 개념이라면, ㉡지역화는 이를 바탕으로 각 지역의 특성을 살리는 지역 특화의 개념이다. 세계의 여러 지방 자치 단체는 성공적인 지역화를 위해 ㉢지리적 표시제, ㉣장소 마케팅 등의 개념을 도입하고 있다.

[보기]

ㄱ. ㉠으로 기업의 활동 범위가 확대되고 있다.
ㄴ. ㉡으로 세계의 문화가 획일화되고 있다.
ㄷ. ㉢의 사례로는 보성의 녹차가 있다.
ㄹ. ㉣의 사례로는 보령의 머드 축제가 있다.

① ㄱ, ㄴ　② ㄴ, ㄷ　③ ㄱ, ㄹ　④ ㄱ, ㄷ, ㄹ　⑤ ㄴ, ㄷ, ㄹ

05 ✱✱✱ 서술형

개발 도상국의 입장에서 밑줄 친 ㉠이 가져올 부정적인 영향과 해결 방안 1가지를 서술하시오.

세계화가 진행됨에 따라 국가와 지역 간의 교류가 활발하게 이루어지면서 다양한 문화를 접할 수 있게 되었다. 특히 경제 발전 수준이 높고 정치적 영향력이 큰 ㉠선진국의 문화는 파급력이 높은 모습을 보이고 있다.

다음 글에 대한 옳은 설명만을 〈보기〉에서 있는 대로 고른 것은?

> 국내에 본사를 두고 있는 ○○스포츠는 제품의
> 디자인 및 개발은 국내에서 진행하지만, 생산 공장은
> 모두 외국에 설립했다. 창업 초기에 ○○스포츠는 생산
> 공장을 중국 □□지역에 설립하였으나, 최근 자사의
> 생산 공장을 인건비가 싼 베트남의 △△지역으로
> 옮기기로 했다.

[보기]

ㄱ. ○○스포츠는 여러 국가로 진출하여 생산 활동을
   한다.
ㄴ. ○○스포츠는 공간적 분업을 통해 이윤을
   극대화하고자 한다.
ㄷ. ○○스포츠는 무역 장벽을 극복하기 위해 생산
   공장을 옮겼다.
ㄹ. 중국의 □□지역은 베트남의 △△지역보다
   노동자의 평균 임금이 높을 것이다.

① ㄱ, ㄴ   ② ㄱ, ㄹ   ③ ㄴ, ㄷ
④ ㄱ, ㄴ, ㄹ   ⑤ ㄴ, ㄷ, ㄹ

07 ✸✸✸

(가) 여행에 대한 옳은 설명만을 〈보기〉에서 있는 대로 고른 것은?

[보기]

ㄱ. 윤리적인 소비 행위에 해당한다.
ㄴ. 선진국과 개발 도상국의 소득 격차를 심화시킨다.
ㄷ. 여행자들을 위한 대규모 지역 개발을 필요로 한다.
ㄹ. 현지인에게 실질적인 경제 혜택이 돌아가도록 한다.

① ㄱ, ㄴ   ② ㄱ, ㄹ   ③ ㄴ, ㄷ
④ ㄱ, ㄴ, ㄹ   ⑤ ㄴ, ㄷ, ㄹ

08 ✸✸✷

다음 글의 ㉠, ㉡에 대한 설명으로 옳은 것은?

> 세계화의 영향으로 상품, 자본, 정보, 문화가 국가의
> 경계를 넘나들며 세계가 하나로 통합되고 있다. 하지만
> 세계화가 언제나 ㉠긍정적인 역할만 하는 것은 아니며,
> ㉡해결해야 할 문제들을 가져오기도 한다.

① ㉠ – 선진국 문화의 확산으로 문화의 획일성이 높아진다.
② ㉠ – 국가 간 무역이 활발해지면서 국가 간의 소득
   격차가 줄어든다.
③ ㉠ – 보편적 가치가 확산되어 보편 윤리와 특수 윤리
   간의 갈등이 감소한다.
④ ㉡ – 선진국 생산자의 다국적 기업에 대한 경제적
   의존도가 심화된다.
⑤ ㉡ – 국제 사회에서 영어의 사용이 증가해 고유 언어가
   사라질 위기에 처했다.

[09~10] 지도는 ○○기업의 기능별 입지 분포를 나타낸
것이다. 이를 보고 물음에 답하시오.

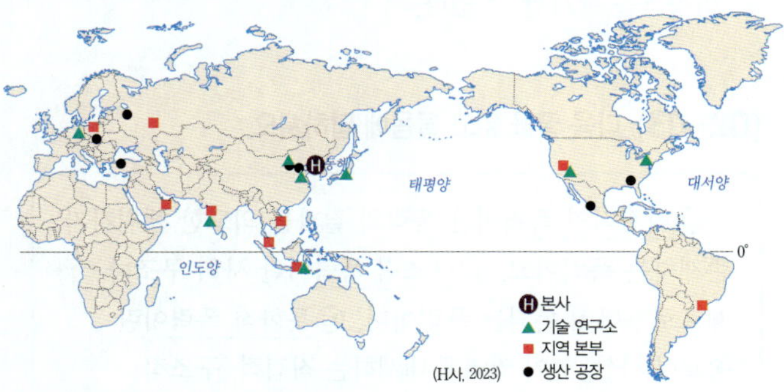

09 ✸✸✷

○○기업에 대한 옳은 설명만을 〈보기〉에서 고른 것은?

[보기]

ㄱ. ○○기업의 본사는 공간적으로 분산되어 있다.
ㄴ. ○○기업은 여러 국가에서 생산과 판매 활동을
   하고 있다.
ㄷ. ○○기업의 생산 공장은 인건비가 저렴한
   지역에만 입지한다.
ㄹ. ○○기업의 연구소는 기술 수준이 높은 선진국에
   주로 입지한다.

① ㄱ, ㄴ ② ㄱ, ㄷ ③ ㄴ, ㄷ ④ ㄴ, ㄹ ⑤ ㄷ, ㄹ

10 ✸✸✸ [서술형]

○○기업이 공간적 분업을 할 수 있게 된 배경을 세계 무역
기구(WTO)의 등장과 관련지어 서술하시오.

11 평화를 위한 국제 사회의 노력

· 문항 수 10개
· 제한 시간 15분

01 ✿✿✿

다음을 통해 알 수 있는 국제 사회의 모습으로 가장 적절한 것은?

- · 국가 원수의 만남을 통한 정상 회담
- · 국제 비정부 기구를 통한 기금 조성
- · 재난과 테러에 대한 공동 대응 체제 확립
- · 올림픽이나 월드컵과 같은 국제 스포츠 행사 개최

① 국제 사회의 질서를 주도하는 것은 강대국이다.
② 국제 사회의 다양한 분야에서 여러 형태의 협력이
   이루어지고 있다.
③ 국제 사회는 자국의 이익만을 추구하는 국가들의 상호
   작용일 뿐이다.
④ 국제 사회에서는 국가 정상 간 회담과 같은 공식적인
   협력만이 존재한다.
⑤ 국제 사회에서 국가가 아닌 개인이나 민간단체는
   영향력을 행사할 수 없다.

[02~03] 다음 글을 읽고 물음에 답하시오.

　　㉠직접적인 폭력이란 폭력의 결과를 의도한 행위자가
존재하는 폭력이고, ㉡구조적 폭력이란 사회 구조나
제도로부터 비롯되는 폭력이며, ㉢문화적 폭력이란
종교나 사상, 언어 영역에 내재하는 직접적, 구조적
폭력을 정당화하는 기능을 수행하는 폭력이다.

02 ✿✿✿

밑줄 친 ㉠~㉢에 대한 설명으로 옳은 것은?
① ㉠은 적극적 평화와 밀접한 관련이 없다.
② ㉠은 구조적 폭력을 정당화하는 데 이용된다.
③ ㉡은 종교·사상·언어·예술·과학 영역에 내재하는 폭력이다.
④ ㉢은 사회 제도와 관습, 억압과 착취 등에 의한 폭력을
   말한다.
⑤ ㉠, ㉡, ㉢이 모두 사라진 상태를 적극적 평화라고 한다.

03 ✿✿✿　서술형

소극적 평화와 적극적 평화의 차이를 ㉠, ㉡, ㉢을 모두
사용하여 설명하고, 진정한 평화를 위해 지향해야 할 평화는
무엇인지 서술하시오.

04 ✿✿✿

다음 사상가의 입장으로 옳은 설명만을 〈보기〉에서 있는 대로
고른 것은?

　　직접적 폭력은 그 자체로 보복과 공격적인 소요를
일으킨다. 구조적 폭력은 그 자체로 반복되거나
완성된 폭력을 낳고, 문화적 폭력 역시 반복과 완성을
통해 그 자체를 형성한다. 직접적인 폭력은 구조적인
폭력을 형성하는데, 문화적 폭력은 이러한 모든 폭력을
합법화시킬 수 있다.

─────[보기]─────
ㄱ. 국가 간 전쟁이 없는 상태가 진정한 의미의 평화이다.
ㄴ. 문화적 폭력은 구조적 폭력을 올바른 것으로 보이게
　　한다.
ㄷ. 종교, 예술, 언어 등은 폭력을 정당화하는 데 이용될
　　수 있다.
ㄹ. 진정한 평화를 달성하기 위한 직접적 폭력의 사용은
　　인정된다.

① ㄱ, ㄴ　② ㄱ, ㄹ　③ ㄴ, ㄷ　④ ㄱ, ㄴ, ㄹ　⑤ ㄴ, ㄷ, ㄹ

05 ✿✿✿

빈칸 ㉠에 들어갈 내용으로 가장 적절한 것은?

　　아프리카에 위치한 남수단은 2011년 수단으로부터 분리
독립하였다. 하지만 분리되기 전 수단은 22년에 걸쳐 북부와
남부의 갈등이 있어 왔다. 당시 북부와 남부의 주민은 언어와
종교는 물론 역사적으로도 많은 이질성이 존재하였다. 결국 여러
이유로 북부와 남부는 두 차례의 내전을 겪게 되었고, 2005년에
포괄적 평화 협정을 체결하였다. 그리고 2011년에 수단과
남수단으로 분리되었다. 그러나 남수단의 분리 독립 이후에도 두
국가는 원유 수입 배분, 국경선 획정 등의 문제로 여전히 갈등을
겪고 있다. 이와 같은 수단과 남수단의 분리 과정과 이후 모습을
통해 　　㉠　　

① 국제 사회의 갈등 양상이 복잡하다는 점을 알 수 있다.
② 국제 사회의 협력과 갈등이 줄어들고 있음을 알 수 있다.
③ 국제 사회의 갈등은 단일한 요인에 의해 주로
   발생된다는 점을 알 수 있다.
④ 국제 사회에서는 자국의 이익을 포기하려는 경향이
   두드러지고 있다는 점을 알 수 있다.
⑤ 국제 사회는 세계화의 흐름에 따라 여러 나라가
   통합된 정치 체제로 전환되고 있음을 알 수 있다.

06 ❋❋❀

자료에 나타난 분쟁 지역을 지도에서 옳게 고른 것은? [3점]

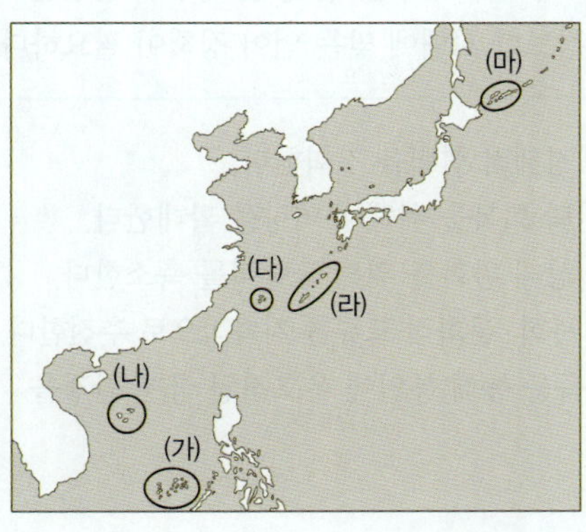

동아시아사 신문
○○○○년 △△월 □□일

중·일 영유권 분쟁

센카쿠 열도(댜오위다오)의 한 섬에 상륙한 시위대를 일본 당국이 체포한 이후 중국과 일본의 갈등이 격화되고 있다. 일본 당국은 이들을 곧 석방하였지만 후속 조치로 민간 소유 섬을 국유화하였고, 이에 대해 중국 곳곳에서 반일 시위가 일어나고 있다.

▲ 섬에 상륙한 시위대

① (가)
② (나)
③ (다)
④ (라)
⑤ (마)

07 ❋❋❀

국제 사회의 행위 주체인 ㉠~㉣에 대한 옳은 설명만을 〈보기〉에서 고른 것은?

㉠ 포르투갈로부터 독립한 동티모르는 1976년 인도네시아의 일부로 강제로 편입되었다. 그 이후 동티모르와 ㉡ 인도네시아는 20여 년간 분쟁을 겪었다. 동티모르 주민들이 독립을 위해 노력한 결과 ㉢ 국제 연합(UN)의 주관으로 동티모르의 독립과 자치를 결정하는 주민 투표가 실시되고 독립 준비는 '동티모르 독립을 위한 국제 연합 과도 행정 기구'를 중심으로 진행되었다. ㉣ 동티모르는 2002년에 독립적인 국가로 공식 선언되었다.

[보기]
ㄱ. ㉠은 국제법의 지배를 받지 않는 행위 주체이다.
ㄴ. ㉡은 이익 추구를 위한 공식적 외교 활동을 한다.
ㄷ. ㉢은 다양한 국제 분쟁을 중재하는 역할을 한다.
ㄹ. ㉣은 정부 간 국제기구의 회원국이 될 자격이 없다.

① ㄱ, ㄴ ② ㄱ, ㄷ ③ ㄴ, ㄷ ④ ㄴ, ㄹ ⑤ ㄷ, ㄹ

08 ❋❋❋❀

다음과 같은 국제 사회의 행위 주체들의 역할만을 〈보기〉에서 고른 것은?

• 국제 연합은 제2차 세계 대전 후에 항구적인 국제 평화와 안전 보장을 목적으로 결성된, 현재 유일한 범세계적인 국제기관이다.
• 세계 무역 기구는 회원국 간 무역 자유화를 촉진하기 위해 설립된 국제기구이다. 무역에서의 공정성과 투명성을 보장하기 위해 국제 무역의 규칙을 제정하며, 무역 분쟁을 조정하고 해결하는 역할을 맡는다.

[보기]
ㄱ. 국가들 사이의 이해관계를 조정한다.
ㄴ. 국제 규범을 정립함으로써 국제 관계에 영향을 준다.
ㄷ. 국민의 수나 영토의 크기와 관계없이 독립적인 주권을 행사한다.
ㄹ. 민간단체를 중심으로 지구촌 공통의 문제에 공동 대응하기 위해 노력한다.

① ㄱ, ㄴ ② ㄱ, ㄷ ③ ㄴ, ㄷ ④ ㄴ, ㄹ ⑤ ㄷ, ㄹ

[09~10] 다음 글을 읽고 물음에 답하시오.

(가) 경제 협력 개발 기구(**OECD**)는 세계 경제의 발전과 무역 촉진을 위해 만들어진 국제기구로, 회원국의 경제 성장과 금융 안정을 추구한다.
(나) 국제 환경 단체인 그린피스는 미세 플라스틱의 유해성을 알리는 보고서 "우리가 먹는 해산물 속 플라스틱"을 발간하고, 생활용품 속 미세 플라스틱에 대한 법적 규제를 요구했다.

09 ❋❋❋❀

(가), (나)에 대한 설명으로 가장 적절한 것은?
① (가)는 국제 비정부 기구이다.
② (가)는 독립적 주권을 행사할 수 있다.
③ (나)는 각국의 정부를 회원으로 하는 국제 사회의 행위 주체이다.
④ (나)는 인류의 보편적 가치인 환경 보호, 국제 평화 증진 등을 위해 노력한다.
⑤ (가)는 초국가적 행위의 주체, (나)는 국가 내부적 행위의 주체이다.

10 ❋❋❋ 서술형

(가), (나)에 나타난 행위 주체를 무엇이라고 하는지 각각 쓰고, 해당 행위 주체들이 생겨난 배경을 국제 사회에서 발생하는 문제와 관련지어 서술하시오.

12 남북 분단 및 동아시아의 역사 갈등

• 문항 수 10개
• 제한 시간 15분

01 ✱✱✱

대화의 빈칸 ㉠에 들어갈 질문으로 가장 적절한 것은?

① 남북 분단의 원인은 무엇인가?
② 민족의 동질성 회복 방안은 무엇인가?
③ 남북의 이념적 갈등의 원인은 무엇인가?
④ 통일을 위한 노력으로는 어떠한 것이 있는가?
⑤ 분단으로 인한 경제적 손실에는 어떠한 것이 있는가?

02 ✱✱✱

다음에서 강조하고 있는 내용으로 가장 적절한 것은?

> 제2차 세계 대전 이후 국제 정세는 미국과 소련을 중심으로 하는 냉전 질서로 재편되었다. 광복 후 우리나라에도 미소 양군이 진주하고, 좌우익의 대립이 이어졌다. 냉전 질서는 미국과 소련이 각각 한반도에 대한 영향력을 확대하려는 의도가 반영된 것이다. 이로 인해 우리 민족의 의사는 잘 반영되지 않은 채 임의적인 군사 분계선인 38선이 형성되었으며, 점차 이것이 분단을 고착화시켰다.

① 남북 분단의 원인은 민족의 응집력 부족에 있다.
② 남북 분단과 냉전 질서는 직접적인 관련성이 없다.
③ 국제 연합은 한반도의 분단에 대한 가장 큰 책임을 져야 한다.
④ 남북 분단은 강대국에 의한 이념 대립에서 원인을 찾을 수 있다.
⑤ 민족 구성원들의 자발적 합의와 동의를 바탕으로 분단이 시작되었다.

03 ✱✱✾

다음의 상황을 개선하기 위한 노력으로 가장 적절한 것은?

> 같은 언어를 사용하던 남북한이 다른 어문 정책을 펴온 이후로 남북 간의 언어 이질화 문제가 심각해지고 있다. 또한 분단 이후 정보화가 진전되면서 언어를 입력하는 컴퓨터 자판의 체계도 다르게 만들어졌다. 이런 추세대로라면 자칫 남북한을 한민족으로 묶는 중요한 징표인 언어 문화마저 서로 다른 길을 걷게 될 것이라는 우려의 목소리가 높다. 통일 이후에 혼란을 겪지 않도록 정보화 시대에 맞는 언어 정책이 필요하다.

① 남북한 간의 경제적 협력을 강화한다.
② 상호 간의 신뢰 회복을 위해 무역량을 확대한다.
③ 군사적 긴장 상태 완화를 위해 국방비를 축소한다.
④ 남북한 간의 사회·문화적 교류를 지속적으로 추진한다.
⑤ 주변국의 설득을 통해 통일에 우호적인 국제 환경을 조성한다.

[04~05] 다음 글을 읽고 물음에 답하시오.

> 갑: 통일이 되면 불필요한 민족적 역량 낭비 요소를 없애고 국토를 효율적으로 이용할 수 있어. 또한 ㉠군사적 대립으로 인한 국방비나 이산가족의 고통 등 남북이 분단되어 발생하는 비용을 줄일 수 있어.
> 을: 하지만 통일을 위해 드는 비용 문제도 있어. ㉡남북 교류를 위한 비용, 통일 후 경제 개발을 위한 비용도 고려해야 해.

04 ✱✾✾

밑줄 친 ㉠, ㉡을 바르게 연결한 것은?

	㉠	㉡		㉠	㉡
①	통일 비용	분단 비용	②	통일 비용	통일 편익
③	분단 비용	통일 비용	④	분단 비용	통일 편익
⑤	분단 비용	방위 비용			

05 ✱✱✱ 서술형

통일의 필요성을 ㉠의 사례 두 가지와 함께 서술하시오.

____

____

06 ★★☆

다음 분쟁들에 대한 옳은 설명만을 〈보기〉에서 고른 것은?

- 센카쿠 열도 분쟁
- 시사 군도 분쟁
- 난사 군도 분쟁
- 쿠릴 열도 남부의 4개 섬 분쟁

[보기]
ㄱ. 역사적 배경과 해양 자원을 둘러 싼 분쟁이다.
ㄴ. 이러한 분쟁은 한반도의 경제적 성장의 중요한
　　발판이 되고 있다.
ㄷ. 중국과 일본, 베트남, 러시아, 필리핀 등의 국가가
　　주요 분쟁 대상국이다.
ㄹ. 청일 전쟁이나 러일 전쟁 등의 배경과는 무관한
　　국제 사회의 영토 분쟁이다.

① ㄱ, ㄴ　② ㄱ, ㄷ　③ ㄴ, ㄷ　④ ㄴ, ㄹ　⑤ ㄷ, ㄹ

[07~08] 다음 글을 읽고 물음에 답하시오.

　동북공정이란 '동북 변경 지역의 역사와 현상에 관한 체계적인 연구 과제'로 중국 중앙 정부의 승인을 받아 중국 사회 과학원이 주축이 되어 동북 3성, 즉 랴오닝성, 지린성, 헤이룽장성의 역사, 지리, 민족에 대한 문제를 집중적으로 연구하는 사업이다. ㉠중국은 해당 사업을 통해 역사를 왜곡하는 주장을 펼치고 있다.

07 ★★☆

밑줄 친 ㉠에 해당하는 내용으로 옳은 것만을 〈보기〉에서 고른 것은?

[보기]
ㄱ. 고조선의 역사가 중국의 역사라고 주장하였다.
ㄴ. 침략 전쟁은 정당한 전쟁이었다고 주장하였다.
ㄷ. 고구려가 중국의 지방 정권이라고 주장하였다.
ㄹ. 발해의 역사는 중국 중앙 정부와는 관련이 없다고
　　주장하였다.

① ㄱ, ㄴ　② ㄱ, ㄷ　③ ㄴ, ㄷ　④ ㄴ, ㄹ　⑤ ㄷ, ㄹ

08 ★★☆ 서술형

중국이 동북공정을 추진하는 이유를 중국 영토 내의 소수 민족과 관련지어 서술하시오.

09 ★★★

(가)와 관련된 역사 갈등으로 옳은 것에만 모두 '✓'를 표시한 학생은?

세계유산위원회는 군함도를 세계유산에 등재하되, 각 유산의 전체 역사를 이해할 수 있도록 할 것을 전제로 했다.

하지만 　(가)　은/는 군함도와 관련된 조선인 강제노동 사실을 제대로 알리지 않았다.

내용＼학생	갑	을	병	정	무
역사 교과서 내용을 왜곡해 침략 전쟁을 미화하고 있다.	✓			✓	✓
'위안부' 동원이 자발적으로 진행되었다고 주장하고 있다.	✓		✓		✓
고구려의 역사를 자기 나라의 역사로 편입하려고 하고 있다.	✓	✓		✓	
독도가 일본의 영토로 편입되었다는 왜곡된 주장을 펼치고 있다.		✓	✓		✓

① 갑　　② 을　　③ 병　　④ 정　　⑤ 무

10 ★★☆

다음 글에 나타난 역사 갈등을 해결하기 위한 방안만을 〈보기〉에서 있는 대로 고른 것은?

- 일본은 학생들에게 한국 침략을 미화하고 정당화하는 내용을 가르치고 있으며, 상당수 일본의 정치인들은 이를 인정하고 아무런 문제가 없다는 식으로 반응하고 있다.
- 중국은 고조선, 고구려, 발해 등 과거 만주 지역을 중심으로 전개된 우리 역사를 중국의 지방사로 규정하는 역사관을 강조하고 있다.

[보기]
ㄱ. 한·일 정상이 한·일 파트너십 공동 선언을
　　발표하였다.
ㄴ. 한국·중국·일본 간의 민간 교류를 통해 공동
　　역사 교재를 발행하였다.
ㄷ. 중국 정부가 만주 지역의 역사와 문화를 연구하는
　　동북공정을 본격화하였다.
ㄹ. 동아시아 청소년 역사 체험 캠프에 참여하여 다른
　　나라의 역사를 이해하기 위해 노력하였다.

① ㄱ, ㄴ　② ㄱ, ㄷ　③ ㄷ, ㄹ　④ ㄱ, ㄴ, ㄹ　⑤ ㄴ, ㄷ, ㄹ

13 세계의 인구와 인구 문제

· 문항 수 10개
· 제한 시간 15분

01 ✽✽✽

인구 분포와 관련된 A~D 지역의 지리적 특색으로 옳은 내용만을 〈보기〉에서 고른 것은?

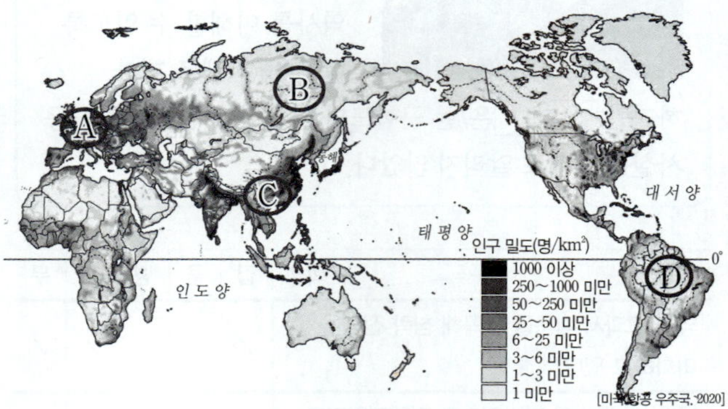

[보기]

ㄱ. A: 이른 산업화로 인구가 밀집되어 분포한다.

ㄴ. B: 기온의 연교차가 크고 겨울 기온이 낮아 인구
　　밀도가 낮다.

ㄷ. C: 계절풍의 영향으로 농사가 어려워 인구 밀도가
　　낮다.

ㄹ. D: 열대밀림 등이 발달하여 인구 밀도가 높다.

① ㄱ, ㄴ　② ㄱ, ㄷ　③ ㄴ, ㄷ　④ ㄴ, ㄹ　⑤ ㄷ, ㄹ

02 ✽✽✽

다음은 지역(대륙)별 인구 규모 변화를 예측한 것이다. 이를 보고 추론한 내용으로 가장 적절한 것은?

(단위 : 백만 명)

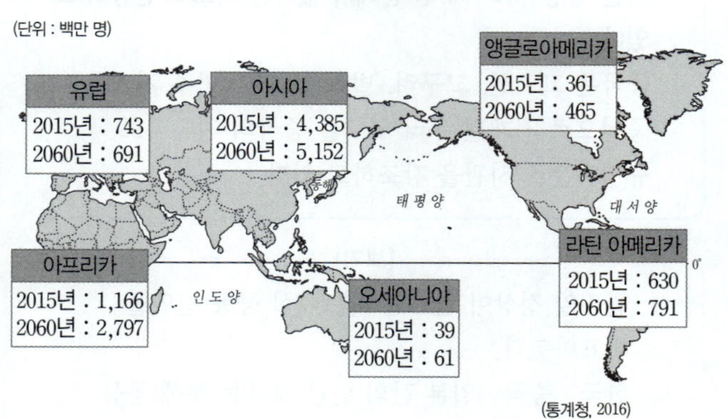

① 유럽은 아시아보다 기근과 질병이 심할 것이다.

② 인구 증가율은 오세아니아가 가장 높을 것이다.

③ 2015년에 비해 2060년의 세계 인구는 감소할 것이다.

④ 여성 1명당 출생아 수는 아프리카가 가장 많을 것이다.

⑤ 2015년과 2060년의 인구 최대 지역(대륙)은 서로
　다를 것이다.

03 ✽✽✽

그래프는 두 국가의 인구 피라미드이다. (가) 국가와 비교한 (나) 국가의 상대적인 특색을 그림의 A~E에서 고른 것은?

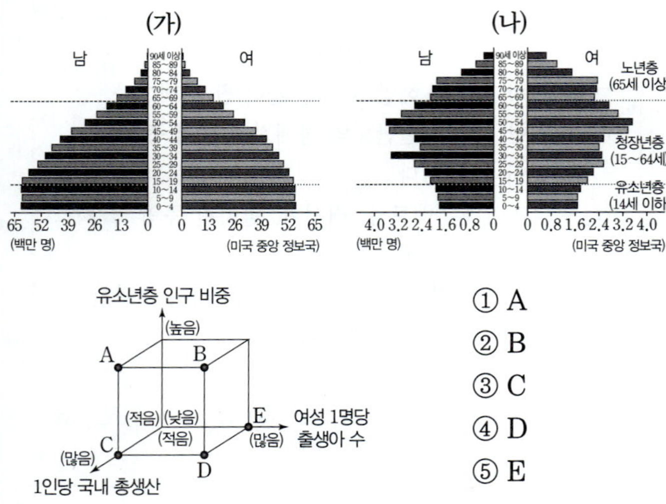

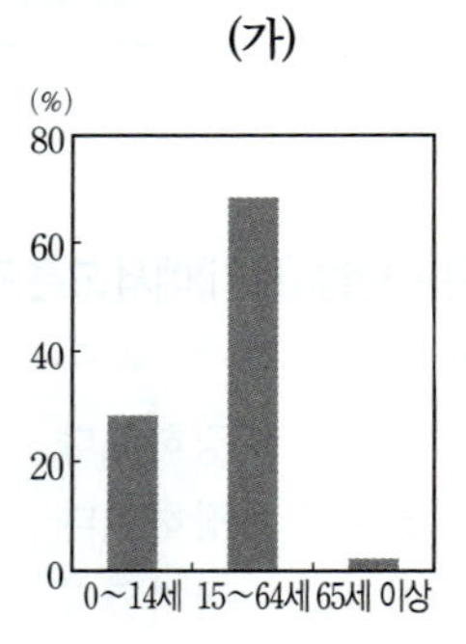

① A

② B

③ C

④ D

⑤ E

04 ✽✽✽

그래프는 두 국가의 연령층별 인구 비중을 나타낸 것이다. (가), (나) 국가에 대한 적절한 추론만을 〈보기〉에서 있는 대로 고른 것은?

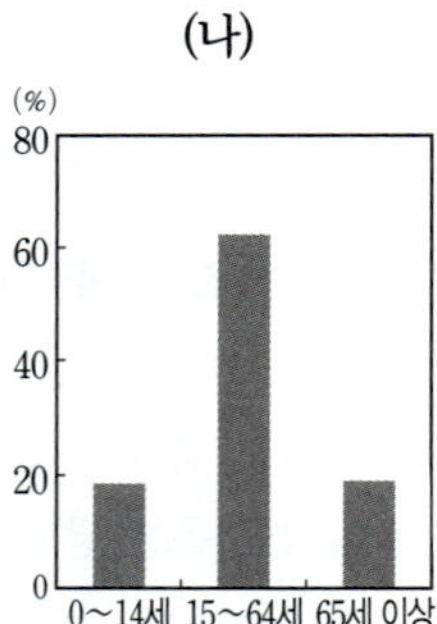

[보기]

ㄱ. (가)는 북유럽에 위치해 있을 것이다.

ㄴ. (나)는 인구 변천 모형의 3단계(인구 성장)에
　　해당할 것이다.

ㄷ. (가)는 (나)보다 1차 산업 종사자의 비중이 높을
　　것이다.

ㄹ. (나)는 (가)보다 1인당 국내 총생산(GDP)이 많을
　　것이다.

① ㄱ, ㄴ　　　② ㄱ, ㄷ　　　③ ㄷ, ㄹ

④ ㄱ, ㄴ, ㄹ　　⑤ ㄴ, ㄷ, ㄹ

05 ✽✽✽

다음 지도에 표현된 인구 이동에 대한 설명으로 옳은 것은?

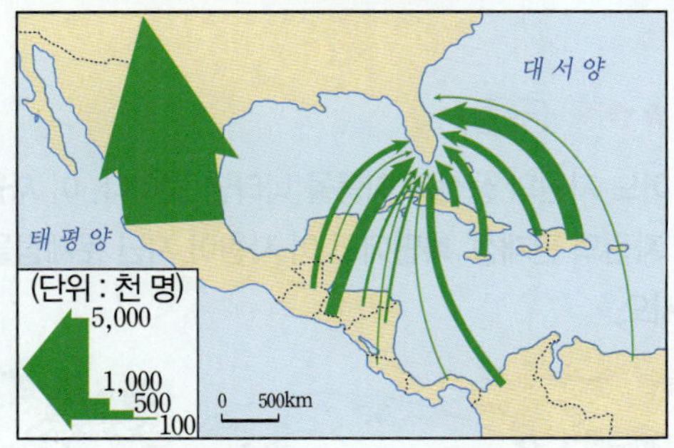

① 환경적 이동에 해당한다.
② 유출국은 모두 선진국이다.
③ 최대 유입 지역은 라틴 아메리카이다.
④ 유입 지역의 청장년층 비중이 낮아진다.
⑤ 이주민들은 대부분 단순 노동 직종에 종사한다.

[06~07] 그래프는 인구 변천 모형을 나타낸 것이다. 이를 보고 물음에 답하시오.

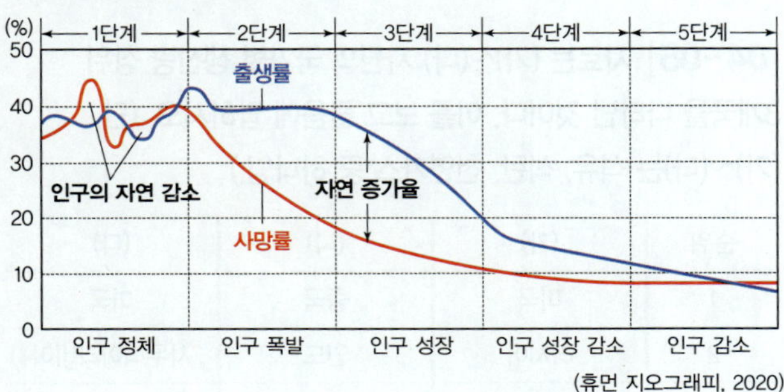

06 ✽✽✽

인구 증가가 뚜렷한 단계만을 있는 대로 고른 것은?

① 1단계, 2단계
② 2단계, 3단계
③ 4단계, 5단계
④ 1단계, 2단계, 3단계
⑤ 3단계, 4단계, 5단계

07 ✽✽✽

각 단계에 대한 설명으로 옳지 <u>않은</u> 것은?

① 1단계에는 출생률과 사망률 모두 높아 인구 증가율이 낮다.
② 2단계는 의학 기술의 발달로 인구가 급속히 증가하는 단계이다.
③ 3단계에서는 출산 장려 정책 시행으로 인구 증가율이 높아진다.
④ 4단계는 출생률과 사망률이 모두 낮아 인구 증가율이 낮다.
⑤ 5단계의 일부 선진국은 저출생과 고령화로 인해 인구가 자연적으로 감소한다.

08 ✽✽✽

자료는 청년 세대와 노년 세대의 걱정을 나타낸 것이다. (가)에 들어갈 알맞은 내용만을 〈보기〉에서 있는 대로 고른 것은?

[보기]
ㄱ. 몸이 아파서 더 이상 일을 하기 어려워요.
ㄴ. 결혼하고 아이를 가지고 싶어도 돈이 부족해요.
ㄷ. 의료 비용이 많이 드니까 자녀들이 모시기를 꺼려해요.
ㄹ. 아이를 믿고 맡길 곳이 적고 학원비도 너무 비싸서 고민이 많아요.

① ㄱ, ㄴ
② ㄱ, ㄷ
③ ㄷ, ㄹ
④ ㄱ, ㄴ, ㄹ
⑤ ㄴ, ㄷ, ㄹ

[09~10] 다음은 두 국가의 인구 정책을 나타낸 것이다. 이를 보고 물음에 답하시오.

- (가) 에서는 둘만 낳기 캠페인과 함께 임신을 미루면 정부 지원금을 지급하는 등의 인구 정책을 시행하고 있다.
- (나) 에서는 출산 휴가 연장, 주당 근로 시간 단축, 아동 양육 휴가와 아동 가정 양육 수당 도입 등의 인구 정책을 확대하고 있다.

09 ✽✽✽ 단답형

(가), (나) 국가는 인도, 덴마크 중 어디에 해당하는지 쓰시오.

10 ✽✽✽ 서술형

(가) 국가와 비교한 (나) 국가의 상대적 특징을 출생률, 노년층 인구 비중, 3차 산업 종사자 비중 측면에서 서술하시오.

14 에너지 자원과 지속가능한 발전

• 문항 수 10개
• 제한 시간 15분

01 ✿✿✿

그래프는 세계의 에너지 소비량 변화를 나타낸 것이다. A~C 에너지에 대한 설명으로 옳은 것은? (단, A~C는 석유, 석탄, 천연가스 중 하나임.)

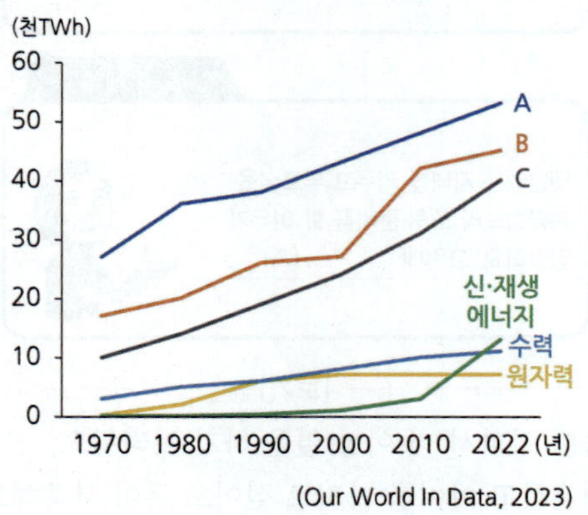

① A는 고생대 지층에 주로 매장되어 있다.
② B는 산업 혁명 시기에 주요 에너지 자원이었다.
③ C는 주로 화학 공업의 원료로 이용된다.
④ B는 A보다 국제 이동량이 많다.
⑤ C는 B보다 연소 시 대기 오염 물질 배출량이 많다.

02 ✿✿✿

그래프는 두 화석 에너지의 지역별 수출량 비중을 나타낸 것이다. (가), (나) 에너지에 대한 설명으로 옳은 것은? (단, (가), (나)는 석유, 석탄, 천연가스 중 하나임.)

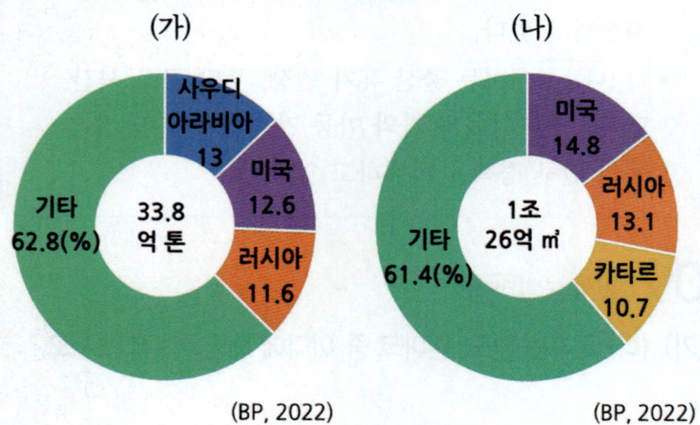

① (가)는 기체, (나)는 액체 상태로 채굴된다.
② (가)는 (나)보다 세계 에너지 사용량이 적다.
③ (가)는 (나)보다 연소 시 대기 오염 물질의 배출량이 많다.
④ (나)는 (가)보다 수송용 연료로 많이 이용된다.
⑤ (가), (나) 모두 신·재생 에너지에 해당한다.

03 ✿✿✿ 서술형

지도는 어느 자원의 생산과 이동을 나타낸 것이다. 이 자원의 이름과 '자원의 편재성' 측면에서 이 자원이 지닌 문제점을 서술하시오.

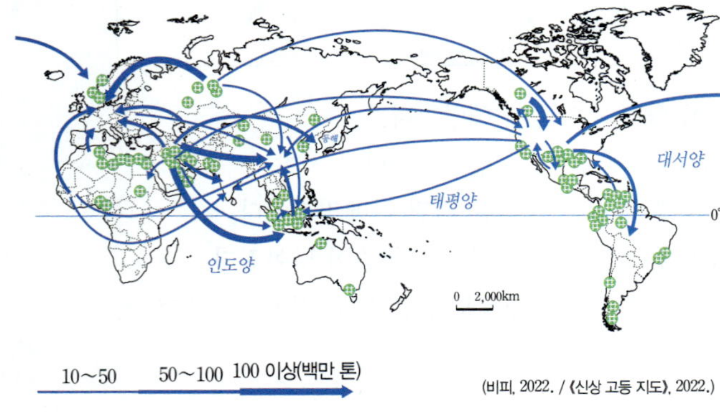

[04~05] 자료는 (가)~(다) 자원의 국가별 생산량 상위 3개국을 나타낸 것이다. 이를 보고 물음에 답하시오. (단, (가)~(다)는 석유, 석탄, 천연가스 중 하나임.)

순위	(가)	(나)	(다)
1	미국	중국	미국
2	러시아	인도	사우디아라비아
3	이란	인도네시아	러시아

04 ✿✿✿

(가)~(다) 자원에 대한 설명으로 옳은 설명만을 〈보기〉에서 있는 대로 고른 것은?

[보기]
ㄱ. (가)는 냉동 액화 기술의 발달로 국제 이동량이 증가했다.
ㄴ. (나)는 주로 제철 공업이나 화력 발전에 사용된다.
ㄷ. (다)는 편재성이 커서 국제 이동량이 많다.
ㄹ. (다)는 (나)보다 사용한 역사가 긴 에너지 자원이다.

① ㄱ, ㄴ ② ㄱ, ㄷ ③ ㄴ, ㄹ ④ ㄱ, ㄴ, ㄷ ⑤ ㄴ, ㄷ, ㄹ

05 ✿✿✿ 서술형

(가)~(다) 에너지 자원이 매장되어 있는 지층을 각각 서술하시오. (단, 해당 지층의 지질시대를 반드시 언급할 것.)

06 ✿✿✿

A~C 에너지 자원에 대한 옳은 설명은? (단, A~C는 각각
석탄, 석유, 천연가스 중 하나임.)

> • A, C보다 B는 세계 1차 에너지 소비량에서 소비량이
>   많다.
> • B, C보다 A는 연소 시 대기 오염 물질 배출량이 적다.

① A는 1차 에너지원 중 소비량이 두 번째로 많다.
② B의 주요 수출국은 사우디아라비아, 미국이다.
③ A와 B는 서로 다른 지질시대의 지층에 매장되어 있다.
④ C는 냉동 액화 기술의 발달로 국제 이동량이 증가했다.
⑤ C는 B보다 상용화된 시기가 느리다.

[07~08] 자료는 (가), (나)의 대륙별 생산 비중을 나타낸
것이다. 이를 보고 물음에 답하시오. (단, (가), (나)는 석유, 석탄,
천연가스 중 하나임.)

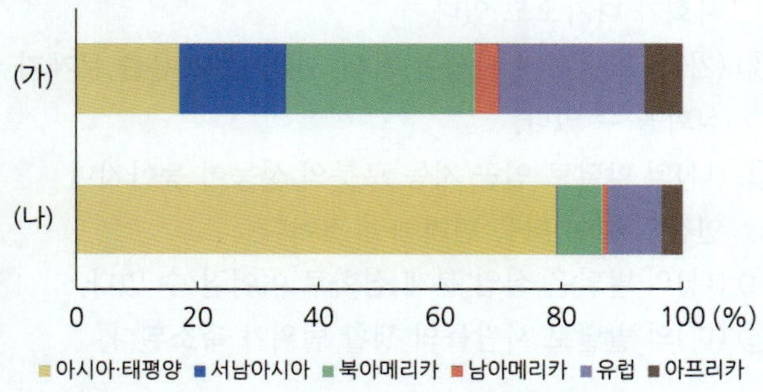

07 ✿✿✿

화석 에너지 자원 (가), (나)를 바르게 연결한 것은?

	(가)	(나)		(가)	(나)
①	석탄	석유	②	석유	천연가스
③	석유	석탄	④	천연가스	석탄
⑤	천연가스	석유			

08 ✿✿✿

(가), (나) 자원에 대한 옳은 설명만을 〈보기〉에서 고른 것은?

> [보기]
> ㄱ. (가)는 주로 수송용으로 이용되는 에너지 자원이다.
> ㄴ. (나)는 신생대 지층에 주로 매장되어 있다.
> ㄷ. (가)는 (나)보다 가정용 연료로 많이 사용된다.
> ㄹ. (나)는 (가)보다 세계에서 소비되는 양이 많다.

① ㄱ, ㄴ ② ㄱ, ㄷ ③ ㄴ, ㄷ ④ ㄴ, ㄹ ⑤ ㄷ, ㄹ

09 ✿✿✿

다음은 지구 온난화를 막기 위한 정책으로 시행되고 있는
제도를 도식화한 것이다. 해당 제도에 대한 옳은 설명만을
〈보기〉에서 고른 것은?

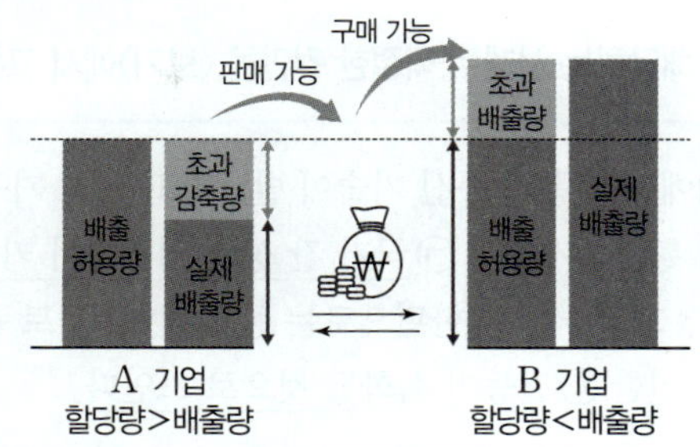

> [보기]
> ㄱ. 제도의 이름은 온실가스 배출권 거래제이다.
> ㄴ. 사회 취약 계층을 지원하기 위해 만들어진 제도이다.
> ㄷ. 화석 에너지의 소비량을 줄이는 데 도움이 될 수
>   있다.
> ㄹ. 공정 무역 제품 구매 등 윤리적 소비를 강조하는
>   제도이다.

① ㄱ, ㄴ   ② ㄱ, ㄷ   ③ ㄴ, ㄷ
④ ㄴ, ㄹ   ⑤ ㄷ, ㄹ

10 ✿✿✿

그림은 일상생활과 관련된 온실가스 발생량을 나타낸 것이다.
탄소 발자국을 줄이기 위한 적절한 생활 습관만을 〈보기〉에서
있는 대로 고른 것은?

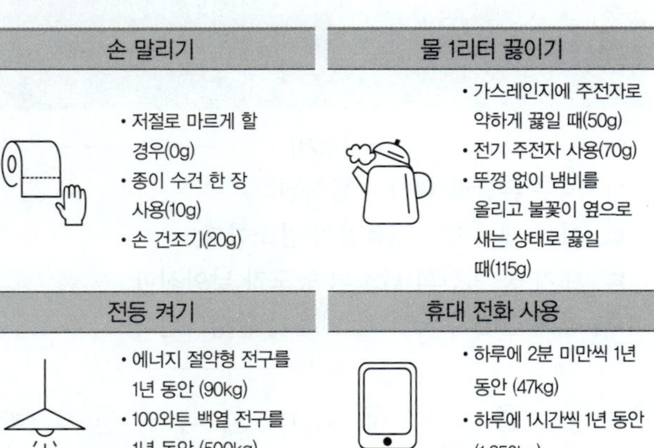

> [보기]
> ㄱ. 휴대 전화 사용 시간을 최소화한다.
> ㄴ. 손을 말릴 때에는 손 건조기를 사용한다.
> ㄷ. 물을 끓일 때에는 전기 주전자를 사용한다.
> ㄹ. 실내조명에 에너지 절약형 전구를 설치한다.

① ㄱ, ㄴ   ② ㄱ, ㄹ   ③ ㄷ, ㄹ
④ ㄱ, ㄴ, ㄷ   ⑤ ㄴ, ㄷ, ㄹ

15 미래 사회와 세계시민으로서의 삶

- 문항 수 10개
- 제한 시간 15분

01 ❋❋❋

㉠, ㉡에 해당하는 사례로 적절한 것만을 〈보기〉에서 고른 것은?

> 미래에는 교통과 통신 기술이 발달하고 국제 기구의 활동이 활발해지면서 ㉠국가 간 상호 의존성이 커질 것이다. 그러나 다른 한편으로는 종교 갈등, 영토 분쟁 등으로 인한 ㉡갈등이 심화될 것으로 보인다.

[보기]

ㄱ. ㉠: 정치적 협력을 통해 난민 문제를 해결한다.
ㄴ. ㉠: 3D 프린팅 기술로 소고기 대체육을 생산한다.
ㄷ. ㉡: 자원 확보를 둘러싸고 전쟁의 위협이 커진다.
ㄹ. ㉡: 생명 복제로 인해 인간의 정체성 혼란이 나타난다.

① ㄱ, ㄴ ② ㄱ, ㄷ ③ ㄴ, ㄷ ④ ㄴ, ㄹ ⑤ ㄷ, ㄹ

02 ❋❋❋

그림 속 기술이 활성화될 때 나타날 변화만을 〈보기〉에서 고른 것은?

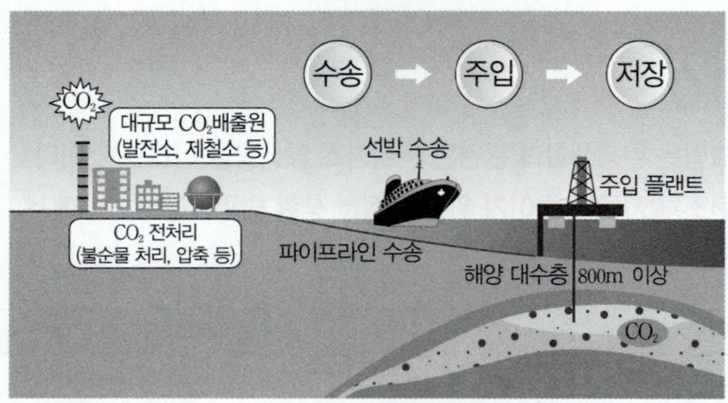

[보기]

ㄱ. 지구 온난화 현상이 완화된다.
ㄴ. 화석 에너지의 이용량이 감소한다.
ㄷ. 대기 중 이산화 탄소의 농도가 낮아진다.
ㄹ. 공해 산업의 국가 간 이전이 활성화된다.

① ㄱ, ㄴ ② ㄱ, ㄷ ③ ㄴ, ㄷ ④ ㄴ, ㄹ ⑤ ㄷ, ㄹ

03 ❋❋❋ [서술형]

밑줄 친 ㉢의 사례를 ㉠, ㉡과 관련지어 각각 한 가지씩 서술하시오.

> ㉠인공지능과 로봇의 발달로 인간의 삶은 더욱 편리해질 것이고, ㉡생명 공학 기술의 발달로 인간의 수명은 연장될 것이다. 그러나 이러한 기술의 발전으로 인한 ㉢부정적인 측면의 발생도 예측된다.

04 ❋❋❋

다음은 학생이 통합사회 수업 시간에 정리한 노트 내용 중 일부이다. (가)~(다)와 관련된 미래 사회의 변화로 적절하지 않은 것은?

〈미래 생활을 변화시킬 과학 기술〉

기술	특징
(가)	자동차, 냉장고 등과 같은 사물에 인터넷을 연결하고 통신, 센서 기능을 장착해 스스로 데이터를 주고받으며 자동으로 구동하는 기술
(나)	엄청난 양의 데이터를 자체 인공 신경망 구조를 통해 스스로 학습하는 기술
(다)	진공 상태의 튜브 속에서 시속 약 1,200km로 달릴 수 있는 초고속 자기 부상 열차

① (가)의 발달로 모든 사물과 사람이 연결되는 초연결 사회가 다가오고 있다.
② (가)가 발달하며 사생활 침해, 개인 정보 유출 문제가 심화될 수 있다.
③ (나)의 발달로 인공 지능 로봇의 성능이 높아지며 인간의 삶이 더욱 편리해질 것이다.
④ (나)의 발달은 실업 문제 심화로 이어질 수 있다.
⑤ (다)의 발달로 사람들의 생활 범위가 축소된다.

05 ❋❋❋

다음 글의 입장에서 지지할 내용만을 〈보기〉에서 고른 것은?

> 가상 현실 기술이 발전하면서 메타버스(metaverse) 속 아바타에 동질감을 느끼는 이용자가 증가하고 있다. 그리고 이와 동시에 메타버스에서 발생하는 성범죄 피해의 심각성도 높아지고 있다. 따라서 하루빨리 메타버스 속 윤리 원칙을 수립하여 많은 사람이 메타버스를 안전하게 즐길 수 있도록 해야 한다.

[보기]

ㄱ. 메타버스에서도 실제 현실처럼 성 윤리 문제가 발생할 수 있다.
ㄴ. 메타버스의 윤리적 활용을 위해 도덕 원칙을 정립할 필요가 있다.
ㄷ. 메타버스 이용자는 현실의 자신과 아바타를 엄격하게 분리해서 생각한다.
ㄹ. 개인의 자율적인 노력만으로 메타버스 속 성범죄 문제를 해결할 수 있다.

① ㄱ, ㄴ ② ㄱ, ㄷ ③ ㄴ, ㄷ ④ ㄴ, ㄹ ⑤ ㄷ, ㄹ

06 ✿✿✿

(가), (나)에 대한 설명으로 옳은 것은?

> (가) 화석 연료 사용량이 전 세계적으로 증가하면서 지구 온난화 문제가 심각해지자 환경 단체들은 각국의 정부에 이에 대한 대응을 요구하며 집회를 벌이고 있다.
> (나) 사막화 현상이 심화되면서 세계 여러 국가가 ○○국을 중심으로 국제 협약을 체결했다. 이들은 매년 세계 사막화 방지의 날에 기념행사를 개최하고 있다.

① (가)의 환경 단체는 자국의 이익을 최우선으로 생각하고 있다.
② (나)의 국가들은 국가 간 경쟁을 통해 문제를 해결하고 있다.
③ (가)는 (나)와 달리 세계시민 의식을 함양한 사람들의 모습을 보여주고 있다.
④ (나)는 (가)와 달리 전 지구적 차원의 문제를 해결하려고 한다.
⑤ (가), (나) 모두 바람직한 미래 사회를 위해 움직이는 모습으로 볼 수 있다.

[07~08] 다음 글을 읽고 물음에 답하시오.

> 미래 사회에는 자원의 소비량이 증가하면서 지구의 자정 능력을 능가할 정도로 환경 오염이 심각해질 것이다. 또한, 지구 온난화에 따른 기후변화 문제가 심각해지면서 인간을 포함한 모든 생명체의 생존이 위험해질 수도 있다.

07 ✿✿✿

윗글의 변화와 관련된 사례로 적절한 것만을 〈보기〉에서 고른 것은?

[보기]
> ㄱ. 북극 항로의 이용이 활발해진다.
> ㄴ. 소수 국가가 경제를 독점하게 된다.
> ㄷ. 멸종 위기에 처한 생물종이 늘어난다.
> ㄹ. 사생활 침해 및 감시 문제가 심화된다.

① ㄱ, ㄴ ② ㄱ, ㄷ ③ ㄴ, ㄷ ④ ㄴ, ㄹ ⑤ ㄷ, ㄹ

08 ✿✿✿ (서술형)

갑의 관점에서 윗글에 나타난 문제에 대응하는 방법 두 가지를 서술하시오.

09 ✿✿✿

바람직한 미래 사회를 만들기 위한 방안으로 옳은 것만을 〈보기〉에서 있는 대로 고른 것은?

[보기]
> ㄱ. 환경 오염으로 인한 생태계 파괴를 막기 위해 에너지 절약을 습관화해야 한다.
> ㄴ. 이기주의적 가치관을 바탕으로 치열한 경쟁을 부추겨 지구촌의 경제를 성장시켜야 한다.
> ㄷ. 개별 사회 집단의 이익보다 인류의 보편적 가치를 중시하여 안정적인 발전을 꾀해야 한다.
> ㄹ. 스스로가 지구촌과 상호 연결되어 있음을 깨닫고 전 지구적 차원의 문제를 해결하기 위해 노력해야 한다.

① ㄱ, ㄴ   ② ㄱ, ㄷ   ③ ㄴ, ㄹ
④ ㄱ, ㄴ, ㄹ   ⑤ ㄱ, ㄷ, ㄹ

10 ✿✿✿

다음 글을 바탕으로 세계시민으로서 가질 수 있는 행동 실천의 내용만을 〈보기〉에서 있는 대로 고른 것은?

> 세계시민 의식에 대해 어떤 이들은 '국경이나 민족을 초월한 시민 의식'이라 말하기도 하고, 또 어떤 이들은 지구를 보호해야 하는 국제 사회의 책임에 초점을 맞춰 '지구 시민 의식'이라 부르자고 말하기도 합니다. 한 가지 확실한 것은 세계의 안녕이 국가와 지역의 안녕에 영향을 미치고 있는 지금, 세계의 안녕에 대한 '국경을 넘어선 관심'이 필요하다는 사실입니다. 따라서 세계시민 의식이란 보다 광범위한 공동체와 인류 전체에 대해 느끼는 소속감과 관련이 있으며, 지역과 국가를 세계와 연결하는 '세계를 향한 열린 시각'을 필요로 합니다. 또한 정의·평등·존엄 같은 보편적 가치에 기초해 문화·종교·인종 등의 다양성을 존중하며, 평화롭고 지속 가능한 세상을 만들기 위해 세계의 어려운 문제들을 이해하고 함께 해결하고자 능동적으로 행동하는 것을 의미하기도 합니다.

[보기]
> ㄱ. 세계 아동 노동 근절 운동에 관심을 갖는다.
> ㄴ. 동물의 털이나 가죽으로 만든 옷을 구매한다.
> ㄷ. 공정 무역을 통해 생산된 제품을 주로 구매한다.
> ㄹ. 아르바이트를 하여 모은 돈으로 해외여행을 한다.

① ㄱ, ㄷ   ② ㄴ, ㄹ   ③ ㄷ, ㄹ
④ ㄱ, ㄴ, ㄷ   ⑤ ㄴ, ㄷ, ㄹ

미래에는 인공 지능, 유전 공학 등 다양한 과학기술의 발전으로 삶의 많은 부분이 변화를 맞이할 것입니다. 아래의 이야기에 숨겨진 진실은 무엇일까요?

선우는 조수와 함께 연구를 진행하고 있지만,
연구를 돕는 조수에게 월급을 준 적이 없다.
사람들은 이 사실을 알면서도 그를 착한 사람이라고
평가한다. 왜일까?

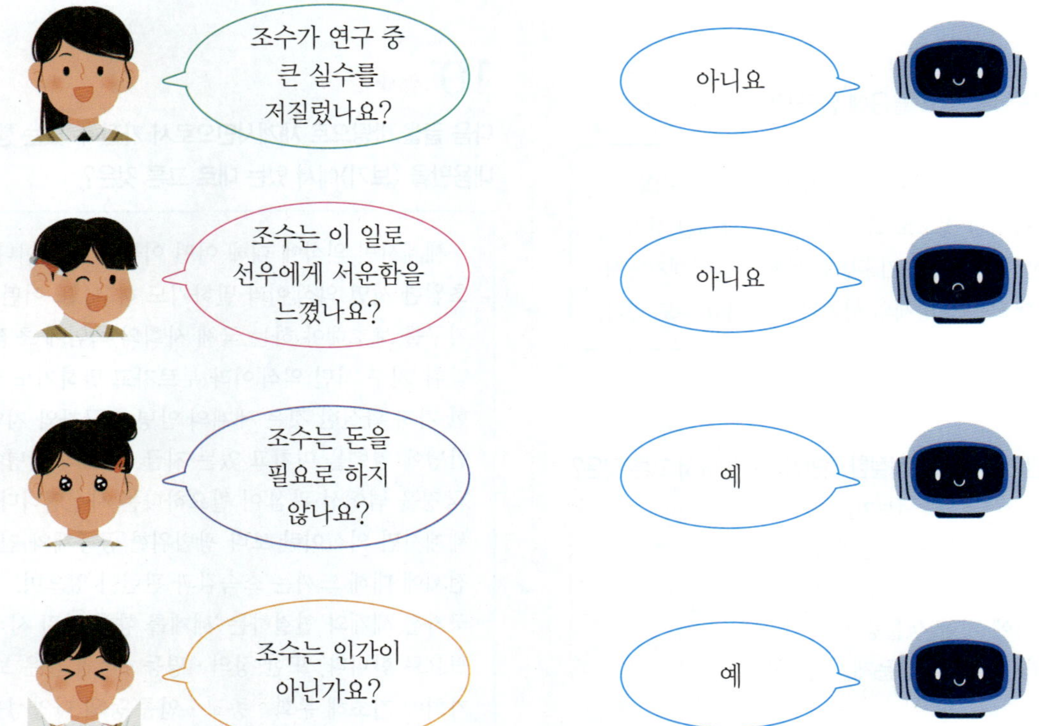

정답

선우는 인공 지능 프로그램을 자신의 조수로 두고 연구를 진행하고 있다.
사람들은 선우의 조수가 사람이 아니라 인공 지능 프로그램이라는 사실을 알고 있었다.
그래서 사람들은 선우가 조수에게 월급을 주지 않아도 평소 그의 행실이 좋았기 때문에 그를 착한 사람이라고 평가했다.

★2028학년도 대학수학능력시험 통합사회 예시문항

1차 예시문항 문제 구성

(통사: 통합사회)

번호	과목	단원	번호	과목	단원
01	통사1	Ⅱ-1. 행복의 의미와 기준	08	통사2	Ⅰ-3. 인권 문제 해결을 위한 노력
02	통사1	Ⅲ-2. 인간과 자연의 관계	09	통사2	Ⅱ-2. 다양한 정의관의 비교 및 적용
03	통사1	Ⅲ-1. 자연환경과 인간 생활	10	통사2	Ⅱ-3. 불평등 해결과 정의의 실현
04	통사1	Ⅳ-1. 세계의 다양한 문화권	11	통사2	Ⅲ-1. 자본주의 전개와 경제 체제
05	통사1	Ⅴ-1. 산업화와 도시화	12	통사2	Ⅲ-3. 자산 관리와 금융 생활
06	통사2	Ⅰ-1. 인권의 의미와 발전 과정	13	통사2	Ⅳ-2. 평화를 위한 국제 사회의 노력
07	통사2	Ⅰ-2. 인권 보장을 위한 헌법의 역할	14	통사2	Ⅴ-1. 세계의 인구와 인구 문제

2차 예시문항 문제 구성

번호	과목	단원	번호	과목	단원
01	통사1	Ⅱ-1. 행복의 의미와 기준	14	통사1	Ⅱ-2. 행복한 삶을 위한 조건
02	통사1	Ⅲ-3. 환경 문제 해결을 위한 노력		통사2	Ⅰ-2. 인권 보장을 위한 헌법의 역할
03	통사1	Ⅳ-1. 세계의 다양한 문화권 Ⅳ-4. 다문화 사회와 문화적 다양성	15	통사2	Ⅱ-2. 다양한 정의관의 비교 및 적용
04	통사1	Ⅲ-2. 인간과 자연의 관계	16	통사2	Ⅱ-1. 정의의 의미와 실질적 기준
05	통사1	Ⅲ-1. 자연환경과 인간 생활	17	통사2	Ⅲ-1. 자본주의 전개와 경제 체제
06	통사1	Ⅴ-1. 산업화와 도시화	18	통사2	Ⅳ-2. 평화를 위한 국제 사회의 노력
07	통사1	Ⅳ-2. 문화 변동과 전통문화의 계승	19	통사2	Ⅲ-2. 합리적 선택과 경제 주체 Ⅲ-3. 자산 관리와 금융 생활
08	통사1	Ⅳ-3. 문화 상대주의와 보편 윤리	20	통사2	Ⅳ-1. 세계화의 양상과 문제
	통사2	Ⅰ-2. 인권 보장을 위한 헌법의 역할	21	통사2	Ⅲ-4. 국제 무역과 지속가능발전
09	통사1	Ⅴ-2. 교통·통신 및 과학기술의 발달	22	통사2	Ⅳ-3. 남북 분단, 동아시아 역사 갈등 Ⅴ-3. 미래 사회와 세계시민의 삶
10	통사2	Ⅰ-1. 인권의 의미와 발전 과정			
11	통사2	Ⅰ-2. 인권 보장을 위한 헌법의 역할	23	통사2	Ⅳ-3. 남북 분단, 동아시아 역사 갈등
12	통사2	Ⅰ-3. 인권 문제 해결을 위한 노력	24	통사2	Ⅴ-1. 세계의 인구와 인구 문제
13	통사2	Ⅱ-1~3. 사회 정의와 불평등	25	통사2	Ⅴ-2. 세계의 에너지 자원과 발전

2028학년도 대학수학능력시험 예시문항(1차)

• 2024년 9월 26일 발표
• 문항 수: 14개

01

행복에 대한 서양 사상가 갑, 을의 입장으로 옳은 것만을 〈보기〉에서 있는 대로 고른 것은?

[보기]

ㄱ. 갑: 행복은 인간의 모든 행위의 궁극적인 목적이다.
ㄴ. 갑: 유덕함이 행복을 증진하지만 행복의 필수 조건은 아니다.
ㄷ. 을: 모든 고통이 제거되면 쾌락은 더 이상 증가하지 않는다.
ㄹ. 갑과 을: 이성의 능력을 발휘해야 행복에 이를 수 있다.

① ㄱ, ㄴ ② ㄱ, ㄹ ③ ㄴ, ㄷ ④ ㄱ, ㄷ, ㄹ ⑤ ㄴ, ㄷ, ㄹ

02

(가)의 갑, 을 사상가들의 입장에서 (나)의 ㉠ 지역 개발에 대해 제시할 견해로 가장 적절한 것은?

(가)	갑: 인간의 지식이 곧 인간의 힘이다. 우리는 자연을 연구하여 이리저리 방황하는 자연의 자취를 마치 사냥개처럼 추적할 수 있다. 을: 인간은 대지의 구성원이다. 어떤 것이 생명 공동체의 통합성, 안정성, 아름다움의 보존에 이바지한다면 그것은 옳고, 그렇지 않다면 그르다.

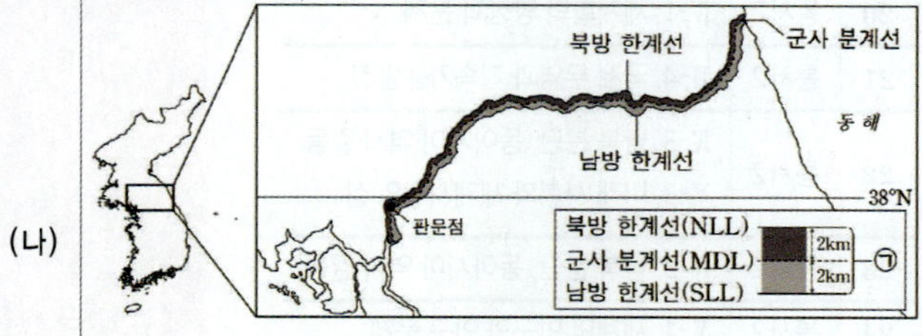

* ㉠ 지역은 1953년 7월 27일 체결된 '한국 군사 정전에 관한 협정'에 따라 무장이 금지된 완충 지대로 군대 주둔과 무기 배치, 군사 시설 설치가 금지되고 있다. 통일 이후 이 지역의 개발에 대해 다양한 견해가 제시되고 있다.

① 갑: 자연에 대한 지식을 이용할 권리가 인간에게 없음을 알아야 한다.
② 갑: 경제적 이익을 위한 개발에 앞서 자연을 도덕적으로 고려해야 한다.
③ 을: 한반도 생태계의 균형 유지를 지역 개발보다 중시해야 한다.
④ 을: 남북한 주민의 경제적 이익 증진을 궁극적 목적으로 삼아야 한다.
⑤ 갑과 을: 현세대와 미래 세대는 생태계의 선(善)을 위해 협력해야 한다.

[03~04] 다음 지도를 보고 물음에 답하시오.

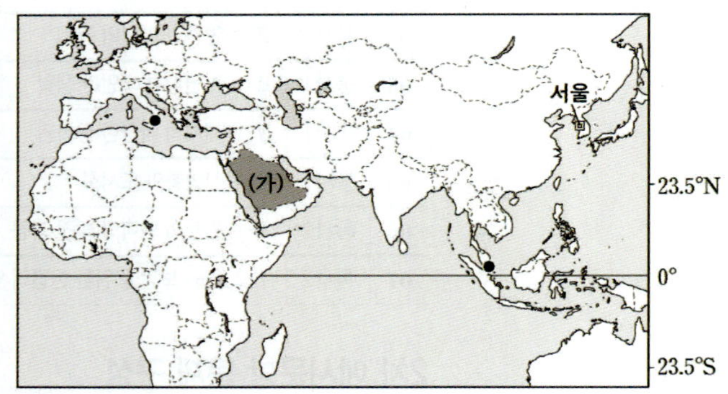

03

그래프는 지도에 표시된 두 지역과 서울의 기후 값 차이를 나타낸 것이다. 이에 대한 설명으로 옳은 것은? (단, 그래프의 A, B는 각각 지도에 검은 점으로 표시된 두 지역 중 하나임.)

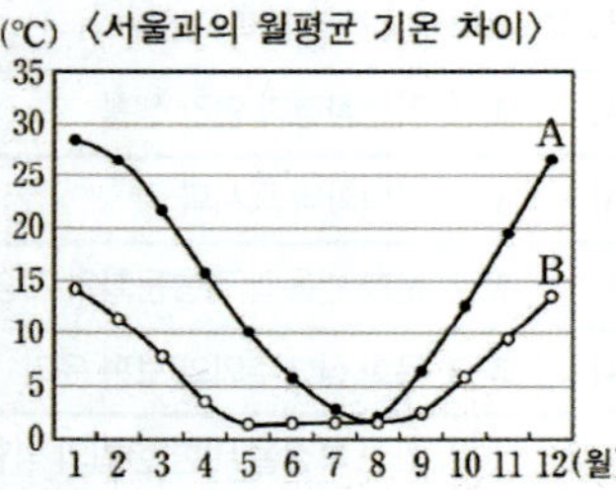

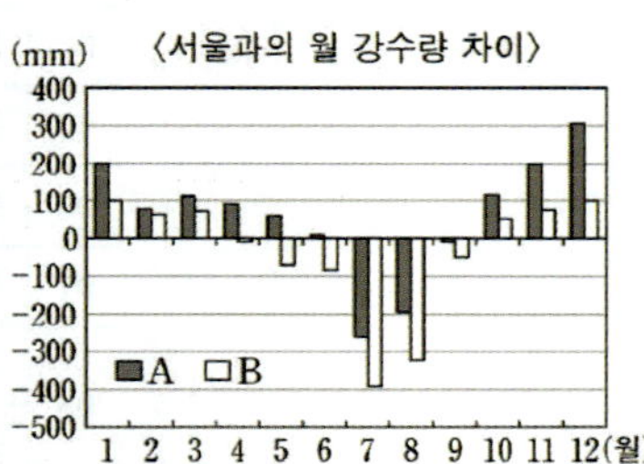

① A에서는 올리브 등을 재배하는 수목 농업이 주로 이루어진다.
② B는 서울보다 여름 강수 집중률이 높다.
③ B에서는 지면의 열과 습기 차단에 유리한 고상 가옥이 발달했다.
④ A는 B보다 여름에 더 건조하다.
⑤ A와 B는 모두 서울보다 연평균 기온이 높다.

04

다음은 위 지도의 (가) 국가에 대한 여행 일지이다. 이에 대한 설명으로 옳은 것은?

① (가)의 주민들은 주로 침엽수로 지은 목조 가옥에 거주한다.
② (가)에서는 여름 계절풍이 탁월하고 태풍의 발생이 빈번하다.
③ ㉠은 발견에 의한 문화 변동에 해당한다.
④ ㉡에는 서로 다른 문화 요소가 결합하여 새로운 문화가 형성된 문화 변동이 나타나 있다.
⑤ ㉠과 ㉡ 모두에서 기존 문화의 정체성이 상실되었다.

05

다음은 도시화와 산업화에 대한 자료이다. 이에 대한 설명으로 옳은 것은? (단, 그래프의 A~C는 각각 네팔, 일본, 타이 중 하나임.)

일반적으로 도시화 과정은 초기–가속화–종착의 3단계로 진행되고, 단계마다 도시화율과 도시 인구 증가율이 다르게 나타난다. 반면 도시화의 속도와 구체적 시기는 국가별로 다르다. 따라서 각 국가의 도시화 단계는 도시화율과 도시 인구 증가율을 통해 알 수 있다. 예를 들어 2022년 기준으로 도시화율은 일본, 한국, 타이, 네팔 순으로 높고, 도시 인구 증가율은 반대로 네팔, 타이, 한국, 일본 순으로 높다. 네팔은 도시화율이 21.5%로 가장 낮지만, 연평균 도시 인구 증가율은 3.8%로 가장 높아 가속화 단계에 진입하였음을 알 수 있다.

또한 도시화는 산업화 수준과도 밀접하게 관련되어 있다. 산업화가 고도화될수록 더 많은 사람들이 도시에 살게 되기 때문이다. 다음 그래프는 앞에서 언급한 네 나라의 2022년 경제 부문별 국내 총생산(GDP) 비율을 나타낸 것이다. 이 그래프를 통해 각 국가의 산업 부문별 비중을 알 수 있다.

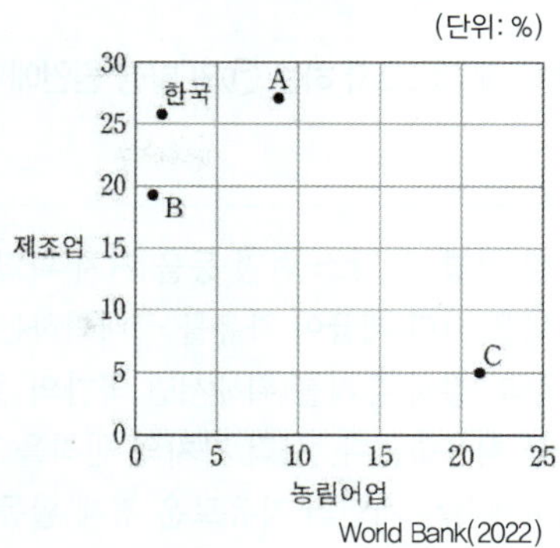

① A의 제조업 총부가가치액은 한국보다 많다.
② B는 한국보다 도시 인구수가 많다.
③ C는 도시 인구수가 촌락 인구수보다 많다.
④ A는 B보다 산업화가 시작된 시기가 이르다.
⑤ 타이는 일본보다 국내 총생산에서 서비스업이 차지하는 비율이 높다.

06

(가)에 해당하는 권리에 대한 설명으로 옳은 것은?

위 그림은 산업 혁명 시기에 나타난 계급 간의 빈부 격차를 풍자한 것이다. 윗부분은 부유한 계급의 편안한 생활을, 아랫부분은 탄광에서 일하는 굶주린 노동자를 표현하였다. 이처럼 산업 혁명 이후 발달한 자본주의는 인간 생활의 물질적 향상을 가져왔지만 자본의 집중에 의한 빈부의 격차를 초래하였다. 궁핍과 빈곤으로 인해 기본적인 생활 수준을 영위하지 못하자 인간다운 생활을 가능하게 하는 물적 토대를 국가에 요구할 수 있는 권리인 [(가)]의 보장이 요구되었다.

① 미국 독립 선언에서 천명되었다.
② 바이마르 헌법에 최초로 명시되었다.
③ 프랑스의 인권 선언에 영향을 주었다.
④ 영국에서는 명예혁명을 계기로 실현되었다.
⑤ 차티스트 운동 당시 인민헌장에 규정되었다.

07

밑줄 친 ⓛ을 통해 해결하고자 하는 ⑤의 발생 원인에 대한 설명으로 옳은 것은?

> 미국의 독립 혁명, 프랑스 혁명 등을 거쳐 확립된 근대 입헌주의 헌법은 시민 계급이 자유를 극대화하는 데 필요한 최소한의 질서 유지를 위해서만 국가의 물리적 강제력 행사를 허용하였다. 사적 자치의 원칙을 강조한 근대법 체제하에서는 개인의 자유로운 경제 활동이 최대한 보장되었지만, ⑤ <u>시장에서 자원이 효율적으로 배분되지 못하는 현상</u>이 나타나게 되었다. 특히 상품의 생산 과정에서 배출되는 오염 물질로 인한 환경 피해의 경우 오염 물질의 방출이 당시의 과학 기술 수준으로 피할 수 없는 경우라면 행위자의 과실이 인정되지 않아 피해자가 구제받을 수 없는 문제가 발생하게 되었다. 이에 왜곡된 시장경제 구조를 바로잡기 위해 국가의 개입을 인정하는 조항 등이 헌법에 자리 잡게 되었고, 환경 오염으로 피해가 발생한 경우 ⓛ <u>고의나 과실 여부와 관계없이 원인자에게 손해 배상 책임을 인정하는 입법</u>이 이루어졌다.

① 외부 불경제가 발생하여 시장 거래량이 사회적 최적 거래량보다 많아졌다.

② 비경합성과 비배제성을 특성으로 하는 재화에 무임승차자의 문제가 초래되었다.

③ 독과점 형태의 시장 구조로 인하여 부당한 공동 행위와 불공정 거래 행위가 발생하였다.

④ 정보가 제한된 상황에서 정부의 시장 개입이 사회 후생 개선에 실패하는 현상이 나타났다.

⑤ 산업 자본주의 국가들이 자유 방임주의를 근거로 국가의 시장 개입을 최소화하는 작은 정부를 추구하였다.

08

(가)~(라)에 들어갈 수 있는 옳은 내용만을 〈보기〉에서 있는 대로 고른 것은?

헌법은 연소자의 근로에 대한 특별한 보호에 관해 규정하고 있습니다. 이처럼 청소년의 노동 인권 보호를 강조하는 이유를 사회 불평등의 관점에서 분석하고, 근로 기준법상 연소자 보호 규정과 관련지어 설명해 봅시다.

청소년은 신체적·정신적으로 근로를 감당할 능력이 부족하기 때문에 성인에 비해 불리한 위치에 있으므로 청소년 근로에 대한 보호와 우선적 배려가 요구됩니다. 따라서 근로 계약 체결 과정에서 연소자를 보호하기 위해 [(가)] 와/과 같은 규정을 마련하고 있으며, [(나)] 을/를 명시하여 업무에 있어 안전과 건강에 대한 보호를 하고 있습니다.

청소년은 [(다)] 을/를 이유로 사회적 소수자로 인정될 수 있으며 노동 인권을 침해받기도 합니다. 이에 친권자나 후견인 등에게 미성년자에게 불리한 근로 계약에 대한 해지권을 부여하고, 연소자의 근로 능력과 교육 시간 확보의 필요성 등을 고려하여 [(라)] 을/를 규정해 근로 시간에 대한 특별한 보호를 하고 있습니다.

[보기]

ㄱ. (가): 친권자 또는 후견인의 미성년자 근로 계약에 대한 대리 금지

ㄴ. (나): 도덕상 또는 보건상 유해·위험한 사업에 사용 금지

ㄷ. (다): 후천적 요인과 수적 열세로 인하여 노동 현장에서 다른 구성원으로부터 차별을 받거나 부당한 처우의 대상이 됨

ㄹ. (라): 근로 시간이 4시간인 경우에는 사용자로 하여금 근로 시간 도중에 30분 이상의 휴게 시간을 주도록 함

① ㄱ, ㄴ ② ㄱ, ㄷ ③ ㄷ, ㄹ ④ ㄱ, ㄴ, ㄹ ⑤ ㄴ, ㄷ, ㄹ

09

(가)의 갑, 을 사상가들의 입장을 (나) 그림으로 탐구하고자 할 때, A~C에 들어갈 적절한 질문만을 〈보기〉에서 고른 것은?

(가)	갑 : 한 사람의 소유물은 취득, 이전, 교정의 원리에 의해 권리를 부여받았으면 정당하다. 각 개인의 소유물이 정당하다면 소유물의 전체 집합, 즉 분배도 정당하다. 을 : 공정으로서의 정의는 공정한 합의의 관념을 기본 구조 자체로 확장시킨다. 무지의 베일이라 부른 특징을 갖는 원초적 입장이 이러한 관점을 구체화 한다.
(나)	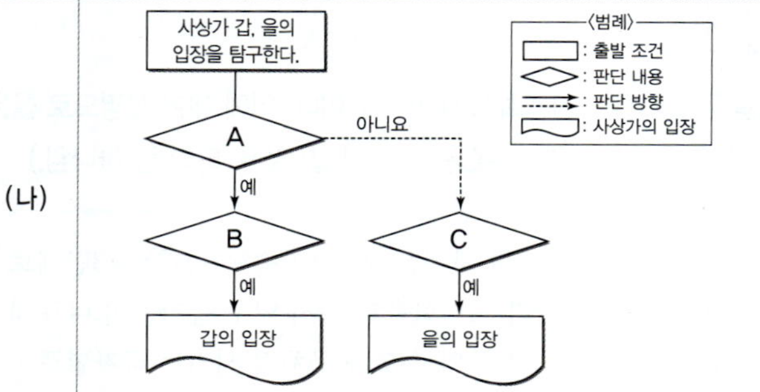

[보기]

ㄱ. A : 정의로운 사회에서 경제적 불평등이 허용될 수 있는가?

ㄴ. B : 각 개인은 자신의 정당한 소유물에 대한 배타적 사용권을 가지는가?

ㄷ. B : 자신이 직접 노동하지 않더라도 정당하게 소유물을 얻는 것이 허용될 수 있는가?

ㄹ. C : 사회적 약자의 경제적 이익을 증진하는 것을 최우선의 정의 원칙으로 삼아야 하는가?

① ㄱ, ㄴ ② ㄱ, ㄷ ③ ㄴ, ㄷ ④ ㄴ, ㄹ ⑤ ㄷ, ㄹ

10

다음 자료에 대한 옳은 설명만을 〈보기〉에서 있는 대로 고른 것은?

우리나라 사회 복지 제도 중 ㉠ 의료 급여 제도는 생활이 어려운 사람에게 의료 급여를 함으로써 보건과 사회 복지의 증진을 목표로 하는 제도이다. 2022년에는 전국 인구의 약 3%가 이 제도의 수급권자였다. 시도별 의료 급여 수급권자 비율이 가장 낮은 지역은 1.2%, 가장 높은 지역은 4.6%로 차이가 있다. 수급권자 비율이 전국 평균보다 낮은 시도는 서울, 경기, 울산, 충남, 세종이다.

〈시도별 의료 급여 수급권자 비율(총인구 대비)〉
(단위: %)

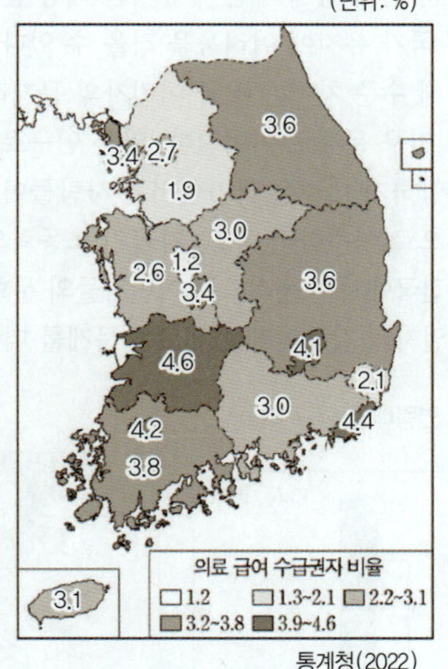

통계청(2022)

[보기]

ㄱ. 광역시는 모두 ㉠의 수급권자 비율이 4.0% 이상이다.

ㄴ. ㉠의 수급권자 비율이 가장 낮은 지역은 충청권에 위치한다.

ㄷ. ㉠은 인간의 기본적 필요 충족을 분배적 정의의 기준으로 적용하였다.

ㄹ. ㉠은 공공 부조에 해당하며, 정부 재정으로 비용을 전액 충당하는 것을 원칙으로 한다.

① ㄱ, ㄴ ② ㄱ, ㄷ ③ ㄷ, ㄹ ④ ㄱ, ㄴ, ㄹ ⑤ ㄴ, ㄷ, ㄹ

11

밑줄 친 '저'에 대한 설명으로 옳은 것은?

친애하는 후버 대통령과 대법원장, 그리고 여러분! 지금 저와 여러분은 공통적인 난국에 직면해 있습니다. 이러한 난국은 다행히 물질적인 것에만 관련된 것입니다. 물가는 믿을 수 없을 정도로 떨어졌습니다. 상업 거래에서는 돈이 돌지 않고, 생산 기업은 말라죽은 잎사귀처럼 여기저기에 흩어져 있습니다. 농민들은 생산물을 팔 시장을 찾을 수가 없고, 수만 가정에 수년 동안 저축해 온 돈은 삽시간에 사라졌습니다. 더욱 중대한 것은 다수의 실업자들이 냉혹한 생존 문제에 직면해 있습니다. …(중략)… '검은 목요일'로부터 시작된 지금의 난국으로 인해 우리 미국 국민들은 좌절할 일이 없습니다. 그들은 지도자가 규율과 방향을 제시해 줄 것을 요구하며 저를 자신들의 소원을 실현시키는 인물로 만들고 있습니다. 저는 이 임무를 소명으로 기꺼이 받아들일 것이며, 대통령으로서의 헌신을 서약함에 있어 겸허하게 신의 축복을 기원하는 바입니다.

① 자본가와 노동자 간의 계급 투쟁을 강조하였다.

② 대규모 공공사업을 벌이는 등 뉴딜 정책을 실시하였다.

③ 신자유주의에 근거하여 노동 시장의 유연성을 강화하였다.

④ 제1차 석유 파동으로 인한 경기 침체를 극복하고자 하였다.

⑤ 국부론을 저술하여 개인의 경제적 자율성 보장을 역설하였다.

12

다음 자료에 대한 설명으로 옳은 것은? (단, A~C는 각각 예금, 주식, 채권 중 하나임.)

[평가 요소] 금융 자산 A~C의 일반적 특징

[서술형 문항]
〈1〉 C와 구별되는 A의 일반적 특징을 1가지만 쓰시오. (1점)
〈2〉 C와 구별되는 B의 일반적 특징을 1가지만 쓰시오. (1점)
〈3〉 A와 구별되는 C의 일반적 특징을 1가지만 쓰시오. (1점)

[학생 답안지]

서술형 문항	답안	점수
〈1〉	배당 수익을 기대할 수 있다.	1점
〈2〉	예금자 보호 제도의 적용을 받는다.	1점
〈3〉	(가)	㉠

*각 문항별로 채점하며, 옳은 답안은 1점, 틀린 답안은 0점을 부여함.

① A는 계약 기간 동안 일정한 금액을 매달 납입하여 만기 시에 원금과 이자를 받는 자산이다.

② 일반적으로 A는 C보다 안전성이 높다.

③ 일반적으로 B는 A보다 수익성이 높다.

④ B와 C는 모두 이자 수익을 기대할 수 있다.

⑤ (가)에 '시세 차익을 기대할 수 있다.'가 들어가면, ㉠은 '1점'이다.

13

다음 강연자가 지지할 견해로 적절하지 <u>않은</u> 것은?

① 적극적 평화를 실현하는 것이 폭력에 대한 최선의 방어이다.

② 폭력은 소극적 평화를 실현하는 수단으로서만 허용될 수 있다.

③ 직접적 폭력과 간접적 폭력은 서로 유기적으로 연결되어 있다.

④ 폭력은 의도하지 않아도 생길 수 있으며 또 다른 폭력으로 이어질 수 있다.

⑤ 국제 사회의 행위 주체인 국제기구는 갈등 해결을 위해 평화적 수단을 활용해야 한다.

14

다음 자료는 출생률과 경제 수준에 관한 것이다. 이에 대한 설명으로 옳은 것은? (단, 그래프의 **A, B**는 각각 지도에 표시된 두 국가 중 하나임.)

전 세계적으로 출생률과 사망률이 낮아지는 경향을 보이고 있다. 사망률은 이미 1986년부터 10% 미만으로 충분히 낮아져 안정적으로 유지되고 있는 반면, 출생률은 국가에 따라서 상황이 다르다. 여전히 ㉠ 높은 출생률 문제를 겪고 있는 국가는 경제 수준에 비해 인구 증가율이 높아 인구를 부양하기 쉽지 않으며, ㉡ 낮은 출생률 문제에 당면한 국가는 현재 경제 수준이 높지만 해당 문제가 지속될 경우 국가 유지에 어려움을 겪을 수 있다.

국가별 경제 수준 차이는 결국 이민자의 문제라는 전혀 다른 방향의 인구 문제로 이어진다. 많은 인구로 인해 국민들을 부양하기 어려운 국가에서는 사람들이 일자리를 찾아 선진국으로 이주하려 하고, 자국인 노동력의 부족을 경험하는 선진국에서는 몰려드는 이민자들의 문화적 차이와 자국민과의 일자리 갈등이라는 새로운 문제를 떠안고 있다.

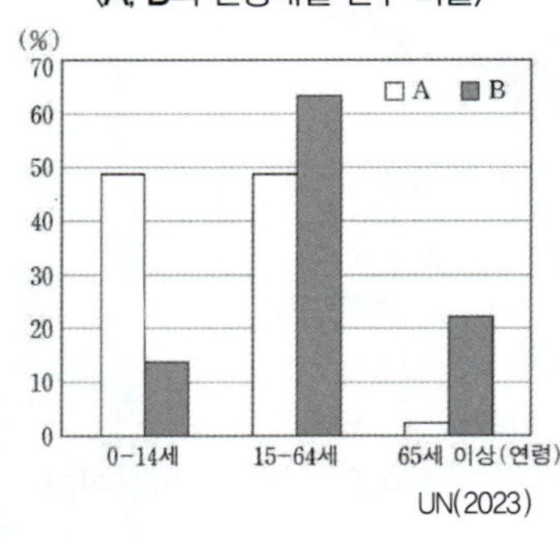

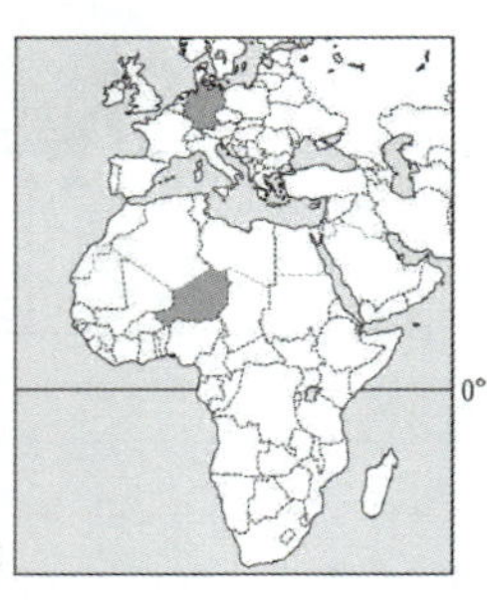

① 유럽에는 인구 문제 ㉠을 겪는 나라가 ㉡을 겪는 나라보다 많다.

② A는 경제 수준에 비해 출생률이 낮은 국가에 해당한다.

③ B는 이민자의 문화적 정체성을 유지하기 위해 용광로 이론에 기반한 정책을 강화해 왔다.

④ A는 초고령 사회에 도달한 국가로 B보다 중위 연령이 높다.

⑤ B는 A보다 총부양비(인구 부양비)가 낮다.

2028학년도 대학수학능력시험 예시문항(2차)

01 다음은 고대 서양 사상가 갑, 을의 가상 대화이다. 갑, 을의 관점에서 〈사례〉 속 A에게 제시할 조언으로 가장 적절한 것은? [2점]

[사례]

A는 많은 돈을 가진 자산가이다. A는 육체적인 즐거움만을 행복이라 생각하고 매일 향락적인 생활을 하고 있다.

① 갑: 물질적 부는 행복의 실현에 기여할 수 없음을 명심하세요.
② 갑: 행복한 사람의 행위에는 쾌락이 따르지 않음을 명심하세요.
③ 을: 욕구를 충족하려는 시도는 항상 고통을 야기함을 명심하세요.
④ 을: 쾌락이 삶의 목적인 사람은 결코 만족할 수 없음을 명심하세요.
⑤ 갑과 을: 이성을 동반한 덕을 통해 행복을 성취할 수 있음을 명심하세요.

02 다음 자료는 환경 문제에 대한 탐구 보고서의 일부이다. 이에 대한 옳은 설명만을 〈보기〉에서 고른 것은? [1.5점]

[환경 문제 탐구 보고서]

1. 환경 문제의 주요 원인과 현상

구분	A	B	C
주요 원인	(가)	농경지·목장의 확대를 위한 무분별한 벌목	플라스틱, 비닐 등 쓰레기의 바다 유입
현상			

2. 환경 문제 발생 지역의 분포

[보기]
ㄱ. B에 의해 생물종 다양성이 증가한다.
ㄴ. C는 해류의 순환으로 쓰레기가 집적되어 나타난다.
ㄷ. A는 B보다 연 강수량이 많은 곳에서 주로 나타난다.
ㄹ. (가)에는 '과도한 목축 및 경작'이 들어갈 수 있다.

① ㄱ, ㄴ ② ㄱ, ㄷ ③ ㄴ, ㄷ ④ ㄴ, ㄹ ⑤ ㄷ, ㄹ

03 다음은 세계의 문화권에 대한 온라인 수업 자료의 일부이다. 이에 대한 설명으로 옳지 않은 것은? [2.5점]

◎ 오세아니아 문화권
　오세아니아 문화권의 지리적 범위는 오스트레일리아, 뉴질랜드, 남태평양의 여러 섬을 포함한다.
· 오스트레일리아의 다문화 역사와 정책
　오스트레일리아는 20세기 초 백호주의를 내세우며 아시아계 등의 이민을 제한했다. 또한 ㉠ 원주민의 자녀를 부모로부터 강제로 분리하여 주류 집단의 언어와 생활양식 등을 강요하는 정책을 펼치며 원주민의 인권을 침해했다. 그러나 1970년대에 백호주의 폐지 이후, ㉡ 주류 문화와 소수 문화가 대등하게 조화를 이루려고 하는 정책을 바탕으로 다양한 민족(인종)과 문화가 공존하는 사회로 발전하고 있다.

① ㉠은 소수 문화를 주류 문화로 동화시키려는 정책이다.
② ㉡은 다문화주의 정책이다.
③ 오스트레일리아는 A에 속한 국가의 식민 지배를 받았다.
④ B는 이슬람교 신자 수가 크리스트교 신자 수보다 많다.
⑤ C와 D를 구분하는 경계는 리오그란데강이다.

04 갑, 을 사상가들 중 적어도 한 사람이 긍정할 진술로 적절한 것만을 〈보기〉에서 있는 대로 고른 것은? [2점]

갑: 인간의 지식과 인간의 힘은 서로 다른 것이 아니다. 방황하고 있는 자연을 사냥해 노예로 만들어 인간의 이익에 봉사하도록 해야 한다.
을: 인간은 대지의 이용을 윤리적으로 검토해야 한다. 대지는 단지 흙이 아니라 토양, 식물 및 동물이라는 회로를 통해 흐르는 에너지의 근원이다.

[보기]
ㄱ. 인간과 달리 자연은 어떠한 가치도 지니지 않는다.
ㄴ. 인간은 자연의 정복자가 아니라 구성원 중 하나일 뿐이다.
ㄷ. 인간과 자연을 차등적으로 구별하는 것은 이성에 부합한다.
ㄹ. 인간의 욕구를 충족하기 위해 자연을 활용하는 것은 정당화될 수 없다.

① ㄱ, ㄹ ② ㄴ, ㄷ ③ ㄷ, ㄹ ④ ㄱ, ㄴ, ㄷ ⑤ ㄱ, ㄴ, ㄹ

 다음 자료의 (가)~(다) 지역에 대한 설명으로 옳은 것은? (단, (가)~(다)는 각각 지도에 표시된 세 지역 중 하나임.) [2.5점]

지도에 표시된 세 지역에서 나타나는 전통적인 생활 모습의 특징은 다음과 같다. 한 지역에서는 양, 염소 등을 기르는 유목 생활을, 또 다른 지역에서는 지면의 열기와 습기를 차단하기 위한 고상 가옥을, 마지막 한 지역에서는 올리브 등을 재배하는 수목 농업을 볼 수 있다. 이렇게 지역별로 주민 생활이 다르게 나타나는 이유는 기온과 강수량 등 그 지역의 독특한 기후 특성의 영향을 받기 때문이다. 이러한 기후 특성을 보여 주는 지표 중 기온 편차와 강수 편차는 다음과 같이 계산할 수 있다.

- 월 기온 편차＝월 평균 기온－연평균 기온
- 월 강수 편차＝월 강수량－$\left(\dfrac{\text{연 강수량}}{12}\right)$

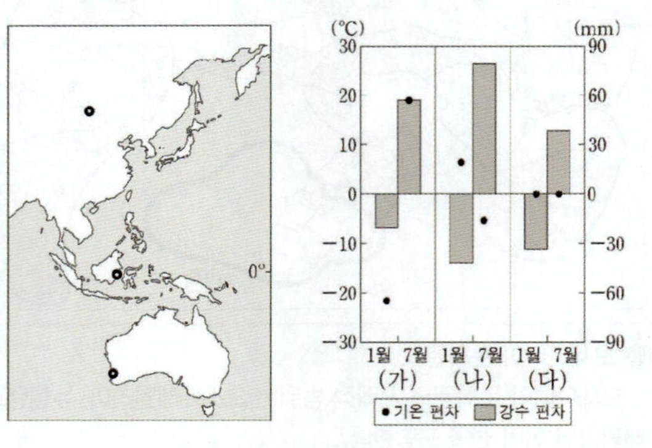

① (가)는 남반구에 위치한다.
② (나)가 위치한 국가의 전통 가옥은 이동 생활에 유리한 게르이다.
③ (다)가 위치한 국가의 전통 음식은 향신료가 들어간 볶음밥이다.
④ (다)는 (가)보다 기온의 연교차가 크다.
⑤ (가)와 (나)는 모두 여름 강수량이 겨울 강수량보다 많다.

06 다음 자료는 도시화에 대한 것이다. 이에 대한 설명으로 옳은 것은? (단, A, B는 각각 도시, 촌락 중 하나이고, (가)~(다)는 각각 대한민국, 베트남, 영국 중 하나임.) [1.5점]

도시화는 전체 인구 중에서 도시에 거주하는 인구의 비율이 높아지거나 도시적 생활양식이 확대되는 현상이다. 도시화 과정은 도시화율에 따라 ㉠ 초기 단계, ㉡ 가속화 단계, ㉢ 종착 단계로 구분되는데, 도시화율은 국가 내 도시와 촌락 인구로 알 수 있다. 전체 인구 중 도시 인구의 비율을 기준으로, 초기 단계는 0~20%, 종착 단계는 80~100%로 구분할 수 있다. 도시화는 전 세계적으로 진행되고 있으며, 국가에 따라 진행 과정과 속도가 다르게 나타난다.

〈국가별 도시 및 촌락 인구 변화〉　　출처: UN(2018)

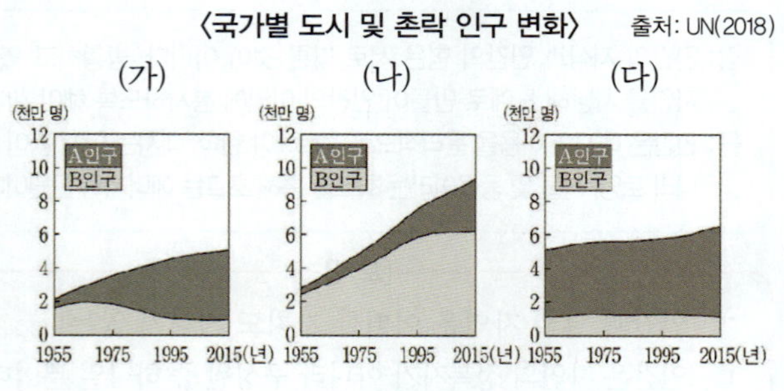

① 영국은 대한민국보다 1970년대에 도시 인구 증가율이 높다.
② ㉢은 ㉠보다 1차 산업 종사자 비율이 높다.
③ (나)는 2015년에 ㉡에서 ㉢으로 진입하였다.
④ (가)는 (다)보다 교외화 현상의 출현 시기가 이르다.
⑤ (가)~(다) 중 1955년의 도시화율은 (다)가 가장 높다.

07 다음 자료에 대한 설명으로 옳은 것은? [2점]

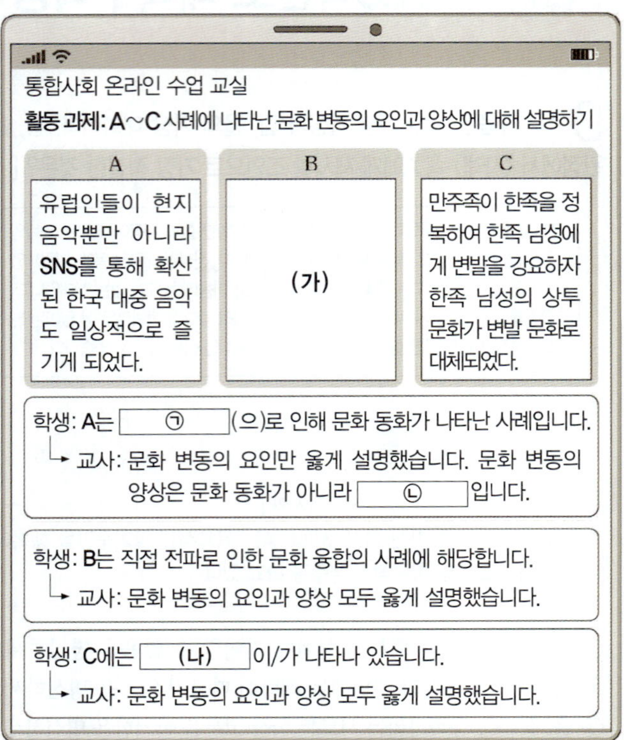

① A와 달리 C는 발견에 의한 문화 변동의 사례이다.
② ㉠에는 ‘직접 전파’가 들어간다.
③ ㉡에는 ‘문화 융합’이 들어간다.
④ (가)에는 ‘멕시코에서 토착 신앙과 에스파냐인이 들여온 가톨릭교가 결합하여 새로운 형태의 성모상이 탄생하였다.’가 들어갈 수 있다.
⑤ (나)에는 ‘자극 전파로 인한 문화 병존’이 들어갈 수 있다.

08 다음 대화에서 갑~병의 입장에 대한 설명으로 옳은 것은? [1.5점]

갑: A국은 여성이 부모의 허락 없이 혼인하는 행위를 가족 명예를 훼손하는 것으로 간주하여 금지합니다. 이에 반해 우리나라에서는 혼인의 자유와 같은 개인의 권리를 헌법상 기본권으로 보장하고 있습니다. A국은 후진적인 자신의 문화를 버리고 우리나라를 본받아야 합니다.
을: 저는 갑의 입장에 동의하지 않습니다. 문화는 그 문화가 형성된 사회의 맥락 속에서 이해해야 합니다. 부모의 권위에 대한 가족 구성원들의 복종을 바탕으로 사회 질서를 유지해 온 A국의 전통을 고려하면 혼인에 대한 개인의 결정권을 허용하지 않는 A국의 문화도 당연히 존중받아야 합니다.
병: 저는 을과 생각이 다릅니다. 배우자 선택의 문제는 인권의 관점에서 접근해야 합니다. 인권은 누구나 태어나면서부터 갖게 되는 당연한 권리로 개별 사회나 국가를 초월하여 반드시 지켜져야 합니다. 이러한 기준에 비추어 각 사회의 문화를 성찰하는 태도가 필요합니다.

① 갑은 모든 문화의 고유한 가치를 존중해야 한다고 본다.
② 을은 자기 문화를 기준으로 타문화를 평가해야 한다고 본다.
③ 병은 보편적으로 지켜야 할 가치나 원리가 존재한다고 본다.
④ 갑과 달리 병은 인권이 헌법을 통해 보장되어야 한다고 본다.
⑤ 갑, 을, 병 모두 인권의 불가침성을 강조한다.

09

다음 자료는 교통 발달에 따른 지역 변화에 대한 것이다. 이에 대한 옳은 설명만을 〈보기〉에서 고른 것은? [1.5점]

2029년 개통을 목표로 페마른벨트(Fehmarnbelt) 해저 터널 공사가 진행되고 있다. 덴마크와 독일을 도로와 고속철도로 연결하는 이 터널은 매년 수백만 명이 이용하는 기존의 여객선 노선을 대체할 것이다. 이에 따라 뢰드부 지역 주민의 ▢▢▢ (가) ▢▢▢ 이/가 예상된다. 또한 B 도로 이용 시 이동 거리가 현재 이용 중인 A 도로에 비해 약 160km 단축되어 코펜하겐과 함부르크 간의 육상 물류비가 크게 절감될 것이다. 한편, 일각에서는 해저 터널의 완공 후 교통 발달에 의한 ⊙ 빨대 효과를 우려하기도 한다.

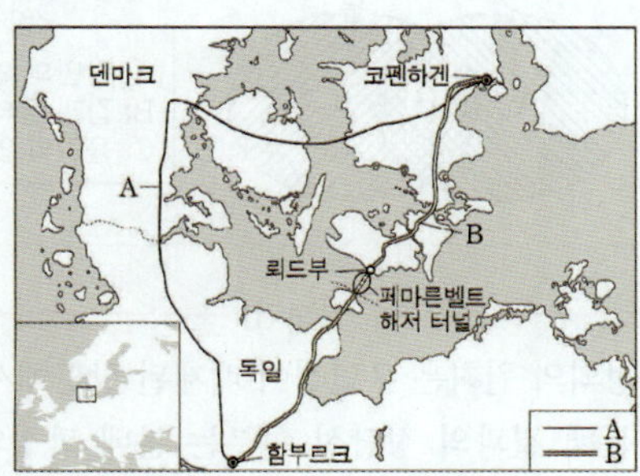

[보기]

ㄱ. 해저 터널이 완공되면 코펜하겐의 접근성이 좋아질 것이다.
ㄴ. ⊙은 대도시의 인구와 경제력이 주변 중소 도시로 분산되는 현상이다.
ㄷ. (가)에는 '생활권 확대'가 들어갈 수 있다.
ㄹ. 해저 터널이 완공되면 함부르크와 코펜하겐 간 이동 소요 시간은 A 도로가 B 도로보다 짧을 것이다.

① ㄱ, ㄴ　② ㄱ, ㄷ　③ ㄴ, ㄷ　④ ㄴ, ㄹ　⑤ ㄷ, ㄹ

10

(가)에 들어갈 내용으로 옳은 것은? [1.5점]

【사료로 보는 역사】

"공께서 저희를 기꺼이 도와주신다니 깊이 감사드립니다. … 저희 국왕은 가톨릭 우대 정책을 펼치고 의회의 동의 없이 정책을 추진하려고 합니다. 저희는 종교, 자유, 재산과 관련한 국왕의 정책에 불만이 큽니다. … 우리 왕국 사람 스물 중 열아홉은 변화를 갈망합니다."

해설
위 서신은 국왕 제임스 2세에게 불만을 품은 고위층 인사들이 윌리엄에게 보낸 것으로, 본인들의 국왕을 물리쳐 달라는 내용이다. 이들 요청에 응해 윌리엄은 함대를 이끌고 바다를 건너가 런던으로 진군하였고, 겁에 질린 제임스 2세는 프랑스로 도주하였다. 이후 윌리엄과 메리는 공동 왕으로 추대되었으며, 의회의 요구에 따라 ▢▢▢ (가) ▢▢▢

① 「인민헌장」을 발표하였다.
② 「권리 장전」을 승인하였다.
③ 「바이마르 헌법」을 제정하였다.
④ 「세계 인권 선언」을 공포하였다.
⑤ 「인간과 시민의 권리 선언」을 선포하였다.

11

다음 자료에 대한 설명으로 옳은 것은? [2점]

• 군사 훈련을 받던 갑은 훈련소 측으로부터 종교 행사에 참여하도록 강요받았다. 갑은 거부 의사를 밝혔으나 강압적 조치에 의해 결국 종교 행사에 참여할 수밖에 없었다. 이에 갑은 종교 활동을 자유롭게 할 수 있다는 내용의 ⊙ 기본권을 침해받았다며 헌법재판소에 심판을 청구하였다.

• 국회의원이 꿈이었던 을은 검정고시에 합격하고 국립○○대학교의 수시 모집에 지원하고자 하였다. 하지만 법률에 근거하여 규정된 국립○○대학교 수시 모집 요강에서는 검정고시 출신자의 응시 자격을 제한하였다. 이에 을은 능력에 따라 균등하게 교육받을 수 있다는 내용은 ⓛ 기본권을 침해받았다며 헌법재판소에 심판을 청구하였다.

① ⊙은 국가로부터 간섭받지 않을 권리로서의 기본권에 해당한다.
② ⓛ은 국가의 정치적 의사 결정 과정에 참여할 수 있는 권리로서의 기본권에 해당한다.
③ ⊙과 ⓛ 모두 정당한 목적이 있다면 법률적 근거가 없어도 제한될 수 있다.
④ 갑과 달리 을은 기본권 보장을 위한 수단적 성격을 지닌 기본권을 행사하였다.
⑤ 을과 달리 갑은 헌법 소원 심판을 청구하였다.

12

다음 자료에 대한 옳은 설명만을 〈보기〉에서 고른 것은? [2.5점]

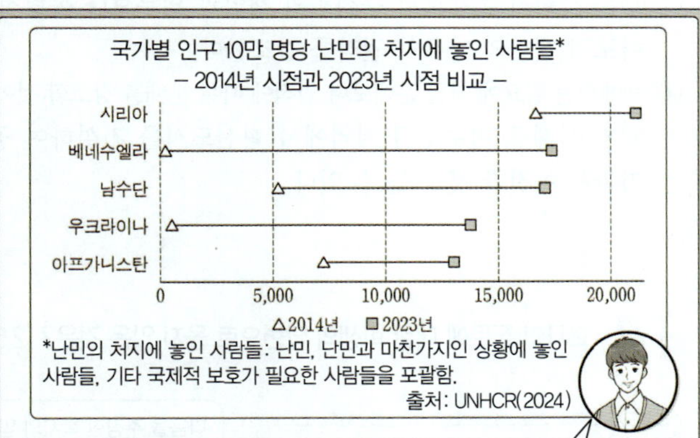

그래프에 제시된 국가와 난민들을 연구한 결과에 따르면, ⊙ 그들은 주류 집단에 속한 사람들에게 차별받고 있었으며, 스스로도 차별받는다고 인식하고 있었습니다. 다행히 국제 사회의 행위 주체 A와 B가 이들을 위해 노력하고 있습니다. 가령 국제 연합과 같은 A는 난민 문제를 공론화하고 있으며, 국제 앰네스티, 국경 없는 의사회 등 민간 주도로 구성된 B는 난민 구호를 위한 세계 시민들의 연대를 촉구하고 있습니다.

[보기]

ㄱ. 2023년 인구 10만 명당 난민의 처지에 놓인 사람들은 제시된 국가 중 베네수엘라가 가장 적다.
ㄴ. 각 국가 인구 중 난민의 처지에 놓인 사람들이 2014년과 2023년 간 비율 차이는 시리아보다 우크라이나가 크다.
ㄷ. ⊙은 사회적 소수자에 해당한다.
ㄹ. A와 달리 B는 국제법을 바탕으로 가입국 간 합의를 통해 활동한다.

① ㄱ, ㄴ　② ㄱ, ㄷ　③ ㄴ, ㄷ　④ ㄴ, ㄹ　⑤ ㄷ, ㄹ

13 밑줄 친 ㉠~㉤에 대한 설명으로 가장 적절한 것은? [2.5점]

① ㉠은 '적극적 평등 실현 조치'에 해당한다.

② ㉡으로 기초 연금을 통해 빈곤에 처한 노인 가구의 생활 여건이 개선된 것을 들 수 있다.

③ ㉢은 사회적 존재로서 구성원의 책임과 의무보다 독립적 자아로서 개인의 자유와 권리를 강조한다.

④ ㉣에서는 필요에 따른 분배보다 업적에 따른 분배를 강조할 것이다.

⑤ ㉤의 사례로 비수도권 지역에서 혁신도시를 건설하여 공공 기관을 이전한 것을 들 수 있다.

14 교사의 질문에 대한 학생의 답변으로 옳지 않은 것은? [2.5점]

> 거의 정의로운 국가 내에서 시민은 법과 정책이 어느 정도의 부정의를 넘어서지만 않는다면 보통 그 법과 정책에 따라야 한다. 하지만 자기 자신과 타인이 기본적 자유가 부정되는 것을 묵인해야 한다는 것은 아니다. 시민은 법이나 정책이 심각하게 부정의할 경우 불복종할 수 있다. 시민 불복종은 다수가 공유하고 있는 정의관을 근거로 정당화되며, 법에 대한 충실성의 한계 내에서 행해진다.

① 부정의한 법일지라도 시민 불복종의 대상이 아닐 수 있어요.

② 폭력 행위에 가담하는 것은 시민 불복종으로 간주될 수 없어요.

③ 시민 불복종은 공유된 정의관에 근거하여 헌법 체계에 저항하는 행위예요.

④ 시민 불복종은 처벌이 따를 수 있음에도 불구하고 공개적으로 행해지는 위법 행위예요.

⑤ 기본적 자유 보장을 요구할 권리가 체제 유지를 위한 준법 의무와 충돌할 때 시민 불복종이 발생할 수 있어요.

15

(가)의 갑, 을 사상가들의 입장을 (나) 그림으로 표현할 때, A~C에 해당하는 적절한 진술만을 〈보기〉에서 고른 것은? [2.5점]

(가)	갑: 원초적 입장의 사람들은 누구도 자신이 처한 우연적 여건을 알지 못한다. 이러한 상황에 놓인 사람들은 자신이 가장 불리한 상황에 놓일 가능성을 염두에 두고 정의의 원칙에 합의하게 된다. 을: 개인은 자신의 정당한 소유물에 대한 배타적이고 절대적인 권리를 지닌다. 취득과 이전에서의 정의의 원리 또는 교정의 원리에 의해 어떤 소유물에 대한 권리를 부여받았다면 그 권리는 정당하다.
(나)	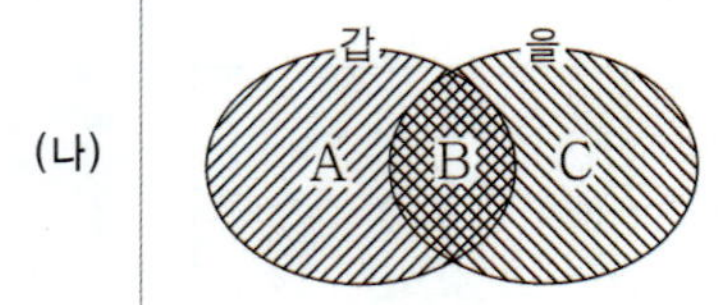

[보기]

ㄱ. A: 정의의 원칙은 우연성이 배제된 상황에서 합의된다.

ㄴ. A: 분배 결과의 정당성 여부는 분배 과정의 정당성에 달려 있다.

ㄷ. B: 최대 다수의 복지 증진을 목적으로 소수자의 자유가 침해되어서는 안 된다.

ㄹ. C: 개인은 자기 노동의 산물에 대해서만 소유 권리를 지닐 수 있다.

① ㄱ, ㄴ ② ㄱ, ㄷ ③ ㄴ, ㄷ ④ ㄴ, ㄹ ⑤ ㄷ, ㄹ

16

그림의 강연자가 지지할 입장으로 가장 적절한 것은? [2점]

> 형벌은 결코 범죄자 자신의 선(善)을 비롯한 어떤 다른 선을 증진하기 위해 가해질 수는 없고, 오직 범죄자가 범죄를 저질렀기 때문에 가해져야 합니다. 인간은 물건처럼 타인의 의도를 위한 수단으로 취급될 수 없을 뿐만 아니라 자신이 의욕한 행위에 대해 책임지는 존엄한 존재이기 때문입니다. 또한 형벌의 본질은 범죄 행위에 대한 응당한 보복을 가하는 것에 있으며, 공적 정의가 원리와 표준으로 삼아야 하는 것은 동등성의 원리입니다. 만약 어떤 사람이 살인을 했다면 그는 죽어야만 합니다. 제아무리 고통 가득한 생이라 해도 생과 사 사이에 동종성은 없기 때문입니다.

① 살인범이라 하더라도 그의 존엄성은 마땅히 존중되어야 한다.

② 형벌은 개인의 선이 아니라 공동체 전체의 선을 증진하기 위한 수단이다.

③ 범죄자가 자신이 저지른 범죄 행위에 대해 책임지도록 하는 형벌은 없다.

④ 범죄자가 형벌로 인해 받는 고통은 그가 범죄로 인해 끼친 해악을 능가해야 한다.

⑤ 살인에 대한 사형 이외의 형벌은 범죄 예방 효과가 감소하므로 교정적 정의에 부합하지 않는다.

17 밑줄 친 '이 시기'에 있었던 사실로 옳은 것은? [1.5점]

이 시기는 제임스 와트가 개량한 증기 기관이 새로운 동력으로 사용되기 전까지 지속된 시대로, 서유럽의 통치자들이 본인의 권력 강화를 위해 중앙 집권적 관료제와 상비군을 유지하고자 하였다. 그들은 이러한 통치 체제 확립에 필요한 자금을 마련하기 위해 교역을 장려했으며, 일부 상인에게는 막대한 세금 납부를 조건으로 특혜를 부여하였다. 이러한 제휴는 통치자와 상인 모두의 부와 권력을 증대하였다. 통치자들은 금이나 은을 확보하여 많은 함선을 만들고 강력한 군사력을 갖추어 영토 확장을 도모하였다. 또한 통치자와 상인 계층은 완전히 새로운 교역망을 통한 막대한 이윤 창출을 기대하였다.

① 대공황이 발생하였다.
② 독점 자본주의가 등장하였다.
③ 중상주의 정책이 확산하였다.
④ 두 차례의 석유 파동이 일어났다.
⑤ 서브프라임 모기지가 증가하였다.

18 다음을 주장한 사상가의 입장으로 적절한 것만을 〈보기〉에서 고른 것은? [1.5점]

폭력을 예방하고 제거하려면 직접적 폭력, 구조적 폭력, 문화적 폭력에 대한 정확한 진단과 예측, 그리고 처방이 필요하다. 폭력은 직접적–구조적–문화적 폭력의 삼각형의 어느 꼭짓점에서도 시작될 수 있고 다른 꼭짓점으로 쉽게 전달된다. 평화를 구축하는 활동들은 구조적 평화와 문화적 평화를 구축하는 활동과 동일하다고 할 수 있다. 평화는 과정이자, 갈등을 비폭력적이고 창조적으로 변환하는 것이다.

[보기]
ㄱ. 집단 간 갈등은 무조건 회피해야 한다.
ㄴ. 정치적 억압을 줄이면 구조적 폭력이 감소한다.
ㄷ. 문화적 폭력은 직접적 폭력의 정당화에 이용될 수 있다.
ㄹ. 대외적 선제공격은 평화를 구축하는 활동이 될 수 있다.

① ㄱ, ㄴ ② ㄱ, ㄷ ③ ㄴ, ㄷ ④ ㄴ, ㄹ ⑤ ㄷ, ㄹ

19 다음 자료에 대한 설명으로 옳은 것은? (단, A~C는 각각 정기 예금, 주식, 채권 중 하나임.) [2점]

표는 갑이 금융 상품 A, B, C 중 하나를 선택하여 투자하기 위해 작성한 것이다. 갑은 편익과 기회비용만을 고려하여 금융 상품을 선택하며 세 상품 모두 명시적 비용은 없다. 이때 편익은 수익성과 안전성 등을 고려하여 화폐 단위로 평가한 것이다.

금융 상품	A	B	C
편익(만 원)	90	80	100
이자 수익	있음	없음	있음
시세 차익	없음	있음	있음

① A는 배당 수익을 기대할 수 있다.
② C는 예금자 보호 제도의 적용을 받는다.
③ 일반적으로 B는 A에 비해 안전성이 높다.
④ 채권 선택의 암묵적 비용은 100만 원이다.
⑤ 정기 예금 선택의 기회비용과 주식 선택의 기회비용은 같다.

20 다음 자료는 세계 도시에 대한 것이다. A~D 기능에 해당하는 지표로 옳은 것은? [2점]

세계화로 인해 세계의 중심지 역할을 하는 세계 도시가 출현했다. 세계 도시의 선정 기준과 방법은 조사 기관마다 차이가 있는데, 그중 ○○연구소는 2024년에 48개 주요 도시를 대상으로 6가지 기능(거주, 경제, 문화 교류, 연구 · 개발, 접근성, 환경)을 70개 지표를 활용하여 산출한 점수로 종합 순위를 발표했다. 종합 순위 1위 도시는 '문화 교류'에서 1위를 유지했고 허브 공항 효과로 '접근성'에서도 1위에 올랐다. 종합 순위 2위 도시는 '경제' 및 '연구 · 개발'에서 1위를 차지했으나, '거주'와 '환경'에서는 30위권으로 밀려났다. 종합 순위 3위 도시는 환율 상승에 따른 해외 관광객 증가로 '문화 교류'에서 3위로 올랐고, '거주'와 '연구 · 개발'에서도 3위를 차지했다. 종합 순위 4위 도시는 올림픽 개최에 힘입어 '문화 교류'에서 2위로 올랐다.

〈최상위 4개 도시의 기능별 순위〉

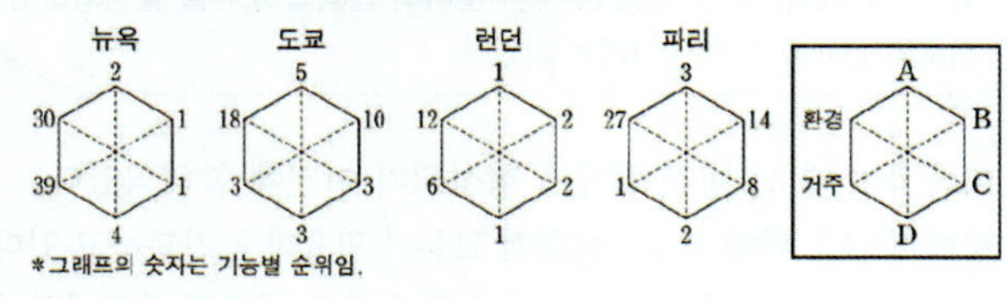

	A	B	C	D
①	국제 직항 노선 수	세계 500대 기업 수	특허 등록 건수	외국인 방문자 수
②	국제 직항 노선 수	세계 500대 기업 수	외국인 방문자 수	특허 등록 건수
③	세계 500대 기업 수	특허 등록 건수	외국인 방문자 수	국제 직항 노선 수
④	세계 500대 기업 수	특허 등록 건수	국제 직항 노선 수	외국인 방문자 수
⑤	외국인 방문자 수	국제 직항 노선 수	특허 등록 건수	세계 500대 기업 수

21 다음 수업 장면에서 〈상황1〉, 〈상황2〉에 대한 설명으로 옳은 것은? [2.5점]

〈상황1〉 구분	X재	Y재
갑국	1명	2명
을국	2명	1명

〈상황2〉 구분	X재	Y재
갑국	1명	2명
을국	2명	3명

① 〈상황1〉에서 갑국은 X재와 Y재 생산 모두 절대 우위를 갖는다.
② 〈상황2〉에서 무역이 발생하는 이유를 절대 우위로 설명할 수 있다.
③ 〈상황2〉에서 X재 1단위 생산을 위해 포기해야 하는 Y재의 양은 갑국이 을국보다 많다.
④ 〈상황1〉과 〈상황2〉에서 Y재를 특화해서 생산하는 나라는 모두 갑국이다.
⑤ 〈상황1〉과 〈상황2〉 모두에서 무역이 발생하는 이유를 비교 우위로 설명할 수 있다.

22 다음 문서에 대한 설명으로 옳은 것은? [2.5점]

남북 정상들은 분단 역사상 처음으로 열린 이번 상봉과 회담이 서로 이해를 증진시키고 남북 관계를 발전시키며 평화 통일을 실현하는 데 중대한 의의를 가진다고 평가하고 다음과 같이 선언한다.

1. 남과 북은 나라의 통일문제를 그 주인인 우리 민족끼리 서로 힘을 합쳐 자주적으로 해결해 나가기로 하였다.
2. 남과 북은 나라의 통일을 위한 남측의 연합제 안과 북측의 낮은 단계의 연방제 안이 서로 공통성이 있다고 인정하고 앞으로 이 방향에서 통일을 지향시켜 나가기로 하였다.
3. 남과 북은 올해 8·15에 즈음하여 흩어진 가족, 친척 방문단을 교환하며, 비전향 장기수 문제를 해결하는 등 인도적 문제를 조속히 풀어 나가기로 하였다.
4. 남과 북은 경제협력을 통하여 민족경제를 균형적으로 발전시키고, 사회, 문화, 체육, 보건, 환경 등 제반 분야의 협력과 교류를 활성화하여 서로의 신뢰를 다져 나가기로 하였다.

① 미국과 소련 간 냉전 체제가 형성되기 이전에 합의되었다.
② 평화 통일을 위해 사회·문화적 교류가 필요함을 간과하고 있다.
③ 6·25 전쟁을 일단락하는 정전 협정과 같은 연도에 발표되었다.
④ 분단으로 인해 발생하는 유·무형의 비용을 절감할 수 있는 방안을 제시하고 있다.
⑤ 남북한의 정치 체제 통합 없이는 상호 협력과 신뢰가 가능하지 않음을 강조하고 있다.

23 다음 자료에 대한 옳은 설명만을 〈보기〉에서 고른 것은? [2점]

중국에서 연구 사업으로 진행한 ⑦ 이/가 한중 양국 간 주요 현안으로 부각된 것은 2004년 6월 해당 사무처가 **A** 지역 관련 연구 내용을 공개하면서부터다. 연구 내용에 대한 우리 국민의 관심과 우려가 고조되자, 정부도 본격적인 대응책을 마련하고 중국 정부에 공식적으로 문제를 제기하였다. 2004년 8월 24일 양측 정부는 다음 내용을 구두로 합의하였다. '첫째, 중국 측은 고구려사 문제가 양국 간 중대 현안으로 대두된 것에 유념한다. 둘째, 양측은 향후 역사 문제로 인해 한중 간 우호 협력 관계가 손상되는 것을 방지하기 위해 노력한다. … 다섯째, 양측은 학술 교류의 조속한 개최를 위해 노력한다.' 이어 양국은 2006년 10월 한중 정상 회담에서 ⑦ 을/를 비롯한 역사 인식 문제가 양국 관계에 부정적 영향을 주어선 안 된다는 원칙에 다시 합의하였다.

[보기]
ㄱ. ⑦은 발해사 연구를 포함하였다.
ㄴ. ⑦은 태정관 지령문을 근거로 삼았다.
ㄷ. A 지역에는 냉대 기후가 나타난다.
ㄹ. A 지역은 티베트 자치구에 해당한다.

① ㄱ, ㄴ ② ㄱ, ㄷ ③ ㄴ, ㄷ ④ ㄴ, ㄹ ⑤ ㄷ, ㄹ

24 그래프는 지도에 표시된 네 국가의 특성에 대한 것이다. 이에 대한 설명으로 옳은 것은? [2점]

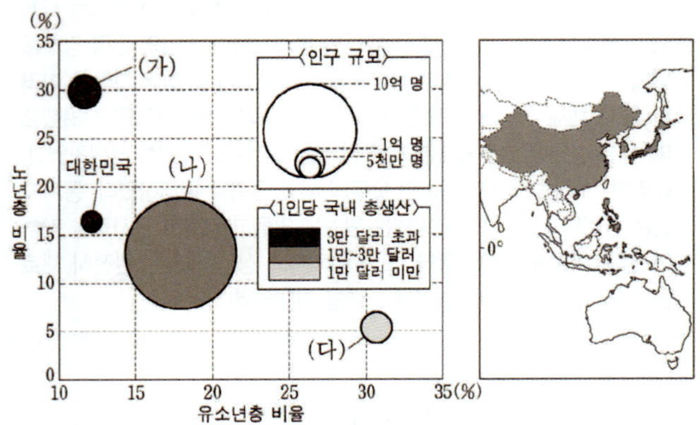

*유소년층 비율과 노년층 비율은 원의 가운데 값임.
출처: UN(2022)

① (나)는 초고령 사회에 해당한다.
② (다)는 대한민국보다 생산 가능 인구가 많다.
③ (나)는 (가)보다 중위 연령이 높다.
④ (다)는 (가)보다 총부양비가 높다.
⑤ 국내 총생산은 (가)>(나)>(다) 순으로 많다.

25 다음 자료에 대한 설명으로 옳은 것은? (단, (가)~(라)는 각각 석유, 석탄, 수력, 천연가스 중 하나임.) [1.5점]

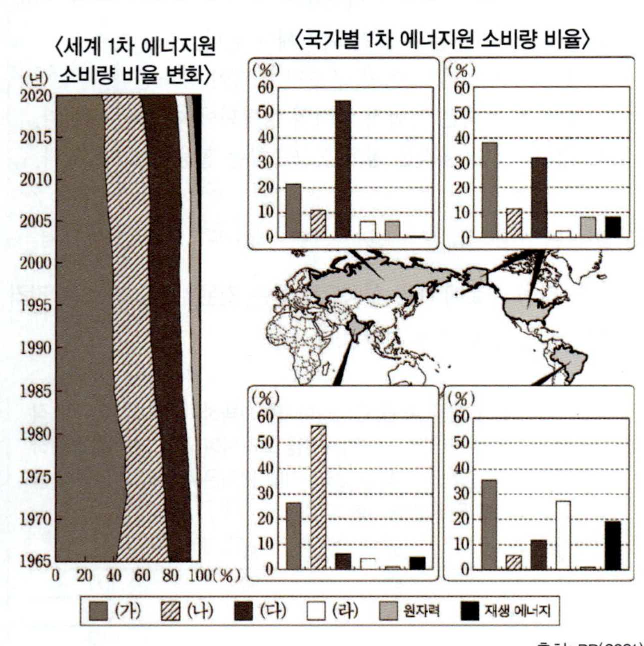

출처: BP(2021)

① 브라질은 수력 소비량이 천연가스 소비량보다 많다.
② 네 국가 모두 화석 에너지의 국가 내 소비량 비율은 60% 이상이다.
③ (라)는 주로 운송 수단의 연료로 이용된다.
④ (가)는 (나)보다 상용화된 시기가 이르다.
⑤ (다)는 (나)보다 연소 시 오염 물질 배출량이 많다.

❖ 정답 및 해설 143~144p

memo

개념 체크 문제 정답

p.14 **01** 인권의 의미와 발전 과정

1 (1) × (영국 명예혁명의 결과) (2) × (영국의 식민 지배)
(3) × (참정권 확대 운동으로 20세기 이후 확립) (4) ○
2 (1) ○ (2) ○ (3) ○ (4) × (사회권 이후 연대권 등장) (5) ○
3 (1) ○ (2) × (하늘로부터 부여받음) (3) ○ (4) × (현대 사회에서
요구됨)
4 (1) ○ (2) ○ (3) × (안전권) (4) × (최저 주거 기준 확보) (5) ○

p.23 **02** 인권 보장을 위한 헌법의 역할과 시민 참여

1 (1) ○ (2) × (합리적 이유에 따른 제한 가능) (3) × (제11조는
국가 성립 이전부터 존재) (4) ○
2 (1) × (국가 안전 보장, 질서 유지, 공공복리를 위해 제한 가능)
(2) × (자의적 지배를 막기 위함) (3) × (복수 정당제로 다양성 보장)
(4) × (5) ○
3 (1) ○ (2) × (삼권 분립주의) (3) ○ (4) ○
4 을, 병

p.31 **03** 인권 문제 해결을 위한 노력

1 (1) ○ (2) × (특정 집단에 속해 있다는 소속 의식 강함)
(3) × (부당한 대우를 받음) (4) × (개인적 노력도 필요) (5) ○
(6) × (수와 관계없음)
2 (1) 15 (2) 취직 인허증 (3) 7 (4) 최저 (5) 서면 (6) 30분 (7) 유해
(8) 필요하다
3 ㄱ, ㄹ (유해업소, 법정 최저 임금보다 적음)
4 (1) ○ (2) ○ (3) ○ (4) × (국가별 협력 필요) (5) ○

p.48 **04** 정의의 의미와 기준, 다양한 정의관

1 정의
2 (1) ㄴ (2) ㄱ
3 (1) ○ (2) ○ (3) ○ (4) ○ (5) ○ (6) × (ⓛ)
4 (1) ○ (2) ○ (3) × (공동체주의) (4) ○ (5) × (공동체주의)
5 (1) ○ (2) × (자유주의) (3) ○ (4) × (자유주의) (5) × (자유주의)

p.56 **05** 불평등 해결과 정의의 실현

1 (1) ○ (2) ○ (3) × (성장 거점 개발 정책) (4) ○ (5) ○
(6) × (대물림됨) (7) ○ (8) ○
2 (1) ○ (2) ○ (3) ○ (4) × (인구와 자본 유입으로 크게 성장)
(5) × (성장이 정체되거나 낙후됨)
3 (1) ㄱ (2) ㄱ (3) ㄷ (4) ㄴ (5) ㄴ (6) ㄱ (7) ㄴ (8) ㄷ
4 (1) ○ (2) × (공간 불평등 완화 방안) (3) ○ (4) ○ (5) × (공간
불평등 완화 방안)

p.72 **06** 자본주의의 전개 과정과 경제 체제

1 (1) ○ (2) ○ (3) ○ (4) ○ (5) × (애덤 스미스) (6) ○
(7) × (케인스) (8) × (적극적 시장 개입 강조)
2 (1) ○ (2) × (전환 계기는 대공황) (3) ○ (4) × (정부의 개입
필요) (5) ○ (6) ○ (7) ○
3 (1) 갑 (2) 갑 (3) 을 (4) 을 (5) 갑 (6) 을 (7) 을 (8) 갑
4 A국: ㄱ, B국: ㄴ

p.81 **07** 합리적 선택과 경제 주체의 역할

1 (1) ○ (2) ○ (3) × (기회비용이 5만 원) (4) ○
2 (1) 4 (2) 12 (3) 2 (4) 13 (5) B
3 (1) × (공공재) (2) ○ (3) ○ (4) × (외부 불경제) (5) ○ (6) ○
(7) ○ (8) × (흡연은 외부 불경제)
4 (1) ○ (2) × (기업가) (3) × (정부) (4) ○ (5) × (기업가) (6) ○

p.89 **08** 자산 관리와 금융 생활

1 (1) ㄷ (2) ㄴ (3) ㄱ
2 (1) ○ (2) × (채권은 국가, 중앙 은행 등도 발행 가능) (3) ○
(4) ○ (5) ○ (6) ○
3 (1) ○ (2) × (주식은 만기 없음) (3) ○ (4) × (예금은 사고 파는
것이 아니므로 시세 차익 없음) (5) ○ (6) ○ (7) × (예금은 배당
없음) (8) ○ (9) × (채권은 배당 없음)
4 (1) ㄴ (2) ㄹ (3) ㄷ (4) ㄱ
5 (1) ○ (2) ○ (3) × (소득 많음) (4) × (장년기) (5) × (노년기에
발생) (6) × (노년기에 감소) (7) × (지출보다 수입이 많은 시기)
(8) × (장기적인 시각 고려) (9) ○ (10) ○

p.96 **09** 국제무역과 지속가능발전

1 (1) ○ (2) × (절대 열위) (3) ○ (4) × (1/3단위) (5) ○ (6) ○
2 (1) 반도체 1/2단위 (2) 옷 2단위 (3) 반도체 2단위 (4) 옷 1/2단위
(5) 갑국 (6) 갑국 (7) 갑국 (8) 을국
3 (1) ○ (2) ○ (3) × (영향이 커짐) (4) × (실업 증가) (5) ○
(6) × (자율성 감소) (7) ○
4 ㄴ, ㄹ

p.112 **10** 세계화의 양상과 문제

1 (1) ○ (2) ○ (3) ○ (4) × ((가)) (5) × ((가))
2 (1) × (본사) (2) ○ (3) ○ (4) ○ (5) × (교통 중심지 역할 확대)
3 (1) ㄱ (2) ㄱ (3) ㄴ (4) ㄷ (5) ㄴ (6) ㄷ (7) ㄷ
4 (가) ㄹ (나) ㄴ (다) ㄷ (라) ㅁ (마) ㄱ

1 (1) ○ (2) ○ (3) ○ (4) ○ (5) ○ (6) ✕ (문화적 폭력이 구조적, 물리적 폭력 정당화) (7) ✕ (적극적 평화 필요) (8) ✕ (소극적 평화 배제하지 않음)
2 (1) ✕ (개별 국가의 노력, 국제 협약 등 있음) (2) ✕ (영향 미침)
(3) ○ (4) ○ (5) ○
3 (1) ㄱ (2) ㄹ (3) ㅁ (4) ㄹ (5) ㄷ (6) ㄴ (7) ㅁ (8) ㄷ

p.125 ⑫ 남북 분단 및 동아시아의 역사 갈등

1 (1) ○ (2) ✕ (미국과 소련) (3) ○ (4) ✕ (통일에 우호적인 국제 환경 조성 필요) (5) ✕ (북한의 남침) (6) ○
2 (1) ㄱ (2) ㄴ (3) ㄱ (4) ㄱ (5) ㄱ (6) ㄴ (7) ㄴ (8) ㄱ (9) ㄴ
3 (1) 역사 교과서 (2) 야스쿠니 신사 (3) 센카쿠 열도 (4) 쿠릴 열도
(5) 동북공정 (6) 독도 (7) 난사 군도
4 (1) ○ (2) ✕ (개발 도상국을 원조) (3) ○ (4) ○

p.144 ⑬ 세계의 인구와 인구 문제

1 (1) ✕ (북반구가 많음) (2) ✕ (높음) (3) ○ (4) ○
2 (1) ○ (2) ○ (3) ○ (4) ✕ ((가)가 높음)
3 (1) ✕ (노동자) (2) ✕ (정치적 이동) (3) ○
4 (1) ✕ (4단계) (2) ✕ (3단계) (3) ✕ (높음) (4) ✕ (적음) (5) ○
(6) ○

p.152 ⑭ 에너지 자원과 지속가능한 발전

1 (1) ○ (2) ○ (3) ✕ (석유가 큼) (4) ○
2 (가)는 석유, (나)는 석탄, (다)는 천연가스 (1) ✕ ((가) 석유,
(나) 석탄) (2) ○ (3) ✕ ((다)) (4) ✕ ((나)) (5) ○
3 (가)는 석탄, (나)는 석유, (다)는 천연가스 (1) ○ (2) ✕ ((다)) (3) ○
(4) ✕ (가장 높음) (5) ○ (6) ✕ ((나)가 많음) (7) ○ (8) ○
4 갑, 을, 병

p.159 ⑮ 미래 사회와 세계시민으로서의 삶

1 (1) ✕ (불가능함) (2) ○ (3) ○ (4) ✕ (비판적 수용 필요) (5) ○
2 (1) ✕ (높아짐) (2) ○ (3) ○ (4) ○ (5) ✕ (시민 참여 활발해짐)
(6) ✕ (심화) (7) ✕ (인간 포함) (8) ○ (9) ○
3 (1) ○ (2) ○ (3) ○ (4) ✕ (문화적 다양성 존중) (5) ○ (6) ○
4 병, 정

📷 사진 출처

● **Getty Images Bank**
12쪽(환경권, 안전권, 주거권, 문화권, 미세먼지 경보, 지하철 안전문, 청년 안심 주택, 문화가 있는 날, 잊힐 권리), 13쪽(세 사람), 17쪽(도로), 20쪽(헌법), 21쪽(선거, 집회 참가), 23쪽(네 사람), 28쪽(장애인 이동권, 청소년, 동의서, 계약서, 임금, 유해 업종, 시계, 야간, 달력, 상처, 전화), 30쪽(계약서), 39쪽(신문, 학생), 45쪽(소음공해, 누리소통망), 46쪽(소각장), 47쪽(마스크 거부, 마스크 착용, 두 사람), 51쪽(두 사람), 52쪽(강연자), 54쪽(인구, 기업), 57쪽(안내견, 무인 단말기), 61쪽(정의의 여신상), 63쪽(도서관), 68쪽(음료, 학생들, 로봇), 70쪽(후버댐), 71쪽(스마트폰, 농부, 소비자, 정부), 72쪽(두 사람), 74쪽(직원, 사장), 77쪽(떡볶이, 김밥, 카드, 지갑), 78쪽(독점 시장, 담합, 가로등, 백신, 공사), 79쪽(저소득층 복지 제도), 80쪽(빵, 과자, 아이스크림, 소년), 81쪽(헤드폰들), 82쪽(여행), 83쪽(등대), 91쪽(남성), 94쪽(농부, 어부), 95쪽(곡물창고, 시위), 96쪽(세 사람), 97쪽(옷핀, 커피), 100쪽(두 사람), 102쪽(아이스크림), 110쪽(한라봉), 112쪽(런던, 뉴욕, 도쿄), 115쪽(두 사람), 117쪽(구호대), 118쪽(태극기, 유명 연예인), 122쪽(남북 단일 스포츠팀), 124쪽(독도), 127쪽(두 사람), 128쪽(독도), 130쪽(브로드웨이, 사업가), 138쪽(차, 학생들, 로봇), 149쪽(석탄, 석유, 천연가스), 156쪽(태양광, 풍력발전), 157쪽(전자 감시), 158쪽(포도, 산양, 수직 농장, 기후변화 대응 전문가, 로봇 윤리학자, 빅데이터 전문가), 159쪽(네 사람), 160쪽(자율주행, 로봇, 사과, 리포터), 161쪽(두 학생), 165쪽(두 사람, 유전자 분석, 수직 농장, 홀로그램), 170쪽(책, 학생들, 로봇), 177쪽(노동자, 여성), 178쪽(교사), 179쪽(민원), 181쪽(네 학생), 185쪽(고향 사랑 기부제), 187쪽(두 농부), 191쪽(남성, 노인), 194쪽(포도주, 콜로세움), 205쪽(학생), 206쪽(연구소, 학생들, 로봇)

● **Wikimedia Commons**
10쪽(영국 권리 장전, 미국 독립 선언, 프랑스 혁명), 11쪽(차티스트 운동, 바이마르 헌법, 세계 인권 선언), 14쪽(영국 권리 장전, 미국 독립 선언, 프랑스 혁명), 22쪽(헌법 재판소, 간디 소금법 투쟁), 44쪽(칸트, 베카리아), 45쪽(롤스, 노직), 46쪽(매킨타이어, 왈처), 59쪽(보성 녹차밭), 70쪽(루이 14세, 공장, 풍자화, 주유소), 71쪽(경매), 78쪽(무임승차자), 79쪽(공정 거래 위원회), 110쪽(리우 카니발), 111쪽(초콜릿), 117쪽(국제기구, 국경 없는 의사회), 118쪽(국경 없는 의사회, 유니세프, 스타벅스, 그린피스, 맥도날드), 122쪽(이산가족), 123쪽(야스쿠니 신사), 124쪽(군함도), 151쪽(지속가능발전 목표), 157쪽(유럽 연합 본부, 드론 택시, 하이퍼루프), 165쪽(드론 택시), 199쪽(군함도)

● **Flickr**
118쪽(국제 연합)

● **한국 국제 협력단 (공공누리 제1유형, 2020년 작성)**
29쪽(공적 개발 원조)

교사용 부록
● **Getty Images Bank**
17쪽(소득), 29쪽(태양광)

Ⅰ 인권 보장과 헌법

01 인권의 의미와 발전 과정

01 ④ 02 ③ 03 ④ 04 ④ 05 해설 참조 06 ② 07 ⑤
08 ② 09 ④ 10 ③ 11 해설 참조 12 ① 13 ② 14 ②
15 ⑤ 16 ② 17 (가) 환경권, (나) 주거권, (다) 안전권
18 해설 참조 19 ⑤ 20 ③ 21 ④ 22 ⑤

02 인권 보장을 위한 헌법의 역할과 시민 참여

01 ② 02 ⑤ 03 ④ 04 ④ 05 ④ 06 해설 참조 07 ③
08 ④ 09 해설 참조 10 ⑤ 11 ① 12 ② 13 ④ 14 ①
15 해설 참조 16 ② 17 ④ 18 ① 19 ① 20 ②

03 인권 문제 해결을 위한 노력

01 ⑤ 02 ⑤ 03 ⑤ 04 ② 05 ② 06 4. 근로 시간, 6. 임금
조항 07 해설 참조 08 ① 09 ⑤ 10 해설 참조 11 ①
12 ④ 13 ③ 14 ⑤

● 대단원 마무리 문제

01 ④ 02 ③ 03 ④ 04 ④ 05 ④ 06 ④ 07 ② 08 ⑤
09 ② 10 ① 11 ③ 12 ③ 13 ④ 14 ④ 15 ④ 16 ②
17 ① 18 계몽 사상, 사회 계약설, 천부 인권 사상
19~21 해설 참조 22 3개 23 해설 참조

● 수능 대비 기출 문제

01 ② 02 ② 03 ③ 04 ③ 05 ① 06 ⑤

Ⅱ 사회 정의와 불평등

04 정의의 의미와 기준, 다양한 정의관

01 ④ 02 ⑤ 03 해설 참조 04 ① 05 ③ 06 ③ 07 ②
08 ③ 09 ① 10 ② 11 ③ 12 해설 참조 13 ③ 14 ③
15 ④ 16 ④ 17 ④ 18 해설 참조 19 ⑤ 20 ②
21 해설 참조 22 ④ 23 ① 24 ④

05 불평등 해결과 정의의 실현

01 ④ 02 ④ 03 해설 참조 04 ③ 05 ⑤ 06 ④ 07 ⑤
08 해설 참조 09 ⑤ 10 ④ 11 ① 12 ② 13 ④ 14 ⑤
15 ⑤ 16 해설 참조 17 ⑤ 18 해설 참조 19 ③ 20 ④
21 ③

● 대단원 마무리 문제

01 ② 02 ⑤ 03 ③ 04 ② 05 ① 06 ③ 07 ⑤ 08 ③
09 ⑤ 10 ② 11 ② 12 ② 13 ① 14 ② 15 ⑤
16 ① 17 자유주의적 정의관 18~20 해설 참조

● 수능 대비 기출 문제

01 ② 02 ② 03 ⑤ 04 ③ 05 ① 06 ②

Ⅲ 시장 경제와 지속가능발전

06 자본주의의 전개 과정과 경제 체제

01 ③ 02 ⑤ 03 ④ 04 ① 05 해설 참조 06 ① 07 ②
08 해설 참조 09 ④ 10 ① 11 ⑤ 12 ⑤ 13 ④
14 해설 참조 15 ③ 16 ⑤ 17 ① 18 ③ 19 ③ 20 ⑤

07 합리적 선택과 경제 주체의 역할

01 ⑤ 02 ⑤ 03 ② 04 ④ 05 해설 참조 06 ② 07 ②
08 ③ 09 ③ 10 ④ 11 해설 참조 12 ④ 13 ④ 14 ①
15 ⑤ 16 ④ 17 해설 참조 18 ② 19 ③ 20 ⑤ 21 ①

08 자산 관리와 금융 생활

01 ⑤ 02 ⑤ 03 ⑤ 04 ④ 05 ④ 06 ④ 07 ①
08 해설 참조 09 ③ 10 ① 11 ① 12 ㉠ 1점, ㉡ 3점
13 ⑤ 14 ④ 15 ② 16 해설 참조 17 ④ 18 ④ 19 ②
20 ④

09 국제무역과 지속가능발전

01 ② 02 ② 03 ④ 04 ⑤ 05 ① 06 A재 갑국, B재 갑국
07 해설 참조 08 ⑤ 09 ⑤ 10 ⑤ 11 ② 12 ② 13 ③
14 해설 참조 15 규모의 경제 16 ③ 17 ② 18 ⑤

● 대단원 마무리 문제

01 ② 02 ④ 03 ⑤ 04 ② 05 ⑤ 06 ② 07 ① 08 ①
09 ⑤ 10 ② 11 ⑤ 12 ③ 13 ③ 14 ⑤ 15 ④ 16 ⑤
17 (가) 수정 자본주의, (나) 신자유주의 18 해설 참조
19 자기 주도 학습 8만 원, 인터넷 강의 15만 원, 방과 후 수업 9만 원
20 해설 참조 21 안전성, 수익성, 유동성
22~23 해설 참조 24 60달러

● 수능 대비 기출 문제

01 ① 02 ③ 03 ⑤ 04 ④ 05 ⑤ 06 ⑤

Ⅳ 세계화와 평화

10 세계화의 양상과 문제

01 ④ 02 ⑤ 03 ① 04 ① 05 ② 06 ④ 07 ②
08 해설 참조 09 ① 10 ④ 11 ② 12 해설 참조 13 ②
14 ④

11 평화를 위한 국제 사회의 노력

01 ④ 02 ② 03 ⑤ 04 ② 05 해설 참조 06 ④ 07 ③
08 ② 09 ④ 10 ④ 11 (가) 정부 간 국제기구, (나) 국제
비정부 기구 12 해설 참조 13 ③ 14 ④ 15 ④

12 남북 분단 및 동아시아의 역사 갈등

01 ④ 02 ① 03 ③ 04 ② 05 해설 참조 06 ② 07 ④
08 ⑤ 09 ⑤ 10 ① 11 ② 12 ④ 13 ② 14 ④ 15 ⑤
16 ② 17 동북공정 18 해설 참조 19 ① 20 ②

● **대단원 마무리 문제**

01 ② 02 ④ 03 ② 04 ④ 05 ① 06 ③ 07 ③ 08 ①
09 ③ 10 ① 11 ⑤ 12 ④ 13 ④ 14 ③ 15 ① 16 ⑤
17 ② 18~23 해설 참조

■ **수능 대비 기출 문제**

01 ① 02 ③ 03 ③ 04 ④ 05 ① 06 ②

Ⅴ 미래와 지속가능한 삶

13 세계의 인구와 인구 문제

01 ③ 02 ② 03 해설 참조 04 ④ 05 ④ 06 ⑤ 07 ①
08 ⑤ 09 ② 10 ④ 11 경제적 이동 12 해설 참조 13 ②
14 ④ 15 ④ 16 ③ 17 ① 18 해설 참조 19 ⑤ 20 ①
21 ④

14 에너지 자원과 지속가능한 발전

01 ④ 02 ② 03 해설 참조 04 ① 05 ④ 06 ⑤ 07 ②
08 ③ 09 ④ 10 해설 참조 11 ⑤ 12 ① 13 ② 14 ③
15 ② 16 ② 17 해설 참조 18 ② 19 ⑤ 20 ①

15 미래 사회와 세계시민으로서의 삶

01 ① 02 ② 03 ② 04 해설 참조 05 ④ 06 ④ 07 ②
08 ④

● **대단원 마무리 문제**

01 ② 02 ① 03 ① 04 ③ 05 ③ 06 ② 07 ② 08 ⑤
09 ⑤ 10 ④ 11 ① 12 ④ 13 ⑤ 14 ① 15 ④ 16 ①
17 ④ 18 (가) 프랑스, (나) 카메룬 19 해설 참조
20 (가) 천연가스, (나) 석탄, (다) 석유 21~23 해설 참조

■ **수능 대비 기출 문제**

01 ② 02 ② 03 ④ 04 ① 05 ③ 06 ⑤

⭐ **2028 수능 신유형 융합 문제**

01 ⑤ 02 ③ 03 ② 04 ② 05 ③ 06 ⑤ 07 ③ 08 ④
09 ④ 10 ② 11 ⑤ 12 ①

✪ **내신＋수능 대비 단원별 TEST**

01 인권의 의미와 발전 과정

01 ⑤ 02 ④ 03 ④ 04 ① 05 ③ 06 해설 참조 07 ③
08 ⑤ 09 (가) 안전권, (나) 문화권 10 ③

02 인권 보장을 위한 헌법의 역할과 시민 참여

01 ⑤ 02 ② 03 ② 04 ① 05 해설 참조 06 ③ 07 ④
08 ⑤ 09 ① 10 해설 참조

03 인권 문제 해결을 위한 노력

01 ① 02 ③ 03 해설 참조 04 ⑤ 05 ② 06 ③ 07 ④
08 ⑤ 09 ④ 10 해설 참조

04 정의의 의미와 기준, 다양한 정의관

01 ⑤ 02 ① 03 ② 04 업적 05 해설 참조 06 ⑤ 07 ⑤
08 ⑤ 09 ④ 10 해설 참조

05 불평등 해결과 정의의 실현

01 ④ 02 ② 03 ② 04 ② 05 해설 참조 06 ④ 07 ⑤
08 ④ 09 여성 할당제, 장애인 의무 고용 제도, 대학 입시의 기회
균등 전형 등 10 해설 참조

06 자본주의의 전개 과정과 경제 체제

01 ③ 02 ④ 03 ④ 04 ② 05 해설 참조 06 ① 07 ③
08 ④ 09 ② 10 해설 참조

07 합리적 선택과 경제 주체의 역할

01 ① 02 ⑤ 03 ④ 04 ④ 05 해설 참조 06 ④ 07 ②
08 ② 09 ② 10 해설 참조

08 자산 관리와 금융 생활

01 ③ 02 ⑤ 03 ④ 04 ③ 05 해설 참조 06 ① 07 ②
08 ③ 09 ④ 10 해설 참조

09 국제무역과 지속가능발전

01 ⑤ 02 ④ 03 ⑤ 04 ② 05 ④ 06 갑국: 청소기 2단위,
을국: 청소기 1/2단위 07 해설 참조 08 ⑤
09 자유 무역 협정(FTA) 10 ④

10 세계화의 양상과 문제

01 ③ 02 ③ 03 ② 04 ④ 05 해설 참조 06 ④ 07 ②
08 ⑤ 09 ④ 10 해설 참조

11 평화를 위한 국제 사회의 노력

01 ② 02 ⑤ 03 해설 참조 04 ③ 05 ① 06 ③ 07 ③
08 ① 09 ④ 10 해설 참조

12 남북 분단 및 동아시아의 역사 갈등

01 ① 02 ④ 03 ④ 04 ③ 05 해설 참조 06 ② 07 ②
08 해설 참조 09 ⑤ 10 ④

13 세계의 인구와 인구 문제

01 ① 02 ④ 03 ③ 04 ③ 05 ⑤ 06 ② 07 ③ 08 ②
09 (가) 인도, (나) 덴마크 10 해설 참조

14 에너지 자원과 지속가능한 발전

01 ② 02 ③ 03 해설 참조 04 ④ 05 해설 참조 06 ②
07 ④ 08 ⑤ 09 ② 10 ②

15 미래 사회와 세계시민으로서의 삶

01 ② 02 ② 03 해설 참조 04 ⑤ 05 ① 06 ⑤ 07 ②
08 해설 참조 09 ⑤ 10 ①

2028 수능 예시문항 (1차+2차)

■ 1차 예시문항

01 ④ 02 ③ 03 ⑤ 04 ④ 05 ② 06 ② 07 ① 08 ①
09 ③ 10 ⑤ 11 ② 12 ④ 13 ② 14 ⑤

■ 2차 예시문항

01 ⑤ 02 ④ 03 ④ 04 ② 05 ④ 06 ⑤ 07 ④ 08 ③
09 ② 10 ② 11 ① 12 ③ 13 ② 14 ④ 15 ② 16 ①
17 ③ 18 ③ 19 ⑤ 20 ① 21 ⑤ 22 ④ 23 ② 24 ②
25 ①

자이스토리 고등 영어 시리즈

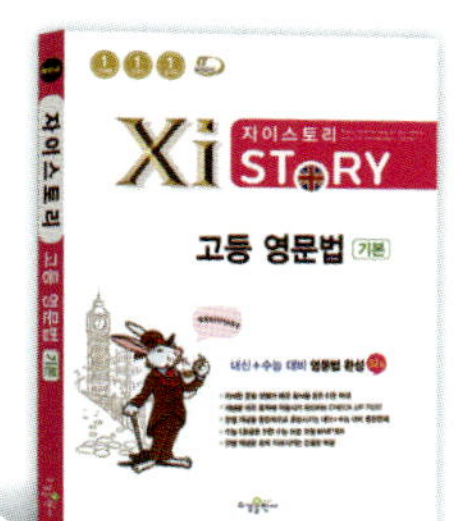

고등 영문법 기본 (고1, 2)

＊문법 개념＋내신·수능 대비를 한 권으로!

- 개념을 바로 문제에 적용시켜 확인하는 CHECK UP TEST
- 문법 개념을 종합적으로 훈련시키는 내신＋수능 대비 종합문제
- 수능 1등급을 위한 수능 어법 유형 MASTER
- 단원별 개념 설명 ＋ 문제 풀이 동영상 강의 QR코드

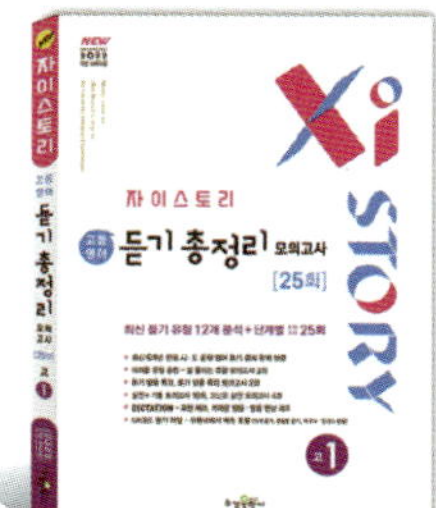

듣기 총정리 모의고사 25회 (고1)

＊최신 고1 듣기 유형 14개 분석＋단계별 모의고사

- 고1 학력평가 기출모의고사 12회, 고난도 모의고사 4회
- 잘 틀리는 유형 집중 훈련 모의고사 3회, 발음특강 모의고사 2회
- 고1 영어 듣기 능력평가 모의고사 4회

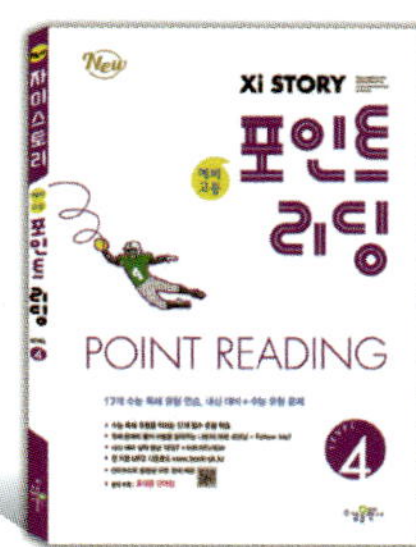

포인트 리딩 Level 3~4 (예비 고등~고1)

＊수능 독해 유형 17개 필수 유형 학습!

- 독해 문제 비법 과외 선생님 – Follow Me!
- 내신 대비 실력 향상 TEST, 어휘 REVIEW
- 고등 영어 독해 유형 20일 완성

수능 영어 기출 문제집

1. **독해** 시리즈
   - 독해 기본 (고1) ★
   - 독해 완성 (고2) ★
   - 독해 실전 (고3) ★
   - 고난도 영어 독해

2. **듣기** 시리즈
   - 듣기 기본 모의고사 (고1)
   - 듣기 완성 모의고사 (고2)
   - 듣기 실전 모의고사 (고3)

3. **어법 · 어휘** 시리즈
   - 어법 · 어휘 기본 (고1) ★
   - 어법 · 어휘 완성 (고2)
   - 어법 · 어휘 실전 (고3)

4. **전국 연합 / 연도별**
   - 전국연합 모의고사 (고1)
   - 전국연합 모의고사 (고2)
   - 연도별 모의고사 (고3)

★ 강남인강 강의교재

자이스토리 중등 영어 시리즈

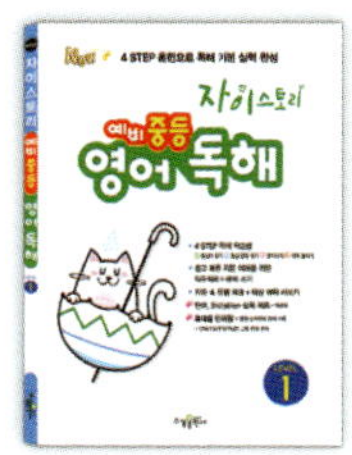

영어 독해 [예비 중등]

- Level 1
- Level 2

영어 독해 기본

- Level 1
- Level 2
- Level 3

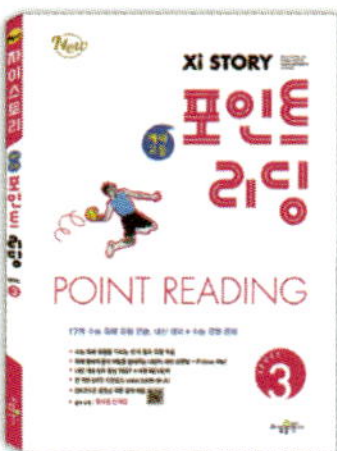

포인트 리딩

- Level 1
- Level 2
- Level 3
- Level 4

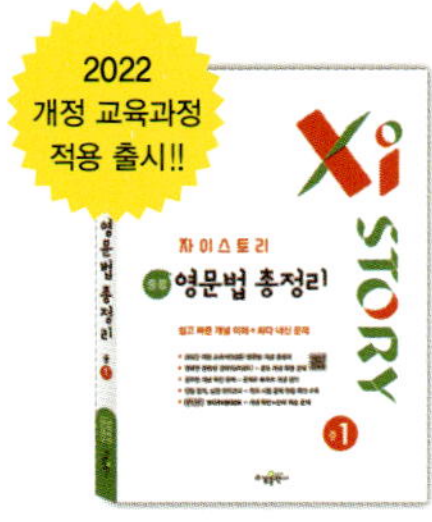

영문법 총정리

- 중1 / 중2 / 중3

듣기 총정리 모의고사

- 중1 / 중2
- 중3 / 고1

상위 1% 도전을 위한 최고의 명품 수학 문제집!

일등급 수학

[일등급 수학 고등 시리즈]

공통수학1, 공통수학2
대수, 미적분Ⅰ, 확률과 통계

1 내신 1등급, 수능 필수 개념 총정리

- 학교 시험에 자주 출제되고, 수능에 꼭 필요한
  개념을 이해가 쉽도록 야무지게 총정리 했습니다.
- 배열된 문제를 핵심 ➡ 실전 ➡ 도전 순으로 공부를
  하면 개념뿐만 아니라 유형까지 자연스럽게 완성됩니다.

2 일등급 핵심 유형과 실전 유형

- 학교 시험 + 수능 일등급 핵심 유형을 유사 문제,
  좀 더 확장된 문제에서 개념을 어떻게 적용하는지
  익힐 수 있습니다.
- **핵심 유형:** 대표 문제 ➡ 유제 ➡ 발전 문제가 하나의
  세트로 구성되어 있어 효과적으로 공부할 수 있습니다.
- **실전 유형:** 핵심 유형에서 배운 것을 학교 시험이나
  수능에 어떻게 적용하는지 훈련합니다.

3 사고력을 키우는 최고의 명품 고난도 도전 문제

- 깊이 있는 수학적 사고를 하지 않으면 풀 수 없는
  고난도 문제로 구성되어 있습니다.
- 자신이 알고 있는 모든 수학적 지식을 총동원하여
  풀다보면 수학의 재미도 느낄 수 있고, 수학적 사고력을
  키울 수 있어 모든 수학 시험에서 완벽한 1등급을
  받을 수 있습니다.

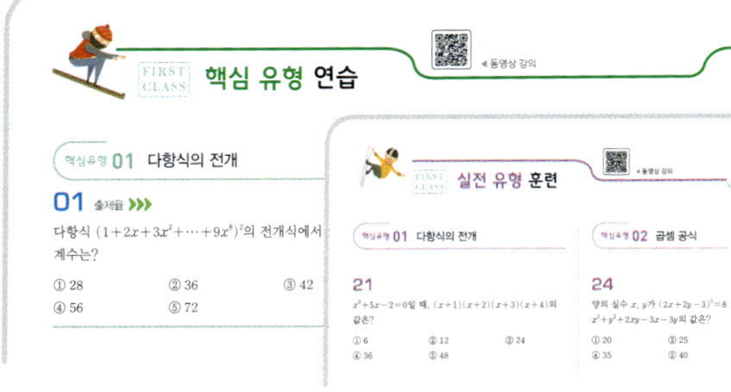

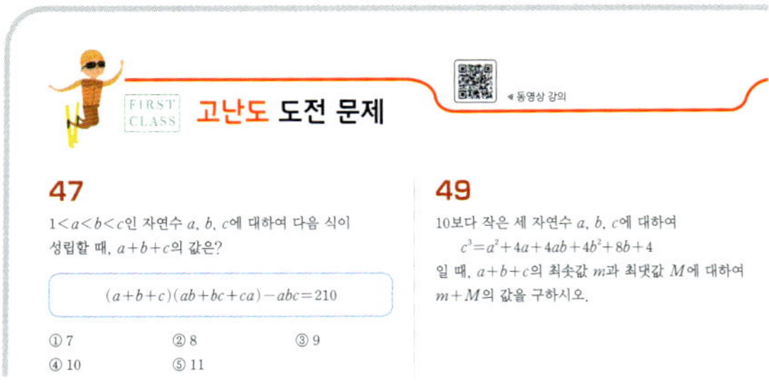

NEW
2022
개정 교육과정

리스토리

Xi
story
Xistory stands for eXtra Intensive story for
the University Entrance Examination.

통합사회 2

[해 설 편]

수경출판사

차 례

I 인권 보장과 헌법

01 인권의 의미와 발전 과정

01 ④ 02 ③ 03 ④ 04 ④ 05 해설 참조 06 ② 07 ⑤
08 ② 09 ④ 10 ③ 11 해설 참조 12 ① 13 ② 14 ②
15 ⑤ 16 ② 17 (가) 환경권, (나) 주거권, (다) 안전권
18 해설 참조 19 ⑤ 20 ③ 21 ④ 22 ⑤

02 인권 보장을 위한 헌법의 역할과 시민 참여

01 ② 02 ⑤ 03 ④ 04 ④ 05 ④ 06 해설 참조 07 ③
08 ④ 09 해설 참조 10 ⑤ 11 ① 12 ② 13 ③ 14 ①
15 해설 참조 16 ② 17 ① 18 ① 19 ① 20 ②

03 인권 문제 해결을 위한 노력

01 ⑤ 02 ⑤ 03 ⑤ 04 ② 05 ② 06 4. 근로 시간, 6. 임금 조항 07 해설 참조 08 ① 09 ⑤ 10 해설 참조 11 ①
12 ④ 13 ④ 14 ⑤

■ 대단원 마무리 문제

01 ④ 02 ② 03 ④ 04 ④ 05 ④ 06 ④ 07 ② 08 ⑤
09 ② 10 ① 11 ③ 12 ⑤ 13 ① 14 ④ 15 ④ 16 ②
17 ① 18 계몽 사상, 사회 계약설, 천부 인권 사상
19~21 해설 참조 22 3개 23 해설 참조

■ 수능 대비 기출 문제

01 ② 02 ② 03 ③ 04 ③ 05 ① 06 ⑤

II 사회 정의와 불평등

04 정의의 의미와 기준, 다양한 정의관

01 ④ 02 ⑤ 03 해설 참조 04 ① 05 ③ 06 ③ 07 ②
08 ③ 09 ② 10 ② 11 ③ 12 해설 참조 13 ③ 14 ③
15 ④ 16 ④ 17 ④ 18 해설 참조 19 ⑤ 20 ②
21 해설 참조 22 ④ 23 ① 24 ④

05 불평등 해결과 정의의 실현

01 ④ 02 ④ 03 해설 참조 04 ③ 05 ⑤ 06 ④ 07 ⑤
08 해설 참조 09 ⑤ 10 ④ 11 ① 12 ② 13 ④ 14 ⑤
15 ⑤ 16 해설 참조 17 ⑤ 18 해설 참조 19 ③ 20 ④
21 ③

■ 대단원 마무리 문제

01 ② 02 ⑤ 03 ③ 04 ② 05 ① 06 ③ 07 ⑤ 08 ③
09 ⑤ 10 ② 11 ② 12 ② 13 ③ 14 ② 15 ⑤
16 ① 17 자유주의적 정의관 18~20 해설 참조

■ 수능 대비 기출 문제

01 ② 02 ② 03 ⑤ 04 ③ 05 ① 06 ②

III 시장 경제와 지속가능발전

06 자본주의의 전개 과정과 경제 체제

01 ③ 02 ⑤ 03 ④ 04 ① 05 해설 참조 06 ① 07 ②
08 해설 참조 09 ④ 10 ① 11 ⑤ 12 ⑤ 13 ④
14 해설 참조 15 ③ 16 ⑤ 17 ① 18 ③ 19 ③ 20 ⑤

07 합리적 선택과 경제 주체의 역할

01 ⑤ 02 ⑤ 03 ④ 04 ④ 05 해설 참조 06 ② 07 ②
08 ③ 09 ③ 10 ② 11 해설 참조 12 ④ 13 ③ 14 ①
15 ⑤ 16 ④ 17 해설 참조 18 ② 19 ③ 20 ⑤ 21 ①

08 자산 관리와 금융 생활

01 ⑤ 02 ⑤ 03 ④ 04 ④ 05 ④ 06 ④ 07 ①
08 해설 참조 09 ③ 10 ① 11 ① 12 ㉠ 1점, ㉡ 3점
13 ⑤ 14 ④ 15 ② 16 해설 참조 17 ④ 18 ④ 19 ②
20 ④

09 국제무역과 지속가능발전

01 ② 02 ② 03 ④ 04 ⑤ 05 ① 06 A재 갑국, B재 갑국
07 해설 참조 08 ⑤ 09 ③ 10 ⑤ 11 ② 12 ② 13 ③
14 해설 참조 15 규모의 경제 16 ④ 17 ② 18 ⑤

■ 대단원 마무리 문제

01 ② 02 ④ 03 ⑤ 04 ② 05 ⑤ 06 ② 07 ① 08 ①
09 ⑤ 10 ② 11 ⑤ 12 ③ 13 ③ 14 ⑤ 15 ④ 16 ⑤
17 (가) 수정 자본주의, (나) 신자유주의 18 해설 참조
19 자기 주도 학습 8만 원, 인터넷 강의 15만 원, 방과 후 수업 9만 원
20 해설 참조 21 안전성, 수익성, 유동성
22~23 해설 참조 24 60달러

■ 수능 대비 기출 문제

01 ① 02 ③ 03 ⑤ 04 ④ 05 ⑤ 06 ⑤

Ⅳ 세계화와 평화 ─────────────

10 세계화의 양상과 문제

01 ④　02 ⑤　03 ①　04 ①　05 ②　06 ④　07 ②
08 해설 참조　09 ①　10 ④　11 ②　12 해설 참조　13 ②
14 ④

11 평화를 위한 국제 사회의 노력

01 ④　02 ②　03 ⑤　04 ②　05 해설 참조　06 ④　07 ③
08 ②　09 ④　10 ④　11 (가) 정부 간 국제기구, (나) 국제
비정부 기구　12 해설 참조　13 ③　14 ④　15 ④

12 남북 분단 및 동아시아의 역사 갈등

01 ④　02 ①　03 ③　04 ②　05 해설 참조　06 ②　07 ④
08 ⑤　09 ⑤　10 ①　11 ②　12 ④　13 ④　14 ④　15 ⑤
16 ②　17 동북공정　18 해설 참조　19 ①　20 ②

● 대단원 마무리 문제

01 ②　02 ④　03 ②　04 ④　05 ①　06 ③　07 ③　08 ①
09 ③　10 ①　11 ⑤　12 ④　13 ④　14 ③　15 ①　16 ⑤
17 ②　18~23 해설 참조

● 수능 대비 기출 문제

01 ①　02 ③　03 ③　04 ④　05 ①　06 ②

Ⅴ 미래와 지속가능한 삶 ─────────────

13 세계의 인구와 인구 문제

01 ③　02 ②　03 해설 참조　04 ④　05 ④　06 ⑤　07 ①
08 ⑤　09 ②　10 ④　11 경제적 이동　12 해설 참조　13 ②
14 ④　15 ④　16 ③　17 ①　18 해설 참조　19 ⑤　20 ①
21 ④

14 에너지 자원과 지속가능한 발전

01 ④　02 ②　03 해설 참조　04 ①　05 ④　06 ⑤　07 ②
08 ③　09 ④　10 해설 참조　11 ⑤　12 ①　13 ②　14 ③
15 ②　16 ④　17 해설 참조　18 ②　19 ⑤　20 ①

15 미래 사회와 세계시민으로서의 삶

01 ①　02 ②　03 ②　04 해설 참조　05 ④　06 ④　07 ②
08 ④

● 대단원 마무리 문제

01 ②　02 ①　03 ①　04 ③　05 ③　06 ②　07 ②　08 ⑤
09 ⑤　10 ④　11 ①　12 ④　13 ⑤　14 ①　15 ④　16 ①
17 ④　18 (가) 프랑스, (나) 카메룬　19 해설 참조
20 (가) 천연가스, (나) 석탄, (다) 석유　21~23 해설 참조

● 수능 대비 기출 문제

01 ②　02 ②　03 ④　04 ①　05 ③　06 ⑤

★ 2028 수능 신유형 융합 문제

01 ⑤　02 ③　03 ②　04 ②　05 ③　06 ⑤　07 ③　08 ④
09 ④　10 ②　11 ⑤　12 ①

★ 내신 + 수능 대비 단원별 TEST

01 인권의 의미와 발전 과정

01 ⑤　02 ④　03 ④　04 ①　05 ③　06 해설 참조　07 ③
08 ⑤　09 (가) 안전권, (나) 문화권　10 ③

02 인권 보장을 위한 헌법의 역할과 시민 참여

01 ⑤　02 ②　03 ②　04 ①　05 해설 참조　06 ③　07 ④
08 ⑤　09 ①　10 해설 참조

03 인권 문제 해결을 위한 노력

01 ①　02 ③　03 해설 참조　04 ⑤　05 ②　06 ③　07 ④
08 ⑤　09 ④　10 해설 참조

04 정의의 의미와 기준, 다양한 정의관

01 ⑤　02 ①　03 ②　04 업적 05 해설 참조　06 ⑤　07 ⑤
08 ⑤　09 ④　10 해설 참조

05 불평등 해결과 정의의 실현

01 ④　02 ②　03 ②　04 ②　05 해설 참조　06 ④　07 ⑤
08 ④　09 여성 할당제, 장애인 의무 고용 제도, 대학 입시의 기회
균등 전형 등　10 해설 참조

06 자본주의의 전개 과정과 경제 체제

01 ④　02 ④　03 ④　04 ②　05 해설 참조　06 ①　07 ③
08 ④　09 ②　10 해설 참조

01 인권의 의미와 발전 과정

내신 대비 필수 문제   문제편 15~18p

01 정답 ④   * 인권의 특징

| 문제 + 자료 분석 |

- **(가)**: 태어나면서부터 당연하게 갖 게 됨 → 천부성
- **(나)**: 모든 사람이 누려야 함 → 보편성
- **(다)**: 영구히 보장됨 → 항구성

| 선택지 분석 |

④ (가)는 인권은 태어나면서부터 자연스럽게 갖는 권리임을 의미하는 천부성에 대한 설명이고, (나)는 인권은 나이, 성별, 장애 등에 관계없이 인류 구성원 모두가 가지는 권리임을 의미하는 보편성에 대한 설명이다. (다)는 인권이 일정 기간에만 보장받는 것이 아니라 영원히 보장되는 권리임을 의미하는 항구성에 대한 설명이다.
①, ②, ⑤ 불가침성은 인권은 타인이 부당하게 침해할 수도, 양도할 수도 없는 권리임을 의미한다.

02 정답 ③   * 인권의 특징

| 문제 + 자료 분석 |

- (가)~(마)를 순서대로 읽고 판단해야 하고, 옳으면 오른쪽 한 칸만 이동하고 틀리면 제자리에 그대로 있어야 한다는 게임 규칙을 정확히 숙지해야 한다.
- **(가)** 보편성 - 인권은 나이, 성별 등과 관계없이 누구나 갖게 됨 → ○
- **(나)** 항구성 - 인권은 일정 기간만 보장받는 것이 아니라 영원히 보장됨 → ×
- **(다)** 천부성 - 인권은 태어나면서부터 자연적으로 갖게 됨 → ○
- **(라)** 불가침성 - 인권은 타인에게 양도할 수 없음 → ×
- **(마)** 불가침성 - 인권은 타인이 함부로 빼앗을 수 없음 → ○

| 그림 분석 |

③ 진술 (가)~(마) 중 (가), (다), (마)가 옳기 때문에 총 3칸을 오른쪽으로 이동하면 **C**에 도착한다.

03 정답 ④   * 프랑스 인권 선언

| 문제 + 자료 분석 |

- 제1조: 천부 인권 사상, 자유권, 평등권 보장 명시
- 제3조: 국민 주권 사상 천명
- 제17조: 소유권 불가침 원칙 명시, 공공의 필요를 위해 불가피한 경우 예외

| 보기 분석 |

ㄱ. 제17조에서 소유권을 신성불가침의 권리라고 천명하고 있으므로 원칙적으로는 사유 재산 제도를 인정하고 있다. 다만 공공의 필요를 위해 불가피한 경우에는 제한될 수 있다는 단서가 붙어 있다.
ㄴ. 제1조에서 "인간은 ‥ 자유로우며 평등한 권리를 가진다"라고 명시하고 있다.
ㄷ. 사회권은 국민의 인간다운 생활을 할 권리를 국가에게 요구할 수 있는 권리이다. 산업 혁명 이후 열악한 노동 환경, 빈부 격차 등의 사회 문제를 해결하기 위해 노력하는 과정 속에서 등장하였다. 1919년 독일 바이마르 헌법에서 최초로 명시되었기에 1789년 프랑스 인권 선언에서는 등장하지 않았다. 프랑스 인권 선언에서는 자유권, 평등권 등 1세대 인권이 강조되고 있다.

ㄹ. 제1조에서 "태어나면서부터 자유로우며 평등한 권리를 가진다."라는 조항에서 태어나면서부터라고 강조한 것은 천부 인권 사상을 반영하는 것이다.

제3조에서 "모든 주권의 원리는 본질적으로 국민에게 있다."라고 명시하여 국가의 정치 형태나 구조를 최종적으로 결정하는 권력이 국민에게 있다는 원리인 국민 주권 사상을 반영하고 있다.

04 정답 ④   * 시민 혁명

| 문제 + 자료 분석 |

- **A**: 제3신분(평민)이 참정권이 없었던 데에서 출발하였으며 인권 선언이 공포된 것은 프랑스 혁명임
- **B**: 윌리엄 3세와 메리 2세가 의회의 권리 장전을 승인하고 왕위에 올라 유혈 사태가 없었던 것은 영국 명예혁명임
- **C**: 미국이 영국으로부터 독립한 것은 미국 독립 혁명임

| 선택지 분석 |

④ 의회가 국왕의 권력을 제한한 **B** 영국 명예혁명은 1688년에 일어났다. **C** 미국 독립 혁명은 미국이 영국으로부터 독립한 사건으로 13개 식민주 대표들이 모여 독립 선언문을 채택한 1776년~1783년의 사건이다. 평민이 국가 재정의 대부분을 부담하나 참정권이 없어 쌓인 평민층의 불만에서 시작된 **A** 프랑스 혁명은 1789년~1794년의 사건이다. 따라서 시간순으로 나열하면 **B-C-A**가 된다.

05 핵심 키워드: 시민 혁명, 자유권, 평등권, 참정권, 1세대 인권

모범 답안 근대 시민 혁명이 일어나며 자유권과 평등권이 중시되고 참정권이 확립되었다. 즉 국가가 개인의 자유와 권리를 간섭하지 않도록 하는 1세대 인권이 보장되었다.

| 문제 + 자료 분석 |

- 1세대 인권은 자유권, 평등권, 참정권 중심의 인권으로 개인의 자유를 최우선으로 하며 국가의 개입을 경계한다.

*** 채점 기준**

1세대 인권과 시민 혁명의 결과를 함께 서술한 경우	100 %
시민 혁명의 결과만 서술한 경우	50 %

06 정답 ②   * 참정권 확대 과정

| 문제 + 자료 분석 |

- 영국 노동자들의 정치 참여에 대한 요구사항을 담음 → 차티스트 운동

| 선택지 분석 |

① 명예 혁명(1689)은 영국 국왕의 전제 정치에서 벗어나 시민의 자유와 평등을 요구한 시민 혁명으로, '권리 장전'을 채택하고 의회주의를 강화하는 계기가 되었다.
② 참정권은 정치에 참여할 수 있는 권리로, 대표적으로 선거 및 투표권, 공무원이 될 권리 등이 있다. 인민 헌장에서는 조건에 상관없이 일정 연령 이상의 남성이라면 누구나 정치에 참여할 수 있도록 주장하고 있다. 이를 통해 소외되었던 노동자가 정치에 참여할 수 있는 권리를 얻게 되어 참정권이 확대되었다.
③ 미국 독립 선언은 미국의 독립혁명(1776)으로 채택된 문서로, 국민주권의 원리, 자유권과 평등권의 내용을 담고 있다.
④ 인권 보장의 보편적 기준을 선언한 문서는 세계 인권 선언문(1948)이다.
⑤ 사회적 차별의 철폐는 평등권에 해당하는 내용이다. 인민 헌장은 참정권 확대와 관련이 있다.

07 정답 ⑤　＊인권의 확산과 발달 과정

| 문제 + 자료 분석 |

- 자료에는 뉴질랜드의 여성들이 투표할 수 있도록 요청하는 청원서의 내용이 나타나 있다.
- 투표할 수 있는 권리는 정치에 참여할 수 있는 대표적 권리이며, 따라서 (가)는 참정권이다.

| 선택지 분석 |

① 바이마르 헌법에 최초로 명시된 권리는 사회권이다. 사회권은 국민의 인간다운 생활 보장을 국가에 요구할 수 있는 권리로 가장 최근에 등장한 권리이다.

② 다른 기본권 보장의 전제가 되는 권리는 평등권이다. 평등권은 합리적 이유 없이 차별 대우받지 않을 것을 국가에 요구할 수 있는 권리이다.

③ 국가 권력으로부터 간섭받지 않을 권리는 자유권이다. 자유권은 역사적으로 가장 오래된 권리로 구체적 내용이 헌법에 나열되지 않아도 보장되는 포괄적 권리의 성격을 지닌다.

④ 기본권 보장을 위한 수단적 성격의 권리는 청구권이다. 청구권은 국가에 적극적으로 일정한 행위를 요구할 수 있는 권리로 적극적, 절차적 권리이다.

⑤ 국가의 의사 결정 과정에 참여할 수 있는 권리는 참정권이다. 시민 혁명 이후에도 재산, 성별, 인종 등에 따라 정치 참여가 여전히 제한되었는데, 이를 해결하기 위해 사료에서와 같이 노동자, 농민, 여성 등을 중심으로 참정권 확대 운동이 일어났다.

08 정답 ②　＊인권 확장 과정

| 문제 + 자료 분석 |

- ㉠ 인간과 시민의 권리 선언: 프랑스 혁명에서 발표된 문서로 천부 인권, 자유권, 평등권, 국민 주권, 참정권, 재산권 등이 나타나 있음
- ㉡ 바이마르 헌법: 독일 바이마르 공화국에서 발표한 헌법으로, 다양한 기본적 인권을 보장하는 내용이 나타나 있음. 인간다운 생활을 보장하는 사회권이 최초로 명시됨
- ㉢ 세계 인권 선언: 2차 세계 대전 이후 국제 연합에서 채택된 인권 선언문으로 자유와 평등 등 모든 인간의 기본적 권리를 명시하고 있음. 지구촌 구성원 모두의 인권 보장을 위한 국제적 연대와 협력을 중시하는 연대권이 나타남

| 선택지 분석 |

① 인간과 시민의 권리 선언은 프랑스 혁명을 계기로 선포되었다. 영국의 차티스트 운동을 계기로 선포된 것은 인민 헌장(1838년)이다.

② 독일 바이마르 헌법에서 인간다운 생활을 보장하는 사회권이 최초로 명시되었다.

③ ㉠, ㉡ 모두 자유와 평등을 국민의 권리로 명시했다. ㉠의 제1조에서 자유권과 평등권이 명시되었으며, ㉡의 제109조에 평등권이 명시되어 있다.

④ 천부 인권 사상은 인간이 태어날 때부터 자연적으로 갖는 기본적 권리가 있음을 의미하며 ㉠의 '태어나면서부터', ㉢의 '태어날 때부터'에서 모두 나타난다.

⑤ 연대권은 개인, 국가를 초월하여 지구촌 구성원 모두의 인권 보장을 위한 국제적 연대와 협력을 중시하는 현대적 권리로, ㉢의 제22조에 나타나 있다.

＊ 인권의 확장 과정

1세대 인권	국가가 개인의 자유와 권리를 간섭하지 않도록 하는 자유권, 평등권, 참정권 중심의 인권
2세대 인권	사회적 약자의 인간다운 삶을 보장하기 위한 사회권 중심의 인권
3세대 인권	인종 차별, 국가 간 빈부 격차 등으로 고통받는 집단의 인권 보호에 주목하는 전 지구적 차원의 연대적 권리

09 정답 ④　＊인권의 변화 양상

| 문제 + 자료 분석 |

- (가) 프랑스 인권 선언: 제1조에는 천부 인권, 자유권, 평등권 등이 규정되어 있다. 제17조에는 소유권의 불가침성이 규정되어 있다.
- (나) 세계 인권 선언: 제1조에는 천부 인권, 자유권, 평등권, 인간의 존엄과 가치, 제22조에는 국가에 대해 인간다운 생활과 사회 보장을 요구할 수 있는 사회권, 제26조 제1항은 사회권의 사례인 교육을 받을 권리가 규정되어 있다.

| 보기 분석 |

ㄱ. 사유 재산 제도는 개인의 사적 재산 소유를 인정하는 것으로, 소유권의 인정이 사유 재산 제도의 인정을 의미한다. (가)의 제17조에서 소유권은 법에서 규정한 공공의 필요에 의해 요구될 때를 제외하고는 누구도 박탈할 수 없는 신성한 권리임을 밝히고 있으므로, 소유권을 인정하고 있다.

ㄴ. 사회권은 인간다운 생활을 하기 위해 국가에 적극적인 배려를 요구할 수 있는 권리이다. 제22조 사회 보장을 요구할 권리와 제26조 제1항 교육을 요구할 권리가 사회권에 해당한다.

ㄷ. 인권은 함부로 빼앗거나 무시할 수 없는 불가침성을 갖고 있기 때문에, 임의로 제한할 수 없다. 다만, 인권의 제한이 불가능한 것은 아니다. (가)의 제17조에서 '법에서 규정한 공공의 필요에 의해 명백히 요구되는 때'에는 소유권을 제한할 수 있다고 언급한 것처럼 법 규정에 따라 인권을 일부 제한하는 것은 가능하다. '임의로' 제한하는 것이 불가능함을 주의한다. 함정

ㄹ. 천부 인권은 태어나면서부터 자연적으로 갖는 권리를 의미한다. (가) 제1조의 '태어나면서부터', (나) 제1조의 '태어날 때부터' 자유롭고 평등하다는 내용을 통해 천부 인권을 확인할 수 있다.

10 정답 ③　＊인권 보장의 역사

| 문제 + 자료 분석 |

- 1세대 인권은 자유권, 평등권과 참정권, 2세대 인권은 사회권, 3세대 인권은 연대권 중심의 인권이다. 세대별로 어떤 권리를 강조했고 강조된 인권의 특징은 무엇인지 떠올려야 한다.

| 보기 분석 |

ㄱ. 1세대 인권은 자유권과 참정권, 평등권이 중시되었다.

ㄴ. 2세대 인권인 사회권의 사례로 근로의 권리, 교육받을 권리, 사회 보장을 받을 권리, 인간다운 생활을 할 권리, 쾌적한 환경에서 생활할 권리가 있다.

ㄷ. 3세대 인권은 연대권이 강조되었으며 연대권의 대표적 사례로 자결권이 있으나, 쾌적한 환경에서 생활할 권리는 2세대 인권의 사례이다.

11 핵심 키워드 : 인간다운 삶, 사회권, 고통받는 집단, 연대권

모범 답안　2세대 인권은 사회적 약자의 인간다운 삶을 보장하기 위해 국가의 적극적인 개입을 요구하는 권리로, 사회권을 강조했다. 3세대 인권은 인종 차별, 국가 간 빈부 격차 등으로 인해 고통받는 집단에 주목하여 연대권을 강조하는 권리이다.

| 문제 + 자료 분석 |

- 1세대 인권은 개인의 자유를, 2세대 인권은 사회권을, 3세대 인권은 연대권을 강조한다.

＊ 채점 기준

| 2, 3세대 인권의 내용을 각 세대에서 강조한 기본권과 함께 구체적으로 서술한 경우 | 100 % |
| 2, 3세대 인권에서 강조한 기본권만 서술한 경우 | 40 % |

12 정답 ① * 현대 사회에서 확장된 인권

| 문제 + 자료 분석 |

• ㉠ : 경제적, 문화적 배경과 상관없이 누구나 문화생활을 향유할 수 있고, 차별화된 문화 양식을 만들 수 있는 권리 → 문화권

| 보기 분석 |

ㄱ 차별화된 문화 양식을 만들 수 있는 권리가 보장되면 문화의 다양성이 보장되고 이는 사회의 다양성 확대에 기여한다.
ㄴ 문화생활을 향유할 수 있는 권리인 문화권이 보장됨에 따라 누구나 문화 생활을 향유하게 되면서 자신만의 문화적 정체성을 확립할 수 있다.
ㄷ. 쾌적한 주거 환경 조성을 강조하는 권리는 인간다운 주거 생활을 할 수 있는 권리를 의미하는 주거권에 해당한다.
ㄹ. 전염병으로부터 자신의 안전을 보장해주는 권리는 각종 위험으로부터 안전할 권리를 의미하는 안전권에 해당한다.

13 정답 ② * 현대 사회에서 확장된 인권

| 문제 + 자료 분석 |

• ○○시는 건강하고 쾌적한 환경 속에서 생활할 권리인 환경권을 보장하기 위해서 노후 경유차 운행 제한 사업을 추진하고 있다.

| 보기 분석 |

ㄱ 환경권은 건강하고 쾌적한 환경에서 살 권리를 뜻한다.
ㄴ. 우리나라는 헌법 제35조 제1항 '모든 국민은 건강하고 쾌적한 환경에서 생활할 권리를 가지며, 국가와 국민은 환경 보전을 위하여 노력하여야 한다.'를 통해 환경권을 국민의 권리로 규정하고 있다.
ㄷ 환경권, 주거권, 안전권, 문화권과 같이 현대 사회에서 확장된 인권은 안전 문제, 환경 문제 등 이전에 없었던 문제들을 해결하여 인간다운 삶을 보장하기 위해 등장하였다. 따라서 환경권은 사회가 변하고 인간다운 삶의 기준이 높아지면서 등장한 권리로 볼 수 있다.
ㄹ. 공연에서 수어 통역을 제공하는 것은 누구나 문화 활동에 자유롭게 참여하고 문화를 누릴 권리인 문화권을 보장하기 위한 사례이다.

14 정답 ② * 현대 사회에서 확장된 인권

| 문제 + 자료 분석 |

• A: 실내 공기 질을 관리하여 쾌적한 환경을 제공하는 것은 건강하고 쾌적한 환경에서 생활할 권리인 환경권에 해당함
• B: 다양한 문화를 이해하고 체험할 수 있는 기회를 제공하는 것은 공동체의 문화생활에 자유롭게 참여하고 문화적 정체성을 유지할 권리인 문화권에 해당함
• C: 안전한 학교 생활을 지원하는 것은 각종 위험으로부터 안전을 보호받을 권리인 안전권에 해당함

| 선택지 분석 |

① 재난과 사고의 위험으로부터 안전을 보장받을 권리는 C 안전권이다.
② 다양한 문화에 대한 이해를 증진하는 데 기여하는 권리는 B 문화권이다.
③ 쾌적하고 안정적인 주거 환경에서 인간다운 생활을 할 권리는 주거권이다.
④ 모든 인권은 타인이 부당하게 침해할 수 없고, 타인에게 양도할 수도 없다.
⑤ 환경권, 문화권, 안전권 모두 기후 위기, 다문화 사회의 진전 등 급격한 사회 변화에 따른 문제를 해결하는 과정에서 새롭게 등장한 확장된 인권이다.

15 정답 ⑤ * 현대 사회에서 확장된 인권

| 문제 + 자료 분석 |

• ○○○은 청년 세대 주거 문제의 근본적인 해결을 위해, 즉 주거권의 보장을 위해 활동하고 있는 단체이다. 청년 주거 실태 조사 연구, 청년 주거 정책 제안, 캠페인 활동 등을 통해 청년들이 쾌적하고 안정적인 주거 환경에서 인간다운 주거 생활을 할 수 있도록 노력하고 있다.

| 선택지 분석 |

① 국가가 국민을 각종 위험으로부터 보호해야 한다는 것은 안전권이다.
② 국가가 청년 세대의 안전권을 보장해 주어야 한다는 내용은 제시문에서 찾아볼 수 없다.
③ 국가가 자유로운 삶의 요건을 보장해 주어야 한다는 내용은 제시문과는 무관하다.
④ 주거권은 인간다운 주거 생활을 할 수 있는 권리와 '최저' 주거 기준의 확보를 의미한다.
⑤ 주거 환경 문제가 개인 문제가 아닌 국가의 책임이라는 문장에서 국가가 국민의 주거 생활의 쾌적성과 안정성을 보장해 주어야 한다는 것을 알 수 있다.

16 정답 ② * 현대 사회에서 확장된 인권

| 문제 + 자료 분석 |

• (가): 시민들의 안전한 귀가를 도와주는 안심 귀가 스카우트 제도 → 안전권

| 선택지 분석 |

① 안전권은 자연재해, 과학기술의 발전에 따른 인위적 위험 등 각종 위험으로부터 안전할 권리를 뜻한다.
② 노동 시간이 감소하고 여가 시간이 늘어나며 등장한 권리는 문화권이다.
③ 국가는 국민의 안전권을 보장하기 위해 전염병, 범죄 등 발생할 수 있는 위험을 예방하기 위한 제도를 정비하며 재해를 예방하고 관리해야 한다.
④ 기업은 안전권 보장을 위해 산업 현장에서의 안전 관리를 강화하여 노동자가 위험에 처할 가능성을 낮출 수 있다.
⑤ 안전권은 자연재해뿐만 아니라 과학기술의 발전에 따른 인위적 위험이 증가하며 인간의 삶이 위협을 받자 등장한 인권이다.

17 정답 (가) 환경권, (나) 주거권, (다) 안전권

| 문제 + 자료 분석 |

현대 사회에서 인권은 여러 측면으로 확대되고 있는데 대표적인 것이 주거권, 안전권, 환경권, 문화권이다. 건강하고 쾌적한 환경에서 생활할 권리는 환경권, 쾌적한 주거 생활을 할 수 있는 권리는 주거권, 국가가 위험으로부터 국민을 보호해야 하는 조항에서는 안전권을 찾아볼 수 있다.

18 핵심 키워드: 새로운 유형의 문제, 확장

모범 답안 현대 사회에는 인구의 도시 집중에 따른 주택 부족 문제, 각종 범죄 및 안전사고, 환경 문제, 문화 소외 계층의 발생 등 새로운 유형의 문제가 등장했다. 기존 인권 개념으로는 충분히 보장되지 않는 문제를 해결하고 인간다운 삶을 보장해 달라는 요구가 등장하자 현대 사회에서는 인권을 여러 영역으로 확장하며 새로운 유형의 인권이 등장하게 되었다.

| 문제 + 자료 분석 |

• 오늘날 사회가 급격하게 변화하고 시민들의 인권 의식이 높아지면서 인권은 여러 영역으로 확장되고 있다.

✱ 채점 기준

현대 사회의 문제 두 가지와 함께 다양한 인권이 등장하게 된 배경을 구체적으로 서술한 경우	100 %
다양한 인권이 등장하게 된 배경만 서술한 경우	60 %

19 정답 ⑤ * 인권 보장 과정

① ㉠은 자유권 중심의 인권을 강조하였다.
　　자유권, 재산권, 평등권 규정
② ㉡은 인권 보장의 국제적 기준을 제시하였다.
　　인권 문제 해결을 위한 인류 공동의 노력 촉구
③ ㉢은 여러 나라의 복지 국가 헌법 제정에 영향을 끼쳤다.
　　사회권 처음 명시
④ 인권 확장의 역사적 전개 과정에서 ㉠-㉣-㉢-㉡의
　　　　　　　　　자유권 및 평등권 - 참정권 - 사회권 - 연대권
　순으로 등장하였다.
⑤ ㉣에서 영국 노동자들은 일정한 연령에 달한 모든
　~~정인~~의 보통 선거권을 요구하였다.
　성인 남자

| 문제 + 자료 분석 |

• ㉠: 프랑스 혁명 중 발표된 선언으로, 자유권, 저항권 등이 명시됨
• ㉡: 인권 보장이 인류가 추구해야 할 보편적 가치임을 선포함
• ㉢: 누구나 인간다운 생활을 누려야 한다는 사회권을 처음으로 규정함
• ㉣: 영국 노동자들이 선거권 확대와 비밀 투표를 요구함

| 선택지 분석 |

① 프랑스 인권 선언 제2조는 '모든 정치적 결사의 목적은 인간의 자연적이고
　소멸될 수 없는 권리를 보전함에 있다. 그 권리란 자유, 재산, 안전 그리고
　압제에 저항 등이다.'라고 규정하여 자유권 중심의 인권을 강조하였다.
② 1948년 국제 연합(UN) 총회에서 세계 인권 선언을 채택하여 인류가
　당연히 누려야 할 권리를 규정하였고, 인권 보장의 국제 기준을 제시하였다.
③ 20세기 초반 독일 바이마르 헌법에 처음으로 국가가 모든 국민의
　인간다운 생활을 보장한다는 내용이 명시되었다. 이후 사회권을 규정한
　헌법이 세계 각국에서 제정되었다.
④ ㉠ 프랑스 인권 선언(1789년), ㉣ 인민 헌장(1838년), ㉢ 바이마르
　공화국 헌법(1919년), ㉡ 세계 인권 선언(1948년) 순으로 등장하였다.
⑤ 차티스트 운동에서는 일정한 연령에 달한 성인 남자의 보통 선거권을
　요구하였다.

20 정답 ③ * 인권 확장의 역사적 전개 과정

| 문제 + 자료 분석 |

• (가): 영국 명예혁명의 결과로 승인된 권리 장전
• (나): 프랑스 혁명 과정에서 발표된 인간과 시민의 권리 선언

| 보기 분석 |

ㄱ. 사회권은 기본권 중 가장 최근에 등장한 현대적 권리이다. 사회권이
　명시된 최초의 문서는 1919년 독일의 바이마르 헌법이다.

ㄴ. (나)의 제1조를 통해 인권은 인간으로 태어나면서부터 갖게 되는
　권리라는 천부 인권 사상을 파악할 수 있다. 제3조를 통해 모든 주권은
　국민에게 있다는 국민 주권의 원리를 파악할 수 있다.
ㄷ. (가)는 영국 명예혁명, (나)는 프랑스 혁명 과정에서 발표된 문서이다.
　영국의 명예혁명과 프랑스 혁명은 모두 근대 사회의 인권 보장을 위한
　시민 혁명으로 계몽사상의 영향을 받았다.
　계몽사상은 인간의 합리적 이성에 의해 편견과 오류를 극복하고 사회적
　모순과 부조리를 바로 잡을 수 있다고 보는 사상이다.
ㄹ. (가)와 (나)는 모두 사회 계약설의 영향을 받았다. 사회 계약설은 사회나
　국가가 자유롭고 평등한 개인들의 합의나 계약으로 발생하였다는 학설이다.

21 정답 ④ * 현대 사회의 확장된 인권 파악

| 문제 + 자료 분석 |

• (가): 프랑스 파리에서 일부 청년들이 살고 있는 방의 열악한 주거 환경에
　관한 사례 → 쾌적하고 안정적인 주거환경에서 인간다운 주거
　생활을 할 권리인 주거권과 관련됨
• (나): 화석연료의 사용으로 인한 대기 오염으로 많은 사망자와 질환이
　발생한 사례 → 건강하고 쾌적한 생활에 필요한 모든 조건이 충족된
　환경을 누릴 수 있는 권리인 환경권과 관련됨

| 보기 분석 |

ㄱ. 천부 인권(인간으로 태어나면서부터 갖게 되는 권리)의 성격을 갖는
　인권은 자유권과 평등권이다.
ㄴ. 주거권과 환경권은 모두 산업화 및 도시화 등 사회 변화에 따른 사회 문제
　해결의 필요성이 증가하면서 현대 사회에서 확장된 인권이다.
ㄷ. (가)의 사례에서 쾌적한 주거 환경이 보장되고 있지 않음을 알 수 있다.
ㄹ. (나)의 사례에서 대기오염 물질로 인해 많은 사망자와 질환이 발생하고
　있으며, 누적 사망자도 증가할 것으로 예상된다. 따라서 과거에 비해
　건강하고 쾌적한 생활을 할 권리인 환경권이 더욱 강조될 것으로 예상할
　수 있다.

22 정답 ⑤ * 인권 확장의 전개 과정 분석

| 문제 + 자료 분석 |

• 조사 대상인 중학생의 수와 고등학생의 수는 두 시기 각각 동일함 →
　응답한 학생의 비율을 통해 해당 응답을 한 학생 수를 비교할 수 있음

| 선택지 분석 |

① 조사 대상인 중학생의 수는 2015년과 2019년이 동일하다. '전혀 그렇지
　않다'에 응답한 중학생의 비율이 2015년 43.6%에서 2019년 40.0%로
　감소하였으므로, 2019년이 2015년보다 '전혀 그렇지 않다'에 응답한
　중학생의 수가 적다.
　예를 들어, 2015년과 2019년 중학생의 수가 각각 1,000명이라면,
　'전혀 그렇지 않다'에 응답한 중학생의 수는 2015년에 436명, 2019년에
　400명이다.
② '그렇지 않다'에 응답한 중학생의 비율은 2019년이 48.7%이고
　2015년이 34.8%로 2019년이 높다.
③ '그렇다' 응답 비율 감소 폭은 중학생이 9%p(15.7%-6.7%)이고,
　고등학생은 10.7%p(18.5%-7.8%)로 중학생이 더 작다.
④ 조사 대상인 고등학생의 수는 2015년과 2019년이 동일하다. '매우
　그렇다'에 응답한 고등학생의 비율이 2015년 6.0%에서 2019년
　2.1%로 감소하였으므로, 2015년이 2019년보다 '매우 그렇다'에 응답한
　고등학생의 수가 많다.
⑤ 2015년 대비 2019년의 '매우 그렇다' 응답 비율은 중학생이 78%$(=\frac{4.6}{5.9}$
　$\times100)$이고, 고등학생은 35%$(=\frac{2.1}{6.0}\times100)$이다. 따라서 중학생이
　고등학생보다 높게 나타난다.

내신 대비 필수 문제

문제편 24~26p

01 정답 ② * 인권 보장을 위한 기본권

| 문제 + 자료 분석 |

- (가): 적극적 권리인 참정권에 해당함. 공직선거의 후보자로 나서 당선인이 될 수 있는 국민의 권리인 피선거권을 비롯하여 선거권, 국민 투표권, 공무 담임권과 더불어 국가 권력에의 참가를 내용으로 함

| 선택지 분석 |

① 다른 기본권이 침해되거나 침해의 염려가 있을 때 국가에 대해 구제를 요청할 수 있는 권리는 청구권이다.
② 국민이 주권자로서 국가 기관의 형성과 정치적 의사 결정 과정에 참여할 수 있는 권리는 참정권이다. (가)는 헌법 소원 심판의 쟁점이 된 피선거권을 포괄하고, 국가의 존재를 전제로 인정되는 실정권적 성격을 갖고 있는 참정권이다.
③ 자유권, 사회권, 참정권, 청구권 등 다른 기본권 실현의 전제 조건이 되는 것은 평등권의 보장이다.
④ 모든 국민이 생존을 유지하거나 생활을 향상시켜 인간다운 삶을 살기 위해 국가에 대해 적극적인 배려를 요구할 수 있는 권리는 사회권이다.
⑤ 모든 국민을 원칙적으로 평등하게 대우하고 합리적 이유 없이 차별적 대우를 받지 않을 권리는 평등권이다.

★ 기본권의 유형과 특징

기본권	의미	특징
자유권	국가 권력의 간섭이나 침해를 받지 않을 권리	고전적, 소극적, 방어적, 포괄적, 자연권적
평등권	정당하고 합리적 이유 없이 차별받지 않을 권리	다른 모든 기본권 보장의 전제가 되는, 포괄적, 자연권적
참정권	국가 기관 형성과 정치적 의사 결정에 참여할 권리	적극적, 능동적, 열거적, 실정권
사회권	국가에게 인간다운 생활의 보장을 요구할 권리	현대적, 적극적, 열거적, 실정권
청구권	기본권 침해의 구제를 요청할 수 있는 권리	수단적, 절차적, 열거적, 실정권

02 정답 ⑤ * 헌법상의 기본권

| 문제 + 자료 분석 |

- (가): 누구든지 성별·종교 또는 사회적 신분에 의하여 모든 영역에 있어서 차별받지 아니한다 → 평등권
- (나): 국가 기관에 문서로 청원할 권리 → 청구권

| 선택지 분석 |

① 자유권은 국가 권력의 간섭이나 침해를 받지 않고 생활할 권리를 뜻한다.
② 참정권은 국가의 의사 결정에 주체적으로 참여할 수 있는 권리를 뜻한다.
③ 청구권은 (가)가 아니라 (나)에 해당한다. 자유권은 국가 권력의 간섭을 받지 않고 자유롭게 생활할 수 있는 권리를 뜻한다.
④ 청구권은 (가)가 아니라 (나)에 해당한다. 사회권은 국가에 대하여 인간다운 삶의 보장을 요구할 수 있는 권리를 뜻한다.
⑤ (가)는 정당하고 합리적인 이유 없이 차별받지 않을 권리를 뜻하는 평등권을 규정하고 있으며, (나)는 국민의 기본권이 침해되었을 때 이를 구제하도록 요구할 수 있는 권리인 청구권을 규정하고 있다.

03 정답 ④ * 헌법상의 기본권

| 문제 + 자료 분석 |

- (가) 평등권: 모든 인간을 원칙적으로 평등하게 대우하고 국민이 합리적 이유 없이 불평등한 대우를 받지 않도록 국가에 요구할 수 있는 권리
- (나) 청구권: 국민의 기본권이 침해되었을 때 이를 구제받기 위한 수단적 성격을 지닌 권리

| 선택지 분석 |

① 평등권은 성별, 종교, 사회적 신분 등에 의해 합리적 이유 없이 차별받지 않고 동등하게 대우받을 권리를 뜻한다. 합리적인 이유에 의한다면 다르게 대우할 수 있으므로 어떠한 이유로도 차별받지 않을 권리라는 설명은 옳지 않다.
② 근로 3권, 환경권은 사회권의 사례에 해당한다.
③ 역사적으로 가장 오래된 기본권은 자유권이다.
④ 청구권은 국민의 기본권이 침해되었을 때 이의 구제를 요구할 수 있는 권리로, 다른 기본권을 보장하기 위한 수단적 권리에 해당한다.
⑤ 국가에 대하여 인간다운 삶의 보장을 요구할 수 있는 권리는 사회권이다.

04 정답 ④ * 기본권의 유형

| 문제 + 자료 분석 |

- A: 인간다운 생활을 보장받을 권리 → 사회권
- C: 역사적으로 가장 오래된 권리 → 자유권
- B는 청구권이며, (가)에는 청구권에 대한 설명이 들어가야 한다.

| 선택지 분석 |

① 다른 기본권 보장을 위한 수단적 권리는 청구권이다.
② 국가의 정치 과정에 참여할 수 있는 권리는 참정권이다.
③ 헌법에는 최저 임금제 시행에 대한 규정이 명시되어 있다. 최저 임금제는 국가가 임금의 최저 수준을 정하여 근로자의 인간다운 삶을 보장하기 위한 제도이므로 사회권 실현과 관련된 제도이다.
④ 사회권은 인간다운 삶을 살 수 있도록 국가에게 적극적인 배려를 요구할 수 있는 권리이므로 적극적 권리이다. 청구권도 국민의 권리가 침해되었을 때 국가에 대해 적극적으로 일정한 행위를 청구할 수 있는 권리이므로 적극적 권리이다. 반면, 자유권은 국가 권력에 의한 부당한 간섭이나 침해를 받지 않을 권리이므로 소극적 권리이다.
⑤ (가)에는 청구권에 대한 설명이 들어가야 한다. 외부로부터 간섭을 받지 않을 권리는 자유권이므로 (가)에 들어갈 수 없다.

★ 자유권, 청구권, 사회권

자유권	• 역사적으로 가장 오래된 기본권 • 국가의 간섭 및 침해를 받지 않아야 실현되는 소극적 권리
청구권	• 다른 기본권 보장을 위한 수단적, 절차적 권리 • 국가에 일정한 행위를 요구할 수 있는 적극적 권리
사회권	• 인간다운 생활 보장을 요구할 수 있는 적극적 권리 • 최근에 등장한 현대적 권리

05 정답 ④ * 헌법상의 기본권

| 문제 + 자료 분석 |

- (가)는 평등권, (나)는 자유권, (다)는 사회권이다.

| 선택지 분석 |

① 평등권은 합리적인 이유에 의해서는 다르게 대하는 것이다.
② 적극적으로 정치에 참여할 수 있는 권리는 참정권이다.
③ 기본권 보장을 위한 수단적 성격은 청구권의 특징이다.
④ 2세대 인권에서 강조하는 기본권은 사회권으로, 인간다운 생활의 보장을 국가에 요구할 수 있는 권리이다.
⑤ 자유권과 평등권은 헌법에 명시되지 않은 내용도 보장된다.

모범 답안   (나) 자유권은 국가의 개입 없이 자유롭게 생활할 수 있는 소극적 권리인 반면, (다) 사회권은 인간다운 삶의 보장을 위해 국가의 개입을 필요로 하는 적극적 권리이다.

| 문제 + 자료 분석 |

• 자유권은 고전적, 소극적 권리이며, 사회권은 현대적, 적극적 권리이다.

✱ 채점 기준

(나)는 국가의 개입에서 벗어나고자 하고, (다)는 국가의 개입을 필요로 한다고 서술한 경우	100 %
(나)는 자유권, (다)는 사회권임을 밝힌 경우	30 %

07 정답 ③ ✱ 인권 보장을 위한 헌법의 역할

| 문제 + 자료 분석 |

• 갑: 본인 확인 절차를 거쳐야만 게시판을 이용할 수 있도록 규정한 법령 조항으로 인해 헌법상 기본권인 자유권이 침해당했다고 판단하고, 헌법 소원 심판을 청구함
• (가) 헌법 재판소: 헌법 소원 심판 청구 기관

| 보기 분석 |

ㄱ. 갑과 같은 국민이 청구한 헌법 소원 심판에 대해 결정을 내리는 기관인 (가)는 헌법 재판소이다. 법률을 제정하는 국가 기관은 입법부(국회)이다.
ㄴ. (가)는 헌법 재판소로, 헌법 질서와 국민의 기본권을 수호하기 위해 위헌 법률 심판권을 갖는다. 이외에도 위헌 법률 심판, 탄핵 심판, 정당 해산 심판, 권한 쟁의 심판에 대한 권한을 가진다.
ㄷ. ⊙ 헌법은 국가의 최고법으로, 국민의 기본권을 명시하고 이를 보장하기 위한 각종 제도적 장치를 마련함으로써 국민의 인권을 수호하는 기능을 한다. 헌법에 규정된 기본권으로는 인간의 존엄 및 행복 추구권, 자유권, 평등권, 참정권, 사회권, 청구권이 있다.
ㄹ. ⓒ 헌법 소원 심판은 기본권을 침해받은 국민의 청구로 해당 공권력의 행사 또는 불행사가 기본권을 침해하는지를 결정하는 제도이다. 이때 공권력에는 법률, 대통령령, 조례, 권력의 행사 또는 불행사 등이 해당하지만 법원의 재판은 대상이 되지 않는다.

08 정답 ④ ✱ 인권 보장을 위한 제도적 장치

| 문제 + 자료 분석 |

• 갑은 육군 훈련소에서 강제로 종교 행사에 참석하게 하여 종교의 자유를 침해당했다고 이야기하고 있다.
• (가) 심판: 국가 기관의 행위가 국민의 기본권을 침해하는 것으로 의심될 때 국민이 위헌 여부를 판단해 달라고 헌법 재판소에 요청하여 이루어지는 심판 → 헌법 소원 심판

| 선택지 분석 |

① 선거에 의해 대통령과 국회 의원을 선출하여 실현되는 것은 국민 주권의 원리이다.
② 국가 권력을 입법, 사법, 행정으로 나눈 뒤 각각 다른 기관이 나누어 맡으며 상호 견제와 균형을 이루도록 하는 제도는 권력 분립 제도이다.
③ 두 개 이상의 정당을 인정하고 정당 설립의 자유를 보장해 의견의 다양성을 보장하는 장치는 복수 정당제이다.
④ 헌법 소원 심판은 법률이나 공권력의 행사가 국민의 기본권을 침해했는지 판단하기 위해 이루어지는 심판이다.
⑤ 법률에 정해진 절차에 따른 권리 구제를 통해서도 기본권을 구제받지 못했을 때 헌법 재판소에 기본권 구제를 청구할 수 있다.

09 핵심 키워드: 법률에 정해진 절차, 최후

모범 답안   일상생활에서 기본권을 침해당한 경우, 국가인권위원회와 같은 인권 보호 기관에 도움을 요청하거나 법원의 재판으로 침해된 기본권을 구제받을 수 있다. 그러나 법률에 정해진 절차를 모두 거쳤음에도 침해된 기본권을 구제받지 못한 경우에는 헌법 재판소에 인권 침해에 대한 구제를 요청하게 된다.

| 문제 + 자료 분석 |

• 헌법 재판소는 기본권 보장을 위한 최후의 기관으로, 법률에 정해진 절차를 따른 후에도 기본권을 구제받지 못한 국민의 인권 침해를 구제하기 위해 노력한다.

✱ 채점 기준

법률에 정해진 절차를 모두 거친 후에 헌법 재판소에 기본권 구제를 청구할 수 있음을 서술한 경우	100 %
헌법 재판소가 최후의 기관이라고만 서술한 경우	30 %

10 정답 ⑤ ✱ 기본권 제한의 요건과 한계

| 문제 + 자료 분석 |

• 헌법 제37조 제2항에는 기본권 제한의 목적과 형식, 방법적 요건 및 기본권 제한의 내용상 한계가 나타나 있다.

| 보기 분석 |

ㄱ. 국민의 기본권은 국가 안전 보장 · 질서 유지 또는 공공복리를 위하여 필요한 경우에 한하여 법률로써 제한할 수 있다.
ㄴ. 기본권을 제한하는 경우 기본권 제한을 통해 보호하려는 공익이 침해되는 개인의 이익보다 크거나 혹은 적어도 양자 간에 균형이 유지되어야 한다.
ㄷ. 기본권을 제한할 때는 정당한 목적을 달성하는 데 필요한 범위 안에서만 제한하여야 한다. 정당한 목적 달성을 넘어 자유와 권리의 본질적인 내용을 침해할 수 없다.
ㄹ. 기본권을 제한할 경우 법률로써 제한하는 것은 국민의 대표 기관인 국회가 제정한 법률에 의거하여 제한하도록 함이다. 그럼으로써 국민의 기본권이 국가에 의해 함부로 침해당하지 않도록 보장하기 위한 것이다.

✱ 기본권 제한의 요건과 한계

목적	국가 안전 보장 · 질서 유지 또는 공공복리를 위한 목적 외에는 제한할 수 없음
형식	국민의 대표 기관인 국회가 제정한 법률에 의거하여 제한
방법적 요건	과잉 금지의 원칙 → 기본권을 제한할 때는 정당한 목적을 달성하는 데 필요한 범위 내에서만 제한하여야 함
내용상 한계	자유와 권리의 본질적인 내용 침해 금지

11 정답 ① ✱ 정치 참여 방법

| 문제 + 자료 분석 |

• 정치 참여: 국가의 주인으로서 시민이 정부의 정책 결정과 집행에 직접 참여하여 영향을 미치는 것으로서 시민의 권리이자 의무. 구체적인 방법은 ⊙ 정책 제안, ⓒ 선거 참여, ⓒ 집회 참석, ⓔ 청원 운동 외에 이익 집단이나 시민 단체 활동 등 다양함

| 보기 분석 |

ㄱ. ⊙ 정책 제안을 비롯하여 정치 참여는 정치적 효능감(자신의 정치적 행동이 실제 정치에 영향을 미치는 효과가 있다고 느끼는 감정)을 높이는 데 기여한다.
ㄴ. ⓒ 집회 참석을 비롯하여 정치 참여는 국가 권력에 의해 시민의 인권이 침해되는 법이나 정책이 만들어지지 않도록 감시하는 기능을 한다.

ㄷ. ⊙ 정책 제안을 통해 국민이 원하는 정치 활동 방향을 직접 제시함으로써 대의 민주주의의 한계를 보완할 수 있다.
ⓒ 선거 참여는 시민의 뜻을 잘 반영할 수 있는 대표자를 뽑는 절차이므로 시민의 의견이 국가의 의사 결정에 잘 반영되도록 영향을 미칠 수 있다.

ㄹ. 개인적 정치 참여 방법에는 선거 및 투표 참여, 공무 담임권 행사, 청원 및 정책 제안 등 의견 개진, 서명 운동 참여 등이 있다.
이와 달리 집단적 정치 참여 방법은 정당, 이익 집단, 시민 단체 등의 구성원이 되어 집단 활동에 참여하여 정치 의사를 표명하는 것이다.
ⓒ, ⓔ은 모두 개인적 정치 참여 방법에 해당한다.

12 정답 ② * 롤스의 시민 불복종

| 문제 + 자료 분석 |

- **롤스**: 거의 정의로운 사회의 일부 법이나 정책이 심각하게 부정의할 때, 그것을 바꾸기 위해 위법을 저지르는 시민 불복종 행위는 정당화될 수 있음

| 선택지 분석 |

① 롤스는 시민 불복종에 참가하는 시민들은 자신의 위법 행위에 대한 법적인 처벌을 수용해야 한다고 본다.
② 롤스는 시민 불복종을 통해 부정의를 해결하고 정의를 실현할 수 있다고 본다.
③ 롤스는 비록 부정의한 법이나 정책이라도 준수해야 하는 경우가 있기에 부정의한 일부 법과 정책이 시민 불복종의 대상이라고 본다.
④ 롤스는 시민 불복종이 다수에게 호소하는 정치적 청원 행위이므로 공개적으로 이루어져야 한다고 본다.
⑤ 롤스는 시민 불복종이 비폭력적으로 이루어져야 정당화될 수 있다고 본다.

＊롤스의 시민 불복종

목적	부정의한 일부 법이나 정책의 변혁
근거	정의의 원칙 (공유된 정의관, 공공적 정의관)
대상	평등한 기본적 자유의 원칙이나 공정한 기회균등의 원칙을 현저하게 위반하는 일부 법이나 정책

13 정답 ③ * 시민 불복종의 정당화 조건

| 문제 + 자료 분석 |

- 첫 번째 사례 (몽고메리 버스 승차 거부 운동): 1955년 12월 ～ 1956년 11월까지 미국 앨라배마주 몽고메리에서 흑인들이 흑인 차별에 대한 철폐를 요구하며 벌인 집단적인 버스 승차 거부 및 비폭력 시위를 말함
- 두 번째 사례 (소금 행진): 영국의 소금세 부과에 저항한 간디의 비폭력 운동임. 간디는 부당한 법에 대한 불복종은 정당하며, 비폭력적이며 평화적인 방법을 사용해야 한다고 봄

| 선택지 분석 |

① 시민 불복종은 비폭력적이고 평화로운 방법으로 이루어져야 한다. 정의롭지 못한 법에 반대한다는 이유로 행해지는 폭력적인 행동은 정당화될 수 없다.
② 시민 불복종은 사회 정의의 실현과 같은 공익의 실현을 목표로 삼아야 하며, 개인이나 집단의 이익을 위한 불복종은 정당화될 수 없다.
③ 시민 불복종은 불복종의 정당성과 불복종의 근거가 되는 윤리적 근거를 널리 알리기 위해 공개적으로 이루어져야 한다.
④ 시민 불복종은 정의롭지 못한 법의 변혁을 위한 의도적인 위법 행위이다. 그러나 시민 불복종은 법체계 전체를 부정하는 것은 아니므로 현행법의 처벌 규정에 따라 자신의 위법 행위에 대한 처벌을 받아들여야 한다. 함정
⑤ 시민 불복종은 정의롭지 못한 법이나 정책을 개선하기 위해 합법적인 방법이 모두 실패로 돌아갔을 때 최후의 수단으로 시도해야 한다.

14 정답 ① * 시민 불복종

| 문제 + 자료 분석 |

- **이것**: 정의롭지 못한 법이나 정책 변혁을 위함이며 사회 정의의 실현이 목적이고 비폭력적인 방법으로 전개하는 최후의 수단은 시민 불복종임

| 선택지 분석 |

① 시민 불복종은 사회 정의의 실현과 같은 공익을 실현하기 위한 행위로, 사익을 위해 행해지면 정당화될 수 없다.
② 시민 불복종은 합법적인 수단을 써도 해결이 되지 않을 때 최후의 수단으로 행사해야 한다.
③ 시민 불복종을 행사할 때는 사회 구성원의 권리를 침해해 사회 정의를 훼손한 법이나 정책에 항의한다는 목적의 정당성이 갖춰져야 한다.
④ 시민 불복종을 행사할 때는 위법 행위에 대한 처벌을 감수하면서 법을 존중하고 있음을 밝힌다.
⑤ 시민 불복종이 정당화되기 위해서는 행위 목적의 정당성이 있어야 하며, 비폭력적인 방법을 사용해야 하고, 최후의 수단으로 행사해야 하며, 처벌을 감수하고, 공개적으로 이루어져야 한다.

15 핵심 키워드: 폭력적인 방법 사용

모범 답안 전투파는 여성의 참정권 확보를 위한 운동을 벌이며 폭력적인 방법을 사용하였다. 즉, 시민 불복종의 정당화 요건 중 하나인 '비폭력적인 방법'을 지키지 못하였으므로 해당 사례는 정당화될 수 없다.

| 문제 + 자료 분석 |

- 시민 불복종의 정당화 조건은 목적의 정당성, 비폭력적인 방법 사용, 공개적으로 시행, 최후의 수단으로 시행, 위법 행위에 대한 처벌을 감수함으로써 법을 존중한다는 다섯 가지이다.

＊채점 기준

폭력적인 방법의 사용이라는 표현을 통해 시민 불복종 사례의 정당화 요건을 제대로 서술한 경우	100 %
'불을 질러서'와 같이 폭력의 사례를 사용하여 정당화되지 못하는 요건을 서술한 경우	80 %

내신 1등급 문제　　　　　문제편 26~27p

16 정답 ② * 기본권의 유형

아래 그림은 [질문1], [질문2]에 대해 '예', '아니요' 중 같은 답을 할 수 있는 것끼리 점선으로 묶은 것이다.

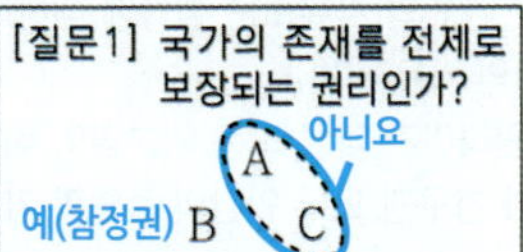

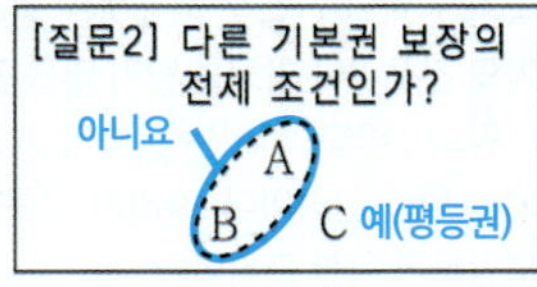

→ A: 자유권, B: 참정권, C: 평등권

[질문 1]에 대해 A, C가, [질문 2]에 대해 A, B가 같은 응답을 하였다는 의미임
자유권, 평등권, 참정권의 공통점과 차이점을 파악해야 함!  함정

| 문제 + 자료 분석 |

- 국가의 존재를 전제로 보장되는 권리는 참정권임 ➡ B는 참정권
- 다른 기본권 보장의 전제 조건인 권리는 평등권임 ➡ C는 평등권
  ∴ A: 자유권, B: 참정권, C: 평등권

① 기본권 중 시기적으로 가장 최근에 등장한 권리는 사회권이다.
② 참정권은 국민이 주권자로서 국가의 정치 과정에 참여할 수 있는 권리로, 선거권, 공무 담임권 등이 이에 해당한다.
③ 사회권은 인간다운 생활의 보장을 국가에 요구할 수 있는 권리이다. 산업 혁명 이후 열악한 노동 환경, 빈부 격차 등 자본주의의 문제점을 해결하는 과정에서 바이마르 헌법에 최초로 등장했다.
④ 자유권은 국가 권력의 간섭을 받지 않고 자유롭게 생활할 수 있는 권리로, 국가 권력이 행사되지 않음으로써 보장되는 소극적 권리이다. 평등권은 다른 모든 기본권 보장의 전제가 되는 기본권이다. 참정권은 국가의 정치 과정에 능동적으로 참여할 수 있는 적극적 권리이다.
⑤ 다른 기본권이 침해되었을 때 이를 구제하도록 요구할 수 있는 수단적 성격의 권리는 청구권이다.

왜 틀렸나?

그림에서 '점선으로 묶은 것'을 질문에 대해 '예'라고 답하는 것끼리 묶은 것으로 착각했을 수 있다.
점선으로 묶은 것은 질문에 대해 '예', '아니요' 중 같은 응답을 한 것으로, [질문 1, 2]에서는 점선이 '아니요'로 같은 답을 하는 것을 묶은 것이다. 다른 질문에서는 '예'로 같은 답을 하는 것끼리 묶을 수도 있다는 것에 주의해야 한다.

---

17 정답 ① * 기본권 유형 이해

• 사회적 편견이나 차별적 관행이 반영된 데이터를 학습한 인공 지능을 활용하여 재판을 할 경우, 합리적이지 않은 이유로 차별받지 않을 <u>단서 평등권</u> 권리인 [A] 를 침해할 우려가 있다.
• 판례에 대한 빅데이터를 학습한 인공 지능을 법관의 재판 업무에 보조적으로 활용할 경우, 재판 지연 해소에 도움이 된다. 이를 통해 기본권 보장을 위한 수단적 권리인 [B] 를 더 많은 사람이 <u>단서 청구권</u> 보장받을 수 있다.

• **A 평등권**: 합리적이지 않은 이유로 차별받지 않을 권리로, 같은 것은 같게, 다른 것은 다르게 모든 국민이 평등한 대우를 요구할 수 있는 권리
• **B 청구권**: 기본권 보장을 위한 수단적 권리로, 국가에 일정한 행위를 요구하거나 국민의 기본권이 국가나 타인에 의해 침해당하였을 때 그 구제를 청구할 수 있는 권리

① 평등권은 다른 기본권 보장의 전제 조건이 되는 권리이다. 자유권, 청구권, 사회권 등 다양한 기본적 권리들을 차별 없이 누구나 누릴 수 있어야 하므로 평등권은 다른 기본권 보장의 전제 조건이 된다.
② 국가 권력의 간섭을 배제하는 권리는 개인의 자유로운 생활에 대하여 국가의 간섭이나 침해를 받지 않을 권리인 자유권이다.
③ 인간의 존엄과 가치는 헌법의 최고 원리이자 다른 모든 기본권의 바탕이 되는 일반 원칙이다. 따라서 평등권과 청구권 모두 인간의 존엄과 가치를 보장하기 위한 권리이다.
④ 국가의 의사 결정 과정에 참여할 수 있는 권리는 참정권이다.
⑤ 국가의 존재를 전제로 한 적극적 권리는 국가에 일정한 행위를 요구하는 청구권, 국가에 인간다운 생활 보장을 요구하는 사회권, 국가의 의사 결정 과정에 참여하는 참정권이다. 자유권과 평등권은 국가의 존재와 상관없이 실현될 수 있는 천부 인권적 성격이 강한 권리이다.

---

18 정답 ① * 인권 보장을 위한 헌법상 제도적 장치

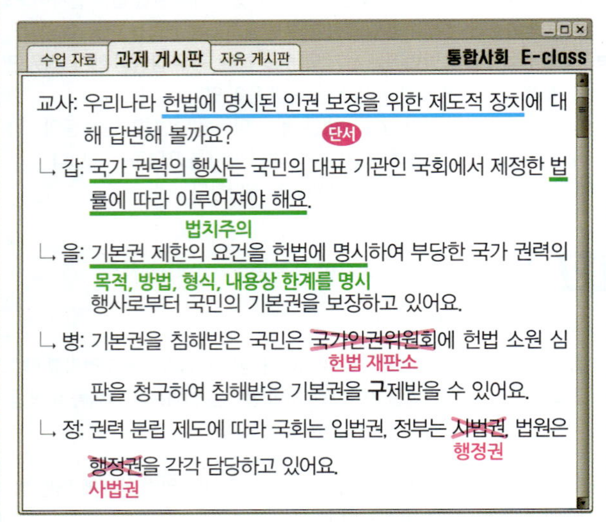

• 우리나라 헌법에 명시된 인권 보장을 위한 제도적 장치에는 국민 주권의 원리, 권력 분립 제도, 법치주의, 민주적 선거 제도, 복수 정당제, 기본권 구제 제도, 기본권 제한의 한계 등이 있다.

갑 국가 권력의 행사가 법률에 따라 이루어져야 한다는 것은 법치주의에 대한 설명이다. 법률은 국민의 대표 기관이자 입법권을 담당하는 국회에서 제정한다.
을 우리나라 헌법에는 기본권 제한의 목적, 방법, 형식, 내용상의 한계를 그 요건으로 명시하고 있다. 기본권은 국가 안전 보장, 질서 유지, 공공복리를 위하여 필요한 경우에 한하여 법률로써 제한할 수 있으며, 제한하는 경우에도 자유와 권리의 본질적인 내용을 침해할 수 없다.
병. 기본권을 침해받은 국민은 재판이나 헌법 소원 심판 등을 통해 침해받은 기본권을 구제받을 수 있다. 헌법 소원 심판을 담당하는 곳은 헌법 재판소이다.
정. 권력 분립 제도에 따라 국회는 입법권, 정부는 행정권, 법원은 사법권을 각각 담당하고 있다.

왜 틀렸나?

'헌법'에 명시된 인권 보장을 위한 제도적 장치를 묻고 있어서 국가 권력의 행사가 법률이 아닌 헌법에 따라 이루어져야 한다고 생각하고 갑이 틀렸다고 판단했을 수 있다. 그러나 국가 권력의 행사가 법률에 따라 이루어져야 한다는 것은 '법치주의'에 대한 내용으로 옳은 설명이다.

---

19 정답 ① * 기본권의 특징

갑은 범죄 행위로 유죄를 선고받고 집행 유예 중이라는 이유로 자신의 선거권을 제한하는 ○○법이 국가의 정치 과정에 국민이 참여할 수 있는 권리인 [A] 를 침해하는 <u>참정권</u> 것은 물론 일반 국민과 집행 유예 중인 자를 차별 취급하는 것이므로 [B] 를 침해한다고 판단하여 헌법 소원 <u>평등권</u> 심판을 청구하였다.

• **A**: 선거권을 제한하여 정치 과정에 국민이 참여할 수 있는 권리를 침해했다고 판단했으므로 참정권이다.
• **B**: 차별 취급을 당했다고 판단하였으므로 모든 사회생활 영역에서 차별받지 않을 권리인 평등권이다.

① 공무 담임권은 국민이 국가나 지방 자치 단체 기관의 구성원으로서 공적인 업무를 담당할 수 있는 권리이다. 선거권, 국민 투표권과 더불어 참정권의 사례이다.

② 국민의 모든 자유와 권리는 국가 안전 보장, 질서 유지, 공공복리를 위해 필요한 경우에 한하여 법률로써 제한할 수 있음을 헌법에서 명시하고 있다. 따라서 참정권도 법률로 제한할 수 있다.

③ 다른 기본권이 침해되었을 때 이를 구제하도록 요구할 수 있는 수단적 권리는 청구권이다.

④ 모든 사회생활 영역에서 정당하고 합리적인 이유 없이 차별받지 않을 권리는 평등권이다.

⑤ 적극적 권리는 국가가 적극적으로 나서서 특정한 조치를 취할 것을 요구하는 권리로 참정권, 청구권, 사회권 등이 해당된다.

왜 틀렸나?

각 기본권의 특징과 사례들을 정확하게 정리하지 않을 경우 문제 해결에 어려움을 겪을 수 있다. 또한, 우리 헌법에서 국민의 모든 자유와 권리는 국가 안전 보장, 질서 유지, 공공복리를 위해 필요한 경우에 한하여 법률로써 제한할 수 있다고 명시하고 있으므로 법률로써 제한할 수 없는 권리는 없다는 것을 주의해야 한다. **함정**

20 정답 ② * 시민 불복종의 정당화 조건

〈사례1〉
1930년대 인도를 식민 지배하던 영국은 인도인의 소금 제조와 판매를 금지하고, 반드시 영국으로부터 소금을 구매하도록 하는 소금법을 제정했다. 이에 대해 부당함을 느낀 **간디는 소금법 폐지를 주** **단서** **장하는 행진을 평화적으로 이끌어 소금법 폐지라는 결과를 얻었다.**

〈사례2〉
1950년대 미국 정부는 흑인과 백인을 차별하는 인종 분리법을 시행하였다. 흑인 여성 로자 파크스는 백인에게 버스 자리를 양보하지 않아 경찰에 체포되었다. 이 사건을 계기로 **몽고메리의 흑인들** **단서** **은 버스 승차거부 운동을 시** 작했고, 흑인들의 인권 운동이 확산되었다.

→ 사례1, 사례2 모두 시민 불복종 사례에 해당함

| 문제 + 자료 분석 |

- 사례 1(간디의 소금법 폐지 행진): 소금법 제정의 부당함에 대한 저항과 소금법 폐지를 요구하는 행진을 실시함
- 사례 2(몽고메리 버스 승차 거부 운동): 인종 분리법 시행의 부당함에 대한 저항과 흑인 인권 보장을 요구하는 운동을 실시함
- 사례 1과 사례 2 모두 시민 불복종에 해당함

| 보기 분석 |

ㄱ. 시민 불복종은 위법 행위이므로 법적 처벌을 감수해야 한다. 시민 불복종은 민주주의 질서 자체를 거부하는 행위가 아니라 저항의 일환이므로 처벌을 감수하여 기존의 사회 질서와 법질서에 대한 존중을 표현해야 한다.

ㄴ. 시민 불복종은 목적을 달성하는 과정에서 청원, 호소, 경고 등 비폭력적 방법을 사용해야 한다. 간디는 행진으로, 몽고메리 흑인들은 승차를 거부하는 평화적 방식을 사용했다.

ㄷ. 시민 불복종은 사회의 정의롭지 못한 법이나 정책, 제도를 변혁하기 위한 것으로, 개인의 이익이 아닌 공익 추구를 목적으로 해야 한다.

ㄹ. 합법적인 노력을 모두 시도한 후에 최종적으로 다른 방법을 쓸 수 없을 때 최후의 수단으로 공개적인 방식의 시민 불복종을 할 수 있다.

03 인권 문제 해결을 위한 노력

내신 대비 필수 문제   문제편 32~34p

01 정답 ⑤ * 사회적 소수자의 개념

| 문제 + 자료 분석 |

- A는 사회적 소수자를 의미한다. 사회적 소수자는 신체적 또는 문화적 특징 때문에 사회의 다른 구성원에게 차별을 받기 쉬우며, 차별받는 집단에 속해 있다는 의식을 가진 사람들의 집단이다.

| 보기 분석 |

ㄱ. 사회적 소수자는 구성원의 수를 고려한 개념이 아니다. 해당 집단 구성원의 숫자의 많고 적음이 아닌, 사회적 영향력이 낮은 사람들을 사회적 소수자라고 한다.

ㄴ. 사회적 소수자의 특성은 선천적인 측면에서 나타날 수도 있지만 후천적 측면에서 나타날 수도 있다.

ㄷ. 사회적 소수자를 구분하는 기준은 사회에 따라 상대적이다.

ㄹ. 사회적 소수자는 주류 집단에 비해 영향력이 낮은 사람들을 의미한다.

02 정답 ⑤ * 국내 인권 문제와 해결 방안

| 문제 + 자료 분석 |

- (가): 장애인 의무 고용 제도가 도입되었으나, 사회적 인식이 크게 바뀌지 않아 장애인 고용이 저조함
- (나): 남녀 고용 평등법이 시행되었으나, 성차별 인식으로 인해 여성이 여전히 차별받고 있음
  → 사회적 소수자에 대한 차별 해소를 위해서는 의식 개선도 이루어져야 함

| 선택지 분석 |

① 장애에 따른 차별과 성별에 따른 차별이 나타나 있을 뿐, 성별에 따른 차별과 장애에 따른 차별의 정도를 비교할 수는 없다.

② 사회적 소수자를 규정하는 기준은 시대와 사회에 따라 달라질 수 있다.

③ 장애인과 여성 등 사회적 소수자에 대한 차별은 개인적 능력 차이에서 기인하는 것이 아니다. 사회적 소수자는 단지 소수자 집단의 구성원이라는 이유만으로 사회적 차별의 대상이 된다.

④ 장애인 의무 고용 제도, 남녀 고용 평등법 모두 사회적 소수자 우대 정책이지만, 제시문에 이로 인한 역차별 문제는 나타나 있지 않다. 역차별은 사회적 약자나 소수자를 우대하기 위한 정책으로 인해 다른 사람들이 차별을 당하는 현상이다.

⑤ 사회적 소수자에 대한 차별을 해소하기 위해 법과 제도를 시행하고 있지만 사회적 인식이 개선되지 않아 여전히 차별이 발생하고 있다. 따라서 차별을 해소하기 위해서는 법과 제도의 시행뿐 아니라 인식 개선도 함께 이루어져야 한다.

03 정답 ⑤ * 청소년의 노동권 보장

[보기]

ㄱ. 갑은 A에게 법정 최저 임금을 요구할 수 ~~없다.~~
있다.

ㄴ. 을이 계약대로 근무할 경우 을의 1일 임금은 ~~70,000원~~이다.
60,000원

ㄷ. 병은 부모님의 동의 없이 B에게 **단독으로 임금을 청구할 수**
청소년이 직접 현금 수령 또는
청소년 명의 통장으로 지급
있다.

ㄹ. 갑, 을, 병은 모두 **야간 근로가 원칙적으로 금지**된다.
오후10시~오전6시 및 휴일 근로 금지

| 문제 + 자료 분석 |

- **갑**: 청소년도 성인과 같은 최저 임금이 적용됨. 시간당 9,000원은 최저 임금 미만이므로 부당한 계약임
- **을**: 청소년의 근로 시간은 하루 7시간이며, 근로 시간이 4시간이면 30분 이상, 8시간이면 1시간 이상의 휴게 시간을 근무 도중 보장해야 함
- **병**: 청소년의 경우 근로 계약 시 부모님 동의서가 필요함

| 보기 분석 |

ㄱ. 청소년도 일반 근로자와 같이 근로기준법을 적용받기에 성인과 같이 최저 임금제의 보장을 받는다. 2022년 법정 최저 임금인 9,160원보다 적은 9,000원에 계약한 갑은 법정 최저 임금을 요구해야 한다.

ㄴ. 휴게 시간은 근로 시간에 포함되지 않기 때문에 해당 시간에는 임금을 받지 못한다. 을은 10~17시에 근로하지만 중간에 1시간의 휴게 시간을 갖기 때문에 실제 근로 시간은 총 6시간이므로, 1일 임금은 60,000원이다.

ㄷ. 근로 계약을 할 때는 부모님의 동의가 필요하지만 임금을 수령할 때는 동의가 불필요하다. 청소년의 임금은 부모가 아닌 청소년 본인이 직접 현금을 수령하거나 청소년 명의의 통장으로 지급받아야 한다.

ㄹ. 근로기준법에 따르면 원칙적으로 오후 10시부터 오전 6시까지의 시간 및 휴일에 청소년을 근로시킬 수 없다. 다만 고용 노동부 장관의 인가를 받으면 가능하다. 갑~병 모두 16세 연소 근로자이므로 야간 근로가 원칙적으로 금지된다.

왜 틀렸나?

을의 근로 시간을 휴게 시간까지 포함하여 총 7시간으로 착각했을 수 있다. 근로 시간 자료를 확인할 때는 휴게 시간 보장 여부(4시간인 경우 30분, 8시간이면 1시간)와 함께 휴게 시간은 근로 시간에 포함되지 않는다는 것도 꼭 체크하자!

04 정답 ② * 청소년의 노동권 보장

| 문제 + 자료 분석 |

- 질문자는 올해 16세가 된 고등학생임 → 연소자(18세 미만인 사람)
- 근로 계약서에는 계약 기간, 근로 시간, 근무일/휴일, 임금 등이 포함되어야 함

| 선택지 분석 |

갑. 연소 근로자도 성인 근로자와 동일하게 최저 임금을 적용받는다.

을. 연소 근로자도 법정 대리인(친권자나 후견인)의 동의 없이 단독으로 임금을 청구할 수 있다.

병. 연소 근로자는 법정 대리인의 동의가 있어도 도덕상 또는 보건상 유해하거나 위험한 업종에서 근로할 수 없다.

정. 연소 근로자도 성인과 동일하게 단결권, 단체 교섭권, 단체 행동권과 같은 노동 3권을 보장받는다.

* 청소년의 노동권 보호

취업 연령 제한	15세 미만인 사람은 원칙적으로 근로자로 고용할 수 없음
근로 사용 금지	사용자는 18세 미만인 사람을 도덕상 또는 보건상 유해·위험한 사업에 사용할 수 없음
근로 시간 제한	• 15세 이상 18세 미만인 사람의 근로 시간은 원칙적으로 1일 7시간, 1주 35시간을 초과하지 못함 • 당사자 합의에 의한 연장 근로도 1일 1시간, 1주 5시간을 초과할 수 없음
근로 계약과 임금	• 미성년자의 근로 계약은 법정 대리인의 동의를 얻어 본인이 직접 체결해야 하며, 법정 대리인이 미성년자의 근로 계약을 대리할 수 없음 • 미성년자도 성인 근로자와 마찬가지로 최저 임금 제도의 적용을 받음 • 미성년자도 독자적으로 임금을 청구할 수 있음

05 정답 ② * 청소년의 근로 보호

| 문제 + 자료 분석 |

- 갑은 17세이므로 18세 미만인 연소 근로자에 해당된다.
- 을은 18세이므로 연소 근로자에 해당되지 않기 때문에 1일 8시간, 1주 40시간의 근로가 가능하다.
- 갑과 을 모두 민법상 19세 미만의 미성년자에 해당되므로, 법정대리인의 동의를 얻어 근로 계약을 직접 체결해야 한다.

| 선택지 분석 |

① 미성년자의 근로 계약은 법정 대리인이 대리할 수 없고, 본인이 직접 체결해야 한다.

② 18세 미만인 자의 경우 당사자의 합의가 있을 경우에는 1일 1시간, 1주 5시간까지 연장 근로가 가능하다. 따라서 갑은 19시까지 1시간 연장 근로를 할 수 있다.

③ 근로기준법상 근로 시간이 4시간이면 30분 이상의 휴게 시간을 근무 시간 도중에 주어야 한다. 따라서 을의 휴게 시간은 근로 기준법에 위반되지 않는다.

④ 근로 계약을 체결하기 위해 고용 노동부 장관이 발급한 취직 인허증이 필요한 것은 15세 미만인 경우이므로 갑에게 해당되지 않는다.

⑤ 연령을 증명하는 가족 관계 기록 사항에 관한 증명서를 사업장에 갖추어 두어야 하는 것은 18세 미만인 경우이므로 갑만 해당된다.

* 연령별 근로 기준법

15세 미만	고용 노동부 장관이 발급한 취직 인허증을 지닌 경우 근로 가능
18세 미만	• 사용자는 근로자의 연령을 증명하는 가족 관계 기록 사항에 관한 증명서와 친권자 또는 후견인의 동의서를 사업장에 갖추어 두어야 함 • 도덕상 또는 보건상 유해, 위험한 사업에서 근로 불가능 • 근로 시간: 1일 7시간, 1주 35시간을 초과할 수 없음. 단, 합의에 의해 1일 1시간, 1주 5시간까지 연장 근로 가능
18세 이상	근로 시간: 1일 8시간, 1주 40시간을 초과할 수 없음. 단, 합의에 의해 1주 12시간까지 연장 근로 가능

06 정답 4. 근로 시간, 6. 임금 조항

| 문제 + 자료 분석 |

- 근로 시간: 청소년 근로자는 야간 근로(22시~06시), 휴일 근로가 금지되어 있다.
- 임금 조항: 임금은 편의점 물건이 아닌 통화로 근로자에게 직접 전액을 지급하여야 한다.

07 핵심 키워드: 근로 시간, 임금

모범 답안 청소년 근로자의 경우 오후 10시부터 오전 6시까지의 근무는 금지되어 있다. 또한 임금은 통화로 본인에게 직접 전액을 지급해야 한다.

| 문제 + 자료 분석 |

- 청소년 근로자를 보호하기 위하여 도덕상 또는 보건상 유해·위험한 사업, 오후 10시부터 오전 6시 사이의 근로를 제한하고 있다.

* 채점 기준

틀린 조항을 모두 찾았으며, 부당한 이유를 모두 적절하게 설명한 경우	100 %
틀린 조항을 모두 찾았으나, 부당한 이유를 1가지만을 설명한 경우	80 %
틀린 조항을 찾았으나 그 이유를 제시하지 못한 경우	40 %

08 정답 ① ＊청소년의 노동권 보장

| 문제 + 자료 분석 |

- 연소 근로자 : 15세 이상 18세 미만 청소년은 근로 3권 등 기본적
  노동권을 가지며 특별한 보호를 받음

| 보기 분석 |

ㄱ. 연소 근로자는 일반 근로자와 동일하게 최저임금법의 보장을 받는다.
청소년이라는 이유로 최저 임금 미만의 시급을 주는 것은 고용노동부
신고 대상이다.

ㄴ. 청소년은 미성년자이므로 근로 계약 시 친권자 또는 후견인의 동의를
받아야 한다. 하지만 근로에 따른 임금을 수령하는 것은 독자적으로
가능하다. 임금은 정해진 날짜에 현금으로 직접 수령하거나 청소년 본인
명의의 계좌로 이체되어야 한다.

ㄷ. 근로 계약은 청소년 본인이 직접 체결해야 한다. 단, 보호자(부모님이나
후견인)의 동의가 필요하다. 보호자가 대리하여 근로 계약을 체결할 수는
없다.

ㄹ. 청소년은 일 최대 7시간, 주 최대 35시간 근무할 수 있다. 일 근로 시간이
4시간인 경우 30분 이상, 8시간인 경우 1시간 이상의 휴게 시간이
보장되어야 한다. 휴게 시간은 근무 시간 도중에 주어져야 하고 근무
전후에 주어지는 것은 부당한 행위이다.

09 정답 ⑤ ＊국제 사회의 인권 문제

| 문제 + 자료 분석 |

- 오늘날에도 일부 지역이나 국가에서는 관습, 제도, 전쟁, 빈곤, 독재 등으로
  인권 침해 문제가 발생하고 있다. 국제 사회에서 발생하는 인권 문제로
  무엇이 있는지 파악하고, 각 문제의 발생 원인 및 특징을 떠올려야 한다.

| 보기 분석 |

ㄱ. 유리 천장은 능력을 갖춘 여성이 단지 여성이라는 이유로 승진에서
제외되는 등 차별을 받는 현상을 일컫는다. 따라서 유리 천장은 아동
노동이 아닌 성차별의 사례에 해당한다.

ㄴ. 빈곤 문제는 자연재해로 인해 식량 생산이 어렵거나 정치적으로
불안정하여 내전이 잦은 지역에서 발생한다.

ㄷ. 인종 차별은 특정 인종이나 민족 집단에 대한 부정적 인식과 태도로 인해
발생한다.

ㄹ. 성차별은 남녀 간 임금 격차, 고용 및 승진, 교육 수준이나 정치 참여 기회
등에서의 남녀 차별로 나타난다.

10 핵심 키워드: 빈곤, 의제, 선언과 조약, 기금 조성, 난민 구호

모범 답안 세계 각국의 빈곤 정도를 알 수 있는 지표인 세계 기아 지수에
대해 이야기하고 있으므로 제시문에 나타난 인권 문제는 빈곤 문제이다.
빈곤 문제를 해결하기 위해 국제기구는 빈곤 문제를 의제로 다루고, 이를
해결하기 위한 선언과 조약을 제정할 수 있다. 비정부 기구는 빈곤 문제의
실상을 국제 사회에 알리고, 기금 조성이나 난민 구호 등의 활동을 통해
빈곤 문제 해결에 적극적으로 나설 수 있다.

| 문제 + 자료 분석 |

- 세계 인권 문제는 개별 국가의 노력만으로 해결하기는 어렵기 때문에
  국제기구, 비정부 기구 등 다양한 행위 주체의 협력이 필요하다.

＊ 채점 기준

빈곤 문제를 언급하고 이를 해결하기 위한 국제기구, 비정부 기구의 노력을 구체적으로 서술한 경우	100 %
빈곤 문제를 언급하고 국제기구, 비정부 기구 중 한 곳의 노력만 서술한 경우	60 %

11 정답 ① ＊국제 사회의 인권 문제

| 문제 + 자료 분석 |

- 인종 차별: 사람들을 여러 인종으로 나누고, 특정 인종에 대해 부정적
  인식과 태도를 갖고 불이익을 주는 것
- 인권 문제 해결 방법: 개인의 세계시민 의식 함양, 국가의 인권 문제 여론
  조성 및 활동 지원, 국제기구의 선언 및 협약 채택, 비정부 기구의 캠페인
  및 구호 활동 전개 등 여러 주체의 협력 필요

| 선택지 분석 |

① 사회 문제 해결을 위해서는 개인적 노력과 사회적 노력이 병행되어야
한다. 해당 칼럼에서는 인종 차별 행위에 반대하는 캠페인이 성공한
사례를 제시하고 시민 연대, 제도 개선 등 사회적 차원의 노력이
전개되어야 함을 강조하고 있다.

② 해당 칼럼은 코로나와 특정 인종의 관련성을 시사하는 허위 정보를
유포하는 외국 신문사를 비판하고 있다. 인권 침해를 유발하는 허위 정보
유포를 허용해서는 안된다고 주장할 것이라고 유추할 수 있다.

③ 인종 혐오 표현은 인종을 이유로 개인 또는 집단에게 모욕, 비하 발언을
하고 차별, 폭력을 부추김으로써 차별을 정당화한다. 이는 단순한 욕설과
달리 차별의 효과를 발생하기 때문에 사회적 해악이 크다.
인종 차별 문제 해결을 위한 개인적 노력과 사회적 노력을 강조하는 해당
칼럼의 논조에서 인종 혐오 표현의 보장이 아닌 근절을 주장할 것이라고
유추할 수 있다.

④ 해당 칼럼은 누리소통망을 통해 전개된 캠페인이 인권 문제 해결에
기여한 바를 서술하였다. 이를 통해 해당 칼럼이 누리소통망에서의 인권
운동을 긍정적으로 보고 있다는 것을 유추할 수 있다.

⑤ 해당 칼럼은 아시아인을 대상으로 '황색 경보'라고 서술한 것에 대해 인종
차별적 제목이라고 지적하였다. 이는 피부색이라는 특정 민족의 신체적
특성에 대한 표현도 인종 혐오 및 인종 차별이라고 본 것이다.

12 정답 ④ ＊세계 인권 문제의 양상

| 문제 + 자료 분석 |

- A: 미얀마의 로힝야족이 주로 믿으며, 방글라데시에서 신도의 비중이 큰
  이슬람교
- B: 미얀마에서 신도 비중이 큰 불교
- 갑: 로힝야족의 여성으로, 종교적·정치적 박해를 피해 방글라데시 난민
  촌으로 이주한 이후에도 난민에 대한 차별, 여성에 대한 차별 문제를 겪고
  있음
- ㉠: 현대 사회에서 안전하고 인간다운 생활을 보장하기 위해 강조되는 권리

| 선택지 분석 |

① 탑과 불상은 B 불교의 종교 경관에 해당한다. A 이슬람교의 대표적 종교
경관으로는 돔형 지붕과 첨탑이 있는 모스크가 있다.

② 쿠란의 율법을 중시하는 종교는 A 이슬람교이다.

③ ㉠ 주거권, 안전권, 환경권은 현대 사회에 등장하여 강조되고 있는 권리이다.

④ 갑은 미얀마에서 종교적 이유로 차별을 받는 로힝야족이고, 방글라데시
이주 후에는 난민에 대한 차별, 여성에 대한 차별을 겪었다. 이를 통해 한
개인이 여러 사회적 소수자 집단에 중첩되어 속할 수 있음을 알 수 있다.

⑤ 성별로 인한 차별은 선천적 요인에 의해 결정된 것이고, 난민에 대한 차별
은 후천적 요인에 의해 결정된 것이다.

＊ 사회적 소수자

의미	신체적 또는 문화적 특징으로 인해 주류 집단으로부터 차별받는 사람들
특성	• 성, 연령, 장애, 인종, 민족, 문화 등 다양한 요인에 의해 규정됨 • 시대, 장소, 소속 집단의 범주 등에 따라 사회적으로 만들어지는 상대적 개념임 • 수적으로 반드시 소수(少數)를 의미하는 것이 아님

13 정답 ③ * 청소년의 노동권

> 중학교를 졸업한 갑(16세)은 ○○ 대형 마트 사장
> _연소 근로자_
> 을(41세)과 2023년 1월 2일부터 2023년 2월 1일까지 매장 내
> 상품 진열 및 정리를 하기로 근로 계약을 체결하였다. 다음은
> 계약 내용 중 일부이다.
> • 근로 시간: <u>13시~21시(휴게 시간: 17시~18시)</u>
>   _1일 7시간 근로_
> • 근무일: 월~금(휴일: 토, 일)
> • 임금: 시간당 9,000원
>   _법정 최저 임금보다 적음_
> * 갑의 친권자는 부모이며, 2023년 법정 최저 임금은 시간당 9,620원임.

| 문제 + 자료 분석 |

- 중학교를 졸업하고 근로 계약을 체결한 갑(16세)은 연소 근로자이다.
- 근로 시간은 휴게 시간을 제외해야 하므로 1일 7시간이다.
- 계약서상 시간당 임금은 최저 임금보다 적으므로 위법이다.

| 선택지 분석 |

① 갑은 연소 근로자이므로 법정 대리인(친권자나 후견인)의 동의가 있어야만 근로 계약을 체결할 수 있다. 갑의 친권자는 부모라고 나와 있으므로 갑은 부모의 동의 없이는 근로 계약을 체결할 수 없다.
② 사용자인 을이 연소 근로자인 갑과 근로 계약을 체결하는 경우에는 성인 근로자와 마찬가지로 임금, 근로 시간, 휴일 등이 명시된 근로 조건을 서면으로 작성해야 한다.
③ 연소 근로자의 근로 시간은 원칙적으로 1일 7시간, 1주 35시간을 초과하지 못한다. 갑의 근로 시간은 휴게 시간을 제외하고 1일 7시간이며, 근무일은 월~금이므로 1주 35시간이다. 따라서 갑의 근로 시간은 근로 기준법에 위반되지 않는다.
④ 갑은 2023년 법정 최저 임금인 시간당 9,620원을 요구할 수 있다.
⑤ 갑과 을이 합의할 경우 갑은 연장 근로를 할 수 있다. 단, 연소 근로자의 연장 근로는 1일 1시간, 1주 5시간을 초과할 수 없다.

왜 틀렸나?

연소 근로자는 연장 근로를 할 수 없는 것으로 착각해 ⑤를 답으로 택했을 수 있다. 연소자 근로자도 당사자 간의 합의에 의한 연장 근로가 가능하다. 단, 합의에 의한 연장 근로도 1일 1시간, 1주 5시간을 초과할 수 없다는 것에 주의해야 한다.

* 청소년 근로 계약서 작성 시 유의사항

근로 장소	노래방, 오락실, 술집 등 유해하거나 위험한 일은 불가능
근로 시간	1일 7시간, 1주일에 35시간을 초과할 수 없음 (단, 합의에 따라 1일 1시간, 1주일 5시간 연장 가능)
휴게 시간	근로 시간 4시간에 30분, 8시간에 1시간 이상
임금 지급	정해진 날짜에, 청소년에게 직접 지급
서면 계약	법정 대리인의 동의를 받아 청소년이 직접 서면으로 작성

14 정답 ⑤ * 청소년의 노동권

> 〈근로 계약서〉
> 사용자 갑과 근로자 을(16세)은 다음과 같이 근로 계약을 체결한다.
> **단서** 연소 근로자
> 1. 근로 계약 기간: 2025. 7. 21. (월) ~ 2025. 8. 1. (금)
> …(중략)…
> 4. 근로 시간: 09:00 ~ 17:00 (휴게 시간: 13:00 ~ 14:00)
>   _휴게 시간 제외 1일 7시간 근로_
> 5. 근무일: 매주 월요일 ~ 금요일
>   _1주에 35시간 근로_
> 6. 임 금: 시간당 11,000원
>   _법정 최저 임금 초과_

* 2025년의 법정 최저 임금은 시간당 10,030원이고, 을은 고등학생임.

단서+발상

단서 근로자 을의 나이는 16세이다.
발상 연소 근로자는 15세 이상 18세 미만의 근로자를 의미하므로 을은 연소 근로자이다.
적용 연소 근로자는 원칙적으로 하루 7시간 초과 근무가 금지된다.

| 문제 + 자료 분석 |

- **근로자 을**: 15세 이상 18세 미만인 연소 근로자
- 근로 시간은 9시부터 17시까지이며, 휴게 시간 1시간(13시~14시)은 근로 시간에서 제외하므로 근로 시간은 1일에 7시간임
- 근무일은 매주 월요일~금요일까지 주 5일로, 1주에 총 35시간 근로를 함
- 임금은 시간당 11,000원으로 법정 최저 임금인 10,030원을 초과함

| 보기 분석 |

ㄱ. 근로 시간에 명시된 9시~17시는 총 8시간이지만 중간에 휴게 시간이 1시간 포함되어 있으므로 휴게 시간 1시간을 제외한 7시간이 실제 근로 시간이 된다. 따라서 1일 임금은 11,000×7=77,000원이다.
ㄴ. 미성년자의 근로 계약은 법정 대리인의 동의를 받아 미성년자 본인이 직접 체결해야 한다. 친권자나 법정 대리인은 미성년자의 근로 계약을 대리할 수 없다.
ㄷ. 연소 근로자의 경우, 사용자와 근로자의 합의에 따라 1일에 1시간, 1주에 5시간을 한도로 연장 근로를 할 수 있다.
ㄹ. 사용자는 18세 미만인 자에 대하여 그 연령을 증명하는 가족 관계 기록 사항에 관한 증명서와 친권자 또는 후견인의 동의서를 사업장에 갖추어 두어야 한다.

왜 틀렸나?

근로 시간을 9시부터 17시까지 총 8시간으로 생각해 ㄱ이 맞다고 판단하기 쉽다. 그러나 휴게 시간은 근로 시간을 산정할 때 제외해야 하므로 1일 근로 시간은 13시부터 14시까지 1시간을 제외한 7시간이다.

* 청소년 노동권 보호 규정

- 원칙적으로 15세 미만 고용 금지
- 1일 7시간 이내, 1주 35시간 이내의 근로 가능
- 보호자의 동의를 얻어 스스로 근로 계약 체결
- 4시간 근로에 30분 이상, 8시간 근로에 1시간 이상의 휴게 시간 부여
- 임금은 매월 1회 이상 일정한 날짜에 현금으로 본인에게 지급

01 정답 ④ * 인권 보장의 역사

| 문제 + 자료 분석 |

- **(가)** : 평등권, 천부 인권 사상, 국민주권주의 천명
- **(나)** : 아동의 사회권 명시, 인권 보장을 위한 국제 협력 증진 및 장려

| 보기 분석 |

ㄱ. (나) 유엔 아동 권리 협약은 전 세계 모든 아동이 누려야 할 4대 권리인 생존권, 보호권, 발달권, 참여권을 명시한 국제 협약으로서 최초로 아동을 권리의 주체로 인정한 국제 협약이다.
이를 모를지라도 제시된 "건강의 회복을 위한 시설을 이용할 권리"라는 조항이 인간다운 삶을 보장하는 사회권의 일환임을 파악한다면 (나)가 아동이 인권의 주체임을 전제로 아동 인권 보장을 명시하고 있음을 알 수 있다.

ㄴ. (가)에서 "조물주는 몇 개의 양도할 수 없는 권리를 부여했으며"라고 명시하여 천부 인권 사상을 제시하였다. 그러므로 (나)가 천부 인권 사상을 제시했는지 알 수 없더라도 해당 문장이 잘못되었다는 것을 알 수 있다.

ㄷ. ㉠은 국가의 주인이 국민임을 의미하는 것이다. 이는 국가의 의사를 최종적으로 결정할 수 있는 권리인 주권을 국민이 보유하고 있다는 국민 주권의 원리를 나타낸다.

ㄹ. ㉡은 아동 인권 보장을 위해 각 당사국의 노력뿐만 아니라 국제적인 협력과 연대가 필요함을 강조하는 것이다.

02 정답 ③ * 인권 확장의 역사

| 문제 + 자료 분석 |

- **㉠** : 노예적 예속 상태로부터의 자유 → 자유권, 평등권
- **㉡** : 국가에게 적극적인 사회 보장을 요구할 수 있는 권리 → 사회권
- **㉢** : 전쟁 피해, 난민 발생, 기아 문제, 불가항력의 자연재해 등으로 피해를 입은 전 세계의 사람들을 구제하는 것 → 연대권

| 보기 분석 |

ㄱ. 국가가 적극적으로 개입하여 사회 보장을 해줄 것을 요구하는 권리는 사회권으로 ㉡에 해당한다.

ㄴ. 사회권은 빈부 격차, 실업, 열악한 노동 조건과 낮은 임금 등 자본주의의 급격한 발전 과정에서 발생한 문제점을 해결하는 과정에서 등장했다.

ㄷ. 3세대 인권은 개인, 특정 지역, 특정 국가를 초월하여 인류 전체의 인권 보장을 추구하는 집단적이고 연대적 성격의 권리이다.

ㄹ. 시민 혁명을 계기로 미국의 독립 선언, 프랑스의 인권 선언 등을 통해 자유와 평등에 대한 기본적 권리들이 보장받기 시작하였으므로 1세대 인권인 ㉠에 대한 설명이다.

왜 틀렸나?

시민 혁명을 통해 자유와 평등 등 기본적 인권을 보장할 것을 국가에 적극적으로 요구한 것은 맞다. 하지만, 자유권은 국가로부터 불합리한 간섭을 받지 않을 권리를 의미하므로 이 둘을 구분해서 이해해야 한다.
또한 자본주의의 모순을 해결하는 과정에서 등장한 것이 인간다운 생활을 보장하는 사회권임을 반드시 기억해야 한다.

* 인권의 확대

1세대 인권 (시민 혁명 이후)	2세대 인권 (산업 혁명 이후)	3세대 인권 (20세기 중반 이후)
• 신체, 사상, 양심, 종교의 자유 • 집회 및 결사, 표현의 자유 • 자유로운 선거를 통해 정부에 참여할 수 있는 권리	• 근로의 권리 • 교육에 대한 권리 • 사회 보장을 받을 권리 • 인간다운 생활을 할 권리 • 쾌적한 환경에서 생활할 권리	• 자결권 • 평화의 권리 • 발전의 권리 • 재난으로부터 구제받을 권리 • 지속 가능한 환경에 대한 권리

03 정답 ④ * 인권의 역사적 변화

| 문제 + 자료 분석 |

- **(가)** : 사회권이 최초로 명시된 헌법
- **(나)** : 모든 형태의 인종 차별을 철폐하고 인간의 존엄성을 존중하기 위해 만들어진 국제 협약

| 보기 분석 |

ㄱ. ㉠ 인종 차별은 인종, 피부색을 근거로 둔 차별을 의미한다. 인종과 피부색은 선천적으로 결정되는 영역이다.

ㄴ. (가) 바이마르 헌법은 사회권이 문서에 명시된 최초의 헌법이다. 바이마르 헌법은 독일의 첫 민주주의 헌법으로서 재산권의 행사가 공공복리에 어긋나지 말아야 하고, 국민의 생존에 필요한 경제적 조건의 보장을 국가에 요구할 수 있다고 규정하였다. 이는 현대 복지 헌법의 전형이 되어 많은 나라의 헌법에 영향을 끼쳤다.

ㄷ. 합리적 이유 없이 차별받지 않을 권리는 평등권을 의미한다. (가)의 제109조에 "모든 국민은 법률 앞에 평등하다", (나)의 제2조 제2항에 "완전하고 평등한 인권"이라고 명시되어 있다.

ㄹ. 국가 권력의 간섭과 침해에서 벗어나 자유롭게 생활할 수 있는 권리는 자유권을 의미한다. (가)의 제111조에 "이전의 자유를 가진다", (나)의 제2조 제2항에 "기본적 자유의 향유를 보장"이라고 명시되어 있다.

04 정답 ④ * 헌법상의 기본권

| 문제 + 자료 분석 |

- ㉠은 사회권이다. 사회권은 독일 바이마르 헌법에서 최초로 명문화되어서 나타났으며 국가의 간섭에서 벗어나는 데에서 나아가 인간다운 생활을 국가에 적극적으로 요구하는 성격을 지닌다.

| 선택지 분석 |

① 사회권은 1919년에 독일 바이마르 헌법에서 최초로 명시되었다.

② 2세대 인권은 사회적 약자의 인간다운 삶을 보장하기 위한 사회권 중심의 인권이다.

③ 사회권에는 노동(근로)의 권리, 교육을 받을 권리, 사회 보장을 받을 권리, 인간다운 생활을 할 권리, 쾌적한 환경에서 생활할 권리가 포함된다.

④ 국가와 개인의 관계를 넘어선 전 지구적 차원의 권리는 연대권으로 3세대 인권에서 강조되는 부분이다.

⑤ 사회권은 국가에 대하여 인간다운 삶의 보장을 요구할 수 있는 적극적 성격의 권리이다.

05 정답 ④ * 인권의 의미

| 문제 + 자료 분석 |

- ㉠ 인권 : 모든 사람이 인간으로서 누려야 하는 기본적인 권리
- ㉡ 주거권 : 인간다운 주거 생활을 할 수 있는 권리
- ㉢ 문화권 : 공동체의 문화생활에 자유롭게 참여할 권리
- ㉣ 연대권 : 인종, 국적과 관계없이 누구나 인간다운 대우를 받을 권리

| 보기 분석 |

ㄱ. 인권은 인간이라면 누구나 누릴 수 있는 기본적 권리로, 자유권, 평등권, 참정권, 사회권, 청구권 등 모든 권리를 포괄하는 개념이다.

ㄴ. 주거권은 인간다운 주거 생활을 할 수 있는 권리이다. 쾌적한 주거 생활을 방해하는 층간 소음 문제에 대해 피해 구제 방안을 마련하는 것은 주거권 보장과 관련 있다.

ㄷ. 재난, 사고의 위험으로부터 안전을 보장받을 권리는 안전권에 대한 설명이다. 문화권은 자유롭게 문화생활에 참여하고 향유할 수 있는 권리를 의미한다.

ㄹ. 인도주의는 인종·민족·국가·종교 등의 차이를 초월하여 인류의 안녕과 복지를 추구하는 것을 이상으로 하는 사상, 태도이다. 따라서 인도주의적 구제를 받을 권리는 지구촌 구성원 모두의 인권 보장을 추구하는 연대권에 해당한다.

 정답 ④ * 정보 사회에서 나타난 쟁점

| 문제 + 자료 분석 |

- 갑: 개인 정보 유출 문제 등이 심각하므로 자기 정보를 스스로 통제할 수 있는 권리가 보장되어야 한다고 주장
- 을: 공익을 위해 누구나 자유롭게 정보에 접근할 수 있는 권리를 보장하고 삭제를 금지해야 한다고 주장

| 보기 분석 |

ㄱ. 갑은 자신이 과거에 업로드했던 정보 또는 타인에 의해 불법 유출된 정보가 타인에게 게시되기를 원하지 않을 경우 이를 삭제할 수 있는 권리인 잊힐 권리의 보장을 주장하고 있다.

ㄴ. 포털 사이트 등에 업로드된 개인 정보 중에는 당사자의 동의를 받지 않은 경우나 악의적으로 개인 정보가 유출된 경우도 다수 존재한다. 갑은 이러한 개인 정보 유출의 결과 인권 침해가 발생하기 때문에 이를 해결하기 위해 잊힐 권리의 보장이 필요하다고 주장하고 있다.

ㄷ. 을은 공익을 위해 정보의 접근을 개방하고 삭제를 금지할 수 있는 권리인 알 권리의 보장을 주장하고 있다.

ㄹ. 자신의 정보 공개에 대한 권한은 자신에게 있기에 자신의 정보를 통제할 수 있는 권리가 보장되어야 한다고 주장하는 것은 갑이다.

07 정답 ② * 기본권의 유형

| 문제 + 자료 분석 |

- 갑: 개인 정보 유출 문제는 사생활의 비밀과 자유 보장에 대한 권리를 침해한 것이므로 **A**는 자유권이다.
- 을: 노동조합 활동을 회사가 방해한 것은 근로 3권을 침해하는 행위이므로 **B**는 사회권이다.
- 병: 투표에 참여하지 못하게 하는 것은 선거권을 침해하는 행위이므로 **C**는 참정권이다.

| 선택지 분석 |

① 가장 최근에 등장한 현대적 권리는 사회권이다. 사회권은 1919년 독일 바이마르 헌법에서 최초로 명시되었다.

② 국가의 간섭을 받지 않을 소극적 권리는 자유권이다.

③ 다른 기본권 보장을 위한 수단적 권리는 청구권이다.

④ 국가의 정치 과정에 참여할 수 있는 권리는 참정권이다.

⑤ 인간다운 생활의 보장을 국가에 요구할 수 있는 권리는 사회권이다.

08 정답 ⑤ * 기본권의 특징

| 문제 + 자료 분석 |

- 발달장애인의 투표를 돕는 투표보조인이 기표소에 들어가지 못하여 원활한 투표 참여가 어려웠음을 보여주는 사례이다.
- 투표는 정치에 참여할 수 있는 가장 대표적이고 기본적인 수단이므로, **A**에 해당하는 기본권은 참정권이다.

| 선택지 분석 |

참정

(질문1) 포괄적 권리는 헌법에 구체적으로 일일이 열거되지 않아도 인정되는 자연법상의 권리로, 인간의 존엄과 가치, 자유권과 평등권이 해당한다. 헌법에 구체적으로 열거되어야지만 보장되는 권리는 열거적 권리로, 참정권, 청구권, 사회권 등이 해당한다. → ×

(질문2) 국가로부터 간섭받지 않을 수 있는 방어적 권리는 자유권이다. 참정권은 국가의 의사 결정 과정에 참여하는 적극적 권리이다. → ×

(질문3) 국가의 의사 결정 과정에 참여할 수 있는 권리는 참정권이다. → ○

(질문4) 다른 기본권을 보장하기 위한 수단적 성격의 권리는 청구권이다. → ×

⑤ 따라서 학생 '무'가 모두 옳게 응답하였다.

09 정답 ② * 기본권의 특징

| 문제 + 자료 분석 |

- 공동의 목적을 가진 다수의 사람이 자유롭게 일시적인 모임을 가질 수 있는 것은 집회의 자유이다.
- 따라서 밑줄 친 '권리'에 해당하는 기본권은 자유권이다.

| 선택지 분석 |

① 다른 기본권을 보장하기 위한 수단적 권리는 청구권이다.

② 자유권은 국가 권력의 간섭이나 침해를 받지 않을 권리로, 국가 권력이 행사되지 않음으로써 보장되는 소극적 권리이다.

③ 독일의 바이마르 헌법에서 최초로 보장되기 시작한 권리는 사회권이다.

④ 국민이 인간다운 생활 보장을 국가에 요구할 수 있는 권리는 사회권이다.

⑤ 국민이 주권자로서 정치적 의사 형성 과정에 참여할 수 있는 능동적 권리는 참정권이다.

10 정답 ① * 인권 보장을 위한 헌법의 역할

| 문제 + 자료 분석 |

- ㉠ : 법률 제정 및 개정을 담당하는 입법 기관
- ㉡ : 국가 권력을 입법부, 사법부, 행정부에 맡겨 상호 견제
- ㉢ : 법률이나 공적 작용이 헌법의 의미와 정신에 부합하는지 여부를 판단하는 기관
- ㉣ : 국민의 자유로운 생활이 국가로부터 간섭과 침해를 받지 않을 권리
- ㉤ : 국가의 최고 규범. 국민의 기본권 보장과 국가 통치 조직 구성 및 통치 작동의 원칙

| 선택지 분석 |

① 법률의 적용 및 해석을 통한 재판 담당은 사법부의 역할에 해당한다. 국회는 입법부로서 법률을 제정 및 개정하는 역할을 담당한다.

② 권력 분립 제도는 국가 권력을 각각 다른 기관에 맡겨 서로 견제하고 균형을 이루게 함으로써 권력 남용을 방지하여 국민의 인권을 보장하기 위해 만들어졌다.

③ 헌법 재판소는 헌법 해석과 관련된 다툼에 있어서 헌법의 의미와 정신에 부합하는지 여부를 판단하는 기관이다. 그 중 헌법 소원 심판은 국가의 공권력 행사 또는 불행사로 인하여 헌법상 보장된 기본권이 침해되었다고 판단한 국민이 청구하여 침해 원인의 위헌 여부를 확인받을 수 있는 제도이다.

④ 자유권은 국민이 국가 기관의 간섭과 침해를 받지 않고 자유롭게 생활할 수 있는 권리로서 신체의 자유, 종교의 자유, 양심의 자유 등이 있다.

⑤ 헌법은 국가의 최고 규범으로서 국가의 통치 조직과 통치 작동의 원리를 규정하고 국민의 기본권을 보장하기 위한 목적으로 제정되었다. 법체계에서 가장 상위법으로 모든 법령의 제정 및 해석의 근거가 된다.

11 정답 ③ * 시민 불복종 정당화 조건

| 문제 + 자료 분석 |

- 시민 불복종이란 정의롭지 못한 법이나 정책을 변혁시켜 공공의 이익을 지키려는 목적에서 양심적으로 행하는, 비폭력적이고 의도적인 위법 행위를 말한다.
- 시민 불복종의 일반적인 정당화 조건은 다음과 같다. 첫째, 행위의 목적이 정당해야 한다. 둘째, 위법 행위에 대한 처벌을 감수해야 한다. 셋째, 공개적이며 비폭력적이어야 한다. 넷째, 합법적인 수단이 모두 실패했을 경우 사용하는 최후의 수단이어야 한다.

| 선택지 분석 |

(조건1) 시민 불복종은 정의롭지 못한 법이나 정책을 의도적으로 위반하는 행위이다. 그러나 시민 불복종에 참여하는 사람들은 현행법을 위반했으므로 위법 행위에 대한 처벌을 감수하여 체제와 법에 대한 존중심을 드러내야 한다. → ○

 시민 불복종은 정의를 실현하기 위한 시도이므로 폭력적인 행동은
정당화될 수 없다. 따라서 시민 불복종은 비폭력적인 방법을 통해서
이루어져야 한다. → ○

(조건3) 시민 불복종은 불복종의 정당성과 정의의 규범적 근거를 널리 알리기
위한 공익적 행위이므로 공개적으로 이루어져야 한다. → ×

(조건4) 시민 불복종은 개인의 이익을 위한 행위가 아닌 사회 정의 실현을
목표로 하는 행위이어야 한다. → ○

(조건5) 시민 불복종은 부정의한 법과 정책을 변혁하려는 합법적인 시도가
모두 실패했을 때 최후의 수단으로 시도되어야 한다. → ○

12 정답 ⑤ * 시민 불복종 정당화 조건

| 문제 + 자료 분석 |

- 제시문은 마틴 루터 킹이 시민 불복종에 대해 쓴 글이다. 그는 법의
  부당함을 알리기 위해 부당한 법을 어긴 사람은 처벌을 감수해야 한다고
  주장했다.
- 시민 불복종이란 정의롭지 못한 법이나 정책을 변혁시켜 공공의 이익을
  지키려는 목적에서 양심적으로 행하는 비폭력적이고 의도적인 위법
  행위이다.

| 선택지 분석 |

① 양심에 비추어 볼 때 부당한 법은 변화시켜야 한다.
② 인종을 차별하는 법은 양심에 비추어 볼 때 부당하다.
③ 강자의 이익을 정당화하는 도구로 이용되는 법은 양심에 비추어 볼 때
  부당하다.
④ 시민 불복종을 통해 법률이 없는 무정부 상태를 추구하는 것이 아니라
  부당한 법의 변혁을 시도해야 한다.
⑤ 시민 불복종의 정당화 조건으로 처벌 감수를 제시하고 있다.

13 정답 ① * 사회적 소수자

| 문제 + 자료 분석 |

- **(가)**: B종교를 믿는 사람이 A종교가 국교인 사회로 가면 사회적 소수자가
  될 수 있음
- **(나)**: 집단 구성원의 수와 관계없이 흑인이 백인보다 사회적 영향력이
  작고 약자의 위치에 있으므로 사회적 소수자로 볼 수 있음

| 선택지 분석 |

① (가)에는 역차별의 내용이 나타나 있지 않다. 국교인 A 종교를 믿지 않는
  사람이 사회적 소수자가 될 수 있음을 이야기하고 있다.
② (가)에는 사회적 소수자의 상대성이 나타나 있다.
③ (나)는 흑인이 차별받는 사례를 통해 사회적 소수자가 사회적으로
  불평등한 대우를 받고 있음을 보여 준다.
④ (나)에는 백인에 비해 숫자가 많은 흑인들이 차별을 받고 있다.
⑤ (가)에서는 종교가 다르다는 이유로, (나)에서는 인종이 다르다는 이유로
  차별을 받고 있으며 이러한 이유로 사회적 소수자가 될 수 있음을 보여 준다.

*** 사회적 소수자란?**

> 신체 또는 문화적 특징으로 인해 불평등한 처우를 받는 사람들로, 성, 국적,
> 인종, 종교, 장애 등 다양한 기준에 의해 사회적 소수자로 규정될 수 있다.

14 정답 ④ * 청소년의 노동권

| 문제 + 자료 분석 |

- ㉠ 근무 시간: 15세 이상 18세 미만인 자의 근로 시간은 원칙적으로 하루
  7시간, 일주일 35시간을 초과하면 안 된다. 단, 협의 시 1일에 1시간,
  1주일에 5시간을 한도로 연장할 수 있다.
- ㉡ 최저 임금: 청소년 역시 일반 근로자와 동일한 권리를 지닌다.

| 보기 분석 |

ㄱ. 원칙적으로 청소년 노동자의 근무 시간은 1일 7시간, 1주 35시간을
  초과할 수 없다. 단, 사용자와 청소년이 합의를 한 경우 1일 1시간, 1주일
  5시간 한도 내에서 연장이 가능하다.
ㄴ. 청소년도 성인과 동일한 최저 임금을 받아야 하며, 최저 임금 미만의 임금
  계약은 무효이다.
ㄷ. 근로 계약서는 반드시 서면으로 작성한다. 다만 청소년이 근로를 하고자
  할 때, 법정 대리인의 동의가 필요하다.
ㄹ. 청소년 노동자의 경우 청소년의 강제 노동을 막기 위해 근로 계약은 법정
  대리인이 대리하여 체결할 수 없으며 반드시 본인이 체결하여야 한다.

15 정답 ④ * 인권 의식 관련 통계 자료 분석

| 문제 + 자료 분석 |

- 표는 **A**와 **B** 지역 주민들의 응답 결과를 각각 남성과 여성으로 나누어
  제시하고 있다.
- 단, 남성과 여성의 성비에 대한 정보는 주어지지 않았기 때문에 각 지역의
  '그렇다, 보통이다, 그렇지 않다'에 대한 전체 응답 비율은 남성과 여성
  응답 비율 사이에서 결정된다는 점만 추론할 수 있다.

| 보기 분석 |

ㄱ. A 지역 응답자 중에서 '그렇다'에 응답한 비율은 남성과 여성 응답 비율의
  사이에서 결정된다. A 지역 남성의 49%, 여성의 48%가 '그렇다'에
  응답했으므로 48%와 49% 사잇값이기 때문에 절반 미만이 된다.
  지역별 성비가 주어지지 않았기 때문에 48과 49의 중간인 48.5라고
  단정지어서는 안 된다. 남성과 여성의 수가 같을 때 가운데에서 평균이
  나오는 것이고, 성비가 다를 경우 더 많은 성별 쪽으로 평균값이
  가까워지는 것이므로 이 문제에서는 48과 49 사이인 것만 알 수 있다.

ㄴ. 표에 제시된 수치는 비율(%)이지만 A 지역과 B 지역의 주민 수가
  1,000명으로 동일하기 때문에 응답 비율을 통해서 수치를 비교할 수 있다.
  A 지역은 남성과 여성 모두 22%이므로 전체도 22%이다. B 지역은 남성
  15%, 여성 14%이므로 전체는 14~15%가 되기 때문에 A 지역이
  B 지역보다 '그렇지 않다'에 응답한 사람이 많다.

ㄷ. 국내 체류 외국인에 대한 사회 보장 정책 수립에 긍정적인지에 대한
  여부는 질문에 대해 '그렇다'라고 응답한 비율이 높고, '그렇지 않다'라고
  응답한 비율이 낮은지 확인하여 판단할 수 있다.
  '그렇다'라고 응답한 비율은 A 지역이 48~49%, B 지역이 65~67%로
  B 지역이 높으며 '그렇지 않다'라고 응답한 비율은 A 지역 22%, B 지역
  14~15%이므로 B 지역이 낮다. 따라서 B 지역이 A 지역보다 긍정적이다.

ㄹ. 같은 지역 내에서 남성과 여성의 응답 비율은 유사하게 나타나므로 성별
  차이는 크지 않다. 같은 성별 내에서 A 지역과 B 지역의 응답 비율 차이는
  크게 나타나므로 지역별 차이가 더 크다.

16 정답 ② * 청소년의 노동 인권 분석

| 문제 + 자료 분석 |

- 연소 근로자(15세 이상 18세 미만)의 근로 계약 내용이다.
- 근로 장소: 편의점은 청소년이 근무할 수 있는 장소이다.
- 근로 시간: 1일 7시간, 일주일 35시간까지 근로가 가능하므로 위배되지
  않는다.
- 휴게 시간: 근로 시간 4시간에 30분, 8시간에 1시간 이상 휴게 시간을
  근로 시간 도중에 주어야 하므로 위배되지 않는다.
- 임금: 법정 최저 임금보다 높은 임금을 지급하므로 근로 기준에 위배되지
  않는다.

| 보기 분석 |

ㄱ. 미성년자는 독자적으로 임금을 청구할 수 있다. 사용자는 반드시 미성년
  근로자에게 직접 임금을 주어야 한다.
ㄴ. 당사자 사이의 합의에 따라 1일에 1시간, 1주일에 5시간 한도로 근로
  시간을 연장할 수 있다.

ㄷ. 미성년자가 근로 계약을 체결할 때에는 친권자 또는 후견인의 동의가 필요하다. 단, 근로 계약을 친권자가 대신 체결할 수는 없다.
ㄹ. 휴게 시간은 근로 시간에 포함되지 않으므로 1일 6시간이 근로 시간으로 인정되어 1일 임금은 60,000원이다.

왜 틀렸나?
미성년자가 부모님의 동의를 받아야 할 수 있는 법률 행위들이 많기 때문에 독자적으로 임금 청구가 가능하다는 점을 간과하기 쉽다. 근로 계약 체결시에는 법정 대리인의 동의가 필요하다는 것과 임금 청구는 단독으로 가능하다는 것을 혼동하면 안 된다. 한편, 임금을 계산할 때 휴게 시간은 근로 시간에 포함되지 않는다는 점도 반드시 주의해야 한다.

17 정답 ① * 인권 지수

| 문제 + 자료 분석 |
- 국경 없는 기자회(RSF)가 발표하는 세계 언론 지수는 국가별로 언론 자유의 정도와 각 국가가 이를 보장하기 위해 얼마나 노력하고 있는지를 보여주는 지수이다.

| 선택지 분석 |
① 세계 언론 지수와 같은 인권 지수는 기준을 정하는 방식에 따라 수치가 달라질 수 있는 지수로, 특정 국가의 절대적 인권 수준을 반영하지 않는다.
② 국제 사회는 세계 언론 지수와 같은 인권 지수를 통해 여러 지역의 인권 문제를 파악하고 이를 개선하기 위해 노력하게 된다.
③ 세계 언론 지수는 자기 검열 수준, 권력으로부터의 독립, 취재와 보도의 투명성 등 여러 지표를 측정하며 일정한 기준에 따라 인권의 보장 정도를 나타낸다.
④ 세계 언론 지수와 같은 인권 지수는 인권 문제의 실태와 변동 상황을 보여주므로 지역별 인권 보장 실태와 그 변화 양상을 살피는 데 도움이 된다.
⑤ 세계 언론 지수와 같은 인권 지수는 개발 목적과 측정 방식에 대한 이해 없이 국가 간 순위만 비교하면 특정 국가의 절대적인 인권 보장 수준을 오해할 수 있다. 어떠한 지표가 반영되었는지 특성을 살펴보아야 한다.

18 정답 계몽사상, 사회 계약설, 천부 인권 사상

| 문제 + 자료 분석 |
- ㉠ 시민 혁명: 시민 혁명은 인간의 이성으로 사회적 모순과 부조리를 바로잡을 수 있다고 보는 계몽사상, 자유롭고 평등한 시민 간의 계약으로 국가 권력이 형성되었다고 보는 사회 계약설, 인간은 누구나 태어날 때부터 불가침성을 갖는 인권을 지녔다고 보는 천부 인권 사상의 영향을 받아 발생했다.

19 핵심 키워드: 참정권, 한정, 차티스트 운동

모범 답안 시민 혁명의 발생으로 참정권이 확립되었지만, 참정권은 일정 이상의 재산을 가진 성인 남성에게만 한정되어 대다수 사람은 참정권을 행사하지 못했다는 한계점이 존재한다. 차티스트 운동은 이러한 시민 혁명의 한계점을 극복하고 정치에 참여할 수 있는 권리를 확대하기 위해 나타났다.

| 문제 + 자료 분석 |
- 참정권 확대 운동이 전개되면서 20세기 들어 거의 모든 사람의 참정권이 보장되었다.

＊ 채점 기준

참정권은 일부에게만 제한되었다는 한계점을 차티스트 운동과 함께 서술한 경우	100 %
참정권이 일부에게만 제한되었다는 한계점만 서술한 경우	50 %

20 핵심 키워드: 자유권, 국가 안전 보장

모범 답안 ○○국은 국가 안전 보장을 위해서 민간인 출입 통제 구역을 설정해 통행의 자유라는 시민의 자유권을 제한하였다.

| 문제 + 자료 분석 |
- 개인의 기본권 행사가 타인의 기본권을 침해하거나 공동체의 이익에 해를 끼치는 경우를 막기 위해 기본권을 제한할 수 있다.

＊ 채점 기준

자유권, 국가 안전 보장을 모두 언급한 경우	100 %
자유권만 언급한 경우	40 %

21 핵심 키워드: 질서 유지, 공공복리

모범 답안 대한민국 헌법은 질서 유지, 공공복리를 위해 필요한 경우에 한하여 법률로써 기본권을 제한할 수 있도록 규정하고 있다.

| 문제 + 자료 분석 |
- 헌법 제37조는 국가 안전 보장, 질서 유지, 공공복리를 위해 필요한 경우에만 기본권을 제한할 수 있도록 규정하고 있다.

＊ 채점 기준

질서 유지, 공공복리를 모두 언급한 경우	100 %
질서 유지, 공공복리 중 한 가지만 언급한 경우	50 %

22 정답 3개

| 문제 + 자료 분석 |
- 친권자나 후견인은 청소년의 근로 계약을 대리할 수 없다.
- 청소년의 근로 시간은 원칙적으로 하루 7시간을 초과하면 안 된다.
- 휴게 시간은 근로 시간 4시간에 30분, 8시간에 1시간 이상이어야 한다.

23 핵심 키워드: 직접, 근로 시간, 휴게 시간

모범 답안 근로 계약서는 갑의 아버지가 아닌 갑 본인이 직접 작성해야 하며, 근로 시간은 하루 7시간으로 변경하거나 협의를 통해 1일에 1시간, 1주일에 5시간을 한도로 연장해야 한다. 휴게 시간은 근로 시간 4시간에 30분, 8시간에 1시간 이상을 주어야 한다.

| 문제 + 자료 분석 |
- 청소년의 근로 시간은 하루 7시간, 일주일 35시간을 초과하지 않는 것이 원칙이지만 협의를 통해 연장할 수 있다.

＊ 채점 기준

위반한 사항 3가지를 모두 알맞게 변경한 경우	100 %
위반한 사항 3가지 중 2가지만 알맞게 변경한 경우	60 %

＊ 청소년의 근로 보호

근로 시간 제한	• 15세 이상 18세 미만인 자의 근로 시간은 원칙적으로 1일 7시간, 1주 35시간을 초과할 수 없음 • 당사자의 합의에 의한 연장 근로도 1일 1시간, 1주 5시간을 초과할 수 없음
근로 계약과 임금	• 미성년자의 근로 계약은 법정 대리인의 동의를 얻어 본인이 직접 체결해야 함 • 미성년자는 단독으로 임금을 청구할 수 있음

01 정답 ② * 사회권

(가)에 해당하는 권리에 대한 설명으로 옳은 것은?

위 그림은 산업 혁명 시기에 나타난 계급 간의 빈부 격차를 풍자한 것이다. 윗부분은 부유한 계급의 편안한 생활을, 아랫부분은 탄광에서 일하는 굶주린 노동자를 표현하였다.

이처럼 산업 혁명 이후 발달한 자본주의는 인간 생활의 물질적 향상을 가져왔지만 자본의 집중에 의한 빈부의 격차를 초래하였다. 궁핍과 빈곤으로 인해 기본적인 생활 수준을 영위하지 못하자 인간다운 생활을 가능하게 하는 물적 토대를 국가에 요구할 수 있는 권리인 ______(가)______ 의 보장이 요구되었다.

① 미국 독립 선언에서 천명되었다.
   미국 독립 혁명(사회권 등장 이전)
② 바이마르 헌법에 최초로 명시되었다.
   사회권
③ 프랑스의 인권 선언에 영향을 주었다.
   프랑스 혁명(사회권 등장 이전)
④ 영국에서는 명예혁명을 계기로 실현되었다.
   권리 장전 채택(사회권 등장 이전)
⑤ 차티스트 운동 당시 인민헌장에 규정되었다.
   영국 노동자의 참정권 확대 운동(사회권 등장 이전)

| 문제 + 자료 분석 |

- 산업 혁명 이후 노동자들의 열악한 근로 조건과 빈부 격차 등 심각한 사회 문제가 발생했다. 이에 따라 국가가 적극적으로 나서서 모든 국민들의 인간다운 삶을 보장할 것을 요구하는 사회권이 등장하였다.

| 선택지 분석 |

① 미국 독립 선언은 근대 시민 혁명 중 하나인 독립 혁명 과정에서 1776년에 발표되었다. 사회권이 최초로 명시된 것은 1919년 독일 바이마르 헌법이므로 틀린 설명이다.
② 사회권은 1919년 독일 바이마르 헌법에서 최초로 명시되었다.
③ 프랑스 인권 선언은 근대 시민 혁명 중 하나인 프랑스 혁명 과정에서 1789년에 발표되었다. 따라서 사회권이 등장하기 이전 시기에 해당하므로 사회권이 프랑스 인권 선언에 영향을 줄 수 없다.
④ 영국 명예혁명을 계기로 채택된 것은 의회가 제정한 권리 장전이다. 근대 시민 혁명 시기인 1689년에 승인된 것이므로 사회권이 등장하기 이전 시기이다.
⑤ 인민헌장은 1838년 영국 노동자들이 선거권 확대를 요구한 차티스트 운동 때 발표된 것이므로 사회권이 등장하기 이전 시기이다.

＊ 인권 보장의 역사

영국 명예혁명(1688)	왕권 제한, 시민의 자유와 권리 보장
미국 독립 혁명(1776)	자유, 평등, 저항권 등
프랑스 혁명(1789)	자유, 평등, 재산권 등
차티스트 운동(1838)	노동자들의 참정권 확대 운동
독일 바이마르 헌법(1919)	최초로 사회권 규정
세계 인권 선언(1948)	인권 보장의 국제적 기준 제시

02 정답 ② * 인권의 역사적 발달 과정

(가)에 들어갈 내용으로 옳은 것은? [1.5점]

"공께서 저희를 기꺼이 도와주신다니 깊이 감사드립니다. … 저희 국왕은 가톨릭 우대 정책을 펼치고 의회의 동의 없이 정책을 추진하려고 합니다. 저희는 종교, 자유, 재산과 관련한 국왕의 정책에 불만이 큽니다. … 우리 왕국 사람 스물 중 열아홉은 변화를 갈망합니다."

해설 단서 명예 혁명(1688)으로 인한 의회 제정법 → 권리장전

위 서신은 국왕 제임스 2세에게 불만을 품은 고위층 인사들이 윌리엄에게 보낸 것으로, 본인들의 국왕을 물리쳐 달라는 내용이다. 이들 요청에 응해 윌리엄은 함대를 이끌고 바다를 건너가 런던으로 진군하였고, 겁에 질린 제임스 2세는 프랑스로 도주하였다. 이후 윌리엄과 메리는 공동 왕으로 추대되었으며, 의회의 요구에 따라 ______(가)______ .

① 「인민헌장」을 발표하였다.
② 「권리 장전」을 승인하였다.
③ 「바이마르 헌법」을 제정하였다.
④ 「세계 인권 선언」을 공포하였다.
⑤ 「인간과 시민의 권리 선언」을 선포하였다.

| 문제 + 자료 분석 |

- 영국 국왕 제임스 2세의 폭정에 불만을 품은 고위층 인사들이 잉글랜드의 윌리엄에게 국왕을 물리쳐 달라고 요청하였고, 그 결과 제임스 2세가 퇴위되고 윌리엄 3세가 즉위하게 되었다.
- 피 한방울 흘리지 않은 혁명이라 '명예 혁명'이라 불렸고, 그 결과 「권리 장전」이 채택되고 인간의 천부적 권리와 소극적 자연권이 헌법에 의해 보장되는 계기가 되었다.

| 선택지 분석 |

① 「인민헌장」은 영국의 노동자들이 차티스트 운동을 통해 선거권을 얻기 위해 1838년에 발표한 헌장이다.
② 제시문의 명예 혁명을 통해 「권리 장전」이 채택되었다. 이는 인권을 헌법에 의해 보장하고, 헌법에 의해 정치가 이루어지는 배경이 되었다.
③ 「바이마르 헌법」은 1918년 독일에서 만들어진 헌법으로, 최초로 사회권이 명시되었다는 점에서 의의를 가진다.
④ 「세계 인권 선언」은 1948년 유엔 총회에서 채택된 인권 선언문으로 모든 인간의 기본적 권리를 존중해야 한다는 내용을 담고 있다. 제2차 세계 대전 이후, 국적을 불문하고 모두가 함께 지켜야 할 윤리 기준을 세우기 위한 목적으로 채택되었다.
⑤ 「인간과 시민의 권리 선언」은 1789년에 프랑스 혁명의 결과로 채택된 선언문이다. 이 선언문에서는 인간의 자유와 평등, 3권 분립, 국민 주권과 재산권 등 인간의 기본권에 대한 내용이 열거되어 있다.

＊ 인권의 발달 과정

1세대 인권	시민 혁명을 통해 자유권, 평등권, 참정권 강조
2세대 인권	20세기 초 자본주의의 모순을 극복하기 위해 사회권 강조
3세대 인권	지구촌 구성원 모두의 인권을 보장하기 위해 연대할 권리 강조

다음 대화에서 갑~병의 입장에 대한 설명으로 옳은 것은? [1.5점]

갑: A국은 여성이 부모의 허락 없이 혼인하는 행위를 가족 명예를 훼손하는 것으로 간주하여 금지합니다. 이에 반해 우리나라에서는 혼인의 자유와 같은 개인의 권리를 헌법상 기본권으로 보장하고 있습니다. A국은 후진적인 자신의 문화를 버리고 우리
단서 자문화가 우월하다고 봄 (자문화 중심주의)
나라를 본받아야 합니다.
을: 저는 갑의 입장에 동의하지 않습니다. 문화는 그 문화가 형성된
단서 문화를 그 사회의 맥락 속에서 이해하고자 함
사회의 맥락 속에서 이해해야 합니다. 부모의 권위에 대한 가족 구성원들의 복종을 바탕으로 사회 질서를 유지해 온 A국의 전통을 고려하면 혼인에 대한 개인의 결정권을 허용하지 않는 A국의 문화도 당연히 존중받아야 합니다.
병: 저는 을과 생각이 다릅니다. 배우자 선택의 문제는 인권의 관점에서 접근해야 합니다. 인권은 누구나 태어나면서부터 갖게 되
천부인권으로서의 권리
는 당연한 권리로 개별 사회나 국가를 초월하여 반드시 지켜져
단서 보편 윤리 강조 (극단적 문화상대주의 경계)
야 합니다. 이러한 기준에 비추어 각 사회의 문화를 성찰하는 태도가 필요합니다.

① 갑은 모든 문화의 고유한 가치를 존중해야 한다고 본다.
　을
② 을은 자기 문화를 기준으로 타문화를 평가해야 한다고 본다.
　갑
③ 병은 보편적으로 지켜야 할 가치나 원리가 존재한다고 본다.
　　인권
④ 갑과 달리 병은 인권이 헌법을 통해 보장되어야 한다고 본다.
　병과 달리 갑은
⑤ 갑, 을, 병 모두 인권의 불가침성을 강조한다.
　　　병

| 문제+자료 분석 |

- **갑**: A국의 결혼 문화가 우리나라에 비해 후진적이라 봄 ⟶ 자문화 중심주의
- **을**: A국의 결혼 문화를 A국의 전통 속에서 이해, 존중함
- **병**: A국의 결혼 문화를 인권의 관점에서 성찰함 ⟶ 극단적 문화 상대주의 경계

| 선택지 분석 |

① 모든 문화의 고유한 가치를 존중해야 한다고 보는 것은 을이다.
② 자기 문화를 기준으로 타문화를 평가하는 태도는 갑의 자문화 중심주의이다.
③ 병은 인권을 누구에게나 반드시 지켜져야 하는 당연한 권리로 본다.
④ 갑은 개인의 권리를 헌법상 기본권으로 보장하고 있는 것이 옳다고 본다.
⑤ 인권의 불가침성을 강조하는 사람은 병이다. 병은 인권이란 누구나 태어나면서부터 갖게 되는 당연한 권리, 즉 천부인권으로서의 권리라고 보며, 국가를 초월하여 지켜져야 하는 가치라고 본다.

＊ 문화 이해의 태도

자문화 중심주의	자문화를 우월하다고 보며 타문화를 낮게 평가하는 태도
문화 사대주의	타문화를 숭상하며 자문화를 낮게 평가하는 태도
문화 상대주의	• 각 문화의 고유한 가치를 인정하며 이해하려는 태도 • 보편 윤리를 기준으로 성찰, 극단적 문화 상대주의 경계

교사의 질문에 대한 학생의 답변으로 옳지 않은 것은? [2.5점]

거의 정의로운 국가 내에서 시민은 법
단서 시민 불복종이 성립 가능한 사회
과 정책이 어느 정도의 부정의를 넘어서지만 않는다면 보통 그 법과 정책에 따라야 한다. 하지만 자기 자신과 타인이 기본적 자유가 부정되는 것을 묵인해야 한다는 것은 아니다. 시민은 법이나 정책이 심각하게 부정의할 경우 불복종할 수 있다. 시민 불복종은 다수가 공유하고
정의의 원칙에 기반
있는 정의관을 근거로 정당화되며, 법에 대한 충실성의 한계 내에서 행해진다.
　　　→ 롤스

① 부정의한 법일지라도 시민 불복종의 대상이 아닐 수 있어요.
　심각하지 않으면 준수
② 폭력 행위에 가담하는 것은 시민 불복종으로 간주될 수
　　　　　　　　비폭력적
　없어요.
③ 시민 불복종은 공유된 정의관에 근거하여 헌법 체계에
　　　　　　　　　　　　　　　부정의한 법 또는 정책
　저항하는 행위예요.
④ 시민 불복종은 처벌이 따를 수 있음에도 불구하고 공개
　　　　　　　　　　처벌 감수
　적으로 행해지는 위법 행위예요.
⑤ 기본적 자유 보장을 요구할 권리가 체제 유지를 위한 준
　정의의 제1원칙
　법 의무와 충돌할 때 시민 불복종이 발생할 수 있어요.

| 문제 + 자료 분석 |

- **롤스**: 시민 불복종은 거의 정의로운 사회에서 공유된 정의관을 심각하게 위반하는 일부 법이나 정책을 변혁하고자 행하는 정치적 행위임

| 선택지 분석 |

① 롤스는 거의 정의로운 사회에서 어떤 부정의한 법의 정도가 심각하지 않다면 그 법을 준수해야 한다고 본다.
② 롤스는 시민 불복종은 공개적으로 이루어지는 정치적 청원 행위이므로 비폭력적이어야 한다고 본다.
③ 롤스는 시민 불복종은 일부 부정의한 법 또는 정책에 저항하는 것이지, 헌법 체계에 저항하는 것이 아니라고 본다.
④ 롤스는 시민 불복종은 법에 대한 충실성의 한계 내에서 이루어지므로 처벌을 감수하는 행위라고 본다.
⑤ 롤스는 정의의 제1원칙인 평등한 자유의 원칙을 심각하게 위반하는 법이나 정책에 대해 시민 불복종할 수 있다고 본다.

＊ 롤스의 시민 불복종

어디에서	거의 정의로운 사회
누가	체제의 합법성을 인정하는 시민
어떻게	공공적, 비폭력적, 양심적, 정치적인 청원
왜	다수에게 정의의 원칙이 무시되고 있음을 알리기 위해

다음 자료에 대한 설명으로 옳은 것은? [2점]

- 군사 훈련을 받던 갑은 훈련소 측으로부터 종교 행사에 참여하도록 강요받았다. 갑은 거부 의사를 밝혔으나 강압적 조치에 의해 결국 종교 행사에 참여할 수밖에 없었다. 이에 갑은 종교 활동을 자유롭게 할 수 있다는 내용의 ㉠ 기본권을 침해받았다며 헌법재판소에 심판을 청구하였다.
  - 단서 종교의 자유(자유권)
  - 청구권 행사
- 국회의원이 꿈이었던 을은 검정고시에 합격하고 국립○○대학교의 수시 모집에 지원하고자 하였다. 하지만 법률에 근거하여 규정된 국립○○대학교 수시 모집 요강에서는 검정고시 출신자의 응시 자격을 제한하였다. 이에 을은 능력에 따라 균등하게 교육받을 수 있다는 내용은 ㉡ 기본권을 침해받았다며 헌법재판소에 심판을 청구하였다.
  - 단서 균등하게 교육받을 권리(평등권)
  - 청구권 행사

① ㉠은 국가로부터 간섭받지 않을 권리로서의 기본권에 해당한다.
  - 자유권
② ㉡은 국가의 정치적 의사 결정 과정에 참여할 수 있는 권리로서의 기본권에 해당한다.
  - 참정권
③ ㉠과 ㉡ 모두 정당한 목적이 있다면 ~~법률적 근거가 없어도~~ 제한될 수 있다.
  - 법률에 의해서만
④ ~~갑과 달리 을은~~ 기본권 보장을 위한 수단적 성격을 지닌 기본권을 행사하였다.
  - 갑과 을은 모두 / 청구권
⑤ ~~을과 달리 갑은~~ 헌법 소원 심판을 청구하였다.
  - 갑과 을은 모두

- 갑은 종교 활동을 자유롭게 할 수 있다는 기본권을 침해받았다는 이유로 헌법재판소에 심판을 청구하였다. 종교의 자유에 해당하는 자유권 침해에 대한 구제를 위해 헌법 소원 심판을 청구한 것이다.
- 을은 능력에 따라 균등하게 교육받을 수 있다는 기본권을 침해받았다는 이유로 헌법재판소에 심판을 청구하였다. 평등권 침해에 대한 구제를 위해 헌법 소원 심판을 청구한 것이다.

| 선택지 분석 |

① ㉠은 종교의 자유를 보장하는 자유권에 해당한다. 자유권은 국가 권력의 간섭을 받지 않고 자유롭게 생활할 수 있는 권리로 소극적, 방어적 성격을 띤다.
② 국가의 정치적 의사 결정 과정에 참여할 수 있는 권리는 참정권이다. 참정권으로는 선거권, 공무 담임권, 국민 투표권이 있으며 제시된 갑, 을의 사례에는 나타나있지 않다.
③ 우리나라 헌법에서는 국가 안전 보장, 질서 유지, 공공복리를 위해 필요한 경우 기본권을 제한하도록 규정하고 있다. 다만 반드시 국회가 정한 법률에 의해서만 제한할 수 있다.
④ 기본권 보장을 위한 수단적 성격의 기본권은 청구권이다. 갑과 을은 모두 침해받은 기본권을 구제받기 위해 헌법재판소에 심판을 청구하였으므로 청구권을 행사하였다.
⑤ 갑과 을은 모두 침해받은 기본권을 구제받기 위해 헌법재판소에 심판을 청구하였다. 개인이 공권력에 의해 기본권이 침해된 경우 헌법재판소에 제소하여 기본권의 구제를 청구하는 제도를 헌법 소원 심판이라고 한다.

(가)에 들어갈 수 있는 내용으로 옳은 것은? [3점]

연소 근로자 / 연장 근로 가능

고용 노동부

| 질문 | 저(갑)는 15세인데 얼마 전 중학교를 졸업하였습니다. 2개월간 ○○ 대형 마트에서 일하기로 하고 사장 을과 근로 계약을 체결하였습니다. 그리고 근무일 중 하루인 토요일에 1시간 추가로 근무하는 것에 대하여 현재 을과 협의 중에 있습니다. 저는 친권자인 부모님께 근로 계약 내용에 대해 말씀드려 동의서를 받은 후 연령을 증명하는 가족 관계 기록 사항에 관한 증명서와 함께 을에게 제출하였습니다. 을에게서 교부받은 근로 계약서 내용 일부를 보내드립니다. 저의 근로 계약에 대한 법적 판단을 부탁드립니다.
 ○ 업무 내용: 마트 내 상품 정리
 ○ 소정 근로 시간: 11시~18시 (휴게 시간: 13시~14시)
 ○ 근무일: 매주 수요일~일요일 / 휴일: 매주 월, 화요일 |
| 답변 | (가) |

부모의 동의를 얻었으므로 본인이 직접 근로 계약 체결

① 갑의 친권자가 갑의 근로 계약 체결을 ~~대리하지 않았으므로~~ 근로 기준법에 위배됩니다.
  - 본인이 직접 해야 함
② 을이 갑을 근로자로 사용하기 위해서는 고용 노동부 장관이 발급한 취직 인허증이 ~~필요합니다.~~
  - 갑은 15세 청소년이므로 필요 ×
③ 갑은 연소 근로자로 ~~일요일 근로가 원칙적으로 금지되므로~~ 근무일을 ~~변경해야 합니다.~~
  - 특정 요일의 근로 금지 ×
  - 변경하지 않아도 됨
④ 갑은 ~~친권자의 동의를 얻어야~~ 을에게 독자적으로 임금을 청구할 수 있습니다.
  - 필요 ×
⑤ 갑이 을과 합의하에 토요일에 1시간 추가 근로를 하더라도 근로기준법상 1일 법정 근로 시간을 초과하지 않습니다.
  - 사용자와 합의 시 1일 1시간까지 연장 근로 가능

- 갑은 중학교를 졸업한 15세 청소년으로 연소 근로자에 해당한다.
- 갑은 부모님의 동의서와 가족 관계 증명서를 을에게 제출했으므로 연소 근로자가 취업하기 위한 합법적인 조건을 잘 지켰다.
- 갑은 11~18시까지 휴게 시간 제외 6시간의 근로 계약을 체결했다.

| 선택지 분석 |

① 갑이 연소 근로자라 할지라도 근로 계약의 체결은 본인이 직접 해야 한다. 연소 근로자는 연령을 증명하는 가족 관계 증명서와 부모의 동의서를 사업자에 제출해야 하며, 임금, 근로 시간, 휴일, 업무 내용 등이 포함된 근로 계약서를 본인이 작성해야 한다.
② 취업을 위해 고용노동부 장관이 발급한 취직 인허증이 필요한 자는 15세 미만의 청소년이다. 15세 미만인 자, 또는 중학교에 재학 중인 18세 미만인 자는 원칙적으로 근로를 할 수 없으나 취직 인허증을 지닌 경우에는 15세 미만인 자도 취업이 가능하다.
③ 연소 근로자는 1일 7시간, 1주일 35시간을 초과해서 일할 수 없으나 어느 요일에 일하는 지는 상관없다. 일주일 중 휴일을 보장해 주기만 하면 된다.
④ 연소 근로자라도 독자적으로 임금을 청구할 수 있다. 15세 이상의 청소년의 경우 부모님의 동의가 있으면 본인이 임금, 근로 시간, 휴일, 업무 내용 등이 포함된 근로 계약서를 작성할 수 있다.
⑤ 연소 근로자의 경우 사용자와 합의한 경우 1일 1시간, 1주 5시간을 초과하지 않는 범위에서 연장 근로를 할 수 있다.

왜 틀렸나?

휴일과 일요일을 헷갈렸을 수 있다. 휴일은 근로 기준법 상 근로를 하지 않는 날을 의미한다. 근무일은 근로자가 정하되, 법정 휴일을 반드시 보장받으면 된다.

04 정의의 의미와 기준, 다양한 정의관

내신 대비 필수 문제 문제편 49~53p

01 정답 ④ * 정의의 역할 이해

| 문제 + 자료 분석 |

- **A**: 사회를 구성하고 유지하기 위해 사회 구성원들이 추구해야 할 올바르고 공정한 가치 → 정의

| 선택지 분석 |

갑: 정의는 사회 구성원의 기본적인 권리를 보장해주는 역할을 한다.
을: 정의로운 법과 제도가 세워진 사회에서 구성원들은 공동체를 신뢰하고 서로 협력할 수 있다. 따라서 정의를 실현하는 것은 사회 통합의 기반을 마련하는 것과 같다.
병: 정의가 실현되면 사회 구성원의 기본적 권리를 보장하여 사회 구성원이 인간다운 생활을 할 수 있다.
정: 정의는 개인선과 공동선을 조화롭게 유지시켜 사회적 갈등을 최소화해 주는 역할을 한다.

02 정답 ⑤ * 정의의 의미와 역할

| 문제 + 자료 분석 |

- **롤스**: 사상 체계의 제1덕목을 진리라고 한다면 사회 제도의 제1덕목은 정의라고 보았다.
- 따라서 (가)는 정의이다.

| 선택지 분석 |

① 정의는 사회 구성원들의 이해 갈등을 공정하게 처리하여 사회 통합의 기반을 마련하게 해준다.
② 정의는 사회 구성원 모두가 인간다운 삶을 살 수 있도록 기본적 권리를 보장하는 역할을 한다.
③ 정의는 합리적 기준과 공정한 절차에 따라 자유와 평등이 조화롭게 실현된 상태이다.
④ 현대 사회에서 정의는 사회적 대우나 보상, 처벌 등에서 공정한 분배를 추구하는 것이다.
⑤ 정의는 개인선과 공동선을 조화롭게 유지시켜 사회적 갈등을 최소화해 주는 기능을 한다.

03 핵심 키워드: 기본적 권리, 사회 통합의 기반, 갈등 최소화

모범 답안 정의는 사회 구성원 모두가 인간다운 삶을 살 수 있도록 기본적 권리를 보장해주고, 사회 구성원이 서로 신뢰하며 협력할 수 있도록 사회 통합의 기반을 마련해준다. 그리고 개인선과 공동선을 조화롭게 유지시켜 사회적 갈등을 최소화시킨다.

| 문제 + 자료 분석 |

- 정의는 사회적으로 규정된 올바른 행위로, 사회를 구성하고 유지하는 데 중요한 역할을 한다.

＊채점 기준

정의의 역할 세 가지를 모두 정확히 서술한 경우	100 %
정의의 역할 세 가지 중 두 가지만 정확히 서술한 경우	60 %
정의의 역할 세 가지 중 한 가지만 정확히 서술한 경우	20 %

04 정답 ① * 아리스토텔레스의 정의론 이해

| 문제 + 자료 분석 |

- **아리스토텔레스**: 정의란 동등하다면 동등한 몫을, 동등하지 않다면 동등하지 않은 몫을 가지는 것으로 보았다.

| 보기 분석 |

ㄱ. 아리스토텔레스가 주장하는 보편적(일반적) 정의는 법과 연관되는 정치적 정의로써 법에 대한 준수를 의미한다.
ㄴ. 시민들 사이에 분배되는 권력, 명예, 재화와 관련된 정의는 ⓒ 분배적 정의이다.
ㄷ. 타인에게 해를 끼치면 보상해 주는 것은 ⓑ 교정적 정의이다.

05 정답 ③ * 정의에 대한 플라톤과 아리스토텔레스의 입장

| 문제 + 자료 분석 |

- **갑 플라톤**: 국가의 세 계층이 각자의 일을 성실히 수행함으로써 조화를 이루게 되면 정의로운 사회가 실현됨
- **을 아리스토텔레스**: 정의란 같은 것을 같게 대우하고 다른 것은 다르게 대우하는 것이며, 각자에게 각자의 몫을 주는 것임

| 선택지 분석 |

① 플라톤은 사회적 지위와 역할은 출신 가문에 의해서 세습되는 것이 아니라 각자의 능력과 소질에 따라 주어져야 한다고 보았다.
② 플라톤은 생산, 방위, 통치 계급이 각자의 역할을 다할 때 정의가 이루어진다고 주장하였다.
③ 아리스토텔레스는 사회적 약자에 대한 배려가 아닌 기여도나 가치의 비례에 따른 분배를 강조했다.
④ 아리스토텔레스는 교정적 정의란 이익과 손해의 산술적 비례를 회복하는 것이라고 보았다.
⑤ 플라톤과 아리스토텔레스는 국가와 개인의 행복이 밀접한 관련이 있으며, 정의로운 사회 안에서 개인도 비로소 행복할 수 있다고 보았다.

＊플라톤과 아리스토텔레스의 정의

플라톤	• 저마다 제 할 일을 하고 참견하지 않는 것 • 영혼의 각 부분이 각자의 덕을 갖추어 전체적으로 조화를 이룬 상태
아리스토텔레스	각자의 가치(공동체 기여도=각자의 몫)에 따라 권력, 명예, 재화가 분배되는 것 → 분배적 정의

06 정답 ③ * 대동 사회의 분배 방식 이해

| 문제 + 자료 분석 |

- 제시문은 공자의 대동 사회에 대한 글이다.
- 공자는 성인(聖人)이 다스리며 구성원들이 가족과 같은 관계를 맺고 조화롭게 어울려 살아가는 사회, 재화가 고르게 분배되고 사회적 약자가 보호되는 사회, 현명하고 유능한 사람이 적재적소에 등용되는 사회를 이상적인 사회로 보았다.

| 선택지 분석 |

① 능력에 따른 분배는 사회적 약자의 배려를 약화시킬 수 있다.
② 업적과 성취에 따른 분배는 사회적 약자의 삶을 어렵게 만들 수 있다.
③ 공자가 제시한 이상 사회인 대동(大同) 사회는 과부와 고아, 불구자 등의 사회적 약자를 배려해 주는 사회이다.
④ 대동 사회는 노인, 과부, 고아, 불구자 등 사회적 약자를 배려하는 사회이므로, 중산층의 이익을 극대화해야 한다고 보지 않는다.
⑤ 대동 사회는 생산성과 효율성보다는 형평성을 중시하는 사회이다.

07 정답 ② *분배 기준의 이해

| 문제 + 자료 분석 |

- **갑**: 신체적 · 정신적 능력이 뛰어난 사람에게 더 많은 분배와 보상이 이루어져야 함 → 능력에 따른 분배
- **을**: 사회적 약자를 보호하는 분배와 보상 → 필요에 따른 분배

| 선택지 분석 |

② 갑은 능력이 뛰어난 사람에게 더 많은 보상을 주는 능력에 따른 분배를 주장하는 입장이다. 을은 인간의 기본적 욕구를 충족하기 위해 요구되는 필요에 따른 분배를 주장하는 입장이다.

①, ③, ⑤ 업적에 따른 분배는 어떠한 목적 달성에 이바지한 성과와 실적 정도에 따라 소득이나 사회적 지위 등을 차별적으로 분배하는 것이다.

＊ **다양한 분배 기준**

능력	• 장점: 개인이 지닌 잠재력을 실현할 기회를 제공함 • 단점: 능력을 평가하는 정확한 기준을 마련하기 어려움, 선천적 · 우연적 요소가 분배에 개입할 수 있음
업적	• 장점: 결과를 측정하기 쉬움, 생산 동기가 향상됨, 공정성을 확보할 수 있음 • 단점: 서로 다른 종류의 업적을 비교하기 어려움, 사회적 약자에 대한 배려가 부족함, 과열 경쟁
필요	• 장점: 사회적 약자를 배려하고 최소한의 인간다운 삶을 보장함, 사회 불평등 문제를 개선할 수 있음 • 단점: 모두의 필요를 충족시키기 어려움, 생산 의욕을 떨어뜨릴 수 있음

08 정답 ③ *분배 기준의 이해

| 문제 + 자료 분석 |

- **갑**: 능력에 따른 분배를 주장하는 입장이다.
- **을**: 필요에 따른 분배를 주장하는 입장이다.

| 선택지 분석 |

③ X: 필요에 따른 분배는 능력에 따른 분배에 비해 사회적 · 경제적 약자의 소외감을 유발하는 정도가 낮다. 따라서 X의 낮음에 속하는 ㉠, ㉢, ㉣이 답의 후보군이다.

Y: 필요에 따른 분배는 능력에 따른 분배에 비해 개인이 지닌 잠재력 발휘의 동기를 촉진시키는 정도는 낮다. 따라서 ㉠, ㉢, ㉣ 중에서 Y의 낮음에 속하는 ㉢이 답이다.

Z: 필요에 따른 분배는 능력에 따른 분배에 비해 재화의 분배 기준으로 개인의 필요를 중시하는 정도가 높다. 따라서 ㉢이 답임을 다시 확인할 수 있다.

09 정답 ② *업적에 따른 분배

| 문제 + 자료 분석 |

- 제시문은 분배 기준을 업적으로 해야 한다고 주장하고 있다.

| 보기 분석 |

㉠ 업적에 따른 분배는 질병이나 장애, 가난 등의 이유로 업적을 쌓기 어려운 사람들에 대한 배려가 부족해질 수 있다.

ㄴ. 능력에 따른 분배가 갖는 단점이다. 각자가 지닌 잠재력은 결과로 나타나지 않는 이상 객관적으로 평가하기가 어렵다.

㉢ 업적에 따른 분배는 많은 성과를 올린 사람에게 더 많은 임금을 주게 되므로 과열 경쟁을 유발하고 사회 불평등을 심화시킬 수 있다.

ㄹ. 필요에 따른 분배가 갖는 단점이다. 필요에 따른 분배는 개인의 기여도와는 상관없이 분배가 이루어지기 때문에 생산 의욕을 떨어뜨려 업적을 쌓으려는 개인의 동기를 약화시킬 수 있다.

10 정답 ② *분배 기준의 이해

| 문제 + 자료 분석 |

- **갑**: 우승하는 데 기여한 사람 → 업적에 따른 분배
- **을**: 지금 꼭 돈이 필요한 친구 → 필요에 따른 분배

| 보기 분석 |

㉠ 필요에 의한 분배는 한정된 재화로 모든 사람의 필요를 충족시킬 수 없다는 단점이 있다.

ㄴ. 과도한 경쟁을 유발하는 것은 업적에 따른 분배의 단점이다.

ㄷ. 필요에 따른 분배는 사회적 약자의 필요를 충족시켜 줄 수 있다는 장점이 있다.

㉣ 필요만을 고려할 경우 기여도가 큰 사람에 대한 적절한 보상을 할 수 없어 생산 동기가 약화될 수 있다.

11 정답 ③ *분배 기준의 이해

| 문제 + 자료 분석 |

- **(가)**: 치과 의사 면허 소지가 자격 요건 → 능력에 따른 분배
- **(나)**: 흥행 결과에 따라 보수를 지급 → 업적에 따른 분배
- **(다)**: 기회균등 특별 전형 → 필요에 따른 분배

| 보기 분석 |

ㄱ. (가)의 ○○치과가 강조하고 있는 분배의 기준은 능력이다.

㉡ 업적에 따른 분배는 결과를 수량화하기 비교적 쉬워 평가하기 쉽다.

㉢ 필요에 따른 분배는 생산 의욕을 떨어뜨릴 수 있다는 단점이 있다.

ㄹ. 능력에 따른 분배는 능력을 평가하는 정확한 기준을 마련하기 어렵지만, 업적에 따른 분배는 각자가 달성한 결과를 객관화 · 수량화하기 쉽다. 따라서 (나)가 주관적 편견을 배제해 공정성을 확보할 수 있다.

12 핵심 키워드: 성취동기 저하, 모두의 필요

[모범 답안] 능력, 업적에 따른 분배와 달리 필요에 따른 분배가 이루어지면 개인의 성취동기가 저하된다는 단점이 있다. 또한, 자원은 한정되어 있기 때문에 모두의 필요를 충족시킬 수 없다.

| 문제 + 자료 분석 |

- 필요에 따른 분배는 사회적 약자를 우선적으로 배려하는 분배이지만 모든 사람의 필요를 충족시키기는 현실적으로 어렵고, 개인의 생산 의욕을 감소시켜 경제적 효율성을 떨어뜨릴 수 있다.

＊ **채점 기준**

필요에 따른 분배의 단점 두 가지를 정확히 서술한 경우	100 %
필요에 따른 분배의 단점 한 가지만 정확히 서술한 경우	50 %

13 정답 ③ *교정적 정의

| 문제 + 자료 분석 |

- **베카리아**: 형벌의 목적은 범죄를 예방하고 재발을 방지하는 데 있으며, 이러한 목적을 달성하는 데에는 사형보다 종신 노역형이 효과적임

| 선택지 분석 |

① 베카리아는 형벌을 통해 범죄자를 교화하여, 범죄자가 또 다른 범죄를 저지를 가능성을 억제해야 한다고 본다.

② 베카리아는 살인범에게 사형을 부과하는 것보다 종신 노역형을 부과하는 것이 범죄 예방에 효과적이라고 본다.

③ 베카리아는 형벌은 범죄에 대한 응분의 대가가 아니라 새로운 범죄를 예방하기 위한 목적으로 부과되어야 한다고 본다.

④ 베카리아는 범죄가 적을수록 사회적 이익이 증가하므로, 형벌을 통해 미래에 발생할 수 있는 범죄를 줄여야 한다고 본다.

⑤ 베카리아는 인간의 정신에 강도보다 지속도가 더 큰 영향을 미치므로, 강도가 센 형벌보다 오래 지속되는 형벌을 시행하는 것이 효과적이라고 본다. 꿀탑

14 정답 ③ *교정적 정의

| 문제 + 자료 분석 |

- **갑** 응보주의: 범죄 행위에 상응하는 해악을 처벌로 가해야 함
- **을** 예방주의: 처벌에 대한 두려움으로 범죄를 예방해야 함

| 선택지 분석 |

① 응보주의는 범죄와 처벌 간의 균형을 강조하며 처벌의 정도는 죄의 정도에 비례해야 한다고 본다.
② 응보주의는 처벌은 오직 범죄를 저질렀기 때문에 가해져야 한다고 보며, 다른 선을 촉진하기 위한 수단으로 가해질 수 없다고 본다.
③ 예방주의는 처벌을 통해 범죄자의 행동을 통제하고 교화할 수 있다고 보았다.
④ 예방주의는 처벌의 목적이 범죄자가 시민들에게 해악을 입힐 가능성을 방지하고 처벌에 대한 두려움으로 다른 사람의 범죄를 억제하는 것이라고 보았다.
⑤ 예방주의는 사형보다 더 큰 공포를 안겨주는 종신 노역형이 범죄 예방에 더 효과적이라고 보았다.

15 정답 ④ *자유주의 정의관

| 문제 + 자료 분석 |

- 제시문은 개인의 자유와 권리를 보장하는 것이 정의로운 일이라고 보는 자유주의 정의관의 입장이다.

| 보기 분석 |

ㄱ. 개인이 공동체 속에서 정체성을 형성한다고 본 것은 공동체주의 정의관이다.
ㄴ. 자유주의는 타인의 자유를 침해하지 않는 선에서 개인선을 실현하는 것이 정의롭다고 본다.
ㄷ. 공동선에 이바지하기 위해 개인선을 추구하는 것이 아니라 **함정** 개인의 자유로운 이익 추구가 결국 공동선에 이바지하게 된다고 본다.
ㄹ. 자유주의 정의관은 개인주의와 자유주의에 기반을 두고 있다.

16 정답 ④ *정의에 대한 입장

| 문제 + 자료 분석 |

- **갑** 롤스: 공정한 분배가 이뤄질 수 있는 가상의 상황(무지의 베일을 쓴 원초적 상황)에서 공정한 절차인 정의의 원칙을 도출함
- **을** 노직: 소유 권리를 갖기 위해서는 과거의 상황이나 행위를 봐야 하며, 정의로운 분배는 소유물을 소유하는 과정과 절차가 적합한지 확인해야 함

| 선택지 분석 |

① 갑(롤스)의 정의의 원칙 중 제1원칙인 평등한 기본적 자유의 원칙은 제2원칙인 차등의 원칙보다 우선한다. 자유는 누구에게나 평등하게 주어진다.
② 갑(롤스)은 기회는 누구에게나 균등하게 분배되어야 한다고 본다.
③ 을(노직)은 취득과 이전의 과정이 정당하다면 그 소유물에 대한 소유 권리를 보장해야 한다고 본다. 따라서 복지를 위해 개인이 소유한 재산을 재분배하거나 제한할 수 없다.
④ 을(노직)은 그 누구도 정의의 원칙에 근거하지 않고는 개인의 소유물에 대한 소유 권리를 가질 수 없다고 본다. 그러나 국가가 절대 개인의 소유 문제에 개입할 수 없다고 보지는 않는다. 국가는 개인의 소유권 보호를 위해 소유 문제에 개입할 수 있다. 다만 강압, 절도, 사기로부터의 보호, 계약 집행 등과 같은 제한적 역할만을 수행한다.
⑤ 갑(롤스)과 을(노직) 모두 정의로운 사회에서도 사회적, 경제적 불평등이 존재할 수 있다고 본다. 정의의 원칙에 따라 분배가 이뤄졌다면, 즉 공정한 절차에 따라 분배가 이뤄졌다면 그 결과가 불평등할지라도 수용할 수 있다는 것이다.

17 정답 ④ *공동체주의 입장 이해

| 문제 + 자료 분석 |

- **매킨타이어**: 개인은 공동체의 전통과 역사를 바탕으로 책임감 있는 시민으로 살아야 한다.

| 선택지 분석 |

① 개인이 공동체의 전통이나 가치로부터 독립적인 존재라고 본 것은 자유주의 입장이다.
② 공동체주의 입장에서는 개인의 이익과 공동의 이익을 상호 모순 관계가 아닌 상호 유기적 관계로 인식한다.
③ 공동체가 개인의 자유와 권리를 최대한 보장해야 한다고 본 것은 자유주의 입장이다.
④ 매킨타이어는 모든 사회 구성원은 공동체와 유기적 관계를 맺고 있다고 본다.
⑤ 공동체주의 입장에서는 개인의 자유와 권리의 보장보다는 공동선의 실현을 더 중시한다.

18 핵심 키워드 : **공동체주의, 유기적, 연고주의**

[모범 답안] 공동체주의적 정의관은 공동체와 개인이 유기적인 관계라고 보며 개인은 공동체의 역사와 맥락에서 벗어날 수 없다고 주장했다. 이러한 공동체주의적 정의관은 공동체의 이익을 위해 개인의 희생을 강요하거나 자신이 속한 집단의 가치를 우선시하는 연고주의적 경향이 나타날 수 있다는 한계점이 존재한다.

| 문제 + 자료 분석 |

- 공동체주의적 정의관은 개인이 공동체 속에서 정체성을 형성하는 존재라고 보며 공동선을 추구할 것을 강조했다.

＊ 채점 기준

유기적 관계와 연고주의적 경향을 모두 정확히 서술한 경우	100 %
유기적 관계나 연고주의적 경향 중 한 가지만 정확히 서술한 경우	50 %

19 정답 ⑤ *왈처의 분배 정의 이해

| 문제 + 자료 분석 |

- **왈처**: 모든 사회에서 동일하게 중요하다고 인정되는 가치는 없으므로 가치를 분배할 때는 공동체의 문화적 특수성과 차이를 고려해야 한다.

| 선택지 분석 |

① 왈처는 다양한 가치의 영역에서 해당 가치에 적합한 분배가 이루어지는 다원적 평등(복합 평등)이 실현될 때 정의로운 사회가 된다고 주장하였다.
② 왈처는 사회적 가치는 각 공동체의 역사적이고 문화적인 소산으로, 공동체 안에는 고유한 사회적 가치들이 존재한다고 주장하였다.
③ 왈처는 정의의 각 영역 사이에는 원칙적으로 경계가 존재하므로 어떤 가치도 다른 가치에 의해 지배되어서는 안 된다고 주장하였다.
④ 왈처는 사회적 가치는 각 공동체의 역사적이고 문화적인 소산이라고 본다.
⑤ 왈처는 정의로운 사회가 되려면 각각의 사회적 가치들이 자신의 고유한 영역 안에 머물러야 한다고 보았다.

＊ 왈처의 복합 평등으로서의 정의

왈처는 모든 사회적 가치를 사회 구성원에게 동일하게 분배하는 단순 평등을 비판하고, 영역별로 각기 고유하고 특수한 다원적인 분배 원칙들을 찾는 복합 평등을 강조함 → 다양한 사회적 가치는 각기 다른 기준에 따라 분배되어야 함 (예 안전과 복지는 필요에 따라 분배, 돈과 상품은 자유 교환에 따라 분배, 공직은 자격과 기회의 공정성에 따라 분배)

20 정답 ② * 자유주의와 공동체주의

| 문제+자료 분석 |

- **(가)** 자유주의: 개인의 자유가 가장 소중한 가치임. 개인의 자유와 권리는
  공동체보다 우선시되므로 공동체는 개인에게 특정한 가치를 강요해서는
  안 됨
- **(나)** 공동체주의: 인간의 삶에서 공동체가 가지는 의미를 중시해야 함.
  개인의 좋은 삶은 공동체가 올바로 유지되고 발전할 때 가능하며, 개인은
  자신이 속한 공동체의 공동선 실현을 위해 노력해야 함

| 보기 분석 |

ㄱ. 자유주의는 개인이 타인의 자유와 권리를 침해하지 않는 한 개인의
  자유와 권리를 최대한 보장해야 한다고 본다.

ㄴ. 자유주의는 공동체가 아닌 개인이 스스로 삶의 방식을 결정하고 그에
  따라 자유롭게 살아갈 권리가 있다고 본다.

ㄷ. 공동체주의는 공동체의 발전을 위한 개인의 책임을 강조하고, 개인은
  공동체의 발전을 위해 노력해야 한다고 본다.

ㄹ. 자유주의는 개인선을 강조하지만 공동선의 실현도 중시한다.
  공동체주의는 공동선을 강조하지만 개인선도 중시한다.

따라서 자유주의와 공동체주의는 모두 개인의 이익과 공동체의 이익을
배타적이라고 보는 것은 아니다. 개인선과 공동선이 상호 보완하며
양립할 수 있다고 본다. **함정**

* 자유주의와 공동체주의의 비교

	자유주의	공동체주의
인간관	인간은 삶의 목적과 방식을 스스로 결정하는 자율적 존재	인간은 공동체 내에서 자신의 역할 수행을 통해 자아를 실현하는 존재
특징	개인선을 강조하지만 공동선의 추구도 중시함	공동선의 추구를 중시하지만 개인의 자유와 권리 등 개인선도 중시함

21 핵심 키워드: 자유주의, 공동체주의, 소득 재분배 정책

모범 답안 갑의 정의관은 개인의 자유와 권리를 강조하는 자유주의적
정의관, 을의 정의관은 개인이 공동선을 추구할 것을 강조하는
공동체주의적 정의관이다.
〈문제 상황〉과 같은 소득 재분배 정책에 대해 갑은 개인의 자유를
침해한다며 반대의 의견을, 을은 공동체의 행복을 증진한다며 찬성의
의견을 제시할 것이다.

| 문제 + 자료 분석 |

- 자유주의는 개인의 자유와 권리를 중시하므로 국가에 의한 소득 재분배
  정책이 스스로 노력하여 얻은 재산에 대한 개인의 권리를 침해하는
  것으로 볼 것이다.

* 채점 기준

갑, 을의 정의관을 언급하고 각각의 입장을 바르게 서술한 경우	100 %
갑, 을의 정의관만 언급한 경우	40 %

---

22 정답 ④ * 자유주의와 공동체주의 정의관

(가)	**갑** 자유주의: 각자의 삶의 방식은 스스로 선택해야 한다. 타인에게 피해를 주지 않는 한 개인의 자유와 권리는 최대한 보장되어야 하며 *(자유주의의 핵심 가치)*, 공동체는 개인에게 특정한 가치를 강요하는 등 그들의 삶에 간섭하지 않아야 한다. *개인의 자유와 권리 > 공동체의 권위* **단서** **을** 공동체주의: 각자의 삶의 방식은 소속된 공동체의 역사와 전통을 공유하는 가운데 형성되는 것이다. *개인은 공동체의 영향을 받아 소속감과 정체성을 형성함* **단서** 공동체는 개인에게 공동선을 지향하는 가치와 미덕을 적극 권장할 수 있으며, *사회적 유대감, 책임감, 배려 등* 개인은 공동체의 책무를 물려받게 된다. *개인은 공동체 발전을 위해 노력해야 함*
(나)	자유주의가 공동체주의 비판 / 공동체주의가 자유주의 비판 (갑 ⇄ 을, A / B) <범례> → : 비판의 방향 / A, B : 비판의 내용 <예시> 갑 →A→ 을 / A는 갑이 을에게 제기할 수 있는 비판임.

| 문제 + 자료 분석 |

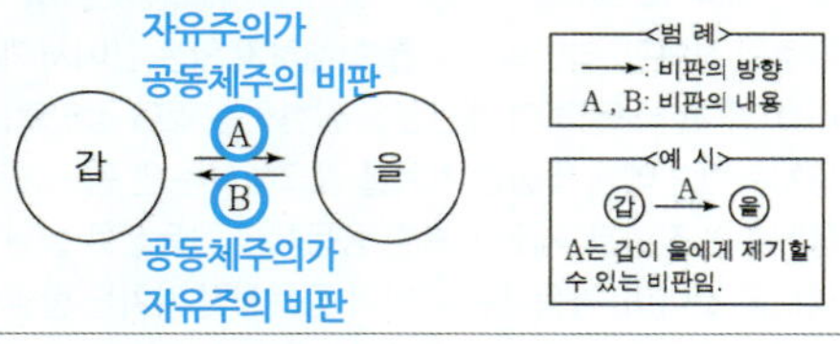

- **갑** 자유주의: 개인의 자유와 권리가 가장 소중한 가치이며, 개인은
  공동체의 전통이나 가치로부터 독립적인 자율적 존재임
- **을** 공동체주의: 개인의 좋은 삶은 공동체가 올바로 유지되고 발전할 때
  가능하므로 개인은 공동선의 실현을 위해 노력해야 할 의무가 있음

| 선택지 분석 |

① 공동체주의는 구성원들이 공동체적 가치를 바탕으로 공동체가 지향하는
  삶을 살아가도록 개인의 삶의 방식을 장려하고 규제할 수 있음을 강조한다.

② 자유주의에 따르면 개인의 자유는 무제한의 자유가 아니며 타인의 자유를
  침해할 경우 개인의 자유는 제한될 수 있다. **함정**

③ 공동체주의는 개인이 사회적 유대감과 책임감, 배려와 사랑 등 공동체적
  가치나 미덕을 함양하고 공동선 실현을 위해 노력해야 함을 강조한다.

④ 자유주의는 개인을 스스로 삶의 방식이나 정체성을 형성하는 자율적
  존재로 본다. 하지만 공동체주의는 개인이 공동체의 영향을 받아
  정체성을 형성해 나가는 존재임을 강조한다.

⑤ 자유주의는 개인의 자유와 권리가 가장 소중한 가치임을 강조하고 공동체는
  개인의 자유와 권리를 보장하는 수단임을 강조한다. 자유주의는 개인의
  자유와 권리를 보호하기 위해 공동체가 존재한다고 보기 때문이다. **꿀팁**

* 자유주의와 공동체주의 비교

자유주의	공동체주의
• 개인의 자유를 무엇보다 소중한 가치로 보는 사상 • 개인은 독립적이고 자유적인 존재임	• 인간의 삶에서 공동체가 가지는 의미를 중시하는 사상 • 개인과 공동체는 상호 유기적임

왜 틀렸나?

②번 선지를 정답으로 선택했다면 자유주의가 자유의 제한을 인정하는 경
우가 있음을 유의해야 한다.
자유주의가 무제한의 자유를 주장하는 것은 아니며 타인에게 해를 끼칠 때
공동체에 의해 자유가 제한될 수 있다는 점을 인정한다. 이러한 맥락에서 자유
주의 사상가 밀은 '해악 금지의 원칙'을 통해 타인에게 해를 끼치는 경우 사회의
간섭이 정당화될 수 있다고 보았다. 자유주의와 공동체주의를 비교하는 문제
는 빈출 주제이므로 관련 내용을 꼼꼼히 정리해두자.

| 문제 + 자료 분석 |

- **갑** 자유주의 정의관: 타인의 자유를 침해하지 않는 한에서 개인의 자유와 권리를 최대한 보장하여 개인선을 실현하는 것이 정의로운 것임. 따라서 공동체는 개인에게 특정한 가치를 강요해서는 안 됨
- **을** 공동체주의 정의관: 개인이 속한 공동체의 공동선을 실현하는 것이 정의로운 것이며, 공동체는 개인이 공동체적 가치를 함양하고 공동체가 공유하는 좋은 삶의 모습을 추구하도록 장려해야 함

| 선택지 분석 |

① 자유주의 정의관에 따르면 개인의 좋은 삶의 모습은 개인의 선택에 의해 결정된다.
② 자유주의 정의관에 따르면 공동선은 개인선의 총합이므로 개인선의 실현이 공동선의 실현으로 이어질 수 있다. 꿀팁
③ 자유주의 정의관에 따르면 자아 정체성 형성의 핵심 요인은 개인의 자유로운 선택이며, 개인은 삶의 목적과 방식을 스스로 결정하는 자율적인 존재이다.
④ 공동체주의 정의관에 따르면 개인은 공동체의 구성원으로서 다른 구성원들과 함께 살아간다는 연대 의식을 토대로 사회 문제 해결에 참여해야 한다. 또한 공동체 내에서 자신의 역할을 수행하면서 자아를 실현해 나가야 한다.
⑤ 공동체주의 정의관에 따르면 개인은 자신이 속한 공동체의 문화와 역사, 전통을 중시해야 하며 공동체가 지향하는 가치와 규범을 내면화해야 한다.

＊ 자유주의와 공동체주의 비교

	자유주의	공동체주의
인간관	자율적 존재	공동체에 소속된 개인
정의관	• 개인의 자유와 권리 강조 • 개인선의 실현을 중시함	• 공동체 구성원으로서의 역할 강조 • 공동선 실현을 중시함
문제점	구성원 간 갈등의 심화로 인해 공동선이 훼손될 수 있음	개인의 자유와 권리가 침해되거나 공동체를 위한 과도한 희생을 강요할 수 있음
공통점	개인선과 공동선은 배타적이지 않음 → 개인선과 공동선이 상호 보완하며 양립할 수 있음	

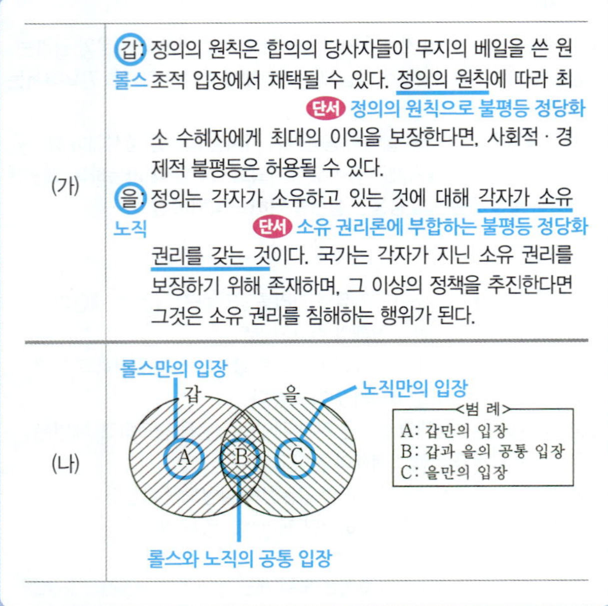

| 문제 + 자료 분석 |

- **갑** 롤스: 자유롭고 평등하며 합리적인 원초적 입장의 당사자들이 합의한 정의의 원칙에 어긋나지 않는 사회적·경제적 불평등은 정당화될 수 있음
- **을** 노직: 각자가 자신의 소유물에 대한 정당한 권리를 가진 상태라면 비록 불평등하더라도 정당함

| 보기 분석 |

ㄱ. 갑(롤스)은 정의의 원칙에 부합하는 경제적 불평등은 정당화될 수 있다고 본다.
  을(노직)은 취득의 원리와 이전의 원리에 부합하는 경제적 불평등은 정당화될 수 있다고 본다.
ㄴ. 갑(롤스)은 국가는 정의의 원칙에 기반하여 사유 재산에 대한 권리를 보장해야 한다고 본다.
  을(노직)은 국가는 개인의 기본적인 권리인 사유 재산에 대한 권리를 보장해야 한다고 본다.
ㄷ. 갑(롤스), 을(노직) 모두 사회나 공동체가 개인의 삶의 방식을 규제하기보다는 각자의 삶의 방식을 선택할 수 있는 자유를 보장할 때 정의로울 수 있다고 본다.
ㄹ. 갑(롤스)은 최소 수혜자에게 이익이 되는 방향으로 사회 제도를 수립하는 것이 정의의 원칙에 부합한다고 본다. 함정
  을(노직)은 최소 수혜자와 같은 타인의 복지를 위한 과세 정책은 개인의 소유권을 부당하게 침해한다고 본다.

＊ 노직의 소유 권리론

(최초) 취득의 원리	타인의 처지를 악화하지 않고 자신의 노동을 투입한 것에 대해서 소유권을 가짐
이전의 원리	누구나 정당하게 양도받거나 이전받은 소유물에 대해서는 소유권을 가짐
교정의 원리	취득의 원리나 이전의 원리를 위반한 일을 바로잡아야 함

내신 대비 필수 문제　　　　　문제편 57~60p

01 정답 ④ ＊다양한 사회 불평등 현상 파악

| 문제 + 자료 분석 |

• 대표적인 사회 불평등 현상인 사회 계층의 양극화 현상과 공간 불평등
  현상의 의미와 영향을 떠올린다.

| 선택지 분석 |

㉠ 사회 계층의 양극화 현상은 사회 계층 중 중간 계층의 비중이 줄어들고
  상층과 하층의 비중이 늘어나는 현상이다.
㉡ 사회 계층의 양극화 현상이 심화될 경우 개인의 능력이나 업적에 의한
  계층 이동을 막아 계층 간 위화감이 조성되어 사회 발전의 어려움을 겪을
  수 있다.
㉢ 공간 불평등은 지역 간 경제적·사회적·문화적으로 자원이 불균등하게
  분배되어 격차가 발생하는 현상이다.
㉣ 공간 불평등 현상은 비수도권, 농촌, 도시 내 낙후 지역에 거주하는
  주민들의 경제적, 사회·문화적 생활 수준을 떨어뜨리고, 상대적으로
  발전된 주변 지역 주민과의 갈등을 일으켜 사회 통합을 저해하는 요인으로
  작용할 수 있다.

02 정답 ④ ＊사회적 약자에 대한 차별 이해

| 문제 + 자료 분석 |

• (가), (나)는 사회적 약자인 장애인과 노인이 신체적 또는 정신적 능력의
  부족을 이유로 어려움을 겪고 있는 모습을 보여준다.

| 선택지 분석 |

① (가), (나) 그림 모두 지역주의와는 관련이 없다.
② 공간 불평등 현상은 지역 간에 사회적 희소가치가 불균등하게 분배되어
  경제적·사회적·문화적 수준의 차이가 나타나는 현상이다. (가), (나)
  그림과는 관련이 없다.
③ 사회 계층의 양극화 현상은 사회 계층의 양극단인 상층과 하층으로
  사람들이 몰리고 중층의 비중이 줄어드는 현상이다. (가), (나) 그림과
  관련이 없다.
④ (가)에서는 사회적 약자인 장애인에 대한 차별이, (나)에서는 사회적
  약자인 노인에 대한 차별이 나타나 있다.
⑤ (가), (나) 그림 모두 수도권과 비수도권 지역의 역차별 현상과 관련이 없다.

03 핵심 키워드: 사회적 약자, 선입견 및 편견, 환경

[모범 답안] 안내견 출입을 거부당한 장애인, 무인 단말기 사용에 어려움을
겪고 있는 노인 모두 경제 수준이나 사회적 지위 등에서 열악한 위치에 있는
사회적 약자이다. 사회적 약자에 대한 차별은 사람들의 선입견 및 편견,
차별을 용인하는 사회적 환경으로 인해 발생한다.

| 문제 + 자료 분석 |

• 사회적 약자는 사회적으로 불리한 위치에 있는 사람으로, 그들의 능력이나
  업적과 상관없이 사회 주류 집단과 다르다는 비합리적인 이유로 차별을
  받는다.

＊채점 기준

사회적 약자를 언급하고 사회적 약자에 대한 차별이 일어나는 원인을 서술한 경우	100%
사회적 약자만 언급한 경우	40%

04 정답 ③ ＊다양한 불평등 현상

| 문제+자료 분석 |

• ㉠: 사회 구성원 간 불평등이 심화되어 사회 계층 중 중층의 비율이 감소
  하고 상층과 하층의 비율이 증가하는 현상
• ㉡: 사회적 약자란 경제 수준이나 사회적 지위 등에서 열악한 위치에 있어
  사회적으로 배려와 보호의 대상이 되는 개인 또는 집단을 말함. 여성, 노
  인, 어린이, 장애인, 빈곤층, 소상공인, 이주 노동자 등이 있음
• ㉢: 빠른 경제 성장을 위해 추진된 성장 거점 개발 정책으로 인해 발생할
  수 있음. 도시와 농촌의 격차, 도시 지역 내 격차, 수도권과 비수도권의 격
  차 등으로 나타남

| 선택지 분석 |

(진술1) 사회 계층의 양극화는 중위층의 비율이 감소하고 상위층과 하위층의
  비율이 증가하는 현상이므로 틀린 진술이다.
(진술2) 이주 노동자는 경제 수준이나 사회적 지위 등에서 열악한 위치에 있
  어 배려와 보호가 필요한 사회적 약자에 해당하며, 임금 체불 문제는
  부당한 차별 사례에 해당하므로 옳은 진술이다.
(진술3) 성장 거점 개발 정책이란 정부 주도로 성장 잠재력이 높은 지역을 선
  정해 집중적으로 개발하고 그 효과가 주변 지역으로 확산되도록 하는
  개발 방식을 말한다. 형평성보다 효율성을 강조한 성장 거점 개발 정
  책의 추진은 공간 불평등의 원인이므로 옳은 진술이다.
(진술4) 사회적 약자를 대상으로 한 적극적 평등 실현 조치는 실질적인 기회
  의 평등을 보장하는 데 도움을 줄 수 있다. 그러나 공간 불평등 완화를
  위해서는 수도권에 집중된 공공 기관을 지방으로 이전해야 하므로 틀
  린 진술이다.

05 정답 ⑤ ＊사회 계층의 양극화 현상 이해

| 문제 + 자료 분석 |

• 도표를 통해 시간이 지남에 따라 소득 수준 하위 20% 가구와 상위 20%
  가구의 월평균 소득 격차가 점점 커지고 있음을 확인할 수 있다.

| 선택지 분석 |

① 도표를 통해 우리나라 상층과 하층의 월평균 소득 격차가 지속적으로
  커지고 있음을 볼 수 있다. 이를 통해 사회 구성원 간 불평등이 심화되어
  가고 있음을 유추할 수 있다.
② 재산이나 소득에 따른 경제적 격차로 인해 사회 계층의 양극단인 상층과
  하층으로 사람들이 몰리는 사회 계층의 양극화 현상이 발생한다.
③ 사회 계층 간 격차가 지속되면 사회 발전의 동력이 줄어들고, 계층 간에
  위화감이 조성될 수 있다.
④ 사회 계층 간 격차는 교육 기회의 격차와 같은 다양한 격차로 이어질
  가능성이 있다.
⑤ 도표는 사회 계층의 양극화 현상이 가속화됨을 보여주고 있다. 이러한
  현상은 경제 성장 과정에서 형평성보다 효율성을 중시한 결과로 인해
  나타난 현상이다.

06 정답 ④ ＊사회 보장 제도

| 문제 + 자료 분석 |

• B가 A보다 사후 처방적 성격이 강하므로 A는 사회 보험, B는 공공
  부조이다.

| 선택지 분석 |

① A는 사회 보험, B는 공공 부조이다.
② 저소득층의 최저 생활을 보장해주는 제도는 B 공공 부조이다.
③ 개인, 기업, 정부가 공동으로 비용을 부담하는 것은 A 사회 보험이다.
④ 공공 부조는 국민의 세금을 사용하여 저소득층을 지원하는 제도이기
  때문에 사회 보험보다 소득 재분배 효과가 크다.
⑤ 비금전적 지원을 원칙으로 하는 사회 보장 제도는 사회 서비스이다.

07 정답 ⑤ * 사회 보장 제도

- **A**: 가구 소득 인정액이 선정 기준액 이하인 사람에게 지급 → 공공 부조
- **B**: 장애인 활동 지원 서비스 → 사회 서비스
- **C**: 은퇴 후 매달 받는 연금 급여 → 사회 보험

| 선택지 분석 |

① 사전 예방적 성격을 가지는 것은 **C** 사회 보험이다.
② 강제 가입을 원칙으로 하는 것은 **C** 사회 보험이다.
③ 산업 재해 보상 보험은 **C** 사회 보험에 해당한다.
④ 소득 재분배 효과가 가장 큰 제도는 **A** 공공 부조이다.
⑤ **C** 사회 보험의 수혜 대상자는 모든 국민이고, **A** 공공 부조의 수혜 대상자는 생활이 어려운 국민이므로 사회 보험이 공공 부조에 비해 수혜 대상자의 범위가 넓다.

08 핵심 키워드: 공공 부조, 사회 보험, 금전, 소득 재분배

모범 답안 **A**는 공공 부조, **C**는 사회 보험이다. 공공 부조와 사회 보험은 금전적인 지원을 원칙으로 하고 소득 재분배 효과가 있다는 공통점이 존재한다. 그러나 공공 부조는 사후 처방적 성격이 강하고 부담자와 수혜자가 일치하지 않는 것과 다르게 사회 보험은 사전 예방적 성격이 강하고 부담자와 수혜자가 일치한다.

| 문제 + 자료 분석 |

- 사회 보험과 공공 부조는 금전적 지원을 원칙으로 하고 소득 재분배 효과가 있다는 공통점이 있으나 수혜 대상의 범위, 비용 부담자 등 여러 특징에서 차이점이 나타난다.

＊ 채점 기준

A, C가 어떤 사회 보장 제도인지 언급하고 공통점과 차이점을 각각 두 가지씩 서술한 경우	100 %
A, C가 어떤 사회 보장 제도인지 언급하고 공통점과 차이점을 한 가지씩 서술한 경우	60 %

＊ 공공 부조와 사회 보험

구분	공공 부조	사회 보험
대상	생활이 어려운 국민	모든 국민
비용 부담	정부, 지방 자치 단체	개인, 기업, 정부
특징	・소득 재분배 효과가 큼 ・근로 의욕 저해 ・사후 처방적 성격	・강제 가입 ・능력별 차등 부담 ・사전 예방적 성격

09 정답 ⑤ * 사회 복지 제도 비교

| 문제 + 자료 분석 |

- 사회 보험이 공공 부조보다 높게 나타나는 것 또는 공공 부조가 사회 보험보다 높게 나타나는 것이 무엇인지 떠올린다.

| 보기 분석 |

ㄱ. 공공 부조는 사후 처방의 성격이 강하고, 사회 보험은 사전 예방적 성격이 강하므로, 공공 부조가 사회 보험에 비해 관련 위험 발생의 현재성 정도가 크다. 따라서 **A**는 공공 부조, **B**는 사회 보험이 되며, 사회 보험의 사례인 국민 연금은 **B**에 해당한다.
ㄴ. 사회 보험이 공공 부조에 비해 상호 부조의 성격이 강하므로, **A**는 사회 보험이 된다.
ㄷ. 수혜 대상의 범위는 사회 보험이 공공 부조에 비해 더 크다. 따라서 **A**는 공공 부조, **B**는 사회 보험이 된다.
ㄹ. 소득 재분배 효과는 공공 부조가 사회 보험에 비해 크다. 따라서 **A**는 사회 보험, **B**는 공공 부조가 되며, 국민 기초 생활 보장 제도는 공공 부조에 해당한다.

10 정답 ④ * 사회 보장 제도 비교

| 문제 + 자료 분석 |

- **A** 공공 부조: 생활이 어려운 국민의 최저 생활을 보장하고 자활을 지원해주는 제도.
- **B** 사회 보험: 국민에게 발생하는 사회적 위험을 보험의 방식으로 대처하여 안전한 생활을 누리는 데 필요한 건강과 소득을 보장하는 제도. 제시된 사례는 사회 보험 중에서 실업 급여를 제공하는 고용 보험에 대한 설명이다.
- **C** 사회 서비스: 비금전적 서비스를 제공하여 국민의 삶의 질이 향상되도록 지원하는 제도.

| 선택지 분석 |

① 가입자 중에서 사회적 위험에 처한 사람이 있을 때 가입자끼리 서로 돕는 상호 부조의 원리를 바탕으로 하는 것은 사회 보험이다.
상호 부조의 '부조'라는 단어 때문에 공공 부조로 착각하면 안 된다. **함정**
② 사회 보험은 모든 국민을 대상으로 하기에 보편적 복지 이념을 바탕으로 한다. 특정 기준에 따라 복지 대상자를 선정하는 공공 부조가 선별적 복지 이념을 바탕으로 한다.
③ 사회 보험은 국민의 안전한 삶을 보장하기 위해 모든 국민을 대상으로 강제 가입을 원칙으로 운영하고 있다.
④ 공공 부조는 사후 처방적 성격이 강하며, 사회 보험은 사전 예방적 성격이 강하다.
⑤ 사회 보험과 공공 부조 모두 금전적 지원을 원칙으로 한다. 비금전적 지원을 원칙으로 하는 것은 사회 서비스이다.

11 정답 ① * 공간 불평등 문제와 해결 방안

| 문제 + 자료 분석 |

- **(가)**: 수도권과 비수도권 간의 공간 불평등이 발생함, 이를 해결하기 위해 정부는 전국에 주요 혁신 도시를 지정하여 수도권 소재의 공공 기관을 지방으로 이전함

| 선택지 분석 |

① 우리나라는 성장 중심 개발을 추진한 결과 수도권은 인구와 산업 및 편의 시설 등의 기능이 집중되어 크게 성장하였지만, 비수도권은 상대적으로 성장이 정체되고 낙후되는 문제가 발생하였다. 이는 수도권과 비수도권 간의 공간 불평등 문제가 발생했다는 내용에 해당한다.
공간 불평등 문제의 해결을 위해 정부는 공공 기관을 지방으로 이전하고 혁신 도시를 건설하는 대책을 시행하고 있다.
따라서 (가)에는 이와 관련된 주제인 공간 불평등 해소를 위한 정부의 노력이 들어가야 한다.
②, ③, ④, ⑤ 제시문과 관련이 없다.

12 정답 ② * 공간 불평등 문제와 해결 방안

| 문제 + 자료 분석 |

- 장소 마케팅: 관광 마을 조성, 지역 축제 등을 통해 낙후된 지역의 경쟁력을 높이고 발전을 끌어낼 수 있음

| 선택지 분석 |

① 사회 구성원이 기본적 욕구를 충족하고 인간다운 삶을 살 수 있도록 지원하는 제도는 사회 복지 제도이다.
② 장소 마케팅을 통해 해당 지역이 발전할 수 있는 기반을 구축하면 공간 불평등 해소에 도움이 된다.
③ 사회적 약자에게 직간접적으로 혜택을 줄 수 있는 제도는 적극적 평등 실현 조치이다.
④ 장소 마케팅과 같은 지역 격차 완화 정책은 국토의 균형 있는 발전에 도움이 된다.
⑤ 장소 마케팅은 낙후된 지역의 경쟁력을 높이는 전략 중 하나로, 성장 가능성이 큰 도시를 집중적으로 육성하는 정책은 성장 거점 개발 정책이다.

13 정답 ④ ＊공간 불평등 문제와 해결 방안

| 문제 + 자료 분석 |

- 지역 격차 완화 정책: 수도권과 비수도권, 도시와 농촌 간의 격차를 줄여 국토의 균형 발전을 이루는 데 도움이 됨

| 보기 분석 |

ㄱ. 국민 기초 생활 보장 제도는 사회 복지 제도 중 하나로, 사회 계층의 양극화를 해소하기 위한 제도이다.

ㄴ. 공공 기관 지방 이전 정책은 수도권에 집중된 다양한 기능을 지방으로 분산하여 수도권 과밀화를 해소하는 데 도움이 된다.

ㄷ. 대학 입학 전형의 기회균등 전형은 사회적으로 차별받았던 사회적 약자에게 혜택을 제공해 불평등을 바로잡으려는 제도에 해당한다.

ㄹ. 지방으로 이전한 기업의 세금을 감면하는 정책은 수도권에 있는 기업의 지방 이전을 유도하여 국토의 균형 발전을 추진하는 정책이다.

14 정답 ⑤ ＊정의로운 사회 실현을 위한 제도

| 문제 + 자료 분석 |

- ㉠, ㉡ 모두 지역 간에 사회적 자원이 불균등하게 분포되어 발생하는 문제를 해결하기 위해 사회적 약자를 대상으로 일정한 혜택을 제공하고 있음

| 선택지 분석 |

① ㉠은 지역 노인을 대상으로 문화 프로그램 운영, 문화 활동 지원 등의 서비스 혜택을 제공하고 있다. 따라서 사회 서비스에 해당한다.

② ㉠은 문화적 혜택이 취약한 지역의 노인들을 대상으로 서비스 혜택을 제공하는 사업이다. 따라서 사회적 약자와 같이 재화나 서비스가 필요한 사람들에게 우선적으로 분배가 이루어져야 한다는 '필요에 따른 분배'를 실현하고 있다.

③ ㉡은 지역적으로 불리한 조건을 완화하기 위해 공공 기관에 일정 비율 이상의 지방 인재를 선발하도록 규정하고 있다. 따라서 사회적 약자를 대상으로 실질적 평등을 보장하기 위해 일정한 혜택을 제공하는 제도인 적극적 평등 실현 조치에 해당한다. 단, 사회적 약자만을 대상으로 하는 적극적 실현 조치가 지나치게 강하면 오히려 다른 특정 집단에게 차별로 작용하는 경우가 있는데 이를 역차별이라 한다. 해당 사례는 역차별 완화를 목적으로 하지 않는다.

④ 사회적 약자에 대한 차별을 해소하기 위한 정책을 적극적 평등 실현 조치라고 한다. ㉠, ㉡은 모두 문화 취약 지역 노인과 지방 인재의 불평등을 해소하기 위한 적극적 평등 실현 조치에 해당한다.

⑤ ㉠은 문화 취약 지역에 거주하는 노인에게 문화 혜택 서비스를 제공함으로써, ㉡은 지방 소재 학교 졸업자를 대상으로 채용을 지원함으로써 지역적 불평등을 완화할 수 있다.

15 정답 ⑤ ＊적극적 평등 실현 조치

| 문제 + 자료 분석 |

- 제시문에 나타난 정책은 적극적 평등 실현 조치 중 하나인 장애인 의무 고용 제도이다.

| 선택지 분석 |

① 제시문의 정책에 찬성하는 사람은 우연적 요인에 의한 불평등은 부당하므로 사회적 약자에게 혜택을 제공해야 한다고 볼 것이다.

② 제시문의 정책에 찬성하는 사람은 사회적 약자인 장애인에게 유리한 기회를 제공해 불평등을 바로잡아야 한다고 볼 것이다.

③ 제시문의 정책에 찬성하는 사람은 사회적 약자에 대한 배려는 정의로운 사회 실현을 위해 필요하다고 볼 것이다.

④ 제시문의 정책에 찬성하는 사람은 사회적 약자에게 실질적인 기회의 평등을 보장해야 한다고 볼 것이다.

⑤ 제시문의 정책에 찬성하는 사람은 사회적 약자에 대한 차별은 오랜 기간 누적되어 왔기 때문에 단순히 다른 사회 구성원과 동등한 기회를 제공해서는 안 된다고 볼 것이다.

16 핵심 키워드: 오랜 기간, 기회의 평등, 결과의 평등

모범 답안 사회적 약자에 대한 차별은 오랜 기간 누적되어 왔기 때문에 다른 사람들과 동등한 기회를 주는 기회의 평등만으로는 문제를 해결하기 어렵다. 따라서 실질적인 기회의 평등을 보장하는 결과의 평등을 위해 적극적 평등 실현 조치가 필요하다.

| 문제 + 자료 분석 |

- 모든 사람에게 기회를 균등하게 제공하는 것은 기회의 평등이다.
- 조건이 불리한 사람에게 혜택을 제공해 모든 사람의 인간다운 삶을 보장하는 것은 결과의 평등이다.

＊채점 기준

기회의 평등, 결과의 평등과 관련지어 필요성을 서술한 경우	100 %
필요성만 서술한 경우	40 %

17 정답 ⑤ ＊적극적 평등 실현 조치

| 문제 + 자료 분석 |

- (가): 여성의 공직과 승진을 돕는 여성 할당제
- (나): 사회적 약자를 대상으로 한 기회 균형 특별 전형

| 선택지 분석 |

① 여성 할당제는 사회적 약자의 처지를 개선하기 위한 정책으로, 정의로운 사회 실현에 도움이 된다.

② 기회 균형 특별 전형은 사회적 약자를 배려하기 위해 시행된다.

③ 여성 할당제, 기회 균형 특별 전형 모두 사회적 다양성을 증진시킨다.

④ 여성 할당제, 기회 균형 특별 전형 모두 혜택이 과도하면 역차별 문제가 발생할 수 있다.

⑤ 여성 할당제, 기회 균형 특별 전형 모두 실질적 평등을 보장하기 위한 적극적 평등 실현 조치에 해당한다.

＊ 기회 균형 특별 전형

> 기회 균형 특별 전형은 차등적인 교육적 보상기준에 의한 전형이 필요한 자를 대상으로 학생을 선발하는 전형으로, 적극적 평등 실현 조치에 해당한다. 국가보훈대상자, 농어촌학생, 기초생활수급자, 차상위계층, 특성화고교졸업자, 장애인, 지역인재 등 대학의 독자적인 기준에 따라 선택적으로 운영되며 모집인원은 계속 증가하고 있다.

18 핵심 키워드: 보상, 행복 증진, 역차별

모범 답안 적극적 평등 실현 조치에 찬성하는 측은 사회적 약자가 과거의 차별로 인해 받은 고통을 보상하고 사회 전체의 평화와 행복을 증진하기 위해 사회적 약자에게 유리한 기회를 부여해야 한다고 본다.
반면 적극적 평등 실현 조치에 반대하는 측은 해당 조치가 다른 집단의 성취나 노력을 무시하며 역차별 문제로 이어질 수 있다고 본다.

| 문제 + 자료 분석 |

- 적극적 평등 실현 조치는 사회적 약자가 겪은 부당한 차별을 바로잡는 데 도움이 되지만 혜택이 과도하면 역차별 문제가 발생할 수 있다.

＊채점 기준

찬성 측과 반대 측의 논거를 모두 서술한 경우	100 %
찬성과 반대 중 한 쪽의 논거만 서술한 경우	50 %

19   정답 ③   ＊ 사회 복지 제도 비교

> 우리 헌법은 "국가는 사회 보장 · 사회 복지 증진에 노력할 의무를 진다."라고 규정하고 있다. 이를 통해 우리나라는 <u>인간다운 생활의 보장을 국가에 요구할 수 있는 권리</u>인 ▶단서 사회권 ◀ ▢ (가) ▢ 를 보장하고자 사회 복지 제도를 운영하고 있다. 그중 <u>A는 일정 수준의 소득이 있는 개인, 기업, 정부가 비용을 분담하여 구성원에게 발생하는 사회적 위험에 대비하는 제도</u>이다. ▶단서 A는 사회 보험 ◀ 또한 <u>B는 국가의 책임하에 생활 유지 능력이 없거나 어려운 국민의 최저 생활을 보장하고 자립을 지원하는 제도</u>이다. ▶단서 B는 공공 부조 ◀

| 문제 + 자료 분석 |

- **(가)** 사회권: 인간다운 생활의 보장을 국가에 요구할 수 있는 권리
- **A** 사회 보험: 개인, 기업, 정부가 비용을 분담하여 국민에게 발생하는 질병, 장애, 노령, 실업 등 사회적 위험을 보험의 방식으로 대비하는 제도
- **B** 공공 부조: 국가와 지방 자치 단체의 책임하에 생활 유지 능력이 없거나 생활이 어려운 국민의 최저 생활을 보장하고 자립을 지원하는 제도

| 선택지 분석 |

① 사회권은 국민이 국가에게 인간다운 생활 보장과 실질적 평등을 요구할 수 있는 적극적, 능동적 성격의 권리이다. 소극적이고 방어적 성격의 권리는 자유권이다.
② 현재 직면한 사회적 위험에 대응하는 사후 처방 성격이 강한 것은 공공 부조이다. 사회 보험은 미래에 직면할 사회적 위험에 대처하는 사전 예방 성격이 강하다.
③ 공공 부조의 사례로는 국민 기초 생활 보장 제도, 의료 급여 제도, 노인 기초 연금 제도 등이 있다.
④ 사회 보험은 수혜자가 비용을 함께 부담하므로 소득 재분배 효과가 상대적으로 작다. 반면 공공 부조는 국가가 전액을 부담하므로 소득 재분배 효과가 상대적으로 크다.
⑤ 사회 보험과 공공 부조 모두 금전적 지원을 원칙으로 한다. 비금전적 지원을 원칙으로 하는 것은 사회 서비스이다.

＊ 사회 보험과 공공 부조의 사례

사회 보험	국민 연금, 건강 보험, 고용 보험, 산업 재해 보상 보험, 노인 장기 요양 보험 등
공공 부조	국민 기초 생활 보장 제도, 의료 급여 제도, 기초 연금 제도 등

20   정답 ④   ＊ 공간 불평등 현상

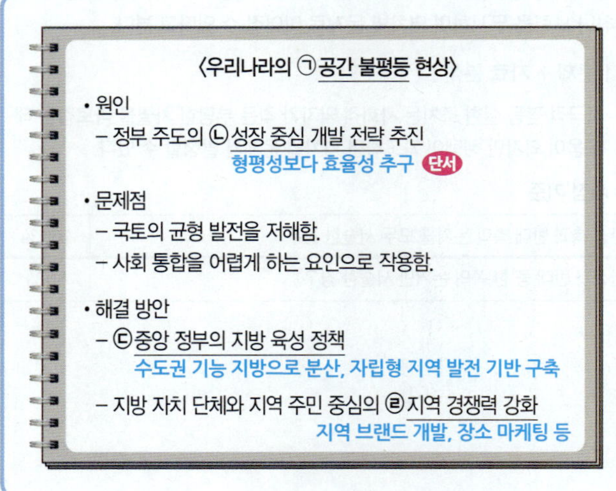

| 문제 + 자료 분석 |

- 공간 불평등은 생활 환경의 전반적인 불평등을 유발하여 정의로운 사회를 실현하는데 걸림돌이 된다.
- 공간 불평등을 완화하기 위해서는 여러 법률을 제정하여 지역적 격차 완화를 위해 노력해야 한다.

| 보기 분석 |

ㄱ 공간 불평등(㉠)은 수도권과 비수도권 또는 도시와 촌락 간의 경제, 사회적 자원이 불균등하게 분배되는 현상을 말한다.
ㄴ. 성장 중심 개발 전략(㉡)은 국토 개발의 형평성보다는 경제적 효율성을 추구한 전략이다.
ㄷ 중앙 정부의 지방 육성 정책(㉢)으로 공공 기관 등과 같이 수도권에 집중된 다양한 기능을 지방으로 분산하는 정책, 낙후된 지역의 경쟁력을 높이기 위해 자립형 지역 발전 기반을 구축하도록 돕는 정책 등이 있다.
ㄹ 지역 경쟁력 강화(㉣) 전략으로 지역의 특성을 살릴 수 있는 지역 브랜드 개발, 관광 마을 조성 및 지역 축제와 같은 장소 마케팅 등이 있다.

21   정답 ③   ＊ 사회 불평등 현상

> ① ~~갑~~ 을 은 복지 제도를 통한 사회 통합을 강조할 것이다.
> ② ~~갑~~ 을 은 사회적 약자들을 우선적으로 고려해야 한다고 볼 것이다.
> ③ 을은 사회적 약자에 대한 적극적 우대 정책을 지지할 것이다. **사회적 약자에게 혜택을 제공해 사회 구조를 개선해야 함**
> ④ 을은 ~~실질적~~ 형식적 기회의 균등보다는 ~~형식적~~ 실질적 기회의 균등을 지지할 것이다.
> ⑤ ~~갑은 을보다~~ 을은 갑보다 사회적 약자들의 불리한 조건을 제거하는 데 적극적일 것이다.

| 문제 + 자료 분석 |

- 갑은 사회 불평등 현상의 원인을 개인의 능력과 노력 부족에서 찾고 있으며, 을은 잘못된 사회 구조에서 찾고 있다.

| 선택지 분석 |

① 사회 불평등 현상을 완화하고 사회 통합을 이루기 위해 복지 제도의 필요성을 강조하는 것은 을이다.
② 잘못된 사회 구조를 개선하기 위해 사회적 약자를 우선적으로 고려해야 한다고 보는 것은 을이다.
③ 을은 사회 불평등 현상을 완화시키기 위해서 사회 구조의 개선이 필요하다고 본다. 따라서 사회적 약자에 대한 사회적 · 제도적 노력에 찬성할 것이다.
④ 갑은 형식적 기회의 균등을, 을은 실질적 기회의 균등을 지지할 것이다.
⑤ 갑보다 을이 사회적 약자들의 불리한 조건을 제거하는데 적극적일 것이다.

＊ 적극적 평등 실현 조치에 대한 찬반 논거

찬성 논거	• 고통을 받아 온 사회적 약자에 대한 보상임 • 사회적 약자에게 유리한 기회를 제공함 • 사회적 긴장을 완화시키고 사회 전체의 평화와 행복을 증진시킴
반대 논거	• 과거의 차별에 대해 잘못이 없는 후손에게 보상의 책임을 지우는 것은 부당함 • 일반 사람의 기회를 박탈해 또 다른 차별을 낳을 수 있음 • 자신의 노력이나 성취와는 무관함

01 정답 ② * 정의의 의미와 역할

| 문제 + 자료 분석 |

- **(가) 정의:** 정의의 여신상은 저울을 통해 공정한 정의의 기준을, 칼을 통해 정의를 실현하기 위한 힘을, 눈을 가리고 있는 띠를 통해 공평성 유지를 상징하고 있다.

| 선택지 분석 |

① 정의는 개인이나 집단 간의 갈등을 공정하게 처리하고 구성원들이 서로를 신뢰할 수 있도록 하여 사회를 구성하고 유지하는 데 도움을 준다.
② 정의는 개인선과 공동선을 조화롭게 유지시켜 사회적 갈등을 최소화한다.
③ 정의는 사회생활에서 일어나는 갈등을 조정하며 사회 구성원이 서로를 신뢰하고 협력할 수 있도록 한다.
④ 정의는 사회 구성원이 기본적 권리를 평등하게 보장받으며 인간다운 삶을 누릴 수 있도록 한다.
⑤ 정의는 사회적 가치들이 힘 있는 일부 집단에 편중되는 것을 막아 모든 구성원이 인간 존엄성을 누리며 자유롭고 평등한 삶을 살 수 있도록 한다.

02 정답 ⑤ * 다양한 분배 기준 이해

| 문제 + 자료 분석 |

- 제시문의 '나'는 능력에 따른 분배를 지지하며, 어떤 사람은 필요에 따른 분배를 지지한다. ⓒ은 필요에 따른 분배에 대한 '나'의 생각이 들어가야 한다.

| 선택지 분석 |

① 과열 경쟁은 업적에 따른 분배의 단점이다.
② 능력과 업적에 따른 분배의 단점이다. 필요에 따른 분배는 사회적 약자의 어려운 상황을 고려할 수 있다는 장점을 지닌다.
③ 필요에 따른 분배는 분배의 효율성보다 형평성을 중시하는 분배 방식이다.
④ 능력과 업적에 따른 분배의 단점이다. 필요에 따른 분배는 사회 불평등의 문제를 개선한다.
⑤ 필요에 따른 분배는 개인의 성취동기와 창의성을 저하시켜 경제적 비효율성을 증가시킬 수 있다.

03 정답 ③ * 다양한 분배 기준 이해

| 문제 + 자료 분석 |

- 업적에 따른 분배는 성과와 실적에 따라 분배하는 것이다.

| 보기 분석 |

ㄱ. 직원을 채용할 때 자격증 소지자를 우대하는 것은 능력에 따른 분배에 해당한다.
ㄴ. 높은 실적을 낸 직원에게 성과급을 지급하는 것은 큰 성과를 낸 사람에게 많은 보수를 주는 것이므로 업적에 따른 분배에 해당한다.
ㄷ. 대회에서 메달을 딴 운동선수에게 포상금을 주는 것은 업적에 따른 분배에 해당한다.
ㄹ. 경제적 형편이 어려운 학생에게 장학금을 지급하는 것은 필요에 따른 분배에 해당한다.

＊ 업적에 따른 분배

장점	• 결과를 객관화 · 수량화하기 비교적 쉬움 • 생산 동기가 향상될 수 있음
단점	• 과열 경쟁으로 사회적 갈등이 커질 수 있음 • 사회적 약자에 대한 배려가 부족해질 수 있음

04 정답 ② * 교정적 정의

| 문제 + 자료 분석 |

- **갑:** 범죄 행위에 상응하는 해악을 처벌로 가해야 함 ⟶ 응보주의
- **을:** 처벌의 목적은 범죄 예방에 있음 ⟶ 예방주의

| 선택지 분석 |

① 응보주의는 처벌은 범죄 행위에 대한 응당한 보복을 가하는 것이라 주장하며 범죄와 처벌 간의 균형을 강조한다.
② 처벌에 대한 두려움으로 범죄를 예방하고자 하는 것은 예방주의이다.
③ 예방주의는 처벌에 대한 두려움으로 범죄를 억제하고자 하지만 처벌의 예방 효과를 증명하기 어렵다는 단점이 있다.
④ 예방주의는 범죄자가 처벌받는 모습을 본보기로 보여주어 시민들이 범죄에 대한 경각심을 가지게 해야 한다고 본다.
⑤ 응보주의는 범죄에 상응하는 처벌을 부과하는 것에 주목하여 예방주의에 비해 범죄 예방과 범죄자 교화에 무관심하다.

05 정답 ① * 롤스와 노직의 정의론 비교

| 문제 + 자료 분석 |

- **갑:** 정의의 원칙, 원초적 입장 ⟶ 롤스
- **을:** 소유권을 보장, 최소 국가 ⟶ 노직

| 선택지 분석 |

(질문1) 갑(롤스)은 사회적 · 경제적 불평등을 해결하기 위해 국가의 소득 재분배 정책이 필요하다고 보므로 긍정(**A**)의 대답을 할 것이다.
을(노직)은 국가의 소득 재분배 정책이 개인의 자유와 권리를 침해한다고 보므로 부정(**B**)의 대답을 할 것이다.
(질문2) 정의로운 사회에서도 사회적 · 경제적 불평등이 허용될 수 있는가에 대해 갑, 을 모두 긍정(**C**)의 대답을 할 것이다.
① 갑 - **A**, **C**, 을 - **B**, **C**이므로 정답은 ①번이다.

06 정답 ③ * 공동체주의 정의관

| 문제 + 자료 분석 |

- **매킨타이어(공동체주의):** 개인은 공동체의 영향을 받으며 소속감과 정체성을 형성해 나가는 존재이다.

| 선택지 분석 |

① 자유주의를 지나치게 강조할 경우 이기주의와 사회적 무관심이 나타날 수 있다.
② 구성원으로서 의무보다 개인의 권리를 중요하게 생각하는 것은 자유주의이다.
③ 공동체주의는 개인과 공동체는 상호 유기적인 관계에 있으며, 개인은 공동체의 역사와 전통을 공유하는 가운데 정체성을 형성하게 된다고 본다.
④ 공동체주의는 개인선보다 공동선을 강조한다. 그러므로 개인이 속한 공동체의 공동선을 실현하는 것이 중요하다고 본다.
⑤ 개인선의 실현이 필연적으로 공동선의 실현으로 이어진다고 보는 관점은 개인주의에 해당한다. 공동체주의는 공동선의 실현은 자연스럽게 공동체 속에서 살아가는 구성원 각자의 개인선으로 이어진다고 본다.

07 정답 ⑤ * 왈처의 복합 평등으로서의 정의

| 문제 + 자료 분석 |

- **(가) 왈처:** 사회적 가치를 분배할 때 공동체의 문화와 특수성을 고려해야 한다.
- (나)의 가로 열쇠 (**A**)는 '신분', (**B**)는 '배우자'이다.
- 따라서 (나)의 세로 열쇠 (**C**)는 '분배'이다.

ㄱ. 가상적 상황에서 합의한 정의의 원칙에 따라 운영되는 사회가 공정한
   사회라고 본 사상가는 롤스이다.
ㄴ. 최대 수혜자의 최대 이익을 보장해야 한다고 본 사상가는 롤스이다.
ㄷ. 왈처는 다양한 영역을 형성하는 사회적 가치들(권력, 경제, 부, 명예 등)은
   각각 적합한 정의 원칙에 따라 분배되어야 한다고 주장하였다.
ㄹ. 왈처는 분배의 대상이 되어야 할 가치들은 각 사회의 역사적이고
   문화적인 특수성의 산물이라고 보았다.

08 정답 ③ ＊ 자유주의와 공동체주의 비교

| 문제 + 자료 분석 |

- 갑 자유주의: 다른 사람의 자유를 침해하지 않는 한에서 개인의 자유와
  권리를 최대한 보장해야 한다.
- 을 공동체주의: 공동체 구성원은 사회적 유대감, 배려와 같은 공동체적
  가치를 함양하고 공동체가 공유하는 좋은 삶의 모습을 추구해야 한다.

| 선택지 분석 |

③ X: 공동체주의는 자유주의에 비해 개인의 좋은 삶과 공동선의 분리를
  강조하는 정도가 낮다. 따라서 X의 낮음에 속하는 ㄱ, ㄷ, ㄹ이 답의
  후보군이다.
  Y: 공동체주의는 자유주의에 비해 국가를 개인의 이익을 보장하는 수단적
  대상으로 보는 정도는 낮다. 따라서 ㄱ, ㄷ, ㄹ 중에서 Y의 낮음에 속하는
  ㄷ이 답이다.
  Z: 공동체주의는 자유주의에 비해 개인적 도덕성의 주된 기초로 공동체의
  전통을 강조하는 정도가 높다. 따라서 Z의 높음에 해당하는 ㄷ이 답임을
  다시 확인할 수 있다.

09 정답 ⑤ ＊ 자유주의와 공동체주의 비교

| 문제 + 자료 분석 |

- (가): 개인은 공동체의 목적과 분리되어 존재할 수 없음 → 공동체주의
- (나): 개인은 스스로 가치와 목표를 선택하는 독립적 자아 → 자유주의

| 선택지 분석 |

① 사회를 개인의 자유와 권리를 실현하기 위한 수단으로 보는 것은
  자유주의 입장이다.
② 국가가 개인에게 특정한 가치를 따르도록 지시하면 안된다고 보는 것은
  자유주의 입장이다.
③ 공동체로부터 독립된 자아를 형성할 수 없다고 보는 것은 공동체주의
  입장이다.
④ 사회적 유대감을 바탕으로 한 각자의 의무와 역할을 강조하는 것은
  공동체주의 입장이다.
⑤ 공동체주의는 공동체 구성원 모두에게 유익한 공동선의 실현을,
  자유주의는 개인의 권리 보호를 무엇보다 중시한다.

＊ 자유주의와 공동체주의

자유주의적 정의관	공동체주의적 정의관
• 개인의 자유가 무엇보다 소중한 가치임 • 개인의 자유로운 이익 추구가 공동선에 이바지함 • 롤스(공정한 분배 강조), 노직 (개인의 소유권 보호 강조)	• 인간의 삶이 공동체에 뿌리를 두고 있음을 강조 • 공동체 구성원 모두에게 유익한 공공의 이익을 실현해야 함 • 매킨타이어, 왈처, 샌델
개인의 자유와 공동선의 조화가 필요함	

10 정답 ② ＊ 자유주의와 공동체주의 관점

| 문제 + 자료 분석 |

- 갑은 개인선에 가치를 두는 자유주의적 입장, 을은 공동선에 가치를 두는
  공동체주의적 입장에 근거하고 있다.

| 선택지 분석 |

① 자유주의적 관점에서는 제한 구역 완화와 재산권 행사의 자유를 주장할
  것이다.
② 갑은 개발 제한 구역이 개인의 재산권 행사를 제한한다고 본다.
③ 자연환경 보호가 공동체의 이익이 된다고 보는 입장은 공동체주의적
  정의관에 해당한다.
④ 자유주의적 정의관은 사익 보장을 중시하고, 공동체주의적 정의관은 공익
  실현을 중시한다.
⑤ 정의로운 사회로 나아가기 위해서는 대화와 타협을 통해 공익과 사익이
  조화를 이룰 수 있도록 해야 한다.

11 정답 ② ＊ 사회 계층의 양극화 현상

| 문제 + 자료 분석 |

- 제시문은 상층과 하층의 소득 격차가 커짐에 따라 발생할 수 있는
  문제들에 관해 이야기하고 있다.

| 보기 분석 |

ㄱ. 사회 계층의 양극화 현상은 계층 간의 위화감을 조성하고 사회 불만을
   증가시켜 사회를 불안정하게 만들 수 있다.
ㄴ. 신체적 또는 정신적 능력의 부족을 이유로 어려움을 겪거나 소외되는
   현상은 사회적 약자에 대한 차별에 해당한다.
ㄷ. 이촌 향도가 진행되며 나타날 수 있는 사회 문제는 도시와 농촌 간의 공간
   불평등 현상이다.
ㄹ. 사회 계층의 양극화 현상은 사회 구성원 간 불평등이 심화되어 사회
   계층 중 중간 계층의 비중이 줄어들고 상층과 하층의 비중이 늘어나는
   현상이다.

12 정답 ② ＊ 공간 불평등 현상

| 문제 + 자료 분석 |

- 수도권 지역에 거주하는 갑은 도서관을 편하게 이용하고 있지만,
  비수도권 지역에 거주하는 을은 그러지 못하고 있다.

| 선택지 분석 |

① 공간 불평등 현상은 국토의 효율적인 이용을 막는다. 따라서 지역 격차
  완화 정책을 시행해 국토의 균형 발전을 추구해야 한다.
② 공간 불평등 현상은 성장 잠재력이 높은 지역을 집중적으로 개발한 성장
  거점 개발 정책으로 인해 발생했다.
③ 공간 불평등 현상은 교육, 문화, 의료 등 생활 환경의 전반적인 불평등을
  유발하여 낙후된 지역 주민의 생활 수준을 떨어뜨린다.
④ 공간 불평등 현상은 소득뿐만 아니라 다양한 분야의 불평등으로 이어져
  지역 격차 심화 및 지역 간 갈등을 불러온다.
⑤ 공간 불평등 현상은 지역 간에 자원이 불균등하게 분배되어 경제적·
  사회적·문화적으로 격차가 발생하는 현상을 뜻한다.

13 정답 ③ ＊ 사회 복지 제도 비교

| 문제 + 자료 분석 |

- A: 원칙적으로 비금전적인 혜택 제공 → 사회 서비스
- B: 강제 가입의 원칙이 적용됨 → 사회 보험
- C: 의료 급여 제도가 사례에 해당됨 → 공공 부조

| 선택지 분석 |

① 사회 보험은 수혜 정도와 무관하게 소득 수준 등 능력에 따라 비용을 부담한다.

② 빈곤층의 최저 생활의 보장을 목적으로 하는 것은 공공 부조이다.

③ 공공 부조는 사후 처방의 성격이 강하고, 사회 보험은 사전 예방적 성격이 강하다.

④ 사회 보험에 대한 설명이다. 공공 부조는 국가가 전액 지원한다.

⑤ 상호 부조의 성격이 강한 것은 사회 보험이다.

14 정답 ② ＊사회 보장 제도

| 문제 + 자료 분석 |

- **B** 사회 보험: 미래에 발생할지도 모르는 위험을 보험의 방식으로 미리 대처하는 제도

| 보기 분석 |

ㄱ. 국민 연금은 국민에게 발생하는 위험을 보험의 방식으로 대처하는 사회 보험에 해당한다.

ㄴ. 의료 급여는 생활이 어려운 국민의 최저 생활을 보장하는 공공 부조에 해당한다.

ㄷ. 가사·간병 서비스는 비금전적인 지원을 원칙으로 하는 사회 서비스에 해당한다.

ㄹ. 노인 장기 요양 보험은 보험의 방식으로 국민의 건강과 소득을 보장하는 사회 보험에 해당한다.

15 정답 ⑤ ＊수도권과 비수도권 간의 공간 불평등

| 문제 + 자료 분석 |

- ㉠ : 성장 거점 개발 ⟶ 투자 효과가 큰 지역을 선정하여 집중 투자하는 개발 방식
- ㉡ : 수도권은 인구와 자본의 유입으로 크게 성장했지만, 비수도권은 상대적으로 성장이 정체되거나 낙후 ⟶ 수도권과 비수도권 간의 공간적 불평등이 심화됨
- ㉢ : 수도권과 비수도권 간의 격차 ⟶ 사회 통합을 저해하는 요인으로 작용함
- ㉣ : 지역 격차 완화 정책 ⟶ 수도권 소재 공공 기관의 지방 이전을 통한 혁신 도시 개발을 사례로 들 수 있음

| 보기 분석 |

ㄱ. 성장 거점 개발은 투자 효과가 큰 지역을 선정하여 집중 투자하는 개발 방식으로 지역 간 형평성보다 투자의 효율성을 강조한다.

ㄴ. 수도권은 크게 성장했지만 비수도권은 상대적으로 성장이 정체되거나 낙후되었다. 수도권과 비수도권의 경제적 격차가 벌어지면서 국토의 공간적 불평등이 심화되는 문제점이 나타났다.

ㄷ. 수도권과 비수도권 간의 격차는 지역 간 갈등을 심화시켜 사회 통합을 저해하는 요인으로 작용할 수 있다.

ㄹ. 지역 격차를 완화하기 위한 정책의 사례로 수도권에 소재한 공공 기관을 지방으로 이전하고 혁신 도시를 건설한 정책을 들 수 있다.

16 정답 ① ＊적극적 평등 실현 조치의 찬반

| 문제 + 자료 분석 |

- **갑**: 사회적 약자인 여성에게 채용, 승진 등의 혜택을 제공해야 한다.
- **을**: 여성의 사회적 지위는 지속적으로 향상되고 있으므로 여성에게 혜택을 제공하는 것은 남성에 대한 역차별이 된다.

| 보기 분석 |

ㄱ. 과거의 차별에 대한 여성의 보상받을 권리를 중시하는 것은 적극적 평등 실현 조치에 대한 찬성 입장의 논거로 적절하다.

ㄴ. 여성에 대한 특혜가 남성의 기회를 제한하는 역차별을 조장한다는 주장은 적극적 평등 실현 조치에 대한 반대 입장의 논거로 적절하다.

ㄷ. 을은 타고난 특성이 아닌 노력과 성취에 따른 분배를 중시한다.

ㄹ. 갑은 약자에 대한 배려를 통한 사회 통합을 강조한다.

17 정답 자유주의적 정의관

| 문제 + 자료 분석 |

- 조나단은 본인의 판단을 토대로 자유롭게 살아가고자 하는 모습을 보이고 있다. 따라서 조나단이 추구하는 정의관은 자유주의적 정의관일 것이다.

18 핵심 키워드: 새로운 유형의 문제, 확장

모범 답안 자유주의적 정의관은 각 개인들의 자유롭고 합리적인 판단을 토대로 사회 구성원들의 기회와 권리를 지켜나갈 수 있다는 긍정적인 면이 있다. 그러나 자유주의적 정의관을 지나치게 강조할 경우 개인의 이익만을 추구하는 극단적인 이기주의와 사회에 대한 무관심이 나타날 수 있다.

| 문제 + 자료 분석 |

- 자유주의는 타인의 자유를 침해하지 않는 선에서 개인의 자유로운 선택과 자율성을 최대한 허용해야 한다고 본다.

＊ 채점 기준

자유주의적 정의관의 긍정적인 측면과 부정적인 측면을 모두 서술한 경우	100 %
자유주의적 정의관의 긍정적인 측면과 부정적인 측면 중 한 가지만 서술한 경우	50 %

19 핵심 키워드: 공간 불평등 현상, 성장 거점 개발 정책

모범 답안 자료에 나타난 현상은 공간 불평등 현상이다. 해당 현상은 지역 간에 사회적 희소가치가 불균등하게 분배되어 나타나며, 우리나라의 경우 빠른 경제 성장을 위해 추진된 성장 거점 개발 정책이 원인이다.

| 문제 + 자료 분석 |

- 성장 거점 개발 정책은 성장 잠재력이 높은 지역을 선정해 집중적으로 개발하고 그 효과가 주변 지역으로 확산되도록 하는 개발 방식이다.

＊ 채점 기준

공간 불평등 현상, 성장 거점 개발 정책을 언급한 경우	100 %
공간 불평등 현상만 언급한 경우	40 %

20 핵심 키워드: 공공 기관, 기업의 지방 이전, 지역 경쟁력

모범 답안 공간 불평등 현상을 해결하기 위해서는 주요 공공 기관과 수도권에 있는 기업을 지방으로 이전해 국토의 균형 발전을 추진해야 한다. 또한, 특산품 개발, 지역 축제 등을 통해 지역 경쟁력을 확보해야 한다.

| 문제 + 자료 분석 |

- 공간 불평등 현상을 완화하기 위해서는 지역 격차 완화 정책이 필요하다.

＊ 채점 기준

지역 격차 완화 정책 세 가지를 서술한 경우	100 %
지역 격차 완화 정책 두 가지를 서술한 경우	60 %

01 정답 ② *롤스와 노직의 분배적 정의

(가)의 갑, 을 사상가들의 입장을 (나) 그림으로 표현할 때, A~C에 해당하는 적절한 진술만을 〈보기〉에서 고른 것은? [2.5점]

(가)

갑 원초적 입장의 사람들은 누구도 자신이 처한 우연적 여건
롤스   〔단서 무지의 베일〕
을 알지 못한다. 이러한 상황에 놓인 사람들은 자신이 가
장 불리한 상황에 놓일 가능성을 염두에 두고 정의의 원칙
모두에게 공정한 정의의 원칙에 합의하는 조건
에 합의하게 된다.

을 개인은 자신의 정당한 소유물에 대한 배타적이고 절대적
노직 인 권리를 지닌다. 취득과 이전에서의 정의의 원리 또는
〔단서 정당한 소유 권리 발생의 조건〕
교정의 원리에 의해 어떤 소유물에 대한 권리를 부여받았
다면 그 권리는 정당하다.

(나)

롤스만의 입장 / 노직만의 입장
A: 갑만의 입장
B: 갑과 을의 공통 입장
C: 을만의 입장
롤스, 노직의 공통 입장

[보기]

ㄱ. A: 정의의 원칙은 우연성이 배제된 상황에서 합의된
다. 갑 ○, 을 ×
ㄴ. B: 분배 결과의 정당성 여부는 분배 과정의 정당성에
(B)
달려 있다.
ㄷ. B: 최대 다수의 복지 증진을 목적으로 소수자의 자유
가 침해되어서는 안 된다. 갑 ○, 을 ○
ㄹ. C: 개인은 자기 노동의 산물에 대해서만 소유 권리를 지
닐 수 있다.   을: 정당한 취득 및 이전도 포함

① ㄱ, ㄴ   **② ㄱ, ㄷ**   ③ ㄴ, ㄷ   ④ ㄴ, ㄹ   ⑤ ㄷ, ㄹ

| 문제 + 자료 분석 |

- **갑 롤스**: 인간은 자신과 타인의 조건을 모르는 상태에서 공정한 합의를 통해 정의의 원칙에 도달함. 이러한 조건에서 사람들은 가장 불리한 상황을 고려해 불평등을 제한하는 원칙을 선택하게 됨
- **을 노직**: 정당한 절차를 거쳐 얻은 소유물은 불평등하더라도 정당함. 개인은 자신이 정당하게 취득한 소유물에 대해 절대적 권리를 가지며, 재분배를 위한 강제적 개입은 부당함

| 보기 분석 |

ㄱ. 갑(롤스)은 정의의 원칙은 무지의 베일을 쓴 가상의 상황인 원초적 입장에서 합의된 것이라고 본다. 그러나 을(노직)은 소유 과정의 정당성이 소유물에 대한 정당한 자격인 소유 권리를 창출한다고 본다.
ㄴ. 갑(롤스)은 정의는 공정한 합의 절차를 통해 정해진 원칙을 따를 때 실현된다고 보며, 결과의 정당성은 절차의 공정성에 달려 있다고 본다. 을(노직)도 정당한 소유 권리는 정당한 취득과 이전의 절차에 의해 정해진다고 보기 때문에 분배 과정의 정당성이 중요하다고 본다.
ㄷ. 갑(롤스)은 기본적 자유는 정의의 제1원칙이며, 소수자의 자유도 다수의 복지를 위해 침해되어서는 안 된다고 본다. 을(노직) 역시 소유 권리와 자유는 절대적 권리이므로 다수의 복지 증진을 위해 소수자의 자유가 침해될 수 없다고 본다.
ㄹ. 을(노직)은 자기 노동의 산물에 대해 소유 권리가 발생한다고 본다. 그러나 소유 권리는 정당한 취득과 이전, 교정의 원리를 통해서도 발생한다고 본다. 〔꿀팁〕

02 정답 ② *분배 정의에 대한 롤스와 노직의 입장

갑, 을 사상가들의 입장으로 적절한 것만을 〈보기〉에서 있는 대로 고른 것은?

갑 정의의 일차적 주제는 사회의 기본 구조, 즉 사회의
롤스 주요 제도가 권리와 의무를 배분하고 사회
협동체로부터 생긴 이익의 분배를 정하는 방식이다.
사회의 기본 구조를 규제하는 원칙은 원초적 합의의
정의의 원칙
대상이다.   → 사회의 기본 구조는 정의의 원칙에 의해 규제

을 정의의 주제는 세 가지이다. 즉, 누구의 소유물도
노직   최초 취득의 원리
아니던 것이 어떻게 누군가의 소유물이 될 수
있는가, 한 사람의 소유물이 어떻게 다른 사람의
이전의 원리
소유물이 될 수 있는가, 그리고 부정의를 어떻게
바로잡을 수 있는가이다. 교정의 원리
→ 각자 개인의 소유물에 대한 정당한 권리를 가진 상태 추구

[보기]

ㄱ. 갑: 차등의 원칙은 천부적 능력의 차등이 있어도
성립한다.   천부적 재능의 분포는 자연적 사실
ㄴ. 을: 각 개인에게 소유물을 분배하는 최소 국가만이
개인의 소유권을 보호하는
정의롭다.
ㄷ. 을: 소유물 취득의 정당성은 타인의 처지 개선을
요구한다.   악화 방지
ㄹ. 갑과 을: 개인은 사유 재산을 소유할 불가침적 권리를
지닌다.   갑(롤스): 기본적 자유, 을(노직): 배타적 권리

① ㄱ, ㄴ   **② ㄱ, ㄹ**   ③ ㄴ, ㄷ   ④ ㄱ, ㄴ, ㄹ   ⑤ ㄴ, ㄷ, ㄹ

| 문제 + 자료 분석 |

- **갑 롤스**: 원초적 입장에서 합의한 정의의 원칙에 따라 사회의 기본 구조를 규제해야 함
- **을 노직**: 취득, 이전, 교정의 원리 등 세 가지 원칙을 준수하면 각자 자신의 소유물에 대한 정당한 권리를 가진 정의로운 상태를 실현할 수 있음

| 보기 분석 |

ㄱ. 갑(롤스)은 서로 다른 사람들이 상이한 천부적 능력을 타고난다는 사실은 그 자체로는 정의롭거나 부정의하지 않은 '자연적 사실'이라고 본다. 차등의 원칙은 그러한 천부적 자산의 분포를 공동 자산으로 간주하고 그로부터 발생하는 이익을 나누어 갖는 일을 규제한다. 〔함정〕
ㄴ. 을(노직)은 최소 국가가 개인에게 소유물을 분배하는 주체가 아니라 개인들이 최초 취득의 원칙과 이전의 원칙에 따라 자유롭게 재산을 획득할 수 있도록 보호하는 역할을 한다고 본다.
ㄷ. 을(노직)은 아직 누구의 소유물도 아닌 것에 대해서는 타인의 처지를 악화시키지 않는 한에서 노동을 투입한다면, 정당한 소유권을 획득할 수 있다고 본다.
ㄹ. 갑(롤스)은 사유 재산을 소유할 권리가 기본적 자유에 포함된다고 본다. 기본적 자유는 정의의 제1원칙에 따라 모든 사람에게 평등하게 보장되어 있으며, 더 큰 사회·경제적 이익을 위해 희생되어서는 안 되는 권리이다. 을(노직)은 타인의 이익을 위해 누군가를 한낱 수단으로 이용하는 행위는 허용될 수 없다고 본다. 개인은 자기 신체에 대한 배타적 소유권을 갖는 것과 마찬가지로 자기 재산에 대한 배타적 소유권을 가지고 있다.

다음 자료에 대한 옳은 설명만을 〈보기〉에서 있는 대로 고른 것은?

우리나라 사회 복지 제도 중 ㉠ 의료 급여 제도는 생활이 어려운 **[단서] 공공 부조   공공 부조 수혜 대상** 사람에게 의료 급여를 함으로써 보건과 사회 복지의 증진을 목표로 하는 제도이다. 2022년에는 전국 인구의 약 3%가 이 제도의 수급권자였다. 시도별 의료 급여 수급권자 비율이 가장 낮은 지역은 **세종** 1.2%, 가장 높은 지역은 4.6%로 **전라북도** 차이가 있다. 수급권자 비율이 전국 평균보다 낮은 시도는 서울, 경기, 울산, 충남, 세종이다.

〈시도별 의료 급여 수급권자 비율(총인구 대비)〉
(단위: %)

[보기]

ㄱ. 광역시는 ~~모두~~ ㉠의 수급권자 비율이 4.0% 이상이다.
  부산, 대구, 인천, 광주, 대전, 울산   부산, 대구, 광주
ㄴ. ㉠의 수급권자 비율이 가장 낮은 지역은 충청권에 위치한다.
  세종
ㄷ. ㉠은 인간의 기본적 필요 충족을 분배적 정의의 기준으로
  최저 생활 보장을 목적으로 함
  적용하였다.
ㄹ. ㉠은 공공 부조에 해당하며, 정부 재정으로 비용을 전액
  공공 부조의 특징
  충당하는 것을 원칙으로 한다.

① ㄱ, ㄴ   ② ㄱ, ㄷ   ③ ㄷ, ㄹ   ④ ㄱ, ㄴ, ㄹ   ⑤ ㄴ, ㄷ, ㄹ

| 문제 + 자료 분석 |

• ㉠ 의료 급여 제도: 생활이 어려운 국민의 최저 생활을 보장하고 자립을 지원하는 공공 부조에 해당한다. 공공 부조는 정부 재정으로 비용을 전액 충당하는 것을 원칙으로 한다.

| 보기 분석 |

ㄱ. 광역시는 부산, 대구, 인천, 광주, 대전, 울산이다. 이 중에서 ㉠ 수급권자 비율이 4.0% 이상인 곳은 부산, 대구, 광주뿐이다. 제시문에서 수급권자 전국 평균이 3%이고, 수급권자 비율이 전국 평균보다 낮은 시도에 울산이 있다는 정보가 있으므로, 울산이 광역시임을 알면 지도상의 위치를 몰라도 틀린 선지임을 알 수 있다. 꿀팁

ㄴ. ㉠ 수급권자 비율이 가장 낮은 지역은 세종으로, 충청권에 위치한다.

ㄷ. 의료 급여 제도는 생활이 어려운 국민에게 급여를 제공하여 최저 생활을 보장하고 보건과 사회 복지 증진을 목표로 하고 있다. 인간의 기본적 필요 충족을 분배적 정의의 기준으로 적용한 것이다.

ㄹ. 의료 급여 제도는 공공 부조에 해당하며, 공공 부조는 정부 재정으로 비용을 전액 충당하는 것을 원칙으로 한다.

표는 질문에 따라 우리나라 사회 보장 제도의 유형을 구분한 것이다. 이에 대한 설명으로 옳은 것은? (단, A~C는 각각 사회 보험, 공공 부조, 사회 서비스 중 하나이다.)

사회 보험

구분	A	B	C
강제 가입의 원칙이 적용되는가? **사회 보험만 해당**	㉠ 아니요	㉠ 아니요	㉡ 예
(가)	㉡ 예	㉠ 아니요	㉡ 예

＊㉠과 ㉡은 각각 '예'와 '아니요' 중 하나임.

① ㉠은 '~~예~~', ㉡은 '~~아니요~~'이다.
② C는 **전별적** ~~선별적~~ 복지의 이념을 바탕으로 한다.
  아니요   예
③ **보편적 복지** 기초 연금 제도가 A에 해당한다면, B는 사회 서비스이다.
  공공 부조   공공 부조
④ B가 공공 부조라면, A는 ~~금전적 지원~~을 원칙으로 한다.
  사회 서비스   비금전적 지원
⑤ (가)에 '국가와 지방 자치 단체가 비용을 전액 부담하는가?'가 들어갈 수 ~~있다.~~
  공공 부조   없음

| 문제 + 자료 분석 |

• 강제 가입의 원칙이 적용되는가? → 사회 보험은 '예', 공공 부조와 사회 서비스는 '아니요'
• 따라서 ㉠은 '아니요', ㉡은 '예'이고, C는 사회 보험이다.
• A와 B는 각각 공공 부조와 사회 서비스 중 하나이다.

| 선택지 분석 |

① 강제 가입의 원칙이 적용되는 것은 사회 보험이다. 따라서 ㉠은 '아니요', ㉡은 '예'이다.

② 사회 보험은 모든 국민을 대상으로 하기에 보편적 복지 이념을 바탕으로 한다. 특정 기준에 따라 복지 대상자를 선정하는 공공 부조가 선별적 복지 이념을 바탕으로 한다.

③ 기초 연금 제도는 65세 이상 노인 중 소득이 일정 수준 이하인 사람에게 생활 안정에 필요한 연금을 지급하는 제도로 공공 부조에 해당한다. 따라서 기초 연금 제도가 A(공공 부조)에 해당한다면, B는 사회 서비스이다.

④ B가 공공 부조라면 A는 사회 서비스이다. 사회 서비스는 서비스와 같은 비금전적 지원을 원칙으로 한다.

⑤ (가)에는 A와 C(사회 보험)은 '예'라고 답하고, B는 '아니요'라고 답하는 질문이 들어가야 한다. 국가와 지방 자치 단체가 비용을 전액 부담하는 것은 공공 부조에만 해당하는 특징으로 해당 질문은 (가)에 들어갈 수 없다.

＊사회 보장 제도의 종류

사회 보험	국민 건강 보험 제도, 국민연금 제도, 고용 보험 제도 등
공공 부조	국민 기초 생활 보장 제도, 기초 연금 제도, 의료 급여 제도 등
사회 서비스	산모·신생아 건강 지원 사업, 가사·간병 방문 지원 사업 등

그림의 강연자가 지지할 입장으로 가장 적절한 것은? [2점]

형벌은 결코 범죄자 자신의 선(善)을 비롯한 어떤 다른 선을 증진하기 위해 가해질 수는 없고, 오직 범죄자가 범죄를 저질렀기 때문에 가해져야 합니다. 인간은 물건처럼 타인의 의도를 위한 수단으로 취급될 수 없을 뿐만 아니라 자신이 의욕한 행위에 대해 책임지는 존엄한 존재이기 때문입니다. 또한 형벌의 본질은 <u>범죄 행위에 대한 응당한 보복을 가하는 것</u>
단서 응보주의
에 있으며, 공적 정의가 원리와 표준으로 삼아야 하는 것은 동등성의 원리입니다. 만약 어떤 사람이 살
단서 범죄 행위에 상응하는 동등한 형벌 부과
인을 했다면 그는 죽어야만 합니다. 제아무리 고통 가득한 생이라 해도 생과 사 사이에 동종성은 없기 때문입니다.
→ 칸트

① 살인범이라 하더라도 그의 존엄성은 마땅히 존중되어야 한다.
사형은 살인범의 존엄성을 존중하는 형벌임
② 형벌은 개인의 선이 아니라 공동체 전체의 선을 증진하기 위한 수단이다.
선의 증진을 위한 형벌은 잘못됨
③ 범죄자가 자신이 저지른 범죄 행위에 대해 책임지도록 하는 형벌은 없다. 있음
④ 범죄자가 형벌로 인해 받는 고통은 그가 범죄로 인해 끼친 해악을 능가해야 한다.
동등해야
⑤ 살인에 대한 사형 이외의 형벌은 범죄 예방 효과가 감소하므로 교정적 정의에 부합하지 않는다.
범죄 예방을 위한 형벌은 잘못임

| 문제 + 자료 분석 |

- **칸트**: 인간은 타인의 목적을 위한 수단이 아니라 자신이 행한 일에 대해 도덕적으로 책임지는 존엄한 존재이므로, 형벌은 범죄에 상응하는 만큼 가해져야 함. 공적 정의는 동등성의 원리를 기준으로 삼아야 하므로, 살인자는 반드시 사형에 처해야 함

| 선택지 분석 |

① 칸트에 따르면 살인자 역시 도덕적 자율성을 지닌 존재이다. 사형은 살인자가 자신의 행위에 책임을 질 수 있게 하므로 존엄성을 존중하는 형벌이다.
② 칸트에 따르면 형벌은 범죄 예방, 범죄자 교화 등 선(善)의 증진을 위해 가해지면 안 된다. 형벌은 범죄자가 죄를 지었다는 바로 그 이유만으로 가해져야 한다.
③ 칸트에 따르면 인간은 도덕적 책임을 질 수 있는 주체이며, 형벌은 그 책임을 묻는 응보의 행위이다.
④ 칸트는 형벌이 동등성의 원리를 따라야 한다고 본다. 형벌로 인해 범죄자가 받는 고통과 범죄자가 지은 해악은 비례해야 한다는 것이다.
⑤ 칸트는 응보주의 관점에서 살인에 대한 형벌은 오직 사형뿐이며, 형벌은 범죄자가 죄를 지었다는 이유만으로 집행되어야 한다고 본다. ==칸트는 범죄 예방을 위한 형벌은 목적으로 대우해야 할 인간을 다른 목적을 위한 수단으로 여기는 잘못된 행위라고 본다.== 꿀팁

＊ 사형에 대한 칸트의 입장

- 살인을 저질렀다면 사형 이외의 형벌은 주어질 수 없음
- 사형은 살인자의 고통받는 인격을 해방하여 인간의 존엄성을 실현하는 것임
- 응보주의 관점에서 살인자에 대한 사형은 정당하며 사형 이외의 형벌은 정의에 부합하지 않음

생활이 어려운 국민의 최저 생
단서 공공 부조
우리나라 공공 부조의 사례

단서 공동체주의적 정의관
필요에 따른 분배

성장 거점 개발 정책

| 문제 + 자료 분석 |

- **갑**: 저소득층의 기본적 생활 수준을 보장하기 위한 제도를 국가별로 비교하였고, 이후 공공 부조의 사례를 조사하겠다고 계획함
- **을**: 장애인 지원 센터장과의 인터뷰를 진행하였고, 공동선 실현을 중시하는 공동체주의적 정의관을 토대로 자원을 분배하는 방안을 조사하겠다고 계획함
- **병**: 우리나라 국토 개발 초기 정책에 대해 조사하였고, 지역 격차 완화 정책에 대해 조사하겠다고 계획함

| 선택지 분석 |

① 저소득층의 기본적 생활 수준을 보장하기 위한 제도인 ⊙은 사회 보장 제도이며, 그중에서도 저소득층과 같은 사회적 약자의 여건을 개선하기 위한 공공 부조에 해당한다.
② 우리나라의 공공 부조가 효과적으로 기능한 사례인 ⓛ에 해당하는 내용이다. 기초 연금은 소득 및 재산이 일정 수준에 미치지 못하는 노인들에게 매달 일정 금액을 지원하는 제도로, 기초 연금을 통해 빈곤에 처한 노인 가구의 생활 여건이 일부 개선되었다.
③ 공동체에 대한 소속감과 유대를 통해 형성된 정체성을 바탕으로 공동선의 실현을 중시하는 관점인 ⓒ에 해당하는 것은 공동체주의적 정의관이다. 공동체주의적 정의관은 사회적 존재로서 자신이 속한 공동체에 대한 구성원의 책임과 의무를 중시한다. 독립된 자아로서 개인의 자유와 권리를 강조하는 것은 자유주의적 정의관이다.
④ 장애인의 기본적 욕구를 충족하기 위해 자원을 분배하는 방안인 ⓔ에서 강조하는 분배 기준은 필요이다. 능력이나 업적이 아닌 필요에 따라 분배하면 개인의 동기 유발과 사회 발전을 저해하는 부정적 측면이 있지만 사회적 약자의 욕구를 충족시킬 수 있다.
⑤ 우리나라가 국토 개발 초기 단계에서 시행했던 정책인 ⓜ은 성장 거점 개발 정책이다. 성장 거점 개발 정책은 개발의 효율성은 확보할 수 있었지만 지역 격차 심화라는 부작용이 발생하였다. 비수도권 지역에 혁신도시를 건설하여 공공 기관을 이전한 정책은 지역 격차를 완화하려는 노력의 일환이다.

06 자본주의의 전개 과정과 경제 체제

내신 대비 필수 문제 　문제편 73~75p

01 정답 ③ * 자본주의

| 문제 + 자료 분석 |

- **A**: 개인과 사회가 부를 창출하는 과정에서 자본이 중심적인 역할을 하는 경제 체제 → 자본주의

| 보기 분석 |

ㄱ. 자본주의 체제에서는 개개인이 사적 이익을 추구하는 과정에서 사회 전체의 이익이 증가하게 된다.

ㄴ. 자본주의 체제에서는 경제 주체들의 적극적 참여를 위해 경제활동의 자유를 최대한 보장한다.

ㄷ. 자본주의는 사유 재산 제도를 바탕으로 시장을 통해 경제의 기본 문제를 해결하는 경제 체제이다. 개인의 사유 재산권은 법적으로 보장된다.

ㄹ. 자본주의 체제에서는 정부의 계획이 아니라 시장의 가격에 의해 희소 자원이 배분된다.

02 정답 ⑤ * 산업 자본주의

| 문제 + 자료 분석 |

- 애덤 스미스: 국가의 간섭을 최소한으로 줄이고 개인의 자유로운 경제활동을 보장한다면 국가의 부를 증진할 수 있다.

| 선택지 분석 |

① 애덤 스미스는 시장 질서의 자연스러운 균형을 '보이지 않는 손'의 작용에 의해 사익과 공익이 일치된 상태라고 보고, 국가의 간섭을 최대한 배제하고자 했다.

② 애덤 스미스는 개인의 자유로운 경제활동이 보장될 때 사회 전체의 이익도 커진다고 보았다.

③ 자본주의는 사유 재산권과 경제활동의 자유를 보장하고 사적 이익의 추구를 인정한다는 특징이 있다. 애덤 스미스는 개인이 자신의 이익을 추구함으로써 더 효율적으로 사회의 이익을 증진할 수 있다고 보았다.

④ 애덤 스미스는 개인은 '보이지 않는 손'에 이끌려 자신의 사적 이익을 추구하는 과정에서 사회적 공익을 효과적으로 증진할 수 있다고 보았다.

⑤ 애덤 스미스는 국가의 적극적인 시장 개입을 반대하였다. 정부가 복지를 확대해야 한다고 본 것은 수정 자본주의이다.

03 정답 ④ * 수정 자본주의

| 문제 + 자료 분석 |

- 소수 대자본의 독과점으로 인해 시장 실패가 나타나고, 1929년에는 대공황이 발생하면서 정부의 시장 개입이 필요하다는 수정 자본주의가 등장했다.

| 선택지 분석 |

① 산업 자본주의와 신자유주의가 시장의 가격 기능을 중시하였다.

② 공기업을 민영화하고 복지를 축소하여 개인의 자유와 시장 경제를 확대해야 한다고 본 것은 신자유주의이다.

③ 최소한의 정부가 최선의 정부임을 강조하며 개인의 경제적 자유를 최대한 보장하고자 하는 것은 자유 방임주의이다.

④ 대공황을 배경으로 등장한 경제 체제는 수정 자본주의이다. 시장 기능의 실패를 개선하기 위해 정부의 적극적인 시장 개입을 강조하였다.

⑤ 신자유주의는 수정 자본주의를 비판하여 정부의 개입이 비효율성을 초래한다고 주장하였다.

04 정답 ① * 신자유주의

| 문제 + 자료 분석 |

- 1970년대 석유 파동으로 인해 발생한 스태그플레이션에 대한 정부 대처의 한계와 정부 실패가 대두되며 정부의 시장 개입을 비판하는 신자유주의가 등장했다.

| 선택지 분석 |

① 신자유주의는 정부의 시장 개입으로 인해 오히려 비효율성이 심화된다고 주장하였으며, 규제 철폐 및 공기업 민영화, 복지 축소 등을 강조하였다.

② 각종 공공사업, 복지 정책 등을 통해 정부의 역할을 확대하고 시장에 대한 정부의 규제 강화를 강조한 것은 수정 자본주의이다.

③ 수요의 부족으로 문제가 발생했다고 보고 정부의 적극적인 시장 개입을 통한 유효 수요 창출을 강조한 것은 수정 자본주의이다.

④ 정부가 시장에 적극적으로 개입하여 시장 실패를 해결해야 한다고 본 것은 수정 자본주의이다.

⑤ 시장에 적극적으로 개입하여 시장 실패를 해결하려는 큰 정부를 추구한 것은 수정 자본주의이다.

05 핵심 키워드: 산업 혁명, 스태그플레이션

모범 답안　⊙은 산업 혁명이다. 산업 혁명으로 대량 생산이 가능해지자 상품의 유통 과정에서 이윤을 추구하던 상업 자본주의에서 상품의 생산 활동을 통한 이윤 추구에 집중하는 산업 자본주의로 넘어갔다.
ⓒ은 스태그플레이션으로, 석유 파동 이후 발생한 스태그플레이션에 대한 정부 대처의 한계와 정부 실패가 대두되자 정부의 시장 개입을 강조하던 수정 자본주의에서 정부의 시장 개입을 비판하는 신자유주의로 넘어갔다.

| 문제 + 자료 분석 |

- 자본주의는 시대에 따라 상업 자본주의, 산업 자본주의, 수정 자본주의, 신자유주의 등으로 전개되었다. 각 자본주의 체제의 특징과 관련 사건을 알아두어야 한다.

＊ 채점 기준

산업 혁명, 스태그플레이션에 대해 서술한 경우	100 %
산업 혁명, 스태그플레이션 중 하나만 서술한 경우	50 %

06 정답 ① * 수정 자본주의와 신자유주의 비교

| 문제 + 자료 분석 |

- 정부가 적극적으로 시장에 개입해야 하는가?
  → 수정 자본주의: 예, 신자유주의: 아니요
  ∴ **A**: 수정 자본주의, **B**: 신자유주의

| 선택지 분석 |

① 수정 자본주의는 독과점, 공공재 부족, 외부 효과와 같이 시장에서 자원이 효율적으로 배분되지 않는 시장 실패가 심화되고, 대공황으로 인해 기업의 도산과 실업이 급증하게 되면서 이를 해결하기 위해 등장하였다.

② 수정 자본주의는 시장 실패 해결을 위한 정부의 적극적인 시장 개입을 강조하므로 작은 정부보다 큰 정부를 지향한다.

③ 신자유주의는 보이지 않는 손, 즉 시장 가격 기구의 역할 확대와 정부의 역할 축소를 주장한다.

④ 신자유주의는 '보이지 않는 손'을 통한 효율적인 자원 배분을 추구한다.

⑤ (가)에는 수정 자본주의는 '아니요', 신자유주의는 '예'라고 답할 수 있는 질문이 들어가야 한다. 복지 정책 강화에 대해 수정 자본주의는 긍정적이고, 신자유주의는 부정적이므로 해당 질문은 (가)에 들어갈 수 없다.

07 정답 ② * 수정 자본주의

| 문제 + 자료 분석 |

- 수정 자본주의: 정부의 적극적인 시장 개입을 강조하며 불황과 실업을 극복하고 복지를 확대해야 한다고 주장함

| 보기 분석 |

ㄱ. 자본주의는 기본적으로 사적 소유권을 인정하며 경제활동의 자유를 보장하고 사적 이익을 자유롭게 추구할 수 있도록 한다.

ㄴ. 수정 자본주의는 경제적 평등을 추구하지 않는다. 정부의 시장 개입을 강조하는 것은 시장 실패를 해결하기 위해서이며, 경제활동의 자유는 보장해야 한다고 본다.

ㄷ. 자본주의는 사익 추구를 위한 시장에서의 자유로운 경쟁을 인정한다.

ㄹ. 수정 자본주의는 실업 문제 해결을 위한 정부 개입에 찬성한다.

08 핵심 키워드: 신자유주의, 정부, 시장, 수정 자본주의

모범 답안 신자유주의는 정부 실패를 극복하기 위해 정부의 기능 축소, 복지 제도 축소 등을 주장했다. 따라서 시장 실패를 극복하기 위한 정부의 적극적 시장 개입을 주장한 수정 자본주의에게 정부는 되도록 시장에 간섭하지 말아야 한다고 비판할 것이다.

| 문제 + 자료 분석 |

- 수정 자본주의는 시장 실패를 해결하려는 큰 정부를 추구했고, 신자유주의는 작은 정부로의 전환과 시장의 자율성을 강조했다.

＊ 채점 기준

신자유주의 입장에서 수정 자본주의를 비판한 경우	100 %
수정 자본주의의 한계점만 서술한 경우	40 %

09 정답 ④ * 자본주의의 발전 과정

| 문제 + 자료 분석 |

- 자본주의는 산업 자본주의 → 수정 자본주의 → 신자유주의의 순으로 발전하였다. 수정 자본주의의 경우 대공황에 따른 경기 침체에 대응하기 위해 등장하게 되었다.
  ∴ A: 수정 자본주의, B: 신자유주의

| 선택지 분석 |

① 석유 파동에 따른 경기 침체에 정부가 효과적으로 대응하지 못함에 따라 신자유주의가 등장하게 되었다. → (다)

② 복지 확대에 따른 비효율성으로 인하여 신자유주의가 등장하게 되었다. → (다)

③ 대공황에 따른 시장 실패가 지속되자 정부의 시장 개입이 요구되었으며 이로 인하여 수정 자본주의가 등장하게 되었다. → (나)

④ 수정 자본주의는 정부의 경제 개입으로 경제 위기를 극복해야 한다고 주장한다.

⑤ 신자유주의는 공기업 민영화, 복지 축소를 강조한다.

＊ 자본주의의 전개

구분	산업 자본주의	수정 자본주의	신자유주의
사상가	애덤 스미스	케인스	하이에크, 프리드먼
특징	• 개인의 경제적 자유 최대한 보장 • 보이지 않는 손 → 정부의 개입을 최소화하는 자유 방임주의	• 정부의 시장 개입 강조 → 공공사업, 복지 정책 등을 통해 시장 실패 해결 • '큰 정부' 추구	• 정부의 시장 개입 반대 → 정부 기능 축소 • 정책: 공기업 민영화, 복지 정책 감축, 노동 시장 유연화 등

10 정답 ① * 시장 경제 체제

| 문제 + 자료 분석 |

- 시장 경제 체제에서는 기업이 재화나 서비스를 얼마나 생산할지 자율적으로 선택할 수 있다.

| 선택지 분석 |

① 시장 경제 체제는 경제 주체의 자유로운 경쟁과 거래, 사적 이익 추구를 보장하여 경제적 유인이 강하다. 경제적 유인이란 물질적 혜택이나 손실을 통해 사람들의 행동이나 선택을 유도하게 하는 요인을 의미한다.

② 정부의 적극적 개입을 강조하는 것은 계획 경제 체제이다. 계획 경제 체제에서는 정부의 계획과 명령, 통제에 의해 경제 문제를 해결한다.

③ 정부가 생산 수단의 대부분을 소유하는 것은 계획 경제 체제이다. 계획 경제 체제에서는 재화나 서비스를 얼마나 생산할지 정부가 결정한다.

④ 희소성에 의한 경제 문제는 시장 경제 체제와 계획 경제 체제 모두에서 나타날 수 있는 문제이다.

⑤ 시장 경제 체제는 민간 경제 주체의 자유로운 경제활동을 보장한다.

11 정답 ⑤ * 계획 경제 체제

| 문제 + 자료 분석 |

- 계획 경제 체제에서는 정부의 계획과 통제에 따라 자원의 생산과 배분이 결정된다는 점을 떠올려야 한다.

| 선택지 분석 |

(설명1) 가계, 기업과 같은 민간 경제 주체가 경제활동의 중심이 되어 자신의 이익을 추구할 수 있는 경제 체제는 시장 경제 체제이다.

(설명2) 계획 경제 체제에서는 정부가 생산 수단의 대부분을 소유하고 경제활동 전반을 통제한다. 경제 문제는 정부의 계획과 명령에 따라 해결된다.

(설명3) 계획 경제 체제는 일반적으로 사회주의와 결합해 사유 재산권을 부정하고, 개별 경제 주체의 경제활동에 강력한 제약을 가한다.

⑤ 따라서 옳은 설명만 고른 학생은 무이다.

12 정답 ⑤ * 경제 체제의 비교

| 문제 + 자료 분석 |

- 시장 원리를 통해 경제 문제를 해결하는 **A**는 시장 경제 체제이다.
- 정부의 명령을 통해 경제 문제를 해결하는 **B**는 계획 경제 체제이다.

| 선택지 분석 |

① 전통과 관습에 의한 경제활동이 우선시되는 경제 체제는 전통 경제 체제이다. 전통 경제 체제는 전통과 관습에 따라 경제 문제를 해결하고 경제적 의사 결정이 이루어지는 경제 체제이다.

② A 시장 경제 체제에서는 사유 재산을 원칙적으로 보장하고 개별 경제 주체들의 자유로운 경제활동을 인정한다.

③ 경제적 유인이 강조되는 경제 체제는 A 시장 경제 체제이다. 시장 경제 체제에서는 사유 재산이 인정되고 개별 경제 주체들의 자유로운 경제활동을 인정하기 때문에 각 개인들은 손해를 최소화하고 이익을 최대화하기 위해 경제적 유인에 자연스럽게 반응하고 중시하게 된다.

④ 개인의 자유로운 이익 추구 활동이 보장되는 경제 체제는 A 시장 경제 체제이다. 계획 경제 체제에서는 개인의 자유로운 경제활동보다는 정부의 명령과 계획에 의해 경제 문제를 해결하고 경제적 의사 결정이 이루어진다.

⑤ '보이지 않는 손'은 시장 가격을 의미한다. 시장 가격을 통해 경제 문제가 자율적으로 해결되는 경제 체제는 A 시장 경제 체제이다.

13 정답 ④ * 경제 체제의 비교

| 문제 + 자료 분석 |

- 모든 생산 수단이 국가 소유이며, 정부의 계획과 명령에 따라 자원이 생산 및 배분되는 갑국의 경제 체제는 계획 경제 체제이다.
- 민간 기업이 생산자이며, 재화와 서비스의 선택과 소비가 자유롭게 이루어지는 을국의 경제 체제는 시장 경제 체제이다.

| 선택지 분석 |

① 사익 추구를 통해 경제 문제를 해결하는 경제 체제는 을국의 시장 경제 체제이다. 시장 경제 체제에서는 사유 재산이 보장되기 때문에 개인들이 자신의 이익을 극대화하기 위해 노력하게 된다.
② 생산물의 배분 방식을 정부가 결정하는 경제 체제는 갑국의 계획 경제 체제이다. 계획 경제 체제에서는 정부가 생산과 배분에 대한 의사 결정을 계획하고 명령한다.
③ 생산자의 이윤 추구 동기가 강하게 나타나는 경제 체제는 을국의 시장 경제 체제이다. 시장 경제 체제에서는 사유 재산이 보장되기 때문에 각 경제 주체들이 이윤을 추구, 자신들의 이익을 극대화하기 위해 노력한다.
④ 민간 경제 주체의 자율성이 강하게 나타나는 경제 체제는 시장 경제 체제이다. 시장 경제 체제에서는 각 개별 경제 주체들이 시장 가격을 바탕으로 자유롭게 경제적 의사 결정을 한다. 반면 계획 경제 체제에서는 정부의 계획과 명령에 의해 경제적 의사 결정이 이루어진다.
⑤ '보이지 않는 손'의 기능을 중시하는 경제 체제는 을국의 시장 경제 체제이다. 보이지 않는 손은 시장 가격을 의미하며 시장 경제 체제에서는 시장 가격을 바탕으로 개별 경제 주체들이 자유롭게 경제적 의사 결정을 한다.

＊ 시장 경제 체제와 계획 경제 체제

구분	시장 경제 체제	계획 경제 체제
공통점	희소성에 기초한 기본 경제 문제가 발생함	
차이점	· 시장 가격에 의한 경제 문제 해결 · 사유 재산 보장 · 자율, 창의, 효율성 ↑	· 정부의 계획과 명령에 의한 경제 문제 해결 · 생산 수단의 국유화 · 형평성 ↑

14 핵심 키워드: 시장 경제 체제, 계획 경제 체제, 혼합 경제 체제

모범 답안 우리나라는 기본적으로 개인과 기업의 경제활동의 자유를 존중하는 시장 경제 체제를 바탕으로 한다. 또한 계획 경제 체제처럼 정부의 개입을 통해 시장의 한계를 보완하는 혼합 경제 체제를 운영하고 있다.

| 문제 + 자료 분석 |

- 우리나라는 시장 경제 체제를 기본으로 하고 필요에 따라 국가가 시장 경제에 개입하고 있다.

＊ 채점 기준

두 가지 경제 체제를 모두 언급하며 시장 경제 체제를 기반으로 한 혼합 경제 체제임을 서술한 경우	100 %
혼합 경제 체제만 언급한 경우	30 %

＊ 헌법에 나타난 남북한 경제 체제

남한	제23조 ① 모든 국민의 재산권은 보장된다. 그 내용과 한계는 법률로 정한다. 제32조 ①······국가는 사회적·경제적 방법으로 근로자의 고용의 증진과 적정 임금의 보장에 노력하여야 하며, 법률이 정하는 바에 의하여 최저 임금제를 시행하여야 한다.
북한	제20조 조선 민주주의 인민 공화국에서 생산 수단은 국가와 사회 협동 단체가 소유한다. 제34조 조선 민주주의 인민 공화국의 인민 경제는 계획경제이다.······

15 정답 ③ * 경제 체제의 비교

| 문제 + 자료 분석 |

- 정부의 명령과 통제에 의해 경제 문제를 해결하는 A는 계획 경제 체제이다.
- 시장 원리에 의해 경제 문제를 해결하는 B는 시장 경제 체제이다.

| 선택지 분석 |

① A는 계획 경제 체제, B는 시장 경제 체제이다.
② '보이지 않는 손'에 의한 자원 배분을 강조하는 경제 체제는 B 시장 경제 체제이다. 보이지 않는 손은 시장 가격을 의미하며, 시장 경제 체제에서는 시장 가격에 의해 개인들의 자유로운 경제활동과 자원 배분이 이루어진다.
③ 개인의 이윤 추구 동기가 강하게 나타나는 경제 체제는 B 시장 경제 체제이다. 시장 경제 체제에서는 사유 재산이 보장되기 때문에 개인들은 자신의 손해를 최소화하고 이익을 최대화하기 위해 자연스럽게 노력하게 된다. 이 과정에서 개인의 이윤 추구 동기가 강하게 나타난다.
④ 경제 주체 간 자유로운 경쟁을 강조하는 경제 체제는 시장 경제 체제이다. 사유 재산을 보장하는 시장 경제 체제에서는 개인들이 자신의 이윤을 극대화하기 위한 경쟁이 일어나기 때문이다. 따라서 해당 진술은 ㉠이 아닌 ㉡에 들어갈 수 있다.
⑤ 생산 수단의 사적 소유를 인정하지 않는 경제 체제는 계획 경제 체제이다. 계획 경제 체제에서는 생산 수단을 공유 또는 국유화한다. 따라서 해당 진술은 ㉡이 아니라 ㉠에 들어갈 수 있다.

＊ 경제 체제의 비교

구분	시장 경제 체제	계획 경제 체제
생산 수단 소유	사유 재산 보장	국유화, 공유
자원 배분 방식	시장 가격에 기초한 민간 경제 주체의 자율적 선택	정부의 계획과 명령, 통제에 따른 선택
특징	개인 이윤 추구, 경쟁 ↑ 효율성 ↑	정부 정책의 달성 강조 형평성 ↑

16 정답 ⑤ * 경제 체제의 비교

| 문제 + 자료 분석 |

- 민간 경제 주체의 자율성을 중시하고 사유 재산권을 보장하는 경제 체제 A는 시장 경제 체제이다.
- 생산 수단의 국유화가 이루어지며 정부의 계획과 명령에 따라 경제적 의사 결정이 이루어지는 경제 체제 B는 계획 경제 체제이다.

| 선택지 분석 |

① B 계획 경제 체제에서는 정부의 계획과 명령에 의해 경제적 의사 결정이 이루어지기 때문에 정부가 생산물의 수량과 종류를 결정한다. 반면 시장 경제 체제에서는 개별 경제 주체가 자율적으로 결정한다.
② 민간 경제의 자율성 보장을 강조하는 경제 체제는 A 시장 경제 체제이다. 민간 경제란 가계와 기업에 의해 이루어지는 경제 영역을 의미하며, 시장 경제 체제에서는 가계와 기업의 경제적 의사결정의 자율성을 보장한다.
③ 기업 간 자유로운 경쟁을 강조하는 경제 체제는 A 시장 경제 체제이다. 시장 경제 체제에서는 사유 재산과 자유로운 경제활동을 보장하기 때문에 각 경제 주체는 자신들의 이익을 최대화하기 위해 경쟁하게 된다.
④ 경제적 유인을 중시하는 경제 체제는 A 시장 경제 체제이다. 따라서 ㉡이 아닌 ㉠에 들어가는 것이 적합하다. 사유 재산을 보장하는 시장 경제 체제에서는 각 경제 주체들이 자신의 이익을 최대화하고 손실을 줄이기 위해 자연스럽게 움직이게 되므로 경제적 유인이 중시된다.
⑤ '보이지 않는 손'이란 시장 가격을 의미한다. 시장 가격에 기반하여 경제 주체의 의사 결정이 자유롭게 이루어지는 경제 체제는 A 시장 경제 체제이다. 따라서 ㉠에 적합하다.

17 정답 ① ＊자본주의의 역사적 전개 과정

| 문제 + 자료 분석 |

- **갑** 수정 자본주의: 대공황으로 인한 경제 문제를 정부의 개입을 통해 해결해야 한다고 주장하며 시장에서의 정부의 역할을 강조함
- **을** 신자유주의: 대공황이 발생해도 시장의 자생적 조절 기능이 발휘될 것이라 주장하며 시장에서의 정부 개입을 축소해도 경제 문제가 해결될 수 있다는 점을 강조함

| 선택지 분석 |

① 갑은 정부의 적극적 시장 개입을 통해 대공황으로 인한 경제 문제를 해결해야 한다고 본다. 수정 자본주의는 시장 실패 해결을 위한 정부의 역할을 강조하는 자본주의이므로 갑의 주장과 부합한다.
② 갑(수정 자본주의)의 주장은 대공황으로 인한 대규모 실업 등 다양한 경제 문제를 해결하기 위해 등장했다. 석유 파동에 따른 스태그플레이션을 해결하기 위해 등장한 것은 시장에 대한 정부의 역할을 제한하고 시장의 자유로운 기능을 강조하는 을(신자유주의)이다.
③ 뉴딜 정책은 대공황으로 인한 경제 문제를 해결하기 위해 미국 루스벨트 대통령이 추진한 정책이다. 금융 기관에 대한 정부의 자금 지원, 대규모 공공사업 시행 등 정부가 시장에 적극적으로 개입하는 정책들로 수정 자본주의에 입각하고 있다. 따라서 을이 아닌 갑의 주장이 토대가 된다.
④ 혼합 경제 체제는 시장 경제와 계획 경제의 요소가 결합된 경제 체제로, 대공황을 해결하기 위해 정부가 시장에 적극적으로 개입하면서 등장하였다. 따라서 을이 아닌 갑의 주장을 계기로 한다.
⑤ 복지 정책의 축소와 공기업 민영화는 모두 정부의 지나친 시장 개입을 축소하고 시장의 자유로운 기능을 활성화하려는 목적을 지닌다. 따라서 시장에 대한 정부의 개입을 축소하자는 입장인 을의 입장과 부합한다.

＊ 자본주의의 역사적 전개 과정

산업 자본주의	·18-19세기에 산업혁명으로 인해 등장함 ·국가의 시장 개입 최소화, 및 시장의 자유로운 기능을 강조함
수정 자본주의	·20세기에 대공황으로 인한 경제 문제 해결을 위해 등장함 ·국가의 적극적 시장 개입으로 시장 실패를 해결할 것을 강조함
신자유주의	·20세기 말에 석유파동으로 인한 스태그플레이션을 해결하기 위해 등장함 ·국가의 지나친 시장 개입을 축소하고 시장의 자유로운 기능을 활성화할 것을 강조함

18 정답 ③ ＊자본주의의 역사적 전개

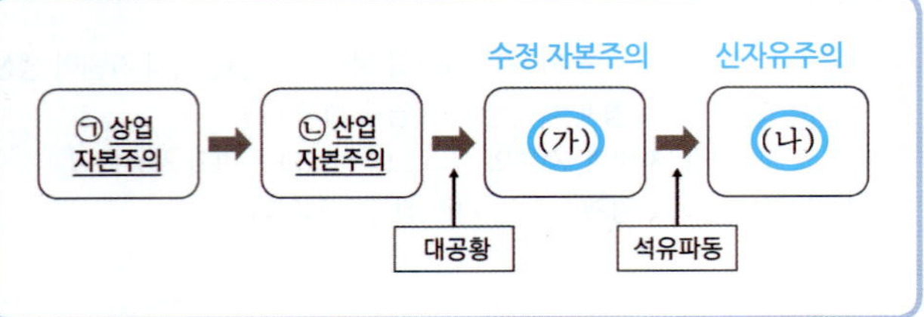

| 문제 + 자료 분석 |

- **㉠** : 절대 왕정의 중상주의 정책을 통한 상공업 육성, 생산보다 유통을 통해 이윤을 추구함
- **㉡** : 산업 혁명으로 생산을 통해 이윤을 추구, 애덤 스미스의 자유 방임주의가 확산됨
- **(가)** 수정 자본주의: 대공황이라는 시장 실패를 해결하기 위해 정부의 개입이 요청되어 등장
- **(나)** 신자유주의: 석유 파동으로 인해 다시 정부의 역할 축소를 주장함

| 선택지 분석 |

① 산업 혁명 이전에는 생산보다 유통을 중시하여 상업을 중요시하였다. 산업 혁명 이후 상품 생산 능력이 급격히 향상되면서 유통보다 생산을 중시하는 ㉡ 산업 자본주의가 발전하게 되었다.
② ㉠ 상업 자본주의 시기에는 국가적으로 상업을 중시하고 보호하였고, 국부를 증대하기 위해 수출은 장려하고 수입은 억제하는 보호 무역을 실시하는 등 정부가 시장에 개입하였다.
그러나 ㉡ 산업 자본주의 시기에는 정부의 역할을 최소화하고 시장의 작동을 보이지 않는 손에 비유되는 시장 가격에 맡겨야 한다고 보는 자유 방임주의 사상이 확산되었다.
③ (나) 신자유주의는 정부 역할의 축소와 자유로운 경제활동의 확대를 주장한다. 그렇기 때문에 정부가 경영하는 공기업이 민영화되어 시장 논리대로 운영되어야 한다고 주장한다.
④ 정부의 시장 개입 축소를 주장하는 것은 개인의 자유로운 경제활동을 추구하려는 목적이다. (가)는 대공황 등 시장 실패를 해결하기 위해 정부의 시장 개입이 필요하다고 보았지만, (나)는 정부의 적극적 시장 개입이 오히려 비효율을 초래했다고 판단하여 정부 역할 축소를 주장하였다.
⑤ 복지 제도의 확대 및 복지 예산의 확대는 정부 역할의 확대를 의미한다. 그러므로 정부 역할 축소와 시장 기능 확대를 주장하는 (나)는 복지 예산의 축소를 추구할 것이다.

왜 틀렸나?

오늘날 대부분의 국가가 국민의 삶의 질 보장을 위해 복지 예산을 확대한다. 위 자본주의 전개 과정에서 (나)가 가장 늦게 등장하였기 때문에 복지가 점차 확대되었다고 오해할 수 있다.
그러나 (나) 신자유주의의 기본 입장이 정부의 시장 개입의 축소라는 것을 떠올려야 한다. (나) 신자유주의는 정부의 적극적 역할이 요구되는 사회 보장 제도를 축소하여 국가 경쟁력을 강화해야 한다고 주장한다.

＊ 자본주의의 역사적 전개 과정

상업 자본주의	중상주의 정책을 통한 상공업 육성
산업 자본주의	개인의 경제적 자유 보장, 정부 개입 최소화, 애덤 스미스의 자유 방임주의 확산
수정 자본주의	시장 실패 해결을 위해 정부의 적극적 시장 개입 주장
신자유주의	정부 개입의 비효율성을 비판하며 시장의 자유로운 경제활동을 강조, 규제 완화, 복지 축소, 공기업 민영화

| 19 | 정답 ③ | * 경제 체제의 비교 |

구분	A 계획 경제 체제	B 시장 경제 체제
정부의 결정과 통제에 따라 경제 문제를 해결하는가? 계획 경제 체제	예	아니요
(가) 시장 경제 체제의 특징을 묻는 질문	아니요	예
(나) 계획 경제 체제의 특징을 묻는 질문	예	아니요

① A는 '보이지 않는 손'에 의한 자원 배분을 강조한다.
　 B 시장 경제 체제의 특징
② A는 B보다 자원 배분의 효율성을 중시한다.
　 B　 A 시장 경제 체제의 특징
③ B는 A보다 기업의 이윤 추구 동기가 강하게 나타난다.
　 시장 경제 체제의 특징
④ (가)에는 '민간 경제 주체의 자유로운 경쟁을 강조하는가?'가 들어갈 수 없다.
　 있다
⑤ (나)에는 '사유 재산의 보장을 원칙으로 하는가?'가 들어갈 수 있다.
　 없다

- 정부의 결정과 통제에 따라 경제 문제를 해결하는 경제 체제는 계획 경제 체제이다. 따라서 첫 번째 질문에 '예'라고 대답한 A는 계획 경제 체제, '아니요'라고 대답한 B는 시장 경제 체제이다.
- (가)에는 시장 경제 체제가 '예'라고 대답할 수 있는 질문이, (나)에는 계획 경제 체제가 '예'라고 대답할 수 있는 질문이 들어갈 수 있다.

| 선택지 분석 |

① '보이지 않는 손'에 의한 자원 배분을 강조하는 경제 체제는 B 시장 경제 체제이다. 보이지 않는 손은 시장 가격을 의미하며 시장 경제 체제에서는 경제 주체들이 시장 가격을 통해 자유롭게 경제적 의사 결정을 한다.
② 자원 배분의 효율성을 중시하는 경제 체제는 B 시장 경제 체제이다. 시장 경제 체제에서는 사유 재산을 보장하기 때문에 개별 경제 주체들은 자신의 이익을 최대화하기 위해 노력하게 되고, 이 과정에서 효율성이 높아진다.
③ 기업의 이윤 추구 동기가 강하게 나타나는 경제 체제는 B 시장 경제 체제이다. 시장 경제 체제에서는 각 개별 경제 주체들이 자신의 이익을 최대화하기 위해 자유롭게 노력하며 따라서 기업 역시 이윤을 최대화하려는 동기가 강하게 나타난다.
④ 민간 경제 주체의 자유로운 경쟁을 강조하는 경제 체제는 B 시장 경제 체제이다. 시장 경제 체제에서는 각 개별 경제 주체들이 자신의 이익을 최대화하기 위해 노력하는 과정에서 자연스럽게 경쟁이 발생한다. 따라서 A가 '아니요', B가 '예'라고 대답하는 (가)에 들어갈 수 있다.
⑤ 사유 재산의 보장을 원칙으로 하는 경제 체제는 B 시장 경제 체제이다. 따라서 A가 '예', B가 '아니요'라고 대답하는 (나)에는 들어갈 수 없는 질문이다.

| 20 | 정답 ⑤ | * 경제 체제의 비교 |

① A에서는 희소성에 의한 경제 문제가 발생하지 않는다.
　 A, B 모두　　　　　　　　　　　　　　　　발생한다
② A에서는 '보이지 않는 손'에 의해 경제 문제를 해결한다.
　 B
③ B에서는 자원 배분의 효율성보다 형평성을 중시한다.
　 A
④ A에서는 B와 달리 경제적 유인을 강조한다.
　 B　　　　 A
⑤ B에서는 A와 달리 사적 이윤 추구 활동을 중시한다.
　 시장 경제 계획 경제
　 체제　　 체제

- 정부가 생산 수단을 소유하고 경제활동을 통제하는 갑국의 A 경제 체제는 계획 경제 체제이다.
- 사유 재산제를 바탕으로 가계와 기업이 자유롭게 경제활동을 하는 을국의 B 경제 체제는 시장 경제 체제이다.

| 선택지 분석 |

① 희소성에 의한 경제 문제는 모든 경제 체제에서 나타난다. 희소성은 인간의 욕구에 비해 자원의 양이 상대적으로 부족한 상태로, 기본적 경제 문제가 나타나는 원인이 된다.
② '보이지 않는 손'은 시장 가격을 의미한다. 시장 가격에 의해 경제 문제를 해결하는 경제 체제는 B 시장 경제 체제이다.
③ 자원 배분의 효율성보다 형평성을 중시하는 경제 체제는 A 계획 경제 체제이다. 효율성이란 최소의 비용으로 최대의 편익을 누리는 것이고 형평성이란 공공복리와 사회 정의, 평등을 실현하려는 특성이다. 계획 경제 체제에서는 특정 집단에 부가 편중되는 것을 중앙 정부가 통제함으로써 분배의 형평성을 실현하기 용이하다.
④ 경제적 유인을 강조하는 경제 체제는 B 시장 경제 체제이다. 시장 경제 체제에서는 사유 재산을 인정하기 때문에 개별 주체가 자신의 손실은 최소화하고 이익은 최대화하기 위해 노력하게 된다. 따라서 경제적 손실과 편익을 제공하여 사람들의 행동을 유인하는 경제적 유인에 자연스럽게 반응하고 중시하는 경향을 보인다.
⑤ 사적 이윤 추구 활동을 중시하는 경제 체제는 B 시장 경제 체제이다. 시장 경제 체제에서는 사유 재산을 보장하기 때문에 각 개별 경제 주체가 자신의 이익을 추구하기 위해 노력한다.

* 시장 경제 체제와 계획 경제 체제 비교

시장 경제 체제	계획 경제 체제
• 시장 원리에 의해 경제 문제 해결 • 자본주의와 결합하여 사유 재산권 보장 • 개별 경제 주체의 사익 추구 가능 • 시장 가격에 의한 효율적인 자원 배분 • 빈부 격차, 급격한 경기 변동으로 시장이 불안정해질 수 있음	• 정부의 결정과 통제에 의해 경제 문제 해결 • 사회주의와 결합하여 사유 재산권 부정 • 개별 경제 주체의 경제활동 자유 제한 • 부와 소득의 불평등 완화 • 정부 정책의 목표를 신속하게 달성할 수 있음 • 비효율적 자원 배분 및 경제적 유인 부족

내신 대비 필수 문제

문제편 82~84p

01 정답 ⑤ * 합리적 선택 분석

| 문제 + 자료 분석 |

• 갑이 여행을 선택했을 때의 명시적 비용은 여행 경비 200만 원이고, 암묵적 비용은 여행으로 7일간 가게 문을 닫는 동안 포기해야 하는 수입 350만 원이다.

| 보기 분석 |

ㄱ. 여행에 대한 기회비용은 명시적 비용인 여행 경비 200만 원과 암묵적 비용인 포기해야 하는 수입 350만 원을 더한 550만 원이다.

ㄴ. 여행에 대한 암묵적 비용은 여행으로 가게 문을 닫는 동안 포기해야 하는 수입이다. 하루 식당 수입이 50만 원이고, 여행을 가게 되면 7일간 가게 문을 닫아야 하므로 여행에 대한 암묵적 비용은 350만 원이다.

ⓒ 여행에 대한 명시적 비용은 여행 경비이다. 따라서 여행에 대한 명시적 비용은 200만 원이다.

ⓔ 여행을 떠나는 것이 합리적 선택이 되기 위해서는 여행의 편익이 기회비용인 550만 원보다 커야 한다.

02 정답 ⑤ * 편익과 기회비용

| 문제 + 자료 분석 |

• ⓛ: 현장 예매를 선택하며 포기한 가치
• ⓒ: 현장 예매를 선택하며 포기한 가치이자 인터넷 예매 시의 편익
• ⓔ: 이미 써 버려서 회수할 수 없는 매몰 비용

| 선택지 분석 |

① 편익이란 경제적 선택을 함으로써 얻게 되는 효용이나 이익을 의미한다. 편익에는 심리적 만족감과 같은 비금전적인 것도 포함된다. 공연 관람으로 인한 즐거움은 편익에 해당한다.

② 아르바이트 수입은 공연 관람을 선택하지 않았다면 얻을 수 있었던 이익으로 암묵적 비용이다.

③ 인터넷으로 예매를 하면 할인 혜택을 통해 공연 관람의 명시적 비용을 감소시키므로 편익에서 기회비용을 뺀 값은 증가한다.

④ 이미 써 버린 시간과 노력은 어떤 선택을 하더라도 회수할 수 없기 때문에 매몰 비용이 된다. 매몰 비용은 합리적 선택을 위해 고려해서는 안 된다.

⑤ ⓒ 할인 혜택은 현장 예매를 선택할 때 포기해야 하는 편익 즉 암묵적 비용이다. 암묵적 비용은 기회비용에 포함되는 비용으로 합리적 의사 결정의 기준이 된다. 반면에 ⓔ은 매몰 비용으로 어떤 선택을 하더라도 회수할 수 없는 비용이므로 합리적 선택에 영향을 주지 않는다.

03 정답 ② * 합리적 선택 분석

단서+발상

(단서) 합리적 선택은 편익에서 기회비용을 뺀 값의 극대화임을 떠올린다.

(발상) 기회비용은 명시적 비용과 암묵적 비용으로 구성된다는 것을 생각한다.

(적용) ⓐ, ⓛ의 암묵적 비용을 계산하고 이를 토대로 기회비용을 구하여 최종적으로 합리적 선택이 무엇인지 파악한다.

| 문제 + 자료 분석 |

• 갑이 뮤지컬 관람 또는 연극 관람을 선택했을 때의 기회비용과 편익은 다음과 같다.

구분	뮤지컬 관람	연극 관람
편익(원)	8만	4만
관람료(원)	3만	2만
암묵적 비용	4만 - 2만 = 2만	8만 - 3만 = 5만
기회비용	3만 + 2만 = 5만	2만 + 5만 = 7만
편익 - 기회비용	8만 - 5만 = 3만	4만 - 7만 = -3만

| 보기 분석 |

ⓖ 명시적 비용은 실제로 투입되는 회계적 비용이다. 자료에서 파악할 수 있는 명시적 비용은 관람료 밖에 없다. ⓖ 뮤지컬 관람료는 3만 원, ⓛ 연극 관람료는 2만 원이므로 명시적 비용은 ⓖ 뮤지컬 관람이 ⓛ 연극 관람보다 크다.

ㄴ. 암묵적 비용은 한가지 대안을 선택하기 위해 포기한 나머지 대안으로부터 얻을 수 있었던 이익으로, 포기한 대안의 편익에서 명시적 비용을 뺀 값이다. ⓖ 뮤지컬 관람의 암묵적 비용은 2만 원이다.(표 참조) ⓛ 연극 관람의 암묵적 비용은 5만 원이다. 그러므로 암묵적 비용은 ⓖ 뮤지컬 관람이 ⓛ 연극 관람보다 작다.

ⓒ 합리적 선택은 편익과 기회비용을 고려하고, 기회비용은 명시적 비용과 암묵적 비용의 합이다. ⓖ 뮤지컬 관람은 편익에서 기회비용을 뺀 값이 3만 원이다. ⓛ 연극 관람은 편익에서 기회비용을 뺀 값이 -3만원이다. 그러므로 편익보다 기회비용이 작은 ⓖ 뮤지컬 관람을 선택하는 것이 합리적이다.

ㄹ. ⓖ, ⓛ의 편익이 50%씩 감소하면 아래와 같이 새롭게 계산해야 한다.

선택	편익	명시적 비용	암묵적 비용	기회비용	편익 - 기회비용
뮤지컬 관람	4만	3만	0	3만	1만
연극 관람	2만	2만	1만	3만	-1만

ⓖ 뮤지컬 관람이 ⓛ 연극 관람보다 편익에서 기회비용을 뺀 값이 크므로 ⓖ 뮤지컬 관람을 선택하는 것이 합리적이다. 따라서 편익이 50%씩 감소해도 갑의 선택은 달라지지 않는다.

04 정답 ④ * 합리적 선택 분석

| 문제 + 자료 분석 |

• A~C의 명시적 비용은 A~C의 가격이며, 암묵적 비용은 특정 재화 선택에 따라 포기해야 하는 이익 중 큰 값이다.

| 선택지 분석 |

① 암묵적 비용은 포기하는 가치 중 가장 큰 값이다. A의 암묵적 비용은 C를 선택했을 때 얻을 수 있는 이익인 500원이다.

② 기회비용은 명시적 비용과 암묵적 비용을 합한 값이다. B의 명시적 비용은 가격인 1,500원이고, 암묵적 비용은 C를 선택했을 때 얻을 수 있는 이익인 500원이므로 B의 기회비용은 2,000원이다.

③ 명시적 비용은 실제로 지불하는 비용인 가격이다. C의 명시적 비용은 C의 가격인 2,000원이다.

④ A의 암묵적 비용은 500원이고, B의 암묵적 비용도 500원이므로 A와 B의 암묵적 비용은 같다.

⑤ A의 명시적 비용은 1,000원, B의 명시적 비용은 1,500원, C의 명시적 비용은 2,000원이다. A와 B의 명시적 비용의 합은 2,500원이므로 C의 명시적 비용보다 크다.

05 핵심 키워드: 편익, 기회비용

(모범 답안) A~C 중 가장 합리적인 선택은 C이다. A의 편익 1,200원에서 명시적 비용 1,000원과 암묵적 비용 500원을 빼면 -300원이고, B의 편익 1,800원에서 명시적 비용 1,500원과 암묵적 비용 500원을 빼면 -200원이다. C의 편익 2,500원에서 명시적 비용 2,000원과 암묵적 비용 300원을 빼면 200원이다. 즉 기회비용보다 편익이 큰 C를 선택하는 것이 가장 합리적이다.

| 문제 + 자료 분석 |

- A~C의 기회비용과 편익은 다음과 같다.

구분	A	B	C
명시적 비용	1,000원	1,500원	2,000원
암묵적 비용	500원	500원	300원
기회비용	1,500원	2,000원	2,300원
편익	1,200원	1,800원	2,500원
편익 - 기회비용	-300원	-200원	200원

✱ 채점 기준

편익과 기회비용을 사용해 합리적인 선택이 C임을 서술한 경우	100 %
합리적인 선택이 C인 것만 언급한 경우	30 %

06 정답 ② ✱ 합리적 선택 분석

| 문제 + 자료 분석 |

- ㉡: 매몰 비용
- ㉢: '아이돌 포토 카드' 구매의 명시적 비용
- ㉣: '아이돌 포토 카드' 구매의 편익이 기회비용보다 커야 합리적 선택임

| 보기 분석 |

㉠ 한정판 '아이돌 포토 카드'는 희소성이 크기에 재판매 시장에서 높은 가격에 판매된다. 희소성은 인간의 욕구에 비해 자원이 상대적으로 부족한 상태로, 희소성이 커질수록 시장 가격이 상승한다.

ㄴ. 요가 수업을 듣기 위해 이미 지불한 월 20만 원의 수강료는 환불받을 수 없으므로 매몰 비용에 해당한다. 합리적 선택 시 매몰 비용은 고려해서는 안 된다. 함정

㉢ '아이돌 포토 카드' 구매를 위해 실제 지출한 3만 원은 '아이돌 포토 카드'를 구매하는 선택의 명시적 비용이다.

ㄹ. 합리적인 선택을 위해서는 선택에 따른 편익이 기회비용보다 커야 한다. 따라서 갑이 '아이돌 포토 카드'를 구매하는 합리적 선택을 했다면 선택의 편익이 기회비용보다 크다고 판단했을 것이다.

07 정답 ② ✱ 기회비용과 합리적 선택

| 문제 + 자료 분석 |

- 갑이 창업 또는 이직을 선택했을 때의 기회비용과 편익은 다음과 같다.

구분	창업	이직
명시적 비용	2,000만 원	0원
암묵적 비용	5,500만 원	6,000만 원
기회비용	7,500만 원	6,000만 원
편익	8,000만 원	5,500만 원
편익 - 기회비용	500만 원	-500만 원

| 보기 분석 |

ㄱ. 이직시 별도의 비용이 발생하지 않으므로 이직할 경우 명시적 비용은 없다.

㉡ 창업할 경우 암묵적 비용은 이직할 경우의 연봉 5,500만 원이다.

ㄷ. 창업 시 년 비용 2,000만 원은 창업을 선택함으로써 지출된 비용이므로 창업의 명시적 비용에 해당한다.
매몰 비용이란 이미 지불하여 회수할 수 없는 비용으로, 합리적 선택을 할 때 고려해서는 안 되는 비용이다. 예를 들어, 환불이나 재판매가 불가능한 콘서트 티켓을 예매한 뒤 콘서트에 가는 것과 아르바이트를 가는 것 중 고민할 때 콘서트 티켓의 값은 회수할 수 없으므로 매몰 비용에 해당한다.

08 정답 ③ ✱ 합리적 선택 분석

| 문제 + 자료 분석 |

- 편익에서 기회비용을 뺀 값이 가장 큰 값을 선택해야 합리적이다.

| 선택지 분석 |

③ 창업을 선택할 경우 편익은 년 매출인 8,000만 원이며, 기회비용은 이직시 연봉 5,500만 원과 년 비용 2,000만 원을 더한 7,500만 원이다. 창업의 편익에서 기회비용을 뺀 값은 8,000만 원에서 7,500만 원을 뺀 500만 원이다.
이직을 선택할 경우 편익은 연봉 5,500만 원이며, 기회비용은 창업할 때의 수익 6,000만 원이다. 이직의 편익에서 기회비용을 뺀 값은 5,500만 원에서 6,000만 원을 뺀 -500만 원이다.
따라서 갑이 합리적인 선택을 하면 얻는 이익은 창업의 편익에서 기회비용을 뺀 값인 500만 원이다.

09 정답 ③ ✱ 독과점 문제

| 문제 + 자료 분석 |

- '독점 규제 및 공정 거래에 관한 법률'과 '공정 거래 위원회'의 역할은 불공정 거래 행위를 규제하여 경쟁이라는 시장 기능을 활성화시키는 것이다. 따라서 밑줄 친 시장 실패는 독과점 문제에 해당한다.

| 선택지 분석 |

① 공공재가 사회적으로 필요하지만 충분하게 생산되지 않는 현상은 공공재 부족 현상과 관련이 있다.

② 일자리가 부족해 실업 문제가 심화되는 현상은 독과점 문제와 관련이 없다.

③ 독과점 문제는 시장 지배력을 가진 하나의 기업 또는 소수의 기업이 담합을 통해 가격이나 생산량을 마음대로 조절하여 소비자들에게 피해를 주는 현상을 의미한다.

④ 경제 주체 간 소득 격차가 확대되는 현상은 독과점 문제와 관련이 없다.

⑤ 의도하지 않게 주변 사람들에게 피해를 주는 부정적 외부 효과는 독과점 문제와 관련이 없다.

✱ 공정 거래 위원회

> 공정 거래 위원회는 독점 거래, 불공정 거래에 관한 사안을 심의 의결하기 위해 설립된 중앙 행정 기관이다. 각종 진입장벽을 없애며 경쟁적 시장환경을 조성하고 부당한 거래 행위를 금지하여 시장에서의 공정한 경쟁 질서를 확립하는 역할을 맡고 있다. 또한, 소비자에게 일방적으로 불리하게 만들어진 약관을 시정하도록 하고 소비자가 정확한 정보를 바탕으로 합리적인 선택을 할 수 있도록 해 소비자가 피해를 보는 것을 막고 있다.

10 정답 ② ✱ 공공재의 특성

| 문제 + 자료 분석 |

- 등대는 일단 설치되면 대가를 내지 않은 사람도 사용할 수 있는 공공재에 해당한다.

| 선택지 분석 |

① 공공재는 한 사람이 사용해도 다른 사람이 언제든지 사용할 수 있는 비경합성을 특징으로 한다.

② 경합성은 한 사람의 소비가 다른 사람의 소비에 영향을 미치는 것이고, 배제성은 대가를 지불하지 않은 사람의 소비를 제한할 수 있는 것이다. 등대의 경우 경합성과 배제성이 없다는 점에서 공공재에 해당한다. 배제성이 없기에 무임승차를 제어할 수 없다.

③ 공공재는 시장에서 충분히 공급되지 않기에 정부의 시장 개입 필요성의 근거가 된다.

④ 외부불경제는 타인에게 의도치 않게 피해를 끼치는 경우이다.

⑤ 공공재는 시장에서 자율적으로 생산되지 않기에 선착순으로 분배를 할 수도 없다.

11 핵심 키워드 : 비경합성, 비배제성, 정부

모범 답안 다음에 제시된 사례들과 윗글의 등대는 모두 공공재이다. 공공재는 많은 사람이 같은 재화와 서비스를 동시에 소비할 수 있고, 한 개인의 소비가 다른 사람의 소비를 감소시키지 않는다는 비경합성을 띠고 있다. 또한, 대가를 내지 않은 사람도 재화나 서비스를 소비할 수 있다는 비배제성을 띠어 사회적으로 필요한데도 기업에 의해 충분히 생산되지 않아서 정부에서 생산을 담당하고 있다.

| 문제 + 자료 분석 |

- 마을의 놀이터, 도심 내 작은 공원, 길거리의 가로등은 모두 공공재에 해당한다.

＊ 채점 기준

공공재의 특성 두 가지와 함께 정부가 생산을 맡는다고 서술한 경우	100 %
공공재의 특성 두 가지만 서술한 경우	70 %

12 정답 ④ ＊ 시장의 한계

| 문제 + 자료 분석 |

- (가) : 독점 기업처럼 가격 결정력을 높이기 위해 시장 지배력이 있는 소수의 기업 간에 발생 '담합'
- (나) : 하천에 폐수를 방출한 기업이 하천을 오염시켜 주민들과 생태계에 피해를 주었지만, 이에 대한 대가를 치르지 않는 '부정적 외부 효과' 발생

| 보기 분석 |

ㄱ. 시장 지배력을 갖는 소수의 기업이 담합을 하게 되면 마치 독점 기업처럼 가격과 공급량을 결정할 수 있는 힘을 갖게 된다. 담합을 통해 가격을 공동 인상하고 점유율을 유지함으로써 얻는 이득이 크기 때문에 가격 절감 및 품질 개선 노력이 게을러지고, 신생 기업의 진입 장벽도 높아져서 전체 공급자 간의 공정한 경쟁이 이루어지지 않게 된다.

ㄴ. 다른 경제 주체에게 의도하지 않은 피해를 주고도 이에 대해 대가를 지불하지 않는 부정적 외부 효과는 사회적 최적 수준에 비해 과다 생산 또는 소비된다. 이처럼 자원이 비효율적으로 배분되는 문제를 해결하기 위해서는 정부의 개입이 요구된다.

ㄷ. 긍정적 외부 효과는 다른 경제 주체에게 의도하지 않는 이익을 주고도 이에 대한 대가를 받지 못하는 상태이다. 그러나 (나)는 긍정적 외부 효과가 아니라 부정적 외부 효과에 해당하는 사례이다.

ㄹ. (가)는 과점 기업의 담합이 발생한 사례로서 불공정 경쟁으로 인해 가격이 인상되었기 때문에 자원이 비효율적으로 배분된 사례이다. (나)는 공장 폐수로 인해 발생한 피해에 대한 보상이 이루어지지 않은 부정적 외부 효과 사례로서, 사회적 최적 수준보다 과다 생산 또는 소비되기 때문에 자원이 비효율적으로 배분된다. (가), (나)는 모두 자원의 비효율적 배분을 보여주는 사례에 해당한다.

13 정답 ③ ＊ 외부 효과

| 문제 + 자료 분석 |

- ○○기업이 제품을 생산하며 배출한 대기 오염 물질로 인해 사람들이 피해를 보고 있음 → 외부 불경제

| 선택지 분석 |

① ○○기업의 행동이 공장 주변에 사는 사람들에게 의도하지 않은 손해를 끼치고 있으므로 외부 불경제 사례에 해당한다.

② 외부 불경제 문제를 해결하기 위해서는 보조금 지급보다 벌금, 조세 부과의 방법이 적절하다.

③ 외부 불경제는 사회적 최적 수준에 비해 과다 생산 또는 과다 소비되는 특징을 가진다.

④ 필요량보다 과소 생산되는 경우는 외부 경제에 해당한다.

⑤ 제3자에게 의도하지 않은 혜택을 주는 경우는 외부 경제이다.

14 정답 ① ＊ 외부 효과

| 문제 + 자료 분석 |

- 의도하지 않게 주변에 이익을 주는 행위는 외부 경제, 의도하지 않게 주변에 피해를 주는 행위는 외부 불경제에 해당한다.

| 보기 분석 |

ㄱ. 아래층에서 올라오는 담배 연기로 인해 피해를 본 것은 흡연자가 제3자에게 의도하지 않은 손해를 끼치는 것으로 외부 불경제에 해당한다.

ㄴ. 밤마다 옆집 강아지가 짖는 소리가 공부에 방해가 되어 의도하지 않은 손해를 끼치고 있으므로 외부 불경제에 해당한다.

ㄷ. 치킨 가게들이 담합을 하여 소비자에게 피해를 주는 것은 독과점 문제에 해당한다.

ㄹ. 과수원 덕분에 양봉업자가 더 많은 꿀을 얻을 수 있었던 것은 의도하지 않은 이익을 받은 것이므로 외부 경제에 해당한다.

15 정답 ⑤ ＊ 경제 주체의 역할

| 문제 + 자료 분석 |

- (가): A 기업은 글로벌 탄소 감축 기여도를 높이기 위해 노력하고 있음
- (나): B 기업은 해양 폐기물을 부품 소재로 재활용하고, 매립 폐기물 제로화 등의 비전을 실천 중임
- A 기업과 B 기업 모두 친환경적인 생산을 통해 환경 보호에 기여하고 있음

| 선택지 분석 |

① 투명한 회계 운영이 기업의 역할이기는 하지만, (가), (나) 모두에서 나타나 있지 않다.

② 노동자의 근로 조건 개선이 기업의 역할이기는 하지만, (가), (나) 모두에서 나타나 있지 않다.

③ 소비자의 경제적 이익을 보호하는 것이 기업의 역할이기는 하지만, (가), (나) 모두에서 나타나 있지 않다.

④ 공정한 경쟁을 통한 이윤 추구가 기업의 역할이기는 하지만, (가), (나) 모두에서 나타나 있지 않다.

⑤ (가), (나)에서 공통으로 도출할 수 있는 기업의 역할은 친환경적인 생산을 통해 환경 보호에 기여하는 것이다.

＊ 기업의 사회적 책임

의미	소비자나 지역 사회 등과의 관계 속에서 이윤을 추구하는 기업이 사회에 대한 책임을 함께 져야 한다는 것
실천 방안	기업의 윤리 경영, 투명 경영, 환경 경영, 기부 활동 등

16 정답 ④ ＊ 시장 참여자

| 문제 + 자료 분석 |

- A: 생산 활동, 이윤 극대화 → 기업
- B: 노동 제공, 임금 → 노동자
- C: 수요 형성, 시장 가격 결정에 영향 → 소비자

| 선택지 분석 |

① 기업은 생산 요소 및 자원을 활용하거나 조합하여 재화와 서비스를 생산하여 시장에 공급한다.

② 노동이란 생산을 목적으로 하는 인간의 육체적 또는 정신적 활동을 말한다. 노동자는 노동의 공급자이고 기업은 노동의 수요자이다.

③ 소비자가 우리 경제에서 수행하는 가장 큰 역할은 기업이 생산한 재화와 서비스를 소비하는 것이다.

④ 노동자는 기업보다 상대적으로 약자의 위치에 있는 경우가 많다.

⑤ 소비는 개인적으로 욕구를 충족시키고 만족을 얻는 수단이지만, 국가 경제 전체적으로는 생산을 유발하는 원동력이 된다.

17 핵심 키워드: 단결권, 단체 교섭권, 단체 행동권

모범 답안 B는 노동자이며 헌법상에는 노동자의 기본 권리로 노동 3권인 단결권, 단체 교섭권, 단체 행동권이 명시되어 있다. 단결권은 노동자가 기업가와 대등한 위치에서 근로 조건을 개선하고 근로자의 경제적 지위 향상을 도모하기 위해 단체를 결성할 수 있는 권리이며, 단체 교섭권은 노동조합이 사용자와 근로 조건에 관해 교섭하고 단체 협약을 체결할 수 있는 권리이다. 단체 행동권은 근로 조건의 유지 및 개선을 위해 노동자가 사용자에 대항해 파업 등 단체 행동을 할 수 있는 권리이다.

| 문제 + 자료 분석 |

- 노동 3권은 노동자의 인간다운 생활을 보장해주며, 노동조합법은 헌법에 의거해 노동 3권을 보장하고 있다.

＊채점 기준

노동 3권에 해당하는 세 가지 권리의 명칭과 내용을 모두 서술한 경우	100 %
노동 3권에 해당하는 세 가지 권리의 명칭만 서술한 경우	40 %

내신 1등급 문제　　　　　　　문제편 85p

18 정답 ② ＊합리적 선택 분석

[보기]

ㄱ. B를 선택하는 것이 합리적이다.
　　편익에서 기회비용을 뺀 값 극대화
ㄴ. B를 선택할 경우의 명시적 비용은 100만 원이다.
　　　　　　　　　　　　　　　　　70만 원
ㄷ. C를 선택할 경우의 암묵적 비용은 30만 원이다.
　　A 선택 시 20만 원 ＜ B 선택 시 30만 원
ㄹ. A를 선택할 경우의 기회비용은 C를 선택할 경우보다 크다.
　　90　　　　　　　　　　140　　　　　작다

| 문제 + 자료 분석 |

- 암묵적 비용 : 실제 지불한 것은 아니지만 다른 대안을 선택하여 얻을 수 있었는데 포기한 이익. **세 가지 이상의 대안이 제시되었을 때의 암묵적 비용은 포기한 대안들의 (편익 - 가격) 값을 계산한 것 중 가장 큰 값에만 해당한다.** 꿀팁

| 보기 분석 |

ㄱ. A~C의 기회비용과 편익을 계산한 결과는 다음과 같다.

(단위: 만 원)

구분	A	B	C
편익	80	100	120
명시적 비용	60	70	110
암묵적 비용 (포기한 대안의 편익-명시적 비용)	100 - 70 = 30	80 - 60 = 20	100 - 70 = 30
기회비용(명시+암묵)	60 + 30 = 90	70 + 20 = 90	110 + 30 = 140
편익-기회비용	80 - 90 = -10	100 - 90 = 10	120 - 140 = -20

편익에서 기회비용을 뺀 값이 가장 큰 B를 선택하는 것이 합리적이다.

ㄴ. 명시적 비용은 해당 선택을 위해 실제 지출해야 하는 금액이다. B의 명시적 비용은 자전거 가격 70만 원이다.

ㄷ. C를 선택할 경우 A와 B 중 더 좋은 대안의 가치를 포기해야 한다. A를 포기할 때 얻지 못하는 이익(20)보다 B를 포기할 때 얻지 못하는 이익(30)이 더 크다. 따라서 C 선택의 암묵적 비용은 B를 포기하여 얻지 못한 30만 원이다.(표 참조)

ㄹ. A 선택의 기회비용은 90만 원이다. C를 선택했을 때의 기회비용은 140만 원이다. 그러므로 A 선택의 기회비용이 C 선택의 기회비용보다 작다. (표 참조)

19 정답 ③ ＊시장의 한계

① 독점 시장에서 거래된다.
　불완전 경쟁
② 시장의 공정한 경쟁을 저해한다.
　불완전 경쟁
③ 사회적으로 필요로 하는 양보다 적게 소비된다.
　외부 경제
④ 대가를 지불하지 않더라도 누구나 소비할 수 있다.
　비배제성
⑤ 한 사람의 소비가 다른 사람이 소비할 수 있는 양을 감소시키지 않는다. 비경합성

| 문제 + 자료 분석 |

- 어떤 경제 주체의 활동이 제3자에게 의도치 않은 이익이나 피해를 주는데도 대가를 받거나 치르지 않는 것을 외부 효과라고 한다.
- 독감 백신을 접종한 사람이 제3자에게 이익을 주었지만 대가를 받지 않으므로 외부 경제의 사례에 해당한다.

| 선택지 분석 |

① 독점 시장에서 거래되는 것은 시장 실패의 요인 중 독과점에 해당한다.
② 시장 지배력 남용이나 담합 등을 통해 시장의 공정한 경쟁을 저해하는 것은 시장 실패의 요인 중 불완전 경쟁(독과점)에 해당한다.
③ 외부 경제가 나타나는 재화나 서비스는 사회적으로 필요로 하는 양보다 과소 생산·소비된다. 한편, 외부 불경제가 나타나는 재화나 서비스는 사회적 최적 수준보다 과다 생산·소비된다.
④ 대가를 지불하지 않더라도 누구나 소비할 수 있는 것은 비배제성으로 공공재나 공유 자원이 이러한 특징을 지니고 있다.
⑤ 한 사람의 소비가 다른 사람이 소비할 수 있는 양을 감소시키지 않는 것은 비경합성으로 공공재가 이러한 특징을 지니고 있다.

왜 틀렸나?

'독감 백신 접종'을 무료로 시행했던 코로나 백신 접종과 동일한 것으로 생각하여 ④를 답으로 선택했을 수 있다. 그러나 사례에 나타난 독감 백신 접종은 '대가를 지불하고 접종한다.'는 단서가 있으므로 대가를 지불한 사람만 소비할 수 있는 배제성을 지니고 있다.

20 정답 ⑤ ＊합리적 선택

갑은 편익과 비용만을 고려하여 A 상품 구입 여부를 결정한다.
　합리적 선택 → 편익 ＞ 비용
A 상품을 구입하기 위해 갑은 대중교통을 이용해 이동해야 하며,
　대중교통 이용료 → 명시적 비용
A 상품을 구매하는 데 소요되는 시간 동안에는 아르바이트를 할 수 없어 임금을 받지 못한다.
　아르바이트 임금 포기 → 암묵적 비용
표는 갑의 A 상품 구입에 영향을 미치는 모든 요인을 금액으로 나타낸 것이다.

요인	금액
A 상품 구입에 따른 편익	(가)
A 상품의 가격	명시적 비용 3만 원
대중교통 이용료	명시적 비용 1만 원
지급받지 못하는 임금	암묵적 비용 2만 원

갑이 구입하고자 하는 A 상품은 소비자들이 소비할 때마다 다른 사람에게 일정액의 피해를 발생시키는 상품이다. 그런데 ⊙ 해당 피해액은 소비자들의 A 상품 구입에 따른 편익과
　부정적 외부효과
비용에 영향을 미치지 않는다. 이로 인해 ⊙ A 상품은 사회적으로 적정한 수준보다 과다 거래된다.

단서 A 상품 소비 억제 필요 → 세금 부과, 과징금 부과 등

- **명시적 비용**: 갑은 A 상품을 구입하기 위해 대중교통 이용료와 가격을 실제 지불하게 되므로 4만 원(3만 원+1만 원)
- **암묵적 비용**: 갑은 A 상품을 구입하기 위해 아르바이트 임금을 포기하게 되므로 2만 원
- **기회비용**: 명시적 비용과 암묵적 비용을 합한 6만 원(4만 원+2만 원)임. 합리적 선택이 되려면 편익이 6만 원보다 커야 함
- A 상품은 소비할 때마다 다른 사람에게 의도하지 않는 피해를 발생시키지만 대가를 지불하지 않음 → 부정적 외부효과

| 보기 분석 |

① 갑의 A 상품 구입에 따른 명시적 비용은 A 상품의 가격(3만 원)과 대중교통 이용료(1만 원)로 총 4만 원이다. 암묵적 비용은 아르바이트 포기로 지급받지 못하는 임금인 2만 원이다. 따라서 명시적 비용과 암묵적 비용은 다르다.

② (가)는 A 상품 구입에 따른 편익이다. 갑은 편익과 비용만을 고려하는 합리적 선택을 하므로, (가)가 A 상품 구입의 기회비용보다 커야 A 상품을 구입할 것이다. 기회비용은 6만 원이므로, (가)가 5만 원이면 '편익<비용'이 된다. 따라서 갑은 A 상품을 구입하지 않을 것이다.

③ ㉠은 A 상품 구입으로 인해 다른 경제 주체들이 얻게 되는 손해에 해당한다. 매몰 비용은 이미 지출하여 회수할 수 없는 비용을 의미한다.

④ ㉡은 부정적 외부효과의 결과로써 발생하는 현상이다. 윤리적 소비는 더 나은 사회 변화와 공정한 경제 체제 구축을 유도하기 위해 윤리적으로 접근하는 소비이다.

⑤ 부정적 외부효과로 인해 A 상품이 사회 적정 수준보다 더 많이 거래되고 있으므로, 소비의 억제가 필요하다. 소비자에게 세금을 부과하면 A 상품 구매에 대한 부담이 상승하게 되고 이는 소비 억제로 이어질 수 있다.

21 정답 ① * 경제 주체의 역할

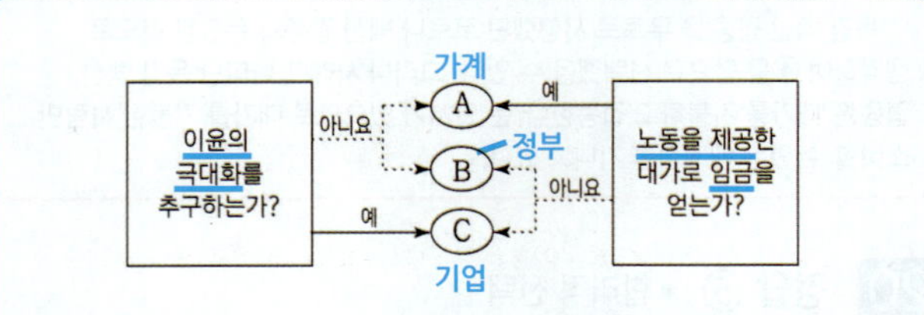

| 문제 + 자료 분석 |

- 이윤의 극대화를 추구하는 것은 기업이다. 기업은 최소의 비용으로 최대로 생산함으로써 효율성을 추구한다. 따라서 C는 기업이다.
- 노동이라는 생산 요소를 제공하고 대가로 임금을 받는 경제 주체는 가계이다. 따라서 A는 가계이고, 나머지 B는 정부가 된다.

| 보기 분석 |

ㄱ 소비를 통해 효용을 얻는 경제 주체는 가계이다. 가계는 가격과 효용을 비교하여 합리적인 소비를 지향한다.

ㄴ 가계와 기업에 공공 서비스를 제공하는 경제 주체는 정부이다.

ㄷ. 생산 요소의 공급자는 A 가계이다. 기업은 생산 요소의 수요자이다. 반대로 생산물의 공급자는 기업이며 생산물의 수요자는 가계이다.

ㄹ. 가계와 기업은 B 정부에 조세를 납부한다. 가계가 내는 대표적인 세금이 소득세이고, 기업이 내는 대표적인 세금이 법인세이다.

왜 틀렸나?

가계, 기업, 정부 세 경제 주체의 기본적인 특징을 정확하게 정리해야 틀리지 않을 수 있다. 특히, '생산물'의 경우 기업이 공급자, 가계가 수요자가 되지만, '생산 요소'의 경우 반대로 기업이 수요자, 가계가 공급자가 된다는 점을 반드시 기억해야 한다. 함정

08 자산 관리와 금융 생활

내신 대비 필수 문제   문제편 90~93p

01 정답 ⑤ * 자산 관리의 원칙

| 문제 + 자료 분석 |

- 갑: 원금 손실 가능성을 배제하고 싶음 → 안전성 중시
- 을: 수익을 올리고 싶음 → 수익성 중시

| 보기 분석 |

ㄱ. 갑은 자산의 가치가 안전하게 보호되는 안전성을 중시한다.

ㄴ. 을은 투자를 통해 수익을 기대하는 정도인 수익성을 중시한다.

ㄷ 갑은 원금 손실 가능성을 배제하고 싶어하므로 안전성이 높은 은행 예금이 적절하다.

ㄹ 을은 위험하더라도 수익을 올리고 싶어하므로 수익성이 높은 주식 투자가 적절하다.

02 정답 ⑤ * 자산 관리의 원칙

| 문제 + 자료 분석 |

- A: 금융 자산의 원금이 보전될 수 있는 정도 → 안전성
- B: 금융 자산을 쉽고 빠르게 현금화할 수 있는 정도 → 유동성
- C: 금융 자산의 가격 상승이나 이자 수익을 기대할 수 있는 정도 → 수익성

| 보기 분석 |

ㄱ. A는 안전성, B는 유동성, C는 수익성이다.

ㄴ. 일반적으로 예금처럼 안전성이 높은 금융 자산은 수익성이 낮고, 주식처럼 수익성이 높은 금융 상품은 안전성이 낮다.

ㄷ 일반적으로 예금은 채권보다 쉽고 빠르게 현금화할 수 있어 유동성이 높다.

ㄹ 일반적으로 주식은 예금보다 안전성과 유동성이 낮은 반면 수익성이 높다. 반면, 예금은 다른 금융 상품들에 비해 안전성과 유동성은 높지만 수익성은 낮다.

*** 주식과 채권**

구분	주식	채권
발행자	기업(주식회사)	기업, 정부, 공공 기관 등
특징	높은 투자 수익률을 기대할 수 있지만, 원금 손실이 발생할 수 있음	예금보다 안전성이 낮지만 수익성이 높고, 주식보다 수익성이 낮지만 안전성이 높음
투자자의 수익	배당 수익, 시세 차익	이자 수익, 시세 차익

03 정답 ⑤ * 금융 자산의 특징

| 문제 + 자료 분석 |

- (가): 사전에 약속된 이자, 금융 회사에 돈을 맡김 → 예금
- (나): 이자 지급 약속, 돈을 빌리고 발행하는 증서 → 채권

| 선택지 분석 |

① 국가, 기업, 공공 기관에서 발행 가능한 것은 채권이다.

② 예금자 보호법의 보호를 받는 것은 은행 예금이다.

③ 예금과 채권 모두 정해진 기간, 즉 만기가 있다.

④ 채권은 채권 시장에서 거래가 가능하다.

⑤ 예금과 채권 모두 만기 후 원금과 이자를 받을 수 있다는 공통점이 있다.

04 정답 ④ * 자산 관리의 원칙

| 문제 + 자료 분석 |

- 그래프를 통해 금융 자산의 수익성이 높으면 위험성 역시 높고, 수익성이 낮으면 위험성도 낮아지는 것을 확인할 수 있다.

| 선택지 분석 |

① 그래프를 보면 수익성이 높아질수록 위험성 또한 높아지고 있다.
   즉, 수익성이 높을수록 안전성은 낮다.
② 그래프를 통해 수익성이 높을수록 위험성 역시 높은 것을 확인할 수 있다.
③ 그래프를 보면 수익성과 안전성은 반비례하고 있으므로, 상관관계가 있다.
④ 그래프를 보면 수익성이 높아질수록 위험성이 높아지고 있다.
   따라서 양의 상관관계를 나타낸다.
⑤ 그래프를 보면 수익성이 높아질수록 안전성이 낮아지고 있다.
   따라서 음의 상관관계를 나타낸다.

* 수익성과 안전성의 상충 관계

> 사람들은 수익성과 안전성이 모두 높은 자산을 원하지만, 수익성과 안전성은 상충 관계에 있어 현실에서 그런 자산을 찾기는 어렵다.
> 주식과 같은 수익성이 높은 금융 상품은 그만큼 투자 위험도 커 안전성이 낮다. 반면 은행 예금과 같이 수익성이 낮은 금융 상품은 그만큼 투자 위험이 적어 안전성이 높다.

05 정답 ④ * 금융 자산의 특징

| 문제 + 자료 분석 |

- A: 수익성이 낮고 위험성도 낮은 예금
- B: 수익성과 위험성이 중간인 채권
- C: 수익성이 높고 위험성도 높은 주식

| 선택지 분석 |

④ A는 수익성이 낮고, 위험성도 낮다. 따라서 안전성이 높고 수익성이 낮은 예금에 해당한다.
   B는 수익성과 위험성 모두 A와 C의 중간 정도에 위치하고 있다.
   따라서 안전성과 수익성 모두 중간인 채권에 해당한다.
   C는 수익성이 높고, 위험성도 높다. 따라서 안전성이 낮고 수익성이 높은 주식에 해당한다.

06 정답 ④ * 금융 상품의 일반적인 특징

| 문제 + 자료 분석 |

- ㉠ 정기 예금 : 높은 안전성, 낮은 수익성
- ㉡ 채권 : 주식보다 높은 안전성, 예금보다 높은 수익성
- ㉢ 주식 : 낮은 안전성, 높은 수익성

| 선택지 분석 |

① 배당은 주식회사가 회사의 수익이 발생할 때 일정 부분을 주주들에게 나누어주는 돈이다. 이를 기대할 수 있는 것은 ㉢ 주식이다.
② 예금자 보호 제도는 금융 기관이 파산하여 예금을 지급할 수 없는 경우 예금 보험 공사에서 원금과 이자를 합해 예금자 보호 한도 내 금액까지 대신 돌려주는 제도이다. 시중 은행에서 취급하는 정기 예금은 예금자 보호 제도가 적용되지만 채권과 주식은 적용되지 않는다.
③ ㉢ 주식은 수익성은 높지만 원금이 보장되지 않기 때문에 안전성이 낮다. 이에 비해 ㉠ 정기 예금은 수익성이 낮지만 원리금이 예금자 보호 한도 내 금액까지 보장되기 때문에 안전성이 매우 높다.
④ 정기 예금과 채권의 공통점은 만기가 존재하고 만기 시에 일정한 이자를 지급 받는다는 것이다.
⑤ 채권과 주식은 매매가 가능하다. 살 때(매입) 금액보다 팔 때(매도) 금액이 높으면 시세 차익을 얻을 수 있다.

07 정답 ① * 금융 자산의 특징

| 문제 + 자료 분석 |

- (가): 주식에서 높고 예금에서 낮음 ⟶ 수익성
- (나): 주식에서 낮고 예금에서 높음 ⟶ 안전성

| 보기 분석 |

ㄱ. 주식에서는 (가)가 높게 나타나고 예금에서는 (가)가 낮게 나타나므로 (가)에는 수익성이 적절하다. 주식은 예금에 비해 고수익을 기대할 수 있다.
ㄴ. 주식에서는 (나)가 낮게 나타나고 예금에서는 (나)가 높게 나타나므로 (나)에는 안전성이 적절하다. 주식은 예금에 비해 원금 손실의 가능성이 높다.
ㄷ. 법률에 의해 일정 금액까지 원금이 보장되는 금융 자산은 예금이다.
ㄹ. 시장에서의 매매를 통해 시세 차익을 기대할 수 있는 것은 주식이다.

08 핵심 키워드 : 안전성, 수익성, 주식

[모범 답안] 갑은 원금 손실 가능성이 높더라도 고수익을 원하고 있으므로 (나) 안전성보다 (가) 수익성을 중시하고 있다. 따라서 안전성이 낮더라도 수익성이 높은 주식을 추천할 것이다.

| 문제 + 자료 분석 |

- 주식은 수익성이 높지만, 안전성이 낮은 금융 상품이다. 반면 예금은 수익성은 낮지만, 안전성이 높다.

* 채점 기준

수익성, 안전성을 언급하며 주식을 추천한 경우	100 %
주식을 추천할 것이라고만 서술한 경우	40 %

09 정답 ③ * 금융 상품의 비교

| 문제 + 자료 분석 |

- 시세 차익을 기대할 수 있는 금융 상품은 주식과 채권이다. 따라서 '시세 차익을 기대할 수 있는가?'에 '아니요'라고 대답한 A는 정기 예금이다.
- B와 C는 각각 주식 또는 채권 중 하나이다.

| 선택지 분석 |

① A는 정기 예금이다. 정기 예금은 주식과 채권에 비해 수익성이 낮다.
② B가 주식이라면 C는 채권이 된다. 따라서 (가)에는 채권이 '예'라고 대답할 수 있는 질문이 들어가야 한다. 배당 수익을 기대할 수 있는 금융 상품은 주식이므로 해당 질문은 (가)에 들어갈 수 없다.
③ C가 채권이라면 B는 주식이다. (가)에는 채권이 '예'라고 대답할 수 있는 질문이 들어가야 한다. 주식과 채권 중 만기가 정해져 있는 금융 상품은 채권이므로 해당 질문은 (가)에 들어갈 수 있다.
④ 이자 수익을 기대할 수 있는 금융 상품은 정기 예금 또는 채권이다. A가 정기 예금으로 이미 결정되었으므로 B는 주식, C는 채권이 된다. 예금자 보호 제도의 적용 대상이 되는 금융 상품은 채권이 아니라 예금이다.
⑤ 투자자의 기업 소유 지분을 나타내는 금융 상품은 주식이므로 B는 채권, C는 주식이다. 주식에 비해 채권은 안전성이 높다.

* 다양한 금융 상품의 비교

구분	예금	주식	채권
의미	금융 기관에 자금을 맡기고 원금과 이자를 받는 금융 상품	기업이 자금 마련을 위해 투자를 받고 발행하는 증서	기관이 미래에 일정한 이자를 지급할 것을 약속하고 투자받은 후 발행하는 증서
특징	수익성 ↓, 안전성 ↑	수익성 ↑, 안전성 ↓	주식보다 안전성 ↑

10　정답 ①　＊금융 상품의 비교

| 문제 + 자료 분석 |

- 배당 수익을 기대할 수 있는 금융 상품 B는 주식이다.
- A는 정기 예금이다.

| 선택지 분석 |

① 이자 수익을 기대할 수 있는 금융 상품은 A 정기 예금이다. 주식은 배당과
시세 차익을 통해 수익을 얻을 수 있다.

② 원금이 보장되는 금융 상품은 정기 예금이다. 따라서 다른 금융 상품에
비해 안전성이 높은 편이다. 주식의 경우 원금 손실의 위험이 높기 때문에
안전성이 낮다.

③ 수익성이 보다 높은 금융 상품은 주식이다. 수익성은 금융 상품의 가격
상승이나 이자 수익을 기대할 수 있는 정도로써, 주식은 안전성이 낮지만
수익성이 높다는 특징을 가진다. 반면 정기 예금의 경우 안전성은 높지만
수익성이 낮다.

④ 시세 차익을 기대할 수 있는 금융 상품은 B 주식에 해당한다. 따라서 정기
예금의 특징이 들어가야 하는 (가)에는 들어갈 수 없다. 시세 차익이란,
가격이 낮게 형성되어 있을 때 매수했던 금융 상품이 가격이 오른 시점에
팔아 얻는 이익을 의미한다. 주식의 경우 주가가 낮을 때 구매하여 주가가
높아졌을 때 판매할 수 있어 시세 차익을 얻을 수 있다.

⑤ 만기가 정해져 있는 금융 상품은 A 정기 예금이다. 따라서 주식의 특징이
들어가야 하는 (나)에는 들어갈 수 없다. 정기 예금은 일정 금액의 돈을 일정
기간 맡겨 두고 이자를 받는 저축성 예금의 일종으로 만기가 정해져 있다.
반면 주식은 구매와 판매가 기간에 상관없이 자유롭게 이루어질 수 있다.

문제 풀이 Tip

예금의 종류 중 정기 예금, 정기 적금 등의 저축성 예금은 만기가
존재하지만 요구불 예금의 경우 만기가 정해져 있지 않다. 요구불 예금은
자유롭게 입금과 출금을 할 수 있는 금융 상품이다.

11　정답 ①　＊금융 상품의 비교

| 문제 + 자료 분석 |

- A는 수익보다 보장에 초점을 두고 있는 금융 자산이므로 보험이다.
- B는 C보다 안전성이 낮고 수익성이 높으므로 B는 주식, C는 예금이다.

| 보기 분석 |

ㄱ. A는 큰 손실을 막아주는 금융 상품인 보험, B는 수익성이 높은 주식, C는
안전성이 높은 예금이다.

ㄴ. 보험은 사고, 질병 등 미래의 위험에 대비하기 위해 정기적으로 보험료를
납부하고 사고가 발생하면 보험금을 받는 상품이다.

ㄷ. 주식은 주식 매매에 따른 시세 차익과 배당을 기대할 수 있다.

ㄹ. 예금은 채권보다 수익성은 낮지만, 안전성은 높다.

12　정답 ㉠ 1점, ㉡ 3점

| 문제 + 자료 분석 |

- 주식은 만기가 없고, 이자 수익을 기대할 수 없으며, 시세 차익을 기대할
수 있다.
- 채권은 만기가 있고, 이자 수익과 시세 차익을 기대할 수 있다.

＊ 금융 상품의 특징

구분	정기 예금	주식	채권
만기	O	X	O
이자	O	X	O
시세 차익	X	O	O
배당 수익	X	O	X
예금자 보호 제도의 보호	O	X	X

13　정답 ⑤　＊생애 주기

| 문제 + 자료 분석 |

- ㉠ 유아기: 소득이 없는 시기
- ㉡ 아동기: 부모의 소득에 의존해 소비 생활을 하는 시기
- ㉢ 청년기: 취업을 통해 소득이 생겨나는 시기
- ㉣ 장년기: 소득이 가장 많고 소비 규모도 큰 시기
- ㉤ 노년기: 소득보다 소비가 많은 시기

| 선택지 분석 |

① 유아기에는 소득이 없어 지출보다 소득이 많을 수 없다.

② 지출이 많이 요구되는 시기는 장년기이다. 장년기에는 자녀의 교육, 주택
마련 등으로 지출 규모가 많다.

③ 저축 규모는 소득이 가장 많이 증가하는 장년기에 가장 커진다.

④ 장년기는 자녀 교육, 주택 마련 등으로 소비 규모가 크지만 소득이
소비보다 많다. 소득이 감소하는 시기는 노년기이다.

⑤ 노년기에는 소득이 빠르게 감소하지만, 지출은 일정 수준을 유지한다.
따라서 소득에 비해 지출 수준이 더 크다.

14　정답 ④　＊생애 주기 곡선

그림은 생애 주기 곡선을 나타낸 것이다. 이에 대한 옳은 설명만을
〈보기〉에서 고른 것은?

| 문제 + 자료 분석 |

- A, B는 소득과 소비가 일치하는 시점이다.
- (가)는 소비보다 소득이 많은 영역으로 저축을 의미하고, (나)는 소비가
소득보다 많은 영역으로 부채를 의미한다.

| 보기 분석 |

ㄱ. A는 아직 저축이 형성되지 않았으며, B가 누적된 저축액이 가장 큰
시점이다.

ㄴ. B는 소득과 소비가 일치하는 시점으로 경제적 정년에 해당한다.

ㄷ. (가)는 저축이며, (나)는 노년기의 안정된 생활을 위해 필요한 자산의
규모를 뜻한다.

ㄹ. (가)는 저축으로 (가)가 (나)보다 넓을 경우 안정적 노후 생활이
가능하다.

문제 풀이 Tip

A와 B 사이의 구간은 저축이 가능한 시기이며, 저축의 규모는 A~B까지
누적된 저축액을 고려했을 때 소득과 소비 곡선이 다시 만나는 B에서 최대가
된다. 반면 B 이후의 구간은 소득에 비해 소비가 많은 구간으로 과거에 저축한
자산을 활용해 생계를 유지해야 한다.
　한 사람의 소득과 소비 흐름을 나타내는 그래프를 통해 저축액이 가장
많은 시기, 소득＞소비 시점, 소득＜소비 시점을 물어볼 수 있으니 생애 주기
곡선의 특징을 기억해두면 유용하다.

15 정답 ② * 생애 주기

| 문제 + 자료 분석 |

- **A**: 자녀 양육, 주택 마련, 노후 대비 → 장년기
- **B**: 은퇴, 노후 생활, 건강 관리 → 노년기
- **C**: 취업, 결혼 준비, 경제적 독립 → 청년기

| 선택지 분석 |

① 장년기는 수입이 지출보다 큰 시기로, 저축이 가능하다.
② 노년기에는 소득보다 소비가 많아 마이너스 저축이 발생한다.
③ 소득이 소비보다 많은 시기는 노년기가 아닌 장년기이다.
④ 은퇴 이후의 삶인 **B**는 노년기, 취업으로 수입이 발생하는 **C**는 청년기이다.
⑤ 생애 주기 단계는 **C** 청년기, **A** 장년기, **B** 노년기 순서로 진행된다.

* 생애 주기별 특징

구분	과업	수입과 지출
아동기	• 지식과 규범 학습 • 자아 정체성 형성	부모의 소득에 의존
청년기	• 취업과 결혼 준비 • 경제적 독립	취업과 함께 소득 발생
장년기	• 자녀 양육 • 주택 마련 • 노후 대비	• 소득 증가 • 자녀 교육, 주택 마련 　→ 지출 증가
노년기	• 은퇴 이후 노후 생활 • 건강 관리	• 경제적 정년으로 소득 감소 • 연금 생활

16 핵심 키워드: 수익성, 안전성, 주식, 예금

모범 답안 전체 소득에서 '100-자신의 나이' 비율만큼 수익성이 높은 금융 자산에 투자하는 법칙을 따르면 청년기에는 수익성이 높은 금융 자산에, 노년기에는 수익성이 낮고 안전성이 높은 금융 자산에 투자하게 된다. 따라서 청년기에는 수익성이 높은 주식에 주로 투자해야 하고, 노년기에는 안전성이 높은 예금에 주로 투자해야 한다.

| 문제 + 자료 분석 |

- '100-나이' 법칙은 나이가 젊을 때는 공격적으로, 나이가 들어서는 보수적으로 투자하라는 법칙이다.

* 채점 기준

청년기와 노년기에 투자해야 하는 금융 자산을 정확히 제시한 경우	100%
두 시기 중 하나만 정확히 제시한 경우	50%

17 정답 ④ * 금융 자산 관리의 원칙

| 문제 + 자료 분석 |

- **(가)**: '달걀을 한 바구니에 담지 마라'는 격언은 달걀을 한 바구니에 모두 담았다가 떨어뜨려 모두 깨질 수 있는 것처럼 투자도 한 곳에 지나치게 집중하지 말라는 뜻을 담고 있다.
- **(나)**: '100-나이' 법칙은 100에서 자신의 나이를 뺀 만큼의 비율을 수익성이 높은 자산에, 나머지를 안전성이 높은 자산에 투자하는 방식이다.

| 보기 분석 |

ㄱ. (가)는 수익성과 안전성 모두를 고려해야 함을 말하고 있다.
ㄴ. (가)는 특정 자산에 모든 재산을 투자하지 말고 여러 자산에 적절히 투자함으로써 수익성과 안전성을 모두 추구해야 한다는 것을 말한다.
ㄷ. (나)는 나이가 들수록 원금 손실의 위험이 큰 투자 자산의 비중을 줄이고 원금이 보장되는 안전 자산의 비중을 높여가야 한다는 원칙이다.
ㄹ. (나)는 소득이 높은 젊은 시기와 소득이 적은 노년기의 투자 방식에는 차이가 있어야 함을 의미한다.

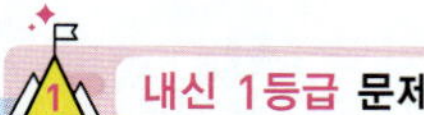

18 정답 ④ * 금융 자산의 특징

① ⓒ은 ⊙에 비해 일반적으로 안전성이 ~~높다~~. **낮다**
② ⓔ은 ⓒ과 달리 만기가 ~~없다~~. **있다**
③ ~~⊙~~, ⓒ은 모두 ~~배당 수익~~을 기대할 수 있다.
> 주식회사의 수익이 발생한 경우 주식을 가진 사람들에게 수익의 일정 부분을 나눠 주는 것
④ 2019년에 이자 수익을 기대할 수 있는 금융 자산의 **예금, 채권** 비중은 60%보다 크다. **68.5%**
⑤ 2020년에 시세 차익을 기대할 수 있는 금융 자산의 **주식, 채권** 비중은 2019년보다 ~~감소~~하였다. **증가**

| 문제 + 자료 분석 |

- ⊙ 예금 : 금융 회사에 돈을 맡기고 약속된 이자를 받는 금융 상품으로 수익성은 낮으나, 안전성이 높다. 이자 수익을 얻을 수 있으며 만기가 있는 저축성 예금, 만기가 없는 요구불 예금 등이 있다.
- ⓒ 주식 : 기업에 자금을 투자한 사람에게 그 대가로 회사 소유권의 일부를 지급하는 증서로 수익성이 높으나 안전성이 낮다. 주식 보유에 따른 배당 수익과 주가 변동으로 인한 시세 차익을 얻을 수 있다.
- ⓔ 채권 : 돈을 빌린 후 제공하는 증서로 만기 시에 이자와 원금을 돌려받으며 주식보다 안전성이 높다. 만기 시 이자 수익을 얻을 수 있고, 만기 전에 거래를 통해 시세 차익을 얻을 수 있다.

| 선택지 분석 |

① 주식은 예금에 비해 안전성이 낮고 수익성이 높다.
② 채권은 만기가 정해져 있으며 만기 시 이자와 원금을 받을 수 있다. 주식은 만기가 없다.
③ 배당은 주식회사의 수익이 발생한 경우 주식을 가진 사람들에게 수익의 일정 부분을 나눠 주는 것이다. 따라서 배당 수익은 주식에서만 발생한다.
④ 이자 수익을 기대할 수 있는 금융 자산은 예금과 채권이다. 2019년 두 금융 자산의 비중의 합은 68.5%로 60%보다 크다.
⑤ 시세 차익을 기대할 수 있는 금융 자산은 주식과 채권이다. 두 금융 자산의 비중의 합은 2019년은 59.5%, 2020년은 70.5%로 2020년에 증가하였다.

왜 틀렸나?
> 이자 수익을 기대할 수 있는 금융 자산은 예금뿐만 아니라 채권도 있으며, 시세 차익을 기대할 수 있는 금융 자산은 금융 상품 거래가 가능한 주식과 채권이다. 배당 수익은 주식만 해당된다는 점을 명심하자.

* 금융 상품 비교

예금	• 돈을 맡기고 약속된 이자를 받는 금융 상품 • 수익성 ↓, 안전성 ↑
주식	• 발행 주체: 회사 • 투자자로부터 돈을 받음 → 만기 X • 배당 수익, 시세 차익 얻을 수 있음 • 수익성 ↑, 안전성 ↓
채권	• 발행 주체: 회사, 공공 기관, 정부 • 채권자에게서 돈을 빌림 → 만기 O • 이자, 시세 차익 얻을 수 있음 • 주식에 비해 수익성 ↓, 안전성 ↑

A국 국민 갑은 자신의 자산 전부인 5,000달러를 금융 상품에 투자하고 있다. 표는 갑이 투자하고 있는 금융 상품별 투자액을 나타낸다.

금융 상품	투자액(달러)
A국 ○○ 은행의 정기 예금	1,000
A국 ◇◇ 기업 주식	2,500
B국이 발행한 채권	1,500

갑은 아래의 신문 기사에 나타난 경제 상황을 고려하여 자신이 보유하고 있는 금융 상품에 대한 투자 비중을 조정하는 금융 의사 결정을 하려고 한다.

> **△△ 신문**
>
> A국 중앙은행이 기준 금리 인상을 결정하였다. B국에서 발
> [단서] 은행 이자 인상 → 예금 수익 증가 가능
> 생한 내전이 장기간 이어지면서 B국으로부터 수입하는 원자
> 재 가격 급등으로 인하여 ⊙ 물가 상승세가 심화된 데 따른 조
> 가계 소비 감소로 이어짐
> 치로 해석된다. □□ 경제 연구소는 이번 금리 인상 결정이 시
> 중 금리 인상으로 이어져 대출 부담이 증가할 수 있지만, A국
> 물가 안정에 도움이 될 것이라 전망했다.

| 문제 + 자료 분석 |

- 갑은 자산 5,000달러 중 정기 예금에 1,000달러, 주식에 2,500달러, 채권에 1,500달러를 투자하고 있음
- 정기 예금은 안전성이 높으나 수익성이 낮고, 주식은 수익성은 높으나 안전성이 낮음. 채권은 주식보다 수익성이 낮으나 안전성이 높음
- 신문 기사에 따르면 A국은 물가 상승을 해결하기 위해 기준 금리 인상을 결정함. 이는 시중 은행의 이자 상승으로 이어져 대출에는 부담을 주지만 정기 예금의 이자 수익은 증가하게 함

| 선택지 분석 |

① 배당 수익을 기대할 수 있는 금융 상품은 주식이다. 주식은 매매에 따른 시세 차익 및 배당을 통해 수익을 얻을 수 있다. 갑은 총 자산 중 가장 많은 금액을 주식에 투자하고 있다. ==예금은 이자를 통해 수익을 얻고, 채권은 매매에 따른 시세 차익 및 채권 이자로 수익을 얻을 수 있다. 금융 상품의 특징을 정확히 기억하자.== 꿀팁

② 시세 차익을 기대할 수 있는 금융 상품은 주식과 채권이다. 갑은 주식에 2,500달러, 채권은 1,500달러에 투자하고 있으므로 시세 차익을 기대할 수 있는 금융 상품에 총 4,000달러를 투자했다. 이는 총 투자액 5,000달러 중 80%(4,000/5,000×100=80%)를 차지한다.

③ 물가 상승은 상품 가격의 인상을 의미하므로 가계 소비에 부담이 된다. 따라서 물가의 상승은 가계 소비 감소 요인이다.

④ A국의 기준 금리 인상 결정으로 시중 금리, 즉 은행의 이자는 인상될 것이다. 은행의 이자 인상으로 대출은 부담이 되겠지만, 예금에 대한 이자 수익은 높아질 것이다. 그러므로 갑은 정기 예금에 대한 투자 비중을 증가시킬 것이다.

⑤ 안전성은 투자한 금융 상품의 가치가 보호될 수 있는 정도로, 여러 금융 상품 중 예금이 가장 높다. B국은 장기간 계속된 내전으로 경제적으로 불안정한 상황일 것이므로 B국이 발행한 채권의 안전성은 낮을 것이다. 그러므로 갑이 안전성만을 고려한다면, B국이 발행한 채권보다는 정기 예금에 대한 투자 비중을 늘리는 것이 합리적이다.

왜 틀렸나?

④를 정답으로 선택했다면 금리 인상의 영향을 잘 몰랐을 수 있다. 금리 인상은 시중 은행의 이자 상승으로 이어져 대출 시에는 부담이 되지만 예금 시에는 이자 수익이 높아지므로 이익이 된다.

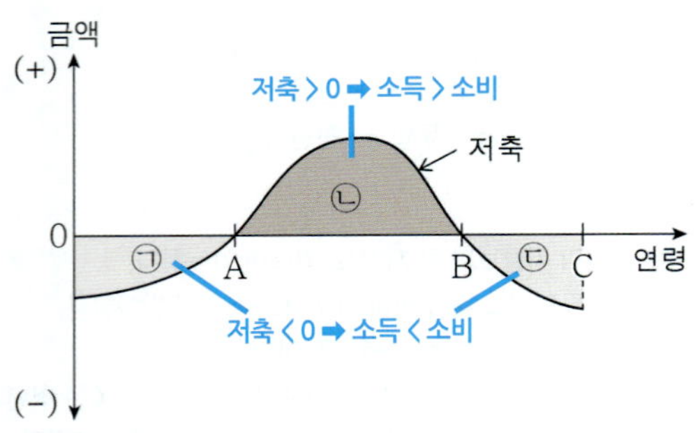

① 0~A 기간에는 양(+)의 저축이 나타났다.
   음(-)
② A~B 기간에는 소득보다 소비가 컸다.
   소비   소득
③ B~C 기간에는 소득 대비 소비가 지속적으로 감소했다.
   증가
④ 0~C 기간 중 누적 저축액은 B 시점에 가장 많았다.
   B 시점 이후 음(-)의 저축이 시작되므로
⑤ 갑이 0~C 기간의 소득과 소비를 일치시켰다면 ⓒ 면적은 ⊙과 ⓒ 면적의 합보다 크다.
   같다

| 문제 + 자료 분석 |

- 0~A, B~C 기간에 저축 < 0 이므로 해당 기간에는 소득보다 소비가 더 크게 나타난다.
- A~B 기간에 저축 > 0 이므로 해당 기간에는 소득이 소비보다 더 크게 나타난다.

| 선택지 분석 |

① 0~A 기간에는 저축을 나타내는 곡선이 0보다 아래에 있다. 즉, 음(-)의 저축이 나타났다.

② A~B 기간에는 저축을 나타내는 곡선이 0보다 위에 있다. 즉, 양(+)의 저축이 나타나고 있다. 저축 = 소득 - 소비이므로, 저축 > 0이라는 것은 소득 > 소비라는 의미이다.

③ B~C 기간에는 저축을 나타내는 곡선이 점차 작아지고 있다. 이는 소득보다 소비가 점차 많아져 그 격차가 커지고 있음을 의미한다. 따라서 소득 대비 소비는 지속적으로 증가했다.

④ 0~C 기간 중 A 시점까지 음(-)의 저축액이다가 A 시점 이후 B 시점까지 양(+)의 저축액이 나타난다. 따라서 누적 저축액은 B 시점까지 점차 커진다. B 시점 이후에는 다시 음(-)의 저축액이 나타나므로 누적 저축액은 B 시점 이후 감소하게 될 것이다. 따라서 누적 저축액이 가장 많은 시점은 B 시점이 된다.

⑤ 저축=소득-소비이므로, 갑이 0~C 기간의 소득과 소비가 일치시켰다면 저축=0이 될 것이다. 저축액이 0이 되기 위해서는, 음(-)의 저축액과 양(+)의 저축액이 같아야 하고, 따라서 ⊙과 ⓒ 면적의 합은 ⓒ 면적과 같다.

＊ 생애 주기

> 시간의 흐름에 따라 개인의 삶이 어떻게 진전되는지, 또 가족의 모습은 어떻게 변화하는지를 몇 가지 단계로 나타낸 것을 생애 주기 또는 라이프 사이클이라고 한다. 모든 사람이 거치게 되며, 각각의 생애 주기 단계별로 필요한 지출과 소득이 다르다. 즉 생애 주기는 취업 후, 결혼 후, 은퇴 후 등의 단계에 따라 필요가 달라지며, 그 필요를 채울 수 있는 소득도 달라진다.

내신 대비 필수 문제

문제편 97~100p

01 정답 ② ＊국제 분업과 무역

| 문제 + 자료 분석 |

- 국제 분업이란 각 나라가 무역에 유리한 것을 특화하여 생산하는 것으로, 한 나라가 다른 나라보다 잘 만들 수 있는 것을 집중적으로 생산하여 수출하면 더 많은 이익을 얻을 수 있다.

| 보기 분석 |

ㄱ. 국제 분업이 이루어지면 각 나라가 무역에 유리한 것을 집중적으로 생산하기 때문에 이전에 비해 생산량이 증가한다.

ㄴ. 제시된 사례에서 고용 창출 여부는 나타나 있지 않다.

ㄷ. 국가 간 분업은 생산량의 증대로 이어진다. 이는 자원을 효율적으로 사용한 것이라 할 수 있다.

ㄹ. 제시된 사례에서 생산 요소의 차이는 나타나 있지 않다.

02 정답 ② ＊국제 무역의 발생 요인

| 문제 + 자료 분석 |

- 우리나라에서 커피를 많이 소비하고는 있으나, 다른 나라와의 생산비 차이로 커피를 국내에서 재배하지 않고 있다.

| 보기 분석 |

ㄱ. 커피를 국내에서 생산할 경우 별도의 시설 비용이 필요하나 에티오피아의 경우 시설 비용 없이 생산 가능하다. 즉, 자연환경의 차이로 생산비의 차이가 발생하고 있다.

ㄴ. 제시문에서도 알 수 있듯이 커피라는 상품의 생산비는 각 국가의 자연환경의 차이로 달라질 수 있다.

ㄷ. 우리나라는 에티오피아와 달리 커피를 재배하기 위해 별도로 시설을 마련해야 한다. 따라서 국내에서 생산하는 것보다 수입하는 것이 더 경제적일 수 있다.

ㄹ. 수입하는 것이 국내에서 생산하는 것보다 더 효율적일 수도 있다.

03 정답 ④ ＊무역 발생의 원리

단서+발상

(단서) 표는 쌀과 물고기 1단위 생산에 필요한 노동자 수를 나타낸다.

(발상) 쌀과 물고기 1단위 생산에 필요한 노동자 수가 적은 나라가 절대 우위를 가진다.

(적용) 재화 1단위 생산의 기회비용이 작은 나라가 비교 우위를 가진다.

| 문제 + 자료 분석 |

- 갑국과 을국의 쌀과 물고기 1단위 생산의 기회비용은 아래와 같다.

구분	갑국	을국
쌀 1단위 생산의 기회비용	물고기 1/2단위	물고기 1단위
물고기 1단위 생산의 기회비용	쌀 2단위	쌀 1단위

→ 갑국은 쌀 생산에, 을국은 물고기 생산에 대해 비교 우위를 가진다.

| 보기 분석 |

ㄱ. 쌀 1단위 생산에 필요한 노동자 수는 갑국이 5명, 을국이 15명이므로 갑국이 쌀 생산에 대해 절대 우위를 가진다.
물고기 1단위 생산에 필요한 노동자 수는 갑국이 10명, 을국이 15명이므로 갑국이 물고기 생산에 대해 절대 우위를 가진다.

ㄴ. 갑국의 물고기 1단위 생산의 기회비용은 쌀 2단위이다.

ㄷ. 물고기 1단위 생산의 기회비용은 갑국이 쌀 2단위, 을국이 쌀 1단위로 을국이 갑국보다 작다.

ㄹ. 쌀 1단위 생산의 기회비용은 갑국이 물고기 1/2단위, 을국이 물고기 1단위로 갑국이 작다. 따라서 갑국이 쌀 생산에 대해 비교 우위를 가지고, 을국은 물고기 생산에 대해 비교 우위를 가진다.

＊ 절대 우위와 비교 우위

절대 우위	다른 생산자보다 동일한 양을 더 적은 비용으로 생산할 수 있는 능력
비교 우위	다른 생산자보다 더 작은 기회비용으로 생산할 수 있는 능력

04 정답 ⑤ ＊무역 발생의 원리

| 문제 + 자료 분석 |

- 제시문은 갑국과 을국이 최대로 생산 가능한 재화의 양을 나타낸 것이다. 이를 바탕으로 쌀과 옷 1단위 생산의 기회비용을 계산하면 다음과 같다.

구분	갑국	을국
쌀	옷 2단위	옷 4단위
옷	쌀 1/2단위	쌀 1/4단위

| 선택지 분석 |

① 절대 우위는 동일한 자원을 투입했을 때 생산량이 더 많은 경우를 뜻한다. 갑국과 을국의 자원 보유량은 동일하고, 보유 자원을 모두 투입하여 옷을 생산했을 때 갑국의 옷 생산량이 더 많으므로 갑국이 옷 생산에 절대 우위가 있다.

② 비교 우위는 특정 상품 생산의 기회비용이 다른 나라보다 작은 경우를 뜻한다. 갑국이 을국보다 쌀 생산의 기회비용이 작으므로 쌀 생산에 비교 우위가 있는 것은 갑국이다. (표 참조)

③ 갑국의 쌀 1단위 생산의 기회비용은 옷 2단위이다.

④ 을국의 옷 1단위 생산의 기회비용은 쌀 1/4단위이다.

⑤ 쌀 생산의 기회비용은 갑국이 더 작으며, 옷 생산의 기회비용은 을국이 더 작다. 즉, 갑국은 쌀 생산에 비교 우위, 을국은 옷 생산에 비교 우위를 가진다.

05 정답 ① ＊무역 발생의 원리

| 문제 + 자료 분석 |

	마카롱	샌드위치
갑	5(기회비용 샌드위치 $\frac{4}{5}$)	4(기회비용 마카롱 $\frac{5}{4}$)
을	3(기회비용 샌드위치 1)	3(기회비용 마카롱 1)

| 보기 분석 |

ㄱ. 절대 우위는 특정 제품 생산에 대해 생산비가 동일할 때 생산량이 더 많거나 생산량이 동일할 때 생산비가 더 적은 경우이다. 이 문제에서 1시간은 생산에 투입되는 비용에 해당하고, 같은 시간 동안 마카롱을 2개 더 만들 수 있는 갑이 마카롱 생산에 있어 절대 우위를 가진다.

ㄴ. 비교 우위를 갖기 위해서는 기회비용이 작아야 한다. 기회비용은 한 제품을 생산하기 위해 포기한 다른 제품의 생산량이다. 마카롱 또는 샌드위치 1개 생산의 기회비용을 계산하면 다음과 같다.

	마카롱	샌드위치
갑	샌드위치 $\frac{4}{5}$개	마카롱 $\frac{5}{4}$개
을	샌드위치 1개	마카롱 1개

을이 갑보다 샌드위치 1개 생산의 기회비용이 작으므로 샌드위치 생산에 비교 우위를 갖고 특화하는 것이 합리적이다.

ㄷ. 갑은 샌드위치 4개를 만들기 위해 마카롱 5개의 생산을 포기해야 한다. 그러므로 갑의 샌드위치 1개 생산의 기회비용은 마카롱 $\frac{5}{4}$개이다.

ㄹ. 을은 마카롱을 생산하는 시간 동안은 샌드위치를 생산할 수 없고, 샌드위치를 생산하는 시간 동안은 마카롱을 생산할 수 없다. 그러므로 1시간 동안 마카롱 3개 또는 샌드위치 3개 중 하나만 만들 수 있다.

06 정답 A재 갑국, B재 갑국

| 문제 + 자료 분석 |

• 갑국은 A, B재 생산에 소요되는 시간이 을국보다 적다. 즉, A재와 B재 모두 보다 적은 비용으로 생산할 수 있다. 따라서 갑국은 두 재화 모두에 절대 우위를 가지고 있다.

07 핵심 키워드: 기회비용, 비교 우위

모범 답안 A재 생산의 기회비용은 을국이 B재 1/3단위, 갑국이 B재 1/2단위이므로 을국이 갑국보다 작다. 따라서 A재 생산의 비교 우위는 을국이 가진다. B재의 경우 갑국의 기회비용이 A재 2단위, 을국의 기회비용이 A재 3단위이므로 갑국이 비교 우위를 가진다.

| 문제 + 자료 분석 |

• 두 재화 1단위 생산의 기회비용은 다음 표와 같다. 비교 우위는 기회비용이 상대적으로 작을 경우 나타난다.

구분	A재	B재
갑국	B재 $\frac{1}{2}$단위	A재 2단위
을국	B재 $\frac{1}{3}$단위	A재 3단위

＊ 채점 기준

A재, B재 모두 정확히 비교 우위 국가를 나타낸 경우	100 %
두 재화 중 하나만 비교 우위 국가를 정확히 나타낸 경우	60 %

08 정답 ⑤ ＊무역의 원리

표는 갑국과 을국의 X재와 Y재 1개 생산에 필요한 노동량을 나타낸 것이다. 교역은 갑국과 을국 사이에서만 이루어지며, 양국은 비교 우위 재화에 특화하여 교역한다. 양국의 생산 요소는 노동뿐이며, 노동의 양은 100명으로 동일하다.

국가 \ 재화	X재 (최대 생산량)	Y재 (최대 생산량)
갑국	4명 (25개)	5명 (20개)
을국	2명 (50개)	2명 (50개)

단서+발상

단서 양국의 생산 요소는 노동뿐이며, 노동의 양은 100명으로 동일하다.

발상 X재와 Y재 1개 생산에 대한 노동량이 제시되어 있으므로, 양국의 최대 생산량을 구할 수 있다.

적용 갑국은 X재만 생산할 경우 최대 25개, Y재만 생산할 경우 최대 20개 생산 가능하며, 을국은 X재만 생산할 경우 최대 50개, Y재만 생산할 경우 최대 50개 생산 가능하다.

| 문제 + 자료 분석 |

• 갑국과 을국의 노동의 양이 100명으로 동일하므로, 갑국이 X재만 생산하면 최대 25개를, Y재만 생산하면 최대 20개를 생산할 수 있다. 을국이 X재만 생산할 경우 최대 50개, Y재만 생산할 경우에도 최대 50개를 생산할 수 있다. 따라서 X재와 Y재의 최대 생산량은 모두 을국이 더 크므로 X재와 Y재의 절대 우위는 을국에게 있다.

• 갑국이 X재 25개를 생산하기 위해서는 Y재 20개를 포기해야 하므로, X재 1개를 생산하기 위해서는 Y재 4/5를 포기해야 한다. 따라서 갑국의 X재 1개 생산에 대한 기회비용은 Y재 4/5개이다.

• 같은 방식으로 갑국의 Y재, 을국의 X재 및 Y재 생산에 대한 기회비용을 계산해 표로 나타내면 아래와 같다.

국가 \ 재화	X재	Y재
갑국	Y재 4/5개 (20/25)	X재 5/4개 (25/20)
을국	Y재 1개 (1/1)	X재 1개 (1/1)

• X재 1개 생산에 대한 기회비용은 갑국이 을국보다 작으므로 갑국이 X재 생산에 대한 비교 우위를 가진다. Y재 1개 생산에 대한 기회비용은 갑국보다 을국이 작으므로 Y재 생산에 대한 비교 우위는 을국이 가진다.

| 선택지 분석 |

① 갑국의 Y재 1개 생산의 기회비용은 X재 5/4개이다.

② 갑국이 X재를 20개 생산하면 Y재는 4개 생산할 수 있다. 따라서 갑국은 X재 20개와 Y재 10개를 동시에 생산할 수 없다.

③ 동일한 노동량(100명)을 투입할 때 X재의 최대 생산량은 갑국보다 을국이 크다. 따라서 을국이 X재 생산에 절대 우위를 가진다. 하지만 X재 생산의 기회비용은 갑국(Y재 4/5개)이 을국(Y재 1개)보다 작으므로, 갑국이 X재 생산에 대한 비교 우위를 가진다.

④ Y재로 표시한 X재 1개 생산의 기회비용은 갑국이 Y재 4/5개, 을국이 Y재 1개이므로 갑국이 을국보다 작다.

⑤ 양국이 교역할 경우 비교 우위 재화에 특화하게 되므로 갑국은 X재에, 을국은 Y재 생산에 특화하게 된다.

왜 틀렸나?

절대 우위는 동일한 비용으로 더 많은 양의 상품을 생산할 수 있는 능력이지만, 비교 우위는 더 작은 기회비용으로 상품을 생산할 수 있는 능력이다. 그러므로 비교 우위를 따지기 위해서는 기회비용을 계산할 수 있어야 한다.

갑국은 100명의 노동으로 X재를 25개 생산하거나 또는 Y재를 20개 생산할 수 있으므로, X재 25개 생산을 선택한다면 Y재 20개의 생산은 포기하게 된다. 따라서 X재 25개 생산에 대한 기회비용은 Y재 20개가 되므로 X재 1개 생산에 대한 기회비용은 Y재 4/5개이다.

문제 풀이 Tip

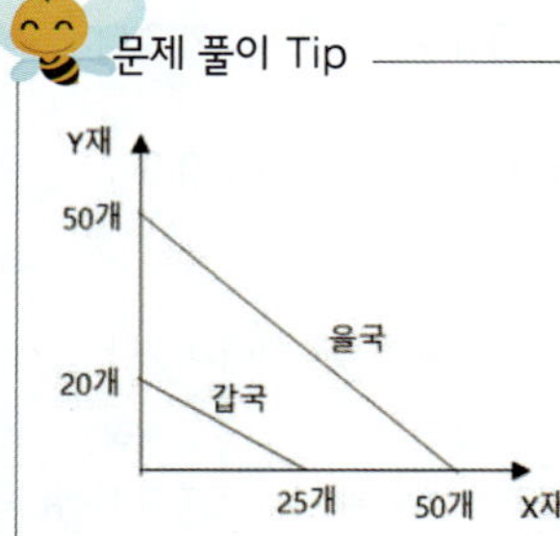

절대 우위는 동일한 생산 요소를 투입해서 더 많은 양을 생산할 수 있거나, 더 적은 생산 요소를 투입해서 동일한 양을 생산할 수 있는 능력이다.

문제에서 제시된 표에는 X재와 Y재 1개 생산에 필요한 노동량이 나타나 있으므로, 더 적은 노동량을 필요로 하는 을국이 절대 우위를 가진다고 판단하는 것도 가능하다. 이러한 문제를 풀 때는 생산 가능 곡선을 그려보는 것도 도움이 된다.

09 정답 ③ * 무역의 원리

| 문제 + 자료 분석 |

• 그림은 갑국과 을국이 최대로 생산할 수 있는 X재와 Y재의 양을 보여주고 있다. 해당 내용을 바탕으로 X재와 Y재 1개의 기회비용을 계산하면 다음과 같다.

	X재	Y재
갑국	Y재 4/3개	X재 3/4개
을국	Y재 4/5개	X재 5/4개

| 보기 분석 |

ㄱ. 갑국의 X재 1개 생산의 기회비용은 Y재 4/3개이고, 을국의 X재 1개의 생산의 기회비용은 Y재 4/5개이다. X재 1개 생산의 기회비용은 을국이 갑국보다 작으므로 X재 생산에 비교 우위를 가지는 건 을국이다.
ㄴ. 갑국이 X재 60개를 생산할 때 Y재는 80개를 포기하므로, 갑국의 X재 1개 생산의 기회비용은 Y재 4/3개이다.
ㄷ. 갑국의 Y재 1개 생산의 기회비용은 X재 3/4개이고, 을국의 Y재 1개 생산의 기회비용은 X재 5/4개이다. 따라서 갑국의 Y재 1개 생산의 기회비용이 을국의 Y재 1개 생산의 기회비용보다 작다.
ㄹ. 을국이 보유하고 있는 모든 생산 요소를 투입했을 때 X재의 최대 생산량이 50개이고, Y재의 최대 생산량이 40개이므로 X재 50개와 Y재 40개를 동시에 생산할 수는 없다.

10 정답 ⑤ * 무역 확대의 영향

| 문제 + 자료 분석 |

• 제시된 그래프는 세계 무역 규모가 확대되고 있음을 보여주고 있다. 세계 여러 나라는 무역을 통해 자국에서 생산되지 않거나 부족한 자원을 확보할 수 있다.

| 선택지 분석 |

① 세계 무역 규모가 확대되면 기업들은 세계 시장을 상대로 대량 생산을 하게 된다. 이에 따라 고용이 창출된다.
② 세계 무역 규모가 확대되면 국경을 넘어 국가 간에 상품, 서비스, 생산 요소 등을 거래하며 다양한 문화권의 상품을 이용할 수 있게 된다.
③ 세계 무역 규모가 확대되면 경제 전체의 효율성이 증대되고, 소비자들은 싼 가격으로 다양한 상품과 서비스를 소비할 수 있다.
④ 세계 무역 규모가 확대되면 외국 기업과 경쟁하는 과정에서 국내 기업이 기술 개발과 혁신에 힘쓰게 된다.
⑤ 세계 무역 규모가 확대되면 기업의 생산 규모가 확대되고 생산량이 증가하면서 규모의 경제가 이루어진다. 이때, 생산에 드는 평균 비용은 낮아진다.

11 정답 ② * 자유 무역의 영향

| 문제 + 자료 분석 |

• 자유 무역이 확대되면서 갑국의 ○○전자는 세계 시장을 상대로 많은 양의 스마트폰을 판매하고 있다.

| 보기 분석 |

ㄱ. 갑국의 기업인 ○○전자의 생산량이 증가하게 되면 갑국의 경제 또한 활성화된다.
ㄴ. 규모의 경제로 ○○전자의 생산비는 절감된다.
ㄷ. ○○전자의 생산량이 증가함에 따라 규모의 경제로 인하여 생산비가 절감되고, 생산량 증가 과정에서 고용의 창출이 발생해 실업이 감소할 수 있다.
ㄹ. 전 세계 시장에서 판매되고 있다는 점에서 갑국의 전자 산업이 위축되었다고 보기 어렵다.

12 정답 ② * 자유 무역 확대와 경제 협력 증진 방안

| 문제 + 자료 분석 |

• ㉠ 세계화: 국제 사회의 상호 의존성이 커지고 국가의 경계를 넘어 세계가 하나로 통합되는 현상
• ㉡ 지역 경제 협력체의 확산: 여러 국가가 공동이익을 증대시키기 위해 국가보다 큰 경제 단위를 형성함
• (가)에는 보호 무역, (나)에는 무역 장벽의 제거가 들어갈 수 있다.

| 선택지 분석 |

① 세계화의 진전은 특화와 분업을 촉진하여 국가 간의 상호 의존성을 증대시킨다.
② 지역 경제 협력체는 일반적으로 협정을 체결한 회원국들 간의 무역에 대해서만 관세 및 비관세를 철폐한다.
③ 지역 경제 협력체는 역내 국가 간의 관세만을 없앨 뿐 역외 국가에 대해서는 차별적인 무역 장벽을 그대로 유지한다.
④ 보호 무역은 국가 간 교역 증대에 장애가 된다.
⑤ 경쟁력이 없는 자국의 산업을 보호하기 위한 것은 보호 무역이다.

13 정답 ③ * 자유 무역

| 문제 + 자료 분석 |

• ㉠: 자유 무역은 우리 경제에 도움이 안 되므로 수입을 규제해야 함
• ㉡: 자유 무역의 확대는 우리 경제에 이익이 되므로 자유 무역을 찬성함

| 보기 분석 |

ㄱ. 선진 기술이 전파된다고 보는 입장은 ㉡의 입장이다.
ㄴ. 자유 무역을 반대하는 입장의 경우 국내 산업의 붕괴, 실업의 증가 등을 우려한다.
ㄷ. 반면, 자유 무역을 찬성하는 입장은 선진 기술의 전파, 규모의 경제에 따른 생산비의 감소 등을 기대한다.
ㄹ. 자유 무역으로 인해 실업이 증가한다고 보는 입장은 ㉠에 해당한다.

14 핵심 키워드: 기술 수준, 고용 창출, 낮은 가격

모범 답안 국제무역을 통해 기업은 해외 기업과 경쟁하며 기업의 기술 수준을 향상시킬 수 있고, 생산량 증대 과정에서 고용이 창출된다. 소비자는 국제무역을 통해 다양한 상품과 서비스를 낮은 가격에 이용할 수 있게 된다.

| 문제 + 자료 분석 |

• 국제무역이 이루어지면 소비자는 외국의 질 좋고 저렴한 제품을 선택할 수 있게 되고, 생산자는 제품을 외국에 팔아 이윤을 얻을 수 있게 된다.

＊ 채점 기준

국제무역의 장점을 기업과 소비자의 측면에서 모두 제시한 경우	100 %
국제무역의 장점을 기업과 소비자의 측면 중 한 가지 측면에서만 제시한 경우	50 %

15 정답 규모의 경제

| 문제 + 자료 분석 |

• 무역이 확대됨에 따라 기업의 생산량은 증가하고 있다. 이때, 생산 규모가 커질수록 생산물 한 단위당 생산에 드는 평균 비용은 낮아지는 현상이 발생하는데 이를 규모의 경제라고 한다.

16 정답 ③   * 절대 우위, 비교 우위

구분	갑국	을국
A재	5시간	2시간 절대 우위, 비교 우위
B재	10시간 비교 우위	8시간 절대 우위

[보기]

ㄱ. 갑국은 A, B재 생산에 모두 절대 우위가 있다. (을국)

ㄴ. 을국에서 A재 1단위 생산의 기회비용은 B재 1/4단위이다.
　A재 1단위 생산에 2시간, B재 1단위 생산에 8시간 소요

ㄷ. 갑국은 을국보다 B재 1단위 생산의 기회비용이 작다.
　갑국 A재 2단위 < 을국 A재 4단위

ㄹ. 갑국은 A재 생산에, 을국은 B재 생산에 비교 우위가
　　(B)　　　　　　　(A)
있다.

| 문제 + 자료 분석 |

- 갑국이 A재 1단위를 만드는 데 5시간이 소요되므로, A재 1단위를 포기할 경우 1단위를 만드는 데 10시간이 소요되는 B재는 1/2단위를 만들 수 있다. 따라서 갑국의 A재 1개 생산에 대한 기회비용은 B재 1/2개이다. 같은 방식으로 갑국과 을국의 A, B재 1단위 생산의 기회비용을 구하면 다음과 같다.

구분	갑국	을국
A재	5(B재 1/2단위)	2(B재 1/4단위)
B재	10(A재 2단위)	8(A재 4단위)

| 보기 분석 |

ㄱ. A재와 B재를 만들 때 을국이 갑국보다 더 적은 노동 시간을 소요하므로 모두 을국에 절대 우위가 있다.

ㄴ. 을국에서 A재 1단위를 생산할 때 2시간이 소요된다. A재 1단위를 포기하면 1단위를 만드는 데 8시간이 소요되는 B재는 1/4단위를 만들 수 있다. 따라서 을국의 A재 1단위 생산의 기회비용은 B재 1/4단위이다.

ㄷ. 갑국의 B재 1단위 생산의 기회비용은 A재 2단위이고, 을국의 B재 1단위 생산의 기회비용은 A재 4단위이다. 따라서 B재 1단위 생산의 기회비용은 을국보다 갑국이 작다.

ㄹ. 비교 우위는 특정 상품 생산의 기회비용이 다른 나라보다 작은 경우이다. 갑국의 A재 1단위 생산의 기회비용은 B재 1/2단위이고, 을국의 A재 1단위 생산의 기회비용은 B재 1/4단위이므로 을국이 A재 생산에 비교 우위가 있다. 갑국의 B재 1단위 생산의 기회비용은 A재 2단위이고, 을국의 B재 1단위 생산의 기회비용은 A재 4단위이므로 갑국이 B재 생산에 비교 우위가 있다.

＊ 절대 우위와 비교 우위

절대 우위	• 특정 상품의 생산 비용이 다른 나라보다 적은 경우 • 두 재화에 대해 한 나라가 모두 절대 우위를 가질 수 있음
비교 우위	• 특정 상품 생산의 기회비용이 다른 나라보다 작은 경우 • 두 재화에 대해 한 나라가 모두 비교 우위를 가질 수 없음

---

17 정답 ②   * 무역의 원리

갑: A국은 동일한 양의 면화를 B국보다 적은 노동력으로 생산할 수 있고, B국은 동일한 양의 설탕을 A국보다 적은 노동력으로 생산할 수 있다고 하자. (단서: 절대 우위) 이때 각각 자국이 더 적은 노동력으로 생산할 수 있는 상품만을 생산하여, (특화하여 무역) 자국이 생산하지 않은 상품을 무역으로 얻는다면 양국 모두 이익을 얻을 수 있다. 이처럼 각 국가는 자국이 생산한 상품을 다른 국가와 무역하면 부를 증대시킬 수 있다.

을: 갑의 주장에 따른다면, 한 국가가 다른 국가보다 모든 상품을 더 적은 노동력으로 생산할 수 있는 경우 무역은 발생하지 않는다. 따라서 각국 상품의 생산비를 비교할 때는 각 국가가 생산을 위해 포기해야 할 다른 상품의 양을 살펴보아야 한다. (단서: 비교 우위) 예를 들어, C국은 포도주 1단위 생산에 80명, 면화 1단위 생산에 90명이 필요하며, D국은 포도주 1단위 생산에 120명, 면화 1단위 생산에 100명이 필요하다고 하자. C국이 포도주와 면화 모두 D국보다 더 적은 노동력으로 생산할 수 있더라도, C국은 (C국이 포도주와 면화 모두 절대 우위를 가짐) (가)포도주 생산에, D국은 (나)면화 생산에만 집중하여 무역을 하면 양국 모두 이익을 얻을 수 있다.

| 문제 + 자료 분석 |

- **갑** 절대우위: 다른 나라보다 더 적은 노동력으로 생산할 수 있는 상품만을 특화하여 무역한다면 이익이 발생함
- **을** 비교우위: 각 국가가 생산을 위해 포기해야 하는 상품의 양, 즉 기회비용을 살펴보아야 함. 기회비용이 더 작은 상품만을 특화하여 무역한다면 이익이 발생함
- 을이 제시한 사례에서 C국과 D국의 상품 1단위 생산하는 데 필요한 노동량과 기회비용을 정리하면 아래와 같다.

구분	C국	D국
포도주	80명 (면화 8/9단위)	120명 (면화 6/5단위)
면화	90명 (포도주 9/8단위)	100명 (포도주 5/6단위)

| 선택지 분석 |

① 갑은 더 적은 노동력으로 생산할 수 있는 상품만을 생산하여 무역할 것을 주장하고 있는데, 이는 절대 우위에 기반한 것이다. 비교 우위는 더 작은 기회비용으로 생산하는 경우를 의미한다.

② 갑은 절대 우위가 있는 상품만을, 을은 비교 우위가 있는 상품만을 생산하여 무역해야 한다고 본다. 즉, 모두 우위를 가진 상품 생산에만 집중하는 특화가 필요하다고 주장한다.

③ B국이 동일한 양의 설탕을 A국보다 더 적은 노동력으로 생산할 수 있으므로, B국이 설탕 생산에 절대 우위를 가진다. 만약 동일한 노동력을 투입한다면 설탕 생산량은 B국이 더 많다.

④ 포도주와 면화 생산에 필요한 노동량은 C국이 D국보다 더 적다. 즉, 두 상품 모두 생산에 절대 우위를 가지는 국가는 C국이다.

⑤ 을은 비교 우위에 따른 무역을 주장하며, 비교 우위는 기회비용이 다른 나라에 비해 더 작은 경우를 의미한다. 포도주 1단위 생산의 기회비용은 C국이 면화 8/9단위, D국이 면화 6/5단위로 C국이 더 작다. 면화 1단위 생산의 기회비용은 C국이 포도주 9/8단위, D국이 포도주 5/6단위로 D국이 더 작다. 따라서 C국은 포도주에, D국은 면화에만 생산을 집중해야 한다.

18 정답 ⑤　＊무역 발생의 원리

| 문제 + 자료 분석 |

- 절대 우위는 재화를 생산하는 데 드는 생산 비용이 적은 경우를 의미한다. 쌀은 갑국이 1시간, 을국이 2시간이므로 갑국이 절대 우위를 가진다. 옷도 갑국이 2시간, 을국이 6시간이므로 갑국이 절대 우위를 가진다.
- 비교 우위는 재화를 생산하는 데 드는 기회비용이 작은 경우를 의미한다. 갑국은 쌀 1단위를 만들기 위해 1시간이 소요되는데, 이를 1단위에 2시간이 소요되는 옷을 만드는 시간으로 쓸 경우 쌀 $\frac{1}{2}$ 단위를 만들 수 있으므로 갑국의 쌀 생산의 기회비용은 옷 $\frac{1}{2}$ 단위이다. 같은 방식으로 나머지 기회비용을 구하면 다음과 같다.

구분	갑국	을국	비교 우위
쌀	옷 $\frac{1}{2}$ 단위	옷 $\frac{1}{3}$ 단위	을국
옷	쌀 2단위	쌀 3단위	갑국

| 보기 분석 |

ㄱ. 갑국에서 쌀 1단위 생산에 대한 기회비용은 옷 $\frac{1}{2}$ 단위이다.

ㄴ. 을국에서 쌀 1단위 생산에 2시간이 걸리므로 2단위에는 4시간, 옷 1단위 생산에 6시간이 걸리므로 2단위에는 12시간이 걸린다. 총 16시간이 필요하기 때문에 10시간으로는 동시에 생산할 수 없다.

ㄷ. 갑국이 쌀과 옷을 생산하는 데 드는 생산 요소가 모두 적으므로 절대 우위를 갖는다.

ㄹ. 쌀 생산에 드는 기회비용이 갑국은 옷 $\frac{1}{2}$ 단위, 을국은 옷 $\frac{1}{3}$ 단위이다. 을국의 기회비용이 작기 때문에 을국은 쌀 생산에 비교 우위를 가진다.

＊ 절대 우위와 비교 우위

절대 우위	• 의미 : 특정 상품의 생산 비용이 다른 나라보다 적은 경우 • 무역 : 절대 우위를 가진 상품을 생산하여 수출하고, 절대 열위에 있는 상품을 수입함
비교 우위	• 의미 : 특정 상품 생산의 기회비용이 다른 나라보다 작은 경우 • 무역 : 다른 나라에 비해 생산의 기회비용이 작은 상품을 생산하고, 기회비용이 큰 상품을 수입함

대단원 마무리 문제　　Ⅲ 문제편 101~105p

01 정답 ②　＊자본주의의 역사적 전개

| 문제 + 자료 분석 |

- A 수정 자본주의: 대공황을 배경으로 등장하고 정부의 적극적 시장 개입을 옹호하며, 시장 실패 해결을 위해 큰 정부를 추구함
- B 신자유주의: 정부 대처의 한계와 정부의 시장 개입에 따른 비효율성 문제를 지적하며 정부의 시장 개입을 비판하고 작은 정부를 지향함
- (가): 신자유주의에서 '예'로 응답할 질문이 들어가야 함

| 선택지 분석 |

① 작은 정부를 지향하는 것은 정부의 시장 개입을 비판하는 B 신자유주의이다.

② 공기업의 민영화는 업무의 효율성과 생산성 향상을 위해 국가가 운영하던 기업을 민간 부문으로 넘겨 경영하도록 하는 것이다. 이는 국가의 개입을 최소화하고 시장의 원리에 맡기는 것이므로 B 신자유주의가 지지한다.

③ B 신자유주의는 정부의 시장 개입이 비효율적인 상황을 초래하므로 시장 원리에 맡기는 것이 최선이라고 보며, 형평성보다 효율성을 추구한다.

④ 신자유주의는 정부의 시장 개입에 반대하므로 '아니요'가 적절하다.

⑤ 수정 자본주의와 신자유주의 모두 자본주의의 한 형태이기 때문에 개인의 사적 재산 소유와 자유로운 경제활동을 인정한다.

> **왜 틀렸나?**　〔함정〕
>
> 수정 자본주의가 정부의 적극적 시장 개입을 통해 시장 실패를 해결하고자 하였다고 해서 사유 재산 제도를 인정하지 않는다고 착각해서는 안 된다. 수정 자본주의와 신자유주의 모두 자본주의가 역사적 상황에 따라 조금씩 지향점을 달리했을 뿐이다. 두 입장 모두 사유 재산 제도와 사적 이익의 추구, 자유로운 경제활동을 기본적으로 인정한다. 각 입장의 특징들을 구분하는 것도 중요하지만 공통적으로 '자본주의'라는 것을 반드시 기억해야 한다. 〔꿀팁〕

02 정답 ④　＊경제 체제의 비교

| 문제 + 자료 분석 |

- 정부의 명령과 통제에 의한 경제활동이 이루어지는 경제 체제 A는 계획 경제 체제이다.
- 민간 경제 주체의 자율적인 선택을 바탕으로 경제활동이 이루어지는 경제 체제 B는 시장 경제 체제이다.

| 보기 분석 |

ㄱ. 가격 기구에 의한 경제 문제 해결을 중시하는 경제 체제는 B 시장 경제 체제이다. 시장 경제 체제에서는 가계와 기업이 자신의 이익을 추구하는 과정에서 경제 문제가 자연스럽게 시장 가격을 통해 자율적으로 해결된다.

ㄴ. 개별 경제 주체의 이익 추구 활동을 보장하는 경제 체제는 B 시장 경제 체제이다. 시장 경제 체제에서는 각 경제 주체들의 이익 추구 활동을 보장함으로써 자유롭고 창의적인 경제활동이 가능하며, 사회 전체적으로 효율성이 증대될 수 있다.

ㄷ. 일반적으로 국가가 생산 수단을 소유하는 경제 체제는 A 계획 경제 체제이다. 계획 경제 체제에서는 정부가 생산 수단의 대부분을 소유하고 정부의 계획과 명령에 따라 경제 문제를 해결한다.

ㄹ. 기본 경제 문제는 어떤 경제 체제를 선택하는 사회이든 공통적으로 나타난다. 이러한 경제 문제를 해결하기 위해 희소한 자원을 어떻게 사용하고 배분할지 결정하는 방식이 국가마다 다르게 나타나게 되며, 바로 그 방식을 경제 체제라고 한다.

03 정답 ⑤ ＊자본주의의 발전 과정

| 문제 + 자료 분석 |

- A: 산업 혁명 이후 등장한 산업 자본주의
- B: 대공황 발생으로 인해 등장한 수정 자본주의
- C: 석유 파동으로 발생한 스태그플레이션으로 인해 등장한 신자유주의

| 선택지 분석 |

① 공기업의 민영화는 신자유주의에서 강조한 정책이다.
② 수정 자본주의는 정부의 적극적인 시장 개입을 강조하였다.
③ 정부의 적극적인 역할을 강조한 것은 수정 자본주의이다.
④ A, C 모두 정부의 시장 개입 최소화를 주장하였다.
⑤ 수정 자본주의는 대공황의 극복 과정에서, 신자유주의는 스태그플레이션의 극복 과정에서 등장하였다.

04 정답 ② ＊합리적 선택 분석

다음 갑의 선택에 대한 분석으로 옳은 것은? (단, 갑이 예매한 해외 패키지 여행 상품은 환불이나 재판매가 되지 않으며, 제시된 내용
ⓒ이 매몰 비용이 되는 **단서**
외의 다른 요인은 고려하지 않는다.) [3점]

> 대학생 갑은 여름 방학 중 2주 동안 ⊙커피 전문점에서
> 희소성으로 인한 경제 문제
> 아르바이트를 할지 해외로 패키지 여행을 떠날지
> 고민하고 있다. 얼마 전 해외 패키지 여행 상품을
> 이미 지불함
> ⓒ100만 원에 예매하였지만, 같은 기간에 커피
> 매몰 비용
> 전문점에서 아르바이트를 할 경우 ⓒ100만 원의 돈을 벌
> 아르바이트의 편익
> 수 있기 때문이다. 고민 끝에 갑은 커피 전문점에서
> 아르바이트의 편익 〉 기회비용
> 아르바이트를 하기로 하였다.

① ⊙에서는 희소성으로 인한 경제 문제가 ~~발생하지 않는다.~~
발생한다.
② ⓒ은 매몰 비용에 해당한다.
이미 지불하여 회수할 수 없는 비용
③ ⓒ은 커피 전문점에서 아르바이트를 할 경우에 발생하는 ~~명시적 비용이다.~~
편익
④ 해외로 패키지 여행을 떠날 경우에 발생하는 암묵적 비용은 ~~없다.~~
아르바이트로 벌 수 있는 100만 원
⑤ 커피 전문점에서 아르바이트를 할 경우에 얻는 편익은 기회비용보다 ~~작다.~~
아르바이트의 편익이 기회비용보다 큼

| 문제 + 자료 분석 |

- 여행 상품 예매 비용 100만 원은 현재의 고민 이전에 지불한 것이며, 환불이나 재판매가 되지 않는다는 조건이 있으므로 매몰 비용이다.
- 아르바이트와 패키지 여행 모두 실제로 지출해야 하는 비용이 없으므로 둘 다 명시적 비용은 0이다. 따라서 암묵적 비용이 곧 기회비용이 된다.
- 패키지 여행을 떠날 경우 얻게 되는 편익의 크기를 A라고 한다면 다음과 같이 정리할 수 있다.

선택	기회비용	편익	편익 - 기회비용
아르바이트	A	100만 원	100만 원 - A
패키지 여행	100만 원	A	A - 100만 원

- 아르바이트를 하기로 결정하였으므로 아르바이트의 편익이 기회비용보다 크다.

| 선택지 분석 |

① 아르바이트와 패키지 여행을 고민하는 것은 선택의 문제이며, 선택의 문제는 자원의 희소성으로 인해 발생한다.
② 패키지 여행 상품 100만 원은 ⊙의 고민 이전에 이미 지불한 금액이며, 환불이나 재판매가 되지 않으므로 회수할 수 없는 매몰 비용이다.
③ ⓒ은 아르바이트를 할 경우 얻게 되는 편익이다. 아르바이트에 대한 명시적 비용은 제시되지 않았다.
④ 해외 패키지 여행에 대한 암묵적 비용은 커피 전문점 아르바이트를 했을 때 얻게 되는 편익인 100만 원이다.
⑤ 갑은 고민 끝에 커피 전문점에서 아르바이트를 하기로 했으므로 아르바이트를 할 때의 편익이 기회비용보다 크다.

> **왜 틀렸나?**
>
> ⓒ을 해외 패키지 여행에 대한 명시적 비용으로 착각하였을 수 있다. 여행 상품 예매 비용 100만 원은 갑이 실제로 지불한 금액은 맞지만, 두 가지 선택지 중 고민하는 시점에서 패키지 여행을 고를 경우 앞으로 지불해야 하는 금액이 아니라 고민하기 이전 시점에서 이미 지불한 금액이다.
> 또한, 발문에 예매 상품에 대한 환불이나 재판매가 되지 않는다는 단서가 있으므로 예매 비용 100만 원은 회수가 불가능한 매몰 비용임을 알 수 있다.

05 정답 ⑤ ＊합리적 선택 분석

> ─── [보기] ───
>
> ㄱ. A는 B보다 명시적 비용이 크다.
> B A   A: 20,000 〈 B: 25,000
> ㄴ. B가 C보다 선택에 따른 기회비용이 작다.
> C B   B: 67,000 〉 C: 54,000
> ㄷ. C를 선택하는 것이 합리적이다.
> C의 편익 - 기회비용은 6,000으로 0보다 큼
> ㄹ. A~C의 편익이 50%씩 감소해도 갑의 선택은 같다.
> C의 편익 - 기회비용은 4,000으로 0보다 큼

① ㄱ, ㄴ ② ㄱ, ㄷ ③ ㄴ, ㄷ ④ ㄴ, ㄹ ⑤ ㄷ, ㄹ

| 문제 + 자료 분석 |

다른 대안을 선택했을 때 얻을 수 있었지만 포기한 경제적 이익 중 가장 가치가 큰 것

실내화	명시적 비용	암묵적 비용	기회비용 (명시적 + 암묵적)	편익	편익 - 기회비용
A	20,000	42,000 (60,000-18,000)	62,000 (20,000+42,000)	56,000	-6,000 (56,000-62,000)
B	25,000	42,000 (60,000-18,000)	67,000 (25,000+42,000)	50,000	-17,000 (50,000-67,000)
C	18,000	36,000 (56,000-20,000)	54,000 (18,000+36,000)	60,000	6,000 (60,000-54,000)

| 보기 분석 |

ㄱ. 명시적 비용은 실제로 지불한 비용이므로 가격을 의미한다.
실내화 가격은 B가 A보다 크다.
ㄴ. 기회비용은 명시적 비용과 암묵적 비용을 합한 값이며, 암묵적 비용은 다른 선택을 했을 때 얻게 되는 이익 중 가장 큰 것을 뜻한다.
B가 C보다 선택에 따른 기회비용이 크다. (표 참조)
ㄷ. 편익에서 기회비용을 뺀 값이 양의 값을 가지는 선택이 합리적 선택이다.
C의 편익에서 기회비용을 뺀 값이 6,000이므로 C를 선택하는 것이 합리적이다.

ㄹ. A~C의 편익이 50% 감소할 경우 편익에서 기회비용을 뺀 값은 다음과
같다.

실내화	명시적 비용	암묵적 비용	기회비용 (명시적 + 암묵적)	편익	편익 - 기회비용
A	20,000	12,000 (30,000-18,000)	32,000 (20,000+12,000)	28,000	-4,000
B	25,000	12,000 (30,000-18,000)	37,000 (25,000+12,000)	25,000	-12,000
C	18,000	8,000 (28,000-20,000)	26,000 (18,000+8,000)	30,000	4,000

따라서 편익이 50% 감소하여도 **C**를 선택하는 것이 합리적이다.

＊ 합리적 선택의 고려 요인

명시적 비용	실제로 지불한 비용
암묵적 비용	다른 대안을 선택했을 때 얻을 수 있었지만 포기한 경제적 이익 중 가장 가치가 큰 것
기회비용	명시적 비용과 암묵적 비용을 합한 비용
편익	선택을 통해 얻게 되는 만족감

06 정답 ② ＊ 공공재의 특성

| 문제 + 자료 분석 |

· A 공공재: 대가를 내지 않아도 사용할 수 있는 비배제성과 한 사람의
소비가 다른 사람의 소비 기회를 감소시키지 않는 비경합성을 띠고 있음

| 보기 분석 |

ㄱ. 공공재는 시장에서 자율적으로 충분히 공급되지 않는다는 문제가 있다.
ㄴ. 공해상의 물고기는 경합성을 띠고 있기에 공공재에 해당하지 않는다.
ㄷ. 공공재는 사회적으로 필요하지만 기업에게 공공재의 생산을 맡기면
충분히 생산되지 않으므로 정부가 직접 생산하고 있다.
ㄹ. 독과점 또한 시장 실패에 해당하나 공공재 부족과는 다른 문제이다.

07 정답 ① ＊ 외부 경제와 외부 불경제

| 문제 + 자료 분석 |

· (가): 독감 예방 접종을 한 사람의 주변은 독감에 걸릴 가능성이 줄어듦
→ 외부 경제
· (나): 가축 분뇨를 정화하지 않고 배출한 농가들로 인해 하천이 오염되어
사람들이 피해를 봄 → 외부 불경제

| 보기 분석 |

ㄱ. (가)는 주변에 긍정적 영향을 미친다는 점에서 외부 경제이다.
ㄴ. 외부 경제의 경우 시장 거래량이 사회적 최적 거래량에 미치지 못하며,
비용 지원 등의 방안으로 최적 거래량 달성이 가능하다.
ㄷ. (나)는 부정적 영향을 미친다는 점에서 외부 불경제에 해당한다. 외부
불경제의 경우 시장 거래량이 사회적 최적 거래량보다 많다.
ㄹ. 외부 불경제의 경우 벌금, 세금 등의 방안으로 최적 거래량의 달성이
가능하다.

08 정답 ① ＊ 시장 실패

| 문제 + 자료 분석 |

· 기업 간 담합의 사례이다. 담합이 발생하면 공정한 경쟁이 저해되어
소비자의 이익이 감소한다.

| 보기 분석 |

ㄱ. 기업으로서는 더 많은 수익을 올릴 수 있다는 점에서 합리적 선택일 수
있으나, 소비자들은 기업의 담합으로 피해를 보고 있다.
ㄴ. 기업 간 답합은 공공의 이익을 저해하기 때문에 공정 거래 위원회가
시장에 개입하여 문제를 해결하고 있다.
ㄷ. 기업가 정신은 위험과 불확실성을 감내하고 새로운 재화와 서비스를
생산하는 것을 의미한다. 기업 간 담합 사례에서는 기업가 정신이
나타나지 않는다.
ㄹ. 기업 간 담합은 불공정한 경쟁에 해당하므로 공정한 경쟁의 틀 안에서
이루어지는 행위라고 볼 수 없다.

09 정답 ⑤ ＊ 금융 자산의 특징

| 문제 + 자료 분석 |

· (가)는 여유 자금을 주식에 투자하는 방안이고, (나)는 여유 자금을 채권에
투자하는 방안이다.

| 보기 분석 |

ㄱ. 갑이 ○○기업의 주주가 되는 경우는 주식에 투자하는 경우뿐이다.
ㄴ. 정부가 원금과 이자를 보장하는 것은 예금에 해당한다.
ㄷ. 기업 입장에서 채권은 빚에 해당하며 원금을 상환해야 하나, 주식의 경우
지분을 양도한 것으로 원금 상환의 의무가 없다.
ㄹ. 주식을 보유할 경우 주주가 되며 배당 수익을 받게 된다. 채권은 만기 시에
이자를 지급받을 수 있다.

＊ 채권과 주식 비교

	채권	주식
안전성	중간	낮음
수익성	중간	높음
이자	○	×
시세 차익	○	○
배당 수익	×	○

10 정답 ② ＊ 금융 상품의 종류

| 문제 + 자료 분석 |

· A는 자금을 빌리면서 발행한 차용 증서라는 점에서 채권임을 알 수 있다.
· B는 일정 금액을 은행에 입금한다는 점에서 은행 예금임을 알 수 있다.
· C는 노후 대비를 위해 급여를 받는다는 점에서 연금임을 알 수 있다.

| 선택지 분석 |

① 채권은 채권 시장에서 매매가 가능하며 시세 차익을 기대할 수 있지만,
예금은 매매가 불가능하다.
② 채권은 발행 기관이 파산할 경우 원금을 돌려받지 못한다는 점에서
예금에 비해 안전성이 낮다.
③ 배당 수익은 주식에만 해당하는 수익 형태이다.
④ 예금자 보호법은 예금자 보호 한도 이하의 예금 지급을 보증한다.
⑤ A는 채권, B는 은행 예금, C는 연금이다.

＊ 다양한 금융 자산

펀드	전문 투자 기관이 투자자들로부터 모은 자금을 주식, 채권 등에 투자해 얻은 이익을 투자자들에게 돌려주는 간접적인 투자 방법
보험	미래의 위험에 대비해 정기적으로 보험료를 내고 사고가 나면 보험금을 받는 제도
연금	노후 대비를 위해 벌어들인 소득을 적립하고 은퇴 이후 일정 금액을 받는 제도

11 정답 ⑤ * 금융 자산의 특징

| 문제 + 자료 분석 |

- A: 수익성이 가장 높고 안전성이 가장 낮은 주식
- B: 수익성이 가장 낮고 안전성이 가장 높은 예금
- C: 수익성과 안전성 모두 중간 정도인 채권

| 보기 분석 |

ㄱ. A는 수익성이 가장 높으므로 주식, B는 안정성이 가장 높으므로 예금, C는 채권이다.
ㄴ. 시세 차익은 시장에서 거래가 이루어지는 주식, 채권에서 나타난다.
ⓒ 주식은 예금과 달리 배당 수익을 얻을 수 있다. 주식을 발행해 모은 자금으로 세워진 주식회사는 투자자들에게 회사의 수익을 투자 지분에 따라 나눠 주는데 이를 배당이라 한다.
ⓔ 예금과 채권은 모두 정해진 기간 후 원금 및 이자를 돌려받을 수 있다.

12 정답 ③ * 생애 주기 곡선

| 문제 + 자료 분석 |

- A~C 시기에는 소득이 소비보다 더 크게 나타난다.
- A 이전 시기와 C 이후 시기에는 소득보다 소비가 더 크게 나타난다.

| 선택지 분석 |

① 그림에 따르면 A 이전에도 소득이 존재하고 있다.
② 생애에서 저축 규모가 가장 큰 시점은 C이다. A~C 기간동안 누적되므로 C가 가장 크다.
③ C는 소득과 소비가 일치하는 지점으로 경제적 정년에 해당한다. 그리고 C는 일생에서 저축 규모가 가장 많은 시점이기도 하다.
④ A~C 구간은 소비보다 소득이 많은 시기이다.
⑤ 정년이 연장될 경우 소득이 소비보다 많은 기간이 늘어나므로 B~C 구간이 이전에 비해 늘어나게 된다.

13 정답 ③ * 절대 우위와 비교 우위

| 문제 + 자료 분석 |

- 갑 절대 우위론: 생산 비용이 다른 나라보다 절대적으로 적게 드는 재화 생산에 특화해야 함
- 을 비교 우위론: 생산의 기회비용이 다른 나라보다 작은 재화 생산에 특화해야 함

| 보기 분석 |

ㄱ. 갑은 교역할 경우 양국 모두에 이익이 발생한다고 본다. 즉, 무역에 대해 긍정적인 입장이다.
ⓛ 갑은 절대 우위에 따라 무역이 발생함을, 을은 비교 우위에 따라 무역이 발생함을 설명하고 있다. 을에 따르면 기회비용이 작은 재화, 즉 비교 우위가 있는 재화의 생산에 특화하여 수출하게 된다.
ⓒ 갑, 을 모두 국가 간 교역할 경우, 즉 국가 간 분업할 경우 두 나라 모두 이익이 발생한다고 보고 있다.
ㄹ. 비교 우위론은 한 국가가 모든 재화에 대해 절대 우위를 가질 경우에도 무역이 발생할 수 있음을 설명하고 있다.(을의 의견임)

14 정답 ⑤ * 비교 우위

| 문제 + 자료 분석 |

- 갑국과 을국의 A, B재 1단위 생산의 기회비용은 다음과 같다.

구분	갑국	을국
A재	B재 2단위	B재 $\frac{5}{2}$단위
B재	A재 $\frac{1}{2}$단위	A재 $\frac{2}{5}$단위

| 보기 분석 |

ㄱ. 제시된 수치는 노동량이다. 필요로 하는 노동량이 적을수록 절대 우위를 가지는 것이다. 을국이 A재, B재 모두 절대 우위를 가진다.
ㄴ. 갑국의 A재 1단위 생산의 기회비용은 B재 2단위이고, 을국의 A재 1단위 생산의 기회비용은 B재 5/2단위이다. 갑국의 기회비용이 더 작으므로 A재 생산에 비교 우위를 가지는 것은 갑국이다. 을국은 B재 생산에 비교 우위를 가진다.
ⓒ A재 1단위 생산의 기회비용은 갑국은 B재 2단위, 을국은 B재 5/2단위이므로 갑국이 을국보다 작다.
ⓔ 갑국은 A재 생산에 비교 우위를 가지고 을국은 B재 생산에 비교 우위를 가진다. 교역을 한다면 비교 우위를 가진 재화에 특화하여 생산하게 되므로 갑국은 A재, 을국은 B재 생산에 특화할 것이다.

15 정답 ④ * 절대 우위와 비교 우위

| 문제 + 자료 분석 |

- 갑국과 을국의 감자와 고구마 1단위 생산의 기회비용은 다음과 같다. 감자 생산의 기회비용은 갑국이 더 작고, 고구마 생산의 기회비용은 을국이 더 작다. 즉, 갑국은 감자 생산에 비교 우위를, 을국은 고구마 생산에 비교 우위를 가진다.

구분	갑국	을국
감자	10달러(고구마 2단위)	12달러 (고구마 3단위)
고구마	5달러(감자 $\frac{1}{2}$단위)	4달러(감자 $\frac{1}{3}$단위)

| 선택지 분석 |

① 고구마 1단위 생산 비용은 갑국이 5달러, 을국이 4달러이므로 생산 비용이 더 작은 을국이 절대 우위를 가진다.
② 감자 1단위 생산의 기회비용은 갑국이 고구마 2단위, 을국이 고구마 3단위이므로 기회비용이 더 작은 갑국이 비교 우위를 가진다.
③ 감자 1단위 생산의 기회비용은 갑국이 고구마 2단위, 을국이 고구마 3단위이므로 갑국이 을국보다 작다.
④ 고구마 1단위 생산의 기회비용은 갑국이 감자 1/2단위, 을국이 감자 1/3단위이므로 을국이 갑국보다 작다.
⑤ 교역을 하게 되면 각국은 상대방보다 기회비용이 더 작은 상품 생산에 특화하므로 갑국은 감자를, 을국은 고구마를 수출하게 된다.

16 정답 ⑤ * 자유 무역의 영향

| 문제 + 자료 분석 |

- 갑국 대통령이 을국과의 자유 무역 협정에 대해 재검토하겠다고 주장함 → 밑줄 친 영향은 자유 무역 협정이 갑국에게 미치는 부정적인 영향에 해당함

| 선택지 분석 |

① 갑국의 소비자가 을국의 재화를 싼 가격에 이용할 수 있는 건 자유 무역 협정이 갑국에 미치는 긍정적 영향에 해당한다.
② 갑국의 생산자가 을국으로부터 새로운 기술을 습득하는 것은 자유 무역 협정이 갑국에게 미치는 긍정적 영향에 해당한다.
③ 자유 무역의 확대로 갑국 생산자의 생산 규모가 증가하고, 이에 따라 생산 비용이 감소하는 것은 자유 무역 확대가 갑국에 미치는 긍정적 영향에 해당한다.
④ 자유 무역의 확대로 을국 생산자의 생산량이 증가하고, 이에 따라 고용이 창출되는 건 자유 무역 확대가 을국에 미치는 긍정적 영향에 해당한다.
⑤ 을국과의 경쟁에서 져 갑국의 산업이 붕괴하고, 실업이 증가하는 것은 자유 무역 확대가 갑국에 미치는 부정적 영향에 해당한다.

17 정답 (가) 수정 자본주의, (나) 신자유주의

| 문제 + 자료 분석 |

- 20세기 이후 등장한 경제 체제는 수정 자본주의와 신자유주의이다. (가)는 정부의 적극 개입을 강조하고 있다는 점에서 수정 자본주의, (나)는 시장 원리를 강조하고 있다는 점에서 신자유주의에 해당한다.

18 핵심 키워드: 시장 실패, 석유 파동, 비효율성 증대

모범 답안 (가)는 대공황이라는 시장 실패를 배경으로 등장하였다. 반면 (나)는 정부 개입에 따른 비효율성 증대 및 석유 파동으로 초래된 경제 위기를 배경으로 등장하였다.

| 문제 + 자료 분석 |

- 대공황에 대한 대응 과정에서 정부의 적극적인 시장 개입이 제기되었으며, 복지 확대 등에 따른 비효율성에 대한 개선 과정에서 정부의 개입 최소화가 주장되었다.

＊ 채점 기준

(가), (나)의 배경을 모두 정확히 서술한 경우	100 %
(가), (나)의 배경 중 하나만 서술한 경우	60 %

19 정답 자기 주도 학습 8만 원, 인터넷 강의 15만 원, 방과 후 수업 9만 원

| 문제 + 자료 분석 |

- 자기 주도 학습의 기회비용: 명시적 비용 3만 원 + 포기한 가치 중 가장 큰 가치(암묵적 비용)인 방과 후 수업의 가치 5만 원
- 인터넷 강의의 기회비용: 명시적 비용 10만 원 + 포기한 가치 중 가장 큰 가치(암묵적 비용)인 방과 후 수업의 가치 5만 원
- 방과 후 수업의 기회비용: 명시적 비용 5만 원 + 포기한 가치 중 가장 큰 가치(암묵적 비용)인 자기 주도 학습의 가치 4만 원

20 핵심 키워드: 10만 원, 9만 원, 1만 원, 방과 후 수업

모범 답안 자기 주도 학습, 인터넷 강의, 방과 후 수업의 편익은 각각 7만 원, 12만 원, 10만 원이고 기회비용은 각각 8만 원, 15만 원, 9만 원이다. 이때 각 대안의 편익에서 기회비용을 빼면 자기 주도 학습은 -1만 원, 인터넷 강의는 -3만 원, 방과 후 수업은 1만 원이 나온다. 편익에서 기회비용을 뺀 값이 양의 값을 가지는 경우는 방과 후 수업뿐이므로 갑이 합리적인 선택을 했을 때의 최종 선택은 방과 후 수업이다.

| 문제 + 자료 분석 |

- 자기 주도 학습, 인터넷 강의, 방과 후 수업의 편익과 기회비용은 다음과 같다.

구분		자기 주도 학습	인터넷 강의	방과 후 수업
편익		7만 원	12만 원	10만 원
기회 비용	명시적 비용	3만 원	10만 원	5만 원
	암묵적 비용	5만 원	5만 원	4만 원
편익 - 기회비용		-1만 원	-3만 원	1만 원

＊ 채점 기준

편익과 기회비용을 이용해 방과 후 수업이 합리적 선택이라고 서술한 경우	100 %
방과 후 수업이 합리적 선택이라고만 서술한 경우	30 %

21 정답 안전성, 수익성, 유동성

| 문제 + 자료 분석 |

- 자산 관리의 기본 원칙은 투자한 자산의 가치가 안전한가(안전성), 투자를 통해 수익을 어느 정도 기대할 수 있는가(수익성), 자산을 현금으로 쉽게 전환할 수 있는가(유동성)를 말한다.

22 핵심 키워드: 예금, 주식

모범 답안 금융 회사에 돈을 맡기고 약속된 이자를 받는 금융 상품인 예금은 수익성이 낮으나 안전성이 높고, 기업에 자금을 투자한 사람에게 그 대가로 회사 소유권의 일부를 지급하는 증서인 주식은 수익성이 높으나 안전성이 낮다.

| 문제 + 자료 분석 |

- 예금: 수익성이 낮으나, 안전성이 높음
- 주식: 수익성이 높으나 안전성이 낮음
- 채권: 주식보다 안전성이 높고 예금보다 수익성이 높음

＊ 채점 기준

전체 내용을 정확하게 서술한 경우	100 %
예금, 주식만 언급한 경우	50 %

23 핵심 키워드: X재, Y재, 기회비용, 비교 우위

모범 답안 갑국의 X재 1단위 생산의 기회비용은 Y재 1/2단위이고, 을국의 X재 1단위 생산의 기회비용은 Y재 3/2단위이다. 따라서 X재 생산에 비교 우위를 가지는 국가는 갑국이다. Y재의 경우, 1단위 생산의 기회비용이 갑국은 X재 2단위, 을국은 X재 2/3단위이므로 Y재 생산에 비교 우위를 가지는 국가는 을국이다.

| 문제 + 자료 분석 |

- 갑국과 을국의 X재와 Y재 1단위 생산의 기회비용은 다음과 같다.

구분	갑국	을국
X재	Y재 1/2단위	Y재 3/2단위
Y재	X재 2단위	X재 2/3단위

＊ 채점 기준

기회비용의 값과 함께 갑국과 을국의 비교 우위 제품이 무엇인지 서술한 경우	100 %
갑국과 을국의 비교 우위 제품만 서술한 경우	50 %

24 정답 60달러

| 문제 + 자료 분석 |

- 갑국은 X재, 을국 Y재 생산에 특화할 것이다. 교역 전에는 을국이 X재 1단위, Y재 1단위를 생산하기 위해서 300달러가 소요되었다. 하지만 각자 비교 우위 제품에 생산하여 특화한 뒤 1:1로 교역할 경우, 을국의 생산비용은 총 240달러이기 때문에 을국이 얻는 이익은 60달러이다.

01　정답 ①　＊시장 실패

밑줄 친 ⓛ을 통해 해결하고자 하는 ㉠의 발생 원인에 대한 설명으로 옳은 것은?

> 미국의 독립 혁명, 프랑스 혁명 등을 거쳐 확립된 근대 입헌주의 헌법은 시민 계급이 자유를 극대화하는 데 필요한 최소한의 질서 유지를 위해서만 국가의 물리적 강제력 행사를 허용하였다. 사적 자치의 원칙을 강조한 근대법 체제하에서는 **개인의 자유로운**
> **시장 경제의 특징**
> **경제활동이 최대한 보장되었지만**, ㉠ 시장에서 자원이 효율적으로 배분되지 못하는 현상이 나타나게 되었다. 특히 **상품의 생산**
> **시장 실패**
> 과정에서 배출되는 오염 물질로 인한 환경 피해의 경우 오염 물질의
> **단서** **외부 불경제**
> 방출이 당시의 과학 기술 수준으로 피할 수 없는 경우라면 행위자의 과실이 인정되지 않아 피해자가 구제받을 수 없는 문제가 발생하게
> **다른 경제 주체에게 의도하지 않은 피해를 주고 대가를 치르지 않음**
> 되었다. 이에 왜곡된 시장 경제 구조를 바로잡기 위해 국가의 개입을 인정하는 조항 등이 헌법에 자리 잡게 되었고, 환경 오염으로 피해가 발생한 경우 ⓛ **고의나 과실 여부와 관계없이** 원인자에게 손해 배상 책임을 인정하는 입법이 이루어졌다.

① 외부 불경제가 발생하여 시장 거래량이 사회적 최적 거래량보다
　환경 오염 피해　　　　**과다 생산 문제**
　많아졌다.
② 비경합성과 비배제성을 특성으로 하는 재화에 무임승차자의
　공공재
　문제가 초래되었다.
③ 독과점 형태의 시장 구조로 인하여 부당한 공동 행위와 불공정
　거래 행위가 발생하였다. **사례와 관련 없음**
④ 정보가 제한된 상황에서 정부의 시장 개입이 사회 후생 개선에
　실패하는 현상이 나타났다. **정부 실패 원인**
⑤ 산업 자본주의 국가들이 자유 방임주의를 근거로 국가의 시장
　개입을 최소화하는 작은 정부를 추구하였다.
　자유 방임주의 시장 경제 원리

| 문제 + 자료 분석 |

- ㉠: 개인의 자유로운 경제활동을 보장하는 시장 경제 체제에서 자원의
　비효율적 배분이 발생하는 현상이 발생함 → 시장 실패
- 상품 생산 과정에서 환경 오염 물질이 방출되어 주변 경제 주체에게
　피해를 주고 이에 대한 대가를 치르지 않는 상황은 외부 불경제 사례이다.
- ⓛ은 외부 불경제 상황을 해결하기 위해 환경 오염 피해 발생에 대한
　대가를 치르도록 법을 만든 것이다.

| 선택지 분석 |

① 다른 경제 주체에게 입힌 의도하지 않은 피해에 대한 대가를 치르도록
　하는 것은 시장 실패 중 외부 불경제를 해결하기 위함이다.
　외부 불경제는 재화가 사회적으로 바람직한 최적 수준보다 많이 생산되어
　거래되기 때문에 시장 실패를 발생시킨다.
② 비경합성과 비배제성을 특성으로 하는 재화는 공공재이며, 공공재
　무임승차자 문제는 시장 실패의 발생 원인이지만 사례와는 관련이 없다.
③ 독과점으로 인한 불공정 거래 문제는 시장 실패의 발생 원인이지만
　사례와는 관련이 없다.
④ 정부가 시장에 개입하였으나 사회 후생 개선에 실패하는 것은 시장
　실패가 아니라 정부 실패의 발생 원인에 해당한다.
⑤ 시장 실패가 자유 방임주의 시장 경제 체제에서 발생할 수 있는 것은
　맞지만, 시장 경제의 도입이 시장 실패의 직접적인 원인이라고 보기는
　어렵다. 또한 ⓛ은 외부 효과 해결에 대한 설명이므로 적절하지 않다.

02　정답 ③　＊자본주의의 역사적 전개 과정

밑줄 친 '이 시기'에 있었던 사실로 옳은 것은? [1.5점]

> 이 시기는 제임스 와트가 개량한 증기 기관이 새로운 동력으로 사용되기 전까지 지속된 시대로, **서유럽의 통치** 자들이 본인의 권력 강화를 위해 중앙 집권적 관료제와 **유럽 절대왕정 국가들이 채택, 자본주의적 요소 등장** 상비군을 유지하고자 하였다. 그들은 이러한 **통치 체제** 확립에 필요한 자금을 마련하기 위해 **교역**을 장려했으며, 일부 상인에게는 막대한 세금 납부를 조건으로 특혜를 부여하였다. 이러한 제휴는 통치자와 상인 모두의 부와 권력을 증대하였다. 통치자들은 금이나 은을 확보하여 많은 함선을 만들고 강력한 군사력을 갖추어 영토 확장을 도모하였다. 또한 통치자와 상인 계층은 완전히 새로운 교역
> **단서** **상공업 육성을 통해 국부를 달성하려 함 (중상주의 정책)**
> 망을 통한 막대한 이윤 창출을 기대하였다.

① 대공황이 발생하였다.
　산업 자본주의 시기
② 독점 자본주의가 등장하였다.
　산업 자본주의 시기
③ 중상주의 정책이 확산하였다.
　국가가 경제 활동을 보호, 육성하는 정책
④ 두 차례의 **석유 파동**이 일어났다.
　수정 자본주의의 한계와 함께 발생
⑤ 서브프라임 모기지가 증가하였다.
　2000년대 초반에 발생

| 문제 + 자료 분석 |

- 제시문에는 서유럽에서 중앙 집권적 국가가 등장하면서 필요한 자금 마련
　을 위해 국제적 교역망이 형성되고 상업 자본을 통해 이윤이 창출되는 상
　황이 나타나 있다.
- 중상주의 정책을 바탕으로 한 상업 자본주의 시대임을 알 수 있다.

| 선택지 분석 |

① 대공황은 1929년 미국을 중심으로 발생한 경제공황이다. 산업 자본주의
　가 고도화되면서 과잉생산과 유효 수요 부족 현상으로 나타났다. 제시문
　의 시대와는 상관이 없다.
② 독점 자본주의는 산업 자본주의가 고도화되면서 소수의 거대한 독점 기업
　이 시장 내에서 지배적 위치를 차지하며 나타났다. 거대 기업과 중소 기업
　간의 격차가 심해지고 다양한 시장 실패 현상을 야기하는 계기가 되었다.
③ 중상주의 정책은 절대주의 시대 유럽 각국의 경제 정책으로, 무역을 통해
　자본을 축적하고 국부를 증대시키고자하는 경제 사상이다. 새로운 교역망
　의 증가를 통한 이윤 창출과 이를 통한 국부의 달성을 목적으로 한다.
④ 석유 파동은 1970년대 말 발생하였다. 수정 자본주의의 확산으로 정부의
　적극적 시장 개입으로 인한 비효율이 초래되었을 당시 석유파동이 발생하
　면서 정부 역할의 축소와 시장 기능 확대를 주장하는 신자유주의가 등장
　하는 계기가 되었다.
⑤ 서브프라임 모기지 사태는 2000년 하반기에 미국에서 발생한 일련의 경
　제 위기 사건으로, 2008년 세계 금융 위기를 일으키는 데 직접적 영향을
　준 사건이다.

 정답 ⑤ * 합리적 선택과 금융 자산

다음 자료에 대한 설명으로 옳은 것은? (단, A~C는 각각 정기 예금, 주식, 채권 중 하나임.) [2점]

> 표는 갑이 금융 상품 A, B, C 중 하나를 선택하여 투자하기 위해 작성한 것이다. 갑은 편익과 기회비용만을 고려하여 금융 상품을 선택하며 세 상품 모두 명시적 비용은 없다. 이때 편익은 수익성과 안전성 등을 고려하여 화폐 단위로 평가한 것이다.
>
> (암묵적 비용으로만 기회비용을 따짐)

금융 상품	A 정기 예금	B 주식	C 채권
편익(만 원)	90	80	100
이자 수익 (단서)	있음	없음	있음
시세 차익	없음	있음	있음

① A(B)는 배당 수익을 기대할 수 있다.
② C(A)는 예금자 보호 제도의 적용을 받는다.
③ 일반적으로 B는 A에 비해 안전성(수익성)이 높다.
④ 채권 선택의 암묵적 비용은 100만 원(90만 원)이다.
⑤ 정기 예금 선택의 기회비용과 주식 선택의 기회비용은 같다. (100만 원 / 100만 원)

| 문제 + 자료 분석 |

- A는 이자 수익은 기대할 수 있지만 시세 차익은 없는 금융 상품이므로 정기 예금, B는 이자 수익은 없지만 시세 차익은 기대할 수 있는 금융 상품이므로 주식이다. C는 이자 수익과 시세 차익을 모두 기대할 수 있는 채권이다.
- 세 상품 모두 명시적 비용이 없으므로 편익을 바탕으로 암묵적 비용을 정리하면 아래 표와 같다.

구분	A(정기 예금)	B(주식)	C(채권)
편익(만 원)	90	80	100
기회 비용(만 원)	100	100	90
순편익(만 원)	-10	-20	10

| 선택지 분석 |

① 배당 수익을 기대할 수 있는 금융 상품은 B 주식이다.
② 예금자 보호 제도의 적용을 받는 금융 상품은 A 정기 예금이다.
③ 일반적으로 B 주식은 A 정기 예금에 비해 수익성이 높은 대신 안전성은 낮다. 안전성이 높은 금융 상품은 정기 예금이다.
④ 각 금융 상품의 명시적 비용이 없으므로, 암묵적 비용은 포기한 상품의 편익과 같다. 채권 선택으로 인해 포기한 금융 상품 중 가장 편익이 큰 것은 정기 예금이다. 따라서 채권 선택의 암묵적 비용은 정기 예금의 편익인 90만 원이 된다.
⑤ 각 금융 상품의 명시적 비용이 없으므로, 금융 상품 선택의 기회비용은 암묵적 비용과 같다. 암묵적 비용은 명시적 비용이 없기 때문에 포기한 상품의 편익과 같다. 따라서 정기 예금 선택의 기회비용은 채권의 편익인 100만 원이며, 주식 선택의 기회비용 역시 채권의 편익인 100만 원이 된다.

 정답 ④ * 금융 자산

다음 자료에 대한 설명으로 옳은 것은? (단, A~C는 각각 예금, 주식, 채권 중 하나임.)

> [평가 요소] 금융 자산 A~C의 일반적 특징
>
> [서술형 문항]
> 〈1〉 C와 구별되는 A의 일반적 특징을 1가지만 쓰시오. (1점)
> 〈2〉 C와 구별되는 B의 일반적 특징을 1가지만 쓰시오. (1점)
> 〈3〉 A와 구별되는 C의 일반적 특징을 1가지만 쓰시오. (1점)
>
> [학생 답안지]

서술형 문항	답안	점수
〈1〉 A	배당 수익을 기대할 수 있다. (단서) 주식	1점
〈2〉 B	예금자 보호 제도의 적용을 받는다. (단서) 예금	1점
〈3〉 C	(가) 주식과 구분되는 채권의 특징이 들어가야 옳은 답안이 됨	㉠

*각 문항별로 채점하며, 옳은 답안은 1점, 틀린 답안은 0점을 부여함.

① A는 계약 기간 동안 일정한 금액을 매달 납입하여 만기 시에 원금과 이자를 받는 자산이다. (저축성 예금 중 적금에 해당)
② 일반적으로 A(C)는 C(A)보다 안전성이 높다.
③ 일반적으로 B(A)는 A(B)보다 수익성이 높다.
④ B와 C는 모두 이자 수익을 기대할 수 있다. (예금과 채권의 공통점)
⑤ (가)에 '시세 차익을 기대할 수 있다.'가 들어가면, ㉠은 1점(0점)이다. (주식과 채권의 공통점)

| 문제 + 자료 분석 |

- 〈1〉: C와 구별되는 A의 일반적인 특징으로 '배당 수익을 기대할 수 있다.'가 옳은 답안이므로 A는 주식이다.
- 〈2〉: C와 구별되는 B의 일반적인 특징으로 '예금자 보호 제도의 적용을 받는다.'가 옳은 답안이므로 B는 예금이 되고, 나머지 C는 채권이다.
- 따라서 A: 주식, B: 예금, C: 채권이다.

| 선택지 분석 |

① 계약 기간 동안 일정한 금액을 매달 납입하고 만기 시에 원금과 이자를 받는 것은 저축성 예금 중 적금에 대한 설명이다. A 자리에 B가 들어가도 틀린 설명이 된다. 예금의 종류에 요구불 예금과 저축성 예금이 있고, 저축성 예금이 정기 예금과 적금으로 구분된다. 따라서 '예금은 적금이다.'라는 말이 되기 때문에 틀린 설명이다. (함정)
② 일반적으로 주식은 채권에 비해 안전성이 낮고 수익성이 높다.
③ 일반적으로 예금은 주식에 비해 안전성이 높고 수익성이 낮다.
④ 이자 수익을 기대할 수 있는 것은 예금과 채권의 공통점이다.
⑤ 〈3〉은 주식과 구별되는 채권의 특징을 묻고 있다. 시세 차익을 기대할 수 있는 것은 주식과 채권의 공통점이므로 틀린 답안이 되어 ㉠은 0점이다.

* 금융 자산의 일반적인 특징

	예금	채권	주식
안전성	높음	중간	낮음
수익성	낮음	중간	높음
이자	○	○	×
시세 차익	×	○	○
배당 수익	×	×	○

다음 자료에 대한 분석 및 추론으로 옳은 것은? [3점]

> 갑과 을은 □□여행사로부터 추천받은 여행 상품 A와
> B 중 하나를 편익과 기회비용을 고려하여 합리적으로
> 명시적 비용 + 암묵적 비용 편익-기회비용>0
> 선택한다. 표는 A, B의 가격과 갑, 을이 선택으로 얻는
> 편익을 나타낸다. 단, 제시된 자료 외에 다른 조건은
> 고려하지 않는다.

(단위: 만 원)

구분	가격	편익	
		갑	을
A	100	150	㉠
B	80	100	120

① 갑이 A를 선택할 때 기회비용은 ~~100만 원~~이다. 120만 원
② 갑은 ~~B~~를 선택한다.　A
③ 을이 A를 선택할 때 암묵적 비용은 ~~140만 원~~이다. 40만 원
④ ㉠이 140보다 클 경우 을은 ~~B~~를 선택한다.　A
⑤ A의 가격이 120만 원으로 인상되어도 갑의 선택은 변함이 없다.
　A의 편익 - 기회비용 > B의 편익 - 기회비용

| 문제 + 자료 분석 |

- 갑과 을이 A와 B를 선택했을 때의 편익과 비용을 계산하면 아래 표와 같다.

(단위: 만 원)

구분	갑		을	
	A	B	A	B
편익	150	100	㉠	120
명시적 비용	100	80	100	80
암묵적 비용	20	50	40	㉠-100
기회비용	120	130	140	㉠ - 20
편익 - 기회비용	30	-30	㉠ - 140	140 - ㉠

| 선택지 분석 |

① 갑이 A를 선택할 때의 기회비용은 명시적 비용 100만 원과 암묵적 비용 20만 원의 합인 120만 원이다.
② 갑이 A를 선택했을 때의 편익에서 기회비용을 뺀 값은 30만 원이고, B를 선택했을 때의 편익에서 기회비용을 뺀 값은 -30만 원이다. 따라서 갑은 A를 선택한다.
③ 을이 A를 선택할 때 암묵적 비용은 대안인 B의 편익 120만 원에서 B의 가격 80만 원을 뺀 40만 원이다.
④ 을이 A를 선택할 때의 편익에서 기회비용을 뺀 값은 ㉠-140만 원이고, B를 선택할 때의 편익에서 기회비용을 뺀 값은 140-㉠만 원이다. ㉠이 140보다 클 경우, A의 편익>A의 기회비용이고 B의 편익<B의 기회비용이 된다. 따라서 ㉠이 140보다 클 경우 을은 A를 선택한다.
⑤ A의 가격이 120만 원으로 인상될 경우 갑의 편익과 비용은 아래와 같다.

구분	갑	
	A	B
편익	150	100
명시적 비용	120	80
암묵적 비용	20	30
기회비용	140	110
편익 - 기회비용	10	-10

다음 수업 장면에서 〈상황1〉, 〈상황2〉에 대한 설명으로 옳은 것은?
[2.5점]

〈상황1〉			〈상황2〉		
구분	X재	Y재	구분	X재	Y재
갑국	1명	2명	갑국	1명	2명
을국	2명	1명	을국	2명	3명

〈상황1〉 갑국은 X재, 을국은 Y재 생산에 절대 우위를 가짐 단서
〈상황2〉 갑국은 X재, 을국은 Y재 생산에 절대 우위를 가짐. 갑국은 X재, 을국은 Y재 생산에 비교 우위를 가짐 단서

① 〈상황1〉에서 갑국은 X재와 ~~Y재 생산 모두~~ 절대 우위를 갖는다.
　Y재 생산은 을국이 절대 우위를 가짐
② 〈상황2〉에서 무역이 발생하는 이유를 절대 우위로 설명할 수 ~~있다.~~ 없다
③ 〈상황2〉에서 X재 1단위 생산을 위해 포기해야 하는 Y재의 양은 갑국이 을국보다 ~~많다.~~ 갑국: Y재 1/2단위 < 을국: Y재 2/3단위
④ 〈상황1〉과 〈상황2〉에서 Y재를 특화해서 생산하는 나라는 모두 ~~갑국~~이다. 을국
⑤ 〈상황1〉과 〈상황2〉 모두에서 무역이 발생하는 이유를 비교 우위로 설명할 수 있다.

| 문제 + 자료 분석 |

- 〈상황1〉에서 갑국은 X재, 을국은 Y재 생산에 절대우위를가진다.
- 〈상황2〉에서는 갑국이 X재, Y재 생산 모두에서 절대우위를 가진다. 따라서 절대우위로 무역 발생 이유를 설명할 수 없다.
- 갑국과 을국의 각 재화 1단위 생산의 기회비용은 다음과 같다.

〈상황1〉			〈상황2〉		
구분	X재	Y재	구분	X재	Y재
갑국	Y재 2단위	X재 1/2단위	갑국	Y재 1/2단위	X재 2단위
을국	Y재 1/2단위	X재 2단위	을국	Y재 2/3단위	X재 3/2단위

- 〈상황2〉에서 갑국은 X재, 을국은 Y재 생산에 비교우위를 갖는다.

| 선택지 분석 |

① 절대 우위는 재화 생산의 비용이 더 적을 때 가진다. 〈상황1〉에서 X재 생산에 필요한 노동자수는 갑국이 더 적고, Y재 생산에 필요한 노동자수는 을국이 더 적으므로 X재는 갑국이, Y재는 을국이 절대 우위를 갖는다.
② 〈상황2〉에서는 갑국이 X재와 Y재 생산에 모두 절대 우위를 갖는다. 절대 우위론에 따르면 〈상황2〉와 같은 경우 무역이 발생할 수 없다.
③ 〈상황2〉에서 X재 1단위 생산에 대한 기회비용은 갑국이 Y재 1/2단위, 을국이 Y재 2/3단위 이므로 을국이 더 많다.
④ 〈상황1〉에서는 을국이 Y재 생산에 절대 우위를 가지며, 〈상황2〉에서도 을국이 Y재 생산의 기회비용이 더 작으므로 비교 우위를 가진다. 따라서 〈상황1〉과 〈상황2〉에서 Y재를 특화해서 생산하는 나라는 모두 을국이다.
⑤ 〈상황1〉에서는 절대 우위를 통해 무역이 발생하는 상황을 설명할 수 있지만, 비교 우위를 통해서도 설명이 가능하다. 〈상황1〉의 각 재화 생산의 기회비용을 계산해 보면 갑국이 X재에, 을국이 Y재 비교 우위를 가진다.

10 세계화의 양상과 문제

내신 대비 필수 문제   문제편 113~115p

01 정답 ④ * 교통·통신의 발달과 세계화의 특징

| 문제 + 자료 분석 |

- ㉠: 세계화의 원인
- ㉡: 국제 사회의 상호 의존성이 커지고 있음
- ㉢: 국가의 경계를 넘어 세계가 하나로 통합됨
- ㉣: 장소 마케팅, 지리적 표시제, 지역 축제 등이 있음

| 보기 분석 |

ㄱ. 교통·통신의 발달로 국가 간 교류가 증가하면서 인구 및 상품의 이동이 활발해지고 있다.

ㄴ. 정치·경제·문화 등의 활동 범위가 전 세계로 확대되는 세계화 과정에서 국경의 의미와 역할이 축소되고 있다.

ㄷ. 세계 무역 기구의 출범과 다국적 기업의 성장 등으로 전 세계가 하나의 시장으로 통합되어 가고 있다.

ㄹ. 지역화와 관련된 사례로 장소 마케팅과 지리적 표시제를 들 수 있다.

＊ 세계화와 지역화

세계화	교통과 통신의 발달에 따라 정치, 경제, 사회, 문화 등 모든 부문의 인간 활동 범위가 국경을 넘어 세계로 확대되는 현상
지역화	각 지역의 생활 양식이나 사회, 문화, 경제 활동 등이 세계적 차원에서 독자적인 가치를 지니게 되는 현상

02 정답 ⑤ * 세계 도시의 특징

| 문제 + 자료 분석 |

- 그래프는 세계에서 경쟁력이 강한 세계 상위 5대 도시를 나타낸 것이다. 이들 도시는 모두 세계 도시에 해당한다.

| 보기 분석 |

ㄱ. 런던과 파리는 하천 주변을 끼고 발달한 도시로, 바다에 접한 항구 도시가 아니므로 해상 교통의 중심지라고 할 수 없다.

ㄴ. 세계 도시를 비롯한 대도시는 도시 중심에 대규모 제조업 단지가 발달해 있다고 보기 어렵다.

ㄷ. 세계 도시는 다국적 기업의 본사, 금융 기관 등이 밀집해 있어 경제활동이 활발하다.

ㄹ. 세계 도시는 다국적 기업의 본사가 밀집해 있어 회계·법률·광고 등의 생산자 서비스업이 발달하였다.
생산자 서비스업은 기업의 활동을 지원하는 서비스업으로, 기업과의 접근성이 좋고 관련 정보 획득에 유리한 대도시의 중심 지역에 모이려는 경향이 강하다.

＊ 세계 도시와 생산자 서비스업 발달

세계 도시는 경제적, 정치적, 문화적인 중추 기능이 모여 있으며, 특히 경제적 측면에서 다국적 기업의 본사가 집중되어 있다. 이에 따라 다국적 기업의 기업 활동을 지원하기 위한 생산자 서비스업도 함께 발달했다.
생산자 서비스업은 기업을 대상으로 하는 서비스업으로, 금융·보험업, 부동산업, 사업 서비스(광고, 회계, 연구 개발) 등이 있다. 서비스업은 생산과 동시에 소비가 된다는 특징이 있다. 따라서 생산자 서비스업은 세계 도시처럼 서비스의 수요자인 기업과의 접근성이 높고 관련된 정보를 획득하기 유리한 지역에 집중하려는 경향이 크다.

03 정답 ① * 세계화와 지역화의 특징

| 문제 + 자료 분석 |

- (가) : 뉴욕의 월가에는 세계적인 금융 기관과 증권 거래소가 있어 세계 경제에 큰 영향을 미침, 국제 연합(UN)의 본부가 있어 주요 국제회의가 개최됨, 세계 공연 예술의 중심지인 브로드웨이가 있음
  → 뉴욕은 세계적으로 중심지 역할을 수행하는 도시에 해당함
- (나) : 뉴욕은 부정적인 이미지를 탈피하기 위해 'I♥NY'라는 도시 브랜드를 만들었고 문화 상품을 개발하여 관광 수익을 올리고 있음
  → 뉴욕의 지역 브랜드화 전략

| 선택지 분석 |

① 뉴욕은 세계적으로 중심지 역할을 수행하는 도시에 해당하므로 (가)에는 세계 도시가 들어가야 한다.
뉴욕은 'I♥NY'라는 도시 브랜드를 만드는 전략을 사용하였으며, 이러한 지역 브랜드화 전략은 지역화 전략에 해당한다. 따라서 (나)에는 지역화가 들어가야 한다.

＊ 지역화 전략

지리적 표시제	특정 지역의 지리적 특성을 반영한 우수한 상품이 그 지역에서 생산되고 가공되었음을 증명 및 표시하는 제도
장소 마케팅	특정 장소를 하나의 상품으로 인식하고, 매력적으로 보일 수 있도록 이미지와 시설 등을 개발하는 전략
지역 브랜드화	지역의 상품과 서비스, 축제 등을 브랜드로 인식시켜 지역 이미지를 높이고 지역 경제를 활성화하려는 전략

04 정답 ① * 다국적 기업

| 문제 + 자료 분석 |

- ㉠ 세계화: 교통·통신의 발달에 따라 정치·경제·사회·문화 등 모든 부문에서 세계가 하나의 공동체로 통합되는 현상
- ㉡ 연구소: 다국적 기업의 연구 개발 기능을 수행함. 우수 인력 확보를 위해 주로 선진국의 대도시에 입지함
- ㉢ 생산 공장: 다국적 기업의 생산 기능을 담당함. 주로 저임금 노동력이 풍부한 개발도상국에 입지함
- (가): 현지 인력 대거 채용에 따른 일자리 증가, 소득 수준 향상, 생산 기술 이전 등을 포함

| 보기 분석 |

ㄱ. 다국적 기업의 생산 공장이 개발도상국에 입지하면서 나타나는 긍정적 영향으로는 일자리 증가, 소득 증가 및 지역 경제 활성화, 고급 생산 기술 이전 등이 있다. 다국적 기업이 현지 인력을 채용하며 고용 창출 효과가 나타나므로 (가)에는 '일자리 증가'가 들어갈 수 있다.

ㄴ. 세계화가 진행될수록 국제 교류의 시·공간적 제약기 작아져서 국제적인 상호 연결성이 증대된다.

ㄷ. ㉡ 연구소는 주로 고급 기술 인력 확보에 유리한 선진국의 대도시에 입지한다. 반면 ㉢ 생산 공장은 주로 저임금 노동력이 풍부하여 생산비 절감에 유리한 개발도상국에 입지한다.

＊ 다국적 기업의 공간적 분업화

본사	풍부한 자본과 우수한 경영 인력이 있는 본국(대도시)이나 세계 최상위 도시에 입지
연구소	쾌적한 연구 환경을 바탕으로 우수 인력을 확보하기 쉬운, 대학, 연구 시설 집적 지역에 입지
생산 공장	・주로 저임금 노동력이 풍부한 개발도상국에 입지함 ・시장 확대와 무역 장벽 극복을 위해 선진국에 입지할 때도 있음

05 정답 ② * 지역화와 지역화 전략

| 문제 + 자료 분석 |

- ㉠ : 'Porto'라는 로고와 도시를 재해석한 디자인 홍보물 → 지역 브랜드의 사례
- ㉡ : 유럽 연합(EU)의 원산지 보호 명칭으로 등록된 카망베르 드 노르망디 치즈 → 지리적 표시제의 사례

| 보기 분석 |

ㄱ. 지역 브랜드는 지역의 이미지와 인지도를 높이고 지역 경제를 활성화 시켜주는 효과가 있다.

ㄴ. 지리적 표시제의 사례인 카망베르 드 노르망디 치즈는 특정 지역의 지리적 특성을 반영한 우수한 상품에 해당한다. 다국적 기업에서 생산된 치즈는 오히려 지리적 표시제로 등록되기 어렵다.

ㄷ. 'Porto'라는 로고와 도시를 재해석한 디자인 홍보물인 ㉠은 지역 브랜드의 사례에 해당하고, 유럽 연합(EU)의 원산지 보호 명칭으로 등록된 카망베르 드 노르망디 치즈인 ㉡은 지리적 표시제의 사례이다.

ㄹ. 지역 브랜드와 지리적 표시제는 모두 다른 지역과 차별화할 수 있는 지역화 전략에 해당하며 지역의 고유성을 강화시키는 효과가 있다.

06 정답 ④ * 세계 도시

| 문제 + 자료 분석 |

- 문화 공연장이 밀집해 있음, 국제 연합의 본부, 월가 → 뉴욕

| 선택지 분석 |

① A는 런던이다. 런던에는 금융 중심지 '더 시티 오브 런던'을 중심으로 다국적 기업의 본사가 입지하고 있다.

② B는 남아프리카 공화국 최대의 상업 도시인 요하네스버그이다.

③ C는 도쿄이다. 도쿄에는 주요 제조·무역업체 본사, 생산자 서비스업이 집중되어 있다.

④ 뉴욕은 세계 여러 관광객이 즐기는 뮤지컬, 연극 등의 문화 공연장이 밀집해 있고, 국제 연합의 본부가 있다. 또한 뉴욕은 월가가 있는 세계 금융의 중심지이다.

⑤ E는 브라질 최대의 도시인 상파울루이다.

＊ 세계 도시

의미	국가의 경계를 넘어 세계의 경제 활동을 조절하고 통제할 수 있는 중심지 역할을 수행하는 도시
특징	• 다국적 기업의 본사 및 관련 업무 기능 집중 • 금융, 법률, 컨설팅, 광고 등 생산자 서비스업의 발달 • 고도의 정보 통신 네트워크와 최신의 교통 체계 발달 • 다양한 국제기구의 본부 입지, 국제회의 및 행사 개최

07 정답 ② * 다국적 기업

| 문제 + 자료 분석 |

- ○○자동차는 여러 국가에 연구소, 생산 공장 등을 두고 세계적인 규모로 활동 중인 다국적 기업이다.

| 보기 분석 |

ㄱ. ○○자동차의 본사는 우리나라에, 연구소는 미국과 독일에, 생산 공장은 튀르키예, 인도, 체코, 브라질에 있으므로 다국적 기업에 해당한다.

ㄴ. ○○자동차는 기업의 경영 기획 및 관리, 연구, 생산 등 다양한 기능을 세계적인 범위에서 공간적으로 분리하고 있다.

ㄷ. 기업의 본사는 주로 본국의 대도시에 입지한다.

ㄹ. 기업의 연구소는 우수한 연구 인력 확보와 정보 수집에 유리한 선진국에 주로 입지한다.

08 핵심 키워드: 생산 공장, 인건비, 무역 장벽, 시장

모범 답안 기업의 생산 공장을 인건비가 저렴한 개발 도상국에 세우면 싼 가격에 제품을 생산할 수 있다는 장점이 있다. 반면 선진국에 기업의 생산 공장을 세우게 되면 무역 장벽을 극복하고 시장을 개척하기 쉬워진다.

| 문제 + 자료 분석 |

- 다국적 기업은 생산 공장을 주로 저렴한 노동력이 풍부한 개발 도상국에 설립하지만, 선진국에 생산 공장을 세우기도 한다.

＊ 채점 기준

생산 공장을 개발 도상국에 세울 때와 선진국에 세울 때 얻는 이점을 모두 서술한 경우	100 %
생산 공장을 개발 도상국에 세울 때와 선진국에 세울 때 얻는 이점 중 하나만 서술한 경우	60 %

09 정답 ① * 국가 간 빈부 격차

| 문제 + 자료 분석 |

- 최하위 20개국 빈국 평균 1인당 국내 총생산과 최상위 20개국 부국 평균 1인당 국내 총생산의 격차가 점차 커지고 있다.

| 선택지 분석 |

① 그림은 국가 간 빈부 격차 문제를 보여주고 있다. 자본과 기술이 풍부한 선진국과 다국적 기업은 이윤을 극대화하고 있지만 그렇지 못한 개발 도상국과 기업은 경쟁에서 밀리면서 빈부 격차가 심해지고 있다.

② 그림에 나타난 문제는 지역화 전략과 관련이 없다. 또한, 세계화로 인해 세계가 하나로 통합되면서 지역의 독특한 요소들은 세계적 가치를 지니게 되었으므로 지역화 전략의 필요성은 증가했다.

③ 세계화로 인해 자유, 평등, 평화, 인권과 같은 보편적 가치가 전 세계로 확산된 것은 맞지만, 그림에 나타난 문제와는 관련이 없다.

④ 세계화로 인해 지역 간 교류가 증가하고 국경의 의미가 약화되면서 유해 물질이 여러 국가로 전파되기 쉬워졌다. 하지만 이는 그림에 나타난 문제와는 관련이 없다.

⑤ 세계화의 진행으로 선진국의 문화가 보편화된 것은 맞지만, 그림에 나타난 문제와 관련이 없다.

10 정답 ④ * 세계화에 따른 문제점

| 문제 + 자료 분석 |

- 갑: 초콜릿 판매 이익이 유통업체와 제조업체에 집중되어 피해를 봄
- 을: 전 세계적으로 비슷한 음식을 팔고 있어 불만이 있음

| 선택지 분석 |

① 갑의 문제는 세계화의 성과가 일부 국가나 기업에 집중되면서 발생한다.

② 빈부 격차 문제를 해결하려면 자유 무역의 문제점을 보완해야 한다.

③ 을의 문제는 약소국의 문화가 소멸할 위기에 처하며 발생한다.

④ 문화의 획일화와 소멸을 막으려면 외래문화를 능동적으로 수용하며 자국 문화의 정체성을 유지해야 한다.

⑤ 세계화의 속도가 빨라지면 빈부 격차, 문화의 획일화 문제는 더욱 심화될 수 있다.

＊ 세계화의 영향

경제	• 지구적 차원의 분업을 통한 효율성 향상 • 국가 간 경쟁 및 지역 간 격차 심화
문화	• 전 세계의 다양한 문화들의 활발한 교류 • 문화 획일화 및 소수 문화 쇠퇴 문제 발생

11 정답 ② * 국가 간 빈부 격차

| 문제 + 자료 분석 |
• 공정 무역 제품의 소비는 국가 간 빈부 격차 해소에 도움이 된다.

| 보기 분석 |
ㄱ. 선진국의 기술 이전을 통해 개발 도상국을 지원하는 것은 국가 간 빈부
　격차 해소 방안 중 하나이다.
ㄴ. 공간적 분업은 기업의 기능이 세계적인 범위에서 공간적으로 분리되는
　현상이다.
ㄷ. 선진국의 공적 개발 원조를 통한 개발 도상국 지원은 국가 간 빈부 격차를
　해소하는 데 도움이 된다.
ㄹ. 생산자 서비스업은 부동산업, 회계 서비스 등 기업의 생산 활동을
　지원하는 서비스업을 의미한다.

* 세계화에 따른 빈부 격차

현황	세계화가 진행되며 세계의 부가 증가했으나 부의 대부분이 선진국에 집중되며 빈부 격차가 심화됨
원인	선진국은 기계, 자동차 등 기술 집약적이고 부가 가치가 높은 제품을 주로 수출하는 반면, 개발 도상국은 농산물 등 부가 가치가 낮은 제품을 주로 수출함
해결 방안	• 선진국이 공정 개발 원조, 기술 이전을 통해 개발 도상국을 지원함 • 공정 무역, 공정 여행 등 윤리적 소비를 확대함

12 핵심 키워드: 보편 윤리, 특수 윤리

[모범 답안] 국제 인권 단체들은 보편 윤리를 중시하며 공개 태형은 인간의
존엄성을 훼손한다고 보지만, 반다아체의 주민들은 반다아체에서 중시되는
특수 윤리, 즉 이슬람 관습법에 따라 공개 태형을 해야 한다고 본다.

| 문제 + 자료 분석 |
• 세계화가 진행됨에 따라 강조된 보편 윤리가 특정 사회에서 중시되는
　특수 윤리와 충돌하며 문제가 발생하고 있다.

* 채점 기준

보편 윤리, 특수 윤리와 함께 갈등을 설명한 경우	100 %
공개 태형으로 인해 갈등이 발생했다고 서술한 경우	30 %

⚠ **내신 1등급 문제**　　　　　　　문제편 115p

13 정답 ② * 다국적 기업의 공간적 분업

[보기]
ㄱ. ○○사는 공간적 분업을 통해 제품을 생산한다.
　디자인 개발, 면직물 생산, 봉제 등의 활동이 여러 국가에 걸쳐서
　이루어지는 다국적 기업
ㄴ. ○○사로 인해 C에서는 경기 침체 문제가 나타났다.
　생산 공장이 입지하면서 일자리가 증가하여 지역 경제가 활성화됨
ㄷ. A는 B보다 전체 산업 종사자의 평균 임금이 높다.
　선진국인 A는 개발 도상국인 B보다 전체 산업 종사자의 평균 임금이
　높음
ㄹ. C는 A보다 생산자 서비스업이 발달해 있다.
　선진국인 A가 개발 도상국인 C보다 생산자 서비스업이 발달함

| 문제 + 자료 분석 |
• A는 최상위 세계 도시로 영국에 있고, B는 목화가 많이 생산되는
　파키스탄에 있으며, C는 산업 발달 수준이 낮은 탄자니아에 있으므로
　○○사는 다국적 기업임을 알 수 있다.

| 보기 분석 |
ㄱ. ○○사는 디자인 개발 및 생산 전략 수립, 면직물 생산, 봉제 등의 활동이
　여러 국가에 걸쳐서 이루어지는 공간적 분업을 통해 제품을 생산하는
　다국적 기업이다.
ㄴ. ○○사로 인해 C에서는 생산 공장이 입지하면서 지역 주민들의 일자리가
　증가하여 지역 경제가 활성화된다.
ㄷ. 선진국인 영국에 위치한 A는 파키스탄에 위치한 B보다 전체 산업
　종사자의 평균 임금이 높다.
ㄹ. 선진국이 개발 도상국보다 생산자 서비스업이 발달해 있다.

* 다국적 기업이 미치는 영향

본국	• 해외에서 얻은 수익으로 본국에 투자 • 생산 공장 등의 해외 이전으로 실업률 증가
투자 유치국	• 고용 창출로 인한 경제 활성화 • 선진국으로부터 기술 및 경영 기법 습득 • 다국적 기업에 대한 경제 의존도 심화 ➝ 생산 공장 유출 시 일자리 감소로 실업률 높아짐

14 정답 ④ * 다국적 기업

[보기]
ㄱ. H 기업은 다국적 기업이다.
　지사, 연구소, 생산 공장이 세계 여러 국가에 있음
ㄴ. 관리, 생산, 판매 기능의 공간적 분업이 이루어졌다.
　기능이 여러 곳에 분산하여 입지
ㄷ. 기술 연구소는 고급 인력 확보가 유리한 곳에 입지하였다.
　대학 및 연구소 밀집 지역
ㄹ. 생산 공장은 모두 저렴한 노동력이 풍부한 곳에 입지하였다.
　선진국에도 입지

| 문제 + 자료 분석 |
• H 기업은 본사를 자국에 두고 기술 연구소, 지역 본부, 생산 공장을 해외
　여러 지역에 자리 잡게 하였다.

| 보기 분석 |
ㄱ. H 기업은 세계 여러 국가에서 제품 생산과 판매 활동이 이루어지는
　다국적 기업이다.
ㄴ. 관리는 우리나라에서 이루어지고, 생산은 튀르키예, 중국, 미국 등에서
　이루어지며, 판매는 세계 여러 나라에서 이루어지고 있다.
ㄷ. 기술 연구소는 고급 인력 확보에 유리한 독일, 미국, 중국, 인도 등에
　입지해 있다.
ㄹ. 생산 공장은 생산비 절감을 위해 저렴한 노동력이 풍부한 개발 도상국에
　입지하지만, 무역 장벽 극복 및 시장 개척을 위해 선진국에 입지하기도 한다.

* 다국적 기업의 기능별 입지 특성

본사	풍부한 자본과 우수한 경영 인력이 있는 본국의 대도시에 주로 입지
연구소	쾌적한 연구 환경을 바탕으로 우수 인력을 구하기 쉬운 대학 및 연구 시설이 밀집한 곳
생산 공장	저렴한 노동력이 풍부한 개발 도상국이나 무역 장벽 극복 및 시장 개척을 위해 선진국에 입지

⑩

내신 대비 필수 문제

01 정답 ④ * 소극적 평화와 적극적 평화

| 문제 + 자료 분석 |

- ㉠ 소극적 평화: 직접적 폭력이 제거된 상태
- ㉡ 적극적 평화: 구조적·문화적 폭력까지 제거된 상태

| 보기 분석 |

ㄱ. 인류의 생존을 위협하는 요소로 제거되어야 할 대상은 폭력이다.
ㄴ. 소극적 평화는 전쟁, 테러, 범죄, 폭행 등의 물리적 폭력이 제거된 상태 즉, 직접적 폭력이 없는 상태를 말한다.
ㄷ. 적극적 평화는 물리적이고 직접적인 폭력뿐만 아니라 구조적·문화적 폭력까지도 제거된 상태를 말한다.
ㄹ. 적극적 평화는 직접적 폭력은 물론 빈곤, 기아, 정치적 억압, 종교와 사상의 차별 등이 제거된 상태 즉, 문화적 폭력과 구조적 폭력까지도 제거된 상태를 말한다.

02 정답 ② * 갈퉁의 평화 사상

| 문제 + 자료 분석 |

- **갈퉁**: 적극적 평화를 실현하기 위해서는 직접적 폭력, 문화적 폭력, 구조적 폭력이 사라져야 함
- 갈퉁에 따르면 소극적 평화(㉠)란 전쟁, 테러 등 물리적 폭력이 없는 상태이며, 적극적 평화(㉡)란 물리적 폭력은 물론 구조적 폭력과 문화적 폭력까지 제거되어 모든 사람이 인간다운 삶을 누릴 수 있는 상태임

| 선택지 분석 |

① 소극적 평화는 전쟁, 테러, 무력 충돌과 같은 물리적 폭력이 없는 상태이다.
② 소극적 평화란 물리적 폭력과 같은 직접적 폭력이 제거된 상태이다. 따라서 소극적 평화가 실현되어도 빈곤 문제는 여전히 남아 있을 수 있으며 빈곤 때문에 고통 받는 사람은 물리적 폭력을 당하지 않더라도 평화로운 상태로 볼 수 없다. **함정**
이에 갈퉁은 물리적 폭력이 제거된 상태를 평화라고 규정한 기존의 입장을 비판하고, 물리적 폭력은 물론 빈곤, 억압, 착취가 사라져 인간의 존엄성과 삶의 질이 보장되는 적극적 평화를 실현해야 함을 강조하였다. **꿀팁**
③ 적극적 평화는 물리적 폭력의 제거는 물론 억압과 차별과 같은 구조적 폭력과 학문이나 사상 등이 폭력을 정당화하는 문화적 폭력까지 제거된 상태이다.
④ 적극적 평화를 실현하려면 구조적 폭력과 문화적 폭력까지 제거되어야 하기 때문에 사회 제도의 개선이 요구된다.
⑤ 물리적 폭력의 제거는 곧 소극적 평화를 의미하는 데, 적극적 평화는 소극적 평화의 실현을 포함하므로 두 평화 모두 물리적 폭력의 제거가 필수적이다.

03 정답 ⑤ * 갈퉁의 평화 사상

| 문제 + 자료 분석 |

- **갈퉁**: 폭력에는 직접적 폭력, 구조적 폭력, 문화적 폭력이 있음. 구조적 폭력과 문화적 폭력은 간접적 폭력에 해당함. 직접적 폭력이 사라진 상태는 소극적 평화이며, 직접적 폭력과 간접적 폭력이 모두 제거된 적극적 평화가 진정한 평화임

| 선택지 분석 |

① 갈퉁은 직접적 폭력과 간접적 폭력이 모두 제거된 적극적 평화를 진정한 평화라고 본다.
② 갈퉁은 소극적 평화를 직접적이고 물리적인 폭력이 제거된 상태라고 본다.
③ 갈퉁은 적극적 평화가 실현되려면 직접적 폭력과 간접적 폭력이 모두 제거되어야 한다고 본다.
④ 갈퉁에 따르면 문화적 폭력은 직접적 폭력을 정당화하는 데 이용된다. 따라서 문화적 폭력이 존재한다면 진정한 평화라고 할 수 없다. **꿀팁**
⑤ 갈퉁은 모든 폭력이 사라진 적극적 평화를 진정한 평화라고 본다.

04 정답 ② * 국제 사회의 갈등

| 문제 + 자료 분석 |

- 제시문은 국제 사회의 갈등이 자원, 영토, 민족, 인종, 종교 등 여러 원인으로 인해 발생하고 있다고 본다.

| 보기 분석 |

ㄱ. 제시문은 국제 갈등은 영토, 자원, 민족, 종교 등 다양한 원인에 의해 발생한다고 보고 있다.
ㄴ. 국제 갈등을 일으키는 나라가 정해져 있거나 제한되어 있는 것은 아니다.
ㄷ. 국제 갈등은 대부분은 여러 원인이 복잡하게 얽혀 다양한 양상으로 발생한다.
ㄹ. 현실적으로 영토와 민족의 구분을 없애기도 힘들며, 영토나 민족의 구분을 없애는 것이 국제 갈등을 해결하는 최선의 방법은 아니다.

05 핵심 키워드: 직접적, 문화적, 구조적, 폭력

모범 답안 소극적 평화란 전쟁, 테러와 같은 직접적 폭력이 없는 상태를 의미한다. 하지만 소극적 평화만으로는 진정한 평화를 실현할 수 없으므로 문화적 폭력과 구조적 폭력까지 모두 사라진 적극적 평화를 실현해야 한다.

| 문제 + 자료 분석 |

- 갈퉁은 평화의 개념을 소극적 평화와 적극적 평화로 구분하고 적극적 평화를 이루기 위해 문화적 폭력과 구조적 폭력의 문제를 해결해야 한다고 주장했다.

＊채점 기준

세 가지 폭력을 모두 활용해 두 가지 평화의 의미를 서술한 경우	100%
두 가지 평화 중 하나의 의미만 서술한 경우	50%

06 정답 ④ * 국제 사회의 갈등

| 문제 + 자료 분석 |

- 카스피해에 많은 양의 석유와 천연가스가 매장되어 있음이 알려지자, 이를 두고 러시아, 카자흐스탄, 아제르바이잔, 이란, 투르크메니스탄 등 카스피해 주변 국가가 영역 분쟁을 벌이고 있다.

| 선택지 분석 |

① 카스피해 분쟁은 카스피해에 매장된 석유와 천연가스를 두고 벌어진 국제 갈등이다. 따라서 자원은 국제 갈등의 원인이 될 수 있다.
② 국제 갈등은 여러 국가가 추구하고자 하는 이익이 충돌하며 발생하는 이익으로, 개별 국가 안에서 발생하는 갈등이 아니다.
③ 국제 사회의 갈등은 각 국가가 자국의 이익을 우선으로 추구하며 서로 경쟁하는 과정에서 발생한다.
④ 국제 갈등을 힘의 논리를 앞세워 해결하려는 것은 바람직하지 않다. 각 국가는 세계 평화와 안정을 위해 서로 협력하며 국제 사회의 문제를 함께 해결하기 위해 노력해야 한다.
⑤ 국제 갈등은 여러 나라가 얽혀 있는 갈등이므로 한 국가의 노력만으로 해결하기 어려우므로 국제 협력이 필수적이다.

07 정답 ③ ＊국제 사회의 갈등

| 문제 + 자료 분석 |

- **(가)** 북아일랜드 분쟁: 개신교와 가톨릭교 간의 종교 갈등
- **(나)** 카슈미르 분쟁: 힌두교와 이슬람교 간의 종교 갈등
- **(다)** 난사 군도 분쟁: 자원을 둘러싼 6개국의 영유권 분쟁

| 보기 분석 |

ㄱ. 북아일랜드 분쟁은 북아일랜드와 영국의 통합을 주장한 개신교도와 북아일랜드의 독립을 추구한 가톨릭교도 간의 갈등과 연관된 분쟁이다.

ㄴ. 카슈미르 분쟁은 주민 대부분이 이슬람교를 믿는 카슈미르 지역이 힌두교를 믿는 사람이 많은 인도에 편입되며 발생한 분쟁이다. 마약 카르텔과 정부군 사이에 발생한 분쟁으로는 멕시코 분쟁이 있다.

ㄷ. 난사 군도 분쟁은 자원이 많이 매장되어 있는 난사 군도를 차지하기 위해 중국, 베트남, 필리핀, 브루나이 등이 개입한 영토 분쟁이다.

08 정답 ② ＊국제 비정부 기구의 특징

| 문제 + 자료 분석 |

- 자연재해 발생 지역 구호 활동, 영양실조 위기 극복 활동, 난민 의료 지원 활동 → 국경 없는 의사회

| 선택지 분석 |

① 국가들 사이의 이해관계를 조정하거나 국가 간 분쟁을 중재하는 것은 정부 간 국제기구이다.

② 국경 없는 의사회는 대표적인 국제 비정부 기구이다. 국제 비정부 기구는 개인이나 민간단체를 중심으로 지구촌 공통의 문제를 해결하고자 노력한다.

③ 개별 주권 국가를 구성원으로 하는 것은 정부 간 국제기구이다.

④ 정상회담, 국교 수립 등을 통해 자국의 이익을 도모하는 것은 국가이다.

⑤ 세계 곳곳에 지사나 공장 등을 설립하고 다양한 자원과 노동력을 활용하여 이윤을 추구하는 것은 다국적 기업이다.

09 정답 ④ ＊국제 사회의 행위 주체

| 문제 + 자료 분석 |

- 국제 연합, 세계 보건 기구는 정부 간 국제기구의 대표적 예이다.

| 선택지 분석 |

① 국제 비정부 기구는 개인이나 민간단체를 중심으로 구성되어 있으며, 대표적인 예로 국경 없는 의사회, 그린피스 등이 있다.

② 국가는 일정한 영토와 국민을 바탕으로 주권을 가지고 있는 국제 사회의 가장 기본적인 행위 주체이다.

③ 다국적 기업은 해외의 여러 지역에 연구소, 생산 공장 등을 두고 세계적인 규모로 생산과 판매 활동을 하는 기업이다.

④ 정부 간 국제 기구는 주권을 가진 국가들로 결성된 국제 사회의 행위 주체로, 대표적인 예로 국제 연합, 세계 보건 기구 등이 있다.

⑤ 국제적으로 영향력 있는 개인으로는 노벨상 수상자, 국제 연합의 사무총장, 유명 배우 등이 있다.

10 정답 ④ ＊정부 간 국제기구

| 문제 + 자료 분석 |

- ㉠에 들어갈 말은 '정부 간 국제기구'이다. 정부 간 국제기구는 개별 국가들을 구성원으로 하는 행위 주체이다.

| 보기 분석 |

ㄱ. 정부 간 국제기구는 국제 사회의 평화 유지를 목적으로 활동하며 국가 간 이해관계를 조정하고 분쟁을 중재한다.

ㄴ. 일정한 영역과 국민을 바탕으로 주권을 가진 가장 기본적이고 대표적인 국제 사회의 행위 주체는 국가이다.

ㄷ. 정부 간 국제기구는 국제 행위를 규율하는 국제 규범을 정립함으로써 국제 관계에 영향을 미치는 행위 주체이다.

11 정답 (가) 정부 간 국제기구 (나) 국제 비정부 기구

| 문제 + 자료 분석 |

- **(가)**: 국제 노동 기준 채택 → 국제 노동 기구
- **(나)**: 긴급 구호 활동, 독립적으로 활동 → 국경 없는 의사회

12 핵심 키워드: 국가, 개인, 민간단체

모범 답안 정부 간 국제기구는 주권을 가진 국가들을 중심으로 국제 사회의 평화를 유지하기 위해 움직이지만, 국제 비정부 기구는 개인 또는 민간단체를 중심으로 구성되어 국제 사회의 평화를 위해 노력한다.

| 문제 + 자료 분석 |

- 정부 간 국제기구는 국가 간 이해관계를 조정하고 분쟁을 중재하는 등의 역할을 하지만 국제 비정부 기구는 개별 국가의 이해관계에서 벗어나 보편적 가치에 관심을 가진다.

＊ **채점 기준**

정부 간 국제기구와 국제 비정부 기구 구성의 차이점을 서술한 경우	100 %
정부 간 국제기구와 국제 비정부 기구 중 한 곳의 구성 특징을 서술한 경우	50 %

⚠️ 내신 1등급 문제   문제편 121p

13 정답 ③ ＊평화에 대한 갈퉁의 입장

폭력을 줄이는 것도 중요하지만, 폭력을 예방하는 것이 더 중요하다. 전자는 ㉠소극적 평화를 목표로 하지만, 후자는 ㉡적극적 평화를 지향한다. ㉢진정한 평화를 실현하려면 전쟁, 테러 등 신체에 직접 해를 가하는 직접적·물리적 폭력이 제거된 소극적 평화 상태뿐만 아니라, 억압, 착취 등의 구조적 폭력과 종교와 사상, 언어와 예술 등의 내부에 존재하는 문화적 폭력까지 사라진 적극적 평화 상태를 추구해야 한다.

| 문제 + 자료 분석 |

- **갈퉁**: 진정한 평화는 직접적 폭력은 물론이고 구조적 폭력과 문화적 폭력까지 사라진 상태임. 구조적 폭력은 정치와 경제에서 나타나는 억압과 착취이며, 문화적 폭력은 종교와 사상, 언어와 예술, 대중 매체와 교육의 내부에 존재함

| 보기 분석 |

ㄱ. 갈퉁에 따르면 소극적 평화가 실현되어도 구조적 폭력의 해소를 보장하지는 않는다. 억압과 차별 등 사회 제도나 구조에서 비롯되는 구조적 폭력은 종교, 예술, 교육, 대중 매체 등의 내부에 존재하는 문화적 폭력에 의해 지속적으로 정당화되기 때문이다.

ㄴ. 갈퉁에 따르면 적극적 평화는 물리적 폭력을 포함한 모든 폭력이 사라진 상태이며, 인간의 존엄성과 삶의 질이 보장된 상태이다. 따라서 적극적 평화는 경제적 착취와 빈곤이 제거된 상태를 포함한다.

ㄷ. 갈퉁에 따르면 진정한 평화는 직접적 폭력, 구조적 폭력, 문화적 폭력 등 모든 종류의 폭력이 사라진 상태이다.

ㄹ. 갈퉁에 따르면 진정한 평화가 실현되려면 적극적 평화와 소극적 평화가 모두 달성되어야 한다.

  폭력은 직접적 – 구조적 – 문화적 폭력의 삼각형에 있어
어떤 꼭지점에서도 시작될 수 있으며, 다른 꼭지점으로도
쉽사리 전달된다. 직접적 폭력, 제도화된 폭력적 구조,
내면화된 폭력적 문화는 장기간에 걸쳐 제도화되고, 반복되고,
의식화되려는 경향이 강하다. 이 중에서 문화적 폭력은
언어, 예술, 종교 등 인간 존재의 상징적 차원에서 작동하여
직접적·구조적 폭력에 정당성과 합법성을 부여한다.
→ 갈퉁: 문화적 폭력은 직접적·구조적 폭력을 정당화함

| 문제 + 자료 분석 |

- **갈퉁**: 평화 개념을 전쟁이나 테러가 없는 국가 안보 차원을 넘어서 인권
존중, 복지, 안전 등과 같은 인간 안보 차원으로 확장해야 함

| 보기 분석 |

ㄱ. 진정한 평화는 개인의 인간다운 삶의 보장을 추구하는 것이다. 그리고
이를 위협하는 문화는 폭력으로 간주한다. 직접적인 폭력이 아니더라도
인간다운 삶의 조건을 위협하는 문화는 폭력으로 볼 수 있다.

ㄴ. 사회 구조 개선은 불평등을 해소하고 사회적 공정성과 정의가
존중받는다는 의미로 받아들여질 수 있다. 적극적 평화 실현을 위해서는
폭력적인 사회 구조가 개선되어야 한다.

ㄷ. 갈퉁은 폭력이 항상 구조적 폭력과 문화적 폭력으로부터 시작되는 것은
아니라고 본다. 제시문에서 볼 수 있듯이 폭력은 직접적 폭력, 구조적
폭력, 문화적 폭력 중 어떤 폭력에서도 시작될 수 있다.

ㄹ. 언어에 담긴 상징적 차원의 폭력은 물리적·육체적 폭력으로 이어질 수
있다. 갈퉁은 종교, 언어, 예술 등의 이면에 내재한 상징적 폭력, 즉 문화적
폭력이 직접적 폭력이나 구조적 폭력을 용인하고 정당화한다고 보았다.

15 정답 ④ * 국제 사회의 행위 주체

[보기]

ㄱ. ㉠은 여러 국가에 지사나 공장을 설립하여 영향력을
행사하는 이윤 추구 집단이다.
다국적 기업

ㄴ. ㉡은 국제 사회의 가장 기본적인 행위 주체이다.
국가

ㄷ. ㉢과 ㉣은 동등한 자격으로 국제 사회에서 영향력을
동등하지 않음
행사한다.

ㄹ. ㉣은 ㉡과 같은 행위 주체들을 구성원으로 하는 국제기구이다.
국가

| 문제 + 자료 분석 |

- ㉠ 이스라엘, ㉡ 요르단, ㉢ 미국: 국가
- ㉣ 국제 연합: 정부 간 국제기구

| 보기 분석 |

ㄱ. 해외의 여러 지역에 지사, 공장 등을 설립하고 생산이나 판매 활동을 하는
이윤 추구 집단은 다국적 기업이다. 이스라엘은 국가이다.

ㄴ. 요르단은 국가로, 국제 사회의 가장 기본적이고 대표적인 행위 주체이다.

ㄷ. 미국은 국가이고, 국제 연합은 정부 간 국제기구이므로 양자가 동등한
자격으로 국제 사회에 영향력을 행사한다고 볼 수 없다.

ㄹ. 국제 연합은 국가를 구성원으로 하는 대표적인 정부 간 국제기구이다.

---

12 남북 분단 및 동아시아의 역사 갈등

  문제편 126~129p

01 정답 ④ * 남북 분단의 배경

| 문제 + 자료 분석 |

- 제시문은 남북 분단이 미국과 소련 간의 냉전 대결이 심화된 결과임을
보여주고 있다.

| 보기 분석 |

ㄱ. 제시문에서는 민족 내부의 응집력 부족에 대한 내용을 다루고 있지 않다.

ㄴ. 제시문에서는 남북 분단이 냉전 체제의 산물임을 알 수 있다. 냉전 체제란
미국을 중심으로 한 자본주의 진영과 소련을 중심으로 한 사회주의
진영이 이념을 중심으로 대립한 것을 말한다.

ㄷ. 제시문에서는 한반도의 지정학적 위치와 제2차 세계 대전 이후 냉전
체제의 영향을 강조하고 있다.

ㄹ. 제시문에서는 남북 분단이 제2차 세계 대전 이후 자유주의 진영을
대표하는 미국과 공산주의 진영을 대표하는 소련이 영향력을 확대하려는
과정 속에서 생겨났음을 설명하고 있다.

02 정답 ① * 남북 분단의 배경

| 문제 + 자료 분석 |

- 남북 분단에는 미국과 소련 간의 냉전, 민족 내부의 응집력 부족, 6·25
전쟁의 발발이 영향을 미쳤다.

| 선택지 분석 |

(설명1) 국제 연합이 '한반도의 자유로운 총선거를 통해 독립 국가를
세운다'는 결의안을 채택했으나 소련과 북한이 이 결의안을 반대하면서
남한에서만 5·10 총선거를 실시했다.

(설명2) 북한이 남한을 침공하여 6·25 전쟁이 발발하면서 남북 분단은
고착화되었다.

(설명3) 모스크바에서 개최된 미국, 영국, 소련 3국의 외상 회의에서 미국,
영국, 중국, 소련이 최고 5년까지 한반도를 신탁 통치한다는 결정이
내려졌다.

(설명4) 북위 38도선을 경계로 한반도를 분할 점령한 것은 미국과 소련이다.

03 정답 ③ * 분단 비용과 통일 비용

| 문제 + 자료 분석 |

- ㉠ 분단 비용: 분단으로 인한 대립, 갈등으로 발생하는 소모적 성격의
비용
- ㉡ 통일 비용: 통일 이후 남북한 체제의 통합에 소요되는 투자적 성격의
비용

| 보기 분석 |

ㄱ. 분단 비용은 분단이 지속됨에 따라 지속적으로 소요되는 소모적 성격의
비용이다.

ㄴ. 분단 비용에는 군사비, 안보 비용, 외교 비용 등 유형적 비용뿐만 아니라
이산가족의 고통, 전쟁의 공포 등과 같은 무형적 비용도 포함된다.

ㄷ. 통일 비용은 통일 이후 남북한 체제가 통합되는 데 소요되는 비용으로,
제도 통합 비용과 위기 관리 비용이 모두 포함된다.

ㄹ. 통일 비용은 소모적 성격이 아니라 투자적 성격의 비용이다.
소모적 성격의 비용은 분단 비용이다.

04 정답 ② * 분단 비용과 통일 비용

| 문제 + 자료 분석 |

- **A** 통일 비용: 통일 이후 남북한 체제가 통합되는 데 소요되는 비용으로, 투자적 성격의 비용에 해당한다.

| 선택지 분석 |

① 분단 비용은 분단에 따른 대립과 갈등으로 발생하는 비용으로, 소모적 성격의 비용에 해당한다.
② 통일 비용은 통일에 수반되는 비용의 총체로, 정치 및 경제 제도를 통합하는 데 드는 비용, 치안이나 실업 해소 등을 위한 위기 관리 비용 등이 있다.
③ 통일 편익은 통일로 얻게 되는 경제적·비경제적 보상과 혜택으로, 통일 이후 지속적으로 발생한다.
④ 기회비용은 여러 대안 중 하나의 대안을 선택할 때 선택하지 않은 대안 중 가장 좋은 것의 가치를 말한다.
⑤ 방위 비용은 적의 공격이나 침략을 막아서 지키는 데 드는 돈을 의미한다.

05 핵심 키워드: 분단 비용, 군사비, 외교비, 공포, 이산가족

모범 답안 병이 이야기하고 있는 비용은 분단 상황에서 불가피하게 지출되는 비용인 분단 비용이다. 분단 비용에는 군사비, 외교비와 같은 유형 비용과 전쟁의 공포, 이산가족의 고통과 같은 무형 비용이 모두 포함된다.

| 문제 + 자료 분석 |

- 분단 비용은 남북이 분단되어 있는 동안 끊임없이 지불해야 하는 비용으로, 유형 비용과 무형 비용으로 나눌 수 있다.

＊ 채점 기준

분단 비용을 언급하며 예시 두 가지를 서술한 경우	100 %
분단 비용만 언급한 경우	40 %

06 정답 ② * 분단 비용과 통일 비용

| 문제 + 자료 분석 |

- **갑**: 통일이 되면 군사비와 같은 소모적 비용을 절감하고 이를 경제 발전, 복지 등에 사용할 수 있으므로 통일은 반드시 해야 함
- **을**: 통일에 따른 편익이 통일에 드는 비용보다 클 때 통일을 해야 함

| 보기 분석 |

ㄱ. 갑은 통일 이전 대비 통일 이후의 군사비가 감소한다고 보고 있다. 군사비는 남북이 분단되어 있어 지불해야 하는 분단 비용에 해당한다. 통일 비용이란 남북의 다른 체제와 제도 등을 통합하는 과정에서 드는 비용이다.
ㄴ. 을은 통일 편익이 통일 비용보다 클 때 통일을 해야 한다고 주장하고 있다.
ㄷ. 분단 비용은 분단에 따른 대립과 갈등으로 발생하는 비용으로, 통일 이후에는 발생하지 않는다. 또한, 갑과 을 모두 통일 편익이 통일 이후 지속적으로 증가할 것이라는 내용을 언급하지 않았다.

＊ 분단 비용과 통일 비용

분단 비용	• 분단에 따른 대립과 갈등으로 발생하는 비용 ⟶ 소모적 성격의 비용 • 유형 비용(군사, 외교)과 무형 비용(전쟁의 공포, 이산가족의 고통) 등이 모두 포함됨
통일 비용	• 통일 이후 남북한 체제가 통합되는 데 소요되는 비용 ⟶ 투자적 성격의 비용 • 정치·경제 제도의 통합 비용, 치안이나 실업 해소 등을 위한 위기 관리 비용

07 정답 ④ * 통일을 위한 노력

| 문제 + 자료 분석 |

- 갑은 남북한 통일을 위해 비정치적 분야의 교류를 먼저 시작할 것을 강조하고 있으므로 ⊙에는 비정치적 교류의 예시가 들어가야 한다.

| 보기 분석 |

ㄱ. 남북 정상회담은 남한과 북한이 상호 신뢰를 회복할 수 있는 방법이긴 하지만, 정치적 분야의 교류에 해당하므로 ⊙에 들어갈 수 없다.
ㄴ. 이산가족 상봉을 통한 교류는 민족의 화합과 동질성 회복에 도움이 되는 비정치적 분야의 교류에 해당한다.
ㄷ. 대북 지원을 중단하는 것은 남북한의 통일에 도움이 되지 않는다.
ㄹ. 스포츠 대회 단일팀을 구성하는 것은 비정치적인 분야에서의 협력을 중시하는 예시에 해당한다.

08 정답 ⑤ * 통일을 위한 노력

| 문제 + 자료 분석 |

- 갑은 남한과 북한이 서로 다른 가치관을 가지고 생활해 왔기 때문에 비정치적 분야에서부터 서로 신뢰를 쌓아야 한다고 주장하고 있다.

| 선택지 분석 |

① 갑은 예민한 성격을 띠는 군사·정치적 분야의 통합은 나중에 이루어야 한다고 주장한다.
② 갑은 경제적 측면에서의 이익 추구를 목적으로 남한과 북한이 교류해야 한다고 이야기하지 않았다.
③ 한반도의 통일에 우호적인 국제 환경을 조성하는 것은 통일에 도움이 되지만, 갑의 주장과는 관련이 적다.
④ 갑은 비정치적 분야의 교류를 우선해야 한다고 이야기할 뿐, 군사·정치적 분야의 통합도 이후에 이루어야 한다고 말하고 있다.
⑤ 갑은 문화·예술 분야의 교류를 우선하여 남북한의 동질성 회복과 민족의 화합을 달성해야 한다고 주장한다.

09 정답 ⑤ * 독일 통일의 교훈

| 문제 + 자료 분석 |

- 통일 전 서독은 적극적으로 동독과 경제, 문화, 통신 등 다양한 분야에서 교류를 진행해 평화 통일을 이룰 수 있었다.

| 선택지 분석 |

① 제시문에서는 통일을 위해 민간 차원의 적극적인 교류가 필요하다는 점을 강조하고 있다.
② 제시문에서는 외부 국가들의 동의가 절대적으로 필요하다는 점이 언급되어 있지 않다.
③ 통일은 분단된 두 체제의 경제력이 동일할 때 가능하다고 주장하지는 않는다. 사실상 서독의 경제력이 상당한 수준 앞서 있었다.
④ 통일과 관련하여 정치적·군사적 통일보다 사회적·문화적 통합을 위해 적극적인 대화와 민간 차원의 협력이 필요함을 강조하고 있다.
⑤ 제시문에서는 독일이 통일을 이룩하기 위해 지속적으로 대화와 협력, 적극적인 교류를 추진하였다는 내용이 언급되고 있다.

10 정답 ① * 통일에 대한 윤리적 쟁점

| 문제 + 자료 분석 |

- 나: 민간 교류 활성화를 통해 점진적인 통일을 해야 함
- 어떤 사람: 신속한 정치적 통합을 통해 통일의 외형부터 갖추어야 함

① 제시문의 나는 남북이 내적으로 결합된 민족 공동체 건설을 중시하고 있으므로, 신속한 정치적 통합을 강조하는 어떤 사람에게 체제 합일보다 민간 차원의 소통을 우선해야 한다고 비판할 수 있다.
② 제시문의 나는 한반도 전체의 이익을 가져오기 위한 방법으로 민간 교류를 통한 점진적인 통일을 주장하고 있다.
③ 제시문의 어떤 사람은 사회적 통합 비용 지출을 줄이기 위한 방법으로 신속한 정치적 통합을 주장하고 있다.
④ 제시문의 나는 내적인 결합을, 어떤 사람은 급진적인 외적 통합을 강조하고 있으므로 ㉠에 들어갈 내용으로 적절하지 않다.
⑤ 제시문의 나는 경제, 문화 분야와 같은 비정치적 분야의 교류를 통해 통일을 점진적으로 이루어야 한다고 본다.

11　정답 ②　＊일본의 역사 왜곡 문제

| 문제 + 자료 분석 |

• 제시문에서는 일본이 고대 역사뿐만 아니라 일제 강점기의 만행을 부정하거나 축소, 은폐시키려는 등 근대 역사까지 왜곡하는 모습이 나타나 있다.

| 선택지 분석 |

① 독도 영유권 주장이 아니라 역사 교과서 왜곡에 대한 내용이다.
② 빈칸 ㉠에는 일본이 역사 왜곡을 일삼고 있으며, 이를 교과서에 수록하여 교육하고 있다는 내용이 들어가야 한다.
③ 자국의 안보를 명분으로 군사력 증강에 힘쓰고 있다는 내용은 나타나 있지 않다.
④ 일본과 러시아, 일본과 중국의 영토 분쟁에 대한 내용은 나타나 있지 않다.
⑤ 일본 정치인들의 야스쿠니 신사 참배 문제가 아니라 일본의 역사 교과서 왜곡에 대한 내용이다.

＊ 일본과의 역사 갈등

> • **일본군 '위안부' 문제**: 제2차 세계 대전 수행 과정에서 한국 여성들을 강제로 징용하고 인권을 유린함
> • **일본의 역사 교과서 왜곡 문제**: 일본의 식민지 지배와 침략 전쟁을 정당화하고 미화하는 역사 교과서를 지속적으로 편찬하여 교육함
> • **일본의 야스쿠니 신사 참배 문제**: 제2차 세계 대전 관련 침략 전쟁의 전범이 합사된 신사를 참배하고 이에 대한 반성이 없음
> • **일본의 독도 영유권 주장 문제**: 1905년 시마네현의 고시로 독도가 일본의 영토로 편입되었다는 왜곡된 주장을 펼치고 있음

12　정답 ④　＊일본의 역사 왜곡 문제

| 문제 + 자료 분석 |

• (가)는 일본, (나)는 야스쿠니 신사이다.
• 일본의 주요 정치인들은 침략 전쟁을 수행한 A급 전범이 합사된 야스쿠니 신사에 참배하는 것이 신앙의 자유라고 주장하고 있다.

| 보기 분석 |

ㄱ. 동북공정은 중국의 역사 왜곡 문제에 해당한다. 중국은 동북 3성을 집중적으로 연구하는 동북공정 사업을 펼치며 고조선, 부여, 고구려, 발해의 역사가 중국의 역사라고 주장하고 있다.
ㄴ. 일본은 일본군 '위안부' 동원의 강제성을 축소하고 은폐하며 침략 행위를 정당화하고 있다.
ㄷ. 난사 군도 영토 분쟁은 자원을 둘러싼 중국, 베트남, 필리핀, 타이완, 브루나이, 말레이시아의 영토 분쟁을 말한다.
ㄹ. 러시아와 일본은 쿠릴 열도의 영유권을 두고 분쟁하고 있다.

13　정답 ②　＊일본의 역사 왜곡 문제

| 문제 + 자료 분석 |

• 일본의 주요 정치인들은 야스쿠니 신사 참배를 통해 제2차 세계 대전의 주요 전쟁 범죄자들을 섬기는 모습을 보여주고 있다.

| 선택지 분석 |

① 야스쿠니 신사는 일본의 천황을 위해 싸우다 전사한 군인을 신격화하여 제사를 지내는 곳으로, 침략 전쟁을 수행한 A급 전범들이 합사되어 있다.
② 군국주의는 국가의 가장 중요한 목적을 군사력에 의한 대외적 발전에 두고 전쟁과 그 준비를 위한 정책이나 제도를 국민 생활 속에서 최상위에 두려는 이념을 뜻한다. 일본의 주요 정치인들의 야스쿠니 신사 참배는 군국주의를 반대하는 행위로 볼 수 없다.
③ 일본 정치인들의 야스쿠니 신사 참배는 그들이 전쟁 범죄자를 섬기고 일본의 침략 전쟁을 정당화하며 침략 행위를 깊이 반성하지 않고 있다는 것을 보여준다.
④ 일본 주요 정치인들의 야스쿠니 신사 참배는 우리나라를 비롯한 주변국들을 침략한 문제를 반성하지 않는다는 점이 드러나는 행위이므로 국제 사회에서 비판받고 있다.
⑤ 일본의 정치인들은 일본의 침략 전쟁 과정에서 전사한 사람들을 신으로 숭배하며 전쟁 범죄자들을 영웅으로 추앙하고 있다.

14　정답 ④　＊일본의 역사 왜곡 문제

| 문제 + 자료 분석 |

• (가): 다양한 해양 생물, 해양 심층수, 가스 하이드레이트, 우리나라 동해상의 해상 경로를 감시할 수 있는 군사적 요충지 ⟶ 독도

| 선택지 분석 |

① 일본이 근거가 불명확한 1905년 「시마네현 고시 제40호」를 근거로 독도가 일본의 영토로 편입되었다고 주장하고 있다.
② 일본, 중국, 대만이 영유권을 주장하며 갈등을 빚고 있는 지역은 센카쿠 열도이다.
③ 독도의 영유권 분쟁은 독도에 풍부한 자원이 매장되어 있다는 점, 우리나라, 일본, 러시아로 둘러싸인 동해 한가운데 있어 군사적으로 중요한 장소라는 점 등 다양한 원인에 의해 발생했다.
④ 일본은 1905년 「시마네현 고시 제40호」로 독도가 일본의 영토가 되었다는 왜곡된 주장을 펼치며 독도의 영유권을 주장하고 있다.
⑤ 베트남, 필리핀 등 6개국이 서로 영유권을 주장하고 있는 지역은 난사 군도이다.

15　정답 ⑤　＊동북공정 문제

| 문제 + 자료 분석 |

• 동북공정: 고조선, 부여, 고구려, 발해 등의 역사가 고대 중국의 지방사라고 주장하며 역사를 왜곡함

| 선택지 분석 |

① 중국과 북한의 경제적 · 군사적 협력에 대한 내용은 제시문에 나타나 있지 않다.
② 중국 동북부 3성에 대한 내용은 맞지만 주민들의 국적 전환에 대한 내용은 아니다.
③ 중국의 수산 자원 확보에 대한 내용이 아니라 동북공정에 대한 내용이다.
④ 중국의 군사력 증강에 대한 내용이 아니라 중국의 역사 왜곡에 대한 내용이다.
⑤ 제시문은 중국의 동북공정에 대한 내용이다. 중국은 우리나라의 고대 역사를 독립적인 역사로 인정하지 않으려 하고 있으며, 중국 지방사의 일부로 편입시키려는 동북공정을 추진하고 있다.

16 정답 ② * 동아시아 역사 갈등 해결을 위한 노력

| 문제 + 자료 분석 |

- 제시문은 우리나라가 일본, 중국과 겪고 있는 역사 갈등 문제에 관해
  이야기하고 있다.

| 보기 분석 |

ㄱ 동아시아 역사 갈등 문제를 해결하기 위한 방안에는 공동 역사 교재
  편찬을 통해 올바른 역사 인식을 도모하고 공유해 나가는 것이 있다.
ㄴ. 제시문은 동아시아 역사 갈등 문제에 관한 것으로, 국제 갈등은 힘의
  균형이 아닌 대화를 통해 해결해 나가야 한다.
ㄷ 일본이나 중국이 역사 왜곡에 대해 사과하고, 각국의 역사를 사실에
  근거해 파악하는 노력이 필요하다.
ㄹ. 활발한 문화 교류를 통해 올바른 역사 인식을 갖는 것이 중요하다.

* 한국, 중국, 일본의 공동 역사 연구 교재

> 한국, 일본, 중국의 학자, 교사, 시민운동가들은 과거의 침략과 전쟁을
> 반성하고 평화로운 동아시아의 미래를 지향하는 동아시아 공동 역사 교재
> "미래를 여는 역사"를 출간했다. 2002년부터 총 4년간의 작업을 거쳐 2005년에
> 출판되었으며, 최초의 동아시아 공동 역사 교재라는 점에서 의의를 가진다.
> 　2012년에는 "한중일이 함께 쓴 동아시아 근현대사" 1,2를 출간하였다. 또한,
> 더 많은 사람이 해당 교재들을 읽을 수 있도록 "미래를 여는 역사"와 "한중일이
> 함께 쓴 동아시아 근현대사"의 영문판도 출간하였다.

17 정답 동북공정

| 문제 + 자료 분석 |

- 중국은 동북 3성인 랴오닝성, 지린성, 헤이룽장성을 연구하는 동북공정
  사업을 펼쳤다. 이 과정에서 중국은 만리장성의 동쪽 끝을 옛 고구려와
  발해의 영역인 헤이룽장성까지 확장하여 발표하였고, 고구려, 발해 등의
  역사가 고대 중국의 지방사라고 주장했다.

18 핵심 키워드: 고조선, 부여, 고구려, 발해

[모범 답안] 중국은 소수 민족을 통합해 국경 지역을 안정화하기 위해 동북
3성의 역사, 지리, 민족을 연구하는 동북공정 사업을 진행했다. 이때,
중국은 한반도 북부와 만주에서 활동하던 고조선, 부여, 고구려, 발해의
역사가 모두 자신들의 역사라는 왜곡된 주장을 내세웠다. 고구려와 발해의
유물을 중국의 유물로 소개하고, 고구려의 성을 만리장성의 일부로
주장하는 등의 역사 왜곡을 펼쳐 우리나라와 갈등을 빚고 있다.

| 문제 + 자료 분석 |

- 중국은 동북공정 사업을 펼치며 역사적 자료를 일방적으로 해석하여
  만리장성의 동쪽 끝을 옛 고구려와 발해의 영역인 헤이룽장성까지
  확장하고 이 지역이 중국의 고유 영토라는 주장을 강화하고 있다.

* 채점 기준

고조선, 부여, 고구려, 발해 등을 언급하며 동북공정 사업의 역사 왜곡을 설명한 경우	100 %
동북공정을 통해 역사를 왜곡했다고만 설명한 경우	30 %

19 정답 ① * 평화 통일

> 갑 : 통일은 우리 민족의 동질성을 회복하고 정체성을
>   확립하기 위해 반드시 이루어 내야 할 과제입니다.
>   → 갑, 을 모두 인정
> 을 : 동의합니다. 하지만 통일은 비용과 편익을 최우선으로
>   고려하여 우리 민족의 경제적 이익 실현을 위해
>   추진되어야 합니다.
> 갑 : 아닙니다. 통일의 필요성을 경제적 가치에서 찾아서는 안
>   됩니다. 통일은 남북 간 이질성을 극복하고, 문화와
>   역사를 공유하는 평화로운 민족 공동체 건설을 위해
>   갑: 통일의 당위성에 대한 민족적 과제 해결 관점
>   실현되어야 합니다.
> 을 : 통일은 민족의 동질성 회복과 정체성 확립을 위해서도
>   → 갑, 을 모두 인정
>   필요하지만, 무엇보다 민족의 경제적 이익 증대를
>   을: 통일에 대한 경제적 차원의 관점
>   고려해야 합니다. 국방비 절감, 시장 확대 등 통일 편익이
>   통일 비용보다 크기 때문에 통일을 추진해야 합니다.

| 문제 + 자료 분석 |

- 갑: 통일을 민족적 과제 해결 관점으로 접근하며 통일을 통해 남북간
  이질성 극복, 평화로운 민족 공동체 건설, 이산가족의 고통 해결 등을
  강조하는 입장
- 을: 통일을 민족의 경제적 이익 증대를 강조하며 접근하는 입장

| 선택지 분석 |

① 갑은 부정, 을은 긍정의 대답을 할 질문이므로 토론의 핵심 쟁점이다.
  갑은 통일은 평화로운 민족 공동체 건설을 위해 실현되어야 한다고 보고,
  을은 민족의 경제적 이익을 위해 통일이 필요하다고 본다.
② 갑과 을 모두 긍정의 대답을 할 질문이다. 갑과 을은 모두 통일이 민족의
  동질성 회복과 정체성 확립을 통한 평화로운 공동체 건설에 기여한다고
  본다.
③ 갑과 을 모두 긍정의 대답을 할 질문이다. 갑과 을은 모두 통일은 우리
  민족이 반드시 이루어 내야 할 과제라고 보고 있다.
④ 갑과 을 모두 긍정의 대답을 할 질문이다. 갑과 을은 모두 통일이 남북 간
  이질성을 극복하는 데 도움이 된다고 보고 있다.
⑤ 갑과 을 모두 긍정의 대답을 할 질문이다. 갑과 을은 모두 통일을 통해
  문화와 역사를 공유하여 우리의 민족 정체성을 확립할 수 있다고 본다.

* 통일에 대한 찬반 입장

찬성 논거	반대 논거
- 이산가족의 고통 해소 - 북한 주민의 인권 문제 해결 - 전쟁 공포의 해소로 인한 평화 정착 - 군사비 감소로 인한 복지 혜택 증가 - 민족 동질성의 회복과 민족 공동체 실현 - 민족의 경제적 번영과 국제적 위상 제고	- 통일 비용으로 인한 경제 어려움 - 사회적·문화적 차이로 인한 갈등 발생 - 통합 과정에서 정치적·군사적 혼란 발생 - 오랜 단절과 군사 도발 등으로 인한북한에 대한 거부감 - 북한 주민 유입으로 실업과 범죄 증가 등 사회적 혼란 발생

20 정답 ② * 동아시아 영토 분쟁

> ① A는 제2차 세계 대전 이후 러시아가 지배하고 있다.
>   쿠릴 열도
> ② B는 제2차 세계 대전 이후 미국이 계속 점령하고 있다.
>   일본에게 반환
> ③ C는 중국과 베트남의 영토 분쟁 지역이다.
>   시사 군도
> ④ D는 중국과 동남아시아 여러 국가가 관련된 영토 분쟁
>   난사 군도
>   지역이다.
> ⑤ A, B, C, D 지역은 석유나 천연가스 등의 자원이
>   자원을 차지하기 위한 영토 분쟁 발생
>   풍부하기 때문에 분쟁이 치열하다.

| 문제 + 자료 분석 |

- **A 쿠릴 열도 분쟁:** 1905년 러일 전쟁에서 일본 영토로 편입되었다가 제2차 세계 대전 이후 소련(러시아)가 점령함
- **B 센카쿠 열도 분쟁:** 일본이 청일 전쟁에서 승리한 후 차지하였으나 석유와 천연가스 매장 사실이 알려지고 중국과 타이완이 영유권을 주장함
- **C 시사 군도 분쟁:** 베트남이 점유하고 있던 시사 군도를 중국이 무력 점령하면서 영토 분쟁이 발생함
- **D 난사 군도 분쟁:** 해상 교통의 요충지이며, 석유와 천연가스가 풍부해 중국, 베트남, 필리핀, 브루나이 등 6개국이 영유권을 주장함

| 선택지 분석 |

① 쿠릴 열도 남부의 4개 섬(북방 4도)는 일본과 러시아의 영토 분쟁 지역이다. 1905년 러일 전쟁에서 일본 영토로 편입되었다가 제2차 세계 대전 이후 러시아가 점령하고 있다.
② 센카쿠 열도(댜오위다오)는 일본이 청일 전쟁에서 승리한 후 차지하였으나, 제2차 세계 대전 이후 미국이 점령하였다. 이후 1972년 일본에 반환하였다.
③ 시사 군도(파라셀 제도)는 베트남이 점유하고 있었으나 중국이 무력 점령하면서 영토 분쟁이 발생하였다.
④ 난사 군도(스프래틀리 군도)는 중국을 비롯하여 베트남, 필리핀, 타이완, 브루나이, 말레이시아 등 6개국이 영유권을 주장하고 있다.
⑤ 분쟁이 계속되는 까닭은 이들 지역이 석유나 천연가스 등의 자원이 풍부한 것으로 알려져 있기 때문이다.

✱ 동아시아의 영토 분쟁

센카쿠 열도	일본이 청일 전쟁에서 승리한 후 차지하였으나 이 지역에 상당량의 석유와 천연가스가 매장된 사실이 밝혀진 후 중국은 물론 타이완도 자국의 영토라고 주장함
쿠릴 열도	1905년 러일 전쟁에서 일본 영토로 편입되었다가 제2차 세계 대전 이후 소련이 점령함
시사 군도	베트남이 점유하고 있던 시사 군도를 중국이 무력 점령하면서 영토 분쟁이 발생함
난사 군도	섬 자체의 효용성은 작지만 해상 교통의 요충지이며, 석유와 천연가스가 풍부하여 이 지역을 둘러싼 6개국이 영유권을 주장함

01 정답 ② * 세계화 시대의 현지화 전략

| 문제 + 자료 분석 |

- 주어진 글에서 다국적 기업인 햄버거 업체 A사는 인도에서 힌두교 신자가 많은 문화를 고려하여 소고기가 아닌 닭고기나 양고기로 만든 햄버거를 만들었다. 일본에서는 빵보다 밥을 선호하는 문화를 고려하여 밥에 간장 소스를 곁들인 햄버거를 만들었다. → 현지화 전략

| 선택지 분석 |

① 다국적 기업의 공간적 분업은 다국적 기업이 경영 효율성을 높이고 이윤을 극대화하기 위해 각각의 기능을 공간적으로 분리하는 것을 말한다.
주로 의사 결정 및 관리 기능을 수행하는 본사, 연구 개발 기능을 하는 연구소, 생산 기능을 담당하는 공장, 판매를 담당하는 지점 등이 서로 분리되어 자리잡게 된다.
② 현지화 전략은 해외 시장에 진출할 때 제품을 현지 조건이나 문화, 욕구에 맞게 변경하여 판매하는 마케팅 전략이다. 따라서 주어진 글의 주제로 세계화 시대의 현지화 전략이 가장 적절하다.
③ 지리적 표시제는 상품의 특성과 품질 등에 특정 지역의 기후, 지형, 토양 등의 지리적 특성이 반영된 경우, 해당 지역에서 생산·제조·가공된 상품임을 나타내는 표시를 할 수 있도록 인정해주는 제도이다.
④ 세계 시민은 세계를 하나의 국가로 보고 특정 국가의 국적에서 벗어나 세계 인류의 구성원으로서의 시민을 뜻한다.
⑤ 공정 무역은 개발 도상국 생산자의 경제적 자립과 지속 가능한 발전을 위해 생산자에게 더 유리한 무역 조건을 제공하는 무역 형태를 말한다.

02 정답 ④ * 세계 도시

| 문제 + 자료 분석 |

- 브로드웨이, 자유의 여신상, 센트럴 파크 → 뉴욕

| 보기 분석 |

ㄱ. 뉴욕은 인적·물적 교류가 활발한 곳으로, 민족 구성의 동질성은 낮다.
ㄴ. 뉴욕에는 세계 금융 시장의 중심인 '월가'가 있다. 월가에는 세계 최대 규모의 증권 거래소인 뉴욕 증권 거래소가 있고, 지구촌 경제에 큰 영향력을 행사한다.
ㄷ. 뉴욕은 대표적인 세계 도시이다. 세계 도시는 세계의 중심지 역할을 하는 도시로, 다른 도시들과의 상호 작용이 활발하다.
ㄹ. 국제 연합(UN)의 본부는 뉴욕에 있다. 세계 각국 대표들은 이곳에 모여 세계평화 유지를 위해 다양한 문제를 논의한다.

03 정답 ② * 다국적 기업

| 문제 + 자료 분석 |

- ㉠에는 생산 공장을 해외에 둔 다국적 기업이 공장의 위치를 중국에서 베트남으로 옮기는 이유가 들어간다.

| 보기 분석 |

ㄱ. 중국에 비해 베트남의 인건비가 싸기 때문에 제품 생산 과정에서 더 많은 이익을 얻기 위해 공장을 중국에서 베트남으로 옮길 수 있다.
ㄴ. 선진 경영 정보를 수집하기 유리한 것은 선진국이다.
ㄷ. 우수한 연구 인력을 확보할 수 있는 것은 선진국이다.
ㄹ. 중국에 공장을 설립했을 때보다 베트남에 공장을 설립했을 때 세금 면제, 감세 혜택을 받기 쉽다면 경제적 이익을 위해 공장을 중국에서 베트남으로 옮길 수 있다.

04 정답 ④　＊세계화에 따른 문제점

| 문제 + 자료 분석 |

- 제시문은 영어가 보편화되며 제주어 등 고유 언어가 사라질 위기에
  처했음을 보여주고 있다.

| 선택지 분석 |

① 선진국이 개발 도상국을 경제적으로 지원하는 것은 국가 간 빈부 격차
  문제를 해결하는 방안이다.
② 자유 무역의 확대는 문화의 획일화 문제에 대한 해결책이 될 수 없다.
③ 생산자에게 정당한 대가가 돌아가도록 하는 공정 무역은 세계화의 성과가
  일부 국가나 기업에 집중되지 않도록 하는 방안이다.
④ 고유문화의 정체성을 유지하면서 외래문화를 능동적으로 수용하는
  자세는 문화 다양성을 증진하는 데 도움이 된다.
⑤ 경쟁력이 높은 선진국의 문화가 보편화되면 약소국이나 원주민의
  고유문화는 소멸할 위기에 처한다.

05 정답 ①　＊다국적 기업

| 문제 + 자료 분석 |

- (가): 국내에서 세탁기 개발 및 생산, 판매가 모두 이루어지는 기업
- (나): 생산 공장을 해외에 설립해 가격 경쟁력을 높인 다국적 기업

| 선택지 분석 |

① (나) 기업은 (가) 기업과 달리 해외에서 제품을 생산하므로 (가) 기업에
  비해 국내 생산 비중이 작다. 따라서 국내 생산 비중의 낮음에 해당하는 **A**,
  B, **D**가 답의 후보군이다.
  (나) 기업은 (가) 기업과 달리 생산 공장을 해외에 설립했으므로
  (가) 기업에 비해 해외 직접 투자액이 높다. 따라서 **A**, **B**, **D** 중 해외 직접
  투자액의 높음에 해당하는 **A**, **B**가 답의 후보군이다.
  (나) 기업은 (가) 기업과 달리 기업의 기능이 세계적인 범위에서
  공간적으로 분리되어 있다. 따라서 **A**, **B** 중 공간적 분업 정도의 높음에
  해당하는 **A**가 정답이다.

06 정답 ③　＊지역화 전략의 특징

| 문제 + 자료 분석 |

- 사례1 : 지역의 토마토 축제를 활성화시켜 매년 전 세계에서 수만 명이
  축제 참가를 위해 부뇰로 모여들고 있음 → 지역 축제를 활용한
  지역화 전략 중 장소 마케팅의 사례에 해당함
- 사례2 : 지역 특산품인 치즈를 지리적 표시제로 등록하여 상표로
  인정받으면서 카망베르 마을도 함께 유명해짐 → 지리적
  표시제를 활용한 지역화 전략의 사례에 해당함

| 선택지 분석 |

① 다국적 기업은 경제의 세계화 속에서 등장하게 된 기업 형태이다.
  다국적 기업은 세계 여러 국가의 업체와 협력하여 제품을 생산하는데
  이를 공간적 분업이라고 한다.
② 교통과 통신의 발달로 세계화가 확산되고 문화 확산 범위가 넓어졌다.
  확산 속도도 빨라짐에 따라 문화의 획일화 현상이 심화되고 있다.
③ 지역 축제를 활용한 장소 마케팅과 지리적 표시제를 활용한 사례 모두
  지역 경쟁력 강화를 위한 지역화 전략에 해당한다. 따라서 (가)에는 지역
  경쟁력 강화를 위한 지역화 전략이 들어갈 수 있다.
④ 교통과 통신이 발달하여 도시 간 인적, 물적 교류가 증가함에 따라
  국제적 중심지 역할을 하는 세계 도시가 등장하였다. 최상위 계층의 세계
  도시로는 런던, 뉴욕, 도쿄가 있다.
⑤ 세계 무역 기구가 등장하고 국가 간 자유 무역 협정이 확대되면서 세계
  무역량과 무역액도 빠르게 증가하고 있다.

07 정답 ③　＊소극적 평화와 적극적 평화

| 문제 + 자료 분석 |

- ㉠ 소극적 평화: 전쟁, 테러, 범죄 등 직접적 폭력이 없는 상태
- ㉡ 적극적 평화: 기아, 빈곤 등 구조적 폭력과 문화적 폭력까지 모두
  사라진 상태

| 보기 분석 |

ㄱ. ㉠ 소극적 평화는 물리적이고 직접적인 폭력이 제거된 상태를 말한다.
ㄴ. 제시문은 평화를 소극적 평화와 적극적 평화로 나누어 설명하고 있다.
  ㉡ 적극적 평화는 직접적 폭력뿐만 아니라 구조적·문화적 폭력까지도
  제거되어 모든 사람이 인간다운 삶을 누릴 수 있는 상태를 의미한다.
ㄷ. 현대 평화학의 아버지로 불리는 갈퉁의 주장에 따르면 진정한 평화는
  소극적 평화뿐만 아니라 적극적 평화까지도 실현될 때 가능하다.
ㄹ. 적극적 평화가 소극적 평화를 달성하기 위한 선결 조건이나 전제
  조건이라고 말할 수 없다.

08 정답 ①　＊소극적 평화와 적극적 평화

| 문제 + 자료 분석 |

- 갈퉁: 진정한 평화는 모든 종류의 폭력이 사라진 적극적 평화가
  실현되었을 때 이루어진다.

| 선택지 분석 |

① 갈퉁은 종교, 언어 등의 이면에 직접적 폭력 또는 구조적 폭력을 용인하는
  상징적 폭력이 내재할 수 있다고 본다.
② 갈퉁은 직접적 폭력과 구조적 폭력이 서로 영향을 주고받는다고 본다.
  직접적 폭력은 구조적 폭력으로 나아갈 수 있고, 구조적 폭력은 직접적
  폭력을 증폭시킬 수 있다.
③ 갈퉁은 물리적 폭력과 같은 직접적 폭력이 제거된 상태인 소극적 평화
  상태에서 구조적 폭력과 문화적 폭력이 남아있다고 본다. 이처럼 구조적
  폭력이 남아있어도 물리적 폭력이 제거될 수 있다.
④ 범죄와 전쟁은 직접적 폭력에 해당한다. 직접적 폭력이 사라진 상태는
  소극적 평화 상태에 해당하는데, 이때 구조적 폭력과 문화적 폭력은
  남아있다. 문화적 폭력과 구조적 폭력까지 모두 사라진 상태는 적극적
  평화 상태이다.
⑤ 갈퉁은 진정한 평화를 실현시키기 위해서는 모든 종류의 폭력을
  비폭력적인 방법을 사용해 제거해야 한다고 본다.

09 정답 ③　＊국제 사회의 행위 주체

| 문제 + 자료 분석 |

- (가)는 평화 유지군을 파견하는 국제 연합이므로 정부 간 국제기구에
  해당한다.
- (나)는 북극의 생태계를 보호하고자 하는 그린피스이므로 국제 비정부
  기구에 해당한다.

| 보기 분석 |

ㄱ. 국가의 이익을 추구하는 국제 사회의 행위 주체는 국가이다.
  국가는 자국의 이익을 추구하는 과정에서 다른 나라와 경쟁한다.
ㄴ. 정부 간 국제기구의 예로는 국제 연합(**UN**), 세계 보건 기구(**WHO**),
  국제 노동 기구(**ILO**), 경제 협력 개발 기구(**OECD**) 등이 있다.
ㄷ. 개인이나 민간단체를 중심으로 구성된 국제 사회의 행위 주체는 국제
  비정부 기구이다. 이들은 개별 국가의 이해관계에서 벗어나 보편적
  가치에 관심을 가진다.
ㄹ. 국제 사회에서 통용되는 국제 규범을 정립하는 것은 정부 간 국제기구이다.
  정부 간 국제기구는 국가 간 이해관계 조정, 분쟁 중재 등의 역할을 담당한다.

10 정답 ① * 국제 사회의 행위 주체

| 문제 + 자료 분석 |

- ㉠: 국제 사회의 가장 기본적이고 대표적인 행위 주체
- ㉡, ㉢: 각국의 정부를 회원으로 하는 정부 간 국제기구
- ㉣: 사익을 중시하는 국제 사회의 행위 주체인 다국적 기업

| 선택지 분석 |

① 국가는 독립된 주권을 가진 국제 사회의 기본적이고 대표적인 행위 주체이다.
② 국제 연합은 각국의 정부를 회원으로 하는 정부 간 국제기구이다. 국제 비정부 기구는 개인이나 민간 단체를 회원으로 하는 국제기구이다.
③ 다국적 기업은 공익보다 사익을 추구하는 국제 사회의 행위 주체이다.
④ 세계 보건 기구와 국제 연합은 모두 각국의 정부를 회원으로 하는 정부 간 국제기구이므로 개인이 회원으로 가입할 수 없다.
⑤ 한 국가의 영역을 초월하여 상호 유기적인 교류가 확대되는 세계화로 인해 국제 비정부 기구, 다국적 기업 등의 영향력은 확대되고 있다.

11 정답 ⑤ * 국제 사회의 갈등

| 문제 + 자료 분석 |

- 난사 군도: 중국, 베트남, 필리핀 등 6개국이 영유권을 주장하고 있는 지역으로, 상당량의 지하자원이 매장되어 있고 다양한 해양 생물이 서식하고 있다.

| 선택지 분석 |

① A는 나일강 물 분쟁이다. 나일강의 수자원을 이용하기 위한 나일강 주변 국가들 사이에서 발생한 물 분쟁이다.
② B는 북아일랜드 분쟁이다. 1801년 영국에 합병된 아일랜드는 1948년에 영연방에서 이탈해 완전 독립을 이루지만 북아일랜드는 영국령으로 남는다. 이후 북아일랜드에서 소수 가톨릭계 주민에 대한 차별 정책을 취하면서 개신교와 가톨릭교 간의 종교 갈등이 발생한다.
③ C는 카스피해 분쟁이다. 카스피해에 매장된 석유와 천연가스 등의 자원을 둘러싼 분쟁이다. 관련 당사국으로 러시아, 카자흐스탄, 투르크메니스탄, 이란, 아제르바이잔 등이 있다.
④ D는 카슈미르 분쟁이다. 주민 대부분이 이슬람교를 믿는 카슈미르 지역이 힌두교를 믿는 인도에 편입되며 발생했다.
⑤ E는 난사 군도 분쟁이다. 해상 교통의 요충지이자 풍부한 자원이 매장된 난사 군도를 두고 중국, 베트남, 필리핀, 말레이시아, 브루나이 등 여러 국가가 영유권을 주장하고 있다.

12 정답 ④ * 국제 사회의 행위 주체

| 문제 + 자료 분석 |

- ㉠: 국제 사회의 가장 기본적이고 대표적인 행위 주체
- ㉡: 주권을 가진 국가들로 결성된 국제 사회의 행위 주체
- ㉢: 개인과 민간단체로 구성된 국제 사회의 행위 주체
- ㉣: 국제적 영향력이 강한 경우 국제 사회의 평화 유지에 기여할 수 있음
- ㉤: 세계 여러 국가에 자회사, 지점, 생산 공장 등을 두고 세계적인 규모로 생산과 판매 활동을 하는 기업

| 선택지 분석 |

① 국가는 외교적 협상을 통해 분쟁이나 갈등을 해결하고자 한다.
② 정부 간 국제기구는 국가들 사이의 이해관계를 조정하거나 국가 간 분쟁을 중재함으로써 분쟁 당사국들이 원만한 해결을 하도록 돕는다.
③ 국제 비정부 기구는 전쟁이나 테러에 따른 인권 침해 방지를 위해 노력한다.
④ 국제 사회에서 가장 기본적이고 대표적인 영향력을 행사하는 행위 주체는 국가이다.
⑤ 다국적 기업은 이윤을 위해 다양한 나라의 자본이나 노동력을 활용한다.

13 정답 ④ * 남북 분단의 배경

| 문제 + 자료 분석 |

- 남북 분단의 국제적·국내적 배경을 떠올리며 각 사건이 발생한 순서를 파악한다.

| 선택지 분석 |

남북 분단은 북위 38도선을 경계로 미군과 소련군이 주둔해 군정을 실시하며 시작되었다.
이후, 모스크바 3국 외상 회의에서 미국, 영국, 중국, 소련이 최고 5년까지 한반도를 신탁 통치한다는 결정이 내려지며 이를 둘러싼 좌익과 우익 세력의 찬반 논쟁이 이념 갈등으로 깊어졌다.
국제 연합은 이후 총선거로 통일 정부를 구성하는 방안을 마련했지만 소련과 북한의 거부로 남한만의 5·10 총선거를 실시해 대한민국 정부가 수립되었다.
그 뒤 북한의 남침으로 6·25 전쟁이 일어나며 남북 분단은 더욱 고착화된다.
④ 따라서 정답은 C - D - B - A이다.

14 정답 ③ * 평화 통일

| 문제 + 자료 분석 |

- 제시문은 독일 통일 사례를 바탕으로 통일 전부터 남북한 교류를 통해 상호 편견과 불신 해소를 통해 통일 분위기를 조성해야 함을 강조한다.
- ㉠에는 분단 상황에서 통일 분위기를 조성하는 방법이 들어가야 한다.

| 선택지 분석 |

① 통일 전 독일이 사회 통합을 위해 교류를 활성화했듯이 남한과 북한도 통일 분위기를 조성하기 위해 남북한 교류 기회를 마련해야 한다.
② 독일은 독일의 통일이 평화를 촉진할 것임을 주변국에 설득해 통일을 이룩했다. 따라서 남한과 북한도 한반도의 통일이 국제 사회의 평화를 가져온다는 점을 알리기 위해 노력해야 한다.
③ 통일 이후 사회 통합을 위해 노력하는 것은 ㉠에 들어갈 수 있는 내용이 아니다. 통일 이전에도 남북한 사회 통합을 위해 노력해야 한다.
④ 통일 전 독일이 불안한 분위기를 해소하기 위해 대화를 지속했듯이 남한과 북한도 대화를 통해 군사적 긴장 상태를 완화해야 한다.
⑤ 통일 전 독일이 상호 간 편견과 불신 해소를 위해 통일 교육을 진행했듯이 남한과 북한도 적대감 해소 및 신뢰 회복을 위해 통일 교육을 활성화해야 한다.

15 정답 ① * 통일을 위한 노력

| 문제 + 자료 분석 |

- 제시문은 남북한 통일을 위해 주변국들의 지지와 협력을 이끌어낼 필요가 있음을 강조하고 있다.

| 선택지 분석 |

① 제시문은 통일을 이루기 위해 남북한의 노력뿐만 아니라 주변국들의 지지와 설득이 필요하다는 내용이다.
② 남북한의 군사적 합의를 강조한 것이 아니라 주변국들의 지지와 협력을 이끌어내는 것이 중요함을 강조하고 있다.
③ 북한보다 앞서는 경제력을 확보해야 한다는 내용은 제시문에 나타나 있지 않다.
④ 외세의 간섭이나 개입 없이 주체적인 통일이 필요하다는 점을 강조한 것이 아니라 주변국들과 국제 정세의 협조가 필요하다는 점을 강조하고 있다.
⑤ 통일을 위한 국내적 환경 조성보다는 국제적 환경 조성에 힘써야 한다고 강조하고 있다.

16 정답 ⑤ *통일의 방법

| 문제 + 자료 분석 |

- 갑: 통일 편익을 극대화하기 위해서 경제, 예술과 같은 비정치적 분야의 교류를 우선해야 함
- 을: 통일 편익을 극대화하기 위해서 정치적 통합을 우선해야 함

| 선택지 분석 |

① 갑과 을 모두 긍정의 대답을 할 질문이다. 갑과 을은 모두 국민적 동의에 기초하여 통일이 이루어져야 한다고 본다.
② 갑과 을 모두 부정의 대답을 할 질문이다. 우선순위가 다를 뿐, 갑과 을 모두 예술, 경제 분야의 교류가 필요하다고 본다.
③ 갑과 을 모두 긍정의 대답을 할 질문이다. 통일 편익의 극대화를 위해 갑 비정치적 분야의 교류를, 을은 정치적 통합을 우선시한다.
④ 갑과 을 모두 긍정의 대답을 할 질문이다. 갑과 을은 모두 통일이 민족의 번영, 자유와 평등의 신장에 기여할 것이라고 본다.
⑤ 갑은 부정, 을은 긍정의 대답을 할 질문이므로 토론의 핵심 쟁점이다. 갑은 비정치적 분야의 교류를 우선해야 한다고 보고, 을은 정치적 통합을 우선해야 한다고 본다.

17 정답 ② *동아시아 역사 갈등

| 문제 + 자료 분석 |

- (가): 동중국해 상에 있는 군도를 중심으로 한 분쟁 → 센카쿠 열도 분쟁
- (나): 동북 3성에 대한 문제를 집중적으로 연구하는 사업 → 동북공정

| 보기 분석 |

ㄱ. 센카쿠 열도 분쟁은 영토 분쟁이며, 이는 섬 주변에 매장된 풍부한 자원이 주된 원인이다.
ㄴ. 동북공정은 동아시아의 역사 갈등 중 하나이다.
ㄷ. 센카쿠 열도는 중국과 일본, 타이완 사이의 분쟁이며, 중국의 동북공정은 중국이 우리나라의 역사를 왜곡하려는 시도이다.
ㄹ. (가), (나)는 모두 역사적 사건에 대한 입장 차이 때문에 발생하고 있다.

18 핵심 키워드: 고용 창출, 지역 경제 활성화, 선진국 기술 습득

모범 답안 동남아시아 국가는 고용 창출로 인해 지역 경제가 활성화될 수 있고, 선진국의 기술을 습득할 수 있다.

| 문제 + 자료 분석 |

- 세계적으로 생산과 판매 활동을 하는 다국적 기업은 공간적 분업을 통해 제품을 생산하고 판매해 여러 나라에 영향을 미친다.

＊채점 기준

동남아시아 주민의 관점에서 장점을 두 가지 서술한 경우	100 %
동남아시아 주민의 관점에서 장점을 한 가지만 서술한 경우	50 %

19 핵심 키워드: 수익 유입, 재투자, 실업, 경기 침체

모범 답안 우리나라의 기업이 국내에 있던 생산 공장을 해외에 설립하는 경우, 수익의 유입으로 경제적 효과가 발생하고, 재투자로 이어져 추가 이익을 창출할 수 있다는 장점이 있다. 그러나 생산 공장의 해외 이전으로 인한 실업 문제가 발생하고 경기가 침체될 수 있다.

| 문제 + 자료 분석 |

- 기업이 생산비 절감 등을 이유로 해외로 공장을 이전하면 본국에 경제적 이익을 가져다줄 수 있지만, 실업 문제 역시 발생하게 된다.

＊채점 기준

긍정적 영향, 부정적 영향을 모두 서술한 경우	100 %
긍정적 영향, 부정적 영향 중 하나만 서술한 경우	50 %

20 핵심 키워드: 정부 간 국제기구, 국가

모범 답안 (가)에 들어갈 국제 사회의 행위 주체는 국제 규범 제정 등의 역할을 담당하는 정부 간 국제기구로, 주권을 가진 국가들로 결성되었다.

| 문제 + 자료 분석 |

- 정부 간 국제기구는 국가 간 이해관계 조정, 분쟁 중재, 국제 규범 제정 등의 역할을 하며 국제 사회의 평화 유지를 위해 활동한다.

＊채점 기준

정부 간 국제기구의 구성원이 국가임을 서술한 경우	100 %
정부 간 국제기구만 언급한 경우	50 %

21 핵심 키워드: 국제 비정부 기구, 국경 없는 의사회, 그린피스

모범 답안 [설명1]에 해당하는 국제 사회의 행위 주체는 국제 비정부 기구이다. 국제 비정부 기구의 대표적인 예로는 국경 없는 의사회와 그린피스가 있다.

| 문제 + 자료 분석 |

- 국제 비정부 기구는 개인과 민간단체로 구성된 국제 사회의 행위 주체로, 개별 국가의 이해관계에서 벗어나 인권, 보건, 환경 등 보편적 가치에 관심을 가진다.

＊채점 기준

국제 비정부 기구의 대표적 예 두 가지를 서술한 경우	100 %
국제 비정부 기구만 언급한 경우	30 %

22 핵심 키워드: 분단 비용, 통일 비용

모범 답안 ㉠은 분단 비용, ㉡은 통일 비용이다. 분단 비용은 분단에 따른 대립과 갈등으로 발생하는 비용이고, 통일 비용은 통일 이후 남북한 체제가 통합되는 데 소용되는 비용이다.

| 문제 + 자료 분석 |

- 통일 관련 비용으로는 소모적 성격의 비용인 분단 비용과 투자적 성격의 비용인 통일 비용이 있다.

＊채점 기준

분단 비용과 통일 비용의 의미를 모두 서술한 경우	100 %
분단 비용과 통일 비용만 언급한 경우	40 %

23 핵심 키워드: 통일, 적극적 평화

모범 답안 (가)는 통일이다. 진정한 평화를 이루기 위해서는 구조적 폭력과 문화적 폭력이 모두 사라진 적극적 평화를 실현해야 하는데, 통일이 이루어지면 남북 간 전쟁의 위협을 제거할 뿐만 아니라 북한 주민의 삶을 개선하고 이산가족의 아픔을 해소해 적극적 평화까지 실현할 수 있으므로 통일이 필요하다.

| 문제 + 자료 분석 |

- 통일은 한반도 평화를 실현하고 세계 평화를 정착하는 데 도움이 된다. 그리고 인도주의 차원에서 북한의 인권 문제를 해결하고, 이산가족의 고통을 없앨 수 있다는 점에서 필요하다.

＊채점 기준

통일의 필요성을 적극적 평화와 함께 서술한 경우	100 %
통일의 필요성만 서술한 경우	50 %

01　정답 ① ＊세계화와 세계 도시

세계화로 인해 세계의 중심지 역할을 하는 세계 도시가 출현했다. 세계 도시의 선정 기준과 방법은 조사 기관마다 차이가 있는데, 그중 ○○연구소는 2024년에 48개 주요 도시를 대상으로 6가지 기능(거주, 경제, 문화 교류, 연구·개발, 접근성, 환경)을 70개 지표를 활용하여 산출한 점수로 종합 순위를 발표했다. 종합 순위 1위 도시는 '문화 교류'에서 1위를 유지 ── **런던**
했고 허브 공항 효과로 '접근성'에서도 1위에 올랐다. 종합 순위 2위 도시 ── **뉴욕**
는 '경제' 및 '연구·개발'에서 1위를 차지했으나, '거주'와 '환경'에서는 30
단서 거주와 환경 분야에서 30위권 → 종합 순위 2위 도시는 뉴욕
위권으로 밀려났다. 종합 순위 3위 도시는 환율 상승에 따른 해외 관광객 ── **도쿄**
증가로 '문화 교류'에서 3위로 올랐고, '거주'와 '연구·개발'에서도 3위를
단서 3위에 해당하는 기능이 총 3개인 도쿄
차지했다. 종합 순위 4위 도시는 올림픽 개최에 힘입어 '문화 교류'에서 2 ── **파리**　런던이 1위인 '문화 교류' 기능이 2위인 파리임
위로 올랐다.

〈최상위 4개 도시의 기능별 순위〉

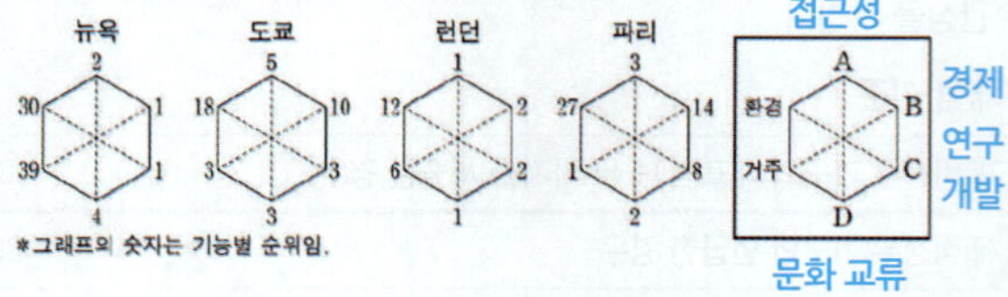

| 문제 + 자료 분석 |

- **세계 도시**: 국경을 넘어 정치·경제·문화 등 다양한 분야에서 세계적 중심지 역할을 하는 도시
- **종합 순위 1위 도시**: 6가지 기능 중 '문화 교류'와 '접근성'의 기능에서 1위를 차지하고 있음 ➜ 런던
- **종합 순위 2위 도시**: 6가지 기능 중 '경제'와 '연구·개발'의 기능에서 1위를 차지하고 있으나, '환경'과 '거주'에서는 30위권으로 밀려나 있음 ➜ 뉴욕
- **종합 순위 3위 도시**: 6가지 기능 중 '문화 교류', '거주'와 '연구·개발' 등 3가지 기능에서 3위를 차지함 ➜ 도쿄
- **종합 순위 4위 도시**: 올림픽이 개최되었으며 6가지 기능 중 '문화 교류'에서 2위에 오름 ➜ 파리

| 선택지 분석 |

A. 뉴욕이 2위, 런던이 1위, 파리가 3위인 기능이다. 런던이 1위인 기능인 **A**와 **D**는 각각 '문화 교류'와 '접근성' 중 하나이며, 이 중에서 파리가 2위인 **D**는 '문화 교류'이다. 따라서 런던이 1위, 파리가 3위인 **A**는 '접근성'이다. 접근성은 통행 발생 지역에서 특정 지역으로 접근할 수 있는 가능성을 의미하며 이와 관련된 지표로는 국제 직항 노선 수가 있다.

B. 뉴욕이 1위, 런던이 2위, 도쿄가 10위인 기능이다. 뉴욕이 1위, 런던이 2위인 **B**와 **C**는 각각 '경제'와 '연구·개발' 중 하나이며, 이 중에서 도쿄가 3위인 **C**는 '연구·개발'이다. 따라서 뉴욕이 1위, 도쿄가 10위인 **B**는 '경제'이며, 이와 관련된 지표로는 세계 500대 기업 수가 있다.

C. 뉴욕이 1위, 도쿄가 3위, 런던이 2위인 기능이다. 6가지 기능 중 뉴욕이 1위, 런던이 2위, 도쿄가 3위인 기능은 '연구·개발'이며, 이와 관련된 지표로는 특허 등록 건수가 있다.

D. 런던이 1위, 도쿄가 3위, 파리가 2위인 기능이다. 6가지 기능 중 파리가 2위, 도쿄가 3위인 기능은 '문화 교류'이며, 이와 관련된 지표로는 외국인 방문자 수가 있다.

① 따라서 **A** 지표는 국제 직항 노선 수, **B** 지표는 세계 500대 기업 수, **C** 지표는 특허 등록 건수, **D** 지표는 외국인 방문자 수이다.

02　정답 ③ ＊갈퉁의 평화 사상

다음을 주장한 사상가의 입장으로 적절한 것만을 〈보기〉에서 고른 것은? [1.5점]

폭력을 예방하고 제거하려면 직접적 폭력, 구조적 폭
단서 갈퉁이 이야기한 세 가지 폭력
력, 문화적 폭력에 대한 정확한 진단과 예측, 그리고 처방이 필요하다. 폭력은 직접적－구조적－문화적 폭력의 삼각형의 어느 꼭짓점에서도 시작될 수 있고 다른 꼭짓점으
폭력의 확대 재생산
로 쉽게 전달된다. 평화를 구축하는 활동들은 구조적 평화와 문화적 평화를 구축하는 활동과 동일하다고 할 수 있다. 평화는 과정이자, 갈등을 비폭력적이고 창조적으로 변환하는 것이다.　→ 갈퉁

[보기]

ㄱ. 집단 간 갈등은 ~~무조건 회피~~해야 한다.
　　진단 & 처방
ㄴ. 정치적 억압을 줄이면 구조적 폭력이 감소한다.
　　억압, 착취 등
ㄷ. 문화적 폭력은 직접적 폭력의 정당화에 이용될 수 있다.
　　대중매체 등
ㄹ. ~~대외적 선제공격은 평화를 구축하는 활동이 될 수 있다.~~
　　평화적 수단에 의한 평화

① ㄱ, ㄴ　② ㄱ, ㄷ　③ ㄴ, ㄷ　④ ㄴ, ㄹ　⑤ ㄷ, ㄹ

| 문제 + 자료 분석 |

- **갈퉁**: 직접적 폭력의 제거에 국한된 소극적 평화가 아닌 구조적 폭력 및 문화적 폭력의 제거까지 포함한 적극적 평화를 실현해야 함

| 보기 분석 |

ㄱ 갈퉁은 갈등의 유형 및 원인을 진단하고 그에 알맞은 처방을 내려야 한다고 본다.

ㄴ 갈퉁은 정치적 영역의 억압과 경제적 영역의 착취를 구조적 폭력의 대표적인 사례로 제시한다. 꿀팁

ㄷ 갈퉁은 대중매체가 전쟁을 미화하는 것처럼 문화적 폭력이 직접적 폭력을 정당화하는 데 사용될 수 있다고 본다.

ㄹ 갈퉁은 평화적 수단에 의해 평화를 달성해야지, 선제공격과 같은 폭력적 수단으로 평화를 달성해야 한다고 주장하지 않는다.

＊ 폭력의 세 유형

- **직접적 폭력**: 전쟁 등 신체에 위해를 끼치거나 생존을 어렵게 만드는 폭력
- **구조적 폭력**: 억압과 착취 등 사회 구조에 의한 폭력
- **문화적 폭력**: 종교, 사상, 법, 대중매체 등 직접적 폭력이나 구조적 폭력을 정당화하는 폭력

＊ 갈퉁의 평화

- **소극적 평화**: 전쟁, 테러, 범죄와 같은 직접적(물리적) 폭력이 없는 상태
- **적극적 평화**: 직접적 폭력, 문화적 폭력, 구조적 폭력까지 모두 사라진 상태
- 진정한 평화를 실현하기 위해서는 적극적 평화를 실현해야 함

다음 자료에 대한 옳은 설명만을 〈보기〉에서 고른 것은? [2점]

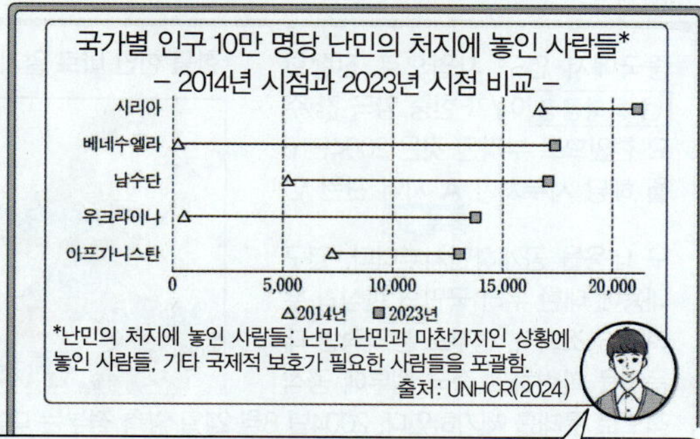

그래프에 제시된 국가와 난민들을 연구한 결과에 따르면, ㉠ 그들은 주류 집단에 속한 사람들에게 차별받고 있었으며, 스스로도 차별받는다고
단서 사회적 소수자 성립 요건 ① 단서 사회적 소수자 성립 요건 ②
인식하고 있었습니다. 다행히 국제 사회의 행위 주체 A와 B가 이들을 위해 노력하고 있습니다. 가령 국제 연합과 같은 A는 난민 문제를 공론
단서 정부 간 국제기구
화하고 있으며, 국제 앰네스티, 국경 없는 의사회 등 민간 주도로 구성
단서 국제 비정부 기구
된 B는 난민 구호를 위한 세계 시민들의 연대를 촉구하고 있습니다.

| 문제 + 자료 분석 |

- ㉠: 주류 집단에 속한 사람들에게 차별받고 있으며, 스스로 차별받는다고 인식하는 집단 → 사회적 소수자
- A: 국제 사회의 행위 주체이며, 사례로 국제 연합이 있으므로 정부 간 국제기구임. 정부 간 국제기구는 주권을 가진 국가들로 결성된 국제 사회의 행위 주체로, 국제 사회의 평화 유지 및 경제적·사회적 협력 등을 목적으로 활동함
- B: 국제 사회의 행위 주체이며, 사례로 국제 엠네스티와 국경 없는 의사회가 있으므로 국제 비정부 기구임. 국제 비정부 기구는 개인이나 민간단체를 중심으로 구성된 국제 사회의 행위 주체로, 인권, 보건, 환경 등 보편적 가치에 관심을 가짐

| 보기 분석 |

ㄱ. 2023년 인구 10만 명당 난민의 처지에 놓인 사람들은 아프가니스탄 < 우크라이나 < 남수단 < 베네수엘라 < 시리아이다. 그러므로 아프가니스탄이 가장 적다.

ㄴ. 그래프에 2014년과 2023년의 국가 10만 명당 난민의 처지에 놓인 사람들의 수가 표시되어 있으므로 난민의 처지에 놓인 사람들의 비율을 대략적으로 확인할 수 있다. 2014년과 2023년 비율의 차이는 두 좌표를 연결한 선의 길이로 확인할 수 있다. 선의 길이는 베네수엘라 > 우크라이나 > 남수단 > 아프가니스탄 > 시리아이다. 그러므로 시리아보다 우크라이나의 비율 차이가 더 크다. 2022년에 발발한 러시아-우크라이나 전쟁으로 우크라이나에서는 난민의 처지에 놓인 사람들이 많이 발생하였다.

ㄷ. ㉠은 난민을 지칭한다. 그들은 주류 집단에 속한 사람들에게 차별받고 있으며, 스스로도 차별받는다고 인식하고 있다. 그러므로 ㉠ 난민들은 사회적 소수자로 분류된다.

ㄹ. A는 정부 간 국제기구, B는 국제 비정부 기구이다. 정부 간 국제기구는 주권국으로 구성된 조직으로서 합법적 대표들이 비준 절차를 거쳐 국제법적 성격을 갖는 조약을 체결한다. 이와 달리 국제 비정부 기구는 국가 단위가 아닌 개인이나 민간단체의 국제 협력으로 설립된 조직이다. 이들은 권력이나 사익이 아닌 공익을 위한 비영리 단체이다. 그러므로 국제법을 바탕으로 가입국 간 합의를 통해 활동하는 것은 B 국제 비정부 기구가 아닌 A 정부 간 국제기구이다.

다음 문서에 대한 설명으로 옳은 것은? [2.5점]

남북 정상들은 분단 역사상 처음으로 열린 이번 상봉과 회담이
단서 최초 정상 회담
서로 이해를 증진시키고 남북 관계를 발전시키며 평화 통일을 실현하는 데 중대한 의의를 가진다고 평가하고 다음과 같이 선언한다.
1. 남과 북은 나라의 통일문제를 그 주인인 우리 민족끼리 서로 힘을 합쳐 자주적으로 해결해 나가기로 하였다.
2. 남과 북은 나라의 통일을 위한 남측의 연합제 안과 북측의 낮은 단계의 연방제 안이 서로 공통성이 있다고 인정하고 앞으로 이 방향에서 통일을 지향시켜 나가기로 하였다.
3. 남과 북은 올해 8·15에 즈음하여 흩어진 가족, 친척 방문단을 교환하며, 비전향 장기수 문제를 해결하는 등 인도적 문제를 조속히 풀어 나가기로 하였다.
4. 남과 북은 경제협력을 통하여 민족경제를 균형적으로 발전시키고, 사회, 문화, 체육, 보건, 환경 등 제반 분야의 협력과 교류를 활성화하여 서로의 신뢰를 다져 나가기로 하였다.
→ 2000년 남북 정상 회담에서 남북 교류 및 협력 논의

① 미국과 소련 간 냉전 체제가 형성되기 이전에 합의되었다.
   이후
② 평화 통일을 위해 사회·문화적 교류가 필요함을 간과하고 있다.
   중시하고
③ 6·25 전쟁을 일단락하는 정전 협정과 같은 연도에 발표되었다.
   정전 협정(1953), 남북공동선언(2000)
④ 분단으로 인해 발생하는 유·무형의 비용을 절감할 수 있는 방안을 제시하고 있다.
   분단 비용
⑤ 남북한의 정치 체제 통합 없이는 상호 협력과 신뢰가 가능하지 않음을 강조하고 있다.
   가능함

| 문제 + 자료 분석 |

- **6·15 남북공동선언**: 분단 이후 최초의 남북 정상 회담에서 발표한 것으로, 남북한이 경제적·문화적·인도적 차원에서 협력하는 계기를 제공함

| 선택지 분석 |

① 6·15 남북공동선언은 미국과 소련 간 냉전 체제가 붕괴한 후 2000년도에 발표되었다.
② 6·15 남북공동선언은 사회, 문화, 체육 등 제반 분야의 협력과 교류를 활성화할 것을 강조한다.
③ 6·15 남북공동선언은 1953년에 체결된 정전 협정 이후 오랜 시간이 흐른 후, 2000년에 발표되었다.
④ 6·15 남북공동선언은 이산가족의 슬픔, 비전향 장기수의 고통 등 유무형의 분단 비용을 줄이는 방안을 담고 있다.
⑤ 6·15 남북공동선언은 정치 체제가 통합되지 않더라도 비정치적 분야에서 협력과 교류를 활성화해야 한다는 내용을 담고 있다.

* 남북 간 주요 합의 및 의의

7·4 남북공동성명 (1972)	• 분단 후 최초 남북 당사자 간 합의 • 자주, 평화, 민족 대단결 등 3가지 통일 원칙 합의
남북기본합의서 (1991)	남북한 상호 체제 인정, 상호 불가침
6·15 남북공동선언 (2000)	• 분단 후 최초 남북 정상 회담 • 한반도 평화와 공동 번영을 위한 방안 논의

(가)의 입장에 비해 (나)의 입장이 갖는 상대적 특징을 그림의
㉠~㉤ 중에서 고른 것은?

> (가) 통일을 통해 북한 주민의 인권 보장을 위한
> 밑거름을 조성하고 동북아시아의 평화에 기여할 수
> 있다. 그러나 통일은 남한의 기술과 북한의 자원을
> 결합하여 경제적 이익을 창출한다는 점에서 더
> 중요하다. → 통일의 경제적 효과 > 정치적 효과
>
> (나) 통일을 통해 경제적 이익을 얻을 수 있다. 그러나
> 통일은 북한 주민의 인권 상황을 개선하고 한반도
> 평화 정착을 바탕으로 세계 평화에 기여한다는
> 점에서 더 중요하다. → 통일의 정치적 효과 > 경제적 효과

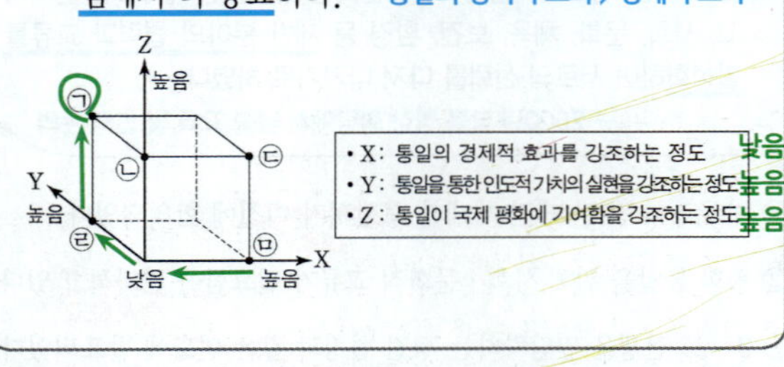

① ㉠   ② ㉡   ③ ㉢   ④ ㉣   ⑤ ㉤

| 문제 + 자료 분석 |

- **(가)**: 통일이 가져올 여러 효과 중에 경제적 이익 창출이 중요함을 주장함
- **(나)**: 통일이 가져올 여러 효과 중에 인권 개선과 평화 정착 등 정치적
  효과가 중요함을 주장함

| 선택지 분석 |

- **X**: (가)에 비해 (나)는 통일의 경제적 효과보다 인권 개선과 평화 실현 등
  정치적 효과를 중시한다. → 낮음
- **Y**: (가)에 비해 (나)는 통일을 통한 인권 개선 등 인도적 가치의 실현을
  중시한다. → 높음
- **Z**: (가)에 비해 (나)는 통일이 한반도 평화 정착을 바탕으로 세계 평화에
  기여한다는 점을 강조한다. → 높음
- ① X는 낮음, Y는 높음, Z는 높음에 해당하는 지점은 ㉠이다.

*** 통일에 대한 찬반 근거**

찬성	반대
· 이산가족의 고통 해소 · 민족의 동질성 회복 및 민족 공동체 실현 · 전쟁의 공포 해소를 통한 평화 실현 · 군사비 감소를 통한 복지 혜택 증가 · 민족의 경제적 번영을 통한 국제적 위상 제고	· 오랜 분단으로 인한 문화적 이질감 · 군사 도발로 인한 북한에 대한 거부감 · 막대한 통일 비용으로 인한 조세 부담 및 경제 혼란 가능성 · 사회적·정치적·군사적 혼란과 갈등 발생 가능성

다음 자료에 대한 옳은 설명만을 〈보기〉에서 고른 것은? [2점]

> 중국에서 연구 사업으로 진행한
> ㉠ 동북공정 이/가 한중 양국 간 주
> 요 현안으로 부각된 것은 2004년 6
> 월 해당 사무처가 **A** 지역 관련 연
> 구 내용을 공개하면서부터다. 연구   동북 3성
> 내용에 대한 우리 국민의 관심과 우
> 려가 고조되자, 정부도 본격적인 대
> 응책을 마련하고 중국 정부에 공식
> 적으로 문제를 제기하였다. 2004년 8월 24일 양측 정부는 다음
> 내용을 구두로 합의하였다. '첫째, 중국 측은 고구려사 문제가
> 동북공정에는 고구려사뿐만 아니라 발해사 연구를 포함함
> 양국 간 중대 현안으로 대두된 것에 유념한다. 둘째, 양측은 향
> 후 역사 문제로 인해 한중 간 우호 협력 관계가 손상되는 것을
> 방지하기 위해 노력한다. … 다섯째, 양측은 학술 교류의 조속
> 한 개최를 위해 노력한다.' 이어 양국은 2006년 10월 한중 정상
> 회담에서 ㉠ 동북공정 을/를 비롯한 역사 인식 문제가 양국 관
> 계에 부정적 영향을 주어선 안 된다는 원칙에 다시 합의하였다.

> [보기]
>
> ㄱ. ㉠은 발해사 연구를 포함하였다.
>   동북공정에는 고구려, 발해의 역사 등이 포함됨
> ㄴ. ㉠은 태정관 지령문을 근거로 삼았다.
>   독도 영유권에 관한 문서
> ㄷ. A 지역에는 냉대 기후가 나타난다.
>   한반도보다 고위도에 위치
> ㄹ. A 지역은 티베트 자치구에 해당한다.
>   옌볜 조선족 자치주

① ㄱ, ㄴ   ② ㄱ, ㄷ   ③ ㄴ, ㄷ   ④ ㄴ, ㄹ   ⑤ ㄷ, ㄹ

| 문제 + 자료 분석 |

- **A** 지역: 랴오닝성, 지린성, 헤이룽장성을 포함한 중국의 동북 3성
- **㉠**: 2004년 이후 중국에서 동북 3성(A 지역)에 대해 연구한 내용이 우리
  나라 정부와 마찰을 빚게 된 동북 공정

| 보기 분석 |

- **ㄱ** ㉠ 동북공정을 통해 고조선, 부여, 고구려의 역사뿐만 아니라 발해의 역사
  까지 고대 중국의 지방사라고 주장하고 있다.
- **ㄴ**. 태정관 지령문은 '죽도(울릉도) 외 1도(독도)의 건에 관해 본방(일본)은 관
  계가 없다는 것을 명심할 것'이라는 내용이 담긴 일본 메이지 정부 최고 행
  정 기관인 태정관의 지령이 담긴 문서이다.
- **ㄷ**. 중국의 동북 3성(A 지역)은 한반도보다 대체로 고위도에 위치하며 냉대
  기후가 넓게 나타난다.
- **ㄹ**. 중국의 동북 3성(A 지역)은 옌볜 조선족 자치주에 해당하며, 티베트 자치
  구는 중국 서남부에 위치한다.

13 세계의 인구와 인구 문제

내신 대비 필수 문제
문제편 145~148p

01 정답 ③ * 세계의 인구 분포

| 문제 + 자료 분석 |

- 인구 분포의 요인은 크게 기후, 지형과 같은 자연적 요인과 산업, 교통과 같은 사회적 · 경제적 요인으로 구분할 수 있다.
- 북반구 중위도의 냉 · 온대 기후 지역, 해발 고도가 낮은 하천 주변의 평야 지역, 해안 지역, 교통이 발달하고 일자리가 많은 대도시와 선진국에 인구가 집중되어 있다.

| 선택지 분석 |

① 인구 분포에는 기후, 지형, 식생, 토양 등의 자연적 요인이 영향을 미칠 수 있다.
② 아시아의 계절풍 기후 지역은 농업에 유리하기 때문에 인구가 밀집되어 있다.
③ 서부 유럽 지역은 일찍부터 공업이 발달하여 인구가 많고 인구 밀도도 높다.
④ 산업, 교통, 문화, 교육은 인구 분포에 영향을 주는 요인이다.
⑤ 교통이 발달하고 일자리가 많은 대도시와 선진국은 인구 밀집 지역에 해당한다.

02 정답 ② * 세계의 인구 분포

| 문제 + 자료 분석 |

- A는 서부 유럽, B는 사하라 사막 일대, C는 중국 동부의 해안 지역, D는 한대 기후가 나타나는 그린란드 내륙, E는 열대 우림 기후가 나타나는 아마존강 유역이다.

| 선택지 분석 |

① 쌀의 재배가 활발하여 인구가 밀집한 지역은 아시아의 계절풍 기후 지역이다.
② 사하라 사막 일대는 사막이 형성되어 있어 식량 생산이 어려우므로 인구 밀도가 낮다.
③ 산업 혁명이 가장 먼저 시작된 지역은 서부 유럽이다.
④ 열대 우림이 넓게 형성되어 인간이 살기 어려운 지역은 아마존강 유역이다.
⑤ 아마존강 유역은 열대 우림 기후가 나타나므로 인간 거주에 불리하다.

03 핵심 키워드: 건조 기후, 계절풍 기후, 농사

모범 답안 B 지역은 증발량이 강수량보다 많은 건조 기후 지역으로, 농사를 짓기 어려워 인구 밀도가 낮다. C 지역은 벼농사에 유리한 계절풍 기후가 나타나는 지역으로, 인구 밀도가 높다. 벼는 인구 부양력이 높은 작물이다.

| 문제 + 자료 분석 |

- 인구는 농업에 유리하거나 일찍부터 공업이 발달한 지역에 밀집한다.

＊ 채점 기준

기후와 함께 B, C 지역의 인구 분포를 설명한 경우	100 %
B, C 지역의 인구 분포만 설명한 경우	50 %

04 정답 ④ * 대륙별 인구 변화

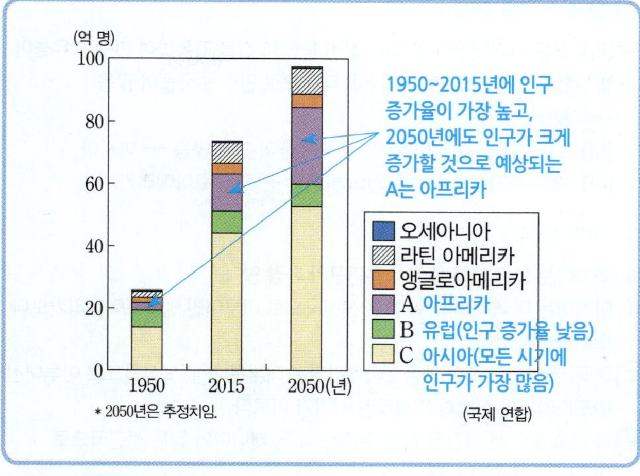

| 문제 + 자료 분석 |

- A는 1950~2015년에 인구 증가율이 가장 높고, 2050년에도 인구가 크게 증가할 것으로 예상된다. 따라서 A는 출생률이 높아 인구가 빠르게 증가하고 있는 아프리카이다.
- B는 1950년에는 아시아 다음으로 인구가 많았지만 이후 인구 증가율이 낮아 인구 증가폭이 크지 않다. 따라서 B는 저출생 현상이 심각한 유럽이다.
- C는 모든 시기에 인구가 가장 많으므로 아시아이다.

| 보기 분석 |

ㄱ. A는 아프리카, B는 유럽, C는 아시아이다.
ㄴ. 그래프를 통해 A 아프리카의 인구가 가장 크게 증가할 것으로 예상됨을 알 수 있다. 아프리카는 출생률이 높아서 인구의 자연 증가율이 가장 높다.
ㄷ. 앵글로아메리카와 B 유럽의 인구 성장률은 다른 대륙에 비해 낮다. 선진국은 출생률이 낮아서 인구의 자연 증가율도 낮다.
ㄹ. 모든 시기에서 인구가 가장 많은 대륙은 C 아시아이다. 세계 인구 절반이 아시아에서 살고 있고, 그 뒤를 이어 아프리카, 유럽 등의 순으로 높게 나타난다.

05 정답 ④ * 선진국과 개발 도상국의 인구 특징

| 문제 + 자료 분석 |

- 1965년과 2024년에 65세 이상의 노년층 인구 비중이 가장 낮고, 0~14세의 유소년층 인구 비중이 가장 높은 (가)는 아프리카의 개발 도상국인 나이지리아이다.
- 65세 이상의 노년층 인구 비중이 가장 높고, 0~14세의 유소년층 인구 비중이 가장 낮은 (나)는 유럽의 선진국인 독일이며, 나머지 (다)는 튀르키예이다.

| 보기 분석 |

ㄱ. 개발 도상국인 나이지리아는 선진국인 독일보다 도시화율이 낮다.
ㄴ. 선진국인 독일은 튀르키예보다 경제 발달 수준이 높으므로 1인당 국내 총생산이 많다.
ㄷ. 세 국가 중 출생률은 아프리카의 개발 도상국인 나이지리아가 가장 높다.
ㄹ. 2024년에 65세 이상 노년층 인구 비중이 가장 높은 독일의 중위 연령이 가장 높고, 0~14세의 유소년층 인구 비중이 가장 높은 나이지리아의 중위 연령이 가장 낮다.

13

06 정답 ⑤ * 대륙별 특징

| 문제 + 자료 분석 |

- **(가)**: 모든 시기에 인구 순이동 값이 음(-)의 값을 기록하여 인구 순유출이 발생했고, 2010~2020년에 (나) 다음으로 인구 순유출이 많음 → 아프리카
- **(나)**: 최근 2010~2020년에 인구 순유출이 가장 많음 → 아시아
- **(다)**: 모든 시기에 인구 순유입이 발생함 → 앵글로아메리카

| 보기 분석 |

ㄱ. 아시아는 모든 대륙 중에서 총인구가 가장 많다.
ㄴ. 아시아는 미국, 캐나다와 같은 선진국으로 이루어진 앵글로아메리카보다 도시화율이 낮다.
ⓒ. 미국, 캐나다가 속한 앵글로아메리카는 대부분 개발 도상국으로 이루어진 아프리카보다 산업화가 시작된 시기가 이르다.
ⓔ. 세 대륙 중에서 시간당 임금 수준은 미국, 캐나다와 같은 선진국으로 이루어진 앵글로아메리카가 가장 높다.

✻ 지역(대륙)별 인구 변천의 차이

아시아와 라틴 아메리카	• 1950년대 인구의 자연 증가율이 높았음 • 최근 경제 발전 및 산아 제한 정책 등으로 출생률과 인구의 자연 증가율이 감소 추세임
유럽과 앵글로아메리카	• 출생률의 지속적인 감소로 자연 증가율이 매우 낮음 • 일부 국가에서는 인구의 자연적 감소가 나타남
아프리카	• 1970년대 이후 인구의 자연 증가율이 높으며, 현재까지도 인구의 자연 증가율이 높게 나타남 • 대부분 국가가 인구 변천 모형의 2단계 또는 3단계에 해당함

07 정답 ① * 선진국과 개발 도상국의 인구 특징

| 문제 + 자료 분석 |

- **(가)**는 (나)보다 유소년층 인구 비중이 높고, 노년층 인구 비중이 낮다. 따라서 (가)는 개발 도상국, (나)는 선진국이다.

| 선택지 분석 |

① 선진국은 개발 도상국보다 출생률이 낮다.
② 선진국은 개발 도상국보다 유소년층 인구 비중이 낮고 노년층 인구 비중이 높으므로 중위연령이 높다.
③ 선진국은 개발 도상국에 비해 평균 기대 수명이 길다.
④ 선진국은 개발 도상국보다 출생률이 낮고 평균 기대 수명이 길어 노년층 인구 비중이 높다.
⑤ 선진국은 개발 도상국보다 경제 발달 수준이 높으므로 1인당 국내 총생산(GDP)이 많다.

08 정답 ⑤ * 선진국과 개발 도상국의 인구 특징

| 문제 + 자료 분석 |

- **(가)**: 유소년층 인구 비중이 높고 노년층 인구 비중이 낮은 개발 도상국
- **(나)**: 유소년층 인구 비중이 낮고 노년층 인구 비중이 높은 선진국

| 보기 분석 |

ㄱ. (가)가 (나)보다 유소년층 인구 비중이 높고 노년층 인구 비중이 낮으므로 (가)는 개발 도상국, (나)는 선진국이다.
ㄴ. (나) 선진국은 (가) 개발 도상국보다 합계 출산율이 낮아서 저출생 현상이 심각하다.
ⓒ. (나) 선진국은 (가) 개발 도상국보다 출생률이 낮아서 유소년층 인구 비중이 낮다.
ⓔ. 오늘날 우리나라는 출생률이 낮아지고 노인 인구가 급증하면서 유소년층 인구 비중이 낮고 노년층 인구 비중이 높다. 따라서 우리나라의 인구 구조는 (나)와 비슷하다.

09 정답 ② * 선진국과 개발 도상국의 인구 특징

| 문제 + 자료 분석 |

- **(가)** 국가군은 1인당 국민 총소득이 높고, 합계 출산율이 낮은 선진국이다.
- **(나)**는 합계 출산율이 높고, 1인당 국민 총소득이 낮은 개발 도상국이다.

| 선택지 분석 |

갑 중위 연령은 전체 인구를 연령순으로 한 줄로 세웠을 때 가운데 있는 사람의 나이를 의미한다. 따라서 출산율이 낮아 유소년층 인구 비중이 낮은 선진국이 개발 도상국보다 중위 연령이 높다.
을 유소년 인구 부양비는 [(유소년층 인구수/청장년층 인구수)×100%]으로 유소년층 인구 비중이 상대적으로 많은 개발 도상국이 선진국보다 높다.
병 노령화 지수는 [(노년층 인구수/유소년층 인구수)×100%]으로 개발 도상국보다 상대적으로 노년층 비중이 높은 선진국이 높게 나타난다.
정 3차 산업은 대부분 서비스업을 의미하는데 선진국이 개발 도상국보다 서비스업 종사자 비중이 높다.

10 정답 ④ * 국가 간 인구 이동

| 문제 + 자료 분석 |

- 우크라이나와 러시아의 전쟁이 시작되자 우크라이나 사람들은 전쟁을 피해 인접 국가 혹은 난민을 수용하는 국가들로 이동했다.
- 시리아는 장기간 벌어지는 내전 때문에 생명을 지키고, 경제적으로 안정을 찾기 위해 다른 국가로 이동했다.
- 두 지역의 인구 이동 모두 정치적 불안에 따른 강제적 이동에 해당한다.

| 선택지 분석 |

① 학업을 위해 하는 이동은 자발적 이동으로, 대부분 개발 도상국에서 기술 수준과 지적 수준이 높은 선진국으로 이동한다.
② 정치적 불안 때문에 난민이 발생한 것이므로 고급 전문 기술 인력의 이동으로 보기 어렵다.
③ 시리아나 우크라이나는 정치적으로 불안정한 국가이므로 대규모 관광객이 이동했다고 보기 어렵다.
④ 우크라이나의 전쟁, 시리아의 내전은 모두 분쟁에 따른 난민의 이동을 발생시킨다. 이는 정치적, 강제적 이동에 해당한다.
⑤ 시리아는 이슬람교 국가이고, 우크라이나는 크리스트교 국가이지만 두 국가는 정치적으로 불안하여 난민이 발생하고 있는 국가로, 두 국가의 인구 이동을 종교의 성지를 방문하기 위한 일시적 이동으로 보기 어렵다.

11 정답 경제적 이동

| 문제 + 자료 분석 |

- 지도는 북부 아프리카와 튀르키예에서 유럽으로의 인구 이동을 보여준다.
- 북부 아프리카, 튀르키예 사람들은 지리적으로 인접하면서 임금 수준이 높고 일자리가 풍부한 유럽으로 이동한다.

12 핵심 키워드: 노동력, 경제 활성화, 문화적 차이

모범 답안 북부 아프리카, 튀르키예에서 유럽으로 인구가 유입되면 유럽은 노동력 확보로 인한 경제 활성화를 기대할 수 있다. 그러나 유럽에 온 이주민과 기존 주민 간의 문화적 차이로 인해 갈등이 발생할 수 있다.

| 문제 + 자료 분석 |

- 인구 유입 지역은 노동력 확보를 통해 경제가 활성화되고 문화적 다양성이 증대하지만, 이주민과 기존 주민 간의 문화적 차이에 따른 갈등이 발생할 수 있다.

✻ 채점 기준

인구 유입 지역의 긍정적 영향, 부정적 영향을 모두 서술한 경우	100 %
인구 유입 지역의 긍정적 영향, 부정적 영향 중 하나만 서술한 경우	50 %

13 정답 ② ＊선진국과 개발 도상국의 인구 구조 특징

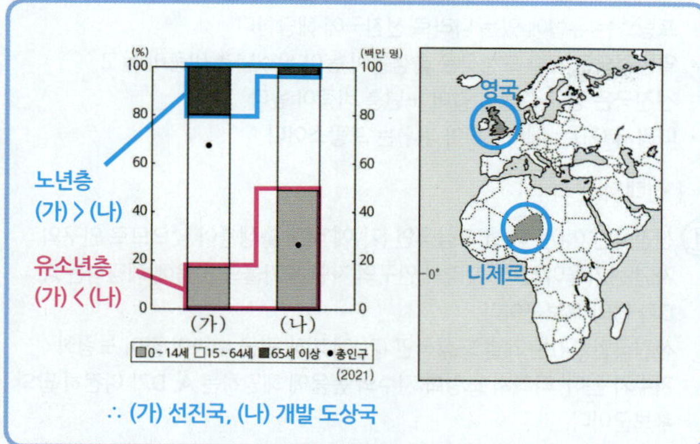

| 문제 + 자료 분석 |

- 지도에 표시된 두 국가는 유럽의 선진국인 영국과 아프리카의 개발 도상국인 니제르임
- **(가)**: (나)보다 65세 이상의 노년층 인구 비율이 높은 반면 0~14세의 유소년층 인구 비율이 낮음 → 저출생 고령화 문제가 심각한 유럽의 선진국인 영국
- **(나)**: (가)보다 65세 이상의 노년층 인구 비율이 낮은 반면 0~14세의 유소년층 인구 비율이 높음 → 출생률이 매우 높은 아프리카의 개발 도상국인 니제르

| 선택지 분석 |

① 영국은 니제르보다 65세 이상의 노년층 인구 비율이 높은 반면 0~14세의 유소년층 인구 비율이 낮으므로 중위 연령이 높다.
② 선진국인 영국은 개발 도상국인 니제르보다 경제 발전 수준이 높다.
③ 니제르는 영국보다 총인구가 적은 반면 국토 면적이 넓으므로 인구 밀도가 낮다.
④ 영국은 니제르보다 0~14세의 유소년층 인구 비율이 낮은 것으로 보아 출생률도 낮다는 것을 알 수 있다. 따라서 출산 장려 정책의 필요성은 영국이 니제르보다 크다.
⑤ 영국은 유럽, 니제르는 아프리카에 위치한다.

＊ 선진국과 개발 도상국의 인구 구조 특징

선진국	• 출생률이 낮음 → 0~14세의 유소년층 인구 비율이 낮음 • 65세 이상의 노년층 인구 비율이 높음 → 인구 고령화 문제 • 출산 장려 정책의 필요성이 큼
개발 도상국	• 출생률이 높음 → 0~14세의 유소년층 인구 비율이 높음 • 65세 이상의 노년층 인구 비율이 낮음 → 중위 연령이 낮은 편임 • 산아 제한 정책의 필요성이 큼

14 정답 ④ ＊선진국의 인구 문제와 대책

| 문제 + 자료 분석 |

- 그래프를 보면 1970년 이후 65세 이상 노년층 인구 비중이 높아지는 반면, 0~14세의 유소년층 인구 비중은 낮아지고 있다. 따라서 이 국가는 저출생, 고령화 문제가 나타나고 있다는 것을 알 수 있다.

| 선택지 분석 |

①, ② 인구 과잉은 출생률이 높은 개발 도상국에서 나타나는 문제이다.
③ 출산 휴가 기간 단축은 저출생 문제를 심화시킨다.
④ 저출생, 고령화 문제가 심화되면 노년층에 대한 부양 부담이 커지고 청장년층 인구의 비중이 낮아지면서 노동력 부족 문제가 발생할 수 있다. 따라서 출산 및 육아 비용 지원을 확대하여 출생률을 높이고, 정년 연장, 노인복지 예산 증가 등의 대책을 세워야 한다.
⑤ 저출생, 고령화로 인해 노년층 인구 비중이 높아지고 노인 부양 부담이 증가하는 상황에서 연금 제도 폐지는 바람직한 인구 문제 대책이 아니다.

15 정답 ④ ＊세계의 인구 문제

| 문제 + 자료 분석 |

- ㉠ 유럽과 북아메리카: 저출생, 고령화 문제를 겪는 선진국들이 주로 분포
- ㉡ 아시아와 아프리카: 인구 과잉, 대도시 인구 과밀 문제를 겪는 개발 도상국들이 주로 분포

| 선택지 분석 |

① 선진국에 해당하는 유럽과 북아메리카는 아시아와 아프리카보다 합계 출산율이 낮아 저출생 문제를 겪고 있다.
② 유럽과 북아메리카는 아시아와 아프리카보다 출생률이 낮고 평균 기대 수명이 길어 고령화 문제가 심각하다.
③ 아시아와 아프리카는 유럽과 북아메리카보다 출생률이 높아 인구 증가의 속도도 빠르다.
④ 아시아와 아프리카는 유럽과 북아메리카보다 출생률이 높아 유소년층 인구 비중도 높다.
⑤ 아시아와 아프리카는 인구가 급증함에 따라 식량과 자원이 부족한 문제를 겪고 있어 식량 증산 정책을 펼 필요가 있다.

16 정답 ③ ＊세계의 인구 문제

| 문제 + 자료 분석 |

- 선진국은 저출생 문제와 고령화 문제를 겪고 있다.
- 개발 도상국은 인구 과잉, 대도시 인구 과밀 문제를 겪고 있다.

| 보기 분석 |

ㄱ. 식량 증산 정책은 기아 및 빈곤 문제를 해소하기 위해 개발 도상국이 펼칠 수 있는 정책이다.
ㄴ. 노인 일자리를 확대하고 정년을 연장하면 고령화로 인한 노년 부양비 증가 문제를 해소할 수 있다.
ㄷ. 가족계획을 통한 출산 억제 정책은 인구 증가 속도를 늦추므로 개발 도상국이 겪고 있는 인구 과잉 문제 해소에 도움이 된다.
ㄹ. 노인 연금, 노인 장기 요양 보험을 강화하는 정책은 고령화로 인한 사회적 복지 비용 증가 문제를 겪고 있는 선진국에서 펼칠 수 있다.

17 정답 ① ＊인구 변천 모형

| 문제 + 자료 분석 |

- 2단계: 의학의 발달로 사망률이 급격하게 감소하며 인구가 증가함
- 4단계: 출생률과 사망률이 모두 낮아 인구가 정체됨

| 보기 분석 |

ㄱ. 인구 변천 모형의 4단계는 2단계보다 출생률이 낮으므로 중위연령이 높다.
ㄴ. 인구 변천 모형의 4단계는 2단계보다 출생률이 낮으므로 노년 부양비가 높다.
ㄷ. 인구 변천 모형의 2단계는 인구가 급증하는 단계이고, 4단계는 인구가 정체되는 단계이므로 2단계가 4단계보다 인구의 자연 증가율이 높다.
ㄹ. 인구 변천 모형의 4단계는 2단계보다 출생률이 낮으므로 유소년층 인구 비중이 낮다.

18 핵심 키워드: 의학, 산업화, 가족계획, 가치관

모범 답안 2단계에서는 의학 기술이 발달하고 산업화로 생활 수준이 향상되면서 사망률이 급감한다. 3단계에서는 가족계획과 가치관의 변화로 인해 출생률이 급감한다.

| 문제 + 자료 분석 |

- 인구 변천 모형의 1~5단계에서 어떤 원인으로 출생률과 사망률의 변화 양상과 이에 영향을 미친 원인을 떠올린다.

＊ 채점 기준

2단계의 사망률, 3단계의 출생률 감소 원인을 모두 서술한 경우	100 %
2단계의 사망률, 3단계의 출생률 감소 원인 중 하나만 서술한 경우	50 %

19　정답 ⑤　＊선진국과 개발 도상국의 인구 특징

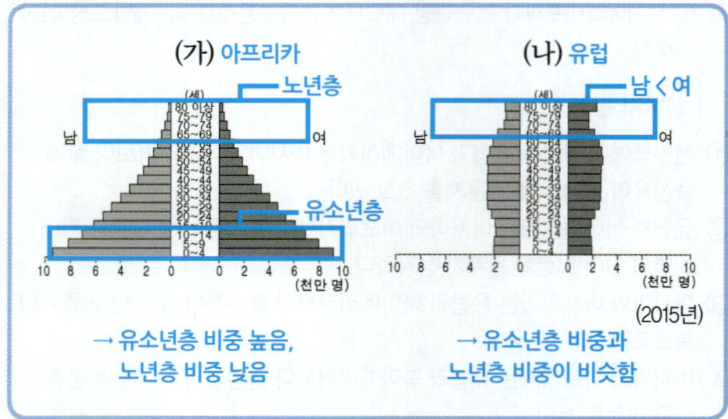

| 문제 + 자료 분석 |

- **(가)**: 유소년층이 많고, 노년층이 적음 → 출생률은 높고, 평균 수명이 짧아 유소년층보다 노년층 비중이 낮은 아프리카
- **(나)**: 유소년층과 노년층의 비중이 비슷함 → 출생률이 상대적으로 낮아 유소년층이 적고, 평균 수명이 길어 노년층이 상대적으로 많은 유럽

| 선택지 분석 |

① 인구 피라미드에서 유소년층은 0~14세의 인구를, 청장년층은 15~64세의 인구를, 노년층은 65세 이상의 인구를 의미한다. (가)의 인구 피라미드를 통해 유소년층 인구가 노년층 인구보다 많다는 것을 알 수 있다.

② 65세 이상의 인구를 노년층이라고 한다. (나)의 인구 피라미드에서 65세 이상의 인구, 특히 80세 이상의 인구를 보면 남성보다 여성이 많음을 알 수 있다.

③ 기대수명은 출생아가 앞으로 생존할 수 있을 것으로 기대되는 평균 생존 연수를 의미한다. 유럽은 아프리카보다 의료수준과 생활 수준이 높아 기대수명이 길다.

④ (가)는 아프리카, (나)는 유럽이다. 3차 산업 종사자 비율은 선진국이 많은 유럽이 아프리카보다 높다.

⑤ 유소년층 인구 비중이 높고 노년층 인구 비중이 낮은 (가)는 아프리카, 유소년층 비중과 노년층 비중이 비슷한 (나)는 유럽이다.

20　정답 ①　＊선진국과 개발 도상국의 인구 특징

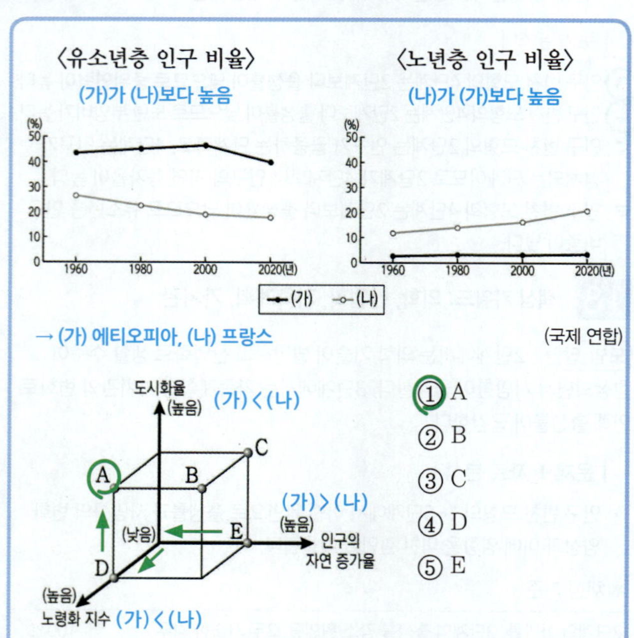

| 문제 + 자료 분석 |

- 에티오피아는 아프리카 북동부에 있는 나라로 개발 도상국에 해당한다.
- 프랑스는 유럽에 있는 나라로 선진국에 해당한다.
- 일반적으로 개발 도상국은 출생률이 높아 유소년층 비중이 높고, 선진국은 평균 수명이 길어 노년층 비중이 높다.
- 따라서 (가)는 에티오피아, (나)는 프랑스이다.

| 선택지 분석 |

① 선진국인 (나)는 개발 도상국인 (가)에 비해 출생률이 낮으므로 인구의 자연 증가율이 낮다. 따라서 인구의 자연 증가율의 낮음에 해당하는 A, D가 답의 후보군이다.

선진국인 (나)는 개발 도상국인 (가)에 비해 평균 수명이 길어 노령화 지수가 높다. 따라서 노령화 지수의 높음에 해당하는 A, D가 여전히 답의 후보군이다.

선진국인 (나)는 개발 도상국인 (가)에 비해 도시화율이 높다. 따라서 A, D 중에서 도시화율의 높음에 해당하는 A가 정답이다.

21　정답 ④　＊국가 간 인구 이동

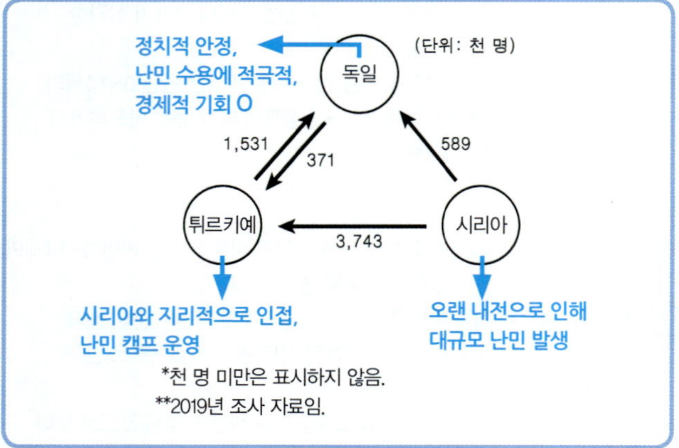

| 문제 + 자료 분석 |

- 시리아는 유출 인구는 있으나, 유입 인구가 적거나 없는 것으로 나타난다. 이는 내전으로 인한 정치적 불안과 경제적 어려움 때문에 유출하는 사람은 많아도 유입하는 사람은 거의 없다는 것을 의미한다.
- 독일은 정치적으로 안정되고, 경제적 기회가 많은 선진국이므로 유입 인구가 유출 인구보다 많다.
- 튀르키예는 시리아 난민을 적극적으로 수용하면서도 경제적 기회를 찾아 독일로 이동하는 사람들이 많다.

| 보기 분석 |

ㄱ. 시리아에서 튀르키예로의 인구 이동은 정치적 불안으로 인해 발생하는 인구 이동이므로 강제적 성격이 강하다.

ㄴ. 시리아는 이슬람교 국가이므로 시리아에서 독일로 이동하는 사람들은 주로 이슬람교 신자이다.

ㄷ. 튀르키예에서 독일로 이동하는 사람들은 튀르키예보다 독일에서 고임금을 받을 것으로 기대하는 단순 노동에 종사하는 사람들이다.

ㄹ. 튀르키예에서 독일로 이동하는 사람은 약 153만 천명이고, 독일에서 튀르키예로 이동하는 사람은 약 37만 천명으로 튀르키예에서 독일로 이동하는 사람이 독일에서 튀르키예로 이동하는 사람보다 많다.

왜 틀렸나?

> 독일은 튀르키예보다 기술 수준이 높고, 고급 인력이 많은 선진국이므로 튀르키예의 고급 전문인력이 독일로 이동했다고 보기는 어렵다. 기술 수준이 낮은 나라에서 기술이 발달한 나라로 이동하는 사람들은 대부분 단순 노동자이다.

 **14 에너지 자원과 지속가능한 발전**

01　정답 ④　＊자원의 특성

| 문제 + 자료 분석 |

- **(가)**: 자원의 매장량이 한정되어 있어 언젠가는 고갈됨 ⟶ 유한성
- **(나)**: 자원이 특정 지역에 치우쳐 분포함 ⟶ 편재성

| 선택지 분석 |

④ 대부분의 자원은 매장량이 한정되어 있어 언젠가는 고갈되는데, 이러한 자원의 특성을 유한성이라고 한다. 그리고 자원이 지구상에 고르게 분포하지 않고 특정 지역에 치우쳐 분포하여 자원의 생산지와 소비지가 불일치하는 것은 자원의 편재성에 해당한다.
①, ②, ③, ⑤ 새로운 기술 개발, 경제 환경의 변화로 자원의 가치와 이용에 변화를 가져오는 것을 자원의 가변성이라고 한다.

02　정답 ②　＊석유, 석탄, 천연가스의 특징

| 문제 + 자료 분석 |

- 주로 고생대 지층에 매장되어 있는 (가)는 석탄이고, 냉동 액화 기술의 발달로 소비량이 급증한 (나)는 천연가스이다. 따라서 (다)는 석유이다.

| 보기 분석 |

ㄱ. 석탄은 화석 연료 중 가장 먼저 상용화된 자원이다.
ㄴ. 세계에서 소비량이 가장 많은 에너지 자원은 석유이다. 따라서 석유를 안정적으로 확보하기 위한 각국의 경쟁이 치열하다.
ㄷ. 천연가스와 석유는 주로 신생대 제3기 배사 구조의 지층에 매장되어 있다.
ㄹ. (가)~(다) 중에서 연소 시 대기 오염 물질 배출량이 가장 적은 것은 (나) 천연가스이다.

＊ 주요 화석 에너지의 특징

석탄	• 주로 산업용(제철 공업용, 발전용 등)으로 이용 • 고생대 지층에 매장되어 있음 • 국제 이동량이 적음
석유	• 주로 수송용, 산업용으로 이용 • 신생대 제3기 배사 구조의 지층에 주로 매장되어 있음 • 자원의 편재성이 커서 석탄에 비해 국제 이동량이 많음 • 세계에서 소비량이 가장 많음
천연가스	• 주로 산업용, 가정용으로 이용됨 • 신생대 제3기 배사 구조의 지층에 주로 매장되어 있음 • 냉동 액화 기술의 발달로 소비량이 급증함 • 석탄, 석유보다 연소 시 대기 오염 물질의 배출량이 적음

03　핵심 키워드: 편재성, 많음

모범 답안 (가) 석탄과 비교했을 때 (다) 석유는 자원의 편재성이 매우 크다. 따라서 석탄에 비해 석유의 국제 이동량이 상대적으로 많다.

| 문제 + 자료 분석 |

- 석유는 세계 매장량의 절반이 서남아시아의 페르시아만 주변에 분포해 국제 이동량이 많고, 국제 정세 불안에 따른 가격 변동폭이 크다.

＊ 채점 기준

편재성을 언급하며 석유의 국제 이동량이 많다고 서술한 경우	100 %
석유의 국제 이동량이 많다고만 서술한 경우	50 %

04　정답 ①　＊세계 1차 에너지별 소비량 변화

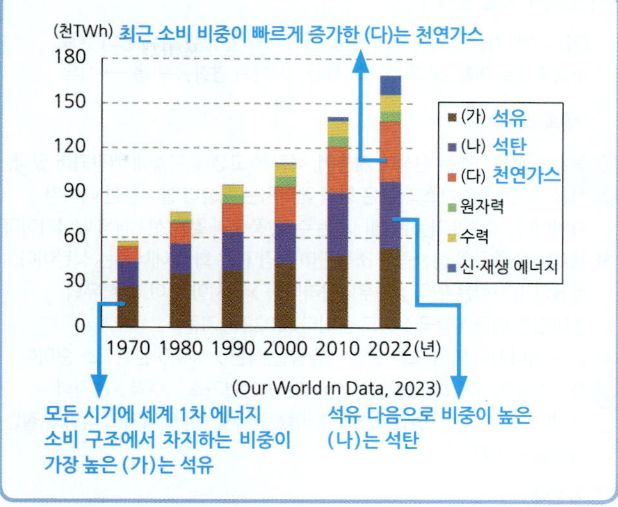

| 문제 + 자료 분석 |

- 2023년 기준 세계 1차 에너지 소비량은 석유 > 석탄 > 천연가스 순으로 많다. 따라서 (가)는 석유, (나)는 석탄, (다)는 천연가스이다.

| 선택지 분석 |

① (가)는 1970~2022년에 걸쳐 늘 세계 1차 에너지 소비 구조에서 가장 높은 비중을 차지하고 있으므로 세계에서 소비량이 가장 많은 자원인 석유이다.
(나)는 석유 다음으로 소비량이 많은 석탄이다.
(다)는 최근 소비 비중이 빠르게 증가하고 있으므로 냉동 액화 기술의 발달로 소비량이 급증한 천연가스이다.

05　정답 ④　＊석유, 석탄, 천연가스의 특징

| 문제 + 자료 분석 |

- **(가)**: 세계에서 소비량이 가장 많은 석유
- **(나)**: 석유 다음으로 소비량이 많은 석탄
- **(다)**: 최근 소비량이 급증한 천연가스

| 선택지 분석 |

① 산업 혁명기의 주요 에너지원은 석탄이다.
② 석탄은 주로 고생대 지층에 매장되어 있다.
③ 세계 1차 에너지 소비 구조에서 차지하는 비중이 가장 높은 에너지는 석유이다.
④ 석유는 자동차의 연료로 많이 사용되므로 석탄보다 수송용으로 이용되는 비중이 높다.
⑤ 화석 연료 중 연소 시 대기 오염 물질 배출량은 석탄이 가장 많고, 천연가스가 가장 적다.

＊ 석탄, 석유, 천연가스의 비교

구분	석탄	석유	천연가스
매장 지층	고생대	신생대	신생대
상용화 시기	가장 빠름	중간	가장 늦음
용도	산업용(발전, 제철)	수송용	가정용, 산업용
대기 오염 물질 배출량	가장 많음	중간	가장 적음

06 정답 ⑤ * 석유의 특징

| 문제 + 자료 분석 |

- **(가)**: 내연 기관과 자동차에 사용, 플라스틱 및 합성 섬유 등의 원료, 수송용으로 이용, 국제 가격이 서남아시아의 영향을 받음 → 석유

| 선택지 분석 |

① 석유와 천연가스는 신생대 지층에, 석탄은 고생대 지층에 매장되어 있다.
② 석유, 석탄, 천연가스와 같은 화석 에너지는 재생이 불가능한 에너지 자원이다. 재생이 가능한 에너지는 수력, 풍력과 같은 신·재생 에너지이다.
③ 세계에서 중국의 생산량과 소비량이 가장 많은 화석 에너지는 석탄이다. 석유의 생산량은 미국 〉 사우디아라비아 〉 러시아 순이고, 석유의 소비량은 미국 〉 중국 〉 인도 순이다.(2022년 기준)
④ 화석 에너지의 대기 오염 물질 배출량은 석탄 〉 석유 〉 천연가스 순이다.
⑤ 세계 1차 에너지 소비량은 석유 〉 석탄 〉 천연가스 〉 수력 〉 원자력 순이다. 석유, 석탄, 천연가스의 소비량은 세계 1차 에너지 소비량의 절반 이상을 차지한다.

왜 틀렸나?

석유와 천연가스는 신생대 지층, 석탄은 고생대 지층에 매장되어 있음을 꼭 암기해야 한다. ①번처럼 매장 시기를 바꿔 지문을 활용하는 문제는 자주 출제된다.

07 정답 ② * 천연가스의 국제 이동과 특징

| 문제 + 자료 분석 |

- 미국, 러시아, 이란 등에서 많은 양이 수출되고 있는 화석 에너지는 천연가스이다.

| 선택지 분석 |

① 천연가스는 신생대 제3기 배사 구조의 지층에 석유와 함께 매장되어 있는 경우가 많다.
② 천연가스는 냉동 액화 기술의 발달로 운반과 이용이 편리해지면서 수요가 급증하였다.
③ 증기 기관의 연료로 이용되면서 소비량이 급증한 에너지는 석탄이다.
④ 세계 1차 에너지 소비 구조에서 차지하는 비중이 가장 높은 에너지는 석유이다.
⑤ 화석 에너지 중에서 연소 시 대기 오염 물질 배출량이 가장 많은 에너지는 석탄이다.

08 정답 ③ * 주요 화석 에너지의 특징

| 문제 + 자료 분석 |

- **(가)**: 미국, 러시아에서 많이 소비됨 → 천연가스
- **(나)**: 중국에서 많이 소비됨 → 석탄
- **(다)**: 미국, 중국, 인도에서 많이 소비됨 → 석유

| 선택지 분석 |

① 산업 혁명기의 주요 에너지원은 석탄이다.
② 석탄은 주로 고생대 지층에 매장되어 있다.
③ 석유는 세계 1차 에너지 소비 구조에서 차지하는 비중이 가장 높다.
④ 천연가스는 석탄보다 연소 시 대기 오염 물질 배출량이 적다.
⑤ 석탄은 석유보다 수송용으로 이용되는 비중이 낮다.

* 화석 에너지 자원의 생산 및 소비

석유	최대 매장 지역인 페르시아만을 포함하는 서남아시아에서 생산되는 비중이 높다.
천연가스	유럽·러시아, 앵글로아메리카에서 생산량과 소비량이 모두 많다.
석탄	중국(세계 생산량과 소비량의 절반가량을 차지)과 인도(주요 생산국이자 소비국)를 포함하는 아시아·오세아니아에서 생산량과 소비량이 모두 많다.

09 정답 ④ * 국가별 화석 에너지 소비 구조

| 문제 + 자료 분석 |

- **(가)**: 석탄 생산량과 소비량이 많은 인도에서 소비량 비율이 가장 높게 나타남 → 석탄
- **(나)**: 서남아시아의 대표적 산유국 중 하나인 사우디아라비아에서 소비량 비율이 가장 높게 나타남 → 석유

| 선택지 분석 |

갑. 석탄은 주로 고기 습곡 산지 주변에 매장되어 있다. 주로 신생대 제3기층 배사 구조에 매장되어 있는 화석 에너지는 석유와 천연가스이다.
을. 산업용, 수송용으로 많이 이용되는 석유는 화석 에너지 중에서 세계 소비량이 가장 많다.
병. 석탄은 생산지와 소비지가 비슷하여 국제 이동량이 적은 반면 석유는 지역적 편재성이 커서 생산지와 소비지가 다른 경우가 많으므로 국제 이동량이 많다. 따라서 석탄은 석유보다 국제 이동량이 적다.
정. 석유는 수송용으로 가장 많이 이용되는 화석 에너지이다. 따라서 석유는 석탄보다 수송용으로 이용되는 비율이 높다.

* 석탄과 석유의 특징

석탄	• 주로 고기 습곡 산지 주변에 매장되어 있음 • 주로 산업용으로 이용됨 • 생산지와 소비지가 비슷하여 국제 이동량이 적음
석유	• 주로 신생대 제3기층 배사 구조에 매장되어 있음 • 주로 산업용과 수송용으로 이용됨 • 현재 세계 1차 에너지 소비 구조에서 차지하는 비율이 가장 높음 • 지역적 편재성이 커서 석탄보다 국제 이동량이 많음

10 핵심 키워드: 소비량, 석유, 석탄, 천연가스

모범 답안 세계에서 소비량이 가장 많은 자원인 석유는 서남아시아에서의 생산량 비중이 (가), (다)보다 높은 (나)이다. 석유 다음으로 소비량이 많은 석탄은 중국에서 많이 생산되므로 아시아·태평양에서의 생산량 비중이 높은 (다)이다. 천연가스는 미국, 러시아, 이란의 생산량이 많으므로 러시아가 속한 유럽의 생산량 비중이 높게 나타난 (가)이다.

| 문제 + 자료 분석 |

- (나)는 서남아시아에서 많이 매장되어 있는 석유, (다)는 중국에서 많이 생산되는 석탄이다. 따라서 (가)는 천연가스이다.

* 채점 기준

(나), (다), (가) 순서대로 어떤 에너지 자원인지 정확하게 서술한 경우	100 %
순서와 상관없이 (가)~(다)가 어떤 에너지 자원인지 서술한 경우	60 %

11 정답 ⑤ * 주요 화석 에너지의 특징

| 문제 + 자료 분석 |

- **(가)**: 러시아가 속한 유럽의 생산량 비중이 높은 천연가스
- **(나)**: 서남아시아의 생산량 비중이 가장 높은 석유
- **(다)**: 중국, 인도가 속한 아시아·태평양의 생산량 비중이 높은 석탄

| 선택지 분석 |

① 주로 고생대 지층에 매장되어 있는 화석 에너지는 석탄이다. 천연가스는 주로 신생대 제3기 배사 구조의 지층에 매장되어 있다.
② 산업 혁명기의 주요 에너지원은 석탄이다.
③ 냉동 액화 기술의 발달로 수요가 급증한 에너지는 천연가스이다.
④ 석유는 세계 1차 에너지 소비 구조에서 차지하는 비중이 가장 높다. 따라서 석유가 천연가스보다 세계 1차 에너지 소비 구조에서 차지하는 비중이 높다.
⑤ 석유는 석탄보다 수송용으로 이용되는 비중이 높다.

12 정답 ① * 석탄과 천연가스

| 문제 + 자료 분석 |

- **(가)**: 미국, 러시아, 이란, 중국, 카타르 등에서 생산량이 많고, 미국, 러시아 등에서 소비량이 많음 → 천연가스
- **(나)**: 중국에서 압도적으로 생산량과 소비량이 많음. 뒤를 이어 인도네시아와 오스트레일리아가 생산이 많고, 인도, 미국 등이 소비량이 많음 → 석탄

| 선택지 분석 |

① 냉동 액화 기술과 관련된 에너지 자원은 천연가스이다.
② 석유는 수송용으로, 석탄은 산업 및 발전용으로, 천연가스는 산업 및 가정용으로 주로 이용한다.
③ 화석 에너지의 상용화된 시기는 석탄 〉 석유 〉 천연가스 순이다.
④ 화석 에너지의 대기 오염 물질 배출량은 석탄 〉 석유 〉 천연가스 순이다.
⑤ 세계 1차 에너지 소비량은 석유 〉 석탄 〉 천연가스 〉 수력 〉 원자력 순이다.

13 정답 ② * 지속가능한 발전

| 문제 + 자료 분석 |

- 지속가능한 발전: 지속가능성에 기초해 경제 발전, 사회 안정과 통합, 환경 보전이 균형을 이루는 발전

| 선택지 분석 |

① 지속가능한 발전을 위해서는 국제 환경 협약을 체결하는 등 전 지구적 차원의 협력이 필요하다.
② 지속가능한 발전에서는 효율성을 추구하기보다 경제 성장, 환경 보호, 사회 통합이 균형을 이룰 수 있도록 한다.
③ 지속가능한 발전은 미래 세대의 권리를 지키며 현재 세대의 욕구를 동시에 충족시키고자 한다.
④ 지속가능한 발전은 미래 세대가 살아가는 데 필요한 자원과 환경을 손상하지 않는 것을 중시한다.
⑤ 지속가능한 발전은 자원 고갈, 환경 오염, 생태계 파괴, 빈부 격차 문제 등을 해결하는 데 도움을 준다.

* **지속가능발전 목표**

> 2015년에 국제 연합(UN)은 지속가능한 발전을 실현하기 위해 2030년까지 국제사회가 달성해야 하는 지속가능발전 목표(SDGs)를 채택했다.
> 모든 곳에서 모든 형태의 빈곤을 종식시키는 것, 모두를 위한 포용적이고 공평한 양질의 교육을 보장하고 평생교육 기회를 증진하는 것 등을 포함해 총 17개의 목표와 169개의 세부 목표로 이루어져 있다.

14 정답 ③ * 온실가스 배출권 거래제

| 문제 + 자료 분석 |

- **(가)** 온실가스 배출권 거래제: 온실가스를 배출하는 사업장에게 연 단위로 온실가스 배출량을 할당하고 실제 배출량을 측정해 여분 또는 부족분의 배출권에 대해 거래를 허용하는 제도

| 선택지 분석 |

① 온실가스 배출권 거래제는 사업장의 온실가스 배출량을 제한하여 지구 온난화의 진행 속도를 늦춘다.
② 온실가스 배출권 거래제는 탄소 배출량을 줄여 저탄소 사회로의 진입 시기를 앞당길 수 있게 한다.
③ 온실가스 배출권 거래제가 시행되면 탄소 배출량을 줄이기 위해 신 · 재생 에너지에 대한 투자가 확대되므로 화석 에너지 의존도가 낮아진다.
④ 온실가스 배출권 거래제는 화석 에너지보다 신 · 재생 에너지를 사용하게 하여 자원 고갈 문제 해소에 도움이 된다.
⑤ 온실가스 배출권 거래제는 민간 기업이 탄소 배출량을 줄이기 위해 신 · 재생 에너지 개발 및 투자를 확대하도록 한다.

15 정답 ② * 지속가능한 발전

| 문제 + 자료 분석 |

- 지속가능한 발전은 현세대의 안정적인 생활을 유지하면서도 미래 세대의 권리를 지킬 수 있도록 하는 발전이다.

| 보기 분석 |

ㄱ. 지속가능한 발전을 위해 국가적 차원에서 신 · 재생 에너지 보급 확대를 위한 제도를 마련할 수 있다.
ㄴ. 지속가능한 발전을 위해 윤리적 소비를 실천해 환경을 보호해야 한다.
ㄷ. 지속가능한 발전을 위해 선진국은 공적 개발 원조를 통해 개발 도상국의 빈곤 문제를 해결할 수 있다.
ㄹ. 국제 환경 협약에는 선진국과 개발 도상국 모두 참여하는 것이 지속가능한 발전에 도움이 된다.

16 정답 ② * 신 · 재생 에너지

| 문제 + 자료 분석 |

- (가)는 햇빛을 활용하는 태양광 발전, (나)는 바람을 활용하는 풍력 발전이다.

| 선택지 분석 |

① 신 · 재생 에너지는 지형이나 기후의 제약이 커 지역적 편재가 심하다.
② 신 · 재생 에너지는 재생이 가능해 자원 고갈 가능성이 낮다.
③ 신 · 재생 에너지는 에너지 효율성은 낮지만 재생이 가능하고 환경 친화적인 에너지 자원이다.
④ 신 · 재생 에너지는 석탄, 석유에 비해 에너지 소비량이 낮다.
⑤ 신 · 재생 에너지는 최근 기술의 발달로 경제성이 높아지면서 공급량이 높아지고 있으며, 환경 친화적인 에너지이기 때문에 기후변화 문제 해결에 도움이 된다.

* **주요 신 · 재생 에너지별 특징**

태양광	• 일조량이 풍부한 지역이 유리함 • 우리나라에서 전북, 전남의 생산량이 많음
수력	• 큰 낙차를 얻을 수 있는 하천 상류 지역이 유리함 • 우리나라에서 강원, 충북, 경기와 같이 대하천의 상류가 포함된 지역에서 생산량이 많음
풍력	• 일정 방향의 바람이 꾸준하고 강한 해안이나 산지 등이 유리함 • 우리나라에서 경북, 강원, 제주의 생산량이 많음
조력	• 조수 간만의 차가 큰 해안 지역이 유리함 • 우리나라에서는 경기도 안산의 시화호 조력 발전소가 유일함

17 핵심 키워드: 탄소 배출량, 대기 오염, 지구 온난화

모범 답안 화석 에너지의 사용량이 늘어나면 탄소 배출량도 함께 늘어나면서 대기 오염 및 지구 온난화 문제가 발생한다. 이를 해결하기 위해 환경친화적인 신 · 재생 에너지 보급을 확대하기 시작했다.

| 문제 + 자료 분석 |

- 화석 에너지와 다르게 신 · 재생 에너지는 환경친화적이고 재생이 가능해 고갈 가능성이 낮다.

* **채점 기준**

화석 에너지의 문제점과 신 · 재생 에너지의 등장 배경을 서술한 경우	100 %
화석 에너지의 문제점 또는 신 · 재생 에너지의 등장 배경만 서술한 경우	50 %

18 정답 ② * 1차 에너지 소비 구조

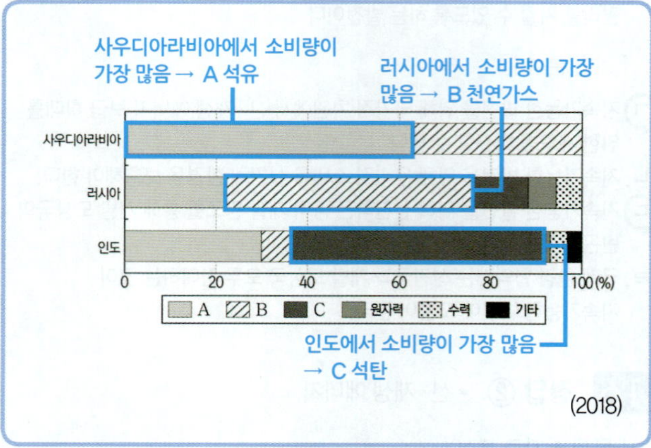

| 문제 + 자료 분석 |

- **A**: 사우디아라비아에서 소비 비중이 높은 석유
- **B**: 러시아에서 소비 비중이 높은 천연가스
- **C**: 인도에서 소비 비중이 높은 석탄

| 선택지 분석 |

① 고기 조산대 주변에 매장된 것은 C 석탄이다. A 석유와 B 천연가스는 신기 조산대 주변에 매장되어 있다.

② 냉동 액화 기술은 실온에서는 기체 상태로 존재하는 물질을 냉동하여 액체 상태의 물질로 변환하는 기술이다. 냉동 액화 기술의 개발로 B 천연가스의 소비량은 급증하였다.

③ 연소 시 대기 오염 물질 배출량은 C 석탄 〉A 석유 〉B 천연가스 순이므로 B는 C보다 대기 오염 물질 배출량이 적다.

④ A 석유는 수송용으로, C 석탄은 산업 및 발전용으로, B 천연가스는 가정용으로의 이용 비중이 높다. 따라서 C는 A보다 수송용으로 이용되는 비율이 낮다.

⑤ 세계 1차 에너지 소비 구조에서 차지하는 비율은 A 석유 〉C 석탄 〉 B 천연가스 순으로 높다.

19 정답 ⑤ * 화석 에너지의 대륙별 생산 비율

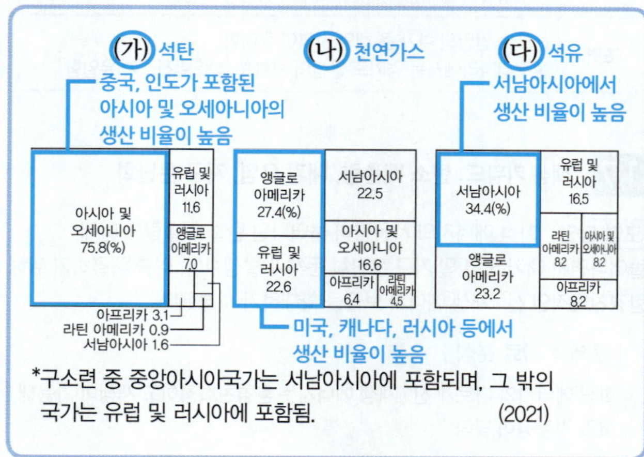

*구소련 중 중앙아시아국가는 서남아시아에 포함되며, 그 밖의 국가는 유럽 및 러시아에 포함됨.   (2021)

| 문제 + 자료 분석 |

- **(가)** 석탄: 중국, 인도 등 아시아 및 오세아니아의 생산 비율이 높음
- **(나)** 천연가스: 미국, 캐나다와 같은 앵글로아메리카, 러시아가 포함된 유럽 및 러시아의 생산 비율이 높음
- **(다)** 석유: 서남아시아의 생산 비율이 높음

| 선택지 분석 |

① 냉동 액화 기술을 사용해 기체 상태의 천연가스를 냉각하여 액체로 응축함으로써 (나) 천연가스의 소비량이 급증했다.

② (나) 천연가스와 (다) 석유는 신생대 지층에, (가) 석탄은 고생대 지층에 매장되어 있다.

③ 18세기 영국에서 산업 혁명이 시작되며 (가) 석탄이 증기 기관의 연료로 사용되었다.

④ 연소 시 대기 오염 물질 배출량은 (가) 석탄 〉(다) 석유 〉(나) 천연가스 순이므로 (나)는 (가)보다 연소 시 대기 오염 물질의 배출량이 적다.

⑤ 본격적으로 상용화된 시기는 (가) 석탄 〉(다) 석유 〉(나) 천연가스 순이므로 (다)는 (나)보다 상용화된 시기가 이르다.

20 정답 ① * 석탄과 석유

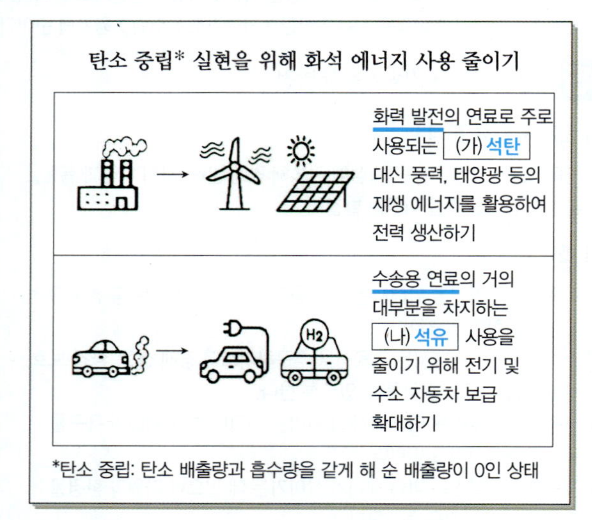

| 문제 + 자료 분석 |

- **(가)**: 화력 발전소에서 연료로 주로 사용함 → 석탄
- **(나)**: 수송용 연료의 대부분을 차지함 → 석유

| 선택지 분석 |

① 신생대 지층에 주로 매장되어 있는 것은 (나) 석유이다. (가) 석탄은 고생대 지층에 매장되어 있다 .

② 연소 시 대기 오염 물질의 배출량은 석탄 〉석유 〉천연가스 순이므로 (가)는 천연가스보다 연소 시 대기 오염 물질 배출량이 많다.

③ 우리나라 총발전량에서 차지하는 비율은 석탄 〉원자력 〉천연가스 〉 신·재생 에너지 〉수력 순이다. (나) 석유는 가격이 비싸서 최근 화력 발전소에서 거의 사용하지 않는다.

④ 상용화된 시기는 석탄 〉석유 〉천연가스 순이므로 (가)는 (나)보다 상용화된 시기가 이르다.

⑤ 우리나라 1차 에너지 소비 구조는 석유 〉석탄 〉천연가스 〉원자력 〉 신·재생 에너지 〉수력 순이다.

왜 틀렸나?

우리나라 1차 에너지 소비 구조는 수송용, 산업용, 발전용, 가정용 등을 포함한 전체 사용량을 의미하며, 석유 〉석탄 〉천연가스 〉원자력 〉신·재생 에너지 〉 수력 순으로 소비한다. 총발전량은 전력 생산을 위해 사용되는 에너지로 석탄 〉 원자력 〉천연가스 〉신·재생 에너지 〉수력 순으로 소비한다.

석유는 가격이 비싸서 전력 생산에는 거의 사용하지 않고 대부분 수송용, 산업용으로 이용된다.

1차 에너지 소비 구조와 총발전량에 사용되는 에너지 순서는 자주 출제되기 때문에 꼭 구분해서 암기해야 한다.

내신 대비 필수 문제
문제편 160~161p

01 정답 ① ✱ 미래 사회의 정치적·경제적 문제

| 문제 + 자료 분석 |

- (가): 미래 사회에 국가 간 협력이 강화될 것이라고 보는 입장
- (나): 미래 사회에 국가 간 분쟁이 심화될 것이라고 보는 입장

| 선택지 분석 |

미래 사회에 국가 간 협력이 강화될 것이라고 보는 (가)는 국가들이 관세 동맹과 같은 지역 무역 협정을 체결하고 환경 문제 해결을 위해 조약을 체결하는 데 협조할 것이라고 볼 것이다.
반면, 미래 사회에 국가 간 분쟁이 심화될 것이라고 보는 (나)는 각자의 이익을 추구하는 국가들 사이에서 영토와 자원을 둘러싼 분쟁이 발생하고, 소수 국가가 경제를 독점하면서 선진국과 개발 도상국 간 경제적 격차가 커질 것이라고 볼 것이다.
① 따라서 (가)의 사례로는 ㄱ, ㄷ이, (나)의 사례로는 ㄴ, ㄹ이 적절하다.

02 정답 ② ✱ 과학기술의 발달과 미래의 변화

| 문제 + 자료 분석 |

- 자율주행 자동차: 새로운 운송 수단의 등장으로 인간의 활동 범위가 넓어짐
- 인공 지능 로봇: 인공 지능 로봇의 성능이 높아지면서 삶의 질이 향상됨
- 유전자 재조합 식물: 생명 공학의 발달로 질병에 강한 작물 품종을 개발해 식량 생산량이 증가함

| 선택지 분석 |

① 생명 공학의 발달은 유전으로 인한 난치병이나 불치병의 치료 가능성을 높여준다.
② 자율주행 자동차의 등장은 지역 간 접근성을 향상시켜 인간의 경제 활동 범위를 확대시킬 것이다.
③ 인공 지능을 갖춘 로봇이 인간을 대체하는 경우가 많아지면서 실업 문제가 발생할 수 있다.
④ 생명 공학의 발달로 유전자 복제가 활발해지면 인간의 정체성과 도덕적 가치의 혼란이 유발될 수 있다.
⑤ 인공 지능을 갖춘 로봇이 사람을 대신하여 위험한 임무에 투입되는 경우가 많아지면 안전 사고로 인한 인명 피해가 감소할 것이다.

03 정답 ② ✱ 과학기술의 발달과 미래의 변화

| 문제 + 자료 분석 |

- 제시문에서 현대 사회 인공 지능의 확산은 필수적이지만, 알고리즘과 데이터의 편향성으로 인해 전문가의 윤리 의식과 투명한 운영으로 공정성을 보장할 필요가 있다고 본다.

| 선택지 분석 |

① 제시문은 인간이 알고리즘을 의도적으로 조작할 수 있다고 본다.
② 제시문은 편향성의 위험을 방지하고 공정성을 보장하기 위해 지속적인 검증이 필요하다고 본다.
③ 인공 지능이 산출한 결과가 언제나 인간의 판단보다 공정하다고 볼 수 없다. 알고리즘의 조작에 따라 편향적인 결과를 산출할 수 있기 때문이다.
④ 제시문은 편향적인 데이터를 사용할 수 있으므로 인공 지능에 사용되는 데이터의 정확성을 검토할 필요가 있다고 본다.
⑤ 제시문은 현대 사회에서 인공 지능의 활용은 막을 수 없는 시대적 요구라고 보고 있다.

04 핵심 키워드: 유전병, 생명 윤리, 유전자 조작

모범 답안 유전 공학의 발달은 유전병, 난치병 등의 질병을 줄일 수 있다는 점에서 인간의 삶에 긍정적인 영향을 미친다. 하지만 생명 윤리를 간과하면 유전자 조작을 부추길 우려가 있다.

| 문제 + 자료 분석 |

- 유전 공학은 인류가 가진 기술 중 장점과 단점이 뚜렷한 기술 중 하나이다.

✱ 채점 기준

유전 공학의 장점과 단점을 모두 서술한 경우	100 %
유전 공학의 장점과 단점 중 하나만 서술한 경우	50 %

05 정답 ④ ✱ 지구촌 생태 환경 악화에 대한 대책

| 문제 + 자료 분석 |

- 제시문은 기후변화 문제가 심화되며 미래 사회의 생태환경이 악화될 것으로 보고 있다.

| 보기 분석 |

ㄱ. 화석 에너지의 연간 소비량을 늘리면 온실가스 배출량이 늘어나 지구 온난화로 인한 지구촌의 생태 환경은 더욱 악화된다.
ㄴ. 국제 환경 협약을 체결하는 등 국제 사회의 협력이 강화되면 온실가스 배출량을 감축하여 기후변화 문제를 해소할 수 있다.
ㄷ. 유전자 재조합 식품(GMO)은 안전성이 검증되지 않았기 때문에 무분별하게 생산 및 유통을 확대해서는 안 된다.
ㄹ. 발전된 생명 공학 기술을 활용해 멸종 위기에 처한 생물종을 복원하는 것은 미래 사회의 생태환경 악화를 해결하는 방안이 될 수 있다.

06 정답 ④ ✱ 행복한 미래를 위한 노력

| 문제 + 자료 분석 |

- (가)에는 행복한 나의 삶과 미래를 살아가기 위한 태도가 들어가야 한다.

| 보기 분석 |

ㄱ. 행복한 미래를 위해서는 개방적인 태도와 관용의 자세를 갖추고 서로의 차이를 이해할 수 있어야 한다.
ㄴ. 행복한 미래를 위해서는 개인의 이익과 공동체의 이익 간의 조화를 추구해야 한다.
ㄷ. 행복한 미래를 위해서는 사회 현상을 비판적·과학적으로 분석하며 미래 사회의 바람직한 변화를 위해 노력해야 한다.
ㄹ. 행복한 미래를 위해서는 인류의 보편적 가치를 중시하며 전 지구적 수준의 문제에 대응해야 한다.

07 정답 ② ✱ 세계시민으로서의 삶

| 문제 + 자료 분석 |

- 세계시민으로 살아가기 위해서는 자신이 지구촌과 상호 연결되어 있음을 깨닫고 바람직한 미래 사회를 실현하기 위해 움직여야 한다.

| 선택지 분석 |

(태도1) 세계시민은 개별 사회 집단의 이익을 넘어 보편적 가치를 중시하며 전 지구적 수준의 문제에 대응해야 한다. → 예
(태도2) 세계시민은 문화의 다양성을 존중하고 서로의 차이를 이해할 수 있어야 한다. → 아니요
(태도3) 세계시민은 자신의 행동이 미래 사회에 어떠한 영향을 미칠지 고려하며 직업과 삶의 방향을 설정해야 한다. → 아니요
(태도4) 세계시민은 자신이 지구촌과 상호 의존적인 관계임을 알고 바람직한 미래 사회를 만들기 위해 노력해야 한다. → 예

08 정답 ④   * 과학 기술의 발달과 미래의 변화

서술형 평가

◎ 문제: A와 관련된 윤리적 쟁점에 대해 서술하시오.

  A: 질병을 치료하기 위해 생식 세포 안에 정상 유전자를 삽입하여 유전자의 기능을 바로잡거나 결함이 있는 유전자 자체를 바꾸는 치료법

→ 생식 세포 유전자 치료

◎ 학생 답안

  A는 질병의 원인이 되는 유전자를 찾고, 그것을 치료하는 방식으로 이에 대해 찬성과 반대의 입장이 있다. 찬성하는 입장에서는 ㉠A가 병의 유전을 막아 다음 세대의 병을
찬성 논거
예방할 수 있다고 주장하고, ㉡새로운 치료법 개발을 통해
찬성 논거
경제적 효용 가치를 산출할 수 있다고 강조한다. 하지만 반대하는 입장에서는 ㉢A의 과학적 불확실성과 임상 실험의
반대 논거
위험성 때문에 예측할 수 없는 부작용이 나타날 수 있다고 보고, ㉣유전 질환을 물려주지 않으려는 부모의 선택권을
찬성 논거
보장해야 함을 주장한다. 또한 ㉤A의 높은 비용으로 인해
반대 논거
부유한 사람들만이 혜택을 누리게 되어 분배 정의에 어긋날 수 있음을 강조하기도 한다.

| 문제 + 자료 분석 |

- **A**는 생식 세포 유전자 치료로, 생식 세포에 영향을 주어 변형된 유전적 정보가 미래 세대에 영향을 미칠 수 있어 윤리적 쟁점이 되고 있다.

| 선택지 분석 |

① 생식 세포 유전자 치료를 찬성하는 입장은 병의 유전을 막아 다음 세대의 병을 예방할 수 있으므로 생식 세포 유전자 치료를 찬성한다.
② 생식 세포 유전자 치료를 찬성하는 입장은 유전자 조작을 통해 새로운 치료법을 개발하는 것이 경제적으로 이익이 된다고 본다.
③ 생식 세포 유전자 치료를 반대하는 입장은 인간의 유전자를 조작하는 것이 어떠한 부작용을 불러올지 모르므로 위험하다고 본다.
④ 생식 세포 유전자 치료를 찬성하는 입장은 부모가 자식에게 유전병을 물려주지 않으려고 하는 자율적 선택을 존중할 필요가 있다고 본다.
⑤ 생식 세포 유전자 치료를 반대하는 입장은 생식 세포 유전자 치료의 비용이 비싸 경제적 차이에 따라 계층 간 유전적 격차가 발생하고 이러한 점은 불평등을 유발할 수 있으므로 생식 세포 유전자 치료를 반대한다.

✱ 유전자 치료에 대한 찬반 논거

찬성 입장	• 선천성 유전 질환의 치료 및 예방 가능 • 병의 유전을 막아 다음 세대의 병 예방 가능 • 부모의 생식에 대한 권리와 자율성 보장
반대 입장	• 생식 세포의 조작은 우생학의 우려를 낳음 • 미래 세대의 동의 여부가 불확실함 • 임상 실험의 위험성, 부작용 등의 문제점

대단원 마무리 문제   V

01 정답 ②   * 세계의 대륙별 인구 변화

| 문제 + 자료 분석 |

- 2015~2050년에 인구 증가율이 가장 낮을 것으로 예상되는 (가)는 저출생 문제가 심각한 유럽이고, 인구 증가율이 가장 높을 것으로 예상되는 (나)는 출생률이 높은 아프리카이다. 모든 시기에 인구가 가장 많은 (다)는 아시아이다.

| 선택지 분석 |

① 유럽은 아프리카보다 노년층 인구 비중이 높고 유소년층 인구 비중이 낮으므로 중위 연령이 높다.
② 아프리카는 유럽보다 산업화가 시작된 시기가 늦다.
③ 아프리카는 아시아보다 모든 시기에 인구가 적다.
④ 아시아는 주로 선진국으로 이루어진 유럽보다 1인당 지역 내 총생산이 적다.
⑤ 1950~2015년의 인구 증가율은 아프리카가 가장 높다

02 정답 ①   * 선진국과 개발 도상국의 인구 특징

| 문제 + 자료 분석 |

- (가)는 (나)보다 인구 증가율이 높게 나타나므로 (가)는 개발 도상국, (나)는 선진국에 해당한다.

| 보기 분석 |

ㄱ. 유소년층 인구 비중이 높은 인구 구조는 개발 도상국에서 나타난다.
ㄴ. 서부 유럽의 국가들은 대부분 선진국에 해당한다. 이들 대부분이 고령화 문제를 겪고 있으며, 노년 부양비가 높다.
ㄷ. 선진국은 개발 도상국보다 유소년층 인구 비중이 낮고 노년층 인구 비중이 높으므로 중위 연령이 높다.
ㄹ. 개발 도상국은 선진국보다 경제 발달 수준이 낮다.

03 정답 ①   * 독일과 필리핀의 인구 문제와 대책

| 문제 + 자료 분석 |

- 지도의 A는 독일, B는 필리핀이다.
- **A** 독일은 일찍 산업화가 진행되었으며, 저출생, 고령화 현상으로 인해 노동력 부족 문제를 겪고 있다.
- **B** 필리핀은 대가족을 선호하는 문화와 가톨릭교의 관습으로 인해 인구 증가율이 높다.

| 선택지 분석 |

① 독일(A)은 튀르키예 등과 같은 개발 도상국으로부터의 인구 유입이 이루어지고 있으므로 필리핀(B)보다 해외로부터 들어온 이주자 수가 많다.
② 합계 출산율은 여성 한 명이 평생 동안 낳는 아이의 수를 말한다. 독일(A)은 저출생 문제가 나타나고 있으므로 필리핀(B)보다 여성 한 명이 평생 동안 낳는 아이의 수가 적다.
③ 고령화 문제를 겪고 있는 선진국에 해당하는 독일(A)은 개발 도상국인 필리핀(B)보다 노년층 인구 비율이 높으므로 노년 부양비가 높다.
④ 필리핀(B)은 독일(A)보다 경제 수준이 낮으므로 1인당 국내 총생산(GDP)이 적다.
⑤ 독일(A)은 필리핀(B)보다 일찍 산업화가 진행되어 도시화율이 높다. 따라서 필리핀은 독일보다 도시에 거주하는 인구 비율이 낮다.

---

04 정답 ③ * 선진국의 인구 특징

| 문제 + 자료 분석 |

• 제시된 인구 피라미드는 출생률이 낮아 유소년층 인구 비중이 낮은 선진국의 인구 구조를 보여주고 있다.

| 보기 분석 |

ㄱ. 인구 급증에 따른 식량 부족 문제를 겪는 곳은 출생률이 높은 개발 도상국이다.

ㄴ. 선진국은 합계 출산율이 낮아 저출생 문제를 겪고 있다. 저출생 문제가 심화되면 경제 활동 인구가 감소하여 경제가 침체된다.

ㄷ. 선진국은 출생률 감소와 평균 수명 연장에 따른 저출생, 고령화 문제를 겪고 있다. 고령화 문제가 심화되면 노년 부양비가 증가하며 세대 간 갈등이 발생한다.

ㄹ. 급속한 산업화와 도시화에 따른 주택 부족 문제는 인구가 급격히 증가하는 개발 도상국에서 발생한다.

05 정답 ③ * 지역별 인구 이주 특징

| 문제 + 자료 분석 |

• A: 유입 인구보다 유출 인구가 많고 모든 지역(대륙) 중에서 유출 인구가 가장 많음 → 아시아

• B: 유출 인구보다 유입 인구가 많음 → 유럽

• C: 유입 인구보다 유출 인구가 많고 A보다 유출 인구가 적음 → 아프리카

| 선택지 분석 |

③ A는 유입 인구보다 유출 인구가 많아 인구의 순유출이 발생하고 있으며 모든 지역(대륙) 중에서 유출 인구가 가장 많다. 따라서 A는 인구 순유출 지역(대륙)에 해당하고 인구 규모도 가장 큰 아시아이다.
B는 A~C 중에서 유일하게 유출 인구보다 유입 인구가 많아 인구의 순유입이 발생하고 있다. 따라서 B는 경제 발달 수준이 높아 많은 인구가 유입되고 있는 유럽이다.
C는 아시아와 같이 유입 인구보다 유출 인구가 많아 인구의 순유출이 발생하고 있으나 아시아보다는 유출 인구가 적다. 따라서 C는 인구의 순유출 지역(대륙)에 해당하고 인구 규모가 아시아보다 작은 아프리카이다.

06 정답 ② * 선진국과 개발 도상국의 인구 구조

| 문제 + 자료 분석 |

• (가) : 65세 이상의 노년층 인구 비율이 높고 0~14세의 유소년층 인구 비율이 낮은 선진국 이탈리아

• (나) : 65세 이상의 노년층 인구 비율이 낮고 0~14세의 유소년층 인구 비율이 높은 개발 도상국 이집트

| 선택지 분석 |

① 이탈리아는 65세 이상의 노년층 인구 비율이 높고 0~14세의 유소년층 인구 비율이 낮아 종형 또는 방추형의 인구 구조가 나타난다.

② 이집트는 65세 이상의 노년층 인구 비율이 낮고 0~14세의 유소년층 인구 비율이 높으므로 노년 부양비보다 유소년 부양비가 높다.

③ 이탈리아는 저출생 문제가 심각하여 유소년층 인구 비율이 낮은 반면 이집트는 출생률이 높아 유소년층 인구 비율이 높다. 따라서 이탈리아는 이집트보다 합계 출산율이 낮다.

④ 이집트는 이탈리아보다 노년층 인구 비율이 낮은 반면 유소년층 인구 비율이 높으므로 중위 연령이 낮다.

⑤ 인구 이동은 주로 개발 도상국에서 상대적으로 일자리가 풍부하고 임금 수준이 높은 선진국으로 이루어진다. 따라서 이집트에서 이탈리아로 이주한 인구보다 이탈리아에서 이집트로 이주한 인구가 적다.

07 정답 ② * 선진국과 개발 도상국의 인구 이동 특징

| 문제 + 자료 분석 |

• 중국, 인도 등과 같은 개발 도상국이 속한 (가)는 인구 순유출 국가이다. 미국, 캐나다 등의 선진국이 속한 (나)는 인구 순유입 국가이다.

| 선택지 분석 |

② 선진국으로 이루어진 (나)는 개발 도상국으로 이루어진 (가)보다 1인당 국내 총생산이 많으므로 1인당 국내 총생산의 높음에 해당하는 A, B, C가 정답의 후보군이다.
선진국이 속한 (나)는 개발 도상국이 속한 (가)보다 시간당 평균 임금 수준이 높으므로 A, B, C 중 시간당 평균 임금 수준의 높음에 해당하는 A, B가 답의 후보군이다.
1차 산업 종사자 비중은 개발 도상국으로 이루어진 (가)가 선진국으로 이루어진 (나)보다 높으므로 A, B 중 1차 산업 종사자 비중의 낮음에 해당하는 B가 답이다.

* 인구 순유출 대륙의 인구 이동 특징

대륙	인구 이동 특징
아시아	최근의 인구 순 유출 규모가 가장 크고, 경제 발달 수준이 높은 유럽, 앵글로아메리카로 많은 인구가 유입됨
라틴 아메리카	지리적으로 인접해 있는 앵글로아메리카로 가장 많이 유입됨
아프리카	지리적으로 인접해 있고 과거 식민 지배를 받았던 유럽으로 가장 많이 유입됨

08 정답 ⑤ * 주요 화석 에너지의 특징

| 문제 + 자료 분석 |

• (가): 화석 연료 중 가장 먼저 상용화된 석탄의 소비 비중이 가장 높음 → C 중국

• (나): 신생대 3기층 배사구조에 매장된 석유와 천연가스의 비중이 높음 → B 사우디아라비아

• (다): 대기 오염 물질 배출량이 적은 천연가스의 소비 비중이 가장 높음 → A 러시아

| 선택지 분석 |

⑤ 석탄의 소비 비중이 가장 높은 (가)는 C(중국)이다.
1차 에너지 소비 구조에서 석유와 천연가스의 비중이 대부분을 차지하고 있는 (나)는 대표적인 산유국인 B(사우디아라비아)이다.
다른 두 국가에 비해 천연가스의 소비 비중이 높게 나타나는 (다)는 천연가스의 생산량이 많은 A(러시아)이다.

문제 풀이 Tip

석탄은 석유나 천연가스와 달리 중국의 생산량과 소비량이 압도적으로 많으므로 자료를 분석할 때 중국의 생산량이나 소비량이 매우 많게 나타나는 에너지를 석탄으로 보면 된다.

09 정답 ⑤ * 석탄과 천연가스의 특징

| 문제 + 자료 분석 |

• 오스트레일리아 등에서 많이 수출되고 있는 (가)는 석탄이고, 미국, 러시아, 이란 등에서 수출량이 많은 (나)는 천연가스이다.

| 보기 분석 |

ㄱ. 천연가스는 석탄보다 연소 시 대기 오염 물질 배출량이 적다.

ㄴ. 천연가스는 주로 신생대 제3기 배사 구조의 지층에 석유와 함께 매장되어 있는 경우가 많다. 반면, 석탄은 주로 고생대 지층에 매장되어 있다.

ㄷ. 천연가스는 석탄보다 상업적 발전에 이용되기 시작한 시기가 늦다.

ㄹ. 천연가스는 석탄보다 세계 1차 에너지 소비 구조에서 차지하는 비중이 낮다.

10 정답 ④ * 석유의 특징

| 문제 + 자료 분석 |

• (가) 석유: 석유 수출국 기구(OPEC)는 석유 생산량과 가격을 조절하는
역할을 담당하는 기구이다.

| 선택지 분석 |

① 화석 에너지 중 가장 먼저 상용화된 자원은 석탄이다.
② 산업 혁명 때 증기 기관의 연료로 이용된 것은 석탄이다.
③ 냉동 액화 기술의 발달로 소비량이 증가한 자원은 천연가스이다.
④ 석유는 서남아시아의 페르시아만 주변에 매장되어 있다.
⑤ 화석연료 중 대기 오염 물질 배출량이 가장 적은 자원은 천연가스이다.

11 정답 ① * 석유, 석탄, 천연가스의 특징

| 문제 + 자료 분석 |

• (가): 중국의 생산량 비중이 50%가 넘음 → 석탄
• (나): 미국, 러시아, 이란의 생산량 비중이 높음 → 천연가스
• (다): 미국, 사우디아라비아, 러시아의 생산량 비중이 높음 → 석유

| 선택지 분석 |

① 석탄의 세계 최대 소비 국가는 중국이다.
② 파이프라인, 냉동 액화 수송선을 이용하여 국제 이동이 이루어지는
에너지는 천연가스이다.
③ 석유의 면적 대비 세계 최대 매장지는 서남아시아의 페르시아만이다.
④ 석탄은 석유보다 자원의 편재성이 낮아 국제 이동량이 적다.
⑤ 천연가스는 화석 에너지 중에서 연소 시 대기 오염 물질 배출량이 가장
적다.

12 정답 ④ * 화석 에너지와 신 · 재생 에너지

| 문제 + 자료 분석 |

• (가): 동식물의 유해로부터 형성된 에너지 → 화석 에너지
• (나): 자연의 힘으로부터 형성된 에너지 → 신 · 재생 에너지

| 선택지 분석 |

④ X: 신 · 재생 에너지는 화석 에너지와 달리 재생이 가능하여 자원 고갈
가능성이 낮다. 따라서 X축의 낮음에 해당하는 ㉠, ㉢, ㉣이 정답의
후보군이다.
Y: 화석 에너지는 재생이 불가능하지만 신 · 재생 에너지는 재생이 가능한
에너지이므로 재생이 가능한 정도가 높다. 따라서 ㉠, ㉢, ㉣ 중에서
Y축의 높음에 해당하는 ㉠, ㉣이 정답의 후보군이다.
Z: 신 · 재생 에너지는 화석 에너지보다 대기 오염 물질의 배출량이
적으므로 ㉠, ㉣ 중에서 Z축의 낮음에 해당하는 ㉣이 정답이다.

* 신 ·재생 에너지

정의	기존의 화석 에너지를 변환시켜 이용하는 신에너지와 재생이 가능한 에너지
종류	수력, 풍력, 지열, 태양광(열), 조력, 바이오 에너지 등
특징	• 대기 오염 물질 배출량이 적고 친환경적임 • 재생이 가능하여 자원 고갈 가능성이 낮음 • 에너지 효율성과 경제성이 낮고, 지형과 기후의 제약이 커 지역적 편재가 심함 → 최근 기술의 발달로 경제성이 높아지고 있음

13 정답 ⑤ * 로하스 생활 방식

| 문제 + 자료 분석 |

• 로하스는 개인의 신체적 · 정신적 건강은 물론, 환경, 사회 정의 및 지속
가능한 소비에 높은 가치를 두고 생활하는 사람들의 새로운 생활 방식이다.

| 선택지 분석 |

① 과도하게 포장된 제품의 소비를 줄이는 것은 기업이 제품 포장을
친환경적인 방식으로 하도록 유도한다.
② 일회용 제품의 사용을 줄이고 재활용을 생활화하는 것은 환경 오염
문제를 해소하는 데 도움이 된다.
③ 공정 무역 제품 구매를 우선시하는 것은 노동자에게 정당한 이익이
돌아가도록 하므로 로하스를 실현하기 위한 행동으로 적절하다.
④ 반환경적인 공정을 거친 물품을 구매하지 않는 것은 기업의 친환경 제품
생산을 유도한다.
⑤ 로하스를 실현하기 위해서는 장거리 수송을 거친 수입 농산물보다는
근거리에서 생산된 로컬푸드를 소비하여 농산물을 수송하는 과정에서
배출되는 이산화 탄소(온실가스)의 양을 줄이기 위해 노력해야 한다.

14 정답 ① * 생태계 회복을 위한 노력

| 문제 + 자료 분석 |

• (가): 지구 온난화 현상을 완화하는 데 도움이 되는 방안

| 선택지 분석 |

① 숲을 개간하여 농경지를 늘리면 생태계가 훼손되며, 이는 지구 온난화
현상을 심화시킨다.
② 멸종 위기 종의 복원 사업에 힘쓰면 생태계 회복에 도움이 된다.
③ 이산화 탄소 포집 및 저장 기술을 이용하면 지구 온난화 현상을 완화할 수
있다.
④ 육류는 채소와 과일을 재배할 때보다 더 많은 농경지가 필요해 많은
숲을 파괴한다. 따라서 육식보다 채식을 많이 하면 지구 온난화 현상을
완화하는 데 도움이 된다.
⑤ 풍력, 태양광 등 신 · 재생 에너지 활용을 늘리면 화석 에너지에 대한
의존도를 낮출 수 있다.

15 정답 ④ * 과학기술의 발전과 미래의 변화

| 문제 + 자료 분석 |

• 교통 시스템, 유전 공학, 생명 공학 등 다양한 기술이 비약적으로 발전하며
지구촌 사회에 다양한 변화가 나타나고 있다.

| 보기 분석 |

㉠ 유전 공학의 발달로 병을 치유하는 기술이 발달하여 인간의 평균 수명은
연장될 것이다.
㉡ 미래형 교통 시스템의 등장으로 시공간의 제약이 줄어들면서 인간의 활동
범위는 확대될 것이다.
㉢ 정보 통신 기술의 발달로 인간의 삶의 질은 올라가지만, 자연스레
컴퓨터에 대한 의존도도 높아질 것이다.
ㄹ. 식량난과 농경지 부족 문제를 해결하기 위한 수직 농장 시스템이
등장하며 단위 면적당 농산물 생산량은 늘어날 것이다.

16 정답 ① * 미래 사회의 변화

| 문제 + 자료 분석 |

• 미래 사회를 낙관적으로 보는 갑과 달리 을은 미래 사회에 분쟁이
늘어나고 과학기술의 발달로 인한 새로운 문제가 등장할 것으로 본다.

| 보기 분석 |

㉠ 을은 정보 통신 기술의 발달로 개인 정보 유출과 관련된 사생활 침해 및
감시 문제가 심각해질 것이라 볼 것이다.
㉡ 을은 미래 사회에 분쟁이 늘어날 것이라고 보고 있으므로 종교, 문화 등
다양한 분야에서 갈등이 발생할 것이라 볼 것이다.
ㄷ. 인공 지능 로봇의 성능이 높아지면 인간의 삶의 질은 향상될 수 있지만
이는 갑의 관점에 해당한다.
ㄹ. 미래 사회에서는 국가 간 협력이 중시되며 국제 사회가 힘을 합쳐
전 지구적 차원의 문제가 해결할 수 있지만 이는 갑의 관점에 해당한다.

  정답 ④ ＊세계시민으로서의 삶

| 문제 + 자료 분석 |

• 세계시민 의식: 자신이 지역, 국가, 지구촌과 상호 연결된 세계시민임을
  인식하고, 미래 사회의 바람직한 변화를 위해 노력해야 함

| 선택지 분석 |

① 세계시민은 자신이 지구촌과 연결되어 있음을 알고 국제 사회의 문제에
  관심을 가져야 한다.
② 세계시민은 지구촌의 바람직한 미래를 위해 움직여야 한다. 따라서 지구
  환경 문제 해결을 위한 생활 실천을 하는 것이 바람직하다.
③ 세계시민은 전 지구적 수준의 문제인 아동 노동 문제에 대해 고민하고
  아동 노동 근절 운동에 관심을 가지는 것이 좋다.
④ 세계 일주 여행을 위해 용돈을 아껴 쓰는 것은 세계시민 의식을 기르는
  방법으로 보기 어렵다.
⑤ 세계시민으로서 부당하게 고통을 당하는 다른 나라 사람을 돕는 것은
  바람직한 일이다.

18 정답 (가) 프랑스, (나) 카메룬

| 문제 + 자료 분석 |

• (가)는 (나)보다 유소년층 인구 비중이 낮고 노년층 인구 비중이 높다.
  따라서 (가)는 선진국인 프랑스, (나)는 개발 도상국인 카메룬이다.

19 핵심 키워드: 1인당 국내 총생산, 노령화 지수, 인구의 자연 증가율

모범 답안 개발 도상국인 카메룬은 선진국인 프랑스보다 1인당 국내
총생산이 적고, 노령화 지수가 낮으며, 인구의 자연 증가율이 높다.

| 문제 + 자료 분석 |

• 개발 도상국이 선진국에 비해 출생률이 높고, 평균 기대 수명이 짧으며,
  경제 발전 수준이 낮다는 점을 떠올려야 한다.

＊채점 기준

프랑스와 비교한 카메룬의 특징을 세 가지 모두 서술한 경우	100 %
프랑스와 비교한 카메룬의 특징을 두 가지만 서술한 경우	60 %

20 정답 (가) 천연가스, (나) 석탄, (다) 석유

| 문제 + 자료 분석 |

• 산업용과 가정용으로 많이 쓰이는 (가)는 천연가스, 산업용으로 많이
  쓰이는 (나)는 석탄, 수송용으로 많이 쓰이는 (다)는 석유이다.

＊화석 에너지 자원의 특징

석탄	• 중국, 인도, 오스트레일리아를 포함하는 아시아 · 오세아니아에서 생산과 소비 비중이 매우 높다. • 제철 공업, 발전 등 산업용으로 주로 쓰인다.
석유	• 페르시아만 연안의 주요 산유국을 포함하는 서남아시아에서 많이 생산된다. • 수송용 연료, 화학 공업의 연료로 쓰인다.
천연가스	• 유럽과 앵글로아메리카에서 많이 생산되고, 대기 오염 물질을 적게 배출한다. • 산업용, 가정용으로 많이 쓰인다.

21 핵심 키워드: 자원 민족주의

모범 답안 천연자원은 산출 국가에 속한다는 자원 민족주의에 의해 자원
확보를 둘러싼 국가 간의 갈등이 심화된다.

| 문제 + 자료 분석 |

• 일부 자원은 지구상에 고르게 분포하지 않고 특정 지역에 치우쳐
  분포하는데, 이를 자원의 편재성이라 한다.

＊채점 기준

자원 민족주의를 언급한 경우	100 %
국가 간 갈등이 심화된다고만 서술한 경우	30 %

＊ 자원 민족주의

> 특정 자원을 가지고 있는 국가들은 자국의 이익을 위해 자원 민족주의를
> 내세우며 자원을 무기화하는 모습을 보여준다. 자원 보유국이 자원의 수출을
> 제한하거나 가격을 인상하면 에너지 자원의 해외 의존도가 높은 국가는
> 경제적인 어려움을 겪게 된다.
> 이러한 피해를 막기 위해 많은 국가는 자원을 안정적으로 확보하고자
> 노력하고, 국제적 갈등을 겪기도 한다. 예를 들어 북극해에는 세계 석유의
> 약 13%, 천연가스의 약 30%가 매장되어 있는데, 이를 차지하기 위해 북극해
> 연안의 러시아, 미국, 캐나다, 노르웨이, 덴마크가 서로 북극해 영유권을
> 주장하고 있다.

22 핵심 키워드: 유연한 대처, 안정적인 발전

모범 답안 미래를 예측하면 미래 사회에 대해 유연하게 대처해 미래의
위험을 줄여나가면서 개인, 국가의 안정적인 발전을 꾀할 수 있다.

| 문제 + 자료 분석 |

• 시나리오 기법은 여러 개의 미래를 가정하여 대비함으로써 미래의 위험을
  줄여나가는 방법이다.

＊채점 기준

유연한 대처, 안정적인 발전을 언급한 경우	100 %
미래의 위험을 줄일 수 있다고 서술한 경우	70 %

23 핵심 키워드: 수명 연장, 생명 위협

모범 답안 생명 과학 기술의 발전과 식량 생산량의 증가는 인간의 평균
수명을 연장시켜 (가)와 (다)에는 인간의 수명이 길어진다는 내용이
들어간다. 반면, 환경 문제 심화와 신종 바이러스는 인간의 생명을
위협하므로 (나)에는 인간의 수명이 짧아진다는 내용이 들어간다.

| 문제 + 자료 분석 |

• 기술의 발전으로 인간의 수명은 연장될 수 있으나, 생태환경의 변화로
  인간의 수명이 오히려 짧아질 수도 있다.

＊채점 기준

(가)와 (다)는 수명 연장, (나)는 수명 단축으로 서술한 경우	100 %
(가)~(다) 중 두 가지만 옳게 서술한 경우	60 %

01　정답 ②　＊주요 지역(대륙)의 인구 구조 특징

그래프는 세 지역(대륙)의 유소년 인구 비율과 노년 인구 비율의 변화를 나타낸 것이다. (가)~(다)에 해당하는 지역(대륙)으로 옳은 것은?

구분	1950년	2020년
아프리카 (가)	○	●
아시아 (나)	△	▲
유럽 (다)	□	■

65세 이상 인구 비율 / 0~14세 인구 비율

2020년에 65세 이상 인구 비율이 가장 높고 0~14세 인구 비율이 가장 낮은 (다) → 유럽

2020년에 65세 이상 인구 비율이 가장 낮고 0~14세 인구 비율이 가장 높은 (가) → 아프리카

	(가)	(나)	(다)
①	아시아	아프리카	유럽
②	아프리카	아시아	유럽
③	아프리카	유럽	아시아
④	유럽	아시아	아프리카
⑤	유럽	아프리카	아시아

단서＋발상

단서 아시아, 아프리카, 유럽의 유소년층과 노년층 인구 비율 변화를 나타낸 그래프

발상 65세 이상의 노년층 인구 비율이 가장 높은 지역(대륙) → 유럽
0~14세의 유소년층 인구 비율이 가장 높은 지역(대륙) → 아프리카

적용 2020년 자료를 토대로 유럽과 아프리카를 판별한 후 나머지 한 지역을 아시아로 판별한다.

| 선택지 분석 |

② 선택지에 제시된 지역(대륙)이 아시아, 아프리카, 유럽이므로 (가)~(다)는 이 중 하나이다.
2020년에 세 지역(대륙) 중에서 0~14세의 유소년층 인구 비율이 가장 높은 반면 65세 이상의 노년층 인구 비율이 가장 낮은 (가)는 출생률이 높아 유소년층 인구 비율이 높게 나타나는 아프리카이다.
2020년에 세 지역(대륙) 중에서 0~14세의 유소년층 인구 비율이 가장 낮은 반면 65세 이상의 노년층 인구 비율이 가장 높은 (다)는 저출생 고령화 문제가 심각한 유럽이다.
나머지 (나)는 아시아이다.

문제 풀이 Tip

1950년과 2020년의 연령층별 인구 자료가 제시되어 있으나 가장 최근인 2020년의 연령층별 인구 자료만 분석해도 해당 지역(대륙)을 판별할 수 있다.

＊ 선진국과 개발 도상국의 인구 특징

구분	출생률	인구의 자연 증가율	중위 연령	노령화 지수
선진국	낮음	낮음	높음	높음
개발 도상국	높음	높음	낮음	낮음

02　정답 ②　＊국가별 인구 특성

그래프는 지도에 표시된 네 국가의 특성에 대한 것이다. 이에 대한 설명으로 옳은 것은? [2점]

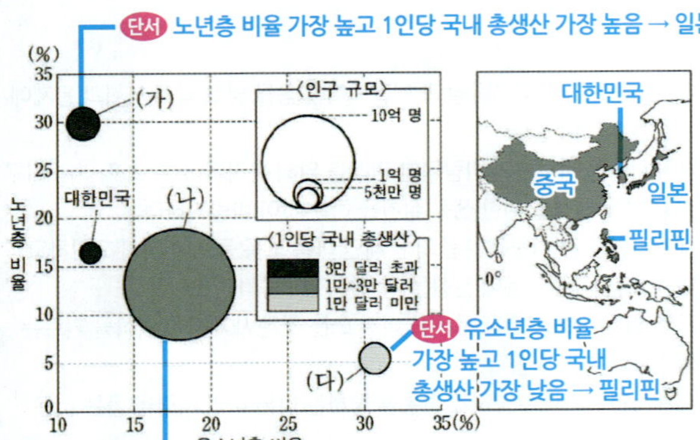

① (나)는 초고령 사회에 해당한다. 해당 ×
② (다)는 대한민국보다 생산 가능 인구가 많다.
　　생산 가능 인구와 생산 가능 인구 비율을 구별해야 함 함정
③ (나)는 (가)보다 중위 연령이 높다. 낮다
④ (다)는 (가)보다 총부양비가 높다. 낮다
⑤ 국내 총생산은 (가)＞(나)＞(다) 순으로 많다.
　　(나)　(가)

| 문제 + 자료 분석 |

- **(가)**: 네 국가 중 노년층 비율이 가장 높고 유소년층 비율이 가장 낮으며 1인당 국내 총생산이 3만 달러를 초과함 → 네 국가 중 가장 선진국인 일본
- **(나)**: 인구가 10억 명 이상으로 압도적으로 많고, 노년층과 유소년층 비율은 (가)와 (다) 사이에 있음 → 개발도상국인 중국
- **(다)**: 네 국가 중 유소년층 비율이 가장 높고 노년층 비율이 가장 낮으며 1인당 국내 총생산이 1만 달러 미만임 → 필리핀

| 선택지 분석 |

① 초고령 사회란 노년층 비율이 20% 이상인 사회를 뜻한다. (나) 중국은 노년층 비율이 약 14%로, 초고령 사회에 해당하지 않는다.
② 생산 가능 인구는 청장년층(15~64세)로, 전체 비율에서 노년층과 유소년층 비율을 뺀 값에 인구를 곱해 구할 수 있다. 대한민국은 생산 가능 인구가 약 72%, (다) 필리핀은 약 64%지만, 필리핀은 대한민국보다 인구가 두 배 이상 많아 생산 가능 인구는 필리핀이 더 많다.
③ (나) 중국은 (가) 일본보다 노년층 비율이 낮고 유소년층 비율이 높으므로 (나) 중국의 중위 연령이 더 낮다.
④ 총부양비는 '{(유소년층 인구+노년층 인구)/청장년층 인구}×100%'로 구할 수 있다. (가) 일본의 유소년층 비율과 노년층 비율의 합은 약 42%, 청장년층 비율은 약 58%이다. (다) 필리핀의 유소년층 비율과 노년층 비율의 합은 약 36%, 청장년층 비율은 약 64%이므로 (다) 필리핀은 (가) 일본보다 총부양비가 낮다.
⑤ 국내 총생산은 '총인구×1인당 국내 총생산'으로 구할 수 있다. (나) 중국은 1인당 국내 총생산이 1만~3만 달러이지만 3만 달러를 초과하는 (가) 일본보다 인구가 약 10배 이상 많아 국내 총생산은 (나) 중국이 가장 많다. 또한, (가) 일본과 (다) 필리핀은 인구 규모는 비슷하지만 (가) 일본의 1인당 국내 총생산이 훨씬 높으므로 국내 총생산은 (가) 일본이 더 높다.

03 정답 ④ * 아프리카와 유럽의 인구 구조 특징

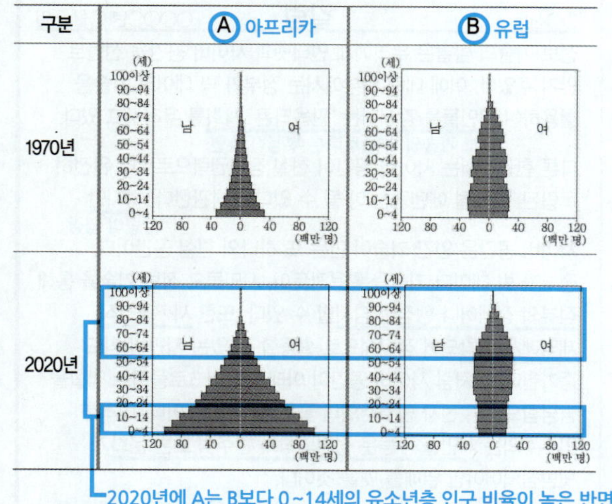

 **단서+발상**

(단서) 1970년과 2020년의 연령대별 인구를 나타낸 그래프

(발상) • 0~14세의 유소년층 인구 비율이 높고 65세 이상의 노년층 인구 비율이
  낮은 지역(대륙) ⟶ 아프리카
  • 0~14세의 유소년층 인구 비율이 낮고 65세 이상의 노년층 인구 비율이
  높은 지역(대륙) ⟶ 유럽

(적용) 2020년 자료만으로도 A, B 구분이 가능하므로 2020년의 유소년층과
  노년층 인구 비율 자료 위주로 지역(대륙)을 구분한다.

| 문제 + 자료 분석 |

- **A**: 1970년과 2020년 모두 **B**보다 0~14세의 유소년층 인구 비율이 높고
  65세 이상의 노년층 인구 비율이 낮다. ⟶ 출생률이 높은 아프리카
- **B**: 1970년과 2020년 모두 **A**보다 0~14세의 유소년층 인구 비율이 낮고
  65세 이상의 노년층 인구 비율이 높다. ⟶ 저출산·고령화 문제가 심각한
  유럽

| 선택지 분석 |

① 아프리카에는 최상위 세계 도시가 없다. 유럽에는 최상위 세계 도시인
  런던이 있다.
② 그래프를 통해 유럽은 2020년 65세 이상의 노년층에서 남성이 여성보다
  적다는 것을 알 수 있다. 일반적으로 여성이 남성보다 평균 수명이 길기
  때문에 65세 이상의 노년층에서는 여성이 남성보다 많은 경향이 나타난다.
③ 그래프의 모든 막대 길이를 전체적으로 비교해 보면 1970년에
  아프리카는 유럽보다 총인구가 적다.
④ 아프리카는 유럽보다 1970년에 총인구가 적었으나 2020년에는
  총인구가 많다. 따라서 아프리카는 유럽보다 1970~2020년에 인구
  증가율이 높다. 출생률이 높은 아프리카는 인구가 빠르게 증가하고 있다.
⑤ **A**는 아프리카, **B**는 유럽이다.

04 정답 ① * 에너지 자원의 분포 및 특징

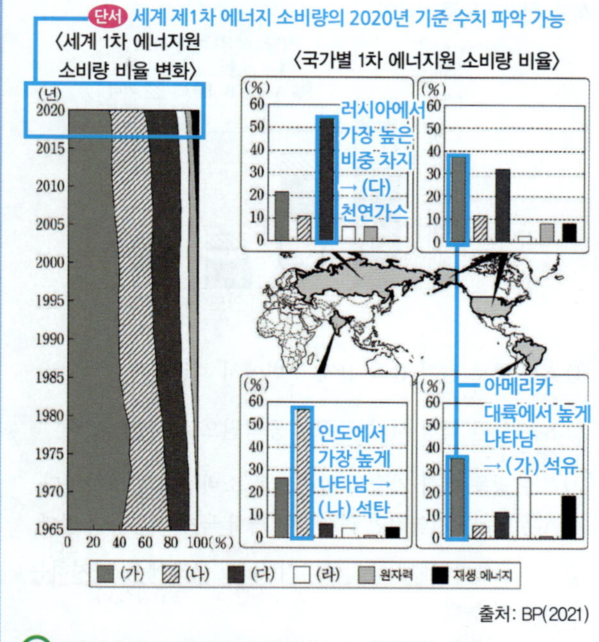

| 문제 + 자료 분석 |

- **(가) 석유**: 세계 제1차 에너지 소비량에서 가장 높은 비중을 나타냄. 미국,
  브라질 등 아메리카 대륙을 비롯해 대부분 지역에서 소비 비중이 높음
- **(나) 석탄**: 세계 제1차 에너지 소비량에서 두 번째로 높은 비중을 나타냄.
  산업 발전이 지속되는 중국, 인도 등 아시아 국가에서 소비 비중이 높음
- **(다) 천연가스**: 세계 제1차 에너지 소비량에서 세 번째로 높은 비중을 나
  타냄. 러시아, 유럽, 미국을 중심으로 소비 비중이 높음
- **(라) 수력**: 세계 제1차 에너지 소비량에서 네 번째로 높은 비중을 나타냄
  (2022 기준 다섯 번째). 브라질, 캐나다 등에서 소비 비중이 높음

| 선택지 분석 |

① 국가별 1차 에너지원 소비량 비율을 살펴보면 브라질은 (라) 수력의 소비
  량이 (다) 천연가스의 소비량보다 높게 나타난다.
② 러시아, 미국, 인도는 화석 에너지 (가)~(다)의 국가 내 소비량 비율이 60%
  이상이지만, 브라질은 화석 에너지를 다 합쳐도 60%에 미치지 못한다.
③ 운송 수단의 연료로 주로 이용되는 자원은 (가) 석유이다. (나) 석탄과 (다)
  천연가스는 산업용으로 가장 많이 이용된다.
④ 화석 에너지의 상용화 시기는 (나) 석탄 → (가) 석유 → (다) 천연가스 순
  으로 나타난다. 따라서 (가) 석유는 (나) 석탄보다 상용화된 시기가 늦다.
⑤ 연소 시 오염 물질 배출량은 (나) 석탄 > (가) 석유 > (다) 천연가스 순으로
  나타난다. 꿀팁 따라서 (다) 천연가스는 (나) 석탄보다 연소 시 오염 물질
  배출량이 적다.

 **문제 풀이** 꿀팁

  화석 에너지와 관련된 문제에서는 국가 혹은 대륙(지역)별 소비, 생산, 수출
  비중을 자료로 주고 에너지의 다양한 특징을 묻는 경우가 많다. 따라서 국가
  혹은 대륙(지역) 단위로 어떤 에너지의 소비, 생산, 수출 비중이 높은지를 꼼꼼
  하게 정리해야 주어진 자료를 쉽게 해석할 수 있다.

그래프는 네 국가의 1차 에너지원별 공급량을 나타낸 것이다.
A~C 자원에 대한 설명으로 옳은 것은? (단, A~C는 각각 석유,
석탄, 천연가스 중 하나임.)

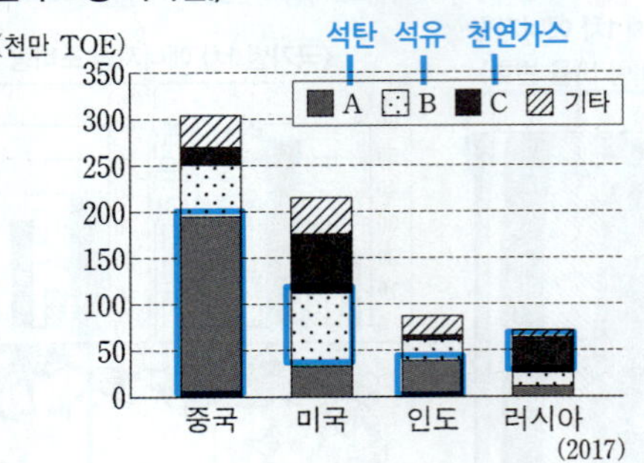

① A는 주로 신기 습곡 산지 주변에서 채굴된다.
　석유(B), 천연가스(C)
② B는 산업 혁명 시기에 주요 동력원으로 사용되었다.
　석탄(A)
③ C는 냉동 액화 기술의 발전으로 소비량이 증가하였다.
④ A는 B보다 지역적인 편재성이 커서 국제 이동량이 많다.
　　　　　　　　　　　　작아서　　　　　　　적다
⑤ C는 B보다 세계 1차 에너지 소비 구조에서 차지하는
　　　　　　석유(B) > 석탄(A) > 천연가스(C)
　비율이 높다.
　　　　낮다

| 문제 + 자료 분석 |

- A 석탄: 중국과 인도의 1차 에너지원별 공급량에서 차지하는 비율이 가장
　높다.
- B 석유: 미국의 1차 에너지원별 공급량에서 차지하는 비율이 가장 높다.
- C 천연가스: 러시아의 1차 에너지원별 공급량에서 차지하는 비율이 가장
　높다.

| 선택지 분석 |

① 석탄(A)은 주로 고기 습곡 산지 주변에서 채굴된다. 신기 습곡 산지
　주변에서 채굴되는 것은 석유(B)와 천연가스(C)이다.
② 산업 혁명 시기에 주요 동력원으로 사용된 것은 석탄(A)이다.
③ 냉동 액화 기술의 발달로 운반과 사용이 편리해지면서 소비량이 증가한
　것은 천연가스(C)이다.
④ 석탄(A)은 화석 에너지 중에서 비교적 편재성이 작아서 국제 이동량이
　석유(B)나 천연가스(C)보다 적다. 석유(B)는 지역적 편재성이 커서 화석
　연료 중 국제 이동량이 가장 많다.
⑤ 1차 에너지 소비 구조에서 차지하는 비율은 석유(B) > 석탄(A) >
　천연가스(C) 순으로 높다.

＊화석 에너지 자원의 매장 및 분포

석탄	• 주로 고기 조산대 주변에 매장되어 있음 • 중국 푸순, 미국 애팔래치아산맥, 오스트레일리아 그레이트디바이딩산맥 등에 분포함
석유	• 주로 신생대 제3기층 배사 구조에 매장되어 있음 • 세계 매장량의 절반가량이 서남아시아의 페르시아만 연안에 분포함
천연가스	• 주로 신생대 제3기층 배사 구조에 석유와 함께 매장되어 있음 • 러시아 및 카스피해 연안, 미국 등에 분포함

다음 신문 칼럼의 입장으로 적절하지 <u>않은</u> 것은? [3점]

○○신문　　　　　**칼럼**　　　　　○○○○년 ○월 ○일

정보 기술의 발달은 우리에게 인터넷과 사이버 공간을 선물로
안겨 주었다. 이에 대해 일부에서는 정부가 빅 데이터 기술을
활용하여 시민들을 감시하는 '판옵티콘' 사회를 우려하고 있다.
　　　정보 기술의 발달에 따른 부정적 측면
다른 한편에서는 사이버 공간이 현실 정치권력으로부터 완전히
독립된 '디지털 에덴동산'이 될 수 있다고 낙관한다. 하지만
　　　　　　　　　　　　　　　칼럼의 입장
사이버 공간은 인간 기술이 만든 또 하나의 현실 공간이다.
정부가 빅 데이터 기술을 활용하듯이, 시민들도 정보 기술을 통해
정부의 정책이나 행정을 감시할 수 있다. 또한 시·공간적
제약에서 해방되어 정치적으로 활동할 수 있는 시민의 힘도
증가한다. 이처럼 사이버 공간이 아테네의 아크로폴리스 역할을
담당함으로써 전자 민주주의의 꽃은 활짝 필 것이다. 이러한
민주주의는 시민들의 높은 정치의식과 민주적 토론 문화가
뒷받침되어야만 열매를 맺을 것이다.
　　　　　　　　　　→ 사이버 공간에 대한 긍정적 입장

① 전자 민주주의는 시민들의 적극적인 참여를 필요로 한다.
　　　　　　　　　　높은 정치의식과 토론 문화
② 정보 기술의 발전은 직접 민주주의의 가능성을 높여 준다.
　　　　　　　　　　직접 정부 정책·행정 감시 가능
③ 사이버 공간은 새로운 소통의 장으로 정치 참여의
　폭을 넓혀 준다.　　　　　　　시·공간적 제약의 해방
④ 정보 기술은 정부와 시민이 상호 견제할 수 있는 힘을
　제공한다.　정부: 빅 데이터 기술 활용 / 시민: 정책·행정 감시
⑤ 사이버 공간은 익명성으로 인해 법치로부터 벗어난 공간
　이다.　　　　　　　　　또 다른 현실 공간

| 문제 + 자료 분석 |

- 칼럼의 내용: 민주주의와 관련하여 사이버 공간이 긍정적으로 기여할 수
　있으며, 전자 민주주의의 활성화를 위해서는 성숙한 시민 의식과 민주적
　토론 문화가 요구됨

| 선택지 분석 |

① 칼럼은 사이버 공간에서 민주주의가 활성화되기 위해서는 시민들의 높은
　정치의식과 토론 문화에 근거한 적극적인 참여가 요구된다고 본다.
② 칼럼은 정보 기술의 발달이 사이버 공간을 창출한 덕분에 정치 참여와
　관련한 시·공간적 제약이 줄어들었고, 이를 통해 시민은 정책이나 행정을
　감시하는 등 정치 과정에 직접 참여할 수 있게 되었다고 본다.
③ 칼럼에 따르면 사이버 공간은 정치 참여와 관련한 시·공간적 제약을
　감소시킨다. 이로 인해 시민은 더욱 폭넓은 정치 과정에 직접 참여할 수
　있는 기회를 얻게 된다.
④ 칼럼에 따르면 정부가 빅 데이터 기술을 활용하는 것처럼 시민들도
　정부의 정책이나 행정에 관한 정보를 획득할 수 있으며, 정치적 의사
　결정이 올바르게 이루어지는지를 감시할 수 있다.
⑤ 칼럼에 따르면 사이버 공간은 익명성을 지니지만 현실로부터 독립적인
　공간은 아니다. 따라서 법은 현실 공간뿐만 아니라 사이버 공간도
　규제하므로, 사이버 공간이 법치로부터 벗어난 공간이라고 할 수 없다.

01 정답 ⑤ * 인권의 확산과 발달 과정

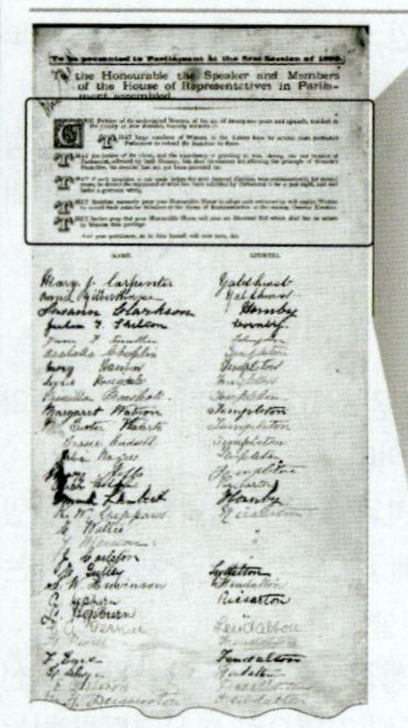

사료로 읽는 인권의 역사

뉴질랜드에 거주하는 21세 이상 여성들이 제출한 청원서 내용은 다음과 같습니다. 수년 동안 많은 여성들이 　(가)　의 확대를 의회에 청원해 왔습니다. 이 청원의 정당성과 타당성은 상원 및 하원 의회에서 확인되었으나, 여전히 권리 행사를 위한 규정은 마련되지 않았습니다. …(중략)… 따라서 다음 총선에서 여성이 투표할 수 있도록 의회에 간절

단서 여성 투표권 보장 → 참정권

히 요청합니다.

해설

위 사료는 1893년 뉴질랜드 의회에 제출된 청원서 중 일부분으로, 당시 뉴질랜드 전체 성인 여성의 1/4에 가까운 3만 2천여 명이 서명한 274m의 문서이다. 이 청원서는 세계 최초로 여성 　(가)　 을/를 보장해달라는 내용을 담고 있다. 같은 해 9월 19일 뉴질랜드 의회에서 모든 여성에게 투표권을 주는 법안이 통과된 것을 계기로 여성

여성이 투표할 수 있는 권리 → 참정권 보장

　(나)　 운동은 전 세계로 확산되었다.

| 문제+자료 분석 |

- 뉴질랜드의 여성들이 투표할 수 있도록 요청하는 청원서 ➞ 투표할 수 있는 권리는 정치에 참여할 수 있는 대표적 권리이며, 따라서 (가)는 참정권이다.

| 선택지 분석 |

① 바이마르 헌법에 최초로 명시된 권리는 사회권이다. 사회권은 국민의 인간다운 생활 보장을 국가에 요구할 수 있는 권리이다.
② 다른 기본권 보장의 전제가 되는 권리는 평등권이다. 평등권은 합리적 이유 없이 차별 대우받지 않을 것을 국가에 요구할 수 있는 권리이다.
③ 국가 권력으로부터 간섭받지 않을 권리는 자유권이다.
④ 기본권 보장을 위한 수단적 성격의 권리는 청구권이다. 청구권은 국가에 적극적으로 일정한 행위를 요구할 수 있는 권리이다.
⑤ 국가의 의사 결정 과정에 참여할 수 있는 권리는 참정권이다. 시민 혁명 이후에도 재산, 성별, 인종 등에 따라 정치 참여가 여전히 제한되었는데, 이를 해결하기 위해 참정권 확대 운동이 일어났다.

02 정답 ③ * 차티스트 운동

학습 주제: (가) 차티스트 운동

당신들 의회가 우리 노동자들의 많은 요청을 꺼리고 있으니 청원자들은 이 명백한 악을 바로 잡을 것을 요구한다. 21세 이상 모든 남자의 선거권 인정, 비밀 투표제 시행, 의원의 재산 자격 조항 폐지, 의원에게 보수 지급, 인구 비례에 따른 동등한 선거구 설정, 매년 선거 실시 등의 내용을 담은 「인민헌장」이라고 이름 붙인 문

단서

서를 변경, 삭제, 추가 없이 즉시 법으로 정할 것을 요구한다.

→ 1832년 영국에서 제1차 선거법 개정이 이루어졌으나 노동자에게는 투표권이 주어지지 않았음. 이에 노동자들은 기본권 　(나) 참정권 　이/가 보장되지 않는 것에 반발함

| 문제+자료 분석 |

- (가) 차티스트 운동 : 1838년 영국 노동자들이 벌인 참정권 확대 운동
- (나) 참정권 : 국가의 정치적 의사 형성 과정에 참여할 수 있는 권리

| 선택지 분석 |

① 「바이마르 헌법」은 사회권이 문서에 명시된 최초의 헌법으로, 1919년에 공포되었다. 차티스트 운동은 1838년 영국 노동자들이 선거권의 확대를 요구하며 벌어진 운동이다.
② 메리와 윌리엄이 공동 왕으로 추대하는 것은 영국 명예혁명 시기에 발생한 일이다. 제임스 2세의 전제 정치에 반발한 잉글랜드의 의회는 제임스 2세를 추방하고 메리와 윌리엄을 공동 왕으로 추대했다.
③ 차티스트 운동은 영국 노동자들이 (나) 참정권을 보장받기 위해 벌인 운동이다. 참정권은 정치 과정에 참여할 수 있는 권리를 의미한다.
④ 참정권을 비롯한 국민의 모든 권리는 국가 안전 보장, 질서 유지, 공공복리를 위하여 필요한 경우에 한하여 법률로써 제한이 가능하다.
⑤ 금융 기관 이용자들의 개인 정보가 유출된 것은 이용자들이 자유권에 해당하는 사생활과 비밀의 자유를 침해받은 사례에 해당한다.

03 정답 ② * 프랑스 혁명

교사 : 다음 자료와 관련된 시민 혁명은 　㉠　 입니다.
프랑스 혁명

이때 발표된 　㉡　 에는 모든 인간은 태어날 때
인간과 시민의 권리 선언

부터 자유롭고 평등하다는 내용이 명시되었습니다.

아침 내내 '바스티유를 향하여'라는 외침이 울려 퍼졌다. 시

단서 바스티유 감옥 습격

민 대표들은 무기를 찾으러 다녔다. 온갖 북소리가 대중을 흥분시켰고, 수많은 시민들이 이곳으로 일제히 밀려오고 있었다. 바스티유가 포위된 것이었다.

학생 : 당시 사람들은 국가로부터 간섭받지 않을 권리인
자유권

　㉢　 와/과 부당하게 차별을 받지 않을 권리인
평등권

　㉣　 의 보장을 요구했군요.

| 문제+자료 분석 |

- ㉠ 프랑스 혁명 : 평민이 신분 제도의 모순에 분노하여 일으킨 혁명
- ㉡ 인간과 시민의 권리 선언 : 프랑스 혁명 과정에서 발표된 문서로, 자유와 평등의 이념을 중심으로 재산권, 자유권, 평등권 등을 명시함
- ㉢ 자유권 : 국가 권력의 간섭이나 침해를 받지 않고 생활할 권리
- ㉣ 평등권 : 정당하고 합리적인 이유 없이 성별, 종교 등에 의해 차별받지 않을 권리

| 보기 분석 |

ㄱ. 제시된 자료는 바스티유 감옥 습격을 묘사한 자료이다. 바스티유 감옥 습격은 루이 16세가 국민 의회를 탄압하자 이에 파리 시민들이 반발하며 일어난 사건으로, 프랑스 혁명과 관련이 있다. 바스티유 감옥 사건 이후 국민 의회는 봉건적 특권을 폐지하고 「인간과 시민의 권리 선언」을 발표한다. 「권리 장전」은 영국 명예혁명의 결과로 승인되었다.
ㄴ. 자유권은 포괄적 성격의 권리로, 헌법에 열거되지 않아도 보장된다. 국가의 존재를 전제로 하는 사회권, 청구권, 참정권은 헌법에 열거되어야 보장되는 열거적 권리에 해당한다.
ㄷ. 교육을 받을 권리는 사회권에 해당한다. 불합리한 기준에 의한 차별 금지, 법 앞에서의 평등 등이 평등권에 해당한다.

04 정답 ② ＊사회 불평등 현상

|문제+자료 분석|

- **갑**: 저소득층의 기본적 생활 수준을 보장하기 위한 제도를 국가별로 비교하였고, 이후 공공 부조의 사례를 조사하겠다고 계획함
- **을**: 장애인 지원 센터장과의 인터뷰를 진행하였고, 공동선 실현을 중시하는 공동체주의적 정의관을 토대로 자원을 분배하는 방안을 조사하겠다고 계획함
- **병**: 우리나라 국토 개발 초기 정책에 대해 조사하였고, 지역 격차 완화 정책에 대해 조사하겠다고 계획함

|선택지 분석|

① 저소득층의 기본적 생활 수준을 보장하기 위한 제도인 ㉠은 사회 보장 제도이며, 그중에서도 저소득층과 같은 사회적 약자의 여건을 개선하기 위한 공공 부조에 해당한다.

②우리나라의 공공 부조가 효과적으로 기능한 사례인 ㉡에 해당하는 내용이다. 기초 연금은 소득 및 재산이 일정 수준에 미치지 못하는 노인들에게 매달 일정 금액을 지원하는 제도로, 기초 연금을 통해 빈곤에 처한 노인 가구의 생활 여건이 일부 개선되었다.

③ 공동체에 대한 소속감과 유대를 통해 형성된 정체성을 바탕으로 공동선의 실현을 중시하는 관점인 ㉢에 해당하는 것은 공동체주의적 정의관이다. 공동체주의적 정의관은 사회적 존재로서 자신이 속한 공동체에 대한 구성원의 책임과 의무를 중시한다. 독립된 자아로서 개인의 자유와 권리를 강조하는 것은 자유주의적 정의관이다.

④ 장애인의 기본적 욕구를 충족하기 위해 자원을 분배하는 방안인 ㉣에서 강조하는 분배 기준은 필요이다. 능력이나 업적이 아닌 필요에 따라 분배하면 개인의 동기 유발과 사회 발전을 저해하는 부정적 측면이 있지만 사회적 약자의 욕구를 충족시킬 수 있다.

⑤ 우리나라가 국토 개발 초기 단계에서 시행했던 정책인 ㉤은 성장 거점 개발 정책이다. 성장 거점 개발 정책은 개발의 효율성은 확보할 수 있었지만 지역 격차 심화라는 부작용이 발생하였다. 비수도권 지역에 혁신도시를 건설하여 공공 기관을 이전한 정책은 지역 격차를 완화하려는 노력의 일환이다.

05 정답 ③ ＊다양한 불평등 현상

|문제+자료 분석|

- **㉠**: 사회 구성원 간 불평등이 심화되어 사회 계층 중 중층의 비율이 감소하고 상층과 하층의 비중이 증가하는 현상
- **㉡**: 사회적 약자란 경제 수준이나 사회적 지위 등에서 열악한 위치에 있어 사회적으로 배려와 보호의 대상이 되는 개인 또는 집단을 말함. 여성, 노인, 어린이, 장애인, 빈곤층, 소상공인, 이주 노동자 등이 있음
- **㉢**: 빠른 경제 성장을 위해 추진된 성장 거점 개발 정책으로 인해 발생할 수 있음. 도시와 농촌의 격차, 도시 지역 내 격차, 수도권과 비수도권의 격차 등으로 나타남

|선택지 분석|

(진술1) 사회 계층의 양극화는 중위층의 비율이 감소하고 상위층과 하위층의 비율이 증가하는 현상이므로 틀린 진술이다.

(진술2) 이주 노동자는 경제 수준이나 사회적 지위 등에서 열악한 위치에 있어 배려와 보호가 필요한 사회적 약자에 해당하며, 임금 체불 문제는 부당한 차별 사례에 해당하므로 옳은 진술이다.

(진술3) 성장 거점 개발 정책이란 정부 주도로 성장 잠재력이 높은 지역을 선정해 집중적으로 개발하고 그 효과가 주변 지역으로 확산되도록 하는 개발 방식을 말한다. 형평성보다 효율성을 강조한 성장 거점 개발 정책의 추진은 공간 불평등의 원인이므로 옳은 진술이다.

(진술4) 사회적 약자를 대상으로 한 적극적 평등 실현 조치는 실질적인 기회의 평등을 보장하는 데 도움을 줄 수 있다. 그러나 공간 불평등 완화를 위해서는 수도권에 집중된 공공 기관을 지방으로 이전해야 하므로 틀린 진술이다.

＊ 정의로운 사회를 실현하기 위한 제도

사회 복지 제도	사회 보험, 공공 부조, 사회 서비스
지역 격차 완화 정책	지역의 특성을 살린 발전 전략 수립, 도시 정비 사업 등
적극적 평등 실현 조치	여성 할당제, 저소득층 대상 대학 입학 전형 등

06 정답 ⑤ ＊정의로운 사회 실현을 위한 제도

|문제+자료 분석|

- **㉠, ㉡** 모두 지역 간에 사회적 자원이 불균등하게 분포되어 발생하는 문제를 해결하기 위해 사회적 약자를 대상으로 일정한 혜택을 제공하고 있음

|선택지 분석|

① ㉠은 지역 노인을 대상으로 문화 프로그램 운영, 문화 활동 지원 등의 서비스 혜택을 제공하고 있다. 따라서 사회 서비스에 해당한다.

② ㉠은 문화적 혜택이 취약한 지역의 노인들을 대상으로 서비스 혜택을 제공하는 사업이다. 따라서 사회적 약자와 같이 재화나 서비스가 필요한 사람들에게 우선적으로 분배가 이루어져야 한다는 '필요에 따른 분배'를 실현하고 있다.

③ ㉡은 지역적으로 불리한 조건을 완화하기 위해 공공 기관에 일정 비율 이상의 지방 인재를 선발하도록 규정하고 있다. 따라서 사회적 약자를 대상으로 실질적 평등을 보장하기 위해 일정한 혜택을 제공하는 제도인 적극적 평등 실현 조치에 해당한다. 단, 사회적 약자만을 대상으로 하는 적극적 실현 조치가 지나치게 강하면 오히려 다른 특정 집단에게 차별로 작용하는 경우가 있는데 이를 역차별이라 한다. 해당 사례는 역차별 완화를 목적으로 하지 않는다. 함정

④ ㉠, ㉡은 모두 문화 취약 지역 노인과 지방 인재의 불평등을 해소하기 위한 적극적 평등 실현 조치에 해당한다.

⑤㉠은 문화 취약 지역에 거주하는 노인에게 문화 혜택 서비스를 제공하고 있고, ㉡은 지방 소재 학교 졸업자를 대상으로 채용을 지원하므로 지역적 불평등을 완화할 수 있다.

07 정답 ③ * 사회적 소수자 차별 문제

단서 사회적 소수자 성립 요건 ①
단서 사회적 소수자 성립 요건 ②
단서 정부 간 국제기구
단서 국제 비정부 기구

| 문제+자료 분석 |

- ㉠: 주류 집단에 속한 사람들에게 차별받고 있으며, 스스로 차별받는다고
  인식하는 집단 ⟶ 사회적 소수자
- A: 국제 사회의 행위 주체이며, 사례로 국제 연합이 있으므로 정부 간 국
  제기구임. 정부 간 국제기구는 주권을 가진 국가들로 결성된 국제 사회의
  행위 주체로, 국제 사회의 평화 유지 및 경제적·사회적 협력 등을 목적으로
  활동함
- B: 국제 사회의 행위 주체이며, 사례로 국제 엠네스티와 국경 없는 의사회
  가 있으므로 국제 비정부 기구임. 국제 비정부 기구는 개인이나 민간단체
  를 중심으로 구성된 국제 사회의 행위 주체로, 인권, 보건, 환경 등 보편적
  가치에 관심을 가짐

| 보기 분석 |

ㄱ. 2023년 인구 10만 명당 난민의 처지에 놓인 사람들은 아프가니스탄 < 우
  크라이나 < 남수단 < 베네수엘라 < 시리아이다. 그러므로 아프가니스탄이
  가장 적다.
ㄴ. 그래프에 2014년과 2023년의 국가 10만 명당 난민의 처지에 놓인 사람
  들의 수가 표시되어 있으므로 난민의 처지에 놓인 사람들의 비율을 대략
  적으로 확인할 수 있다. 2014년과 2023년 비율의 차이는 두 좌표를 연결
  한 선의 길이로 확인할 수 있다. 선의 길이는 베네수엘라 > 우크라이나 >
  남수단 > 아프가니스탄 > 시리아이다. 그러므로 시리아보다 우크라이나
  의 비율 차이가 더 크다. 2022년에 발발한 러시아-우크라이나 전쟁으로
  우크라이나에서는 난민의 처지에 놓인 사람들이 많이 발생하였다.
ㄷ. ㉠은 난민을 지칭한다. 그들은 주류 집단에 속한 사람들에게 차별받고 있
  으며, 스스로도 차별받는다고 인식하고 있다. 그러므로 ㉠ 난민들은 사회
  적 소수자로 분류된다.
ㄹ. A는 정부 간 국제기구, B는 국제 비정부 기구이다. 정부 간 국제기구는 주
  권국으로 구성된 조직으로서 합법적 대표들이 비준 절차를 거쳐 국제법적
  성격을 갖는 조약을 체결한다. 이와 달리 국제 비정부 기구는 국가 단위가
  아닌 개인이나 민간단체의 국제 협력으로 설립된 조직이다. 이들은 권력
  이나 사익이 아닌 공익을 위한 비영리 단체이다. 그러므로 국제법을 바탕
  으로 가입국 간 합의를 통해 활동하는 것은 B 국제 비정부 기구가 아닌 A
  정부 간 국제기구이다.

08 정답 ④ * 세계 인권 문제의 양상

동남 및 남부 아시아 지역은 다양한 문화와 종교가 혼재하여 분
쟁이 발생하기도 한다. 대다수가 A를 믿는 로힝야족은 주로 B를
믿는 미얀마에서 종교적, 역사적 갈등을 겪고 차별을 받아 왔다.
이러한 박해를 피해 로힝야족의 여성 갑은 A 신도의 비중이 큰 방
글라데시 난민촌으로 이주하였다. 갑은 난민촌 밖으로의 이동 제
한, 경제 활동 금지 등으로 인해 ㉠ 주거권, 안전권, 환경권을 보장
받지 못해, 이러한 난민에 대한 차별에 비참함을 느끼고 있다. 또
한 갑은 남성과 동행해야만 의료 서비스를 받을 수 있는 절차 등
여성에 대한 지속적 차별이 부당하다고 여기고 있다.

단서 이슬람교를 믿는 소수 민족
단서 대다수가 불교 신자인 미얀마
안전하고 인간다운 생활을 위한 권리

| 문제+자료 분석 |

- A: 미얀마의 로힝야족이 주로 믿으며, 방글라데시에서 신도의 비중이 큰
  이슬람교
- B: 미얀마에서 신도 비중이 큰 불교

| 선택지 분석 |

① 탑과 불상은 B 불교의 종교 경관에 해당한다. A 이슬람교의 대표적 종교
  경관으로는 동형 지붕과 첨탑이 있는 모스크가 있다.
② 쿠란의 율법을 중시하는 종교는 A 이슬람교이다.
③ ㉠ 주거권, 안전권, 환경권은 현대 사회에 등장하여 강조되고 있는 권리이다.
④ 갑은 미얀마에서 종교적 이유로 차별을 받는 로힝야족이고, 방글라데시
  이주 후에는 난민에 대한 차별, 여성에 대한 차별을 겪었다. 이를 통해 한
  개인이 여러 사회적 소수자 집단에 중첩되어 속할 수 있음을 알 수 있다.
⑤ 성별로 인한 차별은 선천적 요인에 의해 결정된 것이고, 난민에 대한 차별
  은 후천적 요인에 의해 결정된 것이다.

09 정답 ④ * 세계의 인구 문제

㉠ 저출생, 고령화 문제를 겪고 있는 선진국은 일자리를 찾으러
온 이민자들과 자국민과의 갈등 문제를 겪을 수 있다. ㉡ 이민자들
은 신체적, 문화적 특징 등을 이유로 취업에서 부당한 대우를 받으
며, 스스로도 차별받는다고 인식해 사회에 적응하기 어려워한다.
㉢ 출생률이 높은 개발도상국은 경제 수준에 비해 인구 증가율
이 높아지며 인구 부양에 어려움을 느낄 수 있다. 그래서 기아 문
제를 해결하기 위해 ㉣ 국제 연합 등 외부의 도움을 받기도 한다.

단서 노년층 인구 비중이 높음
사회적 소수자
단서 유소년층 인구 비중이 높음
단서 정부 간 국제기구

| 문제+자료 분석 |

- ㉠ 선진국: 저출생, 고령화 문제로 노동력 부족 문제를 겪고 있음
- ㉡ 이민자들: 신체적, 문화적 특징 때문에 차별받는 사회적 소수자
- ㉢ 개발도상국: 출생률이 높아 인구 과잉 문제를 겪고 있음
- ㉣ 국제 연합: 정부 간 국제기구로, 국가를 가입 주체로 함

| 보기 분석 |

ㄱ. 저출생, 고령화 문제를 겪고 있는 선진국은 출생률이 높은 개발도상국보
  다 유소년층 인구 비중이 낮고 노년층 인구 비중이 높다.
ㄴ. 이민자들은 신체적, 문화적 특징으로 인해 차별받고 있는 사회적 소수자
  이다. 사회적 소수자는 구성원의 수를 고려한 개념이 아니므로 수적으로
  반드시 소수여야 하는 것은 아니다.
ㄷ. 국제 연합은 정부 간 국제기구로, 주권을 가진 국가들로 결성된 국제 사회
  의 행위 주체이다. 선진국과 개발도상국 모두 국제 연합에서 회원으로 활
  동할 수 있다.

융합
문제

10 정답 ② * 동북공정

중국에서 연구 사업으로 진행한 ㉠ **동북공정** 이/가 한중 양국 간 주요 현안으로 부각된 것은 2004년 6월 해당 사무처가 **A** 지역 관(**동북 3성**) 련 연구 내용을 공개하면서부터 다. 연구 내용에 대한 우리 국민의 관심과 우려가 고조되자, 정부도 본격적인 대응책을 마련하고 중국 정부에 공식적으로 문제를 제기하였다. 2004년 8월 24일 양측 정부는 다음 내용을 구두로 합의하였다. '첫째, 중국 측은 고구려사 문제가(**동북공정에는 고구려사뿐만 아니라 발해사 연구를 포함함**) 양국 간 중대 현안으로 대두된 것에 유념한다. 둘째, 양측은 향후 역사 문제로 인해 한중 간 우호 협력 관계가 손상되는 것을 방지하기 위해 노력한다. … 다섯째, 양측은 학술 교류의 조속한 개최를 위해 노력한다.' 이어 양국은 2006년 10월 한중 정상 회담에서 ㉠ **동북공정** 을/를 비롯한 역사 인식 문제가 양국 관계에 부정적 영향을 주어선 안 된다는 원칙에 다시 합의하였다.

〈한중 현안 바로 알기〉

| 문제+자료 분석 |

- **A 지역**: 랴오닝성, 지린성, 헤이룽장성을 포함한 중국의 동북 3성
- **㉠**: 2004년 이후 중국에서 동북 3성(**A 지역**)에 대해 연구한 내용이 우리나라 정부와 마찰을 빚게 된 동북 공정

| 보기 분석 |

ㄱ ㉠ 동북공정을 통해 고조선, 부여, 고구려의 역사뿐만 아니라 발해의 역사까지 고대 중국의 지방사라고 주장하고 있다.

ㄴ 태정관 지령문은 '죽도(울릉도) 외 1도(독도)의 건에 관해 본방(일본)은 관계가 없다는 것을 명심할 것'이라는 내용이 담긴 일본 메이지 정부 최고 행정 기관인 태정관의 지령이 담긴 문서이다.

ㄷ 중국의 동북 3성(**A 지역**)은 한반도보다 대체로 고위도에 위치하며 냉대 기후가 넓게 나타난다.

ㄹ 중국의 동북 3성(**A 지역**)은 옌볜 조선족 자치주에 해당하며, 티베트 자치구는 중국 서남부에 위치한다.

11 정답 ⑤ * 독도

(가) 의 날인 **10월 25일**을 맞아 국민 5천여 명을 대(**단서 독도의 날**) 상으로 '(가) (이)라고 하면 가장 먼저 생각나는 것'에 대한 설문을 실시하였다. 그 결과 1위는 '지켜야 할 민족자존의 섬'이라는 응답이었으며, '**일본의 지속적인 침탈 야욕**', '**동해의 외로운 섬**', '**우리나라에서 가장 먼저 해가 뜨는 곳**'(**우리나라 영토의 최동단**) 등이 뒤를 이었다.

| 문제+자료 분석 |

- **(가) 독도**: 10월 25일은 독도의 날임. 일본이 독도가 일본의 영토로 편입되었다는 주장을 펼쳐 우리나라와 갈등을 겪고 있음. 독도는 우리나라 영토의 최동단에 위치한 섬으로, 우리나라에서 일출 시각이 가장 이름

| 보기 분석 |

ㄱ 독도는 우리나라에서 가장 동쪽에 있는 영토로, 영해 설정 시 통상 기선을 적용한다. 통상 기선은 해안선이 단조롭거나 섬이 해안에서 멀리 떨어져 있는 경우에 적용한다. 독도는 해안에서 멀리 떨어져 있는 섬이므로 영해 설정에 통상 기선이 적용된다.

ㄴ 독도는 512년 신라 지증왕 때 영토로 편입된 이래로 줄곧 우리나라의 영토이다. 이후 독도는 우산도, 삼봉도, 가지도, 석도 등 여러 가지 이름으로 불려 왔다.

ㄷ 독도는 환경 및 생태적 가치가 뛰어난 섬으로, 섬 전체가 천연 보호 구역으로 지정되어 있다. 섬 전체가 천연 보호 구역으로 지정된 지역으로는 독도, 마라도 등이 대표적이다.

ㄹ 일본은 러일 전쟁 중 독도를 불법적으로 자국 영토에 편입한 적이 있다. 대한 제국은 울릉도를 군으로 승격시켜 독도를 관할하게 한 칙령 제41호를 공포하고 이를 관보에 실음으로써 독도가 대한 제국의 영토임을 분명히 하였다. 그러나 일본은 러일 전쟁 중이던 1905년에 독도를 시마네현으로 불법 편입시켰다.

* 독도

위치 및 구성	• 우리나라의 최동단에 위치하며, 경상북도 울릉군에 속함 • 동도와 서도 및 89개의 부속 도서로 구성되어 있음
특징	• 신생대 제3기 해저 화산 활동으로 형성된 화산섬임 • 울릉도와 제주도보다 형성된 시기가 이름 • 전체적으로 지형의 경사가 급함 • 기온의 연교차가 작은 해양성 기후가 나타남 • 천연 보호 구역으로 지정됨

12 정답 ① * 쿠릴 열도

① Ⓧ에는 본래 류큐 왕국이 존재했었다.(**오키나와**)
② ㉠에는 **해양판과 대륙판이 만나는 수렴 경계**가 있다.(**태평양판과 유라시아판**)
③ ㉡의 수도는 온대 기후 지역이다.(**도쿄**)
④ ㉡의 서북부 지역에는 **폭설에 대비한 가옥 구조**가 나타난다.(**합장 가옥(갓쇼 가옥)**)
⑤ ㉡은 **센카쿠 열도**를 둘러싸고 중국, 타이완과 갈등을 겪고 있다.(**일본, 중국, 타이완의 영토 분쟁**)

| 문제+자료 분석 |

- **㉠ 쿠릴 열도**: 러시아와 일본이 영토 분쟁을 벌이는 지역은 쿠릴 열도임. 쿠릴 열도는 현재 러시아가 영유하고 있으며, 일본이 자국 영토임을 주장하며 러시아에 반환을 요구하고 있음

| 선택지 분석 |

① 본래 류큐 왕국이 존재했던 곳은 오키나와이다. 오키나와는 1879년 일본 메이지 정부가 영토로 편입하였으며, 제2차 세계 대전 이후 미국이 점유하다가 1972년 일본에 반환하였다.

② 쿠릴 열도에는 해양판인 태평양판과 대륙판인 유라시아판이 만나는 수렴 경계가 있다.

③ 일본의 수도 도쿄는 온대 기후 지역에 해당한다.

④ 일본의 서북부 지역에는 북서 계절풍에 의한 폭설에 대비하기 위해 경사가 가파른 지붕의 전통 가옥(합장 가옥)이 나타난다.

⑤ 센카쿠 열도는 현재 일본이 영유하고 있으며, 중국 및 타이완과의 영토 분쟁이 진행 중이다. 일본은 주인 없는 섬이었던 센카쿠 열도를 청Ⓧ일 전쟁 당시 자신들이 차지했다고 주장하고 있으며, 중국과 타이완은 센카쿠 열도가 명·청 대 이래 중국의 고유 영토였다고 주장하고 있다.

01 인권의 의미와 발전 과정

문제편 176~177p

01 정답 ⑤ * 인권의 특성

| 문제 + 자료 분석 |

- ㉠: 모든 인간이 누릴 수 있는, 인간의 존엄성을 보장받으며 행복하게 살아갈 권리 ➞ 인권

| 보기 분석 |

ㄱ. 인권은 인종, 성별, 종교, 사회적 신분에 관계없이 모든 인간이 누리는 권리라는 점에서 보편성을 지닌다.

ㄴ. 인권은 태어나면서 하늘로부터 부여받은 권리라는 뜻에서 '천부 인권' 이라고 부르기도 한다. 천부성이란 인권이 국가를 전제로 국가가 부여한 권리가 아니라 국가 이전에 이미 존재하는 권리라는 의미이다.

ㄷ. 인권은 일정 기간에만 한정되는 것이 아니라 영구히 보장된다는 점에서 항구성을 가진다.

ㄹ. 인권은 어떤 권력이나 제도로도 빼앗거나 침해할 수 없는 권리이다.

* 인권의 특성

보편성	나이, 성별, 장애 등에 관계없이 '인류 구성원 모두'가 가지는 권리
천부성	태어나면서부터 자연적으로 갖는 권리
불가침성	타인이 함부로 빼앗을 수 없는 권리
항구성	일정 기간에만 보장받는 것이 아니라 영원히 보장되는 권리

02 정답 ④ * 프랑스 인권 선언 분석

| 문제 + 자료 분석 |

- 프랑스 인권 선언: 제1조에는 천부 인권, 자유권, 평등권, 제2조에는 자유, 재산, 안전, 저항권 등 자연권에 대한 내용이 명시되어 있다. 제3조에는 '주권의 원천은 본래 국민에게 있다'는 내용을 통해 국민 주권 사상이, 제16조에는 법의 준수와 권력 분립을 전제로 한 입헌주의 사상이 나타나 있다.

| 보기 분석 |

ㄱ. 제3조 '모든 주권의 원천은 본래 국민에게 있다.'는 내용에 국민 주권 사상이 반영되어 있다. 국민 주권은 국가의 정치에 관한 최종 결정권인 주권이 국민에게 있음을 의미한다.

ㄴ. 입헌주의는 헌법에 의해 통치 및 공동체의 모든 생활이 이루어지는 정치 원리를 의미한다. 제16조 내용을 통해 법의 준수와 권력 분립이 전제되어 헌법에 입각한 통치가 이루어짐을 확인할 수 있다.

ㄷ. 사회권은 국가에 대하여 인간다운 삶의 보장을 요구할 수 있는 권리로 1919년 독일 바이마르 헌법에서 최초로 명시되었다. 프랑스 인권 선언은 1789년에 발표되었으며 사회권에 대한 내용이 강조되지 않았다.

ㄹ. 제1조에 자유권과 평등권이 명시되어 있다.

* 대표적인 시민 혁명을 외우자!

영국의 명예혁명	'권리 장전' 의회의 동의 없는 법률의 적용 및 집행, 과세 금지
미국의 독립 혁명	'독립 선언' 천부 인권, 자유권, 평등권, 저항권 등 규정
프랑스 혁명	'인권 선언' 천부 인권, 자유권, 평등권, 재산권 등 규정

03 정답 ④ * 인권의 확대

| 문제 + 자료 분석 |

- ㉠: 시민적 · 정치적 권리 ➞ 자유권
- ㉡: 경제적 · 문화적 권리 ➞ 사회권
- ㉢: 연대와 단결의 권리 ➞ 연대권

| 선택지 분석 |

① 자유권은 개인의 자유로운 영역이 국가 권력의 간섭이나 침해를 받지 아니할 소극적 · 방어적 공권을 말한다. 국가의 부당한 인권 침해 방지를 강조하는 기본권은 자유권이다.

② 사회권은 현대 복지 국가에서 국민이 인간다운 생활을 확보하기 위하여 일정한 국가적 배려를 요구할 수 있는 권리이다. 국가 권력의 적극적 역할을 강조하는 기본권은 사회권이다.

③ 연대권은 국가들 간의 빈부 격차, 국제적 무기 경쟁과 핵전쟁의 위협 그리고 생태 위기 등에 관심을 가지는 권리이다. 발전권, 환경권, 평화권 등이 연대권에 속한다.

④ 연대권은 국가와 개인 사이의 문제보다는 인류 공동의 문제에 관심을 갖고 전 지구적 연대를 강조한다. 개인이 국가에 생존권 보장을 요구할 수 있는 권리가 사회권이고, 개인이 국가의 간섭 배제를 요구할 수 있는 권리가 자유권이다. 따라서, 사회권이나 자유권 모두 국가와 개인 간의 문제를 강조하게 된다.

⑤ 자유권은 국가의 소극적 행위를 요구할 수 있는 소극적 권리이고, 사회권은 국가의 적극적 역할을 강조하는 적극적 권리이다.

04 정답 ① * 미국 독립 혁명과 독일 바이마르 헌법

(가) 미국 독립 선언서 ➞ **자유권 강조**

　모든 사람은 누구에게나 양도하거나 침해당하지 않을 생명과 자유, 그리고 행복을 추구할 천부적인 권리를 평등하게 지니고 태어났다. 국민의 주권에 근거해서 만들어진 정부는 이러한 권리를 보장하는 데 목적이 있다.

(나) 독일 바이마르 공화국 헌법 ➞ **최초로 사회권 규정**

제153조 ③ 소유권은 의무를 포함한다. 소유권의 행사는 동시에 공공의 복리에 적합하여야 한다.
소유권의 공공복리 적합성 의무

제159조 노동 조건과 거래 조건의 유지 및 개선을 위한 결사의 자유는 모든 사람과 모든 직업에 대해 보장된다. 이 자유를 제한하거나 방해하려는 약정 및 조치는 모두 금지한다. ➞ 근로 3권

| 문제 + 자료 분석 |

- 사회권은 자본주의의 모순을 해결하는 과정에서 실질적 평등과 인간다운 삶의 보장을 위해 도입된 권리로, 독일 바이마르 공화국 헌법에서 최초로 규정되었다.

| 선택지 분석 |

① (가)의 미국 독립 선언서는 천부적 권리로서 행복 추구권 등 자유권을 강조하여 모든 사람을 평등하게 대우하는 형식적 평등의 보장을 중시한다. (나)의 독일 바이마르 공화국 헌법은 소유권의 공공복리 적합성 의무, 근로 3권 등 사회권을 강조하여 사회적 약자에게 혜택을 제공해 결과의 불평등을 완화하는 실질적 평등의 보장을 중시한다.

② 독일 바이마르 공화국 헌법 등 현대 복지 국가 헌법이 사회권을 강조한다고 해서 자유권을 인정하지 않는 것은 아니다. 근대 입헌주의 헌법을 바탕으로 사회권까지 보장한 헌법이 현대 복지 국가 헌법이기 때문이다.

③ 이해 당사자 간 자율적 협상을 중시하는 것은 미국의 독립 혁명 등 근대
   시민 혁명에 의해 성립한 근대 입헌주의 헌법이다. 현대 복지 국가
   헌법에서는 사회적 약자를 보다 배려하기 위한 국가의 시장 개입을
   허용한다.
④ 국가에 대해 인간다운 삶의 보장을 요구할 수 있는 사회권을 최초로
   규정한 헌법은 독일 바이마르 공화국 헌법이다.
⑤ 보편적인 자연법 원리를 지향하고 있는 것은 미국 독립 선언이다. 독일
   바이마르 공화국 헌법은 실정권 사상에 입각하여 법률에 의하여 자유를
   제한할 수 있다고 본다.

05 정답 ③ * 법률 관계의 변화

| 문제 + 자료 분석 |

- **(가)**: 봉건 사회 → 혁명 전 프랑스 사회
- **(나)**: 프랑스 인권 선언문 → 시민 혁명으로 대표되는 근대 사회
- **(다)**: 복지 실현 → 사회권이 보장되는 현대 사회

| 선택지 분석 |

① 자연권 사상, 사회 계약설, 계몽사상 등을 배경으로 국민 주권의 원리를
   확립함으로써 개인의 기본권 보장을 강조하기 시작한 것은 시민 혁명
   이후이다. 근대 이전 봉건 사회는 개인의 권리라는 개념조차 존재하지
   않았고 의무만이 존재했다고 할 수 있다.
② 소유권 절대의 원칙이란 개인의 사유 재산에 대한 절대적 지배를
   인정하고, 국가나 다른 개인은 이에 간섭하거나 제한을 가하지 못하는
   것을 의미한다. 소유권 절대의 원칙이 확립된 시기는 근대이다.
   현대에는 소유권을 행사함에 있어서 공공복리 적합 의무를 강조함으로써
   사회 전체의 이익을 위해서는 소유권의 행사가 제한될 수 있다고 본다.
③ 프랑스 인권 선언이나 미국 독립 선언은 인권이 자연권 또는 천부
   인권임을 강조한다. 천부 인권은 내·외국인의 구별 없이 이를 향유할
   수 있음을 원칙으로 한다. 반면에 시민권은 국가 중대사 결정에 참여할
   수 있는 자격을 가지는 사람 즉 시민임을 전제로 하는 권리로서 국가를
   전제로 한 권리이다.
④ '신분에서 계약으로'는 중세적 신분 질서 사회로부터 근대적 계약 질서
   사회로의 이행을 단적으로 설명하고 있다.
⑤ 현대 복지 국가는 권리 행사의 사회성과 공공성을 강조하면서 사회
   전체의 이익을 위해서는 권리 행사가 제한될 수 있음을 인정한다.

06 핵심 키워드: 선거권 제한, 참정권

모범 답안 근대 시민 혁명 이후에도 직업, 재산, 성별 등에 따라 선거권이
제한되어 대다수 사람은 참정권을 행사하지 못했다.

| 문제 + 자료 분석 |

- 근대 시민 혁명이 일어나며 참정권이 확립되었으나 일정 이상의 재산을
  가진 성인 남자만 참정권을 행사할 수 있었다.

＊채점 기준

선거권 제한, 참정권을 언급하며 근대 시민 혁명의 한계를 구체적으로 서술한 경우	100 %
일부 사람들의 투표권이 보장되지 않았다고만 서술한 경우	60 %

07 정답 ③ * 참정권 확대 운동

| 문제 + 자료 분석 |

- **갑**: 노동자들의 투표권을 보장하기 위한 차티스트 운동
- **을**: 여성의 참정권을 얻기 위한 여성 참정권 운동

| 선택지 분석 |

① 차티스트 운동은 선거권을 얻지 못한 영국 노동자들이 전개한 참정권 확대
   운동이다.
② 차티스트 운동을 전개한 노동자들은 보통 선거와 비밀 투표를 요구했다.
③ 인간다운 생활 보장을 요구하며 등장한 인권은 사회권이다. 여성 참정권
   운동은 여성이 차별받지 않고 정치에 참여할 권리를 보장받기 위해
   전개되었다.
④ 차티스트 운동, 여성 참정권 운동 모두 모든 사람이 투표에 참여할 수 있는
   권리인 보통 선거권을 요구한 운동이다.
⑤ 차티스트 운동, 여성 참정권 운동의 영향으로 20세기 중반 이후 거의 모든
   사람의 참정권이 보장되었다.

08 정답 ⑤ * 세계 인권 선언

| 문제 + 자료 분석 |

- 세계 인권 선언문은 1948년 12월 제3차 국제 연합 총회에서 채택된
  선언으로, 개개인과 모든 국가가 달성해야 할 인권 존중의 기준을
  보여주고 있다.

| 보기 분석 |

ㄱ. 세계 인권 선언 제1조는 '모든 사람은 태어날 때부터 자유롭고, 존엄성과
   권리에 있어서 평등하다.'고 규정하고 있다. 자유권과 평등권은 천부
   인권임은 물론 모든 사람에게 보장됨을 선언함으로써 인권이 모든
   인류에게 적용되는 권리임을 강조하고 있다.
ㄴ. 세계 인권 선언 제3조의 신체의 자유와 생명권은 국가 권력의 간섭이나
   침해를 받지 아니할 소극적·방어적 기본권으로서 소극적 자유에 속하는
   자유권에 속한다. 자유권은 국가의 부당한 간섭과 통제를 받지 않을
   권리이다.
ㄷ. 세계 인권 선언 제22조의 경제적, 사회적 및 문화적 권리는 적극적 자유에
   속하는 사회권에 속한다. 사회권은 '국가에 의한 자유'라고도 불리며
   인간의 기본적인 생존이나 생활을 국가에게 요구할 수 있는 권리로서
   국가에 적극적 배려를 요구할 수 있는 권리이다.

09 정답 (가) 안전권, (나) 문화권

| 문제 + 자료 분석 |

- **(가)**: 재난 상황이 발생하면 사람들에게 긴급 재난 문자를 발송함
  → 안전권
- **(나)**: 비수도권에 사는 사람들을 위해 비수도권 지역의 문화 시설을 늘림
  → 문화권

10 정답 ③ * 안전권과 문화권

| 문제 + 자료 분석 |

- **(가) 안전권**: 각종 위험으로부터 안전을 보호받을 권리
- **(나) 문화권**: 공동체의 문화생활에 자유롭게 참여할 권리

| 선택지 분석 |

① 안전권은 자연재해, 안전사고 등 각종 위험이 인간의 삶을 위협하여
   등장했다.
② A국은 긴급 재난 문자를 국민에게 발송하며 국민의 안전권을 지키기 위해
   노력하고 있다.
③ 기후변화와 생태계 파괴가 가속화되며 등장한 권리는 환경권이다.
④ B국은 비수도권 지역에 거주한다는 이유로 문화생활에서 소외를 겪는
   사람들을 지원해주고 있다.
⑤ 안전권, 문화권은 사회 변화에 따라 새로운 사회 문제가 등장하자 이를
   해결하기 위해 현대 사회에 등장한 인권이다.

01 정답 ⑤ * 자유권과 사회권

| 문제 + 자료 분석 |

- 갑: 신체의 자유, 언론·출판·집회·결사의 자유 ⟶ 자유권
- 을: 인간다운 생활을 할 권리, 교육을 받을 권리 ⟶ 사회권

| 선택지 분석 |

① 자유권은 개인의 자유로운 영역이 국가 권력의 간섭이나 침해를 받지 아니할 소극적·방어적 권리이다.
② 자유권은 포괄적 기본권으로 헌법에 구체적으로 규정되어 있지 않은 자유도 인정되고 보장된다.
③ 사회권은 자본주의의 모순을 해결하는 과정에서 실질적 평등과 인간다운 삶의 보장을 위해 도입된 권리이다.
④ 사회권은 독일 바이마르 공화국 헌법에서 최초로 규정된 권리로서 현대 복지 국가에 와서 강조되었다.
⑤ 사회권은 국가에 대하여 일정한 내용을 적극적으로 요구할 수 있는 권리로서 헌법에 열거된 것만을 행사할 수 있는 개별적인 권리이다.

02 정답 ② * 인권 보장을 위한 제도

| 문제 + 자료 분석 |

- (가) 권력 분립 제도: 국가 권력을 입법, 사법, 행정으로 나눠 서로 견제하고 균형을 이루게 함
- (나) 법치주의: 국가의 운영은 국회가 제정한 법률에 근거해 수행해야 함
- (다) 기본권 구제 제도: 인권을 침해받은 국민이 법원의 재판이나 헌법 재판소의 헌법 소원 등을 통해 권리를 구제받을 수 있음

| 선택지 분석 |

갑. 권력 분립 제도는 국가 권력을 각각 다른 기관이 맡으며 상호 견제와 균형을 이루도록 한다.
을. 법치주의는 국회가 제정한 법률에 근거한 공권력 행사만을 허용해 국민의 자유와 권리를 보장하는 통치 원리이다.
병. 기본권 구제 제도에는 헌법 재판소의 헌법 소원 심판이 포함된다.
정. 법률에 정해진 절차에 따른 권리 구제를 통해서도 기본권을 구제받지 못했을 때 최종적으로 헌법 재판소에 기본권 구제를 청구할 수 있다. 이는 (다) 기본권 구제 제도에 해당한다.

03 정답 ② * 헌법에 열거되지 않은 기본권

| 문제 + 자료 분석 |

- 헌법 제37조 제1항은 헌법에 열거된 기본권은 물론 열거되지 아니한 자유와 권리도 보장된다고 규정하고 있다.

| 보기 분석 |

ㄱ. 헌법에 열거되어 있지 않아도 보장되는 포괄적 권리는 천부 인권적 권리이다.
ㄴ. 천부적 권리는 국가를 전제로 하지 않는 권리로 국가 성립 이전부터 존재했던 권리이다.
ㄷ. 헌법 제37조 제1항은 헌법이 규정하고 있는 권리 이외의 자유와 권리까지도 보장하고 있기 때문에 일조권, 수면권, 건강권, 문화권 등 헌법이 미처 규정하지 못한 새로운 권리도 이 조항을 근거로 보장할 수 있다.
ㄹ. '국민의 자유와 권리는 헌법에 열거되지 아니한 이유로 경시되지 아니한다.'는 것은 기본권은 헌법에 구체적인 권리 보장 규정이 없어도 보장된다는 것으로 기본권이 헌법 제정 이전부터 이미 존재했다는 것을 뜻하고 기본권이 천부 인권성을 가진다는 의미이다.

04 정답 ① * 청구권

| 문제 + 자료 분석 |

- 청구권은 다른 기본권이 침해되었을 때 이를 구제하도록 요구할 수 있는 권리이다. 청원권, 재판 청구권, 형사 보상 청구권 등이 청구권에 해당한다.

| 선택지 분석 |

① 청구권은 침해당한 기본권의 구제를 위한 수단적 권리로서 '기본권 보장을 위한 기본권'이라고도 불린다.
② 비교적 최근에 등장한 현대적 권리는 국가에 인간다운 삶의 보장을 요구할 수 있는 국가에 의한 자유, 사회권이다.
③ 개인의 자유로운 영역이 국가 권력의 간섭이나 침해를 받지 아니할 소극적·방어적 권리(국가로부터의 자유)는 자유권이다.
④ 인간의 존엄과 가치를 실현하기 위한 본질적인 권리로서 다른 기본권 보장을 위한 전제 조건은 평등권이다.
⑤ 국가의 정치 과정에 능동적으로 참여할 수 있는 권리로서 국가 운영에 참여하는 자유(국가에(로)의 자유)를 보장하기 위한 권리는 참정권이다.

05 핵심 키워드: 국가의 존재, 실정권적

모범 답안 청구권과 사회권은 국가의 존재를 전제로 인정되는 실정권적 성격을 갖고 있다는 공통점이 있다.

| 문제 + 자료 분석 |

- 국가의 존재를 전제로 인정되는 기본권은 참정권, 사회권, 청구권이다.
- 자유권과 평등권은 국가 이전에 존재하는 자연권적 성격을 갖는다.

＊채점 기준

실정권적 성격을 갖는다고 서술한 경우	100 %
실정권적 성격 이외의 공통점을 서술한 경우	30 %

06 정답 ③ * 기본권의 제한과 한계

| 문제 + 자료 분석 |

- 개인은 혼자서 살아가는 것이 아니라 사회 구성원의 한 사람으로 살아가기 때문에 개인의 권리와 집단의 권리가 충돌할 수 있다. 이 경우 기본권이 사회 전체의 공익을 위해서 제한될 수 있다.

| 선택지 분석 |

① 기본권은 국가 안전 보장, 공공복리, 질서 유지를 위해 제한될 수 있다.
② 기본권은 국회가 제정한 법률로써 제한할 수 있다.
③ 국가 권력이 국민의 기본권을 효과적으로 제한하기 위한 규정이 아니다. 해당 조항은 기본권 제한의 목적, 방법, 형식, 내용상 한계를 명시하고 있다.
④ 헌법 제37조 제2항은 개인이 기본권을 행사할 때 다른 사람의 기본권을 침해하거나 공동체의 이익에 해를 끼치지 못하도록 제한될 수 있음을 보여주고 있다.
⑤ 기본권을 제한하는 경우에도 자유와 권리의 본질적인 내용을 침해할 수 없다는 내용을 통해 기본권 존재 자체를 부인하는 정도의 제한은 허용되지 않음을 알 수 있다.

07 정답 ④ * 헌법 소원 심판

| 문제 + 자료 분석 |

- 갑은 국민 건강 증진법 제9조 제5항이 자신의 기본권을 침해한다며 심판 청구를 제기했고, 헌법 재판소는 해당 사건의 조항이 국민의 기본권을 침해하는지 심사하였다.

① 헌법 소원 심판은 헌법 재판소에 청구한다.
② 갑은 국회가 제정한 법률에 의해서 기본권을 침해당했다고 주장하며 헌법 소원 심판을 청구한 것이다.
③ 법률 제정권은 국회의 입법권에 속한다. 법률에 의한 기본권 침해는 결국 입법권에 의한 기본권 침해가 된다.
④ 갑이 침해되었다고 주장하는 기본권은 직업 수행의 자유이다. PC방이 금연구역으로 지정되면 흡연자들이 PC방을 이용하지 않게 되어 매출이 감소할 수 있다는 것이다.
⑤ 헌법 재판소는 헌법 소원 심판, 위헌 법률 심판 등을 통해 법률이나 공권력의 행사가 국민의 기본권을 침해했는지 심사한다.

08 정답 ⑤ ＊시민 불복종

| 문제 + 자료 분석 |

• 시민 불복종은 정의롭지 못한 법이나 정부 정책을 변혁시키려는 목적으로 행하는 의도적인 위법 행위를 의미한다.

| 선택지 분석 |

① 시민 불복종은 위법에 따른 처벌을 감수하더라도 정당한 법체계를 세우려는 운동임을 분명히 해야 한다.
② 폭력적인 방법은 다수의 동의를 얻기 어려우므로 배제되어야 한다.
③ 시민 불복종은 은밀히 이루어지지 않고 공개적으로 이루어져야 한다.
④ 시민 불복종은 정의의 실현을 위한 행위이지만 법을 위반하는 위법한 행위이다.
⑤ 시민 불복종은 성공할 수 있다는 합당한 전망이 있을 때 최후 수단으로 고려할 수 있는 신중하고 양심적인 정치적 신념의 표현이어야 한다.

09 정답 ① ＊시민 참여

| 문제 + 자료 분석 |

• 시민들은 선거, 시위, 서명 운동, 민원 제기, 공청회 참여, 청원, 캠페인 활동 등을 통해 부당한 제도나 법률의 개선을 요구할 수 있다.

| 보기 분석 |

ㄱ 시민 참여는 대의 민주주의가 바람직하지 못한 방향으로 운영되어 시민의 의사가 제대로 반영되지 못하는 상황을 막을 수 있다.
ㄴ 시민들은 적극적으로 정치 과정이나 사회 문제 해결에 참여하여 국가 권력을 견제하고 감시할 수 있다.
ㄷ. 부당한 정책이나 제도의 개선을 요구하는 집단적인 방법으로는 이익 단체 및 시민 단체 활동이 있다.
ㄹ. 공익을 수호하기 위해 행하는 비폭력적인 위법 행위는 시민 불복종이다.

10 핵심 키워드: 정의로운 사회 실현, 대의 민주주의의 한계 보완

모범 답안   시민 참여를 통해 시민들은 모든 구성원의 인간 존엄성이 보장되는 정의로운 사회를 실현할 수 있고, 대의 민주주의의 한계를 보완해 주권자로서의 권리를 행사할 수 있다.

| 문제 + 자료 분석 |

• 시민 참여는 시민 권익을 보호해 공동체 이익을 증진시키고, 국민의 의사가 잘 반영되도록 하는 역할을 한다.

＊ 채점 기준

| 시민 참여의 기능 두 가지를 모두 정확히 서술한 경우 | 100 % |
| 시민 참여의 기능을 한 가지만 정확히 서술한 경우 | 50 % |

03 인권 문제 해결을 위한 노력　문제편 180～181p

01 정답 ① ＊사회적 소수자

| 문제 + 자료 분석 |

• (가) 사회적 소수자: 사회적 소수자란 한 사회에서 신체적·문화적 특징 때문에 다른 구성원에게 차별을 받으며, 스스로 차별받는 집단에 속해 있다는 의식을 지닌 사람들을 뜻한다.

| 선택지 분석 |

① 사회적 소수자는 역차별에 의해 나타나는 것이 아니라 차별에 의해 나타난다. 역차별이란 부당한 차별을 받는 대상을 보호하기 위한 제도나 방침으로 인해 도리어 반대편이 차별을 당하게 되는 경우를 말한다.
② 사회적 소수자는 소수자 집단의 성원이라는 이유만으로 사회적 차별의 대상이 되어 불평등한 대우를 받는다.
③ 남아프리카 공화국의 경우 인구의 대부분이 흑인임에도 불구하고 사회의 상층부를 차지하는 부유한 백인들에 비해 흑인들은 여전히 정치적·경제적으로 차별받는 사회적 소수자에 머무르고 있다. 사회적 소수자는 집단의 크기와는 상관없다.
④ 사회적 소수자는 정치권력뿐만 아니라 경제적, 사회적 측면의 권력에서 열세에 있거나 다양한 자원 동원 능력이 뒤처진다.
⑤ 사회적 소수자가 느끼는 집합적 정체성은 고정된 것이 아니라 사회적, 역사적 맥락과 상황에 따라 변동한다. 어떤 상황에서는 사회적 소수자가 아니었던 사람도 상황이 바뀌면 사회적 소수자가 되는 경우가 종종 발생한다.

02 정답 ③ ＊사회적 소수자의 개념

| 문제 + 자료 분석 |

• 사회적 소수자는 다양한 기준에 따라 규정되며, 상황과 여건에 따라 누구나 사회적 소수자로 규정될 수 있다.

| 선택지 분석 |

① 사회적 소수자는 구성원의 수에 근거한 개념이 아니라 권력의 열세에 있는 집단이다.
② 사회적 소수자는 신체적인 특징으로 차별을 받을 수도 있지만 문화적, 정신적 특성으로 인해 차별을 받을 수도 있다.
③ 제시문에서 스티븐은 한국이라는 공간에서는 사회적 소수자가 아니지만 미국에 가면 사회적 소수자가 되므로 이를 통해 사회적 소수자의 상대적 성격이 나타남을 알 수 있다.
④ 사회적 소수자는 사람들이 발휘하는 영향력을 고려한 개념이라는 것은 제시문에서 찾아보기 힘들다.
⑤ 사회적 소수자는 사회의 주류 집단 구성원으로부터 차별받는 사람이지만 제시문에서 두드러지는 특성은 아니다.

03 핵심 키워드: 법과 제도, 교육

모범 답안   사회적 소수자 차별 문제를 해결하기 위해서는 사회적 소수자를 배제하는 차별적인 법과 제도를 정비하고, 교육 및 의식 개선 활동을 지속적으로 실시해야 한다.

| 문제 + 자료 분석 |

• 사회적 소수자는 상황과 여건에 따라 결정되는 상대적인 개념으로, 차별 문제를 해결하기 위해 관행을 개선하는 구조적 노력이 필요하다.

＊ 채점 기준

| 사회적 차원의 해결 방안을 2가지 제시한 경우 | 100 % |
| 사회적 차원의 해결 방안을 1가지만 제시한 경우 | 50 % |

04 정답 ⑤ * 인권 보장을 위한 개인의 역할

| 문제 + 자료 분석 |

• 갑은 신체적 특징으로 인해 차별을 받는 사회적 소수자이다.

| 보기 분석 |

ㄱ, ㄴ. 관용 및 평등 의식을 기르고 다양성을 존중하는 자세를 지니는 것은 갑과 함께 살아가는 사회 구성원들이 해야 한다. 인권 침해를 받고 있는 갑이 취할 수 있는 방법으로는 적절하지 않다.

ㄷ. 갑은 인권 침해를 구제받기 위해서 대한 법률 구조 공단에 법률 상담을 요청할 수 있다.

ㄹ. 갑은 인권 침해를 구제받기 위해서 입법부인 국회에 특별법 제정을 요구할 수 있다.

05 정답 ② * 사회적 소수자 차별의 해결 방안

| 문제 + 자료 분석 |

• 장애인이 취업에서 차별을 겪는 문제를 개선하기 위해 장애인 의무 고용률을 설정하는 정책을 수립하였고, 실제로 고용 여건이 점차 개선되고 있음을 보여주는 글이다.

| 선택지 분석 |

① 역차별 문제는 사회적 소수자 우대 정책이 형평성에 어긋날 정도로 지나쳐, 오히려 사회적 소수자가 아닌 사람이 불합리한 대우를 받게 되는 경우를 의미하므로 글의 내용과 관련이 없다.

② 장애인 의무 고용률을 정하고 이행하지 않을 경우 부담금을 부과하는 정책의 효과를 설명하고 있으므로 적절하다.

③ 사회적 소수자가 집단의 크기에 따라 결정되는 것은 아님이 맞지만, 글의 내용과 관련이 없다.

④ 차별받는 집단에 속해 있다는 의식을 지니는 것은 사회적 소수자로 정의되기 위한 요건이다.

⑤ 사회 구성원들의 의식 개선을 통한 문제 해결이 아닌, 정부의 정책 수립과 시행을 통한 문제 해결을 다룬 내용이다.

06 정답 ③ * 청소년 노동권

| 문제 + 자료 분석 |

• 청소년은 노동 조건에 대한 권리를 성인과 동일하게 보장받는다. 동시에 위험한 일을 할 수 없으며, 노동 시간을 제한받는 등 강한 보호를 받는다.

| 선택지 분석 |

갑. 임금은 청소년 근로자에게 직접 전액을 지급해야 한다.

을. 청소년 근로자는 최저 임금에 있어서 일반 근로자와 동일한 권리를 지닌다.

병. 청소년 근로자는 노래방, 게임방, 오락실 등 도덕상 또는 보건상 유해하거나 위험한 사업에 종사할 수 없다.

정. 청소년 근로자의 근로 시간은 원칙적으로 하루 7시간, 일주일에 35시간을 초과하면 안 된다. 또한, 휴게 시간은 근로 시간 4시간에 30분, 8시간인 경우 1시간 이상이어야 한다.

* 근로 계약서 작성 시 유의사항

근로 장소	노래방, 오락실, 술집 등 유해하거나 위험한 일은 불가능
근로 시간	1일 7시간, 1주일에 35시간을 초과할 수 없음 (단, 합의에 따라 1일 1시간, 1주일 5시간 연장 가능)
휴게 시간	근로 시간 4시간에 30분, 8시간에 1시간 이상
임금 지급	정해진 날짜에, 청소년에게 직접 지급
서면 계약	법정 대리인의 동의를 받아 청소년이 직접 서면으로 작성

07 정답 ④ * 청소년의 노동 권리

| 문제 + 자료 분석 |

• 제시된 근로 기준법 제67조, 제68조는 청소년의 노동권을 보호하는 내용을 담고 있다.

| 보기 분석 |

ㄱ. 원칙적으로 근로 계약은 15세 이상인 자를 대상으로 하여야 한다.

ㄴ. 근로 조건을 서면으로 명시하는 것은 법적 분쟁으로부터 미성년자를 보호하기 위함이다.

ㄷ. 개인의 의사를 존중하여 쌍방이 합의한 근로 계약이라고 할지라도 근로 기준법에 어긋나는 부분이 있으면 무효가 될 수 있다.

ㄹ. 친권자나 후견인이 근로 계약을 대리하지 못하게 한 것은 미성년자를 강제적으로 노동하게 하는 것을 막으려는 조항이다.

08 정답 ⑤ * 청소년의 노동 권리

| 문제 + 자료 분석 |

• 15세 이상 18세 미만 청소년은 청소년 근로자에 해당하며, 을은 17세이므로 청소년 근로자이다.

• 연소자의 근로 시간은 1일 7시간이 원칙이다.

| 선택지 분석 |

① 친권자나 후견인 등 법정 대리인은 미성년자의 근로 계약을 대리할 수 없다. 미성년자의 의사와 관계없는 부모나 타인에 의한 대리 계약 체결을 방지하기 위함이다.

② 미성년자는 단독으로 유효한 법률 행위를 할 수 있는 능력이 없기 때문에 미성년자가 근로 계약을 체결할 때는 법정 대리인의 동의가 필요하다.

③ 청소년 근로자의 근로 시간은 1일 7시간이 원칙이며, 당사자 사이의 합의에 따라 1일에 1시간, 1주일에 5시간을 한도로 연장할 수 있다. 을의 근로 시간은 9시간(휴게 시간 제외)이므로 근로 기준법을 위반하고 있다.

④ 근로 기준법과 최저임금법이 정한 기준에 미치지 못하는 임금에 관한 합의는 무효이다.

⑤ 미성년자라도 독자적으로 임금을 청구할 수 있고, 임금은 직접 근로자에게 그 전액을 지급하여야 한다.

09 정답 ④ * 세계 인권 문제

| 문제 + 자료 분석 |

• 전쟁, 기후위기 등으로 인해 난민 및 기아 문제가 나타나며 인권 침해 문제가 발생하고 있다.

| 보기 분석 |

ㄱ. 국가는 자국의 이익에만 치우치지 않고 빈곤 국가를 지원하며 인권 침해 문제 해결에 도움을 줄 수 있다.

ㄴ. 비정부 기구는 빈곤 문제 해결을 위해 홍보 활동을 하거나 기금을 조성할 수 있다.

ㄷ. 국제기구는 각종 선언 및 협약을 채택하여 세계 인권 문제 해결을 위해 노력한다.

ㄹ. 빈곤 문제는 개별 국가의 노력만으로 해결하기 어려운 문제이다.

10 핵심 키워드: 문제 제기, 후원, 캠페인

모범 답안 개인은 온라인상에서 인권 침해 문제를 제기하거나 후원, 캠페인 참여 등을 통해 문제 해결 과정에 참여할 수 있다.

| 문제 + 자료 분석 |

• 개인은 세계시민 의식을 함양하고 국제 사회의 인권 문제 해결 과정에 적극적으로 참여해야 한다.

* 채점 기준

개인이 할 수 있는 활동 한 가지를 서술한 경우	100 %
세계시민 의식을 함양해야 한다고 서술한 경우	60 %

01 정답 ⑤ * 정의의 의미

| 문제 + 자료 분석 |

• 갑은 맹자, 을은 플라톤, 병은 아리스토텔레스이다. 갑, 을, 병 모두 정의의
의미에 대해 이야기하고 있다.

| 선택지 분석 |

① 정의란 사회 구성원들이 추구해야 하는 올바르고 공정한 가치이자
사회적으로 규정된 올바른 행위를 의미한다.
② 정의는 받아야 할 만큼의 몫을 받을 때, 그리고 잘못한 만큼의 처벌을
받을 때 실현될 수 있다.
③ 정의는 사회 구성원 모두가 기본적 권리를 평등하게 보장받으면서
인간다운 삶을 살 수 있도록 한다.
④ 정의는 사회생활에서 일어나는 갈등을 조정하고 사회 구성원 간의 조화를
이룰 수 있도록 돕는다.
⑤ 정의는 개인선과 공동선을 조화롭게 유지시켜 갈등을 최소화하는 역할을
한다. 사회 구성원들이 공동체의 발전에만 적극적으로 참여하도록 한다는
설명은 옳지 않다.

02 정답 ① * 분배의 기준

| 문제 + 자료 분석 |

• 갑은 개인이 지닌 잠재력과 재능을 장학금의 분배 기준으로 제시하고
있다.
• 을은 경연 대회에서의 입상 성적을 장학금의 분배 기준으로 제시하고
있다.
• 병은 가정 형편이 어려워 장학금 혜택이 절실히 필요한 학생에게
장학금을 지원해야 한다고 본다.

| 선택지 분석 |

① 갑은 학생의 가능성을 고려하여 능력을 장학금의 분배 기준으로 삼아야
한다고 주장하고 있다. 능력은 개개인의 직무 수행에 필요한 전문적
지식과 자질 등을 분배 기준으로 삼는 것이다.
을은 학교의 위상을 높인 업적을 기준으로 장학금을 분배해야 한다고
주장하고 있다. 업적은 업무 성과와 실적 정도를 분배 기준으로 삼는
것이다.
병은 경제적 형편이 어려운 학생에게 장학금을 주어야 한다고 주장하고
있다. 필요는 기본적 욕구 충족이 어려운 사람들에게 필요한 재화나
가치를 분배하는 것이다.

03 정답 ② * 분배적 정의와 교정적 정의

| 문제 + 자료 분석 |

• (가): 각자가 자신의 몫을 누리는 상태 → 분배적 정의
• (나): 정의롭지 않은 상태를 정의로운 상태로 되돌림 → 교정적 정의

| 보기 분석 |

ㄱ. (가)는 분배적 정의, (나)는 교정적 정의이다. 분배적 정의란 사회적
지위와 권리, 재화와 서비스 등을 분배하는 것과 관련된 정의이다.
교정적 정의란 개인이나 집단에 입힌 손해에 관한 처벌 및 배상과 관련된
정의이다.
ㄴ. 분배적 정의의 실질적 기준으로는 능력, 업적, 필요가 있다.
ㄷ. 처벌의 목적이 예방에 있다고 보는 것은 예방주의이다. 예방주의는
처벌에 대한 두려움으로 범죄를 예방해야 한다고 보기 때문에 범죄자를
범죄에 대한 경각심을 가지게 하는 수단으로 여겨 범죄자의 인간 존엄성을
훼손할 수 있다.

ㄹ. 처벌의 목적이 응보에 있다고 보는 것은 응보주의이다. 응보주의는
범죄와 처벌 간의 균형을 강조하기 때문에 범죄의 예방과 범죄자 교화에
상대적으로 무관심하다.

04 정답 업적

| 문제 + 자료 분석 |

• 판매량에 따라 성과급을 차등 분배하는 것은 업적에 따른 분배이다.
• 업적에 따른 분배는 조직의 목표 달성에 기여한 업적, 즉 업무 성과와 실적
정도에 따라 소득이나 사회적 지위 등을 차별적으로 분배하는 것이다.

05 핵심 키워드: 필요, 업적, 사회적 약자

모범 답안 필요에 따른 분배는 어려운 사람들에게 필요한 재화나 가치를
분배하는 것이다. 필요에 따른 분배를 강조하는 입장에서 업적에 따른
분배는 업적을 쌓기 어려운 사회적 약자에 대한 배려가 부족하다고 비판할
수 있다.

| 문제 + 자료 분석 |

• 필요에 따른 분배를 추구하는 입장은 사회적 약자를 보호하여 최대한
많은 사람의 인간다운 삶을 보장해야 한다고 주장한다.

＊ 채점 기준

사회적 약자에 대한 배려가 부족하다고 업적에 따른 분배의 단점을 정확히 서술한 경우	100 %
그 외의 업적에 따른 분배의 단점을 서술한 경우	60 %

06 정답 ⑤ * 노직의 자유주의 사상의 특징

| 문제 + 자료 분석 |

• 갑은 자유주의자인 노직이며, 문제 상황은 사회적 약자를 위한 부유세
부과가 논란이 되는 상황이다.

| 보기 분석 |

ㄱ. 공동체에 대한 의무와 연대의식 등을 강조하는 것은 공동체주의이다.
ㄴ. 개인의 좋은 삶은 공동체가 올바로 유지될 때 가능하다고 보는 것은
공동체주의이다.
ㄷ. 자유주의는 개인의 독립성과 자율성을 우선시하며 개인의 자유에 최고의
가치를 부여한다.
ㄹ. 자유주의는 국가는 국민의 자유와 권리를 보호하기 위해 존재한다고
주장한다. 따라서 이들은 국가에 의한 소득 재분배 정책은 강제 노동과
같은 것으로 개인의 자유와 권리를 침해하는 것이라고 주장한다.

07 정답 ⑤ * 공동체주의 사상의 특징

| 문제 + 자료 분석 |

• 공동체주의: 개인의 자아 정체성과 좋은 삶은 공동체의 역사와 전통을
공유하는 가운데 형성됨. 공동체의 구성원들은 각자의 역할과 의무를
다하며 공동체의 선을 실현해야 함

| 보기 분석 |

ㄱ. 개인을 공동체와 분리된 존재로 보는 것은 자유주의에 해당한다.
공동체주의는 개인과 공동체의 유기적 관계를 강조한다.
ㄴ. 개인선의 실현이 공동선의 실현으로 이어진다고 보는 것은 자유주의에
해당한다.
ㄷ. 공동체주의를 지나치게 강조하면 공동체를 위해 개인의 자유와 권리
희생을 강요하는 집단주의가 나타날 수 있다.
ㄹ. 공동체주의는 개인은 공동체의 영향을 받아 공동체 속에서 소속감과
정체성을 형성한다고 본다.

08 정답 ⑤ ＊공동체주의에 대한 자유주의의 비판

| 문제 + 자료 분석 |

- 나: 개인의 자유로운 이익 추구는 공동선에 기여함 → 자유주의
- 어떤 사람: 공동체가 지향하는 가치와 미덕을 고려해 분배 방식을 결정해야 함 → 공동체주의
- ㉠에는 자유주의 입장에서 공동체주의를 비판하는 내용이 들어가야 한다.

| 선택지 분석 |

① 개인의 이익과 자유 경쟁을 지나치게 강조한다는 것은 공동체주의가 자유주의에게 할 비판이다.
② 공동체와 개인의 정체성 형성을 무관하게 보는 것은 자유주의 입장에 해당한다. 자유주의는 국가나 사회 이전에 인간이 개인으로서 존재한다고 보고, 개인의 자유를 우선시한다.
③ 개인의 자유와 권리를 중시하는 자유주의에서는 원칙적으로 국가에 의한 소득 재분배 정책이나 조세 정책에 반대하거나 소극적인 태도를 가지며, 최소 국가를 지향한다.
④ 사회적·경제적 불평등을 개인의 탓으로 돌리는 것은 자유주의 입장에 해당한다.
⑤ 공동체를 지나치게 강조하다보면 공동체의 목적을 위해 개인의 자유와 권리가 침해될 수 있다.

09 정답 ④ ＊자유주의와 공동체주의 비교

| 문제 + 자료 분석 |

- 갑 자유주의: 개인의 자유와 권리를 최대한 보장하는 것이 정의로운 것임
- 을 공동체주의: 개인은 자신이 속한 공동체의 발전을 위해 노력해야 할 의무를 지님

| 선택지 분석 |

① 자유주의는 개인을 사회보다 우선하고, 사회는 자유롭고 독립적인 개인들의 합에 지나지 않는다는 관점이다. 따라서 자유주의는 개인의 사적 이익 추구와 자유 경쟁을 강조한다.
그러나 이것이 과열 경쟁으로 이어지다 보면 자신의 이익만을 우선시하는 이기주의로 변질될 수 있다.
② 권리와 의무에 대한 공동체주의의 특징에 해당한다. 자유주의는 개인의 권리를, 공동체주의는 공동체에 대한 의무를 더 중시한다.
③ 개인의 자유와 권리의 희생을 정당화하는 집단주의는 공동체주의에서 나타날 수 있는 문제점이다.
④ 공동체주의에서는 공익의 실현이 개인의 행복한 삶의 바탕이 된다고 보고, 공동체의 가치와 미덕을 존중한다.
⑤ 국가나 사회 공동체를 개인의 자유와 권리를 보존하는 수단으로 보는 것은 자유주의에 해당한다.

10 핵심 키워드: 자유주의, 공동체주의, 합, 유기적 관계

[모범 답안] 갑은 자유주의, 을은 공동체주의이다. 공동체를 단순 개인의 합으로 보는 갑과 달리 을은 공동체와 개인이 유기적 관계를 이룬다고 본다. 따라서 을은 갑에게 개인의 삶에 영향을 주는 공동체의 역사와 전통을 중시해야 하는 점을 간과한다고 비판할 수 있다.

| 문제 + 자료 분석 |

- 공동체주의는 개인은 공동체 속에서 정체성을 형성한다고 본다.

＊채점 기준

개인과 공동체의 관계와 관련지어 공동체주의가 자유주의에게 제기할 수 있는 비판을 서술한 경우	100 %
공동체를 중시해야 한다는 내용을 서술한 경우	50 %

05 불평등 해결과 정의의 실현   문제편 184~185p

01 정답 ④ ＊사회 계층 양극화

| 문제 + 자료 분석 |

- 그래프를 통해 최상위 가구와 최하위 가구의 소득 편차를 확인할 수 있다. 이러한 사회 계층의 양극화 현상은 경제 성장 과정에서 형평성보다 효율성을 중시해서 나타났다.

| 선택지 분석 |

① 차별을 용인하는 사회적 환경은 사회적 약자에 대한 차별 문제의 원인에 해당한다.
② 수도권에 인구와 산업, 편의 시설 등이 지나치게 집중되면 공간 불평등 문제가 발생한다.
③ 사회 구성원 간 불평등이 심화되면 사회 계층 중 중간 계층의 비중이 줄어들고 상층과 하층의 비중이 늘어난다.
④ 사회 계층의 양극화 현상의 대표적 원인은 경제적 격차이다. 경제적 격차는 교육 기회의 격차 등 다양한 격차로 이어져 계층의 대물림 현상이 나타난다.
⑤ 지방으로 이전한 기업에 세금 감면 혜택을 주면 공간 불평등 현상을 완화시킬 수 있다.

02 정답 ② ＊우리나라 복지 제도

| 문제 + 자료 분석 |

- 강제 가입을 원칙으로 하는 A는 사회 보험이므로 B는 공공 부조이다.
- '강제 가입을 원칙으로 하는가?'에 B는 '아니요'라고 답한다. A와 B 모두 답변 '예'의 개수가 2개이므로 (가)에는 A와 B 모두 '예'라고 답할 수 있는 질문이 들어가야 한다.
- (나)에는 A는 '아니요', B는 '예'라고 답할 수 있는 질문이 들어가야 한다.

| 선택지 분석 |

① A는 사회 보험, B는 공공 부조이다. 법률이 정한 기준에 해당하는 사람은 의무적으로 사회 보험에 가입해야 한다.
② 사전 예방적 성격이 강한 것은 A 사회 보험이다. B 공공 부조는 사후 처방적 성격이 강하다.
③ 장애인 활동 지원 서비스는 사회 서비스에 해당한다.
④ (가)에는 A와 B 모두 '예'라고 답할 수 있는 질문이 들어가야 한다. (가)에 '비금전적 지원을 원칙으로 하는가?'가 들어가면 A와 B 모두 '아니요'라고 답하므로 (가)에 해당 질문은 들어갈 수 없다. 비금전적 지원을 원칙으로 하는 것은 사회 서비스이다.
⑤ (나)에는 A는 '아니요', B는 '예'라고 답할 수 있는 질문이 들어가야 한다. (나)에 '구성원의 사회적 위험을 공적 보험의 방식으로 대처하는가?'가 들어가면 A는 '예', B는 '아니요'라고 답하므로 (나)에는 해당 질문이 들어갈 수 없다.

03 정답 ② ＊공간 불평등

| 문제 + 자료 분석 |

- (가) 성장 거점 개발 정책: 우리나라는 빠른 경제 성장을 위해 성장 잠재력이 높은 지역을 선정하고 그 지역을 집중적으로 개발하였다. 그 결과, 공간 불평등 현상이 발생했다.

| 보기 분석 |

ㄱ (가)는 성장 거점 개발 정책이다. 성장 거점 개발 정책이란 정부 주도로 성장 잠재력이 높은 지역을 선정해 집중적으로 개발하고 그 효과가 주변 지역으로 확산되도록 하는 개발 정책이다.

ㄴ. 제시문은 공간 불평등 현상에 대해 이야기하고 있다. 사회 계층 간의 양극화 현상은 사회 구성원 간 불평등이 심화되어 사회 계층 중 중간 계층의 비중이 줄어들고 상층과 하층의 비중이 늘어나는 현상이다.

ㄷ. 선입견 및 편견과 차별을 용인하는 사회적 환경으로 인해 발생하는 문제는 사회적 약자에 대한 차별 문제이다.

ㄹ. 공간 불평등 현상은 한 도시의 내부에서도 나타날 수 있다. 도시 지역 내에서 저소득층이 거주하는 지역은 노후화되고 기반 시설도 열악한 모습이 나타난다.

04 정답 ② * 우리나라 복지 제도

| 문제 + 자료 분석 |

- ㉠ 사회 보험: 개인과 정부, 기업이 보험료를 분담하여 구성원의 사회적 위험에 대비하는 제도이다. 국민연금, 국민 건강 보험 등이 해당한다.
- ㉡ 공공 부조: 국가가 전액 지원하여 저소득 계층이 최소한의 삶을 꾸릴 수 있도록 하는 제도이다. 국민 기초 생활 보장 제도, 기초 연금 등이 해당한다.
- ㉢ 사회 서비스: 도움이 필요한 국민에게 상담, 재활, 돌봄 등을 제공하는 제도이다. 노인 돌봄 서비스, 장애인 활동 지원 등이 해당한다.

| 선택지 분석 |

① ㉠은 사회 보험에 해당한다. 사회적 약자에 대한 보장은 ㉡ 공공 부조에 해당한다.

② ㉡ 공공 부조는 생활 유지 능력이 없거나 생활이 어려운 국민의 최저 생활을 보장하고 자립을 지원하는 제도이다.

③ ㉢은 사회 서비스에 해당한다. 사회적 약자의 경제적 자립을 위한 제도는 ㉡ 공공 부조이다.

④ 사회적 위험에 대비한 공적 보험은 ㉠ 사회 보험이다.

⑤ 사회 보험, 공공 부조, 사회 서비스 모두 사회 복지 제도에 해당한다.

05 핵심 키워드: 도시와 농촌, 공간 불평등 완화

[모범 답안] 도시와 농촌 간의 공간 불평등을 완화하기 위해서이다.

| 문제 + 자료 분석 |

- 공공 기관을 수도권에서 지방으로 이전하는 것은 수도권에 집중된 다양한 기능을 지방으로 분산하여 수도권의 과밀화를 해소하기 위한 것이다. 즉 공공 기관 지방 이전은 수도권과 비수도권, 도시와 농촌 간의 지역 격차를 완화하기 위한 것이다.

＊채점 기준

도시와 농촌 간의 공간 불평등을 완화하기 위해서라고 서술한 경우	100 %
공간 불평등을 완화하기 위해라고만 서술한 경우	50 %

06 정답 ④ * 지역 격차 완화 정책

| 문제 + 자료 분석 |

- 고향 사랑 기부제는 기부를 통해 지역 경제가 활성화되고 재정이 확충되어 국토의 균형 발전을 도모하는 제도이다.

| 선택지 분석 |

① 질병, 장애, 노령, 실업, 사망 등 국민에게 발생할 수 있는 위험들을 사전에 대처하기 위해 시행하는 제도는 사회 보험이다.

② 생활이 어려운 국민의 최저 생활을 보장하고 자립을 지원하는 제도는 공공 부조이다.

③ 사회적으로 불리한 위치에 있는 사회적 약자에게 일정한 혜택을 제공하여 정의로운 사회를 만드는 제도는 적극적 평등 실현 조치이다.

④ 고향 사랑 기부제는 소외된 지역의 생활 환경을 개선하고 공간 불평등 문제를 해소하기 위한 지역 격차 완화 정책에 해당한다.

⑤ 도움이 필요한 모든 국민에게 상담, 재활, 돌봄 등 다양한 서비스 혜택을 제공하는 제도는 사회 서비스이다.

07 정답 ⑤ *보편적 복지와 선택적 복지

| 문제 + 자료 분석 |

- 갑: 국가의 복지 정책은 조건을 충족하는 모든 사회 구성원에게 시행되어야 한다며 보편적 복지를 주장함
- 을: 복지 혜택이 꼭 필요한 사회적 약자들만 복지 혜택의 대상이 되어야 한다며 선택적 복지를 주장함

| 보기 분석 |

ㄱ. 갑은 모든 사회 구성원에게 복지 정책이 시행되어야 한다고 주장하고 있으므로 복지 정책의 형평성을 강조한다고 볼 수 있다.

ㄴ. 을은 복지 혜택의 대상이 꼭 필요한 사회적 약자들로 한정되어야 한다고 주장하고 있다.

ㄷ. 국가 복지 정책에 대해 갑은 모든 사회 구성원에게, 을은 사회적 약자에게만 한정되어야 한다고 주장하고 있다.

ㄹ. 갑, 을은 모두 국가가 복지 정책을 시행해야 한다고 보지만, 복지 혜택의 대상에 대해서는 의견이 다르다.

08 정답 ④ * 적극적 평등 실현 조치

| 문제 + 자료 분석 |

- 갑: 소수 집단 학생들에게 대학 입학 혜택을 제공해야 한다고 보며 적극적 평등 실현 조치에 찬성함
- 을: 소수 집단 학생들에게 대학 입학 혜택을 제공하는 것은 불공정하다고 보며 적극적 평등 실현 조치에 반대함

| 선택지 분석 |

① 갑은 적극적 평등 실현 조치를 지지하므로 능력과 업적에 따른 사회적 가치의 분배만을 중시한다고 볼 수 없다.

② 갑은 소수자의 입학 특혜를 지지하고 있다.

③ 을은 노력과 성취에 따른 분배를 중시한다.

④ 을은 성적이 뛰어난 학생이 소수 민족이 아니라고 해서 입학에 불이익을 받는 것은 불공정하다고 주장하고 있다.

⑤ 갑, 을은 모두 개인의 필요에 따른 사회적 가치의 분배를 중시하지 않는다.

09 정답 여성 할당제, 장애인 의무 고용 제도, 대학 입시의 기회 균등 전형 등

| 문제 + 자료 분석 |

- 여성 할당제: 남성 중심적 사회 구조에서 불이익을 받았던 여성에게 채용이나 승진 및 공직 진출의 혜택을 제공하는 제도이다.
- 장애인 의무 고용 제도: 기업이나 관공서에서 일정 비율 이상의 장애인을 의무적으로 고용하도록 하는 제도이다.
- 대학 입시의 기회 균등 전형: 대학 입학 전형에서 정원 외 특별 전형을 통해 사회적 소외 계층이 대학에 진학할 수 있도록 별도의 경로를 마련한 제도이다.

10 핵심 키워드: 적극적 평등 실현 조치, 역차별

[모범 답안] ㉠은 적극적 평등 실현 조치이다. 사회적 약자들에게 실질적인 기회의 평등을 보장해주는 적극적 평등 실현 조치는 정도가 과도하면 역차별의 문제를 발생시킬 수 있다.

| 문제 + 자료 분석 |

- 부당한 차별을 받는 대상을 보호하기 위한 제도나 방침이 과도하면 오히려 반대편이 차별을 받게 될 수 있다.

＊채점 기준

적극적 평등 실현 조치, 역차별을 언급한 경우	100 %
적극적 평등 실현 조치만 언급한 경우	30 %

01　정답 ③　＊수정 자본주의와 신자유주의

| 문제 + 자료 분석 |

- **갑** 수정 자본주의: 정부가 적극적으로 시장에 개입하여 시장 실패를 해결해야 함
- **을** 신자유주의: 정부의 역할을 제한하고 시장의 자유로운 경제 활동을 강조함

| 선택지 분석 |

① 큰 정부를 지지하는 이론은 수정 자본주의이다.
② 정부보다 시장을 신뢰하는 을이 공기업 민영화에 찬성한다.
③ 수정 자본주의는 시장의 조화로운 원리가 이상적인 결과를 가져다줄 것이라는 자유 방임주의에 대한 믿음에 의문을 제기한다.
④ 대공황은 자유 방임주의에 대한 믿음에 의문을 제기했다. 대공황은 정부의 시장 개입 필요성을 인식하는 계기가 되었다.
⑤ 시장 실패를 중시하는 갑은 정부가 시장에 개입해야 한다는 입장이고, 정부 실패를 중시하는 을은 경제 문제를 시장의 자동 조절 기능에 맡겨야 한다는 입장이다.

＊ 수정 자본주의와 신자유주의

수정 자본주의	· '보이지 않는 손'에 대한 불신 · 시장 실패를 극복하기 위한 정부의 시장 개입 강조 · 공공사업 추진, 복지 정책, 적극적인 재정 정책 및 유효 수요 창출 강조
신자유주의	· 정부 실패를 극복하기 위한 작은 정부로의 전환과 시장의 자율성 강조 · 정부의 기능 축소, 복지 제도 축소, 노동 시장의 유연화 중시

02　정답 ④　＊산업 자본주의와 수정 자본주의

| 문제 + 자료 분석 |

- **갑** 애덤 스미스(산업 자본주의): 시장의 작동 원리를 '보이지 않는 손'에 비유하며 누군가 의도하지 않아도 자원의 배분이 효율적으로 이루어질 수 있도록 시장이 기능한다고 봄
- **을** 케인스(수정 자본주의): 기업 도산, 대량 실업 문제가 발생하자 정부가 각종 공공사업, 복지 정책 등을 통해 시장에 적극적으로 개입해 시장 실패를 해결해야 한다고 봄

| 보기 분석 |

ㄱ. 애덤 스미스는 국가의 부를 증진하는 원동력이 개인의 '이기심'에 있다고 보았다. 애덤 스미스는 개인의 이익을 증진하려는 행위가 효과적으로 사회 이익을 증진시킬 수 있다고 보았다.
ㄴ. 애덤 스미스는 자본주의 경제 체제를 인정한다. 시장에서 공정한 경쟁을 통한 사적 이익 추구를 인정하는 것은 자본주의 경제 체제의 특징이다.
ㄷ. 정부가 모든 생산 수단을 소유하고 관리하는 것은 계획 경제 체제에 해당한다. 케인스는 시장 경제 체제를 바탕으로 한 자유로운 경제 활동을 인정했다.
ㄹ. 케인스는 시장의 실패로 인해 효율적인 자원 배분과 공정한 소득 분배가 이루어지지 않았다고 본다. 따라서 이를 극복하기 위해 정부의 기능 확대를 통한 완전 고용을 주장한다.

＊ 애덤 스미스의 산업 자본주의

- 개인의 경제적 자율성을 최대한 보장함
- 개인의 이익이 자유롭게 추구되면 사회의 이익이 증진됨
- **보이지 않는 손**: 국가의 간섭을 최대한 배제하려고 함

03　정답 ④　＊자본주의의 발달

| 문제 + 자료 분석 |

- ㉡ 산업 자본주의: 산업 혁명으로 대량 생산이 가능해지면서 발달함. 개인의 경제적 자유를 최대한 보장해야 한다는 애덤 스미스의 자유 방임주의가 확산됨
- ㉣ 수정 자본주의: 기업 도산, 대량 실업으로 인해 정부의 시장 개입이 필요하다는 케인스의 경제 이론이 확산됨

| 선택지 분석 |

① 16~17세기에는 강력한 왕권을 바탕으로 국가가 상업을 장려하고 이윤 창출에 있어서 상품의 유통 과정을 중시하는 상업 자본주의가 나타났다.
② 18세기 후반에는 영국에서 일어난 산업 혁명으로 상품의 대량 생산이 가능해지면서, 산업 시설을 소유한 자본가가 주도하는 산업 자본주의가 성장하였다.
③ 산업 자본주의에서는 상업 자본주의와 달리 시장에서 정부의 역할을 제한하는 작은 정부와 자유로운 경제 활동이 강조되었다.
④ 세계 대공황을 통해 등장한 경제 체제는 수정 자본주의이다. 수정 자본주의는 원칙적으로 자본주의 체제를 유지하면서도 경기 조절 정책이나 복지 정책 등을 통해 정부가 시장에 일정 부분 개입하는 것을 허용하는 경제 체제이다.
⑤ 정부가 시장에 적극적으로 개입하기 시작한 것은 수정 자본주의 체제로 변화된 이후이다. 독점 자본주의 시기에는 시장 실패를 줄이기 위한 정부의 조치가 시행되지 않았다.

04　정답 ②　＊자본주의의 발달

| 문제 + 자료 분석 |

- **A**: 1929년 대공황이 발생함. 정부가 적극적으로 시장에 개입해 시장 실패를 해결해야 한다고 봄
- **B**: 석유 파동으로 발생한 스태그플레이션에 대한 정부 대처의 한계와 정부 시장 개입에 따른 비효율성 문제가 대두됨

| 선택지 분석 |

① 산업 자본주의 시기에는 애덤 스미스의 자유 방임주의의 영향을 받아 '보이지 않는 손' 즉 가격 기구의 기능을 신봉하였다.
② 수정 자본주의 체제에서는 정부의 적극적 역할이 중시되었다. 자본가와 노동자 사이에서 중립적 역할을 지키는 대신 사회적 약자의 생활 보장을 위한 적극적인 사회 복지 정책을 실시하였다.
③ 신자유주의는 정부의 역할 제한과 시장 기능 그리고 자유로운 경제 활동을 강조한다. 1970년대 발생한 경기 침체와 물가 상승 문제에 대해 정부가 효과적으로 대처하지 못하자 신자유주의가 힘을 얻게 된 것이다.
④ 세계 대공황을 통해 산업 자본주의는 수정 자본주의로 전환되었다. 대량 실업과 농산물 가격의 폭락 등 경제적 어려움은 경제에 대한 정부 역할의 대폭적인 확대를 요구하게 되었고 시장의 조화로운 원리가 이상적인 결과를 가져다줄 것이라는 자유 방임주의 자본주의의 믿음에 의문을 제기하도록 만들었다.
⑤ 수정 자본주의가 신자유주의로 전환된 계기는 1970년대의 두 차례 석유 파동이다. 두 차례의 석유 파동으로 인해 경기 침체와 물가 상승이 동시에 나타나는 스태그플레이션이 발생하였다.

＊ 자본주의의 전개 과정

산업 자본주의	· '보이지 않는 손' 강조 · 애덤 스미스: 자유 방임주의 → 시장에 대한 국가의 간섭 최소화
수정 자본주의	정부의 적극적인 시장 개입을 통한 유효 수요 창출
신자유주의	· 정부의 시장 개입 반대 · 정부 기능 축소 강조

05 핵심 키워드: 큰 정부, 적극적 개입, 작은 정부, 비효율성

[모범 답안] (나) 시기에는 1929년에 대공황이 일어나면서 적극적으로 시장에 개입해 시장 실패를 해결하려는 큰 정부를 추구했다. 반면, (다) 시기에는 석유 파동으로 발생한 스태그플레이션에 대한 정부 대처의 한계가 드러나며 정부의 시장 개입이 비효율성을 초래한다고 보고 작은 정부를 추구했다.

| 문제 + 자료 분석 |

- (나) 시기에는 큰 정부를 추구하는 수정 자본주의가 등장했고, (다) 시기에는 작은 정부를 추구하는 신자유주의가 등장했다.

＊ 채점 기준

(나)와 (다) 시기 정부의 차이점을 정부의 시장 개입과 관련지어 정확히 서술한 경우	100 %
(나) 또는 (다) 시기 중 한 시기의 정부의 특징을 정부의 시장 개입과 관련지어 서술한 경우	50 %

06 정답 ① ＊ 경제 체제의 분류

| 문제 + 자료 분석 |

- 시장 경제 체제: 가계와 기업이 각각 재화나 서비스를 얼마나 생산하고 소비할지 자율적으로 선택하는 경제 체제
- 계획 경제 체제: 정부가 생산 수단의 대부분을 소유하고 경제 문제에 대한 의사 결정을 하는 경제 체제

| 선택지 분석 |

갑: 정부의 계획으로 자원이 배분되는 계획 경제 체제와 달리 시장 경제 체제는 각 개인이 이익을 추구하는 과정에서 자원이 효율적으로 배분되어 경제적 효율성이 높다.

을: 시장 경제 체제는 사유 재산제에 바탕을 두고, 자유로운 경쟁을 통한 이윤 추구가 보장되는 경제 체제이다.

병: 시장 경제 체제에서는 생산 수단의 소유가 인정되는 반면 계획 경제 체제에서는 주요 생산 수단이 국·공유화된다.

정: 시장 경제 체제에서는 가격 기능에 의해 자원이 배분되며, 계획 경제 체제에서는 정부의 명령이나 계획에 의해 자원이 배분된다.

＊ 경제 체제의 분류

시장 경제 체제	• 민간 경제 주체가 경제 활동의 중심이 되어 자신의 이익을 추구함 • 기본적인 경제 문제가 시장 가격을 통해 자율적으로 해결됨
계획 경제 체제	• 정부가 생산 수단의 대부분을 소유함 • 정부의 계획과 명령에 따라 경제 문제를 해결함

07 정답 ③ ＊ 경제 체제의 분류

| 문제 + 자료 분석 |

- 시장 경제 체제: 각 경제 주체들이 자유로운 경쟁과 의사 결정을 통해 경제 문제를 해결함
- 계획 경제 체제: 정부의 계획을 통해 경제 문제를 해결함

| 선택지 분석 |

A. 시장의 원리를 바탕으로 경제 문제를 해결하는 경제 체제는 시장 경제 체제이다.

B. 정부의 계획과 통제에 따라 자원의 생산과 배분이 결정되는 경제 체제는 계획 경제 체제이다.

C. 정부가 생산 수단의 대부분을 소유한 채 경제 활동 전반을 통제하는 경제 체제는 계획 경제 체제이다.

D. 가계나 기업과 같은 민간 경제 주체가 시장에서 형성된 가격을 바탕으로 자유롭게 경제 활동을 펼치는 경제 체제는 시장 경제 체제이다.

③ 따라서 갑은 A, D를 가져가고 을은 B, C를 가져간다.

08 정답 ④ ＊ 경제 체제의 분류

| 문제 + 자료 분석 |

- 경제 문제를 정부의 계획과 명령에 따라 해결해야 하는 경제 체제는 계획 경제 체제이다.
- (가), (나) 모두 5점을 받았으므로 (가), (나)에 대한 학생의 응답은 모두 옳은 것이다.
- (가)에는 계획 경제 체제의 입장에서 긍정의 대답을 할 질문이, (나)에는 계획 경제 체제의 입장에서 부정의 대답을 할 질문이 들어가야 한다.

| 보기 분석 |

ㄱ. 정부의 시장 개입을 최소화해야 한다고 보는 것은 시장 경제 체제이다. 계획 경제 체제에서는 정부가 경제 활동 전반을 통제한다.

ㄴ. 계획 경제 체제에서는 정부가 생산 수단의 대부분을 소유하고 자원의 생산과 배분을 결정해야 한다고 본다.

ㄷ. 생산 수단의 사회적 소유를 인정하는 것은 계획 경제 체제의 특징에 해당한다. 시장 경제 체제에서는 생산 수단의 사적 소유를 인정한다.

ㄹ. 개별 경제 주체가 사적 이익을 자유롭게 추구할 수 있도록 하는 것은 시장 경제 체제이다. 계획 경제 체제에서는 정부의 계획과 명령을 중시하며 개인의 소유권과 선택권을 제한한다.

09 정답 ② ＊ 경제 체제의 분류

| 문제 + 자료 분석 |

- 갑국의 농부: 정부의 계획에 맞게 농산물을 재배함 → 계획 경제 체제
- 을국의 농부: 각자 자유롭게 의사 결정을 하며 농산물을 재배함 → 시장 경제 체제

| 선택지 분석 |

① 기업과 같은 민간 경제 주체의 자유로운 경쟁을 강조하는 것은 시장 경제 체제이다.

② 정부의 계획, 명령, 통제에 의한 자원의 생산과 배분을 중시하는 것은 계획 경제 체제이다.

③ 일반적으로 사회주의와 결합해 사유 재산권을 부정하는 것은 계획 경제 체제에 해당한다.

④ 시장 경제 체제는 민간 경제 주체가 시장 가격에 기초하여 자유롭게 의사 결정을 할 수 있도록 보장한다.

⑤ 계획 경제 체제는 정부가 경제 문제에 대한 의사 결정을 하는 경제 체제로, 시장 경제 체제에 비해 정부의 시장 개입 정도가 크다.

10 핵심 키워드: 시장 경제 체제, 계획 경제 체제

[모범 답안] 우리나라는 기본적으로 개인과 기업의 경제 활동의 자유를 보장하는 시장 경제 체제를 기본으로 하고 있다. 그러나 균형 있는 경제 성장이나 경제 안정 등 필요에 따라 시장 경제에 개입하는 계획 경제 체제의 특징도 찾아볼 수 있다.

| 문제 + 자료 분석 |

- 우리나라는 민간의 자유로운 경제 활동을 보장하면서도 시장 기능에 문제가 생기면 국가가 적극적으로 시장에 개입하는 혼합 경제 체제의 모습을 보여준다.

＊ 채점 기준

시장 경제 체제를 기본으로 하고, 부분적으로 계획 경제 체제를 결합했다고 서술한 경우	100 %
시장 경제 체제를 기본으로 하고 있다는 내용만 서술한 경우	50 %

ㄱ. 갑에게 영화 관람의 편익은 5천 원보다 크고 6천 원보다 작다.

ㄴ. 뮤지컬의 경우 1만 원을 주고 예매할 의향이 있었다는 점에서 편익이 1만 원보다 크다.

ㄷ. 뮤지컬 선택의 기회비용의 경우, 명시적 비용은 표가 공짜이기에 0원이며, 암묵적 비용은 영화 관람을 통해 갑이 얻게 되는 이익이다.

ㄹ. 영화 관람을 선택할 경우 뮤지컬을 공짜로 볼 기회를 포기해야 하기에, 뮤지컬 관람에 따른 편익이 영화 관람의 암묵적 비용이 된다.

04 정답 ④ * 합리적 선택

| 문제 + 자료 분석 |

• 창업에 대한 갑의 편익과 비용은 다음과 같다.

	편익	명시적 비용	암묵적 비용	기회비용
창업	매출 1억 원	6천만 원의 비용 지출	연봉 5천만 원	6천만 원 + 5천만 원 = 1억 1천만 원

| 보기 분석 |

ㄱ. 기회비용은 명시적 비용과 암묵적 비용의 합이다. 명시적 비용은 갑이 직접 지불해야 하는 금액으로 6천만 원이다. 암묵적 비용은 갑이 창업을 선택하면 포기해야 하는 연봉 5천만 원이다. 따라서 기회비용은 1억 1천만 원이다.

ㄴ. 명시적 비용은 어떤 선택을 할 때 직접 지불해야 하는 비용을 뜻한다. 갑은 창업을 선택하면 임대료, 인건비 등으로 6천만 원으로 지불해야 하므로 명시적 비용은 6천만 원이다.

ㄷ. 창업의 기회비용은 1억 1천만 원이고, 편익은 연매출 1억 원이다. 창업의 편익에서 기회비용을 뺀 값은 -1천만 원이다. 즉, 편익이 기회비용보다 작으므로 현재 창업을 선택하는 것은 합리적 선택이 아니다.

ㄹ. 연매출이 1억 1천만 원이 넘으면 편익이 기회비용보다 크므로 창업을 선택하는 것은 합리적 선택이 된다.

05 핵심 키워드: 편익, 기회비용, 합리적 선택이 아님

[모범 답안] 합리적 선택은 편익에서 기회비용을 뺀 값이 양(+)의 값을 갖는 대안을 선택하는 것이다. 갑이 창업을 선택했을 때의 편익은 연매출 1억 원이다. 갑이 창업을 선택했을 때의 기회비용은 갑이 임대료, 인건비 등으로 지불해야 하는 6천만 원과 갑이 창업을 선택하며 포기해야 하는 연봉 5천만 원을 더한 1억 1천만 원이다. 편익인 1억 원에서 기회비용인 1억 1천만 원을 빼면 음(-)의 값이 나오므로 갑이 창업을 선택하는 것은 합리적 선택이 아니다.

| 문제 + 자료 분석 |

• 편익은 경제적 선택을 통해 얻게 되는 이익이나 만족감이다.

• 기회비용은 명시적 비용과 암묵적 비용의 합이다.

• 명시적 비용은 어떤 선택을 할 때 직접 지불하는 비용이다.

• 암묵적 비용은 다른 대안을 선택함에 따라 얻을 수 있었지만 포기한 경제적 이익이다.

* 채점 기준

편익과 기회비용을 사용해 갑이 창업을 선택하는 것이 합리적 선택이 아님을 서술한 경우	100 %
갑이 창업을 선택하는 것이 합리적 선택이 아니라는 내용만 서술한 경우	30 %

07 합리적 선택과 경제 주체의 역할 문제편 188~189p

01 정답 ① * 기회비용과 매몰 비용

| 문제 + 자료 분석 |

• (가) 기회비용: 어떤 선택을 함에 있어서 고려해야 하는 비용

• (나) 매몰 비용: 이미 지불하여 회수할 수 없는 비용으로 어떤 선택을 함에 있어서 고려해서는 안 되는 비용

| 보기 분석 |

ㄱ. 하나의 대안을 선택해야 하는 상황에서 드는 경제학적 비용은 기회비용이다.

ㄴ. 기회비용이란 선택 가능한 대안 중 하나를 선택함으로써 포기하게 되는 대안들 중 가장 가치가 큰 것을 말한다. 포기한 상품의 가치는 그 상품을 선택했을 때의 편익이라고 할 수 있기 때문에 기회비용은 포기한 대안의 편익으로 측정할 수 있다.

ㄷ. 매몰 비용은 이미 지출되어 회수가 불가능한 비용이다. 의사 결정을 할 때는 고려 대상에서 제외해야 하는 비용으로 포기한 대안들의 편익을 합한 것이 아니다. 기회비용 또한 포기한 대안들의 편익을 모두 합한 것이 아니라 포기한 대안들 중에 가장 가치가 큰 것으로 측정한다. 두 가지 모두에게 해당되는 설명이 아니다.

ㄹ. 합리적 선택은 기회비용과 매몰 비용의 합계보다 큰 대안을 선택하는 것이 아니라 기회비용보다 큰 대안을 선택하는 것이다. 매몰 비용은 어떤 선택을 하든 단 1원도 회수할 수 없기 때문에 선택을 할 때 고려해서는 안 된다.

* 합리적 선택의 고려 요인

편익	선택해서 얻게 되는 이득
기회비용	• 명시적 비용과 암묵적 비용의 합 • 명시적 비용: 어떤 대안을 선택하여 실제로 발생한 지출 • 암묵적 비용: 특정 대안을 선택함으로써 얻을 수 있었으나 포기한 이익

02 정답 ⑤ * 합리적 선택

| 문제 + 자료 분석 |

• 갑은 에어컨과 선풍기를 105만 원에 구매했으므로, 갑의 에어컨과 선풍기 묶음 선택의 편익은 105만 원보다 크다.

• 을은 선풍기 가격 5만 원이 마음에 들지 않아 에어컨과 선풍기 묶음을 구매하지 않았으므로, 을의 선풍기 선택의 편익은 5만 원보다 작다.

| 보기 분석 |

ㄱ. 갑은 선풍기를 10만 원에 구입하려고 했고, 을은 5만 원이 마음에 들지 않았다고 했으므로 선풍기에 대한 갑과 을의 편익은 같지 않다.

ㄴ. 묶음 구매를 하지 않은 을보다 묶음 구매를 한 갑의 편익이 더 크다.

ㄷ. 갑에게 에어컨의 편익은 110만 원보다 크고, 선풍기의 편익은 10만 원보다 크다. 갑은 묶음 상품을 105만 원에 구입하였으며, 이는 묶음 상품에 대해 갑이 느끼는 편익이 105만 원보다 크다는 것을 의미한다.

ㄹ. 을은 에어컨을 구매하고 싶었으므로 을에게 에어컨의 편익은 100만 원보다 크고, 선풍기의 편익은 5만 원보다 작다.

03 정답 ④ * 합리적 선택

| 문제 + 자료 분석 |

• 갑은 6천 원이었던 영화표를 5천 원에 할인하자 표를 예매하였으므로 갑의 영화 관람의 편익은 5천 원보다 크고 6천 원보다 작다.

• 갑은 1만 원을 주고 뮤지컬 티켓을 예매하려고 했으므로 갑의 뮤지컬 공연 편익은 1만 원보다 크다.

[06] 정답 ④　＊시장 실패

> ① 시장에서 (가)는 시장 참여자에게 필요한 정보를 제공한다.
> 　시장 가격의 신호등 역할
> ② (나)에 들어갈 말은 시장 실패이다. 시장 실패의 원인은 독과점,
> 　외부 효과, 공공재의 공급 부족 등
> ③ 담합은 (다)의 예에 해당한다.
> 　담합의 유인이 큰 시장은 과점 시장
> ④ 꽃 가게 옆에 선물 가게가 새로 생기면서 꽃 가게 매출이
> 　상승하는 것은 (라)의 예로 볼 수 없다. 외부 경제도 외부 효과에 속함
> ⑤ 환경오염의 경우 정부는 세금을 부과하여 (라)의 문제를
> 　해결하기도 한다. 외부 불경제가 발생하는 경우에는 세금이나 부담금
> 　부과, 외부 경제가 발생하는 경우에는 보조금 지급

| 문제 + 자료 분석 |

- (가) 시장 가격: 수요와 공급에 따라 결정되는 시장에서의 상품 가격
- (나) 시장 실패: 시장 경제 체제에서 자원이 효율적으로 배분되지 못하는
  현상
- (다) 독과점: 하나 또는 소수의 기업이 생산 시장을 지배하는 것
- (라) 외부 효과: 어떤 경제 주체의 행동이 제삼자에게 의도하지 않은
  혜택이나 손해를 끼치지만 이에 대해 아무런 경제적 대가를 치르지 않는
  상태

| 선택지 분석 |

① 시장 가격은 시장 참여자가 합리적 선택을 하는 데 필요한 정보를
　제공하는 신호등 역할을 한다.
② 독과점과 외부 효과는 시장 실패의 예이다. 공공재의 공급 부족이나
　정보의 비대칭성도 시장 실패에 포함된다.
③ 담합은 기업들이 서로 짜고 생산량을 조절하거나 제품의 가격을 올리는
　등 부당하게 이익을 챙기는 행위로, 독과점 기업의 담합은 시장의
　자유로운 경쟁을 제한한다.
④ 외부 효과에는 외부 경제와 외부 불경제가 있다. 꽃 가게 옆에 선물 가게가
　새로 생기면서 꽃 가게의 매출이 상승하는 것은 외부 경제로 외부 효과에
　포함된다.
⑤ 환경오염은 외부 효과 중 외부 불경제이다. 환경오염이 발생하는 경우
　정부는 세금을 부과하거나 정화 시설 설치를 의무화하여 생산을 줄이도록
　유도한다.

＊ 시장 실패

독과점 문제	시장 지배력을 가진 소수의 기업이 담합하여 가격이나 생산량을 마음대로 조절하여 소비자들에게 피해를 끼침
외부 효과 발생	생산 또는 소비 과정에서 다른 경제 주체에게 의도하지 않은 혜택이나 손해를 끼치며 대가를 치르지 않아 자원의 비효율적 배분을 초래함
공공재 부족	대가를 지불하지 않은 사람도 사용할 수 있으므로 충분히 공급되기 어렵고 무임승차자 문제가 발생함

[07] 정답 ②　＊정부의 역할

| 문제 + 자료 분석 |

- 정부는 시장 경제 참여자로서 공정한 경쟁을 유도하고, 공공재를
  생산하여 공급 부족 문제를 해결하며, 외부 경제에 대해서는 보조금
  지급 등으로 생산 및 소비를 장려하고 외부 불경제에 대해서는 벌금 부과
  등으로 생산 및 소비를 억제시킨다. 또한, 소득 재분배 정책과 사회 보장
  제도로 빈부 격차를 개선하기 위해 노력한다.

| 선택지 분석 |

갑: 시장 경제 체제는 사유 재산제와 경제 활동의 자유를 보장하는 경제
　체제이다.
을: 누진세의 시행은 소득 재분배를 통해 빈부 격차를 줄이기 위한 것이다.
병: 국방 및 치안 서비스 제공은 공공재의 공급을 통해 효율적 자원 배분을
　유도하여 시장 실패를 줄이기 위한 것이다.
정: 경기 변동이란 호경기와 불경기가 반복되는 현상을 말한다. 정부는
　경기를 부양하고 고용 상황을 개선하기 위해 재정 지출을 늘리거나
　세율을 인하하기도 하며, 물가 안정을 달성하기 위해 재정 지출을
　줄이거나 세율을 인상하기도 한다.

[08] 정답 ②　＊경제 주체의 역할

| 문제 + 자료 분석 |

- (가) 공공재: 공공재는 사회적으로 필요하지만 기업에 의해 충분히
  생산되지 않으므로 정부에서 생산을 담당함
- (나) 기업: 노동, 토지, 자본 등 생산 요소를 공급받고 그 대가로 임금,
  지대, 이자 등을 제공함

| 보기 분석 |

ㄱ. 정부는 공공재를 생산하고, 담합을 예방하는 등 시장 실패에 대응하는
　경제 주체이다.
ㄴ. 재화와 서비스의 생산 주체는 기업이다. 가계는 소비의 주체이다.
ㄷ. 정부가 생산하여 가계와 기업에 공급하는 (가)는 비경합성과 비배제성을
　띠고 있는 공공재이다.
ㄹ. (나)는 기업으로, 기업의 행위가 사회 전체에 영향을 끼친다는 것을
　인식하고 사회적 책임을 다하는 자세를 갖추어야 한다.

[09] 정답 ②　＊공공재

| 문제 + 자료 분석 |

- ㉠은 배제성, ㉡은 경합성, ㉢은 공공재이다.
- 비배제성: 일단 공공재의 공급이 이루어지고 나면 생산비를 부담하지
  않은 개인이라고 할지라도 소비에서 배제할 수 없음
- 비경합성: 어떤 개인의 공공재 소비가 다른 개인의 소비 가능성을
  감소시키지 않음

| 선택지 분석 |

② 국가 안보 서비스는 혜택을 받는 국민들에게 개별적으로 요금을 과하기
　어렵다. 즉, 재화나 서비스에 대가를 내지 않아도 그 소비를 배제시킬 수
　없으므로 ㉠ 배제성이 없다.
　국가 안보 서비스는 한 사람이 혜택을 받는다고 해서 다른 사람이 받을
　서비스가 줄어들지 않는다. 즉, 한 개인의 소비가 다른 사람의 소비를
　감소시키지 않으므로 ㉡ 경합성도 없다.
　㉠ 배제성과 ㉡ 경합성이 없어 공동 소비가 가능한 ㉢은 공공재이다.

[10] 핵심 키워드: 배제성, 공공재, 무임승차

모범 답안　공공재는 배제성이 없어 재화나 서비스에 대가를 내지 않아도
그 소비를 배제시킬 수 없다. 이러한 무임승차의 문제로 인해 공공재는
시장에 생산을 맡기면 원활하게 공급되지 않는다.

| 문제 + 자료 분석 |

- 공공재는 대가를 지불하지 않아도 사용할 수 있어 무임승차자가 발생한다.

＊ 채점 기준

배제성이 없어 무임승차 문제가 발생하므로 시장에서 충분히 생산되지 않는다고 서술한 경우	100 %
공공재는 시장에서 충분히 생산되지 않는다고만 서술한 경우	30 %

01　정답 ③　*예금의 종류

| 문제 + 자료 분석 |

- (가): 입출금이 자유로운 예금 ⟶ 요구불 예금
- (나): 가입액을 미리 정함 ⟶ 정기 예금
- (다): 일정한 금액을 정해진 기간마다 맡김 ⟶ 정기 적금

| 보기 분석 |

ㄱ. 수시로 자금을 맡기거나 찾을 수 있는 입출금이 자유로운 예금은 요구불 예금이다.
ㄴ. 정기 예금은 일정 기간 예금을 찾지 않을 것을 약속하고 돈을 맡기는 예금이므로 만기 이전에 예금을 찾으면 가입 시 정한 이자보다 적은 이자를 받는다.
ㄷ. 미리 정한 일정한 금액을 매월 혹은 정해진 기간마다 추가하여 맡기는 예금은 정기 적금이다.
ㄹ. 요구불 예금의 주된 목적은 이자 수입이 아니라 자금의 안전한 보관이나 입출금의 편의성이다.

02　정답 ⑤　*자산 관리 원칙

| 문제 + 자료 분석 |

- ㉠ 안전성: 투자한 자산의 가치가 안전하게 보호되는 정도
- ㉡ 수익성: 투자한 자산의 가치 상승, 이자 수익 등을 기대할 수 있는 정도
- ㉢ 유동성: 자산을 현금으로 쉽게 전환할 수 있는 정도

| 선택지 분석 |

① 채권은 주식보다 안전성이 높은 상품이다.
② 예금은 채권보다 수익성이 낮은 저위험 저수익 상품이다.
③ 주식은 수익성은 높지만 안전성이 낮은 상품이다. 예금은 수익성은 낮지만 안전성은 높은 상품이다.
④ 예금은 수익성은 낮지만 안전성과 유동성은 높은 상품이다.
⑤ 주식은 수익성이 높은 상품이다. 유동성은 예금에 비해 상대적으로 낮다.

03　정답 ④　*자산 관리 원칙

| 문제 + 자료 분석 |

- A 정기 예금: 일정액을 한 번에 맡기고 만기 시 찾음
- B 주식: 주식회사가 투자자로부터 돈을 받고 발행하는 증서
- C 국채: 정부가 미래의 정해진 시점에 일정한 이자와 원금을 지급할 것을 약속하고 돈을 빌린 뒤 발행하는 증서

| 선택지 분석 |

① 유동성이란 언제든지 현금화할 수 있는 성질을 말한다. 정기 예금과 주식은 모두 금융 자산으로 실물 자산보다는 유동성이 높지만, 예금이 주식보다 상대적으로 유동성이 높다.
② 정기 예금은 수익이 고정되어 있으나, 주식은 그 가치가 하락할 위험이 있고 배당금이나 매매 차익 실현도 불확실하여 수익이 고정되어 있다고 할 수 없다.
③ 주식은 그 발행 기업의 소유권이므로 그 기업의 상태에 따라 시장 가치가 크게 변동할 수 있지만 국채의 경우 그 채무자는 정부이므로 국채가 주식에 비해 안전성이 높다.
④ 수익이 고정되어 있어서 안전하기는 하지만 금리가 매우 낮아서 수익성이 거의 없는 보통 예금을 해약하고 주식을 구입하는 것은 안전성보다 수익성을 중시한 선택이다.
⑤ '달걀을 한 바구니에 담지 말라'는 격언은 한 가지 상품에 집중 투자하는 것이 아니라 여러 가지 상품에 고르게 투자하는 것이 안전하다는 말이다.

04　정답 ③　*주식과 채권

| 문제 + 자료 분석 |

- (가): 만기 시에 이자를 돌려받을 수 있음 ⟶ 채권
- (나): 자본 조달 형태가 자기 자본에 해당하고, 소유자는 의결권을 행사할 수 있음 ⟶ 주식

| 선택지 분석 |

① 채권은 자금이 필요한 정부나 회사에서 투자자로부터 돈을 빌리고 발행하는 증서로서 자본 조달 형태가 타인 자본, 즉 부채에 해당한다.
② 채권 소유자는 이자 수익과 별개로 시세 차익으로 수익을 얻을 수 있다. 주식도 낮은 가격의 주식을 사들여 가격이 오르는 시점에 되팔아 시세 차익을 남길 수 있다.
③ 채권은 정부나 공공 기관, 신용도가 높은 기업 등 발행 주체가 다양하지만 주식은 주식회사가 발행하는 증서이다.
④ 채권의 자본 조달 형태는 부채이므로 원금을 상환해야 할 의무가 있다. 반면에 주식은 자기 자본이며 장차 상환이 예정되지 않은 영구적 증권이다.
⑤ 채권과 주식은 예금자 보호법에 의해 보호받을 수 있는 대상이 아니다. 예금자 보호법에 의해 보호받는 상품은 예금자 보호법에서 정한 예금이다.

05　핵심 키워드: 채권, 주식, 안전성, 수익성

모범 답안　채권은 주식에 비해 안전성은 높고 수익성은 낮다.

| 문제 + 자료 분석 |

- 주식은 수익성은 높으나 안전성은 낮은 상품이다.
- 채권은 만기 시에 이자와 원금을 돌려받을 수 있으며, 주식보다 수익성은 낮지만 안전성은 높다.

✱ 채점 기준

채권이 주식에 비해 안전성이 높고 수익성은 낮다고 서술한 경우	100 %
주식과 비교한 채권의 상대적 특성을 안전성 또는 수익성 중 한 가지 측면에서만 정확히 서술한 경우	50 %

06　정답 ①　*주식과 펀드

| 문제 + 자료 분석 |

- (가)는 직접 투자, (나)는 간접 투자이다.
- ㉠ 주식: 주식회사가 자금 마련을 목적으로 투자자로부터 돈을 받고 발행하는 증서
- ㉡ 펀드: 다수 투자자에게 모은 자금을 전문 기관이 투자한 후 수익을 투자자에게 배분하는 금융 상품

| 보기 분석 |

ㄱ. 국채는 국가가 발행하는 채권으로 안전성이 높다. 주식은 국내외 경제 여건, 회사 실적 등에 따라 주가가 변동하므로 원금 손실의 위험성이 있다.
ㄴ. 주식을 발행하여 모은 자금으로 세워진 주식회사는 투자자들에게 회사 경영을 통해 얻은 수익을 투자자의 투자 지분에 따라 나눠 주는데 이를 배당이라고 한다.
ㄷ. 펀드는 투자자들로부터 모은 자금을 전문적인 운용 기관이 주식이나 채권 등에 투자하여 그 결과를 투자자들에게 돌려주는 간접 투자 상품이다.
ㄹ. 주식회사가 자금을 조달하기 위하여 발행하는 증서는 주식이고, 펀드는 자산 운용 회사가 판매하는 금융 상품이다.

07　정답 ②　*금융 자산

| 문제 + 자료 분석 |

- 갑~병의 금융 자산 투자 비중을 나타낸 표를 보고 갑, 을, 병이 각각 어떤 특성이 있는 금융 자산을 선호하는지 파악할 수 있다.

| 선택지 분석 |

① 표에는 투자 비중만 나타나 있으므로 갑, 을의 예금 총액은 알 수 없다.
② 갑은 병에 비해 안전성이 높은 예금의 비중이 높고 안전성이 낮은 주식의 비중이 낮다.
③ 고위험 고수익 상품은 주식이다. 을은 병에 비해 주식의 비중이 낮다.
④ 정해진 이자를 받는 금융 자산은 예금과 채권이다. 병은 갑보다 예금과 채권에 투자를 적게 했다.
⑤ 배당 수익을 기대할 수 있는 금융 자산은 주식이다. 갑은 주식의 비중이 0이므로 배당 수익을 기대할 수 없다.

08 정답 ③ * 생애 주기

| 문제 + 자료 분석 |

• 갑 장년기: 자녀를 낳아 양육하거나 집을 마련함
• 을 노년기: 은퇴 이후 노후 대비 자금을 활용해 생활함

| 보기 분석 |

ㄱ. 장년기는 지출보다 수입이 많아 저축이 가능한 시기이다.
ㄴ. 장년기는 수입의 증가폭이 가장 크지만 자녀의 교육이나 주택 마련 등으로 지출 규모도 가장 많은 시기이다.
ㄷ. 노년기에는 소득보다 소비가 많아 마이너스 저축이 발생한다.
ㄹ. 노년기에 안정적으로 생활하기 위해서는 저축이 가능한 장년기에 충분히 노후 대비를 해야 한다.

09 정답 ④ * 생애 주기와 생애 설계

| 문제 + 자료 분석 |

• ㉠, ㉢: 소비가 소득보다 많으므로 부채에 해당함
• ㉡: 소득이 소비보다 많으므로 저축에 해당함

| 선택지 분석 |

① 소비는 일정 수준을 유지하고 있지만, 소득은 청년기, 장년기, 은퇴 후에 크게 다르다.
② 실제 벌어들인 소득과 실제 지출한 소비 금액이 아니라 소득과 소비를 일치시키려는 사람이 작성한 재무 계획에 불과하므로 소득과 소비는 같다. 따라서 저축을 의미하는 ㉡과 부채를 의미하는 ㉠+㉢은 같다.
③ A~C는 저축이 발생하는 시기이고 저축을 의미하는 ㉡과 부채를 의미하는 ㉠+㉢은 같기 때문에 C 시기에는 ㉠의 부채를 상환하고도 어느 정도의 저축이 남게 된다.
④ A~C 시기는 소득이 소비보다 많아서 부채는 감소한다. 따라서 당연히 A~B 시기에도 부채는 감소한다.
⑤ 소득이 감소하는 속도가 소비가 감소하는 속도보다 빠르기 때문에 소득 대비 소비 수준 즉 평균 소비 성향은 꾸준히 증가한다.

10 핵심 키워드: 수익성, 안전성, 75, 25

모범 답안 예금은 수익성이 낮지만 안전성이 높고, 주식은 수익성이 높지만 안전성이 낮다. 갑은 현재 25세이므로 '100-나이'의 원칙에 따르면 100에서 25를 뺀 75만큼의 비율을 수익성이 높은 주식에 투자해야 한다. 따라서 갑은 재산 중 75%를 주식에 투자하고, 나머지 25%를 예금에 투자할 것이다.

| 문제 + 자료 분석 |

• '100-나이'의 원칙은 젊을 때는 공격적으로 투자하고, 나이가 들어서는 보수적으로 투자하라는 원칙이다.

* 채점 기준

갑의 포트폴리오를 수익성, 안전성을 활용해 정확히 설명한 경우	100%
주식과 예금의 투자 비율만 언급한 경우	40%

---

09 국제무역과 지속가능발전 문제편 192~193p

01 정답 ⑤ * 무역의 특징

| 문제 + 자료 분석 |

• 무역: 각 나라가 생산한 상품을 다른 나라와 거래하는 국제 거래

| 선택지 분석 |

① 국제 무역에서 언어와 관습의 장벽은 많은 사람들이 일반적으로 인식하고 있는 것보다 훨씬 심각하다.
② 무역은 국가 간의 이동이기 때문에 운송 거리가 국내 거래에 비해 증가할 수밖에 없다.
③ 생산 요소란 노동, 자본, 토지, 경영 등을 의미한다. 재화나 서비스 등 생산물과는 달리 생산 요소의 국제 이동은 제한될 수밖에 없다. 단적인 예로 우리나라 휴대폰이 미국에 수입되는 데는 별 제한이 없지만 우리나라 사람들이 미국에서 취업하는 것은 매우 어렵다.
④ 각국의 상이한 경제·사회·법률 제도는 무역 특히 생산 요소의 자유로운 이동의 장애물로 작용한다. 예를 들어 한국에서 의사 면허를 취득했다고 해서 미국 의사 자격증을 당연히 가지게 되는 것은 아니다.
⑤ 과거에는 재화와 자원 위주의 국제 거래가 대부분을 차지했지만, 오늘날에는 기술 및 서비스 분야도 다양하게 거래되고 있으며, 노동력의 이동과 자본 거래의 규모도 점차 커지고 있다.

02 정답 ④ * 절대 우위와 비교 우위

| 문제 + 자료 분석 |

• 국가 간의 무역 원리로 갑은 절대 우위 원리를, 을은 비교 우위 원리를 강조하고 있다.

| 선택지 분석 |

① 갑은 절대 우위 원리에 따라 B국과의 교역에 반대한다.
② 각각의 국가가 보유한 생산 요소에 따라 생산비가 결정되기 때문에 생산비가 절대적으로 낮을 때 절대 우위에 있게 된다. 상품의 생산비는 교역을 한다고 변할 수 있는 것이 아니기 때문에 B국이 교역을 한다고 해도 절대 우위 상품을 가지게 되는 일은 없다.
③ 모든 상품이 절대 열위에 있다고 해도 상대적으로 유리한 상품은 존재한다. 다시 말해서 모든 상품 생산에서 기회비용이 더 클 수는 없다.
④ 비교 우위 원리에 따르면 모든 상품에서 절대 열위에 있는 국가라도 상대적으로 유리한 상품에 특화하여 그것을 교역하면 교역에 참여하는 두 나라 모두에게 이익이 발생할 수 있다.
⑤ 국가와 국가 사이의 자유로운 교역은 각 국가가 다른 국가에 비해 상대적으로 더 효율적인 상품의 생산에 특화할 수 있게 만들어 줌으로써 전반적인 생산성의 향상을 가져온다.

03 정답 ⑤ * 절대 우위, 비교 우위

| 문제 + 자료 분석 |

• ㉠ 절대 우위: 특정 상품의 생산 비용이 다른 나라보다 적은 경우
• ㉡ 비교 우위: 특정 상품의 기회비용이 다른 나라보다 작은 경우

| 보기 분석 |

ㄱ. ㉠은 절대 우위, ㉡은 비교 우위이다.
ㄴ. 특화의 기준은 절대 우위가 아니라 비교 우위이다.
ㄷ. 세계 각국은 다른 나라보다 상대적으로 더 잘 생산할 수 있는 분야, 같은 재화를 생산할 때 다른 나라보다 더 낮은 기회비용으로 생산할 수 있는 분야에 특화하여 무역을 통해 이익을 얻고자 한다.
ㄹ. 각 나라가 비교 우위를 갖는 상품 생산에 특화함으로써 모두가 교역의 이득을 얻을 수 있다는 것이 바로 비교 우위의 원칙이다.

04　정답 ②　＊비교 우위

| 문제 + 자료 분석 |

- 갑국과 을국의 의류와 기계 생산의 기회비용을 계산하면 다음과 같다.

구분	의류(1벌)	기계(1대)
갑국	기계 1/2대	의류 2벌
을국	기계 3/7대	의류 7/3벌

| 선택지 분석 |

② 갑국이 의류 1벌을 만들기 위해서는 노동자 2명이 필요하고, 기계 1대를 만들기 위해서는 노동자 4명이 필요하다. 즉, 의류 1벌을 만들 때는 기계 1/2대의 생산을 포기해야 하고, 기계 1대를 만들 때는 의류 2벌의 생산을 포기해야 한다. 따라서 (가)는 1/2, (나)는 2가 된다.

을국이 의류 1벌을 만들기 위해서는 노동자 3명이 필요하고, 기계 1대를 만들기 위해서는 노동자 7명이 필요하다. 즉, 의류 1벌을 만들 때는 기계 3/7대의 생산을 포기해야 하고, 기계 1대를 만들 때는 의류 7/3벌의 생산을 포기해야 한다. 따라서 (다)는 3/7, (라)는 7/3이 된다.

갑국의 기계 생산의 기회비용은 을국의 기계 생산의 기회비용보다 작으므로 갑국은 기계 생산에 비교 우위가 있다. 따라서 (마)는 기계이다.

05　정답 ④　＊비교 우위

| 문제 + 자료 분석 |

- 갑국과 을국의 X재와 Y재 생산의 기회비용을 계산하면 다음과 같다.

구분	X재(1단위)	Y재(1단위)
갑국	Y재 5/6단위	X재 6/5단위
을국	Y재 8/5단위	X재 5/8단위

따라서 갑국은 X재 생산에, 을국은 Y재 생산에 비교 우위가 있다.

| 보기 분석 |

ㄱ. 을국은 X재와 Y재 생산에서 모두 절대 우위를 갖는다.

ㄴ. 갑국은 X재 생산에 비교 우위가 있고 을국은 Y재 생산에 비교 우위가 있으므로, 갑국은 X재에 특화하여 생산하고 을국은 Y재에 특화하여 생산하는 것이 유리하다.

ㄷ. 갑국이 스스로 X재와 Y재를 생산한다면 X재 1단위를 생산하는 데 10명, Y재를 생산하는 데 12명 즉 22명의 노동이 필요하지만, X재에 특화하여 X재 2단위를 생산하면 20명의 노동자만이 필요하다. 이처럼 갑국이 X재 2단위를 생산하여 1단위를 교역하면 2명의 노동 절감 효과를 거둘 수 있다.

ㄹ. 을국의 특화 상품은 Y재이고 1단위를 생산하는데 5명이 필요하므로 노동자 3명으로는 0.6단위의 Y재를 더 생산할 수 있다. 즉 Y재 2단위를 생산해서 X재 1단위와 교환하는 무역 이익은 Y재 0.6단위이다.

06　정답　갑국: 청소기 2단위, 을국: 청소기 1/2단위

| 문제 + 자료 분석 |

- 갑국과 을국의 냉장고와 청소기 생산의 기회비용을 계산하면 다음과 같다.

구분	냉장고(1단위)	청소기(1단위)
갑국	청소기 2단위	냉장고 1/2단위
을국	청소기 1/2단위	냉장고 2단위

07　핵심 키워드: 기회비용, 생산비용, 무역 이익

모범 답안　갑국의 냉장고 생산의 기회비용은 청소기 2단위, 을국의 냉장고 생산의 기회비용은 청소기 1/2단위이므로 갑국은 청소기 생산에 비교 우위를 가지고 을국은 냉장고 생산에 비교 우위를 가진다. 각국이 각자 냉장고 1단위와 청소기 1단위를 생산하면 갑국의 총 생산비용은 30달러이고, 을국의 총 생산비용은 90달러이다.

하지만 비교 우위 제품을 생산하면 갑국은 청소기 2단위를 생산하므로 총 생산비용이 20달러가 되고, 을국은 냉장고 2단위를 생산하므로 총 생산비용이 60달러가 된다. 그러므로 갑국의 무역 이익은 10달러, 을국의 무역 이익은 30달러이다.

| 문제 + 자료 분석 |

- 갑국과 을국의 무역 이익은 각 나라의 냉장고 1단위 생산비용과 청소기 1단위 생산비용을 더한 값에서 비교 우위 제품 2단위의 생산비용을 빼서 구할 수 있다.

＊ 채점 기준

갑국과 을국의 비교 우위 제품과 무역 이익을 정확히 서술한 경우	100 %
갑국과 을국의 비교 우위 제품만 정확히 서술한 경우	50 %

08　정답 ⑤　＊자유 무역과 보호 무역

| 문제 + 자료 분석 |

- 갑: 완전한 자유 무역이 모든 나라의 이익을 증가시킴
- 을: 완전한 자유 무역은 개발 도상국과 후진국에게 피해를 줌

| 선택지 분석 |

① 갑은 보호 무역 정책을 펴게 되면 자원이 비효율적으로 배분되기 때문에 전 세계의 생산 및 사회적 이익이 감소한다고 본다.

② 갑은 자유 무역을 하면 무역량이 증가하여 생산 유발 효과, 고용 및 소득 유발 효과, 국내 부족 원자재 확보, 국내 산업의 경쟁력 제고, 국민 생활의 질적 향상 등이 가능해진다고 본다.

③ 을은 개발 도상국이나 후진국은 농업 부문에 특화할 수밖에 없어 공업화의 기회를 박탈당할 수도 있다고 본다.

④ 을은 국가의 경제적 독립을 확보하고 국민 경제의 발전을 위해서는 국가가 관세 등을 통해 무역을 직접 통제하고 간섭하여 타국 상품과의 경쟁을 막는 보호 무역을 해야 한다고 본다.

⑤ 갑은 단기적으로 보면 비교 우위가 없는 산업의 경우는 일자리가 줄어들지만, 비교 우위가 있는 산업들은 수출이 잘 되어 일자리가 늘어나게 된다고 본다.

09　정답　자유 무역 협정(FTA)

| 문제 + 자료 분석 |

- 자유 무역 협정(FTA)은 상대국에서 수입하는 물품의 관세를 낮추어 자유롭게 수출입 거래가 이루어지도록 한다.

10　정답 ④　＊자유 무역 협정의 영향

| 문제 + 자료 분석 |

- 자유 무역 협정(FTA)은 국가 간 상품의 자유로운 이동을 위해 무역 장벽을 완화하거나 제거하는 역할을 한다.

| 선택지 분석 |

① 자유 무역 협정이 체결되면 보호 무역 정책을 사용할 수 없게 되어 경쟁력을 갖추지 못한 국내 산업을 보호할 수 없게 된다.

② 자유 무역 협정이 체결되어 무역 장벽이 제거되면 각 나라가 비교 우위를 갖고 있는 상품의 생산에 특화하는 국제 분업의 체제가 촉진될 것이다.

③ 자유 무역 협정을 활용하여 미국과 유럽 시장 진출을 확대하고 신흥 시장을 개척하게 되면 경제 활동의 영역이 국내 시장에서 국제 시장으로 확대된다.

④ 자유 무역 협정은 경쟁력 없는 국내 산업의 공급량 감소로 이어져 고용 불안을 심화시킬 수 있다. 또한 자유 무역을 통해 외국의 값싼 상품을 수입하게 되면 국내 물가는 하락할 수 있다.

⑤ 무역을 통해 우리나라에서 생산되지 않는 것과 우리나라에서 생산되지만 비싸서 쉽게 소비할 수 없었던 것을 싼값에 소비할 수 있게 된다.

01 정답 ③ ＊세계화와 교통·통신의 발달

| 문제 + 자료 분석 |

- 제시된 그림은 교통·통신의 발달로 지구의 상대적인 크기가 점점 작아지고 있음을 보여준다.

| 선택지 분석 |

갑: 교통·통신의 발달로 국경의 의미와 역할이 약화되고 있다.
을: 교통·통신의 발달로 생활권의 범위가 확대되고 지역 간 물자와 사람의 이동이 활발해지고 있다.
병: 교통·통신의 발달은 다국적 기업의 공간적 분업을 촉진시켰다.
정: 교통·통신의 발달로 세계화가 촉진되면서 국가 간 빈부 격차가 확대되고 있다.

02 정답 ③ ＊지역화 전략

| 문제 + 자료 분석 |

- **(가)**: 부르고뉴 포도주의 생산지가 부르고뉴임을 증명하고 표시할 수 있도록 함 → 지리적 표시제
- **(나)**: 이탈리아에서 로마의 콜로세움을 랜드마크로 개발하고 홍보하며 콜로세움을 상품으로 활용함 → 장소 마케팅

| 선택지 분석 |

① 지리적 표시제는 지역 문화의 고유성을 강화시키는 제도이다.
② (가)는 상품의 품질이나 명성이 지역의 지리적 특성에서 비롯되는 경우 그 지역의 생산품임을 증명하고 표시하는 지리적 표시제의 사례에 해당한다.
③ 장소 마케팅은 지역의 독특한 요소들이 세계적 가치를 가지게 되며 강조되고 있는 지역화 전략 중 하나이다.
④ 지역 자체에 하나의 고유한 상표를 부여하는 전략은 지역 브랜드 전략이다.
⑤ 지리적 표시제와 장소 마케팅 모두 지역화 전략에 해당한다.

03 정답 ② ＊세계 도시

| 문제 + 자료 분석 |

- 타임스 스퀘어, 국제 연합의 본부는 세계 도시인 뉴욕에 자리 잡고 있다.

| 선택지 분석 |

① 세계 도시는 금융, 보험, 부동산업, 회계 서비스, 연구 개발 등 생산자 서비스업이 발달해 있다.
② 세계 도시에는 다국적 기업의 본사가 집중하여 세계 경제활동의 조절과 통제가 이루어진다.
③ 뉴욕에는 세계 금융 시장의 중심인 월 스트리트가 있다. 월 스트리트에 있는 뉴욕 증권 거래소는 세계 주식 가격에 영향을 준다.
④ 뉴욕에는 국제 연합(UN)의 본부가 있으며, 세계 각국 대표들이 모여 국제 사회의 주요 문제를 논의한다.
⑤ 세계 도시는 세계의 중심지 역할을 하는 도시이기 때문에 다른 곳과의 교류가 활발하며, 이로 인해 다양한 문화가 공존하는 모습을 볼 수 있다.

＊ 세계 도시

특징	• 다국적 기업의 본사가 집중됨 • 금융, 보험, 부동산업, 회계 서비스, 연구 개발 등 생산자 서비스업이 발달함 • 정보 통신 네트워크와 최신의 교통 체계가 발달함
역할	다양한 국제기구와 본부가 입지하고 국제회의 및 행사가 많이 개최되므로 세계의 경제활동을 조절, 통제할 수 있는 중심지 역할을 함

04 정답 ④ ＊세계화와 지역화

| 문제 + 자료 분석 |

- ㉠ 세계화: 국경을 넘어 세계가 하나로 통합되는 현상
- ㉡ 지역화: 지역의 독특한 특성이 세계적 가치를 지니는 현상
- ㉢ 지리적 표시제: 상품의 품질 및 명성이 지역의 지리적 특성에서 비롯될 때 그 지역의 생산품임을 증명하고 표시하는 제도
- ㉣ 장소 마케팅: 특정 장소를 매력적인 상품으로 만들기 위해 독특한 이미지를 만들고 이를 통해 부가 가치를 창출하는 전략

| 보기 분석 |

ㄱ. 세계화로 인해 다국적 기업이 늘고 있는데, 이는 기업의 활동 범위가 확대되고 있음을 의미한다.
ㄴ. 지역화는 특정 지역의 문화를 적극적으로 활용하는 것으로, 이는 문화의 획일화와는 관련이 없다.
ㄷ. 지리적 표시제의 사례로 전남 보성의 녹차, 인도 다르질링의 홍차 등이 있다.
ㄹ. 장소 마케팅의 대표적인 사례는 지역 축제이다. 충남 보령에서는 매년 여름 머드 축제가 열린다.

05 핵심 키워드: 고유한 문화, 소멸, 능동적 수용

모범 답안   세계화가 진행되며 선진국의 문화에 비해 상대적으로 파급력이 낮은 개발 도상국이나 원주민의 고유한 문화는 소멸할 위기에 놓였다. 이를 해결하기 위해서는 외래문화를 능동적으로 수용하는 자세를 길러야 한다.

| 문제 + 자료 분석 |

- 세계화의 영향으로 선진국의 문화가 보편화되면서 문화 획일화 및 소멸 문제가 발생하기 시작했다.

＊ 채점 기준

개발 도상국 문화가 소멸 위기에 처해있음을 언급하고 문화 획일화 문제의 해결 방안을 서술한 경우	100%
문화 획일화 문제가 발생하고 있다고만 서술한 경우	50%

06 정답 ④ ＊다국적 기업

| 문제 + 자료 분석 |

- ○○스포츠는 국내에 본사를 두고 생산 공장을 국외에 둔 다국적 기업이다.

| 보기 분석 |

ㄱ. ○○스포츠는 생산 공장을 중국, 베트남 등 해외에 설립하여 여러 국가에서 제품을 생산하고 있다.
ㄴ. ○○스포츠는 기획 및 관리, 연구, 생산 등 기업의 기능을 세계적인 범위에서 공간적으로 분리하여 이윤을 극대화하고자 하는 모습을 보여주고 있다.
ㄷ. ○○스포츠는 인건비 절감을 위해 생산 공장을 중국에서 베트남으로 옮겼다.
ㄹ. ○○스포츠는 인건비를 아끼기 위해 중국 □□지역에서 베트남의 △△지역으로 공장을 옮겼다. 따라서 중국의 □□지역의 노동자 평균 임금은 베트남의 △△지역의 노동자 평균 임금보다 높다.

＊ 다국적 기업의 공간적 분업화

본사	풍부한 자본과 우수한 경영 인력이 있는 본국(대도시)이나 세계 최상위 도시에 입지
연구소	쾌적한 연구 환경을 바탕으로 우수 인력을 구하기 쉬운 대학, 연구 시설 집적 지역에 입지
생산 공장	• 인건비 절감을 위해 저임금 노동력이 풍부한 개발 도상국에 입지 • 시장 확대와 무역 장벽 극복을 위해 선진국에 입지하기도 함

07 정답 ② * 공정 여행

| 문제 + 자료 분석 |
- 현지인이 운영하는 숙소 및 식당 이용, 무분별한 식물 채취 및 동물 포획 자제, 이동할 때 걷거나 자전거 이용 → 공정 여행

| 보기 분석 |
ㄱ. 공정 여행은 세계화의 성과가 일부 국가에 집중되지 않도록 하는 윤리적 소비에 해당한다.
ㄴ. 공정 여행은 선진국과 개발 도상국의 소득 격차를 완화하는 데 도움을 준다.
ㄷ. 공정 여행은 여행객을 위한 대규모 지역 개발을 필요로 하지 않는다. 공정 여행은 여행 과정에서 자원 절약과 환경 보호의 실천을 강조한다.
ㄹ. 공정 여행은 여행자가 현지 문화를 체험할 수 있도록 하고, 현지인은 실질적인 경제적 혜택을 받을 수 있도록 하는 여행 방식이다.

08 정답 ⑤ * 세계 도시

| 문제 + 자료 분석 |
- ⊙ 세계화의 긍정적인 영향: 다양한 문화를 직접 경험할 기회의 증가, 보편 윤리의 확산 등
- ⓒ 세계화의 부정적인 영향: 국가 간 빈부 격차 심화, 문화의 획일화와 소멸, 보편 윤리와 특수 윤리 간의 갈등 등

| 선택지 분석 |
① 선진국의 문화가 보편화되며 문화가 획일화되는 것은 ⓒ에 해당한다.
② 세계화의 영향으로 국가 간 무역이 활발해지자 국가 간 소득 격차는 커지고 있다.
③ 세계화의 흐름에서 인권 존중, 자유와 평등의 보장 등 보편 윤리가 강조되자 보편 윤리와 특수 윤리가 충돌하는 경우가 늘어났다.
④ 다국적 기업에 대한 경제적 의존도가 심화되는 문제는 주로 개발 도상국에서 발생한다.
⑤ 국제 사회에서 영어의 영향력이 커지자, 약소국이나 원주민의 고유 언어가 소멸할 위기에 처한 것은 ⓒ 해결해야 할 문제들에 해당한다.

09 정답 ④ * 다국적 기업

| 문제 + 자료 분석 |
- ○○기업은 한국에 본사를 두고 해외 여러 지역에 지역 본부, 연구 개발 센터, 생산 공장들을 자리 잡게 한 다국적 기업이다.

| 보기 분석 |
ㄱ. ○○기업의 본사는 한국에만 설립되어 있다.
ㄴ. ○○기업의 지역 본부, 현지 생산 공장은 여러 국가에 자리 잡고 있다.
ㄷ. ○○기업의 생산 공장은 유럽, 미국 등 선진국에서도 찾아볼 수 있다. 생산 공장은 무역 장벽 극복, 시장 확대를 위해 선진국에 설립되기도 한다.
ㄹ. ○○기업의 연구 개발 센터는 우수한 인력을 구하기 쉬운 선진국에서 주로 찾아볼 수 있다.

10 핵심 키워드: 세계 무역 기구, 국제 무역, 세계화

[모범 답안] 세계 무역 기구(WTO)의 등장으로 국가 간 무역 장벽이 줄어들면서 국제 무역의 규모는 커지게 되었다. 이에 따라 경제 활동의 세계화가 진행되었고, 세계 여러 국가에 기업의 기능을 분산하여 세계적인 규모로 생산과 판매 활동을 하는 다국적 기업들이 등장했다.

| 문제 + 자료 분석 |
- 국가 간 무역 장벽이 줄어들고 상품과 서비스가 자유롭게 이동하기 시작하면서 세계를 무대로 활동하는 다국적 기업이 등장했다.

＊ 채점 기준

국제 무역의 규모가 커지며 공간적 분업이 가능해졌다고 서술한 경우	100%
세계화로 인해 국제 무역이 쉬워졌다고만 서술한 경우	50%

---

01 정답 ② * 국제 협력

| 문제 + 자료 분석 |
- 국제 사회에서 각 국가는 갈등을 평화적으로 해결하기 위해 노력하고 위기에 처한 나라를 돕기 위해 움직일 수 있다.

| 선택지 분석 |
① 국제 사회의 질서를 주도하는 것이 강대국이라는 내용은 제시문에 나타나 있지 않다.
② 제시문은 국제 사회가 다양한 분야에서 협력하고 있음을 보여준다.
③ 제시문은 협력과 공존의 모습을 강조하고 있다.
④ 국제 사회에서 공식적인 협력뿐만 아니라 비공식적이고 민간 차원의 협력도 가능함이 나타나 있다.
⑤ 제시문에서는 국가 이외에도 개인, 민간단체, 지역 자치 단체 등도 영향력을 행사할 수 있음이 나타나 있다.

02 정답 ⑤ * 갈퉁의 평화론

| 문제 + 자료 분석 |
- ⊙ 직접적 폭력: 전쟁, 테러, 범죄 등 물리적 폭력
- ⓒ 구조적 폭력: 부정한 사회 제도나 구조를 통해 이루어지는 폭력
- ⓒ 문화적 폭력: 문화적 영역이 직접적 폭력이나 구조적 폭력을 정당화하는 데 이용되는 형태의 폭력

| 선택지 분석 |
① 적극적 평화는 직접적인 폭력을 포함한 모든 폭력이 제거된 상태이다.
② 직접적 폭력이나 구조적 폭력을 정당화하는 데 이용되는 것은 문화적 폭력이다.
③ 종교·사상·언어·예술·과학 영역에 내재하는 폭력은 문화적 폭력이다.
④ 구조적 폭력은 사회 구조 자체가 가하는 폭력으로 사회 제도와 관습, 빈곤, 정치적 독재, 경제적 착취, 사회적 차별과 소외 등을 말한다.
⑤ 적극적 평화는 직접적인 폭력, 구조적 폭력, 문화적 폭력이 모두 사라진 상태이다.

03 핵심 키워드: 소극적 평화, 적극적 평화

[모범 답안] 소극적 평화란 직접적인 폭력이 없는 상태로, 소극적 평화만으로는 진정한 평화를 실현할 수 없다. 적극적 평화란 직접적인 폭력뿐만 아니라 문화적 폭력과 구조적 폭력까지 모두 사라진 상태로, 진정한 평화를 위해서는 적극적 평화를 지향해야 한다.

| 문제 + 자료 분석 |
- 갈퉁은 평화의 개념을 소극적 평화와 적극적 평화로 구분하고 직접적 폭력과 간접적 폭력이 모두 사라진 적극적 평화를 지향해야 한다고 본다.

＊ 채점 기준

소극적 평화와 적극적 평화의 차이를 설명하고 적극적 평화를 지향해야 한다고 서술한 경우	100%
적극적 평화를 지향해야 한다고만 서술한 경우	30%

04 정답 ③ * 갈퉁의 평화론

| 문제 + 자료 분석 |
- 갈퉁: 종교, 언어, 예술 등 문화적 영역이 직접적 폭력과 구조적 폭력을 용인하고 정당화할 수 있음

ㄱ. 국가 간 전쟁이 없는 상태는 물리적 폭력이 없는 소극적 평화에 해당한다. 진정한 평화를 위해서는 간접적 폭력까지 모두 사라져야 한다.
ㄴ. 문화적 폭력은 종교, 예술 등의 이면에 내재한 구조적 폭력을 용인하고 정당화하는 상징적 폭력을 의미한다.
ㄷ. 갈등은 종교, 예술, 언어와 같은 문화적 영역이 직접적 폭력과 구조적 폭력을 정당화하는 데 이용될 수 있다고 본다.
ㄹ. 진정한 평화를 달성하기 위해서는 간접적 폭력과 함께 물리적 폭력인 직접적인 폭력도 사라져야 한다.

05 정답 ① * 국제 사회 갈등의 양상

| 문제 + 자료 분석 |

• 제시문을 통해 수단과 남수단이 분리되기 이전부터 언어, 종교 등 여러 원인으로 인해 갈등을 겪고 있었음을 알 수 있다.

| 선택지 분석 |

① 제시문은 2011년 이전의 수단이 현재의 수단과 남수단으로 분리 독립하는 과정에서 겪은 많은 갈등과 분쟁을 설명하고 있다. 이러한 과정을 통해 국제 사회의 갈등은 다양한 원인과 양상으로 복잡하게 나타나고 있다는 점을 추론할 수 있다.
② 제시문에는 협력보다는 갈등이나 분쟁이 더 중요하게 다루어지고 있다.
③ 수단과 남수단의 분리 독립 과정을 통해 알 수 있듯이 국제 사회의 갈등은 하나의 요인이 아니라 민족, 종교, 자원 등 다양한 원인에 의해 발생한다.
④ 수단과 남수단의 분리 독립 과정을 통해 알 수 있듯이 국제 사회에서 각국은 자국의 이익을 포기하는 것이 아니라 자국의 이익을 적극적으로 추구하고 있다.
⑤ 여러 나라가 통합된 정치 체제로 전환되고 있다는 내용은 제시문에 나타나 있지 않다.

06 정답 ③ * 동아시아의 영토 분쟁

| 문제 + 자료 분석 |

• 센카쿠 열도(댜오위다오)는 1972년 미국이 일본에게 오키나와와 함께 반환하여 현재 일본이 실효지배하고 있다.
• 센카쿠 열도(댜오위다오): 동중국해에 위치하며, 상당량의 석유와 천연가스가 매장되어 있다는 사실이 알려지며 영토 분쟁이 격화됨.
• 중국과 일본의 갈등: 중국과 타이완은 명·청 대 이래 고유 영토론을, 일본은 무주지 선점론을 주장하며 영유권을 주장함

| 선택지 분석 |

① (가)는 난사 군도(영어명 스프래틀리 군도)이다. 수많은 섬으로 이루어져 있으며, 중국·베트남·타이완·필리핀·브루나이·말레이시아 등이 분쟁을 벌이고 있다. 석유와 천연가스 등이 다량 매장되어 있다는 사실이 알려지며 분쟁이 더욱 격화되고 있다.
② (나)는 시사 군도(영어명 파라셀 제도, 베트남명 호앙사 군도)이다. 제2차 세계 대전 이후 베트남이 점유하였으나, 1974년 중국이 무력으로 점령하여 분쟁이 시작되었다. 현재 중국이 실효지배하고 있다.
③ (다)는 센카쿠 열도(중국명 댜오위다오)이다.
④ (라)는 오키나와이다. 본래 류큐 왕국이었으나 1879년 일본 메이지 정부가 영토로 편입하였다. 일본의 패전 이후 미국의 지배하에 있다가 1972년 일본에 반환되었다.
⑤ (마)는 남쿠릴 열도(일본명 북방 도서)이다. 19세기 이래 남쿠릴 열도 4개 섬을 일본이 영유하였으나 제2차 세계 대전 말기 소련이 점령한 후 현재까지 러시아가 실효지배하고 있다.

07 정답 ③ * 국제 사회의 행위 주체

| 문제 + 자료 분석 |

• ㉠ 포르투갈, ㉡ 인도네시아, ㉣ 동티모르: 일정한 영토와 국민을 바탕으로 주권을 가진 국가
• ㉢ 국제 연합: 주권을 가진 국가들로 결성된 정부 간 국제기구

| 보기 분석 |

ㄱ. ㉠은 국가이므로 국제법의 지배를 받는 국제 사회의 행위 주체이다.
ㄴ. ㉡은 국가에 해당하는 국제 사회의 행위 주체로, 자국의 이익 추구를 위한 적극적인 외교 활동을 한다.
ㄷ. ㉢ 국제 연합은 국가들 간의 다양한 분쟁이나 갈등을 해결하고 평화가 유지될 수 있도록 노력한다.
ㄹ. ㉣은 2002년 독립적인 국가로 공식 선언되었기 때문에 정부 간 국제기구의 회원국이 될 자격이 있다.

08 정답 ① * 정부 간 국제기구

| 문제 + 자료 분석 |

• 국제 연합과 세계 무역 기구는 국제 사회의 평화 유지, 경제적·사회적 협력을 목적으로 활동하는 정부 간 국제기구에 해당한다.

| 보기 분석 |

ㄱ. 정부 간 국제기구는 국가들 사이의 이해관계나 분쟁을 조정한다.
ㄴ. 정부 간 국제기구는 국가의 행위를 규제하는 국제 규범을 정립함으로써 국제 관계에 큰 영향을 미친다.
ㄷ. 국민의 수나 영토의 크기와 관계없이 독립적인 주권을 행사하는 행위 주체는 국가이다.
ㄹ. 개인이나 민간단체를 중심으로 지구촌 공통의 문제에 공동으로 대응하고 문제를 해결하려고 노력하는 행위 주체는 국제 비정부 기구이다.

09 정답 ④ * 정부 간 국제기구와 국제 비정부 기구

| 문제 + 자료 분석 |

• (가): 경제 협력 개발 기구는 정부 간 국제기구에 해당한다.
• (나): 그린피스는 국제 비정부 기구에 해당한다.

| 선택지 분석 |

① (가)는 국제 비정부 기구가 아니라 정부 간 국제기구에 해당한다.
② 독립적 주권을 행사하는 국제 사회의 행위 주체는 국가이다.
③ 국제 비정부 기구는 개인이나 민간단체를 회원으로 한다.
④ 국제 비정부 기구는 특정 개인이나 기업, 국가의 이익이 아닌 국제 사회의 보편적 가치인 환경 보호, 인권 보장, 보건 등을 위하여 노력한다.
⑤ (가), (나) 모두 초국가적 행위의 주체이다. 국가 내부적 행위의 주체는 한 국가의 일부분으로 독자적인 국제 사회 활동을 할 수 있다.

10 핵심 키워드: 정부 간 국제기구, 국제 비정부 기구

모범 답안 (가)는 정부 간 국제기구, (나)는 국제 비정부 기구이다. 이러한 행위 주체들은 전쟁, 전염병, 자연재해 등 어느 한 국가의 노력만으로 해결하기 어려운 문제들이 발생하면서 국제 사회의 협력의 필요성이 커졌기 때문에 등장하게 되었다.

| 문제 + 자료 분석 |

• 국제 사회에서는 다양한 행위 주체가 국가의 영역을 초월하여 일어나는 문제를 해결하기 위해 노력하고 있다.

＊ 채점 기준

(가), (나)가 어떤 행위 주체인지 언급하고 해당 행위 주체들이 생겨난 배경을 정확히 서술한 경우	100 %
(가)는 정부 간 국제기구, (나)는 국제 비정부 기구라고 서술한 경우	50 %

01 정답 ① * 남북 분단의 원인

| 문제 + 자료 분석 |

• 왼쪽: 미국과 소련 간의 냉전 대결 심화를 강조하고 있다.
• 오른쪽: 한반도가 대륙과 태평양을 연결하는 위치에 있다는 사실을 강조하고 있다.
• 왼쪽과 오른쪽의 이야기 모두 남북 분단의 원인과 관련된 이야기로, ㉠에는 남북 분단의 원인을 묻는 질문이 들어가야 한다.

| 선택지 분석 |

① 두 사람은 남북 분단의 원인에 대해서 토론하고 있다. 왼쪽은 자유 진영과 공산 진영의 이념적 대립을, 오른쪽은 우리나라의 지정학적 위치를 분단의 원인으로 본다.
② 민족의 동질성 회복 방안은 대화의 주제와 거리가 멀다.
③ 남북의 이념적 갈등 원인은 대화의 주제와 거리가 멀다.
④ 통일을 위한 노력은 대화의 주제와 거리가 멀다.
⑤ 분단으로 인한 경제적 손실은 대화의 주제와 거리가 멀다.

02 정답 ④ * 남북 분단의 국제적 배경

| 문제 + 자료 분석 |

• 제시문은 남북 분단의 국제적 배경에 대해 설명하고 있다. 즉, 미국을 중심으로 한 자본주의 진영과 소련을 중심으로 한 사회주의 진영 간의 대결과 이념적 갈등으로 인해 남북한이 분단을 겪게 되었다고 서술하고 있다.

| 선택지 분석 |

① 제시문은 국내적 배경보다는 국제적 배경을 중심으로 서술하고 있다.
② 제시문은 남북 분단이 냉전 질서의 산물임을 강조하고 있다.
③ 제시문에는 남북 분단의 책임을 국제 연합에 돌려야 한다는 주장이 나타나 있지 않다.
④ 남북 분단이 미국과 소련이라는 강대국에 의한 이념 대립에서 비롯되었음을 강조하고 있다.
⑤ 우리 민족 구성원들의 합의나 동의에 의해 분단이 시작된 것은 아니며, 제시문의 내용과도 맞지 않다.

03 정답 ④ * 통일을 위한 노력

| 문제 + 자료 분석 |

• 제시문은 분단 이후 남북한의 언어 이질화 현상이 심해지고 있음을 설명하고 있다.

| 선택지 분석 |

① 남북한 간의 경제적 협력 강화는 남북한 간의 언어 이질화 현상 해결과 직접적인 관련이 없다.
② 남북한 간의 무역량 확대는 남북한 간의 언어 이질화 현상 해결과 직접적인 관련이 없다.
③ 남북한 간의 국방비 축소는 남북한 간의 언어 이질화 현상 해결과 직접적인 관련이 없다.
④ 남북한 간의 언어 이질화 현상을 극복하기 위해서는 서로의 문화적 차이를 이해할 수 있는 사회 · 문화적 교류가 지속적으로 이루어져야 한다.
⑤ 통일에 우호적인 국제 환경 조성은 통일에는 도움이 되지만 남북한 간의 언어 이질화 현상 해결과 직접적인 관련이 없다.

04 정답 ③ * 분단 비용과 통일 비용

| 문제 + 자료 분석 |

• ㉠: 국방비, 이산가족의 고통 → 분단 비용
• ㉡: 남북 교류를 위한 비용, 통일 후 경제 개발 비용 → 통일 비용

| 선택지 분석 |

③ 분단 비용은 국방비, 외교비, 이산가족의 고통과 같이 남북이 분단되어 발생하는 비용이다. 통일 비용은 남북 교류를 위한 비용, 통일 후 경제 개발을 위한 비용 등 통일을 실현하는 데 드는 비용이다. 따라서 ㉠은 분단 비용, ㉡은 통일 비용이다.
②, ④ 통일 편익은 분단에 따른 남북한 주민의 고통과 불편 해소, 민족의 번영, 평화의 실현과 같은 통일에 따른 보상과 혜택이다.
⑤ 방위 비용은 적의 공격, 침략 등을 막아서 지키는 데 드는 비용을 의미한다.

* 통일과 관련된 비용

통일 비용	• 통일 이후 남북한 경제 격차를 해소하고 이질적 요소를 통합하는 데 필요한 비용 • 투자적 성격의 비용으로, 통일 편익으로 이어짐
분단 비용	• 분단에 따른 대립과 갈등으로 발생하는 유무형의 비용 • 분단이 이어지는 동안 발생하는 소모적인 성격의 비용

05 핵심 키워드: 군사, 외교, 전쟁의 공포, 이산가족의 고통

모범 답안 남북한 분단이 지속되면 군사비, 외교비, 전쟁 가능성에 대한 공포, 이산가족의 고통 등 분단 비용이 영구적으로 발생한다. 통일은 이러한 분단 비용을 감소시켜 이산가족의 고통 해소, 전쟁의 공포 해소, 군사비 감소를 통한 복지 혜택 증가 등을 누릴 수 있게 한다.

| 문제 + 자료 분석 |

• 분단 비용은 분단으로 인해 남북한이 부담하는 유무형의 모든 비용으로, 분단이 이어지는 동안 영구적으로 발생하는 소모적 성격의 비용이다.

* 채점 기준

통일의 필요성을 분단 비용의 사례 두 가지와 함께 서술한 경우	100 %
통일의 필요성을 분단 비용의 사례 한 가지와 함께 서술한 경우	50 %

06 정답 ② * 동아시아의 영토 분쟁

| 문제 + 자료 분석 |

• 센카쿠 열도 분쟁: 일본, 중국, 타이완의 영토 분쟁
• 시사 군도 분쟁: 중국, 베트남의 영토 분쟁
• 난사 군도 분쟁: 중국, 베트남, 필리핀 등 6개국의 영토 분쟁
• 쿠릴 열도 남부의 4개 섬 분쟁: 일본과 러시아의 영토 분쟁

| 보기 분석 |

ㄱ. 쿠릴, 센카쿠, 시사, 난사 군도는 동아시아의 주요 영토 분쟁 지역이다. 19세기 말에서 20세기 초 여러 역사적 배경과 이 지역을 둘러싼 해양 자원으로 인해 분쟁이 발생하였다.
ㄴ. 자료의 영토 분쟁이 한반도 경제적 성장의 중요한 발판이 되는 것은 아니다.
ㄷ. 주요 분쟁 당사국은 일본, 중국, 러시아, 베트남, 필리핀 등이다.
ㄹ. 제시된 분쟁은 청일 전쟁과 러일 전쟁, 그리고 제2차 세계 대전 등 다양한 역사적 배경을 바탕으로 발생하였다.

| 문제 + 자료 분석 |

- 중국은 동북공정을 진행하며 고구려, 발해 등의 역사와 문화를 중국의 역사와 문화로 소개하는 등 역사 왜곡을 펼치고 있다.

| 보기 분석 |

ㄱ 중국은 고조선, 부여, 고구려, 발해 등의 역사가 고대 중국의 역사라고 주장하고 있다.
ㄴ. 침략 전쟁은 정당한 전쟁이었다고 주장하며 전쟁 범죄를 은폐하고자 하는 것은 일본이다.
ㄷ 중국은 만리장성의 동쪽 끝을 옛 고구려와 발해의 영역인 헤이룽장성까지 확장하여 발표해 고구려의 역사가 중국의 지방사라고 주장하고 있다.
ㄹ. 중국은 발해의 역사가 고대 중국의 역사라고 주장하고 있다.

08 핵심 키워드: 소수 민족 통합, 국경 안정화

[모범 답안] 중국은 중국 영토 내에 있는 소수 민족을 통합하여 소수 민족의 분리 독립을 막고 국경 지역을 안정화하기 위해 동북 3성의 역사, 지리, 민족을 연구하는 동북공정을 진행하였다.

| 문제 + 자료 분석 |

- 중국은 동북공정을 통해 고구려, 발해 등을 중국 소수 민족의 지방 정권으로 평가하며 역사를 왜곡하고 있다.

✱ 채점 기준

동북공정의 목적이 소수 민족 통합, 국경 지역 안정화라고 서술한 경우	100 %
동북공정의 목적을 소수 민족에 대한 언급 없이 서술한 경우	50 %

09 정답 ⑤ * 일본과의 역사 갈등

| 문제 + 자료 분석 |

- (가) 군함도: 일본은 유네스코에 제출한 보고서에 일제 강점기 군함도에서 자행된 조선인 노동자 차별을 부인하는 모습을 보이고 있다.

| 선택지 분석 |

내용1 일본은 한국 침략을 한국 진출로, 독립운동 탄압을 치안 유지 도모 등으로 왜곡한 내용을 역사 교과서에 수록해 한국과 갈등을 빚고 있다.
내용2 일본은 위안부 동원의 강제성을 축소하고 은폐하며 전쟁 범죄를 은폐하는 모습을 보여주고 있다.
내용3 고구려를 자기 나라의 역사로 주장하는 나라는 중국이다.
내용4 일본은 근거가 불명확한 1905년「시마네현 고시 제40호」를 근거로 독도가 일본의 영토로 편입되었다고 주장하고 있다.

10 정답 ④ * 동아시아 역사 갈등 문제

| 문제 + 자료 분석 |

- 일본은 식민 지배와 침략 전쟁을 정당화하며 역사를 왜곡하고, 중국은 고조선, 부여, 고구려, 발해 등의 역사와 문화가 고대 중국의 지방사라고 주장하며 역사를 왜곡하고 있다.

| 보기 분석 |

ㄱ 1998년에는 한국과 일본 두 국가 정상이 한·일 파트너십 공동 선언을 발표하였으며, 2002년에는 한·일 역사 공동 연구 위원회를 설립하였다.
ㄴ 시민 사회 차원에서는 한국·중국·일본이 합작하여 동아시아 근현대사 공동 교재를 발행하였다.
ㄷ. 동북공정은 대표적인 역사 갈등 사례이다. 중국은 동북공정을 통해 고조선, 고구려, 발해의 역사를 중국의 역사에 포함시키고자 하였다.
ㄹ 동아시아의 많은 청소년들은 동아시아 청소년 역사 체험 캠프에 참여하여 다른 나라의 역사를 이해하기 위해 노력하고 있다.

13 세계의 인구와 인구 문제 · 문제편 200~201p

01 정답 ① * 세계의 인구 분포

| 문제 + 자료 분석 |

- A는 서부 유럽 지역, B는 러시아의 시베리아 지역, C는 중국 남부 및 인도차이나반도 지역, D는 아마존강 유역이다.
- 대체로 기후가 온화하고 넓은 평야가 분포하여 산업과 도시 발달에 유리한 지역에는 인구가 밀집해 있다. 반면, 기후나 지형이 생활에 적합하지 않거나 경제 활동에 불리하고 교통이 불편한 지역 등은 인구가 적게 분포한다.

| 보기 분석 |

ㄱ 서부 유럽 지역(A)은 일찍이 산업이 발달하여 인구 밀도가 높다.
ㄴ 러시아의 시베리아 지역(B)은 겨울에 몹시 추워 인구 밀도가 낮다.
ㄷ. 중국 남부 및 인도차이나반도 지역(C)은 옛날부터 벼농사가 활발하여 인구 밀도가 높다.
ㄹ. 아마존강 유역(D)에는 열대림이 분포하여 인구 밀도가 낮다.

02 정답 ④ * 지역(대륙)별 인구 규모 변화

| 문제 + 자료 분석 |

- 지도는 지역(대륙)별 인구 규모 변화를 예측한 것이다. 아프리카와 아시아 등은 인구가 증가하게 되지만, 유럽은 인구가 감소하게 된다.

| 선택지 분석 |

① 유럽은 저출생으로 인구가 감소할 전망이다.
② 인구 증가율은 아프리카가 오세아니아보다 더 높게 나타난다.
③ 유럽을 제외한 모든 지역(대륙)에서 인구가 증가하므로 2015년에 비해 2060년의 세계 인구는 증가할 것이다.
④ 2015년 대비 2060년의 인구 성장률이 가장 높은 지역(대륙)은 아프리카이다. 이를 통해 여성 1인당 출생아 수는 아프리카가 가장 많을 것이라는 것을 알 수 있다.
⑤ 2015년과 2060년의 인구 최대 지역(대륙)은 아시아로 동일하다.

03 정답 ③ * 선진국과 개발 도상국의 인구 특징

| 문제 + 자료 분석 |

- (가): 유소년층 인구 비중이 노년층 인구 비중보다 높은 개발 도상국
- (나): 노년층 인구 비중이 유소년층 인구 비중보다 높은 선진국

| 선택지 분석 |

③ 선진국은 개발 도상국보다 유소년층 인구 비중이 낮으므로 답의 후보군은 C, D, E이다.
선진국은 개발 도상국보다 1인당 국내 총생산이 많으므로 C, D, E 중에서 답의 후보군은 C, D이다.
선진국은 개발 도상국보다 여성 1명당 출생아 수가 적으므로 C, D 중에서 답은 C이다.

✱ 선진국과 개발 도상국의 인구 구조 비교

	선진국	개발 도상국
출생률	낮음	높음
평균 기대 수명	김	짧음
유소년층 인구 비중	낮음	높음
노년층 인구 비중	높음	낮음

04 정답 ③ ＊ 선진국과 개발 도상국의 인구 특징

| 문제 + 자료 분석 |

- (가)는 (나)보다 0~14세의 유소년층 인구 비중이 높은 반면, 65세 이상의
  노년층 인구 비중이 낮다. 따라서 (가)는 개발 도상국이고, (나)는 선진국이다.

| 보기 분석 |

ㄱ. 북유럽 국가들은 대부분 선진국에 해당하므로 개발 도상국인 (가)가
  북유럽에 위치한다고 볼 수 없다.
ㄴ. 선진국인 (나)는 인구 변천 모형의 4단계(인구 성장 감소)에 해당할 것이다.
ㄷ. 개발 도상국인 (가)는 선진국인 (나)보다 산업 구조의 고도화 수준이
  낮으므로 1차 산업 종사자의 비중이 높을 것이다.
ㄹ. 선진국인 (나)는 개발 도상국인 (가)보다 경제 발달 수준이 높으므로
  1인당 국내 총생산(GDP)이 많을 것이다.

05 정답 ⑤ ＊ 인구의 국제 이동

| 문제 + 자료 분석 |

- 라틴 아메리카에서 미국으로 이주하는 것은 노동자의 이주, 즉 경제적
  이동에 해당한다.

| 선택지 분석 |

① 지도에 나타난 국제 이동은 경제적 이동에 해당한다.
② 노동자의 유출국은 대부분 개발 도상국 및 저개발국이다.
③ 라틴 아메리카는 인구가 유출되고 있는 지역이다. 지도에서 인구가
  유입되고 있는 지역은 고용 기회가 많고 임금 수준이 높은 미국이다.
④ 노동자는 노동이 가능한 연령대가 대부분을 차지하므로 청장년층의
  비중이 높다.
⑤ 경제적 이동의 이주민들은 대부분 저임금 노동자로 단순 노동 직종에
  종사한다. 이들은 임금 수준이 높고 일자리가 많은 선진국으로 이동한다.

06 정답 ② ＊ 인구 변천 모형

| 문제 + 자료 분석 |

- 제시된 그래프의 2단계와 3단계에서 인구의 자연 증가를 관찰할 수 있다.

| 선택지 분석 |

② 2단계에서는 의학 기술이 발달하고 생활 수준이 향상하면서 인구가
  폭발적으로 증가한다. 3단계에서는 가족계획과 가치관의 변화로
  출생률이 급격하게 감소하지만, 출생률이 사망률보다 높아 인구가 천천히
  증가하는 모습을 보인다.
①, ④ 1단계는 출생률과 사망률이 모두 높은 단계로, 인구의 증가율이 낮다.
③, ⑤ 4단계는 출생률과 사망률이 모두 낮아 인구가 정체되는 단계이다.
  5단계에서는 출생률이 사망률보다 낮아 인구가 감소하는 단계로, 현재
  일부 선진국에서 이러한 모습을 볼 수 있다.

＊ 인구 변천 모형

단계	1	2	3	4	5
출생률	매우 높음	매우 높음	급격히 감소함	매우 낮음	매우 낮음
사망률	매우 높음	급격히 감소함	완만히 감소함	매우 낮음	매우 낮음
인구 성장	정체함	증가함	증가함	정체함	감소함

07 정답 ③ ＊ 인구 변천 모형

| 문제 + 자료 분석 |

- 인구 변천 모형은 경제 성장에 따른 출생률과 사망률의 변동을 단계별로
  보여주고 있다.

| 선택지 분석 |

① 1단계는 질병, 자연재해, 기근 등으로 사망률 변동이 큰 단계로, 출생률과
  사망률이 모두 높아 인구 증가율이 낮다.
② 2단계에서는 의학 기술이 발달해 사망률이 감소하면서 인구가 급속도로
  성장한다.
③ 3단계에서는 산아 제한 정책, 여성의 사회적 진출 등으로 출생률이
  감소하면서 인구 증가율이 둔화된다.
④ 4단계는 낮은 출생률, 낮은 사망률로 인구 증가율이 낮다.
⑤ 5단계는 저출생으로 인한 인구의 자연적 감소가 나타나는 단계로, 일부
  선진국에서는 인구 고령화와 맞물리며 인구가 감소한다.

08 정답 ② ＊ 청년 세대와 노년 세대의 걱정 차이

| 문제 + 자료 분석 |

- (가)에는 노년층의 실질적인 어려움이 들어가야 한다.

| 보기 분석 |

ㄱ. 나이가 들면 노화 현상이 일어나 몸이 아픈 경우가 많다.
ㄴ. 소득이 부족해서 결혼을 하고 아이를 갖는 걸 고민하는 것은 청년 세대의
  걱정에 해당한다.
ㄷ. 노인들은 병원에 자주 다니기 때문에 의료 비용이 많이 든다.
ㄹ. 보육 환경의 부족, 높은 사교육비는 현재 어린 자녀를 키우고 있는 세대의
  걱정에 해당한다.

09 정답 (가) 인도, (나) 덴마크

| 문제 + 자료 분석 |

- (가): 둘만 낳기 캠페인으로 출산을 억제하고자 함 → 인구 과잉 문제가
  심각한 인도
- (나): 출산 휴가 연장, 주당 근로 시간 단축 등 출산 장려 정책을 시행하고
  있음 → 저출생 고령화 문제가 심각한 덴마크

10 핵심 키워드: 낮은 출생률, 노년층 비중 높음, 3차 산업 비중 높음

모범 답안 덴마크는 인도보다 출생률이 낮고 노년층 인구 비중이 높으며,
3차 산업 종사자 비중이 높다.

| 문제 + 자료 분석 |

- 저출생과 고령화 문제가 심각한 선진국은 개발 도상국보다 출생률이 낮고
  노년층 인구 비중이 높다.
- 산업화 · 도시화가 먼저 일어난 선진국은 개발 도상국보다 3차 산업
  종사자 비중이 높다.

＊ 채점 기준

인도와 비교한 덴마크의 상대적 특징을 세 가지 측면에서 모두 정확하게 서술한 경우	100 %
인도와 비교한 덴마크의 상대적 특징을 두 가지 측면에서만 정확하게 서술한 경우	60 %

01   정답 ②   *화석 에너지

| 문제 + 자료 분석 |

- 세계의 에너지 자원 소비 구조를 살펴보면 석유, 석탄, 천연가스 순으로 소비량이 많다. 따라서 **A**는 석유, **B**는 석탄, **C**는 천연가스이다.

| 선택지 분석 |

① 고생대 지층에 주로 매장되어 있는 건 **B** 석탄이다. **A** 석유는 주로 신생대 제3기 배사 구조의 지층에 매장되어 있다.
② **B** 석탄은 산업 혁명기에 증기 기관의 연료로 이용되었다.
③ 화학 공업의 원료로 주로 이용되는 건 **A** 석유이다. **C** 천연가스는 발전 및 난방을 위해 주로 이용된다.
④ 국제 이동량이 가장 많은 건 **A** 석유이다. 석유는 세계 매장량의 절반이 서남아시아의 페르시아만 주변에 분포하는 자원으로, 편재성이 커서 국제 이동량이 많다.
⑤ **C** 천연가스는 **A** 석유, **B** 석탄에 비해 연소 시 대기 오염 물질 배출량이 적다.

02   정답 ③   *화석 에너지의 지역별 분포

| 문제 + 자료 분석 |

- **(가)**: 사우디아라비아, 미국, 러시아가 주요 수출국 → 석유
- **(나)**: 카타르, 러시아, 미국이 주요 수출국 → 천연가스

| 선택지 분석 |

① 석유(가)는 액체 상태로, 천연가스(나)는 기체 상태로 채굴된다.
② 석유(가)는 천연가스(나)보다 연간 소비량이 많다.
③ 석유(가)는 천연가스(나)보다 연소 시 대기 오염 물질의 배출량이 많다.
④ 석유(가)는 천연가스(나)보다 수송용 연료로 많이 이용된다.
⑤ 석유(가)와 천연가스(나) 모두 화석 에너지에 해당한다.

03   핵심 키워드: 석유, 편재성, 자원 민족주의

모범 답안   서남아시아 및 러시아의 수출량이 많고, 동부 아시아, 유럽, 북아메리카의 수입량이 많은 자원은 석유이다. 석유는 페르시아만과 그 주변 국가에 집중적으로 매장되어 있어 석유 자원의 편재성과 관련하여 자원 민족주의를 유발하기도 하였다.

| 문제 + 자료 분석 |

- 석유는 신생대 제3기 배사 구조의 지층에 주로 매장되어 있으며, 특히 서남아시아에 세계 석유의 50% 가까이가 매장되어 있다.

＊채점 기준

자원의 이름을 쓰고, 자원의 편재성 측면에서 문제점을 설명한 경우	100 %
자원의 이름을 쓰고, 자원 민족주의를 언급한 경우	40 %

＊자원의 특성

유한성	화석 연료와 같은 자원은 매장량이 한정되어 있어 언젠가는 고갈됨
편재성	서남아시아에 집중적으로 매장된 석유와 같이 일부 자원은 지구상에 고르게 분포하지 않고 특정 지역에 치우쳐 분포함
가변성	검은 물에 불과했던 석유가 소비량이 많은 에너지가 된 것처럼 기술·경제·문화적 조건에 따라 자원의 의미와 가치는 변화함

04   정답 ④   *화석 에너지

| 문제 + 자료 분석 |

- **(가)**: 미국과 러시아에서 많이 생산됨 → 천연가스
- **(나)**: 중국에서 가장 많이 생산됨 → 석탄
- **(다)**: 미국과 사우디아라비아에서 많이 생산됨 → 석유

| 보기 분석 |

ㄱ. (가) 천연가스는 냉동 액화 기술의 발달로 운반이 편리해져 국제 이동량이 급증하였다.
ㄴ. (나) 석탄은 주로 제철 공업이나 화력 발전 등을 위해 이용된다.
ㄷ. (다) 석유는 편재성이 커서 국제 이동량이 많은 자원이다. 석유는 서남아시아에 집중적으로 매장되어 있다.
ㄹ. 사용한 역사가 가장 긴 자원은 (나) 석탄이다. 석탄은 화석 연료 중 가장 먼저 상용화된 자원으로, 산업 혁명 시기에 증기 기관의 연료로 사용되었다.

05   핵심 키워드: 신생대 제3기 배사 구조, 고생대

모범 답안   (가) 천연가스와 (다) 석유는 주로 신생대 제3기 배사 구조의 지층에 매장되어 있다. (나) 석탄은 주로 고생대 지층에 매장되어 있다.

| 문제 + 자료 분석 |

- 석탄은 주로 고생대 지층에 매장되어 있고, 다른 에너지 자원보다 비교적 넓은 지역에 분포하고 있다.
- 석유와 천연가스는 지층이 수평 방향으로 누르는 횡압력을 받아 위로 볼록하게 휘어진 배사 구조에 많이 매장되어 있다.

＊채점 기준

세 에너지 자원이 매장되어 있는 지층을 모두 정확히 서술한 경우	100 %
세 에너지 자원 중 두 자원이 매장되어 있는 지층을 정확히 서술한 경우	60 %

06   정답 ②   *화석 에너지

| 문제 + 자료 분석 |

- A, C보다 세계 1차 에너지 소비량에서 소비량이 많은 **B**는 석유이다.
- A는 C보다 연소 시 대기 오염 물질 배출량이 적으므로 **A**는 천연가스, **C**는 석탄이다.

| 선택지 분석 |

① 1차 에너지원 중 소비량이 두 번째로 많은 자원은 **C** 석탄이다. **A** 천연가스는 **C** 석탄 다음으로 소비량이 많다.
② **B** 석유의 주요 수출국은 미국과 사우디아라비아이다.
③ **A** 천연가스, **B** 석유는 모두 신생대 제3기 배사 구조의 지층에 주로 매장되어 있다.
④ 냉동 액화 기술의 발달로 국제 이동량이 증가한 것은 **A** 천연가스이다.
⑤ **C** 석탄은 화석 연료 중 가장 먼저 상용화된 자원이다.

＊주요 화석 에너지의 특징

석탄	• 주로 산업용(제철 공업용, 발전용 등)으로 이용 • 고생대 지층에 매장되어 있음 • 국제 이동량이 적음
석유	• 주로 수송용, 산업용으로 이용 • 신생대 제3기 배사 구조의 지층에 주로 매장되어 있음 • 자원의 편재성이 커서 석탄에 비해 국제 이동량이 많음 • 세계에서 소비량이 가장 많음
천연가스	• 주로 산업용, 가정용으로 이용됨 • 신생대 제3기 배사 구조의 지층에 주로 매장되어 있음 • 냉동 액화 기술의 발달로 소비량이 급증함 • 석탄, 석유보다 연소 시 대기 오염 물질의 배출량이 적음

 정답 ④ * 화석 에너지

| 문제 + 자료 분석 |

• (가): 북아메리카, 유럽에서 생산량이 높음 → 천연가스
• (나): 아시아 · 태평양에서 생산 비중이 가장 높음 → 석탄

| 선택지 분석 |

④ (가)는 미국과 러시아가 포함된 북아메리카와 유럽에서 생산량이 높게
나타나므로 천연가스이다. (나)는 중국이 포함된 아시아 · 태평양에서
생산 비중이 가장 높게 나타나므로 석탄이다.
①, ②, ③, ⑤ 석유는 사우디아라비아가 포함된 서남아시아에서 많이
생산된다.

08 정답 ⑤ * 천연가스와 석탄

| 문제 + 자료 분석 |

• (가)는 천연가스, (나)는 석탄이다.

| 보기 분석 |

ㄱ. (가) 천연가스는 주로 발전과 난방에 이용된다. 주로 수송용으로 이용되는
에너지 자원은 석유이다.
ㄴ. (나) 석탄은 주로 고생대 지층에 매장되어 있다. 신생대 지층에는
(가) 천연가스와 석유가 매장되어 있다.
ㄷ. (가) 천연가스는 (나) 석탄에 비해 가정용 연료로 많이 사용된다.
(나) 석탄은 제철 공업, 화력 발전과 같은 산업용 연료로 많이 사용된다.
ㄹ. (나) 석탄은 (가) 천연가스보다 세계에서 소비되는 양이 많다. 화석 연료의
소비량은 석유, 석탄, 천연가스 순으로 많다.

09 정답 ② * 온실가스 배출권 거래제

| 문제 + 자료 분석 |

• 온실가스 배출권 거래제란 정부가 온실가스를 배출하는 사업장에게
연 단위로 온실가스 배출량을 할당하고, 실제로 배출한 온실가스 양을
측정하여 여분 또는 부족분의 배출권에 대해 거래를 허용하는 제도이다.

| 보기 분석 |

ㄱ. 그림에 나타난 제도는 온실가스 배출권 거래제이다.
ㄴ. 온실가스 배출권 거래제는 지속가능한 발전을 위해 환경을 보호하기
위해서 시행되는 제도이다.
ㄷ. 온실가스 배출권 거래제는 온실가스 감축을 목표로 하는 제도이므로,
온실가스를 배출하는 화석 연료의 사용을 줄이는 데 도움이 된다.
ㄹ. 윤리적 소비는 소비자가 윤리적 가치 판단에 따라 상품이나 서비스를
구매하는 것이다. 온실가스 배출권 거래제는 윤리적 소비 장려와 거리가
멀다.

10 정답 ② * 탄소 발자국

| 문제 + 자료 분석 |

• 탄소 발자국은 인간이 활동하거나 상품을 생산하고 소비하는 과정에서
발생하는 이산화 탄소의 총량을 의미한다.
• 탄소 발자국을 줄이기 위해서는 친환경적인 생활 방식을 실천하며 자원과
에너지를 절약해야 한다.

| 보기 분석 |

ㄱ. 휴대 전화 사용 시간을 최소화하면 탄소 발자국을 줄일 수 있다.
ㄴ. 손을 말릴 때에는 손 건조기를 사용하는 것보다 종이 수건을 사용하는
것이 바람직하다. 종이 수건 대신 손수건을 사용하면 더 좋다.
ㄷ. 물을 끓일 때에는 전기 주전자를 사용하는 것보다 가스레인지에서
주전자로 약하게 끓이는 것이 바람직하다.
ㄹ. 실내조명에 에너지 절약형 전구를 설치하면 탄소 발자국을 줄일 수 있다.

---

15 미래 사회와 세계시민으로서의 삶 문제편 204~205p

01 정답 ② * 국가 간 협력과 갈등

| 문제 + 자료 분석 |

• ㉠: 미래에는 국제기구의 활동과 국가 간 협력을 통해 국가 간 분쟁을
해결할 것이다.
• ㉡: 미래에는 국가 간 경쟁이 치열해지며 국가 간 분쟁이 심화될 것이다.

| 보기 분석 |

ㄱ. 정치적 협력을 통해 난민 문제를 해결하고자 하는 것은 국가 간 협력
사례에 해당한다.
ㄴ. 3D 프린팅 기술을 활용해 소고기 대체육을 생산할 수 있게 되는 것은
과학기술 발전의 긍정적인 측면에 해당한다.
ㄷ. 자원 확보를 둘러싸고 국가 간 전쟁 가능성이 높아지는 것은 국가 간
분쟁이 심화되는 사례에 해당한다.
ㄹ. 생명 복제로 인해 인간 정체성이 혼란이 생기는 등의 윤리적 문제는
과학기술 발전의 부정적인 측면에 해당한다.

02 정답 ② * 이산화 탄소 포집 및 저장 기술

| 문제 + 자료 분석 |

• 이산화 탄소 포집 및 저장 기술이란 화석 연료를 사용할 때 발생하는
이산화 탄소를 포집하여 땅속에 저장하는 기술이다.

| 보기 분석 |

ㄱ, ㄷ. 이산화 탄소 포집 및 저장 기술이 활성화되면 대기 중 이산화 탄소를
줄여주기 때문에 지구 온난화 현상이 완화된다.
ㄴ. 이산화 탄소 포집 및 저장 기술이 활성화되더라도 화석 에너지의
이용량이 감소한다고 보기는 어렵다.
ㄹ. 이산화 탄소 포집 및 저장 기술의 활성화와 공해 산업의 국가 간 이전은
직접적인 관련이 없다.

* 이산화 탄소 포집 및 저장 기술

> 이산화 탄소 포집 및 저장 기술은 대표적인 기후변화 대응 기술 중 하나이다.
> 주로 발전소, 제철소 등에서 나오는 배기가스에서 이산화 탄소를 포집하며,
> 포집한 이산화 탄소는 액체로 만들어 파이프라인, 트럭, 배로 운송한다. 이후,
> 이산화 탄소를 땅속이나 바닷속에 묻어 저장하고, 산업 활동에 이용한다.

03 핵심 키워드: 실업, 유전자 조작 및 복제

모범 답안 인공 지능과 로봇 기술의 발전으로 인간의 일자리가 사라져
실업 문제가 심각해질 수 있다. 그리고 생명 공학 기술의 발달로 유전자
조작 및 복제에 따른 윤리적 문제가 발생할 것이다.

| 문제 + 자료 분석 |

• 과학기술의 발전은 인간의 활동 범위를 넓혀주고 인간의 삶의 질을
향상시켜주지만, 실업 문제, 유전자 조작 및 복제 문제 등 새로운 문제를
발생시키기도 한다.

* 채점 기준

인공지능과 로봇, 생명 공학 기술의 발달의 부정적인 측면을 모두 정확히 서술한 경우	100 %
인공지능과 로봇, 생명 공학 기술의 발달의 부정적인 측면 중 한 가지만 정확히 서술한 경우	50 %

04 정답 ⑤ *과학기술의 발전

| 문제 + 자료 분석 |

- (가) 사물 인터넷: 사물에 통신, 센서 기능을 장착해 실시간으로 정보를 모으고 스스로 정보를 주고받을 수 있도록 하는 기술
- (나) 딥 러닝: 자체 인공 신경망 구조로 데이터를 스스로 학습하는 기술
- (다) 하이퍼루프: 진공 튜브 내에 차량을 띄워 빠른 속도로 이동하는 초고속 자기 부상 열차

| 선택지 분석 |

① 사물 인터넷의 발달로 사물과 사람이 연결되면서 초연결 사회가 다가오고 있다.
② 사물 인터넷과 같은 정보 통신 기술이 발달하면 사생활 침해 및 감시, 개인 정보 유출 문제가 발생할 수 있다.
③ 딥 러닝의 발전은 인공 지능 로봇의 성능을 높여 인간의 삶의 질을 향상시키는 데 도움을 준다.
④ 딥 러닝의 발전은 인공 지능 로봇의 성능을 향상시켜 사람의 일자리를 감소시킬 수 있다.
⑤ 하이퍼루프의 발달은 시간과 공간의 제약이 줄어들게 하여 사람들의 생활 범위를 확장시킨다.

05 정답 ① *과학기술의 발전

| 문제 + 자료 분석 |

- 제시문은 메타버스 이용자가 증가하면서 성범죄 피해도 심각해지는 현상을 말하며 메타버스 속 윤리 원칙의 필요성을 강조하고 있다.

| 보기 분석 |

ㄱ. 제시문은 메타버스 이용자가 늘어나며 메타버스에 성범죄 피해자가 많아지고 있다고 말하고 있다.
ㄴ. 제시문은 많은 사람이 메타버스를 안전하게 이용할 수 있도록 메타버스 속 윤리 원칙을 수립해야 한다고 본다.
ㄷ. 제시문은 가상 현실 기술의 발전으로 메타버스 속 아바타에 동질감을 느끼는 이용자가 증가하고 있다고 말하고 있다.
ㄹ. 제시문은 개인의 노력만으로 성범죄 문제를 해결할 수 없다고 보고 윤리 원칙의 수립을 강조하고 있다.

06 정답 ⑤ *생태환경의 변화

| 문제 + 자료 분석 |

- (가), (나)는 인간의 활동으로 생태계가 파괴되며 지구 온난화, 사막화 등 환경 문제가 발생하자 이에 대응하는 모습을 보여주고 있다.

| 선택지 분석 |

① (가)에서 환경 단체는 인류 전체의 이익을 위해 각국의 정부에 환경 문제에 대한 대응을 요구하고 있다.
② (나)에서 세계 여러 국가들은 국제 협약 체결, 기념 행사 개최 등 환경 문제를 해결하기 위해 협력하는 모습을 보여주고 있다.
③ (가), (나) 모두 세계시민 의식을 함양해 환경 문제에 대응하는 사람들의 모습을 보여주고 있다.
④ (가), (나) 모두 전 지구적 수준의 문제인 환경 문제를 해결하고자 움직이는 모습을 보여주고 있다.
⑤ (가), (나) 모두 환경 문제를 해결하여 바람직한 미래 사회를 만들기 위해 노력하는 모습을 보여준다.

07 정답 ② *생태환경의 변화

| 문제 + 자료 분석 |

- 제시문은 미래 사회에 자원의 소비량이 증가하면서 환경 오염 문제가 심각해질 것이고, 이는 인간의 생명을 위협할 것이라고 보고 있다.

| 보기 분석 |

ㄱ. 자원의 소비량이 증가하여 지구 온도가 상승하면 빙하가 녹아 북극 항로의 이용이 활발해질 것이다.
ㄴ. 미래 사회에 소수 국가가 경제를 독점하여 빈부 격차가 커지는 문제가 발생할 수 있으나, 제시문과는 거리가 멀다.
ㄷ. 환경 오염 문제가 심각해지고 생태계가 파괴되면 멸종 위기에 처하는 생물종의 수는 증가한다.
ㄹ. 미래 사회에 과학기술이 발전하면서 사생활 침해 및 감시 문제가 심각해질 수 있지만, 제시문과는 거리가 멀다.

08 핵심 키워드: 신·재생 에너지, 생물종 복원, 생명 공학

[모범 답안] 과학기술을 활용해 생태환경의 변화에 대응할 수 있다는 입장에서는 신·재생 에너지 관련 기술, 생물종 복원 기술, 식량 자원 생산성 향상을 위한 생명 공학 기술이 문제 해결 방안이 될 수 있다고 본다.

| 문제 + 자료 분석 |

- 발전된 과학기술은 생물 다양성의 감소, 식량 부족, 기후위기 등의 문제를 해결하는 데 도움을 줄 수 있다.

✱ 채점 기준

과학기술을 활용한 기후변화 문제 대응법을 두 가지 서술한 경우	100%
과학기술을 활용한 기후변화 문제 대응법을 한 가지 서술한 경우	50%

09 정답 ⑤ *세계시민으로서의 삶

| 문제 + 자료 분석 |

- 바람직한 미래 사회를 만들기 위해서는 인류 전체의 이익을 중시하며 전 지구적 수준의 문제에 대응하고, 서로의 차이를 존중하며 갈등을 해결해야 한다.

| 보기 분석 |

ㄱ. 미래 사회에는 지구 온난화에 따른 기후변화 문제가 심화되며 생태계가 악화될 것이다. 따라서 환경 오염으로 인한 생태계 파괴를 막기 위해 일상 속에서 에너지를 절약하는 습관을 들여야 한다.
ㄴ. 바람직한 미래 사회를 만들기 위해서는 개별 사회 집단의 이익을 넘어 인류 전체의 이익을 우선시해야 한다.
ㄷ. 바람직한 미래 사회를 위해서는 자유, 평등과 같은 인류의 보편적 가치를 중시하며 안정적인 발전을 꾀해야 한다.
ㄹ. 바람직한 미래 사회를 만들기 위해서는 스스로가 지역, 국가, 지구촌과 상호 연결된 세계시민임을 알고 사회 문제에 대응해야 한다.

10 정답 ① *세계시민으로서의 행동 실천

| 문제 + 자료 분석 |

- 세계시민 의식이란 자신이 지역, 국가, 지구촌과 상호 연결된 세계시민임을 인식하는 것이다.
- 세계시민은 자신이 지구촌과 상호 연결된 존재임을 알고 미래 사회의 바람직한 변화를 위해 움직여야 한다.

| 보기 분석 |

ㄱ. 세계시민으로서 아동 노동 근절 운동에 관심을 갖는 것은 바람직하다.
ㄴ. 동물의 털이나 가죽으로 만든 '깨끗하지 않은 옷'은 구매하지 않는 것이 좋다.
ㄷ. 세계시민으로서 공정 무역을 통해 생산된 제품을 구매하면, 제3세계의 가난한 사람들을 도와줄 수 있다.
ㄹ. 해외여행을 어떤 방식으로 가느냐에 따라 세계시민으로서의 행동 실천 여부가 달라진다. 공정 여행이 바람직하다.

2028학년도 대학수학능력시험 예시문항(1차)

[2024년 9월 26일 발표]   문제편 208~212p

01 정답 ④   ★ 아리스토텔레스와 에피쿠로스의 행복론 ·········· 2028 대비 수능 예시 1(1차)

행복에 대한 서양 사상가 갑, 을의 입장으로 옳은 것만을 〈보기〉에서 있는 대로 고른 것은?

[보기]

ㄱ. 갑 : 행복은 인간의 모든 행위의 궁극적인 목적이다.
　　최고선
ㄴ. 갑 : 유덕함이 행복을 증진하지만 행복의 필수 조건은 아니다.
　　　　　　　　　　　　　　　　　　　　이다
ㄷ. 을 : 모든 고통이 제거되면 쾌락은 더 이상 증가하지 않는다.
　　소극적 쾌락주의
ㄹ. 갑과 을 : 이성의 능력을 발휘해야 행복에 이를 수 있다.
　　갑(아리스토텔레스) : 덕 함양, 을(에피쿠로스) : 욕구 분별

① ㄱ, ㄴ　　② ㄱ, ㄹ　　③ ㄴ, ㄷ　　④ ㄱ, ㄷ, ㄹ　　⑤ ㄴ, ㄷ, ㄹ

| 문제+자료 분석 |

- **갑** 아리스토텔레스: 잘 달리는 말이 훌륭하고 덕스러운 말인 것처럼 이성을 발휘하고 그에 따르는 사람은 훌륭하고 유덕할 뿐 아니라 행복을 누림
- **을** 에피쿠로스: 불필요한 욕구를 충족하는 데 애쓰기보다는 욕구를 조절하고 고통을 줄이는 것이 행복을 증진하는 데 기여함

| 보기 분석 |

ㄱ 갑(아리스토텔레스)은 행복을 자족적이면서도 완전한 것이자 최종적인 목적이라고 본다. 행복을 향유하는 사람은 다른 것을 필요로 하지 않을뿐더러 다른 무언가를 위해 행복을 수단으로 삼지 않기 때문이다.

ㄴ. 갑(아리스토텔레스)은 행복하기 위해서는 덕을 갖추어야 한다고 보므로, 유덕함은 행복의 필수 조건이다.

ㄷ 을(에피쿠로스)은 더 많은 욕구를 충족하여 더 큰 쾌락을 적극적으로 획득하라고 요구하지 않는다. 그보다는 욕구를 충족하지 않아서 생기는 고통을 줄이는 데 초점을 두고, 불필요한 욕구를 절제하여 고통을 줄여야 한다는 소극적 쾌락주의를 주장한다.

ㄹ 갑(아리스토텔레스)은 인간 고유의 기능인 이성을 발휘하여 덕을 갖추어야만 행복할 수 있다고 본다.
을(에피쿠로스)은 이성을 발휘하여 추구할 만한 욕구와 그렇지 않은 욕구를 구별함으로써 고통이 없는 쾌락의 상태, 즉 행복을 획득할 수 있다고 본다.

02 정답 ③   ★ 인간 중심주의와 생태 중심주의 ·········· 2028 대비 수능 예시 2(1차)

(가)의 갑, 을 사상가들의 입장에서 (나)의 ㉠ 지역 개발에 대해 제시할 견해로 가장 적절한 것은?

(가)
단서
갑: 인간의 지식이 곧 인간의 힘이다. 우리는 자연을 연구하여 이리저리 방황하는 자연의 자취를 마치 사냥개처럼 추적할 수 있다.
단서　→ 베이컨(인간 중심주의)
을: 인간은 대지의 구성원이다. 어떤 것이 생명 공동체의 통합성, 안정성, 아름다움의 보존에 이바지한다면 그것은 옳고, 그렇지 않다면 그르다.
→ 레오폴드(생태 중심주의)

(나)
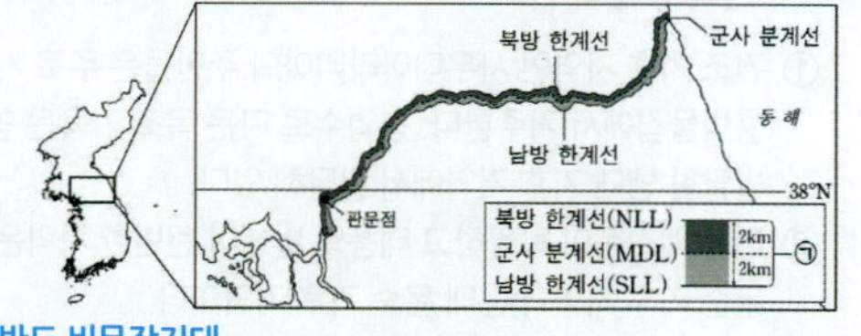

한반도 비무장지대
* ㉠ 지역은 1953년 7월 27일 체결된 '한국 군사 정전에 관한 협정'에 따라 무장이 금지된 완충 지대로 군대 주둔과 무기 배치, 군사 시설 설치가 금지되고 있다. 통일 이후 이 지역의 개발에 대해 다양한 견해가 제시되고 있다.

① 갑: 자연에 대한 지식을 이용할 권리가 인간에게 없음을 알아야 한다.
　　　　　　　　　　　　　　　　　　　　　　있음
② 갑: 경제적 이익을 위한 개발에 앞서 자연을 도덕적으로 고려해야 한다.
　　　　　　　　　　　　　　　　　　이익 실현의 도구
③ 을: 한반도 생태계의 균형 유지를 지역 개발보다 중시해야 한다.
　　생태계의 도덕적 지위 존중
④ 을: 남북한 주민의 경제적 이익 증진을 궁극적 목적으로 삼아야 한다.
　　　　　　　남북한의 생태계 보호
⑤ 갑과 을: 현세대와 미래 세대는 생태계의 선(善)을 위해 협력해야 한다.
　　갑(베이컨): 생태계 선 고려 X, 을(레오폴드): 미래 세대의 협력 요구 X

| 문제+자료 분석 |

- **갑** 베이컨: 자연을 인간의 이익 획득을 위한 도구로 간주하고, 그로부터 이익을 획득하기 위해서는 자연에 대한 지식이 요구됨
- **을** 레오폴드: 인간은 생태계의 지배자가 아니라 구성원에 불과하므로 생태계를 경제적인 관점뿐 아니라 윤리적·심미적 관점에서도 바라보아야 함
- ㉠(한반도 비무장지대): 오랜 기간 사람의 손길이 닿지 않아 자연이 야생 그대로 보존되어 있음

| 선택지 분석 |

① 갑(베이컨)은 자연의 특징과 원리를 파악하여 인간에게 유용한 방식으로 활용해야 한다고 본다.
② 갑(베이컨)은 자연을 인간의 이익을 위한 도구로 간주해야 한다고 본다.
③ 을(레오폴드)은 생태계의 도덕적 지위를 존중하므로, 한반도 비무장지대의 개발보다는 생태계 보존을 중시해야 한다고 본다.
④ 을(레오폴드)은 대지의 안정성과 통합성을 유지하는 것을 강조하므로, 남북한의 생태계를 보호하는 일을 궁극적 목적으로 삼는다.
⑤ 갑(베이컨)은 생태계의 선이 아니라 인간의 이익을 중시한다. 을(레오폴드)은 생태계의 선을 중시하기는 하지만, 아직 태어나지 않은 미래 세대가 생태계 보호를 위해 현세대와 협력해야 한다고 주장하지는 않는다.

★ 인간 중심주의와 생태 중심주의 비교

인간 중심주의	생태 중심주의
・이분법적 관점: 인간과 자연을 분리된 존재로 바라봄 ・자연의 도구적 가치 강조: 자연을 인간의 풍요로운 삶을 위한 도구로 봄	・전일론적 관점: 자연을 다양한 구성원이 유기적으로 엮여 있는 생태계로 간주함 ・자연의 내재적 가치 강조: 자연이 그 자체로 가치를 지니고 있다고 봄

예시 1차

[03~04] 다음 지도를 보고 물음에 답하시오.

그래프는 지도에 표시된 두 지역과 서울의 기후 값 차이를 나타낸 것이다. 이에 대한 설명으로 옳은 것은? (단, 그래프의 A, B는 각각 지도에 검은 점으로 표시된 두 지역 중 하나임.)

단서 서울과의 1월 평균 기온 차이: A＞B
북반구가 여름인 6~8월 강수량의 차이: A＜B

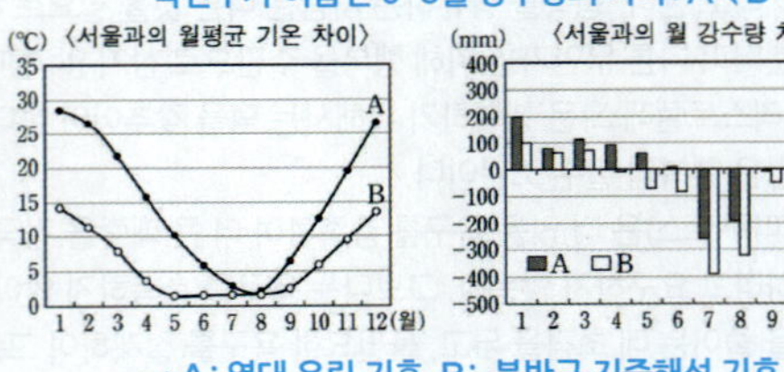

→ A: 열대 우림 기후, B: 북반구 지중해성 기후

① ~~A~~ 에서는 올리브 등을 재배하는 수목 농업이 주로 이루어진다.
　B

② B는 서울보다 여름 강수 집중률이 ~~높다.~~
　　　　　　　　　　　　　　　낮다.

③ ~~B~~ 에서는 지면의 열과 습기 차단에 유리한 고상 가옥이 발달했다.
　A

④ ~~A는 B보다~~ 여름에 더 건조하다.
　B는 A보다

⑤ A와 B는 모두 서울보다 연평균 기온이 높다.
　　모든 달에 서울과의 월평균 기온 차이 값이 양(+)의 값을 기록함

- A : 1월에 서울과의 월평균 기온 차이가 B보다 크므로 1월 평균 기온이 높고, 6~8월에 서울과의 강수량 차이가 B보다 작으므로 6~8월의 강수량이 많음 → 연중 고온 다습한 열대 우림 기후 지역

- B : 1월에 서울과의 월평균 기온 차이가 A보다 작으므로 1월 평균 기온이 낮고, 6~8월에 서울과의 강수량 차이가 A보다 크므로 6~8월의 강수량이 적음 → 아열대 고압대의 영향으로 여름인 6~8월이 고온 건조한 북반구 지중해성 기후 지역

| 선택지 분석 |

① 올리브 등을 재배하는 수목 농업은 여름이 고온 건조한 **B** 지중해성 기후 지역에서 활발하다.

② 북반구 지중해성 기후 지역은 여름인 6~8월에 아열대 고압대의 영향을 받아 건조하다. 반면 냉대 겨울 건조 기후 지역인 서울은 여름인 6~8월에 바다로부터 불어오는 다습한 여름 계절풍의 영향을 받아 강수가 집중된다. 따라서 지중해성 기후 지역은 서울보다 여름 강수 집중률이 낮다.

③ 지면의 열과 습기 차단에 유리한 고상 가옥이 발달한 지역은 연중 고온 다습한 **A** 열대 우림 기후 지역이다.

④ 열대 우림 기후 지역은 연중 적도 수렴대의 영향을 받아 비가 많이 내린다. 반면 지중해성 기후 지역은 여름에 아열대 고압대의 영향을 받아 건조하다.

⑤ 서울과의 월평균 기온 차이를 나타낸 그래프를 보면 두 지역 모두 모든 달에 서울과의 월평균 기온 차이 값이 양(+)의 값을 기록했으므로 모든 달의 평균 기온이 서울보다 높다. 따라서 두 지역은 모두 서울보다 연평균 기온이 높다.

다음은 위 지도의 (가) 국가에 대한 여행 일지이다. 이에 대한 설명으로 옳은 것은?

여행 일지　　　　　　　　　20○○.○○.○○.
사우디아라비아
　건조 문화권에 속하는 이슬람 국가인 ＿(가)＿ 에 도착하였다. 여행 전 조사를 통해 ㉠ 이슬람교가 7세기 초 무함마드에 의해 창시되었고 이슬람교를 믿는 사람들이 기도와 금식, 순례 등을 행한다는 것을 알게 되었다. 입국 수속을 마치고 숙소로 이동하여 짐을 푼 후 식사를 위해 도심으로 들어왔다. 때마침 기도 시간인지, 이동하는 사람들의 행렬을 따라가니 이슬람 사원인 모스크에 당도하게 되었다.
　최초의 모스크는 간격을 두고 기둥을 세워 기도하기 위한 그늘을 만들고 바닥에 자갈과 모래를 끼는 정도였다고 한다. 이후 ㉡ 비잔티움 제국에서 교회 건축에 사용되었던 돔 양식을 모스크 건축에 도입하였고, 아치와 첨탑, 거대한 돔을 갖춘 모스크 형태가 자리 잡게 되었다. 모스크 내부에는 성지의 방향을 나타내는 화려하게 장식된 미흐랍이라고 부르는 구조물이 있었다. … (하략)

(단서: ㉠ 이슬람교를 발명에 의한 문화 변동 / ㉡ 문화 융합 단서)

① (가)의 주민들은 주로 ~~침엽수~~ 로 지은 ~~목조~~ 가옥에 거주한다.
　　　　　　　　　　지붕이 평평한 흙벽돌집

② ~~(가)~~ 에서는 여름 계절풍이 탁월하고 태풍의 발생이 빈번하다.
　열대 몬순 기후 지역과 온대 몬순 기후 지역

③ ㉠은 ~~발견~~ 에 의한 문화 변동에 해당한다.
　　　발명

④ ㉡에는 서로 다른 문화 요소가 결합하여 새로운 문화가 형성된 문화 변동이
　문화 융합
나타나 있다.

⑤ ㉠과 ㉡ 모두에서 기존 문화의 정체성이 ~~단절되었다~~. 유지되고 있음

| 문제+자료 분석 |

- (가): 사우디아라비아 → 국토 대부분의 지역에서 연 강수량 500mm 미만의 건조 기후가 나타남
- ㉠: 이슬람교의 창시로 인한 문화 변동이 나타남
- ㉡: 이슬람 문화의 정체성을 유지하면서 비잔티움 제국의 문화 요소를 도입한 모스크 양식이 자리잡음 → 문화 융합

| 선택지 분석 |

① 건조 기후 지역인 사우디아라비아의 주민들은 주로 지붕이 평평한 흙벽돌집에서 거주한다. 침엽수로 지은 목조 가옥은 침엽수림대가 넓게 발달한 냉대 기후 지역에서 발달해 있다.

② 여름 계절풍이 탁월하고 태풍의 발생이 빈번한 지역은 아시아의 열대 몬순 기후 지역과 온대 몬순 기후 지역이다.

③ 이슬람교가 7세기 초 무함마드에 의해 창시되었고 이슬람교를 믿는 사람들이 기도와 금식, 순례 등을 행한다는 내용을 통해 이슬람교의 발명으로 문화 변동이 나타났다는 것을 알 수 있다.

④ 이슬람 문화의 정체성을 유지하면서 비잔티움 제국의 문화 요소를 도입한 모스크 양식은 문화 융합의 사례에 해당한다.

⑤ 이슬람교를 창시했다는 내용과 비잔티움 제국에서 교회 건축에 사용되었던 돔 양식을 이슬람교 모스크의 형태에 반영했다는 내용 모두 기존 문화의 정체성이 유지된 사례에 해당한다.

일반적으로 도시화 과정은 초기–가속화–종착의 3단계로 진행되고, 단계마다 도시화율과 도시 인구 증가율이 다르게 나타난다. 반면 도시화의 속도와 구체적 시기는 국가별로 다르다. 따라서 각 국가의 도시화 단계는 도시화율과 도시 인구 증가율을 통해 알 수 있다. 예를 들어 2022년 기준으로 도시화율은 일본, 한국, 타이, 네팔 순으로 높고, 도시 인구 증가율은 반대로 네팔, 타이, 한국, 일본 순으로 높다. 네팔은 도시화율이 21.5%로 가장 낮지만, 연평균 도시 인구

단서 도시 인구 수 < 촌락 인구 수

증가율은 3.8%로 가장 높아 가속화 단계에 진입하였음을 알 수 있다.

또한 도시화는 산업화 수준과도 밀접하게 관련되어 있다. 산업화가 고도화될수록 더 많은 사람들이 도시에 살게 되기 때문이다. 다음 그래프는 앞에서 언급한 네 나라의 2022년 경제 부문별 국내 총생산(GDP) 비율을 나타낸 것이다. 이 그래프를 통해 각 국가의 산업 부문별 비중을 알 수 있다.

〈4개국의 경제 부문별 국내 총생산 비율〉 (단위: %)

일본보다 농림어업의 비율이 높은 A - 타이

농림어업의 비율이 가장 낮은 B - 일본 **단서**

농림어업의 비율이 가장 높은 C - 네팔

World Bank(2022)

① A의 제조업 총부가가치액은 한국보다 ~~많다.~~ 적다.
② B는 한국보다 도시 인구수가 많다.
　　일본과 한국 모두 도시화율이 높지만 총인구는 일본이 한국보다 많기 때문
③ C는 도시 인구수가 촌락 인구수보다 ~~많다.~~ 적다.
④ A는 B보다 산업화가 시작된 시기가 ~~이르다.~~ 늦다.
⑤ 타이는 일본보다 국내 총생산에서 서비스업이 차지하는 비율이 ~~높다.~~ 낮다.

| 문제+자료 분석 |

- **A** : 한국과 같이 제조업의 비율이 높지만 한국과 **B**보다 농림어업의 비율이 높게 나타남 ⟶ 타이
- **B** : 제조업의 비율이 높은 편이고 한국보다 농림어업의 비율이 낮게 나타남 ⟶ 일본
- **C** : 네 국가 중 제조업의 비율이 가장 낮고 농림어업의 비율이 가장 높음 ⟶ 네팔

| 선택지 분석 |

① 타이는 한국보다 국내 총생산에서 제조업의 부가가치액이 차지하는 비율이 약간 높지만, 국내 총생산이 한국보다 훨씬 적다. 따라서 타이는 한국보다 제조업의 부가가치액이 적다.
② 도시화율은 총인구에서 도시 인구가 차지하는 비율이다. 일본과 한국은 도시화율이 90% 이상으로 높게 나타나지만 일본은 한국보다 총인구가 더 많다. 따라서 일본은 한국보다 도시 인구가 많다.
③ 남부 아시아의 개발 도상국인 네팔은 도시화율이 50% 미만으로 도시 인구가 촌락 인구보다 적다.
④ 동남아시아의 개발 도상국인 타이는 동아시아의 선진국인 일본보다 산업화가 시작된 시기가 늦으며 그로 인해 도시화율도 낮다.
⑤ 국내 총생산에서 서비스업이 차지하는 비율은 100%에서 제조업과 농림어업이 차지하는 비율을 빼면 구할 수 있다. 그래프를 보면 타이(**A**)는 일본(**B**)보다 국내 총생산에서 제조업과 농림어업이 차지하는 비율이 높으므로 서비스업이 차지하는 비율은 낮다.

(가)에 해당하는 권리에 대한 설명으로 옳은 것은?

위 그림은 산업 혁명 시기에 나타난 계급 간의 빈부 격차를 풍자한 것이다. 윗부분은 부유한 계급의 편안한 생활을, 아랫부분은 탄광에서 일하는 굶주린 노동자를 표현하였다. 이처럼 산업 혁명 이후 발달한 자본주의는 인간 생활의 물질적 향상을 가져왔지만 자본의 집중에 의한 빈부의 격차를 초래하였다. 궁핍과 빈곤으로 산업 혁명 이후 노동자들의 열악한 환경과 빈부 격차 (사회권의 등장 배경) 인해 기본적인 생활 수준을 영위하지 못하자 인간다운 생활을 가능하게 하는 사회권의 핵심 키워드 **단서** 물적 토대를 국가에 요구할 수 있는 권리인 ＿(가)＿ 의 보장이 요구되었다. 적극적 권리 사회권

① 미국 독립 선언에서 천명되었다.
　미국 독립 혁명 (사회권 등장 이전)
② 바이마르 헌법에 최초로 명시되었다.
　사회권
③ 프랑스의 인권 선언에 영향을 주었다.
　프랑스 혁명 (사회권 등장 이전)
④ 영국에서는 명예혁명을 계기로 실현되었다.
　　권리 장전 채택 (사회권 등장 이전)
⑤ 차티스트 운동 당시 인민헌장에 규정되었다.
　영국 노동자의 참정권 확대 운동 (사회권 등장 이전)

| 문제+자료 분석 |

- 산업 혁명 이후 노동자들의 열악한 근로 조건과 빈부 격차 등 심각한 사회 문제가 발생했다. 이에 따라 국가가 적극적으로 나서서 모든 국민들의 인간다운 삶을 보장할 것을 요구하는 사회권이 등장하였다.

| 선택지 분석 |

① 미국 독립 선언은 근대 시민 혁명 중 하나인 독립 혁명 과정에서 1776년에 발표되었다. 사회권이 최초로 명시된 것은 1919년 독일 바이마르 헌법이므로 틀린 설명이다.
② 사회권은 1919년 독일 바이마르 헌법에서 최초로 명시되었다.
③ 프랑스 인권 선언은 근대 시민 혁명 중 하나인 프랑스 혁명 과정에서 1789년에 발표되었다. 따라서 사회권이 등장하기 이전 시기에 해당하므로 사회권이 프랑스 인권 선언에 영향을 줄 수 없다.
④ 영국 명예혁명을 계기로 채택된 것은 의회가 제정한 권리 장전이다. 근대 시민 혁명 시기인 1689년에 승인된 것이므로 사회권이 등장하기 이전 시기이다.
⑤ 인민헌장은 1838년 영국 노동자들이 선거권 확대를 요구한 차티스트 운동 때 발표된 것이므로 사회권이 등장하기 이전 시기이다.

07 정답 ① ✱ 시장 실패

밑줄 친 ㉡을 통해 해결하고자 하는 ㉠의 발생 원인에 대한 설명으로 옳은 것은?

> 미국의 독립 혁명, 프랑스 혁명 등을 거쳐 확립된 근대 입헌주의 헌법은 시민 계급이 자유를 극대화하는 데 필요한 최소한의 질서 유지를 위해서만 국가의 물리적 강제력 행사를 허용하였다. 사적 자치의 원칙을 강조한 근대법 체제하에서는 개인의 자유로운 경제 활동이 최대한 보장되었지만, ㉠ 시장에서 — <u>시장경제의 특징</u>
> 자원이 효율적으로 배분되지 못하는 현상이 나타나게 되었다. 특히 상품의 생산 — 시장 실패
> 과정에서 배출되는 오염 물질로 인한 환경 피해의 경우 오염 물질의 방출이 — [단서] 외부 불경제
> 당시의 과학 기술 수준으로 피할 수 없는 경우라면 행위자의 과실이 인정되지 않아 피해자가 구제받을 수 없는 문제가 발생하게 되었다. 이에 왜곡된 — <u>다른 경제 주체에게 의도하지 않은 피해를 주고 대가를 치르지 않음</u>
> 시장경제 구조를 바로잡기 위해 국가의 개입을 인정하는 조항 등이 헌법에 자리 잡게 되었고, 환경 오염으로 피해가 발생한 경우 ㉡ <u>고의나 과실 여부와 관계없이 원인자에게 손해 배상 책임을 인정하는 입법</u>이 이루어졌다.

① 외부 불경제가 발생하여 시장 거래량이 사회적 최적 거래량보다 많아졌다.
   환경 오염 피해   과다 생산 문제
② 비경합성과 비배제성을 특성으로 하는 재화에 무임승차자의 문제가
   초래되었다.   공공재
③ 독과점 형태의 시장 구조로 인하여 부당한 공동 행위와 불공정 거래 행위가
   발생하였다.   사례와 관련 없음
④ 정보가 제한된 상황에서 정부의 시장 개입이 사회 후생 개선에 실패하는
   현상이 나타났다.   정부 실패 원인
⑤ 산업 자본주의 국가들이 자유 방임주의를 근거로 국가의 시장 개입을
   최소화하는 작은 정부를 추구하였다.   자유 방임주의 시장경제 원리

| 문제+자료 분석 |

- ㉠: 개인의 자유로운 경제 활동을 보장하는 시장경제 체제에서 자원의 비효율적 배분이 발생하는 현상이 발생함 → 시장 실패
- 상품 생산 과정에서 환경 오염 물질이 방출되어 주변 경제 주체에게 피해를 주고 이에 대한 대가를 치르지 않는 상황은 외부 불경제 사례이다.
- ㉡은 외부 불경제 상황을 해결하기 위해 환경 오염 피해 발생에 대한 대가를 치르도록 법을 만든 것이다.

| 선택지 분석 |

① 다른 경제 주체에게 입힌 의도하지 않은 피해에 대한 대가를 치르도록 하는 것은 시장 실패 중 외부 불경제를 해결하기 위함이다. 외부 불경제는 재화가 사회적으로 바람직한 최적 수준보다 많이 생산되어 거래되기 때문에 시장 실패를 발생시킨다.
② 비경합성과 비배제성을 특성으로 하는 재화는 공공재이며, 공공재 무임승차자 문제는 시장 실패의 발생 원인이지만 사례와는 관련이 없다.
③ 독과점으로 인한 불공정 거래 문제는 시장 실패의 발생 원인이지만 사례와는 관련이 없다.
④ 정부가 시장에 개입하였으나 사회 후생 개선에 실패하는 것은 시장 실패가 아니라 정부 실패의 발생 원인에 해당한다.
⑤ 시장 실패가 자유 방임주의 시장경제 체제에서 발생할 수 있는 것은 맞지만, 시장경제의 도입이 시장 실패의 직접적인 원인이라고 보기는 어렵다. 또한 ㉡은 외부 효과 해결에 대한 설명이므로 적절하지 않다.

---

08 정답 ① ✱ 청소년 노동권

(가)~(라)에 들어갈 수 있는 옳은 내용만을 〈보기〉에서 있는 대로 고른 것은?

> 헌법은 연소자의 근로에 대한 특별한 보호에 관해 규정하고 있습니다. 이처럼 청소년의 노동 인권 보호를 강조하는 이유를 사회 불평등의 관점에서 분석하고, <u>근로 기준법상 연소자 보호 규정</u>과 관련지어 설명해 봅시다.
> (가), (나), (라) → 근로 기준법의 규정 제시 [단서]
> — 교사

> 청소년은 신체적·정신적으로 근로를 감당할 능력이 부족하기 때문에 성인에 비해 불리한 위치에 있으므로 청소년 근로에 대한 보호와 우선적 배려가 요구됩니다. 따라서 근로 계약 체결 과정에서 연소자를 보호하기 위해 [(가)] 와/과 같은 규정을 마련하고 있으며, [(나)] 을/를 명시하여 업무에 있어 <u>안전과 건강에 대한 보호</u>를 하고 있습니다.

> 청소년은 [(다)] 을/를 이유로 사회적 소수자로 인정될 수 있으며 노동 인권을 침해받기도 합니다. 이에 친권자나 후견인 등에게 미성년자에게 불리한 근로 계약에 대한 해지권을 부여하고, 연소자의 근로 능력과 교육 시간 확보의 필요성 등을 고려하여 [(라)] 을/를 규정해 <u>근로 시간에 대한 특별한 보호</u>를 하고 있습니다.

[보기]

ㄱ. (가): 친권자 또는 후견인의 미성년자 근로 계약에 대한 대리 금지
   친권자 또는 후견인의 동의를 받아 미성년자가 직접 근로 계약 체결
ㄴ. (나): 도덕상 또는 보건상 유해·위험한 사업에 사용 금지
   피시방, 숙박업, 노래방 등 청소년 고용 금지 업소
ㄷ. (다): ~~후천적~~ 요인과 ~~수적~~ 열세로 인하여 노동 현장에서 다른 구성원으로부터
   선천적   권력
   차별을 받거나 부당한 처우의 대상이 됨
ㄹ. (라): 근로 시간이 4시간인 경우에는 사용자로 하여금 근로 시간 도중에
   30분 이상의 휴게 시간을 주도록 함   모든 근로자에게 적용

① ㄱ, ㄴ   ② ㄱ, ㄷ   ③ ㄷ, ㄹ   ④ ㄱ, ㄴ, ㄹ   ⑤ ㄴ, ㄷ, ㄹ

| 문제+자료 분석 |

- (가), (나), (라): 연소자 보호를 목적으로 한 근로 기준법상의 내용
- (다): 사회적 소수자의 정의에 입각하여 청소년이 사회적 소수자로 인정되는 이유

| 보기 분석 |

ㄱ. (가)에는 계약 체결 과정에서의 연소자 보호 규정이 들어가야 한다. 친권자 또는 후견인의 미성년자 근로 계약에 대한 대리 금지는 근로 기준법 제 67조에 명시되어 있다.
ㄴ. (나)에는 연소자 안전과 건강 보호에 관한 규정이 들어가야 한다. 근로 기준법 제 65조에 따라 만 18세 미만자를 도덕상 또는 보건상 유해·위험한 사업에 사용할 수 없다.
ㄷ. 사회적 소수자는 신체적 또는 문화적 특징으로 인해 주류 집단으로부터 불평등한 처우를 받는 사람들을 의미한다. 청소년이 신체적·정신적으로 근로 능력이 부족한 것은 주로 선천적 요인에 기인한 것으로 볼 수 있으며, 사회적 소수자는 수적으로 열세인 것과 무관하게 권력의 열세에 의해 규정되므로 적절하지 않은 설명이다.
ㄹ. 근로 시간이 4시간인 경우 30분 이상의 휴게 시간을 주는 것은 근로 기준법상 모든 근로자에게 적용되는 규정이다. (라)에는 연소자의 근로 시간에 대한 특별한 보호 내용이 들어가야 하므로 적절하지 않다.

09 정답 ③ ＊ 노직과 롤스의 분배적 정의

(가)의 갑, 을 사상가들의 입장을 (나) 그림으로 탐구하고자 할 때, A~C에 들어갈 적절한 질문만을 〈보기〉에서 고른 것은?

(가)

갑: 한 사람의 소유물은 취득, 이전, 교정의 원리에 의해 권리를
노직 【단서】 소유 권리론의 3가지 원리
부여받았으면 정당하다. 각 개인의 소유물이 정당하다면 소유물의 전체
집합, 즉 분배도 정당하다.

을: 공정으로서의 정의는 공정한 합의의 관념을 기본 구조 자체로 확장시킨다.
롤스 무지의 베일이라 부른 특징을 갖는 원초적 입장이 이러한 관점을 구체화 한다.
【단서】 원초적 입장에서 정의의 원칙 합의

(나)

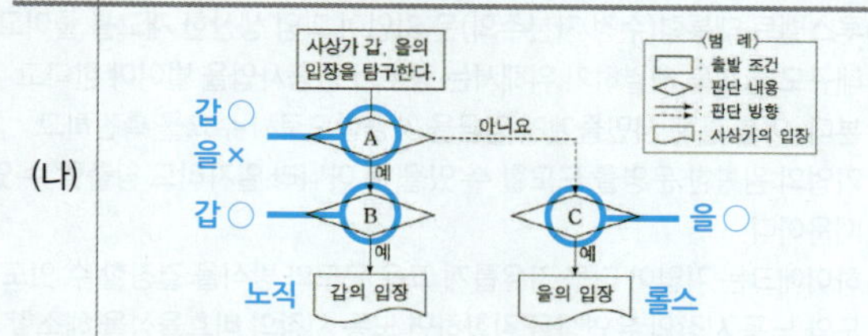

[보기]

ㄱ. Ａ : 정의로운 사회에서 경제적 불평등이 허용될 수 있는가?
갑○, 을○

ㄴ. Ｂ : 각 개인은 자신의 정당한 소유물에 대한 배타적 사용권을 가지는가?
불가침의 권리

ㄷ. Ｂ : 자신이 직접 노동하지 않더라도 정당하게 소유물을 얻는 것이 허용될
수 있는가? 이전 및 교정의 원리

ㄹ. Ｃ : 사회적 약자의 경제적 이익을 증진하는 것을 최우선의 정의 원칙으로
을(롤스) 기본적 자유의 평등한 보장
삼아야 하는가?

① ㄱ, ㄴ   ② ㄱ, ㄷ   ③ ㄴ, ㄷ   ④ ㄴ, ㄹ   ⑤ ㄷ, ㄹ

| 문제+자료 분석 |

- **갑** 노직: 정의로운 분배는 개인의 자유와 권리를 보호하는 취득, 이전, 교정 등 3가지 원칙에 의해 실현될 수 있음
- **을** 롤스: 정의로운 분배는 자유롭고 평등하고 합리적인 사람들이 원초적 입장에서 합의한 원칙에 근거할 때 실현될 수 있음

| 보기 분석 |

ㄱ. 갑(노직)은 어떤 경제적 불평등이라도 취득, 이전, 교정 등 3가지 원리를 위반하지 않았다면 정당화될 수 있다고 본다. 을(롤스)은 원초적 입장에서 합의한 원칙에 따라 최소 수혜자에게 최대한의 이익을 산출하는 경제적 불평등은 허용될 수 있다고 본다. 꿀팁

ㄴ. 갑(노직)은 개인이 취득, 이전, 교정 등 3가지 원리에 의해 정당하게 획득한 소유물에 대해서는 불가침의 권리를 갖는다고 본다. 이 권리는 곤경에 처한 타인의 복지를 위해서 또는 사회의 더 큰 이익을 위해서 침해될 수 없는 권리이다.

ㄷ. 갑(노직)은 취득의 원리 외에도 이전의 원리나 교정의 원리에 근거해서도 정당하게 소유물을 획득할 수 있다고 본다. 이전의 원리에 근거하여 타인과 자유롭게 물품을 교환하거나 매매할 수 있을 뿐 아니라, 교정의 원리에 따라 재화를 재분배받을 수도 있기 때문이다.

ㄹ. 을(롤스)은 최소 수혜자에게 최대한의 이익을 보장해야 한다는 정의의 제2원칙보다 모든 사람에게 기본적 자유를 평등하게 보장해야 한다는 정의의 제1원칙을 더 우선한다.

---

10 정답 ⑤ ＊ 사회 복지 제도

다음 자료에 대한 옳은 설명만을 〈보기〉에서 있는 대로 고른 것은?

우리나라 사회 복지 제도 중 ㉠ 의료 급여 제도는
【단서】 공공 부조
생활이 어려운 사람에게 의료 급여를 함으로써
공공 부조 수혜 대상
보건과 사회 복지의 증진을 목표로 하는 제도이다.
2022년에는 전국 인구의 약 3%가 이 제도의
수급권자였다. 시도별 의료 급여 수급권자 비율이
세종
가장 낮은 지역은 1.2%, 가장 높은 지역은 4.6%로
전라북도
차이가 있다. 수급권자 비율이 전국 평균보다 낮은
시도는 서울, 경기, 울산, 충남, 세종이다.

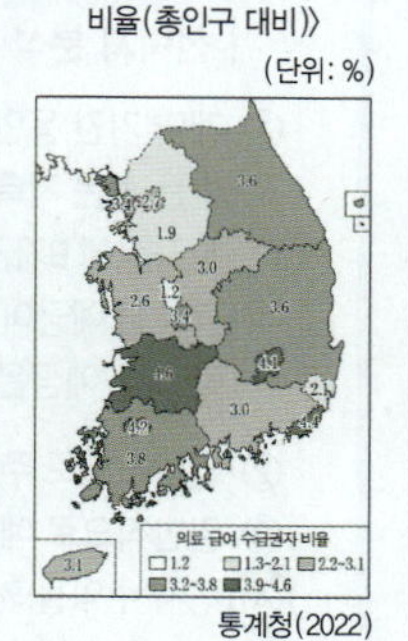
〈시도별 의료 급여 수급권자 비율(총인구 대비)〉
(단위: %)
통계청(2022)

[보기]

ㄱ. 광역시는 모두 ㉠의 수급권자 비율이 4.0% 이상이다.
부산, 대구, 인천, 광주, 대전, 울산   부산, 대구, 광주

ㄴ. ㉠의 수급권자 비율이 가장 낮은 지역은 충청권에 위치한다.
세종

ㄷ. ㉠은 인간의 기본적 필요 충족을 분배적 정의의 기준으로 적용하였다.
최저 생활 보장을 목적으로 함

ㄹ. ㉠은 공공 부조에 해당하며, 정부 재정으로 비용을 전액 충당하는 것을
원칙으로 한다. 공공 부조의 특징

① ㄱ, ㄴ   ② ㄱ, ㄷ   ③ ㄷ, ㄹ   ④ ㄱ, ㄴ, ㄹ   ⑤ ㄴ, ㄷ, ㄹ

| 문제+자료 분석 |

- ㉠ 의료 급여 제도: 생활이 어려운 국민의 최저 생활을 보장하고 자립을 지원하는 공공 부조에 해당한다. 공공 부조는 정부 재정으로 비용을 전액 충당하는 것을 원칙으로 한다.

| 보기 분석 |

ㄱ. 광역시는 부산, 대구, 인천, 광주, 대전, 울산이다. 이 중에서 ㉠ 수급권자 비율이 4.0% 이상인 곳은 부산, 대구, 광주뿐이다. 제시문에서 수급권자 전국 평균이 3%이고, 수급권자 비율이 전국 평균보다 낮은 시도에 울산이 있다는 정보가 있으므로, 울산이 광역시임을 알면 지도상의 위치를 몰라도 틀린 선지임을 알 수 있다. 꿀팁

ㄴ. ㉠ 수급권자 비율이 가장 낮은 지역은 세종으로, 충청권에 위치한다.

ㄷ. 의료 급여 제도는 생활이 어려운 국민에게 급여를 제공하여 최저 생활을 보장하고 보건과 사회 복지 증진을 목표로 하고 있다. 인간의 기본적 필요 충족을 분배적 정의의 기준으로 적용한 것이다.

ㄹ. 의료 급여 제도는 공공 부조에 해당하며, 공공 부조는 정부 재정으로 비용을 전액 충당하는 것을 원칙으로 한다.

예시 1차

11 정답 ② ＊ 수정 자본주의

밑줄 친 '저'에 대한 설명으로 옳은 것은?

> 친애하는 후버 대통령과 대법원장, 그리고 여러분! 지금 저와 여러분은 공통적인 난국에 직면해 있습니다. 이러한 난국은 다행히 물질적인 것에만 관련된 것입니다. 물가는 믿을 수 없을 정도로 떨어졌습니다. 상업 거래에서는 돈이 돌지 않고, 생산 기업은 말라죽은 잎사귀처럼 여기저기에 흩어져 있습니다. 농민들은 생산물을 팔 시장을 찾을 수가 없고, 수만 가정에 수년 동안 저축해 온 돈은 삽시간에 사라졌습니다. 더욱 중대한 것은 다수의 실업자들이 냉혹한 생존 문제에 직면해 있습니다. …(중략)… '검은 목요일'로부터 시작된 지금의 난국으로 인해 우리 미국 국민들은 좌절한 일이 없습니다. 그들은 지도자가 규율과 방향을 제시해 줄 것을 요구하며 저를 자신들의 소원을 실현시키는 인물로 만들고 있습니다. 저는 이 임무를 소명으로 기꺼이 받아들일 것이며, 대통령으로서의 헌신을 서약함에 있어 겸허하게 신의 축복을 기원하는 바입니다.

(후버 대통령 / 루스벨트 대통령 / 세계 대공황의 시작 단서)

① 자본가와 노동자 간의 계급 투쟁을 강조하였다.
　마르크스(공산주의)의 입장
② 대규모 공공사업을 벌이는 등 뉴딜 정책을 실시하였다.
　유효 수요 창출
③ 신자유주의에 근거하여 노동 시장의 유연성을 강화하였다.
　하이에크(신자유주의)의 입장
④ 제1차 석유 파동으로 인한 경기 침체를 극복하고자 하였다.
　하이에크(신자유주의)의 입장
⑤ 국부론을 저술하여 개인의 경제적 자율성 보장을 역설하였다.
　스미스(산업 자본주의)의 입장

| 문제＋자료 분석 |

- 저(루스벨트 대통령): 1929년 검은 목요일 사건으로 시작된 세계 대공황의 원인을 농작물의 과잉 생산 및 재고 축적으로 간주함. 하락한 물가와 대규모 실업을 해결하기 위해 정부가 시장에 적극적으로 개입해야 한다고 주장함

| 선택지 분석 |

① 마르크스는 자본주의 사회에서는 지배계급인 자본가가 피지배계급인 노동자를 착취하는데, 이를 해결하기 위해서는 노동자 계급이 단결하여 자본가 계급을 상대로 투쟁을 벌여야 한다고 본다.
② 루스벨트 대통령(수정 자본주의)은 기업이 과잉 생산한 재고를 줄이고 대규모 실업을 해결하기 위해서는 정부가 공공사업을 벌여야 한다고 본다. 이를 통해 시민들에게 임금을 제공함으로써 수요를 촉진하고 기업의 원활한 운영을 도모할 수 있을 뿐 아니라 일자리도 창출할 수 있기 때문이다.
③ 하이에크는 기업이 더욱 자유롭게 고용 규모와 방식을 결정할 수 있도록 도와 노동 시장의 유연성을 강화하면 노동 시장의 비효율성을 해소할 수 있다고 본다.
④ 하이에크는 정부의 적극적인 시장 개입으로는 제1차 석유 파동이 유발한 스태그플레이션을 해결할 수 없으므로, 정부의 시장 개입을 최소화해야 한다고 본다.
⑤ 스미스는 개인들이 각자 자신의 이익을 추구하는 과정에서, 자원이 효율적으로 이용되고 분업의 효과가 실현되어 국가 전체의 이익이 증진될 수 있다고 본다.

---

12 정답 ④ ＊ 금융 자산

다음 자료에 대한 설명으로 옳은 것은? (단, A~C는 각각 예금, 주식, 채권 중 하나임.)

[평가 요소] 금융 자산 A~C의 일반적 특징

[서술형 문항]
〈1〉 C와 구별되는 A의 일반적 특징을 1가지만 쓰시오. (1점)
〈2〉 C와 구별되는 B의 일반적 특징을 1가지만 쓰시오. (1점)
〈3〉 A와 구별되는 C의 일반적 특징을 1가지만 쓰시오. (1점)

[학생 답안지]

서술형 문항	답안	점수
〈1〉 A	배당 수익을 기대할 수 있다. (주식 / 단서)	1점
〈2〉 B	예금자 보호 제도의 적용을 받는다. (예금 / 단서)	1점
〈3〉 C	(가) 주식과 구분되는 채권의 특징이 들어가야 옳은 답안이 됨	㉠

*각 문항별로 채점하며, 옳은 답안은 1점, 틀린 답안은 0점을 부여함.

① A̶는 계약 기간 동안 일정한 금액을 매달 납입하여 만기 시에 원금과 이자를 받는 자산이다.
　저축성 예금 중 적금에 해당
② 일반적으로 A̶는 B̶보다 안전성이 높다.
　C　A
③ 일반적으로 B̶는 A̶보다 수익성이 높다.
　A　B
④ B와 C는 모두 이자 수익을 기대할 수 있다.
　예금과 채권의 공통점
⑤ (가)에 '시세 차익을 기대할 수 있다.'가 들어가면, ㉠은 1̶점̶이다.
　주식과 채권의 공통점　　0점

| 문제＋자료 분석 |

- 〈1〉: C와 구별되는 A의 일반적인 특징으로 '배당 수익을 기대할 수 있다.'가 옳은 답안이므로 A는 주식이다.
- 〈2〉: C와 구별되는 B의 일반적인 특징으로 '예금자 보호 제도의 적용을 받는다.'가 옳은 답안이므로 B는 예금이 되고, 나머지 C는 채권이다.
- 따라서 A: 주식, B: 예금, C: 채권이다.

| 선택지 분석 |

① 계약 기간 동안 일정한 금액을 매달 납입하고 만기 시에 원금과 이자를 받는 것은 저축성 예금 중 적금에 대한 설명이다. A 자리에 B가 들어가도 틀린 설명이 된다. 예금의 종류에 요구불 예금과 저축성 예금이 있고, 저축성 예금이 정기 예금과 적금으로 구분된다. 따라서 '예금은 적금이다.'라는 말이 되기 때문에 틀린 설명이다. 함정
② 일반적으로 주식은 채권에 비해 안전성이 낮고 수익성이 높다.
③ 일반적으로 예금은 주식에 비해 안전성이 높고 수익성이 낮다.
④ 이자 수익을 기대할 수 있는 것은 예금과 채권의 공통점이다.
⑤ 〈3〉은 주식과 구별되는 채권의 특징을 묻고 있다. 시세 차익을 기대할 수 있는 것은 주식과 채권의 공통점이므로 틀린 답안이 되어 ㉠은 0점이다.

다음 강연자가 지지할 견해로 적절하지 <u>않은</u> 것은?

> 우리는 평화 연구의 전제로서 폭력 연구를 수행해야 합니다. 먼저 직접적 폭력은 전쟁이나 범죄와 같이 그 자체로 보복과 공격적인 소요를 일으킵니다. 이는 인간의 신체와 정신과 영혼을 상하게 합니다. 한편, 간접적 폭력은 구조나 문화에 의해 발생하는 폭력을 의미합니다. 이는 비의도적일 수 있지만 그 자체로 반복되며 또 다른 폭력을 낳습니다. 우리가 지향해야 하는 진정한 평화란 직접적 폭력뿐만 아니라 간접적 폭력까지 사라진 상태를 의미합니다.
>
> 단서 → 갈퉁 : 소극적 평화가 아닌 적극적 평화

① 적극적 평화를 실현하는 것이 폭력에 대한 최선의 방어이다.
   폭력 제거 및 예방
② 폭력은 소극적 평화를 실현하는 수단으로서만 허용될 수 있다.
   허용 X
③ 직접적 폭력과 간접적 폭력은 서로 유기적으로 연결되어 있다.
   상호 확대 재생산
④ 폭력은 의도하지 않아도 생길 수 있으며 또 다른 폭력으로 이어질 수 있다.
   간접적 폭력
⑤ 국제 사회의 행위 주체인 국제기구는 갈등 해결을 위해 평화적 수단을 활용해야 한다.
   평화적 수단에 의한 평화

| 문제+자료 분석 |

- **갈퉁**: 직접적 폭력, 구조적 폭력, 문화적 폭력은 폭력의 삼각형을 이루고 있으며, 폭력은 어느 한 꼭짓점에서 시작하여 다른 꼭짓점으로 확대 재생산될 수 있음. 따라서 우리는 직접적 폭력이 소멸한 소극적 평화를 넘어 간접적 폭력도 소멸한 적극적 평화를 지향해야 함

| 선택지 분석 |

① 갈퉁은 현존하는 폭력을 제거하는 것뿐만 아니라 미래에 발생할 수 있는 폭력을 예방하기 위해서 적극적 평화를 실현해야 한다고 본다.
② 갈퉁은 폭력이 또 다른 폭력을 불러올 수 있으므로, 평화적 수단에 의해서만 평화를 실현해야 한다고 주장한다.
③ 갈퉁은 직접적 폭력, 구조적 폭력, 문화적 폭력은 마치 삼각형의 서로 다른 꼭짓점처럼 서로 영향을 주고받으며 확대 재생산된다고 본다. 꿀팁
④ 갈퉁은 의도적인 행위자가 분명히 존재하는 직접적 폭력과 달리 구조적 폭력과 문화적 폭력에는 행위자의 의도가 담기지 않을 수 있다고 본다. 예를 들어 노예제도가 존재하는 사회에서 주인이 노예에게 물리적인 폭력을 행사하지 않더라도, 노예제도 자체가 노예에 대한 착취와 억압을 요구한다는 점에서 구조적 폭력에 해당한다.
⑤ 갈퉁은 국제기구가 물리적인 강제력이나 폭력 대신에 평화적 수단을 통해 갈등을 해결해야 한다고 본다.

다음 자료는 출생률과 경제 수준에 관한 것이다. 이에 대한 설명으로 옳은 것은? (단, 그래프의 A, B는 각각 지도에 표시된 두 국가 중 하나임.)

> 전 세계적으로 출생률과 사망률이 낮아지는 경향을 보이고 있다. 사망률은 이미 1986년부터 10% 미만으로 충분히 낮아져 안정적으로 유지되고 있는 반면, 출생률은 국가에 따라서 상황이 다르다. 여전히 ㉠ 높은 출생률 문제를 겪고
>   개발도상국
> 있는 국가는 경제 수준에 비해 인구 증가율이 높아 인구를 부양하기 쉽지 않으며, ㉡ 낮은 출생률 문제에 당면한 국가는 현재 경제 수준이 높지만 해당
>   선진국
> 문제가 지속될 경우 국가 유지에 어려움을 겪을 수 있다.
>
> 국가별 경제 수준 차이는 결국 이민자의 문제라는 전혀 다른 방향의 인구 문제로 이어진다. 많은 인구로 인해 국민들을 부양하기 어려운 국가에서는 사람들이 일자리를 찾아 선진국으로 이주하려 하고, 자국인 노동력의 부족을 경험하는 선진국에서는 몰려드는 이민자들의 문화적 차이와 자국민과의 일자리 갈등이라는 새로운 문제를 떠안고 있다.

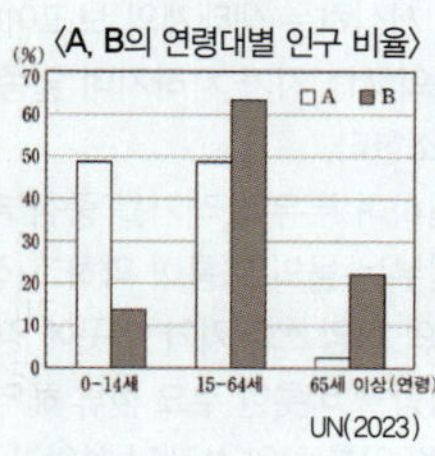

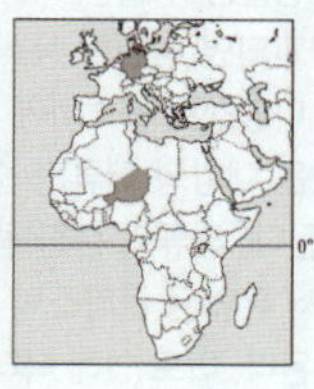

> 단서 0~14세의 유소년층 인구 비율 : A > B
> 65세 이상의 노년층 인구 비율 : A < B
> → A는 니제르, B는 독일

① 유럽에는 인구 문제 ㉠을 겪는 나라가 ㉡을 겪는 나라보다 많다.
   저출산 고령화 문제가 심각함   적다
② A는 경제 수준에 비해 출생률이 낮은 국가에 해당한다.
   B
③ B는 이민자의 문화적 정체성을 유지하기 위해 용광로 이론에 기반한 정책을
   강화해 왔다.   샐러드볼 ×
④ A는 초고령 사회에 도달한 국가로 B보다 중위 연령이 높다.
   B   A
⑤ B는 A보다 총부양비(인구 부양비)가 낮다.
   15~64세의 청장년층 인구 비율에 반비례함

| 문제+자료 분석 |

- ㉠ : 높은 출생률 → 경제 발달 수준이 낮은 개발 도상국에서 주로 나타남
- ㉡ : 낮은 출생률 → 경제 발달 수준이 높은 선진국에서 주로 나타남
- 지도에 표시된 두 국가는 유럽의 선진국인 독일과 아프리카의 개발 도상국인 니제르임
- A : B보다 0~14세의 유소년층 인구 비율이 높은 반면 65세 이상의 노년층 인구 비율이 낮음 → 아프리카의 개발 도상국인 니제르
- B : A보다 0~14세의 유소년층 인구 비율이 낮은 반면 65세 이상의 노년층 인구 비율이 높음 → 유럽의 선진국인 독일

| 선택지 분석 |

① 대부분 선진국으로 이루어진 유럽은 높은 출생률을 겪는 나라보다 낮은 출생률을 겪는 나라가 많아 저출산 고령화 문제가 심각하다.
② 경제 수준에 비해 출생률이 낮은 국가는 유럽의 선진국인 독일이다.
③ 노동력 부족 문제 해결을 위해 많은 이민자를 받아들인 독일은 이민자의 문화적 정체성을 유지하기 위해 샐러드 볼 이론에 기반한 정책을 강화한다.
④ 초고령 사회에 도달한 국가는 노년층 인구 비율이 높은 독일이며, 독일은 니제르보다 유소년층 인구 비율이 낮고 노년층 인구 비율이 높으므로 중위 연령이 높다.
⑤ 총부양비(인구 부양비)는 15~64세의 청장년층 인구 비율과 반비례 관계이다. 그래프를 보면 B(독일)는 A(니제르)보다 15~64세의 청장년층 인구 비율이 높으므로 총부양비(인구 부양비)가 낮다.

예시 1차

01 정답 ⑤ ＊ 행복의 기준 ……………………………………………… 2028 대비 수능 예시 1(2차)

다음은 고대 서양 사상가 갑, 을의 가상 대화이다. 갑, 을의 관점에서 〈사례〉 속 **A**에게 제시할 조언으로 가장 적절한 것은? [2점]

[사례]

　A는 많은 돈을 가진 자산가이다. A는 육체적인 즐거움만을 행복이라 생각하고 매일 향락적인 생활을 하고 있다.

① 갑: 물질적 부는 행복의 실현에 기여할 수 ~~없음~~을 명심하세요.
　　　　　　　　　　　　　　　　　　　　　있음
② 갑: 행복한 사람의 행위에는 쾌락이 따르지 ~~않음~~을 명심하세요.
　　　　　　　　　　　　　　　　　　따를 수 있음
③ 을: 욕구를 충족하려는 시도는 ~~항상~~ 고통을 야기함을 명심하세요.
　　　　　　　　　　　　고통을 야기할 수도 있음
④ 을: 쾌락이 삶의 목적인 사람은 결코 만족할 수 ~~없음~~을 명심하세요.
　　　　　　　　　　　　　　　　　　　　　　　있음
⑤ 갑과 을: 이성을 동반한 덕을 통해 행복을 성취할 수 있음을 명심하세요.
　　갑: 행복을 위해 이성 발휘, 을: 이성으로 욕구 구분 및 절제

| 문제+자료 분석 |

- 갑 아리스토텔레스: 궁극 목적인 행복은 최고선이자 최고 좋음임. 행복에 도달하기 위해서는 다른 종과 구분되는 인간의 고유한 기능인 이성을 발휘해야 함
- 을 에피쿠로스: 행복은 진정한 쾌락으로 몸과 마음에 고통이 없는 아타락시아(평정심)의 상태임. 인간은 이성을 발휘하여 욕구를 구분하고 절제하여 제대로 충족해야 함

| 선택지 분석 |

① 물질적 부가 행복의 실현에 아예 기여할 수 없는 것은 아니다. 경제적 수준이 갖춰지고 기본적인 욕구가 충족될 때도 행복에 이를 수 있다. 그러나 갑(아리스토텔레스)이 물질적인 부를 진정한 행복이라고 보지는 않는다.
② 갑(아리스토텔레스)은 행복한 사람의 행위에도 쾌락이 따를 수 있다고 본다. 행복한 사람의 행위가 육체적 즐거움, 쾌락을 무조건 배제하는 것은 아니다. 다만, 쾌락을 추구하는 것을 진정한 행복이라고 보지 않는다.
③ 을(에피쿠로스)은 모든 욕구 충족 시도가 고통을 초래한다고 보지는 않는다. 그러나 쾌락에 집착하며 그것만을 쫓을수록 오히려 고통에 시달리게 되고, 진정한 쾌락에서 멀어진다는 쾌락의 역설을 주장한다.
④ 을(에피쿠로스)의 입장에서 쾌락은 행복의 시작이자 끝이다. 쾌락이 삶의 목적인 사람은 만족할 수 있다. 진정한 쾌락은 몸과 마음에 고통이 없는 상태로, 아타락시아(평정심)에 도달하면 만족의 상태에 이를 수 있다.
⑤ 갑(아리스토텔레스)은 인간의 고유한 기능인 이성을 발휘해 덕복합일을 이루는 것을 강조한다. 을(에피쿠로스)은 이성적 숙고를 통해 욕구를 구분하거나 절제하며 진정한 행복에 이를 수 있다고 본다. 함정

02 정답 ④ ＊ 환경 문제 ……………………………………………… 2028 대비 수능 예시 2(2차)

다음 자료는 환경 문제에 대한 탐구 보고서의 일부이다. 이에 대한 옳은 설명만을 〈보기〉에서 고른 것은? [1.5점]

[환경 문제 탐구 보고서]

1. 환경 문제의 주요 원인과 현상

구분	A 사막화	B 열대림 파괴	C 해양 쓰레기 섬
주요 원인	(가) 가뭄, 과도한 개간	농경지·목장의 확대를 위한 무분별한 벌목	플라스틱, 비닐 등 쓰레기의 바다 유입
현상	단서		

2. 환경 문제 발생 지역의 분포

[보기]

ㄱ. B에 의해 생물종 다양성이 ~~증가한다.~~ 감소한다
ㄴ. C는 해류의 순환으로 쓰레기가 집적되어 나타난다.
　　해류가 약한 곳에 쓰레기 집적
ㄷ. A는 B보다 연 강수량이 ~~많은~~ 곳에서 주로 나타난다.
　　　　　　　　　　적은
ㄹ. (가)에는 '과도한 목축 및 경작'이 들어갈 수 있다.
　　사막화의 대표적 요인

① ㄱ, ㄴ　　② ㄱ, ㄷ　　③ ㄴ, ㄷ　　④ ㄴ, ㄹ　　⑤ ㄷ, ㄹ

| 문제+자료 분석 |

- A 사막화: 주로 건조 지역에서 인간의 무분별한 토지 이용과 기후변화로 인해 식생이 파괴되고 토양이 황폐화되는 현상. 아프리카 사헬지대, 중앙아시아, 중국 내몽골 등지에서 심각하게 나타남
- B 열대림 파괴: 농장 개간, 목축, 벌목, 광산 개발 등으로 인해 아마존, 콩고, 동남아시아 지역에서 심각하게 나타남
- C 해양 쓰레기 섬: 대양의 해류 순환 중심부에 부유 쓰레기들이 모여 형성된 해양 오염 지역. 북태평양을 포함한 세계 주요 해역의 환류 내에서 발견됨

| 보기 분석 |

ㄱ. 열대림은 지구 생물종의 절반 이상이 서식하는 생태계의 보고이다. 따라서 열대림이 파괴되면 다양한 동식물의 서식지가 사라지며 멸종 위험이 커지고, 생물종 다양성이 급격하게 감소한다.
ㄴ. 해양 쓰레기 섬은 대양의 해류가 순환하며 부유 쓰레기를 중심부로 끌어들이면서 형성된다. 해류의 순환 중심부는 물의 흐름이 약하고 정체되어 있어서 육지에서 유입된 플라스틱 등의 해양 쓰레기가 이곳에 장기간 머물며 밀집하게 된다. 이로 인해 북태평양을 비롯한 주요 환류 해역에는 고밀도의 해양 쓰레기 집적지가 나타나며, 이를 해양 쓰레기 섬이라 부른다.
ㄷ. 사막화 지역은 주로 건조 기후 지역에 위치해 연중 강수량이 매우 적고 증발량이 많아 연 강수량이 열대 우림 지역보다 현저히 낮다. 반면, 열대림 파괴 지역은 열대 기후 지역으로, 연중 고온다우한 기후 특성상 연 강수량이 매우 많다.
ㄹ. 사막화는 건조 지역에서 과도한 목축과 경작이 지속되며 식생이 파괴되고 토양이 황폐화되어 토지가 점차 사막처럼 변하는 현상이다. 가축의 과도한 목축은 가축들이 풀을 지나치게 뜯어 먹어 식생 회복을 어렵게 하고, 반복적인 경작은 토양의 영양분을 고갈시켜 지력을 약화시킨다.

다음은 세계의 문화권에 대한 온라인 수업 자료의 일부이다. 이에 대한 설명으로 옳지 <u>않은</u> 것은? [2.5점]

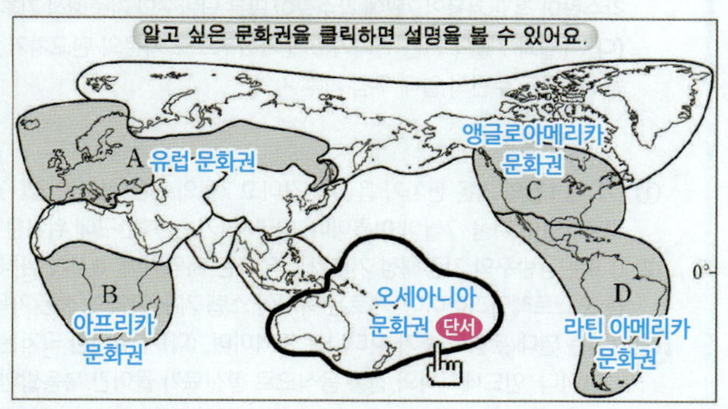

◎ 오세아니아 문화권

　오세아니아 문화권의 지리적 범위는 오스트레일리아, 뉴질랜드, 남태평양의 여러 섬을 포함한다.
　• 오스트레일리아의 다문화 역사와 정책
　오스트레일리아는 20세기 초 백호주의를 내세우며 아시아계 등의 이민
백인(유럽계)의 호주를 추구하는 정책
을 제한했다. 또한 ㉠ 원주민의 자녀를 부모로부터 강제로 분리하여 주류 집단의 언어와 생활양식 등을 강요하는 정책을 펼치며 원주민의 인권을
동화주의 정책
침해했다. 그러나 1970년대에 백호주의 폐지 이후, ㉡ 주류 문화와 소수 문화가 대등하게 조화를 이루려고 하는 정책을 바탕으로 다양한 민족(인
다문화주의 정책
종)과 문화가 공존하는 사회로 발전하고 있다.

① ㉠은 소수 문화를 주류 문화로 동화시키려는 정책이다.
소수의 원주민 문화를 주류 유럽계 문화로 동화
② ㉡은 다문화주의 정책이다.
서로의 문화를 인정하고 존중
③ 오스트레일리아는 A에 속한 국가의 식민 지배를 받았다.
영국
④ B는 이슬람교 신자 수가 크리스트교 신자 수보다 <del>많다</del>. 적다
⑤ C와 D를 구분하는 경계는 리오그란데강이다.
미국과 멕시코의 경계

| 문제+자료 분석 |

- **A**: 북서 유럽, 남부 유럽, 동부 유럽 일대의 유럽 문화권
- **B**: 사하라 사막 이남 중남부 아프리카 일대의 아프리카 문화권
- **C**: 리오그란데강 북쪽의 앵글로아메리카 문화권
- **D**: 리오그란데강 남쪽 중앙 및 남부 아메리카 일대의 라틴 아메리카 문화권
- **오세아니아 문화권**: 오스트레일리아와 뉴질랜드, 남태평양의 여러 섬을 포함하는 문화권으로 과거 영국의 식민 지배를 받아 주민들은 주로 영어를 사용하고 개신교를 믿는 신자 비율이 높음

| 선택지 분석 |

① ㉠ 원주민의 자녀에게 주류 집단의 언어와 생활양식 등을 강요하는 정책은 백호주의의 일환으로 이루어진 정책이며, 이는 원주민의 소수 문화를 당시 주류 문화인 유럽계 이주민의 문화로 동화시키려는 정책이다.
② ㉡ 주류 문화와 소수 문화가 대등하게 조화를 이루려고 하는 정책은 한 사회 내 다양한 인종이나 민족 집단을 주류 문화에 동화시키지 않고 서로 인정하고 존중하며 공존하게 하는 다문화주의 정책이다.
③ 오스트레일리아는 A 유럽 문화권에 속한 영국의 식민 지배를 받았기 때문에 공용어로 영어를 사용하며 개신교 신자의 비율이 높다.
④ B 아프리카 문화권은 유럽 식민 지배의 영향으로 크리스트교가 전파되었으며, 크리스트교 신자 수가 이슬람교 신자 수가 많다.
⑤ C 앵글로아메리카 문화권과 D 라틴 아메리카 문화권을 구분하는 경계는 리오그란데강이다.

갑, 을 사상가들 중 적어도 한 사람이 긍정할 진술로 적절한 것만을 〈보기〉에서 있는 대로 고른 것은? [2점]

갑　인간의 지식과 인간의 힘은 서로 다른 것이 아니다. 방황하고 있는
베이컨　　　　　단서 아는 것이 힘이다
　자연을 사냥해 노예로 만들어 인간의 이익에 봉사하도록 해야 한다.
을　인간은 대지의 이용을 윤리적으로 검토해야 한다. 대지는 단지
레오 　　　　단서 대지 윤리
폴드　흙이 아니라 토양, 식물 및 동물이라는 회로를 통해 흐르는 에너지의 근원이다.

[보기]

ㄱ. 인간과 달리 자연은 어떠한 가치도 지니지 않는다. 갑×, 을×
ㄴ. 인간은 자연의 정복자가 아니라 구성원 중 하나일 뿐이다.
　　　　　　　　　　　　　　　　갑×, 을○
ㄷ. 인간과 자연을 차등적으로 구별하는 것은 이성에 부합한다.
　　　　　　　　　　　　　　　　갑○, 을×
ㄹ. 인간의 욕구를 충족하기 위해 자연을 활용하는 것은 정당화될 수 없다. 갑×, 을×

① ㄱ, ㄹ　② ㄴ, ㄷ　③ ㄷ, ㄹ　④ ㄱ, ㄴ, ㄷ　⑤ ㄱ, ㄴ, ㄹ

| 문제+자료 분석 |

- **갑** 베이컨: 인간의 지식이 곧 인간의 힘임. 방황하는 자연을 사냥하여 인간의 이익에 봉사하도록 해야 함
- **을** 레오폴드: 인간은 대지의 이용을 윤리적으로 검토해야 함. 대지는 단지 흙이 아니라 에너지의 근원임

| 보기 분석 |

ㄱ. 갑(베이컨)은 자연의 '도구적 가치'를 인정한다.  을(레오폴드)은 인간을 포함한 자연 안의 모든 존재는 대지 공동체의 구성원으로서 동등한 내재적 가치를 지닌다고 본다.
ㄴ. 갑(베이컨)은 인간을 자연의 정복자로 바라보고, 자연을 지배하여 자연이 인간의 이익에 봉사하도록 해야 함을 주장한다. 반면, 을(레오폴드)은 인간을 생태계의 구성원 중 하나로 본다.
ㄷ. 갑(베이컨)은 인간을 자연보다 우월한 존재로 바라보는 것을 긍정하며, 을(레오폴드)은 인간과 자연이라는 이분법적 사고에 반대한다.
ㄹ. 갑(베이컨)과 을(레오폴드)은 인간의 생존 욕구 등을 충족하기 위해 자연을 자원으로써 활용하는 것에 반대하지 않는다. 갑(베이컨)은 인간 중심주의 학자로서 인간을 위해 자연을 도구로 사용할 수 있다고 본다. 을(레오폴드)은 자연을 이용하는 것이 제한적으로 허용될 수 있다고 본다.

05 정답 ③ ＊ 열대, 건조, 온대 기후

다음 자료의 (가)~(다) 지역에 대한 설명으로 옳은 것은? (단, (가)~(다)는 각각 지도에 표시된 세 지역 중 하나임.) [2.5점]

지도에 표시된 세 지역에서 나타나는 전통적인 생활 모습의 특징은 다음과 같다. 한 지역에서는 양, 염소 등을 기르는 유목 생활을, 또 다른 지역에서는 지면의 열기와
　　　　　　　스텝 기후　　　　　　　　　　　열대 우림 기후
습기를 차단하기 위한 고상 가옥을, 마지막 한 지역에서는 올리브 등을 재배하는
　　　　　　　　　　　단서 지중해성 기후
수목 농업을 볼 수 있다. 이렇게 지역별로 주민 생활이 다르게 나타나는 이유는 기온과 강수량 등 그 지역의 독특한 기후 특성의 영향을 받기 때문이다. 이러한 기후 특성을 보여 주는 지표 중 기온 편차와 강수 편차는 다음과 같이 계산할 수 있다.

- 월 기온 편차 = 월 평균 기온 − 연평균 기온
- 월 강수 편차 = 월 강수량 − ($\frac{연\ 강수량}{12}$)

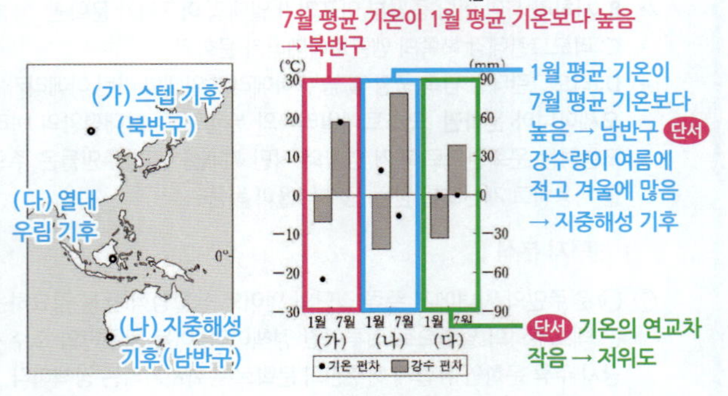

① (가)는 ~~남반구~~에 위치한다.
　　　　　북반구
② (나)가 위치한 국가의 전통 가옥은 이동 생활에 유리한 게르이다.
　오스트레일리아　　　　　　　　　　　　　　　　　몽골
③ (다)가 위치한 국가의 전통 음식은 향신료가 들어간 볶음밥이다.
　인도네시아　　　　　　　　　　　　　　나시고렝
④ (다)는 (가)보다 기온의 연교차가 ~~크다~~. 작다
⑤ (가)와 (나)는 모두 여름 강수량이 겨울 강수량보다 ~~많다~~ 적다

문제＋자료 분석

- (가)~(다)는 각각 스텝 기후, 열대 우림 기후, 지중해성 기후 지역임
- (가): 1월의 기온 편차가 음(-)의 값, 7월의 기온 편차가 양(+)의 값, 두 시기 기온 편차가 큼 → 북반구의 스텝 기후 지역
- (나): 1월의 기온 편차가 양(+)의 값, 7월의 기온 편차가 음(-)의 값, 1월의 강수량 편차가 음(-)의 값, 7월의 강수량 편차가 양(+)의 값 → 여름인 1월에 강수량이 적고 겨울인 7월에 강수량이 많은 남반구의 지중해성 기후 지역
- (다): 1월과 7월의 기온 편차가 0에 가까우므로 기온의 연교차가 매우 작음 → 적도 주변의 열대 우림 기후 지역

선택지 분석

① (가)는 1월의 기온 편차가 음(-)의 값이고 7월의 기온 편차가 양(+)의 값이므로 1월이 겨울, 7월이 여름이다. 따라서 (가)는 북반구에 위치한다.
② (나)는 남반구의 지중해성 기후가 나타나는 지역이며, (나)가 위치한 국가는 오스트레일리아이다. 게르는 아시아 스텝 기후 지역의 전통 가옥이다.
③ (다)는 열대 우림 기후가 나타나는 지역이며, (다)가 위치한 국가는 인도네시아이다. 인도네시아의 전통 음식으로 향신료가 들어간 볶음밥인 나시고렝이 있다.
④ 열대 우림 기후에 해당하는 (다)는 스텝 기후에 해당하는 (가)보다 저위도에 위치하며, 기온의 연교차가 작다. 기온의 연교차는 대체로 위도가 높아질수록 커진다.
⑤ (가)는 겨울에 해당하는 1월의 강수 편차가 음(-)의 값이고 여름에 해당하는 7월의 강수 편차가 양(+)의 값이다. 따라서 (가)는 여름 강수량이 겨울 강수량보다 많다.
　(나)는 여름에 해당하는 1월의 강수 편차가 양(+)의 값이고 겨울에 해당하는 7월의 강수 편차가 음(-)의 값이다.
우리나라 기준으로는 7월이 여름이지만 남반구의 경우에는 1월이 여름이다. 따라서 (가), (나) 모두 여름 강수량이 겨울 강수량보다 적다. 함정

---

06 정답 ⑤ ＊ 산업화와 도시화

다음 자료는 도시화에 대한 것이다. 이에 대한 설명으로 옳은 것은? (단, A, B는 각각 도시, 촌락 중 하나이고, (가)~(다)는 각각 대한민국, 베트남, 영국 중 하나임.) [1.5점]

도시화는 전체 인구 중에서 도시에 거주하는 인구의 비율이 높아지거나 도시적 생활양식이 확대되는 현상이다. 도시화 과정은 도시화율에 따라 ⊙ 초기 단계, ⓒ
　　　　　　　　　　　　　　　　　　　　　　　　　　　　산업화 이전
가속화 단계, ⓒ 종착 단계로 구분되는데, 도시화율은 국가 내 도시와 촌락 인구로 알 이촌향도 현상이 가장 두드러짐
수 있다. 전체 인구 중 도시 인구의 비율을 기준으로, 초기 단계는 0~20%, 종착
　　　　　　　　　　　　　　　　　　　　　　　　단서
단계는 80~100%로 구분할 수 있다. 도시화는 전 세계적으로 진행되고 있으며, 국가에 따라 진행 과정과 속도가 다르게 나타난다.

〈국가별 도시 및 촌락 인구 변화〉

(가) 대한민국　　　(나) 베트남　　　(다) 영국

1970년대 이후 이촌향도 현상이 뚜렷함 / 2015년 촌락 인구 비율이 가장 높음 / 1955~2015년 도시 인구 비율이 가장 높음

출처: UN(2018)

① 영국은 대한민국보다 1970년대에 도시 인구 증가율이 ~~높다~~. 낮다
② ⓒ은 ⊙보다 1차 산업 종사자 비율이 ~~높다~~. 낮다
③ (나)는 2015년에 ⓒ에서 ⓒ으로 ~~진입하였다~~. 진입하지 못함
④ (가)는 (다)보다 교외화 현상의 출현 시기가 ~~이르다~~. 늦다
⑤ (가)~(다) 중 1955년의 도시화율은 (다)가 가장 높다.
　영국은 산업화 및 도시화가 시작된 시기가 가장 이름

문제＋자료 분석

- A: (가)~(다) 국가 내에서 차지하는 인구 비율이 높아지는 추세 → 도시
- B: (가)~(다) 국가 내에서 차지하는 인구 비율이 낮아지는 추세 → 촌락
- (가): 1975년 이후 도시 인구 비율이 급속도로 높아지고 있음 → 대한민국
- (나): 1995년 이후 인구 증가율이 가장 높음 → 베트남
- (다): 1955년에 이미 도시화의 종착 단계임 → 영국

선택지 분석

① 그래프에서 (다) 영국은 (가) 대한민국보다 1970년대 도시 인구 증가율이 낮다.
② 도시화의 종착 단계는 도시 인구 비율이 80~100%이며, 도시화의 초기 단계는 도시 인구 비율이 0~20%이다. 따라서 도시화의 ⓒ 종착 단계는 ⊙ 초기 단계보다 도시화율이 높고 1차 산업 종사자 비율이 낮다.
③ (나) 베트남은 2015년 도시 인구 비율이 80%에 이르지 못하였다.
④ (가) 대한민국은 (다) 영국보다 도시화가 이루어진 시기가 늦으며, 교외화 현상의 출현 시기 또한 늦다.
⑤ 그래프에서 (다) 영국이 1955년의 도시 인구 비율이 가장 높다.

07 정답 ④ ＊문화 변동 요인과 양상 ·· 2028 대비 수능 예시 7(2차)

다음 자료에 대한 설명으로 옳은 것은? [2점]

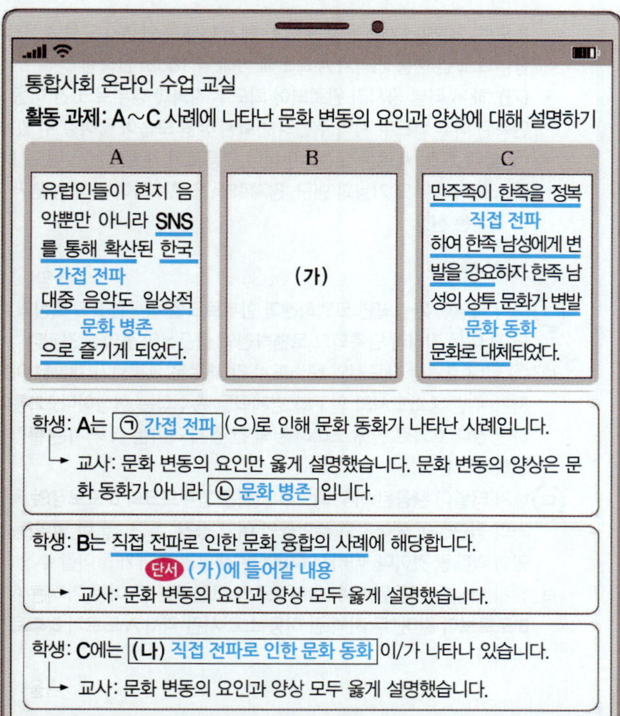

① A와 달리 C는 ~~간접~~(직접 전파)에 의한 문화 변동의 사례이다.

② ㉠에는 '~~직접~~(간접) 전파'가 들어간다.

③ ㉡에는 '문화 ~~융합~~(병존)'이 들어간다.

④ (가)에는 '멕시코에서 토착 신앙과 에스파냐인이 들여온 가톨릭교가 결합(직접 전파로 인해 나타난 문화 융합의 사례)하여 새로운 형태의 성모상이 탄생하였다.'가 들어갈 수 있다.

⑤ (나)에는 ~~간접~~(직접) 전파로 인한 문화 ~~병존~~(동화)이 들어갈 수 있다.

| 문제＋자료 분석 |

- **A**: 유럽인들이 현지 음악뿐만 아니라 SNS를 통해 확산된 한국 대중 음악도 일상적으로 즐기게 되었음 → 간접 전파로 인한 문화 병존
- **첫 번째 학생**: A는 ㉠으로 인해 문화 동화가 나타난 사례라고 답함. 교사가 문화 변동의 양상은 ㉡이라고 함 → ㉠은 간접 전파, ㉡은 문화 병존
- **두 번째 학생**: B는 직접 전파로 인한 문화 융합의 사례에 해당한다고 하였고 교사가 모두 옳게 설명했다고 함
- **B**: (가) → 직접 전파로 인한 문화 융합
- **C**: 만주족이 한족을 정복하여 한족 남성에게 변발을 강요하자 한족 남성의 상투 문화가 변발 문화로 대체되었음 → 직접 전파로 인한 문화 동화
- **세 번째 학생**: C에는 (나)가 나타나 있다고 하였고, 교사가 모두 옳게 설명했다고 함 → (나)는 직접 전파로 인한 문화 동화 사례임

| 선택지 분석 |

① A는 간접 전파, C는 직접 전파에 의한 문화 변동의 사례이다.

② 'SNS를 통해 확산된 한국 대중 음악'이라고 하였으므로 ㉠에는 '간접 전파'가 들어간다.

③ 유럽인들이 현지 음악뿐만 아니라 한국 대중 음악도 일상적으로 즐기게 되었다고 하였으므로 ㉡에는 '문화 병존'이 들어간다.

④ (가)에는 직접 전파로 인해 나타난 문화 융합의 사례가 들어가야 한다. '멕시코에서 토착 신앙과 에스파냐인이 들여온 가톨릭교가 결합하여 새로운 형태의 성모상이 탄생하였다.'는 직접 전파에 의한 문화 융합의 사례이다.

⑤ (나)에는 C에 나타난 '직접 전파로 인한 문화 동화'가 들어갈 수 있다.

08 정답 ③ ＊상대주의적 태도와 인권 보장 ·· 2028 대비 수능 예시 8(2차)

다음 대화에서 갑~병의 입장에 대한 설명으로 옳은 것은? [1.5점]

갑: A국은 여성이 부모의 허락 없이 혼인하는 행위를 가족 명예를 훼손하는 것으로 간주하여 금지합니다. 이에 반해 우리나라에서는 혼인의 자유와 같은 **개인의 권리를 헌법상 기본권으로 보장하고 있습니다. A국은 후진적인 자신의 문화를 버리고 우리나라를 본받아야** 합니다.
단서 자문화가 우월하다고 봄 (자문화 중심주의)

을: 저는 갑의 입장에 동의하지 않습니다. **문화는 그 문화가 형성된 사회의 맥락**
단서 문화를 그 사회의 맥락 속에서 이해하고자 함
속에서 이해해야 합니다. 부모의 권위에 대한 가족 구성원들의 복종을 바탕으로 사회 질서를 유지해 온 A국의 전통을 고려하면 **혼인에 대한 개인의 결정권을 허용하지 않는 A국의 문화도 당연히 존중받아야** 합니다.

병: 저는 을과 생각이 다릅니다. 배우자 선택의 문제는 인권의 관점에서 접근해야 합니다. **인권은 누구나 태어나면서부터 갖게 되는 당연한 권리로 개별**
천부인권으로서의 권리
사회나 국가를 초월하여 반드시 지켜져야 합니다. 이러한 기준에 비추어 각
단서 보편 윤리 강조 (극단적 문화상대주의 경계)
사회의 문화를 성찰하는 태도가 필요합니다.

① ~~병~~(을)은 모든 문화의 고유한 가치를 존중해야 한다고 본다.

② ~~을~~(갑)은 자기 문화를 기준으로 타문화를 평가해야 한다고 본다.

③ 병은 보편적으로 지켜야 할 가치나 원리가 존재한다고 본다.

④ ~~갑과 달리 병은~~(병과 달리 갑은) 인권(인권)이 헌법을 통해 보장되어야 한다고 본다.

⑤ ~~갑, 을, 병~~(병) 모두 인권의 불가침성을 강조한다.

| 문제＋자료 분석 |

- **갑**: A국의 결혼 문화가 우리나라에 비해 후진적이라 봄 → 자문화 중심주의
- **을**: A국의 결혼 문화를 A국의 전통 속에서 이해, 존중함
- **병**: A국의 결혼 문화를 인권의 관점에서 성찰함 → 극단적 문화 상대주의 경계

| 선택지 분석 |

① 모든 문화의 고유한 가치를 존중해야 한다고 보는 것은 을이다.

② 자기 문화를 기준으로 타문화를 평가하는 태도는 갑의 자문화 중심주의이다.

③ 병은 인권을 누구에게나 반드시 지켜져야 하는 당연한 권리로 본다.

④ 갑은 개인의 권리를 헌법상 기본권으로 보장하고 있는 것이 옳다고 본다.

⑤ 인권의 불가침성을 강조하는 사람은 병이다. 병은 인권이란 누구나 태어나면서부터 갖게 되는 당연한 권리, 즉 천부인권으로서의 권리라고 보며, 국가를 초월하여 지켜져야 하는 가치라고 본다.

09 정답 ② ✱ 교통의 발달과 생활공간 변화

다음 자료는 교통 발달에 따른 지역 변화에 대한 것이다. 이에 대한 옳은 설명만을 〈보기〉에서 고른 것은? [1.5점]

> 2029년 개통을 목표로 페마른벨트(Fehmarnbelt) 해저 터널 공사가 진행되고 있다. 덴마크와 독일을 도로와 고속철도로 연결하는 이 터널은 매년 수백만 명이 이용하는 기존의 여객선 노선을 대체할 것이다. 이에 따라 뢰드부 지역 주민의 **(가) 생활권 확대** 이/가 예상된다. 또한 B 도로 이용 시 이동 거리가 현재
> — 이동에 따른 시·공간적 제약 감소
> 이용 중인 A 도로에 비해 약 160km 단축되어 코펜하겐과 함부르크 간의 육상 물류비가 크게 절감될 것이다. 한편, 일각에서는 해저 터널의 완공 후 교통 발달에 의한 ⊙ 빨대 효과를 우려하기도 한다.
> — 교통로 개통 이후 대도시가 주변 중소 도시의 경제력을 흡수하는 현상

[보기]

ㄱ. 해저 터널이 완공되면 코펜하겐의 접근성이 좋아질 것이다.
— 이동 거리가 짧은 B 도로 이용 가능
ㄴ. ⊙은 대도시의 인구와 경제력이 주변 중소 도시로 분산되는 현상이다.
— 주변 중소도시 / 대도시로 흡수
ㄷ. (가)에는 '생활권 확대'가 들어갈 수 있다.
— 경제 및 여가 생활의 시·공간적 제약이 감소됨
ㄹ. 해저 터널이 완공되면 함부르크와 코펜하겐 간 이동 소요 시간은 A 도로가 B 도로보다 짧을 것이다.
— 길

① ㄱ, ㄴ ② ㄱ, ㄷ ③ ㄴ, ㄷ ④ ㄴ, ㄹ ⑤ ㄷ, ㄹ

문제+자료 분석

- **A 도로**: 현재 이용 중인 도로로 코펜하겐에서 함부르크까지의 이동 거리가 멂
- **B 도로**: 2029년 개통을 목표로 한 해저 터널과 연결된 도로로 코펜하겐과 함부르크 간 이동 거리가 A 도로에 비해 약 160㎞ 단축됨
- **(가)**: 해저 터널 공사가 완료되어 뢰드부 지역과 함부르크 간 이동 거리가 단축된 이후 뢰드부 지역 주민의 변화된 생활 모습이 들어갈 수 있음
- **⊙ 빨대 효과**: 새로운 교통수단이나 교통로가 개통되면서 대도시가 주변 중소 도시의 주요 기능과 인구, 경제력 등을 흡수하여 지역 간 경제 격차가 더 커지는 현상

보기 분석

ㄱ 해저 터널이 완공되면 코펜하겐과 함부르크를 비롯한 B 도로상의 독일 지역 간 이동 거리가 단축되고 코펜하겐의 접근성이 좋아질 것이다.

ㄴ. ⊙ 빨대 효과는 대도시와 중소도시 간 새로운 교통로가 개통된 이후 대도시가 주변 중소도시의 인구와 경제력을 흡수하는 현상이다. 교통이 발달하면 빨대 효과로 인해 오히려 지역 간 경제 격차는 더 커지는 부작용이 발생하기도 한다.

ㄷ 해저 터널이 완공된 이후 뢰드부 지역은 함부르크와 B 도로상의 독일 지역과의 접근성이 좋아지고 주민들의 여가 공간, 통근·통학 범위 등의 생활권이 확대될 것이다. 따라서 (가)에는 '생활권 확대'가 들어갈 수 있다.

ㄹ. 해저 터널이 완공된 이후 함부르크와 코펜하겐 간 이동 거리는 A 도로가 B 도로보다 길며, 두 지역 간 이동 소요 시간 역시 A 도로가 B 도로보다 길 것이다.

---

10 정답 ② ✱ 인권의 역사적 발달 과정

(가)에 들어갈 내용으로 옳은 것은? [1.5점]

> 【사료로 보는 역사】
>
> "공께서 저희를 기꺼이 도와주신다니 깊이 감사드립니다. … 저희 국왕은 가톨릭 우대 정책을 펼치고 의회의 동의 없이 정책을 추진하려고 합니다. 저희는 종교, 자유, 재산과 관련한 국왕의 정책에 불만이 큽니다. … 우리 왕국 사람 스물 중 열아홉은 변화를 갈망합니다."
>
> **해설** 단서 명예 혁명(1688)으로 인한 의회 제정법 → 권리장전
>
> 위 서신은 국왕 제임스 2세에게 불만을 품은 고위층 인사들이 윌리엄에게 보낸 것으로, 본인들의 국왕을 물리쳐 달라는 내용이다. 이들 요청에 응해 윌리엄은 함대를 이끌고 바다를 건너 런던으로 진군하였고, 겁에 질린 제임스 2세는 프랑스로 도주하였다. 이후 윌리엄과 메리는 공동 왕으로 추대되었으며, 의회의 요구에 따라 ▢▢▢▢▢ **(가)**

① 「인민헌장」을 발표하였다.
② 「권리 장전」을 승인하였다.
③ 「바이마르 헌법」을 제정하였다.
④ 「세계 인권 선언」을 공포하였다.
⑤ 「인간과 시민의 권리 선언」을 선포하였다.

문제+자료 분석

- 영국 국왕 제임스 2세의 폭정에 불만을 품은 고위층 인사들이 잉글랜드의 윌리엄에게 국왕을 물리쳐 달라고 요청하였고, 그 결과 제임스 2세가 퇴위되고 윌리엄 3세가 즉위하게 되었다.
- 피 한방울 흘리지 않은 혁명이라 '명예 혁명'이라 불렸고, 그 결과 「권리 장전」이 채택되고 인간의 천부적 권리와 소극적 자연권이 헌법에 의해 보장되는 계기가 되었다.

선택지 분석

① 「인민헌장」은 영국의 노동자들이 차티스트 운동을 통해 선거권을 얻기 위해 1838년에 발표한 헌장이다.

② 제시문의 명예 혁명을 통해 「권리 장전」이 채택되었다. 이는 인권을 헌법에 의해 보장하고, 헌법에 의해 정치가 이루어지는 배경이 되었다.

③ 「바이마르 헌법」은 1918년 독일에서 만들어진 헌법으로, 최초로 사회권이 명시되었다는 점에서 의의를 가진다.

④ 「세계 인권 선언」은 1948년 유엔 총회에서 채택된 인권 선언문으로 모든 인간의 기본적 권리를 존중해야 한다는 내용을 담고 있다. 제2차 세계 대전 이후, 국적을 불문하고 모두가 함께 지켜야 할 윤리 기준을 세우기 위한 목적으로 채택되었다.

⑤ 「인간과 시민의 권리 선언」은 1789년에 프랑스 혁명의 결과로 채택된 선언문이다. 이 선언문에서는 인간의 자유와 평등, 3권 분립, 국민 주권과 재산권 등 인간의 기본권에 대한 내용이 열거되어 있다.

다음 자료에 대한 설명으로 옳은 것은? [2점]

> • 군사 훈련을 받던 갑은 훈련소 측으로부터 종교 행사에 참여하도록 강요받았
> 다. 갑은 거부 의사를 밝혔으나 강압적 조치에 의해 결국 종교 행사에 참여할
> 수밖에 없었다. 이에 갑은 종교 활동을 자유롭게 할 수 있다는 내용의 ⊙ 기본
> [단서] 종교의 자유 (자유권)
> 권을 침해받았다며 헌법재판소에 심판을 청구하였다.
> 청구권 행사
> • 국회의원이 꿈이었던 을은 검정고시에 합격하고 국립○○대학교의 수시 모집
> 에 지원하고자 하였다. 하지만 법률에 근거하여 규정된 국립○○대학교 수시
> 모집 요강에서는 검정고시 출신자의 응시 자격을 제한하였다. 이에 을은 능력
> 에 따라 균등하게 교육받을 수 있다는 내용은 ⓒ 기본권을 침해받았다며 헌법
> [단서] 균등하게 교육받을 권리 (평등권)
> 재판소에 심판을 청구하였다.
> 청구권 행사

① ⊙은 국가로부터 간섭받지 않을 권리로서의 기본권에 해당한다.
　　　자유권

② ⓒ은 국가의 정치적 의사 결정 과정에 참여할 수 있는 권리로서의 기본권
에 해당한다.
　　　참정권

③ ⊙과 ⓒ 모두 정당한 목적이 있다면 법률적 근거가 없어도 제한될 수 있다.
　　　　　　　　　　　　　　　　　법률에 의해서만

④ 갑과 달리 을은 기본권 보장을 위한 수단적 성격을 지닌 기본권을 행사하였다.
　갑과 을은 모두　　　　　　　　　　　청구권

⑤ 을과 달리 갑은 헌법 소원 심판을 청구하였다.
　갑과 을은 모두

| 문제+자료 분석 |

• 갑은 종교 활동을 자유롭게 할 수 있다는 기본권을 침해받았다는 이유로
헌법재판소에 심판을 청구하였다. 종교의 자유에 해당하는 자유권 침해에
대한 구제를 위해 헌법 소원 심판을 청구한 것이다.

• 을은 능력에 따라 균등하게 교육받을 수 있다는 기본권을 침해받았다는
이유로 헌법재판소에 심판을 청구하였다. 평등권 침해에 대한 구제를 위
해 헌법 소원 심판을 청구한 것이다.

| 선택지 분석 |

① ⊙은 종교의 자유를 보장하는 자유권에 해당한다. 자유권은 국가 권력의
간섭을 받지 않고 자유롭게 생활할 수 있는 권리로 소극적, 방어적 성격을
띤다.

② 국가의 정치적 의사 결정 과정에 참여할 수 있는 권리는 참정권이다. 참정
권으로는 선거권, 공무 담임권, 국민 투표권이 있으며 제시된 갑, 을의 사
례에는 나타나지 않는다.

③ 우리나라 헌법에서는 국가 안전 보장, 질서 유지, 공공복리를 위해 필요한
경우 기본권을 제한하도록 규정하고 있다. 다만 반드시 국회가 정한 법률
에 의해서만 제한할 수 있다.

④ 기본권 보장을 위한 수단적 성격의 기본권은 청구권이다. 갑과 을은 모두
침해받은 기본권을 구제받기 위해 헌법재판소에 심판을 청구하였으므로
청구권을 행사하였다.

⑤ 갑과 을은 모두 침해받은 기본권을 구제받기 위해 헌법재판소에 심판을
청구하였다. 개인이 공권력에 의해 기본권이 침해된 경우 헌법재판소에
제소하여 기본권의 구제를 청구하는 제도를 헌법 소원 심판이라고 한다.

다음 자료에 대한 옳은 설명만을 〈보기〉에서 고른 것은? [2점]

> 그래프에 제시된 국가와 난민들을 연구한 결과에 따르면, ⊙ 그들은 주류 집단
> 에 속한 사람들에게 차별받고 있었으며, 스스로도 차별받는다고 인식하고 있었
> [단서] 사회적 소수자 성립 요건 ①　　[단서] 사회적 소수자 성립 요건 ②
> 습니다. 다행히 국제 사회의 행위 주체 A와 B가 이들을 위해 노력하고 있습니다.
> 가령 국제 연합과 같은 A는 난민 문제를 공론화하고 있으며, 국제 앰네스티, 국
> [단서] 정부 간 국제기구　　　　　　　[단서] 국제 비정부 기구
> 경 없는 의사회 등 민간 주도로 구성된 B는 난민 구호를 위한 세계 시민들의 연
> 대를 촉구하고 있습니다.

[보기]

ㄱ. 2023년 인구 10만 명당 난민의 처지에 놓인 사람들은 제시된 국가 중
베네수엘라가 가장 적다.
아프가니스탄

ㄴ. 각 국가 인구 중 난민의 처지에 놓인 사람들이 2014년과 2023년 간 비율
차이는 시리아보다 우크라이나가 크다.
선 그래프 길이로 확인 가능

ㄷ. ⊙은 사회적 소수자에 해당한다.
주류 집단에게 차별받음, 스스로 차별받는다고 인식함

ㄹ. A와 달리 B는 국제법을 바탕으로 가입국 간 합의를 통해 활동한다.
B와 달리 A는

① ㄱ, ㄴ　　② ㄱ, ㄷ　　③ ㄴ, ㄷ　　④ ㄴ, ㄹ　　⑤ ㄷ, ㄹ

| 문제+자료 분석 |

• ⊙: 주류 집단에 속한 사람들에게 차별받고 있으며, 스스로 차별받는다고
인식하는 집단 → 사회적 소수자

• A: 국제 사회의 행위 주체이며, 사례로 국제 연합이 있으므로 정부 간 국
제기구임. 정부 간 국제기구는 주권을 가진 국가들로 결성된 국제 사회의
행위 주체로, 국제 사회의 평화 유지 및 경제적·사회적 협력 등을 목적으로
활동함

• B: 국제 사회의 행위 주체이며, 사례로 국제 엠네스티와 국경 없는 의사회
가 있으므로 국제 비정부 기구임. 국제 비정부 기구는 개인이나 민간단체
를 중심으로 구성된 국제 사회의 행위 주체로, 인권, 보건, 환경 등 보편적
가치에 관심을 가짐

| 보기 분석 |

ㄱ. 2023년 인구 10만 명당 난민의 처지에 놓인 사람들은 아프가니스탄 〈 우
크라이나 〈 남수단 〈 베네수엘라 〈 시리아이다. 그러므로 아프가니스탄이
가장 적다.

ㄴ. 그래프에 2014년과 2023년의 국가 10만 명당 난민의 처지에 놓인 사람
들의 수가 표시되어 있으므로 난민의 처지에 놓인 사람들의 비율을 대략
적으로 확인할 수 있다. 2014년과 2023년 비율의 차이는 두 좌표를 연결
한 선의 길이로 확인할 수 있다. 선의 길이는 베네수엘라 〉 우크라이나 〉
남수단 〉 아프가니스탄 〉 시리아이다. 그러므로 시리아보다 우크라이나
의 비율 차이가 더 크다. 2022년에 발발한 러시아-우크라이나 전쟁으로
우크라이나에서는 난민의 처지에 놓인 사람들이 많이 발생하였다.

ㄷ. ⊙은 난민을 지칭한다. 그들은 주류 집단에 속한 사람들에게 차별받고 있
으며, 스스로도 차별받는다고 인식하고 있다. 그러므로 ⊙ 난민들은 사회
적 소수자로 분류된다.

ㄹ. A는 정부 간 국제기구, B는 국제 비정부 기구이다. 정부 간 국제기구는 주
권국으로 구성된 조직으로서 합법적 대표들이 비준 절차를 거쳐 국제법적
성격을 갖는 조약을 체결한다. 이와 달리 국제 비정부 기구는 국가 단위가
아닌 개인이나 민간단체의 국제 협력으로 설립된 조직이다. 이들은 권력
이나 사익이 아닌 공익을 위한 비영리 단체이다. 그러므로 국제법을 바탕
으로 가입국 간 합의를 통해 활동하는 것은 B 국제 비정부 기구가 아닌 A
정부 간 국제기구이다.

밑줄 친 ㉠~㉤에 대한 설명으로 가장 적절한 것은? [2.5점]

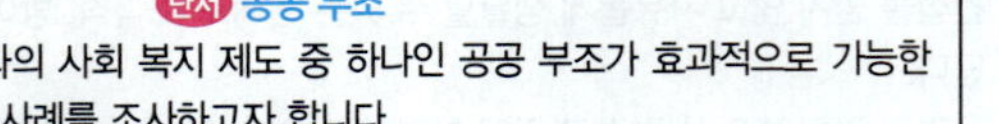

생활이 어려운 국민의 최저 생활 보장
단서 공공 부조
우리나라 공공 부조의 사례

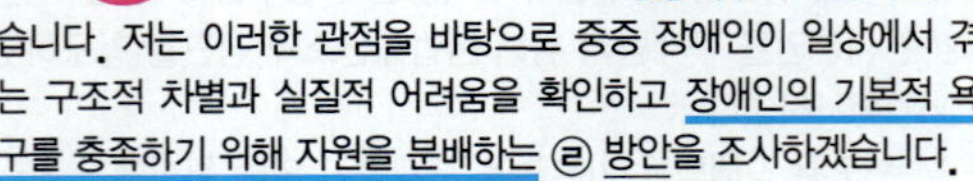

단서
공동체주의적 정의관
필요에 따른 분배

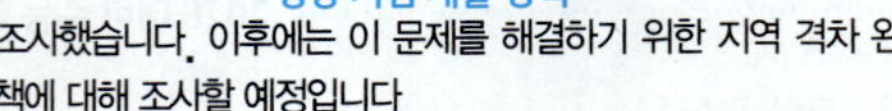

성장 거점 개발 정책

① ㉠은 '적극적 평등 실현 조치'에 해당한다.
   사회 보장 제도
② ㉡으로 기초 연금을 통해 빈곤에 처한 노인 가구의 생활 여건이
   공공 부조   기초 연금의 효과
   개선된 것을 들 수 있다.
③ ㉢은 사회적 존재로서 구성원의 책임과 의무보다 독립적 자아로
   개인의 자유와 권리   구성원의 책임과 의무
   서 개인의 자유와 권리를 강조한다.
④ ㉣에서는 필요에 따른 분배보다 업적에 따른 분배를 강조할 것이다.
   업적   필요
⑤ ㉤의 사례로 비수도권 지역에서 혁신도시를 건설하여 공공 기관
   을 이전한 것을 들 수 있다.
   ㉤으로 인한 부작용을 해결하기 위함

| 문제+자료 분석 |

- **갑**: 저소득층의 기본적 생활 수준을 보장하기 위한 제도를 국가별로 비교하였고, 이후 공공 부조의 사례를 조사하겠다고 계획함
- **을**: 장애인 지원 센터장과의 인터뷰를 진행하였고, 공동선 실현을 중시하는 공동체주의적 정의관을 토대로 자원을 분배하는 방안을 조사하겠다고 계획함
- **병**: 우리나라 국토 개발 초기 정책에 대해 조사하였고, 지역 격차 완화 정책에 대해 조사하겠다고 계획함

| 선택지 분석 |

① 저소득층의 기본적 생활 수준을 보장하기 위한 제도인 ㉠은 사회 보장 제도이며, 그중에서도 저소득층과 같은 사회적 약자의 여건을 개선하기 위한 공공 부조에 해당한다.
적극적 평등 실현 조치는 사회적 약자에게 누적된 차별의 결과를 해소하기 위해 특정 영역에서 혜택을 제공하는 제도로서 기본적인 생활 수준을 보장하기 위한 목적으로 실시되는 것은 아니다. 적극적 평등 실현 조치의 사례로 대입 장애인 특별 전형, 장애인 의무 채용 제도 등이 있다.

② 우리나라의 공공 부조가 효과적으로 기능한 사례인 ㉡에 해당하는 내용이다. 기초 연금은 소득 및 재산이 일정 수준에 미치지 못하는 노인들에게 매달 일정 금액을 지원하는 제도로, 기초 연금을 통해 빈곤에 처한 노인 가구의 생활 여건이 일부 개선되었다.

③ 공동체에 대한 소속감과 유대를 통해 형성된 정체성을 바탕으로 공동선의 실현을 중시하는 관점인 ㉢에 해당하는 것은 공동체주의적 정의관이다. 공동체주의적 정의관은 사회적 존재로서 자신이 속한 공동체에 대한 구성원의 책임과 의무를 중시한다. 독립된 자아로서 개인의 자유와 권리를 강조하는 것은 자유주의적 정의관이다.

④ 장애인의 기본적 욕구를 충족하기 위해 자원을 분배하는 방안인 ㉣에서 강조하는 분배 기준은 필요이다. 능력이나 업적이 아닌 필요에 따라 분배하면 개인의 동기 유발과 사회 발전을 저해하는 부정적 측면이 있지만 사회적 약자의 욕구를 충족시킬 수 있다.
이와 달리 개인이 수행한 업무의 성과, 즉 업적을 근거로 분배하면 장애인, 노인 등 업적을 쌓기에 불리한 사회적 약자는 기본적 욕구를 충족할 수 있을 만큼 충분히 분배받기 어렵다.

⑤ 우리나라가 국토 개발 초기 단계에서 시행했던 정책인 ㉤은 성장 거점 개발 정책이다. 우리나라는 빠른 경제 성장을 달성하기 위해 균형 개발이 아닌 성장 거점 개발 정책을 실시했다. 이는 특정 지역을 성장 거점으로 집중 육성하고, 거점 개발에 따른 효과가 그 주변 지역으로 파급되기를 기대하는 정책이다.
성장 거점 개발 정책은 개발의 효율성을 확보할 수 있었지만 형평성을 놓쳐 지역 격차 심화라는 부작용이 발생하였다. 비수도권 지역에 혁신도시를 건설하여 공공 기관을 이전한 정책은 이러한 지역 격차를 완화하고 형평성을 확보하려는 노력의 일환이다.

14 정답 ③ ★ 롤스의 시민 불복종

> 교사의 질문에 대한 학생의 답변으로 옳지 <u>않은</u> 것은? [2.5점]

① 부정의한 법일지라도 시민 불복종의 대상이 아닐 수 있어요.
  심각하지 않으면 준수
② 폭력 행위에 가담하는 것은 시민 불복종으로 간주될 수 없어요.
  비폭력적
③ 시민 불복종은 공유된 정의관에 근거하여 <u>헌법 체계</u>에 저항하는
  부정의한 법 또는 정책
  행위예요.
④ 시민 불복종은 <u>처벌이 따를 수 있음에도</u> 불구하고 공개적으로 행
  처벌 감수
  해지는 위법 행위예요.
⑤ 기본적 자유 보장을 요구할 권리가 체제 유지를 위한 준법 의무와
  정의의 제1원칙
  충돌할 때 시민 불복종이 발생할 수 있어요.

| 문제+자료 분석 |

- **롤스**: 시민 불복종은 거의 정의로운 사회에서 공유된 정의관을 심각하게 위반하는 일부 법이나 정책을 변혁하고자 행하는 정치적 행위임

| 선택지 분석 |

① 롤스는 거의 정의로운 사회에서 어떤 부정의한 법의 정도가 심각하지 않다면 그 법을 준수해야 한다고 본다.
② 롤스는 시민 불복종은 공개적으로 이루어지는 정치적 청원 행위이므로 비폭력적이어야 한다고 본다.
③ 롤스는 시민 불복종은 일부 부정의한 법 또는 정책에 저항하는 것이지, 헌법 체계에 저항하는 것이 아니라고 본다.
④ 롤스는 시민 불복종은 법에 대한 충실성의 한계 내에서 이루어지므로 처벌을 감수하는 행위라고 본다.
⑤ 롤스는 정의의 제1원칙인 평등한 자유의 원칙을 심각하게 위반하는 법이나 정책에 대해 시민 불복종할 수 있다고 본다.

---

15 정답 ② ★ 롤스와 노직의 분배적 정의

> (가)의 갑, 을 사상가들의 입장을 (나) 그림으로 표현할 때, A~C에 해당하는 적절한 진술만을 〈보기〉에서 고른 것은? [2.5점]

(가)

> **갑** 원초적 입장의 사람들은 누구도 자신이 처한 우연적 여건을 알지 못
> 롤스
> 단서 무지의 베일
> 한다. 이러한 상황에 놓인 사람들은 자신이 가장 불리한 상황에 놓일
> 모두에게 공정한 정의의 원칙에 합의하는 조건
> 가능성을 염두에 두고 정의의 원칙에 합의하게 된다.
>
> **을** 개인은 자신의 정당한 소유물에 대한 배타적이고 절대적인 권리를 지
> 노직 닌다. 취득과 이전에서의 정의의 원리 또는 교정의 원리에 의해 어떤
> 단서 정당한 소유 권리 발생의 조건
> 소유물에 대한 권리를 부여받았다면 그 권리는 정당하다.

(나)

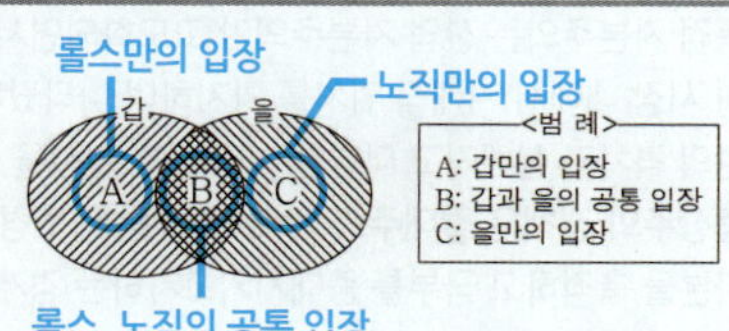

[보기]

ㄱ. A: 정의의 원칙은 우연성이 배제된 상황에서 합의된다. 갑 ○, 을 ×
ㄴ. ~~B~~ 분배 결과의 정당성 여부는 분배 과정의 정당성에 달려 있다.
  B
ㄷ. B: 최대 다수의 복지 증진을 목적으로 소수자의 자유가 침해되어서는 안 된다. 갑 ○, 을 ○
ㄹ. C: 개인은 자기 노동의 산물에 <u>대해서만</u> 소유 권리를 지닐 수 있다.
  을: 정당한 취득 및 이전도 포함

① ㄱ, ㄴ ② ㄱ, ㄷ ③ ㄴ, ㄷ ④ ㄴ, ㄹ ⑤ ㄷ, ㄹ

| 문제+자료 분석 |

- **갑 롤스**: 인간은 자신과 타인의 조건을 모르는 상태에서 공정한 합의를 통해 정의의 원칙에 도달함. 이러한 조건에서 사람들은 가장 불리한 상황을 고려해 불평등을 제한하는 원칙을 선택하게 됨
- **을 노직**: 정당한 절차를 거쳐 얻은 소유물은 불평등하더라도 정당함. 개인은 자신이 정당하게 취득한 소유물에 대해 절대적 권리를 가지며, 재분배를 위한 강제적 개입은 부당함

| 보기 분석 |

ㄱ. 갑(롤스)은 정의의 원칙은 무지의 베일을 쓴 가상의 상황인 원초적 입장에서 합의된 것이라고 본다. 그러나 을(노직)은 소유 과정의 정당성이 소유물에 대한 정당한 자격인 소유 권리를 창출한다고 본다.
ㄴ. 갑(롤스)은 정의는 공정한 합의 절차를 통해 정해진 원칙을 따를 때 실현된다고 보며, 결과의 정당성은 절차의 공정성에 달려 있다고 본다.
  을(노직)도 정당한 소유 권리는 정당한 취득과 이전의 절차에 의해 정해진다고 보기 때문에 분배 과정의 정당성이 중요하다고 본다.
ㄷ. 갑(롤스)은 기본적 자유는 정의의 제1원칙이며, 소수자의 자유도 다수의 복지를 위해 침해되어서는 안 된다고 본다.
  을(노직) 역시 소유 권리와 자유는 절대적 권리이므로 다수의 복지 증진을 위해 소수자의 자유가 침해될 수 없다고 본다.
ㄹ. 을(노직)은 자기 노동의 산물에 대해 소유 권리가 발생한다고 본다. 그러나 소유 권리는 정당한 취득과 이전, 교정의 원리를 통해서도 발생한다고 본다. 꿀팁 

★ **노직의 소유 권리론**

- 역사적 정의관: 소유물에 대한 소유 권리가 형성된 역사적 과정을 중시함
- 개인은 정당한 방식으로 획득한 소유물에 대해 배타적이고 절대적인 권리를 가짐
- 개인의 배타적 소유권을 중시하는 최소 국가만 정당하며, 복지국가나 재분배는 소유권을 침해할 수 있음

| 문제＋자료 분석 |

• **칸트**: 인간은 타인의 목적을 위한 수단이 아니라 자신이 행한 일에 대해 도덕적으로 책임지는 존엄한 존재이므로, 형벌은 범죄에 상응하는 만큼 가해져야 함. 공적 정의는 동등성의 원리를 기준으로 삼아야 하므로, 살인자는 반드시 사형에 처해야 함

그림의 강연자가 지지할 입장으로 가장 적절한 것은? [2점]

> 형벌은 결코 범죄자 자신의 선(善)을 비롯한 어떤 다른 선을 증진하기 위해 가해질 수는 없고, 오직 범죄자가 범죄를 저질렀기 때문에 가해져야 합니다. 인간은 물건처럼 타인의 의도를 위한 수단으로 취급될 수 없을 뿐만 아니라 자신이 의욕한 행위에 대해 책임지는 존엄한 존재이기 때문입니다. 또한 형벌의 본질은 **범죄 행위에 대한 응당한 보복을 가하는**
> <u>응보주의</u>
> 것에 있으며, 공적 정의가 원리와 표준으로 삼아야 하는 것은 **동등성의 원리**입니다. 만약 어떤 사람이 살인을 했다면
> 〔단서〕 범죄 행위에 상응하는 동등한 형벌 부과
> 그는 죽어야만 합니다. 제아무리 고통 가득한 생이라 해도 생과 사 사이에 동종성은 없기 때문입니다. → 칸트

| 선택지 분석 |

① 칸트에 따르면 살인자 역시 도덕적 자율성을 지닌 존재이다. 사형은 살인자가 자신의 행위에 책임을 질 수 있게 하므로 존엄성을 존중하는 형벌이다.

② 칸트에 따르면 형벌은 범죄 예방, 범죄자 교화 등 선(善)의 증진을 위해 가해지면 안 된다. 형벌은 범죄자가 죄를 지었다는 바로 그 이유만으로 가해져야 한다.

③ 칸트에 따르면 인간은 도덕적 책임을 질 수 있는 주체이며, 형벌은 그 책임을 묻는 응보의 행위이다.

④ 칸트는 형벌이 동등성의 원리를 따라야 한다고 본다. 형벌로 인해 범죄자가 받는 고통과 범죄자가 지은 해악은 비례해야 한다는 것이다.

⑤ 칸트는 응보주의 관점에서 살인에 대한 형벌은 오직 사형뿐이며, 형벌은 범죄자가 죄를 지었다는 이유만으로 집행되어야 한다고 본다. ==칸트는 범죄 예방을 위한 형벌은 목적으로 대우해야 할 인간을 다른 목적을 위한 수단으로 여기는 잘못된 행위라고 본다.== 꿀팁

① 살인범이라 하더라도 그의 <u>존엄성은 마땅히 존중되어야</u> 한다.
　　　사형은 살인범의 존엄성을 존중하는 형벌임

② 형벌은 <u>개인의 선이 아니라 공동체 전체의 선을 증진하기 위한</u> 수단이다.
　　　선의 증진을 위한 형벌은 잘못임

③ 범죄자가 자신이 저지른 범죄 행위에 대해 책임지도록 하는 형벌은 ~~없다.~~ 있음

④ 범죄자가 형벌로 인해 받는 고통은 그가 범죄로 인해 끼친 해악을 ~~능가해야~~ 한다.
　　동등해야

⑤ 살인에 대한 사형 이외의 형벌은 <u>범죄 예방 효과</u>가 감소하므로 교정적 정의에 부합하지 않는다.
　　　범죄 예방을 위한 형벌은 잘못임

＊ **사형에 대한 칸트의 입장**

• 살인을 저질렀다면 사형 이외의 형벌은 주어질 수 없음
• 사형은 살인자의 고통받는 인격을 해방하여 인간의 존엄성을 실현하는 것임
• 응보주의 관점에서 살인자에 대한 사형은 정당하며 사형 이외의 형벌은 정의에 부합하지 않음

| 문제＋자료 분석 |

• 제시문에는 서유럽에서 중앙 집권적 국가가 등장하면서 필요한 자금 마련을 위해 국제적 교역망이 형성되고 상업 자본을 통해 이윤이 창출되는 상황이 나타나 있다.
• 중상주의 정책을 바탕으로 한 상업 자본주의 시대임을 알 수 있다.

밑줄 친 '이 시기'에 있었던 사실로 옳은 것은? [1.5점]

> 이 시기는 제임스 와트가 개량한 증기 기관이 새로운 동력으로 사용되기 전까지 지속된 시대로, 서유럽의 통치자들이 본인의 권력 강
> 유럽 절대왕정 국가들이 채택, 자본주의적 요소 등장
> 화를 위해 중앙 집권적 관료제와 상비군을 유지하고자 하였다. 그들은 이러한 통치 체제 확립에 필요한 자금을 마련하기 위해 **교역**을 장려했으며, 일부 상인에게는 막대한 세금 납부를 조건으로 특혜를 부여하였다. 이러한 제휴는 통치자와 상인 모두의 부와 권력을 증대하였다. 통치자들은 금이나 은을 확보하여 많은 함선을 만들고 강력한 군사력을 갖추어 영토 확장을 도모하였다. 또한 **통치자와 상인 계층은 완전히 새로운 교역망을 통한 막대한 이윤 창출을 기대하였다.**
> 〔단서〕 상공업 육성을 통해 국부를 달성하려 함(중상주의 정책)

| 선택지 분석 |

① 대공황은 1929년 미국을 중심으로 발생한 경제공황이다. 산업 자본주의가 고도화되면서 과잉생산과 유효 수요 부족 현상으로 나타났다. 제시문의 시대와는 상관이 없다.

② 독점 자본주의는 산업 자본주의가 고도화되면서 소수의 거대한 독점 기업이 시장 내에서 지배적 위치를 차지하며 나타났다. 거대 기업과 중소 기업 간의 격차가 심해지고 다양한 시장 실패 현상을 야기하는 계기가 되었다.

③ 중상주의 정책은 절대주의 시대 유럽 각국의 경제 정책으로, 무역을 통해 자본을 축적하고 국부를 증대시키고자하는 경제 사상이다. 새로운 교역망의 증가를 통한 이윤 창출과 이를 통한 국부의 달성을 목적으로 한다.

④ 석유 파동은 1970년대 말 발생하였다. 수정 자본주의의 확산으로 정부의 적극적 시장 개입으로 인한 비효율이 초래되었을 당시 석유파동이 발생하면서 정부 역할의 축소와 시장 기능 확대를 주장하는 신자유주의가 등장하는 계기가 되었다.

⑤ 서브프라임 모기지 사태는 2000년 하반기에 미국에서 발생한 일련의 경제 위기 사건으로, 2008년 세계 금융 위기를 일으키는 데 직접적 영향을 준 사건이다.

① 대공황이 발생하였다.
　산업 자본주의 시기
② 독점 자본주의가 등장하였다.
　산업 자본주의 시기
③ 중상주의 정책이 확산하였다.
　국가가 경제 활동을 보호, 육성하는 정책
④ 두 차례의 석유 파동이 일어났다.
　수정 자본주의의 한계와 함께 발생
⑤ 서브프라임 모기지가 증가하였다.
　2000년대 초반에 발생

18 정답 ③ * 갈퉁의 평화 사상

다음을 주장한 사상가의 입장으로 적절한 것만을 〈보기〉에서 고른 것은?
[1.5점]

> 폭력을 예방하고 제거하려면 직접적 폭력, 구조적 폭력, 문화적
> 폭력에 대한 정확한 진단과 예측, 그리고 처방이 필요하다. 폭력은
> 직접적–구조적–문화적 폭력의 삼각형의 어느 꼭짓점에서도 시작될
> 수 있고 다른 꼭짓점으로 쉽게 전달된다. 평화를 구축하는 활동들은
> 구조적 평화와 문화적 평화를 구축하는 활동과 동일하다고 할 수 있
> 다. 평화는 과정이자, 갈등을 비폭력적이고 창조적으로 변환하는 것
> 이다.
> → 갈퉁

[보기]

> ㄱ. 집단 간 갈등은 무조건 회피해야 한다.
> ㄴ. 정치적 억압을 줄이면 구조적 폭력이 감소한다.
> ㄷ. 문화적 폭력은 직접적 폭력의 정당화에 이용될 수 있다.
> ㄹ. 대외적 선제공격은 평화를 구축하는 활동이 될 수 있다.

① ㄱ, ㄴ ② ㄱ, ㄷ ③ ㄴ, ㄷ ④ ㄴ, ㄹ ⑤ ㄷ, ㄹ

| 문제+자료 분석 |

- **갈퉁**: 직접적 폭력의 제거에 국한된 소극적 평화가 아닌 구조적 폭력 및 문화적 폭력의 제거까지 포함한 적극적 평화를 실현해야 함

| 보기 분석 |

ㄱ 갈퉁은 갈등의 유형 및 원인을 진단하고 그에 알맞은 처방을 내려야 한다고 본다.

ㄴ 갈퉁은 정치적 영역의 억압과 경제적 영역의 착취를 구조적 폭력의 대표적인 사례로 제시한다.

ㄷ 갈퉁은 대중매체가 전쟁을 미화하는 것처럼 문화적 폭력이 직접적 폭력을 정당화하는 데 사용될 수 있다고 본다.

ㄹ 갈퉁은 평화적 수단에 의해 평화를 달성해야지, 선제공격과 같은 폭력적 수단으로 평화를 달성해야 한다고 주장하지 않는다.

* 폭력의 세 유형

- 직접적 폭력: 전쟁 등 신체에 위해를 끼치거나 생존을 어렵게 만드는 폭력
- 구조적 폭력: 억압과 착취 등 사회 구조에 의한 폭력
- 문화적 폭력: 종교, 사상, 법, 대중매체 등 직접적 폭력이나 구조적 폭력을 정당화하는 폭력

---

19 정답 ⑤ * 합리적 선택과 금융 자산

다음 자료에 대한 설명으로 옳은 것은? (단, A~C는 각각 정기 예금, 주식, 채권 중 하나임.) [2점]

> 표는 갑이 금융 상품 A, B, C 중 하나를 선택하여 투자하기 위해
> 작성한 것이다. 갑은 편익과 기회비용만을 고려하여 금융 상품을 선
> 택하며 세 상품 모두 명시적 비용은 없다. 이때 편익은 수익성과 안
> 전성 등을 고려하여 화폐 단위로 평가한 것이다.

금융 상품	A 정기 예금	B 주식	C 채권
편익(만 원)	90	80	100
이자 수익	있음	없음	있음
시세 차익	없음	있음	있음

① A는 배당 수익을 기대할 수 있다.
② C는 예금자 보호 제도의 적용을 받는다.
③ 일반적으로 B는 A에 비해 안전성이 높다.
④ 채권 선택의 암묵적 비용은 100만 원이다.
⑤ 정기 예금 선택의 기회비용과 주식 선택의 기회비용은 같다.

| 문제+자료 분석 |

- A는 이자 수익은 기대할 수 있지만 시세 차익은 없는 금융 상품이므로 정기 예금, B는 이자 수익은 없지만 시세 차익은 기대할 수 있는 금융 상품이므로 주식이다. C는 이자 수익과 시세 차익을 모두 기대할 수 있는 채권이다.
- 세 상품 모두 명시적 비용이 없으므로 편익을 바탕으로 암묵적 비용을 정리하면 아래 표와 같다.

구분	A(정기 예금)	B(주식)	C(채권)
편익(만 원)	90	80	100
기회 비용(만 원)	100	100	90
순편익(만 원)	-10	-20	10

| 선택지 분석 |

① 배당 수익을 기대할 수 있는 금융 상품은 B 주식이다.
② 예금자 보호 제도의 적용을 받는 금융 상품은 A 정기 예금이다.
③ 일반적으로 B 주식은 A 정기 예금에 비해 수익성이 높은 대신 안전성은 낮다. 안전성이 높은 금융 상품은 정기 예금이다.
④ 각 금융 상품의 명시적 비용이 없으므로, 암묵적 비용은 포기한 상품의 편익과 같다. 채권 선택으로 인해 포기한 금융 상품 중 가장 편익이 큰 것은 정기 예금이다. 따라서 채권 선택의 암묵적 비용은 정기 예금의 편익인 90만 원이 된다.
⑤ 각 금융 상품의 명시적 비용이 없으므로, 금융 상품 선택의 기회비용은 암묵적 비용과 같다. 암묵적 비용은 명시적 비용이 없기 때문에 포기한 상품의 편익과 같다. 따라서 정기 예금 선택의 기회비용은 채권의 편익인 100만 원이며, 주식 선택의 기회비용 역시 채권의 편익인 100만 원이 된다.

20 정답 ① ✱ 세계화와 세계 도시

다음 자료는 세계 도시에 대한 것이다. A~D 기능에 해당하는 지표로 옳은 것은? [2점]

세계화로 인해 세계의 중심지 역할을 하는 세계 도시가 출현했다. 세계 도시의 선정 기준과 방법은 조사 기관마다 차이가 있는데, 그중 ○○연구소는 2024년에 48개 주요 도시를 대상으로 6가지 기능(거주, 경제, 문화 교류, 연구·개발, 접근성, 환경)을 70개 지표를 활용하여 산출한 점수로 종합 순위를 발표했다. 종합 순위 1위 도시는 '문화 교류'에서 1위를 유지했고 허브 공항 효과로 '접
런던
근성'에서도 1위에 올랐다. 종합 순위 2위 도시는 '경제' 및 '연구·개발'에서 1위
뉴욕
를 차지했으나, '거주'와 '환경'에서는 30위권으로 밀려났다. 종합 순위 3위 도시
도쿄
단서 거주와 환경 분야에서 30위권 → 종합 순위 2위 도시는 뉴욕
는 환율 상승에 따른 해외 관광객 증가로 '문화 교류'에서 3위로 올랐고, '거주'와
단서 3위에 해당하는 기능이 총 3개인 도쿄
'연구·개발'에서도 3위를 차지했다. 종합 순위 4위 도시는 올림픽 개최에 힘입
파리
어 '문화 교류'에서 2위로 올랐다.

런던이 1위인 '문화 교류' 기능이 2위인 파리임

〈최상위 4개 도시의 기능별 순위〉

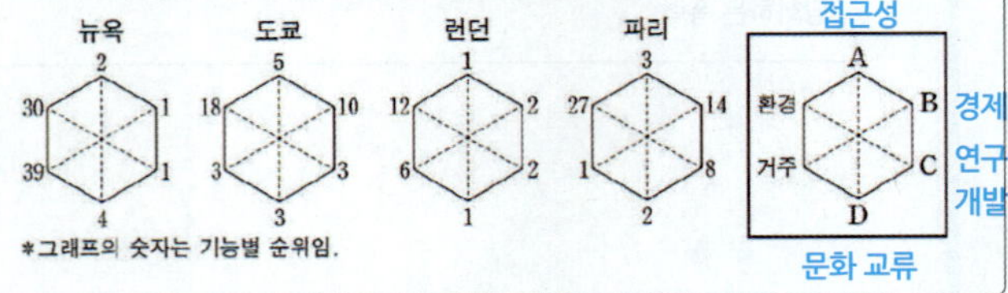

	A	B	C	D
①	국제 직항 노선 수	세계 500대 기업 수	특허 등록 건수	외국인 방문자 수
②	국제 직항 노선 수	세계 500대 기업 수	외국인 방문자 수	특허 등록 건수
③	세계 500대 기업 수	특허 등록 건수	외국인 방문자 수	국제 직항 노선 수
④	세계 500대 기업 수	특허 등록 건수	국제 직항 노선 수	외국인 방문자 수
⑤	외국인 방문자 수	국제 직항 노선 수	특허 등록 건수	세계 500대 기업 수

│ 문제+자료 분석 │

- **세계 도시**: 국경을 넘어 정치·경제·문화 등 다양한 분야에서 세계적 중심지 역할을 하는 도시
- **종합 순위 1위 도시**: 6가지 기능 중 '문화 교류'와 '접근성'의 기능에서 1위를 차지하고 있음 → 런던
- **종합 순위 2위 도시**: 6가지 기능 중 '경제'와 '연구·개발'의 기능에서 1위를 차지하고 있으나, '환경'과 '거주'에서는 30위권으로 밀려나 있음 → 뉴욕
- **종합 순위 3위 도시**: 6가지 기능 중 '문화 교류', '거주'와 '연구·개발' 등 3가지 기능에서 3위를 차지함 → 도쿄
- **종합 순위 4위 도시**: 올림픽이 개최되었으며 6가지 기능 중 '문화 교류'에서 2위에 오름 → 파리

│ 선택지 분석 │

A. 뉴욕이 2위, 런던이 1위, 파리가 3위인 기능이다. 런던이 1위인 기능인 A와 D는 각각 '문화 교류'와 '접근성' 중 하나이며, 이 중에서 파리가 2위인 D는 '문화 교류'이다. 따라서 런던이 1위, 파리가 3위인 A는 '접근성'이다. 접근성은 통행 발생 지역에서 특정 지역으로 접근할 수 있는 가능성을 의미하며 이와 관련된 지표로는 국제 직항 노선 수가 있다.

B. 뉴욕이 1위, 런던이 2위, 도쿄가 10위인 기능이다. 뉴욕이 1위, 런던이 2위인 B와 C는 각각 '경제'와 '연구·개발' 중 하나이며, 이 중에서 도쿄가 3위인 C는 '연구·개발'이다. 따라서 뉴욕이 1위, 도쿄가 10위인 B는 '경제'이며, 이와 관련된 지표로는 세계 500대 기업 수가 있다.

C. 뉴욕이 1위, 도쿄가 3위, 런던이 2위인 기능이다. 6가지 기능 중 뉴욕이 1위, 런던이 2위, 도쿄가 3위인 기능은 '연구·개발'이며, 이와 관련된 지표로는 특허 등록 건수가 있다.

D. 런던이 1위, 도쿄가 3위, 파리가 2위인 기능이다. 6가지 기능 중 파리가 2위, 도쿄가 3위인 기능은 '문화 교류'이며, 이와 관련된 지표로는 외국인 방문자 수가 있다.

① 따라서 A 지표는 국제 직항 노선 수, B 지표는 세계 500대 기업 수, C 지표는 특허 등록 건수, D 지표는 외국인 방문자 수이다.

---

21 정답 ⑤ ✱ 무역의 원리

다음 수업 장면에서 〈상황1〉, 〈상황2〉에 대한 설명으로 옳은 것은? [2.5점]

〈상황1〉

구분	X재	Y재
갑국	1명	2명
을국	2명	1명

〈상황2〉

구분	X재	Y재
갑국	1명	2명
을국	2명	3명

〈상황1〉 갑국은 X재, 을국은 Y재 생산에 절대 우위를 가짐 **단서**
〈상황2〉 갑국은 X재, Y재 생산에 절대 우위를 가짐. 갑국은 X재, 을국은 Y재 생산에 비교 우위를 가짐 **단서**

① 〈상황1〉에서 갑국은 X재와 ~~Y재 생산 모두~~ 절대 우위를 갖는다.
Y재 생산은 을국이 절대 우위를 가짐

② 〈상황2〉에서 무역이 발생하는 이유를 절대 우위로 설명할 수 ~~있다.~~ 없다

③ 〈상황2〉에서 X재 1단위 생산을 위해 포기해야 하는 Y재의 양은 갑국이 을국보다 ~~많다.~~ 갑국: Y재 1/2단위 < 을국: Y재 2/3단위

④ 〈상황1〉과 〈상황2〉에서 Y재를 특화해서 생산하는 나라는 모두 ~~갑국~~이다. 을국

⑤ 〈상황1〉과 〈상황2〉 모두에서 무역이 발생하는 이유를 비교 우위로 설명할 수 있다.

│ 문제+자료 분석 │

- 〈상황1〉에서 갑국은 X재, 을국은 Y재 생산에 절대우위를 가진다.
- 〈상황2〉에서는 갑국이 X재, Y재 생산 모두에서 절대우위를 가진다. 따라서 절대우위로 무역 발생 이유를 설명할 수 없다.
- 갑국과 을국의 각 재화 1단위 생산의 기회비용은 다음과 같다.

	〈상황1〉			〈상황2〉	
구분	X재	Y재	구분	X재	Y재
갑국	Y재 2단위	X재 1/2단위	갑국	Y재 1/2단위	X재 2단위
을국	Y재 1/2단위	X재 2단위	을국	Y재 2/3단위	X재 3/2단위

- 〈상황2〉에서 갑국은 X재, 을국은 Y재 생산에 비교우위를 갖는다.

│ 선택지 분석 │

① 절대 우위는 재화 생산의 비용이 더 적을 때 가진다. 〈상황1〉에서 X재 생산에 필요한 노동자수는 갑국이 더 적고, Y재 생산에 필요한 노동자수는 을국이 더 적으므로 X재는 갑국이, Y재는 을국이 절대 우위를 갖는다.

② 〈상황2〉에서는 갑국이 X재와 Y재 생산에 모두 절대 우위를 갖는다. 절대 우위론에 따르면 〈상황2〉와 같은 경우 무역이 발생할 수 없다.

③ 〈상황2〉에서 X재 1단위 생산에 대한 기회비용은 갑국이 Y재 1/2단위, 을국이 Y재 2/3단위 이므로 을국이 더 많다.

④ 〈상황1〉에서는 을국이 Y재 생산에 절대 우위를 가지며, 〈상황2〉에서도 을국이 Y재 생산의 기회비용이 더 작으므로 비교 우위를 가진다. 따라서 〈상황1〉과 〈상황2〉에서 Y재를 특화해서 생산하는 나라는 모두 을국이다.

⑤ 〈상황1〉에서는 절대 우위를 통해 무역이 발생하는 상황을 설명할 수 있지만, 비교 우위를 통해서도 설명이 가능하다. 〈상황1〉의 각 재화 생산의 기회비용을 계산해 보면 갑국이 X재에, 을국이 Y재 비교 우위를 가진다.

다음 문서에 대한 설명으로 옳은 것은? [2.5점]

남북 정상들은 분단 역사상 처음으로 열린 이번 상봉과 회담이 서로 이해
〔단서〕 최초 정상 회담
를 증진시키고 남북 관계를 발전시키며 평화 통일을 실현하는 데 중대한 의
의를 가진다고 평가하고 다음과 같이 선언한다.
1. 남과 북은 나라의 통일문제를 그 주인인 우리 민족끼리 서로 힘을 합쳐 자
   주적으로 해결해 나가기로 하였다.
2. 남과 북은 나라의 통일을 위한 남측의 연합제 안과 북측의 낮은 단계의 연
   방제 안이 서로 공통성이 있다고 인정하고 앞으로 이 방향에서 통일을 지
   향시켜 나가기로 하였다.
3. 남과 북은 올해 8·15에 즈음하여 흩어진 가족, 친척 방문단을 교환하며,
   비전향 장기수 문제를 해결하는 등 인도적 문제를 조속히 풀어 나가기로
   하였다.
4. 남과 북은 경제협력을 통하여 민족경제를 균형적으로 발전시키고, 사회,
   문화, 체육, 보건, 환경 등 제반 분야의 협력과 교류를 활성화하여 서로의
   신뢰를 다져 나가기로 하였다.
   → 2000년 남북 정상 회담에서 남북 교류 및 협력 논의

① 미국과 소련 간 냉전 체제가 ~~형성되기 이전~~에 합의되었다.
   이후
② 평화 통일을 위해 사회·문화적 교류가 필요함을 ~~간과하고~~ 있다.
   중시하고
③ 6·25 전쟁을 일단락하는 정전 협정과 ~~같은 연도~~에 발표되었다.
   정전 협정(1953), 남북공동선언(2000)
④ 분단으로 인해 발생하는 유·무형의 비용을 절감할 수 있는 방안을 제시하
   고 있다.   분단 비용
⑤ 남북한의 정치 체제 통합 없이는 상호 협력과 신뢰가 ~~가능하지 않음~~을 강조
   하고 있다.   가능함

- **6·15 남북공동선언**: 분단 이후 최초의 남북 정상 회담에서 발표한 것으로, 남북한이 경제적·문화적·인도적 차원에서 협력하는 계기를 제공함

| 선택지 분석 |

① 6·15 남북공동선언은 미국과 소련 간 냉전 체제가 붕괴한 후 2000년도에 발표되었다.
② 6·15 남북공동선언은 사회, 문화, 체육 등 제반 분야의 협력과 교류를 활성화할 것을 강조한다.
③ 6·15 남북공동선언은 1953년에 체결된 정전 협정 이후 오랜 시간이 흐른 후, 2000년에 발표되었다.
④ 6·15 남북공동선언은 이산가족의 슬픔, 비전향 장기수의 고통 등 유무형의 분단 비용을 줄이는 방안을 담고 있다.
⑤ 6·15 남북공동선언은 정치 체제가 통합되지 않더라도 비정치적 분야에서 협력과 교류를 활성화해야 한다는 내용을 담고 있다.

＊ 남북 간 주요 합의 및 의의

7·4 남북공동성명 (1972)	• 분단 후 최초 남북 당사자 간 합의 • 자주, 평화, 민족 대단결 등 3가지 통일 원칙 합의
남북기본합의서 (1991)	남북한 상호 체제 인정, 상호 불가침
6·15 남북공동선언 (2000)	• 분단 후 최초 남북 정상 회담 • 한반도 평화와 공동 번영을 위한 방안 논의

다음 자료에 대한 옳은 설명만을 〈보기〉에서 고른 것은? [2점]

〈한중 현안 바로 알기〉

중국에서 연구 사업으로 진행한 ⑦ 동북공정 이/가 한중 양국 간 주요 현
안으로 부각된 것은 2004년 6월 해당 사무처가 A 지역 관련 연구 내용을 공개하면서
동북 3성
부터. 연구 내용에 대한 우리 국민의 관심과 우려가 고조되자, 정부도 본격적인 대
응책을 마련하고 중국 정부에 공식적으로 문제를 제기하였다. 2004년 8월 24일 양측
정부는 다음 내용을 구두로 합의하였다. '첫째, 중국 측은 고구려사 문
동북공정에는 고구려사뿐만 아니라 발해사 연구를 포함함
제가 양국 간 중대 현안으로 대두된 것에 유념한다. 둘째, 양측은 향후
역사 문제로 인해 한중 간 우호 협력 관계가 손상되는 것을 방지하기
위해 노력한다. … 다섯째, 양측은 학술 교류의 조속한 개최를 위해 노
력한다.' 이어 양국은 2006년 10월 한중 정상 회담에서 ⑦ 동북공정
을/를 비롯한 역사 인식 문제가 양국 관계에 부정적 영향을 주어선 안
된다는 원칙에 다시 합의하였다.

〔지도 레이블〕 헤이룽장성 / 지린성 / 랴오닝성 / 베이징 / 서울 / 〔단서〕 동북 3성 / ▨ A지역

[보기]

ㄱ. ⑦은 발해사 연구를 포함하였다.
   동북공정에는 고구려, 발해의 역사 등이 포함됨
ㄴ. ⑦은 태정관 지령문을 근거로 삼았다.
   독도 영유권에 관한 문서
ㄷ. A 지역에는 냉대 기후가 나타난다.
   한반도보다 고위도에 위치
ㄹ. A 지역은 ~~티베트 자치구~~에 해당한다.
   옌볜 조선족 자치주

① ㄱ, ㄴ   ② ㄱ, ㄷ   ③ ㄴ, ㄷ   ④ ㄴ, ㄹ   ⑤ ㄷ, ㄹ

| 문제+자료 분석 |

- A 지역: 랴오닝성, 지린성, 헤이룽장성을 포함한 중국의 동북 3성
- ⑦: 2004년 이후 중국에서 동북 3성(A 지역)에 대해 연구한 내용이 우리 나라 정부와 마찰을 빚게 된 동북 공정

| 보기 분석 |

ㄱ. ⑦ 동북공정을 통해 고조선, 부여, 고구려의 역사뿐만 아니라 발해의 역사까지 고대 중국의 지방사라고 주장하고 있다.
ㄴ. 태정관 지령문은 '죽도(울릉도) 외 1도(독도)의 건에 관해 본방(일본)은 관계가 없다는 것을 명심할 것'이라는 내용이 담긴 일본 메이지 정부 최고 행정 기관인 태정관의 지령이 담긴 문서이다.
ㄷ. 중국의 동북 3성(A 지역)은 한반도보다 대체로 고위도에 위치하며 냉대 기후가 넓게 나타난다.
ㄹ. 중국의 동북 3성(A 지역)은 옌볜 조선족 자치주에 해당하며, 티베트 자치구는 중국 서남부에 위치한다.

24 정답 ② ★ 국가별 인구 특성

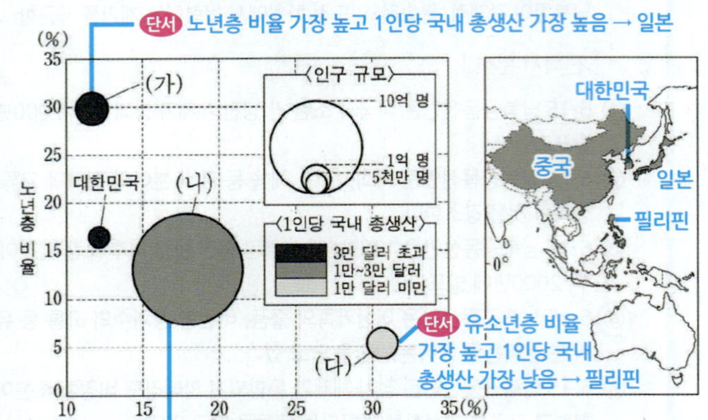

그래프는 지도에 표시된 네 국가의 특성에 대한 것이다. 이에 대한 설명으로 옳은 것은? [2점]

*유소년층 비율과 노년층 비율은 원의 가운데 값임.
출처: UN(2022)

① (나)는 초고령 사회에 **해당한다.** 해당 ×

② (다)는 대한민국보다 생산 가능 인구가 많다.
   생산 가능 인구와 생산 가능 인구 비율을 구별해야 함 함정

③ (나)는 (가)보다 중위 연령이 **높다.** 낮다

④ (다)는 (가)보다 총부양비가 **높다.** 낮다

⑤ 국내 총생산은 (가) > (나) > (다) 순으로 많다.
   (나)   (가)

| 문제+자료 분석 |

- **(가):** 네 국가 중 노년층 비율이 가장 높고 유소년층 비율이 가장 낮으며 1인당 국내 총생산이 3만 달러를 초과함 → 네 국가 중 가장 선진국인 일본
- **(나):** 인구가 10억 명 이상으로 압도적으로 많고, 노년층과 유소년층 비율은 (가)와 (다) 사이에 있음 → 개발도상국인 중국
- **(다):** 네 국가 중 유소년층 비율이 가장 높고 노년층 비율이 가장 낮으며 1인당 국내 총생산이 1만 달러 미만임 → 필리핀

| 선택지 분석 |

① 초고령 사회란 노년층 비율이 20% 이상인 사회를 뜻한다. (나) 중국은 노년층 비율이 약 14%로, 초고령 사회에 해당하지 않는다.

② 생산 가능 인구는 청장년층(15~64세)로, 전체 비율에서 노년층과 유소년층 비율을 뺀 값에 인구를 곱해 구할 수 있다. 대한민국은 생산 가능 인구가 약 72%, (다) 필리핀은 약 64%지만, 필리핀은 대한민국보다 인구가 두 배 이상 많아 생산 가능 인구는 필리핀이 더 많다.

③ (나) 중국은 (가) 일본보다 노년층 비율이 낮고 유소년층 비율이 높으므로 (나) 중국의 중위 연령이 더 낮다.

④ 총부양비는 '{(유소년층 인구+노년층 인구)/청장년층 인구}×100%'로 구할 수 있다. (가) 일본의 유소년층 비율과 노년층 비율의 합은 약 42%, 청장년층 비율은 약 58%이다. (다) 필리핀의 유소년층 비율과 노년층 비율의 합은 약 36%, 청장년층 비율은 약 64%이므로 (다) 필리핀은 (가) 일본보다 총부양비가 낮다.

⑤ 국내 총생산은 '총인구×1인당 국내 총생산'으로 구할 수 있다. (나) 중국은 1인당 국내 총생산이 1만~3만 달러이지만 3만 달러를 초과하는 (가) 일본보다 인구가 약 10배 이상 많아 국내 총생산은 (나) 중국이 가장 많다. 또한, (가) 일본과 (다) 필리핀은 인구 규모는 비슷하지만 (가) 일본의 1인당 국내 총생산이 훨씬 높으므로 국내 총생산은 (가) 일본이 더 높다.

---

25 정답 ① ★ 에너지 자원의 분포 및 특징

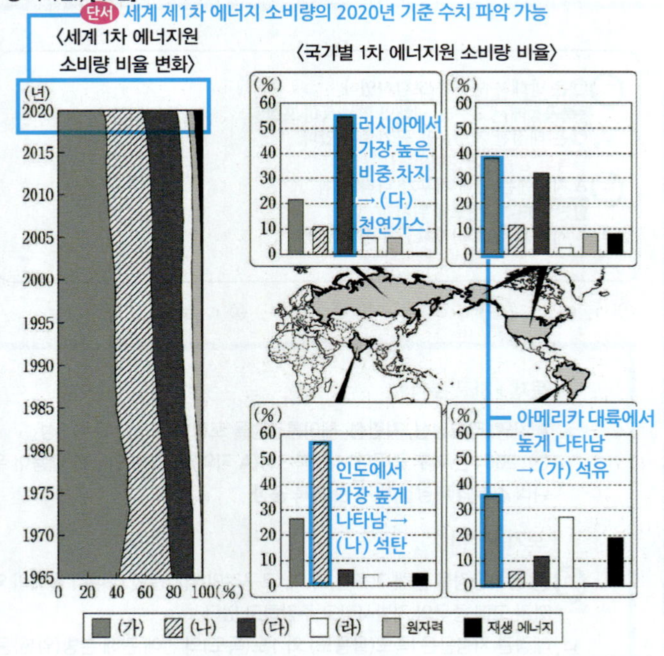

다음 자료에 대한 설명으로 옳은 것은? (단, (가)~(라)는 각각 석유, 석탄, 수력, 천연가스 중 하나임.) [1.5점]

① 브라질은 수력 소비량이 천연가스 소비량보다 많다.

② 네 국가 **모두** 화석 에너지의 국가 내 소비량 비율은 60% 이상이다.
   브라질은 (가)~(다)의 합이 60%를 넘지 않음

③ **(라)**는 주로 운송 수단의 연료로 이용된다.
   (가)

④ (가)는 (나)보다 상용화된 시기가 **이르다** 늦다

⑤ (다)는 (나)보다 연소 시 오염 물질 배출량이 **많다.** 적다

| 문제+자료 분석 |

- **(가) 석유:** 세계 제1차 에너지 소비량에서 가장 높은 비중을 나타냄. 미국, 브라질 등 아메리카 대륙을 비롯해 대부분 지역에서 소비 비중이 높음
- **(나) 석탄:** 세계 제1차 에너지 소비량에서 두 번째로 높은 비중을 나타냄. 산업 발전이 지속되는 중국, 인도 등 아시아 국가에서 소비 비중이 높음
- **(다) 천연가스:** 세계 제1차 에너지 소비량에서 세 번째로 높은 비중을 나타냄. 러시아, 유럽, 미국을 중심으로 소비 비중이 높음
- **(라) 수력:** 세계 제1차 에너지 소비량에서 네 번째로 높은 비중을 나타냄 (2022 기준 다섯 번째). 브라질, 캐나다 등에서 소비 비중이 높음

| 선택지 분석 |

① 국가별 1차 에너지원 소비량 비율을 살펴보면 브라질은 (라) 수력의 소비량이 (다) 천연가스의 소비량보다 높게 나타난다.

② 러시아, 미국, 인도는 화석 에너지 (가)~(다)의 국가 내 소비량 비율이 60% 이상이지만, 브라질은 화석 에너지를 다 합쳐도 60%에 미치지 못한다.

③ 운송 수단의 연료로 주로 이용되는 자원은 (가) 석유이다. (나) 석탄과 (다) 천연가스는 산업용으로 가장 많이 이용된다.

④ 화석 에너지의 상용화 시기는 (나) 석탄 → (가) 석유 → (다) 천연가스 순으로 나타난다. 따라서 (가) 석유는 (나) 석탄보다 상용화된 시기가 늦다.

⑤ 연소 시 오염 물질 배출량은 (나) 석탄 > (가) 석유 > (다) 천연가스 순으로 나타난다.  꿀팁 따라서 (다) 천연가스는 (나) 석탄보다 연소 시 오염 물질 배출량이 적다.

🐝 문제 풀이 꿀팁

화석 에너지와 관련된 문제에서는 국가 혹은 대륙(지역)별 소비, 생산, 수출 비중을 자료로 주고 에너지의 다양한 특징을 묻는 경우가 많다. 따라서 국가 혹은 대륙(지역) 단위로 어떤 에너지의 소비, 생산, 수출 비중이 높은지를 꼼꼼하게 정리해야 주어진 자료를 쉽게 해석할 수 있다.

My Best friend
수경출판사 · 자이스토리

나만의 학습 계획표를 작성하고, 사진을 찍어
인스타그램 또는 블로그에 올려 주세요.

★ **필수 해시태그** - #수경출판사 #자이스토리 #수능기출문제집
#학습 계획표

★ **참여해 주신 분께:** 바나나우유 기프티콘 증정

QR코드를 스캔하여 개인 정보 및 작성한 게시물의 URL을 입력합니다.

인스타그램, 카페, 블로그 등에
수경출판사 교재로 공부하는 모습,
학습 후기, 교재 사진을 올려 주세요.

★ **참여해 주신 분께:** 3,000원 편의점 기프티콘 증정
★ **우수 후기 작성자:** 강남인강 1년 수강권 증정

QR코드를 스캔하여 개인 정보 및 작성한 게시물의
URL을 입력합니다.

수험장 **생생체험단** 모집

자이스토리 교재에 실릴 수능 문제에
대한 나만의 풀이 비법을 전수해 주세요.

★ **대상:** 수능을 지원한 고3 및 N수생
(성적 우수자 우선 선발)

★ **생생체험단 선정 수험생:**
문항당 소정의 원고료 증정

QR코드를 스캔하여
해당 링크로 이동합니다.

수경출판사 교재 학습 후기, 교재 평가 설문지를 작성해 주세요.
[학생, 선생님 모두 가능]

★ **참여해 주신 분께:** 2,000원 편의점 기프티콘 증정
★ **우수 후기 작성자:** 강남인강 1년 수강권 증정

QR코드를 스캔하여 해당 링크에 들어가서 설문 조사를 진행합니다.

선생님 전용
설문 조사

학생 전용
설문 조사

＊자세한 사항은 해당 QR코드를 스캔거나, 홈페이지 이벤트 공지글을 참고해 주세요.
＊이벤트의 내용이나 상품이 변경될 수 있으며, 변경 시 홈페이지에 공지됩니다.

XISTORY HONORS CLUB

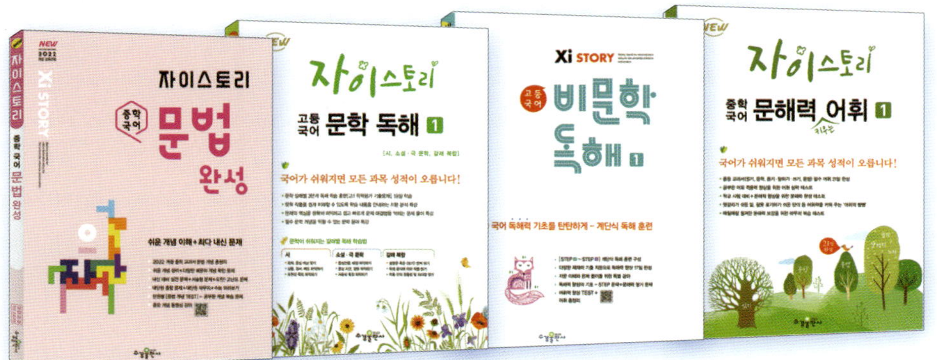

자이스토리 국어 비문학, 문학, 문법, 어휘 시리즈

New

중등

비문학 독해 1, 2 예비 고등	독해력 완성 1, 2, 3	문학 독해+문학 용어 1, 2, 3
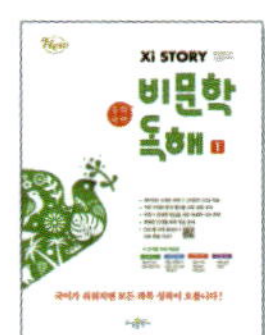*** 독해 STEP에 따른 단계별 독해 훈련** **STEP Ⅰ** 핵심어 찾기, 　　　　 중심 문장 찾기 **STEP Ⅱ** 문단 요약하기, 　　　　 문단 간의 관계 파악하기 **STEP Ⅲ** 글의 구조 파악하기, 　　　　 주제 찾기 **STEP Ⅳ** 실력 향상 TEST · 문해력+어휘 체크 문제	· 재미있게 독해력을 기를 수 있는 다양한 소재의 지문 · 독해 STEP에 따른 단계별 독해 훈련 · 지문과 문제 접근법을 알려 주는 지문 특강, 문제 특강 · 다양한 유형의 어휘 테스트와 배경지식 · 다시는 틀리지 않게 하는 꼼꼼한 입체 첨삭 해설	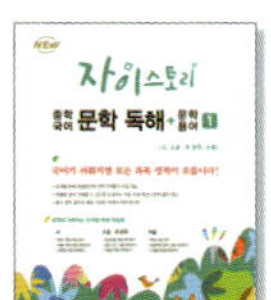*** 갈래별, 단계별 독해 훈련** **STEP** 시 ❶ 화자, 중심 대상 찾기 　 ❷ 상황, 정서, 태도 파악하기 　 ❸ 표현상 특징 파악하기 **STEP** 소설·극 ❶ 중심인물, 배경 파악하기 　 ❷ 중심 사건, 갈등 파악하기 　 ❸ 서술상 특징 파악하기
	★강남구청 인터넷 수능방송 강의교재	★강남구청 인터넷 수능방송 강의교재

2022 개정 신간

중등

국어 문법 기본 / 국어 문법 완성	문해력을 키우는 어휘 1, 2
· 쉬운 개념 설명과 확인 문제로 문법 개념 쏙쏙 · 풍부한 예문과 그림으로 한눈에 개념 학습 · 최다 내신 문제로 학교 시험 100점 완성 · 문법 개념 동영상 강의 QR코드	· 읽기, 듣기 · 말하기 · 쓰기 교과서의 어휘+용어 수록 · 문학 교과서 필수 작품의 어휘 + 개념어 수록 · 영역별 · 주제별 핵심 어휘 + 어휘 실력 테스트

2022 개정 신간

고등

비문학 독해 1, 2	문학 독해 1, 2
*** 독해 STEP에 따른 단계별 독해 훈련** **STEP Ⅰ** 핵심어 찾기, 중심 문장 찾기 **STEP Ⅱ** 문단 요약하기, 문단 간의 관계 파악하기 **STEP Ⅲ** 글의 구조 파악하기, 주제 찾기 **STEP Ⅳ** 실력 확인 테스트 **STEP Ⅴ** 최강 실력 모의고사	*** 갈래별 구성에 따른 독해 훈련** 시 ❶ 화자, 중심 대상 찾기 　 ❷ 상황, 정서, 태도 파악하기 　 ❸ 표현상 특징 파악하기 소설·극 ❶ 중심인물, 배경 파악하기 　 ❷ 중심 사건, 갈등 파악하기 　 ❸ 서술상 특징 파악하기

판매량 **1**위, 만족도 **1**위, 추천도서 **1**위!!

쉬운 개념 이해와 정확한 연산력을 키운다!!

★ **수력충전**이 꼭 필요한 학생들

- 계산력이 약해서 시험에서 실수가 잦은 학생
- 개념 이해가 어려워 자신감이 없는 학생
- 부족한 단원을 빠르게 보충하려는 학생
- 스스로 원리를 터득하기 원하는 학생
- 수학의 전체적인 흐름을 잡기 원하는 학생
- 선행 학습을 하고 싶은 학생

1 쉬운 개념 이해와 다양한 문제의 풀이를 따라가면서 수학의 연산 원리를 이해하는 교재!!

2 매일매일 반복하는 연산학습으로 기본 개념을 자연스럽고 완벽하게 이해하는 교재!!

3 단원별, 유형별 다양한 문제 접근 방법으로 부족한 부분의 문제를 집중 학습할 수 있는 교재!!

★ **수력충전** 시리즈

초등 수력충전 [기본]
초등 수학 1-1, 2 / 초등 수학 2-1, 2
초등 수학 3-1, 2 / 초등 수학 4-1, 2
초등 수학 5-1, 2 / 초등 수학 6-1, 2

중등 수력충전
중등 수학 1-1, 2
중등 수학 2-1, 2
중등 수학 3-1, 2

고등 수력충전
공통수학 1, 공통수학 2
대수 / 미적분 I / 확률과 통계

대한민국 No.1 수능 기출 문제집

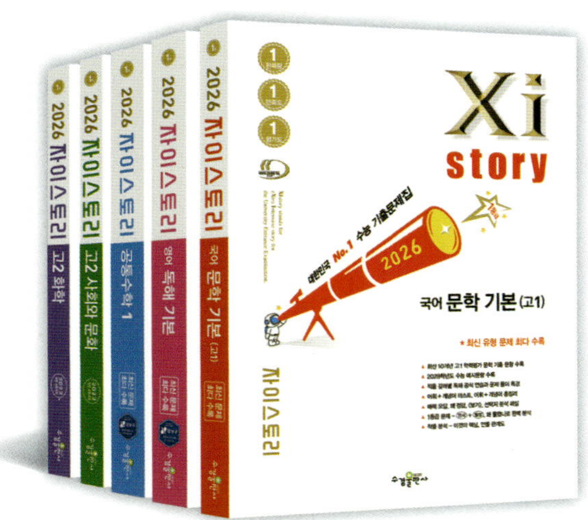

자이스토리

자이스토리는

수능 공부의 시작이자 끝!!

최신·중요 핵심 문제 (동영상) 강의
(국어 독서·문법, 영어, 수학, 사회·과학 전 영역)

01 핵심 개념+촘촘한 유형 분류

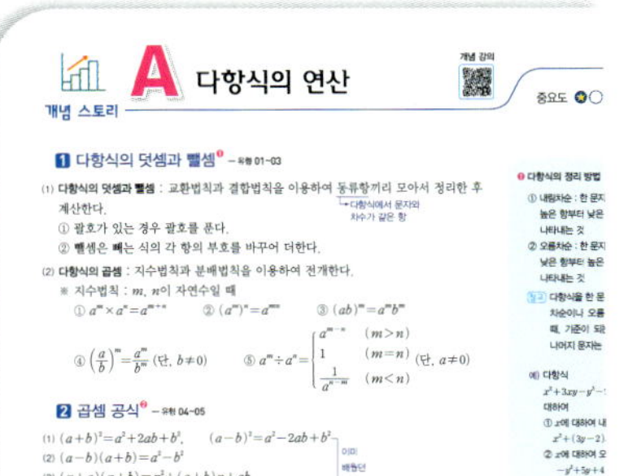

02 유형별·난이도 순 문제 배열

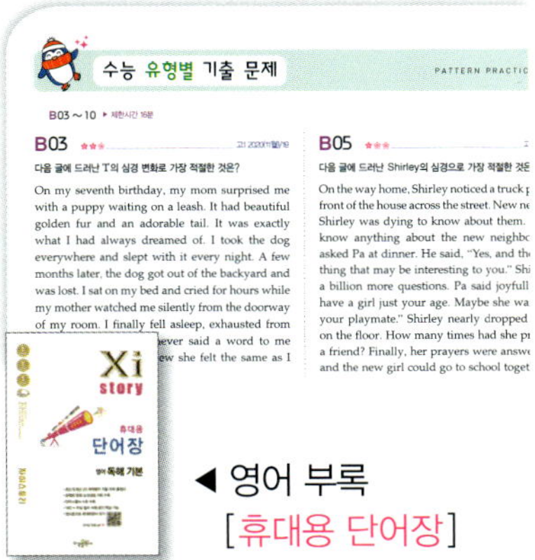

◀ 영어 부록
[휴대용 단어장]

03 다시는 안 틀리게 하는 입체 첨삭 해설

◀ 사·과탐 부록
[수험장 극비 노트]

자이스토리 시리즈

국어
- 국어 기본 (고1)
- 언어 (문법) 기본 (고1)
- 언어와 매체 실전 (고3)
- 화법과 언어 (고2)
- 화법과 작문 실전 (고3)
- 독서 기본 (고1)
- 독서와 작문 (고2)
- 독서 실전 (고3)
- 문학 기본 (고1)
- 문학 완성 (고2)
- 문학 실전 (고3)
- 수능 국어 개념어 총정리
- 고등 국어 문법 총정리 ★
- 전국연합 모의고사 고1 국어 ★
- 전국연합 모의고사 고2 국어 ★
- 연도별 모의고사 고3 국어
  (언어와 매체)
- 연도별 모의고사 고3 국어
  (화법과 작문)

영어
- 독해 기본 (고1) ★
- 독해 완성 (고2) ★
- 독해 실전 (고3) ★
- 고난도 영어 독해
- 고등 영문법 기본
- 어법·어휘 기본 (고1) ★
- 어법·어휘 완성 (고2)
- 어법·어휘 실전 (고3)
- 듣기 기본
  (고1 전국연합 모의고사 24회)
- 듣기 완성
  (고2 전국연합 모의고사 24회)
- 듣기 실전
  (고3 수능대비 모의고사 35회)
- 전국연합 모의고사 고1 영어
- 전국연합 모의고사 고2 영어
- 연도별 모의고사 고3 영어

수학
- 공통수학 1 ★
- 공통수학 2 ★
- 고2 대수 ★
- 고2 미적분 I ★
- 고2 확률과 통계 ★
- 고3 수학 I ★
- 고3 수학 II ★
- 고3 미적분
- 고3 확률과 통계
- 고3 기하
- 전국연합 모의고사 고1 수학
  (공통수학)
- 연도별 모의고사 고3 수학
- 내신 핵심 기출 1000제
  (공통수학 1)
- 내신 핵심 기출 1000제
  (공통수학 2)

사회
- 통합사회 1, 2 ★
- 내신 한국사 1, 2 ★
- 고2 사회와 문화
- 고2 세계시민과 지리
- 고2 현대사회와 윤리
- 고2 세계사
- 사회·문화 ★
- 한국지리
- 세계지리
- 윤리와 사상
- 생활과 윤리 ★
- 수능 한국사
- 동아시아사
- 전국연합 모의고사
  (고1 통합사회)

과학
- 통합과학 1, 2 ★
- 개념 화학 I
- 개념 생명과학 I
- 개념 물리학 I
- 개념 지구과학 I
- 고2 화학
- 고2 생명과학
- 고2 물리학
- 고2 지구과학
- 화학 I ★
- 화학 II
- 생명과학 I ★
- 생명과학 II
- 물리학 I ★
- 지구과학 I ★
- 지구과학 II
- 전국연합 모의고사
  (고1 통합과학)

★ 는 강남인강 교재
▢ 는 2026 신간 교재

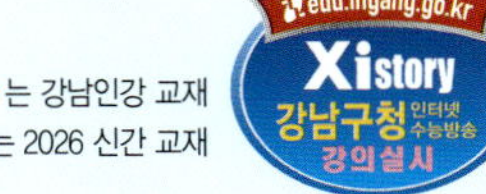

Xi story
자 이 스 토 리
통합사회 2

- 2022 개정 8종 교과서 개념을 완벽하게 총정리하였습니다.
- 다양한 그림 자료를 제시하여 개념을 쉽고 재미있게 설명했습니다.
- 내신과 서술형, 학평, 수능까지 한 권으로 대비할 수 있습니다.
- 단서+발상, 문제+자료 분석, 입체 첨삭 해설을 통해 문제를 완벽하게 이해할 수 있습니다.

★ 자 이 스 토 리 사회·과학 시리즈

고1	통합과학 1, 2	통합사회 1, 2	내신 한국사
	통합과학 1, 2(개념서) – 교과서 개념 총정리 – 내신 대비 필수 문제 – 수능 대비 기출문제	**통합사회 1, 2(개념서)** – 교과서 개념 총정리 – 내신 대비 필수 문제 – 수능 대비 기출문제	**내신 한국사 1, 2(개념서)** – 교과서 개념 총정리 – 내신 대비 필수 문제 – 수능 대비 기출문제
	통합과학 전국연합 모의고사 – 새교육과정에 꼭 맞춘 25문항 모의고사 – 총 23회 모의고사	**통합사회 전국연합 모의고사** – 새교육과정에 꼭 맞춘 25문항 모의고사 – 총 23회 모의고사	
	통합과학 1, 2(고1 기출문제집) – 내신+학평 대비 기출문제 – 서술형+단답형 문제 – 수능 대비 기출문제　*출시 예정	**통합사회 1, 2(고1 기출문제집)** – 내신+학평 대비 기출문제 – 서술형+단답형 문제 – 수능 대비 기출문제　*출시 예정	

고2	고2 물리학, 화학, 생명과학, 지구과학	고2 사회와 문화, 현대사회와 윤리, 세계시민과 지리, 세계사
	(내신 대비 기출문제집) – 교과서 핵심 개념 총정리 – 내신+학평 대비 기출문제 – 서술형+단답형 문제 – 통합과학 연계 개념 수능 기출문제	**(내신 대비 기출문제집)** – 교과서 핵심 개념 총정리 – 내신+학평 대비 기출문제 – 서술형+단답형 문제 – 통합사회 연계 개념 수능 기출문제

고3 *출시 예정	2028 수능 대비 통합과학	2028 수능 대비 통합사회	2028 수능 대비 1등급 한국사
	통합과학(수능대비 기출문제집) – 교과서 핵심 개념 총정리 – 출제 자료 특강 – 수능대비 기출문제	**통합사회(수능대비 기출문제집)** – 교과서 핵심 개념 총정리 – 출제 자료 특강 – 수능대비 기출문제	**수능 1등급 한국사(수능대비 기출문제집)** – 교과서 핵심 개념 총정리 – 출제 자료 특강 – 수능 1등급 대비 기출문제
	수능 연도별 모의고사 - 통합과학 – 25문항씩 총 25회 모의고사 – 수능 기출문제 총정리 – **특별부록** : 핵심 개념 총정리 　수험장 극비노트	**수능 연도별 모의고사 - 통합사회** – 25문항씩 총 25회 모의고사 – 수능 기출문제 총정리 – **특별부록** : 핵심 개념 총정리 　수험장 극비노트	**수능 연도별 모의고사 - 수능 한국사** – 기출문제를 총정리한 실전 모의고사 – **특별부록** : 핵심 개념 총정리 　수험장 극비노트

등록번호 제2013 – 000088호　**발행처** (주)수경출판사　**발행인** 박영란

발행일 2026년 1월 5일(제1쇄)　**홈페이지** www.book-sk.co.kr　**대표전화** 02 – 333 – 6080

구입문의 02 – 333 – 7812　**팩스** 02 – 333 – 7197　**내용문의** 02 – 333 – 6029

주소 서울시 영등포구 양평로 21길 26(양평동 5가) IS비즈타워 807호(우07207)

편집책임 정훈의 / 김태언　**디자인** 박지영 / 전찬우

마케팅 임순규 / 손형관 / 서정훈 / 김민주　**제작물류** 조인호 / 류혜리 / 임영훈

자이스토리 · 통합사회 2

ISBN 979-11-6240-936-7

정가 17,000원